개발지리학과 국제개발협력

GEOGRAPHIES OF DEVELOPMENT
AN INTRODUCTION TO DEVELOPMENT STUDIES

로버트 포터, 토니 빈스, 제니퍼 엘리엇, 에티엔 넬, 데이비드 스미스 지음
이승철, 조영국, 정수열, 이정섭, 지상현, 김부헌, 이성호, 백일순, 오정식, 지호철 옮김

김영사

Contents

제4판 서문

본 저서는 제1판에서부터 여러 학문 분야 간 학제적 연계로 구성된 개발학 및 개발지리학에 필요한 다양한 혁신적 접근 방법을 포함하고 있다. 특히 우리는 기존 개발학 문헌의 관행적인 접근 방식을 탈피하기 위해 많은 노력을 했다. 이를 토대로 제4판은 크게 세 부분, 1) 개발의 개념화, 2) 개발의 실천, 3) 개발의 공간으로 구성하였다.

우리는 앞서 출판되었던 제1~3판에 대한 비평과 칭찬을 모두 즐겁게 수용하였으며, 이는 제4판을 저술하는 데 큰 도움이 되었다. 이 책은 지리학을 포함한 다양한 학문 분야에서 개발학을 공부하고자 하는 학부생뿐만 아니라 대학원생을 위한 혁신적이고 포괄적인 개론서라고 할 수 있다.

출판사는 제4판 출간을 위해 여러 학자들에게 제3판에 대한 자세한 논평을 부탁했었다. 이들의 매우 건설적이고 긍정적인 논평이 제4판을 출판하는 데 큰 도움을 주었기에 진심으로 깊은 감사를 드린다. 사실 제4판은 새롭게 구성되지는 않았다. 최근 글로벌 맥락에서 나타난 변화를 중심으로 제3판의 자료 또는 내용을 보완하는 수준에서 이루어졌다.

제3판을 출간할 때, 출판사로부터 독자들의 이해를 위해 전반적인 내용에 대해 보다 폭넓은 설명을 해달라는 부탁을 받아 제3판의 장과 절 구성을 확대하였으며, 제4판에서도 내용 구성을 추가 확대하였다.

제4판에서는 책의 구성 내용을 보다 풍부하게 하기 위해 새로운 정보 자료란을 추가로 구성하였다. 별도의 박스로 구분한 [사례 연구]는 기존 그대로 구성하되, 새롭게 [핵심 아이디어]와 [핵심 사상가]를 편성하였다. 또한 주요 이슈 및 논쟁을 포함한 [비판적 고찰]을 새롭게 구성하였다.

제4판에서 가장 주목해야 할 사실은 집필진 구성원의 변화라고 할 수 있다. 1999년 초판 출간 이후 우리는 불행하게도 두 명의 공동 저자이자 친구를 잃었다. 데이비드 스미스(David Smith)가 1999년 12월에 사망했으며, 로버트 포터(Robert Potter)는 2014년 4월에 유명을 달리했다. 데이비드는 초판에서 중요한 지적 공헌을 했으며, 로버트는 제1~3판에 걸쳐 이 책의 전반적인 작업을 주도했었다. 우리는 이 두 사람의 지대한 공헌을 기리며 제4판에도 '데이비드'

와 '로버트'의 이름을 공동 저자로 올렸다. 그리고 무엇보다 제4판이 성공적으로 완성될 수 있었던 것은 제니퍼 엘리엇(Jennifer Elliott)과 토니 빈스(Tony Binns)가 공동 저자로 참여할 수 있도록 에티엔 넬(Etienne Nel)이 많은 노력을 했기 때문이다.

우리는 제4판을 이용하는 학생, 교수, 일반 독자 모두로부터 향후 보다 나은 다음 판본이 나올 수 있도록 대면 혹은 전자 메일을 통해 많은 의견을 기대한다.

마지막으로 우리 모두는 제4판에 지대한 관심을 보내 준 루틀리지(Routledge)의 앤드루 몰드(Andrew Mould)에게 진심으로 깊은 감사를 전한다. 또한 이 책의 편집과 그래프 제작에 도움을 준 이스글 지가이트(Egle Zigaite)와 크리스 가든(Chris Gardern)에게도 진심으로 감사를 드린다.

토니 빈스, 제니퍼 엘리엇, 에티엔 넬

2016년 8월

들어가며

이 책의 네 번째 개정판은 개발지리학(development geography)과 인접 학문을 공부하는 학생들이 이 분야를 전반적으로 이해할 수 있도록 기획되었다. 이전의 제1판부터 제3판까지 독자들의 평가를 종합해보면 이 책은 기본 이해, 글로벌 이슈, 전문 분야까지 망라되어 있어 이 분야를 공부하는 다양한 수준의 학생들이 참고하기에 적당했다는 평가를 받고 있다. 이 책을 구상하면서 저자들은 기존의 지리학과 개발학 교과서의 전통적인 구조에서 벗어나려는 목표를 세웠었다. 즉, '제3세계'와 식민주의(colonialism)의 정의로부터 시작해서 인구, 농업, 농촌 경관, 광업, 제조업, 교통, 도시화, 개발 계획 그리고 이를 종합하기 위해 특정 지역이나 국가의 개별적인 사례 소개로 이어지는 일반적인 구조를 극복하고 싶었다.

기존 교재들의 단점을 극복하면서 빠르게 변화하는 현실을 반영하기 위해 이번 개정판의 구조는 이전 판의 구조에서 크게 벗어나도록 하였으며, 세 부분으로 구성되어 있다. 제1부는 개발의 개념을 다루고 있으며 제2부는 개발의 실제, 제3부는 개발의 공간을 다루고 있다([자료 0.1] 참고).

제1부는 개발과 관련된 다양한 개념, 아이디어, 사상 등을 다루며 동시에 개발을 촉진하기 위한 시도들이 어떻게 일어나고 있는지 탐색한다. 또한 개발이라는 것이 어떻게 개념화되고 측정되는지, 제3세계(남반구[개도국] 이전에 개발 도상국을 지칭하던 단어), 제국주의와 식민주의, 국제분업(international division of labor), 신국제경제질서는 무엇인지 설명한다. 더불어 근대성, 계몽주의, 포스트모더니즘, 반개발주의(anti-developmentalism), 세계 경제의 변화(global shift), 시-공간 수렴(time-space convergence)과 같은 주제들도 다루어질 것이다. 개정판에는 반개발주의, 세계의 빈곤과 불평등, 개발의 신자유주의화, 젠더 관련 이슈, 디지털 격차(divide), 세계 경제의 변화, 식민주의의 유산, 탈식민주의(post-colonialism), 참여와 아래로부터(bottom-up)의 개발, 새천년 개발 목표(Millennium Development Goals: MDGs), 지속 가능한 개발 목표(Sustainable Development Goals: SDGs)와 같은 최근의 중요한 이슈가 포함되어 있다. 이 책의 앞부분에 해당하는 제1부는 개발이라는 것이 매우 다양한 측면을 지니며 논쟁적인 주제라는 것을 명확하게

[자료 0.1] 이 책의 구성

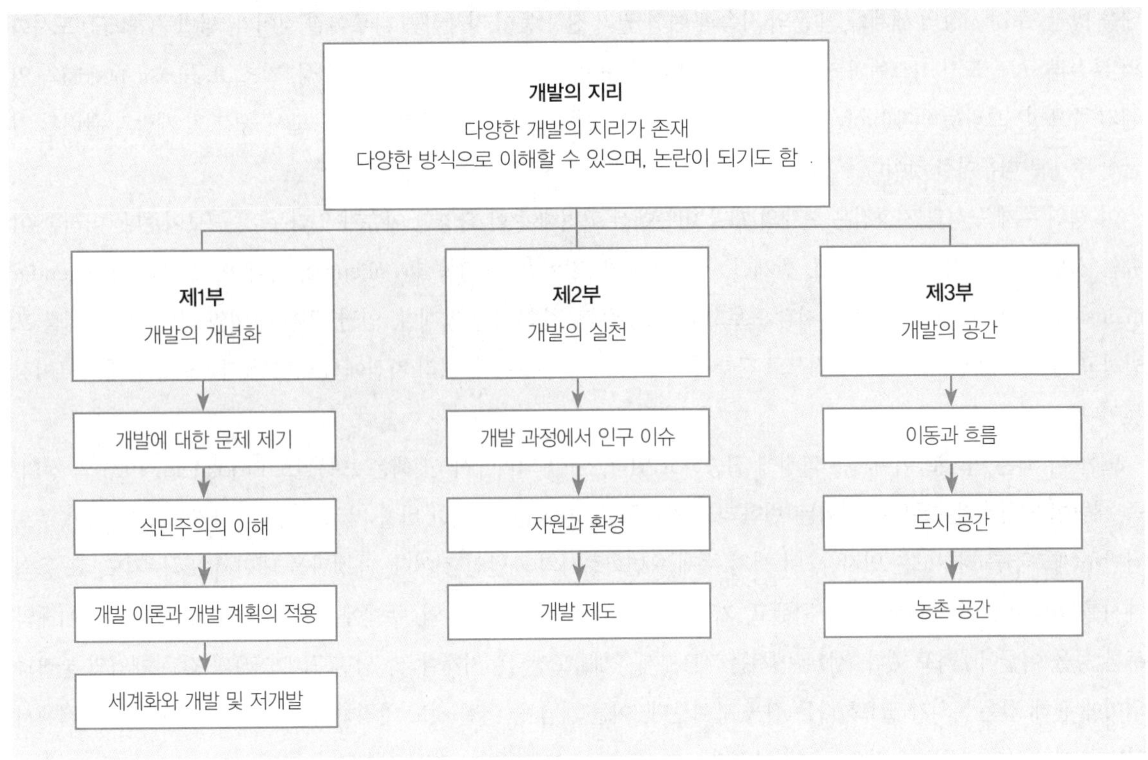

보여주고 있다. 이 책의 제목이 Geographies라는 복수형인 것이 보여주듯이 개발의 정의와 접근법은 장소와 시간, 국가와 지역별로 변화하며 동시에 논쟁적이다. 현재의 세계적 흐름은 세계의 여러 지역을 동일하게 만들지 않으며, 오히려 장소와 지역의 차이를 증대시키고 있다. 개발과 변화의 양상은 더욱 불평등해지고 있으며 이는 사회, 경제, 환경과 관련한 갈등으로 이어지고 있다. 최근의 디지털 격차, 새천년 개발 목표, 세계 금융 위기, 기후변화, 지정학적 긴장 역시 다양한 형태, 즉 단수가 아닌 복수 형태의 개발의 지리로 이어지고 있다는 점이 중요하다.

제2부는 개발에서 중요한 요소인 사람, 환경, 자원, 제도, 공동체 및 이러한 요소들의 복잡한 연결에 관한 내용을 다루고 있다. 개정판에는 분쟁 상황 속에서 에이즈(AIDS) 창궐, 젠더, 어린이와 관련된 내용과 고령화가 개발에 미치는 영향이 추가되었다. 자원과 환경의 측면에서 개정판은 자원 고갈과 환경 변화에 주의를 기울이고 있으며, 기후변화와 함께 우리는 이미 지구 위험 한계선(Planetary Boundaries)을 돌파했으며, 생태계가 제공하는 서비스가 지속적으로 악화될 것이라는 우려도 포함하고 있다. 또한 저탄소의 지속 가능한 개발로 전환하는 과정에서 평등과 정의의 문제도 중요하게 다루고 있다. 개정판에서는 개발과 관련된 기구나 조직에 대한 별도의 장을 마련하고 있는데, 유엔(UN), 세계은행(World Bank), 국제통화기금(IMF), 세계무역기구(WTO)와 같은 초국적 기구, 국가, 초국적 기업, 시민사회, 공동체, 개인 등 다양한 주체들이 망라되어 있다. 이러한 다양한 주체들을 강조하는 것은 개발의 지리를 만들어내는 다양한 의사 결정자 혹은 그들의 연합체가 존재한다는 것을 의미한다.

제3부는 개발이 특정한 장소와 사람들에게 무엇을 의미하는가의 문제를 다루고 있다. 이러한 문제에 대한 해답은 개별 장소 사이의 흐름과 이동, 도시와 농촌 공간을 모두 포함함으로써 가능하며 구체적으로는 사람, 금융, 기술의 이동과 흐름에서 나타나는 다양성과 복잡성, 교통과 통신이라는 현실적 조건이 모두 고려 대상이 된다. 최근 주목받는

주제인 국제 개발 원조, 에너지 안보, 빈곤 감소를 위한 관광(pro-poor tourism), 무역, 세계 금융 위기에 따른 무역과 대응 방안, 토지 시장의 세계화, 빈곤의 지속과 여성 권리 신장 등이 자세하게 다루어질 것이다. 남반구(개도국) 도시화의 본질과 규모, 도시 시스템의 진화와 불균등 개발의 등장, 도시 및 지역 계획의 필요성, 기초 요구(basic needs)와 인권의 중요성, '브라운 의제(brown agenda)'*와 관련한 지속 가능한 도시 등의 주제가 도시 공간 및 개발과 관련된 긴급한 주제로 다루어질 것이다.

이 책의 주제 구성과 지향점은 현재의 개발 이슈에서 고려해야 할 다양한 이슈가 있다는 것을 보여준다. 이러한 이슈는 시민사회, 비정부기구(NGO), 반개발, 신자유주의, 거버넌스, 회복력(resilience), 세계화, 젠더 주류화(gender mainstreaming), 구조 조정, 빈곤 저감 프로그램, 기후변화, 지속 가능한 개발, 인권, 권한 부여와 참여 민주주의를 포괄하고 있다. 이러한 이슈는 개별적으로 다루어지지 않고 책의 본문 속 여러 지점에서 다양한 시각으로 함께 다루어질 것이다.

또한 이 책은 변화로 이어지는 과정에 집중하고 있다. 이런 의미에서 이 책은 브룩필드(Brookfield, 1975)의 정의, 즉 개발이란 긍정적이든 부정적이든 '변화'라고 간단하고 명확하게 정의한 바를 따르고 있다. 그러므로 이 책이 주로 남반구(개도국)를 다루고는 있지만, 이 책의 주제는 변화로서의 개발인 것이다. 개정판을 내면서 도식, 지도, 표 등의 예시를 최대한 많이 사용하려고 노력했고, 기본 개념에 대해 추가적인 논의, 주제에 대한 자세한 설명, 비판적 이해와 토론 등을 이끌어내려고 했다. 제1부에서는 '제3세계', '개발도상국', '저개발국', '남반구(개도국)'와 같은 개념의 본질과 의미에 관해 깊은 논의가 필요하다는 점을 보여준다. 이들 개념 중 어떤 것도 완벽하지는 않지만, 저자들은 이 책에서 남반구(개도국)를 사용하는 것으로 결정하였다.

저자들은 개정판 작업을 시작하면서 우리가 살고 경험하는 세상이 아닌 다른 곳에 대해 가르치고 배우고 연구하는 일은 어렵지만 매우 중요한 작업이라는 점에 확고한 신념이 있었다(Unwin and Potter, 1992). 최근 들어 가난한 나라에 대한 미디어의 관심이 줄어들고 있다. 이러한 나라들은 진지한 다큐멘터리 대신, TV 프로그램 속에서 관광지, 휴일을 보낼 이국적인 곳, 리얼리티 프로그램 촬영지로 등장한다.

저자들은 전후 지리학의 발전이 영국, 유럽, 북아메리카에 치중되어 있고 남반구(개도국)에서 일어나는 일을 연구하는 몇 안 되는 연구자들에 대해서는 학계가 관심을 보이지 않았다고 믿는다. 이러한 경향은 남반구(개도국)에서 성장한 강력한 국가의 등장, 글로벌 경제, 글로벌 위기의 본질과 같은 현상에 도전받고 있다. 우리는 지리학의 새로운 비전을 지지한다. 새로운 비전이란, 초국적 경향과 세계화의 시대에 국경이 더 쉽게 통과할 수 있는 문이 되었다는 점을 인식하고 이론과 경험적 연구가 모든 방향으로 확대되는 것이다. 무엇보다 상호 의존성의 증대가 부유한 세계와 가난한 세계의 불평등을 확대하고 있는 시대에, 지리학과 지리학자들은 멀리 떨어진 다른 나라에 대해 더 큰 책임감을 보여주어야 한다. 바로 이 점이, 나날이 복잡해지고 상호 의존성이 증대되는 세상에서 개발의 다양한 의미를 살펴보고 토론하는 학생과 교수 들을 위해 이 책을 발간한 이유이다.

* 깨끗한 물의 공급, 위생, 하수 처리 등의 환경 이슈

제1부

개발의 개념화: 개발 의미

제 1 장

개발의 의미

이 장은 개발의 성격과 의미 및 개념의 변화를 이해하는 데 필요한 배경 지식을 제공하고자 한다. 이 장에서는 먼저 개발 주체들이 개발을 인식하는 방식, 즉 개념 정의, 내용 및 목표 등을 살펴보고, 다음으로 소위 포스트개발(post-development)과 반개발(anti-development) 등 개발 자체를 근본적으로 비판하는 관점에 대해서도 살펴본다. 또 새천년 개발 목표(MDGs), 지속 가능한 개발 목표(SDGs) 등 지구적 차원의 개발 의제가 도입된 배경에 대해서도 알아본다. 마지막으로 제3세계, 개발도상 지역(Developing world), 남반구(개도국)(Global South), 빈곤 국가(Poor countries) 등 발전의 공간적 표현에 대해서도 살펴본다.

이 장의 주요 내용은 다음과 같다.

- 학술 및 정책 분야에 있어서 개발 개념의 변천을 알아본다.
- 국내총생산(GDP)/국민총생산(GNP)과 같은 양적 지표, 인간 개발 지수(HDI), 자유 및 인권과 같은 질적 지표 등 여러 가지 발전 측정 방법에 대해 탐구한다.
- 개발 개념 및 그 적용 방식의 변화에 대해 살펴본다.
- 반(反)개발, 포스트개발 등 개발 비판론에 대해 알아본다.
- 1970년대 이후 개발도상국들은 크게 발전하였지만 동시에 격차도 커졌다는 점을 알아본다.
- 2000년에 지구적 개발 의제로 채택된 새천년 개발 목표의 내용과 성과에 대해 알아본다.
- 2015년에 채택된 지속 가능한 개발 목표의 주요 내용을 살펴본다.
- 제3세계, 개발도상국, 남반구(개도국)(Global South) 및 빈곤 국가 등 발전 수준에 기초한 지역 개념의 기원과 성격에 대해 살펴본다.
- 마지막으로 지리와 개발의 관계를 검토한다.

도입: 저개발에서 개발 그리고 포스트개발까지

개발* 개념을 적용하고 추구하는 것은 현대 세계를 규정하는 특징 중 하나이다. 그렇지만 개발의 바람직한 형태, 핵심 내용 및 전략 등은 지금도 여전히 토론 중인 주제이다. 그만큼 개발 개념은 가변적이고 논쟁적인 성격을 지니고 있다.

이 장에서는 먼저 '개발' 개념의 변화에 대해 알아본다. 즉 제2차 세계대전 이후 개발을 이해하고, 측정하고, 적용하는 방식이 어떻게 변화해왔고 거시적 정치·경제 흐름이 그 개념 변화에 미친 영향을 살펴보고자 한다.

개발 개념 논의에서 반드시 살펴볼 주장 중 하나가 과거의 개발 노력은 성과가 별로 없었을 뿐만 아니라 그런 방식의 개발 노력은 결코 성공할 수 없다는 소위 반(反)개발, 포스트개발 혹은 대안적 개발(beyond development) 이론이다(Schuurman, 2008). 그리고 개발이란 결코 비정치적 혹은 중립적일 수 없다. 따라서 제2차 세계대전 이후 냉전, 신자유주의의 부상, 2008년 금융 위기, 최근의 포스트-신자유주의의 태동 등 글로벌 관심사 및 글로벌 경제의 변화가 개발 개념에 미친 영향도 살펴본다. 아울러 국제 개발 목표(International Development Targets), 최근의 지속 가능한 개발 목표(Sustainable Development Goals: SDGs) 등 개발도상국의 여건을 개선하려는 노력들도 검토하고자 한다.

다음으로 격차의 심화 혹은 축소 여부를 염두에 두고 부국과 빈국 사이의 격차 실태에 대해서도 검토하고자 한다. 그리고 제3세계, 남반구(개도국), 빈곤 국가 등과 같은 용어들의 유용성에 대해서도 알아본다. 용어와 관련된 지역은 구체적으로 세계의 어느 곳을 지칭하는지, 과연 그 명칭이 적절한지, 그리고 어떤 용어가 현재 가장 널리 사용되는지 등에 대해 알아보려 한다. 끝으로 지리와 개발 간 관계의 변화에 대해서도 간략히 논의할 것이다.

*이 장에서는 원문의 'development'를 문맥에 따라 발전 혹은 개발로 번역하였다.

개발의 사전적 의미

개발, 발전 혹은 발달이란 단어는 매우 널리 사용된다. 예를 들어 개인 차원에서는 아동 발달, 자아 발달이란 용어가 있고, 기업에서는 연구 개발, 신제품 개발이란 용어가 사용되고 있다. 한편 국가 차원에서는 물리적 개발 계획, 경제 개발 계획 등의 용어에서도 개발이란 용어가 사용되고 있다. 이 계획들은 바람직한 미래 모습을 만들기 위한 개발과 변화 과정을 이끌어내기 위해 수립된다. 이런 점에서 개발과 계획의 관계는 밀접하다.

개발 과정은 개발 계획에 바탕을 두고 이루어지는데 대부분의 계획은 지배적인 개발 이론에 입각하여 수립된다. 모든 개발 이론은 나름의 개발관 또는 개발 이념을 기반으로 한다. 케인스주의와 같은 국가 주도 개발론과 신자유주의는 개발관과 전략 및 그 수단이 서로 다르다. 개발관은 국가 혹은 기관의 대응 방식에 영향을 미치지만, 개발관 이외에 여러 요인들도 개발 과정에 영향을 미친다. 여러 가지 개발 이론, 개발 전략 및 발전관의 구체적 성격에 대해서는 '제3장'에서 자세히 다룰 것이다.

모든 나라가 도로 건설과 같은 물리적 변화, 교육 기회 제공과 같은 인문적 변화를 일으키고자 하는 노력이라는 의미의 개발을 실시하고 있다. 그렇지만 이 책의 주된 관심은 지구적 차원에서 이루어지는 발전 용어의 적용에 있다. 즉 지구적 차원에서의 개발 문제는 [자료 1.1]과 같은 세계의 구분, 즉 북반구(선진국)라고 부르는 이른바 선진국과 남반구(개도국)라고 부르는 개발도상국 간의 경제적, 사회적 및 정치적 측면의 격차 문제를 다루려는 것을 의미한다. 따라서 발전은 진보 혹은 진화 단계를 의미하기도 한다. 단순한 차원에서 보자면, 북반구(선진국)의 국가들은 남반구(개도국) 국가들의 저발전

[자료 1.1] 2010년, 세계의 구분: 북반구(선진국)와 남반구(개도국)

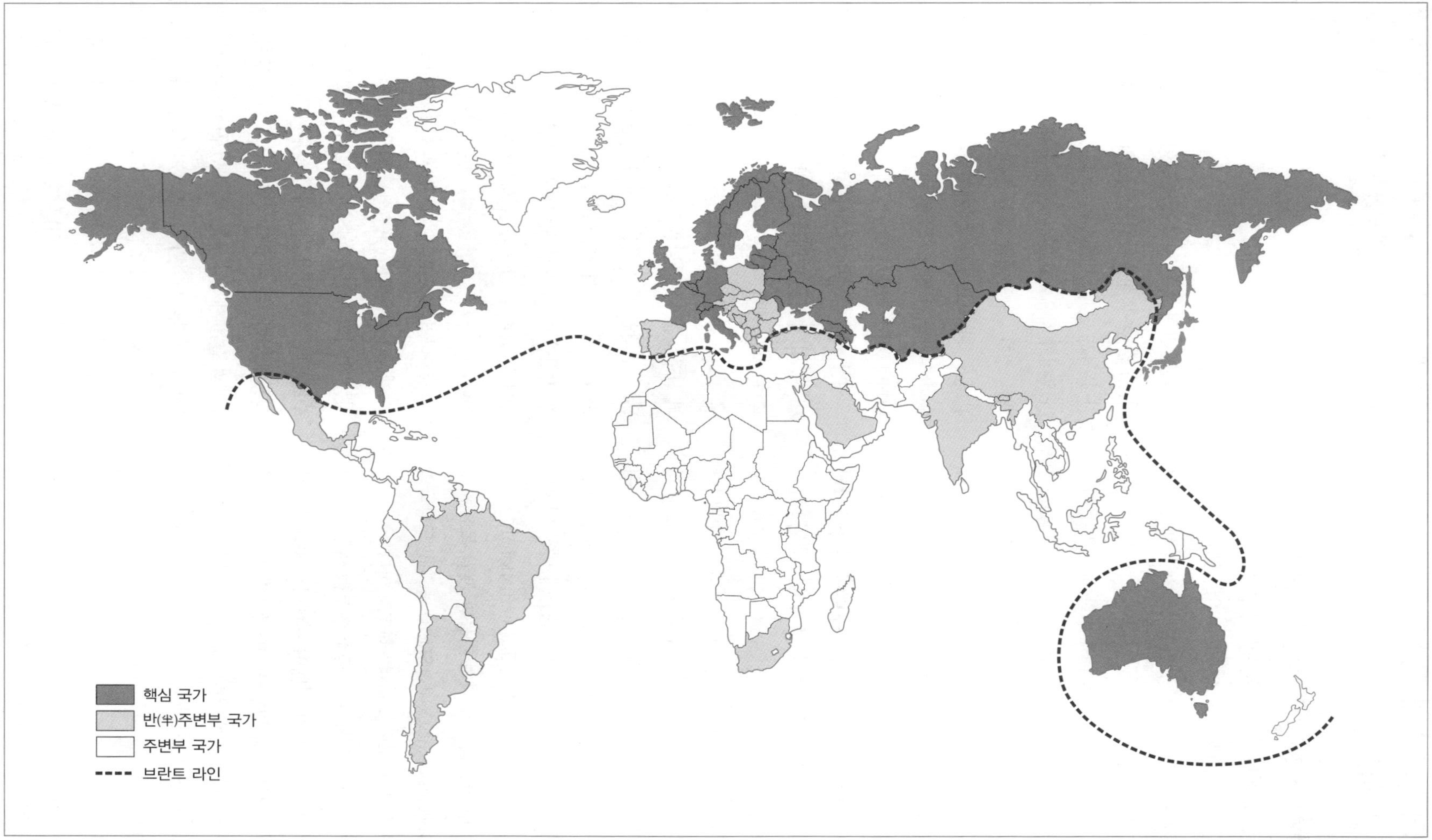

핵심 국가
반(半)주변부 국가
주변부 국가
브란트 라인

출처: Willy Brandt, *North–South: A Program for Survival*, figure 'Models on the 1980s: North and South; core, periphery and semi–periphery', © 1980 The Independent Bureau on International Development Issues, by permission of the MIT Press and also from *North–South: A Programme for Survival*, Pan, (Brandt, W. 1980). Copyright © W. Brandt, 1980, by permission of Pan Macmillan

비판적 고찰

발전의 성격

개발 연구들은 개발 또는 발전이란 말을 아래의 예와 같이 여러 가지 의미로 사용하고 있다. 그렇지만 모두 발전의 사전적 정의보다 확장된 의미로 사용하고 있는 점에 주목할 필요가 있다.

1. 예를 들면 소득 증가와 같은 근본적 혹은 구조적 변화의 의미로서 발전
2. 실제 달성 여부와 상관없이 현재를 개선하려는 개입과 실천으로서의 개발
3. 긍정적 성과를 보여주는 개선으로서의 발전
4. 미래의 발전을 촉진하는 여러 변화를 포함하는 개선을 위한 발판으로서의 개발

이상의 발전 정의들을 통해서 발전이란 반드시 전체적 개선만을 의미하는 것이 아니라 부분적 개선도 의미한다는 사실을 알 수 있다. 예를 들어, 1인당 평균 소득이 올라가면 동시에 불평등도 더 급속히 커질 수 있다. 소득 증가로 더 큰 차를 살 수 있는 사람들이 늘어나지만, 이에 따라 도로 혼잡, 교통 정체, 주차 문제, 대기오염 문제도 동시에 발생할 수 있다.

비판적 고찰

소득이 많다고 생활 만족도가 반드시 높다고 할 수 없는 경우를 흔히 볼 수 있다. 왜 그럴까? 돈으로 행복을 살 수 없는 이유는 무엇인가? 돈 이외에 삶에 대한 만족도에 영향을 미치는 요인들은 무엇인가? 그리고 사람들은 돈 이외에 어떤 다른 측면들을 추구하는가? 이런 문제의식을 국가에도 적용할 수 있는가? 부유한 국가의 국민들은 평균적으로 만족도가 높은가? 소득수준과 사회적 만족도 사이의 상관관계를 지지하는 혹은 부정하는 증거들을 알고 있는가?

센(Sen, 2000)은 개발이란 단순한 물질적 혹은 물리적 변화 차원을 넘어서기 때문에 개발의 성취에는 여러 가지 다른 요소들도 함께 고려되어야 한다고 주장하였다(아래 본문 참고). 센의 주장은 개발에는 소득이나 부의 증가만이 아니라 보건, 교육과 같은 사회적 측면의 개선도 포함된다는 시어즈(Seers, 1972)의 주장을 발전시킨 것이다(아래 본문 참고).

상태를 완화하기 위해 개발 원조 방식으로 도와주는 나라로 본다. 이렇게 정의한다면, 북반구(선진국)의 개발관에 특권적 지위를 부여하고 북반구(선진국)의 개입을 정당화해버린다는 사실을 인식하고 있어야 한다. 그리고 이 견해는 내발적 발전 혹은 남남 개발(South-South Development)*의 의미를 퇴색시킨다는 점도 염두에 두어야 한다. 나아가 북반구의 경험이 과연 이상적 모델인지에 대해서도 의문을 품을 필요도 있다.

개발 인식은 시대에 따라 달랐다. 처음에는 개발을 오직 물질적 진보(보다 나은 소득과 임금)의 의미로 이해하였고, 개발의 혜택은 궁극적으로 사회 전체에 돌아가게 될 것으로 보았다. 나중에 개발의 혜택이 일부에게만 돌아가는 것이 분명해지면서, 보건과 교육 등 사회적 요소도 개발의 일부로 다루어져야 하며 이에 대한 구체적 지원이 필요하다는 주장이 제기되었다. 나아가 센(Sen, 2000)은 자유와 권한도 마찬가지로 성취되어야 할 중요한 요소라고 주장하고 개발 논쟁을 새로운 차원으로 이끌었다.

개발 개념은 점점 심오해졌지만, 실제로 적용하는 데는 어려움이 많았다. [표 1.1]은 개발의 긍정적 측면과 부정적 측면을 정리한 것이다. 경제성장과 국가의 진보

* 중국, 브라질과 같은 개발도상국이 다른 개발도상국의 개발을 지원하는 활동

를 야기하고 기본 요구(식량, 의류, 주택, 교육과 보건)의 충족과 같은 긍정적 효과를 발휘하는 것이 개발의 긍정적 측면이다.

상대적 빈곤이 개선되지 않고 지역, 국가 및 개인 간 불평등이 생기고 지속되는 현상은 흔히 말하는 개발의 부정적 측면들이다. 개발이 가난한 국가로 하여금 부유한 국가에 대한 의존을 심화시켜, 경제적, 사회적, 정치적, 문화적 예속 상태에 놓이게 하는 점도 개발의 부정적 측면으로 언급된다.

이 장, 나아가 이 책 전체에 걸쳐 개발 개념과 개발 실천에 대한 논의는 남반구(개도국) 혹은 개발도상국 혹은 빈곤 국가라고 부르는 나라들의 경험과 결부하여 이루어질 것이다. 그렇지만 발전은 모든 지리적 스케일, 세계의 모든 부분과 결부된다는 점도 염두에 두어야 한다. 그러므로 개발은 부자 국가의 도시 빈민 지구 및 상대적 낙후 지역에도 적용된다. 부자 국가도 불평등과 기회 박탈의 심화로 인해 개발이 국가의 핵심 관심사가 되고 있다. 나중에 언급될 '2015 지속 가능한 개발 목표(Sustainable Development Goals: SDGs)'는 가난한 나라만이 아니라 모든 나라에 걸쳐 개발이 필요하다는 점을 인정하고 있다.

그렇지만 개발에 대한 탐구와 실천은 남반구(개도국) 또는 제3세계의 나라들과 결부되는 경우가 더 많다. 남반구(개도국)나 제3세계는 가치가 개입된 용어이다. 이 용어의 탄생은 20세기 후반 정치적 환경을 반영한 개발 개념의 변화와 밀접하게 관련되어 있다. 이 장의 후반부에서 지금은 낡은 용어로 치부되는 용어들의 탄생과 사용 및 지속 문제를 개발에 대한 인식과 연관시켜 살펴볼 것이다.

개발 개념의 변천

계몽 시대부터 제2차 세계대전 직후까지의 개발 개념

최근의 반개발 혹은 포스트개발론자들 대다수는 1940년대 후반을 근대적 개발 과정의 기원으로 본다. 보다 정확하게는 미국 대통령 해리 트루먼(Harry Truman)이 1949년에 한 연설을 근대적 개발 개념의 출발 시점으로 본다. 트루먼은 이 연설에서 저개발 지역(underdeveloped areas)이란 용어를 처음으로 사용하

[표 1.1] 개발의 긍정적 측면과 부정적 측면

긍정적 측면	부정적 측면
개발은 경제성장을 일으킴	개발은 서구/북반구 관점을 강요하는 일종의 종속적이고 예속적인 과정임
개발은 국가를 전반적으로 진보시킴	개발은 공간적 격차를 만들어내고 확대시킴
개발은 서구식 근대화를 유도함	개발은 지역의 고유한 문화와 가치를 훼손함
개발은 기초 요구 혜택을 늘림	개발은 빈곤과 열악한 노동 및 생활 조건을 고착시킴
개발은 지속 가능한 성장에 이바지함	개발은 환경적으로 지속 불가능하게 만듦
개발은 거버넌스를 개선함	개발은 인권과 민주주의를 저해함

출처: Rigg, 1997

였다. 이 용어는 나중에 제3세계라고 부르게 될 지역을 가리킨다. 트루먼은 저개발국을 발전시키는 것이 서구의 의무라고 언급하였다. 미국은 구유럽의 식민주의에 도전하는 한편, 모든 국가가 서구의 업적, 기술, 이상적 진보관을 본받아야 하는 점에 대해서는 지지한다고 말했다.

식민주의가 외국이 다른 나라의 영토를 직접적으로 통제하고 관리하는 것이라면, 트루먼의 생각은 신생 독립국을 사실상 미국의 신(新)식민지로 만들려는 것과 같다. 그는 소위 저개발국들이 자국의 현실을 인정하고 장기적 지원을 받기 위해 미국 편이 될 것을 요청한 것이다.

한편 트루먼의 발언을 계기로 발전의 뜻 속에 근대주의 혹은 근대화 개념도 포함되었다. 근대주의는 전통 사회가 근대적, 서구화된 국가로 전환하는 것을 발전이라고 본다. 즉 성공적 발전이라 함은 근대 서구 국가의 기술, 가치관 및 시스템을 추구하고 성취하는 것을 의미한다. 이러한 측면에서 볼 때, 근대화 이론과 실천 전략 대부분이 1945년에서 1955년 사이에 만들어졌다는 점은 의심할 여지가 없다.

서구 정부 특히 과거 식민 지배 세력이었던 서구 국가들에 있어서 개발이란 신탁통치 개념에 따라 식민지 사람들을 개발하려 했던 식민지 미션을 계속하는 것과 같은 의미를 지니는 것으로 여겨졌다. 신탁통치는 타인 혹은 집단이 나중에 스스로 잘 관리할 수 있을 때까지 잠정적으로 그들 대신에 소유권을 갖는 것이라고 정의할 수 있다. 이 정의는 다수의 전통 사회가 이미 자신들의 삶의 방식에 만족하고 있다는 사실을 인정하지 않는다. 실제로 개발 전략가들은 다른 삶의 방식을 받아들일 것을 강권하기도 하였다. 1950년대 미국의 자문가들은 타이 정부에 승려들이 근대화를 저해하는 자족의 미덕에서 벗어나도록 할 것을 건의하였다(Rigg, 1997).

그러나 근대적 개발의 기원을 18세기와 19세기, 각각 합리주의와 인문주의의 발흥 시기로 보는 학자들도 많다(Power, 2002). 이 시기에 개발은 단순히 변화를 넘어 의도적이고 논리적인 진화를 뜻하는 것으로 바뀌었다. 이러한 인식 변화가 시작된 때는 계몽주의 시대로 알려져 있다. 일반적으로 계몽주의는 18세기에 지속되었던 유럽 지성사의 한 시기를 말한다. 넓은 의미에서 계몽주의 사상은 과학과 합리적 사고가 인간 사회를 야만 상태에서 문명 상태로 진보시킬 수 있다고 믿는다. 계몽주의 시기는 합리적, 과학적 사고를 통해 보다 질서 있는, 보다 예측 가능한, 보다 가치 있는 변화가 가능하다는 믿음이 강해진 시기였다.

계몽주의 사상은 성직자의 권위에 도전하고 세속적(즉 비종교적) 지식층의 부상을 지지하였다. 이성과 합리주의의 지배, 경험주의에 대한 신뢰, 보편 과학과 이상 관념, 질서 있는 진보 관념, 새로운 자유의 우월성, 세속주의 윤리, 모든 인간은 본질적으로 동등하다는 관념 등이 계몽주의 사상의 주요 내용이다. 이러한 견해에 적응할 수 없는 사람과 사회는 전통적이며 후진적이라고 여겨졌다. 일례로 1788년 영국 침략자들은 서구와 같은 체계적, 합리적 방법으로 토지를 관리하고 경작하지 않는다는 이유로 오스트레일리아 원주민들의 권리를 인정하지 않기도 하였다.

바로 이 시기에 발전 개념은 서구의 가치관 및 이데올로기와 직접적으로 연결되었다. 파워(Power, 2002)는 '서구(the West)라는 관념의 출현은 계몽주의 사상에도 매우 중요하였고, … 유럽과 유럽의 지식인들을 인간 성취의 정점으로 자리매김하는 것이 유럽인의 관심사였다'라고 지적하였다. 그래서 발전을 서구의 종교, 과학, 합리성 및 정의 원리와 직접 연결되는 것으로 여겼다.

19세기 다윈주의(Darwinism)는 발전을 진화, 즉 생존에 보다 적합한 것으로의 변화로 보았다. 발전 개념은 계몽주의 합리성과 합쳐져, 서구 사회 이론과 과학에 기반을 둔 더욱 편협한 의미를 지니게 되었다(Estava, 1992). 산업혁명 시기에 발전 개념은 경제적 의미로 이해되었다. 그렇지만 19세기 후반까지는 자본주의적 산업화의 혼돈을 특징으로 하는 '진보(progress)' 개념과 기독교 질서, 근대화 및 의무로 표상되는 '발전' 개념이 서로 구분되어 있었다. 1920년대부터 후자의 발전 개념이 식민주의 미션(colonial mission) 속에 스며들기 시작하였다. 식민지 개발은 서구가 정한 일련의 기준에 따라 질서 있게 진보시키는 것으로 받아들여졌다. 따라서 식민지 개발은 다른 문화의 사람들이 스스로 삶의 조건을 규정하는 기회를 앗아버리는 것이 되어버렸다(Esteva, 1992).

전통 사회가 항상 새롭고 생산적인 발전 방식에 적응해왔다는 점은 전혀 인정되지 않았다. 그렇게 적응하지 않았다면 전통 사회는 결코 살아남을 수 없었을 것이다. 거친 환경에 적응해온 인도와 케냐의 전통적 농경 방식이 좋은 예이다. 더욱이 식민지에 대한 경제적 착취로 인해 서구식 발전은 달성하기가 거의 불가능하였다. 전통 사회와 경제는 독립적 실체가 아닌 식민 권력을 위한 공급자 역할을 담당하였기 때문이다. 이런 의미에서 식민 착취는 저발전 상태를 강화하였다. 이 책의 다른 장, 특히 '제3장'의 종속이론 설명에서 이에 대해 논의할 것이다.

경제성장으로서의 개발 개념과 그 한계: 1950년대~1970년대

오랫동안 발전은 물질적 변화, 경제성장을 추구하는 것으로 이해되어왔다. 그렇지만 1970년대가 되어서야 비로소 발전이란 단순한 경제성장 차원을 넘어서는 것이라는 인식이 나타났다. 이 절에서는 1950년대에서 1970년대 사이에 추진되었던 '권위적 개입(authoritative intervention)'에 대해 살펴보고자 한다. 권위적 개입은 미국도 경제성장을 통해 발전하였다는 인식을 근거로 경제성장의 의미에 대해 굳건한 믿음을 지닌 접근 방식이다. 그렇지만 1970년대에 들어서면서 이 방식의 한계를 인식하고 대안을 모색하기 시작하였다.

트루먼 대통령은 1949년의 취임 연설에서 저개발 지역의 빈곤은 '그 지역뿐만 아니라 발전된 지역에도 일종의 핸디캡이고 위협 요소이며 … 따라서 생산 증대만이 번영과 평화를 가져오는 열쇠가 될 수 있다. 그리고 근대적 과학과 기술 지식을 폭넓게 또 보다 적극적으로 활용하는 것이 생산 증대를 위한 핵심 방법이다'(Porter, 1995)라고 주장하였다.

계몽주의적 가치관 및 19세기 인문주의와 결합되어, 신식민주의적 미션의 새로운 신탁 관리 방식이 정당화되었다. 주로 자문과 원조 제공 등을 통한 권위적 개입이 신식민주의 미션의 방식이었다. 식민지 시대 그리고 탈식민지 시대(post-colonial)에 다른 국가들에 대한 서구의 접근 방식에도 이러한 관념이 깔려 있었다. 그 결과 서구의 이데올로기, 가치관 및 기술에 우월적 지위를

[자료 1.2] 탈식민주의 성장 이론

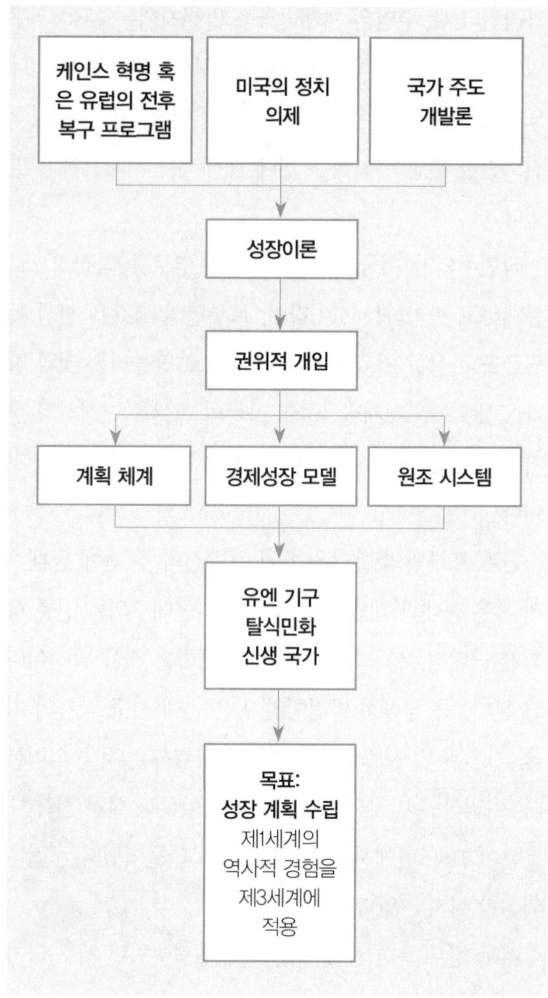

출처: Preston, 1996

부여하게 되었다. 이 접근 방식의 핵심 특징은 [자료 1.2]와 같다. 성장 이론과 권위적 개입에는 케인스주의(즉 정부가 국가 경제 개발을 주도해야 한다는 인식), 당시 미국의 핵심적 정치 의제(즉 미국의 위상 확보, 자본주의 확장 및 러시아, 중국에 대한 견제), 국가 주도 개발론(nationalist developmentalism)에 대한 신생 독립 국가들의 열망 등, 세 가지 선행 조건이 배경에 깔려 있었다.

권위적 개입, 성장 이론은 경제성장 모델, 계획 제도, 원조 시스템을 통해 구체화되었고, 결과적으로 남반구(개도국)에 북반구(선진국)의 역사적 경험을 그대로 전수하는 것이 궁극적 목표가 되어버렸다. 그러므로 1950년대에 발전과 경제 성장의 의미가 같았다는 사실은 그다지 놀라운 일이 아니었다. 성장 이론들과 성장 모델들은 대부분 미국의 경험을 바탕으로 만들어졌다. 국제 원조와 외국의 계획 제도의 도움을 받고 세계은행과 같은 국제기구들의 후원을 받아 성장 이론들과 성장 모델들이 추진되었다.

미국이 주도하는 이 접근법이 냉전 시대에 추진되었다는 점도 중요하다. 당시 미국과 미국의 동맹국들은 저개발 국가들이 서구적 이상을 추구하고 러시아와 중국이 내세우는 사회주의와 공산주의에 동조하지 않기를 바랐다. 이에 따라 개발 지원 및 원조가 군사적 동맹의 체결과 연계하여 이루어졌다.

이 접근 방식의 대표적 학자인 아서 루이스(Arthur Lewis)는 근대화의 핵심 과제는 성장에 있으며 분배는 아니라고 단호하게 말하였다(Esteva, 1992). 다시 말해, 소득을 공평하게 분배하는 것보다 소득과 물질적 부를 향상하는 것이 훨씬 중요하다는 것이다. 이로 인해 20세기 후반부에는 경제학자들이 개발 논쟁을 주도하였다. 물론 다른 학문 분야가 이 논쟁에 아무런 기여를 하지 않았다고는 말할 수 없다. 개발에 따른 사회적, 공간적 불평등 문제에 대한 사회학자와 지리학자의 기여도 있었다. 그러나 아무래도 발전 이론과 정책에 지배적 영향을 미친 분야는 경제학이었다. 한편 1950년대~1960년대 개발 경제학 붐은 발전 관련 용어에도 영향을 미쳤다. 그중 가장 두드러진 것이 저개발 국가를 정의하는 방식이다. 이에 대해서는 이 장 후반부에서 좀 더 자세히 다룬다.

저발전 혹은 발전을 양적으로 표현하는 가장 초기의 방법이자 여전히 가장 간편한 방법은 1인당 국민총생산(gross national product: GNP)을 이용하는 방법이다. GNP는 1년 동안 한 나라의 국민이 생산한 재화와 서비스 생산액을 합산한 것으로 통상 달러로 환산하여 나타낸다. GNP와 유사한 국내총생산(gross domestic product: GDP)도 이용되는데, GDP는 한 국가 영토 내에서 생산된 부의 총량을 측정한 것이다. 국민총소득(gross national income: GNI)은 GDP와 해외 거주 국민이 벌어들인 소득의 합산이다. 국가 비교를 하는 데는 GNP, GDP, GNI 총액을 국민 수로 나눈 1인당 환산액을 이용한다. 현재도 세계은행과 유엔의 개발 보고서의 부록에 개발도상국의 빈곤과 저발전 실태를 보여주기 위해 이 수치를 이용하고 있다. [자료 1.3]은 최근 자료를 이용하여 1인당 GNI의 지역 차를 보여준다. 지도에는 북반구(선진국)의 소득 우위가 여실히 드러난다. 경제적 발전 지표는 국가 간 소득 격차를 잘 드러내지만, 국가 내 지역 격차나 교육과 보건 및 정치적 자유 수준을 설명할 수는 없다. 이처럼 경제적 지표로 진정한 발전 수준을 파악하는 데 한계가 있기 때문에 1970년대부터 종합 지표를 개발하려는 연구들이 이루어지기 시작하였다.

여러 가지 개발 지표와 그 지리적 패턴: 1960년대~2000년대

1인당 국민총생산(GNP) 등의 지표는 사회집단 간 소득 격차나 건강, 교육 등 다른 발전 고려 요소들을 잘 설명해주지 못하는 문제점이 있기는 하다. 하지만 지표에 한계가 있다고 해서 부유한 국가와 가난한 국가 사이의 1인당 GNP 격차가 갈수록 커지는 것의 의미가 약하다고 할 수는 없다. 다르게 말하면, 개발 지표에 문제점이 있다고 해서 개발 과정 및 개발 격차를 파악하는 데 개

[자료 1.3] 2010년 글로벌 소득 격차: 1인당 국민총소득(GNI)

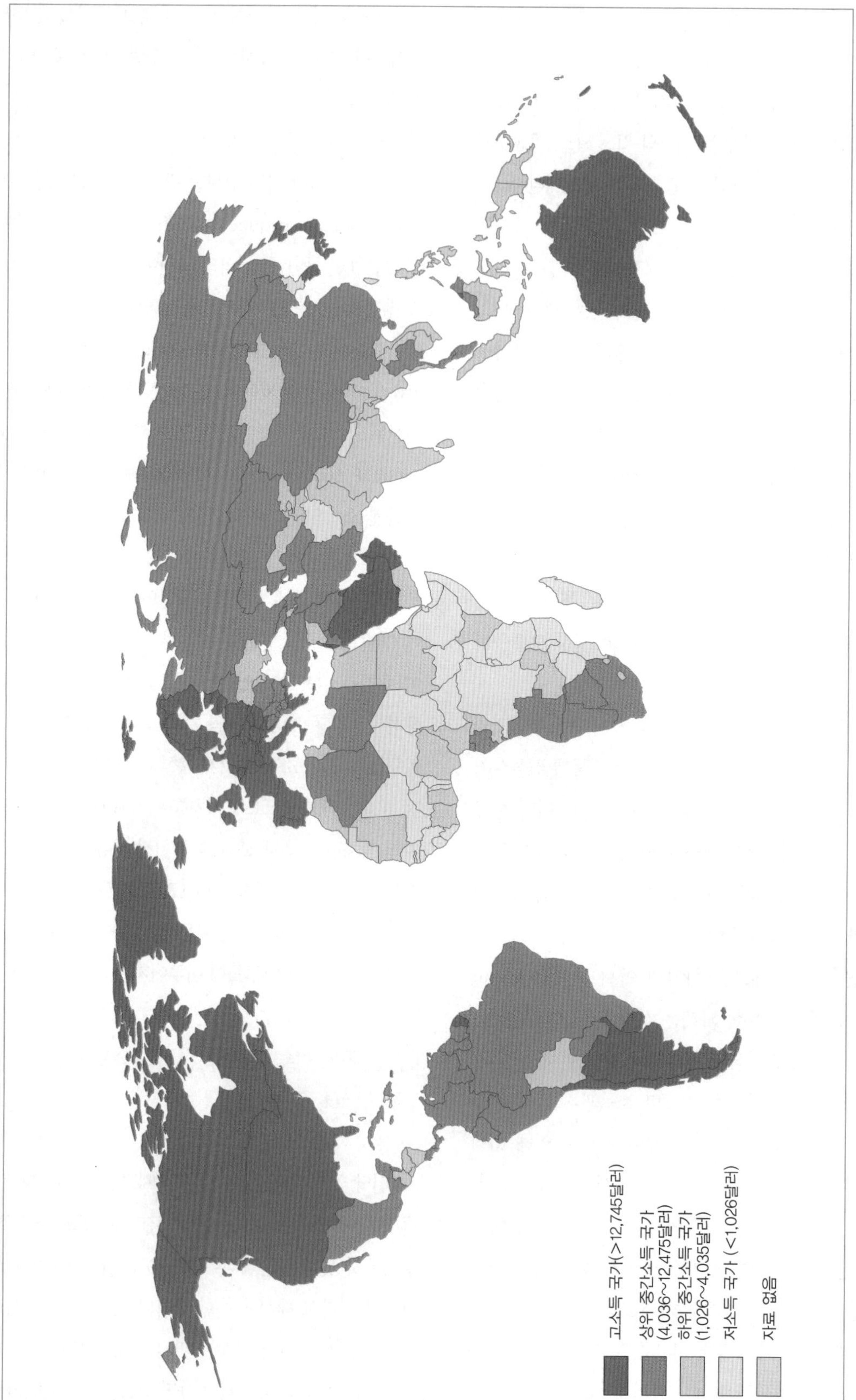

고소득 국가(>12,745달러)
상위 중간소득 국가 (4,036~12,475달러)
하위 중간소득 국가 (1,026~4,035달러)
저소득 국가 (<1,026달러)
자료 없음

출처: http://data.worldbank.org/data-catalog/GNI-per-capita-Atlas-and-PPP-table

[자료 1.4] 인간 개발 지수(HDI) 계산 방법

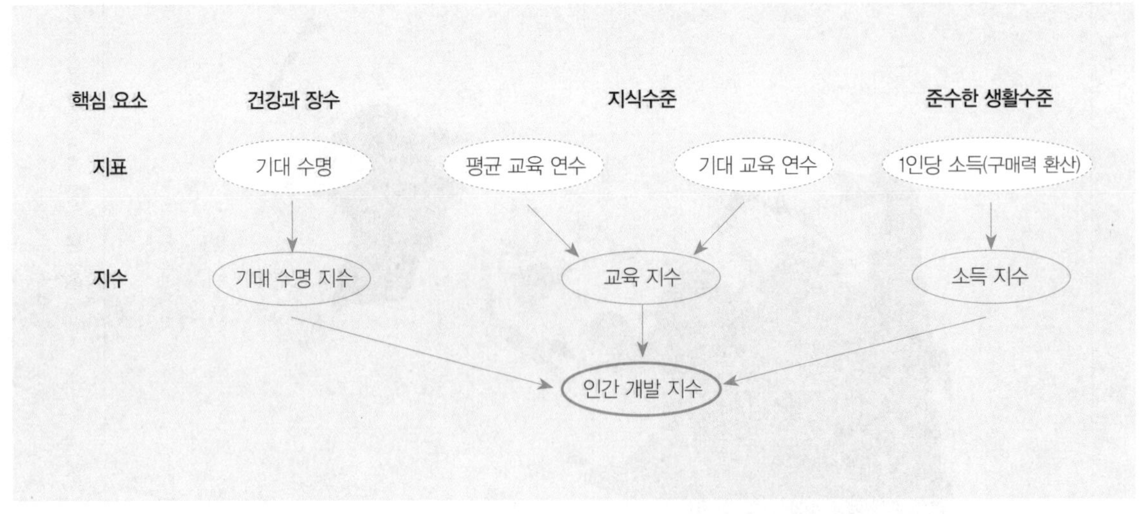

출처: UNDP, 2015

발 지표가 지닌 유용성을 전면적으로 부정할 수는 없다. 시어즈(Seers, 1972)는 빈곤, 실업, 불평등 등 세 지표로 상대적 개발 수준을 측정하는 방법을 제시하였다. 자료 수집에 다소 어려움이 있지만, 세 지표는 1인당 GNP만큼이나 신뢰할 만하며 부의 분배 상태도 더 잘 드러낸다고 주장한다. 시어즈는 세 지표를 경제적 지표로 여겼지만, 이 지표들은 사회적 측면도 반영한다. 시어즈는 세 지표를 사회 발전의 대리 변수로도 제안하였다.

1970년대와 1980년대에 보건, 교육, 영양 상태 등 사회적 발전 지표들의 개발이 두드러졌다. 예를 들면, 세계은행의 세계 개발 보고서(World Development Report) 부록에는 사회적 발전 지표들을 활용한 표들과 지도들이 수록되어 있다. 나아가 성 평등, 환경 수준, 정치적 권리 및 인권 등에 관한 측정값까지 사회지표에 포함되었다. 다른 통계들과 마찬가지로 사회지표 데이터들도 기술적인 측면에서 그리고 해석 측면에서 많은 비판을 받는다. 예를 들어, 문화적 관점이 다를 경우에 인권을 어떻게 측정할 것인가 하는 문제도 있다.

1980년대 후반에는 경제지표, 사회지표 및 기타 지표 등 무수한 지표가 매년 새로 개발되었다. 이 지표들은 서로 상충하기도 하고, 대부분 지역에서 어느 정도 발전이 이루어졌다는 것을 보여주기 위해 조작될 수도 있다.

자연스럽게 여러 지표들을 합산하여 하나의 종합 지수를 만들려는 새로운 열의들이 생겼다. 그러나 새로운 종합 지수들은 세계은행 개발 보고서 상의 GNP 기반 발전 결과와 상충되는 결과를 도출하기도 하였다. 리처드 에스테스(Richard Estes, 1984)의 사회 진보 지수(Index of Social Progress)에 따르면 미국은 쿠바, 콜롬비아, 루마니아보다 사회 진보 수준이 낮은 국가로 분류되었다. 통계로는 한 측면만을 보여줄 수 있을 뿐이었다. 가능한 한 여러 측면들을 반영하기 위해 매우 복잡한 종합 지수들이 사용되기도 하였다. 예를 들어, 타타와 슐츠(Tata and Schultz, 1988)는 요인 분석을 이용하여 10개 변수로 인간 복지 지수를 만들었다. 지수 값을 기준으로 분류한 세 그룹은 당시 성행하던 3개의 세계(제1세계, 제2세계 및 제3세계) 구분 결과와 차이가 있었다.

그럼에도 불구하고 세계 발전 경향을 간명하게 설명해주는 종합 지수는 널리 이용되었다. 유엔의 인간 개발 지수(Human Development Index, HDI)도 그중 하나이다. 인간 개발 지수는 건강과 장수, 지식수준 및 준수한 생활수준 등 세 가지 핵심 요소를 고려하여 한 국가의 인간 개발 수준을 파악한다. 구체적으로는 기대 수명,

[자료 1.5] 2014년 인간 개발 지수의 글로벌 격차

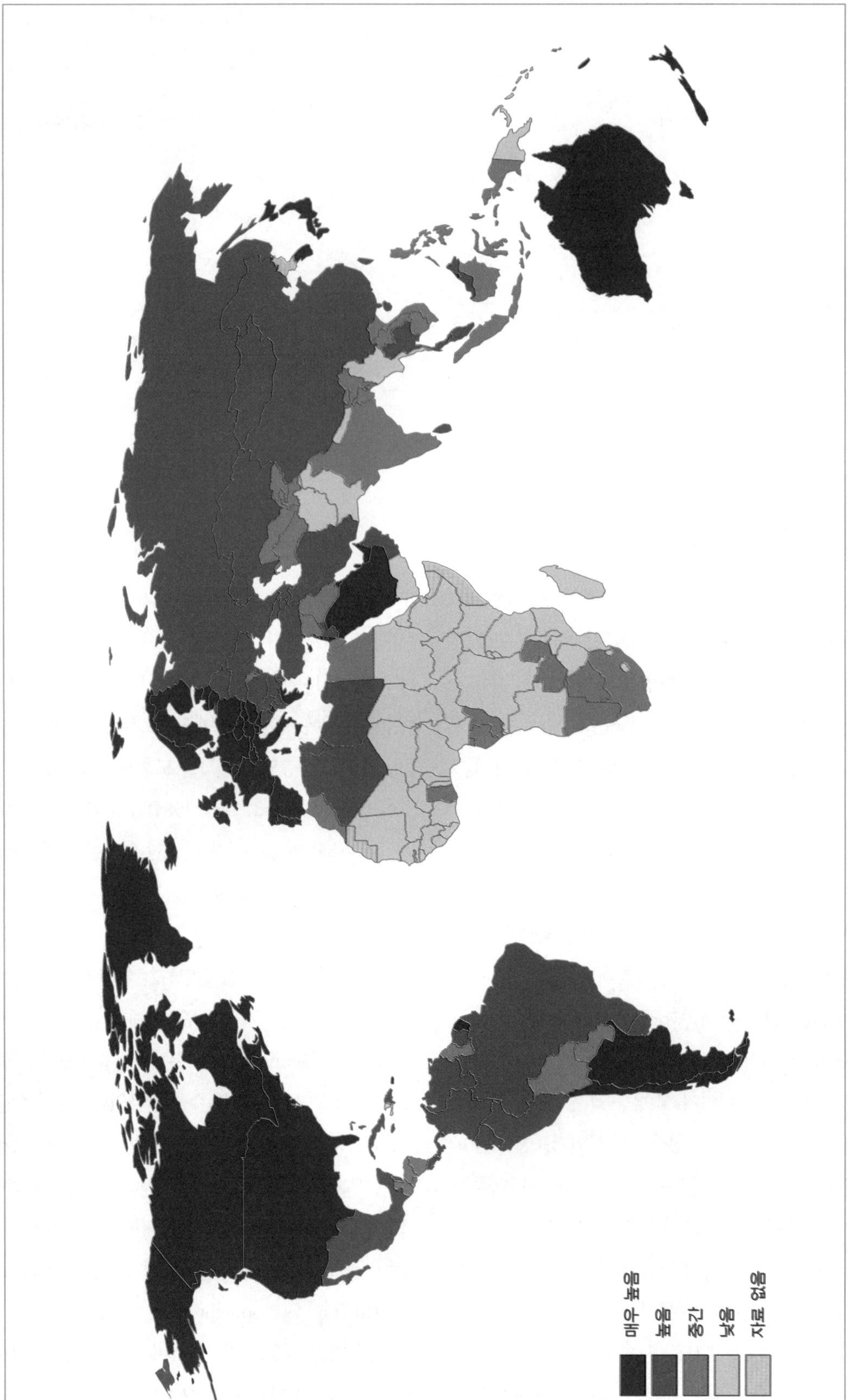

매우 높음
높음
중간
낮음
자료 없음

출처: http://hdr.undp.org/en/composite/HDI

[자료 1.6] 1990~2014년 인간 개발 지수의 변화

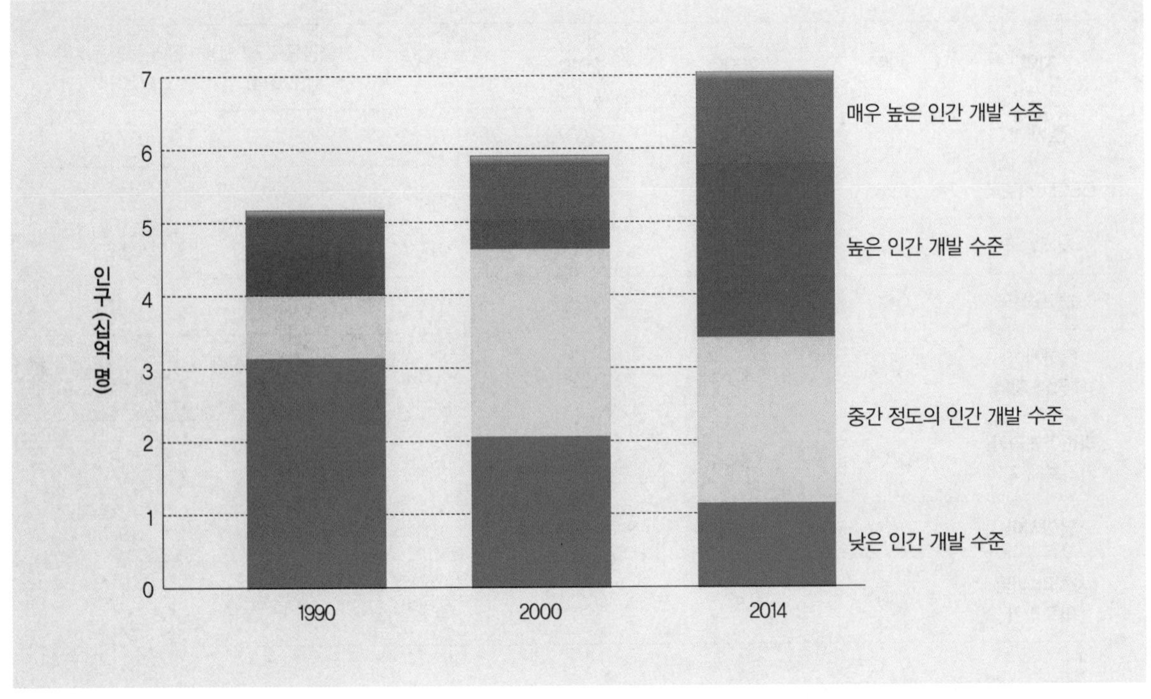

출처: UNDP, 2015

교육 성취도(성인 문해율과 1차, 2차, 3차 교육기관별 취학률 합산치)에다 달러 기준 1인당 구매력(purchasing power parity: PPP)을 합해 인간 개발 지수 값을 구한다(UNDP, 2001). 인간 개발 지수의 계산 방식은 [자료 1.4]와 같다. 세 가지 핵심 요소별 관련 지표를 구하고, 이 지표 값들의 합이 인간 개발 지수 값이 된다. 이 종합 지수는 다양한 맥락에서 사용된다. 예를 들면, 바베이도스 정부는 바베이도스가 개발도상국 중 매우 발전된 국가라는 사실을 홍보하기 위해 인간 개발 지수를 이용하였다. 바베이도스 정부는 머지않은 시점에 바베이도스를 제1세계 국가로 만드는 것이 자신들의 과제라고 선언하기까지 하였다(Potter, 2000).

인간 개발 지수는 일종의 통계 수치에 불과하며, 발전의 종합 측정치는 아니란 점을 강조할 필요가 있다. 이 지수가 소개된 이후 유엔은 여러 가지 계산 방법의 개선을 시도해왔다. 각각 새로운 변수들을 추가하여 구한 인간 빈곤 지수 1과 2(Human Poverty Index 1, 2), 젠더 발전 지수(Gender-related Development Index), 젠더 권한 강화 지수(Gender Empowerment Measure) 등이 그 예들이다. 예를 들면, 인간 빈곤 지수 2의 경우 장기 실업률로 측정한 사회적 배제 지표가 추가되었다. 젠더 지수들은 여성의 기대 수명, 문해율, 추정 소득 등의 변수들이 추가되었다. 최근에는 사회적 불평등 정도를 반영하기 위해 인간 개발 지수를 다시 수정하였다(UNDP, 2015).

인간 개발 지수가 높은 국가들 대부분은 미국, 캐나다, 스웨덴, 일본, 스위스, 영국 및 뉴질랜드와 같은 북반구(선진국)의 국가들 혹은 선진국들이다. 그러나 지수 점수가 높은 국가들 중에는 홍콩, 싱가포르, 한국, 바베이도스, 칠레, 바하마, 아랍에미리트 등 남반구(개도국)에 속한 국가들도 다수 있다. 중간 수준의 인간 개발 지수를 보인 국가들에는 트리니다드토바고, 베네수엘라, 루마니아, 페루, 스리랑카, 자메이카, 중국, 이집트, 나미비아 등이 있다. 반면에 파키스탄, 아이티, 탄자니아,

[표 1.2] 인간 개발 지수(HDI)

지역	1990	2000	2010	2014	불평등 조정 HDI (2014)	젠더 불평등 지수 (2014)
전 세계	0.597	0.641	0.697	0.711	0.711	0.449
OECD 회원국	0.785	0.834	0.872	0.880	0.763	0.231
저개발국	0.348	0.399	0.484	0.502	0.347	0.566
개발도상국	0.513	0.568	0.642	0.660	0.490	0.478
동아시아, 태평양 지역	0.516	0.593	0.686	0.710	0.572	0.328
라틴아메리카, 카리브해 지역	0.625	0.684	0.734	0.748	0.570	0.415
남아시아	0.437	0.503	0.586	0.607	0.433	0.536
사하라 이남 아프리카	0.400	0.422	0.499	0.518	0.345	0.575

출처: UNDP, 「인간 개발 보고서」, 2015

[표 1.3] 인간 개발 지수(HDI) 순위 및 세부 지표 값의 국가 비교

국가	HDI 순위	HDI	기대 수명	평균 교육 연수	1인당 GNI($)
노르웨이	1	0.944	81.6	12.6	64,922
오스트레일리아	2	0.935	82.4	13.0	42,261
스위스	3	0.930	83	12.8	56,431
에리트레아	186	0.391	63.7	3.9	1,130
중앙아프리카공화국	187	0.350	50.7	4.2	581
니제르	188	0.348	61.4	1.5	908
세계 평균	–	0.711	71.5	7.9	14,301

출처: UNDP, 「인간 개발 보고서」, 2015

세네갈, 기니, 르완다, 니제르, 시에라리온, 부룬디 등은 인간 개발 지수가 낮은 국가들이다([자료 1.5] 참고). 북반구(선진국)에 속한 국가들과 남반구(개도국)에 속한 국가들 간 인간 개발 지수의 차이가 매우 크다는 점이 중요하다.

[자료 1.6]은 인간 개발 지수를 기준으로 전 세계에 뚜렷한 개선이 이루어졌음을 보여준다. 인간 개발 지수가 낮은 그룹에 속한 인구는 줄어든 반면에 인간 개발 지수

[표 1.4] 경제 및 고용 지표의 지역 차

지역	GDP(10억 달러), 2013	1인당 GDP($), 2013	노동 참가율(%)	실업률(%)	15~24세 인구 실업률(%)
전 세계	97,104	13,964	63.5	6.1	15.1
OECD 회원국	46,521	36,923	59.7	8.2	16.5
저개발국	1,770	2,122	74.0	6.3	10.3
개발도상국	49,539	8,696	64.3	5.6	14.6
동아시아, 태평양 지역	20,766	10,779	71.1	3.3	18.5
라틴아메리카, 카리브해 지역	7,911	13,877	66.4	6.2	13.7
남아시아	9,305	5,324	55.6	4.2	10.9
사하라 이남 아프리카	2,997	3,339	70.9	11.9	13.5

출처: UNDP, 「인간 개발 보고서」, 2015

가 높은 그룹에 속한 인구는 크게 증가하였다. 하지만 이 결과는 개발의 증거는 될 수 있지만, 소득 불평등, 젠더 불평등 정도를 보여주지는 않는다.

선진국과 개발도상국 간 격차는 [표 1.2]와 [표 1.3]에 더 잘 나타난다. 이 표들은 유엔 개발 보고서(United Nations Development Report, 2015)에서 인용한 것으로 유엔의 지역 구분 방식을 그대로 따른 것이다. [표 1.2]에서 세계 각 지역의 인간 개발 지수 및 전 세계 평균값을 확인할 수 있다. 또 불평등 반영 지수(Inequality Adjusted Index)와 젠더 불평등 지수(Gender Inequality Index) 값도 표에 나타냈다. 인간 개발 지수가 모든 지역에서 개선되고 있는 점은 의미 있다. 그러나 저개발국과 사하라 이남 아프리카의 인간 개발 지수는 경제협력개발기구(Organization for Economic Cooperation and Development: OECD)와 큰 차이를 보인다. 특히 불평등과 젠더 요인을 고려할 경우 그 격차는 훨씬 크다. 인간 개발 지수가 발전을 정확하게 측정하는 것은 아니라고 하더라도, 지난 60~70년간의 발전 결과는 어느 정도 반영한다.

라틴아메리카와 카리브해 지역의 점수는 남반구(개도국)의 다른 지역들에 비해 양호하며 발전 성취를 분명하게 보여준다. 이에 비해 남아시아와 사하라 이남 아프리카의 성취 수준은 미미하다. 특히 불평등 조정 점수와 젠더 점수는 우려되는 수준이다. [표 1.3]은 인간 개발 지수가 가장 높은 3개국과 가장 낮은 3개국을 각각 세계 평균과 비교한 것이다. [표 1.3]에는 인간 개발 지수를 구성하는 세 지표 값들도 제시되어 있다. 최상위 3개국은 모두 선진국이고, 최하위 3개국은 모두 아프리카 국가들이다. 두 그룹의 기대 수명 격차는 20년이 넘고, 평균 교육 연수 격차는 4배에 이른다. 최상위 국가의 소득은 중앙아프리카공화국에 비해 10배 이상 높다. 이와 같은 현격한 격차는 시급한 개발에 대한 필요성을 느끼게 하는 한편으로 왜 격차가 지속되는지에 대해 의문을 느끼게 한다.

글로벌 격차 및 각 국가의 발전 정도를 이해하고자 할 때 GNP, GDP, GNI 같은 경제적 지표 및 인간 개발 지수와 같은 종합 지수 이외에도 각 국가별 상황을 요약하여 국제 비교를 할 수 있는 다른 측정 지표들도 많이 있

비판적 고찰

이 절에서 개발의 측정 방법이 변화해왔다는 사실을 언급하였다. 그리고 지역 격차의 수준과 성격에 대해 알아보았다. [표 1.2]~[표 1.4]를 보고 다음 질문에 대해 생각해보자.

- 지역 격차의 원인은 무엇이며 왜 이러한 격차가 지속되는가?
- 왜 청년 실업률이 전체 실업률보다 더 큰가?
- 급속한 인구 증가는 발전에 어떤 영향을 미치는가?

다. [표 1.4]는 세계 각 지역에 걸쳐 국가 단위의 GDP 총액과 1인당 GDP 수준을 보여준다. 이 외에 경제활동 참가율, 실업률, 청년 실업률 등 노동 관련 주요 지표들도 나타냈다. 비록 신뢰할 만한 지표는 아니지만 1인당 GDP의 큰 격차는 가난한 국가의 정부 능력이 사회적 개선에 투자하고 일자리를 제공하는 데 취약하다는 것을 보여준다. 전 세계의 노동 참가율은 비슷한 것으로 나타나지만, 남반구(개도국)의 국민들은 대부분 소득이 낮은 비공식 부문에서 생계를 해결하고 국가로부터 복지 혜택은 거의 받지 못한다는 사실을 고려해야 한다.

이상의 논의에서 드러난 것처럼, 다양한 개발 지표들이 세계의 격차를 파악하고, 이에 대한 지원과 대응을 정당화하는 데 사용되고 있다. 이러한 지표들은 유용하지만 인간 발전을 이상적인 서구 수준과의 차이 정도로 표현될 수 있는 직선적 과정으로 여긴다. 더구나 같은 범주에 속한 다른 유사 변수를 적용할 경우 종합 지수의 결과가 상당히 다르게 나올 수 있다. 이러한 약점에도 불구하고 추세를 알아볼 수 있기 때문에 이러한 발전 지표를 버리지 못한다. 심지어 반(反)개발론자들조차도 개발은 일종의 신화라는 주장을 하려고 이러한 통계 결과를 이용하기도 한다. 로널드 호바스(Ronald Horvath, 1988)는 발전을 측정하려 하면서 실제로는 일종의 은유를 측정하고 있다고 고백하기도 하였다.

경제성장으로서의 발전 개념은 여러 해에 걸쳐 확장되어 사회적 지표와 정치적 자유까지 포함하기에 이른다. 최근 아마르티아 센(Amartya Sen, 2000)은 그의 책 『자유로서의 발전(Development as Freedom)』에서 이 문제를 직접적으로 다루었다([핵심 사상가] 참고).

한편 발전을 어떻게 이해하고 측정해야 하는가 하는 문제 외에 글로벌 복지와 미래 전망에 영향을 미치는 다른 환경 요소 또한 고려되어야 한다. 기후변화, 자원 고갈, 급속한 인구 증가에 따른 인류의 취약성을 생각한다면 미래 세대의 생존에 영향을 미치지 않고 현재의 필요를 충족하는 발전, 즉 지속 가능한 발전이 시급히 요구된다. 기후변화를 억제하는 노력과 인간의 생존 및 복지를 위한 노력은 함께 추진되어야 하며 개발은 이런 점을 다루는 개입과 성과를 긍정적으로 평가하고 이를 반영할 필요가 있다.

개발 개념에 대한 비판과 그 대안들: 1960년대~2000년대

1960년대 이후 이전의 개발 개념과 실천 방식에 대한 비판이 계속되었고, 이에 따라 이론과 전략에도 영향을 미쳤다. 국제기구와 각국 정부 등 개발 주체들은 수십 년 동안 경제성장에 주력하였지만 국가 간 그리고 국가 내 소득 격차는 줄어들지 않고 오히려 불평등만 심화되었다. 낙수 효과도 발생하지 않았다. 그래서 발전을 다양하고 폭넓게 해석해야 한다는 요구가 제기되었다(Dwyer, 1977).

근대화 프로젝트의 실패 원인을 규명하고 새로운 전략 마련을 위한 논의들이 이루어졌다. 그러나 이러한 논의들은 직선적이고 보편적 과정으로서의 발전에 대한 의문은 제기하지 않았다. 주로 개발의 가변성과 오류 가

핵심 사상가

아마르티아 센과 자유로서의 발전

아마르티아 센(Amartya Sen)은 2000년에 『자유로서의 발전』이라는 저서를 출간하였다. 센은 1998년 노벨 경제학상을 수상하였으며 여러 해에 걸쳐 개발도상국의 빈곤, 기근, 역량(capabilities), 불평등, 민주주의 및 공공 정책 이슈 등을 포함한 개발 경제학의 여러 주제들에 대해 광범위한 저술을 하였다.

센(2000)은 사람들이 자신들의 주체성을 발휘할 수 있는 선택권과 기회를 제약하는 여러 가지 '비자유(unfreedom)' 요소들을 제거하는 것이 발전이라고 주장하였다. 중요한 점은 하나의 자유 요소가 다른 자유 요소를 촉진한다는 것이다. 각각의 도구적 자유들(instrumental freedoms) 사이에는 매우 다양한 상호 연관 관계가 존재하며(Sen, 2000), 경제적 자유와 정치적 자유는 서로를 강화해준다는 명확한 증거가 있다고 주장한다. 예로, 보건과 교육 분야와 같이 사회가 제공해야 할 기회는(일반적으로 공공의 개입이 필요하다) 경제적, 정치적 참여와 같은 개인적 기회를 보완해준다. 이러한 연결 관계를 통해 인간 자유의 근본적 중요성을 알 수 있다.

센은 실질적 자유(substantive freedoms)*도 중요시한다. 하지만 센이 더 중요하게 여기는 것은 도구적 자유이다. 도구적 자유는 기아, 영양 결핍, 질병, 조기 사망, 문맹 및 계산 불능(innumeracy)으로부터 벗어난 삶을 누릴 수 있게 해주는 그런 자유이다. 정치적 참여, 의사 표현의 자유도 매우 중요한 자유이지만 만약 글을 모른다면 그런 자유를 누리기란 매우 어렵다. 도구적 자유 속에 투표의 자유와 같은 정치적 자유는 포함되지 않지만, 도구적 자유는 신변 안전을 포함해 경제적 기회 수준, 사회복지 수준(social facilities), 사회의 투명도(신뢰와 개방성)와 분명히 관련이 있다.

센은 성차별 문제에 특별한 관심을 보였으며 『자유로서의 발전』에서 이 주제에 대해 감동적으로 서술하였다. 센은 성차별이란 여성들이 남성 수준의 실질적 자유를 누리지 못하는 상태라고 해석하였다. 여성들은 가정 내에서 음식 제공, 건강 관리에 있어 부당한 차별을 받으며 발언권도 거의 갖지 못한다. 센의 연구에서 가장 중요하게 다루는 격차는 개별적 존재로서의 격차이다. 그러므로 발전은 GDP가 아닌 개별적 자유를 중시하는 방식으로 측정되어야 한다고 본다.

이와 반대로 코브리지(Corbridge, 2002a)는 중국과 인도를 예로 들어, 센이 제시한 사례는 개인적 자유를 줄이면 빈곤층 또는 다른 사회적 약자들에게 긍정적 혜택이 돌아갈 수 있음을 보여준다고 주장하였다. 나아가 개인적 자유는 사회적 동원에 의해서도 고양될 수 있기 때문에 반드시 자유주의적이거나 민주적일 필요는 없다고까지 주장하였다. 이 주장은 센의 주장과 배치되는 것은 아니지만, 개인적 자유가 지닌 역량을 제한적으로 본 것이다.

비판적 고찰

여러분이 매일 누리는 자유는 무엇이고 일상생활 중 어떤 분야에서 자유를 누리는가? 그리고 여러분은 부자유 혹은 자유의 결핍을 경험하고 있다고 생각하는가? 세계의 다른 지역에 사는 사람들과 비교해서 여러분이 누리는 자유를 어떻게 평가할 수 있는가? 여러분이 누리는 자유 중 일부는 다른 사람들의 자유를 희생시킨 대가로 얻는다고 느끼고 있는가?

* 우리가 흔히 자유라고 할 때 그 의미의 자유를 말한다.

능성 및 개발의 시간적, 공간적 격차를 설명하고자 하였다. 최근에 와서야 개발의 기본 성격에 대해 의문을 제기하는 비판적 이론이 나타나기 시작하였다.

유럽 중심주의와 경제적 불평등 및 개발 격차: '개발의 한계(development impasse)'와 새로운 개발 관점

일부 비평가들은 개발 목표 달성에 실패한 원인을 경제 발전 이론에 내재된 유럽 중심주의가 과학의 탈을 쓰고 개발 방식과 개발 과정을 왜곡하기 때문이라고 비판하였다. 특히 메흐메트(Mehmet, 1995)가 강한 비판을 제기하였다.

> 논리적으로 서구 경제학은 일종의 폐쇄 시스템이다. … 여기서는 가정이 현실을 대체하며 젠더, 환경 및 제3세계 모두 관련이 없는 것으로 치부한다. … (그러나) 주류 경제학은 결코 가치 중립적이거나 비서구 문화에 대해 관용적이지 않다.

물론 유럽 중심주의는 주류 개발경제학과 근대화 전략 차원을 넘어 그 이상을 겨냥한 비판이었다(Hettne, 1995; McGee, 1995). 실제로 근대화론부터 네오마르크시즘 및 1980년대 신자유주의 혁명에 이르는 거의 모든 주류 개발 전략은 태생적으로 유럽 중심적이었고 편향된 시각을 갖고 있었다. 더구나 대부분의 개발 전략들은 발전과 자본주의를 동일시한다. 그리고 발전을 거대 이론 혹은 이른바 메타 담론(metanarratives)으로 설명되어야 하는 일종의 거대 주제로 여긴다. 당연히 이 오만한 접근은 비판을 받았다. 이 접근들은 선진국이 개발 척도를 만들고 목표를 설정하고, 세계의 나머지 지역에 적용하게 될 전략을 수립한다는 논리를 깔고 있었다.

유럽 중심적 개발관이라는 비판과 함께 선진국과 후진국 간의 불평등한 정치적, 경제적 관계라는 강고한 현실에 대한 비판도 제기되었다. 선진국의 경제적 힘과 서방 기업에 대한 의존성 때문에 선진국으로의 자본과 자원의 이동 현상이 심화되었다. 막대한 원조에도 불구하고 선진국으로의 부의 쏠림 현상은 더욱 증가한 반면에 다른 방향으로의 이동은 거의 발생하지 않았다. 후진국 대부분에서 서구식 발전은 이루어지지 않았고, 선진국은 자신들이 만들어낸 왜곡된 개발의 수혜자가 되는 식민주의의 연장 현상이 나타났다.

최근의 한 평가에 따르면, 아프리카의 경우 매년 차관, 직접 투자 및 무상 원조를 합쳐 총 1,320억 달러 상당의 자금 지원을 받았지만, 부채 상환, 이익 송금 및 면세 혜택(면세 혜택 규모는 무상 원조 규모의 거의 6배에 이르렀다) 등의 방식으로 총 1,920억 달러를 선진국에 되돌려주었다고 한다. 아프리카에 대한 원조는 부유한 국가의 정부들이 실제로는 자국의 기업들을 도와 아프리카의 자원을 빼내 가면서도 자신들의 선의를 부각하는 왜곡된 현실을 촉진하였다(Anderson, 2014).

후진국의 보건, 교육 및 절대 빈곤 수준은 크게 개선되었지만, 경제적 격차가 심화되고 있다는 사실 또한 명백하다. 대규모 개발 원조 사업들이 시작된, 한편으로는 유엔 개발 10년 프로젝트(United Nations Development Decade)의 첫해였던 1960년 이래 전 세계의 경제적 격차는 2배로 커졌다. 1990년대 중반 무렵에는 세계 인구 중 상위 20%가 전 세계 소득의 83%를 차지한 반면에, 하위 20% 인구는 2%에도 못 미치는 소득을 차지하였다(UNDP, 1996). 2015년에는 이 격차가 더욱 커져 세계 인구의 1%가 65조 달러 상당의 부를 차지하였다. 이 수치는 세계 인구의 하위 50%가 가진 부의 65배에 해당한다(IMF, 2015).

격차가 심화되고 광범위한 비판이 제기됨에도 불구하고 외부로부터의 개발에 의해 발전을 한 사례도 있다는 사실 또한 인정해야 한다. 싱가포르, 타이완, 한국 등 아시아 신흥공업국가들이 대표적이다. 냉전 시기 동안 선진국으로부터 특별한 지원 혜택을 받은 경우이긴 하나 이들 국가는 급속한 경제성장을 이룩하였다.

전반적 상황에 대해 다양한 비판이 제기되는 가운데 두 가지 비판론이 주목을 받았다. 첫 번째는 개발의 대상자들이 개발의 방향과 과제를 정하도록 노력해야 한다는 '아래로부터의 개발(development from below)'(Stöhr and Taylor, 1981) 또는 '주민 주도 개발(putting the last first)'(Chambers, 1983)에 관한 주장이다. 두 번째 비판적 주장도 첫 번째와 비슷한 가치관을 지닌다. 이 두 입장은 개발에 대한 권위와 발언권이 국제 개발 기구와 중앙정부를 거쳐 개발 대상자에게 주어지는 불공정한 개발 담론을 거부한다(Corbridge, 1995).

양쪽 입장 모두 메타 이론(예를 들면, 근대화 이론과 같은 거대 보편 이론)을 거부하고 젠더 이슈, 환경 이슈 등 개발 과제에 대한 미시적 혹은 중범위적 접근을 선호하는 포스트모던 개발(postmodern development)의 견해와 부분적으로 일치한다. 포스트모던 개발은 간단히 말해서 근대화 및 계몽주의 방식을 거부하는 개발 방식이다. 두 입장 모두 개발 연구의 한계에 대해 대응하고자 한 것이다. 1980년대 중반 이후 개발 연구의 이론적 한계 상황은 포스트모더니즘의 사회과학 비판과 세계화의 진전 및 개발 자체의 실패에 그 원인이 있다. 개발 연구의 한계 상황은 기존의 개발 이론들과 개발 전략들이 산적한 개발 과제에 효과적으로 대처하지 못하고 복지를 의미 있는 수준으로 개선하지 못하였기 때문이다.

신자유주의적 발전

개발의 한계에 봉착했지만 개입은 중단되지 않았다. 그 대신 1980년대부터는 시장 의존적 개입이 확대되었다. 세계은행, 국제통화기금(International Monetary Fund: IMF), 대부분의 국가 정부 등 개발 주체들은 국가의 개입을 줄이고 시장의 힘을 지지하는 신자유주의적 실천 전략을 폭넓게 채택하였다.

글로벌 개발 주체들이 이러한 변화를 요구하는 데는 역사적 상황, 특히 미국, 영국을 비롯한 서방 국가들이 케인스주의로 알려진 국가에 의한 경제 관리 개념을 버리고 통화주의 경제학자들이 지지하는 시장에 기반을 둔 혹은 신자유주의적 정책을 선호하는 현실에서 비롯되었다. 동시에 상당한 외채를 조달하여 근대화를 추진한 개발도상국들도 1970년대 세계 경제 위기와 에너지 가격 상승 등 두 가지 타격을 동시에 받게 되자 부채 상환에 어려움을 겪었다. 그리하여 1980년대에는 다수의 개발도상국 국가들이 부채 상환에 실패하였고 이에 따라 어쩔 수 없이 국제통화기금과 세계은행의 '구조 조정 프로그램(Structural Adjustment Packages)'을 받아들였다. 이 프로그램은 국가의 역할 축소, 무역 자유화, 시장 개방, 통화가치 절하 등의 조건으로 부채 상환을 연기해 주고 신규 부채를 제공하는 프로그램이다. 그 결과 대부분의 개발도상국들은 이 기간 동안 경제 침체, 고용 감소를 겪었다. 아프리카의 경우 1980년대는 그 이전의 발전 성과가 사라져버린 '잃어버린 10년'이었다.

또다시 서구식 개념에 입각해서 개발은 국제 투자와 교역의 촉진, 자국의 기업가들을 위한 시장 친화적 여건의 조성, 민간 부문이 주택 및 서비스 공급 등에 중요한 역할을 담당하는 민영화 등으로 여겨졌다(Desai and Potter, 2014).

매우 고통스러운 몇 년을 보낸 후 정부의 효율성은 다수 개선되었다. 또 개발도상국의 사회복지, 고용, 소득 측면에서 일부 개선도 이루어졌다. 그러나 그 성과들은 성장의 혜택이 확산될 것이라는 신자유주의의 이상에는 못 미쳤다. 오히려 사회적 격차가 확대되고 선진국을 향한 의존성이 심화되는 결과를 초래하였다.

국가 역할의 축소 개념이 기존의 개발 이론에 보편적으로 받아들여졌다. 근대화, 국가 주도 혹은 하향식 개발의 실패로 인해 다수 개발 이론가들은 보통 사람의 삶을 개선하려면 새로운 개발 관점이 필요하다고 주장하였다. 이에 따라 대안적/포퓰리스트적 대응과 포스트개발/반개발론이 새롭게 조명을 받았다.

대안적/포퓰리스트적 개발 접근: 아래로부터의 개발과 비정부기구의 역할

근대화론 방식과 다른 개발 방법에 대한 논의는 1990년대에 활발하게 이루어졌지만, 그 이전에도 있었다. 일찍이 인도의 마하트마 간디(Mahatma Gandhi)가 주장한 로컬 주도 개발(locally driven development)과 커뮤니티 자립 원칙들이 1940년대 이후 다수의 커뮤니티 개발 실천과 전략에 영향을 미쳤다. 1960년대에는 발전을 근대화로 좁게 정의하면서 개발도상국의 다양한 상황에 널리 적용할 수 있다는 견해에 대한 비판이 제기되었고 보다 로컬 중심적 견해도 대두되었다. 예를 들어 스웨덴 다그 함마르셸드 재단(Dag Hammarskjold Foundation)의 '다른 발전(another development)'은 보다 인간 중심적 개발 개념으로 1990년대에 다시 관심을 받았다. 이 개념은 헤트네(Hettne, 1995)의 '대안적 발전(alternative development)' 주장과 함께 기존에 비해 더 많은 권한을 부여함으로써 개발을 효과적으로 추진하는 것을 지원할 필요가 생기면서 다시 주목을 받게 되었다.

1960년대부터 미시적 사람 중심 개발의 필요성에 대한 논의가 이루어지기 시작하였다. 이 논의들은 획일적 개발 목표 대신 지역과 사회에 맞는 다양한 목표를 설정하는 1970년대의 "기본 요구 전략(basic need strategies)"의 토대가 되었다. 이는 저비용과 낮은 수준의 기술을 바탕으로 한 상수 보급 확대, 보건 의료와 교육 개선 같은 미시적 정책을 권장하는 세계은행의 공식 정책으로도 채택되었다. 하지만 주거, 교육 혹은 보건 등의 목표들은 자금 지원을 둘러싸고 다른 개발 목표들과 경쟁을 하였을 뿐만 아니라, 이전의 개발 전략과 타협한 획일적 접근 방식(universalist approaches)으로 인해 그 내용이 변질되었다.

로컬 중심, 내생적 발전 개념은 1980년대에 들어서 완전히 자리를 잡았다. 여기에는 스퇴르와 테일러(Stöhr and Taylor, 1981)의 '아래로부터의 개발' 개념, 로버트 체임버스(Robert Chambers, 1983)의 '상향식 개발(bottom-up development)' 개념, 그리고 최하층의 요구를 적절한 방식으로 해결하고자 하는 참여적 개발 혹은 공동체 기반 개발 철학에 대한 신뢰 등에 기여를 하였다. 공동체 참여 철학은 처음에는 소농 개발, 농촌 개발에 한정되어 논의되었지만, 점차 사람이 중심이 되는 개발 접근에 널리 받아들여졌다. 빈곤층의 권한 강화(empowerment) 개념은 수사에 그친 경향이 강했지만, 빈곤층의 참여 유인은 이제 주요 개발 기구의 의제로 자리매김을 하였다. 이 점은 참여와 민주주의 실태에 관한 유엔의 광범위한 조사 결과(UN, 1993)에서도 확인할 수 있다.

비정부기구(Non-Governmental Organization: NGO)는 개발 과정에 개입하여 빈곤층의 권한을 강화하는 데 중요한 역할을 담당한다. 원조 단체, 자선 단체, 종교 단체(faith-based organization), 지역사회 기반 조직(community-based organization: CBO) 등 다양한 유형의 단체들이 비정부기구에 속한다. 대규모 비정부기구는 일부 개발도상국의 국가 예산보다 더 많은 예산을 운용하지만, 소규모 비정부기구는 공식적인 지원을 거의 받지 못하고 사회운동 수준의 활동에 그친다. 최근 비정부기구의 역할을 조사한 결과에 따르면, 일부 비정부기구는 로컬 혹은 커뮤니티 수준의 프로젝트에서 벗어나 광범위한 연계를 모색하는 것으로 나타났다. 이 경우 비정부기구는 대규모 종합 프로젝트에 간여하면서 해당 국가 정부와 강한 연계를 맺는다(Desai and Potter, 2014).

그러나 비정부기구, 특히 선진국의 대규모 비정부기구가 외국 기관처럼 기능을 하고 기존의 권력 관계를 유지하고 기존 정치 시스템을 정당화하는 데 기여한다는 비판을 받기도 한다(Botes, 1996). 실제로 구조 조정 프로그램—즉 국제기구에서 요구하는 경제 복구 프로그램—에서 비정부기구들은 복지 기능의 민영화에 참여함으로써 결과적으로 해당 국가 정부로 하여금 그 책임을 면하게 한다.

공동체 참여와 관련해서도 비정부기구 및 외부 주체들의 역할에 대해 다음과 같은 비판이 제기되었다. 무지한 사람들에게 지식을 가르쳐주는 것을 자신들의 책무로 여기는 개발 전문가의 온정주의적 태도, 이로 인해 그 사람들의 권한을 약화하는 점, 일부 사람들만 선택적으로 로컬 파트너로 참여시키는 점, 의사 결정 절차 혹은 공동체 참여와 같이 어렵고 시간이 많이 드는 이슈보다 기술 문제와 같이 성과가 분명한 이슈를 선호하는 점, 로컬 엘리트의 재량권을 강화하는 점, 그리고 무엇보다도 과정보다 성과에 역점을 두는 점 등을 비판받고 있다.

아래로부터의 개발은 근대화론자들의 전통적 개발 방식과는 질적으로 다르다. 그러나 실천은 낭만적 방식보다 실제적 방식으로 이루어져야 한다. 로컬 사회조차 이질적인 하위 집단으로 나뉘어 있을 수 있다. 따라서 풀뿌리 개발(grassroots development)도 이러한 점을 고려하면서 참여적 개발을 유도하여야 한다. 물론 신자유주의적 개발 전략가들도 자신들의 개발 전략은 개방된 시장경제 속에서 개인의 선택권을 더 많이 보장함으로써 개인의 권한을 강화하려 한다고 주장할 수 있다. 그러나 이러한 접근에 있어서 권한 강화(empowerment)는 착각이며 신기루를 좇는 것과 같다는 비판이 제기된다(Munslow and Ekoko, 1995). 참여 민주주의 제도가 권한과 자원을 일반 사람이 아니라 비정부기구 및 로컬의 주민 대표 혹은 기구에 몰아줄 수 있기 때문이다. 이 문제는 포스트개발론자들과 반개발론자들이 관심을 두는 주제이다.

지속 가능한 개발

1980년대부터 지구의 장기적 미래를 어떻게 만들어 나갈 것인가에 대한 지구적 관심이 커지면서 이 문제는 개발 연구의 핵심 사항 중 하나가 되었다. 기후변화의 영향, 자원 약탈, 자원 고갈 및 회복 불가능한 환경 피해 등에 대한 우려로 인해 한정된 자원을 바라보는 관점과 관리 방안에도 영향을 미치게 되었다.

이 문제와 관련해서 1987년 유엔 환경 개발 위원회 산하 브룬틀란 위원회(Brundtland Commission)의 보고서, 「우리 공동의 미래(Our Common Future)」가 결정적인 영향을 미쳤다. 이 보고서는 지속 가능한 개발, 즉 미래 세대의 요구를 충족할 수 있는 능력을 훼손하지 않으면서 현세대의 요구를 충족시키는 개발의 필요성에 대한 관심을 일으켰다. 1992년 환경과 개발에 관한 유엔 회의 즉 리우 회의(Rio Conference)에서 지속 가능한 개발을 핵심 개발 목표로 하는 아이디어를 채택하였고, 이후에 지구 헌장(Earth Charter)에도 반영되었다.

환경에 대한 관심이 커지면서 지구의 관리와 개발에 대한 사고에도 영향을 미쳤고 오염 물질과 가스 배출에 대한 지구적 차원의 통제를 하는 데 일정한 진전이 있었다. 그러나 산림, 야생동물, 토양, 하천 손실을 방지하기 위한 노력은 훨씬 더 많이 이루어져야 한다. 지구는 선진국 수준의 경제성장 추구를 감당할 만한 자원이 없기 때문에 녹색 이슈는 개발 개념 형성에 갈수록 더 큰 영향을 미칠 것이다.

발전에 대한 새로운 관점의 모색

1940년대 이후 어떤 발전을 어떻게 달성할 것인가에 대한 아이디어가 크게 바뀌었다는 사실을 강조할 필요가 있다. 1970년대 후반까지는 발전을 소득 증가 및 경제 수준의 향상으로 보는 관점이 보편적으로 받아들여졌다([자료 1.7] 참고). 근대화는 소득 및 경제 수준의 향상을 이루는 수단으로 여겨졌다. 그래서 달러 혹은 재화의 양, 차량 대수 등 양적 지표로 발전 수준을 측정하고 평가하였다.

그러나 유엔의 「2000~2001년 인간 개발 보고서(2000/2001 Human Development Report)」는 인간 개발을 국민소득의 상승 혹은 하락 그 이상의 차원에 관한 것이라고 언급하였다(UNDP, 2001). 이 보고서는 '개발은 사람들이 자신들의 욕구와 관심에 따라 창조적이고 생산적인 삶을 영위하기 위한 역량 일체를 키울 수 있는 환경을 조성하고자 하는 것이어야 한다'라고 정의하였다. 그러므로 개발은 사람들이 가치를 두는 삶을 영위할 수 있도록 기회를 확대하는 데 더 중점을 두어야 한다고 보았다(UNDP, 2001).

이러한 관점은 발전을 사람들의 역량 강화로 보는 인식을 촉진했다. [자료 1.7]은 이 관점과 관련된 주장들을 요약한 것이다. 가장 기본적인 인간 역량은 건강하면서

[자료 1.7] 경제성장으로서의 발전과 자유의 신장으로서의 발전

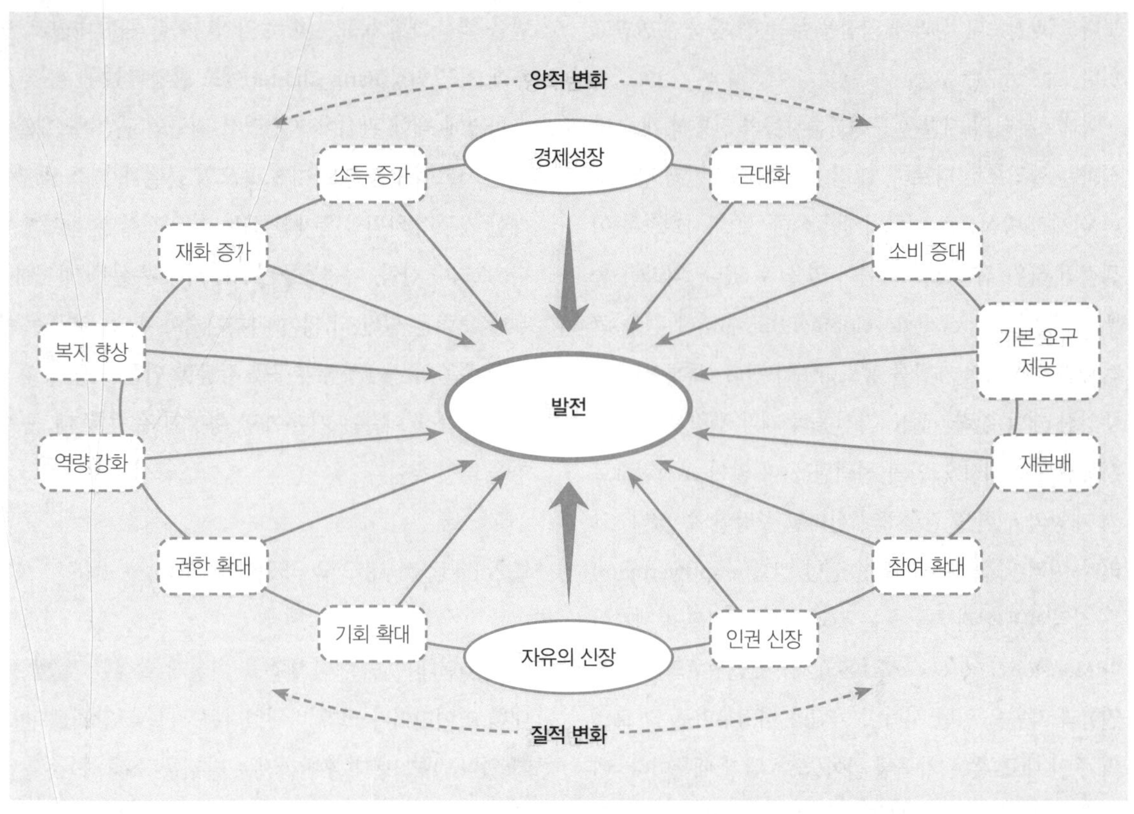

출처: *The Guardian*, 2015a; UN, 2015b

장수하는 삶, 지식 습득 능력, 인간다운 생활을 성취하는 데 필요한 자원에 대한 접근, 공동체 생활의 참여이다. 따라서 복지의 향상이 발전의 궁극 목표 혹은 최종 목표로 간주될 수 있다. 결과적으로 발전은 인권 신장과 동일한 비전을 지닌 개념이 된다.

유엔 인간 개발 보고서의 결론도 발전은 자유의 신장과 같다고 하였다. 즉 '발전의 궁극 목표는 인간 자유이다. … 사람들은 자유롭게 자신들의 삶에 영향을 미치는 의사 결정에 참여하여 선택할 수 있어야 한다'(UNDP, 2001)라고 기술하였다.

[자료 1.7]은 발전의 본질과 개념 정의에 관한 일련의 가닥들을 요약한 것이다. 발전 방정식의 질적 측면을 강조하는 접근 방식들이 있는가 하면, 소득과 국민총생산 등 양적 측면에 중점을 두는 접근 방식들도 있다. 결국 발전을 어떻게 이해하고 적용하든 간에 발전은 목표, 중점 내용, 실천 방법 측면에서 다양한 면모를 띨 수밖에 없으며 가능한 한 [자료 1.7]에 제시된 다양한 측면들을 다루면서 추진되는 것이 바람직하다.

반개발, 포스트개발 및 대안적 개발

포퓰리스트적 개발 해석과, 개발 개념 그 자체에 의문을 제기하는 최근의 반개발론자 간에는 중첩되는 측면이 많다. 반개발은 종종 '포스트개발' 또는 '대안적 개발(beyond development)'이라고도 불린다. 개발 대상자들에게 실질적인 도움을 주지 못하는 네오마르크시즘에 실망한 급진주의자들이 반개발론으로 돌아섰다는 주장도 있다(Watts and McCarthy, 1997). 그래서 반개발, 대안적 개발 및 포스트개발을 개발 딜레마에 대한 일종의 급진적 대응, 즉 서구식 개발 개념을 거부하고 공동체의 역량과 자원에 뿌리를 두고 공동체 욕구를 해결하는 새로운 방식을 찾으려는 노력의 일환으로 평가하였다.

반개발론은 기본적으로 근대화의 실패에서 비롯되었다는 점에서 새로운 아이디어는 아니다. 그러므로 반개발론 또한 발전은 서구가 만든 개념이라는 비판에 근거를 두고 있다. 즉 반개발론도 발전이란 서구가 정한 경제, 사회 및 정치적 개발 지표를 다른 나라에 강요함으로써 결국 다른 나라를 서구 방식으로 정상화하고 개발시키려는 신식민지적 미션에 불과하다고 비판한다. 피터스(Pieterse, 2000)는 '개발이 전통 사회의 고유한 가치와 잠재력을 거의 무시하는 서구의 신흥 종교와 같아서 개발을 거부한다'고 언급하였다(Escobar, 1995). 보편적 개발 담론이 로컬을 말살시키므로 전 세계 발전 무대에서 로컬의 중요성을 다시 주장함으로써 세계화의 압력에 저항해야 한다는 반개발론자의 주장들도 많다.

반개발론자들은 개발 담론 혹은 용어가 서구에 의해 만들어졌다는 생각을 공통으로 하고 있다. 그리고 개발도상국에 대한 서구의 지식 토대 위에서 그 개발 방식을 결정하는 식의 개입이 촉진됨으로써 결과적으로 (서구가 생각하는) 개발도상국 사회를 만들어버린다는 생각도 공통적으로 하고 있다. 에스코바르(Escobar, 1995)는 개발이 빈곤, 저개발, 낙후와 같은 비정상 상태를 만들고, 이를 정상화한다는 명분으로 다시 로컬 문화의 가치와 권위를 부정하는 정책을 펼친다고 비판하였다.

이상의 논의에서 반개발론의 아이디어는 여러 면에서 에드워드 사이드(Edward Said)의 오리엔탈리즘과 유사한 점이 많다는 것을 알 수 있다. 둘 다 공통적으로 개발도상국 문제와 그 해법이 서구식 개발 담론과 실천 전략에 의해 만들어진 것이라고 본다. 한편 반개발 담론은 서구식 발전을 추진하고자 하는 개발도상국 국가에 대해 부정적으로 평가하고, 새로운 개발 방식은 아래로부터 이루어져야 한다고 주장한다. 그래서 반개발론자들, 특히 에스코바르는 풀뿌리 참여뿐만 아니라 변화의 수단으로 새로운 사회운동을 강조한다. 에스코바르는 사회운동이 지역사회 여건에 맞는 적절한 변화를 이끌어내는 토대가 될 수 있다고 주장하였다.

하지만 에스코바르는 새로운 사회운동의 성격이 전통적 개발 목표(주로 기본 요구 충족)와 유사한 목적을 추구한 19세기 계급 기반 사회운동과 본질적으로 다르다고 주장하였다. 에스코바르에 따르면, 새로운 사회운동은 반개발적이며, 일상 지식을 활용하여 자율을 추구하는 평등주의적, 민주적 및 참여적 정치를 촉진하려 한다. 그는 성공적 사례로 라틴아메리카의 자치 커뮤니티 사례를 제시하였다. 나아가 일부 학자는 새로운 사회운동이 편협한 물질적 관심을 초월한다고 주장하기도 한다(Preston, 1996). 에스코바르도 새로운 사회운동이 '여성과 개발' 혹은 '풀뿌리 개발' 식의 절충적 프로젝트에 의해 개발주의 미션으로 변질되는 것을 조심해야 한다고 경고하였다.

반개발론자들에 대한 신랄한 비판들도 당연히 제기되었다. 세계은행의 가면을 쓰고 단 한 종류의 자본주의가 개발도상국의 개발을 독점한다는 식으로 개발을 비판하는 에스코바르의 논리에 대해 마치 1970년대 종속이론과 흡사하다고 비판하기도 한다(Watts and McCarthy, 1997). 또 에스코바르는 자기주장과 상충될 수 있는 아시아 태평양의 개발도상국 경우를 제외하고 일부 사례만을 선택적으로 다루었다는 비판을 받는다(Rigg, 1997). 에스코바르가 보건, 교육 개선 등 서구식 개발이 일으킨 여러 긍정적 변화를 무시한다는 비판도 있다. 일부 학자들은 개발도상국 사람들에게서 개발에 대한 불신을 확인하였다는 에스코바르의 주장에 대해 개발도상국 사람들은 공감하지 않을지도 모른다고 지적하기도 한다. 실제로 아시아 학자들 다수는 정부와 정부의 정책을 비판하기보다 지지한다는 주장도 있다(Rigg, 1997).

반개발론은 주류 개발 이론의 약점과 모순에 대해 정당한 비판을 하였지만 그렇다고 반개발론이 의미 있고 실천 가능한 대안을 제시하였다고 말할 수는 없다. 특히 새로운 사회운동이 기존 체제에 대해 불만의 목소리를 내는 차원을 넘어 실질적 변화 혹은 발전 대안을 제시한다는 명백한 증거도 부족하다. 새로운 사회운동은 단지 미시적 수준에서만 가능할 것으로 보이며 전파하기도 어렵다. 실제로 개발도상국의 빈곤층은 생존을 위한 생계를 꾸리는 데 전념하면서, 개발에 대한 어떤 견해를 지니는 것을 특권층의 사치라고 본다. 개발도상국의 빈곤층은 간혹 대단히 유연하고 혁신적인 대응 방식과 생존 전략을 취하기도 하지만, 그들의 기본 속성은 보수적이어서 타인에 의한 변화를 좋아하지 않는다고 할 수 있다.

한편 반개발론은 낭만적이며 주민의 생활양식을 획일적으로 인식한다고 비판받기도 한다(Corbridge, 1995). 빈곤층과 취약 계층이 과연 개발에 저항하는가? 또는 그들은 개발을 활용하여 자원과 정의에 대한 접근성을 향상시키려 하는가?

반개발론은 분명 압도적 세계화하에서 로컬에 대한 인식을 바꾸는 데 기여하였다. 세계 일부 지역에서 일어난 국가의 퇴조 및 민주주의 회복 사례는 사회운동이 주도권을 확보할 수 있는 여지를 새롭게 만들어냈다. 그러나 사회운동 접근의 근본적 약점은 운동의 이점보다 운동 그 자체를 주장하는 데 역점을 둔다는 점이다(Watts and McCarthy, 1997). 어떤 집단의 삶의 질이 개선된다면 기초 요구에 중점을 둔 보통의 이기적 목표를 지닌 사회운동은 잘못된 것인가?

여러 약점에도 불구하고 반개발 운동은 개발 과정에 있어서 로컬 차원의 기술과 가치는 물론 로컬 그 자체의 중요성을 재차 강조하는 데 기여하였다. 아울러 반개발 운동은 근대화 목표 혹은 외부의 개입으로부터 자유로울 수 없지만 그래도 강력한 세계화 영향 앞에서 로컬 차원에서 어떤 성취가 가능한지를 일깨워주었다. 또한 반개발 운동은 유럽 중심적 및 하향적 개발의 단점과 편향성에 대해 정당한 비판을 제기하고 정책과 개발 결정을 할 때 더욱 객관적이어야 한다는 점도 고취하였다.

포스트모더니즘 입장

최근 개발 논의에 있어서 가장 주목할 만한 변화는 거대 이론에서 중범위 접근으로 전환되었다는 점이다. 중범위 접근은 특정 이슈 또는 구체적 개발 과제를 중심으로 그것들과 전체 발전 과정 및 로컬 여건과의 관계를 파악하고자 하는 접근 방식이다. 1990년대와 2000년대 초반 이론과 정책에 큰 반향을 일으켰던 젠더 문제와 주거 문제 간 상호 관련성 논의가 대표적인 중범위 접근의 예이다(Desai and Potter, 2014).

일부 학자들은 이러한 개발 논의의 변화를 포스트모더니즘이 개발 연구에 미친 영향을 보여주는 예라고 주장하기도 한다. 개발 연구 분야에 있어서 포스트모더니즘 접근은 사상의 해방, 로컬의 타자 인정 및 로컬의 자원·기술·기회를 활용한 소규모 개발 선호 등을 특징으로 한다(Corbridge, 1992). 이러한 접근 방식은 실증 연구(empirical studies) 전통이 강한 개발지리학 분야에서 오래전부터 해오던 방식이었다. 맥기(McGee, 1997)는 개발 과정에서 로컬의 고유한 맥락을 부각하는 데 경험 연구 전통이 큰 장점을 발휘할 수 있다고 지적하였다.

한편 포스트모더니즘이 '신보수주의적 성격을 잘 드러내는 동시에 상품화, 상업화 및 값싼 상업 개발에 사로잡힌' 후기 자본주의의 문화적 논리에 불과하다는 견해도 있다. 이 주장대로라면 개발 이론에 있어서 대부분의 중범위 및 미시 이론들은 포스트모더니즘과 관련이 없다. 포스트개발론의 부상을 포스트모더니즘 혹은 포스트구조주의의 대두와 연관시키는 견해도 있다(Parfitt, 2002). 포스트모더니즘은 문명의 진보를 부정하며 역사를 우연한 사건의 연속으로 보기 때문에 발전을 포함한 어떤 목표라는 것을 고려할 수 없다. 포스트모더니즘과 개발 사이의 관계에 대해서는 '제3장'과 '제4장'에서 더 자세히 다룰 것이다.

빈곤 해소 담론

반개발론과 포스트개발론으로부터의 비판이 있음에도 불구하고, 발전의 구성 요소와 실천 방법에 대한 이해가 늘면서 1990년대에는 빈곤 해소 담론이 강하게 대두되었다. 1980년대 기근 확산에 대한 우려와 10억 명 이상이 여전히 절대 빈곤 상태에 있는 현실로 인해 빈곤

[자료 1.8] 세계 빈곤 인구 추이

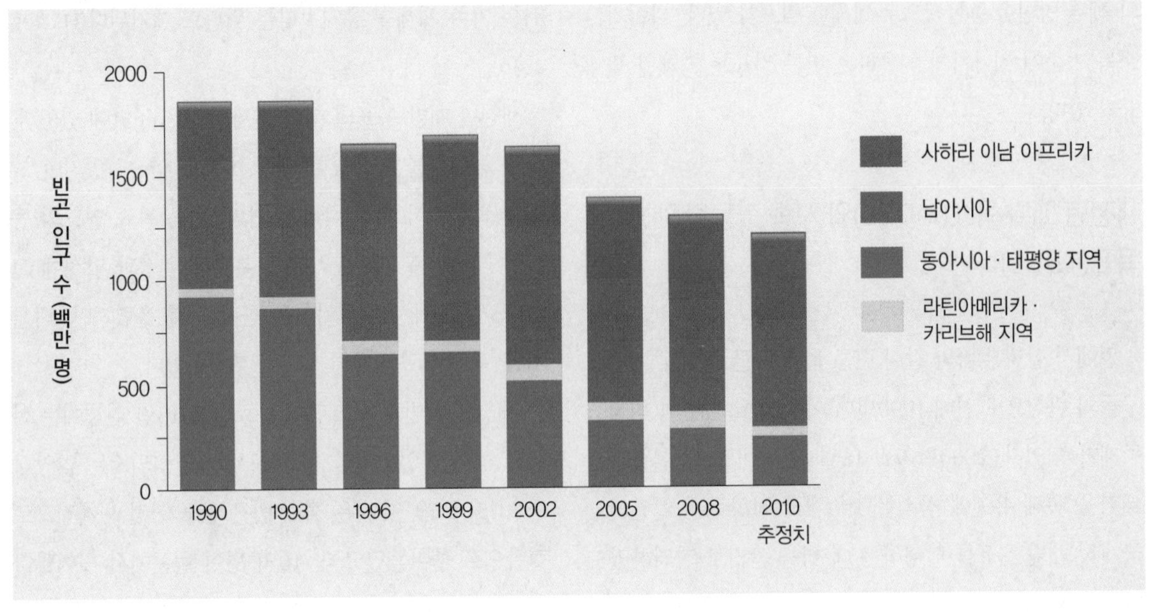

출처: Dicken, 2015

대처 방안에 대한 모색이 촉발되었던 것이다.

글로벌 개발 기구들은 하루 1달러(나중에는 1.25달러) 이상으로 살아가는 인구의 숫자를 늘리는 데 역점을 두었다. 하루 1달러 미만으로 생활하는 인구는 극단적 빈곤 상태에 처한 인구로 간주된다. 실질적 생존 조건과 생활비의 지역적 차이가 있고, 보건과 교육, 고용 등 다른 문제를 고려하지 않았다는 점 때문에 과연 이처럼 낮은 생계비 기준을 적용하는 것이 타당한지에 대해서 의문을 제기할 수 있다. 그럼에도 불구하고 전 세계 빈곤 해소는 여러 국가에서 일종의 구호가 되었다. 유엔과 세계은행은 2000년에 도입된 새천년 개발 목표(Millennium Development Goals: MDGs)에서 빈곤 해결을 중점 개발 의제로 삼았다.

빈곤 해결에 대한 역점 그 자체는 비판할 수 없지만, 과연 이러한 기초 복지(basic welfare) 중심 접근이 글로벌 역학 관계와 불평등 구조를 변화시킬 수 있는지에 대해서는 의문을 제기할 수 있다. 2000년 이후 세계 개발 담론은 근대화와 기본 요구 원리에 입각한 과거 담론에서 벗어나 비록 신자유주의 경제 질서를 따르더라도 빈곤 문제에 초점을 두는 방향으로 전환되었다. 1990년대부터 대부분의 개발도상국 원조는 '빈곤 감소 전략 계획(Poverty Reduction Strategy Paper)'의 수립 및 실행을 조건으로 이루어졌다. 빈곤 감소 전략 계획은 시장 개혁을 통해 빈곤 문제를 해결하는 데 초점을 두었다(Williams et al., 2014). 세계 빈곤율은 분명히 크게 감소하고 있다. [자료 1.8]은 이 추세를 잘 보여준다. 사하라 이남 아프리카를 제외하고 빈곤율은 감소하고 있다.

점차 빈곤 발생 및 빈곤의 지속 배경 등 빈곤의 성격에 대한 관심이 늘어났다. 그 결과 더 발전된 빈곤 분석 기법도 만들어졌다. 복합 빈곤 지수(Multidimensional Poverty Index: MPI)가 그 예이다. 복합 빈곤 지수는 소득뿐만 아니라 깨끗한 물과 음식에 대한 접근 등의 요소까지 고려한다. 소득만을 기준으로 할 경우, 세계 극빈 인구는 8억 명을 넘지만, 이 지수에 따른 극빈 인구는 15억 명이나 된다(UNDP, 2015). 가장 취약한 국가들의 경우 인구의 절반 이상이 복합 빈곤 상태에 있다. 에티오피아는 복합 빈곤 인구 비율이 88.2%에 이르고 나이지리아는 50.9%, 방글라데시는 49.5%에 달한다.

빈곤 문제에 대한 관심이 실천에 있는 한, 빈곤 실태와 해결 방안을 종합적으로 이해할 필요가 있다. 나아가 소득 기준에 지나치게 의존하는 빈곤 지표는 경계할 필요가 있다.

새천년 개발 목표(MDGs)와 지속 가능한 개발 목표(SDGs)

위에서 살펴본 바와 같이 빈곤 문제는 글로벌 개발 기구들의 관심으로 인해 1990년대 이후 개발 담론의 핵심 주제가 되었다. 2000년 9월 18일, 마침내 오랜 협상과 계획을 통해 유엔에 참석한 190개국 정상들은 일련의 국제적 개발 목표를 달성하는 데 힘을 쏟기로 합의하였다. 이 회의에서 아래와 같은 8개 새천년 개발 목표(MDGs)를 2015년까지 달성하기로 공식 발표하였다.

1. 극빈과 기아 해소
2. 보편적 초등교육 달성
3. 성 평등 촉진 및 여성 권리 강화
4. 아동 사망률 감축
5. 모자보건 개선
6. 에이즈, 말라리아 등 질병 극복
7. 환경적 지속 가능성 보장
8. 글로벌 개발 파트너십 발전

각 목표별로 세부 지표들이 설정되었다. 다수의 지표에는 양적 목표치가 설정되어 있다. 예를 들면 목표 1에는 빈곤 인구 비율을 반으로 감축하는 목표치가 설정되어 있다.

새천년 개발 목표는 글로벌 개발 측면에서 큰 의미를 지닌다. 새천년 개발 목표는 개발 지체 및 빈곤 문제를 전 세계의 관심사가 되도록 하였다. 유엔, 각국 정부 및 국제 개발 지원 기관 등을 통한 국제적 지원의 확보는 분명 대단한 성과였다. 그러나 새천년 개발 목표는 자본주의가 지배하고 경제적 불평등, 권력의 불평등이 유지되는 현상 그 자체를 문제로 삼지 않았다. 어떤 의미에서는 기존 체제를 유지한다는 비판도 제기된다(Hickel, 2016).

새천년 개발 목표의 핵심 문제는 재원 조달에 있었다. 국제 공여자들은 상당한 재정 지원을 약속하였지만 그 약속을 완전히 지킨 나라는 거의 없다. 목표 연도의 중반에 해당하는 2008년 기준, 부분적인 성과 달성에 그쳤다. 일부 아시아 국가들은 큰 성과를 올렸지만, 다른 지역, 특히 아프리카의 성과가 부진하였다.

새천년 개발 프로그램이 종료된 2015년 현재에는 상당한 성과가 있었지만 목표 모두가 달성되지는 않았다([표 1.5] 참고). 유엔은 절대 빈곤 인구가 전 세계적으로 절반으로 줄어들었고 약 10억 명이 빈곤에서 벗어났다는 점을 강조하였다. 이는 분명히 과소평가할 수 없는 성과이다. 그러나 돈으로 환산하여 빈곤을 측정한 점, 빈곤 현실은 매우 다양하다는 점을 고려할 때 1.25달러라는 한 가지 기준을 적용하는 것에 대한 우려도 제기되었다. 또 새천년 개발 목표의 기준 연도를 1990년도로 후퇴시킴으로써 1990년대 중국의 비약적 발전이 전체 목표 달성 수준에 영향을 미쳤다는 비판도 받는다. 아울러 아프리카와 남아시아는 목표 달성에 어려움이 많았다는 점도 중요하다(Hickel, 2016).

모든 목표가 달성되지는 않았지만, 새천년 개발 목표는 수억 명의 삶에 큰 영향을 미쳤고, 전 세계 극빈층의 핵심적 요구 중 일부를 해결하는 데 이바지한 것은 분명하다. 그러나 새천년 개발 목표는 근대화 의미의 국가 발전을 촉진하고자 한 것은 아니기 때문에 대부분의 개발도상국의 글로벌 역할과 위상이 크게 변하였다고 말할 수는 없다. 큰 성과를 거둔 지역과 이에 훨씬 못 미치는 지역 간 격차가 크다는 점을 인식할 필요가 있다. [자료 1.9]는 절대 빈곤 감축에 있어서 지역별 차이를 나타낸 것이다. 모든 지역이 개선되었지만, 아시아 지역은 상당한 성과를 거둔 데 비해 아프리카의 성과는 지지부진하였다. 안타깝게도 불균등한 경제 발전의 지속을 보여준다.

[표 1.5] 2000~2015년 새천년 개발 목표의 성과

새천년 개발 목표	2015년 기준 핵심 성과
목표 1: 극심한 빈곤과 기아 해소(하루 1.25달러 미만으로 생활하는 절대 빈곤 인구수를 절반으로 감축)	빈곤 목표치 달성: 절대 빈곤 인구수를 절반으로 감축(19억 명에서 8억 3,600만 명으로) 영양 부실 인구를 절반으로 줄이는 목표는 달성하지 못함
목표 2: 보편적 초등교육 달성	목표 달성 실패 다만 2000년 기준 초등학교 취학률은 83%에서 91%로 향상됨
목표 3: 성 평등 촉진 및 여성 권리 강화	전 세계 3분의 2 국가에서 교육 분야의 성 평등이 달성됨 비농업 분야의 여성 비율이 35%에서 41%로 향상됨
목표 4: 아동 사망률 감축	아동 사망률은 절반으로 감축, 그러나 3분의 2 감축 목표에는 도달하지 못함
목표 5: 모자보건 개선	임산부 사망률은 45%로 감축, 그러나 3분의 2 감축 목표는 달성하지 못함
목표 6: 에이즈, 말라리아 등의 질병 극복	에이즈 증가세가 정체 혹은 감소되지는 않았지만, 신규 감염자는 40% 감소함 말라리아 감염률과 그 사망률은 각각 37%, 58% 감소함
목표 7: 환경적 지속 가능성 보장	26억 명이 개선된 식수에 접근할 수 있어 목표치가 달성됨(아직도 6.6억 명이 식수에 접근하지 못함), 오존 감축 물질 방출은 거의 사라짐, 21억 명은 개선된 위생 시설을 이용할 수 있음
목표 8: 글로벌 개발 파트너십 발전	부유한 국가의 ODA(공적 개발 원조)가 66% 증가함, 그러나 당초 약속한 금액에는 도달하지 못함

출처: *The Guardian*, 2015a; UN, 2015b

남아시아와 동남아시아를 뺀 39개 저개발국(lesser developed countries) 중 2014년 기준으로 모든 목표를 달성한 나라는 에티오피아, 말라위, 르완다, 우간다 4개국뿐이다. 2015년 「취약 국가 보고서(States of Fragility Report)」에 따르면, 당장 취약성을 해결하기 위해 집중적인 노력을 기울이지 않을 경우 다수 취약 국가들은 빈곤을 해소할 수 없을 것으로 전망되었다(OECD, 2015). 취약 국가는 소득이 낮고 국가 구조가 취약한 나라들이다. 이 보고서는 갈수록 절대 빈곤 인구가 이러한 취약 국가에 집중되고 있음을 지적하였다. 현재 하루 1.25달러로 생활하는 인구의 43%가 경제협력개발기구(OECD)가 모니터링 하는 50개 취약 국가에 거주하고 있다. 2030년에 그 비율은 62%에 이를 수 있다고 한다. 이 보고서는 새천년 개발 목표가 거버넌스, 갈등 및 취약성 문제를 직접 다루지 않는 점도 큰 문제라고 지적하였다.

새천년 개발 목표는 글로벌 빈곤 문제를 시급하게 해결해야 할 과제로 만드는 데는 성공했지만 평등, 권한 강화, 세계화·신자유주의·민영화의 영향 등 광범위한 개발 문제에 대해 충분히 관심을 기울이지 않는 편협한 시각에 대한 비판도 제기되었다. 그리고 새천년 개발 목표가 개발과 빈곤 해소를 동일시하고 있어 개발 전략이라기보다는 개발 담론에 가깝다는 우려도 있다.

2015년 9월 새천년 개발 목표는 17개 지속 가능한 개

[자료 1.9] 절대 빈곤의 감소 추이

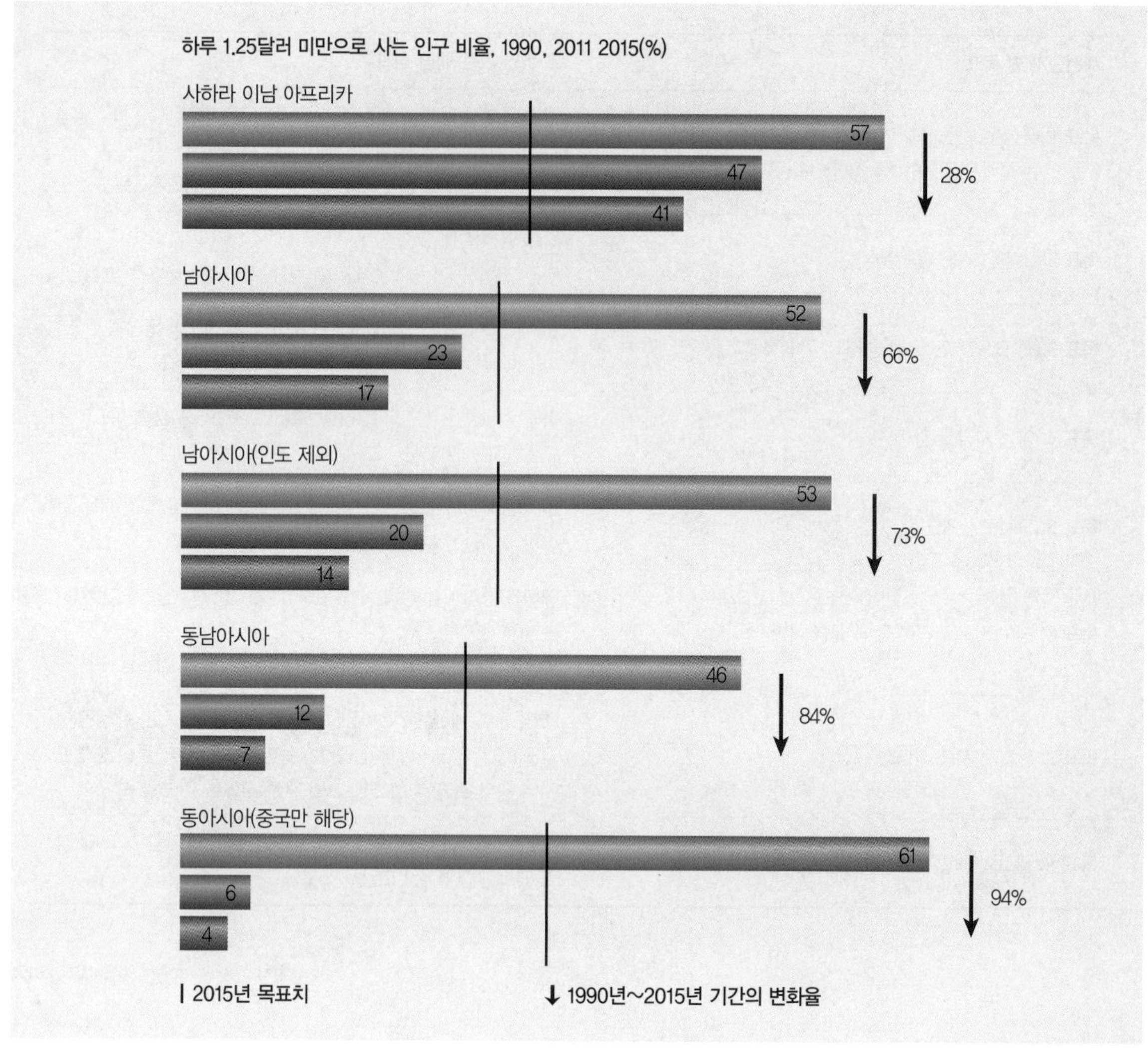

출처: UN, 2015b

발 목표(SDGs)로 대체되었다. 유엔에 참석한 세계 정상들은 2030년까지 전 세계에 '단 한 명의 예외도 없이(leave no one behind)', 빈곤과 불평등을 일소하겠다는 공동 선언을 채택하였다. 지속 가능한 개발 목표의 자세한 내용은 아래와 같다(UN, 2015b).

1. 모든 지역에서의 빈곤 종식(절대 빈곤의 종식, 다른 유형의 빈곤 인구를 절반으로 감축)
2. 기아 종식, 식량 안정 및 영양 개선 달성, 지속 가능한 농업 진작
3. 건강한 삶의 보장 및 모든 연령의 복지 증진
4. 포용적이고 동등한 질의 교육 보장 및 모든 사람에게 평생 학습 기회 증진
5. 성 평등 달성 및 모든 여성의 권한 강화
6. 모든 사람에게 물과 위생 시설의 보장 및 지속 가능한 관리
7. 신뢰할 수 있는 적정 가격의 지속 가능한 현대적인 에너지로의 접근 기회 보장
8. 지속적, 포용적 및 지속 가능한 경제성장과 모든 사람에게 완전하고 생산적인 고용 및 양질의 노동 기회 증대

9. 회복력 있는 사회 간접 시설 구축, 포용적이며 지속 가능한 산업화 촉진, 혁신 강화
10. 국가 내·국가 간 불평등 감축
11. 포용적, 안전한, 회복력 있는 지속 가능한 도시 및 취락 조성
12. 지속 가능한 소비와 생산 패턴 보장
13. 기후 변화 및 그 영향에 대비한 긴급 행동 착수
14. 원양, 바다 및 해양 자원의 보전과 지속 가능한 이용
15. 육상 생태계의 보호·복원 및 지속 가능한 이용과 산림의 지속 가능한 관리, 사막화 대처, 토양 악화 및 생물 다양성 감소 방지
16. 지속 가능한 개발을 위한 평화롭고 포용적인 사회 건설과 모든 사람에게 사법 접근 기회 제공, 효과적이고 책임을 지는 포용적인 제도의 구축
17. 지속 가능한 개발을 위한 이행 수단 강화 및 글로벌 파트너십 재활성화

17개의 지속 가능한 개발 목표와 169개의 세부 목표는 2016~2030년에 걸쳐 전 세계 개발 의제에 강력한 영향을 미칠 것이다. 지속 가능한 개발 목표는 새천년 개발 목표보다 포괄적인 목표를 지닌다는 점, 지속 가능한 개발을 핵심 사항으로 한 점, 그리고 사실상 개발을 개발도상국만이 아니라 세계 전체의 관심사로 만든 점 등에서 매우 의미가 있다(Scoones, 2015).

지속 가능한 개발 목표는 향후 20년간 개발 이론과 실천 전략에 관한 국제적 논의에 영향을 미칠 것이 분명하다. 하지만 이에 대한 비판도 제기되어왔다. 지속 가능한 개발 목표가 세계 질서의 근본적 격차에 대해 언급하지 않는다는 비판, 인권 문제에 대한 적절한 언급이 없다는 비판, 목표가 너무 많아 대부분의 나라들이 효과적으로 실행하고 모니터링하기가 어렵고 비용 부담도 막대하다는 비판 등이 있다. 『이코노미스트(The Economist)』(2015년 3월 28일 자)에 따르면, 실행 비용이 전 세계 저축의 15% 혹은 전 세계 국내총생산(GDP)의 4%에 해당하는 2조~3조 달러에 이른다고 한다(현재 선진국의 원조 금액은 그들 GDP의 0.7%에 못 미친다). 이러한 우려에도 불구하고, 지속 가능한 개발 목표가 수십억 명의 삶의 질에 큰 영향을 미칠 것이라는 희망을 품고 그 적용을 모니터링할 필요가 있다.

1970년대 이후 발전 양상: 불평등한 세계의 지속

앞에서 살펴본 자료와 표 들을 분석하면 개발의 결과를 조명해볼 수 있다. 소득, 인간 개발 지수(HDI) 등의 평균값을 보면 개발의 완만한 진전을 알 수 있다. 그리고 지난 50년 동안 개발도상국 전반에 걸쳐 기대 수명과 교육 수준의 향상, 보건 개선, 꾸준한 소득 증가 등이 이루어졌다는 것도 분명하다. 이는 1990년 이후 인간 개발 지수의 완만한 상승, 또 유엔의 새천년 개발 목표 성과 보고서를 통해서 확인할 수 있다.

그럼에도 불구하고 선진국과 개발도상국 간 격차는 지속되었다. 개발도상국의 개발이 진척되었지만, 상대적 격차는 더 커지고 있어 개발 효과에 대해 심각한 의문을 불러일으킨다. 발전 속도가 느리고, 소수만 혜택을 누려 국가 내 그리고 국가 간 격차가 확대되는 등 '불평등한 세계'가 지속되고 있다. 그러나 이러한 현실 때문에 전 세계의 인간 조건을 개선하기 위한 새롭고 더 좋은 방법 탐구가 억제될 수는 없다(UN, 2015b).

이론적 관점에 따라 개발의 격차 문제가 어느 정도 해소되었는지에 대한 해석도 다르다. 위에서 언급한 바와 같이, 유엔은 빈곤 해소와 발전 목표의 달성이 상당히 이루어졌다고 주장한다. 반면에 일부 학자들은 성과 달성에 의문을 나타냈다. 히켈(Hickel, 2016)은 유엔의 주장을 뒷받침하는 통계의 신뢰성에 의문을 제기하였다. 즉 중국의 발전 성과가 반영됨으로써 새천년 개발 목표의 당초 목표를 희석하였다고 지적하였다. 그 결과 세계에서 가장 가난한 지역의 절대 빈곤과 영양 결핍 문제에 어떤 실질적 변화가 이루어졌는지 의심스럽다는 것이다. 히켈은 개발 성과의 주장이 현재의 글로벌 시스템과

불평등을 더욱 견고하게 만든다고 주장하였다. 한편 일부 학자들은 세계 개발 기관을 개혁하고 개발도상국의 잠재력을 제약하는 무역과 경제 장벽 문제를 해결해야 한다고 주장하기도 한다. 앤드루스와 바와(Andrews and Bawa, 2014)는 개발 개념이 모호하므로 엄밀한 재정의가 필요하다고 지적하였다. 이들은 다음과 같이 주장한다.

> 개발의 지속 여부는 패러다임(이론, 접근 방식 및 방법론)이 시대 변화에 적응하면서 스스로 새롭게 변화할 수 있는지에 달려 있다. … (즉 패러다임이) 여건을 잘 반영하고 개발 대상 인구의 사회문화적 변화와 조화를 이루는 대안들에 대해 얼마나 열려 있는지 여부에 달려 있다. (Andrews and Bawa, 2014)

21세기 초반, 새로운 개발 요인들의 등장

개발 개념은 고정되어 있지 않다. 개발 개념과 실천은 글로벌 요인, 기존의 개발 성과, 이론의 발달 등에 의해 계속 변화해왔다. 근대화론과 서구 모델에 대한 종전의 신뢰는 모두 사라졌다. 실패의 증거가 분명하다는 이유 이외에도 상황에 맞는 개입 필요성, 개발의 한계, 신자유주의적 개발 붐 등이 영향을 미쳤다.

개발은 고정불변한 것이 아니라 끊임없이 진화한다. 글로벌 이슈의 변화가 개발 개념과 실천 방식에 영향을 미치는 것도 자명하다. 가장 중요한 이슈 중 하나는 개발도상국 가운데 핵심 국가의 등장이다. 이 국가들은 세계의 주요 플레이어이면서 남남(South–South) 개발 원조의 공여자 역할을 담당한다. 새로운 개발 행위자이자 세계 경제의 신흥 리더로 부상한 브릭스(BRICS) 국가들의 역할은 여러 연구의 주제가 되었다. 아직 초보 단계에 머물러 있지만 브릭스 개발은행(BRICS Development Bank)의 설립은 글로벌 정치의 점진적 재편과 서구의 신자유주의 국가 모델 대신 '발전 국가(developmental state)' 모델에 대한 지지를 시사한다(Chen, 2014). 발전 국가 모델은 정부가 경제 및 개발 관리를 주도하는 국가 모델이다.

브릭스와 대부분의 동남아시아 국가는 서구와 달리 국가가 핵심 역할을 담당한다. 신자유주의가 자신들의 경제에 끼친 영향에 의문을 품은 많은 개발도상국은 이 방식에 대해 오래전부터 관심과 흥미를 보였다. 라틴아메리카와 남아프리카 국가들이 보다 개입주의적(interventionist) 혹은 발전 국가 개념을 적극적으로 추구한 데는 개발 과정에서 국가의 역할을 확대함으로써 신자유주의와 과거의 개발 방식의 실패를 극복하기 위함이다. 브라질과 아르헨티나 등의 국가 복지 제도, 경제 분야에서의 남부 아프리카 국가들이 맡은 역할 등은 새로운 발전 추진 방안이 될지도 모른다.

신자유주의의 문제, 특히 2008년 글로벌 경제 위기는 포스트–신자유주의(post–neo–liberalism) 논쟁을 불러일으켰다. 이는 자본주의와 불평등 심화를 반대하는 대중 저항으로 표출되었다. 점거 운동(Occupy Movement)*, 아랍의 봄 등 대중 봉기, 대중 운동의 확산이 이를 입증해준다. 또 다른 차원에서는 라틴아메리카의 볼리비아, 에콰도르 및 아르헨티나 등에서 좌파 정권의 집권이 발전 국가론에 연결된 신발전주의(neodevelopmentalism) 사상을 고취하였다. 이들 정권은 과도한 시장화 경향에 반대하고 노(勞)·사(使)·정(政) 합의를 이끌어내고 경제, 빈곤 대책, 수출, 시민권 강화 등에 걸쳐 국가의 역할을 확대하는 조치가 이루어졌다. 일부 학자들은 이러한 라틴아메리카의 현상을 시장경제 틀 안에서 새로운 사회계약을 체결하는 것으로 보기도 한다(Felix, 2012). 이 정책들이 얼마나 성공하느냐 여부에 따라 새로운 주체들이 새로운 개발 개념을 받아들이고 전통적인 서구 모델로부터 단절할 수 있을 것이다.

개발 담론을 형성하는 데 영향을 미치는 또 다른 핵심적 요소는 기후변화이다. 태평양 지역의 해수면 상승,

---

* 신자유주의로 인한 불평등을 항의하기 위해 2011년 뉴욕 월가에서 진행된 시민운동

방글라데시의 홍수 위험 증가, 아프리카의 식량 부족 전망 등이 시급한 현안이 되고 있다. 이 문제는 재정 우선순위와 인류 복지에 영향을 미칠 것이다(Desai and Potter, 2014). 현재 사회과학 분야에서 주목을 받는 개념 중 하나가 '회복력(resilience)'이다. 이 개념은 원래 자연과학 분야에서 자연 시스템이 충격을 받은 후 원(元) 상태로 되돌아올 수 있는 능력을 분석하는 개념이었는데 최근에 사회과학 분야에서도 널리 사용되고 있다. 개발 분야에서는 이 개념을 사회가 위기에 얼마나 잘 대응하는지 또 변화에 얼마나 잘 적응할 수 있는지를 파악하는 데 이용하고 있다. 이 개념은 앞으로 갈등 연구와 지구 온난화에 따른 자연재해에 대한 대응 연구에서 중요한 개념이 될 것이다.

한 가지 우려스러운 양상은 다수 선진국 국가에서 나타나는 '개발 피로(development fatigue)' 현상이다. 일부 학자들은 개발 성과 부진으로 인해 개발도상국의 '먼 타자들(distant others)'에 대한 대중의 관심이 줄어들면서 다수 선진국들이 개발도상국을 '밑 빠진 독'처럼 여기는 점을 지적한다(Hickel, 2014). 선진국들 중에 당초 약속한 원조액을 지킨 나라가 거의 없는 가운데, 핀란드를 비롯한 일부 선진국들은 원조 예산을 삭감하였다. 이에 따라 옥스팜(Oxfam), 빌 앤드 멀린다 게이츠 재단(Bill & Melinda Gates Foundation) 등의 원조 기구들은 공여자와 잠재적 원조 수혜자 간 파트너십, 자립, 동일시를 강조하면서 개발에 대한 관심을 다시 일으키고자 노력하였다. 개발 피로 현상은 선진국 모든 나라에 영향을 미친 2008년 금융 위기와 일정 부분 관계가 있다. 다수 선진국 국가들은 재정 긴축 정책에 따라 원조 예산과 글로벌 문제 개입을 축소하였다. 반면에 개발도상국에서는 제조업 생산과 판매 감소 때문에 고용, 재정 및 지역 개발 역량이 영향을 받았다.

민주적, 사회적 프로세스에 있어서 가장 두드러진 변화 중 하나는 사회운동의 역할이 커졌다는 점이다. 수백만 명의 사람들이 세계화, 왜곡된 개발 및 불평등 심화로 인해 성장의 혜택에서 배제되었다고 느끼고 있다. 이 현실을 감안하면, 전 세계적으로 대중 저항이 크게 늘어났다는 것은 놀라운 일이 아니다. 중동과 북아프리카 지역 전역에 걸쳐 아랍의 봄 봉기의 확산, 2011년 '점거 운동'은 수백만 명의 사람이 느꼈던 박탈감 정도, 그리고 정치적, 경제적 및 사회적으로 더 나은, 또 보다 평등한 세상에 대한 갈망 정도를 상징적으로 보여준다(Williams, et al., 2014). 비아 캄페시나(Via Campensina)와 같은 세계적 농민 연대 조직, 남아프리카의 노숙자 운동(Homeless Peoples' Movement)과 같은 국가 범위의 단체 등을 포함한 대중 운동 단체들은 대중의 좌절과 동요 정도를 잘 보여준다. 이러한 단체의 행동은 지배 엘리트에 의해 무시되는 경우가 많지만 페루의 수도 요금 책정, 남아프리카공화국의 등록금 결정 사례처럼 정치적 항의가 영향을 미치기도 한다.

개발에 대한 성찰

개발의 성격에 대한 이제까지의 논의를 통해 결국 우리에게 남은 것은 무엇인가? 개발이란 기껏해야 좌익과 우익 세력, 엘리트와 민중이 싸움을 벌이는 무대를 만든다는 의미를 지닌다. 반개발론자들은 개발을 형태가 없고 없앨 수도 없는 그래서 어디에나 퍼지는 아메바와 같은 개념으로 여긴다(Sachs, 1992). 그러나 일부 비평가들은 커뮤니티의 부활, 자기 절제 및 문명 간 대화에 입각한 반개발론의 코스폴리탄적 지역주의(cosmopolitan localism)* 대안 또한 불행하게도 일종의 유토피아일 뿐이라고 비판한다.

개발 개념은 18세기와 19세기에도 있었지만, 과학적 개념이 되어본 적이 없었고 항상 일종의 이데올로기에 불과하였다. 간단히 말하면 개발은 언제나 정치적 개념

---

* 코스모폴리탄 지역주의는 로컬 범위 내에 생산과 소비가 통합된 구조를 만들고 이러한 로컬들이 전 세계에 걸쳐 서로 연대를 도모하자는 개념이다. 지역사회 개발(community development)의 편협성을 극복하기 위한 대안으로 제시되었다. 볼프강 작스(Wolfgang Sachs)는 이 개념을 선구적으로 제안한 대표적 학자이다.

이었다. 그래서 개발 개념은 사람마다 다를 수 있다. 어떤 것이 보다 나은 삶을 위한 변화인가에 대해서는 가난한 불량 주거 지역 주민들의 생각과 고위 정치인들이나 계획가들의 생각이 완전히 다를 가능성이 농후하다. 이 점은 소위 '환경 의제(brown agenda)' 논의에서 명백히 드러났다. 일부 학자들은 지구온난화와 오존층 문제에 대한 국제기구와 각국 전문가들의 우려는 깨끗한 물 공급이 시급한 불량 주거 지역 거주자들에게는 거리가 먼 북반구의 관심사일 뿐이라고 지적하였다. 헤트네(Hettne, 1995)의 지적처럼 '확정된 그리고 최종적인 개발 정의는 없으며 단지 특정 맥락에서만 타당한 개발 개념만 존재할 뿐이다'.

개발의 정의와 개발 철학에 대한 논쟁은 학술적인 차원에만 머무르지 않는다. 개발에 대한 철학과 견해는 정책의 형성 및 실천에 영향을 미치고 나아가 수십억 명의 삶에도 영향을 미친다. 발전이란 장기간에 걸쳐 일어나는 일종의 역사적 변화 과정이지만 사람들의 주체적 의지에 의해 조정될 수 있고 또 보통 그래왔다. 문화(특히 종교)가 국가 발전 전략과 지역 발전 전략을 만드는 데 중요한 역할을 하였다는 사실을 잊는 경우가 많다. 환원주의적이고 선택적 논리라고 비판을 받기도 하지만 대다수 아시아 공업국가들은 아시아 고유의 발전 방식을 추구하였다고 평가받기도 한다(Rigg, 1997). 분명한 것은 발전은 단선적이지 않고 오류가 있을 수 있고, 1940년대 국제적 차원에서 처음으로 개발을 추진한 이후 당초의 목표 모두를 달성한 적도 없다는 점이다. 인간 조건의 개선은 매우 다양한 차원에서 이루어지며 변화 속도도 개인이나 사회에 따라 상당히 다를 수 있다. 공평하고 균형 잡힌 개발이 바람직한 목표이더라도 세계 인구의 대부분에게는 그 목표를 달성하기가 거의 불가능한 것일 수 있다.

발전과 지역 구분: 제3세계/개발도상지역/남반구(개도국)/빈곤 국가

이 절에서는 발전 방식, 발전 수준 및 발전 양상의 공간적 차이를 표현하는 용어들에 대해 살펴보기로 한다. 구체적으로 제3세계 용어의 생성 및 변화 과정을 살펴보고 아울러 그것의 대안적 용어인 남반구(개도국), 개발도상국 및 빈곤 국가에 대해서도 살펴본다. 이 절의 내용 중 일부는 불가피하게 이 장의 전반부 내용과 겹칠 것이다. 왜냐하면 앞에서 논의한 이론적 이슈들과 연결하면서 대중적 용어들을 고찰할 것이기 때문이다. 실제로 1949년 미국 트루먼 대통령의 취임 연설 이후 '개발', '저개발(underdevelopment)' 용어가 널리 사용된 것도 같은 시기에 '3개의 세계(three world)'라는 새로운 용어를 사용하게 된 것과 관련이 있다(Esteva, 1992; Sachs, 1992).

제1세계는 서구식 발전을 추구하고 제2세계(즉 사회주의 진영)는 그 반대이며, 제3세계는 양쪽 방식의 실행 대상을 나타냈다. 1950년대 이후의 냉전 체제에서 이 용어는 적어도 일부 사람들에게는 설득력 있는 용어로 여겨졌다. 그러나 시간이 지나면서 '3개의 세계' 개념과 발전 과정 간 연관성이 크게 변모하였다. 대략적 시기 구분을 통해 이 관계를 분석하는 방법이 유용하다.

1950년대~1960년대: '제3세계' 용어의 등장

개발 용어와 함께 제3세계 용어의 기원은 1949년 이전으로 올라간다. 지금은 제3세계를 대체로 경제적 의미, 특히 빈곤 의미로 해석하고 있지만, 원래는 1930년대 유럽을 지배하였던 공산주의-파시스트 양극단의 대안으로 '제3세력' 혹은 '제3의 길'을 추구한다는 정치적 의미를 지닌 용어였다. 전후 직후 냉전 시대에 제3의 길이라는 개념은 모스크바나 워싱턴으로부터의 비동맹을 추구하던 프랑스 좌파에 의해서 다시 부활되었다(Pletsch, 1981).

1950년대 신생 독립 국가들은 이 비동맹 개념에 매료되었다. 인도, 유고슬라비아 및 이집트가 주도하여 1955년 인도네시아 반둥(Bandung)에서 열린 비동맹 국가들의 회의는 그 절정을 이루었다. 처음에는 이 회의 참가국 집단 명칭을 '반둥 그룹(Bandungia)'으로 정하려 했다. 그러나 이 회의를 통해 '제3세계'는 정서적으로 비서구 세계를 지칭하는 용어가 되어버렸다.

사회학자 피터 워슬리(Peter Worsley, 1964)는 같은 제목의 저서를 통해 제3세계란 용어를 대중화하는 데 큰 역할을 했다. 그는 제3세계 용어를 최근 식민지에서 벗어나 다시 신식민주의의 영향권 속으로 돌아가고 싶지 않은 국가들의 그룹을 지칭하는 용어로 사용하였다. 즉 정치적인 의미의 용어였다. 당시 이들 국가의 핵심 과제는 국민국가 건설이었다. 따라서 인도, 유고슬라비아, 이집트 등 강력한 카리스마를 지닌 지도자들이 이끄는 국가에서 제3세계를 외치는 목소리가 가장 컸던 것은 우연이 아니다.

반둥 그룹은 1950년대와 1960년대 국제 관계에 있어서 중립을 추구하였지만, 경제적 측면에서는 전혀 달랐다. 거의 대부분 신생 독립 국가들은 경제성장 혹은 경제구조 재편은 고사하고 식민지 당시의 경제조차 지탱할 자본이 부족하였다. 여전히 서방의 시장과 투자자에 대한 의존도가 컸다. 대부분의 국가가 이전의 식민 모국을 대상으로 실질 가격이 계속 하락하는 한두 가지 1차 상품 생산에 머물러 있었고, 사회 간접 시설과 인적 자본을 확충하거나 개선할 능력이 없었다.

1960년대에는 일부 사회과학 분야의 관심이 개발과 저개발의 성격 쪽으로 전환되었다. 제3세계의 근대화 전략이 기대한 만큼의 성장을 일으키지 못했기 때문이다. 그런데 이러한 서구 측의 경제 논의는 정치적 우려 때문이라는 점에 주목할 필요가 있다. 즉 계속 심화되는 빈곤을 이유로 공산 쿠데타의 발발과 확산이 발생할지 모른다는 걱정 때문이었다. 아시아의 남베트남과 한국 정부는 불안정해 보였고, 쿠바의 카스트로 혁명 영향으로 카리브해 지역은 공산주의 확산 우려를 불러일으키고 있었다.

개발경제학자들은 무엇이 잘못되었고 문제가 어디에 있는지를 찾아내는 데 주로 관심을 두었다. 당시 지리학은 통계 자료를 분석하여 과학적이고 객관적인 사실을 탐구하려는 '계량 혁명'의 시기였다. 두 학문 분야에서 1인당 국민총생산(GNP)을 지표로 제3세계 국가의 순위를 매기는 일련의 연구들이 진행되었다. 일부 국가를 대상으로 학교, 병원, 도로, 가로등과 같은 개발 속성 지표들의 유무를 기준으로 '근대화 경향면(modernization surface)'*을 그려서 식민지 시기의 영향이 반영된 불균등한 발전 양상을 드러내고자 한 연구들도 있었다(Gould, 1970).

이러한 학술 연구 성과는 대단한 의미를 함축하지는 않았지만, 제3세계 용어는 이 무렵부터 널리 사용되었다. 심지어 유엔 등의 회의에서 해당 국가들 스스로 사용하기까지 하였다. 이에 따라 개념적으로 세계는 서구, 공산권, 제3세계라는 3개의 그룹으로 구분되었다. 그러나 세 그룹 용어의 어원적 의미는 서로 달랐다. 서구는 모호하지만 지리적 기준이, 공산권은 정치적 기준이, 제3세계는 산술적 기준(서구와 공산권을 제외한 나머지 국가)이 각각 적용되어 논리적 일관성은 거의 없었다. 그러나 이 용어들은 1970년대까지 대중적으로 널리 사용되었다.

1970년대: 제3세계 용어에 대한 비판

1970년대 초반에는 제3세계의 개념적 근거가 되는 정치적 특징과 경제적 특징 사이의 느슨한 연관 관계에 대한 비판들이 제기되었다. 프랑스 사회학자 드브레(Debray, 1974)는 개발도상국들이 제3세계 용어를 사용하기 시작했지만, 이 용어는 개발도상국 스스로 붙인 것

---

* 경향면 분석 또는 경사면 분석이라고 하는데 통계자료를 이용하여 지형학에서 사용하는 등고선처럼 지도상 어떤 현상의 경향면을 파악하는 분석 기법이다. 굴드(Gould, 1970), 소자(Soja, 1968) 등 주로 근대화 문제에 관심을 둔 지리학자들이 많이 사용한 분석 방법이다.

이 아니라 외부 세계가 인위적으로 붙인 것이라고 비판하였다.

반개발론자들은 1970년대를 발전 과정에 있어서 중요한 시점으로 본다. 왜냐하면 이때부터 제3세계 스스로 자신들의 저발전 상태를 자각하기 시작하였고 자신들에 대한 서구 세계의 평가를 받아들이기 시작하였기 때문이다. 그렇지만 제3세계 용어는 개발도상국이 3개의 세계(three world) 중 세 번째 자리를 차지한다는 의미를 함축하기 때문에 경멸적 의미도 있다고 비판하는 학자들도 많았다. 또한 이 용어는 사회주의권에 속한 개발도상국의 위치를 정확히 정할 수 없다는 비판도 제기되었다.

1970년대에 제3세계 용어에 대한 비판이 제기된 근본 원인은 제3세계 국가들 내부에서 정치적, 경제적으로 분화되는 현상 때문이었다. 역설적이게도 77개 비동맹 국가 그룹의 해체를 초래한 가장 큰 원인은 그 내부에서 비롯되었다. 1973~1974년 석유수출국기구(Organization of the Petroleum Exporting Countries: OPEC) 회원국들 스스로 석유 가격의 인상, 1979년 이란의 이슬람 근본주의 혁명으로 인한 석유 가격 상승 등에 따른 중동과 북아프리카 나라들의 경제적 이익 때문에 석유수출국기구 회원국과 나머지 제3세계 국가 간 격차가 커졌다. 처음에는 석유 가격 인상을 서방의 이스라엘 지지에 대항하는 정치적 무기로 사용할 의도였지만, 결과적으로 개발도상국 중 비석유 수출국들에 훨씬 더 큰 피해를 입혔다. 다수 비석유 수출국들은 석유를 기반으로 한 산업 및 교통 발전 정책을 이미 실시하고 있었다. 이에 따라 개발도상국 사이에 소득 격차가 더 커지는 결과가 발생하였다.

1970년대 유럽과 북아메리카의 다국적 기업과 금융기관의 자본들이 개발도상국에 산업투자를 하는 신국제분업 체제로 인해 개발도상국 국가 간 격차는 더욱 커졌다. 신국제분업 체제는 석유 가격 폭등, 서구에서의 임금 인상, 세계 교통의 개선, 무역 장벽 완화 등을 배경으로 세계 산업 생산의 상당 부분을 개발도상국 특히 동남아시아 국가들이 담당하는 1970년대 이후의 상황을 가리킨다. 대부분의 해외직접투자는 매우 선별적으로 이루어지기 때문에 저렴한 인건비만으로는 이러한 투자를 유치하기가 어렵다. 양호한 사회간접자본, 양질의 노동력, 지역 내 투자 자금, 온건한 노동조합 등도 마찬가지로 중요한 요소들이다. 당연히 투자는 일부 개발도상국에 집중되었다(특히 타이완, 한국, 홍콩 등 동남아시아 국가들과 멕시코, 브라질). 이에 따라 이들 국가의 1인당 국민총생산(GNP)이 급격하게 상승함으로써 제3세계 내 경제적, 사회적 격차는 더욱 심화되었다. 이러한 변화에 대해서는 '제4장'에서 자세히 설명한다.

격차의 확대는 학술 분야에 영향을 미치기 시작하였다. 『에어리어(Area)』, 『계간 제3세계(Third world Quarterly)』 등의 학술지에는 제3세계 용어의 장단점에 관한 논문들이 게재되었다. 곧 일부 대중 저널에도 이 논쟁이 확산되어, 선진국과 개발도상국을 재분류하는 다양한 방법들이 제시되었다. 예를 들어 『뉴스위크(Newsweek)』는 경제적 잠재력이 상당한 개발도상국을 제3세계로, 어려움이 큰 나라들을 제4세계로 구분하는 방안을 제시하였다. 이어 『타임(Time)』지는 5개 세계로 분류하는 방법을 제시하였다. 이 방안은 중요한 자연자원을 보유한 나라를 제3세계로, 신흥공업국가들을 제4세계로, 명백히 '경제가 마비된 국가(basket cases)'로 간주되는 나라를 제5세계로 구분한다. 많은 학자들도 이 용어 논쟁에 참여하였다. 골드소프(Goldthorpe)는 세계를 9개 그룹으로 구분하였다(Worsley, 1979). 저개발국 그룹을 빈곤 수준을 기준으로 세분화하여 4개 하위 그룹으로 다시 구분하였다. 이 방안은 개념으로서의 가치가 거의 없고 대상 국가들에 불편한 심리를 유발하는 방안이다. 더욱 혼란하게 만드는 것은 선진국 내 저발전 지역을 구분할 의도에서 제4세계란 용어도 널리 사용되었다. 특히 캐나다의 이누이트(Inuit)족 또는 오스트레일리아의 원주민(Aborigines) 사례처럼 원주민 착취 문제를 언급할 목적으로 이 용어를 사용하였다.

분류 방안을 둘러싼 이러한 변화는 세계은행의 개발

보고서(annual Development Report)에도 어느 정도 반영되었다. 보고서는 1980년대 초의 경우 선진국을 지배적인 생산 양식 기준으로 분류하였다. 이에 따라 동유럽과 구소련의 사회주의국가들은 중앙 계획(centrally planned) 국가로 분류되었다. 개발도상국 중 비석유 수출국은 국민소득을 기준으로 저소득 국가와 중간 소득 국가로 구분하였다. 이어 사회주의가 퇴조하자 다시 소득만을 기준으로 한 분류 방식으로 회귀하였다. 30년 동안 계속된 비판에도 불구하고 1인당 국민총생산(GNP)은 여전히 세계은행의 지배적 발전 지표로 사용되었다.

1980년대: 제3세계 개발의 잃어버린 10년 그리고 남반구(개도국) 용어의 부상

1980년대 내내 보수주의 개발 전략가들은 제3세계 용어를 비판하였다. 이들은 제3세계 용어는 과거 식민주의에 대한 서구의 죄의식의 발로에 불과하며 개발도상국들은 원조 정치를 통해 이를 활용하고 있다고 비판하였다. 이 견해를 앞장서 주장하는 사람들 중 하나인 경제학자 로드 바우어(Lord Bauer, 1975)는 '극히 일부를 제외하고 제3세계는 정부가 서구로부터 원조를 받아내는 나라들의 집합이며, … 제3세계는 해외 원조의 산물이며 원조가 없다면 제3세계도 없다'라고 언급하였다. 뉴라이트(New Right)들은 대다수 개발도상국이 사회주의에 물들어 있고 개발도상국들의 모임은 예외 없이 반(反)서구적이고 반자본주의적이라고 여겼다(John Toye, 1987).

아이러니하게도 다수 마르크시스트들 또한 제3세계에 속한 나라들 대부분이 저발전 상태에 있는, 근본적으로 선진 자본주의에 연관된 자본주의 국가라는 이유로 제3세계 용어를 인정하려 하지 않는다. 따라서 마르크시스트 눈에는 자본주의 세계와 사회주의 세계, 2개의 세계만이 존재하고 사회주의 세계는 자본주의 세계의 아래에 있는 것으로 비쳤다. 사회주의적 제3세계의 개념에 대해서는 마르크시스트 사이에 어떤 합의도 존재하지 않는다.

아마 2개의 세계 관점은 3개의 세계(three-world) 관점에 대한 가장 강력한 도전일 것이다. 실제로 부유한 세계와 가난한 세계, 선진국과 저개발국(underdeveloped), 북반구(North)와 남반구(South) 식으로, 현재 사용하는 새로운 용어들 대부분은 이분 구조로 이루어져 있다.

1980년 브란트위원회(Brandt Commission)의 활동 결과로 1980년대 동안 2개의 세계 구분 관점이 상당히 부각되었다. 서독의 수상 브란트가 국제 개발 특별 위원회(Independent Commission for International Development Issues)의 활동을 주도하였다. 이 위원회의 활동 결과물로 발간된 보고서는 부유한 '북반구(North)'와 발전 과정에 있는 '남반구(South)' 간 경제적 격차를 줄이기 위한 다양한 방안들을 다루었다. 이 보고서에서 세계는 '브란트 라인(Brant Line)'을 경계로 북반구와 남반구로 구분되었다. 브란트 라인은 부유한 국가들과 상대적으로 덜 부유한 국가들을 구분하는, 1인당 국민총생산(GNP)을 바탕으로 한 경제적 기준선이다([자료 1.1] 참고). 남반구의 오스트레일리아와 뉴질랜드를 북반구 세계에 포함하고, 아시아의 몇몇 고소득 국가를 북반구 세계에서 제외하는 등 현실과 맞지 않는 점도 있지만, 이 구분법은 널리 인정되었다. 보다 정확하게 표현하면, '북반구(선진국)'와 '남반구(개도국)'라고 부르는 이 용어들은 지금도 세계의 경제, 복지 수준 및 발전 격차를 평가하는 데 널리 사용되고 있다.

일부 비판자들은 이 두 세계의 구분 방식이 비록 기존의 공간 개념*에 이름을 다시 붙인 것에 불과하지만, 세계를 부유하고 발전된 상위 절반과, 가난하고 발전이 덜 된 하위 절반('북반구'와 '남반구', '그들'과 '우리')으로 구분하려는 명백한 의도를 지닌 최악의 공간적 환원주의라고 비판한다.

브란트 보고서의 북반구-남반구 구분의 문제점 중 하

---

*즉 자연지리적으로 북반구와 남반구를 뜻한다.

나는 1980년대 인기를 끈 또 다른 이분법 모델, 핵심-주변부 모델에 비해 설명력이 약하다는 점이다(Wallerstein, 1979). 브란트 라인은 핵심부와 주변부 지역 내부의 다양성을 무시하며, 성장이든 혹은 쇠퇴든 변화를 반영하지 않는다. 이 점을 고려하여 주변부와 핵심부 양쪽의 특징을 동시에 지닌 국가들을 대상으로 반주변부(semi-periphery) 범주가 도입되었다. [자료 1.1]에 핵심부, 반주변부 및 주변부 지역이 표시되어 있는데, '세계체제론(world system approach)'의 결론이다. 이에 대해서는 '제3장'에서 자세히 다룰 것이다.

반주변부 개념은 세계를 또 다른 방식인 세 부분으로 구분한다. 겉으로는 이전의 3개의 세계 구분 방법*과 원리가 다르지만, 여전히 많은 개별 국가들이 자본주의의 작동 때문에 한 집단으로 묶인다. 구소련이 해체한 1990년대 이후 핵심, 반주변부와 주변부로 구분한 상세한 지도에서 중앙아시아와 동유럽 지역 대부분이 과거와 다르게 구분되어 있다.

그러나 1980년대 말부터 서구 자본주의 모델에 입각한 트루먼식의 개발 목표도 사라지기 시작하였다. 1970년대 유엔의 제2차 10개년 개발 프로그램(United Nations Development Decade)의 사회경제적 목표가 퇴색하기 시작하였다. 세계 경기 침체와 지속적인 원조 요구 및 부채 미상환금의 증가로 세계 발전의 장애물로 보이는 일련의 국가들에 대한 태도도 냉담해졌다. 북반구와 남반구 구분은 훨씬 거친 양상을 띠게 되었다. 세계은행, 국제통화기금 및 지역 금융 기관들은 제3세계를 대상으로 '구조 조정 프로그램(Structural Adjustment Programmes: SAPs)을 실시하기 시작하였다. 구조 조정 프로그램은 일련의 긴축 조치의 이행을 조건으로 희망 국가에 대출과 원조를 하는 프로그램이다. 주로 1980년대 세계은행 부채를 상환하지 못한 남반구 국가들에 적용되었다. 최근의 글로벌 금융 위기 이후로 국제통화기금은 그리스를 비롯한 지중해 국가들에게도 긴축 경제 프로그램을 이행하는 조건으로 부채 상환 연장과 신규 차관을 제공하였다.

보편주의 그리고 수렴?

1980년대 일부 비평가들은 유엔이 당초의 보편주의를 상실했으므로 다시 세계를 단 하나의 실체로 인식하는 쪽으로 되돌아가야 한다고 주장하였다. 이에 따라 개념적으로든 정책적으로든 세계를 2개 또는 3개 그룹으로 구분해야 하는지에 대한 혼란은 더욱 심해졌다.

앨런 미리엄(Allan Merriam, 1988)은 하나의 인류 개념은 오래전에 확립되어 있었다는 주장을 폈다. 그는 그 근거로 '우리는 모두 하나의 세계시민이고 우리는 모두 하나의 혈통이며 (따라서) 인류 복지라는 하나의 목적만을 가지자'라고 말한 17세기 체코의 교육자 코메니우스(Comenius)의 말을 인용하였다. 이러한 정서는 간디와 줄리어스 니에레레(Julius Nyerere)**와 같은 일부 제3세계 지도자들의 연설에서 자주 드러난다.

하나의 세계 논리(one-worldism)가 확대된 데는 제3세계에 있어서 발전이란 서구가 지금의 생활양식과 정치·경제 구조를 향해 걸어온 길을 따라가는 일종의 수렴 과정으로 규정할 수 있다는 믿음 때문이다.

동일한 방식으로 같은 목표를 추구하게 되면 한정된 자원의 급속한 고갈과 환경문제의 가속화를 초래하므로 수렴 논리는 위험한 논리로 비칠 수 있다. 그러나 이러한 우려는 궁극적으로 위협받는 것은 서구의 생활방식이라는 자기 이해의 발로이다. 이런 점에서 제3세계 사람들은 '인류의 더 큰 목적을 위해', 서구인들이 하지 않았던 희생을 강요받고 있다.

작스(Sachs, 1992)는 생태학자의 수렴 이론을 보편주의의 또 다른 사례로 본다. 이 이론은 단 하나의 목표, 단 하나의 전략을 추구하는 트루먼 방식을 연장하고 다양성을 위한 기회를 부정하기 때문이다. 작스는 '하나의

---

* 제1세계, 제2세계, 제3세계로 구분하는 방식

** 탄자니아의 초대 대통령

세계가 아니면 세계는 존립할 수 없다(one world or no world)'라는 환경학자의 경고는 지구 생태계 보호를 위해 모든 사람에게 일정한 책임과 역할을 요구하는 것이라고 주장한다. 작스는 '지구를 구하는 것보다 전 세계의 공동 대응을 요구하는 더 강력한 동기가 있을까?'(Sachs, 1992)라고 비꼬았다.

환경론자의 견해에 따르면, 제3세계 빈곤 인구는 최악의 자원 파괴자가 되어버린다. 그래서 지속 가능한 개발 명목하에 소규모 빈곤 감소 프로그램과 함께 환경 교육이 이루어지고 있다. 이제 서구는 마음 편하게 원조를 줄일 수 있다! 하지만 이러한 우려의 기본 전제는 아직 확인되지 않았다. 서구 모델로의 수렴이 있을 수 있지만 아주 선택적이고 불균등하다. 여기에 대해서는 '제4장'에서 상세히 다룰 것이다.

빠르게 성장하는 신흥공업국가도 서구 수준의 경제와 사회 복지를 달성하기에는 갈 길이 멀다. 최근 개발도상국 내 격차 확대에 대한 관심이 커지고는 있지만, 전 세계 차원의 격차 역시 갈수록 커진다는 점이 더 중요하다. 다수의 국가들, 특히 아프리카의 국가들은 유의미한 발전 성과를 거두지 못하고 있을 뿐만 아니라, 현재 급증하는 부채와 세계 경제에서의 종속적 위치로 인해 어려움을 겪고 있는 것에 따른 우려가 여전히 존재한다. 이런 맥락에서 수렴론은 일종의 신화일 수 있다. 일방적인 경제적, 문화적 이전을 가정하는 것은 정말로 오만한 생각이다. 서구는 개발도상 지역에 자본주의를 수출하였지만, 자본주의 그 자체는 해당 지역으로부터 서구로 이전된 자원을 통해 구축되었다.

문화 전파(acculturation)는 단순히 구찌와 맥도날드를 전 세계로 전파하는 것만이 아니다. 거의 대부분 선진국의 의류, 음악, 음식 및 일상생활의 여러 측면에, 대나무 가구, 카레, 레게 음악 등 아시아, 아프리카, 라틴아메리카, 카리브해 지역의 영향이 스며들어 있다.

1990년대 이후의 제3세계/남반구(개도국)

1990년대 내내 계속된 세계 경제의 침체와 2008년의 세계 금융 위기로 인해 이해관계가 복잡해지고, 지역 내 및 글로벌 차원에서의 취약 사회는 더 큰 어려움에 직면하게 되었다. 이에 대한 대응 중 하나가 유럽연합(EU), 북미자유무역협정(North Atlantic Free Trade Agreement: NAFTA), 아시아태평양경제협력체(Asia-Pacific Economic Cooperation: APEC), 아프리카와 라틴아메리카의 역내 무역협정 등 지역 경제 블록의 출현이다. 모두 회원국 보호를 위해 만들어진 것인데 때로는 3개의 세계를 구분하는 전통적 경계를 벗어나는 경우도 있다.

물론 3개의 세계 개념은 1989년 베를린 장벽 철거 이후 구소련의 해체, 동유럽 국가의 민주화·자본주의화 등 제2세계의 해체로 인해 더 큰 타격을 받았다. 만약 제2세계가 더 이상 존재하지 않는다면, 제3세계가 존재할 수 있는가? 언어적으로 더 이상 그 용어의 사용은 정당화될 수 없다. 더구나 비동맹과 빈곤이라는 초기의 공통점도 오래전에 퇴색하였다.

1990년대에 들어 많은 비평가들, 특히 반개발학파에 속한 비평가들은 제3세계란 용어를 버릴 때가 되었다고 주장하였다. 작스(Sachs, 1992)는 역사의 고물이 된 제3세계 범주가 버려지길 기다리고 있다고 강하게 주장하였다. 코브리지(Corbridge, 1986) 역시 현시점에 있어서 제3세계 용어의 타당성에 의문을 제기하는 데 동조하였다. 프리드먼(Friedmann, 1992)도 약자를 찾아 그들을 위한 정책 개발을 우선시하는, 장소보다 사람을 중시하면서 제3세계 용어를 거부하였다. 그러나 이러한 비판에도 불구하고 제3세계 용어는 여전히 사용되고 있다. 심지어 그 타당성을 비판했던 사람들 중 일부도 여전히 사용 중이다.

이 절에서 지적했던 것처럼 제3세계의 성격이 크게 바뀌었음에도 불구하고 대부분의 개발도상국과 그 국가의 대다수 사람들은 탈출 기회를 얻지 못한 채 계속 빈곤 상태로 살고 있다. 이는 인도의 일용직 노동자, 소웨토(Soweto)의 불량 주거 지역 거주자, 페루 리마(Lima)의 행상들에서 발견할 수 있는 공통점이다. 이들은 모두 불균등한 자원 분포의 희생자들이다.

나아가 겉으로 드러난 양상에서의 공통점만이 아니라 근본적 과정 측면에서도 공통점을 발견할 수 있다. 그 과정은 이러한 국가들 모두 과거, 현재 그리고 아마 미래에도 책임질 세계 경제를 위한 인적, 물적 자원의 공급자 역할과 연결되어 있다. 과거의 구조 조정 프로그램, 지금의 빈곤 감소 전략이 실시되는 나라도 이러한 국가들이다. 부채 위기와 심각한 빈곤 및 질병 위험이 큰 나라도 이러한 국가들이다. 식민화 및 탈식민화의 역사, 제국주의에 대한 반감이 있지만 저항할 수 있는 능력이 부족하다는 공통점도 있다. 이 때문에 제3세계는 SIC(Slavery, Imperialism and Colonialism), 즉 노예제와 제국주의 및 식민주의의 결과라는 주장도 제기된다.

인간 개발 수준이 높은 국가와 낮은 국가 사이의 불평등이 지속되는 상황에서 제3세계 개념에 문제가 있다면, '남반구(개도국)' 개념은 결점은 있지만 그래도 채택해볼 만한 현실적인 개념이다. 이 개념은 '북반구(선진국)'로 분류되는 국가들에 비해 개발 지표, 복지지표, 경제지표가 부실한 라틴아메리카, 카리브해 지역, 아프리카, 중동, 아시아 및 태평양 지역의 국가들을 구분해준다. 개념적 한계와 싱가포르 같은 나라를 남반구(개도국)의 국가로 잘못 분류하는 문제를 감안하더라도, 북반구와 남반구로 구분하는 이분법은 세계은행의 경제 중심적 구분 방식을 피할 수 있는 장점이 있을 뿐만 아니라 주요 개발 대상 지역을 적절하게 찾아낼 수 있는 장점도 있다.

3개의 세계, 2개의 세계, 남반구, 국민국가 등 추상적 개념이 적용되지만, 개발 논의는 어디까지나 사람과 사람들의 생활에 대해 논의한다는 사실을 잊지 말아야 한다. 어떤 명칭이 정치적으로 올바른지 따위의 무의미한 문제보다 사람들의 복지 실태와 그 개선 방안이 논의의 중심이 되어야 한다. 그리고 자연재해가 미칠 영향과 개발 계획에서 재해 대응 문제를 다루어야 할 필요 때문에 자연재해 취약성 측면도 항상 염두에 두어야 한다.

부유한 세계 그리고 가난한 세계: 글로벌 차원에서의 상대적 빈곤과 불평등

제3세계 같은 용어는 역동적인 변화 과정의 한 단면을 단순히 기술하는 것에 불과하다. 세계의 발전 패턴을 장기간에 걸쳐 표현해주는 어떤 용어를 기대하는 것은 비현실적이다. 우리가 다루는 국가들의 진정한 공통점은 상대적 빈곤이다. 워슬리(Worsley, 1979)가 제3세계 국가의 공통점은 식민지 경험과 비동맹 및 빈곤에 있다고 한 점을 상기할 필요가 있다. 그럼에도 불구하고 1인당 소득 수준, 문해율, 취학률이 유엔의 인간 개발 지수의 핵심 인자로 되어 있다.

평균 소득 수준보다 소득 격차 혹은 불평등이 더 중요하다는 주장은 설득력이 있다. 부유한 세계와 가난한 세계 간 격차는 우리가 사는 세계가 어떤 세계인지를 규정할 때 매우 중요하다고 말할 수 있다. 세계가 직면한 가장 큰 도전 중 하나는 국가 간 그리고 국가 내 지역 간 사회경제적 불평등의 확대라고 언급되어왔다. 북반구 국가들은 금융과 은행 시스템을 지원하기 위해 종종 저소득자, 공장노동자, 주택 시장의 한계 집단에 대한 지원을 희생시킨다. 특히 미국이 그러하다. 경제협력개발기구(OECD, 2014)에 따르면, 거의 대부분 북반구 국가에서 부유층의 급격한 자산 상승과 중산층의 감소로 사회적 불평등이 상당히 커졌다고 한다. 국제통화기금은 국가 간 격차, 남반구 내 격차도 커지고 있다고 지적하였다. 중국의 경우 상위 1%가 국가 전체 부의 30%를 차지하고 있으며, 세계 인구의 상위 1%가 세계 전체 부의 절반을 차지하는 것으로 확인되었다(IMF, 2015).

전 세계적으로 절대 빈곤은 감소하지만, 부유한 국가와 가난한 국가의 격차는 더 커지고 있다. 유엔에 따르면, 세계 절대 빈곤 인구(하루 1.25달러 미만으로 사는 인구)는 1990년 세계 인구의 36%에서 2011년 15%로 줄어들었다. 이는 환영할 만한 일이다. 그러나 1.25달러 초과 수입을 얻는 인구 중 다수가 하루 2.5달러 미만의 수입으로 생활하는 '상대적 빈곤' 상태에 있다. 따라서 발전을 어떻게 측정한 것인지, 평균 소득액의 증가가 광범위한 소득 개선을 가리키는지 혹은 단지 미미한 변화에 불과한지, 혹은 일부의 소득 증가가 평균의 상승에 반영된 것인지 등에 대해 주의할 필요가 있다. 현재의 글로벌 발전 양상은 1970년대 이후의 경향과 별반 차이가 없다. 일부 지역은 개선되었지만, 불평등을 의미 있게 줄이려면 해야 할 일이 여전히 많다.

개발과 반개발은 매우 중요한 개념이다. 세계는 부와 기회 및 선택의 격차가 줄어드는 것이 아니라 더 확대되고 있기 때문이다. 일부 가난한 국가의 소득은 상대적으로 개선되었지만, 가난한 국가 대부분은 부유한 국가에 비해 소득이 매우 낮다. 장차 이러한 격차 확대가 정치적, 전략적으로 중요해질 가능성이 농후해지고 있다. 빌 클린턴(Bill Clinton) 대통령이 2001년 9.11 사태의 여파에 대해 언급하면서 '부유한 나라에 살고 있는 우리는 21세기의 혜택을 전 세계로 확산하고 협력자는 늘리고 테러리스트는 더 줄여 미래의 위험을 줄여야 한다'(Clinton, 2001)라고 주장하였다. 그는 이 연설에서 자유화와 세계화의 심화를 9.11 사태의 원인으로 언급하였다. 그는 또 '우리는 장벽이 사라지고, 거리가 줄어들고, 정보가 빠르게 퍼지는 세계를 만들었다. 미국과 영국은 그 이득을 많이 보고 있다'(Clinton, 2001)라고 하였다. 클린턴은 21세기의 책무라고 생각하는 것을 피력하면서 세계 인구의 절반 이상이 새로운 세계 경제의 혜택을 누리지 못한다고 주장하고 어떤 종류의 경제가 그들을 뒤처지게 하는지 설득력 있는 질문을 던졌다.

결론: 지리와 개발의 관계

맥기(McGee, 1997)는 포스트모던 발전으로의 전환이 지닌 의미를 다음과 같이 해석하였다. '포스트모던 발전 하에서는 세계화 과정을 통해 생산 혹은 소비, 노동, 자본 관리 및 정보 등의 네트워크 구조가 지속적으로 변하며, 쉴 새 없이 변하는 이 네트워크 밖의 장소는 아무런 의미를 지니지 못한 존재가 되어버린다.'

앨빈 토플러(Alvin Toffler)의 『미래의 충격(Future Shock)』(1970) 발간 이후 한동안, 일부 비평가들은 '지리의 종말(the end of geography)'을 주장하였다. 토플러도 사람, 상품 및 정보의 이동이 활발해져 지리적 차이가 사라질 것이라고 주장하였다. 토플러의 주장과 달리 지리적 차이는 여전히 크다. 그리고 토플러가 말한 장소 간 연결과 흐름은 지리학자 입장에서는 하나의 지역 내 흐름에 불과하다.

비록 최근 기술의 발전으로 거리, 경계 및 이동에 관한 전통적 생각이 도전을 받고 있지만, 글로벌 관계는 새로운 불균등을 만들어낼 뿐만 아니라 기왕의 불균등한 패턴 안에서 작동하므로 지리는 여전히 중요하다. 이 불평등 관계는 수십 년 동안 계속되어왔고, 개발도상국들이 종속 상황에서 벗어난다는 것이 점점 더 어려워지고 있다(Hickel, 2015).

투자 또한 지역의 사회간접자본과 자원 조건에 따라 선택적으로 이루어지기 때문에 불평등 상황이 계속된다. 그 결과 다수 학자들은 장소가 과거보다 더 중요해졌다고 주장한다(Massey and Jess, 1995). 왜냐하면 개발도상국의 개발 실태 자체가 불균등할 뿐만 아니라 국가 혹은 역내 기구가 개입하여 글로벌과 로컬 간 관계를 지속적으로 변화시키기 때문이다.

따라서 발전과 지리의 관계는 여전히 밀접하다고 강조하는 것이 적절하다. 개발의 목표가 삶과 기회의 향상에 있다면, 전 세계 광범위한 지역에 살고 있는 수십억 명의 상황을 개선하는 것이야말로 개발의 과제이다. 포터(Potter, 2001, 2002)는 세계 주요 지역과 비교해서 먼 지역과 그곳의 사람에 대한 지리학자들의 관심이 적었다고 지적하면서 개발 문제가 지리학 내에서 소홀히 다루어졌다고 주장하였다. 대체로 지리학 연구는 유럽과 북아메리카 지역에 집중해왔다. 이에 대해 포터(Potter, 2001)는 '먼 지리(distant geography)'라고 부를 수 있는 지역에 대해 지리학자의 더 큰 책임 의식이 시급히 필요하다고 주장하였다. 이 주장은 '먼 타자(distant others)' 혹은 '낯선 이들(distant strangers)'에 대한 책임 의식을 다르게 표현한 것이다.

먼 타자에 대한 책임 의식 문제는 큰 어려움을 겪고 있는, 우리로부터 멀리 떨어져 사는 사람들에게 우리가 어느 정도 도움을 주느냐에 관한 것이다. 선의는 친절을 적극적으로 베푸는 것이지, 선한 일을 하고자 하는 감정과 욕구를 의미하는 자비와는 다르다. 시급한 도움이 필요하나 멀리 떨어져 있는 타자들보다 가까이에 사는 소중한 사람들을 먼저 돕는 것이 자연스러운 심리인데 구태여 먼 지역까지 도움을 주는 것이 도덕적으로 정당화될 수 있는가라는 질문이 제기될 수 있다. 여러 면에서 이 도덕적 문제는 현대 지리와 개발 사이의 복잡한 관계의 중심에 있다. 급속한 세계화 과정이 과거보다 더 강한 압력을 끼치고 있다. 특히 전 세계 빈곤 인구에 대한 책임 의식을 적극적으로 보이려면 국제적 차원의 자원 동원에 더욱 적극적으로 참여하여야 한다(Smith, 2002).

세계화는 한편으로 유럽연합, 북미자유무역협정, 아시아태평양경제협력체 등 서로 결속력은 다르지만 거대 지역 단위들과 파리(Paris), 런던(London), 도쿄(Tokyo) 같은 세계적 메가시티들을 만들어내고 있다. 그러나 다른 한편으로 글로벌 네트워크의 다른 차원, 다른 장소에서는 무시, 무지 심지어 저항 등이 합쳐져 장소와 역사 특유의 발전 양상을 만들어내고 있다. 발전을 제대로 이해하려면 이 점에 대해서도 마찬가지로 연구가 이루어져야 한다. 이를 위해 사회와 환경의 상호작용, 사람과 재화의 이동, 개발의 불균등 및 불평등 문제, 특히 로컬의 특성 측면에 중점을 두는 지리학적 조사가 중요하다. 이런 요인들은 개발지리학이 인문학적 전통에 뿌리를 두게 하는 요인들이다. 지금 필요한 것은 로컬이 개발의 대상이면서 동시에 로컬 자원이 개발 과정에 투입되도록 하는 매개체가 되어야 한다는 점이다. 이렇게 할 때만이 개발에 대한 우리의 이데올로기 혹은 생각이 바뀔 것이다(Massy, 1995).

이 장에서 개발(혹은 발전)의 개념 정의, 측정 방법 및 실천 방식이 시간에 따라 변화해왔고 앞으로도 그럴 것이란 점을 설명하였다. 개발은 원래 의도한 대로 이룰 수 없다는 것은 자명하다. 전 세계 차원에서 사회경제적 핵심 지표가 분명히 개선되었지만, 개발도상국들 대다수는 여전히 잠재력을 충분히 실현하고 있다. 이것이 세계 경제 시스템과 그 시스템 내에서의 개발도상국의 위상이 만드는 현실이다.

핵심 요점

- 개발(혹은 발전)은 다양한 맥락에서 빈번히 사용되는 단어로, 사회경제적 변화 속에서 전 세계 사람들의 삶을 개선하려는 노력을 의미한다.
- 개발 개념은 계몽 시대부터 있었지만, 1949년 이후 서구화, 근대 및 신고전 경제 이론 등의 개념들과 결부되었다. 발전 개념도 이론의 발달과 개발 과제의 변화를 반영하여 바뀌어왔다.
- 처음에는 주로 국민총생산(GNP), 국내총생산(GDP) 등 양적 경제지표로 발전을 측정하였다. 현재는 다양한 차원의 발전을 강조한 인간 개발 지수(HDI), 센(Sen)의 '자유로서의 발전(development as freedom)'처럼 발전을 보다 질적인 의미에서 파악하려 한다.
- 1990년대 이후 새로운 발전관, 주민 주도 발전 개념 및 지속 가능성에 대한 관심으로 개발 개념이 다시 변화하였다.
- 제3세계 개념은 제2차 세계대전 직후의 국제 정치에 그 뿌리를 두고 있다. 현재는 개발도상국, 저개발국, 경제적 낙후 국가(Less Economically Developed Countries), 빈곤 국가 및 남반구(개도국) 등의 용어들도 사용된다.
- 통계상으로는 세계 전체에 걸쳐 발전과 여건의 개선을 확인할 수 있다. 소위 '개발 미션(development mission)' 신봉자들은 이를 지속적 발전의 증거라고 여긴다.
- 지난 40~50년 동안 글로벌 불평등이 계속 확대되어왔다는 사실도 통계에서 확인할 수 있다.
- 새천년 개발 목표(MDGs)는 세계 발전 문제를 다루는 대표적인 글로벌 의제이다. 그러나 2000년 이후 목표 달성 수준은 부진하였다. 2015년 이후 새로운 글로벌 의제, 즉 지속 가능한 개발 목표(SDGs) 역시 그럴 가능성이 높다.

토의 주제

- 개발은 경제적 발전을 촉진하는 것이 아니라 부자유 상태(unfreedom)를 줄이는 과정이라는 주장에 대해 논의해보자.
- 개발의 상대적 척도에 비경제적 변수들도 포함되어야 한다는 견해에 대해 설명해보자.
- 우리가 그 명칭을 사용하는지 여부와 상관없이 제3세계는 여전히 존재한다는 주장에 대해 평가해보자.
- 유엔의 새천년 개발 목표(MDGs)는 성공하였는가? 지속 가능한 개발 목표(SDGs)의 성공 가능성은 있다고 생각하는지 논의해보자.
- 개발도상국 개념보다 빈곤 국가 개념이 더 유용하다고 생각하는지 논의해보자.

제2장
식민주의의 이해

이 장에서 우리는 개발과 식민주의의 종식이 남반구(개도국)에 미치는 영향을 살펴볼 것이다. 우선 식민주의와 제국주의의 정의를 살펴본 후 탈식민주의를 비판적으로 검토하게 될 것이다. 또한 세 단계의 식민주의에 대해 논의하게 되는데, 각각 중상주의적(mercantile) 식민주의, 산업(industrial) 식민주의, 후기(late) 식민주의의 사례가 제시된다. 이어서 탈식민화(decolonisation)의 전개 과정과 식민주의가 남긴 중요한 유산에 대해 살펴본다.

이 장의 주요 내용은 다음과 같다.

- 식민주의와 제국주의에 대한 서로 다른 시각을 살펴본다.
- 탈식민주의와 식민주의가 미친 영향을 검토한다.
- 식민주의의 단계별 주요 특징을 살펴본다.
- 식민주의의 긍정적/부정적 측면을 평가해본다.
- 신국제분업(New International Division of Labor)과 신국제경제질서의 개념을 평가해본다.

도입: 식민주의와 제국주의

식민주의에 대한 논의는 많지만, 일반적으로 식민주의를 19~20세기의 자본주의 확장 과정과 동일시하는 경향이 있다. 물론 식민지 확장에 있어 경제적 목적이 주된 원인이 되기는 하지만 식민주의는 본질적으로 정치적 과정이고, 유럽의 자본주의 체제가 세계로 뻗어나가기 이전에 식민지는 여러 지역에 존재하고 있었다. 고대 로마 시대에도 자원, 노동력, 상품 시장을 위한 식민지 외에 군사적 목적으로 곳곳에 식민지가 만들어지기도 하였다.

다수의 개발 관련 문헌들은 자본주의의 세계적 확장을 식민주의보다는 제국주의로 개념화하지만 이에 대한 논쟁도 존재한다. 네오마르크스주의자들은 제국주의가 1885년 베를린 조약으로 시작된 아프리카의 분할로 시작되었고, 제국주의라는 용어가 19세기 나폴레옹 3세에 의해 만들어졌다는 점을 지적한다. 그러나 다수의 학자는 제국주의가 15세기 후반~16세기 초반, 유럽의 국민

국가(nation state)의 성장과 함께 시작되었다고 본다(Blalut, 1993).

18세기와 19세기에는 개발 자체가 제국주의와 자본주의의 팽창을 뒷받침하면서 동시에 이와 융합되었다. 이 시기 식민지는 여러 이유와 형태로 늘어났다. 식민주의의 특징은 경제적 목적 외에도 제국과 식민지의 정치·경제 및 문화적 특성에 따라 다양했다. 최근에는 식민주의를 식민주의의 목적과 함께 식민지화의 수단을 고려하여 정의하는 경향이 있다. 따라서 식민주의를 불평등한 상품 교환을 추구하는 정부 시스템으로 정의할 수 있다. 반면, 사이드(Said, 1979, 1993)는 식민주의를 유럽의 생활 양식이 동양에 비해 우월하다는 생각을 심어주는 과정으로 바라보았다. 사이드는 식민주의란 공간, 경제의 식민화를 넘어 마음과 몸의 식민화를 의미하며, 이는 더욱 극복하기 어렵다고 주장하였다.

핵심 아이디어

식민주의와 제국주의

식민주의와 제국주의는 겹치는 부분이 많지만 같은 개념은 아니다. 앤서니 킹(Anthony King, 1976)은 식민지 도시화에 관한 그의 주요 문헌 색인에서 제국주의의 항목 아래 '식민주의를 보라'라고 간단히 기술하고 있다. 결과적으로, 그의 식민주의에 대한 정의는 부분적일 뿐이다. 그는 '장시간 동안, 외국인을 통치하고 지배세력에 종속시키기 위한 체제의 확립 및 유지'를 식민주의로 보았다. 한 국가가 다른 국가에 대해 정치적 통제를 확립한다는 개념은 식민주의의 정의에서 반복되는 주제이다. 예를 들어 옥스퍼드 사전에서는 식민주의를 다른 나라에 대한 정치적 통제권을 획득하고, 정착민들과 함께 그 나라를 점령하고, 경제적으로 수탈하는 것으로 정의한다.

블라우너(Blauner; Wolpe, 1975에서 재인용)의 접근은 위의 킹의 접근보다 포괄적이다. 그는 식민주의를 '지리적으로 확장된 정치 체제를 지배하는 시스템을 만드는 것'이며, 많은 경우 이 지역에는 다른 인종과 문화적 배경의 사람들이 살게 된다고 설명한다. 식민지는 식민 제국에 의해 정치·경제적으로 지배받고 의존하게 된다. 그러나 여전히 어떤 지배와 착취의 방식인지에 대한 구체적인 설명은 빠져 있다.

제국주의의 유용한 실무적 정의는 '식민지화, 군사력 또는 다른 수단을 통해 한 국가의 힘과 영향력을 확장하는 정책'이다. 그러나 '제국주의'라는 용어의 다양한 사용 방식에는 몇 가지 심각한 불일치가 존재한다. 가장 분명한 것 중 하나는 이 용어가 두 가지 다른 방식으로 사용된다는 것이다. 기술적 의미로서의 제국주의는 자본주의 진화의 최종 단계를 정의하기 위해 사용되지만, 일상적 의미에서 제국주의라는 표현은 제국주의 국가와 저개발국의 관계를 설명하기 위해 사용된다. 비록 두 접근법의 차이를 극복하기 어렵다는 점 때문에 제국주의 연대기를 기술하는 데 모순이 생기긴 했지만, 이 두 가지 용례는 함께 존재할 수도 있다. 마르크스주의(레닌주의) 분석가들은 자본주의의 독과점 단계가 20세기 초에 시작됐다고 믿는다. 반면, 배럿-브라운(Barratt-Brown, 1974)은 제국주의를 대략 지금으로부터 400년까지 거슬러 올라가는 것으로 이해한다.

배럿-브라운의 시각은 제국주의에 대한 더 넓은 정의를 적용할 수 있기 때문에 선호되는데, 그는 제국주의를 공식적인 식민지와 함께 시장에서의 특권적 지위, 자원 공급처의 보호, 수익을 창출할 수 있는 노동력 확보의 기회 등을 포함하는 것으로 언급하고 있다. 이러한 시각을 받아들이면 우리는 제국주의의 확장이 16세기 초부터 1950년대와 1960년대 탈식민지화 단계까지 아메리카, 아시아, 아프리카의 식민지화에 어떠한 영향을 미쳤고 동시에 어떠한 영향을 받았는지 살펴볼 수 있게 된다.

비유럽 세계에 대한 인식

식민주의에 대한 다양한 시각이 존재하기는 하지만 식민지 담론을 이해하기 위해서는 일종의 틀이 필요하다. 프레스턴(Preston, 1996)은 '다른 민족들의 흡수와 재구성'이라고 부르는 개념에 몇 가지 요소가 있음을 보여주고 있다([자료 2.1] 참고). 그의 설명은 좀 단순한데 이는 유럽인들이 비유럽 세계를 재현(represent)하는 과정을 제시하고 있다. 유럽인들은 처음에는 비유럽을 이국적인 것으로 재현했으며, 계몽주의 시대에는 순수하고 고귀한 야만*으로, 19세기에는 통제되고 개선되어 독립할 수 있도록 인도되어야 하는 미개한 야만으로 재현하였다. '제1장'에서 살펴본 바와 같이 개발이라는 개념과 '계몽된 사람들'의 역할이 이 시기를 거치면서 만들어졌다. 그러나 '고귀한 야만'이라는 낭만적 개념은 선택적으로 적용되었다. 쿡(Cook) 선장은 태평양 탐험에서 영국의 가치관에 따라 폴리네시아인은 존경하고 오스트레일리아 원주민은 경멸하는 모습을 보여주었다.

식민주의의 '물결'

프레스턴(Preston, 1996)이 제시한 연대기는 단순하지만, 월러스타인(Wallerstein, 1979)과 같은 세계체제론자들이 사용하기도 하였다. 특히 테일러(Taylor, 1985)는 제국주의와 식민주의가 결합하여 만들어내는 일종의 물결, 주기 혹은 단계를 제시하였는데, 이 중 장주기는 주요한 경제 체제(봉건주의, 중상주의, 산업 자본주의)와 일치하며, 단주기의 경우 '콘드라티예프(Kondratiev) 파동'이라고도 하는데 약 50년을 주기로 하며 장주기를 구성하는 부분이 된다. 각 파동은 성장과 정체를 겪는데, 정체기에는 경제의 재구조화가 일어나고 이러한 재구조화는 새로운 기술의 개발, 사회의 변화와 새로운 자원의 사용, 저렴한 노동력의 사용 등을 포함하게 된다. 식민지의 획득은 자원, 식량, 노동에 대한 접근성을 공급하는 것으로, 이러한 재구조화의 일부라고 알려져 있다.

[자료 2.1] 식민주의의 주요 과정

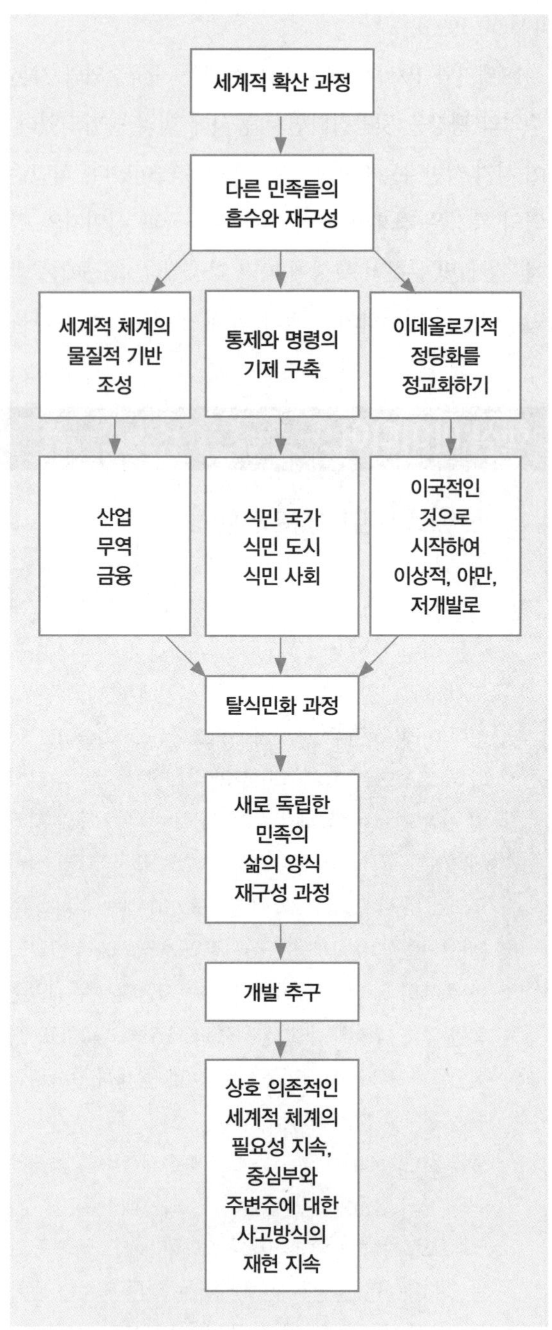

출처: Preston, 1996

세계체제론은 경직성에도 불구하고 식민지와 제국의 발달 과정을 살펴보는 데 유용하다. 이를 통해 이데올로

* 문명에 의해 오염되지 않은 상태

[자료 2.2] 식민주의와 제국주의의 단계

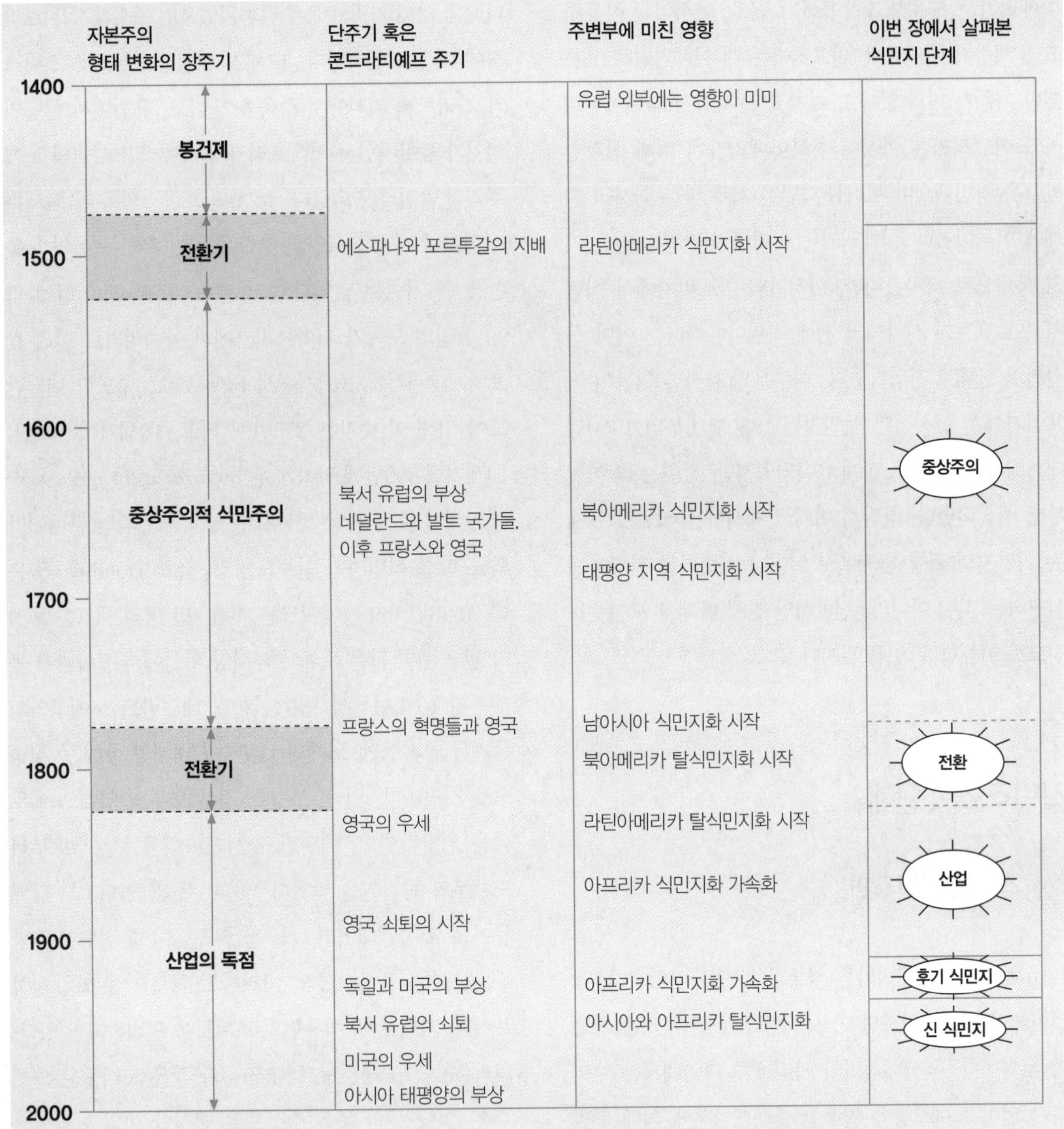

출처: Political Geography, Taylor, P., Pearson Education Ltd © 1985, and Bernstein(1992a)

기가 어떻게 정당화되는지, 물질적 기반과 통제 및 명령의 체제를 검토해볼 수 있다. 그러나 다수의 저자가 지적하듯이 식민주의 관련 문헌들 자체가 편견과 깊게 연관되어 있으며, 이러한 편견은 개발에 대한 사고방식이나 개발 행위에서도 찾아볼 수 있다. 또한 식민주의가 실행되는 방식도 동일한 것이 아니라는 점을 인식해야 한다.

이러한 설명에서 식민주의는 16세기 초반부터 정치적·경제적 목적으로 인해 자본주의의 세계화가 가속화되고, 이러한 과정이 공간적으로 나타나는 현상을 지칭한다. [자료 2.2]의 식민주의와 제국주의의 단계는 비유럽 세계에서 동일하지만, 구체적인 양상은 매우 다르게 나타난다. 클래펌(Clapham, 1985)의 표현을 빌리자면, '아메리카는 부유하고 통제하기 쉽고, 아시아는 부유하고 통제하기 어려우며, 아프리카는 대부분 가난하고 통제할 가치가 거의 없다'고 여겨졌다. 따라서 라틴아메리카와 아프리카는 아시아와 북아메리카에 비해 심각한 약탈을 경험했으며 이러한 약탈은 서로 다른 역사적 단계에 이루어졌다. 아메리카는 이러한 식민지 과정을 거쳐 독립으로 나아갔지만, 아시아와 아프리카에서 식민지 프로젝트가 시작되기 전에 라틴아메리카는 이미 신식민지 상태로 진입하였다. 대부분의 사하라 이남의 아프리카에서 공식적인 식민지는 1880년대부터 1960년대까지 80년 정도로 짧게 유지되었지만, 착취는 그 이전부터 시작되었다. 따라서 여기서 제시하는 식민지 단계는 식민지의 확장 단계에서 일어났던 변화를 완벽하게 설명하는 것이 아니라, 전반적인 진행 단계를 보여주는 정도로 이해할 수 있을 것이다.

식민주의의 단계

중상주의적 식민주의

16세기 라틴아메리카는 정복과 약탈을 겪었지만, 라틴아메리카를 제외하면 이 시기의 가장 큰 특징은 상업과 무역이다. 북아메리카와 카리브해 지역에서는 무역과 상업이 노예노동을 활용한 플랜테이션에 의해 뒷받침되었다. 아프리카와 아시아에서 최초의 접촉은 물품 교환을 중심으로 이루어졌으며 이후의 전개 과정은 유럽의 개입 정도, 교역 상품의 특징, 비유럽 국가의 국력, 문화, 조직 등 다양한 요소에 의해 전개되었다.

플랜테이션과 노예노동

16세기 후반부터 17세기까지 플랜테이션과 막대한 노예노동 수요는 아프리카와 아메리카에 매우 큰 영향을 미쳤다. 서아프리카에서 시작된 플랜테이션은 에스파냐에 의해 카리브해에 전파되었으며 포르투갈은 브라질에 이를 도입하였다. 17세기 네덜란드, 영국, 프랑스가 카리브해 지역에서 각축을 벌이고, 유럽에서 설탕의 인기가 높아지면서 서아프리카와 아메리카 사이의 노예무역이 발전하게 되었다. 1670년 프랑스의 루이 14세는 '식민지의 개발과 토양의 경작에 있어 흑인 노예의 노동만큼 큰 기여는 없었다'라고 했다. 1600년 이전에 약 90만 명의 노예가 서아프리카에서 아메리카로 팔려 갔으며, 17세기에 들어서면서 노예무역을 주도한 네덜란드에 의해 이 숫자는 275만이 되고, 18세기에 700만, 19세기에 400만에 달하게 된다(Oliver and Fage, 1966).

18세기 주요 설탕 생산지는 영국 식민지인 자메이카와 프랑스 식민지인 산토도밍고(Santo Domingo)였는데, 1688년까지 자메이카는 매년 1만 명의 새로운 노예가 필요했다. 많은 노예가 대서양 횡단에서 살아남지 못했는데 1630년에서 1803년까지 네덜란드 노예무역의 통계를 살펴보면, 노예의 14.8%가 대서양 항해 중 질병으로 사망했다. 영국, 프랑스 정부 모두 기업에 노예무역을 위탁하였고, 네덜란드 서인도회사는 정부로부터 노예무역 독점권을 받았다. 커피, 목화, 인디고*, 담배 등이 주요 플랜테이션 작물이었지만, 이 중 설탕이 가장 중요한 수출 품목이었다. 이러한 소위 '삼각무역'은 서아프리카, 카리브해, 서유럽의 도시들을 연결하고 있었다. 리버풀(Liverpool), 낭트(Nantes)와 같은 도시들은 노예 수송, 설탕 등의 물품 수송으로 엄청난 이익을 얻었으며, 논쟁의 여지는 있지만 대체로 총 800만 명에서 1,500만 명의 노예가 이동한 것으로 보인다. 이는 인류 역사상 가장 큰 비자발적 인구 이동이다(Hopkins, 1973).

* 청색 안료를 얻을 수 있는 콩과 식물

무역 연결의 심화

유럽의 무역상들은 다양한 비유럽 국가들과 조우했고 다양한 문화와 접촉하게 되었다. 그러나 일부 비유럽 국가는 이미 물질적, 행정적, 정신적 측면에서 유럽보다 우월하기도 하였다. 일례로 1793년 청나라 황제는 영국 조지 3세의 특사에게 '중국은 부족한 것이 없으며, 만약 차, 비단, 도자기 등이 필요하다면 조공 무역의 답례로 줄 수도 있다'고 말할 정도였다. 또한 유럽의 무역상들은 아라비아, 자바, 중국 무역상들과 함께 정해진 항구에서 함께 교역하는 것을 허락받았을 뿐이었다(McGee, 1967).

프레스턴(Preston, 1996)은 이러한 첫 번째 단계의 식민주의에서 비유럽인들이 동등한 대우를 받았지만, 이러한 동등한 대우는 경쟁할 물품이 있는 지역에서만 가능했다고 요약하고 있다. 프랑스인들은 수전 농업 혹은 관개 농업에 머물러 있는 캄보디아의 앙코르와트 제국에 대해서는 별 관심이 없었고, 그 대신 금, 은, 비단, 향료, 설탕 등에 관심이 많았다. 이러한 물품의 교역은 고위험-고수익 사업이었으며, 이러한 모험에는 선교사, 사절단, 과학자가 동행하기도 하였다. 이러한 중상주의적 식민주의는 꽤 오랫동안 아시아와 아프리카에서 지속되었고, 유럽 정착민의 확장은 없었으며, 지배-복종의 관계도 나중에서야 나타나게 된다.

그러나 이러한 경향은 18세기 후반 바뀌게 되는데, 아메리카의 경우, 이베리아반도와 프랑스, 영국에서 많은 주민이 이주하게 된다. 북아메리카와 카리브해 지역에서는 식민 개척자들이 생산에 직접 개입하게 되었다. 교역이 늘어나면서 유럽인들이 식민지 지역에서 상품을 모으고 저장하고 보호하는 일에 직접 개입하는 일이 많아졌다. 이를 위해 유럽인들은 자신들을 도와줄 파트너를 만들고, 분쟁을 조장하는 등 지역 정치에 개입하게 되었고 이후 많은 부작용을 낳았다. 아프리카의 경우 노예무역은 무역상과 함께 내륙 지방의 부족 지도자의 권력 강화로 이어졌는데, 부족 지도자들은 부족 간 전쟁의 포로들을 노예로 팔아넘겨 이익을 취했다.

무역의 양이 늘어나면서 중간 기착지나 보급 기지 등이 건설되기 시작하였다. 예를 들어 네덜란드 동인도회사가 만든 도시가 현재의 케이프타운(Cape Town)이다. 유럽인들의 정착은 점차 늘어나게 되고, 18세기 후반이 되면 큰 변화를 맞이한다. 무역 네트워크 확대는 많은 사람을 자본주의 시스템으로 편입시켰으며, 유럽의 상품(특히 무기)과 가치, 사상, 종교 등이 많은 지역에 파고들었다. 유럽과의 접촉이 많지 않은 지역에서도 유럽을 모방하여 유럽에 대항하고자 하는 움직임이 일어났고, 아시아와 아프리카 농민의 삶은 변하지 않는 것처럼 보였지만 사실 점차 세계 경제에 통합되고 있었다.

산업 식민주의로의 전환

중상주의적 식민주의는 산업 식민주의로 전환되는데, 지역적으로 다른 궤적을 보인다. 미국은 1776년 독립하며 새로운 열강으로 성장하고 있었고, 라틴아메리카와 카리브해 지역에서는 식민주의적 생산과 무역 시스템이 내부적으로 도전받고 있었다. 아시아에서는 물품의 양과 질을 보장하기 위해 상품 생산에 직접 뛰어든 동인도회사가 파산을 향해 가고 있었다. 유럽은 전쟁을 겪었지만 이전 중상주의 시기에 축적한 자본을 재투자하여 새로운 이익을 창출하는 산업혁명이 가속화되고 있었다. 그럼에도 불구하고 19세기에는 식민지 확장이 지속되었는데, 이는 상업 및 무역과 관련되었지만 국가 주도의 식민주의에 의한 것이었다. 따라서 페낭(Penang), 싱가포르(Singapore), 홍콩(Hong Kong) 등이 식민주의 세력에 할양되었다.

중상주의적 식민주의가 쇠퇴하긴 했지만, 중상주의로 축적된 자본은 산업혁명의 원동력이 되었으며, 19세기의 식민지 재확산에 영향을 미쳤다. 서아프리카, 카리브해, 유럽의 삼각무역과 같은 식민 무역에서 창출된 엄청난 부는 과거의 엘리트가 아닌 새롭게 탄생한 기업가들의 손으로 흘러 들어갔다. 즉 중상주의적 식민주의는 새로운 부를 창출했을 뿐만 아니라 새로운 사회적·정치적 변화를 이끌어냈으며, 이를 통해 영국과 다른 유럽 국가들은 식민지 확장을 위한 힘을 얻을 수 있었다. 유럽은 세계 자본주의의 중심으로 발전하면서 동시에 다른 지역의 발전을 막을 수 있었던 것이다(Blaut, 1993).

산업혁명

19세기와 20세기 식민주의는 자본주의의 작동 원리 자체와 연결되어 있다. 제조업자들은 생산을 늘리고 비용을 절감하여 이익을 늘리는 데 혈안이 되어 있었는데, 이를 실현할 방법은 크게 두 가지가 있었다. 원료를 낮은 가격에 공급받거나 새로운 해외 시장을 개척하는 것이었다. 더 나아가 해외에서 생산되는 식량의 가격을 낮춤으로써 유럽의 노동 비용을 낮출 수 있었다. 이러한 방식은 기업과 국가가 함께 식민지를 개척함으로써 가능해졌다. 따라서 이 시기의 핵심은 영토의 획득이었다. 1870년 이전에는 자원의 약탈 이후에 합병과 점령이 이어졌다면 이후에는 영토를 점령한 후 자원의 약탈이 이루어졌다.

이러한 산업 식민주의의 원동력은 자본주의였지만 식민주의를 정당화하기 위해 다양한 이데올로기가 동원되었다. '문명화되지 못한 야만인'으로 식민지 주민을 묘사하거나 그들의 역사와 문화는 발전이 없거나 몰락하고 있는 것으로 언급되었다. 과학자나 사상가 역시 이 과정에 동참했고, 이들의 주장은 근대화 논의로 이어졌다. 이에 따르면 발전은 단선적이며 모든 지역에서 동일한 과정을 거쳐 이루어진다는 것이었다. 식민지에 대한 동정 역시 부모-자식의 관계로 식민 통치국과 식민지를 바라보는 시각에서 벗어나지 못했다.

이익과 명망을 향한 원동력

우리는 식민주의에서 이데올로기와 담론을 너무 강조해서는 안 된다. 식민주의는 본질적으로 이익을 추구하기 위한 경제적 목적에서 시작되었기 때문이다. 1855년 탐험가 리빙스턴(Livingston)이 영국 왕립지리학회에 향후 탐험을 위한 자금 지원을 요청하기 위해 쓴 편지에는 아프리카 대륙이 영국을 위한 원료의 공급처, 새로운 시장이 될 것임을 강조하고 있다. 또한 유럽 열강들 사이에서 식민지를 차지하는 것은 명망을 높이는 일이었다.

식민지에 대한 통제 강화

식민주의는 물질적 측면과 행정적 측면에서 공고화되었는데, 물질적 측면에서는 생산, 무역, 금융을 위한 기구, 행정적 측면에서는 통제를 위한 기구의 설립이 중요했다. 중상주의 시기와 비교해서 이 시기에는 착취의 방식이 무역을 통해서라기보다 토지의 확보를 통해 생산을 통제하는 것이었다. 이를 위해 법, 교통, 행정, 경찰 시스템이 만들어졌다. 그러나 이러한 통제가 쉬운 일은 아니었다. 나이지리아 총독이었던 루가드(Lugard)는 19세기가 끝날 때까지도 영국 외무부와 식민지 정부 모두 중부 아프리카를 통치할 수 있는 경험이 부족했다고 회고하였다.

수출 상품의 생산

경제적 수탈의 공간적 양상은 바로 수출을 위한 작물이 농촌에서 생산되는 것이었다. 작물의 특성과 지역의 관습, 식민 통치국의 힘이 상품 작물 경작에 영향을 미쳤다. 어떤 지역에서는 대규모의 플랜테이션이, 다른 지역에서는 지역 농부들이 경작지를 통합하도록 장려되었다. 두 과정 모두 광범위한 토지 소유 박탈로 이어졌고, 농부들은 토지에서 이탈하여 상품 작물 재배를 위한 노동자로 편입되었다. 1880년대 케냐 내륙 지역은 자급자족 경제로 이루어졌고, 목축업자들과 경작자들은 물품을 거래하였지만, 30년 후 이 지역은 유럽인들만을 위한 지역이 되었다. 새로운 세금 제도로 인해 농부들은 농업이나 광산의 노동자가 되었고, 잘 조직되어 있었던 기존 시스템은 파괴되었다. 아프리카의 많은 지역에서 사람과 가구에 부과되는 세금은 가혹했다. 원주민들이 상품 작물 생산에 적합하지 않다고 판단되는 경우 다른 국가나 지역에서 노동자들을 들여오기도 했다.

이러한 새로운 농업 시스템은 식민 통치국에 필요한 소수의 작물만을 재배하는 것이었다. 코코아, 커피, 면화, 땅콩, 팜오일, 고무, 사이잘, 설탕, 차 등이 주요 작물이었다. 이 외의 필요한 작물은 수입할 수밖에 없었는데, 이러한 식민주의 경제는 '그들이 사용하지 않는 것을 생산하고, 생산하지 않는 것을 사용하는' 체제였던 것이다(Binns, 1994a). 당연히 식민 통치국의 회사들은 생산된 작물을 수출하고, 필요한 것들을 수입하며 양방향에서 모두 이익을 얻었다.

확대되는 시장

산업 식민주의 시기에는 급격한 경제적, 사회적, 인구학적 변화로, 19세기 후반 서구 제조업 상품의 시장 개척이 중요해졌다. 식민지에서 서구의 상품은 파견 근무자 혹은 식민지의 엘리트 들이 소비하는 것이었으나, 이후 다른 계층에까지 확산하면서, 기존의 수공업 경제를 붕괴시키게 되었다. 특히 식민지에서 수입된 식품을 가공해서 재수출하는 것이 식민지 주민에게는 가슴 아픈 일이었다. 밀가루, 설탕, 차 등은 유럽에서 가공되어 식민지로 재수출되었고, 이는 식민지의 가난한 사람들을 두 번 착취하는 것이었다. 식민지 주민은 작물을 생산하면서 노동력이 착취되었으며, 비싼 가격에 가공된 식품을 구매할 수밖에 없었다.

생산과 상업 활동의 중심지 중 식민지 도시는 드물었지만, 식민지 도시들이 단순히 통제와 통치를 위한 곳만은 아니었다. 소규모 소비재의 생산과 수입 물품의 판매 등의 활동이 식민지 도시에서 활발했는데, 이러한 경제 활동은 중국인이나 인도인이 많이 했고, 이들은 서구 열강에 의해 독점권을 인정받았다. 이러한 방식으로 식민지와 식민 통치자 사이에는 중국인, 인도인이라는 일종의 완충재가 놓였으며, 원주민의 반발은 최종 책임자가 아닌 중국인, 인도인에게 향하게 되었다.

1850~1920년 사이 식민지 도시 시스템은 큰 변화를 맞이하는데(Drakakis-Smith, 1991), 생산은 주로 농촌 지역에서 이루어졌지만 이를 통제하는 정치·경제 권력은 소수의 도시에 집중되었다. 식민 통치자들은 한두 개의 도시만 선택적으로 발전시켰는데, 이러한 도시에서 식민지 주민은 다수를 차지했지만 넓은 공간은 유럽인들에게 배정되었다. 유럽인을 위한 넓은 주거 지역과 업무 지구와 군대 주둔지가 나란히 배치되었고, 이 지역은 철도, 공원 등으로 식민지 주민 주거 지역과 분리되었다. 식민 통치자와 식민지 주민의 접촉은 최소화되었다. 그러나 이러한 주종 관계는 1914년 제1차 세계대전 발발로 큰 변화를 맞이한다.

후기 식민주의

1920년 이후 식민지를 확보하는 '영웅적' 시기가 지나고, 일상적 관리의 시기가 도래했다. 이 시기를 이해하는 개념은 '신탁통치'로, 이는 국제연맹(League of Nations)의 설립으로 이어졌으며 식민지 주민들의 안녕과 발전에 최우선 가치를 두었다. 그러나 현실에서 식민지 주민이란 원주민만을 의미하는 것은 아니었다. 식민 통치자들은 식민지 주민들이 민주주의와 같은 가치를 실현하기란 불가능하다고 생각하고 있었다. 1945년까지 식민 통치자들은 원주민들이 정치적 대표자로 그들의 인구만큼 적절히 반영되는가에 대해서는 심각하게 고려하지 않았다.

양차 대전 사이에 식민지를 통치했던 행정 관료들은 식민지 주민의 열망이나 변화하는 세계 경제, 그 어떤 것에도 별로 관심을 두지 않았다. 그러나 전쟁과 불황은 식민지 경제를 짓누르고 있었는데, 유럽으로부터의 투자는 제한적이었고 상품의 가격은 지속해서 하락하고 있었다. 양차 대전 사이 시기에 성장을 유지할 수 있는 자본은 미국과 아시아의 화교 자본밖에 없었다. 상품 수출의 수익이 지속해서 하락하면서 정부 투자는 도로, 시설, 철도 등의 인프라 건설로 이동하게 되었다. 이 지점에서 역사가들 사이에 직접적 통치와 간접적 통치 중 어느 것이 식민지에 유리했는가 또는 불리했는가에 대한 논쟁이 벌어진다. 랭(Lange)은 33개의 영국 식민지를 검토하여 식민지 지배 이후 직접 통치를 받은 지역의 개발이 상대적으로 빨랐다고 주장하였다. 그는 '분산된 형태의 통치가 국가 통치 체계의 발전을 가로막았으며, 이로써 지역의 강력한 권력이 정부의 권력을 중개하고 제약하였으며 정부의 하부 구조적 권력*을 제약하게 되었다'(Lange, 2004)고 주장한다.

1920년대의 경제공황 시기 식민 통치국과 식민지 사이의 연계가 강화되었는데, 1930년경에 영국 무역의 44%는 대영제국 내에서 이루어졌다. 이러한 경향은 많은 사람이 식민지로 이주하면서 더욱 강해지게 되었다. 또한 캐나다, 오스트레일리아로 이주한 영국인들과는 다르게 네덜란드, 프랑스 이주자들은 이미 도시화된 지역으로 이주하였고, 저임금 노동자가 되어갔다. 유럽인들이 늘어나면서 일부 교육받은 식민지 주민은 정치적, 조직적 기술을 배우기 위해 유럽으로 가기도 하였으나, 대다수의 소작농은 경제 불황으로 고통받았고, 정치적으로는 지역 대표자들에게 항의하는 것 이상의 활동을 할 정도로 조직화하지 못했다. 그러나 도시 내에서 원주민 인구가 늘어나면서 다양한 사회적 이슈를 제기하고 있었다.

양차 대전 사이의 시기

양차 대전 사이의 시기는 대다수의 유럽 식민 통치자들에게는 황금시대였다. 경제 상황이 좋지 않았지만 소득은 괜찮은 수준이었고, 식민지에서 특권을 누릴 수 있었다. 많은 미디어에서 나오는 식민주의 시대의 이미지는 바로 이 시기에 해당하는 경우가 많다. 행정 권력이 식민지로 확대되면서 특히 영국의 식민지에서는 급여, 특권, 직장 등 상황이 본국보다 좋았다. 식민지에서 도시계획은 왜곡되었는데, 전원도시 운동은 아프리카와 아시아에서는 유럽인과 식민지 주민을 분리하는 방법으로 이용되었다. 특히 골프장과 경마장 등의 여가 공간이 둘 사이를 구분하였다(King, 1976). 반면 원주민들은 좁은 도시 구역에 밀집하게 되었다. 제2차 세계대전은 유럽 불패의 신화를 깨뜨렸다. 일본이 아시아 곳곳에서 승리하고, 유럽 국가들이 식민지에 병력과 자원을 의존하게 되었으며 이는 식민지에 대한 일종의 채무가 되었다.

전후 탈식민지화와 독립

전후에 탈식민지화의 동력이 생겨났는데 여기에는 몇 가지 이유가 있다. 첫 번째, 영국과 프랑스가 전쟁에서 그 힘을 소진하면서 미국의 경제적 원조에 의존하게 되었다. 미국은 구소련과 더불어 초강대국이 되어 식민주의를 끝내고자 하였다. 특히 미국은 식민주의를 끝내고 새로운 비공식적 식민주의를 통해 세계에 영향력을 미치고자 하였다. 이는 '글로벌 자본주의' 혹은 '신식민주의'라고 불린다. 두 번째, 인도와 아프리카에서 서구의 교육을 통해 연설과 서신으로 대중을 움직일 수 있는 지식인이 생겨났다. 1885년 인도의 국민 회의 운동(Indian Congress Movement)은 이러한 사람들에 의해 조직되었으며, 인도인을 존중하고 인도 출신 대표자들을 늘려 달라는 요구로 시작되었다. 그러나 1917년 간디(Gandhi)가 이 운동을 이끌면서 좀 더 민족주의적 색채를 띠게 되었고 영국은 인도를 식민지로 유지하려면 많은 재정적, 도덕적 비용을 지불해야 한다는 것을 인식하게 되었다. 1947년 마침내 인도가 독립하였고 이는 전 세계 많은 식민지의 민족주의적 움직임에 큰 영향을 미쳤다. 또한 제2차 세계대전 중에 발표된 「대서양 헌장(Atlantic Charter)」도 식민지의 독립에 영향을 미쳤는데, 리비아, 소말리아, 에리트레아 등이 독립을 이룰 수 있었다. 마

* 사회학자 마이클 만(Michael Mann)이 사용한 용어로, 국가의 강압적이고 폭력적인 권력이 아니라 정책과 개발 계획 등을 통해 사회 구성원의 자발적인 동의나 인정으로 생겨나는 권력을 의미한다.

지막으로 유럽과 미국의 자본 이동성이 탈식민지화를 촉진하였다. 식민지들이 글로벌 세계 경제에 편입되면서, 서구의 회사들은 식민지 여부와 상관없이 자본과 자원을 이동할 수 있었다. 독립한 국가의 지배 엘리트들은 여전히 외부의 자본과 기술에 접근할 필요가 있었기 때문이다.

그러나 모든 식민 통치국이 이러한 탈식민지화의 조류에 응답한 것은 아니었다. 영국은 특유의 덜 공식적이고 탈중심적인 통치 시스템으로 인해 식민지 독립을 쉽게 허가해주는 편이었지만 짐바브웨 등 일부 지역에서는 1980년대까지 독립을 인정하지 않았다. 케냐에서는 1950년대 폭동이 벌어지기도 하였고, 유럽인 정착지에 대한 공격과 무차별적인 살인이 일어났다. 영국은 이를 무자비하게 진압하였고, 이러한 과정을 거친 후에야 케냐는 1963년 독립을 이룰 수 있었다. 그러나 프랑스와 네덜란드의 경우 탈식민지화는 더 복잡한 과정을 거쳤는데, 이들은 식민지를 포기하고 유럽으로 돌아가기를 거부하였다. 알제리, 동인도제도, 인도차이나반도에서는 독립 전쟁이 벌어졌다. 전쟁, 쿠데타 등을 거친 후에야 프랑스의 드골(de Gaulle) 대통령은 1962년 알제리의 독립을 승인하였다. 포르투갈은 국내의 쿠데타 직후 아프리카 식민지를 1975년 갑자기 포기하였고, 지역 주민에게 인수인계를 할 시간도 거의 없었다. 이후에도 포르투갈은 앙골라와 모잠비크의 독립 전쟁을 맞닥뜨리게 되었다. 마침내 아주 작은 나라를 제외하고는 독립이 이루어졌다. 그러나 이후 이 나라들의 발전 경로는 정치적, 경제적 진공 상태로 빨려 들어갔으며, 신식민주의에 영향을 받았을 뿐만 아니라 식민주의가 만들어놓은 유산에 강한 영향을 받았다.

식민주의의 유산

다른 장에서 살펴보겠지만, 식민주의는 많은 나라에 지속적인 영향을 미치고 있다. 식민주의는 강압적이고 부당한 것이지만 통치하는 자와 통치받는 자 사이의 문화적 연계를 만들어냈고, 이는 식민지 이후에도 살아남았다. 또한 정치적으로는 1940년대부터 1970년대까지 생겨난 국가들의 영토 구분을 식민지 시대의 경계를 기준으로 하였으며 이는 지리, 식민 이전의 구조, 문화 및 민족적 분포와 맞지 않는 것이었다. 이는 특히 아프리카에서 심각했다. 동남아시아에서도 말레이제도가 말레이시아, 인도네시아, 필리핀으로 나누어졌는데, 이는 각각 영국, 네덜란드, 에스파냐-미국 제국의 식민지였기 때문이었다.

식민지 지배가 식민 지배를 당한 국가들에 이로운 것이었는지 또는 해로운 것이었는지에 대한 논쟁은 현재 진행형이다. 사실상 아프리카의 많은 나라는 1960년대 갓 독립을 쟁취했을 당시보다 경제적으로 열악한 경우가 많다. 몇몇 역사가는 식민주의라는 것이 매우 다양해서 이롭다 혹은 해롭다는 것으로 쉽게 답할 수 있는 것이 아니라고 주장한다. 그러나 분명 해로운 영향이 존재한다. 이러한 사실에 대해 피터 바우어(Peter Bauer, 1976)와 월터 로드니(Walter Rodney, 1972)의 책 일부분을 인용해보면, 먼저 바우어는 유명한 저서 『개발을 반대한다(Dissent on Development)』에서 이렇게 주장하고 있다.

> 식민지 시기에 물질적 진보가 없다는 것은 사실이 아니며, 식민지에서의 해방이 경제 발전의 필요 조건이라는 점도 사실이 아니다. 현재 가장 부유한 나라 중에 미국, 오스트레일리아, 뉴질랜드는 식민지였으며, 식민지 시기에도 풍요로웠다. 또한 19세기에 식민지가 된 아프리카와 아시아 국가들이 매우 원시적인 조건으로부터 물질적 진보를 이루는 것을 식민지 지배가 막았다는 것도 사실이 아니다. 이 나라들은 19세기 후반에 식민지가 된 이후부터 20세기 독립을 이룰 때까지 매우 빠른 경제적 성공을 이루었다. (Bauer, 1976)

반면 『유럽은 어떻게 아프리카를 저개발했는가(How Europe Underdeveloped Africa)』라는 책에서 로드니는 매우 다른 시각을 보여준다.

> 아프리카의 식민지화는 약 20년 동안 진행되었다. 이 시간은 역사적 발전 단계에서 매우 짧은 기간이다. 그러나 세계의 다른 곳에서는 바로 이 시기가 가장 많은 변화가 일어난 시기였다. 짧은 시간에 이루어진 식민지화와 그 부정적 영향은 아프리카가 권력을 잃었다는 사실에 기인한다. 권력은 인간 사회의 가장 근본적인 결정 요인이며, 집단 내 혹은 집단 사이의 관계에서 기본 요소가 된다. 권력은 개인의 이익을 지켜내는 능력, 필요하다면 이용 가능한 모든 수단을 동원하여 자신의 의지를 강제할 수 있는 능력을 의미한다. (Rodney, 1972)

위의 두 의견은 모두 논쟁할 만한 주제이고, 이러한 논쟁은 지속되고 있다.

식민주의의 인구학적 영향

식민주의의 인구학적 영향은 매우 컸다. 원주민 인구는 증가하기 시작하였고, 이는 의료 기술의 도입, 건강관리와 위생의 개선, 식량 안보의 확대 때문이었다. 대부분의 식민 통치국들은 예방보다는 치료에 주력했고, 식민지에서는 수도나 소수의 대도시에서만 상위 의료기관을 이용할 수 있었다. 반면 농촌 지역의 의료와 보건 시스템은 열악했으며, 이 지역 주민들은 여전히 전통 의료에 의존해야 했다. 예를 들어 가나에는 1970년대에도 1개의 대학 부속 병원만 있었고, 인구의 18% 정도가 인구 2만 명 이상의 도시에 거주했는데, 이러한 대도시 지역에 의사의 66%가 집중되어 있었다. 또한 인구의 1%가 이용하는 대학 부속 병원에 국가 의료 예산의 40%가 집중되었다(Phillips, 1990). 탄자니아와 같은 매우 예외적인 신생 독립국들만이 이러한 의료 접근성의 불균형을 바로잡는 데 성공했다. 식민주의 시기 식민 제국들은 열대 지방의 질병에 대한 많은 연구를 수행하였다. 모기와 체체파리가 옮기는 질병에 대한 연구 등을 수행하는 연구소가 설립되었고, 가축의 질병을 연구하는 연구소도 다수 생겨났다. 또한 식민지 정부는 전염병의 발생에 대처하는 프로그램을 도입하기도 하였다.

식민주의의 또 다른 인구학적 영향은 노동 이주로 인한 인구의 혼합이었다. 이러한 노동 이주는 강제적으로 이루어지기도 하였고, 계약을 통하거나 자발적으로 이주하는 경우도 있었다. 이를 통해 다양한 민족이 식민지에 거주하게 되었다. 그러나 이러한 민족적 혼합은 이후 발전 과정에 방해 요인으로 작용하기도 하였으며, 최악의 경우로는 추방이나 대량 학살로 이어지기도 하였다. 일례로 우간다의 독재자 이디 아민(Idi Amin)은 1972년 8만 명의 아시아인을 추방하기도 하였다.

교육

혹자는 공식적인 교육 제도의 도입이 보건과 함께 식민지 통치를 통해 얻은 혜택이라고 주장할지 모른다. 식민지의 지식인 중 일부는 모국어를 말하면서도 식민 제국의 언어와 문화를 흡수하기도 하였다. 영국과 프랑스의 식민지 교육은 달랐는데, 영국은 현지 교사를 교육하여 현지 언어로 교육하려고 하였지만, 프랑스는 프랑스인 교사가 프랑스어로 교육하게 하였다. 이로 인해 교육받은 소수는 자신들의 문화로부터 고립되었고, 나머지 95%는 1960년대까지 문맹으로 남을 수밖에 없었다. 그러나 일부는 아프리카의 문화와 흑인의 정체성, 식민 통치에 대한 비판적인 저작을 유려한 프랑스어로 남기기도 하였다.

식민지 통치 정책의 일환으로 식민 통치자들은 소수의 교육된 노동력을 원했으며, 선교사들은 식민지 주민이 성서를 읽을 수 있도록 글자를 가르치려고 하였다. 식민지 시기의 보건 시스템과 마찬가지로 교육은 대도시에 집중되어 있었고, 위계적이고 관료적이었다(Watson, 1982). 교육의 수월성이 강조되었고, 커리큘럼 등은 식민 제국의 것이 거의 그대로 식민지로 전달되었다. 대학 교육에서는 수도나 대도시에 설립된 대학에 예산이 집중적으로 투입되었다. 다른 지역에서 대학 교육의 기회는 전무했다. 농촌 지역에서는 기초적인 교육만 실시되었는데, 읽기, 쓰기, 산수가 교육의 전부였고, 중·고등학교 교육은 매우 적었다. 식민지 시기 중·고등학교 대 초등학교의 비율은 프랑스령 서아프리카에서 1 대 25, 가나와 나이지리아에서는 1 대 70에 머무르고 있었다.

교통

교통과 통신망은 여전히 식민주의의 유산이 크다. 대부분의 나라에서 기본적인 도로와 철도 네트워크가 식민지 시기에 형성되었기 때문이다. 그리고 이러한 네트워크는 식민 제국의 경제적 필요를 반영하고 있다. 예를 들어 서부 아프리카에서 과거 영국 식민지와 프랑스 식민지 사이의 연결은 여전히 미미하며, 짐바브웨의 주요 도로와 철도는 과거 유럽인들의 주거지를 연결하고 있다. 또한 식민지 시기의 교통 및 통신망은 식민지와 세계 경제를 연결하는 주요 항구를 중심으로 구축되기 시작하였다. 또한 가장 큰 도시만 집중적으로 성장하는 수위 도시화 현상도 식민지 경제에 기인한 것이다.

행정 및 사법 체계

식민지 도시는 생산보다는 행정의 중심지였고, 이러한 행정 및 사법 시스템이 식민주의의 혜택이라고 주장하는 사람들도 있다. 물론 체계적이고 효율적인 행정 시스템이 도움이 되는 것은 사실이지만, 이러한 체계 속에 스며든 엘리트주의가 여전히 계속되고 있는 것은 문제이다. 특히 국가의 고위직은 여전히 유럽의 언어에 의존하고 있다.

홍콩은 1958년 영국으로부터 금융과 예산의 자율성을 보장받았고, 1980년대 상당한 자율성을 확보하였으며, 1997년 7월 1일 식민지 통치에서 벗어났다. 그러나 식민지 시기, 식민지 정부는 정당을 금지했으며, 임명된 행정부는 약하고 비효율적이며 총독의 명령만 수행했다. 정당 활동가는 공직에서 거부되었다. 식민지 초기 홍콩의 행정 관료들은 영국 옥스퍼드와 케임브리지 대학교를 졸업한 중산층 출신에서 채용되었다. 나중에는 현지인 채용이 늘어났지만 1997년에도 상위 직급의 23%가 영국에서 파견된 관리였다(Burns, 1999). 행정 업무는 영어로 처리되었고, 1974년에야 광둥어가 영어와 함께 공식 언어가 되었으며, 법전은 1989년에서야 2개의 언어로 출판되었다.

독립 이후 사법 시스템을 구축하려는 노력이 이어졌지만, 여전히 많은 나라에서 사법 시스템은 식민 제국의 것을 따르는 경우가 많다. 공정이라는 가치는 식민지 사법 체계와는 거리가 멀었으며, 이러한 과거의 유산이 이어지는 경우도 많다. 예를 들어 싱가포르에서는 여전히 재판 없이 구금이 가능하며, 식민지 시대의 건축 규제가 여전히 유지되어 남반구(개도국)의 도시들은 효과적인 주택 정책을 추진하기가 어려운 경우도 있다.

경제 활동

식민주의가 만들어낸 모든 결과를 뒷받침하는 것은 경제 활동이었다. 또 경제 활동은 식민지의 직접적인 유산이 강하게 남아 있는 분야이기도 하다. 예를 들어 가나의 코코아 산업과 같이, 식민지 이후 많은 국가는 한두 가지 상품에 의존하는 경제 구조를 가지게 되었고, 상품 가격의 하락으로 인해 경제 구조를 다변화하는 데 실패했다. 또한 이러한 산업의 공간적 집중은 지역적 불균형으로 이어졌다.

제2차 세계대전 이후 25년여 동안 신생 독립국의 경제는 거의 변하지 않았고, 루이스(Lewis)나 로스토(Rostow)와 같은 신고전 경제학자들의 이론에 기반한 발전 전략을 지속했다. 이러한 나라들의 경제는 여전히 소수의 상품에 집중되어 있고, 이를 제외하면 약간의 수입 대체 상품을 생산하는 데 머물러 있다. 또한 경제는 조건부 원조나 초국적 기업에 의해 통제되고 있다.

신식민주의

식민주의가 퇴조하고 신식민주의가 그 자리를 대신하고 있다는 주장이 있다. 즉, 미국, 구소련, 일본, 중국, 인도, 유럽연합(EU)이 저개발국의 경제와 사회에 경제적, 정치적 영향력을 미치고 있다는 것이다. 독립 이후에도 많은 나라는 원조, 무역, 정치적 관계를 통해 외부 세력에 통제되고 있다. 예를 들어 로메 협정(Lome Convention)을 통해 유럽연합은 아프리카, 카리브해, 태평양 지역의 60개국과 새로운 형태의 식민주의적 관계, 혹은 원조, 무역, 통상 협정을 규정하는 '신식민주의'적 관계를 맺고 있다. 또한 1980년대 이후 세계은행(World Bank)과 국제통화기금(IMF)은 구조 조정 프로그램을 통해 자금 지원을 원하는 가난한 국가들에 자유주의적 경제 정책을 강요해왔다.

신국제분업

1970년대부터 유럽과 북아메리카에서 제조업의 이윤이 저하되면서 많은 투자 자금이 줄곧 해외로 이동하고 있었다. 노동 비용 증가와 환경 보호, 새로운 금융 시스템, 석유 가격 상승으로 인한 석유수출국기구(OPEC)의 막대한 이익 등이 남반구(개도국)의 새로운 제조업 공장 투자로 이어졌다. 탈식민지 시기의 이러한 현상을 신국제분업(New International Division of Labour : NIDL)이라고 한다. 노동 집약적 제조업의 해외 이전이 특징인 신국제분업은 세 번째 국제분업이라고 할 수 있다. 여기서 중요한 점은 이러한 세 가지 국제분업이 현재에도 함께 작동하고 있다는 것이다.

- 첫 번째 분업은 식민지에서 원료를 획득하여 식민 통치국에서 제조하는 형태로 이루어진다.
- 두 번째 분업은 수입 대체 정책 속에서 신생 독립국으로 몇몇 제조업이 이동하는 과정을 포함한다.
- 세 번째 분업은 1970년대 확장되었는데, 제조 과정이 분할되면서, 다국적 기업을 통해 제조 공정이 남반구(개도국)로 이동하게 되었다.

신국제분업은 노동 비용 절감 이외에도 국제기구들이 주도한 통신 기술 및 금융 서비스의 도입을 통해 남반구(개도국)의 도시 개발 전략에도 영향을 미쳤다. 신국제분업은 원료를 값싼 노동력으로 착취하여 가공한 후 생겨난 부가가치를 취하는 새로운 형태였다. 이러한 분업은 지역 경제에 별다른 기술 발전을 일으키지 않았고, 파급효과도 제한적이었다. 신국제분업의 문제점은 이러한 착취가 불가피하다는 점을 과도하게 강조하면서, 적절하게 해외 투자를 관리하여 지역의 이익을 극대화할 자율성을 부여하지 않았다는 점이다. 또한 이러한 국제분업이 모든 곳에 적용될 수 있다는 점도 의문시되었는데, 초기에 국제분업의 대상이 된 것은 아시아의 호랑이(홍콩, 싱가포르, 한국, 타이완), 멕시코, 브라질에 국한되었고, 이는 국제분업이 단순히 노동 비용이 낮은 곳 이상을 요구한다는 점을 보여준다.

해외직접투자(FDI)를 통해 성장하는 나라는 말레이시아, 타이, 인도네시아 등 계속 늘어나고 있다. 그러나 이들 지역에 대한 투자는 주로 아시아의 호랑이로부터 온 것이며, 각국 정부는 서구의 초국적 기업, 지역 내 기업과 함께 공동의 이익을 찾아 움직이고 있다. 이는 지역적 국제분업(regional division of labour: RDL)이라고 할 수 있으며, 이러한 지역적 국제분업은 서아시아, 남아시아, 남아프리카에서도 찾아볼 수 있다.

신국제경제질서

신국제분업과 같은 시기에 등장했기 때문에 종종 혼동을 일으키는 개념이 신국제경제질서(New International Economic Order: NIEO)이다. 이 개념은 유엔(UN)에서 유래되었으며, 그동안의 근대화 전략이 가난한 나라의 대다수 사람에게 도움이 된 것이 많지 않다는 평가에 의해 뒷받침되었다. 가난, 늘어나는 국가 부채,

환경 위기 등의 논의는 1994년 로마 클럽(Club of Rome)에서 신국제경제질서를 설립하는 배경이 되었다. 무역 개혁, 화폐 개혁, 채무 저감, 기술 이전, 지역적 협력의 다섯 가지 주요 의제가 제시되었지만, 개발도상국이 이를 통해 이익을 얻은 것은 매우 적다. 이는 각 나라의 이해관계가 다르기 때문이기도 하고, 신국제경제질서가 뉴라이트의 구조 조정 프로그램으로 변질하였기 때문이었다. 실제로 신국제경제질서는 초국적 기업이 개발이라는 명목으로 남반구(개도국)에 투자하는 것을 정당화해주고 있다.

결론

식민주의는 분명히 오늘날 우리가 사는 세계를 형성하는 데 큰 영향을 미쳤다. 국가의 형성과 특성은 유럽 열강들이 영토를 나누고 국경을 그었던 일에 의해 결정되었던 경우가 많다. 독립 이후 식민 지배를 받은 국가들은 식민 제국의 언어, 교육, 법, 보건 시스템을 유지하였고, 무역 네트워크와 통신망은 여전히 식민 시대와 유사했다. 식민주의의 과정, 경험, 유산은 매우 논쟁적인 주제이다. 이 중 '유럽 열강이 식민지를 얼마나 착취하였는가?' 그리고 '아프리카, 아시아, 라틴아메리카 국가들이 식민 통치를 받지 않았다면, 현재 얼마나 잘살게 되었을까?'와 같은 토론은 여전히 진행 중에 있다.

핵심 요점

- 식민주의의 성격은 식민 제국과 식민지의 정치경제적 속성과 문화, 또 식민지 확보의 목적에 따라 다양했다.
- 탈식민주의는 서구 지식의 생산과 서구 권력의 행사가 어떻게 불가분의 관계인지를 설명하며, 이를 통해 식민지 경험을 이해하는 데 중요한 시각을 제시하고 있다.
- 상업과 무역은 식민주의의 첫 단계인 중상주의적 식민주의를 주도했다. 무역 회사들은 이 시기 생산과 무역에 깊게 관여하였다. 플랜테이션과 노예노동은 중상주의적 식민주의 단계의 주요 특징이었다.
- 두 번째 식민주의는 산업 식민주의로 이는 유럽 공산품의 해외 시장 확대와 유럽을 위한 원자재 및 식량의 해외 생산을 포함한다. 식민지는 무역 회사보다는 국가에 의해 설립되고 조직되는 경우가 많아졌지만, 기업과 국가는 서로 협력하였다.
- 후기 식민주의 시대에는 두 차례의 세계대전과 공황으로 식민지 경제가 타격을 받았다. 유럽으로부터의 투자가 줄어들고 상품 가격은 하락했다. 이 시기는 식민지로 이주하는 유럽인이 늘어난 시기이며, 식민 제국과 식민지 사이 행정력의 균형이 변화한 시기이기도 하다. 제2차 세계대전 이후 탈식민지화와 식민지 국가의 독립 승인의 움직임이 나타났다.
- 식민주의가 식민 지배를 받은 국가들의 경제와 사회에 이득이 되었는지 또는 해가 되었는지에 대한 논쟁은 계속되고 있다.

토의 주제

- 식민 통치를 받은 한 나라를 선택하여 식민주의의 긍정적 · 부정적 측면을 살펴보자.
- 탈식민주의에 관한 글을 통해 탈식민주의의 주요 요소를 찾아보고, 그 요소들이 식민지 경험을 이해하는 데 어떻게 도움이 되는지 제시해보자.
- 중상주의 식민주의, 산업 식민주의, 후기 식민주의 사이의 개념적 차이와 실제적 차이를 살펴보자.

제3장

개발 이론과 개발 계획의 적용

이 장은 시간에 따라 진화한 주요 개발 이론을 독자들에게 소개하고, 실제로 어떻게 적용되었는지를 보여주고자 한다. 이 장이 마무리될 쯤에 독자들은 개발 전략과 이론의 중요한 특징을 알 수 있게 될 것이다. '제3장'에서는 개발에 대한 사고는 혁명적이라기보다는 진화적인 경향이 강하기 때문에, 오래된 아이디어와 새로운 아이디어가 병존한다는 점을 강조한다. 개발에 대한 다양한 접근법들은 독특한 정치적 과정의 결과이며, 결국 세계 여러 지역에서 제기된 개발 논의가 경쟁적인 성격을 띠고 있음을 보여준다.

이 장의 주요 내용은 다음과 같다.

- 개발 연구 분야의 이론과 전략, 이념의 성격과 역할을 고찰한다.
- 개발 이론에 대한 고전적·신(新)고전적 접근은 전통적인 경제 이론에 기초하고 있다. 이런 접근법은 '하향적' 발전을 전제하며, 최근 신자유주의가 발전에 미치는 영향도 포함한다.
- 개발에 대한 역사적·경험적 접근의 결과들, 즉 여러 지역에서 실제로 일어난 일들에 대해서도 다룬다.
- 급진적이고 마르크스주의에서 영감을 받은 이론, 특히 종속학파에 대해 살핀다.
- 개발에 대한 대안적 접근 방식의 다양성을 강조하며, 여기에는 일련의 '상향식' 접근이 포함된다.
- 지속 가능한 생계 관점의 연구 틀(Sustainable Livelihoods Framework)*과 '다양한 경제들(diverse economies)' 개념, 개발과 생계(Livelihoods)에 대한 대안적 관점을 검토한다.
- 근대성과 탈근대성의 조건을 개발 이론과 연계시켜 살펴본다.

* 참여적 접근법의 창시자로 여겨지는 로버트 체임버스(Robert Chambers)에 의해서 1992년에 처음 제시되었으며, 지역사회와 개인, 각 가구의 생계를 분석하는 틀로 활용되고 있다.

도입

20세기 중반 이후 개발 실천(development practice)과 이론의 주요 특징은 개발의 과정과 더불어 실제로 무엇이 개발 그 자체를 구성하는가에 대한 일련의 근본적인 생각의 변화에 기인한다. 개발의 새로운 개념화에 대한 연구들은 현장에서 나타나는 개발의 실천적 변화를 반영하는 것이었다. 이 장에서 다루어진 이론들이 개발을 수행하는 행위자들의 관행에 영향을 미쳤다는 점에 주목할 필요가 있다. 개발에 대한 다양한 견해와 더불어 개발이 무엇인지, 그것이 추구하는 전략과 수단이 어떠한 것인지에 관해 많은 논쟁이 있었다. '제1장'에서는 최근 개발 개념 자체의 가치 평가와 반(反)개발, 포스트개발의 사례를 제시했는데, 이는 경제성장으로의 개발에서부터 인권과 자유를 증진하는 개발에 이르기까지 다양한 접근법들에 의해 입증되었다.

1950년대 이후 각종 개발지리학에 대한 소개와 적용 사례가 다수 등장하였으며, 이들은 해당 연구 분야에 활력을 더했다. 다양한 성과들은 수십 년 동안 진행된 '개발'에 관한 주요 서적 및 여러 형태의 결과물로 확인할 수 있다(예를 들어, Apter, 1987; Brohman, 1996; Clark, 2006; Corbridge, 1986; Cowen and Shenton, 1996; Crush, 1995b; Desai and Potter, 2014; Escobar, 1995; Greig et al., 2007; Hettne, 1995; Hopper, 2012; Kothari, 2005; Leys, 1996; Mehmet, 1999; O'Tuathail, 1994; Panayiotopoulos and Capps, 2001; Power, 2003; Preston, 1987, 1996; Rapley, 1996; Schuurman, 1993; Sen, 2000; Simon, 2006; Slater, 1992a, 1992b, 1993; Streeten, 1995; Thirlwall, 1999; Williams et al., 2014).

이 장의 목적은 주로 1940년경부터 이론과 실제 모두에서 제안되었던 다양한 개발의 관점을 소개하는 것이다. 위에서 언급했듯이, 개발에 대한 다양한 접근법은 '제1장'에서 설명한 바와 같이, 개발 논의에 있어 변화하는 패러다임을 반영한다. (이러한 개발 논의 중 대부분은 '제2부' 및 '제3부'에서 더 자세히 설명될 것이다.) 이 장에서 설명하고자 하는 내용은 1940년대 이후 개발 이론과 그에 대한 사고(思考)가 어떻게 진화해왔는지에 대한 역사적 설명이 주를 이루고 있으며, 여전히 개발 이론과 실천의 기초가 되는 핵심적 사고로 여겨지는 경우가 많다. 일부는 이전에 비해 신뢰가 떨어지기도 하지만, 그럼에도 불구하고 개발 논의의 주요한 초점이 무엇이었는지, 시간의 경과에 따라 변화하는 부분들을 설명하기 위해 검토될 것이다.

이 장의 주요 주제는 개발에 대한 아이디어들에 오랫동안 논쟁의 여지가 있었음을 보여주는 것이다. 이는 개발 경로와 국가에 대한 사고가 본질적으로 정치적인 것임을 전제한다. 이러한 논의는 개발 이론과 근대성, 포스트 모더니티의 사회적 조건 사이의 관계를 간략하게 설명하는 장에서 더 자세히 다룰 것이다. 또한 개발 이론과 연구가 현재 교착상태에 이르렀다는 주장과도 관련되며, '제1장'에서 소개한 반(反)개발과 포스트개발 논의도 이에 해당한다.

개발의 이론, 전략, 이데올로기

개괄적 정의

이 장에서 다루는 개발 사고에 대한 견해는 매우 광범위하고 다양하다. 따라서 개발 경로에 대한 광범위한 정의도 동일한 방식을 따른다. 헤트네(Hettne, 1995)의 분류에 따라, 이 장은 개발 이론, 개발 전략 및 개발 이데올로기를 검토한다. 이에 앞서 세 가지 기본 용어에 대한 정의를 내리고자 한다.

1. 개발 이론(development theory)은 과거에 개발이 어떻게 일어났는지 설명하거나, 앞으로 일어나야 한다고 주장하는 명백한 논리적 명제의 집합으로 간주된다. 개발 이론은 이상(理想)적인 세계에서 무엇을 해야 하는지를

핵심 아이디어

패러다임이란 무엇인가?

패러다임은 일반적으로 최상위 모델(supra-models)로 정의된다. 즉, 특정 그룹의 학자 및 특정 학문을 지배하는 광범위한 아이디어의 총체로서, 일단 받아들여지면 특정 집단을 중심으로 합의된 견해를 형성하게 되며, 이를 부정하는 증거들에 의해 대체되기 전까지 유지된다. 개발의 맥락에서, 경제가 발전하고 최상의 성장을 유지하기 위해 어떻게 개발해야 하는지에 대한 논의들은 당시의 패러다임에 의한 것이라고 볼 수 있다. 따라서 이 장의 핵심은 개발 이론 분야에서 이러한 패러다임의 진화와 본질이 무엇인가를 탐색하는 것에 있다.

일반화할 때에는 규범적일 수도 있고, 실제로 일어난 일을 다룬다는 의미에서 확증적일(positive) 수도 있다. 개발 이론의 영역은 주로 학문적 문헌에서 나타나지만, 반드시 그렇지만은 않다.

2. 반면에 개발 전략들(development strategies)은 특정 국가, 지역 및 대륙 내에서 변화를 촉진하기 위한 노력으로 국제기구, 국가, 비정부기구 및 지역 사회 기반 조직들이 추구하는 (혹은 추구하고자 하는) 개발의 실질적인 경로로 정의 내릴 수 있다.
3. 각각의 개발 의제(development agenda)는 서로 다른 목표와 현실을 반영한다. 이것의 목표는 사회적, 경제적, 정치적, 문화적, 윤리적, 도덕적, 심지어 종교적 차원에 영향을 받는다. 따라서 서로 다른 개발 이념들(development ideologies)의 차이를 인식할 수 있다. '제1장'에서는 이론과 실용적인 차원에서 초기 개발 관점이 경제성장을 촉진하는 데 어떻게 관여했는지 살폈다. 그러나 그 후, 학문 내의 지배적인 이데올로기는 정치적, 사회적, 민족적, 문화적, 생태학적 발전과 변화 과정을 강조하는 것으로 바뀌었다. 때로는 패러다임이라는 용어가 개발에 관한 광범위한 아이디어의 집합을 지칭하는 데 사용되기도 한다([핵심 아이디어] 패러다임 참고).

이 장에서는 헤트네(Hettne, 1995)의 개발 사고(development thinking)의 개념을 채택할 것이다. '개발 사고'라는 표현은 개발 이론, 전략, 이데올로기의 적절한 측면을 포함하는 개발에 관한 아이디어의 총합을 의미한다. 따라서 이 장에서는 개발 전략의 개요를 제시하기 위해 관련 개념을 사용하고자 한다.

개발에 대한 논쟁적 특성

개발 사고는 20세기 동안 수많은 우여곡절을 겪으며 발전해왔다. 이러한 사고에 기반한 다양한 이론들은 순차적인 시간 순서를 엄격하게 따르지 않는다. 따라서 개발에 대한 새로운 아이디어가 선호되었다고 할지라도, 초기 이론과 전략이 완전히 폐기되고 대체되지는 않았다. 오히려 이론과 전략은 때로는 매우 복잡한 방식으로 공존하면서 서로 중첩되는 경향이 있다. 이로 인해 헤트네(Hettne, 1995)는 개발 이론을 논의하면서 '사회과학 패러다임이 퇴색하기보다는 축적되는 경향'에 주목했다.

토머스 쿤(Thomas Kuhn)이 제시한 '과학 혁명의 구조'라는 개념을 적용하면, 개발 사고의 특징을 좀 더 자세히 살펴볼 수 있다([자료 3.1] 참고). 쿤(Kuhn, 1962)은 과학 분야가 특정 시점의 연구자 집단과 그들의 연구 방법 및 관점에 의해 지배되고 있으며, 그 안에서 중요하다고 여겨지는 주제와 이슈로 정의된다고 주장했다. 쿤

[자료 3.1] 과학 혁명: 쿤의 과학 혁명의 구조

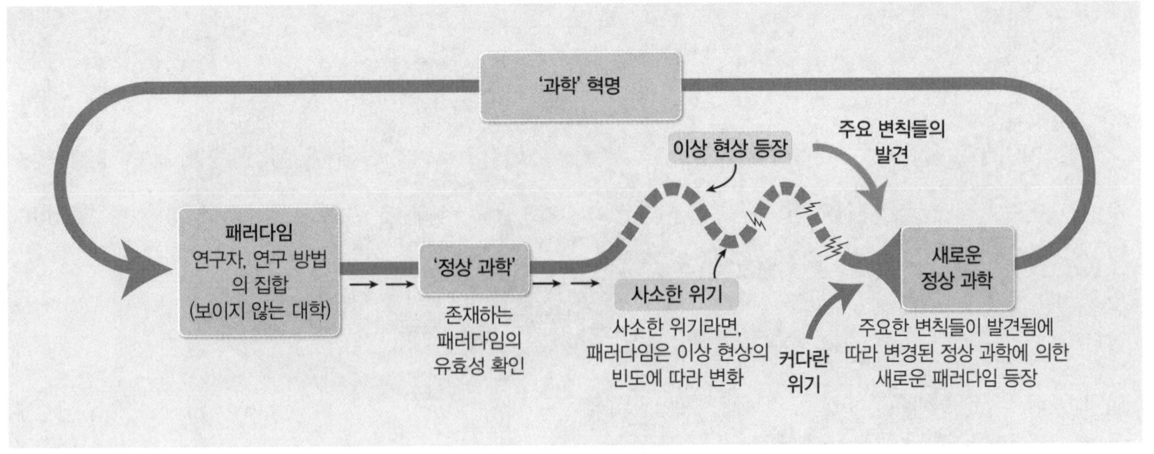

은 이것들을 '보이지 않는 대학(invisible colleges)'이라고 불렀고, 이것이 기존 패러다임의 타당성을 확인하는 연구들을 정의 내리고 영속시키는 역할을 한다고 보았다. 그리고 이러한 과정을 통해 '정상 과학(normal science)'이 성립된다. 쿤은 정상 과학의 현상 유지에 나타나는 관찰과 질문의 수가 너무 많아져서 작은 변화로 처리할 수 없을 때, 근본적인 변화가 일어난다고 말한다. 제안된 변화들이 중대하고, 새로운 패러다임이 채택된다면, 소위 비범한 연구(extraordinary research)가 나타난 시점과 연계되어, 일종의 과학 혁명이 일어났다고 본다. 따라서 이 모델에서 과학 분야는 기본적으로 지배적인 정상 과학이 '비(非)통상적인 과학'으로 대체되고, 궁극적으로 새로운 형태의 과학이 혁명을 통해 발전하는 것으로 설명된다.

그러나 사회과학 담론을 다룰 때, 개발 이론 분야가 혁명적 변화라기보다는 진화적이라고 여겨지는 것은 불가피한 측면이 있다. 어떤 아이디어가 폐기된 지 몇 년이 지난 후, 다른 시점에 다시 등장하는 경우도 존재하기 때문이다. 즉, 개발 사고는 사실이나 현상의 이론적 해석에 관한 것이 아니라 가치, 열망, 사회적 목표, 궁극적으로는 도덕적이고 윤리적인 것에 관한 것이기 때문에 개발 이론의 변화는 혁명이라기보다는 아이디어의 평행적 진화로 이어진다고 볼 수 있다. 그러므로 갈등, 논의, 견해(contention), 그리고 그것들 간의 위치(positionality)는 모두 개발 전략과 관련된 복수적이고 다양한 개발 지역의 논의에 내재되어 있다.

시간에 따른 개발 사고를 분류하는 방법에는 여러 가지가 있다. 넓게 말하면, 개발 이론의 검토는 네 가지 주요 접근법으로 나눌 수 있으며, 이는 [자료 3.2]와 같다. 이 분류는 포터(Potter)와 로이드 에번스(Lloyd Evans)가 1998년에 제안한 틀을 따른다. 네 가지 접근법은 다음과 같다.

1. 고전적–전통적 접근법
2. 역사적–경험적 접근법
3. 급진적–정치 경제–종속적(dependency) 접근법
4. 대안적이고 상향식 접근법[반(反)개발, 다양한 경제(들), 지속 가능한 삶의 주제들을 포함]

마지막 절에서 제시될 주장에 따라, 이러한 각각의 접근법은 특정 이데올로기적 관점을 표현하는 것으로 간주될 수 있으며, 특정 시점에서 개발 논의의 중심부에 위치한다. 각 접근법은 여전히 특정 시기에 통용된다. 예를 들어, 개발 이론과 학문 영역에서, 좌파적 견해는 신(新)고전적 이론보다 고전적 이론을 더 선호하였다. 그러나 1980년대 이래로 실용적인 개발 전략 분야에서

[자료 3.2] 개발 이론: 이 장의 틀

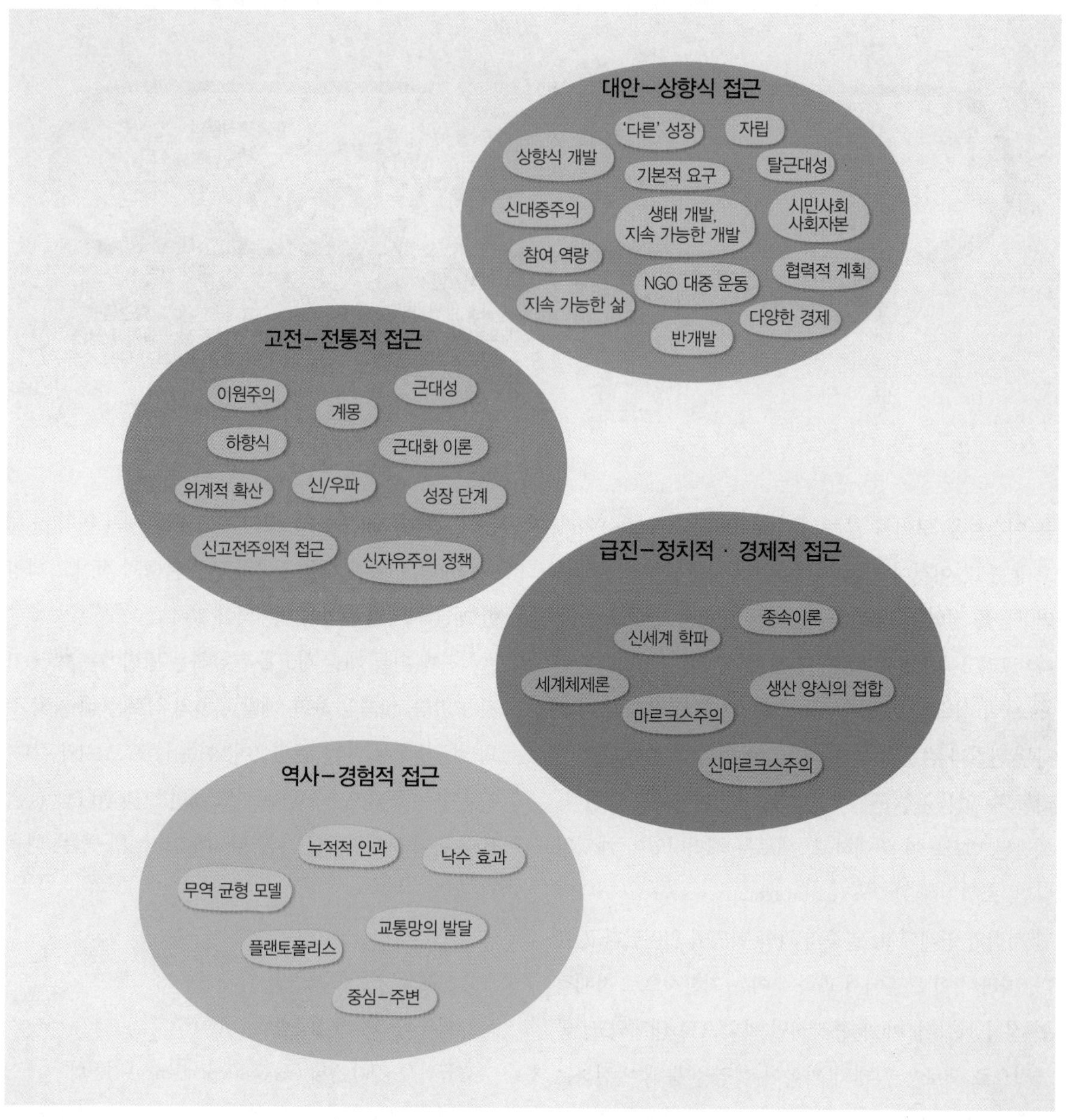

국가의 경제 참여를 줄이고 자유 시장을 촉진하기 위한 구조 조정 프로그램(Structural Adjustment Programmes: SAPs)의 일환으로 공공 부문 감축과 함께 무역 자유화를 강조하면서 고전 이론에 대한 신자유주의적 해석으로의 이행이 나타났다.

다음 절에서는 네 가지 측면에서 개발 과정을 설명하고 이를 뒷받침하는 주요 이론, 전략 및 이데올로기를 개괄할 것이다. 다만 각각의 접근법들이 반드시 한 시기에서 다음 시기로 넘어가는 연대기적 형태를 따르지 않는다는 점에 유의할 필요가 있다. 예를 들어, 고전적–전통적 접근법의 연장선인 신자유주의는 대안 혹은 상향식 접근법을 동시에 취하는 것으로 보아야 한다.

고전주의적 접근: '개발된' 세계, 선진국(북반구)의 초기 입장

도입

개발 연구에 대한 전통적인 접근법은 고전주의(classical)와 신고전주의(neo-classical) 경제학에서 비롯된 것으로, 일반적으로 세계를 분석 스케일로 삼아 정책적 사고를 지배해왔다. 1914년 이전에 시작된 고전 경제 이론은 애덤 스미스(Adam Smith, 1723~1790)와 데이비드 리카도(David Ricardo, 1772~1823)의 저서에 굳건한 기반을 두고 있다. 스미스와 리카도는 경제 발전을 세계 무역의 성장과 비교 우위의 법칙으로 설명했다(Sapsford, 2008). 신고전주의 이론은 1945년 이후 나타난 이론(실제는 1870년대로 거슬러 올라가야 하지만)으로 고전주의 이론들과 본질적으로 유사한 세계관을 취하면서 세계 무역을 성장과 발전의 필수 경로로 보았다.

전통적인 접근법은 세계가 개발도상국(남반구)과 선진국(북반구)이라는 이원적 구조로 이루어진 것으로 특징짓는다. 헤트네(Hettne, 1995)는 초기 인류학의 이분법적 사고를 지적하는데, '후진(backward)' 사회와 '선진(advanced)' 사회, '야만인' 사회와 '문명화' 사회, '전통적' 사회와 '현대적' 사회로 구분하는 점이 이에 해당한다. 이러한 이원론은 한쪽을 전통적이고 토착적이며 저개발된 것으로 간주하는 반면, 다른 쪽은 현대적이고 발전되고 서구화된 것으로 본다. 따라서 글로벌 개발 문제는 이러한 기본적인 이분법의 축소판으로 볼 수 있다. 허시먼(Hirschman, 1958), 마이어와 볼드윈(Meier and Baldwin, 1957), 뮈르달(Myrdal, 1957), 펄로프와 윙고(Perloff and Wingo, 1961), 페로(Perroux, 1950), 슐츠(Schultz, 1953)는 두 지역 간의 발전의 차이를 들어 설명하고자 했다.

허시먼의 기여

이러한 관점에서, '낙후'는 서구가 간신히 발전한 초기 상태와 같다고 이해되었다(Rapley, 1996). 또 서구의 경험으로 확인된 필요 자본과 노하우를 모두 공유하는 것이 다른 나라들이 선진국을 따라잡는 데 도움이 될 수 있다고 보았다. 따라서 이러한 생각의 틀은 개발도상국을 자본주의와 자유민주주의를 통해 (일종의) 근대적 삶으로 이끈다는 의미와 동일하게 간주되었다(Rapley, 1996). 이 개념은 저개발국들이 서구의 사례를 따라 하는 것이 경제 발전과 정치적 안정에 도움이 될 것이라고 보았던 1949년 트루먼(Truman) 대통령의 주장과 유사하다('제1장' 참고).

핵심 아이디어

비용 우위의 법칙

국제무역 경제 원리의 기초는 1776년 경제학자 애덤 스미스가 펴낸 저서 『국부론(The Wealth of Nations)』에서 공식화됐다. 스미스는 특정 지역과 국가가 가장 큰 비교 우위를 점한 상품을 생산하는 것이 합리적이라고 주장했다. 적어도 이론적으로는 세계 생산을 극대화할 수 있으며, 국가들은 무역에 참여함으로써 다른 국가가 더 싸게 공급할 수 있는 상품을 직접 생산하지 않고 얻을 수 있다. 스미스와 리카도의 주장은 '개방적'이거나 '자유적' 무역 정책의 경제적 효율성을 암시했고, 이런 의미로 보면 세계화에 찬성하는 측면에서 선구자였다고 할 수 있다(Sapsford, 2008).

미국 경제학자 허시먼(Hirschman)의 경제 발전 모델은 전통적인 접근법에 대한 논의의 출발점을 제공한다. 허시먼(Hirschman, 1958)은 저서 『경제 발전 전략(The Strategy of Economic Development)』에서 신고전적 입장을 제시했는데, 특히 낙관적인 견해를 피력했다(Hansen, 1981). 허시먼은 양극화를 경제 발전 초기 단계의 불가피한 특성으로 간주했다. 이것은 기본적으로 불균형한 경제성장 전략을 직접적으로 옹호하는 것이며, 여기서 투자는 경제의 몇 가지 핵심 분야에 집중된다고 본다. 특정 부문의 성장은 경제의 다른 부문에 대한 수요를 창출하여, 이렇게 만들어진 불균등의 사슬이 '성장의 확산(spread of growth)'으로 이어질 것으로 기대된다.

부문별로 차등화된 불균형한 성장은 지리적으로 불균등한 발전을 초래하며, 허시먼은 특히 성장 거점(growth pole)에 대한 페로(Perroux, 1955)의 아이디어를 이상적인 개입으로 보았다. 페로는 성장 효과가 배후지로 확산될 것이라 기대되는 특정 중심지에 정부가 공공 부문과 민간 부문 투자를 집중하고 장려해야 한다고 주장했다. 반면 중심으로 집중되는 힘에 대해 허시먼은 그것을 양극화에 의한 자연스러운 현상으로 보았다. '성장이 낙후된 지역으로 흘러내리게 될 것'이라는 주장은 결정적인 논쟁을 불러일으켰고, 허시먼은 이렇게 발생한 낙수 효과를 불가피하고 자발적인 과정이라고 설명했다.

그러므로 허시먼의 연구에서 분명한 정책적 의미는 정부가 불평등을 줄이기 위해 개입하지 말아야 한다는 것에 있었다. 성장을 유발하는 산업의 자발적인 확산을 통해 향후의 이익이 후방에도 영향을 미칠 것으로 보았다. 따라서 허시먼의 접근 방식은 시장이 모든 의사 결정을 하도록 장려하는 전통적인 자유주의 모델에 맞춰져 있다. 이와 같은 공간적 양극화가 중심부에서 후방 지역(나중에 주변부라고 불리는 지역)으로 분산되는 과정을 '극화역전(polarization reversal)'이라고 일컫는다(Richardson, 1977, 1980).

불평등한 성장의 교리

양극화된 개발에 관한 생각이 뜻하는 바는 도시–산업 변화의 역사적 과정을 이해하기 위한 참조로서의 적용을 넘어 1950년대와 1960년대에 지역 개발 정책의 명시적인 틀이 되었다(Friedmann and Weaver, 1979). 따라서 불평등한 성장의 원칙은 전후(戰後) 첫 10년 동안 확증적(positive)이면서도 규범적인 경향을 띠게 되었고, 도시 기반의 산업 성장을 통한 발전 경로를 적극적으로 추구하게 되었다. (정부의) 불간섭, 성장 거점의 강화, 새로운 유인을 위한 하위 중심지들(sub–cores)의 지원 정책이 시행되었다. 프리드먼과 위버(Friedmann and Weaver, 1979)가 관찰한 바와 같이, '불평등은 성장에 효율적이며 평등은 비효율적이라는 주장'을 기반으로 하여, 제조업의 확장이 강조되었다. 그 결과 수년간 제조업 확대가 국가 발전을 달성하는 핵심 방법이라는 믿음이 생겨났고, 많은 국가가 제조회사를 중심으로 하는 성장 거점에 인센티브를 제공했다.

근대화 이론의 정교화

허시먼의 생각은 1950년대와 1960년대에 유행했던 광범위한 근대화 이론의 일부로 볼 수 있다. 이 시기의 패러다임은 선진국과 개발도상국 사이에 존재하는 발전의 격차가 모방적 방식으로 극복될 수 있다는 관점에 바탕을 두었다. 여기서 중요한 점은 개발과 낙후 사이의 단순한 이분법에 기반했다는 점과 개발도상국들은 선진국과 매우 흡사하게 될 것이고 '실제로 근대화는 서구화와 거의 같다'(Hettne, 1995)라고 보았다는 것이다.

근대화에 대한 연구는 주로 정치학 분야에서 크게 발전했지만, 1960년대 후반 지리학자 그룹(Gould, 1970; Ridell, 1970; Soja, 1968, 1974)에 의해 본격적으로 공간적 관점에서 다루어졌다. 이러한 연구에서, 근대화를 보여주기 위해 사용된 일련의 지표들은 지도화되거나 다변량 통계 분석의 대상이 되어 한 국가의 '근대화 현상

보충 자료 3.1

탄자니아의 근대화와 개발

탄자니아는 영국과 독일의 식민지 역사를 거쳐 1961년 독립했다. 이 지역은 1880년대 독일에 의해 점령되었고, 제1차 세계대전 이후 영국에 의해 통치되었다. 과거 많은 식민지와 마찬가지로, 인구는 좁은 해안 지역을 따라 매우 집중되어 있었다. 모로고로(Morogoro), 이링가(Iringa), 음베야(Mbeya)와 같은 주요 도시 결절지(nod)는 인도양 연안의 다르에스살람(Dar es Salaam)에서 남서쪽 방향으로 이어지는 회랑을 형성했다. 근대화에 대한 논의가 유행하던 시대에 굴드(Gould, 1969, 1970), 호일(Hoyle, 1979)과 새피어(Safier, 1969) 같은 지리학자들은 이 지역에 주요 교통 노선이 연결된 '개발의 섬(island of development)'*이라는 것이 존재한다는 것을 알게 되었다. 전통적으로, 다르에스살람 주변의 강력한 도시 집중이 식민지 시대에 발생했으며, 호일(Hoyle, 1979)은 이곳을 '비대칭적 형태의 도시 항구(hypertropic cityport)'로 설명했다.

룬드퀴비스트(Lundqvist, 1981)는 1961년과 1980년 사이 탄자니아에 나타난 개발 계획의 네 가지 주요 단계를 확인했다. 1961년부터 1966년까지의 기간은 식민지 시대의 유산으로 여겨졌는데, 그러한 계획이 적용된 곳은 일부에 불과했기 때문에, 그 결과 주요 도시에 인프라가 집중되어 도시-농촌 격차가 유지되었다. 따라서 식민지로의 침투를 크게 반영한 고도로 양극화된 '근대화와 비근대성'이 공존하는 개발 현상(developmental surface)이 나타났다.

그러나 결과적으로 탄자니아에서의 개발은 위에서 언급한 단순한 설명이 암시하는 것보다 훨씬 더 복잡해졌다. 따라서 도시 농촌의 차이를 줄이기 위한 주요 정책적 노력은 1967년부터 1972년까지 지속되었고, 전통적인 아프리카 사회주의의 원칙과 연관된 농촌 기반의 개발 사업은 줄리어스 니에레레(Julius Nyerere) 대통령의 강력한 헌신으로 옹호되었다. 이러한 정책은 일부 집단의 특권을 공격하고 평등, 협력, 자립, 민족주의 원칙에 강력하게 초점을 맞추려고 했던 1967년 아루샤 선언(Arusha Declaration)에 기반을 두었다. 그러한 아이디어는 1969년 제2차 5개년 계획에서 실행되었다. 주요 정책 중 하나는 우자마 주민 (강제) 이주(ujamaa villa-gisation)였으며, 이는 '현대 전통주의', 즉 전통적인 아프리카 마을 생활의 20세기 버전으로 간주되었다. 여기서 우자마라는 단어는 가족애를 뜻하는 스와힐리어이다. 이 정책의 의도는 흩어져 있는 시골 인구를 집중시키고, 마을 조성 과정에서 생존 가능한 정착에 필요한 서비스를 제공하는 것이었다.

우자마 주민 이주 정책은 다르에스살람과 같은 주요 도시에 대한 의존도를 낮추는 것과 함께 농촌에서 도시로의 이주를 줄이는 것이 주요 목표였으며, 사회주의 노선을 따라 주도권과 자력갱생을 육성하는 방법으로 구상되었다. 또한 도시 개발을 다르에스살람에서 벗어나 9개의 지역 성장 거점으로 확산시키기 위한 노력도 이루어졌다. 니에레레 대통령은 이러한 정책들에 대해 (무비판적[uncritical]으로 '근대화'를 추구한) 서구식 개발을 모방해왔던 슬라브주의**로부터의 해방이라고 평가하였다.

탄자니아에서 채택된 정책들은 일부로부터 많은 찬사를 받았음에도 불구하고, 헌신적인 마르크스주의자들로부터 상당히 회의적인 비판을 받았다. 1973년부터 1986년까지의 3단계 계획에서 개발 마을로의 강제 이주가 시행되었다. 1978년부터 시작된 4단계까지, 산업과 도시 개발은 우자마 주민 이주 정책의 시행과 농촌의 발전을 희생시키면서 다시 한번 실시되었다. 1982/83년부터 1985/86년까지의 제4차 5개년 계획은 산업 발전에 우선순위를 두었고, 이 시점에서 우자마 개념은 기획자와 정치인 모두의 관심에서 거의 벗어났다.

* 교통섬과 유사한 것으로 개발 영역이 교차 집중된 지역을 의미

** 러시아 중심적 사고와 문화

비판적 고찰

'근대화'라는 단어는 언론과 정치인들에 의해 자주 사용된다. 예를 들어, 영국의 전 총리인 토니 블레어(Tony Blair)는 '근대화'에 대해 자주 이야기했다. 기간을 설정하여, 이메일이나 미디어를 통해 등장하는 논의들을 정리해보자. 그러한 언급에서 무엇이 근대화되어야 한다고 제안하는가? 혹은 근대화 과정의 본질에 대한 명백한 함의가 담겨 있는가? 북반구(선진국)와 달리 남반구(개도국) 프로세스와 관련하여 얼마나 자주 사용되는가?

(surface)'을 드러낸다. 예를 들어, 굴드(Gould, 1970)는 그러한 접근법을 사용하여 탄자니아의 근대화를 조사했다([보충 자료 3.1] 참고).

이러한 유형의 고전적 연구 중 하나는 1895년에서 1969년 사이 말라야(Malaya, 현재 말레이시아)의 근대화를 조사한 라인바흐(Leinbach, 1972)의 연구로, 그는 우편 및 전신 시설, 도로 및 철도 밀도와 함께 인구 1인당 병원 및 학교 수와 같은 지표를 사용하여 조사했다. 근대화에 대한 이러한 접근법은 말라야의 핵심 도시 지역과 그 사이를 달리는 교통로가 근대화의 역동적인 변화를 보여준다는 점을 강조한다(Leinbach, 1972). 1895년, 이 지역의 초기 성장은 서쪽 지역의 해안, 특히 쿠알라룸푸르(Kuala Lumpur)와 이포(Ipoh) 주변의 내륙 섬에 제한되었다. 1955년까지 소위 근대화가 두 개의 회랑을 따라 지역 동쪽에 침투했다. 이와 같이, 1950년대부터 세계 각지에서는 공간적으로 근대화의 외연을 결정하고, 근대화의 촉진을 위한 성장 거점과 제조업에 대한 지원이 이루어졌다.

근대화 이론의 경험적, 개념적 정교화

말레이시아의 사례는 [자료 3.3]의 (b)와 같은 전형적인 순서를 보여준다. 여기서 T1에서 T4는 연속적인 시간 주기를 나타낸다. [자료 3.3]의 (a)에 도식적으로 표시된 바와 같이, 이 그림은 본질적으로 가장 큰 중심지에서 가장 작은 정착지(settlement)로 이어지는 '개발'의 하향식 확산을 보여준다. 비판적 관점에서 프리드먼과 위버(Friedmann and Weaver, 1979)는 이 접근법이 신(新)식민지 자본주의의 침투를 그려내는 데 성공했다고 보았다. 이 연구의 특징은 근대화가 기본적으로 시-공간적 과정이라고 가정했다는 데 있다. 그러한 차원에서 저개발은 주로 근대성의 공간적 확산에 의해 극복될 수 있는 것으로 여겨진다. 다수의 연구들은 가장 큰 도시부터 가장 작은 도시까지 성장이 계층적 순서를 따라 일어난다고 주장했다.

이러한 견해를 가장 많이 지지하는 사람은 허드슨(Hudson, 1989)으로, 그는 공간 확산에 관한 헤거스트란트(Hägerstrand, 1953)의 아이디어가 모든 국가에 존재할 수 있다고 보았으며, 특히 근대화와 개발의 '확산'을 촉진할 잠재력이 있는 정착지 또는 중심지 체계에 해당 아이디어를 적용했다. 허드슨은 첫째로 혁신은 전염적 확산 과정에 따라 정착 체계에 영향을 미치며, 그 과정에서 클러스터 성장 효과가 근린이나 지역에 나타날 것이라고 주장했다. 이것은 발전의 본질이 혁신의 양과 비례한다고 본 슘페터(Schumpeter, 1911)의 경제 이론과 유사하다. 은유적으로 표현하자면, 초기 혁신 이후 급증하는 파도 속에서 기회가 주어진다는 것이다. 따라서 슘페터는 개발이 '덜컥거리는(jerky)' 경향이 있고 떼를 지어(in swarms) 나타나, 이후 자연스럽고 자발적인 성장 거점을 형성한다고 주장했다.

둘째로 허드슨은 혁신의 도입 지점이 대도시라는 점, 그것의 효과가 정착 체계를 통해 하향으로 확산될 수 있다는 점에 주목했다. 페데르센(Pedersen, 1970)은 미국(Borchert, 1967)과 잉글랜드와 웨일스(Robson, 1973)

[자료 3.3] 근대화의 확산: 가설의 예

(a) 중심 지역에서 주변 지역들로 정착 체계 확산, (b) 적용의 예

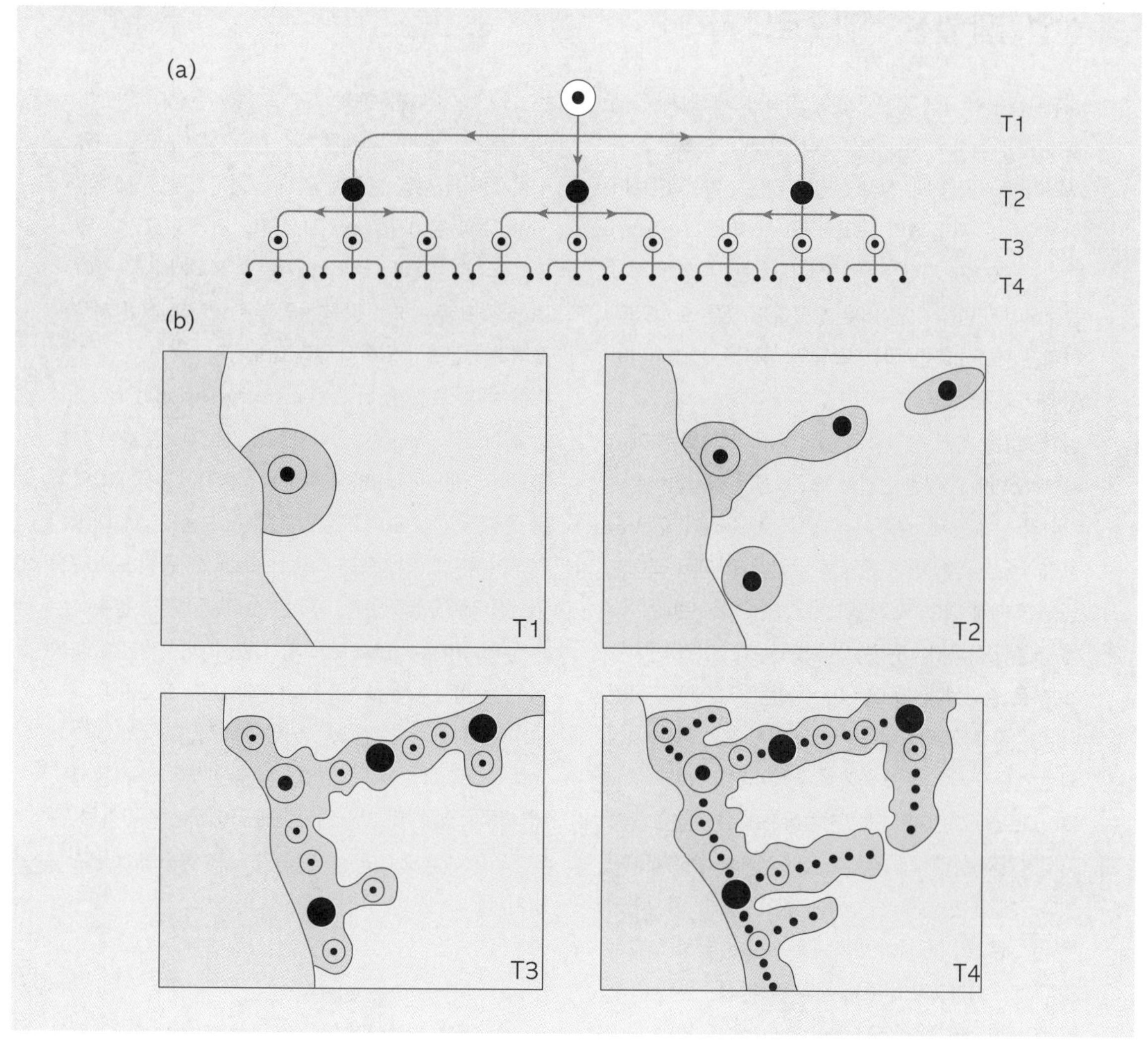

와 같은 선진 자본주의 사회를 대상으로 한 일부 역사적-경험적 연구를 통해 혁신 확산의 계층적 과정(hierarchical process of innovation diffusion)의 사례를 소개했다. 이를 통해 페데르센은 내수 혁신과 기업가적 혁신(entrepreneurial innovations) 사이의 중요한 차이를 설명했으며, 기업가적 혁신은 내수 혁신(domestic innovations)을 위한 것이 아니라 도시 성장의 도구였다는 점을 밝혀냈다.

개발의 하향식 패러다임과 서구식 세계관

불평등하고 고르지 않은 성장, 근대화, 도시 산업화, 혁신의 확산, 변화와 성장 거점의 계층적 패턴을 포함하는 이러한 모든 접근 방식은 개발의 '하향식' 패러다임을 구성한다(Stöhr and Taylor, 1981). 이러한 접근법은 일반적으로 정부나 외세 등에 의해 결정되었고, 자생적 성장의 기반으로서 강력한 도시-산업 결절지 구축을 옹호했으며, 시간이 지남에 따라 근대화가 도시에서 농촌 지역으로 확산될 것으로 믿는 강력한 낙수 효과의 발생을

사례 연구 3.1

산업화와 발전: 싱가포르의 사례

싱가포르는 비교적 짧은 기간에 강력한 '제3세계' 경제를 창출한 국가로 자주 거론된다. 그러나 1965년 싱가포르가 독립했을 때, 성장 전망은 많은 신흥 국가보다 더 나아 보이지 않았다. 드라카키스-스미스(Drakakis-Smith, 2000)가 지적했듯이, 싱가포르는 환경 정책과 관련하여 모범을 보인 매우 깨끗하고 푸른 도시였다. 하지만 사회적 측면에서 지속적인 성장을 위해 치러야 할 대가가 있었다.

싱가포르는 초기 산업화로 성장한 국가의 좋은 예이다. 1968년에 시작된 산업화 프로그램은 경공업화뿐만 아니라 석유 정제, 철강, 선박 건조 및 수리와 같은 중공업의 일부 영역에도 중점을 두었다. 따라서 국내총생산(GDP)에 대한 제조업의 기여도는 1960년에는 다른 개발도상국과 비슷한 11.9%였으나 1980년에는 29.1%로 증가했다. 1995년 이 수치는 26.5%에 머물렀다. 싱가포르 정부는 낮은 기술 산업 발전을 통한 성장의 한계를 아시아 국가 중에서 일찍이 깨달았다.

그러므로 1980년대를 지나면서 싱가포르는 첨단 기술, 고부가가치 산업에 집중함으로써 경제를 변화시키려 했다. '제2의 산업혁명'을 통해 싱가포르를 아시아의 '스위스'로 탈바꿈시키겠다는 목표는 충분히 의도된 것이었다. 싱가포르의 주요 무역 상대국은 현재 미국, 말레이시아, 홍콩, 일본, 유럽연합(EU)으로, 2000년에는 149개의 상업은행과 79개의 투자은행이 있었다(Whitaker's, 1999). 세계은행은 종종 싱가포르를 자유시장 정책과 산업 발전에 의해 달성된 모델로 내세우지만, 몇몇 분석가는 싱가포르만의 지역적 요인이 있고, 이러한 것들이 다른 곳에서는 반복되지 않을 것이며, 국가가 수행하는 강력한 역할은 현재의 서구 시장 정책과 완전히 동일하지 않다고 보았다.

예를 들어, 드라카키스-스미스(Drakakis-Smith, 2000)는 싱가포르의 성공은 인적자원에 강하게 기반을 두고 있으며 그것의 관리 방식은 매우 집중적이고 궁극적으로 권위주의적이었다고 말한다. 특히 노동조합에 대한 엄격한 통제가 있었으며 직장 조합보다는 공장 노조가 일반적으로 도입되었다. 이것은 사회계급 간의 결속력을 떨어뜨리는 역할을 했으며, 기업에 대한 일본식 충성심*은 바람직한 결과로 여겨졌다. 또한 1960년대 이후 이주 정책과 함께, 교육 부문에서 직업교육과 대학교육을 분리하는 정책 시행을 통해 엄격한 인구 통제가 이루어졌다. 이로 인해 싱가포르에서는 중산층 소비주의를 중심으로 하는 인종 간 부의 불균형이 두드러지게 나타났다.

* 종신고용과 연공서열을 바탕으로 하는 충성심

전제로 한다. (이것은 계획된 성장극의 개념을 만들어냈다.)

[사례 연구 3.1]은 1965년 독립 이후 산업 발전이 개발의 중요한 구성 요소를 형성하고 있는 싱가포르의 사례를 보여준다. 이러한 접근법들은 비(非)유럽 문화에 대한 온정주의적 태도로 인해 더 많은 대중(특히 서구 지역)에게 호소력을 발휘했다(Hettne, 1995). 이러한 설명 방식은 근대화와 함께 전후 세계의 질서를 세우려는 미국의 욕구를 반영했으며, '제1장'에서 언급한 바와 같이(Preston, 1996) '권위적 개입'의 논리를 입증하는 데 사용되었다. 메흐메트(Mehmet, 1999)가 말했듯이, 서구 세계관은 신구(old and new) 경제 발전을 설명하는 주류 이론의 독특한 특징이다. 이러한 세계관은 서구의 합리성, 과학, 기술에 대한 엄격한 신념을 강조하면서, 세계는 대체로 서구와 비서구로 양분화되어 있다고 본다.

로스토의 경제성장 단계 모델

로스토(Rostow, 1960)의 고전적인 '경제성장의 단계'

핵심 사상가

월트 로스토의 공헌

월트 휘트먼 로스토(Walt Whitman Rostow, 1916~2003)의 고전 『경제성장의 단계(The Stages of Economic Growth)』에는 '비공산주의 선언(A Non-Communist Manifesto)'이라는 부제가 붙어 있다. 냉전 시대의 고도의 정치적 성향을 반영하는 것이었으며, 남반구(개도국) 국가들을 '자본주의'나 '사회주의' 진영으로 끌어들이기 위해 고안된 경쟁적인 이데올로기의 증언이었다. 로스토는 맹렬한 반(反)공산주의자였다. 냉전이 한창이던 1960년에 출판된 이 책은 몇 가지 간단한 규칙을 따름으로써 서구 자본주의 모델이 어느 개발도상국에서나 모방될 수 있음을 보여주었으며 자동화된 혹은 거의 공식화된 형태의 성장의 단계를 제시했다. 멘젤(Menzel, 2006)이 지적했듯이 로스토는 자신의 발전론이 동서 관계에서 도구로 활용될 수 있다는 것을 충분히 알고 있었고, 특히 워싱턴(Washington)의 발전 경로를 강조했다. 로스토의 이론은 매우 단순한 공식이었지만, 비서구권에 대한 '선교적 열정(missionary-zeal)'으로 함께 권고되었다. 로스토는 일련의 학술 및 정부 직책을 거쳐, 존 F. 케네디(John F. Kennedy)가 대통령이 되었을 때 미국 정부의 관료가 되었고, 개발 정책이 미국의 외교 정책으로 추진되는 것을 성공시켰다. 케네디 대통령이 암살된 후, 로스토는 린든 존슨(Lyndon Johnson) 신임 대통령을 거쳐 리처드 닉슨(Richard Nixon)이 대통령이 될 때까지 관료로 일했다. 이와 같이, 로스토의 연구는 개발 이론의 강력한 정치적 성격을 보여준다.

[자료 3.4] 로스토의 성장의 5단계 모델

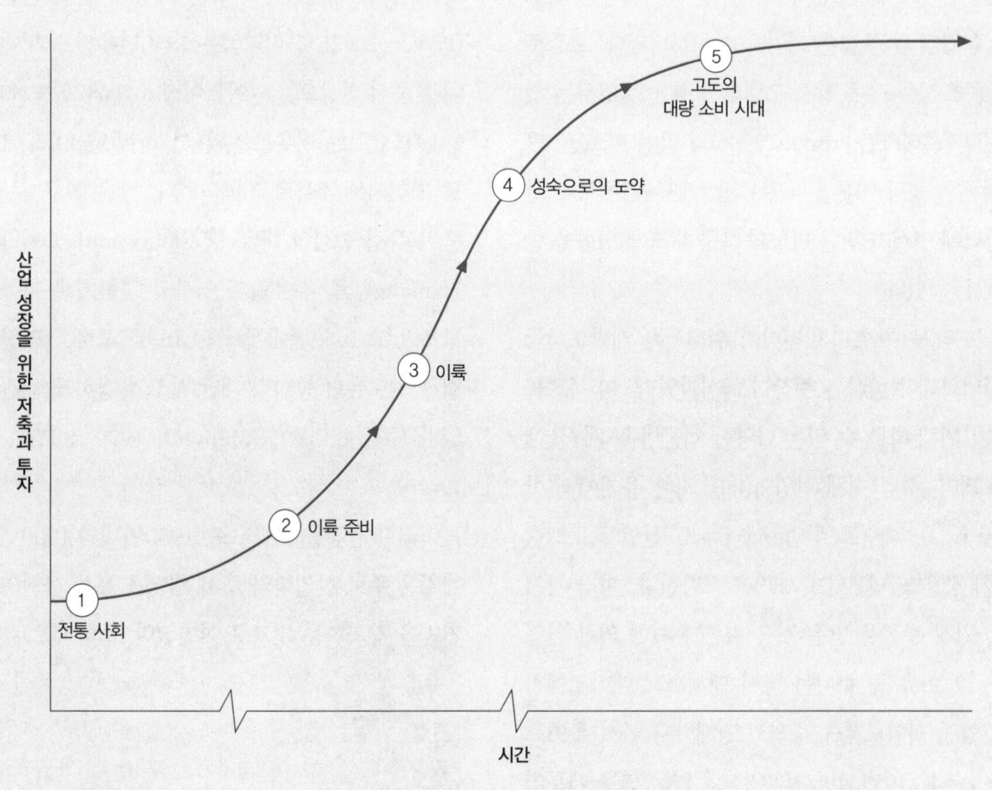

를 포함한 모델은 도시-산업 결절지를 성장과 발전의 동력으로 간주한다. 로스토의 연구는 1960년대 초에 나타나는 근대화의 특성을 잘 보여주는 이론으로 볼 수 있다(Preston, 1996). 한편, 로스토의 입장은 정치적으로 우파였으며([핵심 사상가] 월트 로스토 참고), 모든 국가가 개발 과정에서 통과해야 하는 5단계(전통 사회, 이륙 단계의 전제 조건, 이륙, 성숙의 추진력, 대량 소비 시대)가 있다고 생각했다. 로스토의 모델은 '경제성장을 위한 비공산주의 선언'이라는 저서의 부제로 표현된 바와 같이 자본주의 체제에 대한 믿음을 잘 보여준다. 로스토는 국민소득 대비 순 투자 및 저축이 5%에서 10%로 증가하게 되면 산업화가 촉진될 수 있는 (경제성장의) 이륙 단계에 중요한 변곡점이 발생하게 된다고 보았다.

비록 로스토의 모델은 여러 측면에서 케인스 경제의 파생으로 간주될 수 있지만, 대공황 이후 1970년대까지 세계 여러 지역에서 만연했던 국가 주도 성장의 원칙에 기초하고 있다는 것은 분명하다(Preston, 1996). 특히, '도약 기간'은 달성하는 데 20년 정도 혹은 그 이상의 시간이 걸리는 것으로 계산되었지만 실제 적용에는 목표 달성이 어렵지 않은 짧은 기간으로 보정되었다. 로스토 모델의 중요성은 서구 발전 모델의 장점을 설명하는 것에 있었다. 프레스턴(Preston, 1996)의 말에 따르면, 근대화 이론은 성장 이론을 따르지만, 제3세계에서 소련의 영향력에 맞서기 위한 미국의 욕구에 크게 영향을 받았다고 볼 수 있다.

또한 '도약'을 이루고 발전하기 위해서는 개발도상국들이 산업화해야 한다는 주장이 핵심이었다. 이 목표를 추구하기 위해 따를 수 있는 다양한 접근법은 '제4장'에서 검토되며, 수입 대체 산업화(ISI), 자본 유치에 의한 산업화(I by I), '대규모 투입(big-push)' 산업 프로그램(즉, 국가 방향 및 인센티브 제공)을 포함한다. 여러 가지 이유로, 가장 주목을 받은 것은 자본 유치에 의한 산업화였다. 그 이유 중 하나는 당시 맨체스터 대학교에서 일하고 있던 서인도제도 출신의 경제학자 아서 루이스(Arthur Lewis, 1950, 1955)의 영향력 있는 연구 때문이었다.

루이스는 후진적인 전통 부문과 진보된 근대 부문의 병치 속에, 개발을 위한 '무한한 노동 공급'이 존재한다고 보고 이를 근거로 근대화 이론의 기초를 제시했다. 그의 주장에 따르면 산업화는 외국 자본에 의해 자금이 조달될 경우, 빠르게 산업이 확장될 수 있다. 이것은 소위 '자본 유치에 의한 산업화'라는 정책으로 이어졌다. 그가 예로 든, 눈덩이의 비유는 일단 과정이 움직이기 시작하면 눈덩이가 내리막길을 굴러가는 것처럼 스스로 지속할 수 있는 추진력이 커질 것이라고 주장하기 위해 사용되었다. 이것은 로스토의 주장과 본질적으로 유사하다.

근대화와 하향식 접근법의 평가

사실, 이러한 모든 공식은 서양의 실증주의와 과학에 기초한 선형적이고 합리적인 발전 경로와 모든 국가가 이를 제약 없이 따를 수 있다고 보는 절대적인 믿음을 따른다. 이러한 모든 사고는 '계몽'과 직접 관련이 있다(Power, 2002). 모더니즘은 1850년부터 도시에서 나타나는 중심 현상으로 받아들여졌다(Harvey, 1989).

1945년로는 이후로는, 흔히 '하이(high)' 모더니즘*으로 지칭되는 것들로 지배되었다. 많은 연구자는 모더니즘이 '유럽 중심적 개발 사고(Eurocentric Development Thinking)', 즉 서유럽의 역사와 경험에 뿌리를 두었다고 보았고 1950년대에서 1970년대 초에 나타난 하향식 접근법은 유럽 중심적 개발 사고와 강하게 연관되어 있었다(Hettne, 1995; Mehmet, 1999; Slater, 1992a, 1992b).

이러한 관점을 기반으로, 1950년대와 1960년대 동안 개발은 주로 산업화와 도시 개발을 통해 사회의 물질적 기반을 강화하는 것으로 여겨졌다. 필연적으로 먼저 산

*근대에 대한 강렬한 이상과 신념을, 강력한 국가가 상대적으로 힘이 약한 사회에 거의 일방적으로 투사하는 경향

업화된 국가의 역사를 유럽뿐 아니라 궁극적으로는 전 세계가 따라야 할 모델로 삼았는데, 이는 '선진국이 준 독창적인 발전 레시피가 그들의 경험과 발전 경로에서 나와야 하는 것은 지극히 당연한 일'(Hettne, 1995)이기 때문이었다. (여기서 논의 초기에 등장한 대부분의 개발 이론이 남성에 의해 작성되었으며, 사실상 모두가 앵글로 유럽 출신이라는 것은 주목할 만하다.) 그러나 그러한 논의들이 근대화 추구와 연계된 하향식, 도시-산업 성장에만 초점을 맞춘다는 인상을 주는 것은 옳지 않다. 초기 서구의 전통을 구성하는 네 가지 발전 전략은 다음과 같다(Hettne, 1995).

1. 위의 설명을 통해 (암묵적으로 논의된 전략으로서) '자유주의 모델'은 자유 시장의 중요성을 강조하고 산업혁명기 영국의 발전 경험을 바탕으로 한 규범을 대체로 수용하고 있다. 그러한 견해는 1980년대와 1990년대에 국제통화기금(International Monetary Fund: IMF), 미국 국제 개발 기구(U.S. Agency for International Development: USAID), 세계은행에 의한 구조 조정 프로그램이 시행되었을 때 남반구(개도국)의 국가들이 따라야 하는 요구 사항의 형태로 재현되어, 새로운 경향성을 띠게 되었다. 그러나 소위 '경제 구조 조정'에 대해서는 주로 가난한 사람들, 특히 여성과 어린이에게 끼치는 해악과 관련하여 큰 저항이 발생했다. 여기서 주목할 만한 것은, 2000년까지 구조 조정 프로그램에 대한 모든 언급이 세계은행 웹 사이트에서 삭제되었다는 점이다(Simon, 2008). 빈곤 감소 전략(poverty reduction strategies: PRS)을 긍정적으로 보는 프로그램들이 최근 유행하고 있다. 1999년 시애틀의 반(反)자본주의 시위가 이러한 부분에 영향을 끼쳤다는 것은 거의 의심할 여지가 없어 보인다. 최근의 전개에서 좌파와 우파 간의 경쟁은 자유주의나 신자유주의 경로에서 목격된다([핵심 아이디어] 신자유주의 참고).
2. '케인스주의'는 자유 시장 체제가 효율적으로 스스로를 규제하지 않는다고 주장함으로써 자유주의 전통에서 벗어나 자본주의 체제의 성장을 촉진하기 위해 국가의 개입이 필요하다고 본다. 1930년대 대공황 당시 케인스는 경제를 관리하고 고용을 창출하기 위해 국가 개입이, 특히 경제적 압박의 시기에 필수적이라고 주장했다. 1930년대 이후로 케인스주의는 산업화된 자본주의 세계, 특히 사회민주주의 성향을 띤 국가들에서 두드러진 발전 이데올로기가 되었다(Hettne, 1995).
3. '국가 자본주의 전략(state capitalist strategies)'은 유럽 대륙, 주로 차르(제정) 러시아와 독일의 산업 발전의 초기 단계를 가리킨다. 이 접근법은 민족주의의 촉진 및 국가 안보와 관련된 이유로 주로 농업 경제에 기반한 강제적 산업화의 개발을 옹호한다.
4. '구소련 모델(former Soviet model)'은 스탈린의 5개년 경제 개발 계획에서 영감을 받은 급진적 국가 전략을 상징한다. 이 접근법에서 근대화는 농업에서 제조업으로의 자원 이전을 통해 달성되는 목표로 간주되었다. 농업 부문은 집단화되었고, 중공업이 가장 우선시되었다. 이를 위해 국가가 시장 메커니즘을 완전히 대체하는 것으로 본다.

초기 근대화 단계에서의 발전 전략 중, 일부 접근법은 자원 기반(resource-based) 개발 전략을 강조했지만, 네 가지 접근법을 연결하는 공통점은 도시 기반 산업 성장의 효능에 대한 변하지 않는 믿음이다. 각 접근법의 차이에도 불구하고, 헤트네(Hettne, 1995)는 국가의 역할이 서구 개발 전략의 핵심이라는 사실을 강조한다. 이것은 케인스주의, 국가 자본주의, 구소련 모델에서도 마찬가지였다.

'신자유주의'라는 새로운 경제 규범

최근 수십 년간 우리는 신자유주의를 추구하는 과정에서 복지국가가 해체되고 정부의 역할이 축소되는 것을 목격했다. 프리드먼(Friedmann, 1962)과 그의 지지자들은 노동조합, 국가 관료와 더불어 근대 '복지국가'가 시장 체제를 파괴했다고 주장하면서, 케인스주의에 반

핵심 아이디어

신자유주의

자유 시장에 대한 믿음과 경제에 대한 정부 개입의 철폐를 내세운 자유주의는 영국 경제학자 애덤 스미스의 저서 『국부론』으로 거슬러 올라간다. 스미스의 견해와 대조적으로 1930년대의 경제 대공황 때, 유명한 영국의 경제학자 존 메이너드 케인스(John Maynard Keynes)는 경제가 침체에서 벗어나기 위해서는 정부가 고용 창출에 관여해야 한다고 주장했다. 그러나 1980년대에 '뉴라이트(New Right)' 신(新)우파라고 불리는 것이 부상하면서, 신자유주의라는 강력한 시장 주도적 접근에 대한 요구가 나타났는데, 이것은 자유 시장 정책의 새로운 형태였다. 프리드리히 하이에크(Friedrich Hayek)와 밀턴 프리드먼(Milton Friedmann)과 같은 경제학자들의 저서에 영향을 받은 1980년대의 주요 지지자는 미국 대통령 로널드 레이건(Ronald Reagan)과 영국 총리 마거릿 대처(Margaret Thatcher)였다. 그들의 새로운 정치 프로젝트는 국가가 경제에서 점진적으로 제거되어야 하며, 경제성장을 위해 규제를 완화하는 조치가 취해져야 한다고 보았다. 이러한 이데올로기는 종종 '국가의 후퇴'라고 언급된다. 이후 신자유주의의 교리는 세계은행과 국제통화기금과 같은 국제 개발 기구의 정책적 규범으로 여겨졌다(Power, 2003).

이에 대한 비판으로서 콘웨이와 헤이넨(Conway and Heynen, 2006)은 부르디외(Bourdieu, 1998)를 인용하며 신자유주의는 자유무역에 대한 믿음 그 이상이라고 주장한다. 그들은 신자유주의적 원칙이 실업, 고용 불안 및 해고의 위협이라는 구조적인 폭력에 기초하고 있다고 주장한다. 다시 말해서, 신자유주의는 강압적인 경제 체제이며, 이 제도가 국가 종속보다 경제 기업가들의 우월성을 강조하고 있기 때문에, ('제1장'에서 검토한) 국가 및 세계 불평등과 세계 격차가 악화되었다는 것이다. 따라서 과거의 노역과 식민주의가 그랬듯이 신자유주의가 다시 한번 남반구(개도국)를 강타하고 있으며, 이웃과 더 넓은 공동체에 대한 공동의 의무와 사회적 의무에 대해 (공공의 선의 실현보다) 자본 축적과 사리사욕에만 몰두하고 있다는 비판을 피할 수 없다.

비판적 고찰

당신은 이 논쟁에 어떻게 대답할 수 있는가? 제조업, 농업, 교육, 보건 등 경제 부문을 생각해보면, 지난 25년 동안 발생한 주요 변화를 대략적으로 알 수 있다. 신자유주의 정책의 직접적인 결과로 볼 수 있는 근본적인 변화는 얼마나 될까? 많은 국가의 경우, 대학–연구 부문은 이러한 관점에서 생각해볼 만한 흥미로운 사례인데, 이는 학비나 외국인 유학생의 무분별한 입학 허용 등의 이슈에서 많은 변화를 경험했기 때문이다.

대하여 '뉴라이트' 혹은 신자유주의 사상을 옹호했다. 이러한 방식으로 뉴라이트 신자유주의 이론가들은 규제되지 않은 자유 시장의 무제한적인 힘을 축하하면서 반(反)혁명을 일으킨 것으로 생각했다. 뉴라이트의 친시장적 입장이 1980년대 이후 세계은행, 국제통화기금, 미국 정부의 정책을 알리는 역할을 했다는 것에는 의심의 여지가 없다. 따라서 이 책의 많은 장들, 특히 '제7장'에서 자세히 다루게 되겠지만, 세계은행과 국제통화기금은 경제 자유화, 시장 불완전성 제거, 시장 억제를 위한 사회제도, 남반구(개도국) 국가들의 계획 규제를 재정의하도록 압박해왔다. 심지어 뉴라이트의 일부에서는 '제3세계는 제1세계 학자와 정치인의 죄의식적 상상력의 산물로만 존재한다'(Preston, 1996)라고 주장하기까지 했다.

영국에서는 1980년대 대처의 대중자본주의의 형태로 신자유주의가 목격됐고, 미국에서는 레이건주의를 가장

해 신자유주의가 나타났다. 레이건과 대처는 시장이 병원, 학교, 대학 및 기타 공공 부문 시설과 같은 새로운 분야로 확장되는 것을 보았다. 1980년대는 이른바 '글로벌 레이거노믹스'에서처럼 극단적인 자유방임주의(자유시장)를 발전시킨 '자유화 정책'이, 특히 통화주의 학파(monetarist school)*에 의해 옹호되었다.

예를 들어, 신흥공업국가(newly industrialising countries: NICs)인 아시아 국가들은 경제를 자유화하고 기업가 정신을 장려하며 비교 비용 우위를 추구하도록 권고받았다. 1980년대부터 통화주의는 세계은행과 국제통화기금의 확고한 정책이 되었고, 이러한 기관들에 의해 부과된 요건을 기준으로 한 새로운 대출(구조 조정 프로그램)들이 남반구(개도국)의 많은 지역에서 적용되었다. 신자유주의는 실패에도 불구하고 세계의 지배적인 경제체제로 자리 잡았다. 자유무역, 민영화, 감소된 사회복지 시스템, 시장의 장려 정책은 대부분 국가의 특징이 되었으며 주요 국제 개발 기구들이 선호하는 기본적 전략이 되었다. 2008년 일부 경제학자들은 글로벌 금융위기로 인해 국가의 개입을 다시 보게 될 수도 있다고 느꼈다. 하지만 (선진국[북반구]의 일부 국가가 경제에 개입한 것은 사실이지만) 그 조치는 단기적이었고 그들은 곧 신자유주의 정책을 따르는 것으로 되돌아갔다.

그러나 프레스턴(Preston, 1996)은 '뉴라이트가 출범한 개혁 일정은 대체로 성공하지 못한 것으로 판명됐다'고 주장한다. 태평양의 개발 경험을 뉴라이트의 입장에서 접목하려는 (수사적으로 중요한) 시도가 개발 전문가들로부터 널리 조롱을 받아왔다는 말도 사실이다. 그 이유 중 하나는 미국의 저명한 경제학자 폴 크루그먼(Paul Krugman)이 작성한 '크루그먼 논문'에서 찾아볼 수 있는데, 이 논문에서 소위 아시아 발전의 기적이라는 것은 한때 시행된 적은 있지만, 논리상으로는 반복될 수 없는, 일생에 한 번밖에 없는 변화였다고 주장한다. 특히 이러한 변화를 추동한 것은 노동력으로서 여성의 참여가 큰 폭으로 증가했다는 부분이다(Watters and McGee, 1997). 혹자는 높은 생산성을 촉진하는 요인으로 노동조합화와 열악한 노동 조건 및 권위주의 정부의 실패를 지적했지만, 이러한 성장 전략은 다른 곳에서는 실현될 수 없는 방식이었다([사례 연구 3.1] 참고).

또 다른 사례는 세계은행이 따라야 할 모델로, 아시아 호랑이 경제(Asian tiger economies)의 낮은 임금 수준과 높은 생산성을 따라가고자 했던 카리브해 지역의 사례에서 찾을 수 있다. 카리브해 지역의 경제학자들과 정책 입안자들은 아시아 발전의 기반이 되는 정책들이 카리브해 지역에서는 실현 가능하지 않다고 말한다. 해당 논의는 웬과 센굽타(Wen and Sengupta, 1991)가 편집에 참여한 세계은행 간행물에서 확인할 수 있다.

역사적 접근:
변화와 발전에 대한 경험적 관점

역사적 접근의 본질

학자들과 실무자들은 개발을 일반화하기 위한 또 다른 방법으로, 시간에 따른 경험적 또는 실제적 관찰을 수행한다. 정의에 따르면, 이 접근법은 기술-확증적인 개발 모델(descriptive-positive models)과 관련되며([자료 3.2] 참고), 일부에서는 이러한 접근의 틀이 개발 논의, 특히 개발도상국의 역사적 현실에 근거한 기초적 이론으로서 중요한 역할을 한다. 비록 그러한 접근법은 주로 식민지 시대와 독립 이전을 다루지만, 여전히 동시대에 나타나는 패턴과 발전, 변화의 과정에 있어 매우 귀중한 통찰력을 제공한다.

뮈르달과 누적적 인과관계

허시먼과는 달리 스웨덴의 경제학자 군나르 뮈르달(Gunnar Myrdal, 1957)은 거의 동시대에 글을 썼음에도

* 시장 세력에 유리하도록 정부의 개입을 줄이려는 신자유주의 집단

불구하고, 자본주의 발전이 지역적, 개인적 소득과 복지 불평등을 심화시킨다고 주장하면서 비관적인 견해를 취했다. 뮈르달은 '가난의 악순환'이라는 논제를 통해 '누적적 인과관계(cumulative causation)'라는 이론을 제시했다. 일단 차등 성장이 일어나면, 내-외부적인 규모의 경제가 불균등의 패턴을 영속화할 것이라고 주장했다. 이러한 상황은 인구 이동, 무역 및 자본 운동이 경제의 주요 성장점에 초점을 맞추는 '역류(backwash)' 효과의 결과로 볼 수 있다(근대화 이론가들이 주장한 확산 효과는 일어나지 않는다). 승수 효과(multiplier effects)와 관련된 수요의 증가와 사회시설의 존재는 중심지의 발달에 도움이 된다. '확산(spread)' 효과는 의심할 여지 없이 일어날 것이지만, 뮈르달은 (제한되지 않은 자유 시장 체제를 감안할 때) 주로 농작물과 주변 지역의 원자재 시장이 증가함에 따라, 확산 효과가 역류 효과와 결코 일치하지 않을 것이라고 결론지었다. 뮈르달의 논문은 지역 불평등을 조장하는 자본주의 체제의 경향에 대응하기 위해 강력한 국가 정책의 옹호를 강조한다.

존 프리드먼의 중심-주변 논의

어떠한 개입 없이, 개발도상국에서 선진국으로 넘어가는 과도기 사회에서 개발로 인해 점점 양극화될 수 있다는 관점은 1960년대 말과 1970년대 초 많은 학자에 의해 제기되었다. 그들은 주로 역사적 차원을 아우르는 경험적 연구에 기초했다. 가장 잘 알려진 사례는 미국의 계획가 존 프리드먼(John Friedmann, 1966)의 중심-주변 모델이다. 이론적 관점에서 볼 때, 프리드먼의 중심적인 주장은 '경제성장이 오래 지속되는 곳에서는 그것의 영향력(its incidence)이 세계 경제의 점진적 통합을 향해 작동한다'(Friedmann, 1966)는 것이었다. 이 과정은 [자료 3.5]에 나와 있는 4단계의 전형적 발전 순서에서 잘 드러난다.

첫 번째 단계는 위계가 없는 독립적인 지방 중심지로, 식민지 이전의 단계를 나타내며 일련의 고립된 자급자족 지역 경제와 관련이 있다. 잉여 생산은 없고, 본질적으로 안정된 거주지 및 사회경제적 발전 패턴이 나타난다. 두 번째 단계는 하나의 강한 중심이 있고, (식민주의를 완곡하게 표현한) 어떤 형태의 외부 붕괴 결과로 중심의 안정성이 역동적인 변화로 대체된다고 가정한다. 성장은 하나의 핵심 지역에서 빠르게 일어날 것으로 예상되며 공간적 결과로서 도시 간의 위계가 발생한다. '사회적 잉여 상품(social surplus product)'은 중심부에 강하게 집중되어 있으며, 필요에 비해 생산에 집중된 잉여물이라고 할 수 있다. 중앙(C)은 국가의 나머지를 먹여 살리고, 광범위한 주변부(P)는 소외된다. 여기서 발생한 이익은 중심에 위치한 소수의 도시 소비자 엘리트에게 축적되는 경향이 있다. 그러나 프리드먼은 이 단계를 본질적으로 불안정하다고 여겼다. 이러한 불안정의 결과는 강력한 주변부 중심지를 가진 단일 국가 중심지의 발전으로 나타난다.

시간이 지남에 따라, 단순한 중심-주변 패턴은 점진적으로 다핵 패턴으로 변환된다. 하위 중심지(SC1, SC2)가 발달하지만, 대도시 주변부(P1~P4)는 여전히 낙후되어 있다. 프리드먼은 도시의 기능적 상호 의존적 체계의 발전을 '조직화된 복잡성(organised complexity)'으로 묘사했으며, 지역 통합이 지속되어 결국 대도시 주변 지역의 흡수가 이루어지는 시기가 최종 단계라고 설명한다.

중심-주변 모델의 평가

중심-주변 모델의 처음 두 단계는 대부분 개발도상국의 역사를 설명한다. 실제로, 첫 번째 단계에서 작은 독립적인 공동체를 그린 선이 해안선에 위치한다는 사실은 종종 잘 인식되지 않는다. 성장 초기에 고르지 못한 성장과 도시 집중 현상이 나타나는 것은 외생적 힘의 직접적인 결과로 여겨진다. 따라서 프리드먼은 중심-주변 관계는 본질적으로 식민지 관계이며, 그의 연구는 베네수엘라의 지역 발전 역사를 바탕으로 한 것이었다.

[자료 3.5] 프리드먼의 중심-주변 모델

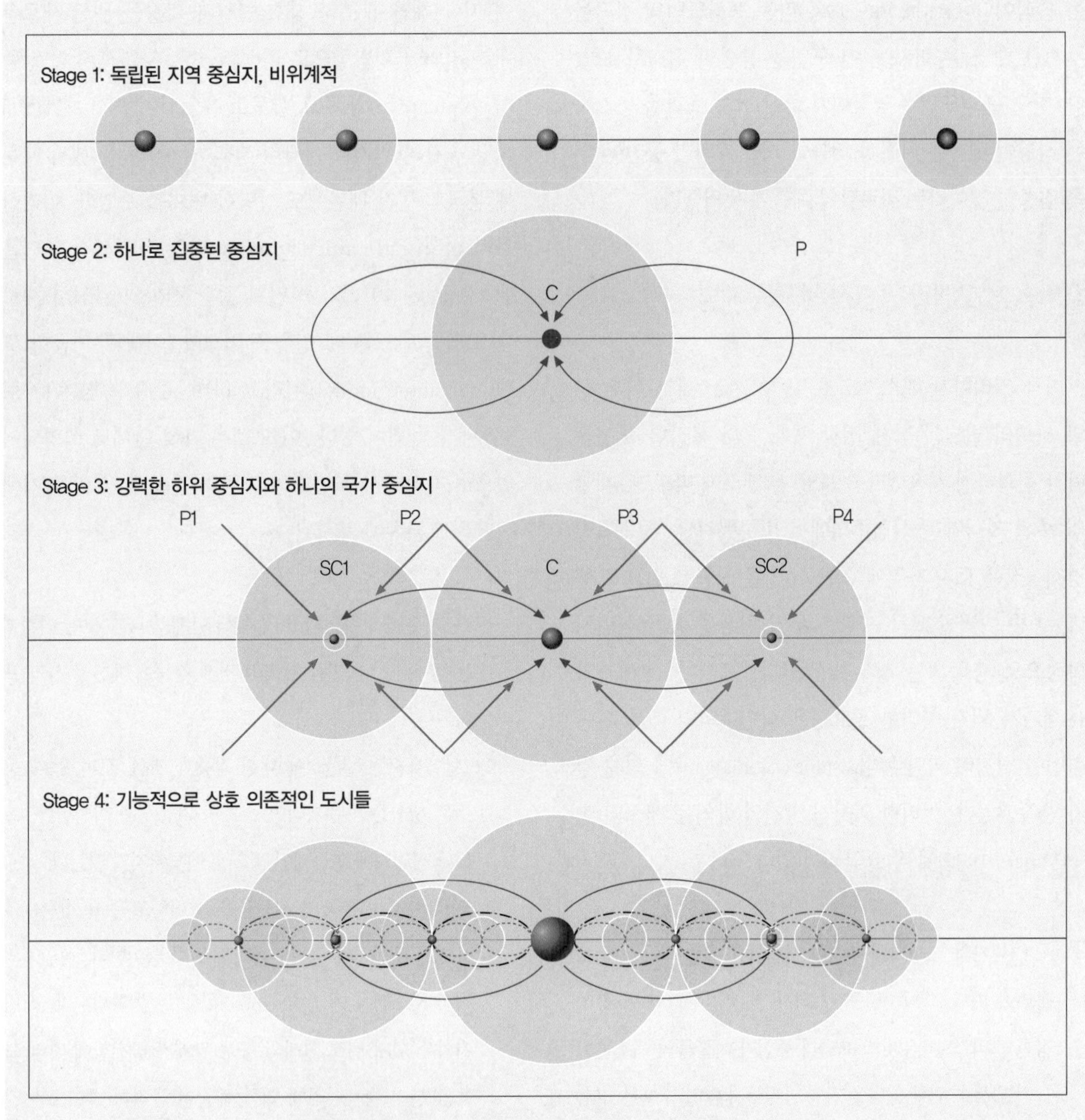

출처: Friedmann, 1966. © 1966 Massachusetts Institute of Technology, the MIT Press의 허가를 받아 수록함

중심–주변 모델의 주된 아이디어는 초기에 생산 요소가 경제적 생산성과 수익이 더 높은 중심부에 집중된다는 것이다. 따라서 개발 초기 단계에서 성공을 거두는 것이 중요하다. 그러나 더 중요한 변화는 시스템이 평형과 평준화를 지향하는 두 번째 단계와 세 번째 단계 사이의 전환에 있다.

프리드먼 모델은 이론적으로 경제 발전이 궁극적인 차원에서 지역의 소득과 복지 차이를 수렴(convergence)할 것이라고 보았다. 그러나 프리드먼은 단순화된 모델을 모식도로 제시함과 동시에 모델이 가진 지속적인 불안정성의 증거가 존재함을 확인했다. 프리드먼은 '평형 모델을 고수하기에는 큰 어려움이 있음을 관찰했으며, 역사적인 증거 역시 그것을 뒷받침하지 않는다'라고 서술했다. 이러한 단호한 경고에도 불구하고, '불안정성이라는 것은 애초에 과도기 사회에 내재되어 있는 속성이다'(Friedmann, 1966)라는 프리드먼의 경고를 무시한 채 많은 학자는 이 모델을 불변의 진리로 보았다. 한편 프리드먼은 양극화가 항상 낙수 효과를 능가하는 경향이 있다는 사실과 더불어 개발 효과가 공간에 더욱 집중될 것이라는 뮈르달의 예측에 동의했다.

무역균형 모델과 공간적 불균등 개발

미국 지리학자 밴스(Vance, 1970)는 15세기 이후 상업 사회의 발달과 함께 정착 체계가 더 복잡한 노선을 따라 진화하기 시작했다고 보았다. 밴스에 따르면, 개발의 주된 자극제는 식민주의에서 비롯됐지만, 지속적인 경제성장은 토지 자원에 대한 더 많은 접근을 필요로 했다. 종종 이러한 요구 사항은 무역 원정을 통한 식민지 확장으로 충족되는 경우가 많았다. 그러나 17세기와 18세기가 되자 이러한 필요성은 식민주의의 대륙 횡단 버전인 원거리 식민주의(distant colonialism)에 의해 점차 충족되었다. 이러한 역사적 발전의 함의는 밴스의 연구(Vance, 1970)에 잘 요약되어 있다.

> 17세기와 18세기의 왕성한 상인들은 유럽 밖으로 눈을 돌려야 했다. 왜냐하면 오랜 역사 및 봉건주의와 함께 성장한 크리스탈러(Christaller)의 중심지 이론들의 세포들이 그의 활동을 위한 영역을 거의 남겨두지 않았기 때문이다. 해외 개척을 통해 상인들은 처음으로 계획되지 않은 땅(un-organised land)을 마주하게 되었고, 그곳에서 그들이 설계한 도안은 경제 무역의 위치를 제공했다. 유럽 정착 이전의 정착 패턴에 부합하도록, 중심지의 상황에 따라(예를 들자면, 유럽과 동양의 각기 다른 상황), 의도적으로 도매 무역 방식을 도입했다.

중상주의 기간('제2장' 참고) 동안 항구는 식민지와 식민지 권력에 따라 변화하는 도시 시스템을 지배하게 되었다. 식민지에서 항구는 내륙으로 통하는 관문 역할을 했다. 그 후 특정 지점에서 공간 집중이 증가했고, 시간이 지나 해안 관문의 상호 연결과 확장을 위한 새로운 내륙 지역이 횡방향으로 형성되었다. 사회적 잉여 상품이 수도(capital)와 주요 항구로 유입되어 도시 체계에서 해당 공간의 위치를 상당히 강화하는 역할을 했기 때문에 본국의 정착 패턴에도 상당한 변화를 주었다. 이러한 무역 상황(trade articulation)을 반영한 역사적 측면은 밴스(Vance, 1970)가 식민지 정착 진화의 완전히 새로운 모델을 만드는 데 영향을 미쳤다. 이를 '무역균형 모델(mercantile model)'이라고 하며, 주요 특징은 [자료 3.6]에 요약되어 있다. 이 모델은 다섯 단계로 설명되어 있으며 각각에서 식민지는 그림의 왼쪽에, 식민지 지배 집단은 오른쪽에 표시된다.

1. 1단계는 중상주의의 초기 탐색 단계를 나타내며, 여기에는 잠재적인 식민화 세력의 경제 정보에 대한 조사가 포함된다.
2. 2단계에서는 생산성에 대한 검증과 생선, 모피, 목재 등 주요 생산품의 주기적인 수확의 가능성을 확인한다. 그러나 식민지에 영구적인 정착은 이루어지지 않는다.
3. 3단계에서는 본국의 생산품을 소비하고 주요 상품(staples)을 생산하는 정착민들의 유입이 일어난다. 식민지의 정착 시스템은 거점(attachment)을 통해 확립된다. 식민지와 식민지 권력 사이의 공생 관계가 발전함에 따라 그들을 분리하는 거리에 대한 체감이 급격히 줄어드는 것을 목격한다. 그 나라의 주요 항구가 우위를 지닌다.
4. 4단계는 식민지 내 내부 무역과 제조업의 도입으로 특징지어진다. 이 시점에서, 침투 양상은 주요 생산을 기반으로 식민지의 주요 관문에서 내륙으로 확장된다. 해외와 국내 시장에 상품을 공급하기 위해 본국에서 제조업이 빠르게 성장한다. 항구의 중요성은 더욱 증가하게 된다.
5. 5단계이자 마지막 단계에서는 식민지 내에서 상업 정착 패턴의 확립과 중심지의 분화가 일어난다. 본국에서는 상업적 중첩 지대(overlay) 성격을 띤 중심지 정착 체계가 나타난다.

[자료 3.6] 밴스의 무역균형 모델

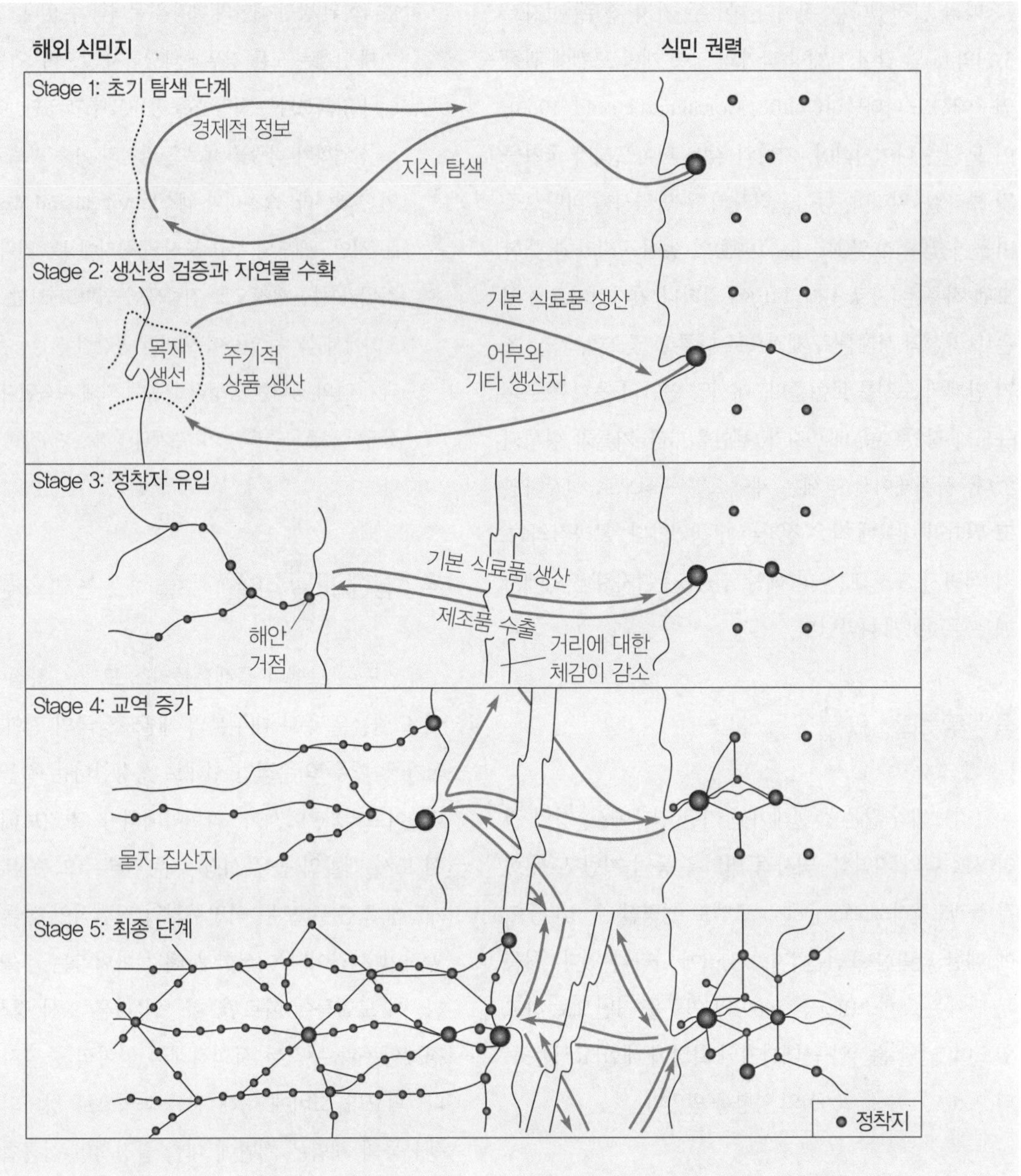

출처: Potter, 1992a

무역균형 모델은 국가 발전 패턴과 변화를 조사하는 데 있어 역사-진화적 관점을 강조한다. 이러한 틀은 밴스가 17세기와 18세기에 상업 사업가들이 유럽에서 유럽 바깥 지역으로 돌아섰다는 사실에 기초를 두고 있으며, 정착 체계의 대안적이면서도 현실적인 그림을 제공한다. 따라서 변화의 원천은 개발도상국 외부에 있다고 볼 수 있다. 대조적으로, 선진국에서 중심지의 정착 패턴과 체계의 발전은 지역 수요의 내생적 원리에 기초했고, 따라서 본질적으로 폐쇄적인 정착 시스템이었다(Christaller, 1933; Losch, 1940).

무역균형 모델의 특징은 정착 패턴의 현저한 선형성(linearity)인데, 처음에는 식민지의 해안가를 따라, 그다음에는 해안의 연결 지점과 주요 생산 지역 사이의 경로를 따라 발전했다는 것이다. 이 두 가지 경로는 [자료 3.7]의 (a)와 같이 저개발 국가의 교통 개발 모델에 관한 연구에서도 나타난다(Taaffe, Morrill and Gould, 1963). 이 모델은 나이지리아, 가나와 같은 서아프리카 국가들 및 브라질, 말라야, 동아프리카의 운송 역사를 바탕으로 만들어졌다. 호일(Hoyle, 1993)의 동아프리카에 대한 모델 적용은 [자료 3.7]의 (b)에 나타나 있다. [자료 3.8]은 브라질의 사례를 구체적으로 다루고 있으며, 가장 초기 단계의 도시를 보여준다. 대서양 연안의 초기 항구는 규모가 작았으며, 배후지가 (해안을 따라) 가늘게 형성되었다. 플랜테이션 경제는 제당소를 중심으로 성장하였고 뒤따라 내륙에 작은 정착촌이 생겨났다. 브라질의 초기 식민지 도시 12곳의 해안 집중도는 [자료 3.8]에서 매우 뚜렷하게 나타난다.

플랜토폴리스와 불균등 개발

카리브해와 같은 플랜테이션 기반 경제에서, 상업 정착 시스템의 지역적-역사적 변형은 농업 기반 도시(이하 플랜토폴리스[plantopolis]) 모델로 설명할 수 있다. 이에 대한 간략한 표현은 [자료 3.9]에 나타나 있다. 처음 두 단계는 로하스(Rojas, 1989)의 연구를 기반으로 하고 있으며, 발달 순서와 근대까지의 확장에 대한 묘사는 포터(Potter, 1995a, 2000)의 영향을 받았다.

1. 첫 번째 단계인 플랜토폴리스의 정착 패턴은 자급자족 기반을 바탕으로 거래, 서비스, 정치적 통제 기능에 있어 단 한 개의 주요 도시만 요구된다.
2. 독립 이후, 소규모의 한계 농업(marginal farming) 공동체*가 정착 체계에 추가된다. 이러한 지역사회의 분포는 물리적, 농업적 조건에 따라 달라질 수 있다.
3. [자료 3.9]에서는 카리브해의 사례에서와 같이, 고도로 양극화된 발전 패턴의 확장을 목격할 수 있다. 그러나 세 번째 단계는 모든 경우에 해당하지 않으며, 기능적 집중이나 강화보다는 확장에 초점을 맞추고 있다. 이것은 주로 산업화와 관광을 새로운 발전의 이중 경로로 받아들인 결과이다. 오겔리와 웨스트(Augelli and West, 1976)는 서인도제도의 주요 도시 중심지에 부, 권력, 사회적 지위가 불균형적으로 집중되어 있다고 보았다. [자료 3.9]에서 볼 수 있듯이 이러한 공간적 불평등은 도시와 국가 간의 강력한 공생적 흐름에 의해 지속된다. (개발도상국의 농촌-도시 간 상호 관계의 성격은 '제9장'에서 자세히 다룬다.)

무역균형 모델 및 플랜토폴리스 논의의 평가

무역균형 모델과 플랜토폴리스 모델은 장점이 많다. 이 모델들은 주로 대부분의 개발도상국의 진화가 (식민 국가에) 매우 의존적인 형태로 성장한다는 것을 강조한다. 아프리카, 아시아, 라틴아메리카, 카리브해 지역에서 도시 개발의 높은 성장 수준(일부 주요 중심부의 도시 개발에 초점)은 모두 식민주의의 직접적인 산물이지 우발적인 사건이나 이상한 사례가 아니라는 것을 보여준다. 이 모델들에 따르면, 항구와 다른 도시 정착촌들은 경제활동과 누적된 사회경제적 잉여의 중심지가 되었다. 필요나 소비에 비해 생산 과잉으로 정의되는 잉여 생산물의 개념은 개발에 대한 급진적인 접근법을 다루는 다음 절에서 더욱 집중적으로 다루어질 것이다. 유사한 형태로, 다소 우선순위가 높지 않은 지역의 공간적 집중 개발 방식도 식민지 권력의 작용으로 볼 수 있다. 따라서 식민지와 식민지 권력 간의 공생 관계가 강화됨에 따라 공간적으로 불평등하거나 양극화된 성장 패턴이 일반화된다. 종합하자면, 글로벌 경제의 요구 사항이 (사회적으로나 도덕적으로 바람직할 수 있는 것보다) 훨씬 더 많은 수준의 불평등과 불균형한 공간 집중을 야기한다.

*농장 주변에 모여 자급 농업을 실천하고 농장에 노동력을 공급하는 방식

[자료 3.7] 타페, 모릴, 굴드의 교통 개발 모델과 동아프리카에의 적용

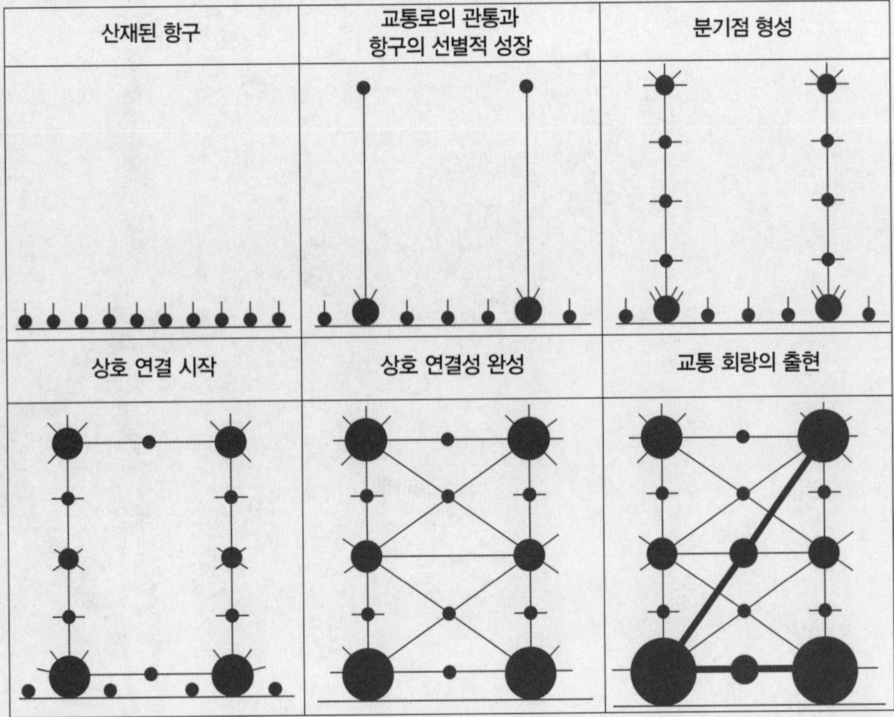

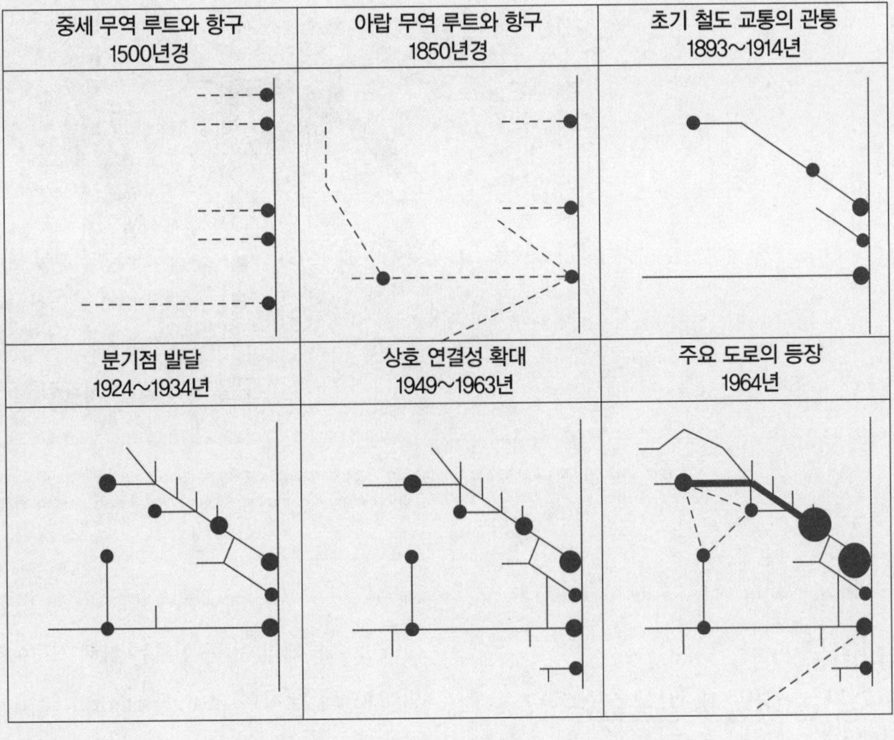

출처: Hoyle, 1993

[자료 3.8] 1500~1750년 사이 브라질의 초기 도시 분포

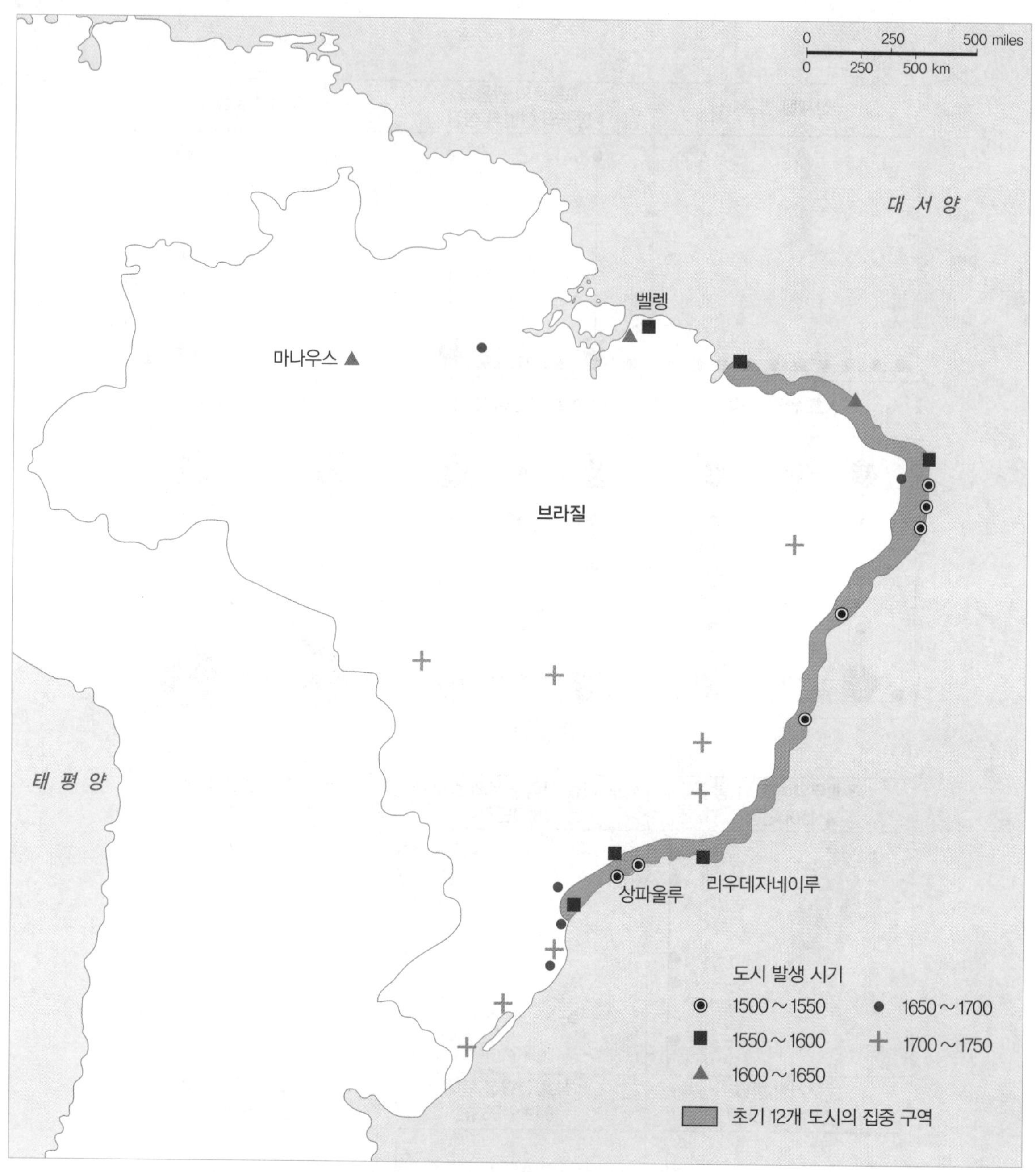

출처: *Latin America and the Caribbean: A Systematic and Regional Survey*, (Blouet, B.W. and Blouet, O.M.)

급진적 종속이론: 남반구(개도국)는 어떻게 반응했는가?

소개: 내생적 접근법?

개발 이론에 있어 큰 진보는 일부 연구에서 시도된 개발 사고의 토착화(indigenisation of development thinking)라고 부르는 것과 함께 이루어졌다. 즉, 개발 이론 중 일부는 유럽의 경험에서 오는 아이디어보다는

[자료 3.9] 플랜토폴리스 모델과 근대 시기의 확장

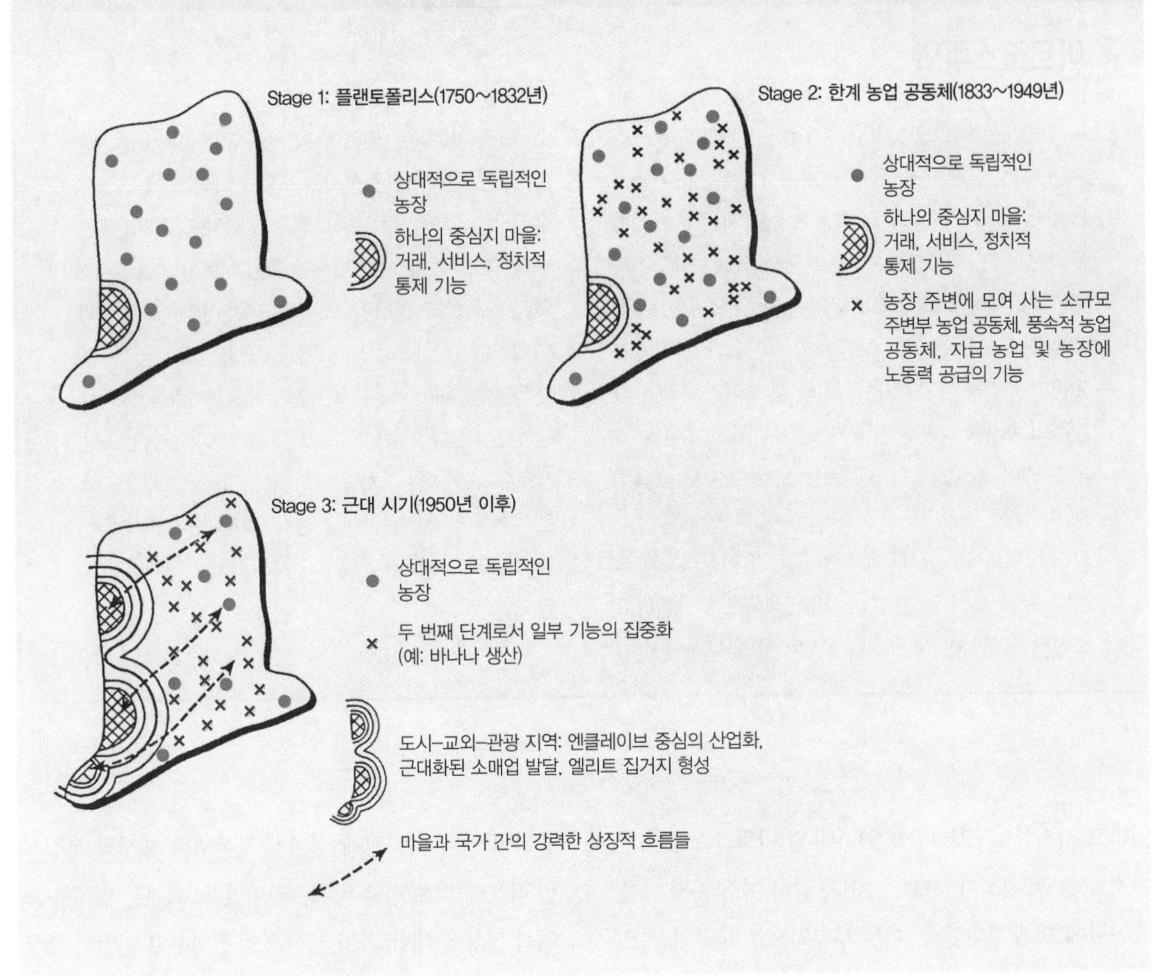

출처: Potter, 1995a

남반구에서 마주칠 수 있는 조건에서 나오거나 적어도 남반구와 관련이 있는 아이디어에서 비롯되었다. 슬레이터(Slater, 1992a, 1992b)가 언급했듯이, 중심은 주변으로부터 학습할 수 있으며, 또 그럴 필요가 있다. 위의 절에서 검토한 실증적으로 파생된 무역균형 모델 및 플랜토폴리스 모델은 1400년대 이후 세계의 상호 의존적 발전의 결과를 모식도로 묘사한 것으로 볼 수 있다. 종속학파 또는 의존 이론은 특히 근대화 패러다임의 반발에서 시작되었다. 어떤 사람들은 종속이론이 남반구(개도국)의 목소리에서 발전했다고 생각하지만, 또 다른 측에서는 그것의 가장 설득력 있는 공식을 주요 저자인 독일 태생의 경제학자 안드레 군더 프랑크(Andre Gunder Frank)가 제기했기 때문에 여전히 유럽 중심적 발전 사고를 나타낸다고 주장한다. 그러나 클라크(Clarke, 2002)가 말했듯이, 영어권에서 다루어진 종속이론들은 프랑크의 연구에 초점을 맞추고 있지만, 이론적 기여의 주체는 라틴아메리카와 카리브해였다(Marshall, 2002).

다만 남반구(개도국)에 관한 종속이론의 기원을 좀 더 자세히 살펴보기 전에 이 시점에서 학술 문헌에 급진적 접근법이 채택되기 시작한 이유를 먼저 고려해야 한다. 프레스턴(Preston, 1996)은 1960년대 이전에는 이 분야에서 마르크스주의 사회이론화 전통에 거의 관심이 없

핵심 아이디어

마르크스주의

맑시즘 또는 마르크스주의라는 용어는 카를 마르크스(Karl Marx, 1818~1883)와 프리드리히 엥겔스(Friedrich Engels, 1820~1895)의 저서에 기초한 사상이나 실천을 지칭한다. 마르크스는 독일 태생의 정치학자이자 혁명가로, 엥겔스와 함께 1848년 「공산주의 선언문」을 발표했다. 그들의 글은 노동자의 투쟁을 강조하면서 계급에 기반을 두고, 많은 서민의 삶이 개선되려면 자본주의 체제를 대체할 필요가 있다는 것에 초점을 맞추고 있다. 마르크스와 엥겔스는 모든 역사를 계급투쟁의 역사로 여겼다.

그러기 위해서는 생산력에 대한 통제가 결정적이기 때문에, 두 부류의 계급 분화가 필연적으로 발생한다고 보았다. 한쪽에는 생산 수단(토지와 자본)의 주인이 있고, 다른 한쪽에는 팔아야 할 노동력만 있는 노동자들이 있다. 노동자들은 장시간 노동을 해야 하고, 그들이 생산하는 것의 가치는 그들이 지불받는 것보다 훨씬 높다. 따라서 경제적 잉여는 자본과 토지의 소유주에 의해 발생하고 경제는 노동력을 착취한다. 초기 형태의 잉여는 상인들에 의해 만들어졌고, 이는 금·은 같은 상품을 위해 비(非)자본주의 사회를 '폭격(raiding)'해 얻은 '원시적 축적'이라고 볼 수 있다. 잉여는 노동자로부터 수용된 가치를 나타낸다. 마르크스와 엥겔스는 자본주의의 비인간적인 성격과 내재된 모순으로 인해 이 체제는 결국 실패하고 사회주의로 대체될 것이라고 보았다.

었다고 지적한다. 그러나 1960년대 말 마르크스에 대한 지적·정치적 관심이 [자료 3.10]과 같이 여러 가지 다른 요인들에 의해 부활했다. 이는 부분적으로 미국의 베트남 군사 개입, 민권 운동으로 인한 합의 정치의 붕괴, 그리고 학문적 사회과학의 빈사 상태와 관련이 있다. 유럽에서는 베트남 전쟁에 대한 반응과 대학 개혁의 필요성에 대한 인식에도 이러한 경향이 반영되었다. '신좌파(New Left)'라고 불리는 광범위한 진보적 운동이 나타났으며, 이는 남반구(개도국)의 반(反)식민지 운동과 연결되어 있다.

폴 배런과 경제 잉여의 중요한 역할

당시의 일반적인 분위기를 반영하여 폴 배런(Paul Baran)은 개발 이론에 대한 급진적인 입장을 반영한 신(新)마르크스주의 접근법(Neo-Marxist approach)을 발표했다(Baran, 1973; Baran and Sweezy, 1968). 그의 주된 아이디어는 경제 잉여가 자본주의 체제의 본질적인 작용에 의해 창출된다는 것이었다. 배런은 잉여를 소비의 필요에 대한 과잉 생산으로 정의하고 있었기 때문에, 잉여는 물질적 양의 상품으로 존재한다([핵심 아이디어] 사회적 잉여 생산 참고). 기본적인 요점은 일단 잉여 생산이 사회 내에서 재분배되면 시간과 에너지의 잉여로 전환되어 효과적이라는 것이다(Potter and Lloyd-Evans, 1998). 자신의 생계 수단을 생산할 필요가 없는 사람들은 다른 활동에 자유로워진다. 잉여금의 일부는 기생 그룹(즉, 다른 생산물에 의존하는 그룹)에 재분배될 수 있고, 일부는 과시적인 소비 또는 국가의 기념비주의(state monumentalism)에 사용될 수 있다. 즉, 특정 공간과 집단에 잉여의 효과가 집중된다. 이러한 초과적 이익의 재분배는 상업 시대의 특성을 보여주며, 남반구(개도국)에서도 잉여가치가 수용되는 현상이 목격된다.

또한 배런의 마르크스주의적 관점은 선진국들이 저개

[자료 3.10] 마르크스주의 관점의 개발 이론 개괄

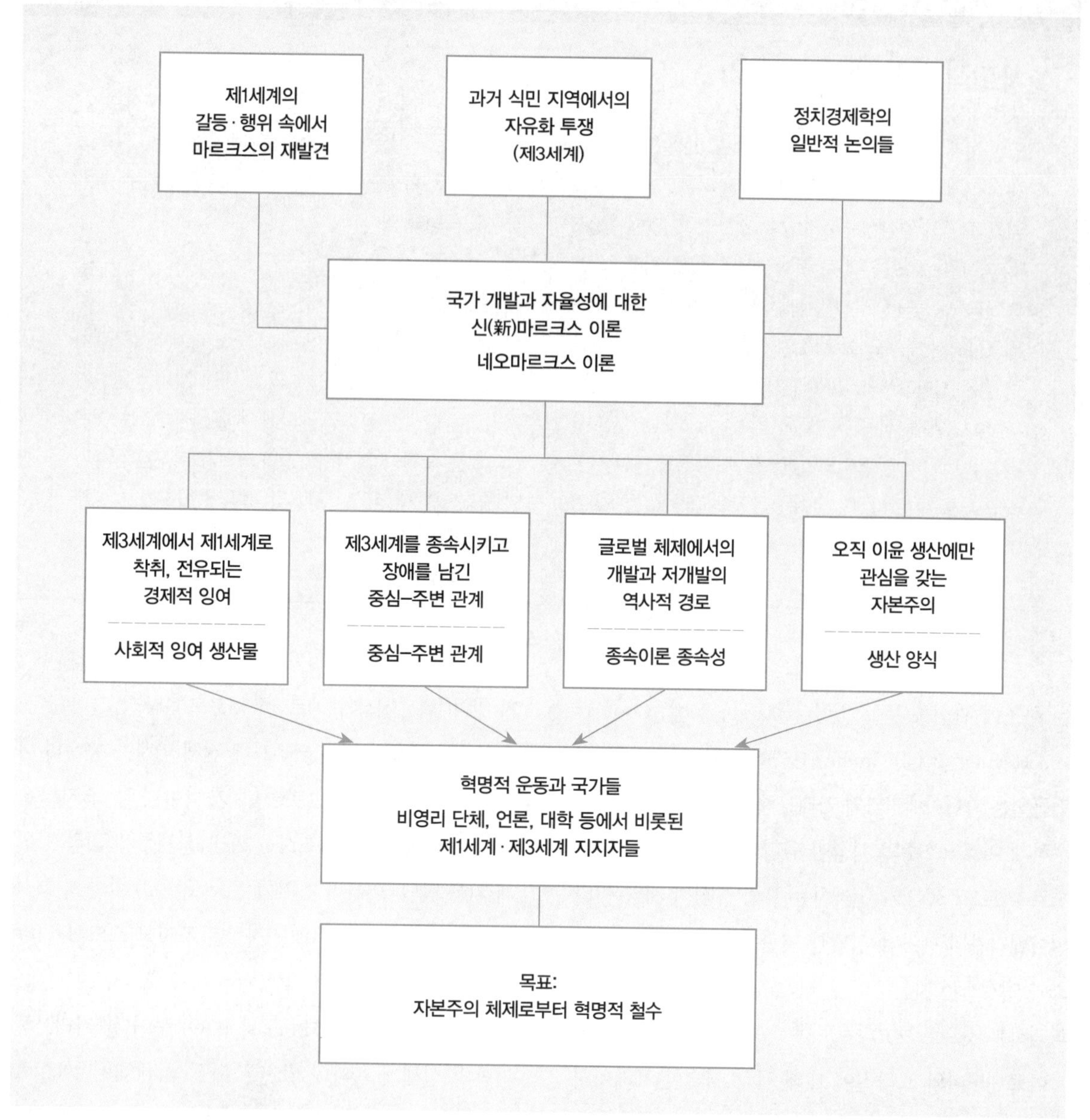

출처: Preston, 1996

발 국가 및 자본주의 이전 국가의 강력한 엘리트 집단과 식민지 기간 동안에 특별한 파트너십을 맺었다고 보았다. 이런 식으로, 잉여 소득은 엘리트 집단에 의해 추출되고 전용되었다. 따라서 배런은 남반구(개도국) 국가들에 있어 발전의 열쇠는 세계 자본주의 경제의 기형적인 영향으로부터의 해방에 있으며, 자본주의가 경제 잉여의 많은 부분을 낭비적이고 때로는 부도덕한 소비로 전환했다고 주장했다(Baran, 1973).

종속이론의 기여

이러한 유형의 논쟁은 1960년대까지 거슬러 올라가, 종속 학파에 의해 가장 설득력 있게 설명되었다([자료 3.10] 참고). 그러나 본격적으로 종속이론이 세계적으로 영향을 크게 미친 것은 1970년대였다. 라틴아메리카와 카리브해의 급진주의 학자들의 글에서 유래되었는데, 그들은 사회를 형성하는(혹은 형성할 수 있는) 보이지 않

핵심 아이디어

사회적 잉여 생산

잉여의 개념은 사회적 잉여 생산, 즉 사회적 필요에 비해 과다하게 발생한 생산의 잉여로 볼 수 있다. 이것은 인간 집단이 일상적으로 필요한 것보다 더 많은 음식을 생산할 수 있을 때 처음 발생했다. 이로 인해 사회의 일부 구성원들이 그들 자신의 음식을 생산해야 할 필요성에서 해방될 수 있었고 종교, 군사, 정치적 지도력 같은 사회에서의 다른 역할들을 맡을 수 있게 되었다. 다시 말해, 식량 생산물의 잉여는 사회 내에서 시간과 에너지의 잉여가 되었기 때문에 사회적 잉여물이라고 부를 수 있다. 이 잉여는 공간에 집중될 수 있기도 하고, 사회 구성원들 사이에 매우 불균등하게 분배될 수도 있다. 혹은 공간적으로, 더 공평하게, 그리고 사회적으로 확산될 수도 있다. 그러므로 그것은 개발 과정의 중심에 있다.

비판적 고찰

기념비적인 건물들, 집값의 지역적 변화, 미술품 수집품들, 눈에 띄는 개인적인 부의 과시 등 사회적 잉여가 목격되는 다양한 장소와 맥락에 대해 생각해보는 것은 흥미로운 숙제이다. 사회적 잉여가치가 축적된 징후가 발견되는 지역, 장소, 조직 및 건물의 목록을 작성해 보자.

는 구조에 관심을 두고 있었다(Clarke, 2002; Conway and Heynen, 2002; Girvan, 1973; Marshall, 2002). 이 접근법은 라틴아메리카와 카리브해의 저개발에 관해 순수하게 마르크스주의 사상이 융합한 결과였다. 본질적으로 마르크스주의가 전제하는 유럽 중심적 사상은 라틴아메리카의 맥락과 상당한 연관성을 가진다. 마르크스와 엥겔스는 자본주의가 비(非)자본주의 사회 형태를 파괴하는 것으로 보았다.

아르헨티나와 브라질에 대해 각각 저술한 프레비시(Prebisch, 1950)와 푸르타두(Furtado, 1964, 1965, 1969)는 가장 잘 알려진 라틴아메리카 구조주의자들이다. 라울 프레비시(Raúl Prebisch)는 산업화된 나라와 라틴아메리카의 저개발국들을 연결하는 데 있어서 경제 관계의 중요성을 강조하며, 이러한 관계들은 주로 중심–주변 관계의 형태로 규정된다고 보았다([자료 3.10] 참고). 푸르타두(Furtado, 1969)는 현재의 라틴아메리카 사회경제 구조를, 세계 자본주의 체제에 통합된 방식의 결과라고 보았다. 이후 관련된 학자로는 두스 산투스(Dos Santos, 1970, 1977)와 카르도주(Cardoso, 1976)가 있다([핵심 사상가] 페르난두 카르도주 참고).

여기서 주목할 점은 카리브해 전체 역사가 종속의 하나이며, 이 문제가 1992년 가이아나의 조지타운(Georgetown)에서 카리브해 개발 문제를 논의하기 위해 처음 만난, 이른바 '신세계(New world) 학파'의 핵심 주제였다는 점이다. 주요 학자들은 조지 벡포드(George Beckford, 1972), 노먼 기번(Norman Girvan, 1973), 클라이브 토머스(Clive Thomas, 1989) 등이다. 카리브해 기반의 신세계 학파의 발전은 마셜(Marshall, 2002)에 의해 상세하게 기록되었다. 이 학파의 설립자들은 해당 지역 개발을 위한 토착 경로를 확인하기를 열망했다. 그들은 근대화와 산업화라는 두 축이 이 지역에 맞지 않는다고 확신했다. 그들은 아서 루이스(Arthur Lewis, 1955)의 '자본 유치에 의한 산업화'라는 논의에 특히 저항했다. 벡포드(Beckford, 1972)는 지역의 저개발과 더불어 '영속적 빈곤(persistent poverty)'의 사례로 농장 노예 경제의 역사를 들어 설명하였다.

[사진 3.1] 국내 생산 증가와 수입 축소를 권장하는 농촌 개발 기구의 포스터(세인트 빈센트 그레나딘)

사진: Robert Petter

A. G. 프랑크의 공헌

종속이론은 안드레 군더 프랑크의 연구와 밀접하게 연관되어 있다([핵심 사상가] 안드레 군더 프랑크 참고). 프랑크의 주요 아이디어는 1966년 발행된 「저개발의 발전(The development of underdevelopment)」이라는 기사와 1967년 출간된 『라틴아메리카의 자본주의와 저개발(Capitalism and Underdevelopment in Latin America)』이라는 책에 요약되어 있다. 그는 유럽 출신의 학자로 미국에서 일했지만, 멕시코, 칠레, 브라질에 대해 연구했다.

프랑크(Frank, 1967)는 개발과 저개발이 같은 동전의 양면이며, 둘 다 자본주의 개발 체제가 지닌 모순의 필수적인 결과라고 주장했다. 프랑크가 발표한 논문에서, 개발도상국의 상태는 타성, 불행, 우연, 기후 조건 등의 결과물이 아니라 세계 자본주의 체제에 편입되는 방식을 반영한 것이라고 설명한다. 이러한 서술로 볼 때, 소위 저개발과 관련된 이원론은 부정적이거나 공허한 것이 아니라 다른 지역 발전의 직접적인 결과이자 상호적인 것이다. 그러한 국가의 유일하고 진정한 대안은 무역 장벽을 확립하고 초국적 기업에 대한 통제와 지역 무역 거점의 형성을 통해 세계 시스템의 지배력을 줄이고, 지역 또는 토착 생산 및 개발을 장려하는 것이다([사진 3.1] 참고).

'저개발의 발전'(Frank, 1966)이라는 용어는 프랑크의 접근법에 대한 간단한 설명으로 사용되기 시작했는데, 앞서 언급했듯이 상업 및 플랜토폴리스 모델과 밀접한 연관성이 있다. 간단히 말해서, 거대한 개발 방식이 대도시 중심부 혹은 '주요 대도시(metropolis)'에 의존했다면, 도시의 발전은 주로 자본의 분절(articulation of capital)과 잉여가치의 축적으로 이루어졌다([자료 3.11] 참고). 이 과정은 국제적으로 그리고 국가 내부에서 작동하였다. 이런 관점에서 볼 때 소위 후진성이라는 것은 계층 구조의 하단에 위치하기 때문에 세계 경제 내에서 통합되지 않았다고 설명되기도 한다.

실제로 프랑크는 '위성도시'가 대도시와 더 많이 연결될수록, 그 반대가 아니라 더 많은 확률로 (통합이) 억제된다고 주장했다. 이와 관련하여, 프랑크는 특히 브라질 북동부와 서인도제도의 사례를 통해 이 지역이 중심부와 밀접한 지역이었지만, 그러한 긴밀한 접촉이 내부 변형 과정을 불가능하게 만들었다고 보았다. 콘웨이와 헤이넨(Conway and Heynen, 2008)은 프랑크가 브라질을 국가 및 지역 저개발의 가장 좋은 사례로 설명하는 방법에 주목했다. 그는 16세기에 시작된 자본주의의 확대가 순차적으로 도시 중심과 광범위한 배후지를 세계 경제의 수출 결절지로 통합시켰다고 주장했다. 리우데자네이루(Rio de Janeiro), 상파울루(São Paulo), 파라나(Parana) 같은 도시들이 이 확장에 가장 큰 역할을 했다. 프랑크(Frank, 1967)는 이 과정에서 이러한 결절지들의 발전을 확인했지만, 장기적인 차원에서는 더 넓은 지역의 저개발로 이어졌다고 보았다.

브라질의 사례에서 알 수 있듯이, 종속이론은 자본주의의 확립 이후 성장한 종속 관계의 사슬을 지배적인 세계체제로 묘사하기 때문에 전체론적 관점을 취하며, 따라서 그러한 팽창은 식민주의 및 저개발과는 무관한 것

핵심 사상가

급진적인 라틴아메리카 구조주의자에서 대통령이 되기까지 -페르난두 카르도주

페르난두 엔히키 카르도주(Fernando Henrique Cardoso)는 개발에 관심이 있는 학자가 훗날 세계무대에서 정계 인사가 된 매력적인 사례로서, 정치와 개발 사고의 긴밀한 관계를 보여준다. 카르도주는 1931년 브라질 리우데자네이루에서 태어나 사회학자로 훈련을 받았다. 그는 1969년 라틴아메리카의 종속과 발전에 대한 연구로 주요한 이론적 기여를 했다. 카르도주는 의존성이 안정적이지도 않고 영구적이지도 않다고 여겼으며, 의존성과 저개발 사이의 단순한 연관성을 거부했다(Sanchez-Rodrigues, 2006). 1970년대에 카르도주는 브라질의 민주화 운동에 적극적으로 참여했고, 그 이후 정계에 입문하여 1982년 브라질 사회민주당의 당원이 되었다. 그는 1992~1993년에 외무장관으로 임명되었고, 1995년에 브라질의 대통령으로 선출되었다. 그는 두 번의 임기를 거쳤으며, 그의 대통령직은 2003년까지 연장되었다. 어떤 이들은 그가 집권했을 때 구조주의자로서 보여준 마르크스주의의 뿌리를 버리고 다국적 기업 엘리트들의 신자유주의적 이익을 위해 봉사했다고 주장한다(Sanchez-Rodrigues, 2006).

핵심 사상가

안드레 군더 프랑크

안드레 군더 프랑크(Andre Gunder Frank, 1929~2005)는 독일에서 태어났지만 아돌프 히틀러가 집권하던 1941년 가족과 함께 스위스로 도피했다가 미국으로 건너갔다. 1957년 시카고 대학교에서 농업에 관한 논문으로 박사학위를 받았다. 여러 미국 대학에서 일한 후, 프랑크는 남아메리카로 이주했고, 한때 칠레 대학의 사회경제학과 교수를 지냈다. 이 기간 동안 그는 빠르고 철저한 급진적 전환을 겪었다(Brookfield, 1975). 그가 칠레에서 보낸 시간은 종속이론에 대한 연구의 토대가 되었다. 그의 근본적인 생각은 '저개발의 발전'이라는 문구로 요약된다. 프랑크가 쓴 책과 논문의 대부분은 마르크스의 아이디어, 특히 세계적인 규모의 축적 개념에 영향을 받았다. 프랑크는 다양한 경력을 쌓으면서 여러 나라를 옮겨 다녔다. 이러한 경험 때문에 와츠는 프랑크에 대해 '대서양 양쪽에 있는 대부분의 대학들에게 그의 이론은 너무 급진적이고, 너무 뻔뻔하고, 너무 관습적이지 않았다'(Watts, 2006)고 평가하였다.

[자료 3.11] 종속이론의 모식화

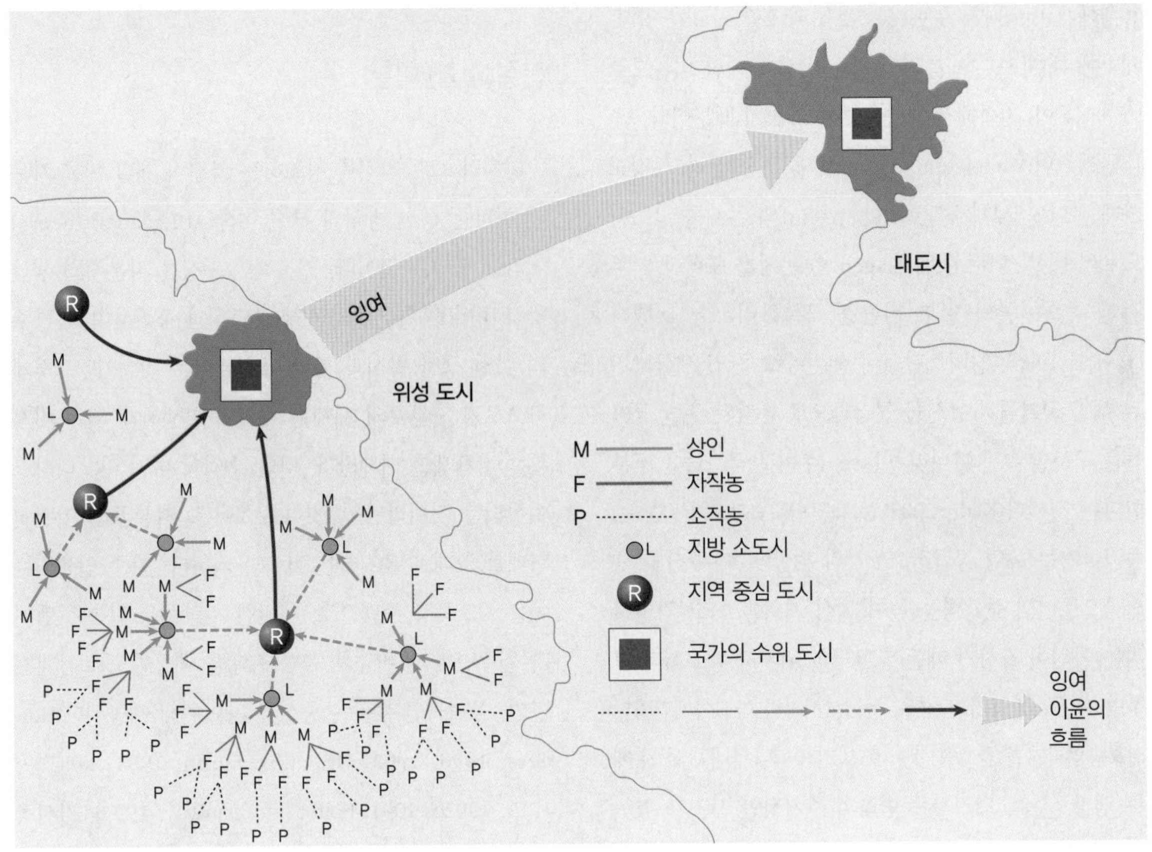

출처: Potter, 1992a

으로 해석한다. 착취적 관계의 사슬은 [자료 3.11]과 같이 농민에서 시장, 지역 중심, 국가 자본으로 확장되는 불평등한 교환 과정을 통해 잉여가치의 추출과 전달로 나타난다. 무역의 조건은 항상 사슬의 가장 상위 단계에만 유리하게 작용하여 이때 발생한 사회적 잉여가치는 최상위 단계에 계속 집중된다(Castells, 1977; Harvey, 1973). 종속이론가들은 영국이나 미국과 같은 지배적인 자본주의 강대국들이 자신들의 이익에 부응하기 위해 정치와 경제 구조의 변화를 유도했다고 주장한다. 이 견해에 따르면 식민지는 최소한의 비용으로 1차 제품을 생산하면서 공산품 시장이 확대되도록 조직되었다. 이에 필연적으로, 사회적 잉여가치는 가난한 지역에서 부유한 지역으로, 그리고 개발도상국에서 선진국으로 흡수되었다.

종속이론에 대한 비판과 세계체제론의 출현

종속이론에 대한 주요 비판은 암스트롱과 맥기(Armstrong and McGee, 1985)가 '구조주의의 비인간적이고 일정하게 고르다고 보는 기계적 분석'이라고 묘사한 것과 일치하는 경제적 결정론의 형태에 대한 것이다. 게다가 이 이론은 근본적인 경제적 과정의 결과로서 특정 국가의 내재적인 계급 구조와 요소들을 중시한다. 또 다른 논쟁의 쟁점은 종속이론이 국가들에게 세계 경제에서 벗어나야지만 자신들의 몫을 발전시킬 수 있다는 것을 암시하는 반면, 실제 자본주의 세계 시스템은 더 세계적이고 상호 의존적이 되고 있다는 것이다. 이런 이유로 종속이론은 1980년대 이후 선진구(북반구)에서 더 이상 선호되지 않고 있다(Preston, 1996). 그러나 다시 한번 우리는 급진적인 면에서 그런 생각과 사고방식이 결코 유행에서 벗어나지 못했다는 것을 강조할 필요가 있다. 개발에 대한 보다 전통적인 접근 방식에 대한 비판으로 (종속이론이) 지속해서 영향을 미치고 있기 때문이다.

월러스틴(Wallerstein, 1974, 1980)은 복잡하고 정교하게 분할된 '세계체제(world system)'의 존재를 강조함으로써 내부-외부 행위체(agency) 논쟁을 포함한 기본적인 종속이론의 일부 비판을 극복하려고 시도했다(Taylor, 1986). 월러스틴의 주장은 주요 산업 생산국이 된 핵심 국가들과 농산물 공급국으로 유지된 주변 국가들을 구분할 뿐만 아니라 반(semi)주변부 국가들을 구분한다는 것이다(Klak, 2008 참고). (반주변부로 분류되는) 중간국가는 농업 공급국으로서의 위상에 비해 산업 생산국으로서의 중요성을 높여 핵심 지위를 놓고 경쟁하려는 야심이 강하기 때문에 그들의 위치가 중요하다(반주변 자본주의 국가의 경우, 동남아시아와 라틴아메리카의 신흥공업국가를 참고할 것). 16세기 이후 세계체제 내에는 팽창, 수축, 위기라는 변화의 주기적인 시기가 있었다. 따라서 특정 국가의 운명은 전적으로 외부적으로 움직이는 것이 아니라 외부 세력에 대응하고, 이를 통해 수용된 내부화된 방식에 달려 있다고 볼 수 있다.

종속이론: 최종 논평

프랑크의 생각은 선진 자본주의 세계가 남반구(개도국)를 착취하고 저개발 상태로 유지시켰다는 정통 마르크스주의 관점에 가까운 것으로 보인다. 의심할 여지 없이 많은 사람이 이 견해가 극단적이라고 반박하겠지만, 프랑크의 논의는 개발이 진전되는 양상을 해석하는 사람들에게 생각할 거리를 제공한다. 헤트네(Hettne, 1995)가 지적했듯이, 종속이론은 개발에 있어 가장 큰 장애물은 자본이나 기업가적 기술의 부족이 아니라 국제노동분업에서 발견되며, 이미 관찰된 바와 같이, 확실히 순수한 종속이론의 모식도는 정착지 개발 패턴, 중심-주변의 관계, 무역 및 플랜토폴리스 모델의 공간적 결과와 유사하다는 것을 알 수 있다([자료 3.11] 참고).

분절(절합) 이론

마지막으로, 착취를 강조하는 급진적 개발 이론 가운데 하나는 생산 방식의 분절 이론(Articulation theory)이라고 불리는 것이다. 기본적인 주장은 자본주의 생산 방식이 비(非)자본주의적 생산 방식과 공존하며, 자본주의 이전 생산 방식과 함께 표현된다는 것이다. 그렇게 함으로써 자본주의 체제는 이익이 발생하게 되는 비자본주의 체제를 대체한다. 다만 수익이 나지 않으리라고 예상되는 것이라면 (그것이 무엇이든) 자본주의 이전의 형태를 그대로 유지하는 것이 유리하다. 자주 인용되는 예는 저소득층 주택으로, 가난한 사람들은 민속 주택이나 원주민의 집(비공식, 불법 주택)을 제공받도록 남겨진 반면, 공식적인 부문은 중상류층을 위해 제공된다(Burgess, 1990, 1992; Drakakis-Smith, 1981; McGee, 1979, 1992b, 1994; Potter and Conway, 1997). 거시적이지만 좀 더 구체적인 생산 방식의 예는 1994년 이전 남아프리카공화국의 아파르트헤이트 운영에 의해 제공된 주택이다. 여기서, 소위 '고국에서 온 사람들'이라고 불리는 사람들은 흑인 노동력을 유지하기 위해 전통적인 생산 방식을 고집했고, 이를 통해 '화이트 남아프리카'로 통근할 수 있었다. 그러므로 이 급진적인 관점에 따르면, 이원주의는 자본주의 체제의 모순의 산물이지, 일탈의 형태가 아니다. 마찬가지로 이 견해에 따르면, 저개발은 조응 과정의 교착으로 묘사될 수 있다. 기존 상황을 전환하는 데 있어, 자본주의 체제와 직접적인 이해관계가 없는 곳은 낙후가 계속되고 있는 셈이다. [사례 연구 3.2]는 오스트레일리아 원주민들의 위치를 다루며, 생산 방식의 분석 체계를 잘 보여주고 있다.

사례 연구 3.2

원주민(Aborigine)과 개발 및 생산 양식

드라카키스 스미스(Drakakis-Smith, 1983)가 지적했듯이 오스트레일리아는 식민지주의의 여러 측면을 경험했다. 지난 200년 동안 오스트레일리아는 영국의 직접적인 식민지였고 광물 자원과 농업 생산물을 얻기 위한 곳이었다. 그러나 '백인' 국가로서의 역사를 지닌 오스트레일리아는 백인에 의한 원주민 인구 착취를 기반으로 하고 있다. 실제로 오스트레일리아 사회 내에서 원주민들은 백인과의 관계에서 종속적이며, 이로 인해 여러 차원의 박탈과 착취를 당하고 있다는 점은 의심의 여지가 없다.

면밀한 조사를 바탕으로, 백인 중산층에게 이익을 가져다주는 불평등한 관계가 원주민에 대한 정부의 제도화로 인해 (착취적인) 의존성을 만들어냈음을 밝혀냈다. 1788년 영국이 처음 정착하기 전까지 원주민들은 메이야수(Meillassoux, 1972, 1978)가 말하는 자연경제에 살았다. 원주민들의 기술은 간단하지만 효과적이어서 인간의 에너지만으로 사냥과 채집 시스템을 통해 환경 자원을 활용할 수 있었다. 비록 그들의 삶은 주로 생계형 식량의 수집과 소비를 중심으로 이루어졌지만, 의식과 기념적 활동(ritual and ceremonial activities)을 비롯하여 사냥 무기, 도구, 종교적인 의미를 지닌 물품 등 소비용 내구품의 생산에도 상당한 시간을 할애했다. 상품의 유통 방식은 사냥과 채집으로 얻은 식량을 공유하는 것을 기본으로 했기 때문에 생산 방식과 밀접한 관련이 있었다. 자본주의 이전의 원주민 경제의 가장 중요한 특징 중 하나는 육체적, 정신적 측면에서 모두 영적으로 관여되어 있다고 여겨지는 토지에 대한 것이었다. 소수의 원주민 인구와 그들의 단순한 생활 방식을 본 영국인들은 '원시적인' 사람들과의 협상이나 조약이 필요하지 않다고 확신했다. 따라서 점령을 시도했던 처음부터 모든 토지는 영국 왕실의 토지로 선언되었고, 이로 인해 원주민들에게 어떠한 보상도 지급되지 않았으며, 기존의 권리도 인정되지 않았다. 토지에 대한 법리적인 유용(流用)은 오스트레일리아 원주민들을 착취하는 근본적인 요인이 되었다. 단지 원주민들이 무질서하고 원시적이라는 이유만으로, 영국은 원주민 사회의 경제적, 정신적 토대를 단번에 제거했다.

이러한 개발 이후 수십 년간 오스트레일리아 식민지 경제에서 원주민은 중요하지 않은 존재로 여겨졌다. 처음에는 할당된 죄수들을 노동력으로 제공했고, 나중에는 더 큰 지주들이 초기의 소규모 소유주들을 매수했다. 그러나 1830년대에 이르러 양털을 수출하기 위한 목축업이 급속도로 발전하면서 영국으로부터의 대규모 노동력 이주가 장려되었다. 19세기 후반에 목축업이 급속히 확대되면서 원주민들은 백인 정착촌의 선봉장과 직접 접촉하게 되었다. (그때까지 그들은 사실상 무시당했고, 경멸받았으며, 빈곤하게 방치되었고, 기아와 질병으로 목숨을 잃었다.) 원주민 노동력은 거대한 이주 규모와 혹독한 기후로 인해, 북부로 이주하려는 백인 노동자들의 사유 경작지의 필수 노동력이 되었다.

1880년대부터 원주민 노동력은 역무원이나 가사 노동자로 광범위하게 사용되었다. 원주민 공동체(bands)와 가족들은 정착 후 그 땅에 머물도록 권장되었는데 그들은 기차역(station)에서 일한 노동의 대가로 현물 형태의 보수를 받았다. 노동관계는 매우 위계적이었으며, 부동산 소유주들이나 경영자들은 노동력으로서의 원주민 공급이 무한하고 개개인에 세밀한 관심을 둘 가치가 없다고 생각했기 때문에 그들의 재생산에 거의 관심이 없었다.

원주민들에게 제공된 생활환경과 식료품 등은 종종 불충분했기에 점차 인구가 감소했다. 그러나 원주민 노동력의 가치가 더 높이 평가되기 시작하면서, 1945년 이후부터 오스트레일리아 정부는 확대된 경작지와 정착촌을 설립하기 시작했다. (여전히 원주민들이 생산 과정에 상당한 기여를 하고 있지만) 이제 원주민 공동체는 백인에 의해 운영되는 광범위한 3차 시스템의 상품과 서비스를 제공받는 중요한 소비자 집단이 되었다. 사실상 이것은 토지와 노동력의 유용에 따른 종속 체계 내에서 원주민에 대한 제도화의 새로운 단계에 진입한 것으로 볼 수 있다. (제도 변화로 인해 새로이 부여된) 재화와 용역의 소비자로서 역할 때문에 원주민은 자본주의 이전 생산 방식을 유지할 수 있었고, 백인 인구의 계급적 지위와 경제적 번영은 이 관계에 크게 좌우되었다.

대안적 개발, 상향식 및 참여 접근법: 개발에 대한 '다른' 관점

도입

1970년대 중반 이후 그 시기를 특징짓는 생각의 변곡점을 설명하기 위해 '또 다른 개발(another development)'이라는 다소 어색하지만 유익한 표현이 등장했다(Brohman, 1996; Hettne, 1995). 이 개념은 유엔총회 제7차 특별회의와 다그 함마르셸드(Dag Hammarskjöld) 재단의 연합 간행물에서 탄생했다. 당시 진행된 세션에서는 자립(self-reliance)을 발달 과정의 중심으로 볼 필요가 있으며, 외생적(외부적) 변화의 힘보다는 내생적(내부적) 힘에 중점을 두어야 한다고 강조했다. 또한 개발이 사람들의 기본적 요구를 충족시켜야 한다는 의견이 점점 더 많이 제기되었다('제1장' 참고). 동시에, 개발은 생태학적으로 민감해야 하며 공공 참여의 원칙이 더욱 강조되었다(Potter, 1985). 그러나 1970년대 중반부터 하향식 정책, 특히 성장 거점 정책에 대한 비판의 목소리가 높아지면서 이 접근법은 단지 특정 공간이 집중된 형태에서 제한된 몇몇 새로운 지역에 '집중화된 탈집중(concentrated deconcentration)'이라는 형태로 대체되었을 뿐이라고 여겨졌다. 다시 말하자면, 개발의 패턴이 바뀌었더라도 (양극화와 불평등이라는) 현상이 여전히 유지되었다는 것이다.

이와 같이 발전의 직선적인 경로가 하나뿐이고, 발전이 곧 경제성장과 같은 것이라는 주장은 적어도 어떤 부분에서는 심각한 도전을 받게 되었다. 자유주의자들과 급진주의자들은 개발에 대한 하향식 접근법이 초국가 자본의 하인으로 작용하고 있다고 주장했다(Friedmann and Weaver, 1979). 비슷한 맥락에서, 다른 논평가들은 과거에 성취된 것은 실현되지 못한 개발과 빈곤만 증가하는 경제성장이라고 주장했다(Hettne, 1995).

또한 이 책의 여러 장에서 논의된 바와 같이 젠더 이슈가 대안 개발 이론, 특히 다양한 경제 활동, 생계 등과 같은 주제에 강한 영향을 미쳤음을 인식하는 것은 매우 중요하다. 젠더 이슈와 젠더 정치의 중요한 역할을 이해하지 않고서 개발을 설명하려고 하면 상당한 실수를 야기할 가능성이 크다. 젠더 이슈는 이제 참여 계획 및 개발 과정에서 중심이 되는 경우가 많아졌기 때문이다.

개발의 영토적 기반

존 프리드먼(John Friedmann)과 클라이드 위버(Clyde Weaver)는 그들의 저서 『영토와 기능(Territory and Function)』(1979)에서 이제까지의 개발 이론과 실천은 경제적 효율성 및 근대성과 관련된 기능적 측면에 의해 지배되어왔으며, 이로 인해 개발에 대한 모든 고려사항이 특정 영토의 필요나 토착 기반에 부합하지 않는다는 주장을 제시했다. 1970년대 중반 이후 농촌 기반 개발 전략(rural-based strategies of development)에 중점을 둔 주요한 새로운 패러다임이 전면에 등장했다. 전체적으로 이 접근법은 '아래로부터의 발전'으로 묘사되었다. 패러다임을 설명하는 데 사용되는 다른 용어로는 '농촌 개발(agropolitan development)', '풀뿌리 개발(grassroots development)' 및 '도시 기반의 농촌 개발(urban-based rural development)'이 있다. 사회 변화의 폭이 넓어지는 맥락 속에서 이러한 발전은 이른바 '신대중주의(neo-populism)'의 부상과 관련이 있다. 신대중주의는 산업 체제의 등장에 대응하는 보호주의의 한 형태로 지역사회를 재현하고 재창조하려는 시도를 포함한다(Hettne, 1995). 신대중주의의 영토적 발현은 녹색 정치와 연합하며 녹색 이데올로기를 부상시켰고, 세계적인 관심을 받았다.

기본적 요구와 발전

기본적 요구(basic needs)의 제공 문제는 1970년대 초 주요한 관심사가 되었다. 기본적 요구에 대한 아이디어는 라틴아메리카의 이론가 모임에서 출발했으며, 1976년에 열린 국제노동기구(International Labour Organization: ILO)의 세계 고용 회의에서 공식적으로 제기되었다. 프레스턴(Preston, 1996)은 로마클럽(Club of Rome)에서 작성한 「성장의 한계(Limits to Growth)」 보고서의 비관적 시각에서 기본적 요구 충족 전략의 단서가 나왔다고 주장한다. 이는 경제성장 창출보다 고용 창출이 중요하다는 점을 강조한 것이었는데, 남반구(개도국)에서 일어났던 경제성장이 상대적 빈곤의 증가와 맞물린 것처럼 보였기 때문이다.

따라서 개발은 사회의 가장 가난하고 약한 부문을 위한 여건을 개선하는 데 실패한 것으로 여겨졌고, 성장과 함께 부의 재분배가 필요하다는 주장이 나왔다. 이 기간 동안 기본적 요구의 충족 접근법은 국제노동기구뿐만 아니라 유엔환경계획(United Nations Environment Programme: UNEP)과 세계은행 등 다양한 국제기구에서 수용 및 채택되었다. 그러나 빈곤 완화에 있어 거시적 차원의 국가적 약속을 받아내는 것보다, 가난한 사람들의 지지를 받아 저렴한 기본적 요구 프로그램만을 지원하고 있다는 점을 인식할 필요가 있다. (세계은행이 이 접근법으로 빠르게 전환하게 된 배경이기도 하다.) 이러한 상황에서 기본적 요구의 실질적인 실행은 (평등 분배와 같은) 사회주의 원칙 그 자체와는 거의 상관이 없다는 것을 인정해야 할 것이다.

이 접근법의 주요 아이디어는 음식, 교육, 급수, 의복 및 주택과 같은 기본적 요구가 특정 영토 내에서 명확한 우선순위에 따라 충족되어야 한다는 것이다. 이를 위해 국가들이 지역 자원에 더 의존하고, 생산적인 부를 공동화하고, 외부의 변화에 적극적으로 대응해야만 개발의 목표가 달성될 수 있다.

아래로부터의 개발 또는 상향식 개발

따라서 기본적으로 남반구(개도국) 국가들은 불평등한 교환 과정에 대한 선진국의 개입을 줄이려고 노력해야 한다. 이 문제를 해결할 수 있는 유일한 방법은 자급자족과 자립 수준을 높이는 것이다. 그런 경우, 경제가 다변화되고 비농업 활동이 도입될 수 있을 것으로 전망된다. 이러한 상황에서 도시 입지는 더 이상 의무 사항이 아니며 농업 기반의 도시 개발도 가능하다고 볼 수 있다. 따라서 프리드먼과 위버(Friedmann and Weaver, 1979)는 '대도시가 현재의 압도적인 이점을 잃을 것'이라고 논평한다. (분명히 그러한 접근법은 전적으로 사회주의 원칙에 근거하지는 않지만, 어떤 측면에서 영감을 받았다고 볼 수 있다.) 아프리카 사회주의에서 영감을 얻은 우자마 정책에 따라 발전을 위한 상향식 경로를 따랐던 전형적인 사례로는 중국, 쿠바, 그레나다, 자메이카, 탄자니아를 들 수 있다. 헤트네(Hettne, 1995)가 지적했듯이, 자급자족은 종종 작은 그레나다(Brierley, 1985a, 1985b, 1989; Potter, 1993a, 1993b; Potter and Welch, 1996)의 경우처럼 초강대국의 영향을 위협하는 것으로 인식되기도 한다.

월터 스퇴어(Walter Stöhr, 1981)는 아래로부터의 개발에 대한 유익한 개요를 제공한다. 특히 그의 설명은 위로부터의 개발과 같이, 그러한 전략을 위한 하나의 레시피는 없다고 강조한다. 아래로부터의 개발은 특정한 사회문화적, 역사적, 제도적 조건과 밀접하게 관련되어 있다. 간단히 말해서, 개발은 영토 단위에 기초해야 하고 시민들은 그들의 토착 자연과 인적자원을 동원하기 위해 노력해야 한다. 특히 이 접근법은 토착 자원, 자립성 및 적절한 기술, 그리고 [표 3.1]에 나와 있는 다양한

사례 연구 3.3

발전 경로: 그레나다의 경우

카리브해 동부 그레나다의 경험은 마르크스주의 정치 관점에서 발전의 대안적 경로가 혁명적일 필요가 없다는 것을 입증하는 유용한 사례이다(Potter and Lloyd-Evans, 1998). 1979년 3월 영국에서 교육을 받은 변호사 모리스 비숍(Maurice Bishop)이 에릭 게리(Eric Gairy)의 독재적이고 부패한 정권을 전복시켰다. 모리스 비숍은 반(反)제국주의와 연계된 반(反)유대주의(반게리주의)를 주요 주제로 한 뉴주얼 운동(The New Jewel Movement, 이후 NJM)을 이끌었다(Brierley, 1985a, 1985b; Ferguson, 1990; Hudson, 1989, 1991; Kirton, 1988; Potter, 1993a, 1993). 이 운동은 그레나다 사람들의 진정한 독립과 자립에 대한 강한 의지를 보여주었다.

혁명 전야에 그레나다는 만성적인 무역적자, 해외에 기반을 둔 국민들의 원조와 송금에 대한 강한 의존, 식량 수입에 대한 의존, 그리고 매우 실질적인 차원에서 농경지의 비효율적 경작으로 고통을 받았다. 게리가 타도된 후, NJM은 인민혁명정부(People's Revolutionary Government, 이후 PRG)를 조직했고, 인간의 기본적 요구 충족을 개발 철학의 핵심으로 삼았다. PRG는 그레나다가 값싼 농산물을 수출하는 전통적인 역할에서 벗어나기를 바라는 마음과 함께 식품, 의류 및 기타 기본 품목의 가격이 급등하는 것을 막겠다는 의도를 밝혔다. 정부는 1980년 민족협력개발원을 설립했는데, 이 기관은 '유휴지와의 결합(marrying idle hands with idle lands)'을 통해 마을 내 실업자 집단을 노동자로 참여시키는 것을 목표로 했다.

1981년에서 1982년 사이에 2개의 농공 공장이 완공되었는데, 하나는 커피와 향신료를 생산하고, 다른 하나는 주스와 잼을 생산했다. 이 작업의 규모는 관련자들 증언이나 세부 자료로 분명히 확인되지 않았지만, 로컬 요리와 함께 지역 기반 재배 농산물을 가치 있게 여기도록 장려하는 데 중점을 두었다(Potter and Welch, 1996). PRG는 또한 무료 의약품, 치과 진료, 교육 혜택도 약속했다. 마지막으로, 비숍이 언급했던 '신(新)관광주의(New Tourism)'를 촉진하려 했던 전략은 PRG의 공언된 약속 중 하나였는데, 이 용어는 현재까지도 다양한 연구에서 널리 사용되고 있다. '신관광주의'는 지역의 역사와 관련이 있는 프로그램 만들기, 특히 문화와 역사를 강조하는 지역 음식, 요리, 수공예품, 가구 제조를 기반으로 하는 것(Patullo, 1996)을 활용한다. 이러한 형태의 관광 상품 개발을 통해 과거 지역 외부의 이익만을 중시하고, 현지의 환경 및 사회-문화 역사의 착취에 기초하는 관광 형태에서 벗어나고자 하였다.

무엇보다 이 기간 동안 그레나다 경제의 80%가 여전히 민간 부문의 손안에 있기 때문에, 경제의 민간, 공공, 협력 부문을 아우르는 삼원(trisectoral) 개발 전략의 달성이 PRG가 공표한 목표가 되었다. 이런 의미에서 소위 그레나다 혁명은 단순한 종류의 것이 아니었다. 그레나다의 경제는 1979년부터 1983년까지 매년 2.1~5.5%의 성장률을 보였다. 이 기간 그레나다의 수입 식료품 가치는 33%에서 27.5%로 떨어졌다. 심지어 세계은행도 1979년부터 그레나다의 경제 상황에 대해 호의적으로 논평했다(Brierley, 1985a). 1983년 10월 모리스 비숍이 암살되고 이 섬이 미군의 침략을 받은 것은 많은 이에게 매우 유감스러운 일이었다. 이 작은 연방 국가에 설치된 4년간의 대체 개발 실험의 끝을 보았기 때문이다(Brierley, 1985a). 이 사건은 그레나다가 제공하는 것으로 보이는 풀뿌리 개발의 교훈을 작고 의존적인 제3세계 국가에게서 빼앗았다.

비판적 고찰

그레나다는 작은 섬나라가 개발을 지역화하고 토착화하기 위해 어떤 노력을 할 수 있는지 좋은 예를 보여준다. 물론 대부분의 나라들은 그레나다보다 자원 기반이 훨씬 크고 더 광범위하다. 국가들이 상향식 발전을 촉진하기 위해 선택한 다양한 전략을 생각해보자. 오늘날의 세계 경제에서 그러한 접근법을 실행하는 것이 어느 정도 쉽다고 할 수 있는가?

[표 3.1] 아래로부터의 개발 요소

- 넓은 토지 접근성
- 공정한 방식의 공동 의사 결정을 위한 지역화된 조직 구조
- 농촌에 더 큰 자결권을 부여
- 지역에 적합한 기술 선택
- 기본적 요구 사항을 충족하는 프로젝트에 우선순위 부여
- (글로벌 스케일이 아닌 내수 중심의) 국가 가격 정책의 도입
- 주변 자원이 불충분한 경우에만 사용되는 외부 자원
- 지역 수요를 초과하는 생산적 활동의 개발
- 모든 지역을 포함하는 도시 및 교통 시스템 재구성
- 도시-농촌과의 교통 통신 수단의 개선
- 평등주의 원칙의 사회구조 및 집단의식의 형성

출처: Stöhr, 1981

요소들에 기초한다. 다양한 상향식 개발 전략으로 개발의 대안 노선이 강조되고 있는 점이 눈에 띈다. 이들은 발전과 변화가 사회·정착 시스템의 상위 수준에 집중되지 않고 하층민들의 요구에도 관심을 기울여야 한다고 보았다. 이러한 특징은 '상향식(bottom-up) 개발'이라는 용어를 만들어냈으며, 관련된 전략은 (실제로는 아래로부터 시작된 것이 아니라) 종종 강력한 국가 통제와 정치적 집단의 지시에 의해 이루어졌다.

풀뿌리 개발과 토착 지식

상향식 개발의 맥락에서 중요한 것은 지역사회에 기반을 두고 있는 풀뿌리 개발을 인정하고 존중하며, 필요한 경우 지원해야 한다는 인식의 전환에 있다. 특히 토지 관리, 농업, 자원 사용과 같은 문제와 관련하여 남반구(개도국)의 농촌 지역사회는 '토착 기술 지식'에 자주 의존한다. 이러한 접근법은 새로이 도입된 농업 및 자원 사용 방법보다 환경에 미치는 영향 수준이 낮으며 더 지속 가능하다. 단일 작물을 재배하는 데 더 큰 비용을 소요하고 환경적으로 스트레스를 받게 하는 농업 방식과 달리, 수확과 자연 비료 공급 시기를 엇갈리게 하여, 같은 토지에서 여러 작물을 재배하거나 자연 수정을 허용하는 관행은 아시아와 아프리카에 널리 퍼져 있는 특별한 경작법이다(Wiliams et al., 2014). (풀뿌리 개발의 개념은 도시 및 농촌 개발과 관련하여 '제9장'과 '제10장'에서 더 자세히 다룬다.)

풀뿌리 개발은 또한 지역사회 기반 및 비정부기구(Non Governmental Organization: NGO) 지원의 이니셔티브를 다수 포함한다. 이것은 종종 지역사회의 아이들을 위해 교복(school uniforms)을 만드는 것, 또는 음식 대량 구매 등과 같이 지역적으로 관련된 일들이 포함되는데, 그것의 규모는 작지만 가난하고 혜택받지 못한 사람들의 삶에 실질적인 차이를 만들어낸다. 풀뿌리 노력을 더 잘 이해하고 적절히 지원하기 위해 상향식 및 지역사회에 민감한 연구 방법들이 개발되었다. '참여 연구(participatory research)'로 널리 불리는 이 접근법은 서구 지식을 강요하기보다는 공동체로부터 배우려고 노력한다.

로버트 체임버스(Robert Chambers)가 처음 개발한 이 접근법은 지역 인식과 전통적인 기술로부터 배우는 것을 특권화하고 일정 수준의 외부 지원을 통해 공동체가 이익과 교훈을 얻을 수 있다고 보는 '현장 연구(action research)'를 옹호한다. 그러한 접근 방식은 특히 농촌 지역사회에 힘을 부여하고, (연구자에 의해 가해지는) 연구 대상의 주체성에 대한 파괴력이 낮은 것으로 간주된다(Chambers, 1983). (이러한 아이디어는 다음 주제 및 '제10장'에서 더 자세히 논의될 것이다.)

환경과 개발

1970년대 이후 또 다른 주요한 변화는 개발 사고 분야에서 환경 의식에 대한 우려가 출현한 것이며, 특히 지금까지의 환경 피해에 비추어 볼 때 중요성이 더욱 커지고 있다. 이러한 진화하는 관심사의 중심에는 1987년에 발표된 브룬틀란 환경 개발 위원회(유엔 환경 개발 위원회)의 보고서가 있었다(WCED, 1987). 더욱 중요한 것

은 1992년 여름 리우데자네이루에서 열린 지구 정상회의로, 유엔 환경 개발 회의에 180여 개국이 모였다. 이때부터 환경 지속 가능성의 원칙이 개발 논쟁에서 정치적인 이슈가 되기 시작했다(Pelling, 2002). 이러한 관심은 2002년 남아프리카공화국 요하네스버그(Johannesburg)에서 열린 세계 지속 가능 발전 회의, 2012년 리우+20 정상회의에서도 이어졌다. 녹색 이슈가 에너지 선택과 자원 관리에 영향을 끼치면서 장기적인 자원 고갈, 환경 훼손, 기후변화에 대한 우려가 현재의 개발 계획에서 더욱 중요하게 다루어지고 있다. 브룬틀란 위원회는 '지속 가능한 개발'의 원칙을 많은 개발 프로그램, 특히 환경 문제가 종종 더 긴급하고 즉각적으로 다루어져야 하는 지역 단위의 프로그램에 포함시키는 것을 목표로 한다(Hopper, 2012). 지속 가능한 개발을 지원하는 유엔의 역할은 '제7장'에서 더 자세히 검토될 것이다.

지속 가능한 개발로서 생태적 개발

현재 '지속 가능한 개발'로 알려진 '생태적 개발(ecodevelopmemt)'은 1990년대부터 선도적인 개발 패러다임 중 하나로 자리 잡으며 생명과 세계 경제를 지탱하는 자연 생물 체계의 보존 필요성을 강조했다(Redclift, 1987; Elliott, 2013). (이러한 접근 방식은 '제6장'에서 충분히 탐구하도록 하겠다.) 지속 가능성은 영토주의의 생태학적 차원을 구성하는 것으로 여겨진다. 따라서 영토적 속성은 다른 것의 기능보다 먼저 고려되어야 하며, 개발도상국들은 자신의 생태와 문화를 지향해야 한다([사례 연구 3.3] 참고). 이러한 맥락에서 개발은 보편적인 의미를 갖지 않는다고 인식된다.

이와 강하게 연계되어, 여성과 개발에 대한 해방적 견해의 필요성이 생태 페미니즘(ecofeminism)에 대한 관심으로 이어졌다. 이러한 의미에서 지속 가능한 개발은 자연적인 생물학적 시스템을 보존하는 것 이상의 의미를 지닌다. 예를 들어, 지속 가능한 발전 안에는 암묵적인 공정성이나 정의(justice)의 가정이 존재하지만 역설적으로 가난하고 혜택받지 못한 사람들은 하루하루 생존하기 위해 환경을 훼손하거나 오염시킬 수밖에 없다는 점에서 괴리가 존재한다. ('제6장'에서는 형평성과 정의에 대한 고찰과 관련하여 지속 가능한 개발의 틀을 살펴보도록 하겠다.)

지속 가능한 개발에 대해 많이 인용된 정의는 브룬틀란 위원회가 언급한 '미래 세대가 자신의 필요를 충족시키는 능력을 훼손하지 않고 현재의 필요를 충족시키는 개발'(WCED, 1987)이다. 이는 1960년대와 1970년대에 선진화된 단선적이고 유럽 중심적인 기능적 관점과는 거리가 멀며, 지난 40년 동안 개발 이론, 개발 정책, 개발 지역에서 일어난 광범위한 변화를 보여준다. 그러나 이 장의 서두에서 언급된 바와 같이, 지속 가능한 발전의 촉진은 신자유주의 경제 정책이 지배적인 상황에서 일어나고 있으며, (값싼 항공편과 전 세계 온난화에 대한 현재의 논쟁에서 볼 수 있듯이) 많은 사람은 극단적인 두 현상이 서로 대체될 수 없다는 것을 목격하고 있다.

기후변화는 이러한 고려 사항들의 중요성을 증대시켰다. 예를 들어, 생태 관광, 지역사회 기반 관광, 대체 관광, 지속 가능한 관광의 등장은 관광 활동을 지원하기 위한 이니셔티브가 되었으며, 종종 남반구(개도국)의 개발과 연결지어 설명된다. 이러한 관광에 관한 노력은 지속 가능성의 원칙에 기반을 두고 있으며, 환경에 미칠 영향을 최소화하고 때로는 호스트 지역사회와 직접 협력하는 방식을 채택한다. 이러한 이니셔티브는 종종 착취적이고 환경 및 문화적으로 유해한 것으로 여겨지는 대중 관광과는 대조적인 것으로 간주된다(Desai and Potter, 2014).

대안적인 개발: 요약

브로먼(Brohman, 1996)은 대안적인 개발 전략의 주요 요소에 대해 유용한 힌트를 제공한다.

➤ 빈곤층을 대상으로 한 직접적인 재분배 메커니즘으로의

이동

- 지역 소규모 프로젝트에 초점을 맞춘 것으로, 종종 도시 또는 농촌 기반 개발 프로그램과의 연계
- 기본적 요구 및 인적자원 개발에 초점
- 성장 지향적 개발 정의에서 벗어나 보다 광범위한 인간 지향적 관점의 연구 틀에 초점
- 사업 설계 및 시행 시 지역 및 지역사회 참여 고려
- 자립과 외부 의존 감소, 지속 가능성 증진에 중점

새로운 형태의 거버넌스: 시민사회, 사회자본, 참여 개발

지금까지의 설명은 기본적 요구의 제공과 재분배, 자립의 촉진을 고려한 것으로, 이러한 것들은 그 기원과 초기 실행 측면에서 분명히 대안 개발의 기본 특징 중 하나라고 볼 수 있다. 이제 대안적 개발은 개발 계획과 발전의 새롭고 광범위한 개념화와도 연관되어 있다. 여기서 구별되는 주요 특징은 보다 공평한 성장 원리와 연관된 참여적 개발의 육성이다. 소위 '하향적, 서구적, 합리적 계획과 발전'이라는 오래된 헤게모니를 감안할 때, 많은 사람은 그들 자신의 개발에 참여하는 것이 필수적이라고 생각한다.

체임버스(Chambers, 1983)는 '가장 아래에 있는 집단을 우선시해야 할 때', 즉 개발의 '수혜자'에 초점을 맞출 때라고 제안했다(Mohan, 2002). 이러한 맥락에서 참여는 단순한 참석이나 협의 이상의 의미를 지닌다(Conyers, 1982; Potter, 1985). 이러한 요구가 매우 합리적인 것처럼 보이지만, 어떤 방식으로 이것이 달성될 수 있으며, 정확히 누가 참여할 것인가? 분명히, 모든 사람이 항상 모든 결정에 참여할 수 있는 것은 아니다. (사실 참여하지 않는 것도 민주적 권리에 포함된다.) 이러한 변화는 새로운 형태의 거버넌스가 필요하다는 것을 암시한다. 결국, 거버넌스에 대한 설명은 '시민사회'와 사회자본이라는 새로운 개념과 밀접하게 연관되어 있다. 신자유주의 시대에 국가가 점차 특정 지역에서 철수함에 따라 비정부기구, 지역사회, 자원봉사 단체와 같은 조직들이 점점 더 중요해졌다. 이것은 '시민사회'의 부상(Edwards, 2001a; Fukuyama, 2001)이라고 불린다. 시민사회는 국가와 시장의 전통적인 두 분야 외에 소위 '제3의 부문'을 형성하는 것으로 간주된다.

비정부기구는 다른 유형의 시민 단체와 함께 시민사회의 필수적인 부분을 구성한다. 이것은 남반구(개도국)의 지역 및 지역사회 기반 이니셔티브에서 점점 더 중요한 역할을 하게 되었다(Desai, 2014; Mercer, 2002). 비정부기구의 주요 장점 중 하나는 지역 상황에 극도로 민감하고 당면한 과제에 헌신한다는 것이다(Brohman, 1996). 또한 종종 보건, 교육, 복지 및 고용 분야에서 대중 운동의 형태로 더 넓은 영역의 세계 시민 활동과 연결된다. 게다가 많은 작업에서 빈곤 감소 조치들을 포함하고 있다. 부정적인 측면이라면, 구조 조정 프로그램과 신자유주의의 일환으로 국가의 후퇴가 남긴 공백을 메우기 위해 비정부기구가 이용되었으며, 때때로 외국의 '대리인'으로 여겨졌다는 강력한 주장이 있다('제1장' 참고). 시민사회의 부상은 사회자본의 중요성에 대한 더 큰 인식에 기반을 두고 있다(Bebbington, 1999; Fukuyama, 2001). '사회자본(social capital)'이라는 표현은 1990년대 초에 처음 등장했고, 빠르게 국제기구, 정부, 비정부기구 등이 사용하는 핵심 용어가 되었다.

이탈리아 남부와 미국에서 지역사회 관계를 연구한 미국 학자 로버트 퍼트넘(Robert Putnam, 1993)은 이 분야의 핵심 인물로 자주 언급된다. 그러나 사회자본의 정의와 측정 시도에는 둘 다 많은 어려움이 있다. 일반적으로 사용되는 정의 중 하나는 사회자본을 둘 이상의 개인 간 협력을 촉진하는 비공식적 규범으로 본다. 이러한 규범들은 집단과 조직에서의 협력과 상호 이익의 추구로 이어진다. 개발을 촉진하는 것이 사회자본의 재고를 증가시킨다는 생각은 1990년대 이후 많은 학자에 의해 분명하게 표현되어왔다. 아마도 가장 현실적인 관점은 사회자본에 대한 인식이 공동체의 이해와 개발에 매우 중요하다고 보는 것이다(Fukuyama, 2001). 그러나

사회자본을 어디에서나 발생하는 개발 문제에 대한 기적의 치료법으로 보는 것은 순진한 일일 것이다. 영토적 맥락에서 사회자본은 공유된 역사적 경험, 지역 문화 규범, 전통 및 종교를 포함한 광범위한 요인의 산물일 가능성이 크다. 따라서 다른 영역을 개발하는 과정에서 사람들을 묶는 유대가 쉽게 만들어질 수 있는 조건이나 방법을 제시하기는 어렵다. 또 사회자본이 긍정적인 의미만큼이나 부정적인 의미를 띨 수 있다는 인식을 지녀야 한다.

간단한 사례로서, 범죄자 모임의 구성원들을 결속시키는 유대 관계는 착취당할 가능성이 있는 사람들을 배제하는 역할을 한다. 이런 식으로, 실제로 우리가 마주친 것과 비교하여 시민사회에서 발견되는 사회자본의 이면을 확인해볼 필요가 있다. 즉, 사회자본은 세계은행과 국제통화기금의 신자유주의적 경제 패키지하에서 국가의 탈퇴가 남긴 '균열을 종이로 덮는' 개념으로 사용될 수 있다는 것이다. 따라서 어떤 면에서는 사회자본을 참여적 발전을 촉진하는 핵심 개념으로 볼 수 있지만, 역으로 사회자본이 신자유주의 우파의 많은 요구도 충족시킬 수 있다는 점을 인식해야 한다. ('제7장'에서 다루게 될) 거버넌스와 시민사회는 점점 더 많은 주목을 받고 있다. 1990년대 후반부터 전문가 기반 시스템 및 하향식 시스템에서 뚜렷한 움직임을 보인 계획 분야에서도 패러다임의 변화가 감지된다. 과거에는 계획과 개발의 문제를 해결하기 위해 지나칠 정도로 빈번하게 외부 전문가들을 데려오는 것에 몰두해 있었다(Potter and Pugh, 2001; Pugh and Potter, 2000 참고). 특정 현안과 관련된 모든 이해 관계자를 '좋은 거버넌스' 의제의 일부로서, 연구 틀에 포함해야 한다는 주장이 증가하고 있다. (실제로 세계은행 스스로가 대중 선언을 시작하면서 이런 입장을 채택하는 사례가 늘고 있다.)

개발 분야에서 그러한 주장을 가장 먼저 보여준 사람은 체임버스(Chambers, 1983, 1997)였다. 체임버스는 관습적으로 개발에 만연해온 유럽 중심주의 및 편견에 주목했고, 그러한 경향에 대항하기 위해 참여형 농촌 평가(participatory rural appraisal: PRA)를 사용할 것을 촉구했다. 참여형 농촌 평가에서는 '읽고 쓰는 능력'에 내재되어 있는 잠재적 문제로 인해 서면 조사 수단을 거부한다. 오히려 지역공동체 발전 이슈를 탐색할 때 관찰과 구술 기법이 동원돼야 한다는 주장이 나온다. 따라서 참여형 농촌 평가는 구술 이력, 지도 작성 연습 및 지역사회 기반 이슈를 탐색하기 위한 우선순위 목록화 방식을 옹호한다. 이것의 목적은 지역사회 계획과 개발의 일환으로 더 넓은 지역 목소리를 잘 듣는 것이다. 따라서 계획과 개발 실천에의 모든 의미 있는 참여는 의사 결정 영역에서 기존의 권력 관계를 변화시키는 것으로 이해할 수 있다.

따라서 계획과 개발이 수행되는 방식을 변경하는 것은 새로운 이해 당사자 그룹의 권한 강화를 수반한다. 최근에는 '대중 권력(people power)' 또는 '시민 통제(citizen control)'를 향한 움직임(Nelson and Wright, 1995)이 계획에 대한 '협업적 접근법'이라는 표현을 만들어냈다. 협업 계획에 있어 강조점은 정책 개발 및 이행 측면에서 다양한 이해 관계자 간의 상호 협력을 발전시키는 데 있다. 이 접근법은 유럽적 맥락을 중심으로 힐리(Healey, 1997, 1998, 1999) 및 테오도어-존스와 알멘디어(Tewdwr-Jones and Allmendinger, 1998)에 의해 이루어졌다. 본질적으로, 고등교육으로 양성된 전문가와 정치적 권력 집단뿐만이 아니라 광범위한 이해 당사자들이 의사 결정에 참여할 수 있도록 사후 대응적 제도의 틀을 육성할 필요가 있다. 또한 존재하는 다양한 형태의 지역적 지식과 정보를 고려하는 것도 '의사소통에 대한 전환(communicative turn)'에서의 핵심적 요구사항이다.

그러한 모든 접근 방식은 기본적으로 의사 결정 과정에서의 합의로부터 출발한다. 이 접근법은 부분적으로 위르겐 하버마스(Jürgen Habermas)의 의사소통 합리성 개념에 기반을 두고 있기 때문에 '커뮤니케이션 계획(communicative planning)'이라고도 불린다. 그것은 모든 사회 영역에서 나타나는 권력의 중심성에 관한 미셸

푸코(Michel Foucault)의 사상을 포함하고 있다. 그러한 생각들이 정확히 얼마나 현실적인지, 분열과 갈등이 시스템에 내재한 것처럼 보이는 영역에서 합의가 성립될 수 있는지에 대한 논쟁은 계속되고 있다. 그러나 협력적이고 소통적인 계획은 개발 이론 및 전략과 직접 관련이 있는 개발 사고 속에서 등장한 새로운 관점으로 볼 필요가 있다. 더 많은 참여와 권한 강화를 포함하는 접근법은 지역적 규모의 개발을 고려하는 움직임을 반영하지만, 그렇다고 해서 그 접근법에 잠재적인 문제가 없는 것은 아니다. 이에 대해 모한과 스토케(Mohan and Stokke, 2000)는 미시적인 것에 지나치게 초점을 맞추는 것은 개발 문제와 문제의 근간을 이루는 권력 관계 및 불평등을 은폐하는 위험을 수반한다고 주장한다. 그들은 이런 '지역주의의 위험'을 피하려면 지역 정치에 더 큰 강조점을 둬야 한다고 주장한다. 퍼셀과 브라운(Purcell and Brown, 2005)은 지역 수준에서 의사 결정이 반드시 더 효율적이거나 정의로워야 할 이유가 없다고 보았으며, 오히려 다양한 공간적 스케일(scale)이 훌륭한 의사 결정의 배경이 되어야 한다고 보았다.

반(反)개발/포스트개발

반(反)개발/포스트개발은 '제1장'에서 이미 심도 있게 탐구되었다. 이론적 관점에서 볼 때, 그것이 제공하는 통찰력은 개발의 의미, 정의, 초점에 의문을 제기하고, 외부에 의해 추진된 개발의 많은 실패들을 검토하며, 남반구(개도국)의 사회적 맥락에 적합한 접근 방식을 추구해야 한다는 점에 있다(Andrews and Bawa, 2014; Sidaway, 2008). 반개발/포스트개발 논의는 기존 개발 이론들을 강하게 비판한 것에 비해, 그것에 대한 대안의 제시는 상대적으로 충분하지 않다는 평가를 받아왔다. 그러나 '제1장'에서 주장했듯이, 에스코바르(Escobar, 1995)와 같은 연구자들은 지역사회 운동이 '개발'의 대안적 형태로 수행할 수 있는 잠재력과 역할을 가지고 있다고 믿었다. 해당 접근법에 대한 비판에 따르면, (근거는 제한적이지만) 이러한 사고방식이 풀뿌리 개발 및 상향식 개발의 기본 교리와 유사하며, 흔히 소외된 지역사회의 공동체가 종종 비(非)우호적인 환경에서 (외부와의 협상 없이) 집단 스스로 역할과 위치를 부여하는 방법으로 개발에 접근하고 있다고 보았다. 결국 남반구(개도국), 북반구(선진국) 모두의 사회운동이 점점 더 전향적으로 변하고 있는 것은 분명하지만, 그 자체로 변혁적인 운동이 될 수 있을지는 의문이다.

비공식 부문과 다양한 경제(들)

1970년대부터 지역 개발 논의에서 비공식 부문의 역할과 위치에 상당한 관심이 집중되었다. 관련 연구들은 합법적이든 불법적이든 거래, 구매, 판매, 서비스 제공의 상당 부분이 '현대적' 서구 또는 형식적 부문 경제 바깥에서 발생한다는 사실에 주목했다. (공식 부문으로 진입하기를 원하지 않는 기술들과 남반구[개도국] 주민들의 소득 장벽을 고려할 때) 뒷마당 정비공에서 공예품 생산자, 비공식 관리 시스템, 절도 및 매사냥에 이르는 다양한 활동은 비공식 부문이 공식 부문보다 더 중요하게 간주된다는 증거로 볼 수 있다(Potter and Lloyd-Evans, 1998). 국제노동기구의 장려로, 많은 국가에서 소규모 기업가에 대한 지원이 시행되었다.

이러한 지원에는 교육, 소액 대출, 기본 업무 공간 제공 등이 포함되어 있다. 그럼에도 불구하고 (종종 생계 중심의 기업들을 돕는 것은 분명하지만) 비공식 부문의 노동자들이 공식적인 부문에 참여할 수 있는 자원과 기술을 획득했다는 증거는 거의 없다. '대안' 경제는 깁슨-그레이엄(Gibson-Graham, 2008, 2014)의 연구로 상당히 진전되었다. 그녀는 페미니스트적 관점을 바탕으로 경제적 측면에서 세계는 자본주의 시장과 임금노동뿐만 아니라 남반구(개도국)-북반구(선진국) 사람들 삶의 상당 부분을 차지하는 '다양한 경제'로 구성되어 있다고 주장해왔다. 여기에는 선물하기, 자발적 활동, 돌봄, 물물교환, 공정거래, 협동조합, 가족 단위 활동 등이 포함된다. 이러한 추론은 빙산의 비유를 사용하여 종종 형편없이 평가되는 광범위한 활동들이 사회 내에서 발생한다는 것을 보여주는 '빙하(iceberg)' 모델의 도출로 이어졌다([자료 3.12] 참고).

개발의 관점에서, 이러한 주장은 사회가 어떻게 운영되고 생존하는지를 더 잘 이해할 수 있는 새로운 렌즈를 제공하며, 또한 무엇이 필요한지 그리고 필요에 어떻게 반응해야 하는지에 대해 더 잘 이해할 수 있도록 하는 개발 사고에 대한 잠재적 가능성을 보여준다. 깁슨–그레이엄의 2014년 분석은 시간이 지남에 따라 확산되었으며 [표 3.2]는 '다양한 경제'에 대한 그들의 이해를 보여준다. 이 자료는 기업, 노동, 자원, 거래 및 금융의 관점에서 자본가(즉, 공식 부문), 대안이지만 법적으로 인정되는 활동(예: 영리 조직이 아닌 활동) 그리고 비(非)자본주의자라는 세 가지 병렬적이고 상호 연결된 시스템이 어떻게 존재하는지 나타낸다. 이와 같은 분석은 남반구(개도국)–북반구(선진국)의 경제 및 사회의 작동뿐만 아니라 그 안에 존재하는 복잡한 연계에 대한 전체적인 이해를 제공한다. 이러한 상호 연결의 작동을 더 잘 인식한다는 것은, 앞으로의 개발이 사회적으로 더 적절할 것이라는 예측과 연관되어 있다.

[자료 3.12] 깁슨-그레이엄의 빙하 모델

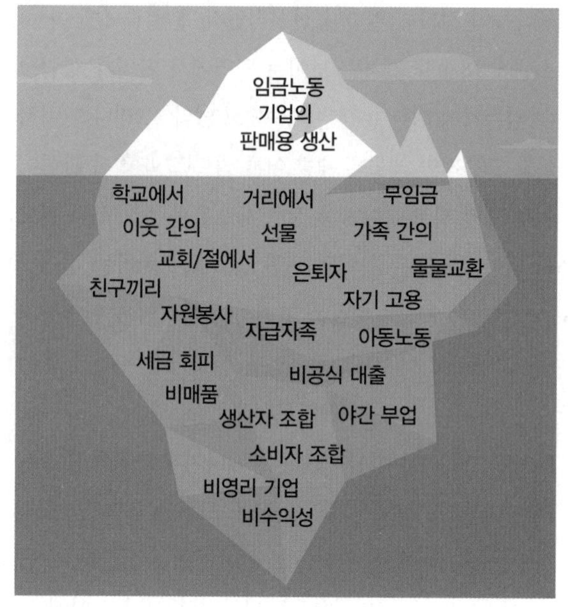

출처: Byrne in Gibson–Graham, 2006

지속 가능한 생계 관점의 연구 틀

지속 가능한 생계 관점의 연구 틀은 '제10장'에서 자세히 논의될 것이다. 그러나 주요 이론적 구성을 검토하는 맥락에서 대안적 접근법으로서 해당 논의의 기여를 인정하는 것은 중요한 부분이다. 깁슨–그레이엄(Gibson–

[표 3.2] 다양한 경제 활동

기업	노동	자원	거래	금융
자본주의 대안 기업 (예) 국가 소유/비영리	임금 대안적 지불 방식 (예) 자영업/조합	사적 소유 대안적 소유 (예) 국가 소유/관행	시장 대안 시장 (예) 공정 무역/물물교환/공동체 지원	주류 시장 대안 시장 (예) 대부업/협동조합/국립은행
비-자본주의 (예) 협동조합/공동체 기업	무임금 (예) 가사/가족 돌봄/자원봉사/노예노동	개방적 접근 (예) 공기/물/대양	비(非)시장 (예) 공유/선물/사냥/절도	비(非)시장 (예) 노동 자본(sweat equity)/가족 대출/기부

출처: Gibson–Graham, 2014

Graham, 2008)과 유사하게, 이 접근법은 다양한 범위의 고려 사항과 (인간 및 자연을 포함하는) 자산이 우리의 생계에 영향을 미친다는 개념과 연결되어 있다. 또한 취약성과 위험을 초래하는 통제할 수 없는 힘에 영향을 받는다는 점도 포함되어 있다. 생계가 이루어지는 방법에서 발전한, 지속 가능한 생계 관점의 연구 틀 모델은 특히 농촌 지역에서 삶과 생존, 생계에 영향을 미치는 요소들을 더 잘 이해하기 위해 개발되었으며, 잠재적으로 나타날 수 있는 개발에 대한 개입과 지원에 대한 통찰력을 제공한다(Scoones, 2009).

개발 이론, 근대성, 탈근대성

포스트모던 시대?

역사적으로 18세기의 계몽 시대와 연관된 진화적이고 결정론적인 근대화 패러다임을 포기하면 미래의 성장을 위한 몇 가지 탈근대적인 선택지가 열리게 되는데, 그중 일부는 상향식, 대안적, 참여적 개발 개념화로 앞장에서 이미 검토되었다. 이러한 개발 사고의 경향은 전세계적 차원에서, 우리가 지식 기반 탈(post)산업 경제의 부상과 연관된 포스트모던 시대로 진입하고 있다는 생각과 연결되어 있으며, 더 많은 다원성 및 잡종성과 관련이 있다. 이 주제는 여기서 간략하게 다루며, 다음 장에서 세계화 추세 및 개발과 관련하여 더욱 자세히 다루도록 하겠다. 개발 이데올로기와 관련하여 탈근대성의 일부 측면은 이미 '제1장'에 요약되어 있다.

21세기의 발전으로서 포스트모더니즘

간단히 말해서, 탈근대성은 근대화와 근대성의 개념에 의해 지배된 시대에서 벗어나는 것을 포함한다. 그러므로 발전 이론 및 실제와 밀접하게 연관되어 있다. 그것은 모더니즘 거부와 전근대적이고 토속적인 형태로의 회귀 그리고 명백하게 새로운 포스트모더니즘 형태의 창조를 포함한다(Harvey, 1989; Soja, 1989; Urry, 1990). 이는 과거와 현재의 대중문화를 묘사하는 데 있어 동질성보다는 이질적인 방식을 옹호하고, 근대 시기의 기능주의와 내핍(austerity) 상태에 반발하는 것이기도 하다.

이 장의 앞부분에서 주장했듯이, 근대의 전반적인 사고방식은 지방보다 대도시, 개발도상국보다 선진국, 환태평양보다 북아메리카, 일반 대중보다 전문적인 전문가, 여성보다 남성에게 특혜를 주었다는 생각에서 비롯된다([자료 3.13]). 대조적으로, 포스트모던 관점은 잠재적으로 '다른' 대안적 목소리와 문화에 힘을 실어주는 다양한 접근법을 포함한다. 상향식, 비(非)계층적 성장 전략에 대한 강조는 근대의 초국가적 동일성, 무심함, 무(無)위계주의로부터 벗어나기 위한 포스트모던 세계의 일부이자 전략으로 볼 수 있다. 포스트모더니즘에서 초점을 맞추고자 하는 것은 잠재성이 큰 지역보다 작은 곳의 발전에 있으며, 중심보다는 주변부에 관심을 둔다([자료 3.13], [표 3.3] 참고).

후기 자본주의로서 포스트모더니즘

비록 포스트모더니즘이 이런 낙관적인 방식으로 보일 수 있지만, 소규모 비(非)계층적 발전 및 참여적 변화와 연관된 해방 세력으로서 포스트모더니즘의 경향에는 또 다른 독특한 측면이 있다. 시민사회, 사회자본, 비정부기구 및 협력 계획이 모두 정치적 우파와 좌파 모두의 의무에 봉사하는 것으로 간주되는 여타의 방법들은 이 장의 마지막에서 다루어질 주장과 매우 흡사하다. 그것은 근대의 거부와 전근대에 대한 갈망, '근대 이후(after the modern)'의 체제로서 상업주의와 상업의 천박함, 소비의 미화, 자신과 관련된 표현을 포함하는 소비주의 포스트모더니즘(consumerist postmodernism)에 대한 것이다(Cooke, 1990). 이런 과정은 세계를 바라보는 북반구(선진국)의 인식과 발전이 무엇을 위한 것이어야 하는

[자료 3.13] 근대와 탈근대에 대한 몇 가지 아이디어

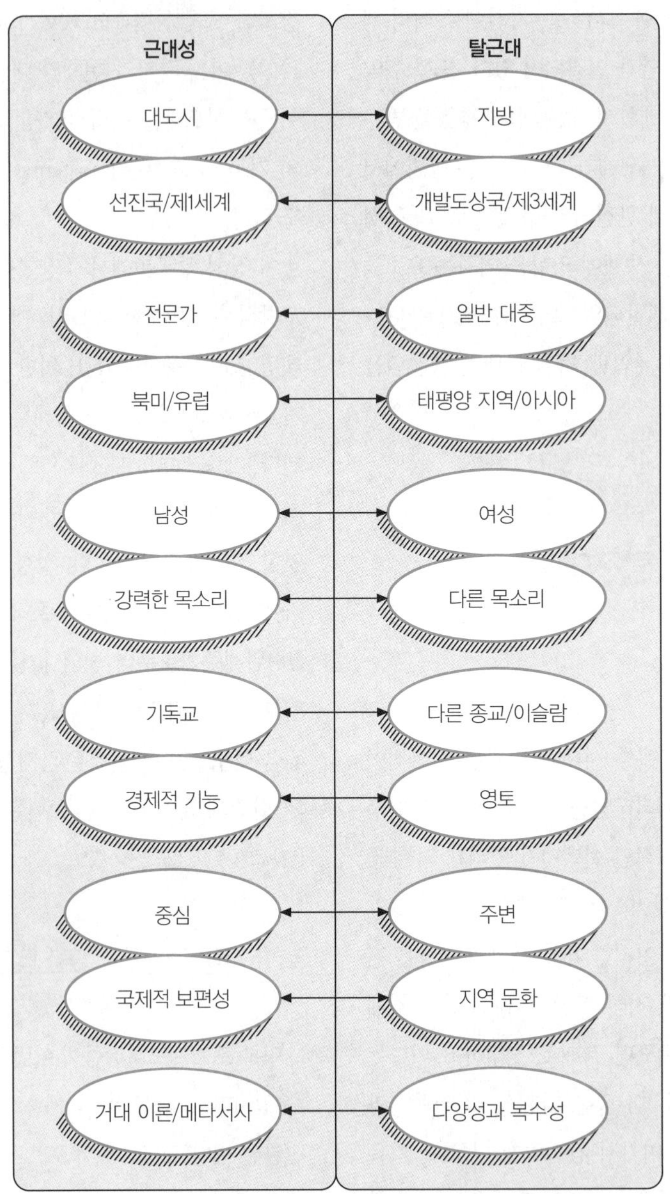

출처: Harvey, 1989

지에 대한 생각을 재검토하게 한다.

'제4장'에서 살펴본 바와 같이, 이러한 경향은 남반구(개도국)의 일부 지역에서 일어나는 일과 관련되는데, 예를 들어 남반구(개도국)가 북반구(선진국)에 의해 어떻게 인식되고 '사용'되는지를 보여주는 주요 개발 분야로서 국제 관광의 진흥을 들 수 있다('제4장' 참고). 이러한 이슈는 고급 문화와 하급 문화가 융합되거나 혹은 '짜깁기된(pastiched)' 경향과 관련이 있다. 예를 들어, 이미지, 간판, 사재기, 광고는 현실보다 잠재적으로 더 중요하게 여겨지고 있다. 대중의 커뮤니케이션은 대량 이미지 생성으로 이어진다(Massey, 1991; Robins, 1989, 1995). 역사와 유산은 국제 비즈니스와 소비주의의 요구를 충족시키기 위해 다시 쓰이고 재해석되며, 더 많은 외부 통제, 착취, 신(新)식민주의로 이어지기도 한다.

이러한 특징들 중 다수는 레이건-대처 시대에 상위 화이트칼라 계층 구성원들에게 제공되었던 과소비적인

[표 3.3] 개발과 관련된 근대성과 탈근대성 간의 차이

근대성	탈근대성
형식	반(反)형식
접합된, 폐쇄된	절합된, 개방된
목적	수행
설계	기회
위계	무질서
완성된 작업	퍼포먼스, 무계획적 행위
통합	대립
중심	분산
뿌리, 깊이	리좀(Rhizome), 표면
번역, 독해	반(反)독해, 오역
서사	반(反)서사
전문가 코드	개별적
결정성	비(非)결정성
초월성	내재성

출처: Harve, 1989

생활 방식의 관점에서 해석될 수 있으며, 더 최근에는 금융과 은행 시스템이 각 주(states)들에 의해 '구제'된 2008년 글로벌 금융 위기에 대한 대응과도 연관되어 있다. 따라서 포스트모더니즘은 자유롭고 가능하게 만드는 힘으로 보이기보다는 본질적으로 후기 자본주의의 논리적 결과로 해석될 수 있다(Cuthbert, 1995; Dann and Potter, 1994; Harvey, 1989; Jameson, 1984; Kaarsholm, 1995; Potter and Dann, 1994, 1996; Sidaway, 1990). 사르다르(Sardar, 1998)는 탈근대성이 식민지주의와 근대성에 뿌리를 두고 있으며, 실제로는 비서구 세계의 현실을 더욱 소외시키기 위해 작동한다고 보았다.

예를 들어, 카리브해 관광 진흥에 있어 초국적 기업의 역할은 광고와 홍보 캠페인을 통해 국가의 환경 및 사회적 운송 능력을 증대시키는 것을 목표로 한다. 이러한 성장 방식은 국가들이 여전히 근대화를 위해 노력하고 있는 상황에서 흥미로운 의미를 지닌다(Austin-Broos, 1995; Masselos, 1995; Potter and Dann, 1994; Thomas, 1991). 특히 초국적 기업과 관광객의 활동을 통해 개발도상국에 영향을 미치는 포스트모던적 경향의 도입은 1989년 공산주의 세계의 붕괴에 따른 새로운 세계 질서와 연관되어 있다. 이러한 관점에서 우리는 확실히 덜 분명하고, 덜 단조롭고 다방향적인 세계로 진입하고 있다. 따라서 개발 전략과 사고의 다양성과 많은 다양한 개발 지역은 향후 몇 년 동안 더 복잡해질 것으로 보인다.

일부 권위자들은 현재 아메리카, 유럽, 아시아 태평양에 각각 산업 자본주의의 특정한 버전을 제시하면서 개발의 '삼극성(tripolarity)'을 논한다(Freston, 1996). 최근 아시아 경제와 2008년 발생한 글로벌 금융 위기로 인한 문제들은 세계적인 변동성과 역동성을 증가시켰다. 또한 2001년 9월 11일의 사건들은 이러한 견해에 설득력을 더해주었다. 이른바 '개발 논의의 교착상태(impasse)'(Booth, 1985; Corbridge, 1986; Preston, 1985; Schuurman, 1993, 2008; Slater, 1992a)는 전 세계의 분열을 훨씬 더 의심스럽게 보도록 하거나 심지어 무의미하게 만들었다.

헤트네(Hettne, 1995)는 세계 정치 영역에서 신보수주의의 부상과 학계의 단조로운 경향 모두가 개발 사고에 근본적인 도전이 되었다고 주장했다. 일부는 개발 이론화 자체의 총체적 난국을 지적했지만, 이 장에서 다루어진 논의들을 고려할 때 지나치게 비관적으로 보인다. 특히 서구가 개발한 연구 및 아이디어의 근본적인 관련성과 관련하여 그는 현장에서의 개발 실패가 자기비판, 비관론 및 '개발 피로감'에 영향을 미쳤다고 지적했다. 이러한 우려에도 불구하고, 더 나은 것을 위한 변화로

정의되는 '개발'은 전 세계 구석구석에서 끊임없이 진행될 것이 분명하다. 개발도상국 현장에서 접하게 되는 문제들과 그에 대한 반응, 개발 과정에 대한 일련의 아이디어들은 항상 도전적이고 종종 충돌하지만, 그럼에도 불구하고 현실적인 논의들의 생성과 토론은 계속되어야 할 필요가 있다.

핵심 요점

- 개발 이론과 전략은 다양하며, 일반적으로 기존 접근 방식과 함께 새로운 접근 방식이 추가되었다.
- 신자유주의와 같은 하나의 접근법이 현재 지배적인 것처럼 보이지만, 복수의 발전 전략과 접근법이 병렬적으로 존재한다.
- 고전적이고 신고전주의적인 경제 접근법은 일반적으로 (외부로부터의) 제약이 없고 양극화된 성장의 필요성과 시장이 스스로 결정해야 한다는 것에 초점을 둔다.
- 일반적인 개발 패러다임으로서의 신자유주의는 뉴라이트(New Right)에서 비롯되었으며, 시장의 자유화와 성과 중심적 경제를 강조한다.
- 역사적 모델은 과거에 중상주의와 식민주의 이후 개발이 매우 불균등하고 공간적으로 양극화되어 있다는 점을 중요하게 다룬다.
- 대안적 접근법은 상향식 개발에 초점을 맞추고 있으며, 젠더, 환경 이슈와 더불어 사람들이 생활하는 다양한 경제 문제에 개발이 민감하게 영향을 미치고 있음을 보여준다.
- 종속이론(급진 이론) 접근법과 대안/또 다른 형태의 개발 이론은 근대 이론에 대한 직접적인 비판으로 볼 수 있다. 예를 들어, 1950년대의 경제성장 패러다임은 1960년대와 1970년대에 각각 사회주의와 환경 지향적인 패러다임의 도전을 받았다.
- 개발 사고는 경제가 어떻게 작동해야 하는지, 사회가 어떻게 구조화되어야 하는지에 대한 정치적 견해를 반영한다.

토의 주제

- 소위 '대안'과 '포스트모던' 접근법의 출현으로 인해 '근대' 개발 이론이 어느 정도 신빙성을 잃었는지 평가해보자.
- 밴스의 무역균형 모델을 종속이론으로 설명할 수 있는지 조사해보자.
- '오래된 개발 이론은 절대 사라지지 않는다'라는 전제에 대해 논의해보자.
- 개발도상국 하나를 선택하여, 1947년 이후 해당 국가가 채택한 국가 발전 전략을 개략적으로 설명하고 평가해보자.

제4장
세계화와 개발 및 저개발

'세계화'는 우리가 사는 시대와 점점 더 깊은 관계를 형성하고 있으며, 우리 개개인의 삶과 사회 전반에 많은 영향을 끼치고 있다. 이 장에서는 개발 과정에 대한 세계화의 함의를 살펴보고자 한다. 우선, 개발에는 국가 간 상품의 교역과 새로운 기술 이전 및 문화 변동을 가져오는 세계화가 수반되어야 한다는 신자유주의적 주장이 있다. 이와는 반대로, 최근 세계화의 과정이 발전 패턴을 왜곡시키고 불균등의 심화를 가져오고 있으며, '불균등 지리적 발전(uneven geographical development)'을 강화하고 있다는 주장이 있다. 이와 같은 양극단의 주장은 친세계화주의(pro-globalisers)/초신자유주의자(ultra neo-liberals) 및 반세계화주의자(anti-globalisers)와 관련이 있다.

이 장의 주요 내용은 다음과 같다.

- 양극단의 부정적 측면과 긍정적 측면을 모두 고려하여 세계화와 개발 간의 연관성을 탐색한다.
- 점점 불균등한 세계로 축소되는 세계의 실체와 '불균등한 지리적 발전'의 지속성을 검토한다.
- 커뮤니케이션 측면에서 세계가 얼마나 불평등한지를 보여주는 글로벌 디지털 격차(global digital divide)의 최근 동향을 제시한다.
- 세계화의 경제적 측면, 특히 제조업 분야의 '세계 경제 공간의 변동(global shift)'과 '글로벌 생산 네트워크(GPNs)'의 출현을 검토한다.
- 소비 패턴의 동질성과 생산 및 소유의 이질성을 가져오는 주요 시스템이라 할 수 있는 글로벌 수렴(global convergence)과 글로벌 발산(global divergence) 과정의 실체를 살펴본다.
- 세계화의 문화적 · 정치적 측면을 검토한다.
- 도시 사회운동을 포함한 반세계화 및 반자본주의 운동의 양상을 띠고 있는, 최근 세계화에 반대하는 운동을 전반적으로 살펴본다.

도입: 세계화의 본질적인 의미

2001년 9.11 테러, 2008년 세계 금융 위기, 최근 중국 경제의 침체 등과 같은 현상은 오늘날 세상이 얼마나 세계화되어 있고, 사회·정치·경제적으로 취약한지를 확연히 보여준다. 지난 40여 년 동안 세계의 다양한 지역 간 실질적 또는 잠재적 상호작용이 증가하면서 사람들은 세계를 '글로벌 변동의 시대'와 '지구촌(global village)'이라는 관점에서 접근하고 있다. 통신 및 기술 발전 그리고 대기업의 투자를 통한 대규모 글로벌 상호작용은 글로벌 금융시장의 발전을 가져왔지만, 이에 따른 성장의 효과는 세계적 차원에서 불균등하게 나타났다. 개발도상국(남반구)이 세계화 과정에 편입하거나 또는 배제되는 행태가 개발을 촉진시킬 수도 있고 개발을 지체시킬 수도 있다. 비록 세계화 과정에 잘 편입하여 개발 성과가 좋은 개발도상국이라 하더라도 이러한 행태의 개발은 관련 비용을 수반한다.

이와 같은 글로벌 변동은 변화와 확산의 징검다리 역할을 해왔던 전화, 팩스, TV, DVD 등 과거의 기술과 함께 전자메일, 인터넷, 소셜 미디어, 디지털 기술 등을 통해 이루어진 현세대의 발전과 매우 밀접하게 연관되어 있다. 글로벌 브랜드의 확산, 글로벌 미디어, 항공 교통 연결성, 유엔(UN)과 같은 국제기구, 패션과 음악의 보급 등은 이와 같은 모든 과정을 가속화했다. 이 과정에서 중요한 것은, 통합 물류 체계와 디지털 기술을 기반으로 글로벌 차원의 공급망을 구축하여 다양한 국가에 부품을 조달하고 낮은 무역 장벽을 형성하여 다른 국가에 제품을 판매하는 '글로벌 생산 네트워크(global production networks: GPNs)'의 출현이다(Coe and Yeung, 2015).

세계화는 글로벌 상호 연계의 심화 과정, 즉 생산과 시장 체제로서의 자본주의 확대 과정으로 정의할 수 있다(Schech and Haggis, 2000). 또한 세계화는 사회, 문화, 정치, 경제가 밀접하게 결합되는 현상이며, 본질적으로 상호 연계 그 이상의 의미를 가진다(Kiely, 1999a). 더 나아가 세계화는 전 세계에 광범위하게 지리적으로 분산된 장소를 연결하면서 사회적 관계를 심화한다(Schuurman, 2001; Murray, 2006; Conway and Heynen, 2006; Dicken, 2015). 디컨(Dicken, 2015)은 이와 같은 현상을 경제적 주체들 간에 지리적 확산과 기능적 통합이 증대되는 불가피한 필연적 과정의 일부라고 주장하였다.

또한 세계화는 변화하는 시간과 장소에 대한 경험, 새로운 통신 기술의 발전, 또 이른바 '정보 사회(information society)'의 출현과 연관되어 있다(Castells, 1996). 각국 정부는 세계화가 국경을 넘어 상품, 서비스, 자본, 정보, 사람 들의 자유로운 이동을 강화하고 있다고 강조한다. 따라서 세계화 과정은 하비(Harvey, 2015)가 언급한 '불균등 지리적 발전'을 수반하고 심지어 이를 심화하는 위험을 무릅쓰고 국가와 장소에 차별적인 혜택을 제공하는 신자유주의적 세계 질서와 밀접하게 연계되어 있다. 따라서 세계에서 가장 가난한 국가들은 이러한 위험을 감수하고 세계 체제에 편입하지만, 불균등한 권력, 무역, 금융 협정으로 인해 이들 국가의 위상은 위태롭고 주변화될 수밖에 없다. 이와 같은 맥락에서 매년 스위스 다보스(Davos) 정상 포럼 반대 시위와 같은 지배적 자본주의 체제에 저항하는 반세계화 운동이 출현하게 된다.

더 나아가 세계화는 국가와 경계의 개념이 약화된 포스트모던 세계와 동일하게 간주되기도 한다. 그러나 세계화에 따른 다양한 유형의 개발 성과에 대해서는 많은 논란이 있다(Murray, 2006; Conway and Heyen, 2006). 따라서 이 장은 이와 같은 세계화가 공간적으로 또 사회적으로 매우 불균등하게 진행되고 있다는 점에 주목한다. 세계화의 영향은 지역마다 또 집단마다 다양하게 나타나고 있으며, 이는 다양하고 다원적인 개발지리학의 발전을 가져왔다. 이와 같은 과정의 다양성과 다원성은 세계화의 경향성과 심화되는 '불균등 지리적 발전'에서 보다 잘 나타난다(Harvey, 2015). 그러나 이 장에서는 세계화가 오랫동안 다양한 형태로 존재해왔다는 사실보다 지난 40여 년 동안 세계화의 속도와 규모가 급속하게 증폭되어 나타난 개발의 함의에 초점을 두고자 한다.

세계화와 개발: '찬성과 반대' '해결 또는 문제'?

최근 우리가 목격하고 있는 글로벌 변동 과정은 다음 세 가지 측면에서 뚜렷하게 나타난다.

첫째, 글로벌 변동 과정은 어떤 누구보다도 부유한 '제트족(jet-set)'들에게 잘 나타난다. 그러나 보다 빠르고 효율적인 교통 기술의 발전으로 주어진 시간에 원하는 곳으로 이동이 가능해지면서 세계는 거리의 측면에서 '축소'되고 있다. 디지털 기술의 급속한 발전으로 금융과 생산 활동이 통합되었으며, 증권 거래부터 사적 만남에 이르기까지 글로벌 네트워크가 활성화되었다.

둘째, 케이블 및 위성 방송과 같이 더 나아진 통신은 모든 사람에게 해당되는 것은 아니지만 과거에 비해 보다 빠른 속도로 전 세계에서 발생하는 일들을 전달할 수 있다는 것을 의미한다. 최근의 글로벌 통신망은 과거에 비해 훨씬 더 많은 연계망을 보유하고 있으며(Knox et al., 2014), 글로벌 통신망에 접근할 수 있는 사람들은 보다 자유롭게 최신 정보를 활용할 수 있다.

셋째, 글로벌 기업의 지배력이 강화되고 글로벌 마케팅 활동이 증가하면서 세계 도처에 표준화가 활성화되고, 글로벌 제품 및 미디어의 이용이 촉진되고 있다. 게다가 우리는 어디서나 볼 수 있는 빅맥, 코카콜라, 리바이스, 스타벅스, 아마존, 이베이, 페이스북, 구글의 세상에 살고 있을 뿐만 아니라 글로벌 금융시장의 출현과 더불어 글로벌 금융 시스템과 증권거래소의 통합을 목격하고 있다. 소위 '글로벌 금융 위기'라고 불리는 2008년 서구 금융 시스템의 붕괴에 따른 영향은 글로벌 통합의 실체를 아주 잘 보여주고 있지만, 보다 중요한 사실은 국경 밖에서 일어나는 위기에 대한 글로벌 대응 역량이 취약하다는 점이다. 이는 세계의 한 지역에서 다른 지역으로 송금하는 데 단 몇 초밖에 걸리지 않는 전자 화폐의 이동으로 금융의 흐름과 거래의 속도가 급격히 증가하고 있기 때문이다.

세계화의 유형: 경제·문화·정치의 세계화

이와 같은 주장을 토대로 앨런(Allen, 1995)은 경제·문화·정치 측면에서 세계화를 살펴보았다.

첫째, 경제의 세계화 측면에서 경제 활동과 관련한 거리의 중요성이 점점 감소하고 있으며, 대기업은 세계 도처에 생산 법인(분공장)의 설립을 통해 '글로벌 생산 네트워크'를 구축함으로써 '국경 없는' 세계에서 효율적인 기업 경영을 하고 있다(Coe and Yeung, 2015).

둘째, 서구의 소비양식과 생활양식이 전 세계에 확산되어 글로벌 자본주의 시스템으로 규정되고, 코드화된 문화 양식이 글로벌 규범으로 수렴되는 현상이 전형적인 문화의 세계화이다.

셋째, 정치의 세계화 무대에서 세계화는 국가의 기존 역할과 권력을 약화하는 것으로 간주된다. 자유무역과 경제 통합 및 조화를 촉진하는 지역경제협정과 같이 유럽연합(EU), 유엔(UN) 및 세계은행(World Bank), 세계무역기구(World Trade Organization: WTO)의 역할은 이러한 추세를 잘 보여준다.

세계화와 개발 및 저개발: 논쟁 이슈

'제1장'과 '제3장'에서 제시된 개발 이론과 전략에 이어 이 장은 세계화와 글로벌 변동 과정에서 개발이 의미하는 바가 무엇인지에 대한 질문에 초점을 두고자 한다.

여기서 제기되는 중요한 질문 중 하나는 최근에 진행되고 있는 세계화가 새로운 현상인가에 대한 것이다. 세계화는 전 세계가 점점 동일화되어간다는 것을 의미하는 것일까? 그리고 세계화로 인해 세계가 점점 더 평등해질 수 있을까? 이러한 동일화의 과정은 먼 미래가 아닌 가까운 미래에 일어날 현상인가? 이러한 질문은 세계화가 자유무역 및 경제활동 통합을 통해 전 세계 대다수의 사람에게 가장 많은 혜택을 가져다줄 것이라고 주장하는 '친세계화주의(pro-globalisation)' 및 신자유주의 지지자의 견해와 일치한다(Dicken, 2015).

다른 한편 최근 글로벌 변동에 따른 선진국과 개발도상국 간 불균등의 심화는 세계화 과정의 산물인가? 다시 질문하자면, 세계화는 개발과 변화의 확산을 의미하는 것일까? 그리고 이러한 개발과 변화는 과거보다 훨씬 더 빠른 속도로 진행될 것인가? 아니면 양극화의 심화와 관련될 것인가? 이에 대해 하비(Harvey, 2011)는 '불균등 지리적 발전은 단순히 자본주의 작동 방식에 대한 부차적인 문제가 아니라 자본주의 재생산에 대한 근본적인 문제이다'라고 주장했다. 천연자원 또는 사회적으로 형성된 역량과 같이 지리적 다양성은 자유 시장 경쟁에 의해 침해되지 않고 확대 및 결합된다(Harvey, 2006). 세계화 과정에서 수반되는 수많은 인과관계는 부유한 지역을 보다 더 부유하게 가난한 지역을 보다 더 가난하게 만들며, 자본 축적은 공간뿐만 아니라 다양한 유형의 공간성(spatiality)을 만들어낸다(Harvey, 2006). 이러한 영역의 경쟁은 자본 축적과 이질적 구조 형성의 핵심이라 할 수 있다. 따라서 불균등 발전은 자본주의 발전의 산물이고, 자본주의가 작동하는 데 결정적인 역할을 한다.

세계화는 최근의 신자유주의 세계 질서와 더불어 논쟁의 중심에 있다. 이는 1999년 이후 주요 국제 금융 회의 밖에서 발생했던 '반세계화 시위'와 세계 여러 도시에서 일어났던 2011년 점령 시위(the 2011 Occupy Movement)에서 명확하게 드러났다. 한편, 세계은행, 국제통화기금(International Monetary Fund: IMF), 세계무역기구와 같은 국제 금융기관은 전반적인 세계 발전에 대한 세계화의 긍정적인 역할을 계속해서 강조하고 있다.

지난 10년간 세계화와 발전의 관계에 대한 일반화된 견해는 두 가지 측면, 즉 '개발로서의 세계화'와 '세계화와 주변화'라는 측면에서 볼 수 있다.

개발로서의 세계화

첫 번째 견해는 전 세계의 장소들(places)이 정확하게 동일하지는 않지만 빠른 속도로 유사해지는 수렴 현상이 나타나고 있다는 주장이다. 이와 같은 견해는 근본적으로 근대화 과정에 대한 믿음에서 비롯된다('제1장'과 '제3장' 참고). 이러한 관점은 세계가 점진적으로 '서구화(Westernised)' 또는 보다 엄밀하게는 미국화(Americanised)될 것이라는 사실을 암묵적으로 수용하는 것이다(Massey and Jess, 1995).

이러한 접근 방식은 미국 소비 특성의 이식으로 대표되는 '코카 식민주의(coca-colonisation)' 또는 '코카콜라화(coca-colaisation)' 그리고 할리우드화(Hollywoodisation) 또는 마이애미화(Miamisation) 현상을 통해 개발도상국의 사회적, 문화적 동질화의 가능성을 강조한다. 따라서 서구화는 개발의 세계적 확산에 대한 자연스럽고 바람직한 결과로 간주될 수 있다. 근대화 이론 학자들은 세계화를 서구의 노하우, 자본, 문화가 외부 세계로 유출되는 흐름으로 본다. 이러한 맥락에서 세계화 연구는 근대화에서 한 걸음 더 나아간 것으로 볼 수 있다(Schech and Haggis, 2000).

21세기 초에 발표된 영국 정부의 국제 개발 백서인 『세계 빈곤 퇴치: 세계 빈곤층을 위한 세계화(Eliminating World Poverty: Making Globalisation Work for the Poor)』에서 당시 국제 개발부(State for International Development) 장관이었던 클레어 쇼트(Clare Short)는 다음과 같이 언급하였다.

> 이번에 발표된 두 번째 국제 개발 백서는 세계화의 본질을 직시하고 있다. 이 백서에는 새로운 부, 기술, 지식의 창출이 다섯 명 중 한 명에 해당하는 인류의 극빈층에게 지속 가능한 혜택을 보장해줄 수 있는 의제가 제시되어 있다. (Department for International Development, 2000a)

또한 이 백서는 우리가 '최근 세계화의 공정한 관리에 대한 심각한 정치적 논쟁의 발단을 바라보는 방식'과 '세계 빈곤층을 위해 보다 효율적으로 세계화를 추진하는 것이 보다 도덕적인 의무'라는 점에 주목하고 있다(Department for International Development, 2000a). 전반적으로 백서는 '장기적 관점에서 영국 정부가 잘 관리한다면 가난한 국가를 위한 세계화의 편익이 비용을 크게 초과할 수 있다고 믿는다'(Department for International Development, 2000a)면서, 세계화가 세계의 가난한 국가들에 특별한 혜택을 가져다줄 것이라고 주장하고 있다.

세계화와 주변화

한편 백서가 주목하는 바는 '제대로 관리되지 않은' 개발도상국의 세계화가 더 큰 소외와 빈곤을 초래할 수 있다는 것이다(Department for International Development, 2000a). 반세계화주의는 이러한 현상을 신근대화(neo-mordernisation) 과정의 일부로 간주하였으며, 세계화를 다음과 같이 비판했다.

> 1980년대 및 1990년대 초 일부 특정 사람들에게 있어 세계화는 신자유주의 경제 정책과 불가분의 관계에 있다. 그들에게 세계화란 시장의 영향력 강화, 국가의 역할 축소, 불평등 심화 등과 동의어이다. 그들은 점점 더 개방적이고 통합된 글로벌 경제를 글로벌 착취, 빈곤, 불평등의 원천이라고 매우 강하게 비판한다. (Department for International Development, 2000a)

이러한 관점은 세계화를 선진 자본주의의 확산과 유사한 것으로 간주한다. 이 관점은 세계화가 보다 평등하고 동질적인 세계를 만들기보다는 장소와 장소, 문화와 문화, 장소와 문화 간에 보다 큰 유연성, 투과성, 개방성, 혼종성, 다원성, 차별성을 가져온다고 강조한다(Harvey 2006, 2015; Massey, 1991; Massey and Jess, 1995; Potter, 1993b, 1997; Robins, 1995). 이러한 관점에 따라 세계화는 동질적인 세계와는 거리가 먼 불균등 발전을 초래하고, 더 나아가 공간 불균등 현상을 지속 및 악화하고 있다(Harvey, 2015).

세계화에 대한 이와 같은 견해는 이러한 과정을 통해 지역 정체성(locality)이 새롭게 형성되고 있다고 주장한다. 특히 생산, 소유, 경제의 과정이 고도로 장소 및 공간 지향적인(place- and space-specific) 곳에서 이러한 현상이 잘 나타나며, 이러한 과정은 선진국(북반구)의 기업 및 기관과 '지배-종속' 관계로 형성되어 있는 개발도상국(남반구)의 장소와 사람들에게 절대적으로 우호적이지 않다. 최근 개발도상국의 범주에서 벗어난 브라질, 중국, 인도 같은 국가의 경제적 지위 향상은 기업과 국가의 목적에 유리하게 작용할 수 있는 경제 네트워크의 발전에 기인한 것이다.

심지어 문화적 변동 측면에서 코카콜라, 디즈니, 맥도널드, 할리우드 등과 같은 서구의 취향, 소비, 생활양식은 누구나 이용할 수 있지만, 이러한 세계적인 문화 아이콘들은 지역마다 재해석되고 있으며, 서로 다른 장소에서 차별적인 의미를 지닌다고 할 수 있다(Cochrane, 1995). 더 나아가 소득과 사회적 지위에 따라 이러한 문화적 아이콘에 대한 접근성은 확연히 차별적으로 나타난다. 이러한 관점은 분절화와 지역화를 세계화와 포스트 모더니티와의 주요 상관관계로 본다.

세계화는 전혀 새로운 과정이 아니며 이미 수백 년간 진행되고 있는 것임을 보여주는 많은 근거가 이러한 관점을 입증한다. 예를 들어, 세계화 과정은 발견의 시대와 함께 시작되었다고 볼 수 있다(Allen, 1995; Hall, 1995). 이는 스튜어트 홀(Stuart Hall, 1995)의 다음과 같은 글에서 잘 드러난다.

> 상징적으로 거대한 유럽 팽창의 막을 올리는 콜럼버스(Columbus)의 신대륙 항해는 1492년 에스파냐의 이슬람 추방과 에스파냐계 유대인의 강제 전향과 함께 시작되었다. 이는 모더니티의 시작과 더불어 글로벌 세력으로서 상인 자본주의의 탄생과 세계화 초기 단계의 결정적인 사건을 알리는 시작이라 할 수 있다.

이는 세계화가 차별적 권력 및 문화적 변동과 어떻게

연계되어왔는지를 잘 보여준다. '제2장'에서 자세히 설명한 바와 같이, 초기 세계화는 원주민 정복, 식민지 분할에 대한 유럽 열강들의 치열한 경쟁, 노예무역 제도의 확립 등과 관련이 깊다. 로마제국과 같은 고대 제국은 국제 통합의 초기 형태이며, 그 이후에 프랑스, 영국, 벨기에, 에스파냐, 네덜란드, 포르투갈과 같은 유럽 무역 제국이 출현하면서 식민지가 유럽 열강에 노동력과 원료 및 원자재를 공급하는 '국제분업(International Division of Labour)' 현상이 나타났다. 따라서 세계화는 항상 평등과 동질성보다는 사람과 장소의 다양성과 연관되어왔다. 더 나아가 세계화는 점진적이고 불균등한 과정으로 전 세계에 이질적으로 확산되고 있다.

글로벌 변동: 축소되는 세계 또는 불균등 세계

축소되는 세계

개발의 기제(agent of development)인 세계화를 찬성하거나 반대하는 주장 모두 기술 발달에 따른 교통·통신 분야의 변화로 인해 장소 간 거리가 더욱 가까워지고 있는 현상에 주목한다. 따라서 지난 40년간 '축소되는 세계'의 맥락에서 '지구촌'의 세계와 시간에 의한 공간의 '압축' 또는 '소멸'에 대한 많은 논의가 이루어졌다.

'시간에 의한 공간의 소멸(annihilation of space by time)'이라는 말은 카를 마르크스(Karl Marx)가 제시한 것으로 알려져 있다(Leyshon, 1995). 레이숀(Leyshon, 1995)은 세계가 점점 압축 및 축소되고 있으므로 '세계는 더 이상 하나의 촌락이 아니다'라는 말에 주목하면서 마셜 매클루언(Marshall McLuhan, 1962)이 '지구촌'이라는 용어를 처음 사용한 공로를 인정하였다. 매클루언은 전자 미디어의 진화로 인해 인간이 지구촌의 시대를 맞이하고 글로벌 차원에서 전자메일과 인터넷이 발전하리라는 것을 예상했었다.

이러한 변화에 대한 주요 내용은 이 장의 도입 부분에 간략하게 제시되었다. 첫째, 세계는 새로운 교통과 기술의 발달로 물리적 거리에 대한 시간이 축소되는 '시-공간의 압축(time-space compression)' 과정의 결과로 50년 전에 비해 상대적으로 '작은' 장소가 되고 있다. 저넬(Janelle, 1969)은 교통 기술의 발달에 따른 시-공간의 압축 과정이 장소 간 관계를 효과적으로 변화시킨다고 처음으로 기술하였다. 예를 들어, 1779년 런던(London)에서 에든버러(Edinburgh)까지 330마일을 여행하는 데 4일, 즉 5,760분이 소요되었다. 1960년대에는 이동 시간이 비행기 기준 180분 이하로 줄어들었으며, 이는 두 지역이 매년 30마일의 속도로 가까워지고 있다는 것을 보여준다.

이러한 측면에서 디지털 기술은 순간적으로 글로벌 연계를 가능하게 하여 소통의 장벽이 되는 공간을 소멸시킬 수 있다(Knox et al., 2014). 이는 [자료 4.1]과 같이 글로벌 차원에서 설명될 수 있다. 1500년에서 1840년 사이에 마차와 범선의 최고 평균 속도는 시속 10마일이었다. 1830년에 리버풀(Liverpool)과 맨체스터(Manchester) 사이에 최초의 철도 노선이 개통되었으며, 최초의 전신 시스템이 특허를 받았다.

1900년에 해저 케이블을 기반으로 한 글로벌 전신 시스템이 구축되어 세계 최초의 글로벌 통신 시스템이 탄생하였다. 1850~1930년 증기기관차의 평균 속도는 시속 65마일, 증기선은 약 시속 36마일이었다. 실질적인 변화는 1950년대 이후에 나타났다. 예컨대, 프로펠러 추진 항공기가 시속 300~400마일로 비행하게 되었다. 1960년대 이후 제트 여객 항공기의 속도는 시속 500~700마일이었다. 이러한 발전의 결과로 사실상 지구의 크기는 약 500년 전에 비해 크게 축소되었다([자료 4.1] 참고).

1960년대 이후 전 세계적으로 국제선의 수가 기하급수적으로 증가했다. 북아메리카와 유럽에서는 자동차 보유량이 급격히 증가하면서 국가 차원에서 대규모의 고속도로 건설을 추진하였다. 그리고 1950~1960년에

[자료 4.1] 축소되는 세계

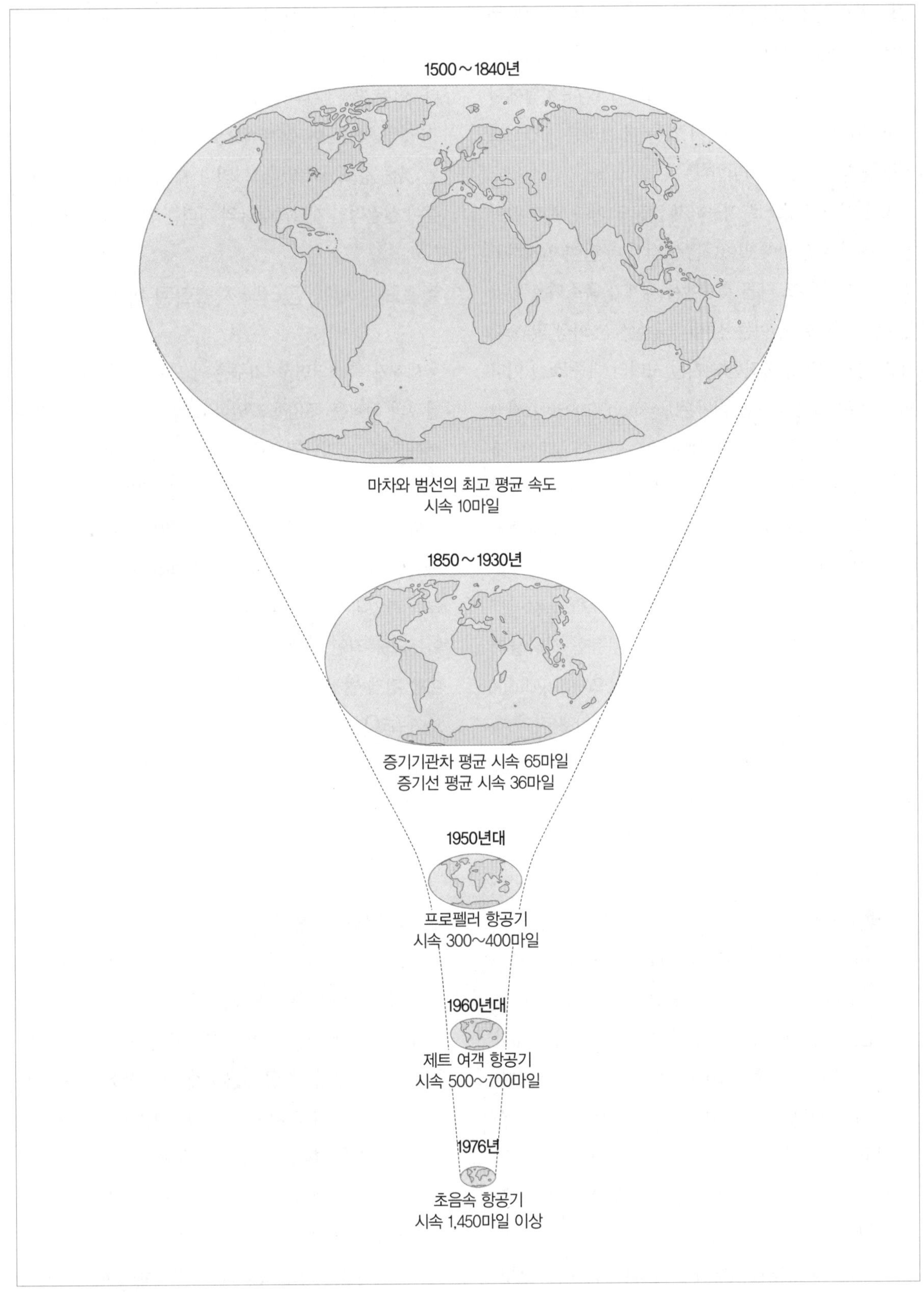

출처: McHale, J. (1969) *The Future of the Future*. New York: George Braziller

TV가 보급되었으며, 그 뒤를 이어 우주 탐사와 통신 위성의 발사가 진행되었다(Leyshon, 1995). 1970년대 초 저넬(Janelle, 1973)이 '30분의 세계(30-minute world)'를 언급했는데, 이는 대륙 간 미사일이 발사 지점에서 지구 반대편 타격 대상지까지 가는 데 걸리는 시간으로 지구 행성의 소멸을 의미한다.

많은 사람이 장소로 이동하지 않고도 아주 멀리 떨어진 곳에서 무슨 일이 일어나는지 점점 더 많이 인지하고 있다는 사실은 또 다른 측면에서 세계가 축소되고 있다는 것을 의미한다. 이는 전 세계의 실시간 화상 및 오디오 통신의 발전을 촉진한 디지털 시대의 대중 소셜 미디어를 통해 실현되었다. 레이숀(Layshon, 1995)이 지적한 바와 같이, '공간을 축소할 수 있는 TV의 능력이 가장 잘 드러난 곳은 뉴스와 시사 영역'임이 1991년 케이블 뉴스의 걸프전(Gulf War) 보도에서 처음으로 명백하게 입증되었다.

그러나 케이블 뉴스는 상대적으로 정교하고 값비싼 기술에 의존하기 때문에 상대적으로 부유한 사람들이 풍부한 정보를 소유하는 경향이 나타났으며(Leyshon, 1995), '디지털 격차(digital divide)'는 부유한 사람과 가난한 국가 거주자 간의 차별적 분리 현상을 가져왔다. 이와 같은 변화는 우리와 동떨어진 곳에 살고 있는 사람들에 대한 우리의 윤리적·도덕적 책임을 재정립한다는 측면에서 개발과 관련된 또 다른 의미를 제공한다.

이렇게 '동떨어진 곳에 있는 타인에 대한 책임 의식'(Corbridge, 1993b; Potter, 1993a; A. Smith, 2002; D.W. Smith, 1994)은 글로벌 대중매체가 자연재해, 사회 혼란, 빈곤, 기근 등과 같은 위기와 불상사를 보도할 때 개발도상국을 자주 언급하는 경향과 무관하지 않다. 특히, 아프리카에 관심이 있는 작가들은 아프리카 뉴스가 어떻게 부유한 사람들을 아프리카 사람들의 실질적 일상의 어려움에 대해 점점 둔감하게 만드는지를, 말 그대로 '나쁜 뉴스(bad news)'라는 개념으로 이어지게 되었는지 관찰하였다(Harrison and Palmer, 1986; Milner-Smith and Potter, 1995). 이는 선진국이 개발도상국의 어려움을 개선하기 위해 지속적으로 노력했지만, 그 어려움이 전혀 개선되고 있지 않다는 '개발 피로(development fatigue)'가 더욱 악화했기 때문이라 할 수 있다. 이는 제3세계의 일부가 재난 지구로 간주되고 있다는 것을 의미하며, 세계적으로 '소외'되는 별개의 존재라는 것을 강조하고 있다. 그러나 제1장에서 언급한 바와 같이 실질적인 개발도상국의 지리는 훨씬 더 복잡하다.

축소되는 세계, 그러나 차별화된 세계

세계가 축소되면서 '지구촌'의 모든 구성원이 글로벌 발전의 혜택을 공유하고 있다고 결론 내리는 것은 매우 쉬운 일이다. 일반적으로 개발의 혜택을 가장 많이 받은 동남아시아, 멕시코, 브라질과 같은 개발도상국들은 글로벌 네트워크에 거의 완벽하게 편입되어 있다. 반면, 아프리카의 여러 국가들처럼 주변화되고 글로벌 네트워크에 편입되지 못한 국가들은 매우 불리한 위치에 있다. 이는 근본적인 문제이며, 전 세계적으로 개발도상국에 대한 경제 발전 개입 및 투자의 차별적 영향을 아주 잘 보여주고 있다. 글로벌 개발 과정으로 상대적 거리는 점점 줄어들고 있지만, 축소되는 세계의 맥락 속에서 다른 장소와의 거리, 특히 주변부 국가들 간 거리는 상대적으로 늘어날 수 있다. 이는 종종 런던 또는 파리(Paris)를 경유해야 하는 서부 유럽과 북아프리카 간 복잡한 항공 루트로 설명될 수 있다.

[자료 4.2]는 이에 대한 구체적이고 명확한 사례이다. 이 자료에 제시된 지도는 태평양 해역을 보여준다. [자료 4.2]의 (a)는 전통적인 지도 투영법을 활용한 한편, [자료 4.2]의 (b)는 항공 스케줄에 따른 장소 간 이동 시간을 기반으로 다시 제작된 것이다. 지도에서 확연하게 드러나는 점은 북아메리카가 아시아에 더 가깝게 '이동'되었고, 오스트레일리아는 아시아를 향해 북쪽으로 '이동'되었다는 것이다. 조금 더 자세히 살펴보면, 도쿄(Tokyo), 샌프란시스코(San Francisco), 시드니(Sydney)와 같은 장소가 실제로 서로 더 가까이 '이동'되었다는 것을

[자료 4.2] 시-공간의 수렴과 발산

(a) 전통적인 태평양 지도, (b) 1975년 항공 스케줄에 따른 비행시간 기반의 태평양 시-공간 지도

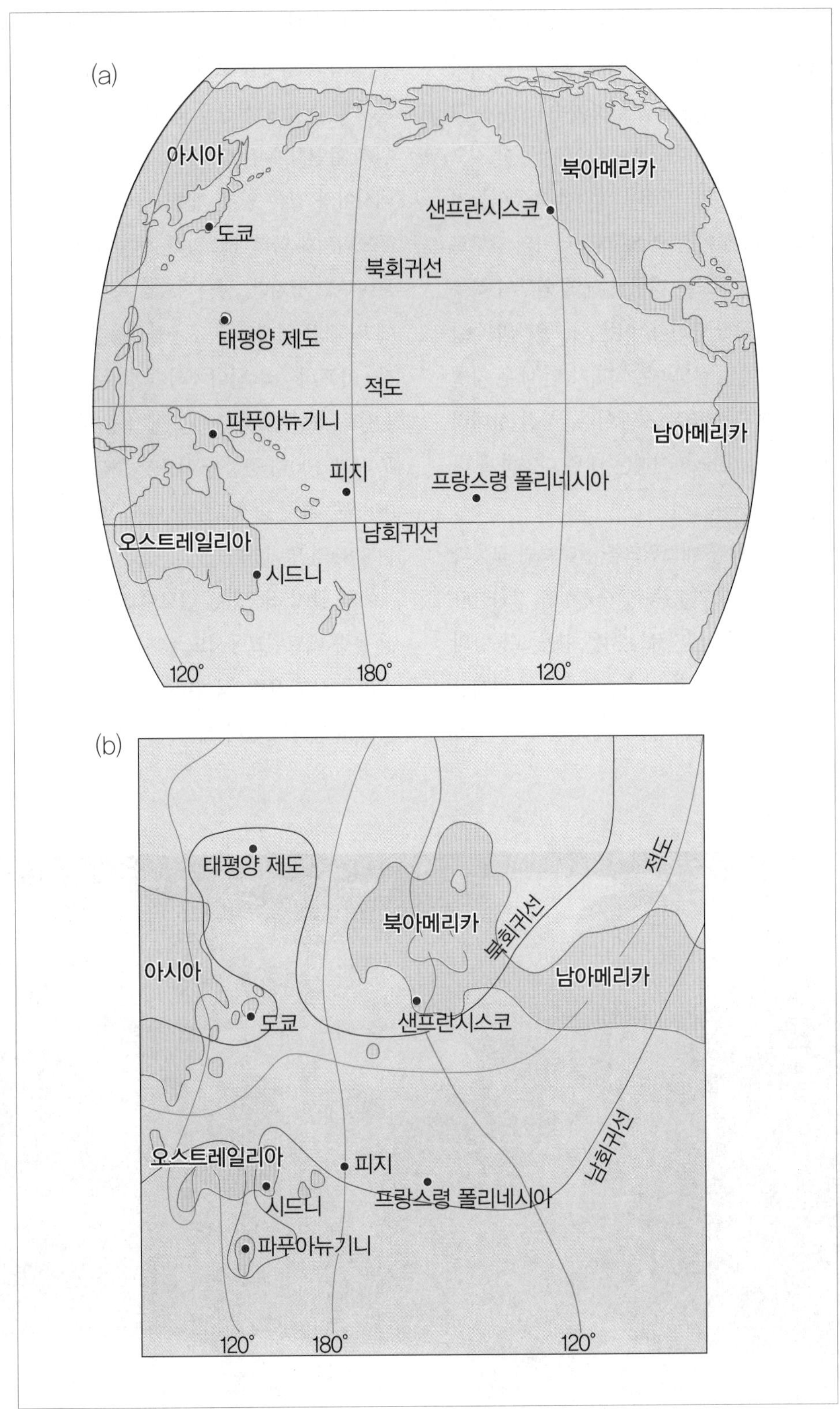

출처: Haggett, P. (1990) *The Geographer's Art*. Oxford: Blackwell

발견할 수 있다.

그러나 [자료 4.2]의 (b)를 좀 더 주의 깊게 살펴보면, 실제로 몇몇 장소는 서로 더 '멀리' 떨어져 있다. 전반적으로 이 지도는 남아메리카가 아시아와 '융합'되는 북아메리카를 천천히 뒤따라가는 모습을 보여주고 있다. 그리고 특정 일부 장소들이 상대적으로 많이 '이동'한 것으로 보인다. 특히, 항공 운송 연계가 열악한 파푸아뉴기니는 아시아에서 멀리 떨어진 오스트레일리아의 남부로 이동하였으며, 태평양 제도는 태평양 해역 외부의 북쪽으로 이동한 것이 주목할 만하다. 이는 시-공간의 수렴(convergence) 과정이 동질성과는 거리가 먼 매우 차별적이라는 것을 보여주는 좋은 사례이다. 사실 상대적 시-공간의 발산(divergence) 사례는 매우 다양하게 나타난다.

1990년대 초 세계 항공 네트워크를 살펴보면 교통과 통신의 발달은 특정 장소의 기능적 중요성을 강화한다는 사실을 확인할 수 있다. [자료 4.3]은 항공 교통량의 밀도를 보여준다. 이 자료는 높은 수준의 글로벌 연계망을 잘 보여주지만, 선진국(북반구)의 지역 간 또는 지역 내 연계 수준이 보다 높다는 것이 명확하게 나타난다.

[표 4.1]과 [표 4.2]는 2014년 기준 항공 이동량([표 4.1])과 승객 수([표 4.2]) 측면에서, 세계에서 가장 복잡한 공항의 입지를 보여준다. 역사적으로 미국, 영국, 일본과 같은 주요 선진국 도시를 중심으로 항공 여행의 우위가 확연하게 잘 나타나지만, 최근 중국, 두바이, 인도네시아와 같은 일부 개발도상국의 항공 교통의 증가가 두드러지게 나타나고 있다. 이는 글로벌 통합 현상을 잘 보여주고 있지만, 궁극적으로 특정 국가가 다른 국가들에 비해 잘 연계되어 있는 불균등한 세계 체제를 보여준다. 아프리카와 남아메리카의 주변부적 특징은 [자료 4.3]과 [표 4.1] 및 [표 4.2]에서 잘 나타난다. 2011년 기준 세계 100대 공항을 이용한 승객 수는 32억 명이었으며, 그중 유럽 승객 수는 9.98억 명, 북아메리카 승객 수는 9.89억 명이었다.

이와 같이 집중화된 글로벌 교통의 특성은 글로벌 해상 운송 네트워크에서도 잘 나타난다. 글로벌 해상 운송 흐름은 서부 유럽, 북아메리카, 동남아시아 사이에 가장 많이 발생하고 있어 세계 경제의 3극 구조가 나타난다.

[자료 4.3] 글로벌 항공 노선망

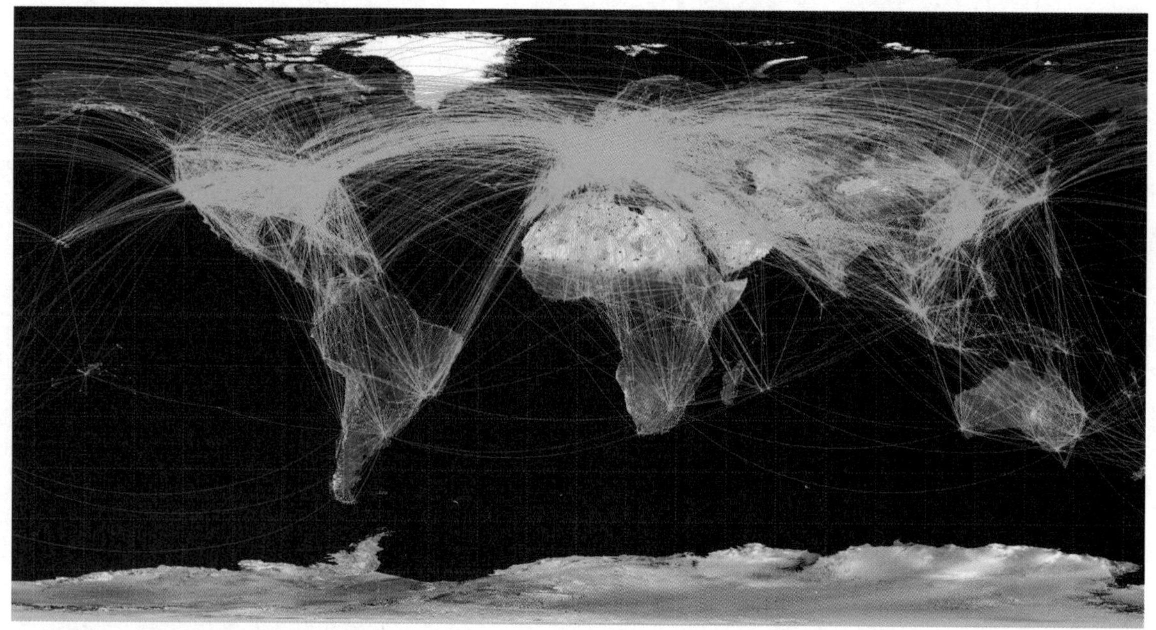

출처: Openflights.org. https://openflights.org/data.html#route (2016년 1월 20일 접속)

[표 4.1] 2014년 세계에서 가장 바쁜 공항 순위(항공기 대수 기준)

순위	공항	위치	항공 이동량
1	오헤어	시카고	881,933
2	하츠필드	애틀랜타	868,359
3	댈러스/포트워스		679,820
4	로스앤젤레스		646,706
5	베이징		581,773
6	덴버		565,525
7	샬럿		545,178
8	매캐런	라스베이거스	522,399
9	조지 부시	휴스턴	508,935
10	히스로	런던	472,817
11	샤를 드골	파리	471,318
12	프랑크푸르트		469,026

출처: Airports Council International, 2014. http://www.theguardian.com/news/datablog/2012/may/04/world-top-100-airports (2015년 12월 23일 접속)

[표 4.2] 2014년 세계에서 가장 바쁜 공항 순위(승객 수 기준)

순위	공항	위치	총 승객 수
1	하츠필드	애틀랜타	97,178,899
2	베이징		86,130,390
3	히스로	런던	73,408,442
4	하네다	도쿄	72,826,862
5	로스앤젤레스		70,665,472
6	두바이		70,475,636
7	오헤어	시카고	70,015,746
8	샤를 드골	파리	63,808,796
9	댈러스-포트워스		63,523,489
10	홍콩		63,148,379
11	프랑크푸르트		59,566,132
12	수카르노-하타	인도네시아	57,005,406

출처: Airports Council International, 2014

이와 같은 현상은 세계 주요 항구를 연결하고 '글로벌 생산 네트워크'에 중요한 역할을 하는 전문 화물 운송 네트워크의 진화에 기인한 것이다.

마지막으로 하비(Harvey, 1989)가 지적한 바와 같이, 시-공간 압축 현상과 관련하여 우리가 흔히 경험할 수 있는 특징은 자본주의 체제가 시-공간 압축을 위한 효율성을 강조하고, 이 점이 공간 이동과 통신의 장벽을 낮추는 경제적 논리로 이어진다는 것이다. 이는 현대 세계에서 보편적으로 경험할 수 있는 삶의 속도를 점점 가속화하고 있으며, 현지 특유의 방식 또는 그와 반대되는 보편적인 방식으로 선진국과 개발도상국 사람들의 삶의 속도에 영향을 끼친다.

다음 절에서는 최근 정보의 흐름에서 나타나는 사례와 더불어 개발의 글로벌 동향과 불균등 과정 및 유형을 살펴보고자 한다.

[자료 4.4] 1995~2015년 세계 이동전화 및 인터넷 보급 현황

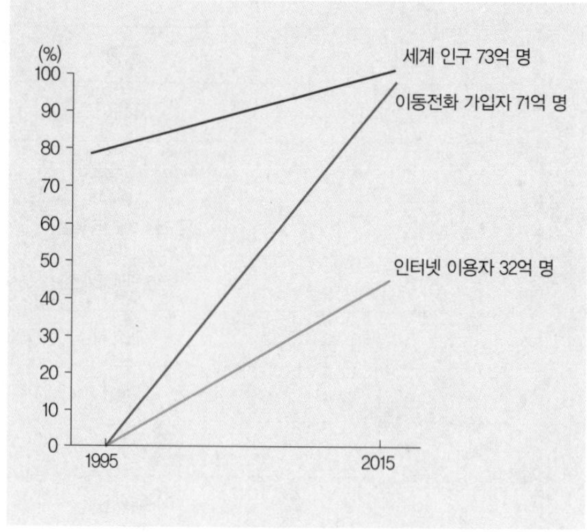

출처: UNDP, 2015

세계화와 정보 사회: 디지털 격차, 불균등 세계, 격차 해소를 위한 노력

지난 25년간 세계 여러 지역의 사람들과 기관 사이에 정보 교환이 크게 증가했다. 과거에는 편지, 전신, 전화가 소통의 주요 수단이었지만 이제는 소셜 미디어, 이동전화, 문자 메시지, 전자메일 등이 비즈니스, 교육, 상업, 오락, 여가, 사회생활에서 지배적인 비중을 차지한다. 정보와 데이터를 이동시킬 수 있는 능력은 인터넷과 모바일 네트워크의 급속한 확대와 비용 감소로 크게 활성화되었다. 우리는 '정보 사회'의 도래가 어떻게 언급되는지 주목하고 있다. [자료 4.4]는 1995년 이후 나타난 이동전화 및 인터넷의 급속한 성장을 보여준다. 이동전화는 1970년대 초에 등장하여 가입자가 2006년 15억 명에서 2014년 60억 명 이상으로 크게 성장하였으며, 현재 사용하고 있는 유선전화의 수보다 5배 이상 증가하였다. 여기서 중요한 사실은 이동전화 신규 가입자의 80% 이상이 개발도상국 사람들이라는 것이다(Dicken, 2015). 이러한 현상은 아프리카의 여러 국가에서 나타났으며, 이동전화의 기술적 '도약'은 기존에 유선전화 라인이 개설되지 않은 국가에도 이동전화 사용을 가능하게 하며 보급률을 향상시켰다. 2013년 아프리카의 인구의 36%(3.11억 명)가 이동전화를 사용했으며, 2020년에는 이동전화 가입자 비율이 49%(5.04억 명)까지 증가할 것으로 추정되었다(UNDP, 2015).

일부에서는 2007년 11.3억 명의 인구가 인터넷을 이용하게 되면서 긍정적인 변화와 발전의 가능성이 제기되었으며(World Internet Usage Statistics, 2007), 2014년 인터넷 이용자 수는 29억 명으로 증가하였다(UNDP, 2015). 이와 더불어 새로운 정보처리 기술은 가난한 국가에 새로운 기회를 제공할 수 있다는 주장이 제기되었다(Department for International Development, 2000a). [표 4.3]은 2015년 전 세계 주요 디지털 기술 사용량과 연간 성장률을 보여준다.

일부 논평가는 민주적 발전에 대한 인터넷의 잠재적 역할을 강조하였다. 심지어 이들은 로스토(Rostow)의 경제성장 단계 모델(stages of economic growth)을 인용하여 인터넷이 국가의 발전 단계를 도약시킬 수 있다고 언급하였다. 한편 이동전화의 보급은 상당 수준에 이르렀지만, 사회 기반 시설이 취약하고 가난한 개발도상

[표 4.3] 2015년 디지털 사용량과 성장률

분류	이용자 수(단위: 십억 명) 및 비중(%)	신규 이용자 수 (2014~2015년) (단위: 백만 명)	신규 이용자 수 성장률 (%)
세계 인구	7.357	177	2.5
인터넷 이용자	3.175 43%	225	7.6
소셜 미디어	2.206 30%	176	8.7
이동전화	3.734 51%	124	3.4

출처: http://wearesocial.net/blog/s015/08/global-statshot-august-2015/ (2016년 12월 16일 접속)

[표 4.4] 유형별 전화 및 인터넷의 이용자 수 추이(인구 백명당)

분류	유선전화 가입자 수		이동전화 가입자 수		인터넷 이용자 수	
	2005	2011	2005	2011	2005	2011
선진국	58	42	55	120	37	70
개발도상국	12	12	11	78	5	25

출처: Dicken, 2015

국은 복잡하고 값비싼 인터넷 기반 시스템을 수용할 수 있는 능력이 이동전화 보급 수준에 미치지 못한다. 따라서 개발도상국에 새로운 기술의 보급과 확산이 최적화될 수 있도록 주의를 기울여야 한다. 또한 개발도상국은 인터넷 시대에 동참하기 어렵게 만드는 취약한 경제 및 교육 체계에 대해서도 깊은 관심을 가져야 한다. 예를 들어, 2000년에 발표된 영국 정부 백서는 당시 아프리카 인구의 절반 이상이 전화를 사용한 적이 없으며, 1천 명 중 999명 이상이 인터넷에 접속한 경험이 없다고 언급했다(Department for International Development, 2000a). 실제로 2007년에 이 수치는 불과 3.6% 증가하는 데 그쳤다. 일부에서는 인터넷이 개발도상국을 서구화하는 데 결정적인 역할을 할 것이고, 그 결과 '전자 민주주의(e-democracy)'보다는 '전자 제국주의(e-imperialism)'가 태생할 것이라고 경고했다.

2005년 개발도상국에서 인터넷에 접속할 수 있었던 인구의 비중은 7.7%에 불과했지만, 2011년에는 24.4%로 크게 증가했다. 그러나 인구의 70%가 인터넷에 접속할 수 있는 선진국과의 '디지털 격차'는 여전히 크다고 할 수 있다. [표 4.4]에 나타난 것과 같이 선진국과 개발도상국 모두 디지털 이용률이 증가했지만, 두 지역 간 이용률의 격차는 여전히 유지되고 있다. 그러나 아시아와 남아메리카는 다른 개발도상국보다 인터넷 접속 증가율이 훨씬 빠르다는 점에 주목할 필요가 있다. 2012년 기준 약 30억 명의 세계 인터넷 이용자 중 약 10억 명이 아시아에 분포하고 있다(Dicken, 2015).

예를 들어, [자료 4.5]는 세계은행(World Bank, 2015c) 통계를 기반으로 2013년까지 인구 100명당 이

[자료 4.5] 지역별 이동전화(a) 및 인터넷(b) 이용자 수의 변화

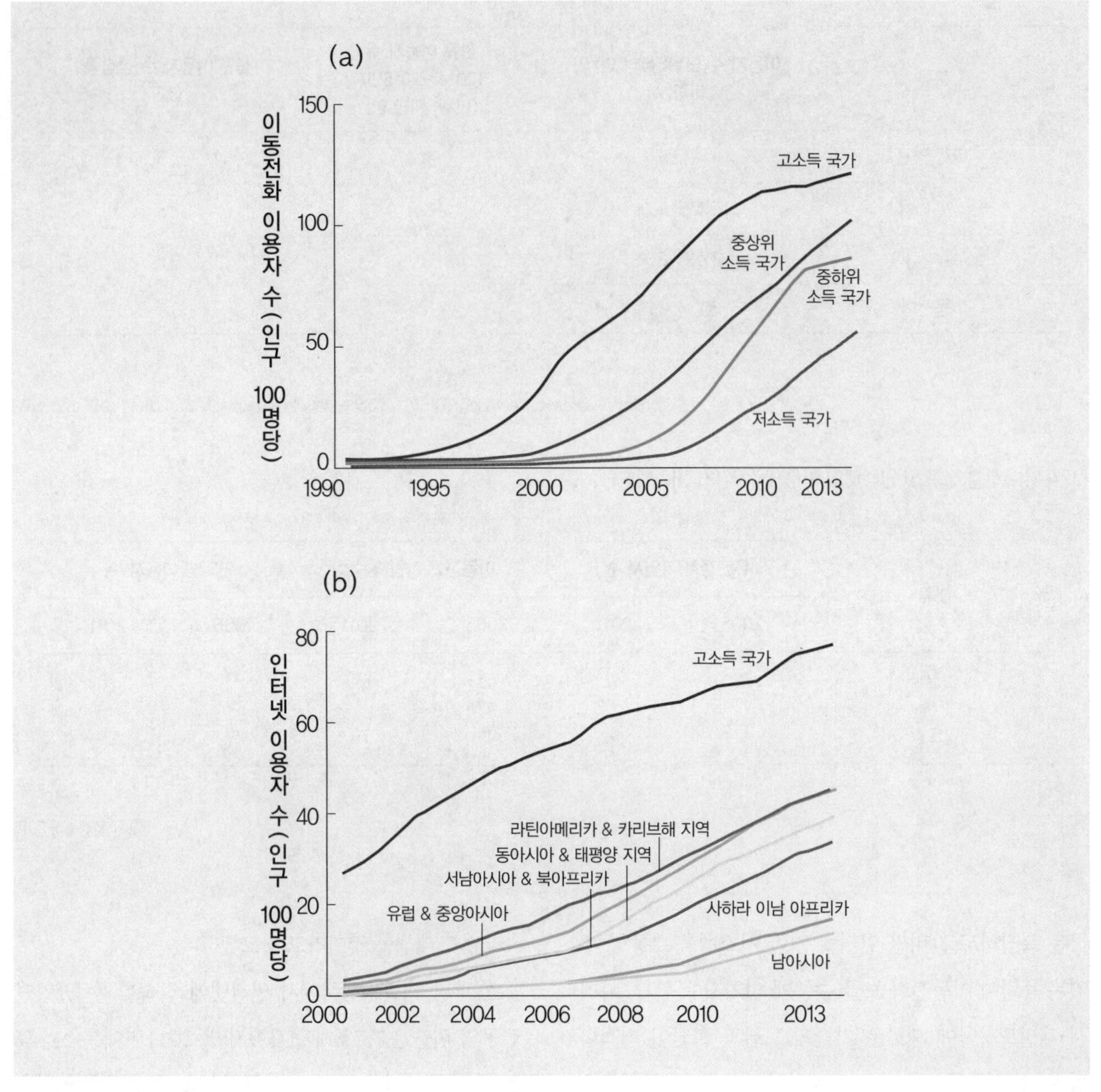

출처: World Bank, 2015c

동전화 및 인터넷 이용자 수를 통해 거대하게 나타나고 있는 글로벌 디지털 불평등을 보여준다. 이 자료에 따르면, 고소득 국가(선진국)와 저소득 국가(개발도상국) 간의 디지털 격차가 현저하게 나타난다. [표 4.5]에 제시된 지역별 인터넷 이용자 수의 비중 변화를 보아도 글로벌 '디지털 격차'를 잘 알 수 있다. 단, 아프리카의 여러 국가를 포함한 많은 국가에서 디지털 세계 편입의 주요 장벽이 될 수 있는 전기 이용이 어렵다는 사실을 먼저 인지해야 할 필요가 있다.

최근에는 개발도상국의 디지털 세계 편입 비중이 높아지고 있으며, 이는 세계화로부터 일종의 혜택을 보장해주고 있다. 개발도상국의 선도 국가인 인도의 인터넷 이용자 수는 2012년 1.37억 명에서 2015년 3.54억 명으로 크게 증가하였다(Internet and Mobile Association of India, 2015). 컴퓨터가 인터넷으로 연결되는 상대적 편리함에도 불구하고 개발도상국에서 인터넷의 역할에

대한 지나친 낙관론은 부적절할 수 있다. 심지어 세계화를 지지하는 영국 정부의 백서에서도 '디지털 격차가 커지면서 기존의 교육 격차는 심화되고, 가난한 국가와 사람들은 주변화될 위험이 있다'고 인정했다(Department for International Development, 2000).

전 세계적으로 통신 기술은 불균등하게 발전했다. 간단히 말해 전화와 컴퓨터 없이는 인터넷 및 전자메일 관련 기술이 발전할 수 없기 때문에 개발도상국의 통신 기술은 발전하기 어렵다. 개발도상국의 취약한 기술 역량 및 비용과는 별개로 대부분의 개발도상국은 전 세계에 연결되는 해저 광섬유 케이블로 구축된 글로벌 인터넷망에 제대로 연결되어 있지 않아 근본적인 한계에 놓여 있다.

앞에서 언급했듯이, 이제 사업적 소통(business communication)은 주로 인터넷을 통해 이루어지고 있으며, 정보는 월드와이드웹(world wide web)에서 이용 가능하다. 인터넷을 이용하는 사람들에게 전자메일을 통한 사적인 통신은 일상적인 소통 방식이 되었지만, 인터넷 접근과 정보량이 제한적인 사람들에게 디지털 격차는 사적인 상호작용과 경제적 부수 효과의 규모에 부정적 영향을 끼친다. 이러한 통신 기술의 발달은 교통 기술의 발달과 마찬가지로 지역의 차이를 심화시키고, 글로벌 생산 체제에 편입된 지역에서 특히 중요시되는 경향이 있다. 그러나 상황은 급격하게 변화하고 있으며, 특히 이동전화는 개발도상국의 주변부 지역에서 변화의 기제로서 중요한 역할을 한다. 이동전화와 인터넷이 소외된 지역에 살고 있는 사람들의 쇼핑, 소통, 사업체 설립 및 운영, 원격 교육에 실질적인 도움이 된다는 것은 의심의 여지가 없다(Unwin and de Bastion, 2008).

[표 4.5] 2015년 지역별 인터넷 이용자 수의 비중

분류	이용자 수
아프리카	26%
북아메리카	88%
남아메리카	58%
동아시아	51%
동남아시아	33%
남부아시아	19%

출처: http://www.mobileindustryreview.com/2015 (2015년 12월 16일 접속)

예를 들어, 우르바흐(Urbach, 2007)는 보츠와나에서 이동전화가 통신비를 얼마나 절감할 수 있고, 노동의 흐름을 얼마나 증가시킬 수 있으며, 시장 가격 정보에 대한 접근성을 얼마나 제고할 수 있는지에 대해 주목했다. 보츠와나에서 전기를 이용할 수 있는 사람은 전체 인구의 20%에 불과하지만, 진취적인 마을 기업가는 자동차 배터리를 재활용하여 전기를 충전하는 방식을 사용한다. 시장 정보를 획득하고 판매를 주선하기 위해 아프리카 마을 농부의 이동전화 사용량이 증가한 것은 지역 주민 권한 강화(local empowerment) 측면에서 매우 의미 있는 발전이라고 할 수 있다. 이와 같은 측면에서 최근 아프리카, 특히 케냐에서 이동전화 어플리케이션 또는 '앱(apps)'의 성장은 아주 의미 있는 현상이다. 2007년 케냐에서 시작된 엠페사(MPESA)와 같은 폰 뱅킹(phone banking) 및 현금 이체 시스템(cash transfer system)의 성장은 공식적인 뱅킹 시스템이 제한되는 아프리카에 사적 금융의 혁신을 가져왔다(Williams et al., 2014). 이와 같은 시스템으로 인해 저축과 해외 이주 노동자의 송금이 증가하였다. 학습과 교육의 측면에서 영국 정부는 정보 기술 활용 기반의 임펀디오(Imfundio) 프로그램을 통해 아프리카 초등교육을 개선하기 위해 노력했다(Department for International Development, 2000a). 그러나 이와 같은 이동통신의 역할과 사회 기반 시설의 원조 가능성에도 불구하고 아프리카와 같은 개발도상국에 강력하고도 모든 것을 아우르는 개입이 우선되지 않는다면 디지털 격차는 '가진 자'와 '가지지 못한 자' 간의 차이를 더욱 심화시킬 것이다.

경제의 세계화: 산업화, 초국적 기업, 세계 도시, 세계 경제 공간의 변동

산업화

'제3장'에서 논의한 바와 같이, 산업 발전 정책은 1960년대 과거 식민지였던 신생 독립국에 영향을 끼쳤다. 포스트 식민지 시대에 신생 독립국의 개발은 필연적으로 산업화(industrialisation)와 근대화를 수반한다. 전통 개발경제학은 이들 간의 연관성을 매우 설득력 있게 강조해왔다(Potter and Lloyd-Evans, 1996). 제3세계 국가들에게 탈식민지화는 정치적 독립의 허용과 경제적 자치에 대한 희망을 품게 했다. 프리드먼과 위버(Friedmann and Weaver, 1979)는 이와 관련하여 다음과 같이 언급했다.

> 제3세계 국가들은 서구의 산업 국가들이 이미 선진화되어 있는 것과 같이 '저개발(underdevelopment)'에 대한 치유도 이와 같이 이루어질 것이라고 당연하게 여겼다.

수입 대체 산업화

제3세계의 독립 이후 개발도상국의 산업화 경향은 수입 대체 산업화 정책(import substitution industrialisation: ISI)과 깊은 관련이 있다. 이 정책은 전통적으로 제3세계 국가들이 광물, 설탕, 바나나, 커피, 차, 면화 등과 같은 기본재(primary goods)를 수출하는 대가로 대부분의 상품(manufactured goods)을 수입하기 때문에 개발도상국의 자급률을 증대시키기 위한 수단이라 할 수 있다. 이와 같은 개발 방식은 국가 경제에 대해 높은 수준의 국가 개입을 주장한 케인스 기반의 경제 사고를 추구하는 국가 정부에 의해 장려되었다.

수입 대체 산업화가 추진되는 시기의 주요 개발 산업은 비교적 단순하고 이미 상당한 내수 시장을 가진 식품, 음료, 담배, 의류 및 섬유 산업 등이었다. 대부분의 개발도상국들은 이와 같은 수입 대체 산업화의 경로를 선택하였지만, 동남아시아 이외의 소수 국가들은 대량의 상품을 수출할 수 있는 역량을 갖춘 강력한 산업 구조를 발전시켰다. 아시아에서는 일반 개발도상국과 달리 상당히 예외적인 사례가 발견된다. 한국과 타이완은 1953년부터 1960년까지 섬유, 장난감, 신발, 농산물 등을 중심으로 수입 대체 산업화 정책을 시행하였다. 이 시기에 제조업 부문의 생산량은 매년 11.7% 증가했다. 1960년대 이후 한국과 타이완은 수출 주도형 제조업(export-oriented manufacturing)을 장려하기 시작하였으며, 1980년 이후에 기술 기반의 고부가가치 제조업을 집중적으로 육성하였다(Knox et al., 2014). 그러나 아시아 일부 국가, 브라질, 남아프리카공화국 등을 제외한 대부분의 개발도상국은 구소련 모델과 같이 철강, 화학, 석유화학 등과 같은 중공업을 확대할 수 없었다. 로스토(Rostow, 1960)의 성장 개발 단계 모델(linear model of development)에 따르면, 이러한 정책은 대부분의 개발도상국에 존재하지 않는 일정 수준의 유효 수요(effective demand)와 투자를 필요로 한다.

더 나아가 자본 및 인프라 부족, 불확실한 투자, 제한된 기술 이전, 투입 자본 문제 등은 선진국과의 제품 경쟁을 가져와 개발도상국의 중공업 발전을 저해하는 요인이 되었다. 그러나 1945년 이후 높은 수준의 산업 자급률을 달성하였으며(Johnson, 1983), 2015년 기준 세계에서 열한 번째 규모의 산업 생산국으로 성장한 인도(Dicken, 2015)는 예외적인 사례라고 할 수 있다.

수출 수도형 산업화와 초청에 의한 산업화

1960년대 이후 여러 개발도상국은 수출 기반의 외국 기업에 금융 인센티브를 제공하는 등 '경공업화(light industrialisation)' 정책을 시행했다. 이와 같은 '초청에 의한 산업화(industrialisation by invitation)' 정책은 카리브해 출신의 경제학자 아서 루이스 경(Sir Arthur Lewis, 1950, 1955)에 의해 강력하게 주장되었다. '제3장'에서

[표 4.6] 경제특구의 유형

유형	개발 목표	사례
자유무역지구(FTZ)	무역 지원	콜론(파나마)
수출가공지구(EPZ)	수출 지원	카라치(파키스탄)
자유항구(Free Port)	통합 개발	아카바(요르단)
기업 지구(Enterprise Zone)	도시 재생	시카고
단일 공장 수출가공지구(EPZ)	수출 지원	모리셔스

출처: Knox et al., 2014

살펴본 바와 같이, 초청에 의한 산업화 정책으로 외국 기업의 분공장이 설립되고, 여기서 생산된 제품은 선진국으로 수출되었다. 수출 주도형 산업화(exportoriented industrialisation: EOI)는 글로벌 통합과 글로벌 생산 네트워크 활성화에 매우 중요한 역할을 수행하였다(Dicken, 2015). 이러한 현상은 1970년대 선진국의 탈산업화(deindustrialisation)로 인해 개발도상국에 새로운 생산 기회가 제공되면서 보다 명확하게 나타났다. 특히, 경제특구(Special Economic Zone: SEZ)가 설립되면서 많은 개발도상국의 주요 경제 활동은 1차 산업 중심에서 보다 다양한 산업을 중심으로 전환되기 시작했다.

다양한 유형의 경제특구 중에서 가장 일반적인 유형은 자유무역지구(Free Trade Zone: FTZ)와 수출가공지구(Export Processing Zone: EPZ)이다. 자유무역지구는 무역이 자유롭고 관세가 없는 주요 항구 또는 인근에 입지한다. 수출가공지구는 일반적으로 건물과 서비스가 제공되는 전문화된 산업 지구이다. 수출가공지구에 입지한 기업은 관세가 면제되며, 각종 노동 및 정부 규제로부터 제외될 수 있다. 이와 같은 접근 방식은 '울타리 산업화(enclave industrialisation)'로 알려져 있다. 자유무역지구와 수출가공지구는 중세 유럽의 한자(Hansa) 동맹의 자유 항구에 역사적 뿌리를 두고 있다. 이 개념은 제2차 세계대전 이후 아일랜드와 푸에르토리코의 자유무역 및 생산 지구가 설립되면서 다시 정립되었다. 그 이후 전 세계에 자유무역지구, 수출가공지구, 산업개발지구(Industrial Development Zone: IDZ), 경제특구, 마킬라도라(maquiladora) 등 다양한 유형의 특구가 빠른 속도로 성장하기 시작했다. 경제특구는 무역, 관세, 생산 등에 어느 정도 초점을 두느냐에 따라 다양한 유형으로 구분되며, 세금을 거의 또는 전혀 부과하지 않고, 국내법에 적용되지 않는 고유한 법률 체계로 운영되기도 한다(Farole, 2011). [표 4.6]은 가장 보편적인 경제특구 유형을 정리한 것이다.

1965년 인도 칸들라(Kandla)에 개발도상국 최초의 수출가공지구가 설립되었으며, 그 뒤를 이어 타이완, 필리핀, 도미니카공화국, 미국과 멕시코 접경 지역 등에서 발전하기 시작했다(Hewitt et al., 1992).

1960년대 멕시코는 외국 기업, 특히 미국 기업에 미국 국경에서 19킬로미터 이내에 재수출용 면세품 조립이 가능한 '자매 공장(sister plants)' 설립을 허용하는 법안을 제정하였다. 이와 같이 예외적인 법령으로 형성된 지역을 '마킬라도라'라고 한다([자료 4.6] 참고). 1990년대 초 이 지구에 전자, 섬유, 가구, 가죽, 장난감, 자동차 부품 등을 생산하는 2천 개 이상의 조립 생산 공장이 설립되었다. 그 결과, 마킬라도라에는 50만 명 이상의 멕

[자료 4.6] 미국-멕시코 접경 지역의 마킬라도라

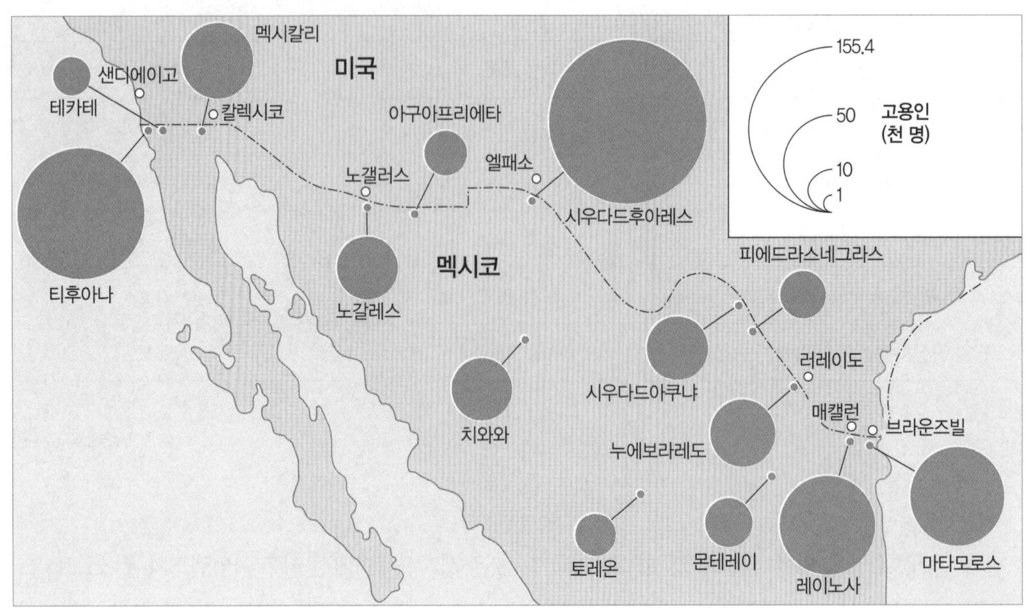

출처: Dicken, 1998

[자료 4.7] 중국 경제특구의 분포

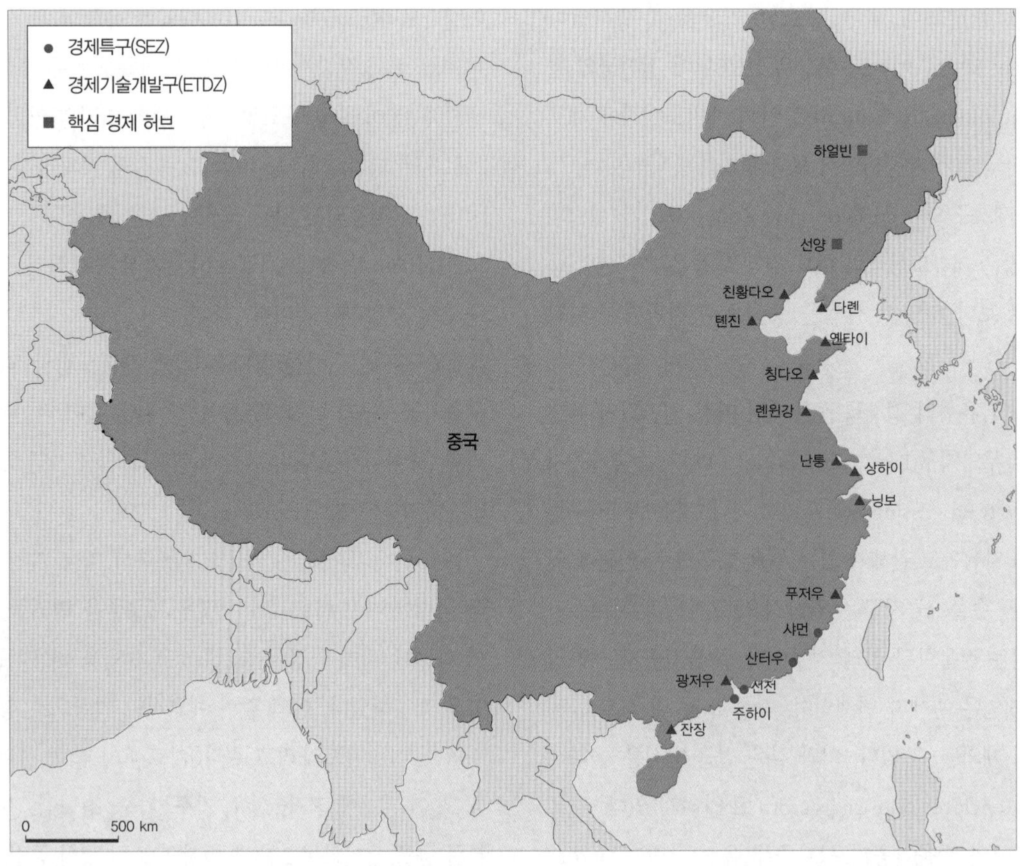

출처: http://www.lib.utexas.edu/maps/middle_east_and_asia/china_econ96.jpg (2016년 8월 18일 접속)

시코 노동자를 위한 고용이 창출되었다(Dicken, 2015; Getis et al., 1994).

수출가공지구는 1971년 9개 국가에서 설립되었으며, 1975년에 25개국, 1985년에 52개국으로 증가하였다(Farole, 2011). 1985년 당시 전 세계에 수출가공지구 수는 173개였으며, 여기에 종사하는 노동자 수는 180만 명이었다. 2011년에 수출가공지구는 600개로 증가하였고, 여기에 자유무역지구와 경제특구를 포함하면 130개 국가에 3,500개의 특구가 설립되었다. 중국은 1970년대 이후 경제 개방 정책의 일환으로 경제특구를 활성화하였으며, 그 결과 2011년 기준 200개 이상의 경제특구가 설립되어 글로벌 경제와의 통합이 촉진되고 있다. 인도는 수백 개의 특구 설립을 추진하였지만 실질적으로 많은 지구가 가동되고 있지 않으며, 그 외 많은 지구는 해당 지역의 열악한 노동 환경과 거주민들의 이주로 많은 논란에 둘러싸여 있다(Farole, 2011). [자료 4.7]은 중국의 주요 경제특구의 분포를 나타낸 것이다. 대부분의 경제특구는 원자재 및 중간재의 글로벌 소싱과 상품 수출을 활성화하기 위해 연안 지역에 입지하고 있다.

1960년대 기존 도시 시스템 내에서 10개 산업 지구가 설립되었던 바베이도스의 사례와 같이 산업 발전 프로그램은 주로 도시를 기반으로 이루어지는 경향이 강하다(Clayton and Potter, 1996). 최근 바베이도스의 데이터 처리 및 인포매틱스(informatics) 산업은 수도 브리지타운(Bridgetown) 산업 지구에서 매우 중요해지고 있다.

그러나 국제노동기구(International Labor Organization: ILO)는 수출가공지구의 경제 활동이 자국 경제와 실질적으로 의미 있는 연계가 거의 없고, 대규모의 저임금 및 비숙련 노동자들이 주를 이루고 있다고 비판하면서 이 지구를 단순한 '세계화의 전달 수단(vehicle of globalisation)'으로 간주하였다. 수출가공지구에는 무역, 고용, 경제적 다양성 등에 대한 거시적 이점이 분명하게 나타나지만, 다른 한편으로 부정적인 측면도 광범위하게 나타난다. 이에 대한 예로 저임금, (특히 젊은 여성 노동자들에 대한) 노동 착취, 투자 유치국의 잠재적 세수입 손실, 지리적 불균등 발전을 심화하는 선진국 기업 수요에 대한 개발도상국의 잠재적 종속 문제 등을 들 수 있다. 그 외로 이용 가능한 인센티브 소멸에 따른 기업의 입지 이전, 투자 유치국에 대한 낮은 수준의 기술 이전 및 노동자 기술 향상 문제 등이 있다.

세계 경제 공간의 변동과 글로벌 생산 네트워크의 출현

개발도상국의 몇몇 국가는 수출 주도형 산업화(EOI)를 추진함으로써 전반적인 산업화 수준, 경제 규모, 세계 경제에서의 위상을 높여왔다. 1938년부터 1950년까지 개발도상국의 제조업 연간 성장률은 3.5%에 달했으며, 1950년부터 1970년까지 연간 성장률은 6.6%까지 증가하였다(Dickenson et al., 1996). 그리고 2015년까지 개발도상국의 제조업 연간 성장률은 5.2%를 유지하여 세계 평균 성장률 2.5%를 상회하였지만, 북아메리카, 유럽, 일본과 같은 전통 산업 선진국의 성장률은 불과 0.7%에 불과하였다(UNIDO, 2015).

제조업의 세계화에서 중요한 현상은 보다 크고 연료 효율성이 높은 선박 및 항공기의 도입과 컨테이너 기반의 수송 체계화(containerisation)와 관련된 물류 체계의 개선을 통한 글로벌 운송 비용의 감소이다([자료 4.8] 참고). 이에 따른 글로벌 원·부자재 조달 체계의 활성화와 더불어 저임금 국가로 기업의 노동 집약적인 생산 활동 이전을 촉진하는 국가 간 차별적 임금도 매우 중요한 현상이다. [자료 4.9]는 국가별로 매우 다양한 시간당 임금 수준을 보여준다.

개발도상국의 산업 성장이 인상적이긴 하지만, 이와 같은 성장은 공간적으로 상이하게 나타난다. 동남아시아, 중국 등은 세계에서 가장 빠른 성장을 경험하고 있는 한편, 대부분의 개발도상국은 성장이 도시화의 속도를 따라가지 못해 심각한 고용 문제에 직면하고 있다('제9장' 참고). 더 나아가 산업 성장은 다음과 같은 특징을 보인다. 첫째, 제2차 세계대전 이후 글로벌 산업 생산의 입지 변동에 따라 심각한 불균등 분포 현상이 나타났다. 이러한 변화는 멕시코, 브라질, 대부분의 동남아시아 국가와 같은 특정 국가에서 두드러지게 나타났다. 이는 글로벌 생산 패턴의 변화를 가져왔으며, 글로벌 생산 네트워크의 출현과 함께 그 중요성도 증대했다(Coe and Yeung, 2015; Dicken, 2015). 후자의 개념은 '조직적으로 분절되고 공간적으로 다양한 생산 네트워크가 복잡한 글로벌 경제와 불균등 발전을 주도하는 새로운 형태의 경제 구조를 구축'한다는 것이다(Coe and Yeung, 2015). 이러한 글로벌 생산 네트워크의 개념에 따라 기업은 의도적으로 세계 각지에 분산되어 있는 네트워크 가운데 특정 부품 생산에 최소 비용이 투입될 수 있는 지역과 적정 기술 및 자원을 통해 최소 품질 기준 충족이 보장되는 지역에서 완제품의 여러 부품을 생산하게 된다. 그다음 생산된 부품들은 글로벌 판매 및 유통 과정을 거쳐 특정 단일 지역에서 최종 조립 생산된다. 예를 들어, 보잉 787 '드림라이너(Dreamliner)' 항공기는 11개국에서 부품이 생산되며, 최종 조립 공정은 미국에서 이루어진다(Knox et al., 2014). [자료 4.10]은 아이폰 5(iPhone 5)의 생산 네트워크를 보여준다. 부품 및 원자재는 전 세계에 분포된 16개 지역에서 조달된다. [자료 4.10]은 원자재 공급을 넘어 동남아시아와 북아메리카가 주요 역할을 하고 개발도상국이 상대적으로 주변부 역할을 하는 전형적인 첨단 기술 생산 네트워크 시스템을 보여준다.

이와 같은 시스템은 자동차, 항공, 컴퓨터, 정보통신 산업과 같은 핵심 산업의 근간이 된다. 생산 공정의 분산 입지와 글로벌 가치 사슬은 세계 산업 경제 운영에서 점점 중요해지고 있다. 역사적으로 원자재는 세계의 각 지역에서 조달되는 한편, 모든 부품 생산은 단일 지역에서 이루어지는 경향을 보였다. 이에 대한 대표적인 사례는 1930년대부터 대부분의 부품을 도시에서 생산했던 디트로이트(Detroit) 자동차 산업을 들 수 있다. 이는 세계적으로 연결되는 생산 시스템이 구축된 현대 자동차

[자료 4.8] 교통 및 통신 비용의 감소

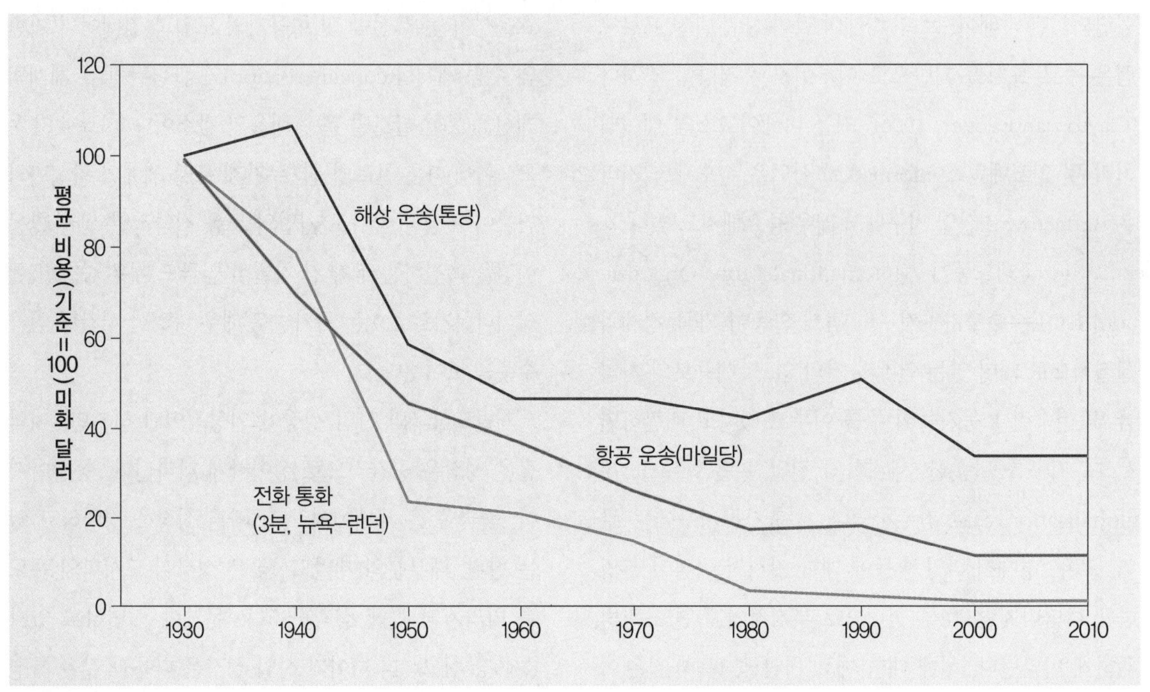

출처: Knox et al., 2014

[자료 4.9] 주요 국가별 시간당 임금 수준의 차이

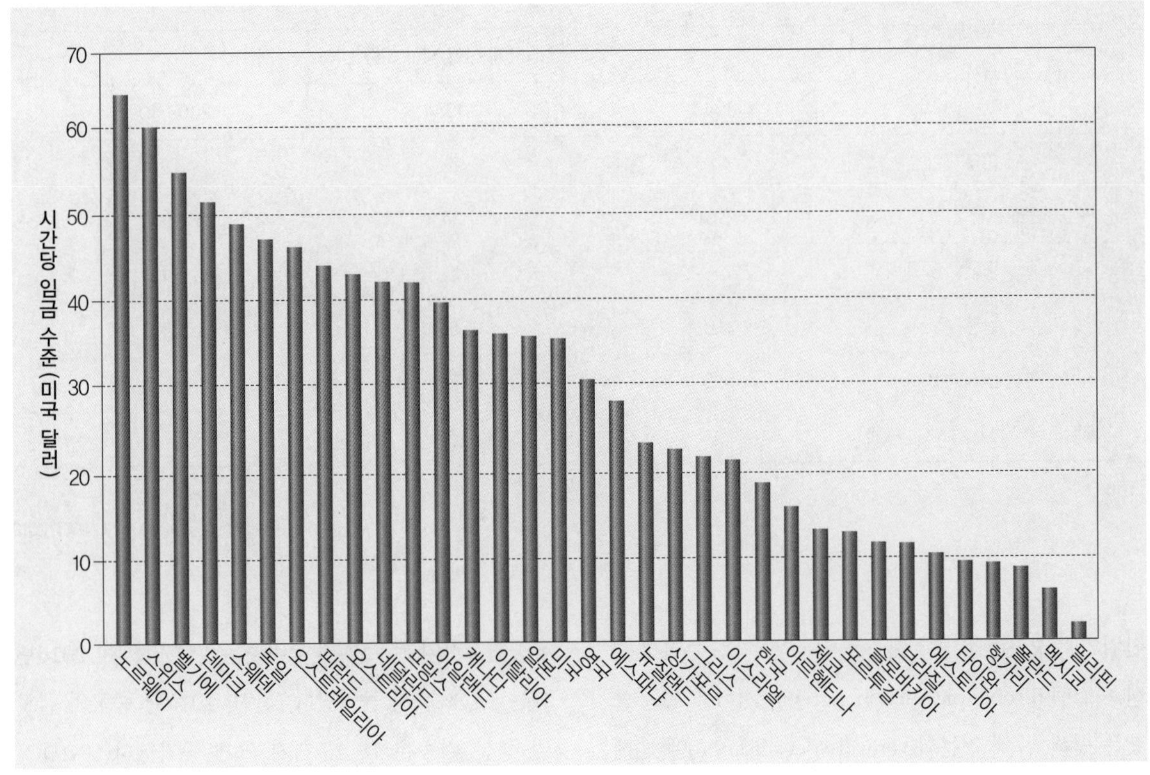

출처: Dicken, 2015

[자료 4.10] 아이폰 5의 글로벌 생산 네트워크

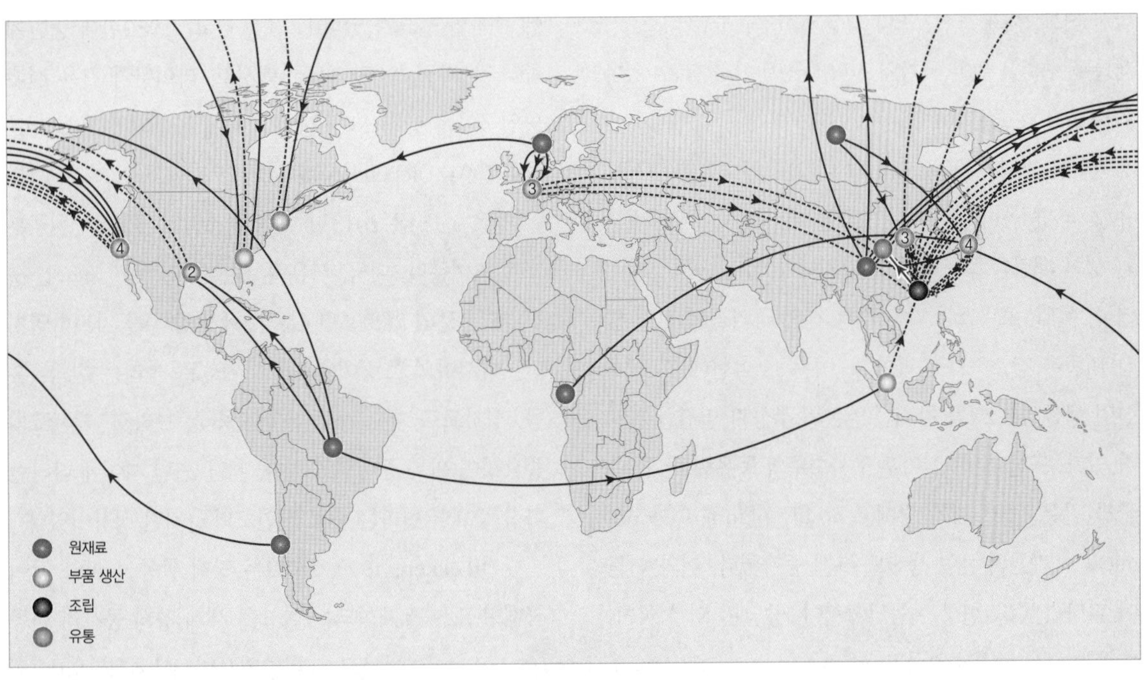

출처: http://blog.ewmfg.com/uncategorized/global-sourcing-pharma-to-fashion-and-everything-in-between/attachment/ iphone5-source-map (2016년 8월 18일 접속)

[표 4.7] 1948~2010년 주요 국가의 산업 생산 분포 변화

국가	세계 산업 생산 비중		
	1948	1984	2009/10
미국	44.6	28.2	18.8
유럽(OECD 회원국)	31.4	24.3	24.7
중국	–	10.5	18.1
일본	1.6	8.2	10.1
신흥공업국가(NICs)	4.9	8.5	13.8
개발도상국(중국 및 NICs 제외)	9.1	5.4	2.7

출처: Knox et al., 2014; UNIDO, 2010

산업의 특징과는 극명한 대조를 이룬다. 이는 유연적 생산 시스템(flexible production system), 저비용 생산 플랫폼 탐색, 수직 전문화(vertical specialisation)에 의해 구축된 '상호 연계 생산 시스템(interconnected world of production)'의 토대를 마련하였다. 개발의 관점에서 보면, 글로벌 생산 네트워크에 대한 지역의 전략적 조응은 혁신 허브, 세계 도시, 조립 생산 플랫폼, 물류 허브, 경제특구 구축을 위한 국가의 전략적 선택이라 할 수 있다(Coe and Yeong, 2015).

이러한 과정은 [표 4.7]에 잘 나타나 있다. 영국, 서부 유럽 국가들, 미국은 지난 300년 이상 중심부-주변부의 생산 패턴을 주도해왔다. 그러나 1948년 이후 미국, 영국, 독일, 프랑스와 같은 전통 산업 국가들의 산업 생산 비중은 감소하기 시작했다. 이는 1984년에 전 세계 산업 생산의 8.2%를 차지한 일본의 부상과 밀접한 관계가 있다. 또한 1948년 이후 구사회주의 동유럽 국가, 중국과 같은 '중앙 계획 경제(centrally planned economies)' 국가들의 산업 생산도 크게 증가했다. 이와 더불어 나타난 주요 현상은 동남아시아, 중남미 일부 국가, 중국과 같은 '신흥공업국가(newly industrialising countries: NICs)'의 출현이었다. 1984년에 중국을 제외한 신흥공업국가의 글로벌 생산 비중은 8.5%였으며, 2010년에는 13.8%까지 늘어났다. 한편, 2010년 중국의 글로벌 생산 비중은 18.1%까지 크게 증가했다(UNIDO, 2010). 그러나 중국과 신흥공업국가를 제외한 대부분 개발도상국의 글로벌 생산 비중은 1948년 9.1%에서 1984년 5.4% 그리고 2010년 2.7%로 감소했다는 사실에 주목할 필요가 있다([표 4.7] 참고). 1980년대 중반에 중국, 브라질, 인도, 한국, 멕시코, 타이완과 같은 신흥공업국가는 상위 25개 산업 국가에 포함되었다(Courtenay, 1994; Dickenson, 1994).

[자료 4.11]은 2013년 현재 제조업의 글로벌 생산 분포를 보여준다. 미국, 서유럽, 일본이 전 세계 제조업 생산량의 3분의 2(2005년 4분의 3에서 감소)를 차지하였지만, '아시아의 호랑이(Asian tigers)'로 불리는 한국, 홍콩, 싱가포르, 타이완과 더불어 중국, 브라질, 멕시코의 중요성이 더욱 증대되고 있다. 지난 25년 사이에 나타난 가장 중요한 변화는 중국과 인도의 급격한 성장이었다.

디컨(Dicken, 1998, 2007)은 경제 활동이 이와 같이 국제화 또는 세계화되는 현상을 '세계 경제 공간의 변동(global shift)'이라고 표현하였으며, 신국제분업(New International Division of Labour)의 마지막 단계로 간

[자료 4.11] 2013년 글로벌 제조업 생산 입지

출처: http://wdi.worldbank.org/table/4.2

[자료 4.12] 2013년 세계 주요 산업 국가의 제조업 부가가치 현황

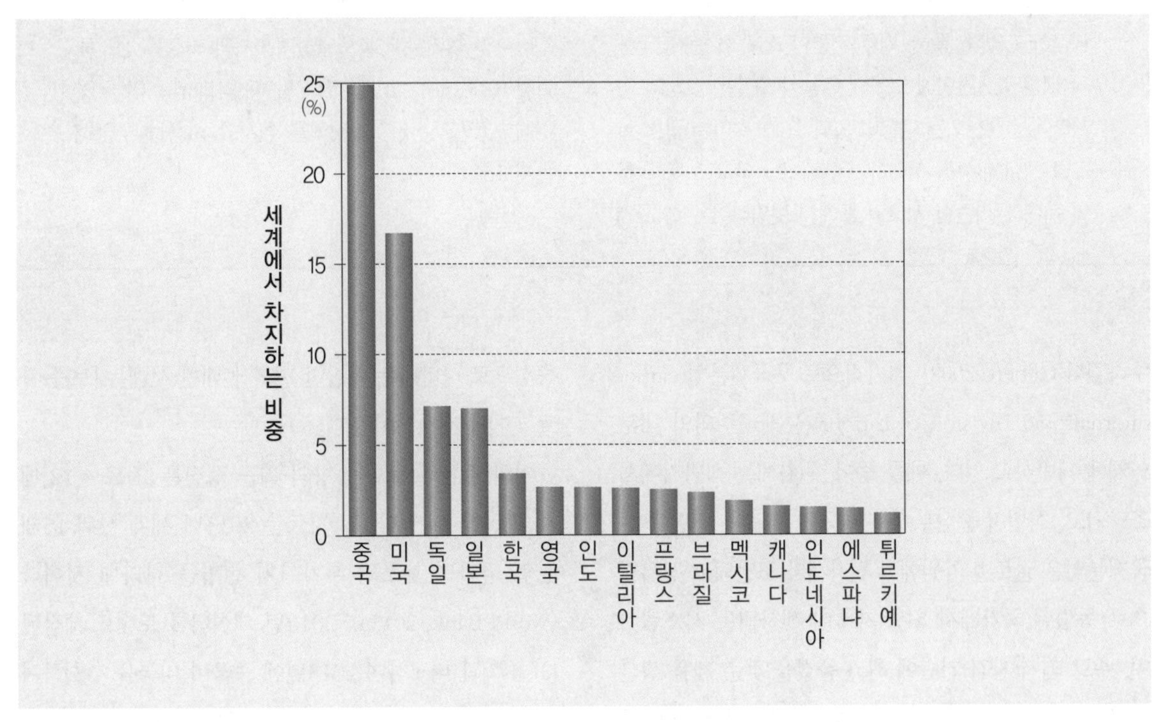

출처: Dicken, 2015

보충 자료 4.1

세계화와 스포츠화 생산

신발 산업은 노동 집약적이지만 매우 역동적인 산업이다. 바프와 오스턴(Barff and Austen, 1993)은 미국 신발 산업의 매출이 지난 10년간 3배 이상 증가한 원인을 분석하고, 공간 및 지리적 맥락에서 신발 산업의 변화를 분석했다. 1989년 미국 신발 시장을 주도하던 나이키의 중국 하청 생산 비중은 2%에 불과했다. 그러나 1993년에는 나이키 스포츠화 중 25%가 중국에서 하청 생산되었다(Barff and Austen, 1993).

나이키 스포츠화의 중국 생산 비중이 크게 증가했지만, 여전히 스포츠화 대부분은 동남아시아에서 생산된다. 미국 매출액의 60% 이상을 차지하는 3대 스포츠화 기업의 생산 기반 플랫폼은 다양한 지역에 입지하고 있다. 그러나 매년 하청업체와 체결하는 장기 또는 단기 하청 계약은 공장 시설의 개선, 시장 변동, 기술 변화 등에 따라 다양한 방식으로 이루어질 수 있기 때문에 하청 생산 관계 및 유형은 언제든지 변동될 수 있다(Donaghue and Barff, 1990).

한편 많은 스포츠 신발업체는 여전히 미국에서 신발을 생산하고 있다. 특히, 매우 저렴한 스포츠화는 미국에서 생산되는 반면에 고가의 기능성 모델은 오히려 아시아에서 생산되는 경향이 있다. 이와 같이 복잡한 글로벌 생산 현상을 이해하기 위해서는 국제 노동 비용의 차이에 기반한 사고의 틀에서 벗어나야 한다(Barff and Austen, 1993).

기본적으로 국내 생산은 매우 다양한 노동 과정을 수반한다. 다른 경제 부문과 마찬가지로 국내 스포츠화 생산업체는 리드 타임(lead times) 단축과 재고 감축을 통해 이익을 획득한다. 그러나 차별적인 스포츠화 생산의 세계화 유형은 신발 생산 과정에서 아주 잘 드러난다. 미국에서 생산되는 스포츠화는 다른 지역에서 생산되는 스포츠화에 비해 박음질이 거의 없으며, 생산 과정에서 고가의 원·부자재 사용을 최소화하였다. 이와 함께 특정 유형의 수입 스포츠화에 대해 차별적 관세가 크게 부과되었다. 이는 세계 각 지역의 미묘한 차이에 기반하고 있는 세계화 과정과 새로운 경제적 국지화의 현상을 보여주는 좋은 사례이다.

비판적 고찰

여러분이 정기적으로 이용하고 구매하는 상품과 음식의 리스트를 작성해보자. 그 리스트에 특정 지역과 관련된 상품과 서비스가 있는가? 그 상품들이 최종 소비자인 여러분에게 도달하기까지의 과정을 정리해보자. 여기에서 나타날 수 있는 편익과 비용이 무엇인지, 그리고 누가 그 이익을 취하고 비용을 부담하는지 고려해보자.

주하였다(Gilbert, 2002). 일반적으로 구국제분업(earlier International Division of Labour)은 제국주의의 내부 연계에 기반하고 있다. 예를 들어, 원자재는 식민지에서 조달되고, 식민지 중심부에서 가공 생산된다. 반면에 신국제분업은 글로벌 차원에서 원자재가 조달되고 정치적으로 독립된 국가에서 최종 제품이 생산되는 시스템이며, 주로 최저 가격 기반에 최고 품질을 갖춘 제품 생산 능력, 이상적인(저임금) 노동력 투입, 글로벌 생산과 시장의 분포 등에 영향을 받는다. 이와 같이 신국제분업을 중심으로 나타나는 복잡한 변화에 대한 사례는 [보충 자료 4.1]에 제시되어 있다.

이와 같은 글로벌 동향의 최근 쟁점은 [자료 4.12]에서 확인할 수 있다. 이 자료는 2013년 세계 상위 15개 산업 국가의 제조업 부가가치 현황을 나타낸 것이다(World Bank, 2013a). 2010년 데이터를 토대로 제작된 [표 4.7]과 비교하여 2013년에 중국이 미국을 추월하여 세계 최대의 제조업 생산 역량 보유국이 된 사실에 주목할 필요가 있다. 이와 같이 아시아와 중국의 부상은 글

[표 4.8] 주요 제조업 지역의 고용 지리 변화

지역/국가	1980(백만 명)	2010(백만 명)	변화율(%)
미국/캐나다	21.4	15.8	−26
일본	12.1	10.4	−13.2
서유럽	28.2	23.8	−15.6
남부아시아	60.5	63.1	+4
동아시아/동남아시아	68.6	126.7	+84.7
라틴아메리카	8.7	22.5	+158

출처: Knox et al., 2014

로벌 생산 질서의 재편을 의미하지만, 이에 따른 혜택은 소수의 선택된 개발도상국에게만 돌아갔다. 디컨(Dicken, 2015)은 가까운 미래에 세계 경제는 '친디아(Chindia)'에 의해 지배될 것이라는 주장에 주목했다.

[표 4.8]에 나타난 제조업 부문의 고용에 관한 지리적 변화는 다음 두 가지 핵심적인 과정, 즉 선진국 제조업 부문의 고용 감소와 아시아 및 라틴아메리카에서 제조업의 중요성 증대가 반영된 결과이다. 이는 세계 경제의 상호 연계성 심화를 의미하는 것이지만, 글로벌 제조업 생산의 입지는 특정 지역에 집적하고 있으며, 매우 불균등하게 분포하고 있다. 글로벌 제조업 및 서비스업 생산의 80%가 불과 15개 국가에 집중되어 있으며, 이 15개 국가에 유입된 외국인직접투자(Foreign Direct Investment: FDI) 비중은 전 세계 해외직접투자(Foreign Direct Investment: FDI)의 90%를 차지하고 있다. 개발도상국에 유입된 총 외국인직접투자 중에서 동아시아 7개 국가(한국, 홍콩, 중국, 싱가포르, 타이, 말레이시아, 타이완)에 유입된 외국인직접투자의 비중은 50%였으며, 1990년의 33%에 비해 크게 증가하였다. 이들 국가에 비해 그 외 개발도상국은 글로벌 경제 시스템에 아주 취약하게 통합되어 있다. 이는 글로벌 경제 시스템의 '집중된 분산(concentrated de-concentration)' 현상을 명확하게 보여준다.

세계의 무역, 금융, 서비스

일반적으로 제조업의 세계화는 세계 무역 및 글로벌 금융시장의 성장에 매우 중요한 역할을 해왔다. 세계가 더욱 상호 의존적으로 바뀌고 생산의 세계화에 크게 영향을 받게 되면서 무역은 제조업보다 빠른 속도로 성장하였다. 이는 다음 두 가지 현상, 즉 '글로벌 생산 과정에서 반제품(semi-produced item)이 전 세계 가공 생산 시설로 이동되는 과정'과 '글로벌 수준에 형성되는 재화의 물류 및 유통 시스템'이 반영된 결과이다. 20세기 후반에 세계 상업 무역은 20배 증가했지만, 생산은 6배 증가했다(Dicken, 2015). 이러한 무역 패턴은 선진국의 경제적 지배력을 더욱 강화했으며, 특히 대규모 공급에 따른 비용 절감을 가져와 선진국의 글로벌 연계성과 지속적인 성장을 증대하였다. 그러나 이로 인해 글로벌 연계가 취약한 국가들은 더욱 주변화되는 현상이 나타났다. [자료 4.13]에서 볼 수 있듯이, 아시아, 유럽, 북아메리카의 무역 지배력은 확연하게 드러나는 반면에 그 외 지역의 무역은 매우 미미하게 나타났다.

가치 측면에서 상품 이동의 가치보다 중요한 것은 은행·금융·증권 부문의 외환 거래, 이주 노동자의 송금, 고정자산 및 생산 부문에 대한 투자 등을 포함한 글로벌 금융 거래이다. 2010년 1일 글로벌 외환 거래액은 미화

[자료 4.13] 세계 무역 네트워크

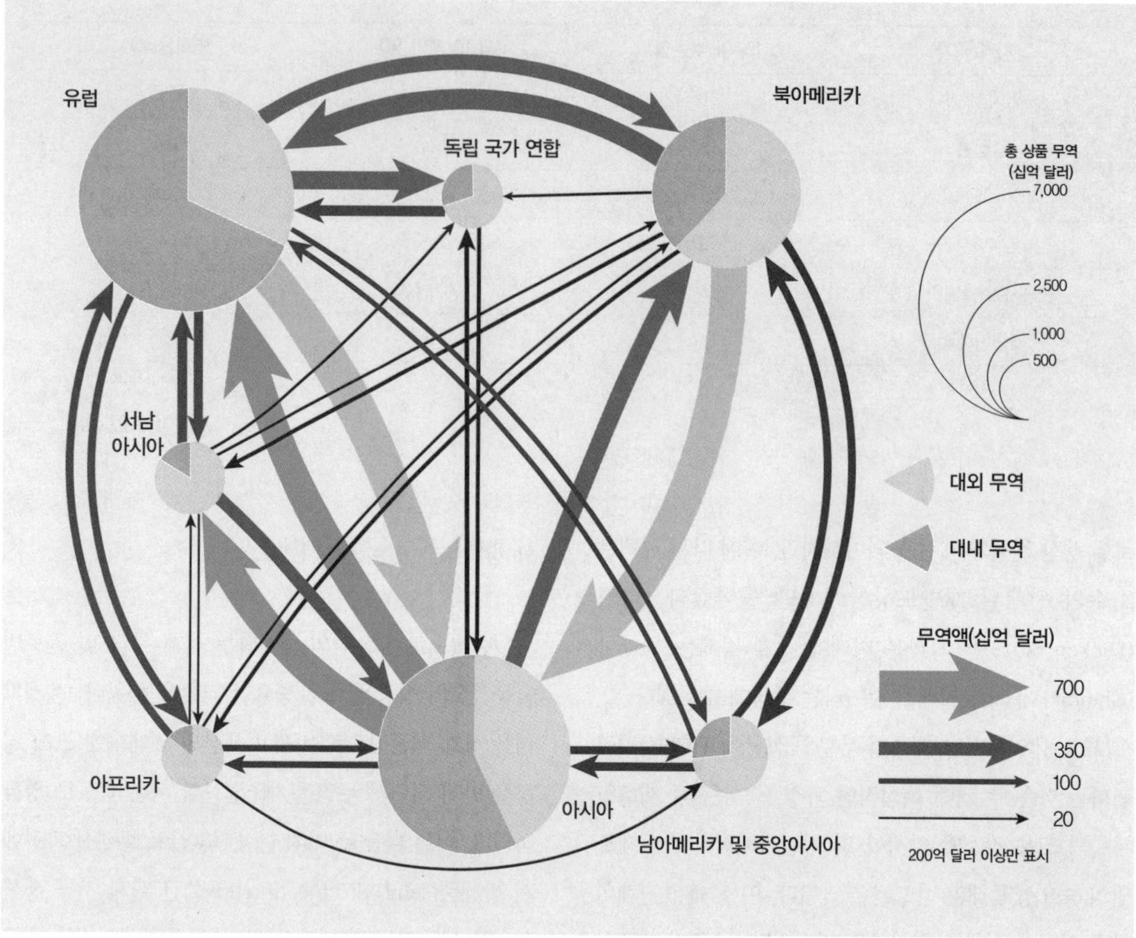

유럽
북아메리카
독립 국가 연합
서남
아시아
아프리카
아시아
남아메리카 및 중앙아시아
총 상품 무역
(십억 달러)
7,000
2,500
1,000
500
대외 무역
대내 무역
무역액(십억 달러)
700
350
100
20
200억 달러 이상만 표시

출처: Dicken, 2015

[자료 4.14] 지역별 해외직접투자의 흐름

500
400
300
200
100
0
(십억 달러)
2012
2013
2014
아시아
개발도상국
유럽
라틴아메리카 및
카리브해 지역
북아메리카
전환 경제
아프리카

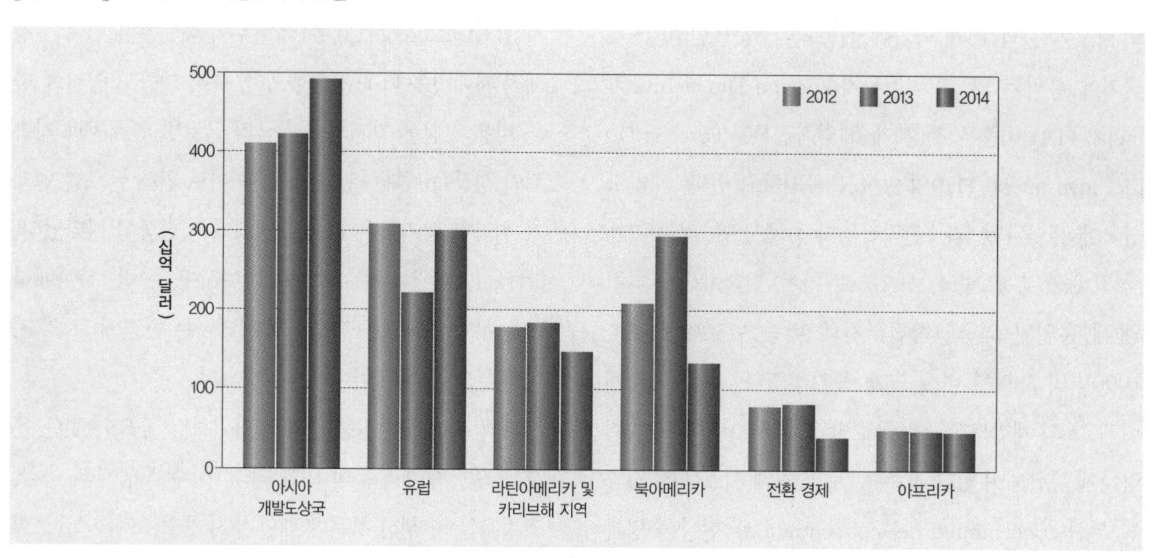

출처: UNCTAD, 2015

[자료 4.15] 글로벌 외국인직접투자 및 해외직접투자의 분포

출처: UNCTAD. http://unctadstat.unctad.org

[자료 4.16] 2014년 글로벌 서비스 생산액의 분포

출처: http://wdi.worldbank.org/table/4.2에서 산출

[자료 4.17] 세계 주요 국가의 서비스 공급 비중

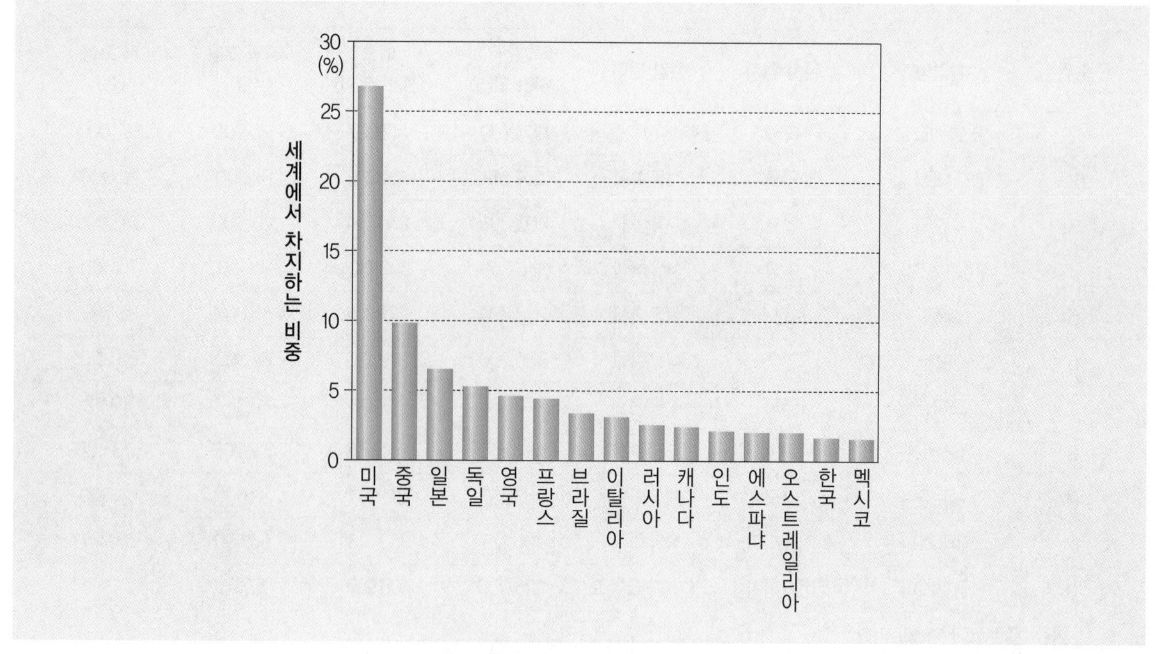

출처: Dicken, 2015

3조 8,740억 달러로 추정되며, 최근 1일 무역량은 미국의 연간 국내총생산의 25%를 초과하고 있다. 이와 더불어 2011년 이주 노동력 송금액은 미화 3,720억 달러로 전 세계 개발도상국이 지원 받은 원조 규모보다 크다(Knox et al., 2014).

국제 금융의 흐름은 해외직접투자와 밀접하게 연계되어 있다. 해외직접투자는 일반적으로 다른 국가에 사업장(생산법인)을 설립하거나 또는 기존 사업장에 대한 지분을 소유하는 형태의 개인 또는 기업 투자를 의미한다. 해외직접투자의 규모는 제2차 세계대전 이후 급격하게 확대되었으며, 초국적 기업(transnational corporations: TNCs) 운영에서 매우 중요하다. [자료 4.14]에 나타난 바와 같이, 해외직접투자는 시장 기회가 많은 아시아에 집중되고 있다. 아시아와 더불어 유럽과 북아메리카도 중요한 해외직접투자 지역이지만, 아프리카는 해외직접투자 대상 지역으로서 선호도가 매우 낮다. 2014년 총 해외직접투자액은 미화 1.2조 달러로 추정되며, 이 중 절반 이상이 신흥공업국가(NICs)와 같은 신흥공업국에 투자되었다(UNCTAD, 2015). 이는 외국인직접투자 및 해외직접투자의 분포도([자료 4.15] 참고)에 잘 나타나 있다. 지금까지 주요 해외직접투자 국가는 미국(22%), 영국(7%), 독일(6%) 등이었지만, 최근 신흥공업국가와 중국의 해외직접투자 비중이 서서히 증가하고 있는 추세이다.

글로벌 서비스 산업은 글로벌 경제 운영에 매우 중요한 역할을 한다. 선진국의 거의 모든 국가에서 서비스 산업은 고용과 부가가치 측면에서 1차 산업(농업, 광업, 임업, 어업) 및 2차 산업(제조업)과 비교할 수 없을 만큼 큰 비중을 차지하고 있다. 그리고 서비스 부문의 범위는 교육에서부터 법, 정부 기관, 은행, 금융, 운송, 무역, 여가 및 관광, 소매 및 개인 서비스 등에 이르기까지 매우 다양하다.

은행, 대형 소매업체, 항공사 등의 새로운 글로벌 시장 진출이 촉진되면서 글로벌 차원에서 국제 은행 및 투자 서비스, 법률 지원 서비스, 고용 리쿠르트, 홍보, 물류 및 운송, 관광, 소매 등의 규모가 급격하게 증대하였

[표 4.9] 세계 20대 및 개발도상국 8대 비금융권 초국적 기업(2014년 자산 기준 순위)

순위	기업명	본사 입지	산업 분야	자산 (백만 달러)	매출 (백만 달러)	해외 고용 (명)	총 고용 (명)
1	제너럴 일렉트로닉스	미국	전기&전자장비	656,560	142,937	135,000	307,000
2	로열 더치 셸	영국	석유화학	357,512	451,235	67,000	92,000
3	도요타	일본	자동차	403,088	256,381	137,000	333,498
4	엑손 모빌	미국	석유화학	346,808	390,247	45,216	75,000
5	토탈	프랑스	석유화학	238,870	227,901	65,602	98,799
6	BP	영국	석유화학	305,690	379,136	64,300	83,900
7	보다폰	영국	통신	202,763	69,276	83,422	91,272
8	폭스바겐	독일	자동차	446,555	261,560	317,800	573,800
9	셰브론	미국	석유화학	253,753	211,664	32,600	64,600
10	에니 스파	이탈리아	석유화학	190,125	152,313	56,509	83,887
11	에넬 스파	이탈리아	전기/가스/수도	226,006	106,924	37,125	71,394
12	글렌코어 엑스트라타 PLC	스위스	채광&채굴	154,932	232,694	180,527	190,000
13	앤하이저부시 인베브	벨기에	식품/담배	141,666	43,195	144,887	154,587
14	EDF SA	프랑스	종합 (전기/가스/수도)	353,574	100,364	28,975	158,467
15	네슬레	스위스	식품/담배	129,969	99,669	322,996	333,000
16	E. ON	독일	종합 (전기/가스/수도)	179,988	162,573	49,809	62,239
17	GDF 수에즈	프랑스	종합 (전기/가스/수도)	219,759	118,561	73,000	147,199
18	도이치텔레콤	독일	통신	162,671	79,835	111,953	228,596
19	애플	미국	전기&전자장비	207,000	170,910	50,322	84,400
20	혼다	일본	자동차	151,965	118,176	120,985	190,338
개발도상국의 비금융권 초국적 기업							
27	허치슨 왐포아	홍콩, 중국	다각적	105,169	33,035	215,265	260,000
36	CITIC Group	중국	다각적	565,884	55,487	25,285	125,215
41	홍하이정밀공업	타이완	전기&전자장비	77,089	133,362	810,993	1,290,000
62	페트로나스	말레이시아	석유화학	163,275	94,543	5,244	46,145
66	Vale SA	브라질	채굴&채석	124,289	47,130	15,894	83,286
67	삼성전자	한국	전기&전자장비	203,671	209,727	149,298	240,000
73	코스코시핑그룹	중국	운수	56,126	29,101	4,400	130,000
98	중국해양석유총공사	중국	석유화학	129,834	83,537	3,387	102,562

출처: Knox et al., 2014

[자료 4.18] 2011년 세계 20대 초국적 기업

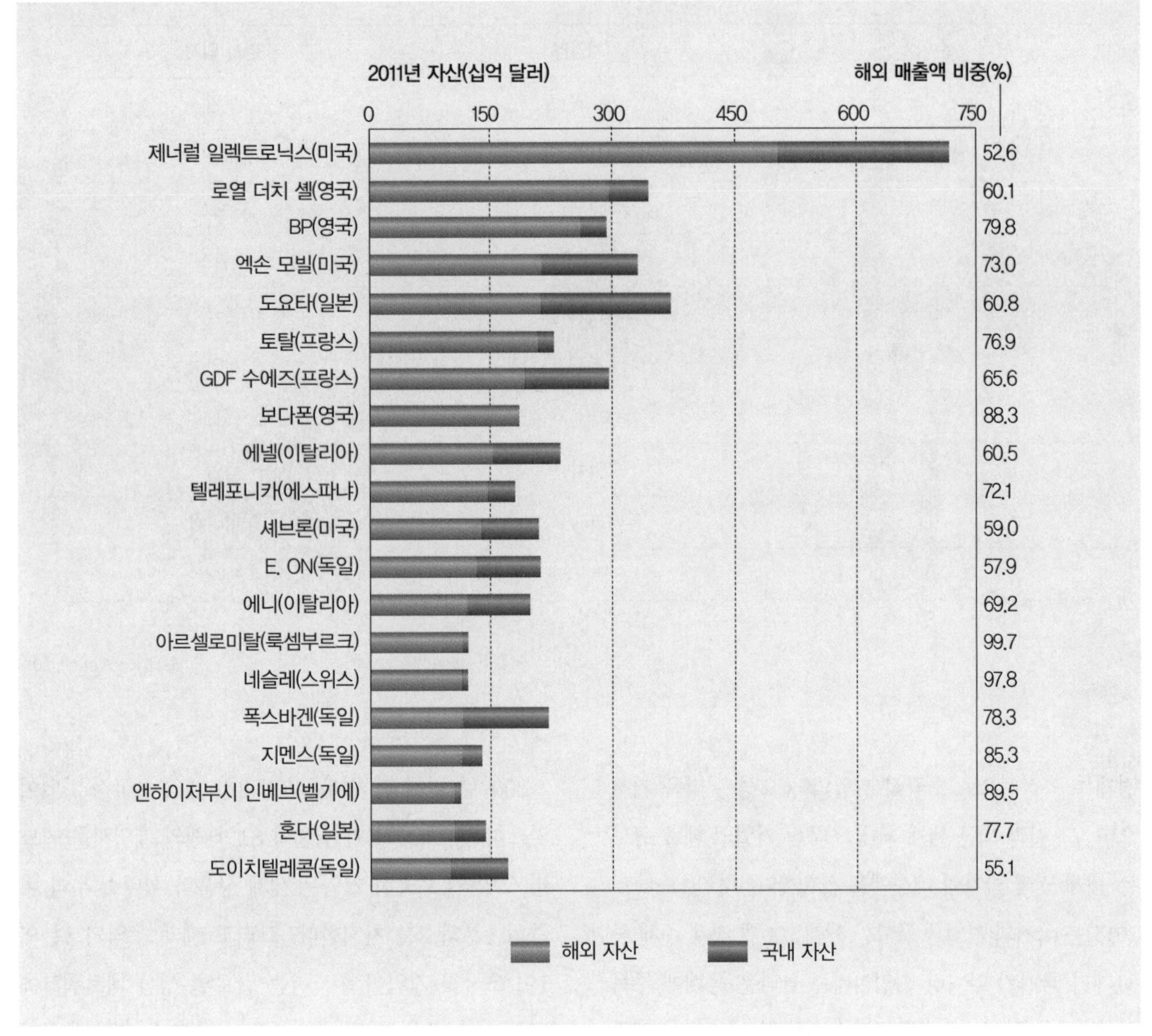

출처: http://www.economist.com/blogs/graphicdetail/2012/07/focus-1 (2016년 8월 18일 접속)

다. 이와 같은 현상은 새로운 지역 일자리를 창출하였고, 기업의 이윤을 크게 증가시켰으며, 주요 기업의 지배력을 강화하였다. 그러나 이러한 성장은 서비스업체의 글로벌 진출 과정에서 수익성이 좋은 지역에만 투자가 집중적으로 유입되는 반면 위험하고 수익성이 낮다고 인식되는 지역은 소외되는 한계를 보여준다. [자료 4.16]은 글로벌 서비스 생산액의 분포를 지도로 보여주고, [자료 4.17]은 주요 국가별 서비스 공급 비중을 나타낸 것이다. 이 자료에서 제시된 통계는 북아메리카, 유럽, 일부 아시아 국가들이 국내 및 글로벌 서비스 수요에 대응할 수 있는 역량의 수준을 보여준다.

초국적 기업

1945년 이후 산업 변화의 특징은 글로벌 생산 체계의 변화를 주도하는 초국적 기업(또는 다국적 기업)이 두각을 드러내기 시작했다는 것이다(Dicken, 2015). 초국적 기업은 해외직접투자의 주요 공급원이며, 수익을 창출하기 위해 글로벌 생산 네트워크를 활용한다. 신자유주의의 파급과 개발도상국의 수출 주도형 산업화(EOI) 및

[표 4.10] 2011년 세계 10대 금융권 초국적 기업

순위	기업명	본사 입지
1	알리안츠	독일
2	시티그룹	미국
3	BNP 파리바	프랑스
4	UBS	스위스
5	HSBC	영국
6	앗시쿠라치오니 GS	이탈리아
7	소시에테 제네랄	프랑스
8	도이치방크	독일
9	유니크레딧 spa	이탈리아
10	AXA SA	프랑스

출처: Knox et al., 2014

경제특구 정책으로 초국적 기업의 중요성은 더욱 커졌으며, 그 결과 최근 세계 최대 초국적 기업의 매출 규모는 세계 몇몇 국가의 매출액을 상회한다. 디컨(Dicken, 2015)은 국가와 기업을 포함한 세계 100대 경제 주체 중 51개가 국가가 아니라 기업이라는 놀라운 통계에 주목한다. 예를 들어, 제너럴 모터스(GM)의 매출액이 덴마크 경제 규모보다 크며, 제너럴 모터스, 월마트(Walmart), 엑손 모빌(Exxon Mobil), 포드(Ford), 크라이슬러(Daimler Chrysler)와 같은 세계 5대 초국적 기업 각각의 매출 규모는 세계 182개국 각각의 국내총생산 규모보다 크다.

초국적 기업의 기원은 19세기 이전 허드슨 베이 회사(Hudson Bay Company)와 영국 동인도회사(British East India Company) 같은 초기 무역 회사에서 출발한다. 초국적 기업은 초기에 주로 유럽의 농업, 광업 부문에 초점을 두었지만, 1950년대 이후 제조업과 수출 주도형 산업화 부문에 집중하기 시작했다(Jenkins, 1987, 1992; Dicken, 2015).

2009년 현재 전 세계에 8만 2천 개의 초국적 기업이 있으며, 이 초국적 기업은 약 81만 개의 계열사를 거느리고 있다. 초국적 기업은 세계 상품과 서비스 무역 비중의 3분의 2를 차지한다. 그리고 세계 무역의 3분의 1이 초국적 기업이 주도하는 글로벌 생산 네트워크에 의한 기업 내 무역(intra-firm trade)이라는 점을 주목할 필요가 있다(Dicken, 2015). 세계 100대 초국적 기업의 노동자는 약 1,500만 명이며, 초국적 기업의 계열사에서 근무하는 노동자는 약 9천만 명이다. 2015년 초국적 기업의 부가가치는 미화 7.9조 달러였다(UNCTAD, 2015).

세계 최대의 초국적 기업은 미국, 일본, 유럽에 본사를 두고 있다. 개발도상국 기반의 초국적 기업은 동남아시아, 남아프리카공화국, 멕시코, 남아메리카 일부 국가를 포함하여 지리적으로 매우 제한된 지역에 입지하고 있다. 특히, 아프리카에서는 초국적 기업이 남아프리카공화국을 중심으로 매우 불균등하게 위치한다. [자료 4.18]과 [표 4.9]는 세계 20대 및 개발도상국 8대 비금

융권 초국적 기업의 지리적 분포와 자산 규모를 보여준다. [자료 4.18]은 세계 20대 초국적 기업의 순자산 규모를 나타낸다. 이들 자산의 총규모는 미화 3천억 달러에 달하며, 세계 1위 제너럴 일렉트로닉스(GE)의 자산 규모는 세계 2위 로열 더치 셸(Royal Dutch Shell)의 2배 이상이다. 이와 같이 거대 초국적 기업은 모두 미국, 일본, 서부 유럽에 기반하고 있다. 2000년 이후에 이들 지역 내에서 변화가 나타났다. 예컨대, 유럽 기업이 성장하면서 미국에 기반을 둔 거대 초국적 기업의 수가 6개에서 3개로 감소하였다. 이들 초국적 기업의 제품은 석유, 자동차, 통신 등과 같은 주요 제조업 부문이 주를 이루고 있다. [표 4.9] 상단부에 제시된 세계 20대 초국적 기업에 근무하는 노동자 수가 한 국가의 공무원 수를 초과하는 수십만 명에 달한다는 사실에 주목할 필요가 있다. 예를 들어, 독일의 폭스바겐(Volkswagen)은 전 세계 계열사를 포함하여 57만 3,800명을 고용하였다. 한편 [표 4.9] 하단부는 개발도상국 8대 비금융권 초국적 기업을 보여준다. 이들은 자산 기준으로 세계 100대 초국적 기업의 순위 리스트에 포함되는 유일한 개발도상국 기반의 기업들이다. 여기에서 두드러지게 나타나는 특징은 세계 100대 기업 중 개발도상국 8대 초국적 기업이 상대적으로 낮은 순위에 머물고, 이들 중 상당 부분은 홍콩을 포함한 중국이 차지하며, 이들의 자산 규모가 세계 20대 초국적 기업에 비해 상대적으로 작다는 사실이다.

금융 및 은행 서비스업 부문 초국적 기업의 본사 입지를 보면 공간적 편견이 형성될 수 있다. [표 4.10]에 제시된 세계 10대 금융권 초국적 기업의 입지를 살펴보면, 10개 중 9개 초국적 기업이 유럽에 입지하는 반면, 1개의 초국적 기업만이 미국에 입지하고 있다. 상위 20위권도 일본에 1개, 미국에 2개를 제외한 나머지는 모두 영국, 프랑스, 독일, 스위스와 같은 서부 유럽 국가들이 차지하고 있다. 이는 세계 금융권에 대한 유럽의 은행 및 금융 시스템의 통제력 수준을 보여준다. 이와 더불어 법률 및 광고 기업과 같은 서비스업 부문에서도 유사한 패턴이 나타난다.

[표 4.11] 2010년 세계 최대 초국적 기업과 중간 규모의 국가 경제 비교

기업명/국가명	매출액/GDP (단위: 십억 달러)
노르웨이	414
월마트	408
남아프리카공화국	364
그리스	305
엑슨 모빌	285
셰브론	164
루마니아	162
제너럴 일렉트릭	157
페루	154
뱅크 오브 아메리카	150
필리핀	140
우크라이나	138
AT&T	123
포드	118

출처: Global Policy Forum/Forbes, 2010

사실상 많은 세계 대기업의 규모는 일부 작은 국가의 경제 규모보다 크다. 이는 초국적 기업이 글로벌 경제에 중추적인 역할을 수행하고 있으며, 글로벌 시대에 국민국가의 상대적 위치가 변화하고 있음을 보여준다. [표 4.11]은 세계 최대 초국적 기업의 매출액과 중간 규모 국가의 국내총생산을 비교한 것이다. [표 4.11]에 제시된 초국적 기업의 순위는 2010년 매출액을 기준으로 측정된 한편, [자료 4.18]의 순위는 2011년 자산을 기준으로 도출되었기 때문에 [표 4.11]과 [자료 4.18]의 초국적 기업의 순위가 다르게 나타났다.

이와 같이 거대한 규모의 초국적 기업의 투자와 생산은 개발도상국의 작은 국가 경제에 큰 영향을 끼친다. 특히, 국내총생산의 규모가 초국적 기업의 매출보다 훨

[자료 4.19] 2015년 도요타의 글로벌 생산 네트워크

출처: http://www.toyota-europe.com/world-of-toyata/this-is-toyota/toyota-in-the-world. (2016년 8월 18일 접속)

씬 작은 국가에 초국적 기업이 입지하는 문제는 지리적 불균등 발전과 변화에 미치는 영향이 매우 크다.

더 나아가 초국적 기업은 해외에 계열사를 두고 글로벌 생산 네트워크를 강화하며 서비스 관련 활동을 확대함으로써 해외 법인을 간접적으로 운영하는 시스템을 구축하고 있다. 예를 들어, 영국에 본사를 둔 HSBC 은행은 국외에 816개의 해외 법인을 두었다(Knox et al., 2014). 2010년 현재 포드는 전 세계에 210개의 계열사를 두고 기업을 운영하고 있다. 계열사의 대부분은 캐나다, 서부 유럽, 인도, 브라질, 멕시코, 중국, 아르헨티나, 베네수엘라와 같은 특정 선진국과 개발도상국에 입지하고 있다. 그 결과, 기업 본사와 전 세계에 흩어져 분산 입지한 생산 법인, R&D 법인, 판매 법인 간의 글로벌 생산 네트워크가 출현하게 되었다. 세계적인 자동차 회사인 도요타(Toyota)는 복잡한 글로벌 생산 네트워크를 구축한 대표적인 기업이다. 2015년 도요타는 28개국에 53개의 계열사를 운영하였으며, 170개국에 자동차를 판매하였다. 53개 계열사 중 35개가 자동차 부품을 생산하여 일련의 생산 네트워크를 통해 다른 도요타 계열사에 수출하였으며, 이와 더불어 자동차를 실질적으로 조립 생산도 했다. [자료 4.19]는 2015년 도요타의 글로벌 생산 네트워크의 분포를 보여준다. 53개 계열사 중 남아메리카와 아프리카에 입지한 계열사가 6개에 불과하다는 사실은 개발도상국을 배제한 편파적인 도요타의 글로벌 생산 체계를 나타낸다.

세계적으로 분산 입지한 조립 생산 공장들 간의 공급망은 세계 최대 가성비 기반의 최고 품질을 추구함으로써 수익과 효율성을 극대화하기 위해 구축된다. 초국적 기업은 현지 노동력과 지방정부의 요구에 대한 대응 권한을 현지 계열사에 이전함으로써 기업 운영의 효율성을 제고하고 재정적인 책임을 완화한다. 노동 집약적인 생산 과정은 주로 저임금 국가에 입지하는 경향이 있다. 이와 같이 저임금 국가는 '개발 중(developing)'이라고 할 수 있지만, 투자 유치국에 매우 제한적인 기술이 이전되고 종속적인 관계가 형성되어 실질적인 이윤이 발생하는지에 대한 여부는 불명확하다.

세계 도시 또는 글로벌 도시의 개념

인구 규모가 큰 도시가 세계 현황을 모두 주도하는 것은 아니지만, 기본적으로 글로벌 규모의 도시가 세계의 정세를 주도하고 있다고 본다. 이와 같은 세계 도시(world city) 또는 글로벌 도시(global city)의 개념은 개발 유형에 의해 보다 명료하게 파악된다.

프리드먼(Friedmann, 1986)은 세계 도시가 공간 조직의 거점, 생산과 시장의 결합 거점, 자본 축적(capital accumulation)의 중심지 역할을 한다고 주장하면서 세계 도시에 대한 여섯 가지 가설을 제시했다(Potter, 2008b 참고). 또한 세계 도시의 성장은 국가가 지불할 수 없는 사회적 비용을 수반한다고 주장했다. 세계 도시는 인구 규모를 넘어서 크고 복잡한 생산 거점, 금융 및 서비스 복합체 등을 보유하며, 교통 및 통신 허브로서 기능을 하고, 초국적 기업과 비정부 기관의 본사가 입지하고 있다(Simon, 1992a, 1993; Knox and Taylor, 1995; Potter, 2008).

주요 세계 도시는 뉴욕(New York), 파리, 런던, 프랑크푸르트(Frankfurt), 밀라노(Milano) 등이 있다. 한편 서울, 싱가포르(Singapore), 홍콩(Hong Kong), 방콕(Bangkok), 타이베이(Taibei) , 마닐라(Manila) , 상하이(Shanghai), 오사카(Oosaka), 멕시코시티(Mexico City), 리우데자네이루(Rio de Janeiro), 부에노스아이레스(Buenos Aires), 케이프타운(Cape Town) 등이 새로운 세계 도시로 부상하고 있다(Friedmann, 1995). [자료 4.20]은 이와 같은 세계 도시들의 위계와 네트워크를 통해 세계 도시가 초국적 기업 주도의 자본주의 시스템을 구성하는 네트워크의 결절지(nod)임을 보여준다.

세계 도시에 대한 세계적인 연구 동향은 글로벌 기업을 유치하지 못하거나 국제공항을 보유하지 못한 전 세계 수백 개 소규모 도시의 개발에 대해 관심을 두기보다는 선진국의 세계 도시에만 관심이 집중되어 있다고 비

[자료 4.20] 현대의 세계 도시 체계

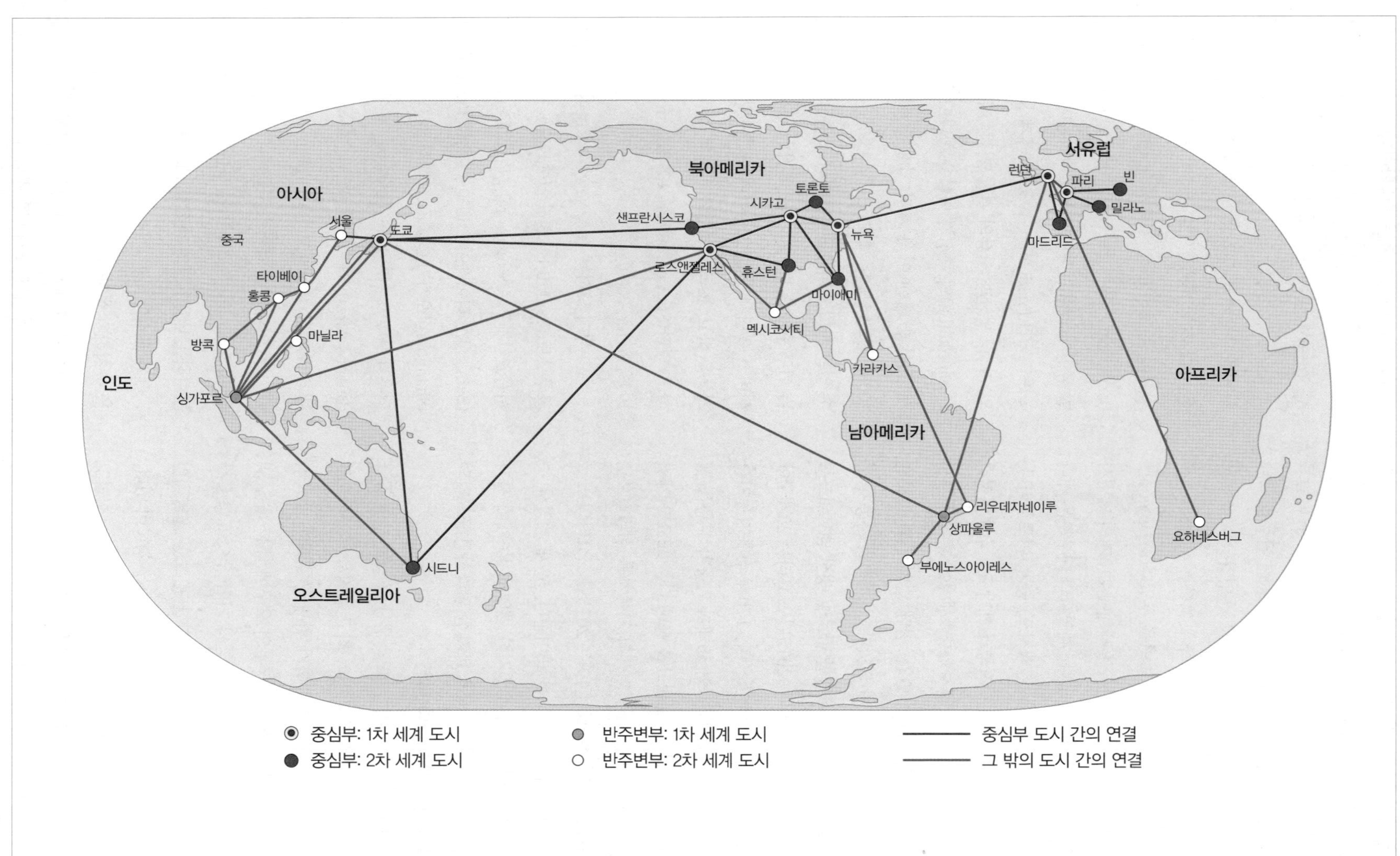

출처: Friedmann(1986) The world city hypothesis, *Development and Change*, 17, Wiley-Blackwell Pubishing Ltd.

판을 받아왔다. 로빈슨(Robinson, 2006)은 저서『보통의 도시들(Ordinary Cities)』에서 모든 도시는 글로벌 시스템의 일부로 바라볼 필요가 있으며, 세계가 작동하는 방식을 이해하기 위해 도시에서 일어나는 모든 현상은 동일한 수준에서 인식되어야 한다고 주장했다.

그럼에도 불구하고 일련의 중심부 도시의 경제적 지배는 불균등 발전에 따른 개발도상국의 불이익이 영구화될 수 있고, 개발도상국의 도시들이 21세기에 추진하는 개발 경로는 선진국의 도시들이 초창기에 추진했던 개발보다 훨씬 더 어려울 수 있다는 것을 의미한다. 이는 월러스틴(Wallerstein, 1980)의 '세계체제론(World System Theory)'에 제시된 중심부와 주변부 간 지배와 종속의 본질에 기인한다([자료 4.20] 참고).

세계는 아주 편파적이다. 이는 로슨(Lausen, 1973)의 가난한 국가 연구 사례에서 잘 나타난다. 그의 연구는 현대 세계의 대도시는 혁신의 주요 수용자이기 때문에 성장 거점(growth pole)이 상위 수준의 도시 체계와 깊은 관련이 있다는 전제에서 출발한다. 또한 그는 개발도상국은 사회 하부구조의 수준이 열악하고 정치적 의지가 결여된 경우가 많기 때문에 일반적으로 혁신의 공간적 확산은 개발도상국이 느리다고 주장했다.

따라서 공간 불균등에 직면한 개발도상국들에게는 두 가지 정책적 대안이 있다. 첫 번째 정책은 주요 도시 중심지에서 혁신을 먼저 수용하도록 하는 것이다. 두 번째 대안은 과거에 성장을 유도했던 변화가 자연스럽게 소멸될 때까지 국가 도시 체계의 최상부에서 새로운 혁신의 수용을 보류하고 지연시키는 것이다. 이와 같은 정책적 대안은 국가가 추구할 수 있는 현실적인 전략 측면에서 접근할 수 있다. 전자는 경제적 이원주의(economic dualism) 현상을 심화하겠지만, 고전 및 신고전주의 경제학자들과 신자유주의 학자들은 경제성장의 가능성이 훨씬 더 높다고 주장할 것이다. 반면에 후자는 지역의 균형을 가져오겠지만, 국가 경제성장률이 낮아질 것이다. 대부분의 개발도상국은 지역의 균형보다 성장의 극대화를 추구하며 규제 없는 혁신, 즉 첫 번째 정책적 대안에 가까운 정책을 채택해왔다. 이와 관련된 주제는 '제9장'에서 다시 논의된다.

지금까지 언급한 바와 같이, 개발도상국의 산업화는 획일성 및 동질성과는 거리가 멀고, 글로벌 경제 변동, 세계 도시의 성장 등과 관련이 있다. 요약하면, 세계화는 지역과 장소 간의 차이를 가져오고, 글로벌 차원에서 중심부(cores), 주변부(peripheries), 반주변부(semi-peripheries)를 형성한다. 그러나 실제로 최근에 나타나고 있는 차별화와 국지화(localisation)의 유형은 이러한 현상보다 훨씬 더 복잡하다.

경제적 변화와 글로벌 격차

세계화의 급속한 진전은 글로벌 연결성 및 초국적 기업 운영을 촉진했으며, 더 나아가 개발도상국의 성장과 변화를 가져왔다. 중상주의와 초기 자본주의 도입에 의해 개발도상국을 중심으로 나타난 불균등 발전은 글로벌 수렴과 발산(global convergence and divergence)의 이원화 과정(Armstrong and McGee, 1985; Potter, 2008 참고)을 거치며 1945년 이후에 더욱 심화되었다. 이러한 과정은 근본적인 세계화 과정의 산물이라 할 수 있다. 이 절에서는 발산을 주로 살펴보고, 다음 절에서는 수렴을 살펴보고자 한다.

격차는 점점 더 다양해지고 차별화되는 '장소'와 '생산'의 영역에서 잘 나타난다. 특히, 지역은 생산과 상품 공급의 차별화로 인해 전문화가 촉진되어 소득이 증대되는 한편, 차별화로 인해 가격 변동과 초국적 기업의 의사 결정에 취약해질 수 있다. 1970년대 세계 주요 자본주의 국가의 성장이 둔화되고, 석유 가격이 폭등하는 등 글로벌 경제 체제는 근본적인 변화를 많이 경험하였다. 이와 같은 변화는 노동 집약적 산업이 저임금 국가로 확산되는 데 크게 기여하였다(Armstrong and McGee, 1985). 이로 인해 신흥공업국가에는 포드주의 생산 라인이 구축된 반면, 선진 자본주의 국가에는 보다 소규모의 전문화된 생산과 축적의 '유연적 시스템(flexible system)'이 구축되었다. 선진국은 항공 우주, 바이오 기술, 제약, R&D 집약적 생산 부문 등과 같은 첨단 산업을 보유하는 경향이 있으며, 최근 중국의 전문 시장 수요와 노동 비용 상승의 결과로 재산업화(re-industrialization) 현상이 나타나고 있다.

1970년대 이후 개발도상국에서 생산 능력이 높은 지역은 몇몇 국가와 메트로폴리탄 지역 또는 잠비아 구리 벨트와 같은 광산 지역 및 농업 생산성이 높은 지역과 같은 특정 자원 중심지로 바뀌었다. 최근 국제분업이 심화되고 초국적 기업이 크게 성장하면서 생산 유형, 자본 축적, 소유권 측면에서 국가 간 격차와 국가 내 격차가 더욱 심화되었다. 이와 같은 격차는 한국, 중국(홍콩 포함), 타이완과 같은 수출 주도형 국가, 멕시코와 같은 내수 시장 지향 국가, 나이지리아와 같은 원료 수출 국가, 방글라데시와 같은 저소득 농업 수출 국가 간의 차별화를 가져온다.

현대 세계에서 이와 같은 변화는 글로벌 지역 층위에 따라 위계적으로 나타나기보다는 특정 지역 및 거주지, 즉 특정 도시 개발을 중심으로 나타나고 있다는 측면에서 비위계적이라 할 수 있다. 암스트롱과 맥기(Armstrong and McGee, 1985)는 '도시는 중요한 축적 요소이며, 초국적 기업, 지방 독점 자본, 국가 현대화를 위한 로쿠스 오페란디(locus operandi)이다'라고 진술했다. 이들은 이와 같은 특징을 토대로 도시를 '축적의 무대(theatres of accumulation)'로 규정하였고, 그들의 연구는『축적의 무대: 아시아와 라틴아메리카의 도시화 연구(Theatres of Accumulation: Studies in Asian and Latin American Urbanization)』라는 제목으로 출판되었다.

글로벌 수렴: 문화적 세계화에 대한 관점

글로벌 격차에 대한 논의와는 정반대로 세계의 변화와 개발의 유형이 점점 유사해지는 '글로벌 수렴(global convergence)' 현상이 나타나고 있다. 글로벌 수렴의 유형은 두 가지 측면에서 볼 수 있다. 첫 번째 유형은 글로벌 계급의 연계 측면과 관련이 있다. 가장 뚜렷한 현상은 '글로벌 중산층(global middle class)'의 성장이다. 글로벌 중산층은 교육을 충분히 받아 고도의 전문성을 갖추고, 중산층의 가치 추구를 통해 신자유주의 세계의 핵심 주체가 되고 있으며, 이들 국가의 대다수를 차지하는 빈곤층과는 거리를 두고 있지만 다른 국가의 중산층과는 연계하고 있다. 이와 마찬가지로 보다 소외된 계층의 사람들 또한 사회운동을 통해 전 세계적인 연계가 이루어지고 있다. 둘째, 수렴은 소비자의 선호 및 취미 영역에서 잘 나타날 수 있다. 특히 중요한 것은 개발도상국이 북아메리카와 유럽의 기호와 소비 패턴에 급속히 동화되는 일종의 '전시 효과(demonstration effect)'이다(McElroy and Albuquerque, 1986).

이러한 측면에서 소셜 미디어, TV, 신문, 잡지, 다양한 형태의 광고 등과 같은 대중매체는 매우 중요하다. 최근에는 기술의 발달로 인터넷 스트리밍을 통해 북아메리카의 연속극 시청이 가능해졌으며, 이는 현지 사정에 따라서 미국 또는 캐나다 연속극에 나오는 삶의 모습이 재해석되고 재구성될 수 있지만 실제 일상생활과 동경의 생활 간에 골을 가져올 수 있다(Miller, 1992, 1994; Potter, 2000, 2008a; Potter and Dann, 1996). 이러한 맥락에서 CNN, 알자지라(Al Jazeera), BBC와 같은 글로벌 미디어 방송사는 사람들의 가치에 영향력을 끼칠 수 있을 뿐만 아니라, 특정 국가에 편향적인 미디어의 주관적 보도를 통해 사건에 대한 대중의 인식을 재형성할 수도 있다. 더 나아가 선진국의 글로벌 미디어 방송사는 소위 문화 제국주의(cultural imperialism) 과정을 통해 개발도상국에서 중요하다고 인식되는 사건을 배제할 수 있는 위험도 있다.

보다 광범위한 차원에서 나타나는 수렴의 사례는 식생활 선호도의 변화와 음식의 맛을 정량화할 수 있는 '산업 미각 측정 장치(industrial palate)' 개발에 따른 식품 소비의 증가를 들 수 있다(Drakakis-Smith, 1990; Macleod and McGee, 1990).

개발도상국의 발전적인 도시는 해외의 새로운 기술 및 제품과 초국적 기업 계열사의 현지 활동을 받아들여 모방적인 생활 방식(emulatory and imitative lifestyles)을 형성하는 주요 창구 역할을 한다. 이러한 현상은 결국 집단 소비(collective consumption), 부채, 사회적 불균등의 심화와 연계된다. 이와 같이 동질화되는 현상은 대부분의 대도시에서 나타나고 있다. 이러한 관점에서 세계화는 문화와 개인의 정체성을 매우 불안하게 하는 과정으로 간주될 수 있으며, 이는 글로벌 문화 산업의 영향력으로 기존의 전통이 해체되고 있음을 의미한다.

이러한 영향력이 크다는 의미는 세계화를 거부하거나 억제하기가 매우 어렵다는 뜻이다(Hall, 1995). 홀(Hall, 1995)은 '글로벌 소비주의(global consumerism)는 세계 어디에서나 볼 수 있는 빅맥, 코카콜라, 나이키와 같이 세계 모든 부문에 문화를 동일하게 확산하고 있다'고 주장했다.

그러나 이러한 동질화에 대한 견해를 자세히 검토해 보면 취약한 점이 있다. 예를 들어, 상품의 표준화 효과는 사회 계층별로 매우 불균등하게 나타난다. 사실 의료 시설, 대중매체 및 통신 기술 등과 같은 표준화된 '상품'을 지속적으로 소비하고 유지할 수 있는 계층은 도시 엘리트 계층과 도시 상위 소득층으로 제한되며, 한편 사회 저소득층은 상대적으로 '나쁜 제품'(예: 질이 낮은 분유와 담배 제품)을 배당 받기 쉽다. 따라서 현실 세계에서 세계화의 힘은 계층에 따라 확연히 차별적으로 나타난다. 이와 같은 이질화 효과(heterogenising effect)는 도시 내부에서도 실질적으로 나타나고 있다. 예를 들어, 도시 내에서 광범위하게 분포하는 불법 및 저소득 주민들의 거주 지역과 대비되는 부유층 거주지의 분리 현상이 나타난다.

자본주의 체제는 필연적으로 소비와 취향의 세계화를 가져온다. 이는 '제3장'에서 논의되었던 자본주의 체제 아래에서 나타나는 생산 양식(modes of production)의 결합이라는 주제와 직접 관련된다.

글로벌 수렴과 발산: 계층 및 비계층적 변화의 유형-요약

도입

이 장에서 논의된 중요한 사항은 최근 개발도상국의 특정 지역에서 나타나는 개발의 유형이 글로벌 차원의 수렴과 발산이라는 모순적 과정이 국지적 수준에서 발현 및 대비된 결과라는 사실이다. 예를 들어, 암스트롱과 맥기(Armstrong and McGee, 1985)는 이러한 현상이 에콰도르, 홍콩, 말레이시아에서 어떻게 전개되는지 살펴보았다. 포터(Potter, 1993c, 1995a, 2000)는 카리브해 지역을 사례로 관광과 수렴 및 발전의 상관관계를 분석하였다. 이는 생산과 소비의 변화를 통해 세계화가 획일성을 가져오기보다는 장소 간의 이질성과 차이를 초래하고 있음을 보여준다.

이러한 현상은 개발도상국의 음악, 패션 등이 선진국의 유행을 주도하는 것에서도 볼 수 있다. 따라서 '흐름'은 일방통행이 아니라는 점을 인식해야 한다. 선진국에서 개발도상국으로의 '흐름'이 지배적이지만, 개발도상국에서 선진국으로의 흐름도 크게 증가하고 있는 추세이다. 이에 대한 사례는 대중 패션(high-street fashion), 음악, 음식, 그 외 다양한 부문에 대한 아시아의 영향력에서 찾아볼 수 있다. 동양의 종교와 철학이 선진국 사람들에게 매력적인 것과 마찬가지로 아시아 요리의 국제적 확산이 그 좋은 예이다.

소비와 수렴

우리는 이제 긴밀하게 연결된 여러 주장을 받아들일 준비가 되었다. 선진국의 소비 및 수요의 주요 특성은 글로벌 자본주의 체계를 통하여 주요 세계 도시의 메트로폴리탄 중심지에서 주변부 및 반주변부의 종주 도시(primate cities)로 위계적이고 단계적으로 확산된다는 점이다. 그러나 이러한 위계적이고 단계적인 확산의 실

[자료 4.21] 글로벌 수렴과 발산의 동향

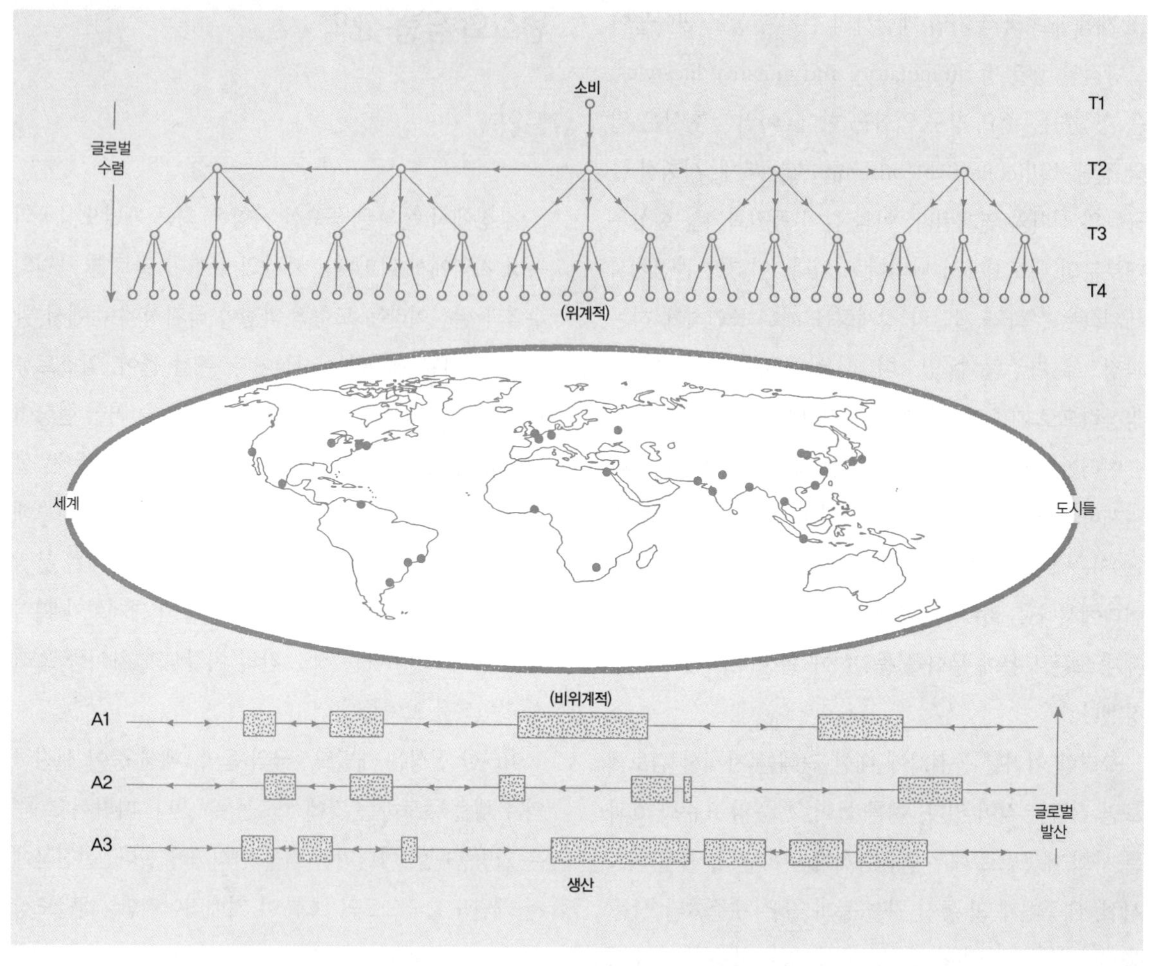

출처: Potter, 1997

질적인 효과는 몇몇 지역 정체성에 특화되어 나타났으며, 연령, 계급, 성, 종교 등에 의해 많은 영향을 받았다. 1960년대와 1970년대 미국의 도시 체계는 하향식(from the top to the bottom)으로 확산되었으며, 이러한 혁신적인 확산 현상은 모두 소비 지향적이었다(Berry, 1961, 1972). 이에 대한 사례로 TV 수신기와 방송국의 확산을 들 수 있다. 그러나 이러한 현상은 여러 잠재적 확산의 하나에 불과하며, 실제로 다양한 확산 현상이 나타나고 있다.

생산과 발산

이와는 대조적으로, 생산과 소유의 세계화는 점점 더 불균등하게 전개되고 있다. 생산과 소유는 특정 장소 또는 '공간 결절지(spatial nod)'에 집중된다. 이러한 과정은 반복적인 피드백 루프를 형성하게 된다. 따라서 세계 최대 도시, 생산의 중심지, 관광 중심지 등과 같이 글로벌 체계에서 선택된 지역은 매우 안정화되어 있다. 다시 말해, 주요 기업가적 혁신은 공간에 집중되어 있으며, 도시 체계를 통해 확산될 가능성은 매우 낮다. 이 주장은 종속이론을 개발보다는 저개발의 확산으로 보는 견해와 평행선을 이룬다.

그래프를 통한 요약

제시된 주장의 핵심 요소는 [자료 4.21]에 제시되어 있다. 한편, 서구 사회의 문화와 가치는 세계적 차원으로 확산되고 있다. 소비 유형은 시간(T1, T2, T3 등)을 따라 확산되며, '글로벌 소비 규범(global norms of consumption)'으로 수렴된다. 이러한 글로벌 소비의 변화는 주로 위계적으로 표출되며, 본질적으로 하향식으로 이루어진다. 이와는 대조적으로 자본의 소유권은 도시에서 축적되고 집중되는 경향이 있으며, 이러한 과정은 생산 역량의 격차와 밀접하게 연관되어 있다.

발산은 각 지역(A1, A2, A3) 고유의 활동에 초점을 두면서 산발적(sporadic manner)으로 나타나는 경향이 있다. 초국적 기업과 관련한 산업화는 이와 같은 과정에서 수반되는 가장 중요한 매개이다. 이는 포스트모던 세계 체제의 다원적이고 모순적인 본질을 설명하는 데 큰 효과가 있다.

도시와 도시 체계는 세계 경제를 구성하는 중요한 기능적인 부문으로서 연구되어야 한다. 이러한 측면에서 도시는 집중과 확산의 매개 역할을 한다. 따라서 도시가 위계적으로 또는 비위계적으로 변화를 확산시키는지에 대한 여부를 묻는 것은 도시의 역할을 너무 단순하게 고려하는 것으로 볼 수 있다. 이와 같은 측면에서 포스트모던 세계는 견고한 위계적 체계를 해체한다는 주장이 부각된다. 우리가 확실히 결론을 내릴 수 있는 것은 세계화는 새롭고 지속적인 형태의 불균등 발전을 가져온다는 점이다.

정치의 세계화: 반세계화와 반자본주의 운동

지역사회와 국가

이 장의 주요 주제는 세계화와 신자유주의적 세계 질서의 전개가 세계를 보다 평등하고 동일하게 만든다고 보는 것은 지나치게 단순화된 논리라는 것이다. 1830년에 부유한 국가와 가난한 국가 간 부(wealth)의 비율은 1 대 3이었지만, 2015년에는 1 대 80으로 추정되었다.

사실상 하나의 차원(scale) 또는 영역(arena)에서의 확산은 다른 차원 또는 영역과 양극화되어가는 것을 의미한다. 국가, 지역, 도시, 개인 중에서 선택된 하나의 영역은 글로벌 및 국가 생산 체계에 의해 특혜를 받거나 또는 소외될 수 있으며, 이는 이 영역의 계급 및 사회적 차이를 더욱 심화한다. 사회 내부의 주변화와 선진국과 전혀 다른 발전 경로는 모든 국가의 풀뿌리 단체와 지역사회의 불만을 증폭시키고 있다. 이러한 불만은 지속 가능한 삶에 초점을 둔 '마을 전환 운동(transition towns movement)'부터 '비아 캄페시나(Via Campesina)'와 같은 글로벌 평화 운동 지지에 이르기까지 다양한 운동으로 표현되고 있다.

세계화가 국민국가(nation state)의 역할과 권력을 침해하고 있다는 견해는 자주 인용된다. 이러한 관점은 특정 초국적 기업의 매출액이 작은 개발도상국 국가의 국내총생산보다 크다는 사실에서 출발한다. 또한 이는 초국적 자본 운동과 월드와이드웹과 같이 검열되지 않은 글로벌 통신망의 지배력과 관련이 있다. 따라서 배틀리(Batley, 2002)는 20세기 초(1925년까지) 국가는 국경 내부에 대한 확실한 권한을 보유하고 있었지만, 1975년 이후 실질적인 기능 및 권한을 축소하고 다른 기구와의 파트너십에 초점을 두어 다공적인 국민국가(porous nation state)로 진화하고 있다고 지적하면서 개발 분야에서 변화하는 국가의 역할을 주장하였다. 사실 민관 파트너십의 개념은 우리 시대의 보편 개념이 되었으며, 신자유주의가 적극적으로 장려하고 있다.

반세계화와 반자본주의 운동

1990년대 이후 세계화에 대한 부정적인 결과가 드러나면서 '반세계화 운동(anti-globalisation)'이 나타나기 시작했다. 사실 반세계화 운동은 주요 자본주의 국가 정상 회담, 세계무역기구 각료회담, G8 회담, 세계 경제 포럼 등에 대해 직접적인 행동을 취하는 시위 단체, 로비 활동, 이해관계 등을 의미하는 광범위한 개념이다. 최초의 반세계화 운동은 우루과이 라운드(UR)를 대체할 새로운 다자간 무역 협상의 의제를 도출하기 위해 시애틀에서 열린 세계무역기구 제3차 각료회담에 반대하여 1999년 11월 29일부터 12월 2일까지 일어났던 '시애틀 전투(Battle of Seattle)'이다. 이 반세계화 운동은 약 60만 명이 가담했던 베트남 전쟁 시위 이후 미국에서 일어난 가장 큰 대규모 시위 중 하나였다(Madeley, 2000; Murray, 2006).

반세계화 운동은 신자유주의에 반대하는 광범위한 반자본주의 운동(anti-capitalist Movement)의 일부로 볼 수 있다. 반세계화 운동의 주요 주체는 환경운동가, 무정부주의자, 페미니스트, 소비자, 노동조합원, 노동자, 농민 들로 구성된다. 2011년 자본주의 체제에 반대하는 세계 도시 '점거 운동(Occupy Movement)'은 전 세계 노동자 99%의 희생으로 1%의 초국적 기업에 특혜가 집중되는 신자유주의 체제에 대한 대중의 불만과 저항이 강하게 표출된 것이었다. 시위가 변화를 가져왔다고 주장하기는 어렵지만, 반세계화 운동은 수많은 사람이 신자유주의 체제에 불만을 품고 있고, 더 나아가 미래의 자본주의 확장은 특정 계층을 위한 다른 계층의 희생으로 이루어진다는 사실을 보여주었다(Williams et al., 2014).

반세계화 운동의 대표적인 시위 대상은 세계 무역을 관장하는 세계무역기구이다. 세계무역기구는 관세 및 무역에 관한 일반 협정(General Agreement on Tariffs and Trade: GATT)의 전신이며, 기본적으로 자유무역에 기초한다. 실제로 노동환경과 노동 권리, 작업장 건강과 안전, 환경오염 등과 관련된 이슈들이 초국적 기업의 자유무역에 방해되지 않도록 강력히 조율해왔다. 세계적으로 무역 규제를 완화하고 지식재산권을 보호하기 위해 제시된 새로운 글로벌 무역 협정을 둘러싼 다양한 협상에서의 노력은 대규모의 반세계화 시위를 불러왔고, 선진국 중심의 무역 체계 때문에 더욱 악화된 개발도상국의 불만을 증폭시켰다. 전통적인 논쟁 주제는 선진국이 농부들에게 지급해온 정부 보조금으로, 이는 개발도상국 농산물의 경쟁력을 약화했다. 사실 개발도상국의 제조업 보조금은 세계무역기구의 규제에 위반되기 때문에 엄밀히 말해 글로벌 무역에서 선진국의 농업 보조금은 허용될 수 없다.

지역적 차원에서 환태평양경제동반자협정(Trans-Pacific Partnership agreement: TPP)과 범대서양무역투자동반자협정(Transatlantic Trade and Investment Partnership: TTIP)은 다른 주권국가에서 선진국 기업의 이익을 보호하고 개선하기 위해 그들의 권리를 법적으로 명기하려는 것과는 반대되는 움직임으로 간주되기 때문에 최근에 이러한 협정을 둘러싼 많은 논란이 부각되고 있다. 이에 대한 반론으로 이러한 협정을 통한 무역 강화는 모든 협정 가입국에 혜택을 가져다줄 것이라는 주장도 제기된다.

마델레이(Madeley, 2000)는 세계무역기구가 많은 시위를 야기하는 이유를 설명하면서 '글로벌 남반구 포커스(Focus on Global South)'의 공동 대표인 월든 벨로(Walden Bello)의 말을 다음과 같이 인용했다.

> 그 이유는 세계무역기구가 무역에 대한 인간 존재의 종속성을 옹호하고, 초국적 기업의 이익을 대변하는 조직이며, 개발도상국에서는 매우 반개발적인(anti-development) 철학을 가진 조직으로 간주되기 때문이다.

일부 신문 논평은 이러한 시위의 결과로 2000년 이후 세계화의 관점이 변화를 보이기 시작했다고 시사했다. 엘리엇(Elliott, 2000)은 세계화에 대해 다음과 같이 주장했다.

> 세계화는 더 이상 자연스러운 힘으로 간주되지 않는다. 인간의 노력과 성실함에 의해 형성될 수 있고 형성되어야만 하는 것이다. 세계화는 자본이 모든 것을 지배하는 시

스템으로 태생적인 문제가 있다고 본다.

세계화는 보다 인간 친화적이면서, 글로벌 노동 기준을 준수하며 전개되어야 한다. 영국의 전 총리 고든 브라운(Gordon Brown)은 2001년 11월에 '세계화가 잘못 전개되면, 보다 광범위한 불균등, 보다 깊은 분열, 불신과 갈등이 고조되는 위험한 시대로 이어질 것'이라고 강조하였다(Elliott, 2000).

2001년 9월 11일 이후 세계화, 불균등, 분열과 위험의 연계성은 아주 확연하게 나타난다. 뉴욕 세계무역센터 트윈 타워 테러의 여파로 반자본주의 및 반세계화 운동이 크게 쇠퇴했다는 주장이 대두되었다. 다른 한편, 반세계화 운동의 지도자 중 한 명인 나오미 클라인(Naomi Klein, 2001)은 "우리가 원하는 유형의 세계화에 대한 논쟁은 '그렇게 끝난 것(so yesterday)'이 아니라, 지금 당장이라도 해야 한다"고 경고했다. 이러한 입장은 '맥월드(McWorld)와 지하드(Jihad)' 간의 차이를 보완하는 새로운 형태의 다자주의(multilateralism)와 국제주의(internationalism)의 필요성을 주장한다. 2011년 세계 도시 '점거 운동'과 관련해 여러 국가에서 발생한 대규모 시위는 드러나지 않은 강력한 저항의 움직임이 지속되고 있음을 보여주는 것이다.

'제3장'에서도 살펴보았듯이, 학문 세계에서도 개발의 국지화(localisation)와 영역화(territorialisation)에 대한 주장이 제기되고 있다. 이는 신대중주의(neo-populism)의 개념 및 선택된 지역의 폐쇄적 운영과 연결된다.

정치적 영역에서 생산의 재국지화(relocalisation of production)와 '푸드 마일(food miles)' 감소에 대한 필요성이 커지고 있다(자원과 개발에 대해서는 '제7장' 참고). 이와 관련된 정책은 영국의 녹색당(Green Party)이 강하게 주장하고 있다(Lucas, 2001a, 2001b). 루카스는 국제 식량 무역의 증가가 온실가스를 증대하고 지구 온난화를 가져오며, 궁극적으로 이러한 현상으로 인해 식품 안전 기준과 동물 복지 기준이 하락하고, 구제역(Foot and Mouth Disease)과 같은 재난이 나타난다고 주장했다.

글로벌 문제에 대한 글로벌 해결 방안? 토빈세

반세계주의자에 따르면, 극단적인 친세계주의자(pro-globalists)의 특징은 글로벌 자유무역을 강력하게 지지하지만 그 이외 부문의 세계화에 대해서는 그리 크게 고려하지 않는다. 예를 들어, 친세계주의자는 종종 국경을 넘는 노동자 이동의 탈규제에 대해서는 별 관심이 없다. 이러한 주장에 꼭 들어맞는 주요 사례로 세계 빈곤과 저개발에 대항하기 위해 부과된 글로벌 기반의 세금을 들 수 있다.

어떤 사람들은 지금 당장 필요한 것은 강력한 형태의 글로벌 재분배라고 주장한다. 1972년 예일대학교 경제학과 교수 제임스 토빈(James Tobin)은 글로벌 금융 투기에 대한 과세의 필요성을 주장했다. 토빈은 과거 그의 초기 아이디어가 '바위처럼 잠겨버렸다'고 언급한 적이 있었다. 그러나 1978년에 그의 주장을 공식화하여 1981년에 글로벌 조세에 대한 공로로 노벨 경제학상을 수상하였다.

외환 시장에서 매일 미화 3조 달러 이상이 거래되고 있다. 실제로 세계 무역에 필요한 금액은 이 총액의 5%에 불과하다. 나머지는 사실상 환율 변동으로 이윤을 획득하는 투기 거래에 해당한다. 토빈세(Tobin Tax)는 이러한 글로벌 금융 거래에 약 0.20~0.25%의 세금을 부과하는 것으로 연간 미화 2,500억 달러의 세수를 창출한다. 이는 전 세계 원조에 투입되는 총액의 5배가 넘는 금액이다. 이러한 세금을 거둬들이고 배분하는 데 비록 많은 이슈가 있겠지만, 일반적으로 이 세금은 국가 중앙은행이 거둬서 유엔개발계획(United Nations Development Programme: UNDP) 또는 유네스코(United Nations Educational, Scientific and Cultural Organization: UNESCO)와 같은 유엔 기구에 예치해야 한다.

토빈세로 매년 거둬들일 수 있는 미화 2,500억 달러는 이 자금을 통해 실제로 실현할 수 있는 것이 무엇인지를 고려할 때 비로소 정당해질 수 있다. 예를 들어, 전 세계에 보편적 초등교육을 정착시키는 데는 오래전부터 연간 미화 80억 달러 정도만 해도 충분할 것으로 추정해 왔다. 한편 유엔개발계획은 최악의 세계 빈곤을 퇴치하기 위해 미화 800억 달러가 필요하다고 추정했다. 또한 '주빌리 2000(Jubilee 2000)' 캠페인은 개발도상국이 갚을 수 없는 부채를 탕감하는 데 매년 미화 1,600억 달러의 비용이 투입되어야 한다고 주장했다.

그러나 글로벌 토빈세의 도입은 빈곤 완화 이상의 또 다른 이유가 있다. 토빈세가 지난 수년간 금융시장이 보여줬던 극심한 변동을 억제하여 금융시장을 안정시킬 수 있는 역할을 한다는 것이다(Rigg, 2002).

2000년대 초 영국의 비정부기구(NGO) 단체인 빈곤과의 투쟁(War on Want)은 토빈세 도입을 강력하게 지지하는 대규모 캠페인을 벌였다. 이와 더불어 캐나다 의회는 프랑스 대통령 프랑수아 미테랑(François Mitterrand)의 사망 직전인 1990년대 중반에 그가 강력하게 주창했던 토빈세 도입에 찬성표를 던졌다.

그러나 일반적으로 세계화를 지지하는 정치인들은 세계 빈곤을 퇴치하기 위한 글로벌 세금을 강력하게 거부한다. 따라서 1995년 국제통화기금 총재였던 미셸 캉드쉬(Michel Camdessus)는 '빈곤에 대한 자금 조달은 정부에게 맡겨야 한다'고 말한 것으로 보고되었다.

특히, 글로벌 과세의 가능성은 세계화와 빈곤 감소를 다루는 영국 정부의 백서에서도 언급되지 않았다. 엘리엇(Elliot, 2001)은 '살인자와 같은 정치 … 워싱턴, 런던, 도쿄, 프랑크푸르트와 같이 중요한 지역은 토빈세에 대한 정치적 의지가 없다'고 언급했다.

최근 글로벌 기업의 도덕성이 주목받고 있다. 대표적인 사례로 '이전 가격(transfer pricing)'을 들 수 있다. 이전 가격은 계열사 간 국제 상품 거래에 적용되는 가격으로 법인세율이 높은 국가에 입지한 계열사의 거래 이익을 낮게 보고하는 한편 카리브해 지역과 같은 조세 천국에 보다 많은 이익이 발생하도록 하여 기업 전체 법인세 부담을 최소화하는, 즉 국가 간 법인세율 차이를 이용한 일종의 조세 회피 시스템이다. 이와 유사하게 초국적 기업이 세금 감시가 취약한 국가에서 과세를 회피하고 투자 유치가 절실한 국가에서 기업 설립 조건을 유리하게 설정하는 행위는 빈곤과 기업의 탐욕을 영속시키기 위해 취약한 국가 시스템을 노골적으로 이용하는 것으로 간주된다.

결론: 세계화와 불균등 개발

이 장은 기본적인 글로벌 문화의 동일성 개념은 명백한 왜곡이며 지나치게 단순화되었다고 주장하고 있다. 우리는 초국적 기업이 점점 더 생산과 소비의 세계를 지배하는 세계화된 세계에 살고 있다. 그러나 이러한 세계화의 산물이 동질성의 증대라고 보는 관점이 잘못되었다고 보는 이유는 많다.

첫째, 때때로 지역 및 민족 문화에서 북아메리카의 영향에 대해 강한 저항이 나타난다. 단일 글로벌 문화는 분명 잘못된 개념이다. 예를 들어, 바베이도스는 북아메리카와 유럽 사람들이 가장 많이 방문하는 관광지임에도 불구하고, 맥도널드 개장을 두고 한동안 치열한 경쟁을 벌였다. 그러나 바베이도스인은 대체로 소, 양, 돼지와 같은 붉은 고기보다 닭고기를 더 선호하기 때문에 패스트푸드 체인점은 6개월밖에 지속되지 못했다. 이는 현지 관습과 취향이 전 세계의 주도적 흐름을 직접적으로 거부할 수 있다는 것을 보여주는 단편적인 사례이다. 지역에 기반을 둔 패스트푸드 레스토랑인 셰프 바비큐 반(Cheffette BBQ Barn)에서는 주요 메뉴인 닭고기 요리가 매우 인기가 있지만, 소고기 버거도 함께 판매한다.

둘째, 글로벌 문화는 국지적 차이를 없애기보다는 국지적 차이와 더불어 형성된다. 심지어 글로벌 문화는 국지적 차이를 통해서 형성되기도 한다. 특정 제품은 특정 사회 집단을 대상으로 판매된다. 이와 같은 방식으로 국지적 차이는 어디에서든 찾아볼 수 있고, 이용될 수 있다(Robin, 1995).

더 나아가 전 세계에서 점점 더 많은 문화 상품이 생산되고 있으며, 이 문화 상품들은 새로운 세계 시장의 상품으로 전환되고 있다. 이러한 현상은 패션, 음악, 관광 부문에서 두드러지게 나타난다(Crang, 2000). 따라서 레게(reggae)에서 소카(soca)에 이르는 아프리카의 토속 음악, 아시아의 정치적 사상, 라스타파리아니즘(Rastafarianism) 등은 한쪽 방향으로만 흐르는 것이 아니며, 역으로 개발도상국에서 만들어진 문화 상품들이 선진국 시장에서 대중적인 인기를 얻어 판매되기도 한다. 따라서 세계화는 식민지가 식민 제국(colonial power)을 침략할 수 있고, 주변부(the periphery)가 중심부(the core)를 장악할 수 있는 가능성을 열어준다(Robin, 1995). 그 결과 우리는 새로운 세계화 체계에서 많은 비정상적인 역류 현상을 경험하고 있다. 이러한 현상은 전형적인 포스트모던의 조건으로 해석될 수 있다.

또한 세계화와 시-공간 압축으로 장소의 가치가 더욱 높아졌다는 주장이 있다. 따라서 세계화가 국지화를 가져왔다고 할 수 있다. 이는 때때로 세계 체제 내에서 지역 정체성이 과거보다 훨씬 더 확연하게 드러나는 다양한 글로벌-로컬 관계 기반의 '세계화'로 표현되기도 한다.

이와 더불어 문화의 특성은 항상 혼종성, 차이, 분쟁에 의해 결정되기 때문에 현재 새롭거나 낯선 현상이 전혀 일어나고 있지 않다고 주장할 수도 있다. 서부 유럽 국가들이 근대화를 주도해왔지만, 포스트모던 사회는 혼성적인 문화 양식으로 특징지어지고 있다. 이는 문화라는 것이 결코 정착되는 것도, 완성된 것도, 완전한 것도, 일관적인 것도 아니라는 사실을 반영한 것이다(Hall, 1995).

문화와 상품, 생활양식은 아주 이질적으로 확산되고, 때로는 축소되기도 한다. 한편 생산과 소유의 관계는 발산과 차별화의 과정으로 인해 매우 불균등하게 확산된다.

마지막으로 최근 장소 간의 경쟁이 치열하다. 예컨대, 특정 지역의 대기업 유치는 다른 지역과의 차이를 더욱 심화시킬 가능성이 매우 높기 때문에 이들 대기업을 유치하려는 장소 간 경쟁이 치열해지고 있다. 따라서 무역의 자유화는 반세계화 운동을 초래했다.

이와 같은 이유를 토대로 불균등 발전은 글로벌 자본주의 체제의 특징이라고 결론 내릴 수 있다. 세계화가 모든 것을 아우를 수 없기 때문에 글로벌 관계와 과정은 불균등하다. 이러한 역동적인 변화는 선진국을 중심으로 지나치게 편향적으로 나타난다(Allen, 1995). 세계가 점점 축소되면서 선진국의 사람들은 대체로 지난 50년간 소득의 증가, 사회적 조건의 개선, 재화에 대한 접근성 향상 등을 통해 세계화의 혜택을 누려왔지만, 세계 인구의 대부분은 이러한 세계화의 혜택을 제대로 누리지 못하고 있다.

개발을 고려할 때는 세계 체계 속에서 장소가 다양한 방식으로 연계되어 있다는 점을 먼저 인식해야 한다. 장소는 매우 불균등하게 상호 연계되어 있으며, 이러한 불균등성은 가까운 미래에 줄어들기보다는 증대될 것으로 보인다. 글로벌 자본에 대한 장소 간의 경쟁은 세계를 더욱 불균등하고 차별화하고 있으며, 이는 글로벌 분산(Armstrong and McGee, 1985; Cochrane, 1995; Potter, 1993c, 2000)과 불균등 지리적 발전(Harvey, 2006, 2015)의 추세를 반영하고 있다. 코크레인(Cochrane, 1995)은 세계화가 불균등 발전의 근본적인 원인이며 심지어 세계화에 의해서 불균등 발전이 더욱 심화되기 때문에 세계화와 국지화는 양극 간의 대립이 아니라고 주장한다.

핵심 요점

- '세계화'는 1400년대 이후 세계 경제 발달과 개발 유형에 결정적인 영향을 끼쳤으며, 현재 우리가 살고 있는 시대의 산물이라 할 수 있다.
- 세계화와 개발 과정 간의 관계를 면밀하게 고찰하기 위해서는 계획과 변화에 대한 사고가 수반되어야 한다.
- 신자유주의자들은 세계화를 21세기의 성장을 확산시키는 기제로 보기 때문에 신자유주의는 신근대화(neo-modernization)와 유사한 것으로 간주될 수 있다.
- 첨단 통신 기술을 활용하는 사람들에게 세계는 점점 더 효율적으로 축소되고 있다.
- 세계화는 장소와 사람들 사이에서 다양한 형태로 나타난다.
- 글로벌 경제에서 초국적 기업과 해외직접투자의 역할은 매우 중요하며, 제조업은 점점 더 글로벌 생산 네트워크에 의해 지배된다. 세계 도시는 글로벌 경제를 통제하기 위한 주요 거점이며, 글로벌 경제에 대한 선진국(북반구)의 경제적 통제력을 강화시킨다.
- 글로벌 수렴과 발산은 소비 패턴의 동질화를 촉진시키는 한편, 글로벌 생산 패턴의 지역별 다양성과 차별성을 유발한다.
- 반세계화와 반자본주의 운동은 지금 당장 세계화가 통제 또는 중단되어야 한다고 강력하게 주장하고 있다.
- 세계화의 편익 및 비용과 수용적 · 배타적 효과는 '불균등 지리적 발전'의 패턴과 과정을 강화하면서 각 국가마다 차별적으로 나타난다.

토의 주제

- 세계화가 창출하는 새로운 형태의 국지화에 대해 논의해보자.
- 세계는 점점 더 축소되고 있지만 동시에 점점 더 불균등해지고 있다는 관점에 대해 논의해보자.
- '세계화는 이미 500년 전부터 발생했다'는 진술에서 도출할 수 있는 개발의 함의에 대해 논의해보자.
- 토빈세(Tobin Taxes)의 기본 개념을 설명하고, 국제개발 측면에서 토빈세의 역할에 대해 논의해보자.
- 반세계화 운동이 지향하는 것은 무엇이며, 그것의 지속 가능 여부에 대해 논의해보자.
- 개발상도국에 대한 초국적 기업과 WTO 역할의 윤리적 타당성에 대해 논의해보자.

제2부

개발의 실천: 개발 요소

제5장
개발 과정에서 인구 이슈

이 장은 개발 과정에서 사람과 관련된 다양한 측면에 초점을 맞춘다. 인구 증가 및 분포와 같은 문제를 살펴본 후 개인, 가정, 공동체에 있어 삶의 질에 영향을 미치는 여러 중요한 요소 중에서 보건, 교육 및 인권을 탐구한다. 세계 최빈국들에서 유의미한 발전이 이루어지려면 이러한 문제가 국내에서 그리고 국제적으로 먼저 고려되어야 한다고 제안한다.

이 장의 주요 내용은 다음과 같다.

- 인구 성장과 인간 생존에 필요한 핵심 자원 간의 관계를 탐구한다.
- 세계 인구 증가와 분포의 비율을 살펴본다.
- 인구 변천 모델의 핵심 요소를 설명한다.
- 왜 몇몇 국가는 산아 제한 정책을, 다른 국가들은 출산 장려 정책을 채택하는지 조사한다.
- 세계 여러 지역에서 국가별 인구 구조의 변화와 어린이 및 노인의 역할을 살펴본다.
- 가난한 나라의 사람들이 직면한 주요 건강 문제 중 일부를 검토한다.
- 교육 개선과 인권 함양을 위한 다양한 정책을 살펴본다.

도입: 사람 중심으로 개발을 바라보기

사람은 개발 과정에서 절대적인 중심축이자 모든 개발 전략의 필수 요소이다. 과거 사람들의 요구는 종종 간과되었고, 개발 정책이 개인, 가정 및 공동체에 미칠 수 있는 영향을 고려하지 못했다. '제1부'에서 보았듯이 개발의 의미와 최적의 전략에 대해 서로 다르거나 종종 상충하는 견해가 있었다. 하지만 개발경제학자 더들리 시어스(Dudley Seers, 1969)가 주장했듯이 개발은 삶의 질을 향상하는 것이 분명하며 빈곤, 실업, 불평등을 줄이는 핵심 요인이다. 또한 시어스는 후속 저술에서 '자립(self–reliance)'이 개발 계획의 중요 목표가 되어야 하며, 개발 전략은 영양, 물, 위생, 건강 및 교육과 같은 인간의 기본적 요구를 충족시켜야 한다고 주장했다. '제3장'에서 살펴보았듯이 과거 개발 전략은 기본적 요구 충족을 경제성장과 더불어 자연스레 수그러드는 부차적 문제로 보았다. 사실 남반구(개도국)에서 행해진 개발 프로젝트 중 일부는 도리어 불평등, 빈곤, 실업을 초래하기도 했다.

다수 개발 전략의 또 다른 문제는 개발자가 종종 '사람'과 '공동체'를 다양하고 역동적이기보다 동질적이고 수동적인 실체로 인식한다는 점이다. 지역사회 내 사람들의 상이한 요구, 지식 및 기술 수준을 간과하여 개발 프로젝트가 특정 부류의 사람에게만 혜택을 주는 결과를 낳기도 했다. 예로, 1960년대와 1970년대 감비아에서의 관개 벼 프로젝트는 여성들이 쌀 생산을 담당하며 쌓아온 기술과 노하우의 가치를 떨어뜨려 결과적으로 여성들에게 불이익을 주었다. 따라서 개발 전략은 사람과 사회가 동질적이라고 가정해서는 안 되며, 정책의 대상이 되는 개인이나 지역사회에 대한 보다 면밀한 이해를 바탕으로 수립되어야 한다.

이 장에서는 사람들의 다양성과 개발 과정에서 핵심 자원의 역할을 탐구한다. 우선 인구 통계학적 주요 특징을 살펴보고 이어서 삶의 질에 영향을 미치는 몇몇 광범위한 문제를 평가한다.

인구와 자원: 인구학적 시한폭탄?

인구 증가율과 식량 및 주요 천연자원의 가용성 간 관계는 수 세기 동안 많은 학자의 관심사였다. 일부 평론가는 인구 증가를 세계 발전의 '빅이슈'로 보고 식량 공급을 앞지르는 인구 증가에 대해 '암울하고 운명적인' 시나리오를 제시하는 데 반해, 다른 이들은 훨씬 덜 염세적이며 인구 증가를 발전 과정에서 중요한 역할을 수행하는 '발전의 엔진'으로 보았다.

인구와 자원 논쟁에서는 1798년 발간된 토머스 맬서스(Thomas Malthus)의『인구론(An Essay on the Principle of Population)』이 자주 언급된다. 맬서스는 식량 증산을 압도하는 인구 성장에 대해 매우 비관적인 시나리오를 제시했으며, '예방적(preventive)' 그리고 '긍정적(positive)' 견제가 필요하다고 보았다. 파울 에를리히(Paul Ehrlich)는『인구 폭탄(The Population Bomb)』에서 다음과 같이 논평했다.

> 미국인은 개발되지 않은 국가들이 피할 수 없는 인구–식량 위기에 직면해 있다는 것을 깨닫기 시작했다. 매해 미개발 국가의 식량 생산이 인구 급증의 여파로 타격을 입고 사람들은 조금 더 배고픈 상태로 잠자리에 든다. 이러한 추세가 일시적 또는 국지적으로 반전되긴 하지만 대량 기아가 논리적 결론임을 부인하기는 어려워 보인다. (Ehrlich, 1968)

1970년대 초 로마 클럽(Club of Rome)의『인류의 곤경에 관한 프로젝트(The Project on the Predicament of Mankind)』에서는 맬서스와 에를리히의 경고에 화답해 다음과 같이 제안했다.

> 세계 인구압은 이미 매우 높은 수준에 도달했으며 더구나 불균등하게 분포되어 있어 이것만으로도 인류는 당장 지구에서 균형 상태를 추구해야 한다. 인구 희소 지역은 여전히 존재하지만, 세계 전체를 고려할 때 인구 증가는 아직 임계점에 도달하지 않았다 하더라도 그에 근접하고 있다. (Meadows et al., 1972)

반면 경제학자 에스테르 보저럽(Ester Boserup)은『농업의 성장 여건(The Conditions of Agricultural Growth)』(1965, 1993)에서 인간, 환경 및 자원 사이의 관계에 대해 대안적이고 훨씬 더 긍정적인 관점을 제시했다. 보저럽은 인구 증가와 인구밀도의 상승이 전통적인 식량 생산 시스템을 혁신시키고 강화시키는 핵심 요소라고 주장했다. 만약 인구 증가율이 너무 빠르지 않다면 사람들은 시간이 지남에 따라 환경과 재배 전략을 조정하여 자원

핵심 아이디어

맬서스와 보저럽 중에서 누가 옳은가?

인구와 자원 간 관계에 대한 논쟁은 계속되고 있다. 과거 식민지 시절의 유럽 관리들은 라틴아메리카, 아프리카 및 아시아의 토착 농업 관행을 열등하다고 생각했다. 하지만 중국 남서부, 페루의 안데스산맥, 모로코의 아틀라스산맥과 같은 다양한 지역의 계단식 논과 복잡한 관개 시스템에 대해 지난 30여 년 동안 진행된 연구는 현지 농부들이 자신이 처한 환경을 매우 잘 이해하고 관리하여 생산성을 높이고 인구 증가에 따라 늘어난 요구를 충족시킬 수 있기 때문에 완벽히 지속 가능함이 드러났다. 반면 유럽 전문가에 의해 과거 식민지에 도입된 개발 계획이 지역 환경 특성을 제대로 이해하지 못해 실패로 끝난 사례가 드러났다. 보저럽이 강조하였듯이 공동체가 어떻게 지역 환경 자원을 관리하는지를 이해하는 것이 농촌 개발 전략을 짜는 일에서 선행되어야 할 것이다.

기반을 심각하게 훼손하지 않고도 수확량을 증대할 수 있다고 보았다. 토착민이 인구 증가에 대응해 농업 생산성을 높이는 능력이 있음을 확인하는 상세하고 실증적인 연구가 뒷받침되면서 이러한 관점은 최근 인기를 얻었다(Tiffen et al., 1994).

인구와 자원 간의 관계는 1987년 브룬틀란 보고서(WCED, 1987)와 1992년 6월 브라질 리우데자네이루(Rio de Janeiro)에서 열린 유엔 환경 개발 회의에서 지구 온난화 및 기후 변화와 같은 환경문제와 함께 진지하게 논의되었다('제3장'과 '제6장' 참고). 유엔 환경 개발 회의와 후속 출판물에서 지속 가능한 개발이라는 개념이 대중에 널리 알려졌다('제3장'과 '제7장' 참고). 이는 세계 기초 자원과 증가하는 인구 간 균형을 달성하여 미래 세대를 위한 자원을 위태롭지 않게 하는 것이다. 또한 지구 정상 회담에서 각국 정부가 채택한 포괄적인 행동 프로그램인 '의제 21(Agenda 21)'에서 환경, 인구 및 개발 간의 연계가 끊임없이 강조된다(UN, 1993).

리우 지구 정상 회의 10년 후인 2002년에 남아프리카공화국 요하네스버그(Johannesburg)에서 역사상 가장 큰 회의로 알려진 지속 가능한 개발에 관한 세계 정상회의(World Summit on Sustainable Development: WSSD)가 개최되었다. 세계에서 가장 부유하고 강력한 국가인 미국의 조지 부시(George W. Bush) 대통령의 불참 선언에도 불구하고, 회담은 지속 가능한 개발에 대한 글로벌 약속을 강화하고 2015년 새천년 개발 목표(Millennium Development Goals: MDGs)를 향한 진행 상황을 점검하는 기회가 되었다(Earth Summit, 2002). 2012년 브라질 리우데자네이루에서 열린 리우+20 회의에는 4만 5천 명의 대표단과 130명의 국가 및 정부 수반이 모였다. 하지만 미국 오바마(Obama) 대통령, 독일 메르켈(Merkel) 총리, 영국 캐머런(Cameron) 총리는 유럽 금융 위기에 대처하느라 너무 바쁘다는 핑계로 불참한 바 있다.

이처럼 인구와 자원 간의 역동적 관계에 대한 오랜 논쟁에서 표출된 다양한 관점들이 독특한 '개발 지리'를 구성한다.

세계 인구는 어디에 사는가?

1999년 10월 12일 자정이 지나고 3분 후 사라예보(Sarajevo)에서 한 아이가 태어나면서 세계 인구는 60억 명이 되었으며, 2015년에는 73억 명에 이르게 되었다. 인구는 지구 표면에 고르게 분포하지 않으며 인구밀도는 매우 다양하게 나타난다([자료 5.1] 참고). 중국과 인도

[자료 5.1] 2014년 세계의 인구밀도

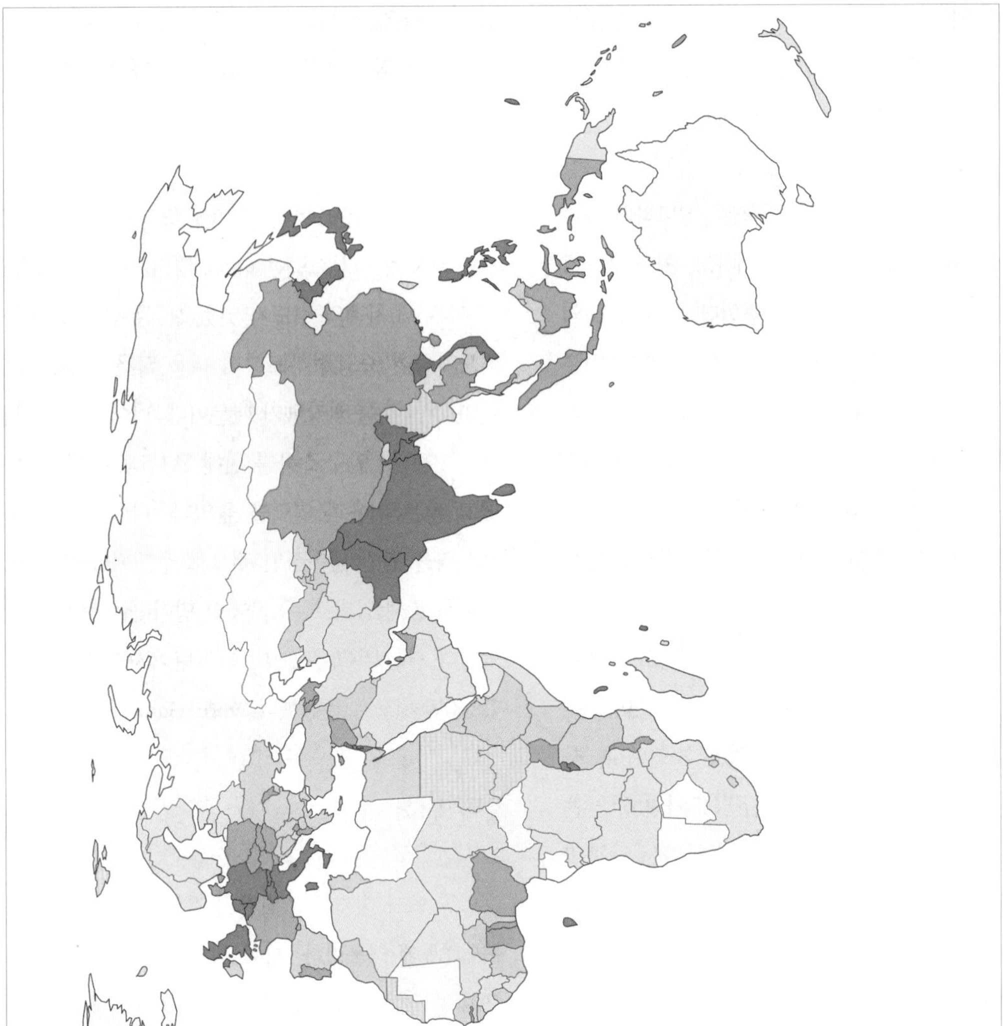

인구밀도(명/km^2)

200 이상

100 ~ 200 미만

50 ~ 100 미만

10 ~ 50 미만

0 ~ 10 미만

자료 없음

출처: UN 통계, 2014

인구는 세계 인구의 3분의 1 이상에 달하며 세계 인구의 약 60%가 아시아에 살고 있다. 인도 인구는 1999년 8월 15일 10억 명을 돌파했으며, 2030년에는 중국을 추월하리라 예측된다(UN, 2013a).

바베이도스, 몰디브, 몰타와 같은 작은 섬나라와 싱가포르와 같이 좁은 영토의 나라를 제외하고, 인구밀도가 높은 나라는 아시아와 유럽에서 발견된다. 인구가 10억 8,700만 명인 인도의 인구밀도는 426명/㎢이며, 일본은 349명/㎢, 한국은 518명/㎢, 방글라데시는 1,218명/㎢이다. 유럽의 인구밀도는 모나코를 제외하면 방글라데시의 수준에 미치지 못하지만, 영국 267명/㎢, 벨기에 371명/㎢, 네덜란드 500명/㎢처럼 상대적으로 높은 나라도 있다.

그린란드와 남극의 극지방 황무지를 제외하고 세계에서 가장 인구가 희소한 지역은 오스트레일리아(3명/㎢), 캐나다(4명/㎢) 그리고 아프리카의 많은 지역이다. 사실, 아프리카는 여전히 세계에서 인구밀도가 가장 낮은 대륙으로, 모리타니와 리비아 같은 사막 국가는 인구밀도가 4명/㎢에 불과하다. 남부 아프리카의 보츠와나와 나미비아는 인구밀도가 각각 4명/㎢, 3명/㎢이다. 반면 아프리카에는 인구밀도가 유독 높은 나라가 있다. 중앙 아프리카의 르완다와 부룬디 같은 작은 국가는 각각 490명/㎢, 408명/㎢이다. 나이지리아는 아프리카에서 인구(1억 7,800만 명)가 가장 많으며 인구밀도가 196명/㎢에 달한다(UN, 2013a).

인구수 계산하기

국가 인구 통계의 신뢰성과 관련하여 신중히 접근해야 하는 만큼 지역 및 세계 인구 통계도 마찬가지로 주의해서 다루어야 한다. 인구조사는 시간과 비용이 많이 들고 관리 및 분석하는 데 상당한 전문성을 요구하기 때문에 심지어 부유한 국가의 결과도 항상 믿을 만한 것은 아니다. 결과적으로 가난하거나 정치적으로 불안정한 일부 국가는 자주 인구조사를 할 수 없으므로 가용할 만한 데이터는 종종 오래되고 믿을 수 없다. 나아가 신뢰할 만한 최신 데이터가 없기에 국가 계획을 수립하기 힘들다.

예로, 아프리카의 최대 인구 국가인 나이지리아는 거의 30년 만인 1991년에 첫 인구조사를 실시했다. 직전 인구조사는 의심스럽긴 하지만 1963년에 실시되었고, 그 이후 세 차례의 시도가 있었으나 무산됐었는데 지역 지도자들이 중앙정부로부터 더욱 많은 지원을 받고자 지역 주민 수를 과장했기 때문이다. 나이지리아 연방 정부는 1991년 인구조사를 위해 3년간의 준비 기간도 보냈고 많은 비용과 인력을 들였다. 나이지리아 인구는 1억 명을 훨씬 넘어섰던 것으로 추계되었으나 1991년 조사를 통해 실제로는 8,850만 명이라는 충격적 결과를 얻었다. 세계은행은 2014년에 나이지리아 인구를 1억 7,800만 명으로 추산했다(World Bank, 2015c).

인구 변화

인류 역사 대부분의 기간에 걸쳐 평균 인구 증가율은 거의 0%에 머물렀다. 사실 세계 인구의 현대적 성장은 18세기 유럽과 북아메리카에서 사망률이 천천히 감소하면서 시작되었다. 인구 성장세는 그 후 20세기에 꾸준히 가속화하였으며, 특히 1950년 이후 남반구(개도국)에서 급속히 일어났다([표 5.1] 참고).

메릭(Merrick, 1986)은 세계 인구가 1950년 이전의 오랜 인류 역사보다는 1950년 이후에 더 많이 증가했다고 지적했다. 이는 냉철한 분석이라 할 수 있으며 본가르츠(Bongaarts, 1995)는 다음과 같이 논평했다.

> 성장의 가속화는 세계 인구가 연속적으로 수십억 명씩 추가하는 데 소요되는 시간이 단축되었다는 것에 의해 입증된다. 첫 번째 10억 명은 19세기 초, 두 번째는 120년, 세 번째는 33년, 네 번째는 14년, 다섯 번째는 단지 13년(1974년에서 1987년)이 걸렸다.

[표 5.1] 1990~2100년 세계 인구 증가 추이

구분	인구수(십억 명)			인구 성장률(%)	추정 인구(십억 명)		증가율(%)
	1900	1950	1990	1950~1990	2025	2100	1990~2100
남반구(개도국)	1.07	1.68	4.08	143	7.07	10.20	150
북반구(선진국)	0.56	0.84	1.21	44	1.40	1.50	24
세계	1.63	2.52	5.30	110	8.47	11.70	121

출처: Bongaarts, 1995(국제 식량 정책 연구소 자료를 재인용)

만약 예측이 맞는다면 다음 30억 명 증가는 각각 10년 남짓 소요되어 훨씬 더 빠른 속도로 이루어질 것이며, 2024년에는 세계 인구가 80억 명에 달할 것이다(Bongaarts, 1995). 또 2100년에는 약 108억 명에 도달할 것으로 예측된다.

이들 인구가 어디에서 그리고 어떻게 살 것인가는 개발과 관련하여 초미의 관심사이다. 왜냐하면 세계 인구는 결코 지구상에 고르게 분포하지 않을 것이기 때문이다. 1994년 9월 이집트 카이로(Cairo)에서 열린 세계 인구 개발 회의는 인구 과잉을 막기 위한 20개년 프로그램(최장 2015년까지)을 만들려고 했으나 교착상태에 빠졌다. 낙태 합법화를 가톨릭과 이슬람 교단에서 모두 거부했기 때문이다. 유엔 인구국은 2050년에 세계 인구는 95억 명이 될 것이며, 86%에 달하는 82억 명은 남반구(개도국)에 분포할 것이라고 예측했다(UN, 2013a).

남반구(개도국)의 경이적인 인구 성장은 [표 5.1]에서 확인할 수 있다. 1950년에서 1990년까지 북반구(선진국)에서는 44% 증가한 반면, 남반구(개도국)에서는 143%나 증가했다. 1990년에서 2100년까지 인구 추계는 북반구(선진국)가 24%로 둔화되는 반면, 남반구(개도국)는 150%로 가속화된다고 보았다. 남반구(개도국)는 북반구(선진국)보다 인구 규모도 훨씬 크고 인구 성장률도 4배 이상 높다. 이와 같은 인구 성장은 이미 빈곤으로 힘든 국가들에게 보다 큰 자원 압박을 가할 것이다.

국가 및 세계 인구의 규모를 예측하는 것은 어려운 일인데 자연재해, 전쟁, 의료 서비스의 개선과 같은 예상할 수 없는 변수가 있기 때문이다. 예로, 말라리아는 세계 인구 절반에 영향을 주며 매해 50만 명을 죽음에 이르게 하는데(WHO, 2013), 효과적이고 저렴한 백신을 널리 사용할 수 있게 된다면 사망률을 현격히 감소시켜 국가 및 세계화 인구 성장률에 영향을 미칠 것이다. 중국의 한 자녀 정책(독생자녀제)이 인구 성장세에 영향을 미쳤듯이 정부의 인구 정책 수립과 시행에 따라 인구 성장률은 변할 수 있다([보충 자료 5.1] 참고).

여느 국가의 인구 규모와 성장을 예측하기 어렵게 만드는 또 다른 문제는 인구 이동이다. 자발적 이주자 혹은 가뭄과 내전을 피한 난민으로서 한 국가 내 촌락에서 도시로의 이동과 국제 이동은 국가 혹은 지역 단위의 인구 역동성에 영향을 미친다. '제8장'에서 사람과 물건의 이동과 흐름을 보다 자세히 다룬다.

인구 통계 읽기

인구 성장률의 시간적 변동은 다양한 요인들에 영향을 받지만 본질적으로 출생률과 사망률 간 관계에 의해 결정된다. 조출생률은 가장 널리 쓰이는 출산력 지표이며 전체 인구에 대한 출생아 수의 비율로, 통상적으로 1천 명당 출생아 수로 표현된다. 2012년 영국과 미국의

보충 자료 5.1

중국의 한 자녀 정책(독생자녀제)

세계 인구 대국인 중국 인구는 1981년에 10억 명을 넘어섰고, 2000년에는 12억 6,100만 명에 이르렀다. 그러나 2010년에서 2014년 사이의 평균 인구 성장률은 0.5%로 추정되며, 이는 1960~1993년 기간의 연간 성장률 1.8%에서 크게 줄어든 수치이다(World Bank, 2002a). 중국의 인구 증가율이 급감한 것은 엄격한 산아 제한 정책 때문이다.

중국 인구는 1950년대 후반과 1960년대에 태풍과 홍수 같은 재난에 따른 인명 피해와 심각한 기근으로 인해 현저하게 감소한 후 1963년부터 '베이비 붐'을 경험했다. 중국 정부는 인구 급증의 가치에 점점 더 의문을 품게 되었고 1970년대에는 가족계획과 결혼 연기를 장려하기 위한 다양한 시도가 있었다. 예로 1971년 쓰촨성 스팡현 지방정부는 결혼할 수 있는 연령을 여성은 18세에서 23세로, 남성은 20세에서 25세로 높였다. 또한 피임을 장려하고 피임이 실패했을 때는 더욱 많은 유도 낙태가 이루어지기도 했다(Endicott, 1988). 중국은 출생률을 낮추는 것이 최우선 과제가 되었고 '하나도 적지 않고 둘이면 족하며 셋은 너무 많다'는 슬로건을 전국에 널리 알렸다. 지역사회는 어떤 여성이 아기를 가질 수 있는지 정하도록 했으며 '순차적으로 출산'하는 관행이 널리 퍼졌다.

1963년 베이비 붐 시대에 태어난 사람들이 1980년쯤 결혼 및 출산 연령에 가까워지면서 한 자녀 정책이 전국 인민 대표 대회에서 공식적으로 채택되고, 1982년 헌법에 담겼다(Jowett, 1990). 국무원은 '향후 20~30년 동안 출산 억제 프로그램이 필요하며, 소수민족 지역을 제외하고 개별 부부가 한 명의 자녀를 가질 것을 요구한다. 우리의 목표는 세기말까지 최대 12억 명으로 인구를 제한하는 것이다'라고 선언했다(Jowett, 1990). 특히 첫째 아이가 여아인 경우와 서부 지역에 거주하는 소수민족 그리고 일부 성의 농촌 지역에는 예외가 허용되었다. 정책이 가장 엄격하게 시행되었던 곳은 도시 지역일 것이다(Leeming, 1993). 한 자녀 정책 시행을 위해 일련의 경제적 보상과 불이익이 주어졌다. 한 자녀만 낳는다면 5~10%의 급여 보너스가, 그러지 않으면 10%의 임금 삭감이 주어졌다(Jowett, 1990). 근린 지역 위원회의 임무는 한 자녀만 낳는 것의 중요성을 교육하고 나이 든 여성에게 우선권을 주며 한 해 태어날 아이의 수를 제한하는 것이었다. 허가 없이 임신하게 되면 낙태 요구, 벌금, 임금 동결, 임신 허가 후순위 등이 부과되었다.

중국의 합계 출산율은 1968년 6.66명에서 1987년 2.32명으로 떨어졌고, 도시 지역은 1970년 3.2명에서 1987년 1.3명으로 감소했다. 한 자녀 정책은 인구 증가율 둔화뿐만 아니라 사회적 함의도 컸다. 이 정책은 자녀를 행복과 성취의 원천으로 여기고 가문의 대를 잇는다는 중국의 전통적인 가족 가치와 근본적으로 충돌했다. 또한 국민연금이 없는 농촌 지역에서 남아를 더욱더 선호하게 했다. 중국에서는 여자 형제나 사촌이 없는 '소황제' 세대의 생성이 장기적으로 사회에 미치는 영향에 많은 우려를 표명했다. 1980년대 중국 언론에서는 여아 출생신고 누락, 여아 유기 또는 방치, 산전 성별 검사 후 선택적 낙태, 여아 살해 사건이 빈번하게 보도되었다. 2000년 출생 성비는 여아 100명당 남아 117명이었고, 농촌 지역에서 불균형이 더 심했다. 중국 정부는 농촌 지역에서 '소녀 돌보기' 캠페인을 통해 소녀들에 대한 차별 문화를 줄이기 위해 노력했다. 일부 평론가는 한 자녀 정책 탓에 한 명 이상의 아들을 낳기 위해 2명 이상의 아이를 낳을 수밖에 없게 되므로 출산에 대한 여성의 통제권을 침해했다고 비판했다(Endicott, 1988).

또 다른 우려는 한 자녀 정책이 연령 구조를 완전히 변화시키고 시간이 지나면 노동력 감소와 초고령화를 야기할 것이라는 점이다. 1960년대 베이비 붐은 결국 다수의 은퇴자를 초래할 것이다. 2030년대에는 65세 이상 인구가 전체 인구의 25%까지 급증할 것이 예상된다(Jowett, 1990). 한 자녀 정책은 중국의 인구 성장률을 획기적으로 감소시켰지만 사회에 대한 거대한 '실험'이었기에 많은 비판을 받았다.

출생률은 동일하게 13명이 었으나 서아프리카의 말리와 시에라리온은 각각 47명과 37명이었으며, 이는 1970년 51명과 49명에서 감소한 수치이다. 조사망률은 인구 1천 명당 사망자 수를 말한다. 2012년 영국과 미국의 조사망률은 각각 9명과 8명이며, 말리와 시에라리온은 13명과 17명이다(World Bank, 2012b).

삶의 질과 개발 수준을 가늠하는 또 다른 두 가지 중요한 지표는 영아 사망률과 기대 수명이다. 영아 사망률은 출생 1천 명당 1세 미만 영유아의 사망자 수로 측정한다. 이는 일반적인 생활수준과 임산부 및 수유부의 건강 및 영양 상태를 반영한다. 2012년 영아 사망률은 스웨덴 2명, 영국 4명에서, 세계 최빈국 중 하나인 시에라리온 107명까지 다양하다. 그러나 소득수준과 영유아 사망률 사이에 항상 직접적인 관계가 있는 것은 아니다. 예를 들어, 2012년 1인당 국민총소득(GNI)이 4,892달러에 불과한 베트남의 영유아 사망률은 18명인 반면, 1인당 국민총소득(GNI)이 3배(16,977달러)에 달하는 중앙아프리카 가봉의 영유아 사망률은 42명으로 베트남의 2배 이상이었다(UNDP, 2014).

출생 시 기대 수명 또한 일반적인 생활수준, 영양 및 건강 관리를 반영하며 전 세계적으로 엄청난 불평등이 있음을 보여준다. 예를 들어, 2012년 일본에서 태어난 아이는 83세까지 살 것으로 예상되지만, 시에라리온에서 태어난 아이의 기대 수명은 45세에 불과하다.

인구 변천

시간에 따라 출생률과 사망률 사이의 변화하는 관계는 인구학적 역사 속에서 4~5개의 핵심 단계로 구성된 인구 변천 모델로 명확히 설명된다([자료 5.2] 참고). 1단계(높은 정체기 혹은 변천 이전 단계)는 높은 출생률과 높은 사망률로 특징지어지며, 인구 성장은 멈춰 있거나 무시할 만한 정도이다. 이러한 상황은 18세기 이전 유럽과 북아메리카에서 그리고 제2차 세계대전 이전 남반구(개도국)의 많은 국가에서 관찰된다.

다음 단계(2단계: 초기 확장기 또는 초기 변천 단계)에서는 주로 영양 상태 및 공중 보건이 개선됨에 따라 생활수준이 향상되면서 사망률이 감소하기 시작한다. 기근과 전염병의 발생 또한 줄어든다. 하지만 출생률은 여전히 높아서 인구 성장을 가속화한다. 아프리카, 아시아 및 라틴아메리카의 대부분 지역에서 사망률은 20세기 전반부까지 감소가 시작되지 않았다. 1960년대 후반까지 연간 평균 사망률은 1천 명당 15명으로 감소했지만, 출생률은 1천 명당 40명으로 높은 수준을 유지하면서 연간 성장률은 1천 명당 25명(2.5%)에 달했다. 1979년 케냐의 인구 성장률은 4.1%로 세계에서 가장 높은 수치였다. 일부 아프리카 국가들의 조출생률은 여전히 높았다. 2012년 케냐의 조출생률은 36명이었지만 우간다와 니제르는 각각 44명과 50명으로 더 높았다(World Bank, 2012b). 이러한 인구 성장률은 유럽이 2단계였을 때보다 훨씬 높은 수준이다.

3단계(후기 확장기 또는 중간 변천 단계)는 농업 및 공업에서 기술이 향상되고 교육 시스템이 개선되며 아동노동을 통제하는 법률이 제정되어 자녀의 사회·경제적 가치가 감소할 때 발생한다. 게다가 대가족제가 붕괴되면서 부모는 자녀 양육의 물리적, 감정적, 재정적 부담을 지게 된다. 부부는 가족 규모를 조절하기 위해 피임을 하기 시작하고 출생률이 떨어지기 시작한다. 사망률은 지속적으로 감소하고 이 시점에 인구 성장은 정점에 달한다. 북반구(선진국)는 19세기 후반에서 20세기 초반에 이 단계를 겪었다. 다른 지역에서는 지난 20년 동안 가족계획 프로그램과 사회·경제적 발전이 결합하면서 동아시아와 동남아시아에서 출생률이 현격히 감소했다(World Bank, 2012b).

4단계(낮은 정체기 또는 후기 변천 단계)에서는 사망률이 가장 낮은 수준으로 떨어지고 출생률이 꾸준히 감소함에 따라 인구 증가율이 떨어지기 시작한다. 남반구(개도국)의 대부분 국가는 현재 변천기 혹은 변천 후기 단계에 있다. 쿠바와 자메이카 같은 일부 카리브해 국가는 인구 변천을 거의 완료했으며 인구 증가율이 각각 0%와

[자료 5.2] 인구 변천 모델

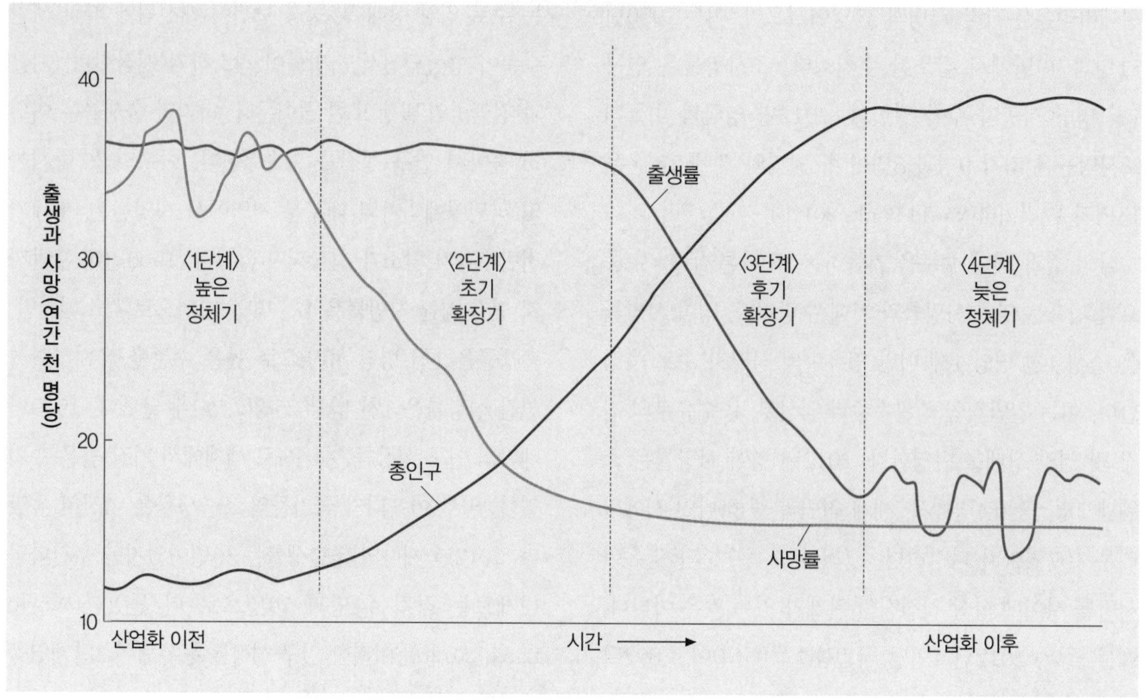

출처: Mayhew, S, 1997

0.3%로 영국(0.6%)과 미국(0.7%)보다 낮다(World Bank, 2012b). 본가르츠(Bongaarts, 1994)와 같은 일부 학자는 '쇠퇴기 혹은 전환 후 단계'로 알려진 5단계를 모델에 추가한다. 5단계에서는 출생과 사망이 새로운 균형을 이루어 인구 증가율이 거의 0%에 가까워진다는 특징이 있다. 어떤 경우에는 마이너스 성장도 나타난다. 많은 유럽 국가가 현재 이 단계에 도달했다. 예로, 2010~2014년 기간 동안 연평균 인구 성장률은 포르투갈 -0.5%, 에스파냐 -0.2%, 독일 0.5%가량으로 낮다. 러시아 연방도 같은 기간 동안 -0.2%로 마이너스 성장률을 보였으며 헝가리와 라트비아는 각각 -0.2%와 -1.0%를 기록했다. 이 기간에 '선진 지역'의 연평균 인구 성장률은 0.20%였다(World Bank, 2012b).

인구 정책

인구 변천 모델에 반영된 다양한 변화의 기저에 자리한 이유는 매우 복잡하다. 가난한 국가들이 인구 성장을 엄격히 통제하는 것을 옹호하는 것은 바람직한 일이 아니다. 오코너(O'Connor)는 아프리카 대륙의 경우에 대해 다음과 같이 주장했다.

> 급속한 인구 증가가 빈곤의 주요 원인이라는 증거는 없다. … 인구 성장률이 훨씬 더 느릴 때에도 빈곤은 널리 퍼져 있었다. 급속한 인구 성장이 높은 출생률의 결과인 한, 대안적으로 그것은 빈곤의 결과로 볼 수 있다. (O'Connor, 1991)

인구 증가는 일부 국가에서 의심할 나위 없는 문제로 항상 빈곤과 안보 불안 같은 다른 문제가 있다는 징후로 해석된다. 빈곤한 가정이 더 많은 자녀를 낳는 것은 영었유아 사망률이 높은 곳에서 가계 유지를 보장하는 전통적인 보험 전략으로 여겨져 왔다. 자녀는 구조 조정 프로그램과 같이 국가 지원이 없는 상황에서 사회보장을 제공할 뿐 아니라 가구 소득을 창출하는 데 종종 중요한 역할을 수행했다('제3장' 참고). 가족 규모를 줄일 수 있는 구상은 빈곤과 불안정의 원인을 찾고 개선하며 어머니와 어린이의 건강 상태를 개선하는 방법을 찾는 것에서 시작된다. 실제 경험적 사례들은 그러한 전략이 출산율과 사망률 모두를 떨어지게 한다는 점을 보여준다(Gould, 2009).

그러나 몇몇 정부는 인구 증가를 통제하기 위해 강력한 개입주의 노선을 취했다. 일부 사례는 인구 감소를 인구 정책의 목표로 삼지만, 다른 정부는 인구를 증가시키기 위해 출산 장려 정책을 채택했다. 1930년대와 1940년대 초 독일의 나치 정권은 우월한 아리안 인종을 창설할 필요성을 선전하며 강력한 출산 장려 정책을 펼쳤다. 관대한 가족 수당과 대가족에 대한 세금 감면, 미혼 성인에 대한 과세, 낙태에 대한 기소 등 다양한 조치가 도입되었다.

차우셰스쿠(Ceauşescu) 정권하의 루마니아 또한 1966년에 낙태를 불법화하고 피임약 사용을 엄격히 제한함으로써 강력한 출산 장려 정책을 채택했다. 이듬해인 1967년에는 조출생률이 1천 명당 27명으로 거의 2배 높아졌고, 1967~1970년에 태어난 인구가 나이가 들어감에 따라 교육, 고용 및 주택에 상당한 압력을 받았다.

이스라엘과 사우디아라비아도 주로 정치적 힘을 강화하기 위해 인구 증가를 장려해왔다. 1975~2004년 기간 동안 이스라엘의 연평균 인구 증가율은 2.3%인 반면, 사우디아라비아는 4.1%였으며(UNDP, 2006) 1980~1990년 기간에는 5.2%에 달했다(World Bank, 1996). 이슬람 근본주의가 퍼져나간 일부 국가도 출생을 장려하는 쪽으로 변했다. 말레이시아는 1984년 새로운 인구 정책을 도입했는데, 오랫동안 시행되었던 가족계획 정책을 뒤집고 여성에게 '다섯 낳기'를 장려했다. 주변 국가들의 인구 성장세를 따라잡고 말레이계가 중국계에 압도되지 않도록 하기 위함이었다.

노동력 부족에 대응하여 1987년부터 싱가포르는 보다 선택적 출산 장려 정책을 도입했는데, 고학력 전문직 부부가 '둘에서 멈추는 것'보다 '여유가 있다면 셋 또는 그 이상을 가질 것'을 권장했다(Drakakis-Smith et al., 1993). 싱가포르의 연평균 인구 성장률은 1975~2004년 기간에는 2.2%, 2010~2014년 기간에는 1.6%였다(World Bank, 2012b).

하지만 인구-자원 균형에 대한 우려가 커지면서 현재는 산아 제한 정책이 더 일반적이다. 인도는 일찍이 1951년부터 가족계획 프로그램을 시작했으며([보충 자료 5.2] 참고), 다른 여러 국가들이 1960년대 현재의 개발 사고(development thinking)와 피임약 및 자궁 내 피임 장치의 생산에 동참했다. 1965년 미국 대통령 린든 존슨(Lyndon Johnson)은 유엔 연설에서 '인구 조절에 투자한 5달러 미만의 돈이 경제성장에 투자한 100달러의 가치가 있다는 사실을 고려하여 행동하자'(Stycos, 1971)고 주장했다. 1965년 유엔은 가족계획 프로그램에 대한 자문 서비스를 시작했으며, 1976년까지 남반구(개도국)의 약 63개국에서 이러한 프로그램을 시작했다. 1974년 루마니아 부쿠레슈티(Bucureşti)에서 열린 세계 인구 회의에서는 인구 문제와 가족계획 이니셔티브가 정치적으로 주목을 받았다. 이 회담에서 북반구(선진국)는 발전 전략에 있어 사회·경제적 진보는 소홀히 하고 인구 문제를 지나치게 강조한다면서 남반구(개도국)로부터 많은 비판을 받았다.

세계 4위의 인구 대국인 인도네시아는 1970년 가족계획을 경제성장의 주요 동력으로 보았고 이 정책을 2012년에 재활성화했다. 그리고 1970년에서 1999년 사이에 여성 1인당 평균 자녀 수가 5.6명에서 2.5명으로 감소하는 성공을 거두었다(UNICEF, 2001). 중국의 한 자녀 정책([보충 자료 5.1] 참고)은 세계 인구의 5분의 1에 영향을 미쳐 가장 널리 알려진, 공동체 통제와 일련의 보상 및 제재를 통해 시행된 가장 엄격한 출산 억제

보충 자료 5.2

인도의 인구 계획

인도 인구는 2012년에 12억 6,100만 명이었고 연평균 1.2%씩 증가하여 2026년에는 14억 명에 달할 것으로 예상된다. 1947년 독립 직후 인도 정부는 급격한 인구 증가에 따른 문제를 인식했고, 일련의 인구 억제 정책을 펼쳤다. 하지만 2012년 공중 보건 지출은 전체 국내총생산(GDP)의 1.3%에 불과해 영국의 7.8%, 미국 8.3%에 비해 적었다.

인도의 가족 복지 프로그램은 독립 4년 후인 1951년에 도입되었으며 처음에는 어머니와 자녀의 건강 증진에 초점을 맞췄다. 그러나 제3차 5개년 계획 기간(1961~1966년)부터 정책 방향이 여성과 아동의 복지에서 인구 안정화로 바뀌었다. 1977년 인구 정책은 가족계획에 자발적인 수용을 강화하는 교육과 동기부여의 필요성을 강조했다. 1997년 인도의 가족계획 제도는 지역사회의 요구를 고려하도록 설계되고 출산과 아동 건강에 주안점을 두었다. 원치 않는 임신을 예방하고 관리하며 생식기 감염이나 성병을 예방하고자 했다. 특히 청소년, 도시 빈민, 소수민족 등 사회적으로 소외된 집단에 주의를 기울였으며 인도 역사상 처음으로 젠더 문제에도 관심을 두었다.

2000년 2월에 시작된 국가 인구 정책(National Population Policy: NPP)은 지속 가능한 개발이라는 큰 맥락에서 인구 안정화와 재생산 관련 건강 증진이라는 목표를 세웠다. 중기적으로는 2010년까지 합계 출산율을 대체 수준으로 낮추는 것을 목표로 삼았다. 불임 수술뿐 아니라 빈곤, 결혼 연기, 산전 및 분만 건강 관리, 출생신고, 여아에 대한 인식 전환, 예방접종 등에 관련된 다양한 홍보 수단이 도입됐다. 구체적으로 19세 이후 첫아이를 낳는 여성에게는 현금 인센티브를 제공하고, 빈곤선 이하 부부에게는 결혼을 미루고 어머니가 만 21세 이후 첫아이를 낳는 경우 그리고 두 번째 자녀가 태어난 후 불임 수술을 받는 경우 보상금을 지급했다. 일부 주에서는 법적 연령 이전에 결혼하는 사람에게는 구직, 교육 기관 입학, 대출 신청이 제한되는 등 보다 엄격한 정책이 도입됐다. 또한 자녀가 2명 이상인 부부는 지방선거에 출마할 수 없다. 이러한 전략이 인구 증가를 통제하는 데 효과적일지는 두고 볼 일이다.

정책 중 하나일 것이다. 결과적으로 1970년 1천 명당 33명이었던 조출생률이 1979년 18명, 2012년 12명으로 떨어졌다(World Bank, 2012b).

다른 가족계획은 일반적으로 무료 또는 특혜 진료(한국), 교육 우선권(싱가포르) 또는 심지어 새 옷(방글라데시)과 같은 다양한 혜택을 주었다. 가족계획 프로그램은 아시아에서 가장 널리 시행됐지만, 라틴아메리카에서는 주로 로마가톨릭교회의 '인위적' 피임에 대한 금지로 인해 진전이 더뎠다. 개별 가족이 산아 제한에 대한 교회의 견해를 자주 따르지 않았다는 증거가 있지만, 정부 정책 입안자들은 영향을 더 크게 받을 가능성이 높다.

가족 규모에 영향을 주는 또 다른 중요한 요소는 여성의 사회적 지위이다. 관행은 크게 다르지만 이슬람 사회는 일반적으로 가부장적 성향이 강하다. 남성은 아내를 4명까지 얻을 수 있으며, 여성은 집에 머물러 있도록 여겨지기 때문에 여성 교육에 종종 낮은 우선순위가 주어진다. 1979년 이란의 근본주의 혁명은 여성에게 상당한 해방을 가져다준 샤(Shah)가 도입한 서구식 정책을 순식간에 뒤집었다. 새로운 체제에서는 여성이 직장을 구하려면 남편의 동의를 얻어야 했고, 불임 수술과 낙태는 엄격하게 통제되었으며 여성의 최소 결혼 연령은 18세에서 15세로 낮아졌다. 1980년부터 1990년까지 이란의 연평균 인구 성장률은 3.5%였다(World Bank, 1996a).

이러한 인구 억제 정책은 세계에서 가장 인구가 많은

[자료 5.3] 인구수가 가장 많은 6개 국가

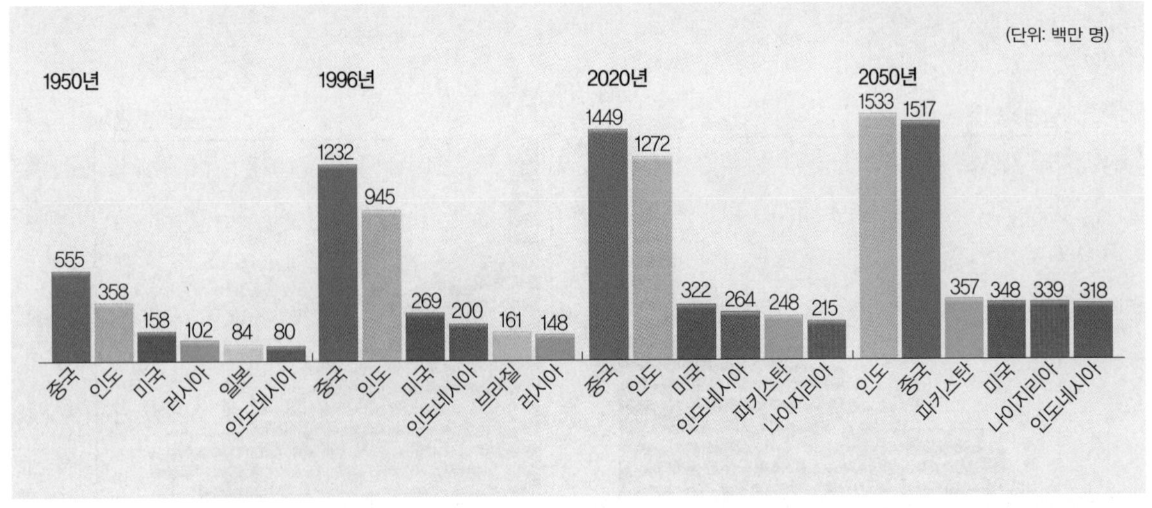

출처: *The independent*, 1998.

국가들의 가족 규모를 줄였기 때문에 1998년 1월 어느 영국 신문은 특히 아프리카 대륙에 있는 많은 빈곤한 국가들의 인구가 여전히 빠르게 증가하고 있지만, 인구 폭탄은 제거되었다고 주장했다. [자료 5.3]에 따르면 2020년에는 아프리카에서 가장 인구가 많은 나라인 나이지리아가 세계에서 인구수가 가장 많은 6대 국가 중 하나가 될 것으로 예상했고(*The Independent*, 1998), 실제로 그렇게 되었다.

인구 구조

인구 변천 과정의 핵심적 요소들은 전쟁, 기근, 전염병 같은 재난의 영향과 함께 인구 구조의 변화로 나타난다. 일반적으로 사망률이 감소하고 출생률이 높으며 기대 수명이 낮은 남반구(개도국) 국가들은 인구가 젊다. [표 5.2]는 인구 성장률이 높은 몇몇 가난한 국가의 18세 미만 인구의 비중이 얼마나 높은지를 명확하게 보여준다. 말리와 시에라리온은 각각 인구의 50.7%와 49.1%가 18세 미만이지만, 선진국인 일본과 스웨덴은 각각 15.9%와 20.4%로 훨씬 낮다. 이러한 통계치는 아동 복지, 특히 교육 제공에 영향을 미친다.

인구 구조는 '인구 피라미드'로 널리 알려진 연령–성별 다이어그램에서 명확히 드러난다. 가나와 영국의 인구 피라미드는 두 나라가 상당히 다른 인구 구조를 가지고 있음을 보여준다([자료 5.4] 참고). 사실, 가나의 다이어그램만 실제로 피라미드와 비슷하다. 넓은 바닥은 젊은 인구를 나타내고 꼭대기로 갈수록 가파르게 가늘어지며 평균 기대 수명이 61세에 불과해 노년층 인구가 적음을 보여준다. 대조적으로, 영국의 다이어그램은 피라미드 모양과 거리가 멀며 전형적으로 안정적인 인구 상황을 보여준다. 젊은 연령대 인구가 적고 고연령대 인구는 많아 영국이 가나보다 20년 더 긴 평균 기대 수명을 보이고 있음을 반영한다. 흥미롭게도 영국의 인구 피라미드는 70세 이상 여성의 비중이 더 높음을 보여주는데 이로써 많은 선진국의 공통적인 특징인 남성과 여성의 기대 수명 차이를 확인할 수 있다.

고령화

세계 부유한 국가들 다수는 특히 노동력 공급과 고령층에 대한 건강 관리 및 사회보장을 제공하는 비용 증가 측면에서 꾸준히 고령화하는 인구의 사회·경제적 영향

[자료 5.4] 2000년, 2025년, 2050년 가나와 영국의 인구 피라미드

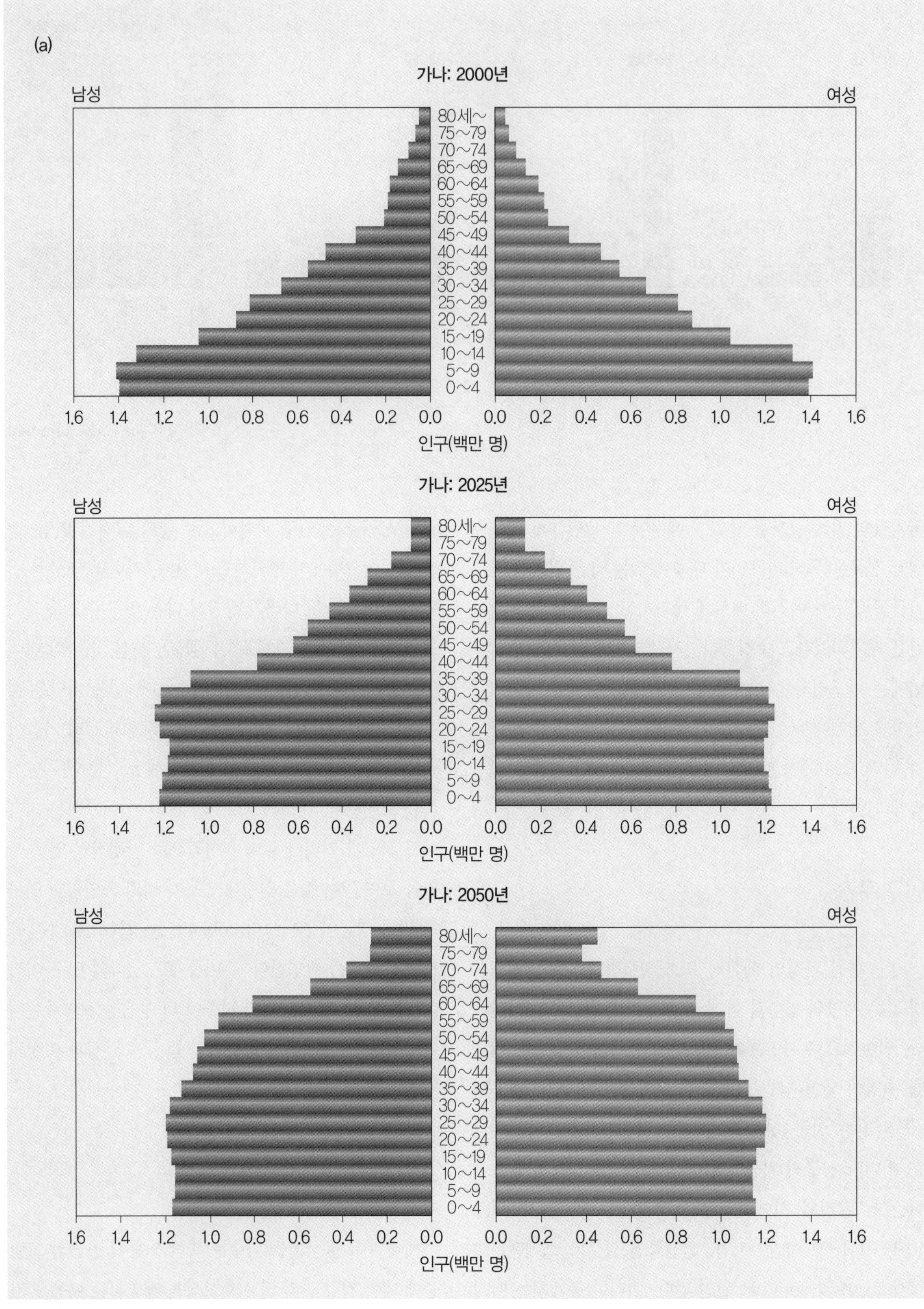

출처: http://populationpyramid.net/

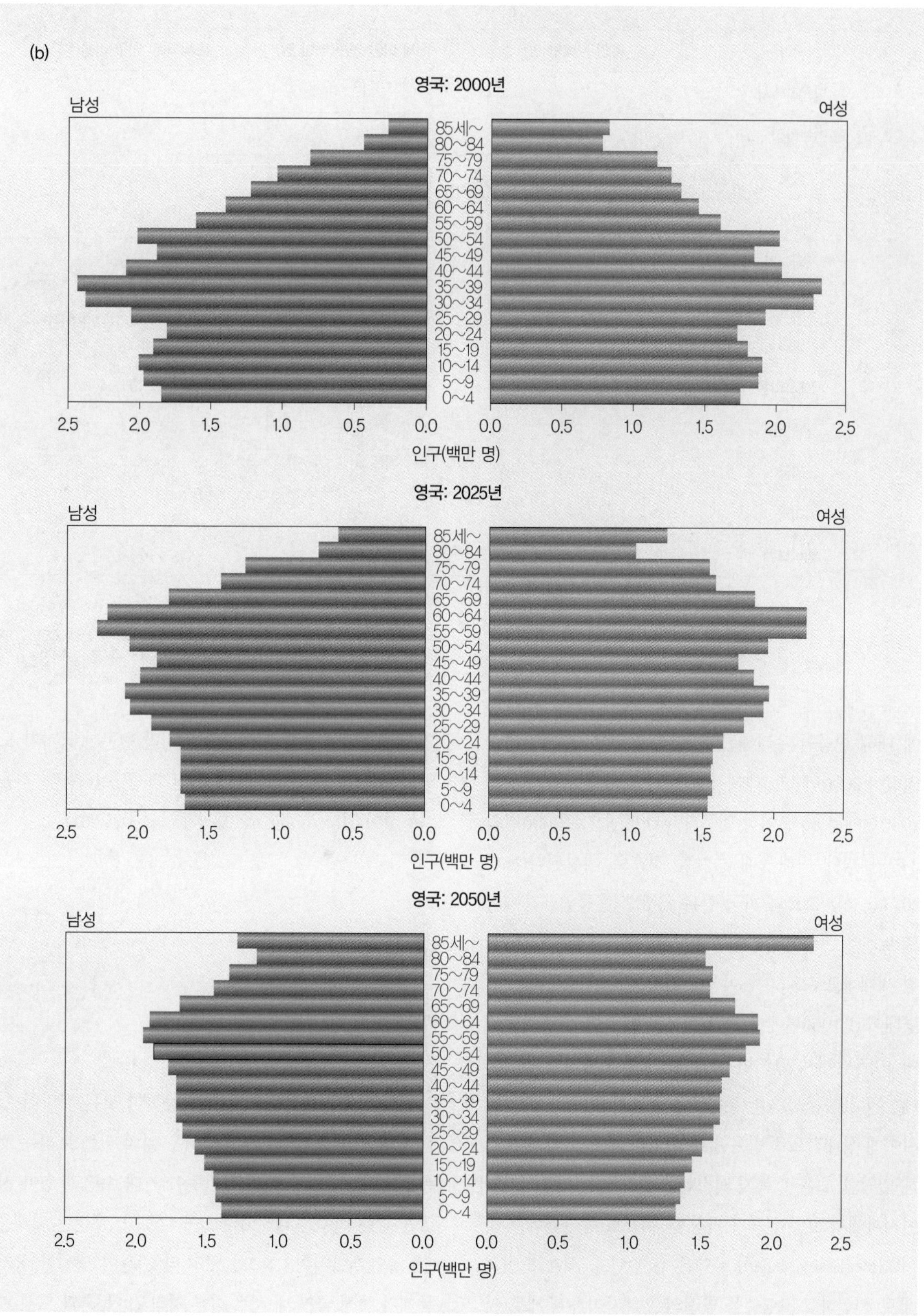

출처: http://populationpyramid.net/

[표 5.2] 2009년 선정된 국가의 18세 미만 인구 비율

국가	총인구(백만 명)	18세 미만 인구(백만 명)	18세 미만 인구 비율(%)
방글라데시	162.0	61.1	37.7
브라질	191.3	60.0	31.3
중국	1,331.2	335.9	25.2
인도	1,171.1	447.4	38.2
자메이카	2.7	1.0	37.0
일본	128.6	20.5	15.9
말리	13.0	6.6	50.7
시에라리온	5.7	2.8	49.1
스웨덴	9.3	1.9	20.4
영국	61.8	13.1	21.1
미국	307.7	77.3	25.1
짐바브웨	12.5	6.0	48.0

출처: WHO, UNAIDS, UNICEF, 2012

에 대해 한동안 우려해왔다. 영국의 경우 인구의 평균 연령이 2000년 38.8세에서 2025년 42.6세로 증가하고, 2040년에는 80세 이상 인구가 490만 명으로 2000년의 240만 명에 비해 2배 증가할 것으로 예상된다(UN, 2013a). 싱가포르와 한국 같은 일부 '신흥공업국가'에서도 노년층 비율이 증가하는 등 고령화가 진행되고 있다. 전 세계적으로도 60세 이상이 가장 빠르게 증가하는 연령대이고 1960년에서 1980년 사이에 63%가 증가했으며 1955년에서 2025년 사이에는 4배가 증가할 것으로 예상된다(UN, 2013a). 흥미로운 점은 1980년과 2000년 사이에 상대적으로 빈곤할 뿐 아니라 부유한 국가에 비해 열악한 보건 및 복지 시스템을 갖고 있는 아프리카와 아시아에서 고령 인구가 가장 큰 폭으로 증가했다는 것이다(Morrissey, 1999). 유엔은 1999년을 '세계 노인의 해'로 선언하고 고령층을 발전의 수혜자이자 주체로 여기는 고령화 문화를 조성하자고 천명했다. 부유한 국가의 고령화가 우려를 자아내고 있지만 빈곤한 국가가 노인의 요구를 충족시키는 데 훨씬 더 큰 어려움을 겪을 가능성이 있다(Aging and Development, 2002).

삶의 질

가구

애석하게도 세상은 매우 불평등하며 모든 사람이 기본적 요구를 충족하며 만족스러운 삶의 질을 누리는 것은 아니다. 우리가 이미 보았듯이 기대 수명과 영아 사망률 같은 변수는 나라마다 크게 다르다. 우리는 세계은행, 유엔개발계획(UNDP) 및 기타 기관이 생성한 국가 통계가 특정 국가 내 서로 다른 지역 간, 농촌과 도시 지역 간, 그리고 서로 다른 공동체와 가구 간에 존재하는

비판적 고찰

뉴질랜드의 그레이 파워

'그레이 파워(Grey Power)'는 '50세 이상 모든 시민의 복지와 웰빙 증진'을 목적으로 일하는 뉴질랜드의 효과적인 로비 조직이다. 조직의 목표와 활동은 특히 북반구(선진국)에서 인구 고령화에 따라 고령층의 목소리와 영향력이 커질 수 있음을 보여준다.

그레이 파워의 목표와 지향점

1. 노인의 복지와 웰빙을 발전, 지원 및 보호한다.
2. 뉴질랜드 연금(퇴직 연금) 수급에 대한 모든 뉴질랜드 거주민의 법적 권리를 확인하고 보호한다.
3. 소득과 주소지에 관계없이 모든 뉴질랜드 거주민에게 양질의 의료 시스템을 제공하기 위해 노력한다.
4. 권리, 보안 및 존엄성에 영향을 미치는 모든 차별적이고 불리한 입법에 반대한다.
5. 어떤 정당과도 동맹을 맺지 않고 뉴질랜드인에게 영향을 미치는 문제에 대해 모든 의회 및 법정 기관에 강력히 단합된 로비를 행한다.
6. 관심사가 같은 조직과 연대를 촉진하고 구축한다.
7. 뉴질랜드 고령층에게 제공되는 광범위한 서비스에 대한 인식을 높인다.
8. 모든 고령층 뉴질랜드인을 옹호하는 목소리로 인정받기 위해 노력한다.

출처: http://www.greypower.co.nz/ (2015년 2월 13일 접속)

로비 단체 '그레이 파워'는 뉴질랜드의 고령층에 대한 관심과 이슈를 제기하고 언론의 많은 주목을 받았다. 다른 선진국에도 유사한 조직들이 정부 정책을 수립하고 삶의 질을 개선하면서 정도의 차이는 있지만 고령층의 목소리를 성공적으로 대변했다.

빈곤한 국가에서 이러한 조직의 잠재적인 역할은 무엇이라고 생각하는가? 문헌과 인터넷을 통해 가난한 국가에서 그러한 조직의 사례를 찾을 수 있는가?

현저한 차이를 숨기고 있다는 점을 인식해야 한다. 가구는 남반구(개도국)에 있는 대부분의 국가에서 여전히 주요 생활 단위이자 일반적으로 생산, 소비 및 의사결정이 이루어지는 단위이다. 최근 가구는 점점 더 중요한 연구 대상이 되었는데 가정과 가족을 전체적으로 조망하지 못한다면 개발 정책이 실패할 가능성이 있기 때문이다(Haddad, 1992). 남반구(개도국)의 가구는 북반구(선진국)의 가구에 비해 규모가 크며 단순히 부모와 자녀로 구성되는 것이 아니라 조부모, 미혼 이모와 삼촌, 보다 먼 친척도 포함한다('제9장' 및 '제10장' 참고). 확대가족이라는 용어가 이런 가구를 지칭하는 데 사용된다. 도시 가구는 시골 친척과 특히 정기적으로 방문하고 농지를 소유하고 있기도 한 조상 마을에 사는 사람들과 종종 강한 유대 관계를 맺고 있다.

가구 발달 주기

모든 가구는 발달 주기를 거치며, 그 과정에서 가구 규모와 구성 그리고 가장 중요한 경제 활동자와 피부양자의 비율 또한 시간이 지나면서 변한다. 발달 주기의 특정 단계에서 가계는 상당한 압박을 받을 수 있으며 이는 가처분 소득 및 영양 섭취 등의 측면에서 삶의 질에 직접적인 영향을 미칠 수 있다. 가구 구성에서 어리거나 고령인 구성원의 비중이 높다면 어려움은 더 클 것이다.

가구 간의 현저한 불평등 또한 남반구(개도국)에 속한 많은 국가의 특징이다. 부유한 가구는 특정 민족 출신으로 교육 수준이 높고 종종 자산이 많고 소득이 높다. 그들은 아마도 정부 관리, 경찰, 대규모 토지 소유자 및 상인과 좋은 관계를 맺고 있는 지방 또는 국가 수준 권력

[자료 5.5] 아프리카 농촌 여성의 다양한 역할

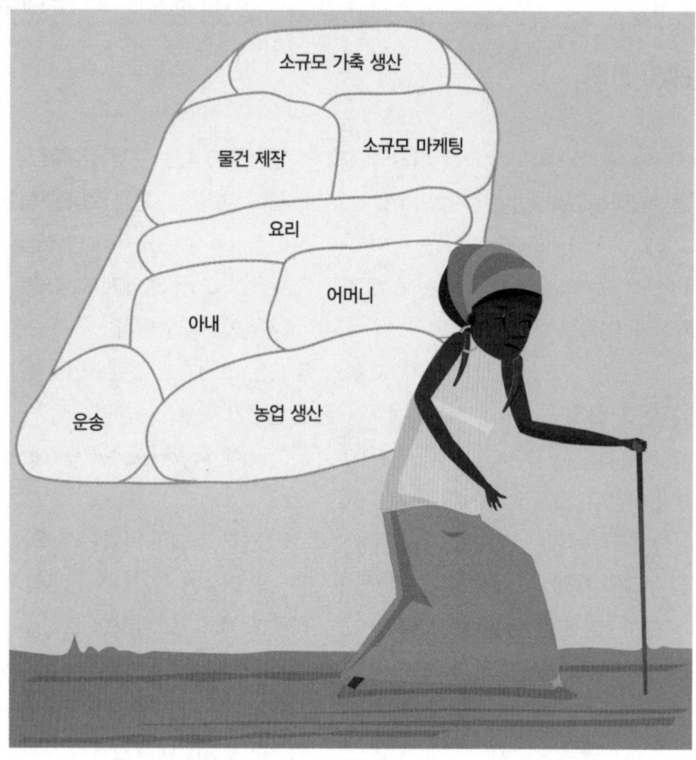

출처: www.coop.org/women/ica-ilo-manual/transparencies.htm (2001. 5. 2.)

의 핵심을 이룬다. 그에 반해 가난한 가구는 종종 교육 수준이 낮고 영양 상태가 좋지 않다. 법에 대해 무지하거나 노동 외에 자산이 거의 없는 경향이 있다. 또한 가난한 가구는 부채에 허덕여 취약하고 착취당할 수밖에 없으며 한 명 혹은 그 이상의 부유한 후원자의 도움에 의존할 수도 있다. 여기서 사회자본이라는 개념('제3장'에서 논의됨)이 유용한데 가구가 취약하거나 어려운 시기에 대응하는 수준을 가늠할 수 있게 해주기 때문이다.

가구의 압박, 책임 및 젠더 불평등

가정 내에서도 다양한 압박과 책임이 존재한다. 예로, 일부 아프리카 촌락 사회에서는 남편과 아내가 한마을에서 별도의 집에 살며 집안일에 대한 책임이 다르고 가계를 따로 꾸릴 수 있다. 여성이 종종 다른 가구 구성원 특히 어린아이를 보살핌에 따라 집안일과 비용 지출에서 연령별·젠더별 차이가 있음이 오랫동안 인식되어왔다(Barrett and Browne, 1995).

개발 정책 개입으로부터 직접적인 혜택을 받는 가구 구성원의 성별은 부와 자원의 가정 내 분배 구조와 관련이 있을 수 있으며 '여성의 소득을 높이고 확보하는 것이 더욱 나은 정책적 의미가 있는 것으로 보인다'(Kabeer, 1992)고 제안되었다. 실제로 여성은 자신과 부양가족의 복지를 모두 극대화할 수 있는 능력을 가지고 있으나 이러한 능력 발휘가 가정 내 가부장제로 인해 심각하게 제한될 수 있다.

정책을 개발하고 개입하면서 젠더를 '중심적으로' 고려해야 한다는 강력한 요구가 있었다. 1995년 베이징 행동 강령(Beijing Platform for Action)에 서명함으로써 많은 정부가 젠더 평등과 여성의 권리 함양을 약속했다. 유럽 의회는 젠더를 중심에 둔다는 것을 '정책 결정에 통상적으로 관여하는 행위자들에 의해 모든 수준과 단계에서 모든 정책에 양성평등 관점이 통합되도록 정책 프로세스를 재구성, 개선, 개발 및 평가하는 것'(Council of Europe, 1998)이라고 정의했다. 그럼에도 불구하고 이를 실제로 구현하는 과정은 복잡하고 뚜렷이 관철되지 않는다('제10장' 참고). 르완다, 부룬디, 콩고민주공화국에서는 여성이 소작농의 대다수를 차지하고 있음에도 여성의 생산적 역할에 초점을 맞춘 개발 프로젝트가 국가 농업 계획이나 정책에 통합되어 있지 않다(Ochieng et al., 2014).

가계 소득과 복지에 대한 여성의 기여도를 보다 잘 이해할 필요가 있다. 열대 아프리카에서는 식량 생산의 70%를 여성이 생산하는 것으로 추정됨에도 불구하고 모든 농부가 남성이라고 가정하는 경우가 너무 많다. '여성들은 어린아이들을 돌보고 장작과 물을 모으고 음식을 가공하고 요리하는 것 외에도 괭이질, 잡초 뽑기, 수확과 같은 가장 힘든 농장 일을 한다.'(Binns, 1994a, [자료 5.5] 참고)

유엔식량농업기구(Food and Agriculture Organization: FAO) 보고서는 농업과 관련하여 상당한 '젠더 격차'가 있음을 밝혔다. 여성 농부는 남성 농부와 마찬가지로 효율적이며, 단지 여성에게 보다 적은 토지와 투입물이 주어지기에 생산이 적을 뿐임을 보여주는 경험적 증거가 다수 국가에 걸쳐 연구로 확인되었다(FAO, 2011). 르완다, 부룬디, 콩고민주공화국의 소규모 자작농을 대상으로 실시한 연구에 따르면 여성 농부의 중요성에도 불구하고 그들의 작물 수확량은 적고 작물 관리 전략에 대한 통제권이 거의 주어지지 않았다(Ochieng et al., 2014).

현대적 계약 농업에 있어 일반적으로 계약은 남성이 담당하지만 대부분 경작은 여성이 수행한다. 남아프리카 공화국의 설탕 경작에 대한 연구에 따르면 70%의 농장에서 여성이 핵심 일꾼이었다(Porter and Phillips-Howard, 1997). 여성이 농촌 지역에서 임금을 받고 고용된 경우 여성의 노동은 계절적이거나 시간제이며 종종 낮은 급여를 받는다. 방글라데시의 경우 촌락 산업 부문에서 저소득 직업을 가진 비중이 남성은 40%인 데 비해 여성은 80%로 높았다(FAO, 2011).

인도에서 녹색 혁명이 가정과 젠더에 미치는 영향에 대한 연구에 따르면 고수익 작물 품종, 도구, 기계 등 값비싼 투입물을 지불하기 위해 더 많은 현금이 필요하기에 여성에게 농사일이나 무급 노동을 강요하였다. 이에 따라서 여성의 노동 부담을 증가시키고 기계화로 인해 여성의 임금 소득 기회가 사라지는 결과를 낳았다. 젠더 분석은 개발 계획 초기 단계에서 이루어져야 하며 양성평등은 미래의 농업 시스템에 대한 전체론적 분석에서 중요 변수이다(Satyavathi et al., 2010).

여성과 남성 간 상이한 역할 분담과 책임에 대해 오해함으로써 많은 개발 계획이 실패하고 가정과 지역사회 내에 긴장이 발생했다. 가구 분석은 개별 가구의 구성 및 내부 관계(가구 내)뿐만 아니라 가구들 간의 관계(가구 간)에 주목해야 한다. 예로, 리치(Leach, 1991)는 시에라리온 동부 멘데족의 여성과 남성이 가족 농장에서 일하는 것 외에도 각자 다양한 생산 활동을 한다는 것을 발견했다. 남성은 야생동물 고기 판매, 야자주 도청 및 일일 노동을 통해 독자적으로 수입을 얻지만, 많은 여성은 논, 카사바 및 땅콩 농장, 채소밭을 만드는 일을 한다. 일부 여성은 집에서 혹은 지역 시장에서 소금과 건어물 같은 상품을 거래하는 일을 한다. 일부다처제 가정에서는 부인들이 일반적으로 각자 별도의 직업을 가지며 소비 단위는 자신과 자녀들로 구성된다.

농업 변화는 여성과 남성의 노동 분업을 변화시켰고, 커피와 코코아의 생산과 판매가 증가함에 따라 '부인들은 수확과 가공을 도울 것이라 기대되지만, 대가로는 옷감이나 이삭 정도만 주어진다'(Leach, 1991). 여성들은 가족 벼농사에서 일도 늘어난 한편 목본 작물 재배에서도 남편을 돕는 것이 의무로 여겨졌다. 이렇게 늘어난 책무는 여성들이 독자적인 채소 재배와 교역을 하는 데 필요한 시간을 빼앗아 갔다. 리치(Leach, 1991)는 개인이나 가구의 생애 주기가 중요하다는 점을 발견했는데 자산을 축적한 중년 남성의 경우 외부 인력을 고용함으로써 부인의 노동 부담을 줄여주기도 하기 때문이다.

인도 남부의 케랄라(Kerala)주에서는 주 정부 정책을 통해 인도의 다른 지역에 비해 여성의 지위가 크게 향상됐다. 여성이 토지를 상속받고 소유하여 재정적 독립과 스스로 힘을 갖는 것이 일반적이다. 케랄라주에서 여성은 가족의 자산으로 간주되며 딸이 결혼할 때 비싼 지참금을 지불하지 않고 신랑 가족으로부터 돈을 받는다.

2000년에 출범한 새천년 개발 목표(MDGs)를 기반으로 하여 2015년 9월 유엔에 의해 출범한 지속 가능한 개발 목표(Sustainable Development Goals: SDGs)는 '젠더 감수성 있는' 개발 전략의 필요성을 강조하며 5대 목표를 제시하여 양성평등과 모든 여성과 소녀에게 권한을 부여하고자 했다(UN, 2015b). 관련 목표로 모든 여성과 소녀에 대한 모든 형태의 차별을 철폐하고, 여성에게 경제적 자원에 접근할 수 있는 평등한 권리를 제공하고, 적절한 공공 서비스, 기반 시설 및 사회 보호 정책의 제공을 통해 여성의 무임금 돌봄과 가사 노동을 인지하고 평가할 필요성이 포함되었다(UN, 2015b).

어린이들

젠더 불평등을 인지하고 해결해야 하는 것처럼 가정과 공동체에서 어린이와 청소년의 역할과 필요에 대한 이해를 증진할 필요도 있다. 가계 예산과 생존 전략에서 종종 무시되는 측면은 자녀를 갖는 비용과 이득, 특히 자녀의 역할에 관한 것이다.

안셀(Ansell)이 제안한 바와 같이 '서구에서 아동노동은 제3세계의 빈곤을 용납할 수 없는 면모로 간주되지만, 여전히 많은 사회에서 아동노동은 전적으로 정상적인 것으로 간주된다'(Ansell, 2005). 1992년에 국제노동기구(International Labour Organization: ILO)는 최악 형태의 아동노동을 점진적으로 없애는 것을 목표로 하는 아동노동 철폐에 관한 국제 프로그램(International Programme on the Elimination of Child Labour: IPEC)을 설립했다. 이로 인해 노동 아동의 수가 2000년 2억 4,600만 명에서 2015년 1억 6,800만 명으로 감소했다. 하지만 이들 중 8,500만 명은 여전히 위험한 노동을 하고(2000년의 1억 7,100만 명에서 감소한 바 있음) 있다(IPEC, 2015).

방글라데시 쿨나(Khulna)의 도시 빈민가에 거주하는 몇몇 극빈 가구에 대한 프라이어(Pryer)의 연구는 가계 소득이 적고 액수와 시기가 불안정하면 가정이 더 많은 가족 구성원을 일하도록 하여 소득원 다양화를 시도한다는 것을 발견했다. 이 빈민가에서는 1984년 5세 미만 어린이의 최소 67%가 2등급 혹은 3등급 영양실조 상태에 있었다(Pryer, 1987).

설문 조사에 응한 심각한 영양실조에 걸린 7개 가구는 모두 대개 집주인, 고용주, 상점 및 이웃에게 심각한 빚을 지고 있었다. 가구의 유일한 생산 자산은 노동이기에 모든 건강한 성인과 더 많은 어린이가 임금노동을 해야 한다. 남성들은 인력거를 끌거나 소액 거래, 일용직 노동으로 구성된 비공식 부문에 종사하며 매우 적은 임금을 받는다. 게다가 6월에서 9월까지의 몬순 기간에는 일자리마저 줄어든다. 두 가구에서는 여성이 가계를 꾸려나갔는데, 가사 노동이나 일감을 받아 집에서 조립하는 등의 일을 했다. 여성은 장시간 일하지만, 남성보다 절대적으로 낮은 임금만을 받았다. 설문한 7개 가구에서 전체 소득의 평균 68%가 식비로 지출되었다. 나머지는 연료, 임대료 및 부채 상환에 사용되었다. 음식 섭취량은 일일 권장량보다 훨씬 낮았다.

남편을 결핵으로 잃은 한 어머니는 매일 아침 7시부터 오후 4시까지, 다시 오후 6시부터 밤 11시까지 일을 나갔으며, 그동안 열 살 난 딸이 육아와 가사를 맡았다. 또 다른 가정에서는 지병으로 일을 할 수 없는 남편을 둔 아내가 17세 조카의 도움을 받아 암시장에서 불법적으로 사리(sari)를 팔았고, 12세 딸은 정규 시장에서 하인으로 일했다. 가정 형편을 감안할 때 아내는 분명히 경제적으로, 사회적으로 가장이었다.

위의 두 가족 모두 주요 소득자의 질병으로 자산을 매

각해야 했고 부채를 지게 되었으며 가난에 내몰렸고, 그 결과 먹거리를 적절히 제때 얻을 수 없었다. 두 여성 가장 중 한 명은 자신의 고용주이자 집주인에게 크게 의존하고 있었고, 다른 한 명은 불법적인 거래에 연유되어 있어 둘 다 매우 불안정한 생활을 하고 있었다(Pryer, 1987). 이 연구는 가정의 생존을 위해 노력하는 가족 구성원의 다양한 역할을, 그리고 벗어날 수 없는 가난과 영양실조의 악순환을 명확히 보여준다.

문화, 종교 및 개발

문화, 종교 및 개발 간의 관계는 매우 복잡하며 다른 곳에서 자세히 탐구되었다(Eade ed., 2002). 그만큼 '문화'라는 용어는 그 자체로 논쟁의 여지가 많고 그 개념을 정의하려는 많은 시도가 있었다. 그런 의미에서 다음 두 가지 정의는 유용하다. 마츠모토(Matsumoto, 1996)는 '문화는 한 집단이 공유하지만 개인마다 다르며 한 세대에서 다음 세대로 전달되는 일련의 태도, 가치, 신념 및 행동'이라 정의했다. 스펜서-오아테이(Spencer-Oatey, 2008)는 '문화는 한 집단의 사람들이 공유하고 각 구성원의 행동과 다른 사람의 행동에 대한 의미를 해석하는 데 영향을 미치는, 기본적인 가정과 가치, 삶의 지향점, 신념, 정책, 절차, 관행의 모호한 집합이다'라고 정의했다.

개발과 관련하여 문화는 종종 기업가 정신을 억제하고 개발을 명분으로 개입하는 것을 방해한다고 여겨져 왔다. 다스콘(Daskon)과 맥그레거(McGregor)는 '개발은 발달 과정의 문화적, 역사적 뿌리에 맞서는 데 실패하고 다른 세계를 자신의 거울 이미지로 변환시킨다는 비난을 받는다'고 주장했다(Daskon and McGregor, 2012). 이드(Eade)가 지적했듯이, '국지적 또는 전통적 문화는 발전에 제동을 걸고 심지어 지금도 그렇게 여겨지지만, 국제 개발 기구와 해당 국가의 대응 기관은 자신을 우월하다고 하지는 않더라도 문화적으로 중립적이라고 간주한다'(Eade, 2002). 사회과학자들은 종종 종교를 문화의 중요한 요소로 간주한다. 하지만 토멀린(Tomalin)이 지적했듯이 종교 지도자들은 이러한 사회과학자의 생각에 반대할 수 있는데 '종교가 시대를 초월한 신의 말씀으로 여겨지거나 종교적 전통 창시자의 가르침을 반영하기보다는 문화적 과정에 의해 영향을 받고 형성된다고 해석될 수 있기 때문이다'(Tomalin, 2013).

최근 몇 년 동안 개발 과정에서 문화와 종교의 역할에 대한 관심이 높아지고 있다. 드뇌랭과 라코디(Deneulin and Rakodi, 2011)는 수백만 명에 달하는 사람들의 삶에서 종교의 중요성과 종교 조직의 영향력에 비추어 볼 때 '종교를 개발 연구에 다시 가져와야 도전적인 개발 문제에 대한 이해를 개선할 수 있다'(Deneulin and Rakodi, 2011)고 주장했다. 자세한 문헌 조사를 바탕으로 칸(Khan)과 바샤르(Bashar)는 '대부분의 경험적 연구는 종교와 경제성장 및 발전 간 긍정적 관계가 있다는 점을 지적한다'(Khan and Bashar, 2008)고 결론지었다.

다스콘과 빈스(Daskon and Binns, 2010)는 지속 가능한 공동체 개발 촉진을 목적으로 개입을 설계할 때 문화와 종교보다 많은 관심을 기울여야 한다고 주장한다. 이들은 지속 가능한 생계 관점의 연구 틀에서 '문화 자본'이 누락된 것에 대해 특히 비판적이다('제10장' 참고). 다스콘과 빈스는 스리랑카 중부 도시인 캔디(Kandy)의 배후지에 있는 마을들이 어떻게 금속 세공, 보석 생산, 북 만들기, 춤, 음악과 같은 오랜 문화 활동을 했는지 보여주었다. 이들 활동은 모두 불교 중요 성전인 불치사와 밀접히 관련되어 있다. 인터뷰에서 공동체 구성원은 '전통문화와 생계는 불가분의 관계에 있으며, 문화는 집단적 관습, 기억 및 가치를 바탕으로 공동 운명체로 만들고 공동체 구성원 간의 생존 전략을 추동하고 전파하는 데 도움이 된다'(Daskon and Binns, 2010)고 강조하며 답했다.

스리랑카의 사르보다야(Sarvodaya) 운동을 보면 종교, 문화 및 개발을 함께 결합했다는 점을 알 수 있다. 1958년 아리야라트네(A.T. Ariyaratne) 박사에 의해 설립된 사르보다야 운동은 현재 스리랑카에서 가장 큰 비정부 단체이다. 이 단체는 공동체 기반 개발에 주력하고 불교 및 기타 고대 스리랑카 전통에 강하게 뿌리를 두고 있음에도 불구하고 종교와 관계없이 누구에게나 열려 있으며 종교 간 협력을 장려한다. 또한 사르보다야 운동은 2004년 쓰나미의 생존자들을 내륙으로 재배치하고 새로운 정착지 건설을 돕는 등 여러 개발 프로젝트에 관여해왔다. 오스트레일리아 영속 농업 전문가에 의해 설계된, 55개 가구로 이루어진 에코-빌리지 또한 이에 포함되어 있다(Westendorp ed., 2010). 다음은 다스콘과 빈스가 인용한 헤나웨라(Henawela) 출신인 마을 주민의 진술이다.

> 사르보다야는 불교 원리에 의해 운영되기 때문에 주민들의 삶에 친숙하다. 우리는 불교도이며 대가를 바라지 않고 다른 사람들에게 친절하고 돕는 것의 가치를 알고 있다. 우리는 모두 모여서 문제를 논의하고 모든 어려움을 함께 해결하기 위해 노력한다. 이를 통해 슬픔에서 벗어나는 간단하고 평화로운 방법을 깨닫게 된다. (Daskon and Binns, 2012)

건강과 보건 의료

인구의 건강 상태 혹은 인구의 요소들은 개발 과정에서 중요할 수 있다. 건강한 인구는 개발 노력에 더 많이 기여할 수 있고 이러한 노력의 열매로부터 더 나은 혜택을 받을 수 있다고 여겨진다. 우리는 이미 남반구(개도국)에 속한 많은 국가가 높은 아동 사망률을 보이고 있고 그들의 기대 수명은 더 부유한 선진국보다 훨씬 낮다는 것을 확인했다.

아동 사망률과 기대 수명 같은 변수들은 인구의 건강 상태와 의료 보건의 질을 잘 반영한다. 남반구(개도국)의 많은 가난한 국가에서 많은 사람, 특히 외딴 시골 지역에 사는 사람들은 의료 시설에 접근할 수가 없다. 병원과 진료소가 있다고 해도 훈련된 의료 종사자, 약품 및 기본 장비가 부족한 경우가 많다. 이러한 상황에서 2014년과 2015년에 서아프리카에서 발생한 에볼라 경우와 같이 질병이 퍼질 가능성이 있다. 사망률이 50%에서 90%에 달하는 에볼라 출혈열은 1976년 콩고민주공화국에서 처음으로 확인되었고, 지역의 강 이름을 따서 이름이 지어졌다. 주로 기니, 시에라리온, 라이베리아 등 3개국에 영향을 미쳤던 서아프리카 에볼라의 창궐은 지금까지 가장 치명적이었는데 2015년 3월까지 2만 5천 명이 감염되었고, 1만 명이 사망한 것으로 파악된다(UNDP, 2016). 모든 사람에게 양질의 의료 서비스를 제공하는 것은 가난한 국가의 정부로서는 비용이 많이 드는 일이다. 세계의 많은 지역, 특히 열대 아프리카에서 종교 선교 단체는 다양한 비정부기구(NGO)와 함께 특정 지역에서 보건 서비스를 제공하는 데 중요한 역할을 하고 있다. 다수 국가가 여전히 식민 시대로부터 물려받은 하향식 의료 서비스를 고수하고 있으며, 특히 상당한 의료비 지출이 수도와 주요 도시에 있는 몇몇 주요 병원에 배당되고 농촌 지역은 여전히 상대적으로 소외되어 있다. [표 5.3]은 선택된 일부 국가의 의료 보건 서비스 상황과 관련된 몇몇 주요 변수를 보여준다.

적절한 위생 시설을 사용할 수 있는 인구의 비율은 부유한 국가의 100%에서 인도 시골 지역의 30% 미만까지 다양하다. 화장실을 가지지 못한 전 세계 인구 10억 명 중 약 6억 명이 인도에 있을 것이다. 1999년 시에라리온은 오직 인구의 44%만이 필수 의약품에 접근할 수 있었지만, 인도와 브라질에서 그 수치는 더 낮았다(인도 35%, 브라질 40%). 이러한 수치는 전국 단위 수치로 서비스 제공에 있어 상당한 지리적·사회적 불평등을 감추고 있음을 기억해야 한다. 건강에 대한 국가 재정 지출 측면에서 모든 부유한 국가는 국내총생산의 5% 이상을 공중 보건 의료에 지출하는 반면, 인도는 4%, 방글라데시는 3.6%, 차드는 2.8%만을 지출한다(World Bank, 2015c).

마오쩌둥 통치하에서 중국은 공중 보건을 개선하기 위해 다양하게 노력했는데, 특히 1968년 '공중 보건에 관한 6.26 지침'이라는 중앙정부 문서에서 의료 및 공

[표 5.3] 건강에 대한 의무: 접근, 서비스, 자원

국가	공중 보건 지출 (%, GDP)	의사 수 (인구 천 명당)	양호한 위생 시설을 지속적으로 이용할 수 있는 인구(%)		양질의 물을 지속적으로 이용할 수 있는 인구(%)
연도	2012	2011	1900	2012	2012
방글라데시	1.2	0.4	20	57	85
브라질	4.3	1.8	71	81	98
중국	3.0	1.8	23	65	92
인도	1.3	0.7	14	36	93
자메이카	3.3	N/A	75	80	93
일본	8.3	2.3	100	100	100
말리	2.3	0.1	36	22	67
시에라리온	2.5	0.1	N/A	13	60
스웨덴	7.9	3.9	100	100	100
영국	7.8	2.8	100	100	100
미국	8.3	2.5	100	100	99
짐바브웨	N/A	0.1	50	40	80

출처: 세계은행, 「세계개발지표 2012」, 2012

중 보건 사업의 초점을 시골로 이전해야 한다고 요구하면서 본격화하였다. 마오쩌둥은 도시 병원이 의사 수를 일정 정도 유지하면서도 보다 더 많은 비중의 의사들을 (중국 전체 인구의 85%가 사는) 시골 마을로 파견하여 농촌 젊은이들에게 의학 지식을 가르쳐야 한다고 제안했다(Endicott, 1988).

대중들에 의해 '맨발의 의사'라 불린 이들은 여전히 배워야 할 것이 많았지만, 마오쩌둥은 이들이 '가짜 의사'와 '주술사'보다 낫다고 믿었다. 게다가 그는 일반적인 질병을 예방하고 치료하도록 의료 기금이 재분배되는 만큼 마을 주민들이 이들을 감당할 수 있다고 주장했다. 공동체 마을 병원들은 보다 많은 자금을 지원받아 엑스레이(X-ray) 기계와 같은 장비를 구입하고 중국 의학과 서양 의학을 개발하는 데 사용할 수 있었다. 맨발의 의사, 조산사, 위생병 모집을 확대하는 캠페인 또한 있었다.

이 캠페인의 효과는 인구 천 명당 의사 수와 관련된 통계에 부분적으로 나타났다([표 5.4] 참고). 2011년 중국에는 1천 명당 1.8명의 의사가 있었고, 이 수치는 1인당 국내총생산 수치가 월등히 높으면서 유엔개발계획에서 선정한 인간 개발 지수가 중국보다 높은 국가 그룹을 훨씬 앞선 수준이었다.

중국에서 이러한 정책들의 영향은 쓰촨성 스팡현과 같은 농촌 지역에서 명백히 드러났다.

> 3개월, 때로는 6개월 과정을 밟고 자격을 획득한 의사들이 문화대혁명 기간에 교대로 농촌 지역으로 파견되었다. 658명의 '맨발의 의사'는 기본적인 응급 처치, 한약, 침술, 체온계 사용, 백신 주사, 독감, 위장 장애 및 기타 일반 질병의 약물 투여 등에 관한 훈련을 받았다. (그 결과) 스팡현의 총 의료진 수는 1965년 592명에서 10년 후 3,420명으로 증가했다. … (맨발의 의사 이니셔티브의 말을

> 빌리자면) … 예방에 초점을 맞춰 접근 가능하고 실험적이며 비엘리트주의적 공중 보건 시스템을 만드는 순조로운 출발이었다. (Endicott, 1988)

스팡현의 보건 프로그램에서 주목할 만한 성과는 빌하르츠 주혈흡충증(bilharzia)의 사실상 근절인데, 감염자 수가 1959년 5,700명에서 1982년 4명으로 줄었다. 1970년대 말까지 중국 마을의 85%에는 한 명 이상의 '맨발의 의사'가 근무하는 보건소가 있었다.

남반구(개도국)의 건강 문제는 빈곤, 특히 부적절하거나 열악한 품질의 음식과 물, 적절한 위생 시설의 부족과 밀접하게 연관되어 있다('제6장' 참고). 어린이는 특히 설사에 취약하고 홍역 또한 많은 희생자를 낳지만, 비타민 A 결핍은 홍역을 앓은 이후 실명과 감염을 유발할 수 있다. 철분 부족은 종종 빈혈을 유발하여 특히 신생아에게 위험하다. 또한 어린이는 니코틴산 부족 질환, 각기병, 구루병, 단백질 결핍성 영양실조와 같은 여러 영양 관련 질병에 매우 취약하다.

물과 관련된 질병은 남반구(개도국)의 여러 국가에서 발생하는 주요 문제이다. 질병이 관개 농업의 확대를 위해 건설된 댐과 저수지로부터 천천히 흐르는 물을 사용하는 광범위한 지역에서 확산되었다는 증거가 있다. 빌하르츠 주혈흡충증은 천천히 흐르는 물에서 달팽이에 의해 전염되는 한편, 열대 아프리카의 풍토병인 사상충증도 물과 관련되어 있으며 먹파리에 의해 전염된다.

열대 지역에서 가장 심각하게 건강을 위협하는 것은 고인 물이나 천천히 흐르는 물 근처에서 번식하는 모기에 의해 전염되는 말라리아이다. 열대 아프리카에서만 최대 2억 명의 사람들이 말라리아에 걸린 것으로 추산되는데, 말라리아 감염자는 건강이 악화되고 다른 전염병에 대한 저항력이 약화된다. 늪에서 물을 빼내고 살충제를 살포하는 것이 도움이 되지만 모기가 특정 화학 물질과 항말라리아 약물에 내성을 갖게 된다. 모기는 또한 뎅기열병이나 황열병을 전파하기도 한다.

가구와 가구 구성원의 건강과 영양 상태는 시간이 지남에 따라 달라질 수 있다. 예를 들어, 모성 건강은 많은 관심을 받는 분야이며 제5차 새천년 개발 목표(MDGs)와 제3차 지속 가능한 개발 목표(SDGs)의 주요 안건이었다. 이집트 카이로에서 열린 1994년 국제 인구 개발 회의(ICPD)는 여성, 특히 모성 건강에 대한 초점을 인구학적 접근에서 인권으로 옮겼다. 매년 25만~34만 3천 명의 여성과 300만 명의 아기가 임신과 출산 중 또는 그 직후 사망하는 것으로 추산된다(WHO, 2013). 2009년에는 전 세계적으로 약 68%의 출산이 숙련된 의료 인력의 도움을 받아 이루어지는 것으로 추산되지만, 가난한 국가 특히 사하라 이남의 아프리카에서는 이 수치가 매우 낮다(WHO, 2013). 말레이시아 정부는 1995년 '여성에 대한 모든 형태의 차별 철폐에 관한 협약'에 서명하였고, 산모 사망률을 획기적으로 낮추는 데 성공하였는데, 훈련된 지역사회 조산사의 도움을 받는 가정 분만을 통해 그리고 임신 합병증을 조기에 감지하고 모든 산모 사망을 면밀히 검토하는 국가 시스템을 통해 이루어낸 성과였다(World Bank, 1999).

우리는 가구 생애 주기의 특정 단계가 소득과 영양에 어떤 영향을 미칠 수 있는지 이미 살펴보았다. 그러한 장기적 변동은 열대 지역의 뚜렷한 계절적 압박으로 인해 악화될 수 있는데, 가장 힘든 노동 시기와 마찬가지로 말라리아와 같은 많은 질병이 발생하는 시기는 모두 우기이다. 나아가 우기가 막바지에 접어들었으나 아직 수확철이 아닌 시기에 여러 지역사회는 식량 재고가 줄고 음식 섭취의 양과 질이 떨어지는 경우가 많다. '배고픈 계절'이라고 불리기도 하는 우기에 사람들은 여전히 농지에서 열심히 일해야 하기에 감염되기가 쉽다. 임산부와 모유 수유 중인 여성 그리고 어린이와 같은 지역사회 및 가정의 특정 구성원은 이 시기에 더욱 고통받을 수 있다.

HIV/에이즈

1980년대 초반부터 HIV/에이즈 대유행은 세계 보건

[표 5.4] 지역 HIV/에이즈 통계 및 특징(2012년 12월)

지역	전염 시작	HIV 생존 감염자 수	HIV 신규 감염자 수	성인 (15~64세) 유병률(%)	에이즈로 인한 성인 및 아동 사망자 수	HIV 감염 경로
사하라 이남 아프리카	1970년대 후반 ~1980년대 초반	2,500만 명	160만 명	4.7	120만 명	이성 간 성교
서남아시아와 북아프리카	1980년대 후반	26만 명	32,000명	0.1	17,000명	이성 간 성교, 마약 주사기 공유
남아시아와 동부아시아	1980년대 후반	390만 명	27만 명	0.3	22만 명	이성 간 성교, 마약 주사기 공유
동아시아	1980년대 후반	88만 명	81,000명	〈0.1	41,000명	N/A
라틴아메리카	1970년대 후반 ~1980년대 초반	150만 명	86,000명	0.4	52,000명	N/A
카리브해	1970년대 후반 ~1980년대 초반	25만 명	12,000명	1.0	11,000명	남성 간 성교, 마약 주사기 공유, 이성 간 성교
동유럽과 중앙아시아	1990년대 후반	130만 명	13만 명	0.7	91,000명	이성 간 성교, 남성 간 성교
서유럽과 중앙유럽	1970년대 후반 ~1980년대 초반	86만 명	29,000명	0.2	7,600명	마약 주사기 공유
북아메리카	1970년대 후반 ~1980년대 초반	130만 명	48,000명	0.5	2만 명	남성 간 성교, 마약 주사기 공유
오세아니아	1970년대 후반 ~1980년대 초반	51,000명	2,100명	0.2	1,200명	남성 간 성교, 마약 주사기 공유, 이성 간 성교
총		3,530만 명	230만 명	0.8	160만 명	
범위		3,220만~3,880만 명	190만~270만 명	0.7~0.9	140~190만 명	

출처: WHO, UNAIDS & UNICEF, 2012

에 암운을 드리웠으며 불행히도 가난한 국가와 사람들이 불균등하게 더 고통받았다. 에이즈(후천성 면역 결핍 증후군)는 신체의 자연 보호 장치라 할 수 있는 면역 체계가 손상되는 질병이다. 1981년 미국에서 에이즈의 첫 번째 감염 사례가 보고된 이후 '세계는 현대 역사상 가장 치명적인 전염병에 직면해 있다'(UN, 2000)고 평가됐다. 에이즈를 유발하는 병인인 HIV(인간 면역 결핍 바이러스)의 광범위한 확산은 아마도 1960년대 초반에 시작되었을 것이나 1970년대 중후반과 1980년대 초반 들어 급속히 일어났다. HIV의 두 가지 변종(HIV1 및 HIV2)이 확인되었으며 감염된 사람의 혈액이 다른 사람의 혈류로 직접 전달되거나 성교를 통해 감염된다. 거의 모든 경우에 HIV에 감염된 사람들은 에이즈 증상을 보인다.

2011년 12월까지 유엔 에이즈 합동 계획(Joint UN Programme on HIV/AIDS: UNAIDS)과 세계보건기구(World Health Organization: WHO)는 약 3,500만 명의 성인과 어린이가 HIV에 감염되어 있으며 이들 중 약 67%가 사하라 이남 아프리카에 있다고 밝혔다(UN-

AIDS, 2012). [표 5.4]에서 볼 수 있듯이 HIV에 감염된 대부분 사람은 세계의 빈곤한 지역(아프리카, 중앙아시아, 남부 아시아, 동남아시아, 라틴아메리카, 동유럽)에 살고 있으며, 사하라 이남의 아프리카는 단연 가장 높은 감염률(4.7%)을 보인다. 7,500명 이상의 아프리카인이 날마다 새로 감염되는 것으로 추정된다(UNAIDS, 2012). 더구나 빈곤 국가들은 값비싼 항레트로바이러스 약물 치료를 감당할 수 없었기 때문에 2011년 사하라 이남 아프리카에서 에이즈로 인한 사망자는 전 세계 사망자의 75%에 해당하는 120만 명에 달했다.

또한 [표 5.4]는 성인의 주요 감염 경로가 세계 지역마다 다르다는 것을 보여준다. 예로, 서유럽과 북아메리카에서는 주로 마약 주사기 공유와 남성 간 성교를 통해 전염된다. 하지만 사하라 이남 아프리카의 HIV는 주로 이성 간 성교를 통해서 그리고 임신, 분만 중 또는 출생 후 모유 수유를 통해 출산 전후기에 어머니로부터 감염된다. [표 5.5]는 국가별로 15세에서 49세 사이의 성인 중 HIV/에이즈 발병률을 보여준다. 사하라 이남 국가의 압도적인 우위를 다시 한번 명백히 확인할 수 있다. 짐바브웨는 놀랍고도 안타깝게도 말리 및 시에라리온과 같이 인간 개발 지수(Human Development Index: HDI)와 1인당 국민총생산(GNP) 수준이 자신보다 낮은 국가에 비해서 높은 HIV/에이즈 발병률을 보인다.

2001년 6월에 HIV/에이즈에 관한 유엔총회 특별 세션(UNAIDS, 2001)에서 다음의 여섯 가지 주요 목표가 합의되었다.

- 감염률이 높은 국가는 2005년까지, 그리고 전 지구적으로는 2010년까지 15~24세 HIV 감염률을 25%까지 감소시킨다.
- 영유아 HIV 감염률을 2005년까지 20%, 2010년까지 50% 감소시킨다.
- 2003년까지 저렴한 HIV 관련 약물 제공을 포함하여 국가적 관리 전략을 발전시킨다.
- 2005년까지 에이즈 고아와 감염 어린이를 지원하기 위한 국가 전략을 개발하고 시행한다.
- 2003년까지 HIV 감염에 대한 취약성을 줄이는 데 도움이 되는 전략을 마련한다. 예를 들어, 빈곤과 성 착취 줄이기, 여성 권한 신장하기 등이 있다.
- 2003년까지 개인, 가족, 공동체 그리고 국가적 차원에서 HIV/에이즈의 영향을 줄이는 데 도움이 될 여러 방면의 전략을 개발한다.

이러한 목표들은 칭찬할 만하지만, 세계 최빈국들에서 실제로 달성될 가능성은 다소 희박해 보였다. 그러나 2002년 2월 세계은행은 아프리카를 위한 다국가 HIV/에이즈 프로그램(Multi-Country HIV/AIDS Programme for Africa: MAP)의 두 번째 단계를 위해 추가로 미화 5억 달러를 승인하여 2001~2002년 회계 연도에 미화 10억 달러가 아프리카 국가들에 무이자로 대출되었다(World Bank, 2002b). 꾸준한 진전이 이루어졌고 2013년에 HIV/에이즈 관리를 위한 자금은 191억 달러로 사상 최고 수준에 도달했으며 지출의 47%가 사하라 이남의 아프리카로 향했다(Avert, 2015). 2015년에 시작된 유엔의 지속 가능한 개발 목표(SDGs)의 세 번째 목표는 2030년까지 에이즈 유행을 종식시키는 것이다(UN, 2015c). 유엔 에이즈 합동 계획 2016 보고서에는 '지난 15년간의 놀라운 성취는 전 세계가 이 목표를 달성할 수 있다는 확신을 가져다주었다'(UNAIDS, 2016)고 언급했다.

사하라 이남 아프리카는 지난 20년 동안 많은 국가에서 전반적인 빈곤을 겪고 있고 의미 있는 '발전'이 없었다는 점 외에도, HIV/에이즈는 오늘날 자본이 부족한 아프리카 정부가 직면하게 된 문제이다. 보츠와나, 말라위, 잠비아, 짐바브웨에서 에이즈는 이제 15~39세 사이 연령대에서 주요 사망 원인으로 간주된다. 1994년에 케냐 나이로비(Nairobi)와 코트디부아르 아비장(Abidjan)에서 성매매 여성 종사자의 HIV 감염률은 80%를 훨씬 넘어섰다(US Census Bureau, 1994). 도시 지역에서 가장 심각하지만, 촌락 지역도 심각하다. 여전히 아

[표 5.5] HIV/에이즈, 몇몇 국가의 유병률 및 사망률

국가	HIV 유병률 (15~49세 비율), 2012년	인간 개발 지수(HDI) 순위, 2012년	에이즈를 고려한 기대 수명, 2010년	에이즈로 인한 수명 감축(년), 2010년	에이즈 사망자 수 (천 명), 2012년
에스와티니	27.4	148	45.8	18.0	5,500
보츠와나	21.9	109	54.9	13.8	5,000
레소토	22.9	162	45.3	17.4	15,500
짐바브웨	15.0	156	44.1	21.0	39,500
나미비아	14.3	127	61.4	8.6	5,000
남아프리카공화국	19.1	118	51.6	13.0	235,100
잠비아	12.5	141	45.2	9.6	30,300
모잠비크	10.8	178	47.8	7.9	76,800
말라위	10.3	174	52.9	11.4	45,600
중앙아프리카 공화국	3.8	185	46.9	4.6	11,000
가봉	3.9	112	60.3	4.7	2,300
코트디부아르	2.7	171	57.2	5.2	31,200
우간다	7.4	164	52.4	6.2	63,300
탄자니아	5.0	159	N/A	N/A	80,000
케냐	6.0	147	54.2	7.2	57,500
카메룬	4.3	152	51.0	4.6	34,600
콩고	2.5	140	53.6	3.7	31,700
아이티	2.0	168	61.2	1.9	7,500
캄보디아	0.7	136	60.9	1.1	2,700
우크라이나	0.8	83	68.2	1.3	18,100
인도	0.3	135	63.5	0.5	135,500
미국	0.3	5	79.2	0.4	17,000
브라질	0.6	79	72.3	0.6	N/A

출처:
HIV 유병률(15~49세 비율): World bank, 2012
인간 개발 지수(HDI) 순위: World bank, 2012
에이즈로 인한 사망과 함께 출생 시의 기대 수명(에이즈 포함): United Nations, 2011
에이즈로 잃어버린 세월: United Nations, 2011
에이즈로 인한 사망: CIA World Factbook, 2013

[자료 5.6] 1970~2010년 아프리카 5개국의 기대 수명에 대한 에이즈의 영향

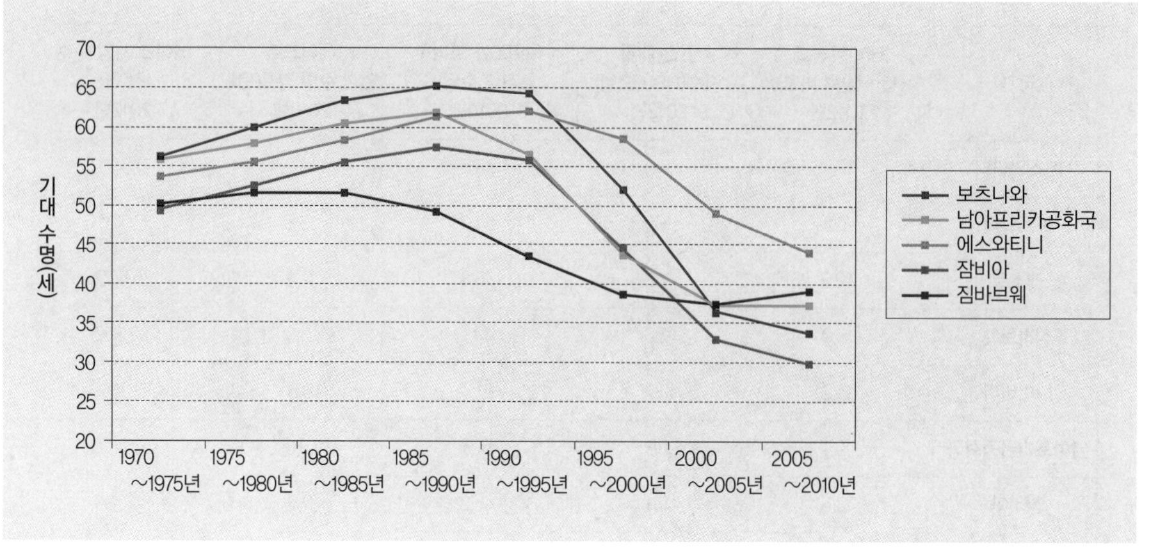

출처: UNAIDS, 「세계 에이즈 전염병 보고서」, 2006

프리카의 많은 지역이 촌락 지역이라는 사실을 감안할 때 비록 정확한 데이터를 얻기는 어렵지만, 절대적인 수 측면에서 에이즈 발병은 촌락 지역에서 우세하다.

HIV/에이즈 전염병은 1980년대 초반부터 서아프리카에서 남하했으며, 그 당시 서아프리카에서 인도양까지 아프리카 대륙을 가로지르는 지역에서 주로 발병했다. 서아프리카의 감염률은 낮은 수준으로 안정화되었지만, 1980년대 후반에 이르러 남부 아프리카 국가들의 감염률이 증가하여 2002년에는 세계 최고가 되었다(Daniel, 2000). 세계은행(World Bank, 2012b)에 따르면 2012년 보츠와나는 성인의 21.9% 이상이 HIV에 감염되었으며, 에스와티니는 27.4%로 세계에서 가장 높았다([표 5.5] 참고). 보츠와나의 인구는 200만 명에 불과하지만 1995년에서 2015년 기간 동안 에이즈로 인해 38만 5천 명이 사망할 것으로 추정되었다.

HIV/에이즈가 기대 수명에 매우 큰 영향을 미친다는 점은 [표 5.5]에 잘 나타나 있다. 짐바브웨의 경우 기대 수명이 44.1세에 불과한데 이는 에이즈로 인해 수명이 21년 짧아졌기 때문이다. 다수 아프리카 국가에서 1980년대 이전까지만 해도 기대 수명은 꾸준히 증가했지만, HIV/에이즈의 영향으로 급감했다([자료 5.6] 참고).

전염병이 가장 먼저 확산된 국가 중 하나인 우간다는 HIV/에이즈의 전체 유병률이 1990년 14%에서 2012년 7.4%로 감소했기 때문에 1990년대 중반 이후 기대 수명이 늘어나는 이례적인 일을 겪었다. 이는 에이즈를 인지한 지 4년째 되던 해인 1986년에 시작된 대규모 에이즈 예방 프로그램 때문이다. 요웨리 카구타 무세베니(Yoweri Kaguta Museveni) 대통령 이래로 정치적 헌신이 있었는데 모든 부처에 에이즈 통제 프로그램이 있었다. 이 캠페인은 에이즈에 관한 미신을 없애려 시도했고 종교 지도자와 전통적 지도자를 참여시키며, 학교에서 젊은이들에게 성관계 시 콘돔을 사용하게 하고 성관계 시작 시기를 늦추는 것의 장점을 알렸다. 우간다는 많은 성공을 거두었지만, 보건 당국은 2000년에 143만 8천 명이 HIV/에이즈에 감염되었고, 83만 8천 명이 에이즈로 사망했으며 이 중 8만 3천 명이 어린이라고 추정했다(Evans, 2001). [표 5.5]에서 알 수 있듯이 2012년까지 15~49세 HIV/에이즈 유병률은 7.4%로 떨어졌다.

발전 지수는 비슷하지만 HIV/에이즈 감염률에서 차

[자료 5.7] 보츠와나의 인구 피라미드

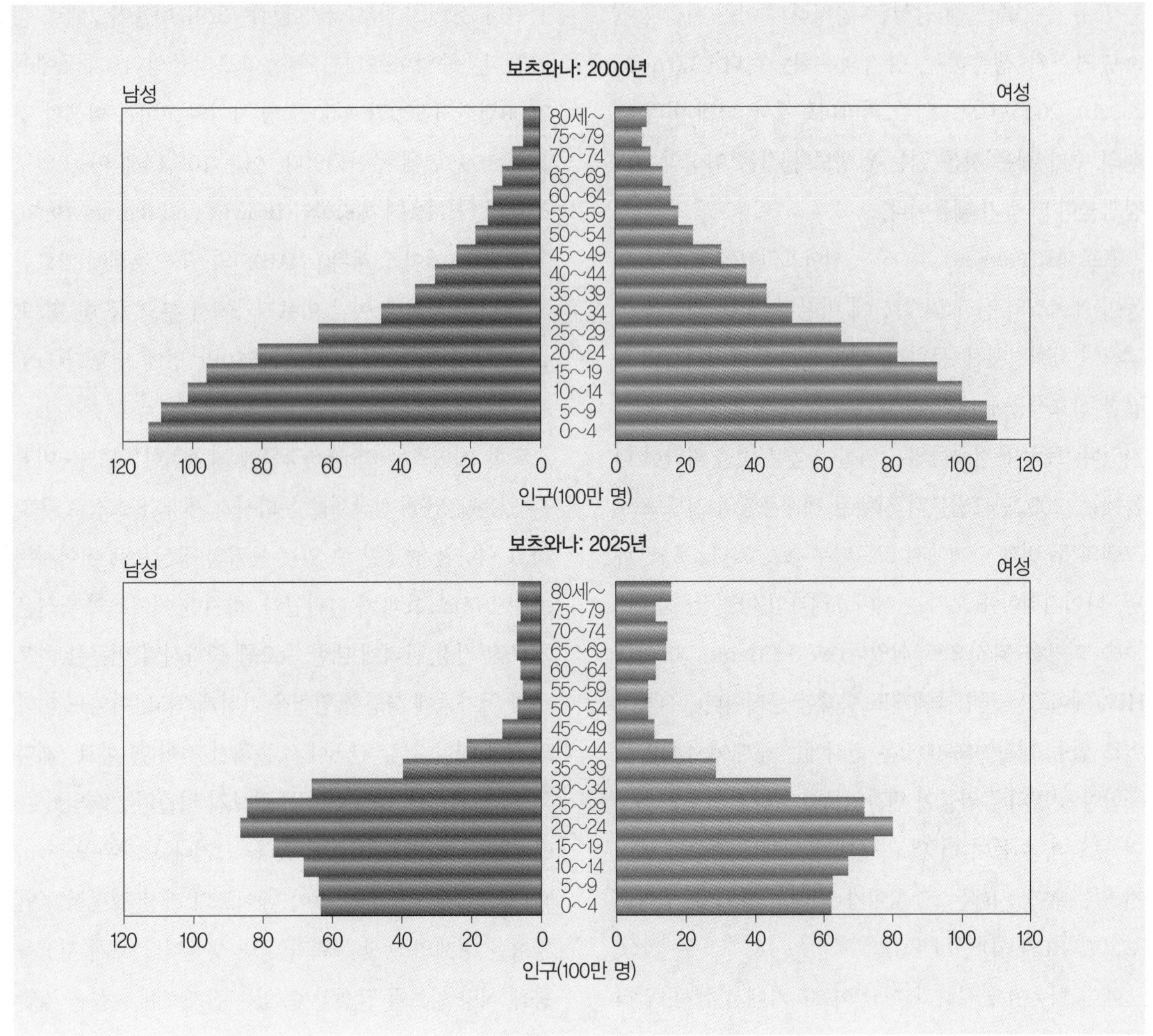

출처: 미국 인구조사국, 2002

이가 큰 두 국가를 비교해보면 알 수 있듯이, HIV/에이즈 전염병은 일부 국가에서 인구 구조에 상당한 영향을 미친다. 모로코와 보츠와나는 유엔개발계획(UNDP)이 발표한 인간 개발 지수(UNDP, 2014)에서 각각 129위와 109위를 차지했다. 경제적 측면에서 보츠와나는 1인당 국내총생산이 미화 14,443달러로 모로코의 6,878달러에 비해 훨씬 높다(UNDP, 2014). 하지만 2012년에 15~49세 성인의 HIV/에이즈 감염률이 보츠와나는 21.9%인 데 반해 모로코는 0.1%에 불과했다(UNDP, 2014). 이들 국가의 인구 피라미드를 비교해보면, 2000년만 해도 상당히 유사하지만 미국 인구조사국은 2025년에는 보츠와나의 인구 피라미드가 굴뚝 모양으로 변할 것으로 예측했다(US Census Bureau, 2002; [자료 5.7] 참고).

모로코의 피라미드는 '정상적인' 넓은 밑단을 가지고 있는 반면, 보츠와나 피라미드의 밑단은 훨씬 더 좁다. 성적으로 활발한 HIV에 감염된 많은 젊은이들이 조기 사망하는 반면 여성은 가임기가 끝나기 훨씬 전에 불임이 되어 태어나는 아이가 줄어들기 때문이다. 게다가 바넷(Barnett)이 설명한 것처럼 'HIV에 감염된 여성에게서 태어난 유아 중 최대 3분의 1이 출생 전이나 도중에 또는 모유 수유를 통해 감염된다. 따라서 어린 시절과 청소년기까지 생존하는 아기의 수는 적다'(Barnett, 2002b). 2025년 보츠와나 피라미드에서 50세 미만 여성의 수가 적은 것은 젊은 남성보다 젊은 여성의 HIV 감염률이 더 높기 때문이다.

프로세로(Prothero, 1996)는 서아프리카에서 인구 이동이 에이즈의 전파 및 확산에 미칠 수 있는 영향을 고려하여 사회경제적, 문화적, 생물 의학적 메커니즘의 복잡한 상호작용에 대한 더 많은 연구가 필요하다고 결론지었다. 트럭 운전사들의 감염률이 높은 것을 파악한 다음에는, 2002년 2월부터 시행된 세계은행의 지도 프로그램의 두 번째 단계에서 코트디부아르, 가나, 토고, 베냉, 나이지리아에 오가는 서아프리카의 아비장-라고스 수송 회랑을 타깃으로 삼았다(World Bank, 2002b). HIV/에이즈는 군인들에게도 심각한 문제이다. 유엔 에이즈 합동 계획(UNAIDS)은 평시에는 군대에서 HIV를 포함한 성병의 감염률이 민간인보다 일반적으로 2~5배 더 높으며, 이동이 더 많고 군대가 대체로 가족과 떨어져 있는 분쟁 시에는 그 차이가 50배 이상일 수 있다고 보고했다(UNAIDS, 1998).

에이즈는 이제 사하라 이남 아프리카에서 설사, 말라리아, 홍역 등과 함께 어린이 사망 질병 목록에 포함됐다. 브라운과 배럿(Browne and Barrett, 1995)은 특히 아프리카 에이즈 전염병이 어린이에 미치는 영향을 조사하여 상대적으로 더 많은 어린이가 말라리아, 설사, 급성 호흡기 감염으로 사망하지만, 에이즈가 국가, 공동체 및 가정 수준에서 경제 및 인간 개발에 미치는 장기적인 악영향이 있다고 주장했다. HIV에 감염된 어린이는 수명이 짧은데 이들의 80%는 5세가 되기 전에 에이즈로 인해 사망한다. 잠비아에서 5세 미만 사망률은 2000년에 1천 명당 169명이며, 직간접적으로 에이즈 관련 원인으로 사망했다. 그러나 최근 몇 년 동안 진전이 있었고 5세 미만의 사망률이 2012년에 1천 명당 87명으로 감소했다(World Bank, 2015c).

또 다른 문제는 에이즈로 인해 고아가 된 어린이 수와 관련된 것으로 일부 국가에서는 고아 비율이 2배로 증가했다. 중앙아프리카와 동아프리카의 10개국에서 2000년까지 500만~600만 명 사이의 고아가 발생할 것으로 1995년에 추산되었다. 이는 10~15세 아동 인구 전체의 약 11%에 해당한다(Browne and Barrett, 1995). 유엔 합동 에이즈 계획(UNAIDS)의 최근 추계에 따르면 2012년에 사하라 이남 아프리카에서 부모 중 한 명 또는 모두를 잃은 어린이는 1,550만 명에 달했다(UNAIDS, 2012).

또한 에이즈는 인구 성장률에 광범위한 영향을 미칠 수 있는데 인구 성장세를 둔화시켜 세계가 스스로 유지하고 식량을 공급할 수 있는 능력의 향상으로 이어지는 소위 '맬서스 효과'가 나타난다. 하지만 에이즈의 확산은 치료적 건강 관리에 대한 수요를 증가시켜 빈곤한 아프리카 국가들에 상당한 압력을 가하게 되고, 아마도 여타 인구에 대한 건강 관리에 소홀해질 것이다. 예로, 케냐와 르완다는 각각 1990년 공중 보건 지출의 23%와 65%를 에이즈 감염자 치료에 썼다. 그러나 브라운(Brown, 1996a)이 제안한 바와 같이 '에이즈의 가장 결정적인 악영향은 경제의 생산 능력과 국내 생산이나 세계 시장을 통해 식량 안보를 달성할 수 있는 잠재력에 손상을 가할 가능성이 높다'는 것이다. 20~40세 연령대의 감염률과 사망률이 증가함에 따라 인구 부양 비율이 증가했다. 일각에서는 청장년 감염률이 18~29% 증가할 경우 경제 활동 인구의 규모가 크게 감소할 것이라고 주장했다(Gregson et al., 1994). 애석하게도 사하라 이남의 아프리카는 이미 세계에서 가장 가난한 지역이라는 오명을 가지고 있으며, 에이즈는 가난한 사람들이 가진 유일한 자원인 노동을 하지 못하게 해서 빈곤을 악화시킬 것이 분명하다.

교육

개인과 가정이 적절한 영양 및 건강 관리와 더불어 진

[표 5.6] 2012년 주요 국가의 초등학교 입학률 및 성인 문해율

국가	초등학교 총 입학률		성인 문해율	
	남자	여자	남자	여자
방글라데시	111	118	62	55
브라질	N/A	N/A	91	92
중국	128	128	97	93
인도	111	114	N/A	N/A
자메이카	N/A	N/A	83	92
일본	102	102	99	99
말리	94	83	43	25
시에라리온	132	131	56	34
스웨덴	102	101	99	99
영국	109	108	95	95
미국	99	97	94	94
짐바브웨	N/A	N/A	88	80

출처: 세계은행, 「세계개발지표 2012」, 2012

정한 잠재력을 발휘하려면 교육권과 표현의 자유가 개발 과정의 핵심 요소여야 한다고 주장할 수 있다. 이러한 접근 방식은 아마르티아 센(Amartya Sen)의 '자유로서의 발전' 관점('제1장' 참고)에 구현되어 있다. 보건 의료와 마찬가지로 교육은 빈곤 국가에서 값비싼 항목이며 교육의 질과 혜택 범위는 학생의 학업 성취도와 마찬가지로 국가 간 및 국가 내에서 상당한 격차를 보인다. 보건 의료 시스템과 마찬가지로 교육 시스템은 식민 시대의 유산인 경우가 많으며 개인, 공동체 및 국가의 현재 요구 사항에 완전히 부합하지 못하는 경우가 많다. 실제로 빈곤 국가가 제공할 교육의 가장 적절한 형태와 구조가 무엇인지에 대해 많은 논쟁이 있었다. 예로, 정부 예산은 초등, 중등, 고등 교육별로 어떻게 할당되어야 하며 정규 교육 수업료보다는 농부 훈련과 공예 기술 습득과 같은 비공식 교육에 더 많은 관심을 기울여야 하는지 등이다. 그럼에도 대부분의 논평가는 모든 사람에게 기본적인 초등교육, 특히 문해력을 갖게 하는 것이 모든 국가의 최우선 과제가 되어야 한다는 데 동의할 것이다. [표 5.6]은 말리의 초등학교 입학률과 성인 문해율이 다른 국가들보다 얼마나 낮은지를 보여준다. 많은 국가에서 남학생 수보다는 여학생 수가 큰 격차를 드러낸다. 일반적으로 이슬람 국가에서는 적은 수의 소녀가 학교에 다니며 이후 남성과 여성의 성인 문해율에 반영된다.

타이 쫌티앙(Jomtien)에서 열린 '1990년 모두를 위한 세계 교육 회의(The 1990 World Conference on Education for All)'는 통일된 국가 교육 시스템 내에서 다양하고 유연한 접근 방식의 필요성을 선언했다(UNICEF, 1997). 이 회의는 초등교육에 대한 다음과 같은 목표에 동의했다.

- 유용한 기술을 가르쳐야 한다. 교육 과정은 공동체적 삶과 관련되며 연계되어야 한다.
- 더 유연해져야 한다. 아동 중심 접근 방식을 사용한다. 학

교 시간표를 일상과 계절 농사 일정에 맞게 조정한다.

- 여자아이들을 학교에 오게 한다. 평등한 참여를 보장하기 위해 사회적, 경제적, 문화적 장벽에 민감해야 한다.
- 교사의 자질과 위상을 높인다. 급여와 고용 조건을 개선하고 부정적이고 틀에 박힌 사고를 가진 교사들을 재교육한다.
- 가정의 학비 부담을 줄여야 한다. 학비 및 학습 도구 비용은 참여를 제한한다. 아동노동을 억제하는 기초 교육을 달성하기 위해서 가난한 가정에는 교육이 무료로 제공되어야 한다.

학교 등록 비율에서 전 지구적 격차는 중등 및 고등 교육 수준에서 더 크게 나타난다. 굴드(Gould, 2009)가 중등교육 취학률에 대해 설명주듯이, 아프리카는 다른 세계 지역에 비해 훨씬 뒤처져 있으며 남아시아의 경우 중등 취학률이 인도는 높지만 인구가 각각 1억 명이 넘는 방글라데시와 파키스탄은 낮아 전체적으로 취학률이 떨어진다. 참고로 파키스탄과 방글라데시 모두 여성의 중등교육 참여율이 낮은 이슬람 국가이다. 고등교육에서는 고소득 국가에서 해당 연령대 인구의 40%가 고등교육을 받지만, 평균 10% 미만의 수치가 저소득 국가와 중간 소득 국가에서 일반적이다. 고등교육 취학률은 사하라 이남의 아프리카 국가에서 5%이고, 라틴아메리카와 카리브해 지역은 11%로 그보다 높다(Gould, 1993; UNESCO-UIS, 2006).

몇몇 정부는 국가 개발 요구에 더욱 부합하도록 교육 시스템을 보다 광범위하게 개혁했다. 1999년 서아프리카의 작은 나라 감비아는 고등교육을 위해 학생을 해외로 보내기보다는 캐나다와 쿠바의 도움으로 국내에 대학을 설립했다. 한편 아프리카의 인구 대국인 나이지리아는 비용 절감을 위해 광범위한 대학 시스템을 국유화해야 하는지 여부에 대해 논의했다. 가나 또한 주요 교육 개혁을 단행했다. 1950년대 가나는 아마도 아프리카에서 학령 인구 비중이 가장 높았으며 독립 후 그 비중은 더욱 높아졌었다. 그러나 국민 경제가 악화되면서 교육 지출이 1976년 국민총생산(GDP)의 6.5%에서 1983년 1%로 줄어들어 학교와 교육의 질이 떨어졌다. 1985년부터 제리 롤링스(Jerry Rawlings) 정부의 경제 회복 프로그램에 따라 학교교육은 경제와 사회에 보다 긍정적인 기여를 하도록 장려되었다. 110개 지구로 분산 구획하는 계획과 함께 단일 교육문화부가 만들어졌다. 교육 기간은 17년에서 12년으로 단축되고 기숙사비가 학생들에게 전가되었으며 고등교육에서 학자금 대출 제도가 도입되었다. 교육 과정은 학술적 주제보다는 실용적이고 생활 기술에 중점을 두도록 재구성되었다. 특히 여자아이들의 교육 기회 확대에 주안점을 두었다(Binns, 1994a). 여성 교육 투자에 최우선순위를 뒀는데 기존 연구들이 교육과 건강 간의 강한 상관관계를 밝혔을 뿐만 아니라 특히 기본 문해율 등의 모성 교육이 낮을수록 영유아 및 아동 사망률이 높다는 점이 지적되었기 때문이다.

분쟁과 그 후 상황 전개 그리고 안보와 생계

정치 불안과 분쟁의 시기는 생계에 매우 중요하고 때로는 장기적인 영향을 미칠 수 있다(MacGinty and Williams, 2009). 가계 자산이 손실되고 식량 생산 및 유통이 중단되며 주요 기반 시설이 손상되거나 악화됨으로써 건강이나 교육과 같은 기초적 서비스에 접근할 수 없게 되고, 정상적인 일상생활이 심각하게 방해받을 수 있다. 이 책의 다른 장에서 분쟁과 그 이후 상황 전개에 관련된 다양한 이슈가 다루어진다. '제7장'에서 유엔의 평화 유지군이 수행하는 역할을, '제8장'에서 분쟁 상황의 일반적인 결과인 강제 이주를 다루며, 이 장의 앞부분에서는 분쟁 속에 어린이들이 처한 상황에 대해 살펴보았다.

분쟁의 물리적 영향 외에 평화와 안정을 되찾은 이후에도 수년 동안 지속될 수 있는 분쟁의 심리적 영향을 과소평가해서는 안 된다. 비정부기구인 '국경없는 의사회(MSF)'는 1999년 5월 시에라리온의 수도 프리타운

(Freetown)에서 심리 사회조사를 실시하여 아래 사실을 발견했다.

> 설문 응답자의 99%는 일정 수준의 기아로 고생했고, 90%는 사람이 다치거나 사망하는 것을 목격했으며, 최소 50%는 가까운 사람을 잃었다. 치열했던 전투의 강도는 숫자로도 나타난다. 65%는 포격을 경험했고, 62%는 재산이 불탔으며, 73%는 집이 파괴되었다. 신체적 피해도 컸다. 7%는 신체가 절단되었고(일반적으로 사지, 손, 발 또는 귀), 16%는 전쟁 파벌로 인해 고문받았으며, 33%는 인질로 잡혔고, 39%는 학대를 당했다. (MSF, 1999)

폭력의 성격과 수준은 분쟁 이후 시기의 생계를 재건하는 데 영향을 미칠 수 있다. 시에라리온 내전(1991~2002년) 동안 혁명통일전선(RUF) 반군이 성인과 어린이의 사지를 잔인하게 절단하는 등 잔학 행위를 자행했으며, 스리랑카 북부의 일부 농경지에는 2009년 종전 이후로도 오랫동안 지뢰가 심어지고 있었다. 코르프(Korf, 2004)는 스리랑카 내전의 경험을 되새기며 '취약성이 증가하는 이러한 상황의 심리적 효과는 현저하며 사람들은 자신감이 결여되고 수그러드는 경향을 보이고 제한된 삶의 기회로 인한 좌절을 겪으며 두려움과 절망에 빠진다'(Korf, 2004)고 설명한다.

북부 우간다에서는 1980년대 중반 이후의 정치적 불안정과 분쟁으로 가축, 집, 자산이 손실되고 지역 인구가 대규모로 이주했다. 비르너 등(Birner et al., 2011)은 '우간다 인민 방위군과 반군 간 전투와 민간인 공격으로 일부 가구는 삶의 터전을 잃었으며, 이들 대부분은 정부의 2002년 이전 명령으로 국내 실향민이 되었다'고 언급했다. 2002년 아촐리족을 정부 수용소로 이주시키면서 그해 말 국내 실향민의 수는 80만 명으로 증가했다.

몰렛과 슬레이터(Mallett and Slater, 2012)는 분쟁이 인적자본 형성에 중대하게 오랫동안 해로운 영향을 미칠 수 있으며, 특정 부류의 사람들은 그 외의 사람보다도 고통을 받고 그 영향이 오래 지속된다고 결론지었다(Mallett and Slater, 2012). 어린 소녀, 저소득 가구, 강제 이주민, 소외된 소수민족과 같은 취약 집단은 특히나 분쟁에 큰 악영향을 받는다.

2001년 타밀일람 해방 호랑이(Liberation Tigers of Tamil Eelam)가 점령한 스리랑카 북동부의 분쟁 지역에 있는 4개 마을을 대상으로 한 연구에서는 이주, 동맹 형성, 송금과 대가족 연결망의 지원받기 등이 가구 생존 전략의 중요한 요소라는 점이 밝혀졌다(Korf, 2004). 그러나 사회적 연결망이 제한된 빈곤 가구는 지원받는 데 있어 유연성이 훨씬 떨어지고, 전쟁 지역에서의 불안정성에 대처하는 성공 수준에서 상당한 편차를 보였다. 정부군과 반군의 전선에 위치한 이티쿨람(Ithikulam)이라는 한 타밀 마을에서 몇몇 가구는 벼 재배를 포기하고 다른 지역으로 옮겨 가야 했으며 결국 채소를 재배해 집을 지을 자금을 마련하였다. 한편 반군이 종종 보트를 훔쳐 가고 정부군이 어장을 통제하는 바탐(Vattam)이라는 어촌 마을에서는 다수의 가구가 어업을 포기하고 해외 친척들로부터의 송금에 의존하게 되었다(Korf, 2004).

분쟁 후의 기간은 완전한 무장 해제, 일상 생계를 재건하며 분쟁의 트라우마를 극복해야 하는 중요한 시기이다. 소위 DDR 접근 방식은 이제 무장 해제(Disarmanent) 및 동원 해제(Demobilisation) 그리고 재통합(Reintegration) 등을 담고 있는 평화 구축 방식으로 널리 수용되고 있다(Muggah, 2005). 2002년 시에라리온 내전이 끝난 후 군축 과정은 약 7만 2,490명 전투원의 무장이 해제되고 이후 해산 캠프에서 시민사회와 민주주의에 대해 교육이 실시되는 등 신속하고 효과적으로 이루어졌다. 전직 전투원을 공동체로 다시 통합하는 과정은 섬세하고 복잡할 수 있다. 잔학 행위를 저질렀을 수 있는 반군 전투원을 공동체로 다시 정착시키기 위해서는 이들 전투원과 공동체 구성원 모두의 공감과 이해가 필요하다. 다수의 반군이 불만을 품고 있고 실업 상태의 청년이었기 때문에 DDR 접근 방식은 한 번도 지역사회에 진정으로 통합된 적이 없는 사람들을 다시 통합하려는 시도라 할 수 있다.

시에라리온에서는 전직 전투원과 그 밖의 청년에게 일자리를 제공하는 것이 주요 과제였으며, 이는 2009년 2차 빈곤 감소 전략 보고서에 반영되었다. 직업 훈련과 고용 기회 제공이 정부 및 비정부기구 정책에서 중요했는데, 이는 청년의 대량 실업과 불만이 추가적인 정치 불안정을 유발할 수 있다는 우려를 담고 있었다. 청년 실업이 여전히 심각한 문제로 남아 있었음에도 불구하고 분쟁 후 시에라리온의 수도이자 가장 큰 도시인 프리타운(Freetown)에서 자라는 채소와 과일에 대한 연구에 따르면, 많은 수의 청년들과 다수의 전직 전투원이 식량 가격 상승 시기에 채소와 과일 재배, 시장 판매를 통한 수입 창출 그리고 고용 및 권한 획득 등과 같은 활동에 관여하게 되었다(Maconachie et al., 2012).

인권

세계인권선언은 1948년 12월 10일 유엔총회에서 채택된 획기적 협정이다. 제2차 세계대전 중 자행된 트라우마와 잔학 행위 이후, 회원국들의 대표 50명은 외교관이자 활동가이며 전 미국 영부인인 엘리노어 루스벨트(Eleanor Roosevelt)를 위원장으로 하는 초안 작성 위원회의 권고에 동의했다. 선언문 전문의 내용은 다음과 같다.

> 유엔의 시민들은 헌장에서 기본적 인권, 인간의 존엄성과 가치, 남성과 여성의 평등권에 대한 신념을 재확인했으며, 보다 폭넓은 자유 속에서 사회 진보와 보다 나은 삶의 수준을 증진할 것을 결의한다. (UN, 1948)

선언이 있고 난 이후 상당 기간 서구 자유민주주의 국가와 동구권 사회주의 국가 간의 이념적 차이로 인해 망명권, 고문으로부터 자유로울 권리, 언론의 자유, 교육의 권리 등을 포함한 29조의 해석과 적용은 들쑥날쑥했다(Elliott, 2014).

1993년 빈 인권 회의에서도 인권의 본질과 관련 정책에 대해 상당한 견해차를 보였다. 예를 들어, 몇몇 아시아 국가는 인권 기록에 대한 외부로부터의 비판에 의문을 제기했다. 특히 서구적 전통에 기초한 일련의 가치를 아시아 국가에게 부과하는 것에 대해 불쾌감을 드러냈다(Drakakis-Smith, 1997). 그럼에도 다수의 사람은 표현의 자유가 삶의 질에 영향을 미치는 중요한 문제라는 데 동의할 것이다. 일부 국가에서 여성과 같은 특정 집단은 종교적 또는 문화적 태도 때문에 표현의 자유를 완전히 누리지 못하고 있다. 전 세계적으로 군사 정권이든 민간 정권이든 상관없이 가혹한 수위에서 반대 여론을 묵살하는 억압적인 정권의 많은 사례가 있다.

중국의 지속적인 '티베트 점령'은 많은 논란의 근원이다. 역사적으로 티베트에 대한 중국의 영향력과 통제의 범위와 성격은 논쟁의 여지가 있지만, 1950년 새로 설립된 중국 정부가 티베트를 중국의 일부로 통합하려 했을 때 인민 해방군이 티베트 군대와 충돌했다. 이 정책은 1954년 중국과 인도가 합의에 이르렀을 때 탄력을 받았는데 인도는 중국이 종교적, 문화적 전통을 존중한다는 전제하에 중국의 티베트 지배를 용인했다(Saich, 2011). 그러나 1959년 티베트에서 중국에 대항해 반란이 일어났고 티베트 불교의 영적 지도자인 달라이 라마와 추종자들은 여전히 인도로 도피해 있다. 한편 중국은 티베트에 대한 통제를 꾸준히 강화하고 군대를 늘리고 종교와 문화 활동을 억압하는 부적절한 정책을 도입했다. 중국은 심지어 달라이 라마 대신에 어린 소년을 자신의 '꼭두각시' 영적 지도자로 임명했다. 1987년 베이징은 '티베트는 중국 영토의 양도할 수 없는 부분'임을 재확인시켰다(*Beijing Review*, 10월 19일).

다른 국가에서는 표현의 자유가 특정 인종 그룹에 허용되지 않으며 남아프리카공화국의 아파르트헤이트 체제가 가장 억압이 강했던 사례이다(Lester et al., 2000).

결론

이 장의 서론에서 언급한 요점으로 돌아가 보면, 사람은 개발 프로세스의 중심에 있다(또는 있어야 한다). 불행히도, 최근 몇 년 동안 '사람'은 부와 이윤을 따진 후에나 고려되는, 너무나 부차적인 대상이 되었다. 사람을 개발의 중심에 둘 수 있도록 개발 전략을 재편할 필요가 있다. 인권 의제와 세계 공동체에 대한 여타 용감한 외침이 이것을 실현하려 했으나 애석하게도 그 영향은 미미했다. 예로, '인구 및 삶의 질에 관한 독립 위원회'(ICPQL, 1996)는 세계가 '환경', '삶의 질', '인구'의 상호 연결된 위기에 직면해 있다고 주장하고 인구 증가 및 삶의 질 향상과 관련하여 공정, 배려, 공유, 지속 가능성, 인간 안보 등 지침이 되는 여러 원칙을 제안했다. 또한 위원회는 당시 지배적이었던 개발 개념에 문제를 제기하면서 '배타적으로 경제적이며 탈규제에 사로잡혀 있다 … 필연적으로 모든 사회 내부에서, 국가 간에, 모든 대륙에서 대규모 사회적 배제를 초래한다. 이를 해결하기 위해서는 각종 정책과 조치가 만들어지고 정치적 결정이 내려지는 방식에 변화가 필요하다'(ICPQL, 1996)고 진술했다. 위원회는 다음을 포함한 여러 문제가 시급히 해결되어야 한다고 주장했다.

> 개인과 집단의 건강과 안전을 개선하여 삶을 더 살기 좋게 만든다. 빈곤과 배제의 재앙을 다룬다. 문맹 퇴치, 교육 및 필요 정보에 대한 접근성을 높인다. 자원의 균형 잡힌 채취와 사용을 통해 지구 자원의 형평성과 공정성을 높인다는 측면에서 생산과 소비를 합리화한다(매장 지역에서 원자재로부터 이윤을 지속해서 얻을 수 있도록). 더욱 효과적인 원조 및 지원 정책을 펼친다. 남반구(개도국)와 북반구(선진국) 간 새로운 자금 조달 메커니즘을 찾는다. 그리고 마지막으로, 모든 인류의 권리를 준수하여 우리 자신과 이웃, 환경을 돌본다. (ICPQL, 1996)

위원회는 환경적 지속 가능성뿐만 아니라 사회적 지속 가능성의 중요성 또한 지적하고 둘 간의 시너지를 강조한다. 중요한 점은 위원회가 '남반구(개도국)와 북반구(선진국) 정부의 주요 초점이 되어야 하는' 삶의 질 향상에 중점을 두었다는 것이다. 위원회는 다음과 같이 제안했다.

> 우리는 시장, 사회, 환경 간 그리고 효율성과 형평성 간, 부와 복지 간, 한편으로는 경제성장과 다른 한편으로는 사회적 조화와 지속 가능성 간의 새로운 통합과 균형이 시급히 필요하다. (ICPQL, 1996)

훌륭한 구상이지만 브란트 위원회(1980), 브룬틀란 위원회(1987)와 같은 초기의 선의의 이니셔티브에 따른 각국 정부와 국제 사회의 개탄스러운 과거 행동을 감안할 때 미래의 진전 가능성에 대해 회의적 시각이 있을 수밖에 없다. 그러나 사람을 중심에 둔 지속 가능한 개발 목표(SDGs)가 미래 개발 구상에서 사람을 최우선에 두는 데 얼마나 성공적일지는 두고 봐야 한다('제1장' 참고).

핵심 요점

- 모든 사람의 삶의 질 향상은 국제적, 지역적, 국가적, 국지적 모든 지리적 스케일에서 개발 프로세스의 핵심이 되어야 한다.
- 인구와 자원 간의 관계는 종종 복잡하다. 개발 전략을 구현하기 전에 이러한 관계를 자세히 이해하는 것이 중요하다.
- 인구에 대한 신뢰할 수 있는 데이터는 모든 수준에서 개발 개입을 계획하는 데 필수적이다.
- 가구는 생산, 소비 및 의사 결정의 핵심 단위이다. 적절한 개발 전략을 실행하려면 가구 구조, 역학 그리고 필요 사항을 이해해야 한다.
- 여아와 남아 모두를 위한 보편적인 초등교육을 달성하는 것은 지속 가능한 개발 목표(SDGs) 중 하나이며 모든 국가에서 핵심 우선순위에 있다.
- 모든 사람이 양질의 의료 서비스에 접근하도록 하는 것이 특히 빈곤 국가에서 중요한 목표이며 지속 가능한 개발 목표에 반영되어 있다.
- 성 평등과 여성 권리 신장, 모든 사람의 기본권 보장은 가장 기본이지만 일부 국가에서는 이러한 목표를 달성하기 위해 아직 갈 길이 멀다.

토의 주제

- 특정 사례 연구를 참조하여 인구와 자원 간의 관계를 조사해보자. 맬서스 관점과 보저럽 관점 각각의 장점과 문제점을 평가해보자.
- 출산 장려 인구 정책을 채택한 국가와 산아 제한 정책을 쓰는 국가를 각각 하나씩 선정해보자. 그러한 정책을 채택한 이유와 인구 증가와 인구 구조에 미칠 수 있는 영향을 생각해보자.
- '수혜 자격 접근 방식(entitlement approach)'의 주요 특징들을 요약하고 특정 국가 또는 지역에서 식량 안보를 보장하는 데 있어 이러한 접근 방식의 장점과 문제점을 평가해보자.
- 몇몇 국가를 선택하여 높은 HIV/에이즈 감염률이 미치는 인구학적, 사회적, 경제적 영향을 조사해보자.

제6장

자원과 환경

이 장에서는 개발과 지구의 환경 자원 사이의 관계에 대하여 논한다. 우리는 물질과 에너지가 새롭게 생성되거나 소멸할 수 없는 닫힌계에 살고 있으므로 인간 사회의 발전이 전적으로 물리적 자원에 의존하고 있음은 의심의 여지가 없다. 그러나 제1부에서 부와 웰빙의 창출 및 재분배에 관한 규범적 질문에 대해 다양한 의견을 제시한 것처럼, 이 장에서는 미래의 개발 성과와 환경 자원 간의 정확한 관계에 대한 지속적이고 실질적인 논쟁을 다룬다. 자원 부족과 환경 황폐화, 지구 환경 변화와 더 지속 가능한 새로운 개발 형태 및 과정을 찾는 것은 오늘날 개발에 관한 연구와 더불어 그 이상으로 의미가 있는 과제이다.

이 장의 주요 내용은 다음과 같다.

- 지속 가능한 개발의 개념을 뒷받침하는 핵심 요소와 논의를 알아본다.
- 국제적 규모에서 자원과 개발 사이의 관계에 대한 주요 논의를 자세히 알아본다.
- 지구 위험 한계선 및 생태계 서비스의 새로운 개념이 환경 관리에 대한 접근 방식을 어떻게 조정하는지 조사한다.
- 지속 가능한 개발의 과제에서 희소성과 형평성의 개념을 탐구하기 위해 물, 에너지 및 원자재의 주요 부문에서 최근 사용 패턴을 자세히 알아본다.
- 산림 황폐화, 기후변화 및 오염과 같은 핵심적인 글로벌 문제를 통해 개발이 환경에 미치는 영향을 알아본다.
- 특정한 장소를 중심으로 나타나는 환경과 개발 간의 관계에 대해서 설명하고, 더 광범위한 규모에서 어떠한 지속 가능한 개발 과제가 있는지 알아본다.

도입: 지속 가능한 개발을 위한 탐색

인간 사회의 발전과 지구의 환경 자원 사이의 관계에 대한 논의는 오랫동안 이어져 왔다. 예를 들어, 1945년 지리학자 헌팅턴(Huntington, 1945)은 열대 지역의 저개발 원인이 자원 부족에 있다고 하였다. 이와는 반대로 1968년 에를리히(Ehrlich, 1968)는 개발이 곧 환경 자원의 파괴로 이어지며, 이로 인하여 '인류는 멸종 직전에 놓여 있다'고 하였다. 최근에는 자연에 대한 인간의 막대한 영향력을 강조하여 인류세('인간 시대')라는 새로운 지질 시대에 관한 논의도 있다(Monastersky, 2015).

최근 수십 년 동안 다양한 지구 환경문제가 목격되었고, 그중 많은 문제는 상호 관련되어 있으며 날로 악화되고 있다(UNEP, 2012; MEA, 2005). 바비어(Barbier, 2011)가 지적했듯이 경제 발전은 인간에게 많은 혜택을 제공했지만 그 결과, 세계의 주요 생태계와 그들이 제공하는 가치 있는 혜택에 중대한 변화를 가져왔다. 새천년 생태계 평가(MEA, 2005) 보고서에 따르면 생태계 상품 및 서비스의 60% 이상이 저하되거나 지속 가능하지 않게 사용되고 있다. 또한 환경문제는 하나의 복잡한 '사회–생태학적' 시스템의 일부로 빈곤, 불평등, 정치적 갈등을 비롯한 사회적, 경제적, 정치적 문제와 불가분하게 연결되어 있다는 사실이 분명해지고 있다(ISSC/UNESCO, 2013). 그러나 한편으로 환경 변화의 영향은 사람들이 생활하는 특정한 사회적, 경제적, 정치적, 문화적 맥락에 따라 달라진다.

'지속 가능한 개발'의 개념은 환경과 인간 사이의 복잡한 연결 관계를 총체적이고도 깊이 있게 이해하는 데 중요하다. 아울러, 과거의 개발 형태와 방식이 시간이 지남에 따라 환경적으로 유지될 수 없을 뿐 아니라 오늘날의 사람들이 가치 있는 삶을 살 수 있는 기회를 어떻게 제한하는지 또한 설명한다(Elliott, 2013 참고). '환경과 사회 변화 사이의 상호작용에 대한 효과적인 대응을 통해 지속 가능한 세계를 만드는 것'이 오늘날 우리가 직면한 과제가 되었다(ISSC/UNESCO, 2013).

이 장에서는 지속 가능한 개발의 전 지구적 과제를 좀 더 자세히 살펴본다. 첫 번째 절은 인간 사회가 지구의 자원과 생태계 기능에 의존하는 방식에 관하여 이해하고, 천연자원의 '고갈'과 '지구 위험 한계선'에 관한 논의를 알아본다. 그리고 그 사례로 물, 에너지, 광물 자원의 개발과 결부된 사회적 형평성과 정의에 관한 문제를 알아본다. 이어지는 절에서는 지속 가능한 개발의 글로벌 과제를 실질적으로 유발하는 글로벌 환경 변화의 주요 양상을 자세히 설명한다. '제7장'에서는 개발을 수행 중인 기관과 행위자를 대신하여 이러한 문제에 대한 몇 가지 대응을 고려한다. 실제 결과(이러한 문제에 대응하여 취한 조치의 결과)는 '제3부'에서 중점적으로 다뤄진다.

지속 가능한 개발

지속 가능한 개발의 개념은 개념의 사용 목적, 해석 방법, 적용 대상에 따라 원하는 모든 것을 의미할 수 있다(O'Riordan, 1995). 가장 보편적으로 사용되는 지속 가능한 개발의 정의는 1987년 세계환경개발위원회(World Commission on Environment and Development: WCED)의 논의로 거슬러 올라간다.

세계환경개발위원회의 정의는 지속 가능한 개발의 미래 측면, 즉 미래 세대의 필요와 요구를 충족할 권리인 '세대 간 형평성'에 관한 원칙을 강조한다. 아울러, 현재를 살아가는 세대의 사회적 형평성과 삶의 질에 관해서도 고려하고 있다. 사회과학자들과 정치학자들에게는 세대 내 형평성, 정의, 공정성이 우선시 된다. 예를 들어 '분배의 형평성'은 환경 변화의 영향이 얼마나 공정하게 분배되는지를 고려한다(Walker, 2012 참고). [표 6.1]은 환경 변화로 인한 여러 윤리적 문제를 나타낸다. 가장 최근에는 생물종의 권리가 인간의 웰빙과 동등하게 고려되는 '종간 형평성' 문제도 제기되었다(Redclift, 2014).

지속 가능한 개발에 관한 접근 방식과 해석은 다양하며, 그러한 개념의 적용에 있어서도 많은 논쟁이 있다. 레드클리프트(Redclift, 1997)가 제안한 것처럼 이 개념은 대부분 사람이 반대하지 않는 기본적인 의미를 지닌

[표 6.1] 지구 환경 변화의 윤리적 도전

윤리적 책임의 문제로 지구 환경 변화를 고려하는 이유는 다음과 같다.

- 지구 환경 변화의 결과는 불균등·불공평하게 분배된다.
- 환경 변화의 영향에 대응하는 능력은 고르지 않게 분포한다.
- 사회의 여러 그룹은 환경 변화에 기여한 정도와 그 이유가 다르다. 이는 사치에 대한 기대를 충족시키는 것과는 대조적으로 기본 요구를 충족시키는 문제이다.
- 온실가스 배출은 수년에서 수 세기 동안 대기 중에 남아 미래 세대에 영향을 준다. 따라서 세대 간 정의 문제가 발생한다.
- 기술 개입(예: 지구 공학 및 원자력 에너지)과 시장 메커니즘(예: 환경 서비스에 대한 지불)을 포함하여 온실가스 배출을 완화하려는 노력은 사회 내에 불평등한 분담을 수반한다.

출처: ISSC/UNESCO(2013) World Social Science Report

다. 모성과 신처럼, 그것을 수용하지 않는 것은 어렵다.

지속 가능한 개발을 위한 '루트맵(route-maps)'(Aams, 2009)이나 청사진은 없다. 이것이 의미하는 바는, 지속 가능한 개발은 곧 사회적으로 형성되며, 우리가 지향하는 세상의 모습이 어떠한가에 대한 사회적 선택에 의해 정의되고 나아가 미래를 위한 유산으로 남게 된다는 것이다. 2012년 리우데자네이루(Rio de Janeiro)에서 열린 가장 최근의 유엔 지속 가능 개발 세계정상 회의(United Nations Conference on Sustainable Development: UNCSD)에서 지속 가능한 개발에 대한 지속적인 약속과 행동의 필요성에 대한 국제적 합의는 분명했다. 선언문의 제목은 '우리가 원하는 미래(The Future We Want)'였으며, 188개 참가국이 동의했다. 이 회의에서 국제사회를 위한 공통의 비전이 다음과 같이 수립되었다.

> 우리는 빈곤 퇴치, 지속 불가능한 소비와 생산 패턴의 변화 및 지속 가능성의 촉진, 경제 및 사회 개발을 위한 천연자원의 보호와 관리가 지속 가능한 개발의 가장 중요한 목표이자 필수 요건임을 인식한다. 우리는 또한 새롭게 부상하는 도전에 직면하여 지속 가능하고 포용적이며 평등한 경제성장을 촉진하고, 모두를 위한 더 큰 기회를 창출하며, 불평등을 줄이고, 기본 생활수준을 높이며, 평등한 사회 개발과 포용을 촉진하고, 생태계 보전, 재생, 복원 및 회복력을 촉진하면서 특히 경제적, 사회적 그리고 인간 개발을 지원하는 천연자원 및 생태계의 통합적이고도 지속 가능한 관리를 촉진함으로써 지속 가능한 발전을 달성할 필요성을 재확인한다. (UN, 2012)

국제사회는 최근 '제1장'에서 논의된 '2030년까지 존엄성을 향한 길: 빈곤 종식, 모든 생명의 변화, 지구 보호'(UN General Assembly, 2014)라는 지속 가능한 개발 목표(Sustainable Development Goals: SDGs)를 선언했다. 이 선언에서 '포스트 2015'의 지속 가능한 의제와 국가 차원의 지속 가능한 개발 목표를 위해서 여섯 가지 필수 요소의 통합을 강조했다. 이 여섯 가지 필수 요소는 다음과 같다. 첫째는 '존엄'으로, 빈곤을 종식하고 불평등을 퇴치한다. 둘째는 '사람'으로, 건강한 삶, 지식, 여성과 어린이의 포용을 보장한다. 셋째는 '번영'으로, 강력하고 포용적이며 변혁적인 경제를 성장시킨다. 넷째는 '행성'으로, 모든 사회와 어린이를 위해 생태계를 보호한다. 다섯째는 '정의'로, 안전하고 평화로운 사회와 강력한 제도를 촉진한다. 여섯째는 '파트너십'으로, 지속 가능한 개발을 위한 글로벌 연대를 촉진한다. (전게서)

자원과 개발

산업과 농업 활동에 있어서 필요한 원재료나 에너지처럼 모든 유형의 생산활동은 자원을 기반으로 이루어진다. 그리고 환경은 이와 같은 활동에서 발생하는 부산물을 흡수, 소멸, 운반하는 '자정' 기능을 제공한다. 자원은 또한 거주에 대한 기본적 요구를 충족하거나 도시의 생활 방식을 유지하는 등 인간의 사회활동을 통해서도 소비된다. 나아가 본질적으로 환경은 지구의 온도와 대기를 조절하여 생명체를 지탱한다.

세계 인구의 일부는 지역의 자원 및 환경에 대한 전통적인 의존도가 감소한 '탈산업화' 사회에 살고 있는 것이 사실이다. 그러나 전 세계적으로 더 많은 사람의 생계는 지역의 환경 자원을 통해 실질적으로 유지되며, 더 나아가 지역의 환경 자원은 그들의 생존권과도 직접적으로 연결되어 있다('제10장' 참고). 더욱이 더 부유한 국가의 개발을 천연자원 기반으로부터 분리 또는 '디커플링(de-coupling)' 되었다고 보는 것은 명백한 '지리적 착각'이다(Emel et al., 2002). 특히 세계화를 통해 생산과 소비의 공간적 분리가 증가하면 많은 사람의 생활 방식이 자원, 식료품 및 물질적 재화의 장거리 흐름에 의존하게 되며, 이 복잡한 상품 사슬이 생산과 교환 및 소비가 발생하는 정치-경제적, 사회적, 환경적 패턴과 과정에 대한 이해를 모호하게 한다. [보충 자료 6.1]은 농산물의 국제 무역에서 탄소와 물의 흐름을 보여준다. 예를 들어, 이러한 과정을 보다 가시적으로 만들고 무역 형태의 이점과 비용을 탐색하는 것은 지속 가능한 개발의 과제와 다양한 규모의 소비 패턴 변화를 위한 많은 이니셔티브의 핵심이다. 레드클리프트(Redclift, 2014)가 설명한 것처럼 '우리가 선택을 확대함으로써 다른 사람의 선택을 줄이는 과정은 일상 속에서 쉽게 인지되지 않는다'.

개발에 있어서 자원의 '한계'?

자원에 대한 지배적인 견해는 자원이 수행하는 기능과 사회의 발전 수준 및 욕구에 따라 사회적으로 가치가 부여된다는 것이다. 지머먼(Zimmerman, 1951)은 '자원이 아니라, 자원이 된다(Resources are not, they become)'고 하였다. 그러나 환경 자원을 자연에서 발견되는 물질 또는 물질의 저장고로 보는 견해도 있다. 현대 사회의 수요를 지원하는 자원의 적절성에 관한 논쟁은 다음과 같은 개념적 차이에서 비롯된다(Mather and Chapman, 1995).

> 환경 자원이 단순히 자연에서 발견되는 물질의 집합체라면, 그것은 필연적으로 고정되고 수량에 한계가 있다. 따라서 가용 자원의 한계는 필연적으로 존재해야 한다. 반면에 자원이 인간의 평가를 반영한다면 결론은 상당히 달라진다. 이 경우 그 한계는 환경에 의해 부여되는 것이 아니라 유용성이나 가치를 인식하는 인간의 독창성에 의해 결정된다.

'제5장'에서 토머스 맬서스(Thomas Malthus)의 종말 예측은 인간 발달에 명확한 환경적 한계(고정된 양의 토지)가 있다고 생각하는 것으로 언급되었다. 그 후, 『성장의 한계(The Limits to Growth)』(Meadows et al., 1972)와 같은 영향력 있는 출판물은 자원의 가용성에 의해 야기되는 경제 개발의 궁극적인 한계에 대한 유사한 견해를 촉진했다.

대조적으로 에스테르 보저럽(Ester Boserup, 1965)과 줄리언 사이먼(Julian Simon, 1981)은 지머먼의 정의에 요약된 자원의 기능적 관점을 장려하고 한편으로 사회적 붕괴의 불가피성에 반대하는 주장의 중심이 되었다. 그들은 오히려 발전의 경계를 확장하는 데 기여하는 사회적, 경제적, 제도적 및 기술적 요인을 지적한다. 자원의 물리적 한계를 강조하는 맬서스와 달리, 이들은 인구 증가가 가져오는 자원 사용의 혁신과 발전에 대한 자극과 기회에 초점을 맞췄다. 특히 자원이 물리적으로 더 부족해짐에 따라 시장의 힘(가격 인상을 통해 알 수 있음)이 혁신, 대체재 개발, 생산 경계 확장 또는 효율성 증대를 위한 자극을 유발할 것이라고 주장했다.

인간의 독창성은 생명공학을 활용해 생산되는 새로운 식물, 동물 및 원료인 '새로운 형태의 자연' 개발에서 확실히 나타난다. '유전자 변형 농산물'이 세계 식량 생산의 증대(및 관련된 위험과 비용의 일부)에 미치는 잠재력은 '제10장'에서 논의된다. 인간의 독창성은 또한 [사례 연구 6.1]에서 케냐의 마라크웨트(Marakwet) 사람들이

보충 자료 6.1

무역과 부존자원

세계화는 증가하는 국제 무역량 및 세계 각지의 긴밀한 통합과 관련이 있다('제4장' 참고). 특히 산업화 또는 선진화된 국가에서 생산 및 소비 활동은 다른 세계 지역에서 공급되는 재료, 에너지, 상품 및 서비스에 점점 더 의존하고 있으며, 위에서 언급한 탈산업화 사회에서 생산과 소비의 '분리'는 지속 가능한 개발에 있어 광범위하고 복잡한 의미를 지닌다. '내장된' 재료, 에너지, 탄소, 물의 개념은 이제 수입 및 수출과 관련된 생산, 운송, 소비(및 일부 경우 재활용)와 연관된 전체 자원 요구 사항을 분석하고 정량화하려는 시도에 사용되고 있다.

이러한 종류의 연구는 세계 무역에서 수용되는 환경 부담(예: 자원 저하 및 오염 비용을 부담하는 위치)의 지리적 이동을 조명하는 데 도움이 된다. [자료 6.1]은 무역수지의 결과로 '선진국'과 '개발도상국' 국가 간 이산화탄소 총배출량의 '이동'을 보여준다. 이것은 수입 및 수출되는 총 상품과 서비스, 해당 상품 및 서비스의 생산, 거래 및 소비에 포함된 탄소의 차이이다. 국가 차원의 연구에 따르면, 예를 들어 노르웨이에서는 가계 소비에 포함된 이산화탄소의 61%가 외국의 영향을 받는 것으로 나타났다. 2002년에서 2007년 사이 중국 이산화탄소 배출량의 8~12%는 미국으로의 수출이 원

[자료 6.1] 1990~2010년 세계 무역에서 탄소의 이동

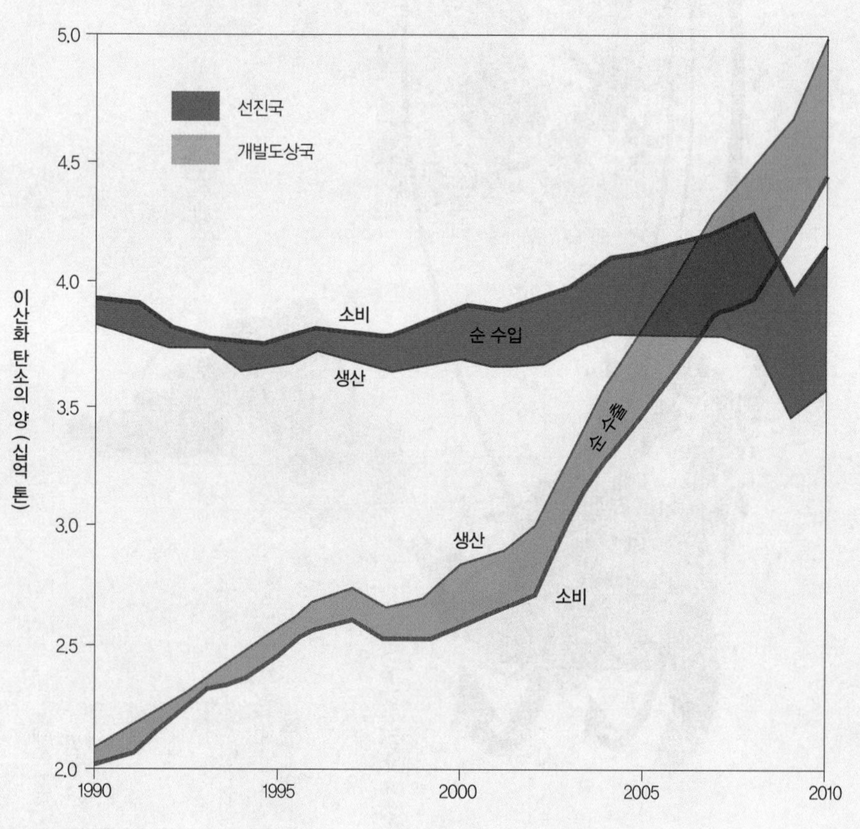

출처: UNEP, 2012

[자료 6.2] 1960~2005년 가상 물 균형 및 농산물·공산품 무역과 관련한 가상 물 이동

출처: Hoekstra and Mekonnen, 2011

인이었다(UNEP, 2012).

'가상 물(virtual water)'이라고도 하는 매립된 물의 분석은 사용된 물의 양을 측정하여 '녹색' 빗물을 구별한다. '파란색'은 지표수 및 지하수, 그리고 '회색'은 국제 무역을 통해 다른 곳으로 이전되는 재화나 서비스의 생산에서 사용하는 담수를 나타낸다. [자료 6.2]는 농산물 수출입과 관련하여 제안된 '전 지구적 물 절약'을 보여준다. 상대적으로 물 부족 국가인 멕시코와 일본에서 소비되는 농산물을 통한 물 사용에서 가장 큰 절감액(화살표 음영의 크기와 강도로 표시)을 보여준다. 이러한 절약은 주로 옥수수와 콩과 같은 농산물 수입을 통해 이루어진다.

이러한 종류의 연구는 무역에 내재된 주요 환경 자원의 글로벌 이전을 강조하는 데 유용하다. 이는 탄소 및 물 '발자국' 측정의 기초이며, 소비자 제품 라벨링의 혁신적인 계획에 사용된다. 특히 정책 개발의 기반을 제공한다는 점에서 문제가 없는 것은 아니지만(Wichelns, 2015), 전 세계의 생활 방식을 연결하는 환경 변화의 프로세스와 패턴을 소비자에게 포함하여 '더 가시적'으로 만들기 위한 노력의 일부로 간주된다.

사례 연구 6.1

개발을 위한 생태적 경계 확장: 케냐 케리오 계곡의 전통적 관개 농업

케냐의 동아프리카 지구대(Rift Valley) 동쪽 가장자리를 따라 흐르는 하천 전환 및 운하 네트워크 시스템인 '케리오(Kerio) 클러스터'는 사하라 이남의 아프리카에서 가장 복잡하고 광범위한 전통적 물 관리 방식으로 언급되어왔다(Adams and Anderson, 1988). 적어도 19세기부터 마라크웨트 사람들은 동아프리카 지구대의 험난한 생태계를 이용하고 계곡 바닥 전체에 영구적인 정착과 곡물 및 채소 재배를 가능하게 하기 위해 상당한 공학적 기술을 적용했다.

케리오 계곡 자체는 해발 약 1천 미터에 위치한 건조한 지역으로 연간 강우량이 600밀리미터 미만이며 관목과 같은 자연 식생이 있다. 그러나 10마일도 채 되지 않는 거리에 가파른 지구대 절벽으로 구분되어 있는 해발 3천 미터 높이의 체랑가니 고원(Cherang'any Hills)의 자연 생태계는 상당히 다르다. 이 지역은 연간 강우량이 약 1,500밀리미터이고 상록수림을 지원하며 2개의 큰 강과 여러 개의 작은 하천과 개울이 교차하는 물이 풍부한 지역이다.

수년에 걸쳐 마라크웨트 사람들은 댐, 고랑, 수로 및 제방을 건설하여 고원의 작은 개울에서 계곡 바닥의 들판으로 물길을 바꾸고 운반했다. 단순한 초목으로 만든 흙과 돌 수로 그리고 댐을 이용하여 자연의 다양한 흐름을 수정하고 절벽 기슭과 케리오강의 동쪽 제방 사이의 대부분의 들판으로 물을 운반한다. 관개용 고랑은 또한 산비탈의 마을 사이에 있는 텃밭과 들판의 관개에 사용된다(Adams and Anderson, 1988). 관개 시스템의 유지를 위한 복잡한 물 분배 시스템이 마라크웨트 커뮤니티 내에서 개발되었다(Adams, 1996).

1930년대까지 관개 및 생계 시스템은 당시 해당 지역의 식민 관료를 포함한 외부인의 여러 논평에서 중점적으로 다뤄졌다(Henning, 1941).

> 절벽 꼭대기의 개울을 사용하여 1천 미터 아래의 메마른 들판에 물을 준다는 계획은 때때로 아프리카인에게 존재하지 않는다고 생각했던 실용적인 상상을 보여준다.

그 후, 시스템의 환경적 지속 가능성과 이를 수정 및 확장하기 위한 프로젝트에 관해 다양한 이견이 있었다. 그러나 현재 케리오강 상류의 지구대 약 50킬로미터를 따라 형성된 경작 및 정착의 범위는 적어도 19세기 초반만큼 광범위하게 펼쳐져 있다(Adams, 1996).

보충 자료 6.2

자원 부족에 대한 상반된 개념과 원인

앞에서 언급한 맬서스(Malthus), 에를리히(Ehrlich), 메도스(Meadows)의 연구는 수요를 충족시키기에 부족한 자원의 양으로 인한 인간 개발의 한계를 강조했다. 그들의 아이디어는 지속 가능한 개발 개념의 발전을 형성하는 데 핵심이었고(Elliott, 2013 참고) 계속해서 지지를 받았으며 사회적, 경제적, 역사적 맥락을 대조하는 데 적용되었다('제5장' 참고). 맬서스의 작업은 '물리적 자원 희소성'의 개념을 전형적으로 보여준다. 여기서 자원과 자원 기능은 물리적으로 유한한(재생할 수 없는) 것에 초점을 맞추거나 재생 가능한 자원의 소비 비율이 그러한 갱신 비율을 초과한다. 이러한 상황에서 자원은 점점 더 희소해지고 비용이 많이 들 것이며 자원을 둘러싼 갈등이 증가할 것으로 예상한다.

자원의 지속 가능한 사용에 대한 위협은 엄청난 수의 사람들만큼이나 자원에 대한 사람들의 접근 불평등과 자원을 사용하는 방식에서 비롯된다는 것이 인정되었다(WCED, 1987). 절대적인 자원 부족보다는 특정 그룹의 사람들과 지역이, 다른 사람들에 비해 개발 과정에서 자원 제약을 겪었고 계속해서 경험하고 있음이 분명해졌다. 자원 희소성의 개념은 재생 불가능한 광물 및 화석연료와 같은 '비축 자원'을 넘어서 적용할 때 훨씬 더 복잡해진다. 실제로 자원의 물리적 존재 자체가 개발 가능성을 보장하지는 않는다. 접근이 어렵거나, 자본이 부족하거나, 해당 위치의 자원을 개발하여 생산하기에는 적절한 기량 및 기술이 부족할 수 있다.

게다가 '지정학적' 자원 부족(Rees, 1990)은 자원이 심하게 국지화되어 있고 1970년대 초 석유수출국기구(Organization of Petroleum Exporting Countries: OPEC) 국가가 촉발한 것과 같이 생산 국가가 생산량 또는 수출을 제한할 수 있는 상황에서도 발생할 수 있다. 새로운 종류의 자원 지정학은 현재 토지와 관련하여 해외 정부 및 사익에 의한 대규모 농지 매입(종종 '토지 수탈'이라고 한다)과 함께 살펴볼 수 있다(다음 절 참고).

자원 '희소성'에 인간이 관련되는 문제는 경제적 측면에서 자원 희소성을 생각하는 모델에서도 전면에 나와 있다. 그러한 생각에는 자원이 고갈되기 전에 '경제적 희소성'(시장의 힘이 가격 인상으로 이어지는)이 과학적, 기술적 진보를 통해 자원 효율성과 대체를 촉진하기 위한 인간 행동을 장려하는 역할을 한다는 낙관론이 있다. 1990년 리스(Rees)는 매력적인 풍경, 야생 동물 또는 깨끗한 공기와 관련하여 자원의 희소한 '품질'을 언급하는 자원 희소성의 추가 범주를 제안했다. 여기서 품질은 가치 있는 경관의 경우 미학을 의미하거나 대기가 오염 물질을 흡수하는 능력과 같은 물리적 특성을 의미할 수 있다. 본문에서 볼 수 있듯이 최근 생태계 서비스 개념의 발전은 생태계가 제공하는 혜택과 서비스를 그대로 상실하는 '생태적 희소성'의 개념으로 이어졌으며, 인간의 사용과 활동을 위해 악용되었음을 의미한다(Barbier, 2011).

역사적으로 시장의 힘은 수요에 영향을 미치거나 대안을 생성하기 위해 석유 자원의 경우와 마찬가지로 이러한 자원 품질에 대해서는 작동하지 않았다. 그러나 이것은 실질적으로 이 장을 통해 설명하듯이, 다음과 같이 변화하고 있다('제3부' 참고). 이제 유엔 교토 의정서에 따라 탄소 시장이 만들어지고, 예를 들어 유엔 레드플러스(REDD+) 계획 내에서와 같이 특정 종류의 용도와 기능을 유지하기 위해 토지 소유자에게 비용을 지불하기도 한다.

다음 20년 동안의 자원 문제는 다섯 가지 주요 방식에서 과거와 크게 다를 것이다(Dobbs et al., 2011 참고).

- 역사적으로 전례 없는 부의 증가, 더 나은 영양에 대한 수요 및 도시 기반 시설 개발과 함께 세계 경제, 특히 중국과 인도에서 중산층 소비자가 최대 30억 명에 이를 것이다.
- 수요가 급증하고 있으며, 새로운 공급 출처를 찾고 이를 추출하는 것이 점점 더 어렵게 되고 많은 비용이 든다. 공급이 증가하는 수요를 충족시키기 위해 신속하게 대응하기가 더 어려운 지점에 도달한다.
- 역사상 어느 시점보다 현재 자원 가격 사이의 더 밀

접한 상관관계로 인해 자원이 점점 더 연결되고 있다. 예를 들어, 새로운 에너지 자원의 개발은 종종 더 집중적인 물 사용과 철강 같은 추가 자원의 투입이 필요하다. 한 자원의 부족 및 가격 변동은 다른 자원에 빠르게 영향을 줄 수 있다.

▶ 산림 벌채, 과도한 물 사용 및 기후변화의 위험 증가 영향과 같은 환경 요인으로 인해 자원 생산과 경제 활동에 대한 제약이 더욱 광범위하게 발생하고 있다.*

*마지막으로, 불평등한 자원 접근성에 대한 관심이 증가하고 있다. 아직까지 세계 인구의 많은 비율이 전기, 에너지, 물, 식량 등 기본적인 요구에 접근할 수 없지만, 휴대전화와 같은 통신 기술의 급격한 확산은 이들이 더 정치적인 목소리를 낼 수 있게 하였다(Dobbs et al., 2011).

건조한 케리오 계곡(Kerio Valley)에서 연중 농업 활동을 유지하기 위해 개발한 관개 기술과 농업 생태계의 특성에서도 설명된다. 물리적 환경의 제약이 기술 혁신뿐만 아니라 물과 토지 자원 관리를 위한 새로운 사회제도를 통해 어떻게 극복되고 있는지 보여주는 예이다.

1960년대와 1970년대에는 석유가 고갈되고 물 부족이 '새로운 석유 위기'가 될 것이라는 예측과 함께 전 세계의 물리적 자원 부족에 대한 우려, 이른바 개발을 위한 '자원 한계'가 두드러졌다(Biswas, 1993). 이러한 예측은 실현되지는 않았지만 아래에서 더 논의되는 '석유 생산 정점(peak oil)'과 '광물 생산 정점(peak minerals)'의 개념과 시기에 대한 오늘날의 논의에서 미래 개발을 위한 재생 불가능한 자원 비축의 지속적인 관련성을 지적한다. [보충 자료 6.2]는 자원 희소성의 다양한 개념과 그 원인을 설명한다. 다음 절에서 자원 부족 문제는 공급뿐만 아니라 수요, 시장경제 및 정치적 의사 결정과 같은 많은 요인에 의해 형성된다는 것이 분명해진다. 더욱이 개발에 대한 환경적 '한계'를 규정하는 것은 사회적 가치와 결정에 의해 이루어진다. 예를 들어, 어떤 환경 자원의 기능에 우선순위를 지정하고 어떤 그룹의 사람들이 악화 비용을 부담해야 하는지 결정하는 것과 같이 자원 악화의 '허용 가능한' 수준을 정의한다.

최근 자원 및 개발에 대한 논의에서 가장 중요한 것은 개발이 현재 환경의 '자정(sink) 기능'과 관련된 지구의 다양한 자원 기능에 어떤 영향을 미치는가에 대한 것이다. 이 경우, 문제는 자원 고갈이 아니라 인간 건강 및 생태계에 대한 해로운 영향과 관련하여 더 중요하게 다뤄진다. 이는 기후변화와 관련한 문제에서 잘 드러난다. 과거 및 현재의 개발 과정에서 온실가스 농도가 대기가 흡수할 수 있는 수용량을 초과하면서 전 지구의 평균 표면 온도가 전례 없이 상승하는 등의 영향을 받게 되었다. 기후변화는 '과학, 경제 및 국제 관계에 걸쳐'(UNDP, 2007) 지속 가능한 개발을 위한 복잡한 지구적 과제를 보여주며, 이후에 더 자세히 논의된다('제7장' 참고). 형평성이나 정의와 같은 새로운 위험에 대한 우려는 '높은 수준의 빈곤과 취약성을 특징으로 하는 국가에 이미 불균형적인 영향을 미친다'(전게서)는 것과 함께, 기후변화에 대응하기 위한 조치의 핵심이 된다. 여기에는 임계값 또는 '티핑 포인트(tipping point)'의 관점에서 인위적 변화를 흡수하는 지구 시스템의 능력에 대한 '환경적 한계'를 탐색하는 것이 포함되며, 행성의 생명 유지 기능에 갑작스럽고 돌이킬 수 없는 변화, 즉 더 느리고 더 선형적인 환경 변화가 발생할 수 있다.

지구 위험 한계선과 인류를 위한 안전하고 정의로운 공간

'지구 위험 한계선(Planetary Boundaries)'의 개념은 2009년 스톡홀름 회복력 센터(Stockholm Resilience Center)의 요한 로크스트룀(Johan Rockström)과 동료들

[자료 6.3a] 지구의 9개 지구 위험 한계선

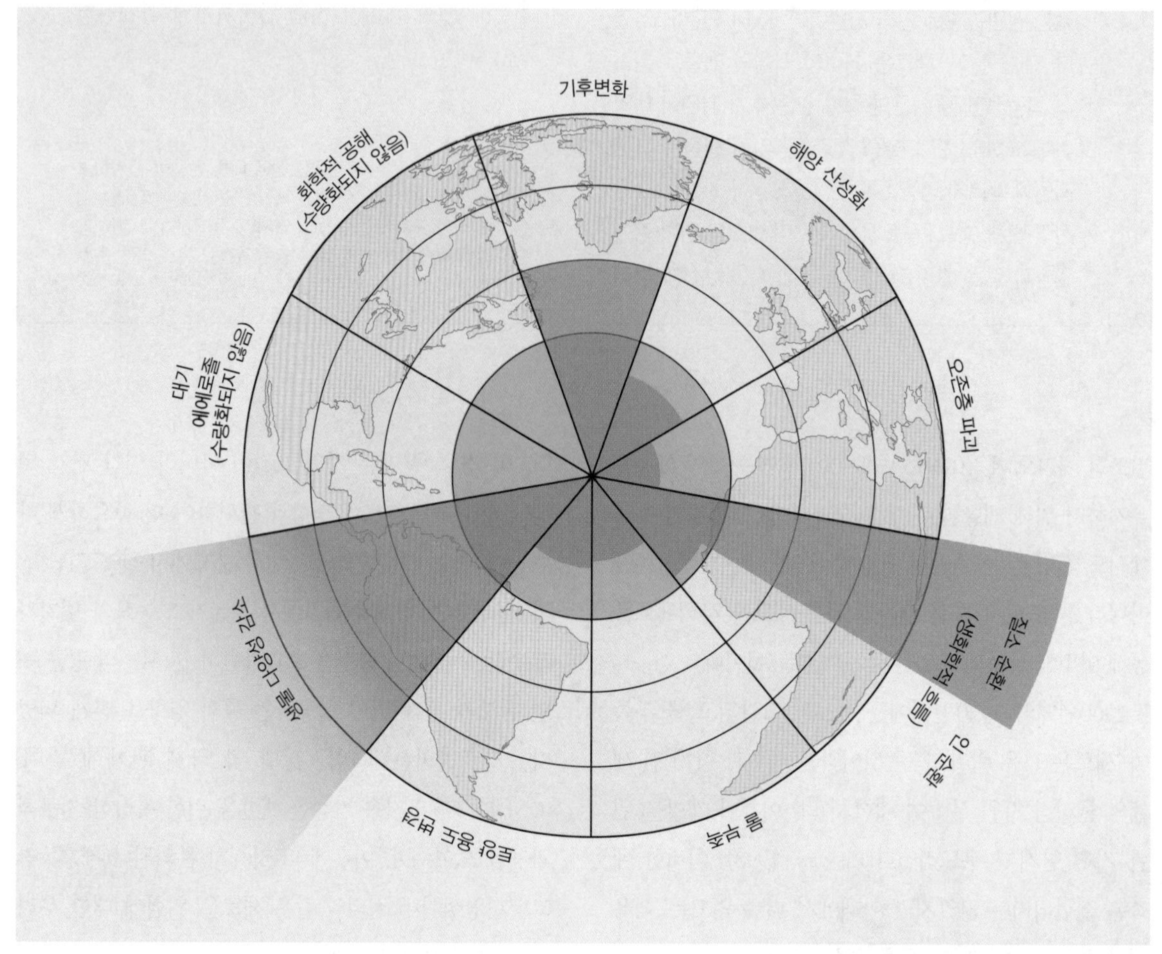

출처: Rockström et al., 2009

이 처음 제시했으며, 지구 시스템의 복잡한 구성 요소 간 상호작용과 비선형 역학을 이해하고, 인간의 행동이 환경 변화의 주요 동인이 되었다는 증거를 기반으로 개발되었다. 그들은 인간 활동이 홀로세의 안정적인 지구 시스템(지질 시대 동안 인류가 번성할 수 있었던 유일한 시대)에서 벗어나는 것을 막기 위해 '지구 시스템을 고려한 인류의 안전한 운영 공간'(Rockström et al., 2009)을 정의하는 일련의 주요 환경 프로세스를 제안하였다. 이 개념의 핵심은 다음과 같다.

> 지구의 복잡한 시스템은 때때로 변화하는 압력에 부드럽게 반응하지만 이것은 규칙이 아니라 예외로 판명될 것 같다. 지구의 많은 하위 시스템은 비선형적이고 종종 갑작스러운 방식으로 반응하며 특정 주요 변수의 임계치 수준에서 특히 민감하다. 이러한 임계치를 초과하면 몬순 시스템과 같은 중요한 하위 시스템이 종종 인간에게 해롭거나 잠재적으로 재앙적인 결과를 초래하는 새로운 상태로 이동할 수 있다. (Rockström et al., 2009)

이러한 임계치에 대한 과학적 이해를 기반으로, 9개의 지구 위험 한계선이 갑작스러운 비선형 이동을 하고 차례로 촉발되는 '허용치를 벗어난 환경 변화'(전게서)의 위험으로부터 '안전한 거리(safe distance)'를 설정하였다. [자료 6.3a]에서 볼 수 있듯이, 상호 연결된 지구 시

[자료 6.3b] 인류를 위한 안전하고 정의로운 공간

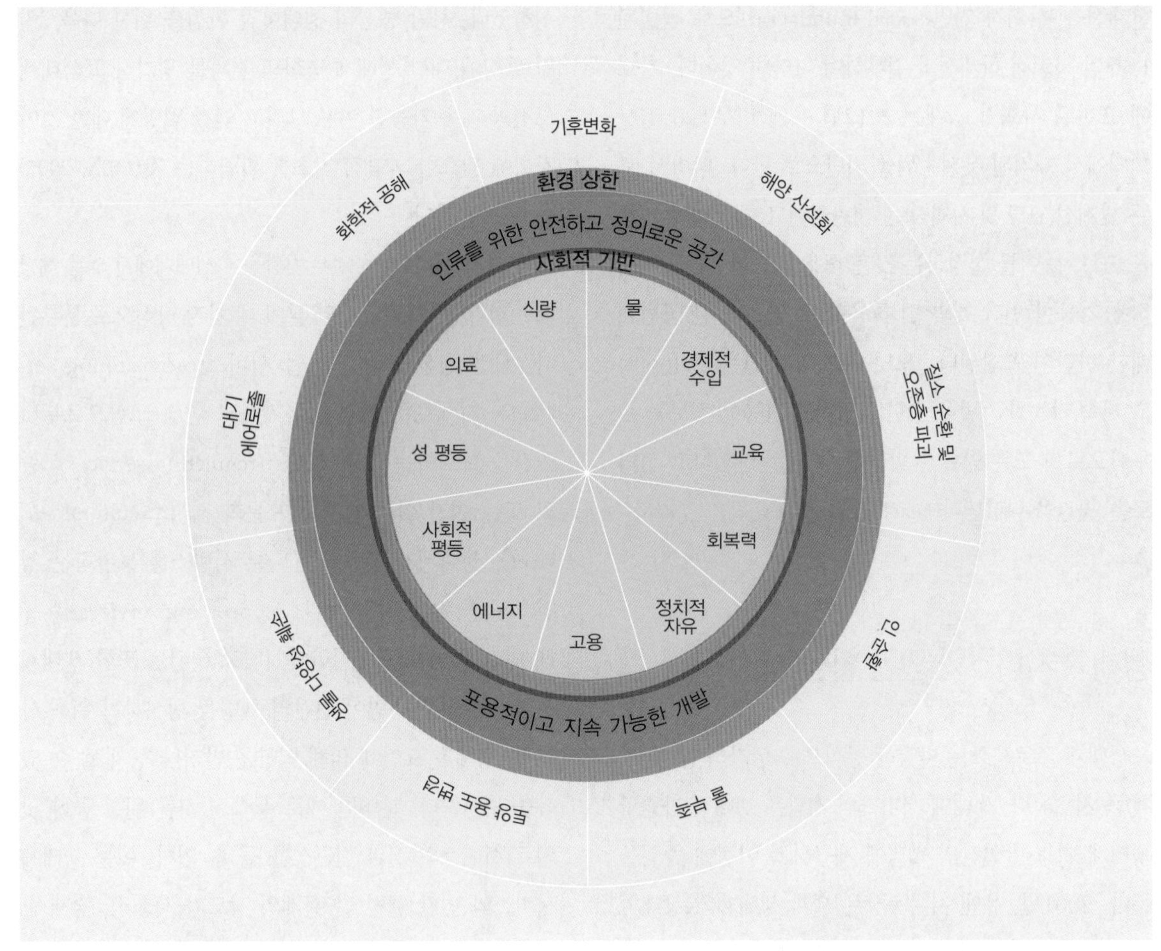

출처: Raworth, 2012

스템 중 기후변화, 생물 다양성 감소 및 질소 순환과 같은 세 가지는 이미 한계선을 넘은 것으로 본다. 로크스트룀 등(Rockström et al., 2009)은 이것이 개발을 위한 생물물리학적 전제 조건임을 나타내고 지구 시스템이 홀로세와 같은 상태에서 계속 기능할 수 있는 안전한 한계를 '잠정적으로 정량화'하는 '첫 시도'임을 인정한다. 그들은 또한 '안전거리를 결정하는 것은 사회가 위험과 불확실성을 다루는 규범적 판단과 방법을 포함한다'는 것을 인식하고 과학적 불확실성 범위의 하한을 선택하는 데 '예방적 접근'을 채택했다.

지구 위험 한계선의 개념은 다양한 자원 부족이 인간의 웰빙을 위험에 빠뜨릴 수 있는 사회적 한계선(social boundaries)을 인식하기 위해 사회과학자에 의해 고안되었다. 리치(Leach et al., 2013)는 다음과 같이 말한다.

> 지구 위험 한계선은 인간의 웰빙을 보호하기 위해 인류가 지구 시스템에 가하는 압력의 한계를 말한다. 그러나 동시에 인간의 웰빙은 음식, 물, 건강 및 에너지와 같은 기본권을 충족하는 데 필요한 자원에 접근할 수 있는 각 사람에게 달려 있다. 인류에게 위험한 환경 파괴를 부르는 지구 위험 한계선이 있는 것처럼 인간의 행복을 위험에 빠뜨리는 자원 부족과 관련된 사회적 한계선도 존재한다.

[자료 6.3b]는 '환경 상한(environmental ceiling)'으로

표시된 로크스트룀(Rockström, 2009)의 9개 지구 위험 한계선을 '사회적 기반(social foundation)'으로 식별된 11개의 사회적 한계선과 결부하여 나타낸 것이다. 자료에 표현된 사회적 경계는 2012년 유엔 리우+20 정상회의에서 제기된 우선순위를 기반으로 한다. 따라서 모든 한계선(환경 및 사회적)은 객관적이고 주관적인 기준을 따르며, 이를 설정하는 것은 허용 가능한 위험 수준, 허용 가능한 인간 결과 및 허용할 수 없는 인간 궁핍에 대한 판단이 포함된다. '도넛' 모양의 공간은 '포용적이고 지속 가능한 개발을 위한 다양하고 가능한 경로를 추구함으로써 모든 인류가 번성할 수 있는 안전하고 정의로운' 공간을 나타낸다(Leach et al., 2013).

생태계 서비스와 인간 웰빙

생태계 프로세스는 다양한 방식으로 인간의 삶(및 경제)을 지원한다. 생태계 서비스의 개념은 생태적 자원과 생태계 기능이 인간의 웰빙에 제공하는 이점에 중점을 둔다. 2001년, 유엔 사무총장은 세계 생태계의 상태와 변화의 원동력, 그리고 이것이 인간의 행복과 어떻게 연관되어 있는지에 대해 실질적인 조사를 시작했다. 새천년 생태계 평가(Millennium Ecosystem Assessment: MEA) 보고서는 2005년에 출판되었으며, 과학 문헌뿐만 아니라 전 세계의 모든 주요 생물체에 대해 실무자 및 지역사회로부터 광범위한 기존의 연구와 정보를 결합했다. 새천년 생태계 평가는 인간의 행위로 전 세계의 생태계를 변화시킨 요인뿐만 아니라 인간의 행복(특히 빈곤의 다차원적 특성)과 '자연적' 생태계 사이의 복잡한 연관성에 대한 중요한 통찰력을 제공했다. 이 연구 결과는 더 지속 가능한 개발의 도전에 중요한 의미를 지닌다.

새천년 생태계 평가를 뒷받침하는 연구는 4개의 실무그룹, 5개의 유엔 기관, 5개 국제 협약의 대표자, 국제과학 기구, 정부, 민간 부문 대표자, 비정부기구, 원주민 그룹이 참여한 이사회에 의해 진행되었다. 95개국에서 2천 명 이상의 검토자가 참여하여 실질적인 사업을 구성하였다. 사람 중심의 생태학적 관점을 취한 다음, '인간 웰빙에 대한 생태계 변화의 결과를 평가하고 생태계 보전과 지속 가능한 이용 그리고 인간 웰빙에 대한 기여 강화에 필요한 과학적 기초를 확립하는 것'(MEA, 2005)을 목표로 한다.

'생태계 서비스'(이 경우 사람들이 생태계에서 얻는 혜택으로 정의)는 [자료 6.4]와 같이 네 가지 방식으로 분류된다. 식량 생산과 같은 공급 서비스(provisioning services), 자애로운 환경을 유지하고 환경 교란으로부터 인간을 보호하는 조절 서비스(regulating services), 종교 또는 여가 활동과 관련한 문화 서비스(cultural services), 생태계가 지원하는 다른 서비스를 보완하는 영양소 순환 같은 지원 서비스(supporting services)를 통해 인간 웰빙을 뒷받침한다. [자료 6.4]는 또한 생태계 서비스의 일부 측면이 인간의 웰빙을 형성하기 위해 사회적, 경제적 요인에 의해 영향을 받거나 '중재'될 수 있음을 보여준다. 분명한 예로 홍수 방지를 위한 공학 및 의료 서비스의 질과 접근성을 들 수 있다. 이는 생태계 서비스와 인간 웰빙 간 관계의 강도가 사회적, 경제적, 생태학적 맥락에서 달라질 수 있음을 보여준다. 화살표는 연결의 광범위한 강도와 인간 개입의 가능성을 나타낸다.

새천년 생태계 평가는 담수, 어업, 공기 및 물 정화, 지역 및 지역 기후, 자연재해 및 해충의 조절 등 조사 대상 생태계 서비스의 약 60%가 저하되거나 지속 불가능하게 사용되고 있다고 보고했다. [표 6.2]는 지난 50년간 향상 또는 저하된 주요 생태계 시스템 및 서비스를 보여준다. 향상(enhancement)은 사람들에게 더 큰 이익을 가져다주는 생태계 재화 또는 서비스의 생산이 증가하거나 변화되었음을 의미한다. 저하(degradation)는 생태계 재화 또는 서비스의 사용이 지속 가능한 수준을 초과하는 경우 또는 인간이 초래한 변화 또는 사용이 한계를 초과하여 발생한 편익의 감소로 정의된다(MEA, 2005). 식량, 담수, 목재, 섬유 및 연료와 같은 서비스에

[자료 6.4] 생태계 서비스와 인간 웰빙의 연관성

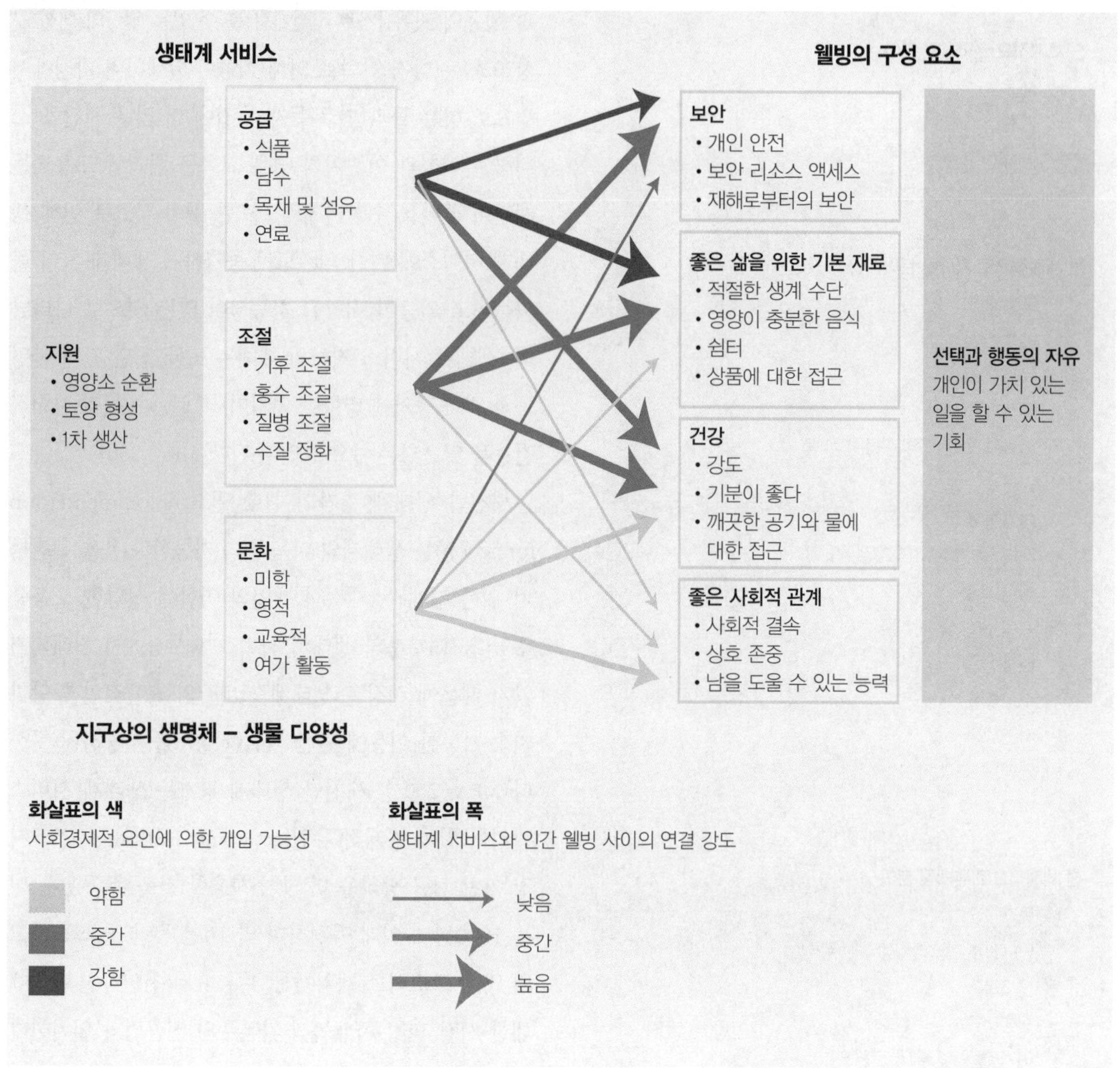

출처: Millennium Ecosystem Assessment, 2005

대한 수요가 증가하면서 전례 없는 결과가 초래되었다. 특히 농업의 확장을 통한 공급 서비스의 증가가 다른 생태계 서비스의 비용으로 충족되었으며 기능 저하와 지속 불가능한 변화가 크게 발생했다. 더군다나 이러한 '대립하는 균형(tradeoffs)'은 지속 가능한 개발의 형평성 과제를 확인하면서 '종종 한 집단의 사람들에게서 다른 집단으로 저하되는 비용을 전가하거나 미래 세대에게 비용을 부담 지우는' 것으로 밝혀졌다(MEA, 2005).

새천년 생태계 평가는 또한 생태계 변화 과정에서 잠재적인 '티핑 포인트'가 작동한다는 증거를 발견했다. 지구 시스템 과학과 관련하여 앞서 광범위하게 확인하였듯이, 갑작스럽고 잠재적으로 돌이킬 수 없는 변화를 포함한 비선형 변화의 위험이 증가하고 있으며, 인간의 웰빙에 큰 영향을 미치고 있다. 새천년 생태계 평가에 보고된 증거로는 연안 수역의 데드 존(dead zones) 형성, 지역의 기후변화, 급격한 수질 악화 등이 있다. 이러한 현상은 이미 일부 사람들, 특히 가난한 사람들에게 상당한 해를 끼치고 있으며, 생태계로부터 얻을 수 있는 장

[표 6.2] 전 세계의 핵심 생태계 서비스 현황

전 세계적으로 향상된 분야

- 작물
- 가축
- 양식업
- 전 세계 기후 조절

전 세계적으로 저하된 분야

- 포획 어업
- 야생 식품
- 목재 연료
- 유전자원
- 생화학, 천연 의약품 및 의약품
- 민물
- 대기질 조절
- 지역 및 지역 기후 조절
- 침식 조절
- 수질 정화 및 폐기물 처리
- 해충 조절
- 수분(受粉)
- 자연재해 조절
- 영적, 종교적 가치
- 미적 가치

전 세계적으로 혼재된 분야

- 목재
- 면, 대마, 실크 및 기타 섬유 작물
- 물 조절
- 질병 조절
- 여가 활동 및 생태 관광

출처: MEA, 2005에서 편집

기적인 혜택을 상당히 감소시킬 것이다.

지속 가능한 개발의 분배와 형평성 문제에서 확인된 핵심적인 사실은 생태계 서비스 기능의 감소가 사하라 이남 아프리카 지역에서와 같이 불균형적으로 발생하고 있다는 것이다. 생태계 서비스는 특히 식량 생산, 1차 에너지 공급원, 수자원과 같은 영역에서 대부분 빈곤층의 생활에 지배적인 영향을 미친다('제10장' 참고). 그들은 기본적인 물질적 필요뿐만 아니라 웰빙과 같은 측면에서도 생태계 변화에 매우 취약하다. 예를 들어, 선택과 행동의 자유([자료 6.4]에서 볼 수 있는 웰빙의 핵심 구성 요소)는 환경 악화로 인해 제약이 발생하며 가정에서 필요로 하는 물과 연료 목재 수집에 더 많은 시간을 소비하는 여성과 어린이의 경우 교육을 받거나 고용되는 시간이 줄어들 수밖에 없다. 또한 웰빙 감소로 인해 생태계 서비스에 대한 의존도가 증가하여 생태계를 더 몰아붙이고 기능이 저하될 가능성이 있는 것으로 나타났다. 생태계 서비스 저하의 폐해는 또한 '집단 간의 불평등과 격차 증가에 영향을 미치며, 때로는 빈곤과 사회적 갈등을 일으키는 주요 요인이 된다'(MEA, 2005).

새천년 생태계 평가의 실행 권고(recommendation for action)는 생태계의 더욱 지속 가능한 이용을 촉진하기 위한 경제적, 재정적 개입의 역할에 상당한 도움을 주었다. '대부분의 생태계 서비스가 시장에서 거래되지 않기 때문에 시장은 생태계 서비스의 효율적인 할당과 지속 가능한 이용에 관한 적절한 정보를 제공하지 못한다'(MEA, 2005). 새천년 생태계 평가는 생태계 서비스 관리에 있어 경제적 유인(economic instruments)과 시장 기반 접근 방식을 더 많이 사용할 것을 촉구했다. 이는 1990년대 이래 등장하며 약 10년 동안 정책적 사고와 많은 프로젝트 계획에서 주류가 된 천연자원 관리에 대한 시장 환경주의/녹색 자본주의 접근법과 일치한다(Shaw, 2014). 일견 이것은 환경 관리 문제에 대한 경제학자들의 관심이 증가했기 때문이었지만, '이 시기 신자유주의적 사고의 영향력을 실질적으로 반영했기 때문에, 시장 관계를 사회의 더 많은 영역으로 확장하는 것이 앞으로 나아가는 최선의 방법으로 여겨졌다'(Elliott, 2013). 즉, 생태계가 제공하는 재화와 서비스의 범위에 금전적 가치를 두려는 노력, 존재하지 않는 시장, 다시 말해 가장 분명한 탄소 시장을 창출하기 위한 노력, 환경 개선과 보전을 위한 시장 기반 구조(메커니즘)의 발달에 상당한 진전이 있었다.

그러나 이러한 시장 접근법은 이론이나 실제에서 논란의 여지가 있다. 많은 사람이 이러한 접근법으로 인하여 전체 생태계가 생태계 서비스 수준으로 분해되는 '자연의 상품화'와 자연 자원 '서비스'가 상품 거래를 위한 '객체'처럼 전환되는 것을 반대한다(Shaw, 2014 참고).

'개발이 자연 생태계에 미치는 영향에 대한 인식이 높아짐에 따라 인구와 경제성장 그리고 자연 자산과 생물다양성의 감소 사이에서 어려운 선택에 직면하게 되어 생태계 서비스를 이해하고 가치 있게 만드는 것이 시급하다'(Shaw, 2014).

수자원과 개발: 누구에게 부족한가?

수자원은 인간 존재의 핵심을 이룬다. 수자원은 그 자체로 생명의 근원이며 물에 대한 접근은 인간의 기본적인 요구이자 필수적인 인권이다. 새천년 생태계 평가(MEA, 2005)에서 확인한 바와 같이, 담수와 해양 생태계가 인간 웰빙에 제공하는 '서비스'는 광범위하며 지역 및 가구 수준에서 공급되는 물, 생계를 지원하는 생산활동에 대한 핵심 자원이자 지구 기후 및 기후 패턴 조절에 이르기까지 그 기능이 다양하다. 그러나 전 세계 물의 약 3%만이 담수이며, 그중 2.5%는 얼어 있고 불과 0.5%만을 사람이 사용할 수 있다(UNESCO, 2015). 이처럼 수자원은 근본적으로 제한적이며 강수량에 크게 의존한다. 그러나 농업 생산, 산업과 에너지, 교통, 관광과 레저, 생활용수(domestic/municipal)의 소비 등 물의 수요 증가와 경쟁적 사용은 많은 국가에서 불공평하고 지속 불가능한 물 수요를 초래한 것으로 이해되고 있다(UNDP, 2007).

과거 개발의 패턴과 과정은 수자원에 대한 수요 증가와 밀접하게 연관되었다. [자료 6.5]에서 볼 수 있듯, 20세기 동안 전 세계의 물 사용량은 급격히 증가했으며, 그 증가량은 전 세계 인구 증가율의 2배 이상이었다(UNESCO, 2012). 2050년까지 전 세계 물 수요는 55% 이상 증가할 것으로 예상하는데(UNESCO, 2015), 이는 예상 인구 증가율을 능가하며, 주로 남반구(개도국) 국가들의 도시화 및 관련 생활 양식 변화와 관련된 수요 증가로 인해 발생할 것으로 예측된다. 그러나 온실가스 배출량 전망치(business as usual: BAU) 기후 시나리오(인위적인 온실가스 배출량 감축 노력을 하지 않을 경우)에 따르면 2030년까지 전 세계 물 수요가 현재의 40%를 초과하며, 기후변화에 따른 지역적·국지적 강수 패턴의 변화로 전 세계 18억 명이 물 부족 환경에 노출될 것으로 예측된다(UNDP, 2007).

지속 가능성에 대한 오랜 우려와 임박한 물 위기에 대한 두려움은 물 수요와 물 공급 사이의 이러한 '불일치'에 기인한다. 1990년대에는 물 부족 심화가 물을 둘러싼 전쟁으로 이어질 수 있다는 우려가 두드러졌다. 전 세계 담수 공급의 60% 이상과 전 세계 인구의 40%가 두 나라 이상이 공유하는 '접경 지역(transboundary)'의 강과 호수 유역에 거주한다(UNEP, 2012). 우려되는 것은 부족한 물을 얻기 위한 경쟁이 중동과 같은 주요 지역 국가들 사이의 이미 취약해진 관계를 더욱 위협할 수 있다는 것이다. '물 전쟁(water wars)'은 대개 국제 조약을 통해 피했지만, 그러한 협정(예: 파키스탄과 인도 사이에 체결된 인더스 물 조약)들은 정기적으로 시험대에 오르기도 한다. 또한 현재 국경을 마주한 유역의 60%는 이러한 자원을 관리하기 위한 어떠한 형태의 협력 체계도 마련되어 있지 않으며(UNESCO, 2015), [보충 자료 6.3]에서와 같이 물을 둘러싼 거버넌스에 많은 도전적 과제가 존재한다. 물 부족과 함께 물을 둘러싼 경쟁이 증가함에 따라, 물 수요가 즉각적으로 발생하는 지역 수준에서 많은 갈등 사례가 있으며('제3부' 참고), 소규모 농업인이나 여성과 같이 취약한 계층은 갈등에 더 쉽게 피해를 본다(UNDP, 2007).

개인 수준의 물 부족과 형평성

현재 전 세계적으로 깨끗한 식수를 이용할 수 없는 6억 6,300만 명의 사람들이 있으며, 더욱이 24억 명의

[자료 6.5] 세계 물 사용량

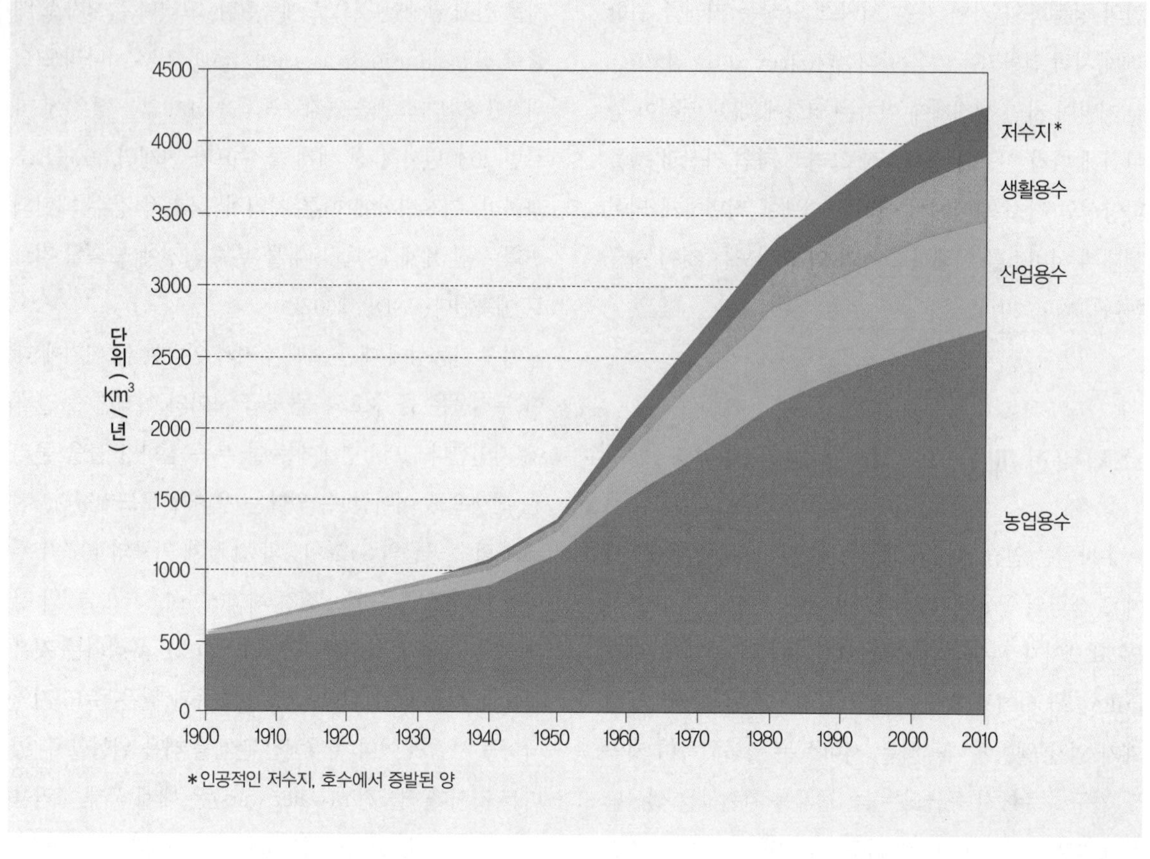

출처: FAO Aquastats

사람들은 개선된 위생 시설을 이용할 수 없는 상황이다(UNICEF/WHO, 2015). 새천년 개발 목표(Millennium Development Goals: MDGs)는 안전한 물에 대한 인간의 기본권을 이행하고 인간 개발(human development)을 위한 근간으로서 물 접근에 대한 더 큰 형평성의 보장을 언급한다. 안전한 물 공급망에 접근할 수 없는 인구의 비율을 절반으로 줄이는 목표는 2015년에 실질적으로 달성되었지만, 예를 들어 시골과 도시 지역 간, 경제적 지위에 따른 커다란 불평등은 여전히 남아 있다. 개선된 위생 시설에 대한 목표는 '제1장'에서 살펴본 바와 같이 충족되지 않았으며, 지속 가능한 개발을 위한 핵심 과제로 남아 있다. [자료 6.6]은 이러한 기본적인 인간의 요구를 충족시키는 어려움이 주로 사하라 이남 아프리카와 남아시아의 두 지역에서 지속되고 있음을 보여준다. 전 세계 인구의 10명 중 8명은 여전히 깨끗한 식수에 접근하지 못하고 있으며, 전 세계 전체 농촌 인구의 거의 50%가 개선된 위생 시설을 활용하지 못하고 있다(UNICEF/WHO, 2015).

'보급률(coverage)'과 관련된 데이터는 성별에 따른 서비스 또는 접근성의 질과 신뢰성에서 오는 지속된 불균형을 포착하지 못한다. 예를 들어, '여성, 어린이, 노인, 원주민 및 장애인을 포함한 전 세계 많은 사람은 안전한 식수와 위생 시설에 대한 접근 수준이 다른 그룹보다 낮다'(UNESCO, 2015). 이렇게 배제된 사람들은 빈곤 상태로 남아 교육, 고용 및 사회 참여의 기회가 부족하며, 장기적으로는 사회적, 경제적으로 영향을 미치게 된다.

인간의 건강과 개발에서 안전한 식수 및 위생에 대한 접근성 문제의 핵심은 [표 6.3]에서 확인되며, [표 6.3]

[자료 6.6] 2015년 지역별로 지속적인 격차를 보이는 식수와 위생에 관한 접근성
(a) 깨끗한 식수에 접근할 수 없는 인구, (b) 개선된 위생 시설을 이용할 수 없는 인구

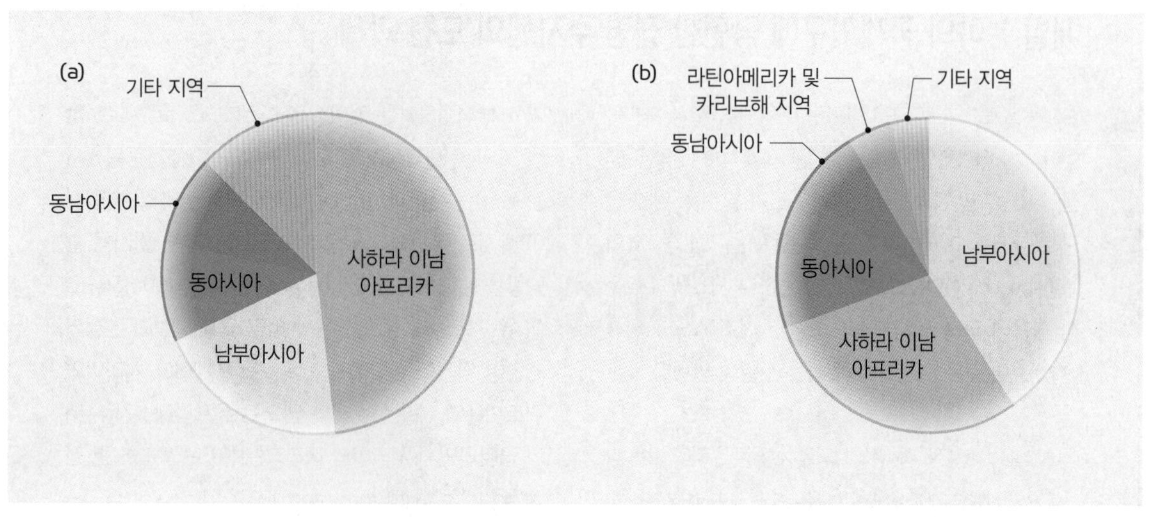

출처: UNICEF/WHO, 2015

[표 6.3] 환경적 요인에 의한 주요 질병

질병	물, 위생 및 보건으로 인한 연간 전 세계 부담		환경적 요인으로 인한 총 부담 비율
	사망(천)	DALY*(천)	
설사	1,523	52,460	94
영양실조	863	35,579	50
말라리아	526	19,241	42
림프구 결절증	0	3,784	66
장 선충류	12	2,948	100
트라코마	0	2,320	100
주혈흡충증	15	1,698	100
일본뇌염	13	671	95
뎅기열	18	586	95

*공공 보건 수준으로 장애 보정 생존 연수. 1 DALY는 생존 기간 중 질병을 안고 살아가는 1년을 의미한다.

출처: UNESCO World Water Development Report, 2009

은 물과 위생 및 광범위한 환경 요인에 기인하는 주요 질병으로 인한 전 세계적 부담을 보여준다. 이러한 질병은 질병 매개체(즉, 수질)의 존재뿐만 아니라 가정에서 사용할 수 있는 물의 양(공공 배관 공급, 구매 또는 수집 방식)과 하수 시설과도 관련되어 있다. 게다가 수자원 제약은 도시 환경의 다른 특징들과 함께 작동하는데, 예를

보충 자료 6.3

개발 분야의 국제기구에 당면한 접경 수자원의 도전 과제

수자원을 늘리고 공급을 강화하기 위해 부존 수자원을 보다 효율적으로 관리하는 데 전 세계적으로 많은 진전이 있었지만, 특히 남반구(개도국)의 발전을 위해 필요로 하는 미래 수자원의 확보는 접경 지역(transboundary)의 강과 호수 및 지하수 시스템의 효율적 활용에 달려 있다(UNEP, 2012). 비스워스(Biswas, 1993)는 이 같은 도전에 대해 다음과 같이 말한다.

> 기술적, 경제적, 사회적, 제도적, 정치적인 것과 같은 다양한 이유로 개별 주권국의 지리적 경계 내에 포함된 수자원에 대한 보다 합리적이고 효율적인 관리 정책과 관행을 도입하는 것은 어려우며, 두 나라 이상이 공유하는 수자원의 관리와 개발 과정을 고려할 때 문제는 몇 가지 위계에 의해 더욱 심화할 가능성이 크다.

[자료 6.7]은 남반구(개도국)에서 접경 지역의 강 및 호수 시스템의 편중(predominance)을 잘 보여준다. 국제 하천의 대다수는 단지 두 나라에 의해 공유되지만, 6개국 이상을 가로지르는 9개의 강과 호수 유역이 있다. 다뉴브강(12개국)과 라인강(8개국)을 제외하고, 나이저강, 나일강, 자이르강, 잠베지강, 아마존강, 차드호, 메콩강은 남반구(개도국)에 해당한다. 세계에서 가장 큰 다수의 하천을 가진 아프리카가 직면한 문제는 분명하다. 아프리카 대륙에는 60개의 강과 호수가 2개 이상의 국가로 뻗어 있으며, 전체 육지 면적의 62%를 차지한다(Wolf et al., 1999). 아프리카에 많은 접경 유역 분지가 존재한다는 것은 부분적으로 아프리카 대륙 내의 정치적 경계에 기인하는데, 이는 아프리카인들은 말할 것도 없이 아프리카의 자연지리조차 거의 고려하지 않고 유럽 강대국들에 의해 국경이 그려졌기 때문이다(Griffiths, 1993).

담수 자원의 관리 및 거버넌스 개선을 위한 국제 이니셔티브는 최근 수십 년 동안 급증했으며, 공유 하천 및 수역과 관련된 3,600개 이상의 조약이 체결되었다(UNEP, 2012). 그러나 많은 경우 이러한 규정은 무시되거나 부적절하다는 것이 입증되었다(Biswas, 1992). 많은 조약은 재협상이 필요하다(UNEP, 2012). 중동에서는 1959년 수단과 이집트 사이에 체결된 나일 물 협정이 수시로 무시되고 있으며, 이집트는 연간 물 사용 할당량을 초과하고 있다(Lee and Buloch, 1990). 하류로의 유량 조절과 댐 건설은 이따금 국제 협력과 분쟁의 원인이 되기도 한다(De Stefano et al., 2010). 시리아와 튀르키예에 세워진 2개의 댐으로 유프라테스강 수위가 급감하면서 시리아와 이라크는 1975년 하마터면 전쟁을 일으킬 뻔했다(Vesiland, 1993).

접경 지역 수자원 시스템과 관련한 문제들은 국가별로 매우 다르게 나타난다. 각국은 국가 주권에 대한 두려움, 정치적 민감성, 역사적 불만과 국가 사리사욕을 포함한 요소들을 수용한다. 예를 들어, 정치적 갈등은 이스라엘과 팔레스타인 사이의 물 관계를 계속 무색하게 하고 있으며, 이들 국가에서 기능하는 물 부문을 건설하려는 노력을 절충하고 있다(Jägerskog, 2013). 물 관리 문제는 1994년 이스라엘–요르단 평화 협정의 일부로서, 요르단강의 국경을 넘는 관리 협력이 비교적 효과적이었다. 그러나 가뭄 기간의 물 할당에 대해서는 여전히 불분명하다(Jägerskog, 2013).

일반적으로 수자원 외교에서 협력은 충돌보다 더 큰 부분을 차지한다고 이해된다(De Stefano et al., 2010). 각국은 매우 자주 이견을 보이면서도 지속적으로 협상에 나선다(Jägerskog, 2013). 그러나 대부분의 국제 하천 유역에는 어떠한 형태의 협력 관리 업무 틀도 계속해서 결여되어 있다(UNESCO, 2015). 세계의 국경을 넘는 수자원의 환경 거버넌스를 위한 통일된 단일 업무 틀을 향한 움직임은 이슈의 정치적인 민감성을 포함하여 국제사회를 계속 회피하는 것으로 제안된다(Uitto, 2004).

실제로 비스워스(Biswas, 2004)는 기후변화와 생물 다양성 문제를 화두로 리우데자네이루에서 열린 정상 회의에서 '물이 1980년대와 1990년대 국제 정치의 의제에서 사라졌다'고 주장한다. 1997년, 유엔총회는 수십

[자료 6.7] 전 세계에 분포한 접경 지역의 강 및 호수 유역

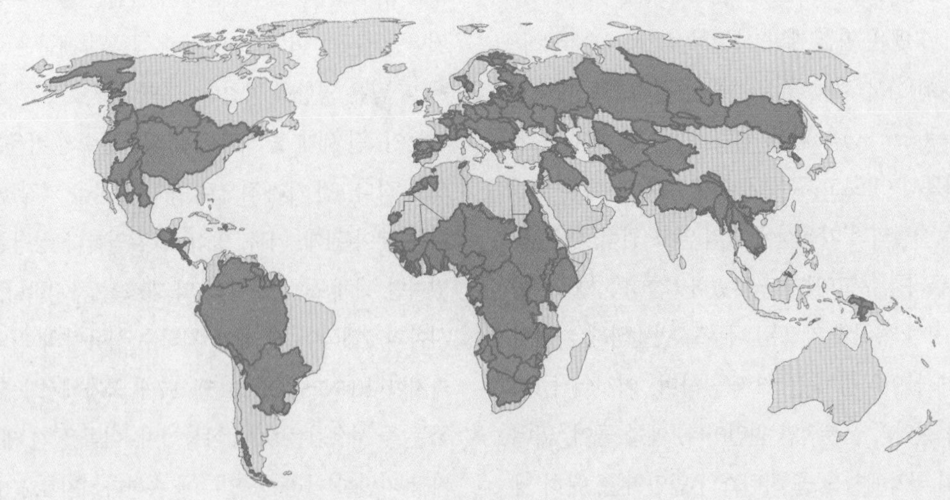

출처: UNEP, Global Environment Outlook 5, 2012

년에 걸친 협상 끝에 국제 수역의 비항해적 사용에 관한 협약(Convention on the Law of the Non-Navigational Uses of International Watercourses)을 채택했다. 이 협약은 공유 담수 자원을 관리하는 보편적이고도 유일한 조약으로 남아 있다. 하지만 현재까지 그 협약의 당사자는 36개국밖에 없다.

1996년부터 71개국의 188개 참가 기관이 국제유역개발기구(International Network of Basin Organizations: INBO)에 가입했으며, 그 목적은 포괄적인 하천 유역 관리에 관심이 있는 단체와 영구적으로 관계를 발전시키고 회원들 간의 경험과 지식의 교환, 지속 가능한 개발 협력 프로그램의 건전한 물 관리 원칙과 수단의 마련, 물 관리에 참여하는 행위자에 대한 정보 교환 및 훈련 프로그램을 촉진하는 것 등이다. 또한 대규모 접경 하천을 관리하는 공공기관과 상호 간, 다자간 개발 기관에 열려 있다. 국제유역개발기구는 회원제이자 비영리단체이며 유엔 경제사회이사회(ECOSOC)와 '특별한 협의체 지위'를 갖고 있다.

2000년 유엔은 유네스코 산하에 세계 물 평가 프로그램(World Water Assessment Programme: WWAP)을 마련했다. 접경 지역 수자원 문제에 특별히 초점을 맞추지는 않았지만, 국가 물 관리 프로그램의 개발과 구현에 있어 각국 정부 지원, 수자원의 글로벌 모니터링, 유엔 산하 여러 조직의 관점을 통합하기 위한 이니셔티브가 되고 있다. 그리고 대표적으로 3년마다 영향력 있는 세계 물 개발 보고서를 발간하고 있다.

물을 둘러싼 전체 시스템에서 국제기관 및 양자 기구의 역할은 국제 조약의 채택과 수요 관리를 촉진할 기회가 될 자본 집약적 물 프로젝트에 대한 자금 지원 및 조정에 관한 역할을 한다. 지구환경기금('제7장' 참고)은 국제적 물 협정의 이행과 접경 지역 담수 자원을 둘러싼 행위의 주요 촉진자로 간주된다(Uitto, 2004).

들어 열악한 주거 환경으로 인한 질병의 빠른 전염 및 건강 악화와 같은 것이 그렇다. 세계보건기구(World Health Organization: WHO)는 전 세계 질병의 10분의 1을 식수 및 위생 개선을 통해 예방할 수 있을 것으로 추정한다(UNESCO, 2009). 식수 및 위생의 개선은 보건 시스템에 요구되는 사회적 비용, 가구 수준에서 식수나

위생의 접근에 소모되는 시간 절약(다른 경제적·사회적 활동에 더 많은 시간 활용), 개인 수준의 존엄성과 사생활 그리고 개인 안전 강화 측면에서 많은 이점을 가져온다.

2006년, 유엔은 인간 개발 보고서(Human Development Report)에서 세계 물 위기를 중점적으로 다루었다. '물 부족(scarcity)을 넘어: 권력, 빈곤 및 세계 물 위기'라는 제목의 이 보고서는 '세계 물 위기의 핵심에 있는 물 부족은 물리적 가용성에 있지 않고 권력, 빈곤 및 불평등에 뿌리를 두고 있다'고 밝혔다(UNDP, 2006). 물 관리의 정치적 행위와 제도는 너무도 빈번하게 가난한 사람들에게 불이익을 주는 역할을 하며, 이것이 물(식수) 접근성 결여의 근본적인 원인이다. 예를 들어, 많은 신자유주의 국가에서 공공 서비스의 민영화는, 특히 남반구(개도국) 국가의 물 부문에 있어서 접근성과 형평성의 실질적인 개선으로 이어지지 않았다. 공공 부문으로 제공되는 서비스는 지나치게 방대하고 비효율적인 데다 종종 부패한 관료의 영향을 받았으며, 증가하는 수요를 감당하지 못했다. 따라서 신자유주의적 사고와 국제 금융기관의 원조를 통해 민간 부문 회사들이 상업적 우대(인센티브)를 받으면, 안전한 물과 개선된 위생 시설에 접근하지 못하는 더 많은 가구가 혜택을 누릴 것으로 생각되었다. 그러나 실제로 많은 경우에 따르면 민간 건설업자들은 중산층과 상류층 거주자의 비율이 높고 기존 기반 시설과 정치적 안정성이 좋은 신흥개발국(middle-income)의 크고 부유한 도시를 '선택'한 것으로 나타났다. '접근성이 낮은(harder to reach)' 가난한 국가, 지역 및 소비자 들은 실질적인 서비스를 받지 못한 채 방치되었다(Budds and Lophtus, 2014). 특히 물에 대한 기본권을 강조하는 여러 라틴아메리카 국가의 도시에서는 물 관리의 신자유화에 대한 저항의 움직임으로 이어졌다(Harris and RoaGarcia, 2013). 광범위한 개발 정책에 있어 세계은행의 활동에 이의를 제기하는 사회운동의 역할은 '제7장'에서 더 자세히 고찰한다.

세계 수준의 물 부족과 형평성

분명히 개인(가구) 수준에서 안전한 물에 대한 접근에 커다란 불평등이 있고 이러한 접근의 제한은 인간 개발에 더 많은 영향을 미친다. 그러나 [자료 6.5]에서 볼 수 있듯이, 전 세계 물 사용에서 생활용수의 비율은 상대적으로 작다. 전 세계적으로 농업은 물을 가장 많이 사용하는 분야(관개, 가축, 양식)로 지역마다 상당한 차이가 있지만 전체 물 사용량의 약 70%를 차지한다. 특히 아시아의 5개국이 전 세계 지하수 사용량의 거의 절반을 차지한다(UNESCO, 2015). 17개 국가에서 농업에 전용하는 물 사용량은 90% 이상이며, 이들은 전 세계적으로 가장 가난한 나라 중 일부에 속한다. [자료 6.5]에서 보는 바와 같이 에너지 사용을 포함한 산업은 전 세계적으로 전체 물 사용량의 20%를 차지하며, 생활용수 사용량은 약 10%에 이른다. 또한 건조한 기후 지역의 대규모 저수지에서 발생하는 손실은 전체 물 사용량의 5%에 가까운 것으로 추정되므로 상당한 양을 차지한다.

수자원 및 수자원 사용의 세계 평균은 시간적 차이뿐만 아니라 국가 간 그리고 국가 내 불평등을 가린다. 중국과 같이 관개 농업과 산업 발전을 위한 물 수요가 높은 일부 지역에 물 수요는 집중돼 있다. 기후 또한 물 사용에서 중요한 요소이다. 물 사용은 농업 활동에서 관개의 필요성에 따라 건조 및 반건조 지역에서 가장 높으며, 열대 국가에서는 가장 낮다(UNESCO, 2009). 그러나 이것은 관개 인프라 개발에 영향을 미치는 경제적 요소를 포함한 다양한 요소를 가린다. 아프리카 대륙 전체에서, 현재 수자원의 개발은 다른 지역에 비해 낮다. 경작지의 5%만이 관개 시스템을 이용하고 있으며, 농부들은 매우 가변적이고 점점 더 예측하기 어려운 빗물(rainfed)을 농업 활동에 사용하고 있다('제10장' 참고).

물 부족은 이미 [자료 6.8]에서 볼 수 있듯이 세계의 모든 지역에 영향을 미치고 있다. 수문학자는 일반적으로 물 사용/물 수요의 비율로 물 부족을 평가한다. 이것은 지역의 연 강수량과 연 유출량을 고려한 자연 수문 시

[자료 6.8] 전 세계의 물리적·경제적 물 부족 양상

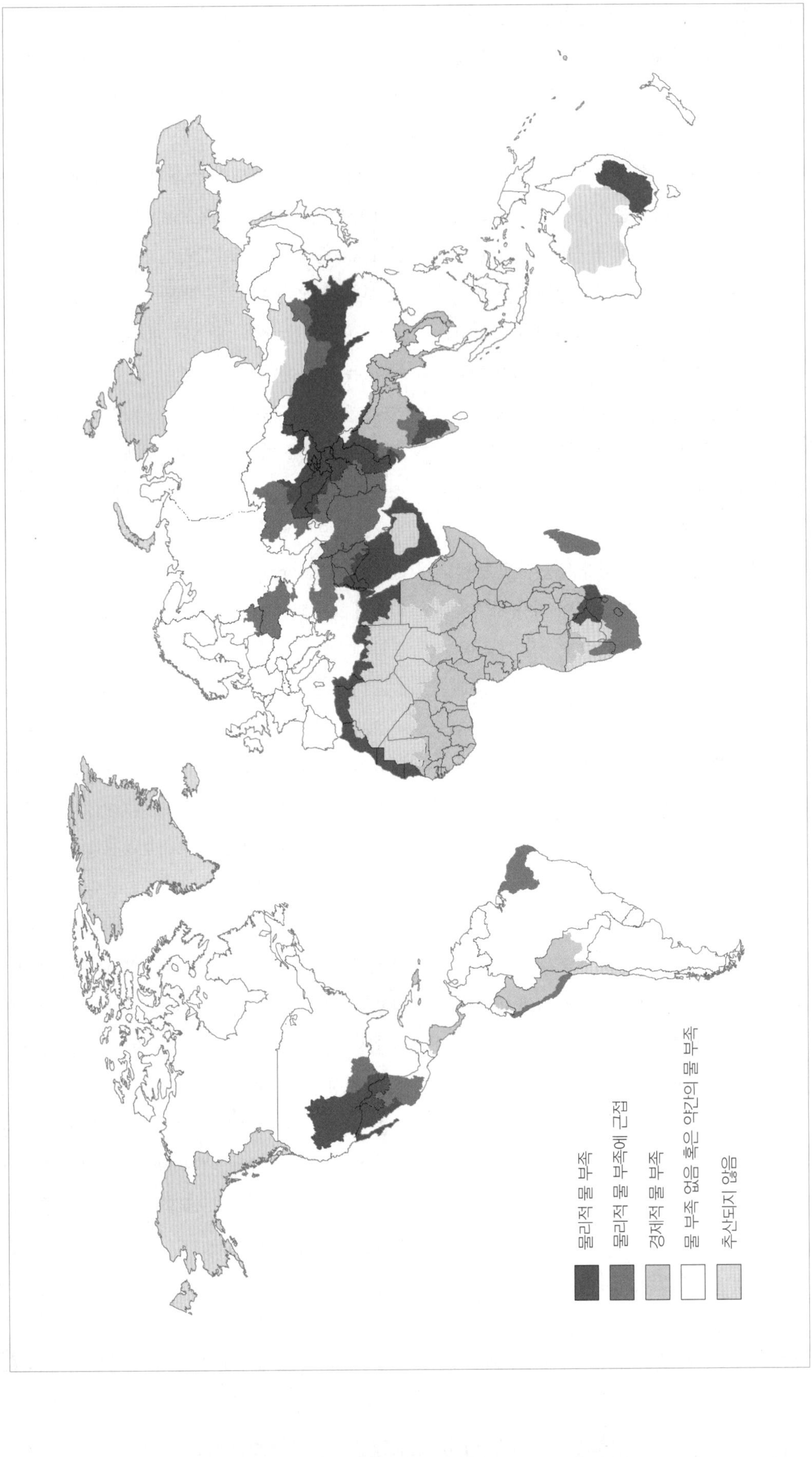

물리적 물 부족
물리적 물 부족에 근접
경제적 물 부족
물 부족 없음 혹은 약간의 물 부족
추산되지 않음

출처: UNESCO World Water Development Report 4, 2012

스템에서 재생 가능한 물의 총량으로 도출된다. 연간 물 공급량이 1인당 1,700세제곱미터 이하로 떨어지면 물 스트레스를 받으며, 1인당 1,000세제곱미터 이하로 떨어지면 물 부족에 해당하며, 500세제곱미터 이하에서는 절대적인 부족(물 기근)에 직면한 것으로 평가한다(UNESCO, 2012). 그러나 전 세계의 많은 인구가 현재 물 스트레스가 적은 지역에 있음에도 물에 접근하는 문제에 직면해 있다. 따라서 유엔은 물 부족을 '환경을 포함한 모든 부문의 물 수요를 완전히 충족할 수 없을 정도로 물의 공급이나 품질에 총체적 영향을 받는 시점'(전게서)으로 정의한다. 따라서 이 정의는 물 '스트레스'를 물리적 개념으로, 물 '부족'을 상대적 개념으로 구분하는데, 이는 물 부족이 공급이나 수요의 모든 수준에서 발생할 수 있다는 것을 의미한다. [자료 6.8]은 '경제적 희소성'의 개념을 통하여 중앙아프리카, 라틴아메리카 북동부 및 동남아시아와 같은 지역에서 물에 대한 접근이 가용 자원에 의해서만 제한되고 있지 않음을 보여준다. 이 지역들은 중간 또는 낮은 물 스트레스를 보이지만, 물 자원을 분배하는 것에 대한 인적, 제도적, 재정적 제약(전게서)으로 인해 사용자에 따라 물 접근성과 부족이 발생함을 보여준다. 이를 바탕으로 전 세계적으로 약 12억 명의 사람들이 물 부족 지역에 살고 있으며 5억 명 이상이 물 부족에 가까워지고 있다. 또한 16억 명의 사람들은 경제적 희소성 측면에서 물 부족에 직면하고 있다.

물 부족은 자연적이면서도 인간이 만든 현상임이 분명하다. 지속 가능한 물 개발의 도전은 농업의 미래와 세계 식량 공급 그리고 이어서 논의되는 여러 환경 변화와 강하게 연관되어 있다. 또한 에너지 수요와 기후변화의 이슈들과 밀접하게 관련되어 있으며, 기후변화의 다양한 영향이 가용 수자원과 관련되어 있다.

에너지 자원 개발: 효율성과 형평성 추구

에너지 자원은 국가 경제 발전의 기본이며 인간의 기본적인 요구를 충족시키기 위한 필수 요소이다. 에너지 공급의 미래 적정성, 개선된 가정용 에너지 기술에 대한 접근성 부족, 건강 및 개발 기회의 저해 우려, 현재 에너지 소비를 통해 발생하는 환경 피해 등은 모두 지속 가능한 개발을 위해 직면한 전 세계적인 과제이다.

2013년 전 세계 에너지 소비량은 13,500Mtoe(백만 톤의 석유 등가물) 이상이었으며, 2030년까지 2007년 수준보다 3분의 1이 더 증가할 것으로 예측된다(IEA, 2013). 예상되는 수요 증가의 대부분은 남반구(개도국)에 있는 국가에서 발생할 것이며, 현재 추세로 볼 때 2030년까지 중국과 인도가 전 세계 에너지 사용량 증가의 40% 이상을 차지할 것이다(전게서). 그러나 에너지 소비에는 극명한 지역적 차이가 있다. 2013년 총 에너지 소비량의 39%는 경제협력개발기구(Organization for Economic Cooperation and Development: OECD) 지역에서 소비되었으며, 아프리카에서의 사용량은 6%에 불과하다(OECD/IEA, 2015). 국제에너지기구(International Energy Agency: IEA)는 뉴욕주 주민 2천만 명이 사하라 이남 아프리카 전역의 8억 명과 같은 양의 전기를 사용하는 것으로 추산하고 있다. 또한 남반구(개도국)의 많은 국가에서 총 에너지 공급의 90%가 연료용 목재와 숯, 동물 배설물과 같은 바이오매스 공급원으로부터 충당된다. 인도에서만 2억 4천만 명의 사람들이 전기를 사용하지 못하고 있다(IEA, 2015). 환경 악화와 실내 공기 오염에 따른 건강에의 영향이 빈곤과 웰빙에 미치는 영향은 다음에서 더 자세히 논한다. 현대적이고 신뢰할 수 있는 에너지원에 대한 개선된 접근이 소규모 생산성(및 교육 성과)에 미치는 영향은 '제10장'에서 다룬다.

총 에너지 소비는 기후, 국가의 규모, 인구, 경제 구조를 포함한 많은 요인에 영향을 받는다. 농업 및 농촌 기반에서 도시 및 산업 기반으로의 사회 변화는 총 에너지 소비량의 증가와 목재, 숯, 기타 바이오매스 자원과 같은 전통적인 연료보다 상업용 연료에 대한 의존 증가를 가져왔다. 이러한 패턴은 소비되는 에너지의 수준과 유형에 기초하여 '고에너지 사회와 저에너지 사회(highand

[자료 6.9] 시기별 에너지 집약도 변화

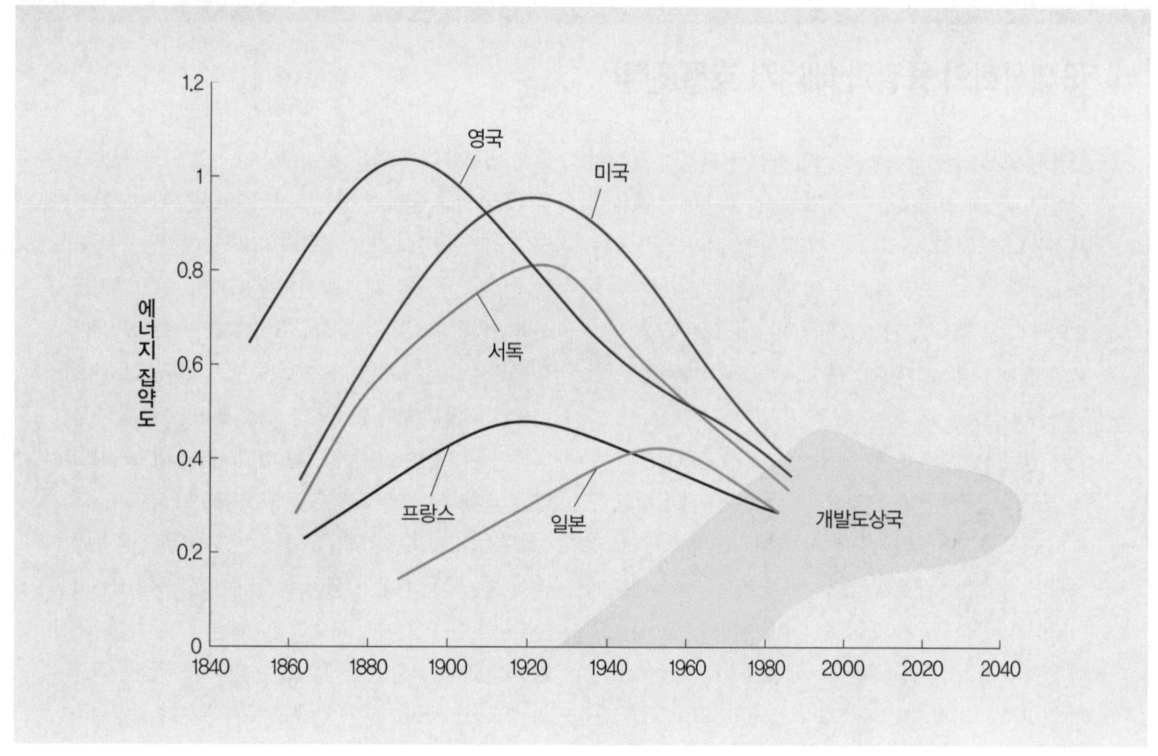

출처: Holdern and Pachauri, 1992

low-energy societies)'의 분류로 이어졌다(Mather and Chapman, 1995). 그러나 목재에서 석탄으로, 석탄에서 석유로, 그리고 이제 '저탄소' 글로벌 미래로의 전환에 산업과 정부와 소비자는 직면해 있으며, '제3차 에너지 전환'(Seitz, 2002)의 성격과 과제에 대한 논의에 초점을 맞추고 있다. 저탄소 개발로의 전환은 기후변화를 유발하는 탄소 배출량을 줄이며, 빈곤 감소, 에너지 접근 및 도시 교통 개선과 같은 개발 우선순위를 달성하기 위해 필수적이다(Tanner and Horn-Phathanothai, 2014). 여전히 총 에너지 수요의 80%는 석유, 석탄 및 가스와 같은 화석연료에 의존하고 있으며(OECD/IEA, 2015), 화석연료 사용은 탄소 배출량의 전 세계적인 증가의 주요 원인으로 이러한 '제3의' 에너지 전환은 당면한 기후변화 문제의 중심이 된다(다음 절 참고).

화석 에너지원의 유한성에 대한 우려는 1970년대와 1980년대의 에너지 논쟁에서 가장 중요했으며, 실제로 앞선 절에서 보듯이 자원과 개발 사이의 관계와 글로벌 미래 시나리오에 관한 많은 논쟁을 뒷받침한다. '석유 생산 정점(peak oil)'이란 개념은 전 세계 석유 공급량의 절반 이상이 소진되는 이론적 시점이다. 이에 따르면 사회는 석유가 부족한 시대에 진입하고, 새로운 자원의 발견을 위해 경제적, 환경적, 사회적으로 더 큰 비용을 소비하게 된다. 따라서 사회는 화석연료 의존의 끝에 직면하게 된다(Prior et al., 2012). 중동의 혼란과 더 커진 테러 위기와 같은 지정학적 혼란은 향후 에너지 공급의 보안에 있어 또 다른 핵심 요소이다.

생산, 운송 및 소비에서 에너지 효율성을 높이는 것은 탄소 저감을 위해 당면한 과제이다. '에너지 집약도'는 국내총생산(gross domestic product: GDP) 증가에 필요한 에너지의 양을 나타내는 지표이다. [자료 6.9]는 여러 국가의 산업화와 관련된 에너지 전환 경험을 보여준다. 영국에서는, 국내총생산 대비 에너지 소비 비율이

핵심 아이디어

국제사회의 물질과 에너지 흐름 전환

사회적 대사(Social metabolism)의 개념은 직접적 혹은 간접적 투입과 소비로서 에너지와 물질 측면에서 경제 시스템의 물리적 처리량을 가리킨다. 머라디언 등(Muradian et al., 2012)은 최근 몇 년 동안 현대 자본주의의 새로운 역사적 단계를 제시하는데, 이는 국제사회의 물질과 에너지 흐름의 규모 및 지리적 패턴의 큰 변화를 특징으로 한다.

경제 활동과 관련된 에너지와 물질의 흐름 측면에서 세계 경제의 '생물학적 규모'가 커졌다. 이는 아시아 지역, 특히 중국의 매우 높은 경제성장률에 기인한다. 경제 생산 단위당 천연자원의 사용 감소가 세계적인 추세로 나타나기 시작했지만, 이 추세는 이제 반전되었다. 아시아 경제의 물질 집약도(GDP 단위당 국내 원자재 소비량)가 높아지고, 세계 다른 지역보다 아시아 지역의 1인당 천연자원 사용 증가율이 훨씬 빠른 탓이다. 이는 전반적인 1인당 자원 소비량이 북반구(선진국)의 대부분 국가보다 낮은 수준임에도 불구하고 일어난 일이다.

현재 중국은 세계 경제의 자원 소비 중심지로 매우 빠르게 변화했다. 중국은 북반구(선진국)의 많은 선진국을 따라 국내 원자재 생산을 세계의 다른 지역으로부터 수입하는 방식으로 대체하고 있다. 20년 동안 중국은 전 세계적으로 재생 불가능한 자원의 최대 수입국이 되었다([자료 6.10] 참고). 그러나 천연자원에 대한 중국의 수요는, 특히 '자원이 풍부한' 남반구(개도국)에 기회와 위협을 함께 만들었다. 예를 들어, 원자재 가격의 상승은 지난 10년 동안 라틴아메리카와 아프리카의 많은 국가에 유리한 교역 조건을 이끌었다. 현재 경제 침체를 겪고 있는 미국, 유럽, 일본과 같은 전통적인 경제 중심에서 상품 시장이 분리되는 것 또한 자원이 풍부한 많은 국가에서 지속적이고 빠른 경제성장을 가능하게 했다. 하지만 중국의 많은 다국적 기업은 아프리카의 천연자원 채굴과 대규모 토지 취득에 광범위하게 관여하고 있기도 하다. 이 장에서 논의된 바와 같이, 이와 같은 '토지 장악(land grab)'은 경제적·환경적 비용 및 자원 개발의 편익 분배와 관련된 새로운 사회 갈등을 조장할 수 있다.

[자료 6.10] 중국의 광물·금속·원석의 수입 비중

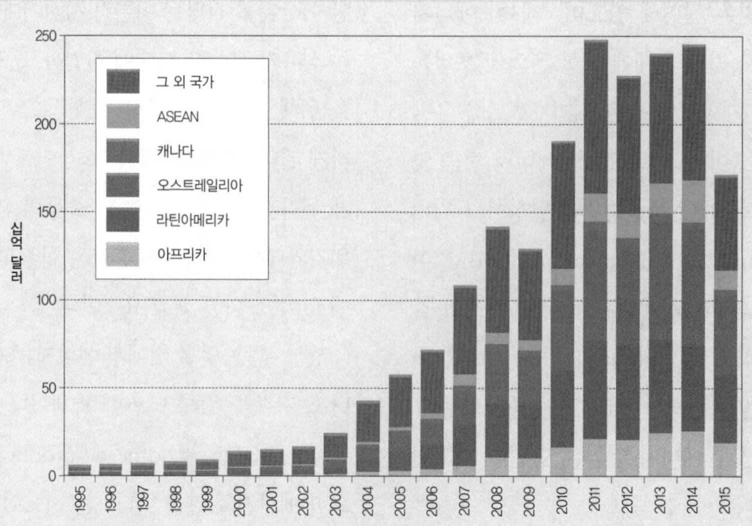

출처: UNCTAD stat, Merchandise trade matrix – product groups, imports, annual, Measure [A17] Memo: Ores, metals, precious stone

재료 과학 및 에너지 효율 개선과 관련하여 증가했다가 떨어졌다(Edge and Tovy, 1995). 이 과정 동안 도달한 최대치 또한 점진적으로 감소하였으며, 이는 낮은 에너지 집약도 수준에서 정점을 찍은 프랑스의 사례에서 잘 나타난다. 부분적으로, 이는 경제 확장으로부터 에너지 성장이 분리되었기 때문이다. 예를 들어, 1970년대 후반부터 일본의 국내총생산은 에너지 사용량보다 훨씬 더 빠르게 증가했고, 에너지 효율의 향상은 이러한 패턴을 설명하는 데 중요했다. 그러나 유가가 빠르게 상승하는 시대이기도 하였으며, 이 시기에는 에너지 집약도가 낮은 서비스 산업을 중심으로, '중공업'에서 벗어난 발전 방향으로 경제 구조의 변화가 있었다. 그러나 이러한 변화가 전 세계 에너지 수요에 영향을 미치지는 않았다. 에지와 토비(Edge and Tovey, 1995)는 다음과 같이 지적한다.

> 에너지 집약적 산업은 사라지지 않았고, 그들은 에너지를 저렴하게 얻을 수 있는 해외로 갔다. 제품으로 수입되는 에너지의 형태로 여전히 일본 경제에서 사용되고 있다.

국제사회의 물질과 에너지 흐름(global social metabolism)은 세계 경제와 발전 양식의 특징을 이해하는 핵심 개념이다. 예를 들어, 중국은 세계 다른 지역으로부터의 수입으로 국내 에너지와 자원 산출을 대체하고 있으며, 이는 많은 산업화 국가들의 패턴과 같다.

[자료 6.9]는 '개발도상국'의 에너지 생산 집약도 감소 추세를 보여준다. 남반구(개도국) 국가들은 미국과 유럽 국가들보다 에너지 효율 개선에서 더 빠른 속도를 달성할 수 있다는 낙관론이 있다. 전 세계 에너지 집약도는 [자료 6.11]에서 볼 수 있듯이 지난 30년 동안 감소하고 있으며, 중국은 같은 기간 동안 에너지 생산 집약도에서 가장 빠른 감소를 했다(World Watch Institute, 2011). 석탄은 전기나 가스보다 더 탄소 집약적인 에너지원이기 때문에 중국은 여전히 탄소 배출에 영향을 주는 가장

[자료 6.11] 전 세계 및 일부 국가의 에너지 집약도 변화

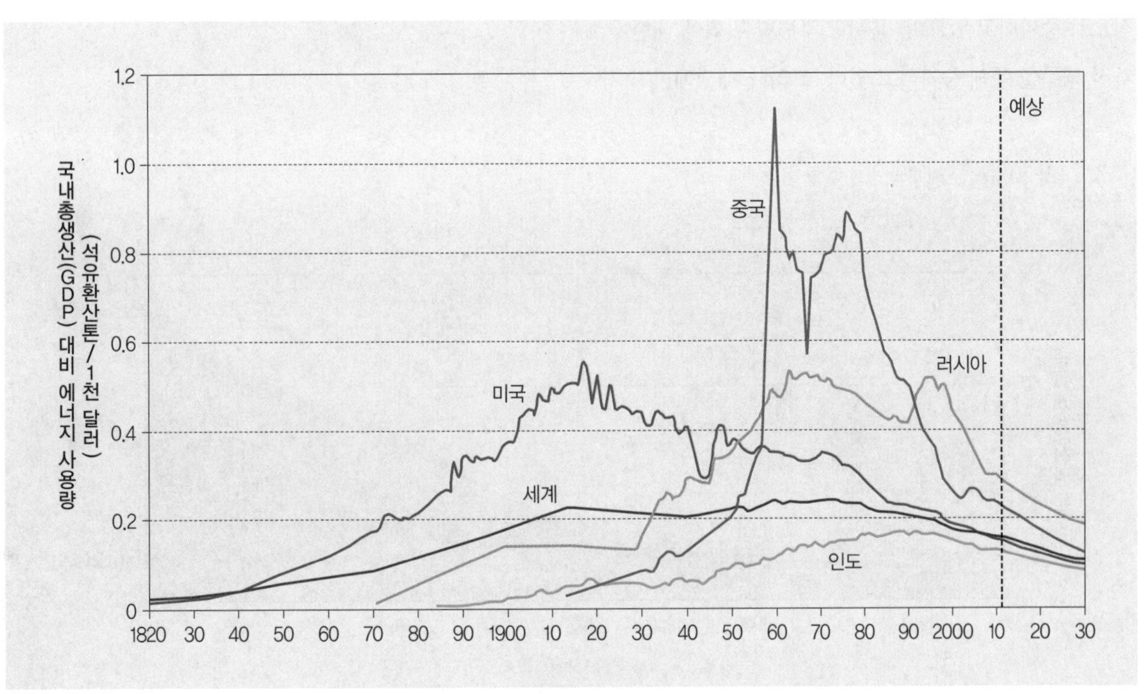

출처: http://www.economist.com/blogs/dailychart/2011/01/energy_use (2016년 4월 18일 접속)

큰 생산국이자 수입국이지만, 최근 몇 년간 재생에너지 생산에 많은 투자를 했으며, 국내 생산은 중공업에서 벗어나고 있다. 중국은 또한 추가적인 에너지 효율을 촉진할 수 있는 탄소 배출 계획을 2017년까지 도입하였다.

에너지 정책은 에너지 집약도와 개발 사이의 관계를 구축하는 데 분명히 중요하다. 석유 가격도 중요한 결정 요인으로 이해된다. 이는 1970년대 후반 일본 경제의 구조적 변화에서 찾아볼 수 있다([자료 6.9] 참고). 또한 지금까지 관찰된 전 세계 에너지 집약도의 빠른 하락은 유가가 전례 없이 높았던 2004년과 2008년 사이에 발생했다(World Watch Institute, 2011). 2008년 이래로 전 세계 에너지가 상승하여 30년 동안의 감소 추세를 역전시켰다. 이는 유가 하락에 따른 광범위한 경기 침체를 돌파하기 위해 각국이 에너지 집약적인 사회 기반 시설 구축 프로젝트에 적극적으로 투자한 결과이다.

수력, 풍력 및 태양광, 바이오 연료와 원자력 발전을 포함한 재생 가능한 에너지원은 2013년 전 세계 에너지 공급의 약 17%를 차지했다(OECD/IEA, 2015). 재생 가능한 에너지원의 개발은 저탄소 미래로의 전환에 중요한 부분이다. 재생 가능 에너지에 대한 투자는 전 세계적으로 증가하고 있으며, 특히 기후변화 완화에 대한 국가적 책무를 통해 증가하고 있다. 그러나 재생에너지 기술에는 큰 비용이 들고 개발 및 구현을 위해 종종 정부 보조금에 의존하기도 한다. 2008년 말, 세계 금융 위기의 맥락에서, 청정에너지에 대한 투자는 감소했고 최근 세계의 유가 하락과 더불어 바위를 파쇄해 석유와 가스 등을 분리하는 프래킹(fracking) 기술의 등장과 함께 더 떨어졌다. 경제 여건과 정치적 의지의 변동성은 재생 가능 에너지의 잠재력이 기후변화를 다루는 데 충분한 규모로 실현될지에 대한 우려를 뒷받침한다.

또한 바이오 연료 작물 재배를 위한 토지 압력은 최근 '글로벌 랜드 러시(global land rush)'의 핵심 요인이다(Sheidel and Sorman, 2012). 대개 다국적 기업과 외국 정부가 주도하는 대규모의 국경을 초월한 토지 거래 또는 거래 확장은 복잡한 동인을 지닌 것으로 이해된다('제10장' 참고). 여기에는 2007~2008년 식량 위기의 여파로 토지와 물이 부족한 국가에 수출하기 위한 식량 생산도 포함된다. 바이오 연료 생산이 생태계 기능에 미치는 영향은 다음에서 더 고찰한다. '토지 장악'이라고 불리는 이러한 거래가 광범위하게 다루어지는 이유는 다른 나라 토지 수요의 전례 없는 증가로 인한 상당한 갈등이 드러나고 있기 때문이다(Zoomers, 2010).

[자료 6.12] 20세기 전 세계의 광물 추출 비중

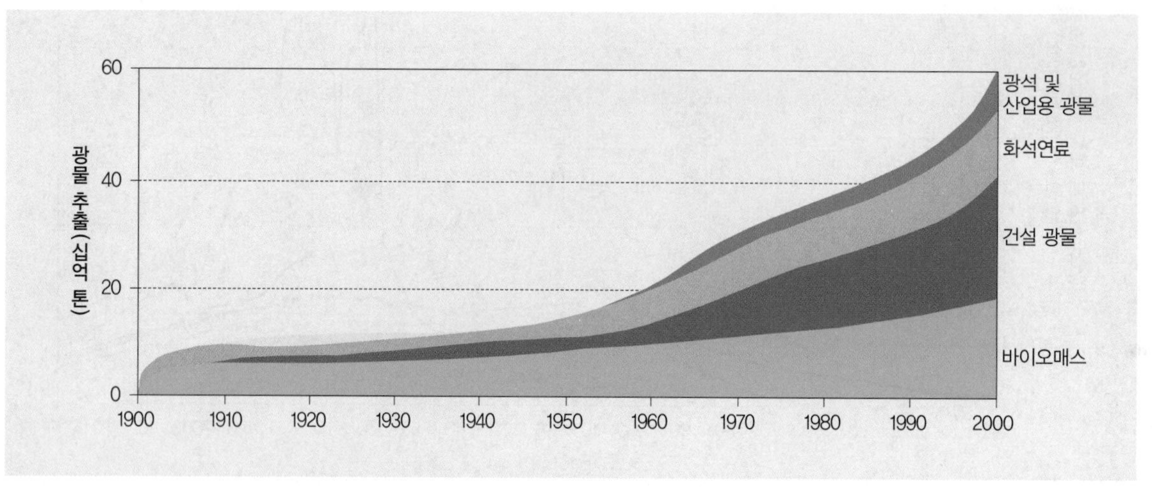

출처: UNEP, 2012

광물 자원: 개발의 저주 또는 치유?

전 세계적으로 원자재에 대한 수요가 최근 수십 년 동안 급격히 증가했다([자료 6.12] 참고). 특정 국가에 있어 다양한 광물의 존재는 유럽과 북아메리카의 역사적 경험에서 볼 수 있듯 경제 개발에서 비교 우위의 잠재적 원천이 될 수 있다. 현재 광물 생산은 [표 6.4]에서 볼 수 있듯이, 남반구(개도국)의 많은 국가 경제에 매우 중요하다. 광물 개발은 한 나라의 수출 이윤에 기여할 뿐만 아니라 외국 자본 유치와 일자리 창출, 지역 상품과 서비스에 대한 수요, 세금 수입의 증가, 기반 시설의 개발 촉진 등 산업 발전에 다양한 도움을 줄 수 있다. 그러나 1960년대 이후, 광물 부문에서 발생한 수출 수익의 40% 이상을 가져간 남반구(개도국)의 '광물 경제'는 종래의 경제 개발 지표에서 예측한 것과 달리, 저개발 국가들에 좋은 성과를 가져다주지 못했다(Auty, 1993). 기존의 관점은 개발 과정의 초기 저소득 단계에서 천연자원이 부분적으로 중요한 혜택을 가져다준다고 믿었지만, 이는 [핵심 아이디어]의 '자원의 저주'와 같은 사례를 통해 점점 더 도전받고 있다.

2004년 영국의 자선 단체 크리스천 에이드(Christian Aid)는 6개 산유국(앙골라, 이라크, 카자흐스탄, 나이지리아, 수단, 베네수엘라)과 6개 비산유국(방글라데시, 볼리비아, 캄보디아, 에티오피아, 페루, 탄자니아)의 40년 동안의 경제, 빈곤, 인적 개발 성과에 관한 비교 연구를 진행하여 '자원의 저주'가 어떻게 발생하는지 확인하였다. 석유 생산국은 비생산국의 연평균 4%의 경제성장과 비교할 때, 연평균 1.7%로 저성장하였다. 석유 경제 내의 군사 지출은 평균 연 6.8%, 비석유 경제 내에서는 2.9%로 산유국들이 충돌하기 쉽다는 것을 뒷받침한다. 인적 개발과 관련된 연구 결과는 덜 강력했지만, 출생 시 기대 수명과 문맹률 모두 석유 경제에서보다 비석유 경제에서 약간 더 개선된 것으로 나타났다. 즉, 석유가 석유 부국의 일반 사람들의 삶을 크게 개선하는 데 아무런 도움이 되지 않았다는 것을 보여준다(Christian Aid, 2004).

[표 6.4] 2014년 남반구(개도국)의 광물 수출 비중

국가명	총 상품 수출에서 연료, 광석, 금속이 차지하는 비중(%)
알제리	96
아제르바이잔	93
볼리비아	80
브라질	24
칠레	58
콜롬비아	39
에콰도르	71
인도네시아	39
카자흐스탄	87
쿠웨이트	94
멕시코	14
나이지리아	88
파푸아뉴기니	56
페루	60
러시아 연방	76
사우디아라비아	88
세네갈	24
남아프리카공화국	37
베네수엘라	98
예멘	76

출처: 세계은행, 「세계 개발 지표」, 2015

천연자원과 개발의 관계는 의심할 여지 없이 복잡하다. 특히 석유의 자본주의 개발과 미국의 패권에 관한 지정학적 중요성에 따라 높은 부존자원이 실제로 경제성장을 저해하고 갈등의 원천이 될 수 있다는 설명은 오랫동안 인식된 부분이다(Peluso and Watts, 2001; Watts, 2004 참고). 시민 불안과 분쟁은 석유나 광물의 부존 자체에 의해 촉발되지 않을지도 모르지만, 이러한

핵심 아이디어

자원의 저주 이론

오티(Auty, 1993)는 저서 『광물 경제에서의 지속적 개발(Sustaining Development in Mineral Economies)』에서 국가 차원의 높은 수준의 자원 개발이 어떻게, 또 왜 더 높은 수준의 경제 발전으로 이어지지 않는지 설명하기 위해 '자원의 저주'를 제안했다. '자원의 저주'는 1960년대부터 1980년대 초까지 구리, 보크사이트, 주석과 같은 경질 광물의 수출이, 수출·수입의 40% 이상과 국내총생산(GDP)의 최소 8% 이상을 차지했던 국가들의 경제에 관한 연구에 기초했다. 이들 국가는 비광물 경제보다 상당히 높은 수준의 투자를 유지했지만, 1인당 국내총생산 성장률은 더 낮은 것으로 밝혀졌으며, 이는 상품 교역량의 감소로도 설명할 수 없었다.

결론적으로 경질 광물 경제의 낮은 성과 원인은 투자 자원의 부족이라기보다 그러한 투자 자원 활용의 비효율성에 있다(Auty, 1993). 특히 실적 부진의 뿌리는 채굴 분야와 생산 기능의 여러 특성에 있는 것으로 나타났다. 예를 들어, 광물 생산은 매우 자본 집약적이며 몇몇 다국적 기업에 의해 통제된다. 결국 국내 고용에 거의 영향을 미치지 않을 수 있으며, 생산은 종종 전문 기술을 제공하기 위해 외국인 노동력을 사용하여 기계화된다. 또한 광산은 도시로부터 먼 거리에 위치하고, 전문 기술은 수입에 의존하며, 수출입이나 가공을 위한 공장은 지역 생산 연계만을 창출하므로 광물 개발은 현저히 지역적인 효과만 지닌다.

자원에 대한 통제는 자금 조달과 분쟁의 핵심일 수 있으며, 천연자원의 부(wealth)가 테러 활동에 미치는 영향에도 많은 관심이 쏠린다. 그러나 또한 환경 악화를 인간 안보 의제의 중심으로 삼고 있는 국가 내에서 평화와 안정에 직접 영향을 미치는 천연자원 추출과 사용에 대해 현재 더 많은 지역적 투쟁과 갈등이 발생하고 있는 것으로 이해되고 있다('제7장' 참고).

1990년대부터 신자유주의하에서 남반구(개도국) 국가들은 자원 채굴 강도가 급격히 증가하였고, 석유와 천연가스, 광업과 임업, 바이오 연료 등 천연자원의 개발에 대한 민간 투자를 모색해야 한다는 압력이 있었다. 가장 큰 투자는 라틴아메리카 특히 페루, 칠레, 아르헨티나에 집중되었다(Bebington et al., 2008). 이러한 투자 확대와 함께 '사회적 이동과 갈등이 현저하게 증가'했다. 2011년, 라틴아메리카 광산 분쟁 관측소는 205개 지역사회에 영향을 미치는 155개의 진행 중인 광산 분쟁을 확인했다. 이 중 26개는 페루, 25개는 칠레, 24개는 아르헨티나에서 발생했다(Muradian et al., 2012).

자원 채굴에 따른 현재 혹은 미래의 부정적인 환경과 경제 영향에 대한 사회적 논쟁은 최근 증가하였다. 이는 국제사회의 물질과 에너지 흐름에 관한 [핵심 아이디어]에서 볼 수 있듯이 중국과 아시아 경제의 수요에 의해 상품 가격이 오르고, 희소성과 경쟁의 증가로 더욱 촉진되었다. 이러한 유형의 갈등이 보이는 특징은 다음과 같다.

> 그들은 저항의 형태를 보이며, 환경 권리를 명시적으로 언급하며, 위협받는 자원에 대한 지역 생계의 의존성에 호소하거나, 또는 종교적/세계관적 관심사를 이용하여 깨끗한 환경에 대한 권리를 보호하고자 한다. (Muradian, 2012)

이러한 사회–환경 갈등이 나타나고 조직되는 방식은 복잡하지만, 경제 활동과 관련된 에너지와 원자재에 대한 세계적인 수요 증가가 '상품 프런티어'를 새로운 위치, 특히 취약한 생태계와 밀집 지역(dense human occupation)으로 가져가고 있음을 시사한다. 이 문제들은 '제10장'에서 더 자세히 살펴본다.

복잡한 자원-개발, 자원-환경 모델

개발을 위한 자원에 한계가 존재한다는 것은 명백하다. 지역 수준의 개발에서 줄곧 자원의 한계를 극복할 수단을 찾고자 함에도 빈곤이 해결되지 않는 것이 그 반증이다. 그러나 이러한 개발의 과제는 자원의 통제, 사용 및 관리의 문제라기보다 천연자원이 근본적으로 지리적 특성에 결부되어 있다는 점에 있다. 다음 절에서 자원 감소에 대한 논의의 많은 부분이 이러한 요인을 뒷받침한다. 글로벌 패턴에 중점을 두고 있지만, 향후 지속 가능한 발전을 위한 근본적인 과제는 개발을 위한 선택이 가장 취약한 사회 최빈층의 자원 제약을 극복하는 것이다. '제3부'에서는 이러한 집단이 종종 물리적 자원 기반과 매우 밀접한 관계를 맺고 있고, 세계에서 가장 빈곤한 환경 중 일부에 살고 있으며, 그러한 지역에서 번영하는 데 필요한 수단이 부족하다고 본다. 글로벌 환경 거버넌스와 개발과 관련한 기관 및 행위자에 대한 도전은 '제7장'에서 주로 논의된다.

개발이 환경에 미치는 영향

자원의 근본적 특성이 개발에 있어 도전과 기회를 형성하는 것처럼, 개발 과정은 환경에 영향을 준다. 실제로 개발의 해로운 영향과 자원 부족에 대한 이해는 현대의 환경주의를 형성해왔다. 1960~1970년대에 환경론자들은 개발이 보존과 양립할 수 없다고 강하게 주장했다. 특히 미국에서, 대기오염이나 수질 오염과 같은 산업 발전의 바람직하지 않은 부작용이 드러났고, 이러한 문제에 대한 환경 운동은 그 당시에 일반적으로 만연했던 반체제 중산층에 의해 촉진되었다(Elliott, 2013 참고).

이 장의 시작 부분에서 다루어진 지속 가능한 개발의 개념은 부족한 개발이 자원 황폐화의 주요 동인이 될 수 있다는 것을 보여준다. 또한 자원 개발과 보존 사이의 복잡하고 상호 의존적 과제들을 드러내는 동시에 인간의 웰빙과 현재와 미래의 평등한 발전 기회를 제공한다. 그러나 전 세계적으로 발생하는 환경문제에 대한 이해는 더 지속 가능한 개발을 찾는 근간이 되어주기도 한다.

이것은 기후와 같이 세계적으로 기능하는 시스템에 직접적으로 영향을 미치는 것과 지역적으로 경험하는 또 다른 환경 변화뿐만 아니라 토양 침식과 같이 전 지구적으로 증가하는 환경문제를 포함한다. 이 장의 다음 부분에서는 여러 핵심 사항을 뒷받침하는 개발의 과거 형태와 과정의 특성 및 종종 상호 연결된 지구 환경문제에 관하여 간략하게 설명한다.

시간이 지남에 따라 더 악화하는 경향을 환경에서 쉽게 찾을 수 있지만, 자원으로서 가치 있는 것, 따라서 타락으로 간주하는 것이 어떻게 사회적으로 조직되는지에 대해 고려하는 것이 중요하다. 앞선 절에서는 환경이 사회 발전을 위해 어떻게 상호 연관된 여러 자원 기능을 제공하는지를 강조했다. 예를 들어, 경제 시스템에 대한 투입, 경제 생산의 산출물을 위한 자정 기능, 대기의 기체 구성 유지와 같은 '서비스' 측면이다. 생태계의 기능과 인간의 웰빙을 위한 서비스 사이의 이러한 연결 고리는 새천년 생태계 평가를 통해 크게 조명되었다. 후속 절에서는 그러한 함수가 이산적이거나 시간의 제한이 없다는 것을 확인하였다. 자원은 여러 목적을 수행할 수 있으며, 특정 기능의 중요성은 활용과 정치적 이익 또는 경제 발전에 따라 달라질 수 있다. 환경 악화에 대한 비판적 논의는 특정 시간과 장소에서 특정한 자원의 기능뿐만 아니라 관련된 이익집단도 고려해야 한다.

사냥꾼이나 목동 들에게는 소나 양과 같은 동물에 의해 숲이 사바나로 변하는 것이 악화로 인식되지 않을 것이다. 또한 농경지에 의한 산림 대체는 식민지화 농가에 의한 악화로 간주되지 않는다. 일반적으로 실제 또는 잠재적 토지 이용자의 측면에서 생물체의 물리적 변화는 많이 인식되

고 있다. 보통은 토지 사용에 대한 갈등도 있다. (Blaikie and Brookfield, 1987)

산림 황폐화

자연의 재생 능력을 초과하는 속도로 벌채나 방화(화전)를 통해 산림과 삼림지대를 제거하는 것은 아마도 가장 눈에 띄는 전 지구적 자원 파괴 패턴 중 하나일 것이다. 산림 황폐화 자체는 새로운 현상이 아니다. 예를 들어, 유럽의 많은 지역은 중세 시대에 숲이 거의 제거되었다. 그러나 최근 수십 년 동안 습한 열대기후 지역의 산림 제거 속도는 전례가 없는 일이며, 전 세계적인 환경문제의 초점이 되고 있다. 1990년대까지 연간 산림 손실률은 700만 헥타르 이상이었으며(FAO, 2001), 다음에서 더 자세히 고찰하는 것과 같이 열대 국가에서 손실이 가장 크다.

산림 황폐화에 대한 과학적, 대중적, 언론의 관심은 숲과 산림자원이 현재 수행하고 있고 미래에 수행될 것으로 예상하는 다양한 기능을 포함한다. 여기에는 여러 이익집단과 다양한 공간적 규모가 포함된다. 실제로, 숲과 삼림지대는 전형적인 다중 자원으로 간주될 수 있다. 숲은 목재 연료, 과일, 의약품을 포함한 다양한 원료를 제공하고 고용을 돕는다. 또한 생물 다양성의 유지에 중요한 역할을 하며, 탄소를 저장하고 기후를 조절한다. 아울러 여가 및 웰빙과 같은 기능과 서비스도 제공한다(MEA, 2005; Pierce-Colfer et al., 2016).

역사적으로 숲은 주거지, 농경지, 육류 생산, 연료 및 목재 획득을 위한 수요로 인해 압력을 받아왔다. 최근 몇 년 동안 농업 확장과 바이오 연료 생산에 대한 수요 증가, 급속한 도시화 및 기반 시설 개발로 더 많은 압력이 발생했다(UNEP, 2012). 게다가 연평균 지표 온도 상승과 강수 패턴 변화와 같은 기후변화는 전 세계적으로 숲이 받는 스트레스를 증가시키고 있다.

전 세계적으로 숲은 약 40억 헥타르를 차지하며, 이는 육지 면적의 약 31%에 해당한다(FAO, 2015a). 전 세계 숲의 52%가 열대 및 아열대 국가에 분포한다. 1990년과 2015년 사이에 전체 숲 면적은 3% 감소했고, 이러한 현상은 주로 열대 지역에서 나타났다. 지난 5년간 국가 및 대륙별 최대 손실은 브라질(남아메리카), 인도네시아(아시아), 나이지리아(아프리카)였다. 그러나 한편으로 브라질과 인도네시아의 산림 손실률은 2015년까지 감소했으며, 현재 1990년보다 약 44% 느린 수준으로 변화했다(Keenan et al., 2015). 열대 지역에 포함되는 중국, 칠레, 필리핀을 포함한 13개 국가는 조림을 통해 순산림 감소(net forest loss)에서 순산림 증가(net forest gain)로 전환됐다. 중국의 경우, 토양 침식과 홍수 우려로 인해 3,250만 헥타르가 넘는 조림이 '자연림 보호와 경작지의 산림 전환 프로그램(Natural Forest Protection and the Conversion of Cropland to Forest Programmes)'에 따라 새롭게 조성되었다(Payn et al., 2015).

전 세계적으로 조림 면적은 1990년부터 2015년 사이에 66% 증가했으며, 전 세계 총 산림 면적의 약 7%를 차지한다(Keenan et al., 2015). 일반적으로 조림된 숲은 목재, 종이, 고무 등 산업용이다. 그러나 점차 탄소 및 물 저장 등 생태계 서비스 보호를 위해서도 조성되고 있다. 생물 다양성과 같은 환경과 관련된 목적으로 전 세계 숲 면적이 증가하고 있다. 이러한 패턴은 '녹색 인증(green credentials)'이 토지와 숲의 전용을 정당화하는 목적으로 사용될 때 앞서 언급한 것과 같이 남반구(개도국)의 대규모 토지 취득 또는 '녹색 장악(green grabbing)' 같은 또 다른 논쟁을 불러온다(Fairhead et al., 2012).

산림과 관련한 자료와 추세를 이해하려면 몇 가지 주의가 필요하다. 그레인저(Grainger, 1993)가 제안한 바와 같이, 열대 산림 벌채율에 대한 총 추정치는 어떤 의미에서는 만족스럽지 않지만, 일부는 다른 것들보다 더 만족스럽지 못한 것으로 간주된다. [표 6.5]의 자료는 전 세계 산림 면적에 대한 가장 포괄적인 정보 중 일부를 제공하는 국제식량농업기구(Food and Agriculture Or-

[표 6.5] 1990년부터 2015년까지의 지역별 산림 면적 변화

지역	1990	2000	2005	2010	2015
중앙아메리카	26,995	23,448	22,193	21,010	20,250
카리브해	5,017	5,913	6,341	6,745	7,195
동아시아	209,198	226,815	241,841	250,504	257,047
동남아프리카	319,785	300,273	291,712	282,519	274,886
유럽	994,271	1,002,302	1,004,147	1,013,572	1,015,482
북아프리카	39,374	37,692	37,221	37,055	36,217
북아메리카	720,487	719,197	719,419	722,523	723,207
오세아니아	176,825	177,641	176,485	172,002	173,524
라틴아메리카	930,814	890,817	868,611	852,133	842,011
동남아시아	319,615	298,645	296,600	295,958	292,804
서부 중앙아프리카	346,581	332,407	325,746	318,708	313,000
서부 중앙아시아	39,309	40,452	42,427	42,944	43,511
총	4,128,269	4,055,602	4,032,743	4,015,673	3,999,134

출처: Keenan et al., 2015, based on FAO Forest Resources Assessment, 2015

ganization: FAO)의 자료이다. 하지만 '산림 면적의 추정치는 자연림과 조림지를 포함하며, 순산림 손실의 감소가 산림 황폐화의 감소를 의미하는 것은 아니다'(Keenan et al., 2015).

산림 황폐화 자료를 다룬 [비판적 고찰]에서는 이러한 데이터의 문제를 잘 보여준다. 데이터 내부의 불확실성과 데이터 간의 차이를 명확히 하는 것이 중요하다. 톰슨과 워버턴(Thompson and Warburton, 1985)은 네팔에서의 사례와 관련하여 다음과 같이 주장했다.

> 만약 가장 비관적인 추정치가 맞는다면, 히말라야는 하룻밤 사이에 대머리처럼 될 것이다. … 만약 가장 낙관적인 추정치가 맞는다면, 그들은 곧 세계 어디서도 보지 못한 가장 거대한 바이오매스의 축적으로 가라앉을 것이다. (Thompson and Warburton, 1985)

복잡한 산림 황폐화의 요인

산림 황폐화 이면의 원인은 복잡하며 쉽게 이해하기 힘들다(Carr et al., 2005; Grainger, 1993). 특히 산림 황폐화의 근접한 원인과 근본적 원인을 구별할 필요가 있다. 거주민은 이동식 경작자 또는 인구 증가 그 자체와 같은 특정한 집단으로서 산림 황폐화의 근접한 혹은 근본적 원인으로 자주 지목된다. 그러나 이에 앞서 인구통계학적 요인이 다양한 규모의 정치적, 경제적, 생태학적 프로세스와 어떻게 결합하여 작동하는지 제대로 된 이해가 필요하다(Geist and Lambin, 2002). 산림 황폐화에 단일하거나 궁극적인 원인은 없으며, 특정 지역에서 작용하는 복잡하고 역동적인 요소들이 상호작용한 결과이다. '제10장'은 농촌 생활에서 산림자원의 역할과 환경 변화에 있어 물리적 복잡성을 더 자세히 알아본다.

비판적 고찰

산림 황폐화 자료의 질 저하

1946년부터 국제식량농업기구는 국제기구, 정부, 비정부기구, 상업 부문, 과학자, 활동가 들이 사용하는 자료를 수집해오고 있다. 1990년 이후, 글로벌 산림자원 평가(Forest Resources Assessments: FRA)를 수행했으며, [표 6.5]의 시계열 데이터의 기초가 되었다. 그러나 이 데이터를 고려할 때는 주의가 필요하다. 글로벌 산림자원 평가(FRA)는 위성 정보와 전문가 의견으로 만들어진 국가 산림 목록에 의존한다. 그러나 예를 들어 2000년 평가에서 사용된 목록의 절반 이상은 10년 이상 된 데이터였다(Mathews, 2001). 137개 국가 중 22개 국가만이 지속적인 모델링 및 모니터링 체계를 갖추고 있다. 국가 데이터는 서로 다른 시간 스케일과 방식으로 자주 수집되고 보고되므로 국가 간 자료도 온전하게 비교할 수 없다. 국제식량농업기구가 사용하는 '삼림지대(forest land)'의 정의가 바뀐 것도 중요하다. 1990년에 '숲'은 선진국(세계은행 분류에 따라 정의됨)의 20% 이상을 피복했으며, 개발도상국의 10% 이상을 피복한 것으로 정의했다. 2000년에 이 정의는 10% 이상으로 표준화되었고, 이는 더 큰 비교 가능성을 제공했지만, 고소득 국가 내의 임야 범위를 '상향 조정(revising upward)' 하는 효과를 가져왔다.

숲의 자격과 관련하여 시간에 따른 추세를 해석하기도 어렵다. 숲 규모의 변화는 종종 자연 임업과 플랜테이션 임업 모두가 집계되어 보고되었지만(2015년 FRA와 같이), 이러한 변화는 생물 다양성의 주체, 그들의 생산성, 관리 필요성 및 편의 가치 측면에서 매우 다르다. 그들이 구별되는 곳에서도, 그러한 모델링이 역사적 식생의 추정치, 인구 수준과 활동, 기후 상호 관계 등에 의존하는 방법을 포함하여, '원래' 식생의 정도를 증명하기 위해 '역행'을 시도하는 것은 상당한 문제가 있는 것으로 이해되고 있다.

제임스 페어헤드(James Fairhead)와 멜리사 리치(Melissa Leach)의 연구는 기니와 서아프리카 지역의 환경 변화, 특히 임업과 관련된 자세한 연구로 잘 알려져 있다(Fairhead and Leach, 1998 참고). 구전 역사, 참여자 관찰, 기록 자료 및 시계열 항공 사진으로부터 얻은 데이터를 바탕으로, 그들은 식민지 정책 및 전 지구적 평가에서 묘사된 바와 같이 공식적으로 생산되고 유지되어온 숲 변화에 대한 이해와 상당히 다른 결과를 내놓았다. 예를 들어, 그들은 기니에서 광범위한 '산림 섬(forest island)'이 인간의 거주로 만들어졌고 활발한 농업 산림 관리 활동으로 유지되고 있다는 것을 발견했다. 이것은 그러한 산림 섬들이 고대 숲의 마지막 잔재로 오랫동안 '추정'되어 남쪽의 적도대와 북쪽의 사하라사막 사이에 있는 지역의 자연 식생으로 해석되어온 것과는 극명한 대조를 이룬다.

그들의 연구는 또한 환경 변화에 대한 특정한 묘사가 크게 틀렸음에도 어떻게 그리고 왜 그렇게 고착되었으며, 정부 산림 기관, 기증자 프로젝트 및 프로그램을 통해 개발 개입을 지속적으로 형성하고 있는지에 대한 조사를 촉진했다.

세계적인 수준에서, 농업을 위한 토지 전환은 1990년대 동안 산림 황폐화를 촉진하는 핵심 요소였으며, 10년 동안 전 세계 산림 손실의 약 70%가 발생했다(FAO, 2001). 산림 손실의 규모와 양상은 지역별로 다르지만, 농업 시스템의 전환보다 더 영구적인 상태에 있다(UNEP, 2002). 라틴아메리카에서 농업용, 특히 목초지 생산을 위한 토지의 전환은 1990년대의 급격한 산림 황폐화의 핵심 요인이었다. 브라질 혼도니아(Rondônia) 지역의 고속도로 건설과 같은 대규모 사회 기반 시설 개발은 곧 가난한 농부들의 산림 개간으로 이어졌다. 그러나 농부들이 산림 황폐화율을 높이는 주체인 것은 분명하지만, 콜체스터와 로먼(Colchester and Lohmann,

사례 연구 6.2

아마존의 산림 황폐화 관리

라틴아메리카에서 가장 큰 산림 손실은 브라질에서 일어나고 있다. 그러나 1990년 이후에는 산림 황폐화율이 40%로 감소하였다. 특히 2004년 아마존에서 산림 황폐화 예방과 통제를 위한 행동 계획이 도입되면서, 산림 황폐화 속도가 급격히 줄어들었다. 실행 계획과 관련된 정책은 다음과 같다.

- 새로운 보호 구역 설정
- 모니터링 프로그램 수립
- 재산의 압류나 무효화(destruction)를 가능하게 하는 법 집행 강화
- 환경 규제를 위반하는 생산자에게 공공 농촌 융자 금지
- 산림 벌채 비율을 줄이고 보호 구역을 지리 정보 시스템(geographic information system: GIS) 데이터베이스에 등록하여 불법 산림 벌채를 적시에 잘 드러나게 하는 지방자치단체의 목표와 의무 강화

브라질의 석유와 곡물 산업의 국가 협회들 또한 그린피스(Greenpeace) 캠페인의 압력으로 인해 새로 조림된 지역으로부터 콩을 구매하지 않겠다는 협정에 서명했다.

출처: UNEP, 2012, Global Environment Outlook, 5

1993)은 이러한 행태에 관한 설명에서 근본적으로 경제 개발 계획의 실패를 지적한다. 그들은 농업 개혁에 대해 다음과 같이 주장한다.

> 그들은 목표를 달성하지 못했고, 농촌 빈곤을 완화하는 데 실패했으며, 농민의 거주권을 확보하는 데 실패했고, 적절한 토지 재분배 효과를 발휘하지 못했으며, 증가하는 토지 부족 현상을 막는 데 실패했고, 무엇보다도 빈곤한 농민들의 요구와 수요에 부응하지 못했다.

라틴아메리카는 광범위한 산림 황폐화를 계속 겪고 있다. 브라질은 산림 감소율을 줄이는 데 성공했지만, [사례 연구 6.2]에서와 같이 목초지와 목축을 위한 산림 전환은 지속되고 있다. 게다가 콩 생산이 목초지를 대체하고 있으며, 이 지역 산림 황폐화의 또 다른 요인으로 해석되고 있다(UNEP, 2012). 콩의 주요 용도는 소 사료이며, 열대지방에서 콩을 생산하는 주요 지역은 라틴아메리카와 카리브해 지역이다. 전 세계적으로 곡물 생산의 62%만이 현재 사람이 먹는 식품에 해당하는 반면, 35%는 동물 사료에 사용된다. 가축 사육을 위해 목초지로 주어진 토지 면적을 더하면, 전 세계 농업 용지의 75%가 어떤 방식으로든 동물 사육에 사용되고 있다. (Foley et al., 2011)

> 우리가 환경적으로 지속 가능한 경로를 지향하면서 성장하는 세계를 먹여 살려야 하는 두 가지 도전에 직면함에 따라, 동물 기반 농업에 사용하는 토지(그리고 그 외 자원들)의 양은 비판적인 평가를 받을 만하다. (Foley et al., 2011)

분명히 산림 황폐화의 동인은 세계 식량 및 사료 생산과 밀접하게 연관되어 있고, 에너지 동향에 의해 더 증가하고 있다. [자료 6.13]은 콩을 포함한 세 가지 주요 작물의 재배에 주어진 열대 지역의 토지 면적 증가를 보여준다. 사탕수수와 기름야자 재배는 실질적으로 바이오 연료로 사용된다. 바이오 연료는 화석연료보다 재생

[자료 6.13] 1960~2010년 열대 지역의 주요 작물 경작 토지 면적 증가율

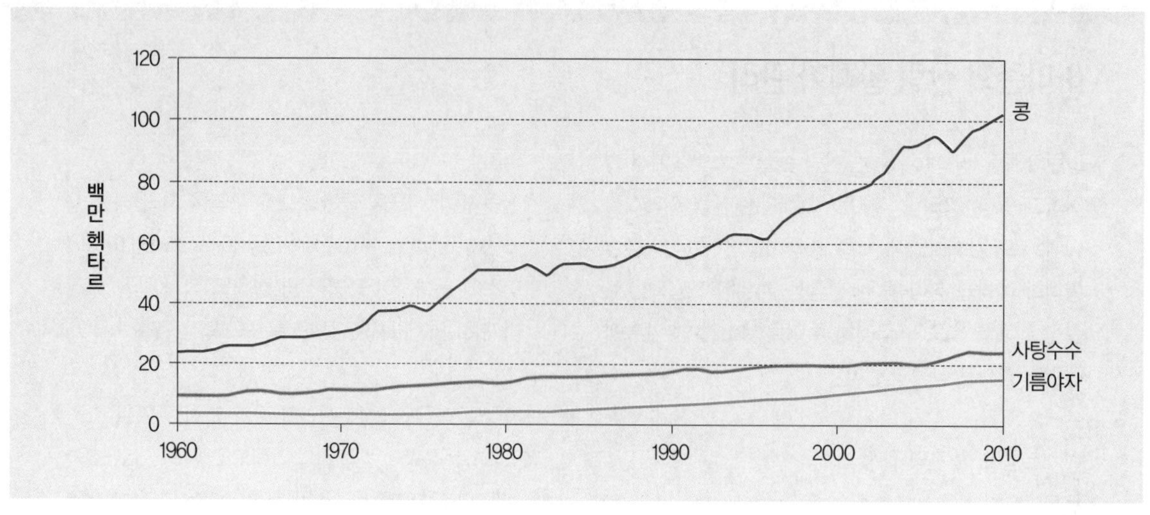

출처: UNEP, 2012

가능하고 저탄소 에너지원으로서 앞서 살펴본 바와 같이 미래 에너지 공급과 기후변화 문제 해결에 잠재력을 제공한다. 그러나 바이오 연료는 남반구(개도국)에서 발생하는 대규모 토지 장악의 원동력으로 사회 및 환경 정의에 있어 상당한 우려를 낳고 있다. 바이오 연료를 위한 기름야자 생산의 확대와 식용유 및 초콜릿과 같은 일부 식품에의 사용은 현재 동남아시아의 산림 황폐화에서 가장 중요한 요인이다(UNEP, 2012). 인도네시아의 기름야자 재배 지역 확장의 3분의 2는 열대우림의 직접적 전환을 통해 발생한다. 산림 개간은 수십 년에서 수 세기 동안 지속되는 탄소 부채(carbon debt)를 떠안으며, 바이오 연료 투자의 주요 이유 중 하나를 약화시킨다. 2011년 인도네시아 대통령이 기름야자 생산을 위해 1차 산림 개간 유예 조치를 도입했지만, 이는 기존의 계약이나 이차림에는 적용되지 않는다(UNEP, 2012)

산림 황폐화의 직접적인 영향으로 지역 주민의 생계 선택권(local livehood options)부터 기후변화와 생물 다양성을 포함한 전 지구적 자원 기능까지, 이어지는 장과 절에서 다룬다. 인도, 미얀마, 마다가스카르 및 미국 남부를 포함한 맹그로브 파괴 지역에서의 폭풍 및 쓰나미에 대한 해안가 주민들의 취약성 증가에 따라 산림 황폐화의 간접적 영향들도 최근에 밝혀지고 있다(UNEP, 2012).

토양 침식과 사막화: 지역 환경문제를 전 세계가 경험하고 있는가?

토양은 지구 생명체의 기본이지만, 토양 자원에 대한 인간의 압력은 임계치에 도달하고 있다(FAO/ITPS, 2015). 토양 형성 과정은 느린 속도(세기당 수 밀리미터)로 발생하며, 지질, 기후, 지형 등 다양한 요인에 의해 국지적으로 다르게 발달한다. 토양 유실은 시간이 지남에 따라 바람과 물의 작용으로 인해 자연적으로 발생할 수 있지만, 침식 속도는 인간 활동과의 상호작용을 통해 가속화된다. 경작지나 목초지로의 산림 개간과 같은 토지 피복의 변화는 토양의 교란, 영양분 손실(그리고 비옥도 감소), 특성 변화(구조와 수분 유지 기능을 포함), 토양 식물상과 동물상(토양의 생물 다양성)에 대한 영향을 초래한다. 산림 황폐화로부터 유발되는 주요 영향은 미생물에 의해 조절되는 탄소가 토양에서 유실되는 것으로,

보충 자료 6.4

전 지구적 질소(인) 순환의 붕괴

현대의 농업은 지구의 질소와 인 순환에 커다란 영향을 주었다. 농업 활동(식량 생산과 콩 작물의 생장에 필요한 대량의 비료 생산 증가)은 대기로부터 매년 120만 톤에 달하는 질소 가스를 반응성 상태로 전환한다(Rockström et al., 2009). 그러나 인간 활동으로 고정된 질소의 60%는 식품이나 상품에 포함되지 않고 다시 자연으로 방출된다(UNEP, 2012). 반응성 질소와 인의 방출량 증가는 땅과 식수의 오염, 수역과 해양의 저산소화, 대기오염과 기후변화를 포함한 다양한 환경문제를 유발한다.

질소 침착은 부영양화를 일으켜 생물 다양성 손실을 유발하며, 질소화합물은 인간의 호흡기 건강에 영향을 주는 대기 중 부유 입자의 전구체*이다. 질소산화물은 또한 주요 비탄소 온실 기체 중 하나이며 직접적인 온실 강제력을 지닌다.

토양은 질소와 인이 수문과 대기 시스템으로 유출되는 것을 조절하는 중요한 역할을 한다. 토양은 육상 생태계에서 가장 큰 질소와 인의 저장고이기도 하다. 질소는 식물의 흡수와 낙엽과 같은 식물 부식을 통해 생물학적으로 순환되며 유기적인 형태로 저장된다. 따라서 토양 구조와 유기물을 교란하는 활동은 질소 유지 능력에도 영향을 준다.

인은 화석 광물이라는 점에서 다르지만, 농업용으로 쓰이는 비료의 핵심 원료이다. 매년 2천만 톤의 인이 채굴되고, 약 900만 톤의 인이 바다로 유입된다. 이는 자연적으로 바다에 유입되는 비율의 8배에 달하는 것으로 계산된다(Rockström et al., 2009). 연구에 따르면 과거 해양 생물의 대멸종과 해양으로의 인 유입량 임계치 초과 사이에 연관성이 있음이 밝혀진 바 있다.

---

* 체내에서 다른 화합물의 형성을 위해 사용될 수 있는 화합물

기후변화 측면에서 중요한 '자정(sink)' 기능의 상실을 의미한다(FAO/ITPS, 2015).

토양 침식은 모든 측면에서 농업 생산성에 매우 직접적인 영향을 미치는데, 예를 들어 영양소 손실은 비료나 객토를 통해 대체될 수 있다고 생각하지만, 실제로 이러한 활동은 상당한 비용을 들이는 물리적 접근이 필요하다. 또한 토양은 질소와 인의 전 지구적 순환에서 중요한 역할을 하는데, 비료의 사용은 이러한 순환을 교란하며, [보충 자료 6.4]에서 고려된 바와 같이 환경적, 사회적 우려를 초래한다. 아울러 토양은 물리적 제거를 통해 한 지점에서 또 다른 지점으로 '양적' 이동이 가능하며, 이와 같은 경우 하천 및 저수지 매적(퇴적)으로 인한 상당한 비용이 발생한다.

토양 및 토양 변화에 대한 전 지구적 정보의 정확성은 지역적 규모에서 빈약하고 매우 변동성이 크다(FAO/ITPS, 2015). 농업 활동으로 인해 손상되거나 유실된 토양의 추정치는 '보통(moderate)에서 최악(apocalyptic)의 수준'에 이르는 것으로 평가된다(World Bank, 1992). 토양 변화에 대한 전 지구적 추정치를 정확한 지역적 침식률로 변환하는 데는 상당한 문제가 있는데, 그 이유는 토양의 공간적 특성이 매우 다양하며 시간에 따른 변화가 역동적으로 발생하기 때문이다. 스토킹(Stocking, 2000)은 다음과 같이 경고했다.

> 토양 침식과 토지 황폐화는 일부 지역에서 심각한 것이 분명하다. 마찬가지로, 그 수준과 범위는 이따금 정치적 목적으로 과장되기도 한다. 토양 침식에 대한 수사적 표현은 사람들을 이동시키고, 비난하며, 환경 기관과 그 안에

서 일하는 전문가들의 대의를 홍보하고, 국제 원조를 유치하는 데 유용하게 활용될 수 있다.

그러나 경작지나 집약적으로 이용되는 목초지의 침식률은 자연적인 토양 침식률과 생성률보다 100~1,000배 높은 것으로 알려져 있다. '관행적인 농업 활동에 따른 토양 침식률과 토양 생성률 사이의 큰 차이는 우리가 근본적으로 토양을 채굴하여 사용하고 있으며, 토양을 재생 불가능한 자원으로 간주해야 함을 보여준다'(FAO/ITPS, 2015).

토양 침식은 넓은 개념에서 볼 때 사막화의 한 유형이다. 따라서 사막화는 어디에서나 발생할 수 있다.

> 불모지의 토양은 주기적으로 수분을 빼앗기고, 배수가 잘되지 않아 염분이 농축되며, 단단하거나 얇으며, 만약 식생이 존재하더라도 쉽게 손상되고 더디게 복원될 것이다. 이처럼 사막과 닮은 환경으로 변화하는 것을 사막화라고 부른다. (Barrow, 1995)

그러나 사막화는 일반적으로 생각할 수 있는 사막의 실제 확장이 아니며([표 6.6] 참고), 단절된 과정도 아니다. 사막화의 속도와 수준에 관한 것에는 이견이 존재한다(Mortimore, 2016 참고). 사막화는 물의 가용성 및 관리와 밀접하게 관련되어 있으며, '세계 각지의 건조지역에서 흔히 볼 수 있는 문제'이다(UNESCO, 2012). 사막화와 토지 황폐화 및 가뭄의 문제는 모든 농업 지역에서 점점 증가하고 있으며, 그 범위와 환경적·사회적 취약성으로 인하여 전 지구적인 문제로 간주된다. 글로벌 토지 황폐화 정보 시스템(Global Land Degradation Information System: GLADIS)의 일부로 진행된 연구는 이같이 상호 결부된 문제가 전 세계 15억 명의 사람들에게 영향을 미칠 수 있다고 보았으며, 이러한 사람들은 황폐화된 지역에서 기본적인 생계 수단에 의존하여 살아가고 있다. 세계에서 가장 가난하고 가장 소외된 사람들의 42%가 이러한 지역에 거주한다. 이들 중 26%는 인도, 17%는 중국, 24%는 사하라 이남 아프리카에 사는 것으로 추산된다(Nachtergaele et al., 2010).

[표 6.6] 사막화에 대한 핵심적인 진실

- 사막화는 기후변화와 인간 활동을 포함한 다양한 요인으로 건조 및 반건조 지역과 아습윤 지역의 토양 황폐화로 인해 발생한다.
- 사막화는 흔히 생각하는 것처럼 현존하는 사막의 실제 확장은 아니다.
- 사막화는 세계 인구의 6분의 1에 가까운 거의 10억 명의 사람들에게 영향을 미친다.
- 사막화는 전체 건조지역의 70% 또는 지구 전체 육지의 4분의 1에서 발생하고 있다.
- 사막화는 전 세계 경작지의 73%를 황폐화한 원인이다.
- 사막화는 대륙의 3분의 2가 사막이나 건조지역이고 농업용 건조지역의 73%가 심각하게 또는 일정 수준으로 황폐화한 아프리카에서 특히 심각하다.
- 아시아에는 사막화의 영향을 받는 가장 많은 땅(1억 4천만 헥타르)이 분포한다.
- 라틴아메리카 건조지역의 3분의 2는 일정 수준의 사막화가 진행되고 있다.
- 사막화에 따라 전 세계는 연간 400억 달러 이상의 생산성 손실이 발생할 것으로 추산된다.

출처: UNESCO, 2012, World Water Development Report

토양 보호

토양 침식의 물리적 프로세스는 잘 이해되고 있으며, '대부분 상황에서 침식을 허용 가능한 수준으로 줄이는 기술이 이미 존재한다'(FAO/ITPS, 2015). 1985년 블레이키(Blaikie, 1985)는 토양의 지속적인 황폐화에 대한 설명에 가장 유용한 방법은 '토양 보호는 물리적 프로세스와 마찬가지로 사회적 프로세스에 의해 가능하며, 보양 보호의 주요한 제약은 기술적인 것이 아니라 사회적인 것'이라고 언급했다.

블레이키(Blaikie, 1985)의 언급은 개별 토지 사용자와 자원 관리 의사 결정의 광범위한 정치적, 경제적 맥락에 대한 이해를 높이는 데 큰 역할을 했다. 예를 들어, 아프리카 농업에 대한 많은 식민지의 개입은 토양 보호의 명목 아래 정당화되었다. 그러나 등고선식 경작의 강제나 가축 보유 수 제한과 같은 조치들은 토양 침식을 방지하는 것보다 남아프리카 농업에 대한 정착민들의 이익을 보호하는 데 더 많은 역할을 했다(Elliott, 1990). 남반구(개도국) 국가에서 진행되는 다수의 토양 보존 프로그램은 이 같은 '식민지 모델'의 암묵적 가정이 유지될 수 있는 해외 원조 기구를 통해 계속 전달된다(Blaikie, 1985).

1977년 유엔환경계획(United Nations Environment Programme: UNEP)은 케냐 나이로비(Nairobi)에서 세계 사막화 회의(UN Conference on Desertification: UNCOD)를 개최했다. 이 회의는 사막화를 오늘날의 주요한 환경 이슈로 상정하고 사막화 문제를 평가하고 해결하기 위한 노력을 촉진하는 데 중요한 역할을 했다. 1995년 유엔 사막화 방지 협약(UN Convention to Combat Desertification: UNCCD)에는 194개국이 서명했으며, 사막화 평가 데이터베이스에 합의했다. 특히 건조지역 생태계에 대한 향상된 이해로 인해 자연적 변동과 장기적 황폐화 사이의 구별이 강조됨에 따라 사막의 이미지상이 개선되었다. 또한 사막화 방지를 위한 다양한 행동에 큰 비용이 필요하다는 것이 인정되었다. 아울러 사막화 방지를 위한 기술적 개입은 주로 국제 원조에 의해 시작되었으나, 이것은 좀처럼 초기 기부 단계를 넘어서 지속하진 못했다. 사막화를 사회적 차원으로 다룰 때는, 사막화에 대처하기 위해 건조지역에서 가장 소외된 집단을 지원하는 것이 오늘날 가장 중요한 것으로 이해되고 있다(UNEP, 2012; Mortimore, 1998; Toulmin, 2001). 사막화 방지 협약의 이행에 있어 진전은 엇갈리고 있지만, 협약의 이행을 활성화하기 위한 새로운 10년 계획이 2008년에 합의되었다(UNEP, 2012).

간단히 말해서, 토양 황폐화와 사막화 문제는 전 지구 시스템의 기능과 전 세계인의 삶에 있어 중요한 도전 과제이다. 오늘날의 농업 관행과 다가올 미래는 복잡하고 상호 관련된 동인으로 아주 밀접하게 연결되어 있으므로 토양 황폐화와 사막화는 정책과 프로그램에 뿌리내려 다루어져야 하며, 이것은 곧 지속 가능한 농업 시스템을 지원할 수 있게 된다('제10장' 참고). 또한 다음 절에서 논의되는 지구온난화 시나리오는 토양과 수자원 그리고 그것이 현재와 미래 모두를 지원하는 기능과 서비스에 주요한 영향을 미친다.

기후변화

자연환경의 가장 근본적인 자정 기능 중 하나는 탄소가 대기, 해양, 토양 및 육상 식생 사이를 순환하며, 광합성과 호흡을 통해 산소로 방출되는 탄소 순환에 관한 것이다. 대기 중의 이산화탄소는 지구 표면 온도를 결정하는 주요한 요인이다. 지구에 도달한 태양 복사에너지 중 일부는 우주 공간으로 되돌아가며 또 일부는 대기 중의 '온실가스'에 의해 가두어진다. 대기 중 온실가스에는 이산화탄소와 메탄, 아산화질소 및 다양한 종류의 염화불화탄소(CFCs)가 있다. 이산화탄소는 온난화 혹은 '강제력 효과(forcing effect)'를 일으킨다는 점에서 대기 중의 주요한 온실가스로 불린다(Houghton, 2015; IPCC, 2015 참고).

만약 대기의 단열 혹은 '온실 효과'가 없다면, 지구 표면의 평균 온도는 현재보다 적어도 30℃는 더 차가울 것이다. 그러나 기후변화에 관한 정부 간 협의체(IPCC, 2015)에 따르면 1880년 이후 전 세계 지표 및 해양의 평균 온도는 0.85℃ 상승했다. 기후변화에 관한 정부 간 협의체(Intergovernmental Panel on Climate Change: IPCC)는 1998년 세계기상기구(World Meteorological Organization: WMO)와 유엔환경계획에 의해 설립되었으며, 기후변화에 관한 가장 권위 있는 과학 기구로 알려져 있다. 65만 년 전 얼음 코어로부터 확인된 자연적인 이산화탄소 농도의 변화는 180~300피피엠(IPCC, 2007) 사이지만, 최근 하와이 마우나로아(Mauna Loa)

[표 6.7] 기후 시스템에서 관측된 변화들

1880년 이래로 육지와 해양 표면의 평균 온도는 0.8℃ 따뜻해졌다.

- 표층 해수의 수소 이온 농도 지수(pH)는 산업화 초기 이래 산성도가 26% 증가하여 0.1이 감소했다.
- 그린란드와 남극의 빙하가 감소하고 있다. 빙하는 전 세계적으로 줄어들었고 북반구의 봄철 눈에 덮인 대지의 면적이 계속 줄어들고 있다.
- 1901년과 2010년 사이 전 세계 평균 해수면은 0.19미터 상승했고, 19세기 중반 이후 해수면 상승률은 이전 2천 년 동안의 평균보다 더 크다.

출처: IPCC, 2015

천문대(NOAA, 2016)의 관측에 따르면 400피피엠을 초과하는 농도가 기록되었다. 가장 최근의 기후변화에 관한 정부 간 협의체 보고서는 '기후 시스템상의 온난화는 명백하며, 1950년대 이후 관측된 많은 변화는 수십 년에서 수천 년 동안 전례가 없는 것들'이라고 밝히고 있다.

[표 6.7]은 기후변화에 관한 정부 간 협의체에 의해 확인된 기후 시스템의 다양한 변화를 보여준다. 과학의 불확실성(다음에서 자세히 논의)으로 인해 미래 기후변화에 관한 상당한 논쟁이 있지만, 기후변화는 '모든 개발 과제의 어머니'로 언급되어왔다(Tanner and Horn-Phathanothai, 2014). 이것은 개발 결과에 미치는 영향뿐만 아니라 미래의 개발 선택도 포함된다. 또한 기후변화에 어떻게 대응해야 하는가에 대한 가장 중요한 질문 중 일부는 정치적·윤리적인 면과 관련되어 있으며 그 답은 과학 을 넘어선 영역에 있다(전게서). 기후변화는 원인과 영향이 모든 경계를 넘어 확장된다는 점에서 확실히 전형적인 '전 지구적 환경 이슈'이다. 클레이턴(Clayton, 1995)이 확인했듯 '온실 기체 분자가 어디에서 배출되건 모두의 일이 된다'는 것이다.

더욱이 기후변화는 세대 간 정의에 관한 어려운 질문들을 안고 있다. 기후변화에 관한 정부 간 협의체(IPCC,

[표 6.8] 지구온난화의 영향

온난화의 증가율과 규모 및 기후 시스템의 또 다른 변화들은 해양 산성화와 함께 심각하고 만연하며, 때에 따라 돌이킬 수 없는 해로운 영향으로부터의 위험을 증가시킨다. 과학적 이해에 기초하여, '높은 신뢰도'로 제시한 기후변화의 예상되는 영향은 다음과 같다.

- 많은 종이 증가하는 멸종 위험에 직면하고 있다.
- 연안 시스템과 저지대는 해수면 상승의 위험에 처해 있으며, 이는 지구 평균기온이 안정되더라도 수 세기 동안 계속될 것이다.
- 전 세계 해양 생물종의 재구성과 생물 다양성 감소로 어업 생산성과 그 외 생태계 서비스의 지속적인 제공에 문제가 발생할 것이다.
- 전 세계적으로 식량 안보가 큰 위험에 놓인다.
- 기후변화는 주로 기존의 건강 문제를 악화시킴으로써 인간의 건강에 영향을 미칠 것이다. 특히 저소득 개발도상국의 건강 악화가 증가할 것으로 예상한다.
- 연중 일부 시기에 높은 온도와 습도로 식량 재배와 야외 작업 등 평상적인 활동이 위축되는 지역이 발생할 것으로 예상한다.
- 도시 지역에서는 기후변화로 열 스트레스, 폭풍과 극한 강수, 내륙 및 해안의 홍수, 산사태, 대기오염, 가뭄, 물 부족, 해수면 상승 및 폭풍 해일의 위험 등으로 인하여 인명과 재산, 경제와 생태계의 위험이 증가할 것으로 예상한다.
- 농촌 지역에서는 기후변화로 전 세계 식량 및 비식량 작물의 생산 지역이 변화하고, 물의 가용성과 공급, 식량 안보, 기반 시설 및 농업 소득이 커다란 영향을 받을 것으로 예상한다.

출처: IPCC, 2015

2015)는 '온실가스의 인위적인 배출이 중단되더라도 기후변화를 비롯한 관련 영향의 많은 측면이 수 세기 동안 지속할 것'이라고 명시하고 있다.

원인과 영향

기후변화에 관한 정부 간 협의체는 2007년 '새롭고 더 포괄적인 데이터, 더 정교한 데이터 분석, 모델링 프로

[자료 6.14] 전 세계 인위적 이산화탄소 배출량
(a) 연간 이산화탄소 배출량, (b) 누적 이산화탄소 배출량

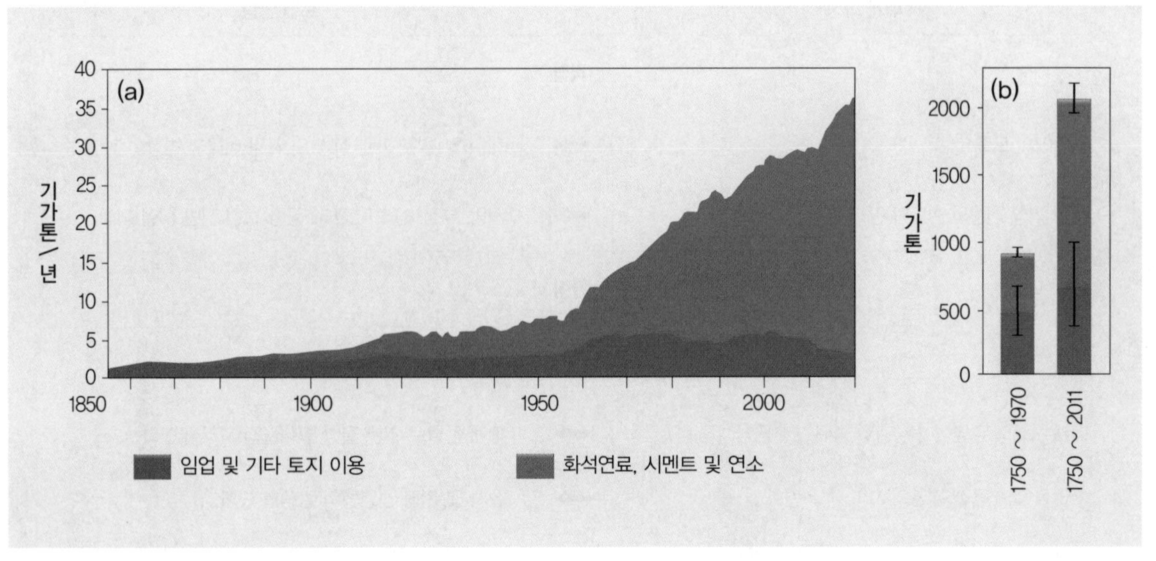

출처: IPCC, 2015

세스와 시뮬레이션에 대한 개선, 불확실성의 범위에 관한 더 광범위한 탐색'을 토대로 인간 활동의 전 지구적인 평균 순효과(net effect)는 온난화임을 '매우 높은 신뢰도'로 주장할 수 있었다. '인간의 현저한 영향'은 해양 온난화, 대륙 평균기온, 극한 기온, 바람 패턴 등 기후의 다른 측면으로도 확장되는 것으로 밝혀졌다(IPCC, 2007).

2015년에는 기후 시스템에 미친 인간의 영향에 대한 증거가 늘었다(IPCC, 2015). 요약하면, 이 보고서는 '1951년부터 2010년까지 관측된 지구 표면 평균 온도 상승의 절반 이상이 온실가스 농도의 인위적 증가와 다른 인위적 강제력에 의해 발생했을 가능성이 매우 크다'(IPCC, 2015)라고 명시하고 있다. 1750년부터 2011년 사이 인위적인 이산화탄소 배출의 거의 절반이 지난 40년 동안 발생했다. 기후변화 완화를 위한 정책이 증가하고 있음에도 불구하고, 지난 10년 동안의 인위적 이산화탄소 배출량은 계속 증가했으며, 절대적인 증가 폭은 더 컸다(IPCC, 2015).

산업화 이전부터 이산화탄소 발생의 주요한 원천은 화석연료의 연소였다. 이 장의 앞부분에서 언급한 바와 같이 전 세계적으로 개발의 과정에서는 석탄, 석유 및 천연가스에서 1인당 소비량의 점진적 증가를 필요로 했다. 화석연료 연소와 산업 활동에서의 배출은 [자료 6.14]에서처럼 전 세계 총배출량의 78%를 차지한다. 임업, 바이오매스 연소, 농작물과 가축, 토양 황폐화를 통한 배출량 측정에는 더 큰 불확실성이 있다. 1990년 기후변화에 관한 정부 간 협의체의 첫 번째 보고서에서는 총배출량의 약 10~15%를 차지하는 것으로 간주되었지만, 이 비율은 계속 감소하고 있다.

[표 6.8]은 오늘날까지 자연계에 미친 영향에 관한 기초적인 과학적 증거와 관련하여 기후변화에 관한 정부 간 협의체가 '높은 신뢰도'로 제시한 기후변화의 예상되는 영향을 보여준다([표 6.7]에 요약). 기후변화에 관한 정부 간 협의체는 또 대표 농도 경로로 알려진 다양한 배출 시나리오를 기반으로 앞으로를 모델링 하는 데 관여한다. 그들은 인구 팽창, 경제 활동, 생활 방식, 에너지 사용, 토지 사용 행태, 기술 및 기후 정책 등 인위적 배출의 주요 요인으로 지목되는 것을 토대로 다양한 미

[자료 6.15] 기후변화가 건강에 미치는 직간접적 영향

매개 과정		보건 영향
직접		
폭염에의 노출	➡	더위 및 추위 관련 질병 및 사망 비율의 변화
극한 기상 현상의 빈도와 강도 변화	➡	사망, 부상, 심리적 장애; 공중 보건 기반 시설 피해
간접		
생태계 교란		
매개 동물과 감염성 기생충의 범위와 활동성에 영향	➡	매개 동물로 인한 질병 발생율의 지리적 변화
수인성 및 식품성 감염의 지역 생태 변화	➡	설사 및 기타 전염병의 발생률 변화
기후, 기상 현상 그리고 그와 관련된 해충 및 질병으로 인한 식품(특히 농작물) 생산성의 변화	➡	영양실조와 굶주림, 그로 인한 아동 성장 및 발달 장애
해수면 상승으로 인한 인구 이동과 사회 기반 시설 파괴	➡	전염병의 위험 증가, 심리적 장애
꽃가루와 포자를 포함한 대기오염의 수준 및 생물학적 영향	➡	천식 및 알레르기 장애; 기타 급성 및 만성 호흡기 질환 및 사망
경제, 인프라 및 자원 공급에 대한 영향으로 인한 사회, 경제 및 인구 통계학적 혼란	➡	광범위한 공중 보건에의 영향; 정신 건강 및 영양 장애, 전염병, 내전

출처: World Resources Institute, 1998

래 모습을 제시한다. 한 가지 모델은 산업화 이전 수준에서 발생할 수 있는, 지구온난화를 2℃ 미만으로 유지하는 것을 목표로 하는 '엄격한 완화 시나리오'를 포함한다. 이 모델은 기후변화에 관한 정부 간 협의체가 대규모 인적 개발의 차질과 생태적 재앙이 빠르게 증가할 것으로 파악한 온난화 수준이다. 이러한 수준에 도달하기 위해서는 2050년까지 전 세계 배출량을 1990년 대비 80%로 감축해야 한다. 2℃는 현재의 국제 기후 협정에서 사용되는 목표이기도 하다.

분명한 것은 미래 기후변화의 영향은 '세계의 미래 상태'에 달려 있다는 것이다(Arnell et al., 2004). 기후변화를 '완화'하기 위한 국제사회의 약속 이행은 미래를 형성하는 데 분명히 중요한 부분이다. 기후 과학의 불확실성 때문에 기후변화의 영향 또한 논쟁 중에 있다. 이는 단순히 '기존 지식과의 간극'을 의미하는 것이 아니라, 기후 시스템의 요소들이 선형적인 방식이 아닌 갑작스럽고 불가역적으로 변화하는 전환점(tipping point) 또는 임계점을 가질 수 있다는 사실을 의미한다. 예를 들어, 심층 해류 순환은 온도와 염도에 의해 조절되는 물의 밀도 차에 의해 움직인다. 전 지구 해양 순환의 비선형적 반응은 대기 온도와 수문 순환의 변화에 특히 취약한 멕시코만류(Gulf Steam)의 폐쇄를 초래할 수 있다(Peak and Smith, 2009). 기후변화의 결과가 생물 물리와 인간 시스템의 상호 의존성에 작용하는 복잡한 방식은 [자료

6.15]에서 볼 수 있다.

2001년, 기후변화에 관한 정부 간 협의체는 기후변화의 영향이 모든 지역에서 같은 방식으로 나타나지 않을 것이며, 남반구(개도국) 국가들이 기후변화의 부정적인 영향으로부터 가장 큰 피해를 볼 가능성이 있다고 하였다. 이는 그들의 지리적 위치(예: 기후 변동 수준이 기존에도 높은 지역)와 국가 발전과 생활에 있어 기후에 민감한 부문의 경제적 중요성 때문이다. 또한 기후변화를 예측하고 대응하기 위한 경제적, 제도적, 인적 역량 측면에서 더 제한적이라는 점도 고려되었다. 기후변화에 관한 정부 간 협의체는 기후변화의 완화 노력이 멈추지 않을 것이라 보고 적응 노력에 대한 국제적 관심을 강화해야 한다고 촉구한다. 이처럼 기후변화에 관한 정부 간 협의체의 보고서는 개발 의제를 기후변화 분야에 더 가깝게 하는 데 중요한 역할을 해왔다. 기후변화에 관한 정부 간 협의체에서 사용하는 주요 용어는 [표 6.9]에 나와 있다.

저지대 국가들과 작은 섬 나라들은 해수면 상승과 관련된 기후변화의 영향에 특히 취약하다. 네덜란드와 같은 나라들은 해안 침수에 취약하지만, 더 부유한 국가로서 이미 미래의 폭풍 해일에 대한 물리적 해안 방어물 건설을 포함한 '계획된 적응'을 수행할 수 있었다(Barrow, 1995). 아울러 방글라데시는 갠지스강, 브라마푸트라강, 메그나강이 합류하는 삼각주에 위치한 낮은 해발고도로 이루어진 국가이다. 세계은행(World Bank, 2013a)은 해안과 하천 범람 및 폭풍 해일의 위험 증가, 폭염과 강력한 사이클론 발생을 토대로 이 지역을 '잠재적 취약 지역(potential impact hotspot)'으로 보았다. 네덜란드와 달리 방글라데시는 기후 관련 위험에 대한 적응과 대응 측면에서 자원과 역량이 훨씬 부족하다. 기후변화에 관한 정부 간 협의체가 예측한 방글라데시의 '성공 사례(Best-case)' 시나리오는 금세기 말까지 해수면이 50센티미터 상승하는 것이다. 해수면 상승은 상당한 수준의 홍수, 인구 이동, 농경지 및 기반 시설의 상실로 이어질 것이다. [자료 6.16]은 훨씬 더 심각한 시나리오에서 그러한 충격이 발생할 공간적 범위를 나타낸다. 농

[표 6.9] 기후변화에 대응하는 핵심 용어

완화: 온실가스의 발생원을 줄이거나 흡수력을 높이기 위한 인위적 개입

적응: 실제 또는 예상되는 기후변화 영향에 대한 자연 및 인간 시스템의 취약성을 줄이기 위한 계획 및 조치로 다양한 유형으로 구분: 예상(선제적 행동), 자율(자발적), 반응과 계획 등

적응 능력: 총체적 역량으로 효과적인 적응 조치를 구현하기 위한 국가 또는 지역의 자원과 기관

회복력: 기본 구조와 기능을 유지하면서 피해를 흡수하는 사회적 또는 생태적 시스템의 능력, 자기 조직화 능력, 스트레스와 변화에 적응하는 능력

취약성: 시스템이 기후 변동성 및 극단성과 같은 기후변화의 부정적 효과를 감내하거나 대처할 수 없는 정도

출처: IPCC, 2015

[자료 6.16] 해수면 변화에 따른 방글라데시의 침수 시나리오

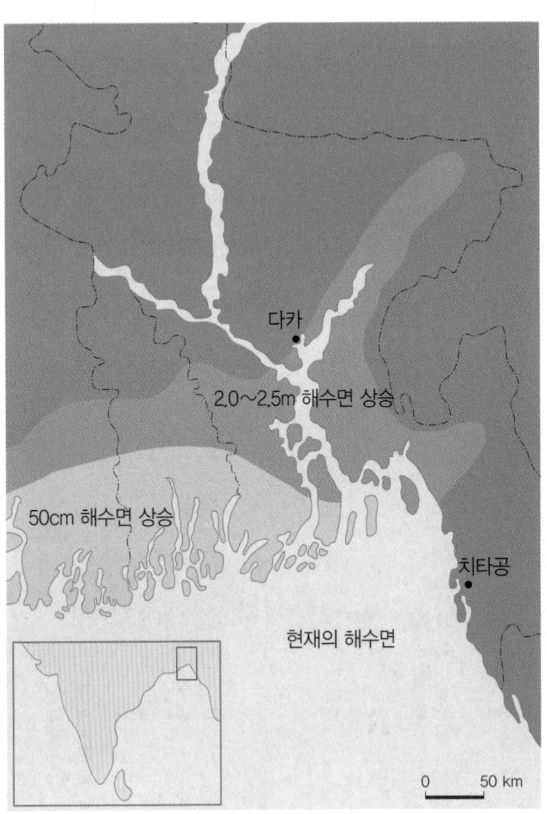

출처: Reading et al., 1995

지의 염분 증가, 홍수, 하천 제방 침식 및 조석 홍수 증가에 직면한 방글라데시에서는 이미 도시로 이주하는 것이 일반적인 대응 전략이 되었다(Black et al., 2011). 이에 따라 인구 1,500만 명이 넘는 다카(Dhaka)와 같은 도시의 기존 사회 기반 시설 수용력이 점차 압박받고 있다. 최근의 연구는 기후변화 영향에 가장 크게 노출되고 취약한 사람들의 이주 능력이 가장 낮으며, 따라서 더 많은 불평등에 노출된다는 것을 보여준다(Black et al., 2011).

기후 불평등과 적응 과제

기후변화의 현재 및 예측된 영향이 이미 높은 수준의 빈곤과 취약성으로 특징지어진 국가에 불균형적으로 영향을 미치는 것은 '기후 정의(Climate justice)'에 대해 상당한 의문을 품게 한다. 오리어던(O'Riordan, 2000)은 다음과 같이 요약했다.

> 인간이 만들어낸 기후변화의 영향은 결백함과 책임의 반비례로 경험하게 될 것이다. 복사 강제력을 가진 가스의 배출에 가장 많이 기여한 사람들과 국가들은 대부분 그들의 행동으로 인해 불편하거나, 가난하거나, 물리적으로 취약할 가능성이 가장 낮다.

[자료 6.17]은 역사적으로 탄소 배출의 대부분을 담당하는 국가가 부유한 국가임을 보여준다. 기후변화는 특정 연도의 배출이 아닌, 시간이 지남에 따라 대기 중에 누적된 온실가스의 축적에 기인하므로 역사적 배출이 중요하다. 기후 정의는 부유한 국가들이 이러한 '생태적 부채(ecological debt)'에 기초하여 가난한 국가에 대한 의무를 지님을 시사한다. 기후 정의에 관한 우려에는,

[자료 6.17] 1850~2011년 이산화탄소의 누적 배출량

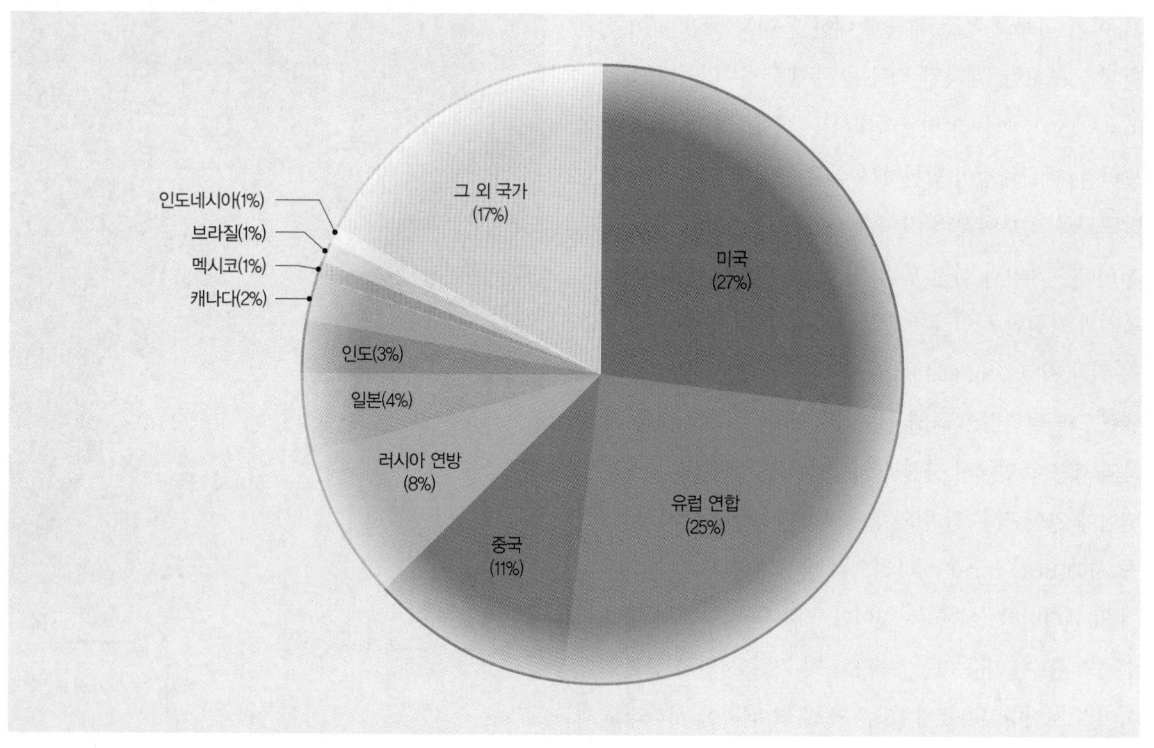

출처: World Resources Institute, 2014

[표 6.10] 해안 및 저지대에서 지역사회 기반 적응의 범위

영향	선택 유형	방안
염도 증가	새롭고 다양한 생계 수단	염분 내성 작물 맹그로브 열매 생산 게 양식
	구조적	주택을 위한 재단 운영
홍수/범람	사회-기술	재난 대비를 논의하기 위한 위원회 경고 전파
	새롭고 다양한 생계 수단	양식업 다른 채소 작물/수상 정원
열대 폭풍/폭풍 해일	구조적/강성	주택 개조 지하 대피소
	구조적/연성	집 주변 과일나무 식재
해수면 상승	제도적	보험 교육
해안에 미치는 복합적인 영향	제도적	교사 연수 해안 지역 관리 여성의 적극적인 참여
	구조적/연성 기관/사회기술	지역사회 주도의 재조림 연구 센터/커뮤니티 모니터링

출처: IPCC, 2014

완화 전략으로 주도되고 현세대 내 그룹 간 정의에 대한 우려보다 미래 세대에 초점을 두는 기후변화에 대한 현재의 접근 방식이 지닌 부당함도 포함된다. 그리고 '현재와 같은 발전'을 유지하며 기후변화를 막거나 빈곤을 해결하기 위해 더 이상의 노력을 하지 않는 지구 공학 및 탄소 거래와 같은 '그릇된 해결책'에 초점을 둔다.

기후 정의는 기후변화와 그에 대한 대응을 인권과 사회 정의 측면에서 이해하고자 하는 '풀뿌리' 단체와 다국적 조직에 의해 제기되고 있다(Elliott, 2013 참고). 간단히 말해서, 남반구(개도국) 국가들의 기후 회복력을 지원하기 위해 부유한 국가들이 재정 측면에서 더 많은 일을 해야 할 의무와 관심을 가질 것을 요구한다. [표 6.9]에 명시된 것처럼 적응은 실제 또는 예상되는 기후변화 영향에 대응하는 자연 또는 인간 시스템의 조정과 관련이 있다.

그러나 적응에의 개입이 반드시 빈곤을 감소시키지는 않는다(Tanner and Horn-Phathanothai, 2014). 그리고 빈곤의 감소는 기후변화에 대한 취약성을 증가시킬 수 있다. 또한 기후변화가 개발에 미치는 '부가적 영향(additional impact)'을 확립하는 문제가 있으며, 이는 불확실한 미래 영향 측면뿐 아니라 사람들이 갖는 취약성의 다른 원인과도 관련이 있다. 태너와 혼-파타노타이(Tanner and Horn-Phathanothai, 2014)가 시사하는 바와 같이, '실제로 적응은 일반적으로 가격, 분쟁, 안보, 시장 및 세계화와 같은 광범위한 변화에 대한 대응이다'. '제10장'에서 보듯이, 생계는 종종 광범위한 환경적, 경

제적 스트레스 및 충격에 대한 긴밀한 이해와 대응으로 구축된다. 더욱이 남반구(개도국) 지역의 많은 사람은 수 세기에 걸쳐 기후 패턴 및 가뭄과 홍수 같은 극단적인 사건을 포함한 불확실성에 대처하는 생활 전략을 채택하고 있다(Adger et al., 2003; Mortimore, 1989, 2016).

문제는 기후변화 영향이 어떻게 대응 전략에 증가된 압력을 가할 수 있는가이며, 이는 시간이 지남에 따라 미래로 가는 능력을 잠식할 수 있다(UNDP, 2007). 최근 몇 년 동안 회복력의 개념은 위기 이후 '반등'하는 사람들의 능력뿐만 아니라 미래의 취약성과 위험을 줄이기 위해 적응하는 것에도 사용되고 있다. 이 개념은 적응, 재해 위험 감소, 빈곤 감소, 식량 안보 및 분쟁에 대한 논의를 한데 모아, 종종 일반적인 기본 추진 요인과의 중복된 문제로 더 이해되고 있다. '기후 회복력 개발(climate resilient development)의 방해'는 개발 맥락에서 기후변화 영향을 다루기 위한 두루뭉술한 표현(catch-all)이 되고 있으며(Tanner and Horn-Phathanothai, 2014) 기후변화에 관한 정부 간 협의체의 최신 보고서(IPCC, 2015)에도 등장하고 있다. 지역이 주도하는 지역사회 기반 적응에 대한 지원은 기후변화 적응과 비기후적 요구를 연결함으로써 지역사회의 취약점을 해결하는 데 가치 있는 것으로 간주된다. [표 6.10]은 연안 지역에서 수행되는 지역사회 기반 적응의 범위를 보여준다. 농촌 개발에서 지역사회 기반 접근법에 대한 추가 논의는 '제10장'에서 언급한다.

기후 금융의 과제

기후변화에 대응하기 위한 국제 정책은 1990년대 후반까지 주로 기후변화 완화와 이산화탄소 배출량 감축 목표에 대한 합의에 집중되었다. 교토 의정서(정확히는 부속 문건 1)가 국가에 법적 구속력을 갖게 된 2004년, 어떤 국가의 이산화탄소 배출량 감축 목표의 일부분은 다른 국가로 이전함으로써 충족될 수 있다는 새로운 원칙이 도입되면서, 사실상 처음으로 탄소 시장이 도입되었다. [표 6.11]에 명시된 '유연성 메커니즘'에 따라, 공식적으로는 '인증된 배출 감소(certified emissions reduction)'라 불리는 '탄소 배출권(permits to emit carbon)'은 다른 국가의 프로젝트 자금 조달을 통해 국가 간에 '상계(offset)' 거래될 수 있다.

교토 의정서에 명시된 목표는 부속 문건 1에 포함되지 않은 당사자들에게 이 같은 메커니즘이 지속 가능한 개발을 달성하고 배출량 감소라는 글로벌 목표에 이바지할 수 있도록 지원해야 한다는 것이다. 이러한 발전으로 기술과 재정이 북반구(선진국)에서 남반구(개도국)까지 이전되고 최소한의 경제적 비용을 통해 지구의 환경 편익을 제공할 것이라는 믿음이 있었다(Sten, 2007 참고). 그러나 일부 프로젝트가 상당한 배출량 감소로 이어졌음에도 재정이 최빈국에까지 돌아가지 않고 있다. 2009년까지 청정 개발 메커니즘(Clean Development Mechanism: CDM) 투자의 73%는 배출량 감소 비용이 낮은 중국에 집중되었다(Boyd et al., 2009). 이와는 대조적으로, 사하라 이남 아프리카 내 국가들의 프로젝트는 이 당시 모든 프로젝트의 3% 미만이었다. 또한 이 프로젝트들은 화학 및 제조업 생산 공장의 온실가스 포집에 대한 투자에 집중되어 온실 강제력에 더 큰 영향을 주는 이산화탄소보다는 이산화질소에 대한 배출량을 주로 다루었다. 기후 정의에 관한 또 다른 우려는 기업이 자신들의 오염 감소에 투자함으로써 결국 투자가 자신들의 '수익'으로 돌아오는 구조가 되었으며, 청정 개발 메커니즘은 부유한 나라에서 더 달성하기 어려운 배출량 감소에 대한 압력을 배출권 거래를 통해서도 제거할 수 있게 되었다. 더욱이 이 같은 메커니즘은 적응을 위한 재정을 제공하기보다 완화에 초점을 맞추고 있다. 최근의 유엔 기후변화 협약(United Nations Framework Convention on Climate Change: UNFCCC) 당사국 회의에서 타결된 파리 협정은 완화 목표를 달성하기 위한 시장 기반 접근법을 통해 국가 간의 자발적 협력을 지속하여 지원할 것을 제안하고 있다(Sharma et al., 2016).

[표 6.11] 교토 의정서의 유연성 메커니즘

1. 배출권 거래: 이산화탄소 배출량을 줄이기 위해 교토 의정서 목표치를 초과한 선진국은 목표치를 달성하지 못한 다른 선진국에 잉여 감축량을 매각할 수 있다(제17조).
2. 공동 이행: 선진국은 이산화탄소 배출량을 줄이거나 탄소 흡수량을 증가시키는 다른 선진국의 프로젝트에 자금을 지원할 수 있다. 대기 중 이산화탄소의 감소는 프로젝트에 자금을 지원하는 국가에 할당된다(제6조).
3. 청정 개발 메커니즘: 선진국은 배출 가스를 줄이거나 자정(Sink) 능력을 개선하고자 하는 개발도상국의 프로젝트에 자금을 지원할 수 있다. 이러한 프로젝트는 인증된 프로젝트 활동이 없을 때 감축한 양으로 할당할 수 있다(제12조).

출처: UN, 1998 Kyoto Protocol to the UNFCCC

2007년, 교토 의정서 당사자들은 국가와 지역사회에 가해지는 기후변화의 부정적 영향과 위험을 줄이는 적응 행동을 지원하기 위해 적응 기금(Adaptation Found: AF)을 설립했다. 적응 기금은 전통적인 공적 개발 원조(Official Development Assistance: ODA) 또는 다자간 개발 기구를 통해 민간 영역에 새로운 기후 재정을 조달하기 위한 혁신적인 접근이었다. 자금은 청정 개발 메커니즘 거래에 대한 2% 부담금(기부자로부터의 자발적 기금 포함)을 통해 조달되었다. 따라서 적응 기금은 탄소 거래 시장에 상당 부분 의존하는 실정이다. 적응 기금은 유엔 기후변화 협약 사무국이 관리하는데, 국가가 신청하면 사무국이 계획을 관리하는 형태이다. 그러나 지금까지 적응 기금을 위해 모인 자금은 낮은 탄소 거래 가격 때문에 상대적으로 제한적이다. 또한 초기에 기부자들은 이 같은 혁신적 형태에 대한 낯섦으로 지원을 망설였다(Tanner and Horn-Phathanothai, 2014). 2010년 이후 유엔 기후변화 협약은 녹색 기후 기금(Green Climate Fund)이 향후 다자간 자금 조달의 주요 채널이 되어야 한다는 취지에서 녹색 기후 기금의 개발에 집중해왔다.

그러나 동시에, '유엔 기후변화 협약 기금보다 훨씬 더 큰 기부자들의 재정적 기여'를 끌어모은 세계은행 주도의 기후 투자 기금(Climate Investment Funds: CIF)과 같은 자금 조달 방식의 확대도 있었다(Tanner and Horn-Phathanothai, 2014). 이 기금은 탄소 성장을 낮추고 기후 회복력이 높은 경제로의 전환을 지원함으로써 개발 목표 달성과 관련된 투자에 대해서는 할인된 금리로 대출과 보조금을 제공한다. 여기에는 청정 기술, 재생에너지 및 임업 분야가 포함된다. 기후 투자 기금의 목표는 유엔 기후변화 협약의 적응 기금과 같이 특정 프로젝트나 프로그램을 통해 적응을 지원하기보다 개발 협력 활동('기후 보호[Climate-Proofing]'로 불리기도 함) 전반에 걸쳐 기후변화와 관련된 사안들을 통합하는 것이다. 이러한 기금에 대한 지원은 기후변화가 기업 투자의 위험 요인이며 동시에 개발 목표 달성을 위태롭게 한다는 개발 협력 주체 간의 광범위한 이해를 바탕으로 한다. 그러나 과거 개발 협력의 경험을 생각할 때, 기후 재정의 거버넌스와 전달에 있어서 기존의 공적 개발 원조와 국제 금융기관의 지속적인 지배력에 대한 우려가 남아 있다('제7장'과 '제8장' 참고). 단기적으로 볼 때 남반구(개도국)의 적응 능력을 위해 사용할 수 있는 자금에서 큰 격차가 이어지고 있다(IPCC, 2014).

도시의 대기오염

지구온난화는 지구 전체의 기능에 영향을 미치는 물질에 있어 자연 흡수량 이상의 물질들이 생산되어 발생하는 주요한 대기오염 문제이다. 도시의 대기오염 문제는 상당히 지역적인 (대부분 산업 및 운송 관련) 원인과 국지적인 영향을 초래하지만, 모든 도시가 유사한 문제를 경험한다는 측면에서 전 지구의 환경문제로 볼 수 있다.

대기오염은 오늘날 전 세계적으로 건강을 위협하는 가장 심각한 환경문제로 여겨지고 있다(UNEP, 2014). 세계보건기구는 대기 질에 대한 지침을 개발하고 오랫동안 지속적인 감시를 진행해왔다. 또한 보건 과학적 연구를 통해 건강에 해로운 영향을 끼칠 수 있는 대기오염의 국제적 기준치를 설정했다. 세계보건기구에 따르면 91개국 1,600개 도시에서 전 세계 인구의 절반 이상이 기준치보다 2.5배 이상 높은 대기오염에 노출되어 있다(WHO, 2014a). 이러한 통계에는 대기 중 다양한 유형과 원인의 10마이크로몰(㎛) 미만의 '미립 물질'이 포함되어 있다. 미세 입자 대기오염은 연기와 먼지를 포함한 다양한 기원과 화학 조성을 보이는 크고 작은 입자들이 혼합된 물질이며, 차량 배기가스에서 나오는 그을음(화학 오염 물질로 코팅된 금속도 포함)도 이에 해당한다. 대기오염과 관련된 데이터는 대기 질에 관한 정보를 수집하고 알리는 도시에서만 사용할 수 있다. 따라서 대기오염은 정보의 획득과 관리에 관한 전 세계적인 상황을 고려할 때 과소평가될 가능성이 있으며, 더욱이 일부 도시나 오염 물질의 상황은 건강에 더 위험할 수 있다. 예를 들어 세계보건기구의 PM10(지름 10마이크로미터 이하의 미세먼지)에 대한 안전 기준치는 세제곱미터당 200마이크로그램(㎍)이지만, 네팔 카트만두(Kathmandu)의 경우 사람들이 세제곱미터당 500마이크로그램 이상에 노출되고 있다(UNEP, 2014).

전 세계 대부분 도시에서 전반적으로 대기오염이 악화되고 있다. 런던(London)은 2016년 불과 며칠 만에 이산화질소 기준치가 세계보건기구의 권고 기준을 초과했다. 오늘날 개발 행위로 인한 대기오염은 특히 남반구(개도국) 국가에서 미래 개발 전망을 위협하고 있다. 대기오염은 2012년을 기준으로 전 세계에서 370만 명이 조기 사망한 원인이 되었다(WHO, 2014a). 대기오염으로 인한 조기 사망에는 뇌졸중과 심장병, 만성 폐질환, 폐암, 급성 하기도 호흡기 질환과 같이 대기오염에서 기인한 질병도 포함된다. 이 같은 사망자의 88%는 저개발 및 신흥개발국(middle income countries)에서 발생하며, 대부분은 동남아시아와 서태평양 지역(도시 외)에 살고 있다. 특정 도시의 보건 서비스에 미치는 영향도 상당하다. 인도네시아 자카르타(Jakarta)의 사례에 따르면 세계보건기구의 권고 기준으로 대기오염을 줄일 경우 매년 1,400명의 사망자와 4만 9천 명의 응급실 방문자를 줄이고 60만 명에 달하는 사람들이 천식 발작을 피할 수 있다(World Resources Institute, 1998).

또한 실내 공기 오염은 2012년 전 세계적으로 430만 명이 조기 사망한 원인이었으며, 이러한 사망자는 대부분 남반구(개도국) 국가에서 발생했다(WHO, 2014b). 동남아시아에서만 실내 공기 오염과 직접 관련된 170만 명의 조기 사망자가 발생했다. 이러한 사망의 주된 원인은 조리와 난방 및 조명을 위해 사용되는 석탄과 바이오매스의 연소 때문이다. 특히 요리를 책임지고 육아와 자영업을 포함한 대부분 시간을 실내에서 보내는 가정 내 여성의 성 역할로 인하여 여성들과 아이들이 공기 오염에 따른 더 큰 건강 위협과 고통을 받고 있다. 2008년 실내 공기 오염으로 인한 조기 사망자의 60%는 여성이었고 44%는 어린이였다(UNDP/WHO, 2009). 이러한 사실은 가정 내 고형 연료 사용이 안전하지 않은 물과 위생에 이어 전 세계인의 건강에 영향을 미치는 두 번째로 큰 환경적 요인임을 시사한다.

이산화황은 아마도 가장 잘 알려진 도시 오염 물질이며, 산업화를 경험한 도시 대부분은 어느 시점에 황색 스모그(sulphurous smog)의 영향을 받았다(Elsom, 1996). 이산화황의 주요 발생원은 금속 광석의 제련, 전력 생산과 난방에서의 화석연료 사용 및 운송이다. 건강에 미치는 주요 영향은 미세 입자로 인한 것이며 호흡 기능의 장애를 포함하여 기관지염, 천식 및 폐기종의 원인 또는 악화, 심장질환 등으로 조기 사망을 유발한다. 또한 이산화황은 산성화를 통해 육지 및 담수 시스템의 품질과 기능을 떨어뜨리고, 건축 자재를 부식시켜 문화유산에도 영향을 준다(UNEP, 2012).

전 세계 이산화황 배출량은 2000년까지 미국과 유럽이 주도했지만, 이후 동아시아의 배출량이 이를 추월했다. 국내법 및 유럽연합의 국가 배출량 상한과 같은 지역 내 지침을 통한 배출량 '제한'은 황 배출량의 감소로 이어졌다. 앞서 언급한 바와 같이 중국을 포함한 여러 국가의 에너지 효율 문제 해결을 위한 조치도 배출량 증가 속도를 늦추는 데 일조하고 있다. 그러나 유럽과 북

[자료 6.18] 2008~2012년 지역별 주요 도시의 PM10 수치

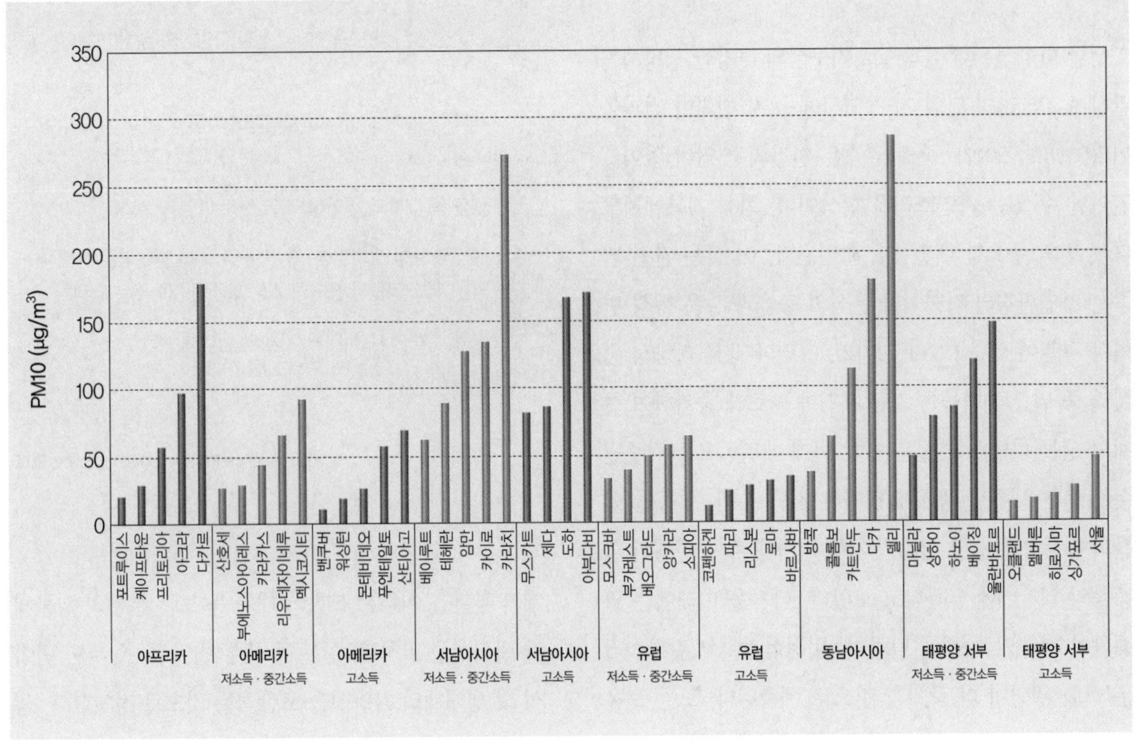

출처: WHO, 2014c

아메리카를 포함한 많은 담수 생태계에서는 여전히 이산화황의 임계 부하(critical loads)가 초과되고 있다(UNEP, 2012). [자료 6.18]은 남반구(개도국) 도시들에서 지속되고 있는 공기 오염 문제를 보여준다.

자가용의 증가, 열악한 대중교통 및 에너지 사용의 비효율성은 모두 이 같은 대기오염의 주된 요인이다(WHO, 2014a). '제8장'과 더불어 앞서 언급한 내용에서 보듯이, 경제성장과 국제 무역을 통한 재화와 서비스의 이동 증가 사이에는 밀접한 연관성이 있으며, 대기오염 측면에서 장거리 운송은 상대적으로 덜 규제된다(Viana et al., 2014). 전 세계 이산화질소의 15%와 이산화황 배출의 최대 8%는 대양을 항행하는 선박에 기인한다. 이산화황 배출량의 70%는 육지 주변 400킬로미터 내에서 발생하며, 운송의 이러한 형태는 해안 지역과 특히 분주한 항구의 대기 질 악화의 주요한 요인이다.

오존은 도시 대기오염의 또 다른 측면으로, 특히 남반구(개도국) 국가 사람들의 건강과 개발 기회에 중대한 위험이 되고 있다. 대기권 하층의 '대류권 오존'은 지구온난화의 한 요인이다. 오존은 직접 배출되는 것이 아니라 연료 연소로 인해 발생하는 질소산화물이 대기 중의 또 다른 '휘발성 유기화합물(volatile organic compounds: VOCs)'과 반응할 때 형성된다. '표면 오존'은 지표 수준의 오존 농도를 의미하며, 도시 지역에서 발생하는 광화학 스모그의 주요 원인이다. 강력한 산화제로서 오존은 대부분의 생물 조직과 반응하므로 건강에 광범위한 영향을 미친다. 표면 오존이 건강에 끼치는 영향은 미세입자 물질 다음으로 크다(UNEP, 2012). 표면 오존 농도는 식생에도 큰 영향을 미치며, 농작물 생산량과 산림의 생산성을 감소시키는 주요 원인이다.

생물 다양성 손실

생물 다양성은 본질적으로 지구상의 다양한 생명체를 말하며, 약 50억 년의 지구 역사에 걸쳐 진화한 결과물이다(UNEP, 2012). 종의 멸종은 인간의 개입이 없이도 일어날 수 있는 자연스러운 현상이며, 화석 기록에서도 다섯 번의 주요한 대멸종이 확인된다. 이 같은 자연 멸종은 자연환경의 격변이나 운석의 충돌과 같은 행성 변화와 관련이 있다(UNEP, 2012). 그러나 생물 다양성 손실과 종 멸종의 비율은 지난 세기에 빠르게 증가하여 현재의 생물 다양성 손실은 여섯 번째 대멸종으로 간주될 수준이다. 새천년 생태계 평가는 지난 수백 년 동안 인간의 활동으로 인한 멸종이 지구 역사에 걸쳐 진행된 멸종률의 1천 배에 달한다고 보았다. 다가올 미래에는 멸종률이 현재의 10배에 달하며, 비선형적이고 갑작스러운 변화 위험이 더 증가할 것으로 예측된다. 모든 포유류, 조류, 양서류 종의 최대 30%가 위협을 받는 가운데, 기후변화는 금세기 동안 생물 다양성 손실의 더 중요한 요인이 될 것으로 예상한다(Rockström et al., 2009). 또한 장기적으로 이러한 멸종은 '생물학적 다양성뿐만 아니라 다양성을 만들어내는 생물의 진화 과정'에 상당한 변화를 가져올 것이다(UNEP, 2012).

그러나 생물 다양성과 종 손실의 영향에 대한 예측 데이터에는 문제가 있다. 예를 들어, 현재까지 지구상의 종은 극히 일부만 확인되었을뿐더러, 종의 개념은 곰팡이와 같은 미생물과 다른 무척추동물과 곤충에 관한 연구로 개발되었으며, 나아가 무엇이 '종'을 구성하는가에 대해서도 상당한 논쟁이 있다(Dolman, 2000). '생물 다양성은 생태계, 종, 유전 물질의 측면에서도 다루어질 수 있다(Mather and Chapman, 1995). 1992년 유엔 '지구 정상 회의(Earth Summit)'에서 합의된 '생물 다양성 협약(Convention on Biological Diversity: CBD)'은 현재 193개국이 조인했다(지속 가능한 개발에서의 유엔에 대한 전반적인 논의는 '제7장'을 참고). 이 협약은 생물 다양성을 '육상, 해양 및 그 밖의 수중 생태계와 이들 생태계가 부분을 이루는 복합 생태계 등 모든 분야의 생물체 간 변이성을 말하며, 이는 종 내부 변이성, 종 사이 변이성 및 생태계의 다양성을 포함'하는 것으로 정의한다. 생물 다양성에 있어서 종 변이성의 중요성은 [표 6.12]에 자세히 설명되어 있다.

[표 6.12] 종 변이성의 중요성

종 변이성은 다양한 측면에서 생물 다양성의 핵심이 된다.

- 생물 종 사이의 상대적 풍부함에 따른 생물 종 사이의 변이성
- 생물 종 내부의 변이성, 즉 유전적 다양성
- 기능적 특성의 다양성, 즉 생물 종의 특성에 따른 생태적 역할과 그 역할이 생태계 기능과 서비스에 주는 영향
- 경관 수준에서 생태계 자체의 변이성, 즉 주요 식생의 내·외부적 변이성

자료: Science for Environment Policy, 2015

새천년 생태계 평가는 생태계가 인류에게 제공하는 수많은 혜택인 '생태계 서비스'의 개념을 널리 알리는 데 큰 노력을 기울였으며, 이 개념은 모든 규모의 생물 다양성 정책에 포함되었다. 그러나 풍부한 종의 혼합이 생태계의 기능 및 그것이 인간 웰빙에 제공하는 '서비스'를 뒷받침한다는 것은 인정되지만, 생물 다양성이 생태계 서비스와 어떻게 연결되어 있는지는 아직도 밝혀지지 않은 것이 많다(Science for Environment Policy, 2015). 생태계 서비스 개념의 '인류 중심적인(anthropocentric)' 강조로 인해 생물 다양성 보호를 확약할 수 없다는 우려도 있다. 또한 '생태계 복원력이 무너지기 전에 얼마나 많은 종류의 생물 다양성을 상실할 수 있는지'를 이해하는 데는 더 많은 연구가 필요하다(Rockström et al., 2009).

새천년 생태계 평가는 생물 다양성이 다양한 이유로 평가될 수 있으며, 생물 다양성 손실의 영향은 여러 규모와 특정 집단의 사람들에게 알맞게 고려되어야 한다

는 것을 보여준다. 생물 다양성 손실의 영향은 오늘날 지역 수준에서 식품이나 어류의 비축 손실로 인해 나타나는 소비나 생산의 악화에서 직접 관찰할 수 있다. 또한 야생으로부터 획득하는 식품과 약품의 중요성이 큰 남반구(개도국)의 많은 사람에게 식량 안보, 건강, 문화적 정체성 측면에서 생물 다양성 손실은 큰 영향을 미친다. 생물 다양성 손실은 기후 조절 및 영양소 순환과 같은 생태계 서비스가 또 다른 지구 위험 한계선과 상호작용하는 방식을 포함해 전 지구적 수준에서 광범위한 영향을 미치는 것으로 인식되고 있다(Rockström et al., 2009). 예를 들어, 생물 다양성의 손실은 기후변화에 따른 육상 및 수중 생태계의 취약성을 증가시킬 수 있다. 그러나 현재까지 생물 다양성의 손실은 인간의 활동을 통해 이미 임계점을 넘어선 것으로 간주되는 지구 위험 한계선 중 하나이다([자료 6.3a] 참고). 생물 다양성의 한계를 규정하는 것에는 문제가 있지만, 우리는 지구가 생태계 회복력의 현저한 약화 없이 현재의 손실 속도를 유지할 수 없다고 어느 정도 확신할 수 있다(Rockström et al., 2009).

생물 다양성은 개체 수, 생물 종 및 생태계 수준에서 더 나빠지고 있다(UNEP, 2012). 1970년 이후 척추동물의 개체 수는 평균 30% 감소했다. 국제자연보전연맹(International Union for Conservation of Nature: IUCN) 적색 목록에서 멸종 위기에 처한 종의 비율 또한 최근 수십 년 동안 증가했으며, 산호 종에서 특히 빠르다. 서식지/생태계 수준에서 매년 약 1,300만 헥타르의 숲이 유실되고 있으며, 1980년 이후 맹그로브 숲의 20% 이상, 산호초의 38%가 파괴되었다(UNEP, 2012).

생물 다양성 손실의 원인

생물 다양성에 가해지는 주요한 압력은 서식지의 감소 및 황폐화에서 발생한다. 이는 글로벌 농업의 확장과 증대에서 비롯한다. 농업을 위한 산림 전환의 주요 양상은 서식지 감소와 파편화에 커다란 영향을 주었으며 앞선 절에서 다루어진 바 있다. 특히 열대우림에는 지금까지 알려진 동식물종의 50~90%를 차지하는 다양한 종들이 서식하지만, 열대우림은 지구 표면의 불과 7% 미만을 차지한다는 점에서 산림 전환으로 인한 영향에 상당히 취약해진다. 농업이 생물 다양성에 미치는 또 다른 영향으로는 유전자 변형, 농약 사용량 증가, 사냥과 같은 동물의 남획 등이 있다. 유전적 다양성은 전 지구적 수준에서 특히 재배종 사이에 심하게 감소했다(MEA, 2005). 이른바 '유전적 침식(genetic erosion)'은 현대의 농업이 집약적 생산을 위해 극소수의 식물 품종을 변형함에 따라 발생했다. 즉, 유전적으로 균질해진 농작물과는 달리 박테리아나 진딧물은 끊임없이 진화함에 따라 농작물의 취약성이 증가한 것이다(Murray, 1995). 식물 유전자 다양성의 손실에 따른 우려는 유전자 변형 작물 채택을 반대하는 사람들의 주된 관심사이기도 하다('제10장' 참고).

전 세계의 습지 서식지 또한 농업과 도시화로 인해 점점 더 위협받고 있다. 습지에는 늪(marsh), 습원(pen), 이탄지(peatland), 소택지(swamp), 하구역(estuaries), 연안역(coastal zone) 등이 포함되며, 농업, 어업, 관광, 교통 등의 측면에서 직접 사용 가치를 포함한 많은 자원 기능을 제공한다. 습지는 또한 지하수 충전과 배출, 퇴적물 포획 및 홍수 조절 등의 수문학적인 간접 용도가 있다(Hughes, 1992). 생물 다양성에 있어서 습지의 역할은 수생 생물, 물새 및 기타 야생 생물이 서식하는 다양한 서식지 기능에 있다. 맹그로브 지대에만 60종의 교목과 관목, 2천 종 이상의 물고기, 무척추동물, 착생식물(epiphytic plants)이 서식한다(Maltby, 1986). 그러나 전 세계 맹그로브 숲의 절반 이상이 이미 파괴된 것으로 추정되며(MEA, 2005), 연안 습지는 매년 10만 헥타르 이상 감소하고 있다(UNEP, 2012). 맹그로브 숲의 손실률은 다소 둔화하고 있지만, 전 세계 맹그로브 생태계의 절반 이상이 최근 맹그로브 손실이 가속화되고 있는 아시아와 태평양 지역에 분포한다(UNEP, 2012).

농업을 위한 물 이용과 배수 체계의 조절은 습지 서식

지와 종 다양성에 광범위한 영향을 준다. 댐, 관개, 양식과 같은 활동은 모두 지하수에 의해 공급되는 강, 호수, 범람원, 습지 내의 주요 생태학적 요소와 수문학적 프로세스에 큰 영향을 미친다. 특히 댐은 바다로 유출되는 물의 양에 영향을 미치고 유역 전체의 물의 흐름을 변화시킨다. 이로 인해 퇴적물과 영양소의 흐름을 막고 식물과 물고기의 번식과 이동 패턴을 방해할 수 있으며, 댐 건설로 인하여 물의 흐름이 완전하게 바뀌게 되면 급류나 범람원이 형성한 전체 생태계가 사라질 수도 있다. 댐으로 인한 수몰 지역의 형성은 가장 직접적으로 서식지가 사라지는 사례이다.

댐 건설과 물에 대한 인위적 조정이 가져오는 환경 및 사회적 비용에 대해 오랜 부정적 우려가 존재해왔지만, 댐 건설은 지난 10년 동안 특히, 남반구(개도국) 국가에서 빠르게 증가했다. 그리고 기후변화로 인한 물 부족과 저탄소 에너지 수요로 인하여 저수지에 대한 수요는 계속 증가할 것이 예상된다. 2001년까지 2년 만에 589개의 대규모 댐이 아시아 지역에 건설되었다(UNESCO, 2009). 아마존 유역에서는 강과 산림에 막대한 영향을 끼칠 243개의 댐 건설이 현재 계획되고 있다(Webster, 2016). 라오스의 메콩강에 추가로 계획된 댐 건설은 강의 풍부한 생물 다양성에 의존하여 어업을 이어가며 생계를 꾸려가는 현지인들에게 심각한 영향을 끼칠 것으로 우려되고 있다(Pilly, 2013).

강가와 해안 지역은 오랫동안 인구 정착지로 선호되었으며, 특히 건조지역에서 더욱 그러했다. 해안 지역은 육지 면적의 2%에 불과하지만, 전 세계 도시 인구의 약 13%와 세계적으로 큰 도시 대부분이 이 지역에 위치한다(UN-Habitat, 2016). 오늘날 전 세계적으로 습지 파괴의 가장 강력한 동인 중 하나는 도시와 산업 및 사회 기반 시설의 발전에 있다. 이러한 발전이 생물 다양성에 미치는 영향은 매우 직접적이다. 예를 들어, 인도 동부의 콜카타(Kolkata)에서는 4천 헥타르의 내륙 석호가 중산층 가정에 집을 제공하기 위한 땅으로 매립되었으며, 이로 인해 물의 흐름이 바뀌고, 퇴적물 침전이 강화되며, 오염이 악화되었다(World Resources Institute, 1996). 그러나 동시에 생산적인 습지 서식지를 이용한 양식, 휴경 재배 및 벼농사와 같은 독특한 농업 시스템 또한 발달하였다. 농업 시스템이 어떠한 방식으로 하천 생태계와 수문, 환경과 사회 변화에 영향을 주었는가에 대해서는 '제10장'에서 논의된다.

결론: 지속 가능한 자원 관리를 향하여

이 장에서는 개발의 형태와 과정이 천연자원과 생태 시스템 및 이들의 기능과 근본적으로 관련되어 있음을 확인하였다. 지속 가능한 개발의 개념에 있어서 핵심이 되는 것은 환경과 개발의 상호 관계이다. 개발 문제는 곧 환경문제이며, 개발에 관한 목표는 환경을 고려한 목표 없이 달성할 수 없다. 그러나 현재와 미래 세대에 걸쳐 평등한 결과를 보장하는 데는 어려운 문제가 존재한다. 이 장은 또한 문제의 본질이 시-공간적으로 매우 구체적이라는 것을 보여주었다. 예를 들어, 자원에 대한 평가가 개발 과정에서 어떻게 달라지는가를 보았다. 자원의 한계와 부족, 황폐화의 중요성과 시사점은 지역 수준에 강하게 결부되어 있다.

최근 몇 년 동안 토지, 에너지, 광물 등의 천연자원에 대한 수요가 전례 없이 증가했으며, 특히 아시아 신흥국들의 성장과 함께 이러한 물질 흐름의 지리적 패턴에 큰 변화가 있었다. 어느 곳에서든 생산과 소비는 세계의 다른 지역으로부터 공급되는 원료, 에너지 및 상품에 대한 의존성이 커지고 있다. 이 점은 남반구(개도국)의 '자원이 풍부한' 국가들에게 경제 개발 기회를 제공하였지만, 빈곤층에 영향을 미치는 새로운 사회적, 환경적 갈등 측면에 상당한 위협을 불러일으켰다.

기후 과학을 포함한 새로운 연구는 이미 확인된 심오한 변화뿐만 아니라 생물 물리와 인간 시스템의 기능과 건전성이 매우 복잡하게 상호 연결되어 있음을 보여주었다. 미래를 위한 개발 욕구를 충족하기 위해 비용 효율적이고, 자원 효율적이며, 저탄소의 평등한 길을 찾는 것은 국제기구, 정부, 기업 및 시민사회가 마주한 중요한 도전 과제이다. 간단히 말해서 이 장은 자원과 개발 사이를 단순하고 결정론적으로 연결하는 인식을 극복하는 데 중요한 연구와 이해의 영역을 보여주었고, 개발의 새로운 프로세스와 양식을 찾기 위한 몇 가지 방법을 시사했다. 이 책의 '제3부'는 특정 장소와 공간에서 개발 정책과 행위에 영향을 미치는 다양한 조직의 활동으로 이 같은 과제가 어떠한 방식으로 다양하게 채택되고, 형성되며, 저항되는가에 관한 통찰력을 제공한다.

핵심 요점

- 과거의 개발 패턴은 환경 자원의 착취와 밀접한 관련이 있다. 그리고 그러한 개발 패턴의 영향에 대한 새로운 이해는 '지구 위험 한계선'을 넘어섰거나, '인류세'라는 새로운 지질학적 시대가 도래했음을 알려준다.
- 지속 가능한 개발의 개념은 미래의 환경과 개발 사이의 상호 관련성에 초점을 맞추고 있으며, 과거의 '개발' 패턴과 과정이 환경, 경제 및 사회적 측면에서 지속될 수 없는 이유를 강조한다.
- 생태계 자원과 기능이 제공하는 다양한 '서비스'는 인간의 건전한 삶에 필수적이지만, 대다수는 저하되거나 지속 불가능하게 사용되고 있다.
- 인간 사회 전체가 과거에 예견되었던 절대적 자원 부족을 경험하지는 않았지만, 오늘날 많은 측면에서 자원 부족을 경험하고 있으며, 이는 특히 남반구(개도국)의 많은 사람에게 기회를 제공한다.
- 최근 몇 년 동안 중국, 인도와 같은 신흥 경제국의 부상을 통해 세계 경제에서의 에너지, 원료, 투입물의 이동 규모와 지리적 패턴에 주요한 변화가 있었다.
- 수자원과 상업적 에너지원의 미래 가용성과 관리에 대한 질문은 글로벌 자원의 고려 사항에 있어서 사회적 그리고 분배적 형평성의 복잡한 문제를 보여준다.
- 기후변화와 생물 다양성 감소 등 지구 환경의 여러 많은 변화는 오늘날 도전에 직면한 인간의 지구 관리 방식에 의한 것으로 널리 인식되고 있다.
- 지속하는 빈곤과 증가하는 불평등은 미래의 지속 가능한 발전 전망의 주요한 제약 요인이다.

토의 주제

- 이 장에서는 자원, 환경 및 개발 간의 복잡한 상호 관계에 대한 글로벌 패턴에 관하여 알아보았다. 국지적, 지역적, 국가적 차원에서 나타나는 다양한 사례를 정리해보자.
- 빈곤과 풍요 중 어떤 것이 환경에 더 많은 위협을 가하는지 토론해보자.
- 산림 황폐화, 생물 다양성 또는 토양 침식과 관련된 각종 자료가 지닌 정확도 문제에 관하여 더 깊이 있게 탐구해보자.
- 기후변화에 대한 국제사회의 대응에 있어서 '공통적이지만 차별화된 책임'에 관하여 조사해보자. 지구 환경 변화에 있어 미래의 완화 조치를 위한 남반구(개도국) 국가들의 책임은 무엇인지 생각해보자.
- 온실가스 배출에 대한 목표가 법적 구속력을 지녀야 하는지 토론해보자.
- 인도와 중국의 최근 에너지 정책을 보다 깊이 있게 조사하고, 이들 국가의 저탄소 개발 전망에 있어서 핵심적인 사안이 무엇인지 토론해보자.

제7장
개발 제도

개발에 관한 의사 결정 과정에는 다양한 개인과 행위 주체, 단체, 기관 등이 참여한다. 그동안 국가 수준에서 정책 및 계획을 규정하고 시행하는 역할은 종종 정부의 몫으로 여겨졌다. 그렇지만 경제의 세계화가 진행되면서 국가의 역할은 실질적으로 변화되었다. 이 장에서는 오늘날 개발의 제도적 경관(institutional land-scape of development)을 특징짓는 국가와 시장, 시민사회라는 장(場) 안의 여러 제도를 소개하고자 한다. 이 장에서는 이들 제도의 역할이 경제적 재생 및 지속 가능한 개발과 같은 글로벌 차원의 도전과 관련하여 어떻게 변화되는지, 그리고 개발을 촉진하는 새로운 파트너십 안에서 어떻게 서로 협력하는 방향으로 나갈 수 있는지에 초점을 둔다. 이들 제도의 활동 결과는 '제3부'의 핵심이 될 것이다.

이 장의 주요 내용은 다음과 같다.

- 개발 계획 및 실천을 포함한 핵심 제도 및 조직의 범위를 파악한다.
- 유엔, 세계은행, 세계무역기구를 포함한 글로벌 거버넌스의 핵심 제도들이 어떤 책무성과 권한을 갖는지를 제시한다.
- 특히 남반구(개도국)의 시각에서 이들 글로벌 제도들의 '합목적성(fitness for purpose)'을 비판적으로 검토한다.
- 개발에 있어서 비국가 행위 주체(non-state actors)의 부상, 특히 시민사회와 민간 부문의 성장을 살펴본다.
- 새롭게 등장한 개발 동맹과 네트워크 안에서 다자간 제도들, 국가, 기업, 시민사회가 '협력'하는 방식들을 살펴본다.
- 경제적 위기의 영향과 지속 가능한 개발을 위한 모색이 개발에서 제도와 동맹의 변화에 어떤 함의를 갖는지 살펴본다.

도입: 변화하는 개발의 제도적 경관

오랫동안 '개발하기(doing development)'는 정부의 몫이었지만, 국가라는 틀 안에서 인적 및 자원 개발의 방향을 구성하는 정부의 역량은 특히 수십 년간 실질적으로 변화되었다. '제1부'에서 살펴본 것처럼, 1990년대를 아우르는 변화의 추동력은 세계화와 냉전의 종식 그리고 새로운 발전 전략을 추동하는 세계은행(World Bank), 국제통화기금(International Monetary Fund: IMF)과 같은 국제 금융기관(international financial institutions: IFIs)의 영향력 증대를 통해서 나타났다. '제1장'에서 논의한 바와 같이, 1980년대 후반부터 나타난 경제 자유화(economic liberalisation)는 개발의 이론과 실천을 주도했다. 그러나 새천년이 도래하면서 기존 시각은 남반구(개도국)와 북반구(선진국) 양쪽에 기반을 둔 폭넓은 사회적 반응을 비롯해 '제4장'에서 논의했던 '반세계화' 운동을 포함한 여러 도전에 직면하기 시작했다. 크레이그와 포터(Craig and Porter, 2006)가 제시한 것처럼, 개발을 이끄는 제도들(development's lead institutions)은 보다 '포용적'이고 '응답적'이며 '참여적'인 모습으로 재정비되어야 한다. 이를 통해서 어떻게든 정당성을 충분히 확보해야 한다. 실제로 시민사회는 국제 정책 논쟁과 글로벌 문제 해결에 있어서 과거보다 더 크게 기여하고 있다(Edwards, 2001a). 이러한 시민사회의 역할에는 국가가 시민들에게 더욱 책임감을 느끼도록 하거나, 빈곤층을 위한 정책 결정을 이끌어내도록 하는 것을 포함한다.

한편 '국가(state)'와 '시장(market)' 등과 같이 단편적으로 이원화되었던 논의들이 시장 주도 개발에 대한 비판의 일환으로 국가의 역량 강화에 대한 논의들과 시장을 위한 제도 구축에 관한 논의들로 바뀌었다(World Bank, 2002a). 2008년 글로벌 금융 위기 이후, 신자유주의 이데올로기는 다시 한번 의문시되고 있다. '월가의 악몽(nightmare of Wall Street)'(Silvey, 2010)은 최근 개발에서 국가의 역할에 관한 논의를 되살리고 있다.

개발의 제도적 경관은 국가와 시장, 시민사회라는 세 가지 기둥에 의해 지탱되고 있다. 그리고 개발을 구성하는 것이 무엇인지와 가장 좋은 개발에 관한 개념화는 이 세 가지 기둥의 상대적 역할 변화에 따라서 진화되어 왔다(Banks and Hulme, 2014). 그렇지만 오늘날에는 이 세 가지 기둥 안에 새로운 행위 주체들과 동맹들이 존재한다. 예를 들어, 개발의 '전통적인' 행위 주체들로는 정부, 그리고 세계은행과 비정부기구(Non Governmental Organization: NGO) 같은 국제기구가 있으며, 새로운 행위 주체에는 빌 앤드 멀린다 게이츠 재단(Bill and Melinda Gates Foundation)과 같은 민간 재단을 비롯하여 소비자, 심지어 유명인들도 포함한다(Richey and Ponte, 2014). 또한 남부 유럽 및 중동부 유럽 국가들이 민간 금융의 공여자 및 재원으로 뚜렷하게 성장했다(Maedsley et al., 2014; '제8장' 참고). 최근의 글로벌 경제 위기로 인해 세계 여러 국가 간의 상호 의존성이 심화되고 있으며, 글로벌 의제를 형성하는 데 있어 중국과 인도를 포함한 새로운 글로벌 강대국의 영향력이 커지고 있다. 더구나 기후변화와 같은 환경적 차원의 도전을 이해하기 위해서는 남반구(개도국) 국가들의 참여를 담보하는 국제적인 제도적 틀의 외연적인 변화가 요구되고 있다.

또한 개발의 제도적 경관의 특징은 새로운 동맹(new alliances)과 개발 과정에서 함께 협력하는 제도들로 규정된다. 예를 들어, 오늘날 비정부기구는 정부와 협력하고 있다. 그뿐만 아니라 세계은행, 유엔(UN), 심지어 민간 기업들도 정부와 협력한다. 그 때문에 이들은 동시에 시장에 기반을 둔 행위 주체나 시민사회의 핵심 구성 요소로 보일 수 있다(Desai and Potter, 2014). 기업의 경영 활동은 남반구(개도국) 국가들에 대한 관심과 함께 새로운 역할을 맡고 있다. 남반구(개도국) 국가들은 단순히 투자나 생산, 무역의 대상이 아니다. 예를 들어, 오늘날 기업의 경영 활동은 '제8장'에서 논의하게 될 공정 무역과 같은 이니셔티브(initiative)를 통해서 북반구(선진국)의 소비자를 국제 개발이라는 대의명분과 연결시킨다.

비판적 고찰

프로덕트 레드

프로덕트 레드(Product Red)는 아일랜드 출신 록스타 보노(Bono)가 제안했으며, 2006년 세계경제포럼에서 처음 선보였다. 프로덕트 레드는 아메리칸 익스프레스(American Express), 애플(Apple), 마이크로소프트(Microsoft), 갭(Gap), 아르마니(Armani), 스타벅스(Starbucks), 홀마크(Hallmark)와 같이 세계적으로 유명한 기업들이 생산한 빨간색 브랜드 제품을 소비자와 연결하기 위해 창안된 브랜드이다. 이들 기업은 다년간 프로덕트 레드와 제휴하면서 라이선스 비용을 지불한다. 제품 판매 수익의 일정 비율은 세계기금(Global Fund)으로 이전된다. 세계기금은 에이즈와 결핵, 말라리아와 같은 세계 보건 문제를 해결하기 위해서 공공 및 민간 자금을 모으고 이를 연결하는 국제단체이다.

세계기금은 세계보건기구(World Health Organization: WHO)가 세계 보건 문제 해결을 위한 자금을 마련하고 G8 국가들이 특히 아프리카 국가에 대한 공적 개발원조 규모를 늘릴 수 있도록 유엔 사무총장이 실질적으로 요청하면서 2002년에 창설되었다. 세계기금의 펀드 규모는 유엔 다음으로 두 번째로 크며, 펀드의 약 5%는 빌 앤드 멀린다 게이츠 재단과 같은 민간 자금의 지원을 받는다. 지금까지 세계기금은 3억 5천만 달러 이상의 기금을 마련했다. 세계기금은 직접 프로젝트를 시행하는 기관은 아니며, 주요 수혜자에게 자금을 분배하는 역할을 한다.

프로덕트 레드는 '브랜드 원조(Brand Aid)'로 명명되었고(Richey and Ponte, 2008, 2014), 넓은 의미의 '대의명분 마케팅(cause-related marketing)'에 해당한다. 프로덕트 레드는 이러한 방식으로 특정 명분을 쌓는 데 목표를 두고 있으며 제품의 출시에서 홍보에 이르는 과정에서 유명 인사를 활용한다. 유명 인사를 활용하는 것은 도움이 필요한 아프리카 사람들을 위해 '뭔가 도움을 주고 있거나 신선한 느낌의 브랜드(caring/cool brands)'라는 이미지를 창출하는 데 있어 매우 중요하다. 그리고 제품을 구매한 소비자들이 수혜자가 기부한 것 같은 좋은 마음을 느끼도록 만든다(Richey and Ponte, 2008, 2014). 공정 무역 제품이 소비자에게 생산 과정과 교환 조건, 제품의 '인증'에 관한 보다 투명한 정보를 제공해주는 것과 달리, 프로덕트 레드는 소비자를 빨간 브랜드 제품의 생산자와 연결하지는 않지만, 도움이 필요한 수혜자와 간접적으로 연결해준다.

[비판적 고찰]에서 소개한 프로덕트 레드 사례는 애플, 갭, 스타벅스와 같은 상징적 브랜드의 소비자들이 아프리카 대륙에서 에이즈나 결핵, 말라리아로 고통받는 사람들을 어떻게 돕고 있는지를 보여준다. 이를 통해 얻은 이윤은 세계보건기구와 G8 국가들의 후원을 받는 혁신적인 국제 공공 및 민간 금융 메커니즘(public–private financing mechanism)을 통해서 분배된다. 차세대 개발원조의 발족이 제안되고 있는데, 여기에서 민간 금융은 점차 중요해지고 있다. 그리고 개발 결과에 대해서는 책임을 지지 않았던 '전통적인' 기업 경영 활동의 역할에서 벗어나, 사회적 행위 주체로서 새로운 기업 경영의 역할이 확립되고 있다(Richey and Ponte, 2014).

개발과 관련한 제도에 관한 논의는 구체적인 조직 형태를 보이지 않는 덜 유형적인 제도(less tangible institutions)에 관한 논의를 포함한다. 이러한 제도들은 종종 사람들의 일상적 삶을 구성하는 과정을 중재함으로써 큰 영향을 미치는 것으로 이해된다. 이와 같은 제도에는 개인과 집단 간의 행동에서 나타나는 규칙화된 패턴이 포함되는데, 이들은 사회에서 채택된 명문화되지 않은 코드(unwritten codes)와 규범(norms)에 의해서 구조화된다. 이와 같은 비공식적 제도들은 공식적 제도가 시장이나 국가의 활동을 관할하는 것만큼이나 중요하게 개발 과정에서 나타나는 인간의 행위나 의사 결정에 영향을 미치고 있다. 많은 경우에 있어서 이와 같은 제도들의 작동과 영향에 대한 통찰력은 천연자원 관리에서 살펴볼 수 있다('제10장' 참고). 한편 제도가 개인의 삶의 양식과 일상생활을 구조화하기 때문에 젠더 관계(gender relations)의 중요성을 조명하는 사례를 통해서도 살펴볼 수 있다('제5장' 참고).

'거버넌스(governance)' 개념은 사회 부문이나 일면을 특정한 방향으로 조정 및 통제하거나 관리하기 위한 목적으로 현재처럼 복잡한 네트워크로 공간 규모를 넘나들며 작동하는 제도와 참여 주체, 규칙 등의 범위를 파악하기 위해 활용되곤 한다(Evans, 2012). 거버넌스 개념은 특히 사회과학자들에 의해 널리 활용되었다. 거버넌스 개념은 이를테면 통치 과정에 몰두하는 정부나 국가 활동의 범위를 넘어, 제도와 관계성의 범위를 이해하는 데 도움을 준다. 한편 거버넌스 개념은 다른 공간 규모 행위자들의 참여를 통해 나타나는 복잡하고 경쟁적인 과정들과 이들 과정이 어떻게 진화하고 변화하는지에 주목할 수 있게 해준다.

분명히 개발과 관련한 제도는 역동적이며, 이들 사이의 동맹과 관계성은 복잡하다. 이 장에서는 다수 개발의 제도적 경관에서 나타나는 주요 특징들을 파악하고자 한다. 특히 글로벌 경제 위기와 지속 가능한 개발에 대한 도전, 현재의 거버넌스 체제하에서 남반구(개도국) 국가들과 그곳에 거주하는 사람들의 역할에 대한 인식에 대한 반응으로 형성된 새로운 동맹을 포함하여 어떻게 제도의 역할과 활동이 변화하고 있는지에 초점을 둔다. 이들 활동이 초래하는 결과들의 경쟁적 속성은 '제3부'에서 깊이 있게 다루어질 것이다.

개발 제도의 역할에 관한 논의에서는 다양한 공간 규모를 가로지르는 제도가 개발 과정에서 중립적 요인이 될 수 없다는 점을 인식하는 것이 중요하다. 예를 들어, 제도는 가치를 드러내는데, 이들 가치는 특정 정치적 또는 사회적 집단의 이익이 반영된 것이다(Sharp, 1992). 따라서 제도가 '개발하기'에 영향을 미치는 방식뿐만 아니라, 특정 집단이나 사회적 행위자의 의사를 반영한 장벽이 될 수도 있다는 점을 항상 비판적으로 분석할 필요가 있다. 제도의 행사 속에 감춰진 '권력'이 개발 과정에 영향을 미치기 때문이다.

글로벌 거버넌스의 부상

국가들로 이루어진 국제기관(international institutions)은 일반적으로 개별 국가의 힘만으로는 달성하기 힘든 집합적 목표를 달성하기 위한 수단이 된다(Werksman, 1996). 제2차 세계대전이 끝난 시점에서 평화를 보장하고 글로벌 경제 부흥, 특히 유럽의 재건에 대응하려는 움직임이 나타났고, 1930년대 대공황을 초래했던 보호주의로의 회귀를 막기 위해서 유엔 및 국제부흥개발은행(International Bank for Reconstruction and Development: IBRD)과 같은 새로운 형태의 기관을 창설하도록 촉진했다. 이러한 기관은 평화 유지라는 집단적 목표를 달성하고, 분쟁을 해결하며, 사회적·경제적 발전을 촉진하기 위한 국제적 노력을 발전시키고 조정하기 위한 목적을 지닌다.

제2차 세계대전 이후, 글로벌 거버넌스 체제는 계속해서 진화했다. 그리고 이를 통해서 국제적·국가적 수준의 행위자들은 합의된 목표 달성을 위해서 협력하고, 글로벌 도전을 제시하기 위해서 노력해왔다(Massa and Brambila-Macias, 2014). 유럽의 경제적 재건과 지역 내 평화는 실질적으로 보장되었지만, 빈곤과 군사적 충돌은 특히 남반구(개도국) 국가들에서 여전히 지속되고 있다. 한편 천연자원과 환경적 제약 아래서 개발의 열망을 어떻게 해소할지는 끝없는 고민거리이다('제6장' 참고).

'글로벌 거버넌스(global governance)'는 기관과 기구 그리고 이들 사이의 관계를 의미하는데, 위계보다는 협력에 기반을 두며 특정 장소에서 수행되는 국제적 규칙으로 작동한다(Williams et al., 2014). 글로벌 거버넌스 내 수많은 국제기관의 '합목적성(fitness for purpose)'을 둘러싼 구체적인 논의들이 이루어져 왔다(Massa and

Brambila-Macias, 2014). 이러한 기관들이 기후변화나 국제 이주, 테러리즘과 같은 새로운 글로벌 도전들에 신속하게 대처할 수 있는지에 대한 우려들이 제기되었다. 다음 절에서는 유엔과 세계무역기구(World Trade Organization: WTO) 모두에서 나타나는 느린 의사 결정과 정책 설정에 대해 다룬다. 여기에서 의사 결정은 합의에 의존하고 있음을 확인할 수 있다. 또한 남반구(개도국) 국가들의 개발 요구 사항을 충족시키는 데 있어서 일부 국제기관들이 효율성과 정당성을 갖추고 있는지에 관한 논의와 함께 최근 변화된 글로벌 경제력의 맥락에서 남반구(개도국) 국가들의 역할과 참여에 관한 논의도 이루어져 왔다.

요약하자면, 글로벌 거버넌스를 구성하는 기관들은 형태와 기능, 기관의 수행과 관련된 규칙과 실천, 다른 기구에 대한 영향력 측면에서 매우 다양하다. 근본적으로 글로벌 거버넌스의 기관들은 일부 주권의 후퇴를 요구하는 공유 재산을 추구한다. 그러나 특성과 권한을 부여하는 국제기관의 역량은 국제기관을 만든 국가와는 구별되지만, 다른 한편으로 국제기관에 투자하는 국가의 의지에 의존한다(Werksman, 1996). 바로 이 점이 이들 기관의 작동과 발전에 관한 비판적 분석의 바탕이 된다.

[표 7.1] 앞으로의 유엔 모습에 관한 논쟁

- 오늘날 유엔에 대해 실망을 느끼는 일은 너무나 뻔한 일이 되었다. 실상은 훨씬 복잡하다. (Ignatieff, 1995)
- 유엔 거버넌스의 문제는 해결책을 모색하기까지 너무나 지나칠 정도로 전통에 얽매이며, 부처 간 협의와 같은 성가신 일에 의존한다는 점이다. (Browne, 2014)
- 세계는 유엔이 많은 일을 해주기를 바라지만, 할 수 있는 일은 너무 적다. (전임 유엔 사무총장, Browne, 2011)
- 우리가 활용할 수 있는 자원은 우리가 다뤄야 할 글로벌 업무에 비추어 볼 때 부족하다. (Kofi Annan, 2000)
- 유엔은 설립 당시에 국민국가보다 우위에 있는 것으로 인식되었지만, 지금은 유엔 체제에 대해 세계화 영향을 하나의 변수로 고려할 필요가 있다. (Dodds, 2002)
- 부국과 빈국 간의 격차가 점점 벌어지고, 특정 지역에서 빈곤과 환경 파괴, 폭력적 갈등의 악순환이 줄지어 일어날 때, 유엔이 품고 있는 생각과 실제로 이뤄낼 수 있는 것 간의 차이가 발생하면서 유엔의 정당성이 위협받고 있다. (Whitman, 2002)
- 이라크는 변화의 갈림길에 섰다. 1991년 전쟁이 시작된 이후, 셀 수 없이 많은 이라크인이 집단으로 학살당하는 것을 보았다. 유엔은 수없이 많은 이라크인의 점진적 살상에 연루되어 있다. (Ransom, 2005)

유엔 체제

> 확실히 유엔은 지난 시간 동안 여러 가지 변화를 겪었다. 그러나 제도적 취약점을 충분히 개선하지는 못했다. 유엔은 여전히 이전 시기 냉전의 구조와 중복된 기관들, 부적절한 인사 정책, 책무성의 결여, 불충분한 자원에 발목이 잡혀 있다. (Mingst and Karns, 2012)

양차 대전 사이에 창설된 국제연맹(League of Nations)을 계승한 51개 국가는 1945년 6월 샌프란시스코(San Francisco)에서 유엔 헌장(Charter of the United Nations)에 서명했다. 유엔은 국제연맹보다 복잡하고 야심 찬 목적으로, 단순히 국제 관계의 안정만을 보장하는 것이 아니라 변화를 더욱 체계적으로 촉진하려는 의도에서 출발했다(Righter, 1995). 오늘날 유엔은 복잡한 제도의 망으로 이루어져 있고, 상당수 제도의 책임은 중첩되어 있다. 하지만 모든 국가의 국민에게 동등한 권리를 보장하거나, 전쟁의 해악에서 벗어나게 하거나, 사회적·경제적 발전을 촉진하는 원래의 폭넓은 목적을 포함하고 있었다. 역사의 흐름에 따라 이러한 목적도 진화했다. [표 7.1]에서 강조한 것과 같이 유엔은 그동안 유엔의 역할과 행동, 미래에 관한 불확실성과 실질적인 논의에 주목해왔다. 이에 관해서는 이어지는 절에서 충분히 논의될 것이다.

2000년 이후, 새천년 개발 목표(Millennium Development Goals: MDGs)는 양자 원조 공여국과 국가, 민간 투자, 비정부기구뿐만 아니라 유엔의 개발 활동을 실질적으로 이끌고 있다. 새천년 개발 목표는 인간 개발에 대하여 보다 빈곤 중심의 접근을 추구하고, 결과가 목표에 기반을 두고 있다는 점에서 유엔의 가장 큰 성과로 여겨져 왔다. 이를 통해서 수많은 사람이 극단적 빈곤 상태에서 벗어날 수 있었다('제1장' 참고). 그렇지만 새천년 개발 목표는 남반구(개도국) 국가들이 줄곧 개선해달라고 요구해온 글로벌 교역 및 국제 금융 규칙의 불평등을 상대적으로 간과하고 있다는 점에서 비판받고 있다. 후쿠다-파(Fukuda-Parr, 2012)*는 새천년 개발 목표의 개발 담론이 국가들 안과 밖 기저에 놓인 권력 관계와 글로벌 경제의 비대칭성과 관련하여 빈곤을 이해할 수 있는 여지를 담고 있지 않다는 점을 지적했다. 목표 간의 상호 관련된 속성에도 불구하고, 새천년 개발 목표는 전체론적이며 복잡한 지속 가능한 개발 의제에서 벗어나야 한다는 점이 제시되었다(Dodds et al., 2012). 2016년, 유엔은 새로운 새천년 개발 목표를 채택하였다. 유엔은 기존 새천년 개발 목표가 지속 가능한 개발을 통합적으로 담아내는 데 실패했음을 다음과 같이 인정한 바 있다.

> 지속 가능한 개발을 촉진하려는 우리의 목표를 달성하기 위해서는 기존 새천년 개발 목표를 뛰어넘어야 한다. 기존 목표는 극심한 빈곤층과 극도로 배제된 계층까지 충분히 담보해내지 못하는 한계가 있다. 기존 목표는 개발에 따른 갈등과 폭력이 초래하는 참상에 침묵하고 있다. 개발에 중요한 좋은 거버넌스와 제도는 법규범과 언론의 자유, 개방적이고 책임 있는 정부를 보장하는 내용을 포함하지 못했고, 일자리를 제공하기 위한 포괄적인 성장에 대한 요구도 충족시키지 못했다. **그 무엇보다도 새천년 개발 목표는 새천년 선언(Millennium Declaration)이 그리고 있는 지속 가능한 개발의 경제적, 사회적, 환경적 측면을 통합시키지 못했다는 문제가 있다.** (UN, 2013b. 굵은 글꼴은 필자가 강조)

이 절에서는 유엔이 현재 진행하고 있는 핵심 공약들, 특히 지속 가능한 인간 개발과 관련하여 유엔의 주요 특징들을 파악할 것이다. 여기에서는 불가피한 논의의 축소로 복잡한 유엔 체제 전체 중 일부만을 들여다볼 수밖에 없을 것이다. 이 절에서는 최근의 제도적 개혁 과정을 겪고 있고 다른 개발 행위 주체와 협력하는 방식으로 진행되고 있는 지속 가능한 개발에 관한 거버넌스에 주로 초점을 두고자 한다.

핵심적 특징과 기능

[자료 7.1]을 보면, 유엔 체제는 6개의 주요 기관과 유엔환경계획(United Nations Environment Programme: UNEP)과 같은 다양한 프로그램과 펀드, 5개의 지역 위원회와 수많은 상임 위원회 및 특별 위원회와 같은 여러 위원회, 국제노동기구(International Labour Organization: ILO)와 세계은행 그룹(World Bank Group)**을 포함한 전문 기구들을 포함하고 있다. 또한 여기에는 세계무역기구처럼 유엔과 관련을 맺지만, 자율성을 지니고 유엔과 긴밀한 연락 관계를 갖는 기관도 포함된다. 분명히 유엔 체제는 제도들을 '가공할 만한 배치(formidable array)'로 구성하고 있다(Williams et al., 2014). 이는 유

* 사키코 후쿠다-파(Sakiko Fukuda-Parr, サキコ フクダ パー, 福田 咲子, 1950~)는 유엔개발계획(UNDP)에 참여해 명성을 얻은 개발경제학자로, 기술, 인권, 젠더, 역량 개발, 원조 구조에 관심을 두고 세계화와 빈곤, 경제학 분야에서 중요한 역할을 수행했다. 주요 저서로는 『새천년 개발 목표: 아이디어, 관심 및 영향(Millennium Development Goals: Ideas, Interests and Influence)』(2017), 『사회적, 경제적 권리의 실현(Fulfilling Social and Economic Rights)』(2015), 『개발 능력: 오래된 문제에 대한 새로운 해결책(Capacity for Development: New Solutions to Old Problems)』(2002) 등이 있다.

** 세계은행 그룹은 좁은 의미에서 세계은행으로 간주되는 국제부흥개발은행(IBRD)과 국제개발협회(IDA) 외에 국제금융공사(IFC), 국제투자보증기구(MIGA), 국제투자분쟁해결센터(ICSID)를 포함한다.

[자료 7.1] 유엔 체제

출처: http://www.un.org/en/aboutun/structure/pdfs/UN_System_Chart_30June2015.pdf (2016년 4월 18일 접속)

비판적 고찰

유엔의 재정 문제

유엔의 재정은 회원국이 납부한 의무 분담금과 자발적 기부금으로 충당한다. 의무 분담금(assessed contributions)은 총회와 평화 유지 활동을 포함한 유엔의 핵심 기구 활동을 위한 자금으로 활용된다. 자발적 기부금(voluntary contributions)은 정의상 개별 회원국의 재량에 따라 마련되며, 유엔개발계획(UNDP)이나 유엔아동기금(UNICEF), 세계식량계획(World Food Programme: WFP)을 포함한 유엔 개발 기구(UN development agencies)의 활동을 위한 자금으로 지원된다.

의무 분담금은 각국의 국민총소득(Gross National Income: GNI)을 반영한 지불 능력을 기초로 할당되지만, 한편으로 1인당 소득이 매우 낮은 국가들에는 채무 약속 및 조정이 이루어진다. 의무 분담금의 최대 상한 비율은 유엔 예산의 22%로 고정되어 있는데, 이는 유엔이 하나의 회원국에 지나치게 의존하지 않기 위함이다. 최저한도의 의무 분담금 비율 역시 0.001%로 정해져 있다. 그렇지만 유엔의 자금 지원은 주로 일부 부자 나라들에 의해 이루어지고 있다. 2008년 기준으로 전체 재정 지원의 57%는 경제협력개발기구(Organization for Economic Cooperation and Development: OECD) 회원국에 의해 이루어졌다(Browne, 2011). [자료 7.2]는 의무 분담금 비율이 낮은 국가들은 국민 한 사람으로 따져보면 더 많은 분담금을 내고 있지만, 유엔에 가장 많은 돈을 지원하는 국가는 미국임을 보여주고 있다.

공적 개발 원조(Official Development Assistance: ODA)가 줄어들고 있는 상황에서 다자간 기관에 대한 국가의 기여는 여전히 높게 나타난다(OECD, 2015a). 문제는 유엔 핵심 활동으로 들어가는 지분이 점점 줄어드는 데 있다. 유엔이 현장과 관련해서 적합한 것으로 판단된 핵심 자금의 지출에 대한 통제권을 갖고 있지만, 공여국은 비핵심적인 활동으로 흘러 들어가는 자금에 대한 통제력을 유지하려고 한다. 결국 브라운(Browne, 2011)이 제시한 것처럼, 유엔의 활동은 공여국의 의제를 반영하기 쉬워진다.

> 유엔의 모든 조직과 기관, 사무국은 본능적으로 자금줄을 따른다. 어떤 경우에든 공여국은 따르라고밖에 말할

[자료 7.2] 2015년 유엔 예산에 대한 상위 10개 기여국

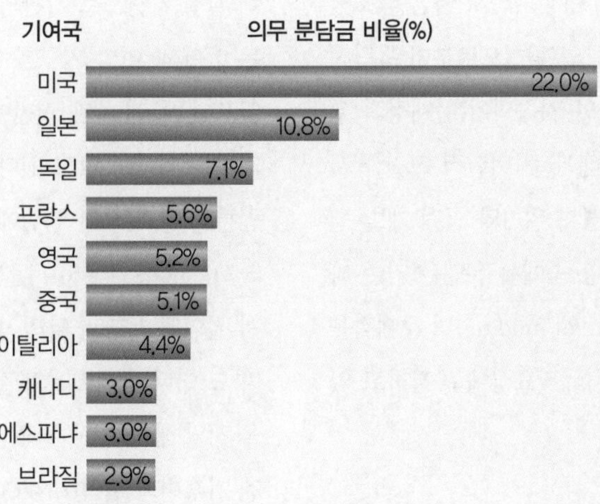

출처: 유엔 사무국, 「2015년 유엔 정기 예산에 대한 회원국 평가」, 2015

수 없는 특정한 정책이나 프로그램에 자금을 지원하려고 한다는 점이 분명해졌다.

오랫동안 유엔 전체 예산 규모의 한계에 대해서도 우려가 제기되어왔다. 2014~2015년간 유엔의 전체 예산 규모는 54억 9,200만 달러였다(UN, 2014a). 2006년까지 사무총장을 역임했던 코피 아난(Kofi Annan)이 지적했듯이, 유엔의 핵심 활동을 위한 예산은 뉴욕(New York)시 한 해 예산의 4% 정도이며, 도쿄 소방청(東京 消防庁) 예산보다도 적은 10억 달러에 지나지 않는다(Mingst and Karns, 2012). 옥스팜(Oxfam), 케어(CARE), 국경없는 의사회, 세이브더칠드런(Save the Children)과 같은 많은 비정부기구는 현재 연간 5억 달러 이상의 예산을 운용하고 있다(Desai and Kharas, 2009).

한편 의무 분담금 납부를 미루거나 철회하는 문제가 제기되고 있다. 특히 가난한 국가들은 의무 분담금을 납부할 충분한 여력이 없는 경우가 많다. 이 때문에 유엔의 자금 지원이 지연되거나 철회되는 문제가 발생하고 있다. 자금의 규모와 시점에 대해 반론이 제기되면서 모든 일이 유엔 활동에 영향을 미치고 있다. 1980년대 동안 미국은 유엔의 정책과 많은 기구의 정치화에 대해 우려하면서 유엔에 납부해야 할 회비의 일부를 보류하기 시작했다(Mingst and Karns, 2012). 1990년대에 유엔은 심각한 재정난에 직면하게 되었다. 85개 회원국들은 법적 의무로 할당된 돈을 지불하지 않았고, 미국은 의무 분담금의 3분의 2 이상을 체납했다. 미국의 체납 문제에 개입한 미디어 거물인 테드 터너(Ted Turner)는 미국이 납부해야 할 부족액을 대신 납부하기도 했다. 최근 유엔의 자발적 기부금은 빌 앤드 멀린다 게이츠 재단을 포함한 다른 주요 자선 사업가들에게 충당되기도 한다.

엔의 작동을 보다 간소화하고 협력을 강화하기 위해서 조정이 요구되는 과제임을 보여준다. 그리고 이들 과제는 유엔 제도의 개혁 과정 전반에서 나타난다. 이에 관해서는 다음 절을 통해서 살펴볼 것이다.

총 193개국에 달하는 전 세계 대부분 국가가 유엔의 회원국이다.* 유엔의 본부는 미국 뉴욕에 있으며, 회원국의 여건과 자발적인 분담 원칙에 따라서 자금을 조성하고 있다. 이처럼 유엔이 자금의 원천으로부터 독립적이지 못하다는 사실은 오랫동안 지속되어온 재정적 우려의 근간을 이룬다. 이에 관해서는 [비판적 고찰]에서 살펴보게 될 것이다. 글로벌 경제 위기와 공적 개발 원조(ODA)가 축소되고 있는 상황 속에서 유엔은 기존 다자간 자금 조달 방식(multi-lateral funding)의 문제점을 인식하고, 재원 기반을 다양화할 필요성에 공감하고 있다. 예를 들어, 2010년 유엔에 대한 분담금의 17%는 비정부기구, 곧 공공–민간 협력과 다른 다국적 기구로부터 확보되었다(OECD, 2015a).

유엔의 개별 회원국들은 총회(General Assembly: GA)를 대표하며, 국가의 크기나 인구, 경제력과 무관하게 동일한 투표권을 갖는다. 총회는 유엔을 대표하는 정책 결정 기관으로 기관의 핵심 허브로 설계되었다. 총회는 유엔의 여러 기구를 조정 및 감독하는 책임을 지고 있으며, 유엔 체제 전반에 관한 예산 및 인력 수준을 관리하는 역할도 맡고 있다. 전반적으로 총회는 '합의하는 공론의 장과 국가 행위에 영향을 행사하는' 역할을 한다(Werksman, 1995). 총회에서 결의된 사항은 위원회에서 결의된 사항과 달리 법적으로 정부를 구속할 힘이 없다. 그러나 총회에서의 결정 사항은 '세계 여론의 무게감을 전달'해서, 많은 결의안이 '제6장'에서 논의하게 될 유엔 기후변화 협약(UNFCCC)과 같은 국제 조약으로 순차적으로 조직화될 수 있도록 해준다. 또한 총회는 경제사회이사회(Economic and Social Council: ECOSOC)와

* 처음 유엔이 출범했던 1945년에는 회원국 수가 51개국에 불과했으나, 2011년 남수단이 유엔에 가입하면서 회원국 수는 모두 193개국으로 늘어났다.

공동으로 정상 간, 위원회 간 주요 회의를 기획한다. 이와 같은 모습들은 글로벌 거버넌스 전체의 일면이며, 관심 사항을 움직이고 개발 쟁점들을 단지 유엔과 유엔 회원국들뿐만 아니라, 비정부기구와 과학 및 다른 전문가 그룹들, 민간 기업들로 이루어진 초국적 네트워크에 이르는 전체 분야로 확산시키는 데 영향을 미친다(Mingst and Karns, 2012).

한편 총회는 안전보장이사회(the Security Council)의 비상임이사국(nonpermanent members)을 선출한다. 안전보장이사회는 안보와 관련한 쟁점들을 다루는 기구로 유엔 회원국들이 군사적 행동을 취하도록 요청할 수 있다. 1940년대에 창설된 이래, 중국, 미국, 러시아, 영국, 프랑스, 이렇게 5개 국가의 상임이사국(permanent members) 지위가 그대로 유지되어왔는데, 이는 21세기의 세계가 아니라 1945년의 세계를 반영한다(Mingst and Karns, 2012).* 이후 단시간 동안 비상임이사국들이 추가되어 안전보장이사회에서 의결권을 행사할 수 있게 되었지만, 오직 상임이사국만이 거부권을 행사할 수 있다. 남아메리카와 아프리카의 대표성이 부재한 상황에서 이와 같은 거부권 행사는 오랫동안 정당성에 관한 의문을 제기해왔다. 따라서 유엔의 개혁은 안전보장이사회의 회원 자격과 의결 규정에 대한 문제 제기 없이 이루어질 수 없다(Mingst and Karns, 2012).

평화와 안보

총회와 안전보장이사회가 창설되던 당시에는 외부의 특정 국가가 가하는 침략 행위가 국제 평화에 위협이 되는 핵심 요인이었다. 유엔은 헌장에 근거해서 국내 관할권에 개입하지 않았다.** 그러나 유엔의 평화 유지 활동(UN peacekeeping activities)은 국가 내 분쟁(conflicts within states)뿐만 아니라 평화 구축과 강제력의 집행, 분쟁 예방 활동도 포함하는 방향으로 진화해왔다.

냉전 시기 동안, 미국이나 소련은 상대방의 제안에 대해 거부권을 행사하면서 유엔의 실질적인 평화 유지 역할을 제약했다. 1980년대 중반에 들어 유엔이 안보 상황을 안정화하거나 새로운 평화협정을 체결하는 일에 참여하면서 평화 유지 활동의 건수가 크게 증가했다. 유엔이 창설되고 처음 50년간은 고작 13건에 해당했던 평화 유지 활동이 1989~1994년 동안 새로 20건이 추가되었다. 이와 함께 1989년에 1만 1천 명이었던 평화 유지 인력의 수가 1994년에 7만 5천 명으로 크게 늘어났다.*** 평화 유지 활동 지역이 늘어나면서 유엔의 평화와 안보를 위한 비용도 증가하고 있다. 이는 앞서 [비판적 고찰]에서 살펴본 것처럼 앞으로 유엔이 당면하게 될 재정적 우려의 근간을 이루고 있다.

유엔 조직 자체에 대한 논의뿐만 아니라 유엔이 국민국가 내 변화에 대응할 역량과 권한, 의지가 있는지에 대한 의문이 학계와 대중 일반 논의의 초점이 되고 있다. 유엔은 1994년 르완다 학살과 2011년 리비아 내전 대응에 실패했다는 비판을 받고 있다. 또한 세계 평화와 안보를 보장하는 다자간 체제의 타당성은 지난 2003년 미국과 영국의 이라크 침공 사례에서 볼 수 있는 것처럼 (일부 동맹국과) 국가들이 유엔의 지원 없이 군사적 행동을 취할 수 있는지를 두고 비판받고 있다.

런던(London)과 파리(Paris)에서 발생한 테러들, 튀니

---

* 안전보장이사회에는 15개국의 이사국이 있는데, 중국, 미국, 러시아, 영국, 프랑스의 5개국 상임이사국과 나머지 10개국 비상임이사국으로 구분된다. 2년 임기의 10개국 비상임이사국은 지리적 대표성을 고려하여 총회에서 선출된다. 예를 들어, 세 자리는 아프리카, 두 자리는 각각 남아메리카 및 아시아와 서유럽, 한 자리는 동유럽에 할당되어 있다. 한편 상임이사국은 거부권(veto)이라는 비장의 카드를 갖고 있다. 어떤 절차 사항에 관해 9개 이사국의 찬성표를 얻었더라도 만약 상임이사국이 거부권을 행사하면 해당 안건은 부결된다.

** 유엔 헌장 제2조 7항에서는 "이 헌장의 어떠한 규정도 본질상 어떤 국가의 국내 관할권 안에 있는 사항에 간섭할 권한을 유엔에 부여하지 아니하며, 또는 그러한 사항을 이 헌장에 의한 해결에 맡기도록 회원국에 요구하지 아니한다. 다만, 이 원칙은 제7장에 의한 강제 조치의 적용을 해하지 아니한다"고 명시되어 있다.

*** 현재는 12개 지역에서 유엔 평화 유지 활동이 이루어지고 있다(https://peacekeeping.un.org/en 참고).

지, 인도, 케냐, 파키스탄을 포함한 남반구(개도국) 전역에서 발생한 테러들뿐만 아니라 2001년 9월 11일, 뉴욕에 대한 테러리스트들의 공격으로 인해 외부로부터 조직화된 폭력이 물리적 국가 안보(physical state security)에 위협이 될 수 있음을 깨닫게 해주었다. 그런데 최근 유엔은 물리적 폭력을 넘어서 개인과 취약 계층, 국가에 대해 가해지는 상호 연관된 다양한 위협을 포섭하기 위해서 '인간 안보(human security)' 개념을 널리 사용하고 있다.* 이러한 위협에는 대량 학살, 핵무기, 테러리즘, 초국적으로 조직화된 범죄뿐만 아니라 빈곤과 감염병, 환경 파괴도 포함된다. 빈곤과 건강, 환경 파괴에 대한 도전들은 차후 계속 논의하겠지만, 오랫동안 유엔이 관심을 가져온 사안으로 새로운 주제는 아니다. 이에 대해 밍스트와 칸스(Mingst and Karns, 2012)는 다음과 같이 요약한다.

> 환경 파괴든 건강에 대한 주요 위협이든, 그동안 이들이 인간 안보에 중대한 위협이 될 수 있음을 간과해왔다. 이러한 위협들은 국가 내부와 국가들 사이의 평화와 안정에 직접적 영향을 미칠 수 있다. 간단히 말해서, 국가보다 사람에 일차적인 초점을 두게 되면서 과거에 '단지 환경적', '단지 사회적' 쟁점으로 여겨졌던 부분들이 광범위한 안보적 함의를 갖게 되었다.

빈곤 문제에 대한 해결 노력

유엔 포럼에서 가장 중요한 경제 및 사회 개발에 관한 논의는 경제사회이사회(ECOSOC)에서 이루어진다. 경제사회이사회는 [자료 7.1]에서 볼 수 있는 것처럼 8개의 산하 기관과 5개의 지역 위원회를 총괄한다.** 경제사회이사회는 처음부터 세계은행, 세계보건기구(WHO), 식량농업기구(FAO), 국제노동기구(ILO), 유엔교육과학문화기구(UNESCO)와 같은 전문 기관(the specialised agencies)의 활동을 조정하는 핵심적인 역할을 맡도록 구성되었다. 이들 전문 기관은 독자적인 헌장과 회원 자격, 예산을 갖춘 별도의 국제 협약으로 설립되었다. 모든 전문 기관은 글로벌 책무성을 갖고, 경제 및 사회 진보와 연관된 활동에 참여한다. 이들 전문 기관은 경제사회이사회 및 총회와의 협약을 통해서 공식적으로 유엔에서 갈라져 나왔다. 경제사회이사회의 감독을 받는 이들 전문 기관의 활동은 유엔 체제의 인적 및 재정적 자원 상당 부분을 포괄하고 있으며, 1980년대와 1990년대 유엔이 추진했던 여러 노력의 75%를 조정해왔다(Buckley, 1995). 이와 같은 조정 노력은 산하 위원회와 전문 기관의 수, 그리고 경제 및 사회 활동의 포괄 범위의 측면에서 [자료 7.1]에 잘 나타나 있다. 경제사회이사회가 여러 국가의 조정을 강화하고 협력을 촉진하는 핵심적인 방식은 5개의 지역 위원회를 통해서 이루어져 왔다. 또한 경제사회이사회는 연구를 수행하고 콘퍼런스를 소집하는 핵심적인 역할도 수행한다. 유엔은 자문 자격을 지닌 수많은 비정부기구로 이루어져 있다. 유엔 역할에, 경제사회이사회에 보고되기도 하는, 총회가 만들어낸 새로운 역할이 덧붙여지면서 특성이 한층 복잡해진다. 2015년에는 지속 가능 개발 고위급 정치 포럼(High Level Political Forum on Sustainable Development: HLPFSD)이 만들어졌다. 이에 관해서는 뒤에서 살펴보도록 한다.

유엔개발계획(United Nations Development Programme: UNDP)은 경제사회이사회에 속한 가장 큰 사

* '인간 안보' 개념은 1994년 유엔개발계획(UNDP)에서 처음으로 제시되었다. '기존 안보가 국가에 대한 군사적 공격이나 위협에 초점을 둔 것과 달리, 안보의 대상을 인간으로 넓게 확장했다는 점에서 차이가 있다. 따라서 '인간 안보'는 군비 축소뿐만 아니라 인권, 환경보호, 사회 안정, 민주주의 등의 실현에도 초점을 두고 있다.

** 8개 산하 기관에는 마약 위원회, 사회 개발 위원회, 인구 및 개발 위원회, 통계 위원회, 범죄 예방 및 형사 사법 위원회, 여성 지위 위원회, 개발을 위한 과학 기술 위원회, 유엔산림포럼이 있다. 5개 지역 위원회에는 아프리카 경제 위원회, 유럽 경제 위원회, 라틴아메리카 및 카리브해 경제 위원회, 아시아 및 태평양 경제 사회 위원회, 서아시아 경제 사회 위원회가 있다.

업으로 유엔 개발 활동의 중추에 해당한다. 유엔개발계획은 구체적인 지원을 동원하고, 개발 해결책을 촉진하기 위한 목적으로 1965년에 설립되었다. 유엔개발계획은 구체적 지원 활동을 맡은 유엔의 가장 중요한 자금 지원 기관(funding agency)으로 남아 있으며, 유엔을 대표하는 핵심 프로그램이다. 그러나 유엔개발계획은 사회 및 경제 개발 과제들의 성격상 현장에서 범부처 간 이견을 조율해야 하는 어려움뿐만 아니라 유엔의 광범위한 재정적 문제로 인한 어려움도 겪고 있다. 유엔개발계획은 주요 기관이기보다 일종의 프로그램이다. 따라서 유엔 회원국의 자발적인 자금 지원에 전적으로 의존한다. 유엔개발계획의 재정적 압박 문제는 공적 개발 원조(ODA)가 장기적 개발 지원보다 인도주의적 완화 영역으로 방향을 돌리게 되던 1990년대를 거치면서 커졌다(Thomas and Allen, 2000). 한편 이 시기는 국제 금융기관들이 남반구(개도국) 국가들의 경제 발전에 좀 더 관심을 기울이던 시기였다. 1990년대 중반이 되자, 세계은행은 개발도상국에 유엔개발계획보다 더 많은 구체적인 자금 지원을 하는 투자처로 성장했다(Gwin, 1995). 수많은 옵서버 국가에 이 당시 유엔 조직은 국제 금융기관 측면에서 뛰어난 성과를 보여주었다.

앞서 [비판적 고찰]에서 살펴본 것처럼, 유엔 전체와 유엔개발계획과 같은 기관은 활동을 추진할 때 점차 다면적인 전략(multifaceted strategy)을 많이 채택하고 있다. 그래서 정부나 다른 국제기관, 양자 공여 기관들처럼 민간 기업과의 협력을 많이 추진하고 있으며, 지원 정책에도 기업 부문의 역량 강화에 초점을 두고 있다. 뒷부분의 세계은행과 지구환경기금 간 협력에 관한 [비판적 고찰]의 하단에 제시된 세계은행을 보면 지구환경기금(Global Environment Facility: GEF) 실행과 관련하여 유엔개발계획이 얼마나 중요한 역할을 맡고 있는지를 보여주고 있다. 지구환경기금은 세계은행 및 민간 금융사와의 공조를 통해 발족한 이니셔티브이며, 글로벌 환경의 중요성을 다루기 위해서 저소득 국가들을 후원한다. 유엔 조직처럼, 최근에 유엔개발계획도 활동을 유지하기 위해서 재정적 원천을 변경했다(Browne, 2014). 현재 유엔개발계획의 가장 큰 재정적 원천은 유럽연합(EU)과 세계기금이다. 프로덕트 레드에 관한 [비판적 고찰]에 제시된 것을 보면, 세계기금은 에이즈와 결핵, 말라리아를 퇴치하기 위해 모금 및 지출 활동을 하는, 2002년에 만들어진 국제 금융 기구(international financing organization)이다. 자금 원천의 범위는 공공(양자 원조 공여국) 부문을 비롯해서 빌 앤드 멀린다 게이츠 재단을 포함한 민간 부문에 이른다. 세계기금은 40개국에서 사업을 추진하고 있는 유엔개발계획을 재정적으로 후원하고 있다.

자금 지원 문제에도 불구하고 유엔개발계획은 매년 「인간 개발 보고서(Human Development Reports)」를 발간해서 하나의 척도로 작용하고 있는 지배적인 개발 패러다임을 바꾸는 데 중요한 역할을 했다(Browne, 2011). 1990년에 나온 첫 번째 보고서에서는 사람들의 선택 범위를 넓힌 '인간 개발(human development)'의 개념을 소개하였다('제1장' 참고). 이 개념은 남반구(개도국)의 저명한 경제학자인 마흐붑 울 하크(Mahbub Ul Haq)와 아마르티아 센(Amartya Sen)에 의해서 고안된 것이다. 이 개념은 그 당시 많은 국가에 적용된 거시 경제학적 조정(macro-economic adjustment) 효과가 반대로 나타난 것에 대응해 개발되었고, 이후 큰 반향을 불러일으켰다. '사람을 개발의 중심에 놓게 되면서, 해당 개념은 경제 및 사회 발전에 대한 체제 전반에 걸친 새로운 접근(a new system-wide approach)을 활성화하는 통합적인 지적 틀(an integrated intellectual framework)을 제공해주었다'(Mingst and Karns, 2012). 「인간 개발 보고서」의 성공은 유엔개발계획의 현대화와 유엔개발계획을 보다 포괄적이고 '어엿한(fully fledged)' 개발 이행 기관으로 변화시키는 데 있어 핵심적인 것으로 평가되고 있다. 현재 유엔개발계획은 새천년 개발 목표뿐만 아니라 인권 정책과 젠더를 포함한 글로벌 지식 네트워크에 대한 최고 수준의 연구 및 지원을 수행하는 프로그램으로 명성을 얻었다.

그렇지만 유엔개발계획 안팎에서 같은 자금을 두고 경쟁하는 일정한 수의 기관들과 유엔의 '나비 날갯짓 접근(butterfly approach)'이라고 불리는 작은 목표를 두고 움직이는 수없이 많은 초소형 프로젝트로 인해 개발에 대한 유엔의 영향력은 제약을 받고 있다(Righter, 1995). 유엔 프로그램의 중복 문제와 일관성의 결여, 관료주의의 지나친 간섭은 비판의 목적이자 제도적 개혁의 초점이 되고 있다. 인도주의적 위기의 시기에 대한 유엔의 대응이 종종 강조되고는 있지만, 각기 다른 유엔 기구들은 명확하게 구분되는 기능적인 책임을 맡고 있다. 예를 들어, 유엔난민고등판무관실(United Nations High Commissioner for Refugees: UNHCR)은 난민 수용소 문제를 다루며, 유엔아동기금(UNICEF)*은 식수와 위생 문제를 다룬다. 그리고 세계식량계획은 식량 공급과 이동에 책임을 지며, 세계보건기구는 건강 부문을 다룬다(Mingst and Karns, 2012). 유엔 에이즈 합동 계획(Joint UN Programme on HIV/AIDS: UNAIDS)은 유엔 기구뿐만 아니라 다른 기구들과의 강한 협력을 촉구하려는 분명한 노력을 보여주는 사례이다. 1996년에 창설된 유엔 에이즈 합동 계획은 유엔아동기금과 유엔개발계획, 유엔교육과학문화기구(United Nations Educational, Scientific and Cultural Organization: UNESCO), 세계보건기구, 유엔인구활동기금(UN Fund for Population Activities)** 간의 협력으로 만들어졌다(유엔 에이즈 합동 계획은 후에 세계은행이 이끈다). 유엔 기관과 프로그램은 재원의 파편화와 제약에 대한 지속적인 관심에도 불구하고, 원조의 효과에 대한 검증 항목 내에 포함된 다국적 재원(other multi-national sources)과의 연관성 측면에서 꾸준히 부실하게 운영되고 있다(OECD, 2012; DFID, 2013).

유엔 조직 간 시너지와 효율성을 강화하고 프로그램의 효과를 높여야 한다는 요구 사항에 대한 응답으로 유엔은 1997년에 유엔개발그룹(UN Development Group: UNDG)으로 출범했다.*** 유엔개발그룹은 32개의 유엔 펀드와 각종 프로그램들, 기관들, 부처들, 사무소들을 하나로 묶는다. 유엔개발계획은 의장으로서 계속해서 이들 활동을 조정하는 책임을 맡는다. 빈곤과 관련한 공통의 의제와 2000년에 채택된 새천년 개발 목표는 유엔 체제 내에서 유엔개발계획의 활동들이 하나의 전체로 통합되도록 촉진한다.

새천년으로의 시작은 유엔 체제 전반을 다시 활성화하고, 보다 통합적인 빈곤에 초점을 맞춘 개발을 시행하게 되는 전환점이 되었다. '새천년 정상 회의(the Millenium Summit)'는 코피 아난 사무총장이 회원국들을 소집한 특별 모임으로서 189개국 정상들이 참석했다. 여기에서 채택된 선언문에서는 유엔 조직과 헌장에 대한 신뢰를 재확인하였으며, 유엔 안전보장이사회의 개혁과 경제사회이사회의 강화를 포함하여 유엔 공동체의 여러 핵심 목표들을 확인하는 계기가 되었다. 새천년 정상 회의를 통해서 개발과 빈곤 퇴치, 평화와 안보, 환경 보전, 민주주의와 인권에 대해 회원국들이 노력해줄 것을 촉구했다. 측정할 수 있는 목표와 명확한 최종 기한을 포함한 구체적인 행동 계획이 설정되었고, 새천년 개발 목표의 기본 사항은 이듬해에 의견 일치를 보았다('제1장' 참고). 2001년 코피 아난 사무총장은 유엔에 새로운 활력을 불어넣은 '탁월한' 공로로 유엔과 공동으로 노벨 평화상을 수상했다(Usbourne, 2001).

유엔 체제가 개발과 인도주의적 지원, 환경 영역을 어

---

*1946년 최초 설립 당시에는 유엔 국제 아동 긴급 구제 기금(United Nations International Children's Emergency Fund: UNICEF)이었지만, 1953년 유엔의 상설기구로 개편되면서 지금의 유엔아동기금(United Children's Fund)으로 명칭이 바뀌었다. 그러나 약칭은 그대로 UNICEF로 표기하고 있다.

**유엔인구활동기금은 유엔인구기금(UN Population Fund)으로 명칭이 바뀌었다. 유엔 내에서 인구 관련 분야를 주도하는 주요 기관으로 임신의 자유와 출산의 안전, 아동 및 청소년의 잠재력 계발을 위해 노력한다.

***유엔개발그룹(UNDG)은 지속 가능한 개발 목표 달성에 박차를 가하기 위해서 2018년에 유엔 지속 가능한 개발 그룹(UN Sustainable Development Group: UNSD)으로 재조직되었다.

[표 7.2] '하나의 유엔'이 갖는 가치

- 협력을 통해 국가 발전을 이뤄낼 수 있도록 유엔 체제를 개선하기
- 국가의 우선순위에 맞춰 유엔 활동들을 정렬하고 중복 사업을 피하기
- 결과를 얻기 위해서 전체 유엔 체제가 부여한 권한과 전문 지식을 최대한 활용하기
- 다차원적인 과제 해결을 위해 필요한 통합적인 정책 해법과 대응을 모색하기
- 일관성 있고 지속 가능한 방식으로 유엔의 가치관과 규범, 기준을 개선하기
- 유엔 체제의 투명성과 예측 가능성, 책무성을 증진하기
- 세계 및 지역 실행자와 비정부 행위자를 포함한 모든 이해 관계자의 참여를 촉진하기 위해서 유엔의 소집 역할을 활성화하기
- 새로운 표준 운영 절차(new Standard Operating Procedures)에 따라 정부와 개발 협력업체, 또한 유엔 외교 업무 지원팀(UN country teams)의 거래 비용 줄이기
- 개별 유엔 기관의 비교 우위와 역량에 따라 명확하게 업무를 구분하기
- 조화로운 비즈니스 관행과 통합된 운영 지원 서비스를 통해서 효율성을 높이고 비용을 절감하기

출처: Zoomers, 2010을 수정

떻게 하면 일관성을 갖추고 효과적으로 다룰 수 있는지를 모색하기 위해서 2005년에는 유엔 체제의 포괄적 일관성에 대한 고위급 패널(High Level Panel on UN System-wide Coherence)이 구성되었다. 여기에서 제시되었던 한 가지 제안은 유엔이 국가 수준에서 '하나의 유엔(delivering as one)'이 되어야 한다는 것이었다. 다시 말해서, 이와 같은 접근은 각국에 적합한 하나의 주도적인 프로그램이면서 예산과 사무 행정에 토대를 둔 전략이어야 한다는 것이다. [표 7.2]는 이와 같은 접근이 갖는 가치를 잘 보여주고 있다. 처음 8개 국가를 사례로 한 시범적인 독립 평가에서는 특히 성 불평등, 에이즈와 같은 교차 주제에 대해서 긍정적인 결과를 얻었다. 추후 이와 같은 접근은 28개 국가에 적용되었다. 그렇지만 여기에서 얻어진 평가가 의미하는 바는 다음과 같다.

> 유엔이 더욱 포괄적인 개혁 노선에 진입하기 위해서는 과감한 조치들(bolder measures)이 필요하다. 예를 들어, 유엔 기관들의 수를 합리화(rationalisation)하거나, 권한과 거버넌스 구조 및 자금 조달 양식(funding modalities)을 개혁하거나, 현재의 유엔 체제에서 기대할 수 있는 개발 전문성의 범위(the range of development expertise)를 새롭게 정의하는 것이 포함된다. (UN General Assembly, 2012)

2015년 이후 '하나의 유엔'은 계속해서 유엔의 핵심 의제가 되고 있다. 그리고 이와 같은 의제하에서 유엔과 이들의 활동을 한층 더 통합하는 일은 지속 가능한 개발을 다차원적이고 상호 연계된 도전으로 해결하기 위해서 꼭 필요한 것으로 이해된다. 다음 절에서는 지속 가능성(sustainability governance)을 명시적으로 표방하는 최근의 수많은 개혁을 살펴보고자 한다.

유엔과 지속 가능한 개발의 거버넌스

유엔은 개발 구조(development of structures)와 글로벌 지속 가능성(global sustainability governance)의 과정에 있어서 매우 중요한 역할을 수행해왔다. 유엔이 창설될 당시에는 환경적 쟁점이 주목받지 못했지만, 정확하게 1970년대 초부터 국제 환경 정책 틀을 개발하고 정부와 기업, 공공 부문에서 새로운 개발 기준을 만들어 가는 데 있어서 유엔은 중요한 역할을 담당해왔다. 한편 지속 가능성 영역에 있어 남반구(개도국) 국가들의 참여 필요성 및 촉구라는 측면에서 몇 가지 중대한 변화가 나타나고 있다(Williams et al., 2014; Dodds et al., 2012).

1972년에 유엔은 스웨덴 스톡홀름(Stockholm)에서 개최된 첫 번째 인간 환경에 관한 콘퍼런스(conference on the Human Environment)를 후원했다. 콘퍼런스는

개발 과정이 환경에 미치는 영향에 대한 정치적, 과학적, 대중적 우려가 커지고 있는 상황을, 특히 주로 미국과 유럽의 우려를 반영했다. 비록 남반구(개도국) 국가들이 '너무 적은 산업 부문에 한정되어 있다며(being too little industry rather than too much)' 참여에 신중한 태도를 보였지만(Elliott, 2013), 브라질, 인도, 중국(중국은 유엔에 가입한 이후 참가했던 첫 번째 주요 콘퍼런스였다)을 포함해 113개국이 참여했다. 콘퍼런스는 그 당시 개발도상국의 환경 및 개발에 관한 우려들에 '부분적이고 늦은(only partly and belatedly)' 관심을 가졌지만(Adams, 2009), 지속 가능한 개발을 진화시켰고, 인간 개발과 환경문제를 통합하여 이를 글로벌 차원의 도전으로 바라볼 수 있도록 해준 중요한 행사였다. 해당 콘퍼런스를 통해서 환경 관련 쟁점이 유엔의 의제로 당당하게 채택될 수 있었다('제6장' 참고).

유엔은 스톡홀름 콘퍼런스 이후, 인구(1974년, 1984년), 여성(1975년, 1980년, 1985년, 1995년)과 같은 주제로 열린 수많은 콘퍼런스와 정상 회의를 후원했다. 지속 가능한 개발에 명확히 초점을 맞춘 여러 정상 회의들도 열렸다. 1992년에는 '지구 정상 회의(the Earth Summit)'라고 불리는 유엔 환경 개발 회의(UN Conference on Environment and Development: UNCED)가 리우데자네이루(Rio de Janeiro)에서 개최되었고, 2002년에는 지속 가능한 개발에 관한 세계 정상 회의(World Summit on Sustainable Development: WSSD)가 요하네스버그(Johannesburg)에서 개최되었으며, 2012년에는 리우 정상 회의 20주년 기념 회의(리우+20)가 리우데자네이루에서 개최되었다. 이와 같은 '큰 규모의 정상 회의(mega-summitry)'는 회의 비용 문제와 일시적 완화책을 담은 문건 문제를 포함해서 항상 논란거리가 되어왔지만, 유엔 안팎에서 제도적 발전 과정을 촉구하는 데 있어서 핵심적 역할을 담은 하나의 합의(consensus)가 도출되었다. 예를 들어, 이러한 콘퍼런스에서 채택된 다자간 환경 협정(multilateral environmental agreements: MEA)은 국가들이 글로벌 환경 목표를 달성할 수 있는 중요한 길을 제시해준다. 1992년 유엔 환경 개발 회의(UNCED)에서는 생물 다양성 협약(Convention on Biodiversity)과 기후변화 협약이 채택되었다. 이 회의에서는 '의제 21(Agenda 21)'이 채택되기도 했는데, 글로벌 커뮤니티가 지속 가능한 개발을 위해 실천해야 할 '행동 강령(action plan)'이 40장에 걸쳐 담겨 있다.

더 나아가 유엔 콘퍼런스는 민간 기업들뿐만 아니라 비정부기구와 과학 및 기술 전문가들의 참여와 네트워크를 형성할 기회를 제공해준다. 이는 세계의 지속 가능한 개발에 대한 요구 사항들을 새롭게 이해할 수 있도록 촉진하고 새로운 실천 방법들을 개발할 수 있도록 이와 같은 네트워크 안에서 개별 조직의 역량을 강화할 수 있는 중요한 공간을 구성한다. 2002년에 열린 지속 가능한 개발에 관한 세계 정상 회의(WSSD)에서는 8천 개 이상의 비정부기구 대표들과 다른 기관들이 공식 모임에 참여했다. 이보다 10년 전에 열렸던 지구 정상 회의에서는 불과 200개의 기관들만이 참여했고, 그마저도 콘퍼런스의 본 행사가 아니라 병행 포럼(parallel forums) 형태로 한정되었다(Mingst and Karns, 2012). [보충 자료 7.1]은 유엔이 경제적, 사회적, 환경적 성과에 대한 글로벌한 수준의 기준을 개발하기 위해서 어떻게 시민사회 조직 및 기업과 협력하는지를 보여준다. 글로벌 콤팩트는 개발에 참여한 비정부 행위자(non-state actors)들(대개 대기업들)이 세계인권선언문(Universal Declaration on Human Rights)과 의제 21과 같은 유엔 협정이 제시하고 있는 원칙들과 가치들에 좀 더 부합되도록 조정함으로써, 여러 다른 기관들에게 좋은 실천 사례를 개발하고 공유해준다는 기본 원칙에 토대를 두고 있다.

2012년 리우 정상 회의 20주년 기념 회의(리우+20) 전체를 포괄하는 두 가지 주제 중 하나는 지속 가능한 개발에 대한 제도적 틀에 관한 의문점들과 현재의 국제적 협약과 기관, 프로그램 등이 '미래를 위해 적합한 것(fit for the future)'인지에 대한 의문점들이었다. 두 번째 주제는 녹색 경제(Green Economy)로의 전환에 대한 도전이었다. 이에 대해서는 2개의 유엔 조직이 특히 관심

보충 자료 7.1

글로벌 콤팩트

글로벌 콤팩트(Global Compact)는 코피 아난 유엔 사무총장이 처음으로 제안했으며, 2000년부터 시작되었다. 글로벌 콤팩트는 세계화의 빠른 진전과 부국과 빈국 간의 격차가 커지고 있는 상황 속에서 보다 책임 있는 기업 경영 및 투자를 촉진하기 위한 목표를 세우고 있다. 그리고 글로벌 시장이 움직이는 기반이 되는 가치관에 대해 점차 우려를 표명하고 있다. 이러한 상황은 몇 년간 유엔이 상대적으로 세계은행과 세계무역기구에 비해 주변을 맴돌다가 경제의 세계화 영역에서 더욱 적극적인 역할을 수행할 기회로 여겨졌다.

글로벌 콤팩트는 초국적 기업과 같은 민간 기업들이 자발적으로 인권과 노동, 환경, 반부패를 포괄하는 열 가지 원칙들을 자신들의 사업 전략과 운영 속에 통합시킬 것을 권장한다. 또한 기업의 책임에 관한 공감대와 실천 등을 개발하고, 협력적 프로젝트를 진행시키며, 지속 가능한 개발 목표(Sustainable Development Goals: SDGs)와 같은 유엔의 광범위한 사회적 목표를 더욱 진전시키기 위해서, 유엔 조직과 노동조합, 학계를 포함하는 협력적 네트워크 안에 해당 원칙들을 포함하도록 한다.

열 가지 원칙들은 이미 유엔이 강조해온 세계인권선언과 의제 21 안에 담겨 있다. 글로벌 콤팩트는 이러한 국제적 원칙들을 장려하고 실행하는 데 있어서 사회적 행위자가 정부를 뛰어넘어 참여할 수 있도록 해준다는 점에서 혁신적 접근으로 평가된다. 이는 하나의 횡단면적이고 다차원적인 글로벌 거버넌스 네트워크(cross-sectional, multi-level global governance network)의 표본이 되고 있다.

현재 글로벌 콤팩트에는 8천 개 이상의 민간 기업들이 참여하고 있다. 대다수는 대기업이지만, 세계 각국의 중소기업들도 참여하고 있다. 또한 이 네트워크에는 4천 개 이상의 다른 이해 관계자들도 참여하고 있다.

> 요약하자면, 글로벌 콤팩트는 정부가 보편적으로 지지하는 원칙들에 기반을 두고 있으며, 국제사회 모두가 열망하는 목표를 표현하고 있다. 글로벌 콤팩트는 이상과 현실 사이의 간극을 채우기 위해서 기업 부문과 시민사회의 참여를 촉구함으로써 공동체 규범을 개선하는 행위자의 역할을 맡는다. 결국 이는 기업의 행동을 변화시키는 혁신적인 유엔 프로그램을 제안하는 것과 별개로, 글로벌 콤팩트라는 완전히 새로운 형태의 글로벌 거버넌스를 제안하는 실험이라고 볼 수 있다. (Ruggie, 2003)

을 보였다. 하나는 1972년부터 시작된 유엔환경계획이며, 다른 하나는 1992년에 발족한 지속 개발 위원회(Commission on Sustainable Development: CSD)이다. 두 조직은 유엔 안팎에 걸쳐 환경과 관련된 일들을 통합적으로 수행하는 일을 맡고 있으며, 그동안 중요한 성과를 달성해왔다. 그렇지만 도즈 등(Dodds et al., 2012)이 지적한 것처럼 지난 40년간 세계는 완전하게 변화되었으며, 앞의 두 기관도 애초에 기대했던 목표나 현재 필요로 하는 것들을 각자 이유는 다르지만 더 이상 전달하지 못했다. 지속 가능한 개발에 관한 전체적인 국제 제도적 틀(overall international institutional framework) 내에서 이 두 기관은 매우 중요하기 때문에 다음에서 이들 기관의 활동을 자세하게 살펴보고자 한다.

유엔환경계획은 환경 활동에 관한 국제 협력을 촉진하고, '환경 감시견(environmental watchdog)' 역할을 수행하며, 글로벌 환경 변화의 감시 및 보고 활동을 통해서 '조기 경고(early warning)'를 보내기 위한 목적으로 1992년에 창설되었다. 유엔환경계획의 본사는 케냐 나이로비(Nairobi)에 위치하는데, 이는 최초로 남반구(개도국)에 설치된 유엔 기관이다. 앞서 살펴본 것처럼

[표 7.3] 다자간 환경 협정

명칭	목적	시행 연도
CITES: 멸종 위기에 처한 야생 동식물의 국제 거래에 관한 협약	야생 동식물의 국제 거래로 야생에서 이들 동식물의 생존이 위협받지 않도록 보장하며, 특히 멸종 위기 종을 남획으로부터 보호함	1975년
UNCLOS: 해양법에 관한 유엔 협약	대양과 바다를 평화롭게 이용하고, 해양 자원을 공평하고 효율적으로 활용하며, 생물 자원을 보전할 수 있도록 포괄적인 법적 질서를 수립함	1994년
Basel Convention: 유해 폐기물의 국가 간 이동 통제 및 처리에 관한 협약	유해 폐기물의 발생을 최소화하고, 유해 폐기물의 국가 간 이동을 통제하고, 최대한 발생지와 가까운 곳에서 유해 폐기물이 처리될 수 있도록 친환경적인 관리 체제를 보장함	1992년
UNFCCC: 기후변화에 관한 유엔의 기본 협약	기후변화를 초래할 수 있는 간섭 수준 밑으로 대기 중 온실가스 배출량을 안정화함	1994년
CBD: 생물 다양성 협약	생물 다양성을 보존하고 지속 가능한 활용을 촉구하며, 유전자원 활용을 통해 얻은 혜택을 공평하게 나눌 수 있도록 보장함	1993년
Aarhus Convention: 환경 관련 문제에 관한 정보 접근과 의사 결정에 대한 공공의 참여, 사법적 접근에 관한 협약	환경 관련 문제에 대한 정보 접근 권리와 의사 결정에 대한 공공의 참여, 법률상의 보상책을 보장함	2001년

출처: Rigg, 1997로부터 수정

유엔환경계획은 다자간 환경 협정을 협의 및 관리하는 유엔 기관으로서 세계 차원에서 지속 가능한 개발 거버넌스를 담당하는 핵심 역할을 맡고 있다. 다자간 환경 협정은 개별 국가들이 국경을 넘나드는 환경문제에 어떻게 대응해야 하는지에 관한 원칙과 규칙 등을 정하는 국제 협정 및 조약이다. [표 7.3]은 이들 다자간 환경 협정의 일부를 보여준다. 한편 유엔환경계획은 환경문제를 감시 및 평가하고 매년 환경 보고서(annual State of the Environment Reports)와 같은 출판물을 배포함으로써 환경 정보와 환경 관련 법률에 대한 영향력과 권위를 갖춘 기관으로 성장했다(Mingst and Karns, 2012).

그렇지만 유엔환경계획은 다른 유엔 기관들과 업무를 조정하거나 환경문제를 경제 및 사회의 개발과 통합하는 데 어려움이 있다. 이 때문에 실제 실행에 있어서는 지속 가능한 개발의 역할을 절충하기도 한다. 유엔환경계획은 실행 기관(implementing agency)이 아니기 때문에 전문 인력과 예산이 상대적으로 적게 배정되어 있다. 다자간 환경 협정들이 1980년대부터 늘어나면서 유엔환경계획의 인력과 예산도 늘어났다. 프렌치(French, 2002)가 살펴본 것처럼, 각각의 환경 협정들은 개별 사무실과 비서실을 갖춘 독자적인 소규모 제도적 조직(mini-institutional machinery)을 만들어내는데, 이들은 세계 여러 국가의 수도에 입지하고 있다. 그리고 협정 당사국들은 정기적으로 회합을 하며, 실행을 감독한다. 한편 이들 소규모 제도적 조직과 유엔환경계획 간의 관계는 명확하지 않을 때가 있다(Sandbrook, 1999). 또 유엔환경계획은 여러 모순점들을 해결하고 서로 중첩되는 다자간 환경 협정들을 풀어낼 수 없기 때문에 그 실효성이 의문시되고 있다(Biermann, 2013).

정책 및 학계 논의에서 유엔환경계획을 완전하게 바꿔서 유엔 내 전문 기관의 지위를 지닌 '세계 환경 조직(world environment organization)'으로 탈바꿈시켜야 한다는 요구가 반복적으로 제기되어왔다. 그리고 이를 통해서 글로벌 환경 거버넌스를 강화하고 지속 가능한 개발의 세 기둥*을 포괄하여 유엔 활동의 일관성을 증진할 수 있다고 보았다. 이와 같은 안은 2012년 리우 정상 회의 20주년 기념 회의(리우+20)에서 유럽연합과 아프리카연합, 다수의 남반구(개도국) 국가들의 지지를 받았다. 그렇지만 이와 관련하여 유엔환경계획이 너무나 남반구(개도국) 국가들의 입김에 영향을 받는다는 (일부 북반구[선진국] 국가들의) 지속적인 우려가 있어왔다(Mingst and Karns, 2012). 리우 정상 회의 20주년 기념 회의(리우+20)에서 유엔환경계획을 강화하려는 계획은 미국과 일본, 심지어 브라질의 강한 반대에 부딪혔다. 그럼에도 불구하고 유엔환경계획 집행 이사회(the governing Council of UNEP)에서 남반구(개도국) 국가들의 대표성을 반영해야 한다는 한 가지 개혁만은 동의를 얻었다. 기존에는 지역 대표 자격으로 58개 국가만이 유엔환경계획 집행 이사회 회원국이었지만, 지금은 이것이 모든 국가로 확대되면서 유엔환경계획이 유엔의 다른 '전문 기관'과 비슷하게 바뀌었다.

유엔 지속 개발 위원회(CSD)는 유엔 조직의 산하 기관으로 글로벌 지속 가능성 거버넌스(global sustainability governance)의 중요한 부분을 구성한다. 유엔 지속 개발 위원회는 유엔 환경 개발 회의(UNCED)의 후속 조치를 효과적으로 따르고, 의제 21의 실행 과정을 검토하며, 유엔 체제 안에서 환경 및 개발 활동들을 통합하기 위한 목적으로 1993년에 발족하였다.** 그 당시 권고에 따르면 사무총장이 의장을 맡아 지속 가능한 개발 과정을 평가·조언·지원·보고하고, 지속 가능한 개발에 관한 관계부처 간 회의와 조정을 할 수 있는 막강한 권력을 갖춘 '유엔의 정점(very apex of the UN)'에 위치한 기구가 되기를 희망했다(Jordan and Brown, 1997). 하지만 결국 리우 콘퍼런스에서 본 안건은 지켜지지 않았고(Jordan and Brown, 1997), 유엔 지속 개발 위원회는 경제사회이사회(ECOSOC) 산하의 위상이 낮은 기구로 발족하게 되었다. 따라서 유엔 지속 개발 위원회는 다른 유엔 기관들을 대표하여 국가들에게 행동을 강제하거나 필요한 행동을 취할 수 있게 하는 법적 권한을 갖지 못한다(Dodds et al., 2012). 한편 유엔 지속 개발 위원회는 정부와 다른 정부 간 기구 사이의 협력을 동원하고, 개발 활동과 환경을 통합하기 위해서 고군분투했다. 예를 들어, 유엔 지속 개발 위원회의 정부 대표들은 권력을 쥔 무역 및 산업 부문 동료들에 대해 전혀 영향을 미치지 않는 환경 장관처럼 행동하는 경향을 보였다.

그렇지만 유엔 지속 개발 위원회는 정보 교환과 정치적 합의 구축, 파트너십 형성을 위한 리뷰 성격의 포럼을 개최하였다는 점에서 중요한 인정을 받았다. 포럼은 (의제 21의 핵심 요소를 모두 포괄하는) 특별한 주제와 범부처 간 쟁점을 논의하기 위해서 2년마다 개최되었다. 포럼에서는 비정부기구와 산업, 과학 및 기업 경영 커뮤니티의 활발한 참여를 촉구했으며, 이를 통해서 비정부 행위 주체들이 유엔 체제 내로 더욱 쉽게 접근할 수 있게 되었다(Mingst and Karns, 2012). 바로 이와 같은 점들은 유엔 지속 개발 위원회의 주목할 만한 성공 사례였지만(Dodds et al., 2012), 유엔 체제 안에서 유엔 지속 개발 위원회의 위상을 강화해야 한다는 목소리가 계속해서 높아졌다. 앞으로는 회원국 정부가 아니라 유엔 기관에서 보다 신뢰할 만한 수준의 약속 이행이 가능해야 한다는 요구도 제기되었다. 유엔 내에서 이와 같은 강한 위상 제고의 실현은 유엔 지속 개발 위원회가 지속 가능 개발 고위급 정치 포럼(HLPFSD)으로 대체되던 2015년에 이루어졌다. 이와 같은 새로운 형태의 기구에 모든 유엔 회원국이 포함되었으며, 세계은행과 세계무역기구와 같은 다자간 금융 및 무역 기관들도 참여할 것을 촉진했다. [표 7.4]는 새로운 포럼의 목적과 역할을 보여주고 있다.

---

* 지속 가능한 개발의 세 기둥은 경제적 성장과 환경적 보호, 사회적 진보이다.

** 정확하게는 1992년 6월 리우 환경 회의에서 설치할 것을 권고받은 후, 1993년 2월 제47차 유엔총회에서 설치를 결의하면서 공식적으로 발족하였다.

[표 7.4] 지속 가능 개발 고위급 정치 포럼의 목적

- ▶ 정치적 리더십 제공 및 지속 가능한 개발 권고
- ▶ 지속 가능한 개발 약속 이행과 관련한 후속 및 재검토 과정(follow-up and review progress) 진행
- ▶ 지속 가능한 개발의 경제적, 사회적, 환경적 측면 통합 강화
- ▶ 역동적이며 실행에 기반을 둔 의제(dynamic and action-oriented agenda)에 주목
- ▶ 새롭게 등장한 지속 가능한 개발 과제 파악
- ▶ 2016년부터 새천년 개발 목표와 '2015 지속 가능한 개발 목표'의 후속 논의를 위한 경제사회이사회 연례 각료급 검토 회의(the ECOSOC Annual Ministerial reviews)의 기능을 승계

출처: Zoomers, 2010을 수정

지금까지 살펴본 것처럼 유엔 체제를 구성하고 있는 제도들은 아직도 계속해서 뚜렷한 변화를 겪는 중이며, 이를 통해서 유엔을 만든 창시자들도 결코 마음에 품지 못했던 수많은 맥락과 조응하게 되었다(Ignatieff, 1995). 이제 유엔이 국민국가 형태의 회원국에 기반을 두고 있다는 생각을 깨뜨려야 할 때이다. 유엔 의제와 활동에 다른 많은 행위 주체가 영향을 주고 있는 점은 분명하다. 그리고 실제로 영토 내에서 이루어지는 개발 측면에서 국가가 맡는 역할은 국제 금융기관의 활동을 포함해서 볼 때 상당한 변화를 겪고 있다.

세계은행 그룹과 국제통화기금

세계은행과 국제통화기금은 국가들이 공동으로 개발과 관련하여 자금을 조달하거나 전문적인 권고를 하는 다자간 개발은행(multilateral development banks: MDBs)이다. 또 다른 '지역' 다자간 개발은행에는 아프리카개발은행(African Development Bank)과 아시아개발은행(Asian Development Bank), 미주개발은행그룹(Inter-American Development Bank Group)이 있다. 이 은행들은 채무국과 채권국 모두를 포함하는 폭넓은 회원국을 보유하고 있으며, 지역 개발은행의 경우, 꼭 해당 지역 내 국가에 한정되지 않는다. 이 모두는 매우 복잡한 조직이며, 상이한 이념과 권한, 구조에 따라 다양한 업무를 폭넓게 수행한다. 그러나 세계은행과 국제통화기금은 세계에서 가장 강력한 국제기구 중 하나로, 제2차 세계대전 이후 질서를 세우기 위한 중요한 '제도적 앵커(institutional anchors)'로서 기능해왔다(Boas, 2014). 이제 이 두 기관의 실질적인 중요성에 대해 논의하고자 한다.

세계은행 그룹은 이에 대한 [핵심 아이디어]에서 살펴볼 수 있는 것처럼 5개의 밀접하게 연관된 조직들로 이루어져 있다. 세계은행 그룹은 1944년 브레턴우즈 회의(Bretton Woods Conference)에 기초해 창설되었다. 브레턴우즈 회의는 1930년대 경제 위기와 제2차 세계대전 이후, 세계 경제 안정을 위한 새로운 틀을 만들어야 한다는 요구로 개최되었다. 세계은행은 총회(Board of Governors)와 워싱턴 D.C.에 기반을 둔 이사회(Washingtonbased Board of Directors)를 대표하는 회원국들이 소유한다. 현재 세계은행의 회원국은 189개국이며*, 이들 회원국은 총회에서 각국을 대표한다. 작은 규모의 그룹인 집행 이사회(Board of Executive Directors)는 세계은행의 전반적인 운용과 그룹 내 정책 구상을 담당한다. 전통적으로 집행 이사회 의장은 세계은행 총재(World Bank President)가 되며, 상당수가 미국 출신이다.

국제통화기금 또한 브레턴우즈 회의에서 창설되었으며, 세계은행 그룹과 매우 긴밀하게 연관되어 있다. 어떤 국가가 세계은행 그룹 회원국이 되려면 우선 국제통화기금에 가입해야만 한다. [자료 7.1]에서 볼 수 있는 것처럼 세계은행과 국제통화기금은 유엔 체제의 한 부분으로 경제사회이사회(ECOSOC)의 감독을 받는 특별

*2022년 12월 현재 세계은행 회원국은 189개국이다.

핵심 아이디어

세계은행 그룹

[자료 7.3] 세계은행 그룹

세계은행

국제부흥개발은행 (IBRD)	국제개발협회 (IDA)	국제금융공사 (IFC)	국제투자보증기구 (MIGA)	국제투자분쟁해결센터(ICSID)
1945년 설립, 189개 회원국이 각자 회비를 납부	1960년 설립, 회원국 수는 173개국	1956년 설립, 회원국 수는 184개국	1988년 설립, 회원국 수는 181개국	1966년 설립, 회원국 수는 151개국
중간 소득 국가와 높은 실질 경기 회복률을 보일 수 있는 신용도가 높은 저소득 국가에게 자금을 지원함	우대 금리로 빈곤 국가와 경제적으로 어려움을 겪는 국가에 자금을 지원함	민간 부문의 성장을 촉진하여 경제 발전을 도움	해외직접투자(FDI)를 촉진하여 경제 발전을 도움	다른 회원국의 국민으로서 자격을 갖춘 회원국과 투자자들 간의 분쟁을 조정 및 중재하는 역할을 함

출처: World Bank, 2015. www.worldbank.org/en/about을 편집

[자료 7.3]은 세계은행 그룹을 구성하는 5개 기관을 나타낸 것이다. 첫 번째 기관은 국제부흥개발은행(IBRD)으로 1945년에 설립되었다. 제2차 세계대전 이후 유럽의 많은 국가는 재건 및 개발을 위한 외화가 부족할 것으로 예상했는데, 실제로 부족했던 것은 일반 은행에서 필요한 자금을 대출받기 위한 신용 평가였다는 문제 인식하에 국제부흥개발은행이 설립되었다. 개별 국가와 달리, 국제부흥개발은행은 회원국들이 출자한 자금을 공유하는 다자간 기구로 세계 시장에 자금을 대출해주며, 일반 은행보다 훨씬 저렴하게 자금을 빌릴 수 있다. 국제부흥개발은행은 전 세계의 개인과 은행, 기업, 연금 기금에 채권 및 증권을 팔아 돈을 마련한다. 보통 15~20년간 이자를 받고 필요 자금을 대출해준다.

국제개발협회(International Development Association: IDA)는 가난한 국가들에게 이자를 받지 않고 자금을 지원해주는 세계은행의 양허성 자금 지원 창구(concessional lending window)로 세계에서 가장 규모가 큰 원조 기관이며 특히 최빈국들에게 큰 의미가 있다. 국제개발협회는 2014년까지 3년간 매해 평균 18억 달러의 자금을 지원해왔는데, 이 중 절반 이상은 아프리카 국가들에 지원되었다(www.worldbank.org). 국제개발협회는 국제부흥개발은행과 달리 자본 시장 논리에 맞춰 자금을 끌어 올릴 수 없다. 따라서 재정은 전적으로 좀 더 부유한 나라들에 의존할 수밖에 없다(그리고 재정의 일정 비율은 세계은행이 얻은 이윤에 의해 충당된다). 대출 기간은 5~10년간의 유예 기간을 포함해 25~38년으로 설정할 수 있다. [자료 7.4]는 2015년 기준으로 국제부흥개발은행과 국제개발협회의 자금 지원이 지역 및 용도별로 어떻게 이루어지고 있는지를 보여준다. 국제개발협회의 자금은 기초 보건, 초등교육뿐만 아니라 수질 정화 및 촌락의 전기 보급과 같은 환경 개선을 위한 중요한 투자 자금으로 활용되기 때문에 새천년 개발 목표를 달성하기 위한 핵심 요소로 평가된다.

국제금융공사(International Finance Corporation: IFC)는

직접 민간 부문에만 대출해주는 기관이다. 민간 부문의 발전을 지원하고 재정적·기술적 어려움을 극복할 수 있도록 자본과 전문 지식을 동원하는 역할을 한다. 국제투자보증기구(Multilateral Investment Guarantee Agency: MIGA)는 해외 민간 투자자와 대부자에게 정치 위험 보험 보증(political risk insurance guarantees)을 제공하여 '위험한 투자 환경'이라고 판단할 수 있는 지역으로 이들을 끌어들임으로써 개발도상국에 대한 민간 투자를 촉진하는 역할을 한다(www.miga.org). 이와 같은 보증은 분쟁이나 국영화와 같은 비상업적 위험에 대항할 수 있도록 해준다. 국제금융공사와 국제투자보증기구는 모두 법적 및 재정적으로 독립된 기관이며, 국제부흥개발은행 및 국제개발협회와는 구분되는 소유자나 고객, 의무 조항, 운영 절차를 지닌다. 따라서 일반적으로 국제부흥개발은행과 국제개발협회를 묶어서 '세계은행'이라고 부르며, 이 장에서도 그렇게 활용하고자 한다.

[자료 7.4] 2015년 세계은행의 대출 현황

(a) 지역별, (b) 용도별

(a)

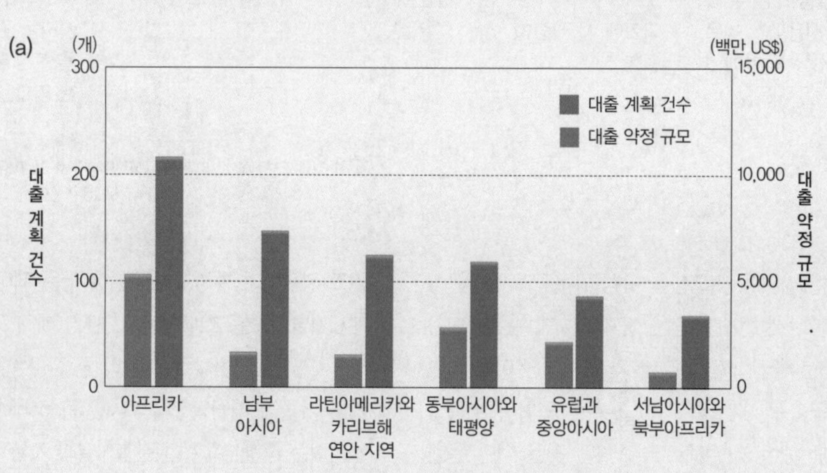

(b)

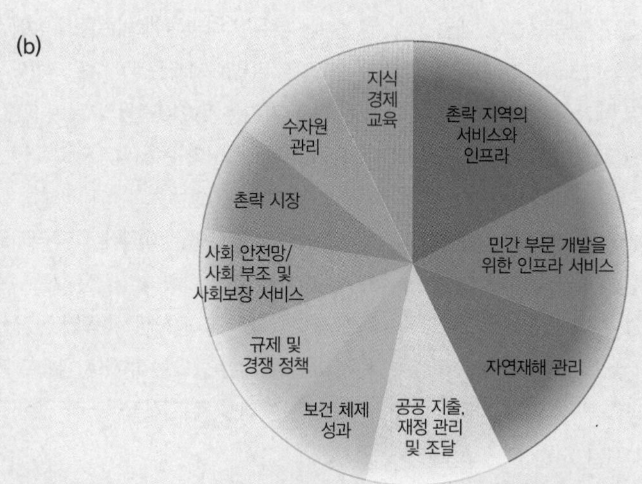

출처: www.worldbank.org/project (2015년 7월 27일 접속)

기관이다. 그러나 실제로 세계은행과 국제통화기금은 유엔 체제와 완전히 별개의 기구로 작동하며, 유엔 체제에 대해 어떤 책무성도 갖지 않는다. 세계은행과 국제통화기금은 서로 긴밀하게 협력하고 있을 뿐만 아니라 다른 행위 주체와의 협력 관계도 넓혀나가고 있다. 국제통화기금은 국제 금융 체제의 건전도(the health of the international monetary system)에 관심을 두고 단기적 금융 불안정성 문제를 해결하려는 회원국들에게 자금을 지원해준다는 점에서 세계은행과 일차적으로 구분된다. 회원국들은 경제 규모에 따라서 일정 규모의 자금을 예치하고, 국제통화기금으로부터 단기 상환으로 자금을 대출받을 수 있다. 역사적으로 세계은행은 주로 전 세계 빈곤 국가들을 상대로 장기적인 개발에 필요한 자금 지원을 해왔다. 그런데 특히 1980년대를 지나면서 중간 소득 채무국들의 지급 불능에 대한 우려가 국제 금융 체제 전반을 위협하면서 국제통화기금은 회원국들에게만 대출을 해주는 방향으로 바뀌었고, 상환 기간 조정(rescheduling)을 위해서 세계은행과 긴밀히 협조하게 되었다. 결과적으로 세계은행과 국제통화기금 간의 구분은 점차 모호해졌다.

> 국제통화기금은 장기적인 개발에 대해 우려하기 시작했고, 세계은행은 단기적인 거시 경제 정책에 대해 새로운 관심을 두고 있었다. … 이 두 기관은 개발도상국에 차례로 적용해보면서 경제 개혁 프로그램과 자금 후원 정책들을 합쳐나갔다. (Crook, 1991)

다음 절에서 볼 수 있듯이, 이 두 국제 금융기관들은 세계 경제뿐만 아니라 개발 의제(development agenda)에도 큰 영향을 미친다.

개발 행위 주체로서 세계은행

설립 초기부터 세계은행은 개발 문제에 관해 주목하지 않았지만(Righter, 1995), 남반구(개도국) 국가들에게 빌려주는 자금 규모가 점차 커졌다. 세계은행 그룹에 관한 [핵심 아이디어]에서 볼 수 있듯이, 이 돈은 특히 저소득 국가들에게 매우 중요한 자금의 원천이 되어왔다. 세계은행의 의사 결정 또한 다른 공공 및 민간 기구들의 대출 지원 결정에 상당한 영향을 미친다. 많은 대출 기관과 투자 기관은 자신의 투자를 세계은행과 국제통화기금 경제 개혁 프로그램에서 밝힌 원조 수원국(recipient countries)과 연결한다. 적도 원칙(the Equator Principles)으로 알려진 세계은행의 환경 및 사회 관리 기준은 전 세계적으로 71개 은행과 금융기관, 32개의 경제협력개발기구(OECD) 수출 신용 기관들, 15개 유럽 금융기관들의 민간 부문 투자 조건으로 활용되고 있다(World Bank, 2012a). 한편 저소득 국가들이 선진국들로 이루어진 파리 클럽(Paris Club)*으로부터 채무 면제(debt relief)를 받기 위해서는 국제통화기금이 제공한 경제 및 금융 개혁 프로그램을 따라야 한다. 이와 같은 방법을 통해 세계은행과 국제통화기금은 남반구(개도국) 국가들이 국제 자본(international capital)을 유치하는 데 큰 영향력을 행사하고 있다.

세계은행은 연구 감독(directing research), 기술 이전, 그 밖의 다른 제도적 지원을 통해 국가의 개발 정책에 영향을 미친다는 점에서 개발의 중요한 행위자이다. 시중 은행과 원조 기관은 활동을 계획할 때 세계은행이 제시한 국가 및 산업 부문 보고서를 활용한다. 매년 발간되는 「세계 개발 보고서(World Development Report)」

---

*1956년 프랑스 파리에서 열린 아르헨티나의 채무 문제 협의 때, 아르헨티나가 해외 채무 조정을 다자간 협정으로 변경해달라고 요청한 것을 수용하면서 출범한 국제 협의체로, 경제적 어려움을 겪고 있는 개발도상국을 지원하는 비공식 그룹이다. 주로 경제협력개발기구(OECD) 회원국들로 구성되어 있으며, 채무국과 채권국이 한자리에서 만나 채무 기한 연장 및 기타 다른 제도적 장치를 통해서 채무불이행의 방지를 추구한다.

비판적 고찰

세계은행의 투표권 개혁 과정과 결과

2010년, 세계은행의 '투표권 개혁(voice reform)' 과정에 따른 결과가 공표되었다. 세계은행 관계자의 논평에 따르면, 개혁에 따른 변화는 개발도상국에 유리해졌고, 세계은행 그룹의 변화된 모습을 담아냈으며, 21세기 초 경제적 현실을 반영하게 되었다. 주요한 변화는 개발도상국과 체제 전환 국가들(transition countries)에 해당하는 세계은행 회원국들의 투표권 몫은 42.6%에서 47.19%로 높아진 반면, 선진국에 해당하는 회원국들의 투표권 몫은 57.4%에서 52.81%로 줄어들었다는 점이다. 개혁을 통해서 두 국가군의 투표권 몫이 각각 50%에 가깝게 변화되었다.

그러나 이에 대해 반론을 제기하는 측에서는 세계은행이 고소득·중간 소득·저소득 국가군과 같은 기존 범주 대신에 '개발도상국과 체제 전환 국가들'이라는 새로운 범주를 제시하였는데, 이와 같은 구분 범주와 그에 따른 투표권 몫을 문제 삼는다. 실제로 새로운 기준에 따른 '개발도상국과 체제 전환 국가들' 안에는 일부 고소득 국가들이 포함되는데, 이들은 세계은행으로부터 실질적으로 대출을 받지 않는다(Vestergaard and Wade, 2015). 만일 기존 범주에 따르면, 개발도상국에 해당하는 회원국들의 투표권 몫은 34.67%에서 38.8%로 높아진 반면, 고소득 국가들의 투표권 몫은 60% 이상을 유지하는 것으로 나타난다. 한편 경제력을 반영하는 지표가 매우 보수적으로 적용되었기 때문에 현재의 경제력을 반영한 특정 국가의 투표권 변화 정도는 매우 미미하며 그 또한 국가별로 다양한 것으로 나타난다.

> 국가별 개혁 규모는 187개 회원국 중 불과 22개 회원국만이 0.1%p를 상회하는 투표권 변화를 나타나고 있는데, 이 중 8개 국가는 0.5%p를 상회하는 변화를, 이 중 2개 국가(중국과 일본)는 1%p를 상회하는 변화를 나타내고 있다. (Vestergaard and Wade, 2015)

세계은행이 주장하는 것처럼 개혁은 성공적이었고 실질적인 변화를 끌어낸 것으로 보였지만, 실제 변화는 [표 7.5]에 제시된 것처럼 미미했다. 세계 경제에서 차지하는 위상을 고려할 때 개발도상국은 집합적으로든 개별적으로든 아직도 제대로 대표되고 있지 않다. (Vestergaard and Wade, 2015)

[표 7.5] 세계은행 회원국의 투표권 변화

	투표권 개혁 이전(%)	투표권 개혁 이후(%)	비율 변화(%p)
저소득 국가군	3.45	3.84	0.39
중간 소득 국가군	31.22	34.54	3.32
고소득 국가군	65.33	61.62	−3.71

출처: Vestergaard and Wade, 2015

또한 학계와 실무자들을 위한 중요한 정보와 견해를 담고 있다. 특히 경제 자유화와 거버넌스 개혁에 대한 성공적인 처방 및 요구 사항을 통해서 세계은행은 신용 기관(credit institution)이라는 원래의 기능에서 멀어져서 남반구(개도국) 국가들의 정책을 결정하고 계획하는 완전히 다른 기관으로 변화되었다. 세계은행은 세계 수준에서 개발 결과를 이뤄내는 중요한 역할을 수행한다.

세계 경제 위기의 맥락에서, 특히 최근 경제력의 이전을 고려할 때 개발도상국들의 대표성이 충분하지 않았다는 점에서, 세계은행과 국제통화기금의 정당성과 역할을 둘러싼 중요한 논쟁들이 이어져왔다. 2008년에 국제통화기금 총회(IMF Board of Governors)는 개발도상국들의 투표권 비율을 늘리기로 결정했다. 이로써 중국은 국제통화기금에서 세 번째로 큰 회원국이 되었고, 인도와 러시아는 상위 10개국 안에 포함되었다(Massa and Brambila-Macias, 2014). 세계은행에서 의사 결정의 크기는 (1달러에 한 표씩 행사로 알려진 것처럼) 국가가 세계은행에 지원한 금액에 따라 결정된다. 이러한 '투표권 할당(quota votes)'은 세계은행의 지배 구조 안에서 경제적 지표에 따라 개발도상국들을 분류함으로써 개발도상국들의 목소리와 힘을 강화하는 방향으로 개선되었다. 이에 대해서는 세계은행의 투표권 개혁 과정과 결과를 다룬 [비판적 고찰]에서 더 자세하게 살펴보기로 한다. 처음 시작할 때는 가장 작고 가난한 세계은행 회원국에도 투표권을 일정한 양만큼 보장하기 위해서 모든 국가에 '기본 투표권(Basic votes)'을 할당하는 체제가 있었다. 그러나 이러한 기본 투표권은 전체 의사 결정에서 3% 미만밖에 되지 않으며(Vestergaard and Wade, 2013), 가난한 국가들의 몫을 따져보면 투표권 할당의 0.1% 미만에 불과하다.

세계은행과 지속 가능한 개발

2012년에 세계은행은 「모두를 위한 녹색, 청정, 회복력 있는 세상을 향해서(Towards a Green, Clean and Resilient World for All)」라고 명명된 새로운 환경 전략을 출간했다(World Bank, 2012a). 이는 2001년 첫 번째 환경 전략 이후, 2,300명이 넘는 세계은행 그룹 주주들과 독립적 이의 신청 절차를 포함한 협의 과정을 통해서 도출되었다. [표 7.6]에는 한층 더 지속 가능한 경제 개발 경로를 밟아가야 하는 이유와 빈곤, 환경 오염, 형평성과 같은 도전들을 해결하기 위한 새로운 파트너십에 대한 요구가 제시되어 있다.

[표 7.6] 지속 가능한 개발을 위한 새로운 도전과 파트너십

"이와 같은 전략 협의 과정에서 모든 세계은행 그룹의 이해관계자들은 세계가 현재의 성장 모델을 다시 생각하고, 보다 친환경적인 발전 경로를 모색해야 한다는 점을 명확하게 하고 있다."(World Bank, 2012a)

"그 어느 때보다 더욱 공공 부문과 민간 부문, 시민사회를 아우르는 모든 개발 협력자는 지속 가능한 개발을 이루기 위해 함께 협력해야 할 필요가 있다. 녹색, 청정, 회복력을 갖춘 세계를 만들어가기 위해서는 모든 개발 협력자의 비교 우위를 서로 저울질할 필요가 있다."(World Bank, 2012a)

"지속 가능하지 않은 성장과 소비가 주도하는 지금의 경제 모델은 이미 훼손된 환경에 너무 많은 부담을 가중시킨다. 현재의 지속 가능하지 않고 비효율적인 성장 형태는 우리에게 더욱 녹색 성장의 필요성을 일깨워준다."(World Bank, 2012a)

출처: World Bank (2012) *Toward a Green, Clean, and Resilient World for All: A World Bank Environment Strategy 2012–22*, Washington: World Bank Group

오늘날 세계은행은 일부 논자들에게 지속 가능한 개발에 관한 전문적 지식을 갖춘 핵심 기관으로 평가되고 있지만(Bulgalski and Pred, 2013), 한편으로는 환경 비평가들에게 꾸준히 공격 대상이 되고 있다. 1970년대 후반과 1980년대 동안 환경 파괴를 초래한 세계은행의 대출 문제는 특히 미국의 환경주의자들에 의해 비판되었다. 특히 관심을 끌었던 사례는 광업과 교통, 에너지 분야의 대규모 인프라 계획이었다. 세계은행은 오랫동안 '국제 경제 체제의 비판을 홀로 받아들여 왔다(lightning rod for criticism of the international economic system)'(Nelson, 2006). 비정부기구를 포함한 미디어의 노출과 공공 압력은 세계은행이 관련 행위 주체를 확대하고 보다 투명성과 책무성을 갖출 수 있도록 변화시키는 중요한 견인 역할을 할 수 있다. 넬슨(Nelson, 2006)은 다음과 같이 제시한다.

> 비정부기구는 세계은행이 젠더와 소수자 문제에 관해 좀 더 관대하고 평등하며 책임을 느끼도록, 그리고 시민사회가 효과적으로 참여할 수 있게 좀 더 투명하고 개방적이도록, 또한 천연자원의 활용과 인권 기준에 대해 보다 관심을 갖도록 압박할 수 있다. (Nelson, 2006)

새천년이 도래하면서 세계은행은 지속 가능한 개발 문제를 충분히 다룰 수 있는 것처럼 보였다. 예를 들어, 매년 발간되는 「세계 개발 보고서」는 1990년에는 빈곤에, 1992년에는 환경에 초점을 맞췄다. 그러나 계속되는 빈곤과 다차원적인 이해를 요구하는 도전들이 등장하면서 「세계 개발 보고서」는 2000년과 2001년에 다시 빈곤을 주제로 다뤘다(World Bank, 2001a). 해당 보고서는 21세기의 문턱에서 빈곤 감소에 관한 국제적 합의를 이끌어내는 데 실질적인 역할을 한 것으로 평가된다(Maxwell, 2004). 2000년과 2001년의 보고서는 '가난한 자들의 목소리' 프로젝트('voices of the poor' project)라는, 60개국 사람들로 이루어진 다양한 집단이 참여한 빈곤 평가(participatory poverty assessments)에 기반을 두고 만들어졌다(Narayan et al., 2000). 이 보고서는 빈곤의 다차원적인 특성(multidimensional nature)을 강조하며, 빈곤이 지속 가능한 개발을 위한 주요한 글로벌 도전임을 보여주었다.

세계은행은 또한 2001년 첫 번째 환경 전략인 '지속 가능한 약속(Making Sustainable Commitments)'을 발표했다(World Bank, 2001c). 독립적인 운영평가부(Operations Evaluation Department)에서 나온 이 보고서가 내린 결론은, 세계은행이 달성한 환경에 관한 성과에도 불구하고 지속 가능한 개발과 빈곤 감소를 위해서는 관심사를 '끼워 넣는(add on)' 것보다는 환경에 대한 고민을 통합적으로 고려할 필요가 있다는 것이었다. 세계은행의 역할을 통해서 환경문제를 널리 알리는 것은 새로운 전략의 핵심이다. 경제성장과 사회적 결속, 환경보호를 균형 있게 다룬 지속 가능한 개발에 기반을 둔 새로운 전략의 목표는 영구적으로 빈곤을 완화하려는 데 있다(World Bank, 2001c).

[표 7.7] 1994년 세계은행의 네 가지 환경 의제

1. 건전한 환경 청지기 실현을 위해서 회원국들이 정책의 우선순위를 정하고 제도를 구축하고 프로그램을 시행할 수 있도록 지원한다.
2. 세계은행의 자금 지원을 받는 프로젝트들에서 나타날 수 있는 잠재적 환경 부작용 문제를 해결할 수 있도록 지원한다.
3. 빈곤층을 대상으로 한 교육과 경제적 효율성, 환경보호 간의 시너지 효과를 이뤄낼 수 있도록 지원한다.
4. 지구환경기금(GEF)에 참여함으로써 글로벌 환경문제들을 해결한다.

출처: World Bank (1994) © International Bank for Reconstruction and Development/The World Bank

세계은행은 1973년부터 환경 사무소(Environment Office)를 개설했지만 최소한의 상주 직원만으로 운영되었다. 1993년이 되어서야 세계은행은 전략적 환경 의제를 도입했는데, 네 가지 환경 의제의 핵심 내용이 [표 7.7]에 제시되어 있다. 환경 관리를 위한 제도적 및 정책적 틀을 구축 및 강화하고, 국가 수준에서 경제적, 사회적 및 환경적 고려 사항들을 서로 연관시키는 일은 오늘날까지 세계은행의 주요 관심사로 남아 있다. 예를 들어, 초창기 리우 환경 회의(the Rio process)에서 세계은행은 환경적 고려 사항들을 한 나라 전체의 장기적인 경제적 및 사회적 발전 전략으로 통합시키려는 국가 환경 실행계획 발전(the development of National Environment Action Plans)에 참여한 국가들을 지원했다. 보다 최근에 세계은행은 빈곤과 환경 간 연결에 대한 이해를 증진하고 특정 집단의 생산성과 생계가 어떻게 환경 악화를 통해 침해될 수 있는지에 목표를 두고 채권국에 관여하려는 틀로서 국가 환경 분석(Country Environmental Analysis: CEAs)을 활용해왔다. 국가 환경 분석은 세계은행만의 독자적인 환경 분석 틀로서 궁극적으로는 환경적인 고려 사항들을 대출 결정과 통합시키려는 데 있다.

[사진 7.1] 환경 보전을 위한 제도적 협력

사진: Jennifer Elliott

한 나라의 환경 정보와 국가 내 빈곤 연계, 특정 제도적·정책적 맥락에 관한 정보 생성을 통한 국가 환경 분석은 세계은행이 이행하고자 약속했던 사항의 일부분으로, 세계은행이 최근에 다뤘던 폭넓은 업무에 관해 보다 국가 주도적이며 증거에 기반하는 접근(more country-driven and evident–based approach)을 추구한다. 국가 환경 분석은 국가 지원 전략(Country Assistance Strategies) 및 빈곤 감소 전략(Poverty Reduction Strategy Papers: PRSPs)의 개발 과정에서 중요한 단계를 이뤄냈다(빈곤 감소 전략에 관해서는 '제1장'을 참고). 빈곤 감소 전략은 국가 수준의 빈곤 감소 실행(그리고 새천년 개발 목표와 지속 가능한 개발 목표 달성)을 위한 세계은행의 핵심 메커니즘으로 이하 내용에서 살펴보기로 한다.

환경 및 천연자원 관리를 위한 맞춤식 금융

[표 7.7]에서 볼 수 있듯이 오염 억제와 생물 다양성, 수자원 관리와 같은 일차적 환경 프로젝트에 맞춘 금융 지원을 통해 회원국들이 환경 프로그램을 만들 수 있도록 지원하는 일은 오랫동안 세계은행이 추구했던 환경 의제였다. 기후변화를 포함한 글로벌 도전을 해결하기 위해서 새로운 자금을 추가하는 일은 여전히 세계은행의 중요한 전략적 관심사이다. [자료 7.5]의 (a)는 세계은행이 환경문제를 해결하기 위해서 어떻게 노력했는지를 보여준다. 세계은행은 환경문제를 위한 대출 약정 규모를 2011년에 63억 달러까지 증액했는데 이는 대출금의 14.3%에 해당한다. [자료 7.5]의 (b)는 이러한 대출 금액의 약 절반 정도가 기후변화와 오염 관리 분야에서 사용되었음을 보여준다. 그러나 이 자료에는 맞춤식 환경 프로젝트와 그 안에 포함된 환경 목표들이 함께 포함되어 있다는 점에 주목할 필요가 있다. 한편 환경 및 천연자원 관리 분야에서 높았던 대출 비중은 [자료 7.5]의 (c)에서 보듯 이제 에너지와 광업, 수자원과 같은 비환경적 부문에서 관리되고 있다. 이 경우, 자금은 보호 지역이나 환경 상쇄 프로그램 설치를 위해 활용되는데, 잠재적 환경 및 사회적 혜택의 관점에서 또 '제10장'에서 소

[자료 7.5] 2001~2011년 환경 및 천연자원 관리를 위한 맞춤식 금융

(a) 대출 약정 규모 (b) 대출 부문 (c) 비환경 부문의 대출 약정 규모

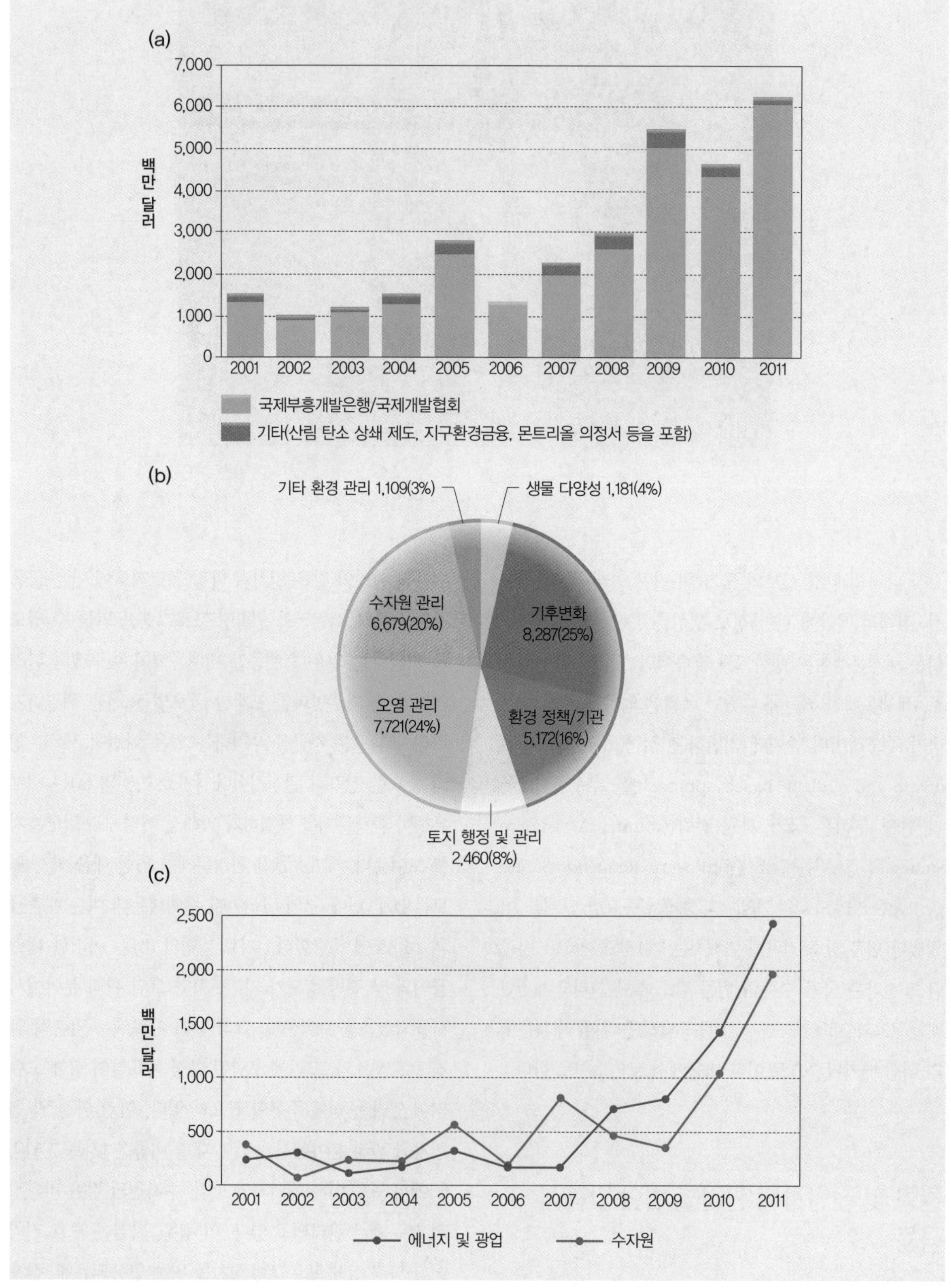

출처: World Bank, 2012 Toward a Green, Clean and Resilient World for All

비판적 고찰

세계은행과 지구환경기금 간 협력에 대한 의문

지구환경기금(GEF)이 발족한 이후, 세계은행이 지구환경기금 활동에 영향력을 행사한 것 아니냐는 우려가 제기되었다. 지구환경기금 회원국은 최소 400만 달러를 낼 수 있는 북반구(선진국)의 부국들이며, 1994년까지 지구환경기금 의장은 세계은행이 지명 및 고용했다. 그리고 지구환경기금 프로젝트의 80% 정도는 이러저러한 방식으로 넓게는 세계은행 프로젝트와 연관되었다. 비록 2010~2014년 동안에 이 비율은 23% 정도로 떨어졌지만, 세계은행이 실행한 지구환경기금 프로젝트의 규모는 대략 1억 5천만 달러에 달했다(IEG, 2013).

조던과 브라운(Jordan and Brown, 1997)은 지구환경기금이 상위 행정기관의 수많은 실패 경험을 그대로 답습하고 있음을 지적하였고, 지구환경기금으로 이전된 추가 재정의 필요와 역할, 범위에 대해 북반구와 남반구 국가가 이해하는 방식에 근원적인 차이가 있음을 지적하였다. 많은 이는 지구환경기금 내 자금이 너무 적어 세계 환경문제 해결을 위해 큰 역할을 하지 못하고 있다고 우려하고 있으며, 여전히 비정부기구(NGO)가 지구환경기금 프로젝트에 참여할 수 있는지 또는 참여해야 하는지에 대해서 의견 일치를 이루지 못하고 있다.

지구환경기금이나 세계은행 내에서 이와 같은 문제점들을 인식하지 못한 것은 아니다. 2012년에 출범한 세계은행과 지구환경기금 간 독립 검토 기구에서는 세계은행 그룹과 지구환경기금이 추진한 명령 및 전략 등이 상호 간에 적절하며 호환될 수 있는지를 확인했다(IEG, 2013). 세계은행은 지구환경기금이 세계 환경문제를 다루는 데 있어 혁신적이며 위험을 분담하는 핵심적인 기여자 역할을 수행한 것으로 평가한다. 지구환경기금이 볼 때 세계은행은 보다 큰 규모의 환경 프로젝트에 자금을 지원하고 실행하는 데 있어 많은 경험이 있고 저울질을 할 수 있는 능력을 갖춘 것으로 평가한다. 하지만 수많은 개발 과정에서 세계은행과 지구환경기금 간의 협력 관계는 크게 약화되었다(IEG, 2013). 최근에는 국제적으로나 국내적으로 지구환경기금 및 관련 기금에 접근할 수 있는 기관들이 엄청나게 많이 늘어났으며, 이 때문에 시행 기관들 사이의 경쟁이 생겨났고 이들 기관을 일관성 있게 조율해야 하는 문제가 나타났다.

세계은행과 지구환경기금이 함께 협력하는 이중 프로젝트의 경우, 다음과 같은 갈등이 생겨날 수 있다. 즉, 지구환경기금 업무 담당자들 사이에서는 세계은행이 좋은 프로젝트를 만들어내지 못한다고 생각하게 되며, 세계은행 업무 담당자들 사이에서는 지구환경기금 프로젝트가 매력이 없다고 생각하게 된다. 지구환경기금 프로젝트를 운영하는 세계은행은 세계은행의 다른 환경 프로젝트와 비교해서 느리게 진행을 이끌어가고 있으며, 다른 유사한 프로젝트와 비교해서 시간이 지나며 평균적인 성과도 줄어들고 있다. 최근에는 특히 기후 변동 및 새로운 기후 투자 기금(new Climate Investment Funds)과 관련하여 세계은행에 대한 대안으로 등장했던 지구환경기금을 대신하는 자금 지원(funding)을 확대해나가고 있다('제6장' 참고).

개될 비용의 관점에서 논쟁의 여지가 없지는 않다.

한편 세계은행은 [표 7.7]에서 네 번째 환경 의제로 제시된 지구환경기금(GEF)에 관여하고 있다는 점에 주목할 필요가 있다. 지구환경기금은 1991년에 발족한 프로그램으로 초창기에는 유엔환경계획(UNEP) 및 유엔개발계획(UNDP)과 연대하였으며, 명백히 세계적인 공통의 이해관계 영역에서 발생한 환경문제를 다루기 위해 지구상에서 가장 가난한 나라들을 위한 '추가 비용(additional costs)'을 지원할 수 있도록 새로운 자금을 창출하는 것을 목표로 삼고 있다. 공통의 이해관계 영역에는 생물 다양성과 기후변화 완화와 적응, 국제 수자원, (주로 사막화와 산림 파괴에 따른) 토양의 황폐화, 오존층의 파괴, 끈덕진 유기 오염 물질이 포함된다. 오늘날 지구환경기금은 10개의 유엔 기관, 몇몇 다른 다자간 개발은행, 수많은 비정부기구, 민간 부문과 협력 관계를 맺고 있다([사진 7.1] 참고). 세계은행은 지구환경기금의 수탁자(a trustee of the fund)이자 지구환경기금 조달 프로젝트의 실행 기관, 지구환경기금 사무국(GEF Secretariat)을 주최하는 기관으로서의 역할을 담당한다. 지구환경기금은 120개국에 걸쳐 700개 이상의 프로젝트들을 수용하여 130억 달러 이상의 증여(grant)와 양허성 차관(concessional loans)을 배정했다. 이와 같은 자금의 3분의 2 이상이 기후변화와 생물 다양성 부문에 집중되어 왔다. 그러나 [비판적 고찰]에서 확인할 수 있듯이 지구환경기금의 자금 조달과 그 운영에 있어서 세계은행의 역할에 대한 우려가 지속되고 있다. 기후 자금에 대한 통제를 둘러싼 '국제 경쟁'은 앞서 '제6장'에서 살펴보았다.

환경 및 사회적 영향력 감축하기

지속 가능한 개발과 관련하여 세계은행이 수행했던 한층 더 중요한 활동 영역과 전략적 우선순위는 나름의 '세이프 가드 정책들(safeguard policies)'을 만들고 이를 강화하는 일이었다. 세이프 가드 정책은 환경을 비롯하여 세계에서 가장 취약한 사람들을 보호하기 위해 세계은행이 현장 운영에서 따라야 하는 의무적 성격의 정책들이다. 1989년부터 세계은행은 프로젝트 대출로 이루어질 잠재적 환경 악영향을 평가하고 이를 완화하기 위해서 의무적인 절차들을 밟아왔다. 일례로 '운영 지침 4(Operational Directive 4)'에 따르면 제안된 투자를 승인하기 전에 자금을 빌린 국가는 예상되는 환경 영향에 대해 심사를 받아야 한다는 점을 명확히 하고 있다. 제안된 프로젝트들은 환경문제의 특성과 규모, 민감도에 따라서 네 가지 범주들 중 하나에 배정되며, 승인 전에 다양한 수준의 후속 환경 분석을 거친다. 이후 비자발적인 재정착(Involuntary Resettlement)과 원 거주민을 포함한 추가 운영 지침들이 마련된다. 비판과 항의의 초점이 되었던 이러한 정책들은 종종 실패하기도 했다. 예를 들어, 1992년에 미국은 세계은행이 후원한 인도 나르마다강 댐 사업(Narmada River dam project)이 초래할 환경적·사회적 악영향에 대응하기 위해 세계은행을 지원하지 않겠다며 압박했다. 결국 미국 내 환경 단체와 국제 비정부기구, 인도 나르마다 민족 운동(Narmada People Movement)의 격렬한 항의가 계속되자 세계은행은 해당 프로젝트에서 손을 뗐다.

연속적인 환경 전략이 되기 위해서는 세계은행 활동의 토대인 세이프 가드 정책과 정책이 바꾸려고 하는 맥락을 지속적으로 재검토해야 할 필요가 있었다. 1990년대 후반, 세계은행은 정책과 절차, 지침을 하나로 묶었던 운영 지침(Operational Directives: ODs)을 정책 수행 및 모범 사례에 대한 권고를 담은 개별화된 의무 정책과 의무 지시 사항으로 바꾸기 시작했다. 환경 평가와 관련하여 운영 지침 4.01을 운영 정책 4.01(Operational Policy 4.01)로 대체했고, 새로운 범주가 추가되어 금융 중개 기관(financial intermediary)이나 그 아래 차입국(sub-borrower)을 거치는 은행 펀드와 관련된 프로젝트 심사를 포함하게 되었다. 프로젝트라기보다 정책 개혁을 위한 구조 조정 차관(structural adjustment loans)에 대한 환경 평가 절차가 도입 및 확대되면서 세계은행 활동의 한 부분이 되었다.

2012년부터 세계은행은 세이프 가드 정책을 재검토하고 갱신해오고 있다. 이는 세계은행이 수행했던 가장 광범위한 협의로 최근 큰 변화를 겪은 차입국(borrowing countries)의 환경 및 경제적 맥락을 반영하고 있다. 두 번째 초안 작성 단계에서 65개 국가와 8개의 헌신적인 주민 협의체, (생물 다양성, 노동, 비차별, 성소수자[LGBT/SOGIE], 문화유산에 관한) 5개의 전문가 협의체, 다른 다자간 개발은행과 국제 노동 사무소(International

[표 7.8] 세계은행이 발의한 환경 및 사회 정책 틀: 기준들

ESS1 환경 및 사회적 위험과 영향을 평가하고 관리하기
ESS2 노동 및 근로 조건
ESS3 자원의 효율성과 오염 예방
ESS4 지역사회의 보건 및 안전
ESS5 토지 획득, 토지 활용 및 비자발적인 거주지 이동에 대한 규제
ESS6 생물 다양성의 보전 및 천연자원에 대한 지속 가능한 관리
ESS7 토착민들
ESS8 문화적 유산
ESS9 금융 지원 매개 기관
ESS10 정보 차단 및 이해 관계자 참여

출처: World Bank draft standards, http://consultations.worldbank.org (2015년 8월 6일 접속)

Labour Office), 세계보건기구를 포함한 개발 협력업자와의 협의체를 포함했다.

[표 7.8]은 세 번째 초안 작성 시점에서 제시된 환경 및 사회 정책 틀을 제시하고 있다. 운영 지침(ODs)을 일련의 '기준(standards)'으로 변화시킨 점이 크게 눈에 띈다. 예를 들어, 환경 평가에 관한 기존 운영 지침은 전체 정책 틀에서 가장 중요한 기준이 된 환경 및 사회 기준(Environmental and Social Standard: ESS1)으로 바뀌었다. 이를 통해서 새로운 환경 및 사회 정책 틀은 환경 및 사회적 위험과 결과가 갖는 통합적 성격과 평가(integrated nature and assessment)를 이전 지침보다 많이 강조하고 있다. 한편 환경 및 사회 기준(ESS1)은 환경 및 사회적 평가가 완료되면 차입국과 세계은행 모두가 환경 및 사회적 실천 계획(Environmental and Social Commitment Plan)을 받아들일 것을 요구하고 있다. 해당 계획을 감시하고 보고하는 일은 차입국에 맡겨진 일인데, 프로젝트 진행 과정에서 위험 요인을 더욱 잘 관리할 수 있도록 하고 예상치 못한 상황에 대응하기 위한 목적으로 이를 전체 프로젝트의 처음부터 끝까지 확대 적용하도록 한 점은 크게 변화된 사항이다. 그리고 더욱 지속 가능하고 회복력을 갖춘 개발 결과를 이끌어내기 위해 위험 요인을 제거하고 관리하는 2012년 환경 전략 실천(2012 Environment Strategy)을 반영하고 있다.

이전 세이프 가드 정책들과 비교해 환경 및 사회 정책 틀은 원주민 기준에 부합하는 자유의사에 따른 사전 인지 동의 조항(provision for Free, Prior and Informed Consent)을 도입했다는 점에서 크게 개선되었다. 만약 이와 같은 동의가 없다면 더 이상 프로젝트는 진행되지 않는다. 이전 운영 지침은 '사전 자문(informed consultation)'만을 요구했다. 이제 비자발적 재정착에 대해서는 더욱 구체적인 재정착 계획과 재정착을 피하기 어려운 주민을 위한 생계 지원 정책을 포함하고 있다. 한편 주민을 이동시키기 전에 반드시 보상도 이루어져야 한다. 새로운 틀에 맞춘 모든 조항은 차입국과 은행 담당자, 모든 투자 프로젝트가 준수해야 할 의무 조항이다. 이와 같은 변화는 세계은행의 절차가 양자 원조 공여국과 민간 신용 기관을 포함한 다른 개발 행위 주체들과 한목소리를 낼 수 있도록 해줌으로써 더욱 효과적인 금융 지원을 가능하게 해주고 향후 강력한 파트너십을 구축할 수 있게 해줄 수 있음을 의미한다. '파트너십 강화'야말로 재정 제약을 겪는 세계가 굵직한 환경문제를 풀어가기 위해 우선적으로 갖춰야 할 덕목으로 평가되고 있다(World Bank, 2012a).

국제 금융기관(IFIs), 부채와 경제 발전

세계은행과 국제통화기금의 활동과 역할에서 가장 큰 변화를 확인할 수 있는 점은 아마도 부채 및 경제 위기와 관련이 있을 것이다. 특히 1980년대 초반의 부채 위기는 포괄적인 해결책뿐만 아니라 이들 두 기관 간의 긴밀한 협력이 필요했다. 향후 수십 년간, 이와 같은 과제 해결을 목표로 이들 기관이 자금을 조달한 전략들 및 프

로그램들은 남반구(개도국) 국가들의 개발 의제(the development agenda)에 큰 영향을 끼쳤다('제3장' 참고). 특히 보다 최근에 국제통화기금은 그리스, 포르투갈, 아일랜드를 포함한 국가들에 더 많은 대출을 해주기 위해서 종래의 '긴축 패키지(austerity packages)'라고 불리는 정책에 대한 개혁 가능성을 면밀하게 검토하기 시작했다. 부채 및 부채의 영향에 관해 저명하면서도 자주 인용되는 저술가인 수전 조지(Susan George)는 '이제 유럽의 차례'라고 말한다(George, 2013).

구조 조정 프로그램(Structural Adjustment Programmes: SAPs)은 일반적으로 세계은행과 국제통화기금의 활동을 설명하기 위한 용어로서, 포괄적 정책 개혁 패키지(packages of broad-based policy reform) 형태로 1980년대를 통틀어서 주로 남반구(개도국) 국가에서 발생했던 경제 위기 해결을 위한 세계은행과 국제통화기금의 핵심 메커니즘이었다. 세계은행은 세계 경제가 침체되었을 때, 특히 비석유 부문 상품의 교역 조건이 악화하던 때에 전통적인 프로젝트 기반 대출 포트폴리오(traditional portfolio of project-based lending)를 통해서 이루어냈던 개발 성과들이 대부분 수혜국들이 직면한 거시 경제적 불균형(macroeconomic imbalances)으로 인해 사라졌다고 지적한다(Reed, 1996). 비슷한 시기에 국제통화기금도 남반구(개도국) 국가들에 대한 통화 및 금융 부문 측면의 '위기관리(crisis management)'를 넘어 이들 국가의 생산 역량을 강화하는 방향으로 눈을 돌리기 시작했다.

첫 번째 구조 조정 프로그램은 1980년 튀르키예에 적용되었고, 이후 10년 내 64개 개발도상국에 대한 187개의 구조 조정 프로그램이 논의되었다(Dickenson et al., 1996). 1994년 기준으로 세계은행 대출의 30%는 프로젝트 기반 대출이 아닌 포괄적 정책 개혁 패키지 형태의 대출이었다. 그리고 이후 10년 내 이 비율은 50% 이상으로 높아졌다(Brown and Fox, 2001). 구체적인 구조 개혁 도구는 다양하지만, [표 7.9]에 제시된 것과 같은 전형적인 도구들을 포함한다. 이 모든 점은 '제3장'에서

[표 7.9] 구조 조정 프로그램의 주요 도구들

- 통화 가치 절하
- 금융 절도(節度)
- 공공 지출 감소
- 가격 개혁
- 무역 자유화
- 보조금 지급 축소 또는 철폐
- 공기업의 민영화
- 임금 인상 요구 자제
- 제도 개혁

출처: World Bank draft standards, http://consultations.worldbank.org (2015년 8월 6일 접속)

논의되었던 신자유주의적 개발 원리와 밀접하게 연관되어 있음을 확인시켜준다. 요약하면 개발에 있어서 국가의 역할을 재정의하고, 개발 행위 주체로서의 시장 역할을 더욱 확대하는 것은 바로 신자유주의적 사고와 구조 조정 프로그램의 핵심이다.

구조 조정의 영향

거시 경제적 조정에 관한 결과를 평가하는 일은 [표 7.9]에 제시된 것과 같은 '패키지'에 담긴 차별적인 요소들이 갖는 함의가 광범위하기 때문에 쉽지 않다. 또한 여러 국가는 시간이 지나면서 복잡한 단계별 개혁 프로그램을 따르고 있다. 최근 글로벌 경제 위기와 함께 신자유주의적 관점의 경제 발전이 초래한 결과를 둘러싼 논의들이 다시 수면 위로 부상했다. 세계은행과 국제통화기금 어느 쪽도 구조 조정 프로그램과 경제성장 간의 '납득할 만한 연결 고리(convincing connection)'를 제시해주지 못한 것으로 알려져 있다(Killick, 1995; Mohan et al., 2000에서 재인용). 초창기에는 구조 조정 프로그램의 경제적 성과를 감독하는 일이 최우선 과제가 아니었다. 모한 등(Mohan et al., 2000)은 처음 15년간의 구

[표 7.10] 환경에 무지한 구조 조정 프로그램에 대한 설명

- 세계은행과 다른 대부 기관들은 과거에 환경문제를 최우선적으로 고려하지 않았다.
- 주요 대부 기관으로부터 돈을 빌린 측은 주로 재정적인 문제에 관심을 가졌고, 환경보호를 위한 자금 지원을 특별히 요청하지 않았다.
- 넓은 의미의 지속 가능한 개발은 대중 의식 속에서 중요하지 않았기 때문에 환경보호를 뚜렷하게 정책에 포함하지 않았다.
- 환경보호는 구조 조정 프로그램과 대립되는 추가 지출 상황을 발생시키게 된다.

출처: Mohan et al., 2000

조 조정이 어떠했는지 다음과 같이 제시한다.

> 구조 조정 프로그램은 항상 문제를 겪고 있거나 보통은 너무 복잡해서 이해하기 어려운 외딴, 가난한 지역들에서 시행되었다. 이들 외딴 지역이 1990년대 중반에 (러시아, 인도네시아, 브라질처럼) 무너져 내리기 시작했을 때, 주목을 끌기 시작했던 '우리의' 발전은 위험에 빠졌다.

라틴아메리카와 사하라 이남 아프리카는 구조 조정 프로그램이 가장 엄격하게 시행되었던 두 지역으로 1980년대와 1990년대를 거치면서 국내총생산(gross domestic product: GDP)에서 차지하는 총부채 비율이 급속하게 증가했다. 실제로 사하라 이남 아프리카의 총부채 비율은 2000년대 중반까지 꽤 높은 수준을 유지했다. 샤프(Schaaf, 2013)의 주장처럼, 이는 국제 금융기관이 옹호하고 개발도상국들이 채택했던 거시 경제적 전략이 과연 효과적이었고 타당했는지에 대해 의문을 제기한다. [표 7.10]은 환경에 무지한 구조 조정 프로그램에 대해 소개하고 있다. 구조 조정 프로그램의 결과와 사회의 일부 최빈곤층이 의존하는 환경 자원을 민영화할 때 나타나는 영향에 관한 추가적인 예시는 '제10장'에서 논의될 것이다.

구조 조정 프로그램의 한계 해결하기

1999년에 발표된 빈곤 감소 전략 보고서(Poverty Reduction Strategy Papers: PRSPs)는 저소득 국가에 대한 세계은행과 국제통화기금 및 다른 공여국의 지원을 조정하는 전략적 문서로 기존 구조 조정 프로그램을 대체했다. 세계은행과 국제통화기금은 기존 구조 조정 프로그램의 한계를 인식하고 빈곤 감소 전략 보고서 접근을 도입했는데, 여기에는 특히 수원국의 지분을 확대하고 빈곤 개선에 초점을 둘 필요가 있다는 인식이 반영되었다. 빈곤 감소 전략 보고서는 빈곤에 대한 세계은행의 목표를 실행하고 국가 수준에서 새천년 개발 목표(MDGs)를 달성하기 위한 핵심 도구로 간주된다. 저소득 국가가 세계은행 및 국제통화기금이 제공하는 양허성 차관(concessional lending)과 외채 과다 최빈국에 대한 특별 지원 정책(Heavily Indebted Poor Countries Initiative)에 따른 부채 감면에 접근하기 위해서는 빈곤 감소 전략 보고서를 필수적으로 작성해야 한다('제8장' 참고).

빈곤 감소 전략 보고서는 한 나라 정부 기관에 의해 작성되며, 포괄적인 참여 과정을 통해서 꾸며진다. 이를 위해서는 외부 수혜국과 세계은행, 국제통화기금뿐만 아니라 민간 부문을 포함한 시민사회와 국내 주주들의 참여가 필요하다. 그리고 해당 국가의 여건과 빈곤 감소를 위한 우선순위, 필요한 금융 지원 분야와 재원에 초점을 맞춘 일관된 거시-경제적, 구조적, 사회적 부문의 개혁 프로그램 수립도 필요하다. 한편 빈곤 감소 전략 보고서는 국가의 다른 행동 계획과도 뚜렷한 연관을 맺고 있어야 하며, 새천년 개발 목표의 결과를 명시적으로 참조해야 한다. 빈곤 감소 전략 보고서는 새천년 개발 목표를 국가 수준에서 실행하기 위한 핵심 메커니즘으로서, 세계은행의 활동을 다른 양자 및 다자간 수혜국과 유엔 기관들과도 연결해준다는 점에서 볼 때 세계은행이 이뤄낸 중요한 성과로 평가된다.

빈곤 감소 전략 보고서의 한 가지 장점은 기존 구조 조정 프로그램 과정 내 없었던 시민사회의 행위 주체들

이 정책 개혁 프로그램의 발전 및 실행 과정에 참여할 수 있는 역량을 열어두었다는 점이다. 그러나 참여 정도와 누가 실행 주체인지에 대해서는 여전히 의문이다. 연구에 따르면 시민사회의 참여는 논의 단계(consultation stages)로 제한되는데, 이 때문에 이 과정에 접근하기 쉬운 교육 수준이 높은 부유한 시민사회 회원국의 참여가 높아지는 경향이 있다. 이에 관해서는 다음 절에서 더 살펴보고자 한다.

'수원국의 지분(country ownership)'을 확대하고 빈곤 감소 전략 보고서에 대한 폭넓은 대중의 지지를 확보하는 일은 대출을 통해 보다 적절하고 성공적인 결과를 이뤄낼 뿐만 아니라 기존 구조 조정 프로그램에 대한 '일률적(one size fits all)' 접근이라는 비판을 극복하기 위해서도 꼭 필요한 것으로 판단된다. 하지만 빈곤 감소 전략 보고서라는 너무 규정된 틀을 따라야 하고, 세계은행과 국제통화기금이 계획을 승인 또는 기각하는 우월한 통제력을 갖고 있어 이에 대한 우려는 계속되고 있다. 흄(Hulme, 2010)은 이 모든 과정이 세계은행과 국제통화기금에 의해 엄격하게 감독되고 있기 때문에 수원국의 지분이 핵심 쟁점이라는 말은 개발도상국에게는 '현실성이 없는 농담'일 뿐이라고 지적한다. 그는 만일 한 나라의 정책과 계획, 예산 확보, 책무성을 연결하는 진정한 권한과 책임이 수원국에게 보장되지 않는다면, '제1장'에서 논의되었던 지속 가능한 개발 목표(SDGs)와 같은 앞으로 이뤄내야 할 글로벌 목표 달성은 우려스럽다고 말한다. 흄은 세계은행과 국제통화기금에는 문화적 전환(cultural shift)이 요구된다고 말한다. "세계은행과 국제통화기금은 '오만한 태도를 고치려는 노력(arrogance reduction strategies)'이 필요하다. 그래서 각 나라를 위한 최선의 정책이 무엇인지 정확하게 알 수 있다는 믿음을 버려야 할 것이다."(Hulme, 2010)

지금까지 살펴본 것처럼 빈곤 감소 전략 보고서는 새천년 개발 목표를 국가 수준에서 실행할 수 있는 핵심 메커니즘이며, 원조 공여국과 제휴하여 효율성을 높이기 위한 핵심 수단으로 평가된다. 2005년까지 빈곤 감소 전략 보고서에 참여했던 40개 국가를 대상으로 분석한 결과에 따르면, 빈곤 감소 전략 보고서 접근은 빈곤을 정부의 최우선 과제로 다룰 수 있도록 하였고 원조 공여국들 간의 협력을 강화했다는 점에서 중요한 의의를 지니는 것으로 평가했다(Driscoll and Evans, 2005). 후쿠다-파(Fukuda-Parr, 2010)는 22개의 빈곤 감소 전략 보고서를 검토하고 원칙적으로 새천년 개발 계획과의 높은 연관성을 확인했지만, 빈곤 감소 전략 보고서가 특정 목적 및 목표를 선택적으로 채택하고 있음을 밝혔다. 예를 들어, 소득 빈곤과 교육, 보건, 수질 개선에 대한 사회적 투자에 대해서는 지속적으로 강조하지만, 권한 강화(empowerment)와 여성의 정치적 참여 확대를 통한 젠더 폭력과 같은 가장 취약한 계층에 대한 포섭에는 무관심했다고 주장한다(Fukuda-Parr, 2010).

한편 빈곤 감소 전략 보고서의 과정은 핵심적인 사회적·환경적 결과의 측면에서 지속적으로 타협해왔다. 샤프(Schaaf, 2013)는 빈곤 감소 전략 보고서의 경험 덕분에 세계은행과 국제통화기금은 계속해서 젠더 관계 및 불평등이 어떻게 빈곤과 연결되어 있는지를 이해할 수 있게 되었다고 주장한다. 세계 자원 연구소(World Resource Institute, 2005)는 한 보고서를 통해서 가난한 자들의 삶 속 생태계의 핵심 역할이 촌락 지역의 빈곤을 궁극적으로 감소시켜야 한다면, 기존 빈곤 감소 전략 보고서는 환경적인 측면에서 전면 개정되어야 한다고 주장한다. 이와 비슷하게, 보조 등(Bojo et al., 2004)은 어떻게 빈곤-환경 연계(poverty-environment linkages)가 주류 논의가 되었는지, 또한 그럼에도 불구하고 왜 빈곤 감소 전략 보고서에는 포함되지 않았는지를 검토했다. 그리고 협의와 참여만이 이러한 과정 속에서 환경에 대한 우려를 담아낼 수 있었음을 살펴볼 수 있었다. 53개 빈곤 감소 전략 보고서 중에서 단지 14개만이 환경적 지속 가능성에 관한 MDG7*과 명확하게 합치된다.

---

*새천년 개발 목표 8개 중에서 7번째 목표인 '환경의 지속 가능성 보장'을 의미한다.

특정 새천년 개발 목표는 파편화된 특성이 있어서 빈곤과 환경 사이를 연결하는 복잡한 그림을 전체적으로 이해하거나, 앞서 언급했던 것처럼, 유엔을 포함해서 지적을 받았듯이 지속 가능한 개발의 사회적, 경제적, 환경적 차원을 서로 연결하는 데 실패했다(UNDG, 2010).

보다 근본적으로는 빈곤 감소 전략 보고서에 대한 비판자들은 이들 프로그램이 실제로 이전 시기의 신자유주의를 넘어서는 어떤 실제적인 전환을 보여줄 수 있는지에 대해 의문을 제기하고 있다('제1장', '제3장' 참고). 후쿠다-파(Fukuda-Parr, 2010)는 22개의 빈곤 감소 전략 보고서와 21개의 양자 간 원조 정책 협의문에 대한 검토를 기반으로, 빈곤 감소 전략 보고서가 1980년대와 1990년대의 신자유주의적 의제를 지속적으로 반영하고 있을 뿐만 아니라, 구조 조정 프로그램과 마찬가지로 워싱턴 합의(Washington Consensus)와 동일한 거시 경제적 정책 처방을 따르고 있음을 밝혔다. 세계화된 경제에 동참하고 국가의 후퇴를 계속해서 강조하고 있는 상황에서 국제 금융 및 무역과 같은 외부적인 요인들은 빈곤을 창출하는 역동적 측면의 한 부분이라기보다 빈곤을 극복하는 데 있어 근본적인 것으로 간주된다. 따라서 빈곤의 원인과 결과에 대해 남반구(개도국) 국가들의 정부와 사회가 책임을 져야 한다는 입장을 취하고 있다(Fairhead, 2004).

비정부기구와 협력하기

세계은행은 유엔과 관계를 이어오면서 지역의 권한을 부여하고 공공기관의 책무성을 강화하기 위한 수단으로서 오랫동안 시민사회(civil society)와의 협력을 강조해 왔다.

> 목표는 사람들이 자신의 삶을 지키고, 공동체가 자신의 개발에 대해 더 책임을 갖고, 정부가 사람들에게 귀 기울일 수 있도록 평범한 사람들이 권한을 갖도록 하는 데 있다. 비정부기구를 포함해서 보다 다원적인 제도적 구조(pluralistic institutional structure)를 육성하는 일은 이와 같은 목적을 달성하기 위한 수단이다. (World Bank, 1989)

이 장의 마지막 절에서 지금의 개발 경관(development landscape)을 만들어낸 제도로서 시민사회 조직(civil society organisations)을 보다 자세하게 논의할 것이다. 시민사회의 한 부분인 비정부기구는 다양하면서도 다차원적인 조직이다. 예를 들어, 이들은 금융 및 기술적 역량, 가치관 및 정치적 이념의 측면에서 다양하다(Nelson, 2006). 바로 이 점이 시민사회 조직이 다른 행위 주체 및 개발 제도에 관여하는 방식에 영향을 미친다. 이 절에서는 비정부기구가 세계은행에 관여하는 방식의 변화, 특히 비정부기구가 세계은행 활동을 어떻게 촉진하는지에 초점을 두고자 한다.

넬슨(Nelson, 2006)은 비정부기구와 세계은행 간의 세 가지 주요 협력 형태로 프로젝트 내 협력과 비판적 옹호, 정책 문제에 관한 논의를 제시한다. 비정부기구와 세계은행 간의 프로젝트 협력은 1980년대와 1990년대에 빠르게 성장했는데, 이는 주로 구조 조정 프로그램 하에서 많은 정부의 서비스 공급 역량이 감소했지만, 비정부기구는 세계은행으로부터 이용 가능한 자금을 많이 유치할 수 있었기 때문이다. 그 당시에 지역사회 수준에서 활동하는 대다수의 세계은행 프로젝트들은 어떤 식으로든 비정부기구와 협력하고 있었다(Nelson, 2002). 1993년에는 전체 프로젝트의 30%가 협력과 관련된 것으로 알려져 있었는데, 해당 비율은 2010~2012년에 82%로 높아졌다(World Bank, 2013b). 세계은행은 체계적으로 이와 같은 운영상의 협력을 장려하고 있지만, 비정부기구의 역할은 정부와 세계은행 관료들이 설계하고 협력한 프로젝트를 실행하는 정도로 제한되어 있다. 말레나(Malena, 2000)는 이와 같은 참여의 성격과 영향에 대해 다음과 같이 의문을 제기한다.

> 이와 같은 참여는 모든 프로젝트 주기에서 이루어지는

> 대다수 비정부기구의 진정하고도 지속 가능한 참여에서부터 서비스 제공을 위한 비정부기구와의 계약까지, 그리고 옥스팜 지사 대표와의 비공식적 점심 모임에 이르기까지 모든 것이 해당할 수 있다.

그렇지만 비정부기구는 특히 환경 및 사회 정책 분야에서 세계은행과 대립각을 세우면서 상당한 용인을 얻어냈다는 점이 널리 인정되고 있다. 비록 비정부기구와 세계은행 간의 협력이 보편적인 협력 형태는 아니지만(Malena, 2000), 비정부기구는 세계은행의 활동에 반대로 개입해서 기존 계획(보통 하부 구조 프로젝트)의 실행을 가로막거나 수정을 이끌어내기도 한다. 이와 같은 활동에는 종종 동일한 우려를 공유하는 집단 및 국가 또는 국제 비정부기구와의 연대(coalitions)를 포함하기도 한다. 그리고 현장에서의 직접적 행동, 매체를 활용한 캠페인, 은행 관료와의 대화 등과 같은 다양한 정치 전략이 활용되기도 한다. 국제 비정부기구 활동의 성공적인 사례로는 앞서 살펴본 것처럼 환경적인 영향과 비자발적인 이주를 근거로 세계은행이 나르마다강 댐 사업에 자금을 지원하지 못하도록 한 사례를 손꼽을 수 있다. 또 다른 사례로는 채무 완화를 둘러싼 대립이 있다('제1장' 참고). 이와 같은 활동을 지지하는 많은 국제 비정부기구는 현장 수준에서 지역사회 기반 조직(community-based organizations: CBO)을 통해 세계은행과의 정책적 대담을 협력적 또는 대립적인 행동과 조화시키기 위해 많은 관심을 쏟고 있다. 넬슨(Nelson, 2006)은 비정부기구가 세계은행과 차입국 정부 행동에 영향을 미치기 위해 노력하는 이유가 바로 세계은행의 정치적 영향력 덕분이라고 주장한다.

세계은행에 대한 비정부기구의 계속된 비판은 더 투명하고, 참여적이며, 책무성을 강화하는 방향으로 제도 내 변화를 촉진하고 있다는 점에서 중요한 의미를 지닌다(Tussie and Tuozzo, 2001; Woods, 2000). 세계은행과 독립적 검토자(independent reviewers) 모두는 비정부기구와 세계은행이 비자발적 재정착(involuntary resettlement)과 같은 영역에서 서로 자주 많이 만남으로써, 세계은행의 실천에서 변화가 일어나고 있다는 증거를 찾았다(Woods, 2000). 나르마다강 댐 사업 사건에 기초한 환경 비정부기구의 제안 덕분에 1993년에 세계은행의 정보 고지(告知) 정책(World Bank's information disclosure policies)이 정비되고, 독립 감시 패널(independent inspection panel)이 만들어지게 되었다. 지금은 대부분의 프로젝트 관련 문서들이 대중에게 공개되고 있으며, 남반구(개도국) 국가의 시민들이 정부와 별개로 세계은행에 대한 불만을 제기할 수 있는 토론 기회가 제공되고 있다. 독립 감시 패널은 이제 세계은행과 시민사회가 서로 만날 수 있는 공식적이고 완전히 제도화된 메커니즘을 대표한다.

비정부기구를 통한 이와 같은 비판적 지지 역시 오늘날 세계은행 내에 존재하는 '비정부기구와의 협상 문화(culture of consultation with NGOs)'를 공고히 하는 데 도움이 되었다(Nelson, 2006). 특히, 대출의 기준이 되는 빈곤 감소 전략 보고서(PRSPs)와 국가 지원 전략(Country Assistance Strategies) 준비와 같은 정책 논의에 있어 비정부기구와의 협상이나 비정부기구의 참여가 확대되고 있는 점이 주목된다. 한편 세계은행 시민사회 포럼(World Bank Civil Society Forum)은 비정부기구에 상설 협의 메커니즘을 제공하고 있으며, 이들 기관의 관계자가 세계은행 연례 모임(annual meetings)에 참석하여 정책 개발에 참여할 수 있도록 지원하고 있다. 그동안 포럼에서는 수자원의 민영화와 댐 건설, 임업과 같은 논쟁적인 쟁점들과 특정 주제들이 다뤄졌는데, 이제는 이러한 주제들이 포럼에서 보편적으로 다뤄지게 되었다(Nelson, 2006).

어떤 비정부기구가 세계은행과 협의 및 협력하도록 요청을 받는지, 어떤 정부가 세계은행의 지원을 받는지, 그 협의 과정의 성격과 결과에 관해서는 여전히 우려가 남아 있다(Malena, 2000 참고). 세계은행은 시민사회의 복잡한 성격과 시민사회의 참여가 제한적인 일부 남반구(개도국) 국가의 시민사회와 정부 간의 관계를 이해하고 있다(World Bank, 2013). 이제 참여를 독려하는 한 연차 보고서(annual reporting of engagement)에는 협력이 지속되도록 적절한 제도적 메커니즘을 고려해야 한다는 점이 담긴다. 끝으로 현지인들의 의견 수렴을 위한 특별한 장이 확대되어 마련될 필요도 있다(World Bank, 2013b).

세계무역기구

국제무역은 글로벌 경제의 가장 중요한 측면이자 한 나라의 사회 및 경제 발전을 결정하는 요인이 된다. 1950년 이후 10년마다, 국제무역은 세계 경제의 산출보다 빠르게 증가했다. 그리고 1980년대 중반 이후부터 해외직접투자(foreign direct investment: FDI)는 국제무역보다 빠르게 증가했다(Neumayer, 2001; '제4장' 참고). 세계 무역은 2008년 금융 위기 이전에는 매해 평균 7%씩 성장했지만, 2013~2014년에는 4% 수준으로 떨어졌다(World Bank, 2015e). 글로벌 투자 역시 금융 위기 때는 감소했지만, 2012년 이후 다시 증가하고 있다. 2013년에 해외직접투자는 9% 성장했는데, 이 당시 전체 흐름의 54%가 '개발도상국'에 집중되었다(UNCTAD, 2014). 글로벌 무역의 지리는 '제8장'에서 자세하게 논의할 것이다(Dicken, 2015).

대부분의 세계 무역은 세계무역기구(WTO)가 관리하는 일련의 규정들에 따라 이루어진다. 세계무역기구는 1995년에 출범하였지만, 그 기원은 1948년에 출범했던 관세 및 무역에 관한 일반 협정(General Agreement on Tariffs and Trade: GATT)으로 거슬러 올라간다. 제2차 세계대전 직후, 유엔 창설을 이끈 50개국은 경제 회복과 국제 안정을 도모하기 위해서 세계 무역과 국제 투자를 규제하는 국제무역기구(International Trade Organization: ITO)와 같은 제도를 설립하려고 했다. 그와 같은 기구의 설립은 1930년대 대공황을 초래했던 제한적이며 보호주의적인 관행에 대해 제동을 거는 역할을 할 것으로 기대되었다. 하지만 국제무역기구 헌장 초안은 특히 미국을 비롯한 많은 국가에 받아들여지지 않았고, 부유하고 가장 영향력 있는 23개 국가들이 탈퇴하면서 국제무역기구의 설립은 좌초되고, 그 대신 관세 및 무역에 관한 일반 협정이 만들어지게 되었다.

세계무역기구 회원국은 현재 164개국으로 거의 전 세계 모든 국가를 포괄한다.* 세계무역기구가 다루는 범위는 국경을 건너는 (제조업 품목과 관련된) '물리적' 무역 쟁점을 넘어서 (정보 통신 및 금융업을 포함한) 서비스와 지식재산권, 특허와 같은 무역 관련 분야로 확대되고 있다. 세계무역기구 회원국 수의 증가, 그리고 세계무역기구가 취급하고 있는 업무 범위 및 깊이를 고려할 때, 세계무역기구의 의제(WTO agenda)는 상당한 정치적·사회적 중요성을 지니게 되었다(Reiterer, 2009). 세계무역기구의 결정은 환경과 농업, 보건 전반에 걸쳐, 국내 정책과 경제에 큰 영향을 미친다. 반세계화 운동(anti-globalization movement)에 속하는 시민사회 조직 네트워크와 같은 일부 논평자에 따르면, 세계무역기구는 글로벌 거버넌스에 있어 '진짜 악당(ultimate villain)'으로 평가된다. '제8장'에서 무역 규정이 사회 전반에 걸친 주변화된 집단의 요구와 반대로 어떻게 작동하는지를 상세하게 살펴볼 것이다. 그 외 다른 집단에게 세계무역기구는 교섭과 협정, 분쟁 해결을 위한 플랫폼을 제공함으로써 '글로벌 거버넌스' 구축을 위해 세계화를 이용하는 수단이 된다(Reiterer, 2009). 이 절에서는 세계무역기구의 구조와 주요 활동 내용을 살펴본다. 여기에서는 과연 세계무역기구가 남반구(개도국) 국가들의 요구 사항들을 해결하고, 특히 보다 지속 가능한 경제 발전을 이뤄낼 수 있는 역량을 갖췄는지와 관련하여 지금의 합법성(current legitimacy)과 권력에 대해 의문을 제기하고자 한다.

---

* 2016년 7월 이후 2022년 12월 현재까지 세계무역기구 회원국은 모두 164개국이다.

핵심 구조 및 활동

세계무역기구의 구조는 [자료 7.6]에 제시된 것과 같다. 각료 회의(Ministerial Conference)는 모든 회원국에 열려 있고, 무역 협정에 관한 어떤 문제에 관해서도 결정을 내릴 수 있다. 세계무역기구 사무국(secretariat)은 스위스 제네바에 있다. 현재 진행 중인 세계무역기구의 사무는 모든 회원국의 대표가 참석하는 일반 이사회(General Council)에서 이루어지는데, 이는 각료 회의가 열리지 않는 다른 회기 동안 열리며, 분쟁 해결 기구(Dispute Settlement Body)와 무역 정책 검토 기구(Trade Policy Review Body)의 역할도 수행한다. [자료 7.6]에 제시된 3개의 이사회(councils)는 서로 다른 무역 분야의 사무를 다루며, 이사회에서 논의된 결과는 일반 이사회에 보고된다. 그리고 이어서 개별 사무는 각 이사회에 속한 각종 위원회(smaller committees)에 의해 수행된다.

세계무역기구는 관세 및 무역에 관한 일반 협정(GATT)보다 훨씬 강력한 기관이며, 유엔과 비슷한 법적 지위를 갖는다. 모든 회원국은 관세 및 무역에 관한 일반 협정으로 거슬러 올라가는 두 가지 핵심 원칙을 따르는데, 이들 원칙은 명시적으로 자유무역과 왜곡되지 않은 경쟁(undistorted competition)을 장려하며, 제2차 세계대전 이후 국제 경제에서 만연했던 보호주의(protectionism)를 억제하도록 고안되었다. 첫 번째 원칙은 '내국민 대우(national treatment)' 원칙으로 모든 국가가 자국의 경제 활동에 참가한 참여자를 자국 기업과 동등하게 대우해야 한다는 것을 의미하며, 두 번째 원칙은 '최혜국(most favoured nation)' 대우 원칙으로 하나의 무역 상대국에 부여된 관세양허(concession)를 모든 무역 상대국에 적용해야 한다는 것을 의미한다. 이들 규정은 회원국들을 구속하며, [자료 7.6]에 제시된 분쟁 해결 기구는 이들 원칙과 합의된 규정들을 감시하고 집행한다. 세계무역기구 체제는 소비자 보호나 질병 확산 방지와 같은 제한적인 상황에서 관세 및 다른 보호무역 규정을 인정한다(WTO, 2011). 만일 회원국들이 분쟁 해결 메커니즘에 의한 결정을 따르지 않을 경우, 이로 인한 불이익으로 무역 제재와 보상이 가해질 수 있다.

세계무역기구는 '라운드(rounds)'로 알려진 일련의 다자간 무역 협상(multilateral trade negotiations)을 주최하는데, 여기서 협정안들이 협의되고, 다툼이 해결된다. 세계무역기구 내 투표는 각 회원국이 한 표씩 행사할 수 있다는 점에서 공평하다. 의사 결정은 일반적으로 합의(consensus)*에 기초하지만, 특정 사안에 대해서는 다수결 원칙을 통해서 결정한다. 여기에서는 종종 '국가'의 시장 점유율이 표결에 영향력을 미친다(Mingst and Karns, 2012).

각 라운드의 기간은 무역 문제에 관한 국제적 합의가 달성하기 쉽지 않은 과제임을 보여준다. 예를 들어, 우루과이 라운드(Uruguay round)는 합의에 이르기까지 8년이 걸렸고(1986~1994년), 우루과이 라운드의 후속 논의를 시작하자고 동의하는 데만 7년이 걸렸다. 결국은 2001년 11월, 카타르 도하에서 후속 논의가 시작되었다. 도하 라운드(Doha round)는 도하 개발 어젠다(Doha Development Agenda: DDA)로 명명되었다. 도하 개발 어젠다가 출범하던 때에는 세계무역기구 협정이 무역이 갖는 개발 차원을 더 잘 수용할 수 있어야 하고, 협상 과정에서 개발도상국 회원국들의 적극적인 참여를 이끌어내야 하고 또 그렇게 되어야 한다는 낙관적 전망이 있었다(Elliott, 2013). 비록 에이즈(HIV/AIDS) 치료를 위해 사용되는 특허 의약품의 비용을 낮추자는 지식재산권을 둘러싼 일부 성공적인 사례가 있었지만,

---

*'합의'란 표결에 부치지 않고 의장이 안건을 상정한 후 이의를 제기하는 회원국이 없을 때, 상정된 안건을 그대로 결정하는 만장일치("Nothing is agreed, until everything is agreed.") 의사 결정 방식을 말한다. 사실상 모든 회원국에게 거부권 행사의 기회를 준 것으로 이해할 수 있다. 초창기와 달리 현재는 세계무역기구의 회원국 수가 늘어났고, 무역 문제를 둘러싸고 선진국과 개발도상국 간의 입장 차가 크기 때문에 '합의'를 통해 의사 결정이 이루어지는 경우가 많지 않다. 오히려 최근에는 이와 같은 다자간 무역 협상에 대한 대안으로 협정 당사자 간의 자유무역협정(Free Trade Agreement: FTA)이 활발하게 이루어지고 있다.

[자료 7.6] 세계무역기구의 구조

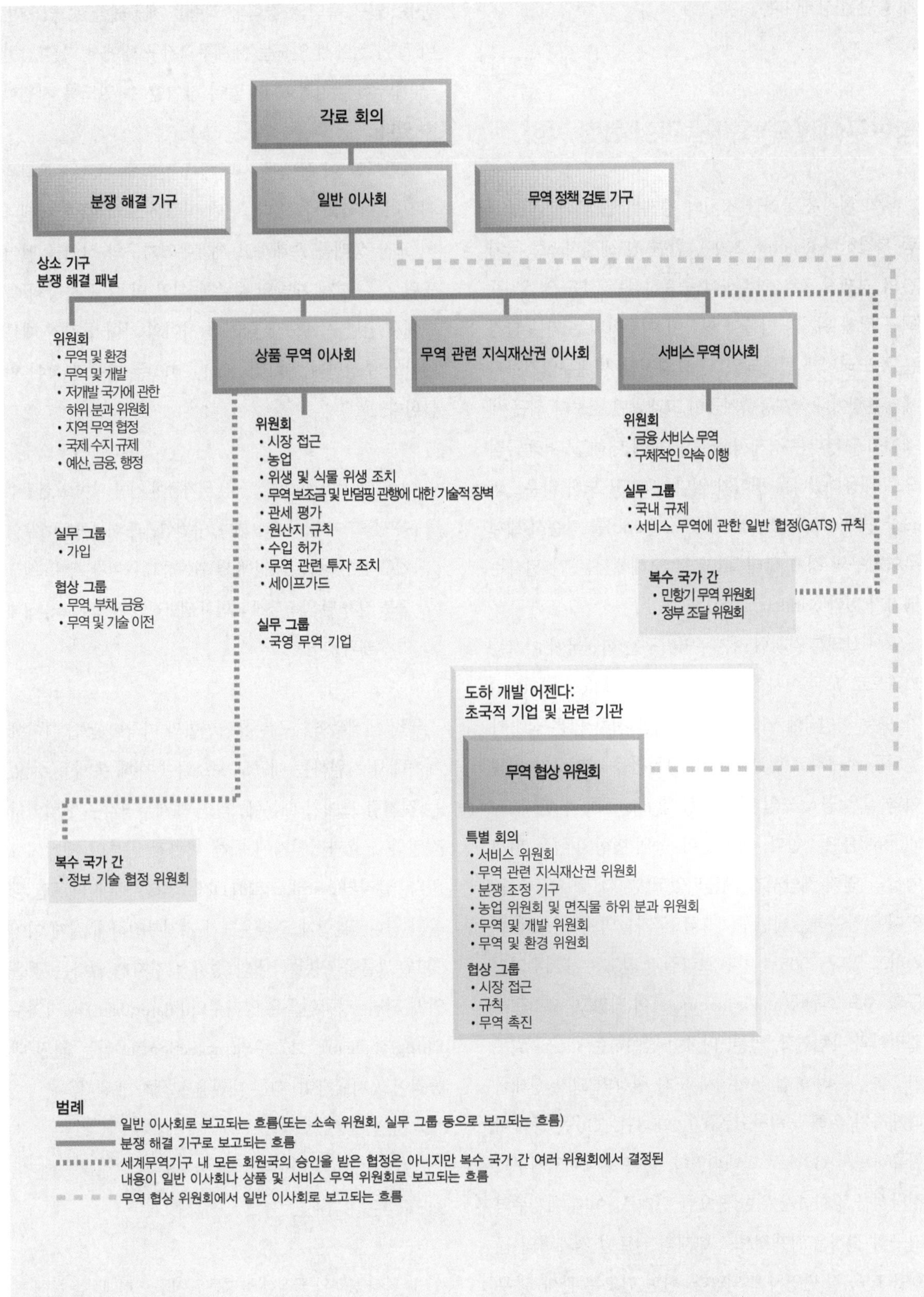

출처: World Trade Organization, 2011

도하 개발 어젠다는 2008년 이후 결론에 이르지 못한 채 중단된 상태이다.

남반구(개도국) 국가들과의 협력 강화

무역 협정을 둘러싼 정치와 경제는 협상 메커니즘처럼 복잡하다(Reiterer, 2009). 한편 전 세계적으로 국가 간의 경제적 상호 의존성이 중요하다는 점을 일깨워준 최근 경제 위기와 더불어 협상이 이루어지는 외부 환경은 두드러지게 변화되었다. 그렇지만 세계무역기구가 세계은행이나 국제통화기금이 그래왔던 것보다 최근 세계에서 나타나는 경제력 균형 변화에 대해 보다 적극적으로 대응해왔다는 평가가 있다. 그리고 도하 라운드의 교착 상태(the deadlock of Doha round)를 단순히 세계무역기구의 정체 상태(stasis)로 오해해서는 안 된다는 평가가 있다(Narlikar, 2011).

앞서 살펴본 것처럼 세계무역기구는 회원국이 이끄는 기관으로 모든 이사회(councils)와 위원회(committees)가 모든 회원국에 열려 있다. 하지만 점차 많은 국가가 합의를 추구하고 협상 입장의 공통점을 확인하기 위해 이와 같은 공식 모임 밖에서 동맹(alliances)과 연대(coalitions)를 결성한다. 예를 들어, 농업 협상의 경우 20개 이상의 연대 제안서가 제출되었고(WTO, 2011), 최근 연대에 참여하는 남반구(개도국) 국가들의 수가 크게 증가하고 있다. 2005년 이후 브라질과 인도는 세계무역기구의 '주요 회원국(major members)'이 되었고, 오스트레일리아와 유럽연합, 일본, 미국이 참여하는 'G6'의 일부가 되어, 특히 농업 분야에서 도하 협상의 교착 상태를 타개하기 위해 노력하고 있다. 2008년, 'G6'는 중국이 합류하면서 'G7'으로 확대되었다. 이는 세계무역기구의 정당성을 강화하기 위한 중요한 단계로, 이제 세계무역기구의 결정은 잠재적으로 현재의 글로벌 경제력의 균형을 더욱 잘 반영하게 되었다. 한편 인도는 관세 및 무역에 관한 일반 협정(GATT)과 세계무역기구에서 오랫동안 활동했기 때문에(Narliker, 2011), 기술이나 정보 공유, 연구 측면의 경험과 역량을 제공해줄 수 있으며, 바로 이 점에서 인도는 세계무역기구 내에서 다른 남반구(개도국) 국가들이 더 많이 참여할 수 있도록 지원할 수 있다.

그렇지만 이 동맹들 사이에서 합의에 이르는 과정은 여전히 어려울 수 있다. 어떤 이들은 도하 개발 어젠다의 교착 상태를 초래하고 세계무역기구의 신뢰를 떨어뜨린 것은 경제 개발의 수준과 이익 및 요구 사항의 측면에서 남반구(개도국) 국가들 사이의 차이가 컸기 때문이라고 주장한다. 샤프(Schaaf, 2013)는 다음과 같이 언급한다.

> BICs(브라질, 인도, 중국) 국가들이 점차 많이 포함될수록 만족도가 낮아지는 데다, 유럽연합과 미국이 세계무역기구가 추구하는 과정에 덜 관여하고 나머지 개발도상국들도 점차 덜 만족하게 되면서 전반적인 환멸과 교착 상태가 초래되었다.

특히 세계무역기구는 유럽연합과 미국이 농업 분야에 계속해서 지원하는 대규모 보조금에 대해 통제할 수 없는 것처럼 보이기 때문에, 과연 세계무역기구가 얼마나 적절하고 효과적인지에 대해 비판적 반론이 제기되고 있다. 날리커(Narliker, 2011)가 요약한 바에 따르면 다음과 같다. '놀랍게도 라운드가 지지부진하게 길게 이어지고, 그들을 위한 국내의 정치적 지지가 없다는 것을 알게 되면, 정치인들은 양자주의(bilateralism)와 지역주의(regionalism), 보호주의(protectionism)라는 훨씬 대중적이고 저렴하며, 빠른 대안을 모색하게 된다.'

세계 무역과 환경

> 환경 붕괴와 극심한 불평등은 지구 어디에서든 눈에 보이고 만져질 수 있으며 들릴 수 있는 재앙이다. 세계 무역

의 자유화는 이러한 재앙을 초래한 가장 능동적인 동인(動因)이다. (Ransom, 2001)

환경주의자들은 세계무역기구가 지속 가능한 개발을 향한 노력을 자유무역 규정을 통해 적당히 얼버무리고 있다고 우려하고 있다. 세계무역기구 협정 내에는 무역 정책과 다른 중요 정책 분야들, 이를테면 환경 분야 간 관계에 대해 주의를 기울여야 한다는 명백한 의무 조항이 없다. 그렇지만 세계무역기구 협정 내에는 인간·동물·식물의 생명 또는 건강을 보호하고 고갈되는 천연자원을 보전하는 것과 관련하여 이를 일반적인 자유무역 요건의 예외로 인정한다는 조항이 있다.

그와 같은 조치는 (외국 기업뿐만 아니라 국내 기업에도 동일하게 적용되어) 비차별적이어야 하며, 그 목적이 보호무역을 위한 수단이 아니라 환경 보전이나 건강을 위한 목적임이 입증되어야 한다. 더구나 세계무역기구 규정은 생산 과정이 아니라 교역되는 제품(the product being traded)에만 적용된다. "따라서 돌고래도 잡을 수 있는 그물로 잡은 참치는 돌고래에 해를 끼치지 않는 방식(dolphin-friendly methods)으로 잡은 것과 동일하게 취급되어야만 했다."*(Buckley, 1994)

1995년에 세계무역기구는 무역 및 환경 위원회(Committee on Trade and the Environment: CTE)를 설립했다. 원래 1971년부터 요청에 따라 소집되는 관세 및 무역에 관한 일반 협정 산하에 '환경 조치 및 국제무역에 관한 그룹(Group on Environmental Measures and International Trade)'이 있었지만, 1991년까지는 그러한 요청이 없었다(Neumayer, 2001). 무역 및 환경 위원회 지침에 따르면, 무역 조치와 지속 가능한 개발 간의 관계를 확인해야 하며, 다자간 무역 체제가 수정되어야 하는지에 대해서 적절한 권고를 해야 하며, 보호무역 조치와 환경 목적의 무역 감시를 회피하면서 무역과 환경 간의 상호작용을 강화할 수 있는 규칙 제정이 필요한지를 평가해야 한다(Williams and Ford, 1999).

그렇지만 무역 및 환경 위원회의 영향과 회의 결과는 다소 실망스러웠다(Williams and Ford, 1999; Neumayer, 2001). 랜섬(Ransom, 2001)이 지적한 것처럼 근본적으로 세계무역기구는 신자유주의 프로젝트(neo-liberal project)의 핵심적인 행위 주체로서 환경적인 조치(environmental measures)가 자유무역을 왜곡하고 국내 기업 보호를 이유로 국가가 그와 같은 개입을 활용할지도 모른다고 우려한다. 세계무역기구가 스스로 파악한 바에 따르면 다음과 같다.

세계무역기구는 오직 무역만을 다룰 합당한 자격을 갖췄다. 다른 말로 하자면, 환경적 쟁점은 단지 환경 정책이 무역에 중대한 영향을 미친다고 판단될 때만 다뤄진다. 세계무역기구는 환경 기관이 아니다. 세계무역기구의 회원국들은 한 나라 또는 국제적 환경 정책에 개입하거나 환경 기준을 수립하기를 원하지 않는다. 환경 쟁점에 전문화된 다른 기관들이 이러한 문제를 훨씬 더 잘 다룰 수 있다. (WTO, 2011)

현재 진행 중인 주요 관심사는 글로벌 무역에 있어서 초국적 기업의 권력(the power of TNCs) 행사이다. 초국적 기업이 세계무역기구의 회원국일 수는 없지만, 초국적 기업은 북반구(선진국) 국가의 경제적 번영에 기여한 측면이 크다. 초국적 기업은 자신들이 실질적으로 국가 수준으로 대우받을 자격이 있는지, 그리고 세계무역기구 내에서 앞으로 나아갈 수 있는지, 그런 점들을 우

* 보통 참치는 돌고래와 함께 다니기 때문에 참치잡이 어선은 돌고래를 확인하고 그물을 던진다. 이 때문에 참치잡이 과정에서 많은 돌고래가 희생되었다. 1990년대 초 미국 의회는 참치잡이 그물에 돌고래가 희생되지 않도록 '해양포유류보호법'을 제정했다. 미국에 많은 참치를 수출하던 멕시코는 이 법이 또 다른 무역 장벽이라며 관세 및 무역에 관한 일반 협정(GATT)에 제소했고, 당시 GATT는 생산 공정의 국가 간 차이를 이유로 수입품과 국내 제품에 대해 취하는 차별적 조치가 GATT 규정에 위반된다며 멕시코의 손을 들어줬다. 그 대신 돌고래를 해치지 않고 잡은 참치 제품에는 '돌고래 안전마크'를 부착해야 했다. 해당 사례는 세계무역기구의 환경 조항이 생산 과정이 아니라 제품을 기준으로 적용되고 있음을 잘 보여준다. 적어도 세계무역기구는 환경을 빌미로 한 '녹색 보호무역주의'를 추구하지 않는 것으로 보인다.

[사진 7.2] 환경 책임을 이행하는 기업

사진: Jennifer Elliott

려한다(Taylor, 2003). 정의에 따르면, 초국적 기업은 '장소에 기반을 두지 않는 행위 주체(non-place-based actors)'이므로 지역사회나 정부 또는 장소에 대해서 어떤 의리나 책무성을 갖지 않는 것으로 알려져 있었다.

한편 남반구(개도국) 국가들과 국제 비정부기구 사이에서 초국적 기업 활동이 실제로 규제받고 있지 않으며, 기업의 책임(corporate responsibility)을 국제적 협정에 명시할 수 없다는 점에 대해 오랫동안 우려의 목소리가 나오고 있다. 지금은 많은 초국적 기업이 환경에 관한 기업 전략을 잘 구축해놓았지만([사진 7.2] 참고), 앞서 살펴본 글로벌 콤팩트와 같은 새로운 이니셔티브는 기업 관행을 환경 및 인권을 포함해서 더욱 국제적으로 인정하는 가치관과 원칙에 맞도록 개선해나가고 있다. 하지만 이와 같은 자발적인 조치들이 얼마나 효과가 있을지는 여전히 의문이다. 예를 들어, 지구의 벗(Friends of the Earth International)과 같은 환경 단체에서 줄곧 관심을 두는 캠페인이 이런 것이다. 2001년 도하에서 개최된 각료 회의에서 세계무역기구가 국제무역에서 초국적 기업의 쟁점을 전혀 제기하지 못한 점을 근거로, 크리스천 에이드(Christian Aid)의 대표는 '이는 마치 말라리아에 관한 회의에서 모기를 논의하지 않은 것과 마찬가지이다'(Madeley, 2001)라며 비판했다.

또한 기존의 다자간 환경 협정이 향후 세계무역기구의 결정으로 종속될지도 모른다는 우려가 있다(Biermann, 2013; Bigg, 2004). 도하 합의문(Doha mandate)에는 무역 및 환경 위원회(Trade and Environment Committee)가 다자간 환경 협정 사무국(MEA Secretariats)과 긴밀하게 협력해야 한다는 제안뿐만 아니라, 세계무역기구 판정과 다자간 환경 협정에 기초한 특정 무역 의무 조항(specific trade obligations) 사이에서 협상을 시작해야 한다는 내용이 담겨 있다. 그러나 이러한 협상은 앞서 살펴본 것처럼 계속해서 교착 상태에 있다. '위험 폐기물의 국가 간 이동과 처리에 관한 협약(Convention on the Control of Transboundary Movement of Hazardous Wastes and their Disposal)' 및 '멸종 위기에 처한 야생 동식물의 국제 거래에 관한 협약(Convention on International Trade in Endangered Species of Wild Flora and Fauna)'과 같은 일부 다자간 환경 협정은 명백하게 일부 무역 형태를 제한하고 있으며, 엄밀하게 보자면 세계무역기구 원칙을 위반한 것으로 판단될 수 있다. 2013년에 미국은 태양 에너지 정책과 관련하여 인도를 세계무역기구에 제소했다. 이는 세계무역기구의 '내국민 대우(national treatment)' 원칙을 위반하고, 미국산 수입 태양 전지(solar cells)를 부당하게 차별한 인도의 자국산 태양 전지 및 모듈을 사용하기로 한 정책('domestic content' requirement)과 관련된다. 태양 에너지 생산 확대를 장려하기 위해서 인도 정부는 생산자에게 일정한 에너지 가격을 보장하기로 합의했다. 그러나 인도 정부는 생산자가 태양 전지, 모듈과 같은 투입물을 인도 내에서 공급받아 사용하도록 했다. 인도 정부는 태양 에너지 산업(solar industry)이 유엔 기후변화협약(UNFCCC)의 기후 약속을 실천하고 저탄소 개발(low-carbon development)이라는 글로벌한 도전을 극복하기 위해서 매우 중요하다고 주장했다. 그러나 2016년 세계무역기구는 세계무역기구 판결을 위반하고 있는 인도의 국내 정책이 유엔 기후변화 협약과 같은 국제 기후 협약을 충족시킨다는 이유로 정당화될 수 없다며 인도에 불리한 판결을 내렸다.

'제3부'에서는 무역 자유화(trade liberalization)가 지속 가능한 개발 추구와 빈곤 국가의 요구 충족 측면에 미치는 영향에 대한 몇 가지 우려할 만한 점들을 더 살펴보고자 한다. 많은 남반구(개도국) 국가에게 세계 무역에 참여하고 외화 획득을 늘린다는 것은 1차 생산물(primary products)과 원료의 수출을 확대한다는 것을 의미한다. 이처럼 자원에 의존한 개발이 지니는 부정적인 영향은 '제6장'에서 '자원의 저주(resource curse)'라는 관점으로 살펴보았다. 한편 '상품 의존성(commodity dependency)'은 '제8장'에서 논의될 것이다. 하지만 상품은 현재 세계무역기구 권한 밖에 놓여 있다. 지난 10년간 연료 및 비연료 상품 가격의 변동성은 많은 국가, 특히 남반구(개도국) 국가들에게 큰 어려움을 안겨주었다. 불안정한 상품 가격은 가난한 국가들이 무역에 참여하는 것을 가로막는 가장 중요한 요인으로 알려져 왔다.

근본적으로 시장은 시장에 참여하는 모든 주체에게 동등한 혜택을 제공해주지 못하는 복잡하면서도 다양한 제도이다. 이미 살펴본 것처럼, 세계무역기구의 규정은 법인과 기업, 개별 생산자, 소규모 무역업자, 소비자를 구분하지 않을뿐더러, 시장에 대한 접근성이 달라서 심지어 같은 지역 내에서도 동일하지 않다는 점을 고려하지 않는다. 바로 이 점이 국제 비정부기구와 폭넓은 사회운동이 계속해서 세계무역기구 내에서의 변화를 추구하는 이유이다.

국가의 역할

국가(state)는 사회의 경제 및 사회 활동을 조정·규제·감시하는 정부와 준정부, 비정부 기관의 집합체이다(UNDP, 1997). 이와 같은 정의에 따르면 국가는 정부(government)보다 넓은 범주에 속하며, 여기에는 공공서비스와 경찰, 군대, 법률 체제가 포함된다. 국가는 세계 여러 지역에 따라 매우 차별적인 형태를 띤다. [보충자료 7.2]에서는 국가와 정부의 개념을 보다 자세하게 살펴본다. 존스턴(Johnston, 1996)에 따르면, "다양한 이익집단들이 사회 내 권력을 쟁취하기 위해서 투쟁하는 것처럼, 개별 국가 역시 갈등과 조정을 통해서 발전해왔다". 또한 국가는 국가를 구성하는 '정치적 제도의 앙상블(ensemble of political institutions)'처럼 어떤 특정한 방식 또는 미리 결정된 방식으로 작동하지 않으며, 항상 하나처럼 행동하거나 협력하여 행동하지도 않는다(Thomas and Allen, 2000).

어떤 활동 영역에서든 국가가 수행하는 역할은 국가 간 그리고 국가 내 갈등과, 앞서 살펴본 국제 금융기관의 의사 결정과 같은 여러 힘들의 영향을 받는다. 또 다른 요인으로는 최근에 '아랍의 봄(Arab Spring)'에 따른 정치적 변화와 함께 북부 아프리카 국가들에서 명백하게 볼 수 있었던 시민사회 조직으로부터의 영향을 들 수 있다. 이 장의 마지막 절에서는 '개발의 민주화를 촉진'하는 시민사회 조직의 역할을 보다 자세히 살펴보고자 한다. 그렇지만 환경 청지기 역할(environmental stewardship) 및 빈곤 국가의 요구 사항들을 다루는 역할을 포함하여 공공 기능 달성을 위해 필요한 재원을 동원하는 일은 여전히 국가의 중요한 역할이다. 다음 절에서는 개발에서 변화된 국가의 역할과('제3장' 참고), 특히 개발 자금에 대한 접근과 관련한 개혁 압력에 대해 간략하게 살펴보고자 한다. 이와 같은 개혁이 환경 청지기 역할을 수행하는 국가의 역량에 어떤 영향을 미쳤는지를 살펴보고 개발의 역할을 살펴볼 것이다. 이와 같은 활동의 환경적·사회적 결과들은 '제3부'에서 더욱 자세하게 논의될 것이다.

국가 역할에 대한 논쟁

개발 경관에 영향을 미치는 행위 주체로서 국가의 역할에 대한 논의는 매킨토시(Mackintosh, 1992)가 제시한 것처럼 오래되었다.

> '개발'이라는 주제는 국가를 경제와 사회를 변화시키는 핵심 수단(main lever)으로 간주하는 이념 위에 구축되었다. '발전주의(developmentalism)' 이념과 개입주의 국가(interventionist state) 개념은 전후(戰後) 시작된 개발 이론에 대한 낙관적인 시각과 분리될 수 없었다.

1960년대 동안, 새롭게 독립을 달성한 많은 국가는 공공사업 부문을 포함한 대규모 국영기업들(large state enterprises)을 만들고, 산업 발전을 이끌고 경제성장을 추동하기 위해서 광업과 농업을 국영화했다(Mackintosh, 1992). 이때는 국가를 '공익(public interest)'을 위해 선행을 베풀고 일할 수 있는 역량을 갖춘 행위 주체로 이해하던 '위대한 낙관주의(great optimism)'의 시기였다(Mackintosh, 1992). 국가에 대한 이와 같은 관점은 1980년대 초에 이르러 심각한 도전을 받게 된다(Thomas and Allen, 2000). 요약하자면, 1970년대를 거치면서 개발도상국의 정부 지출은 국내총생산(GDP)보다 빠르게 증가했다. 따라서 추가 정부 지출은 당시에 쉽게 접근할 수 있었던 상업 및 다자간 재원(commercial and multilateral sources)을 통한 대출로 충당할 수밖에 없었다. 하지만 1970년대 말에 이르자 많은 국가의 경제 성과는 여전히 부진했고, 국가는 점차 해결책이기보다는 문제의 한 부분으로 간주되기 시작했다.

1980년대가 되자, 남반구(개도국) 국가들의 정부가 계

보충 자료 7.2

국가와 정부의 개념

넓게 보면 국가(state)는 합법적인 강제 수단을 소유한 제도들의 집합을 의미한다. 이와 같은 강제력은 사회를 의미하는 일정한 영토와 그곳에 사는 사람들에게 행사된다. 국가는 조직화된 정부(organized government)를 통해서 영토 내에서 유일하게 규칙을 제정할 수 있는 권한을 갖는다.

정부(government)는 여러 가지 맥락 속에서 다양한 의미를 지닌다.

- 지배(governing) 과정, 권력의 행사
- 그와 같은 과정의 존재, 질서정연한 규칙의 조건
- 국가 내에서 권위 있는 자리를 차지한 사람들
- 사회를 지배하는(governing) 태도, 방법 또는 체제, 다시 말해서 공적 기관들의 구조와 배치, 이들이 피통치자(the governed)와 관련을 맺는 방법

출처: World Bank, 1997

속해서 개발에 투자할 수 있는 능력은 유가 급등, 부채 부담의 증가, 글로벌 경제의 불황으로 인해 심각한 제약에 직면했다. 1990년대 동안, 국가의 실질적인 개혁은 글로벌 경제 회복을 위한 핵심 과제이자 다자간 및 양자간 재원(multilateral and bilateral sources)을 통한 추가적인 개발 지원을 받는 조건으로 간주되었다(앞에서 살펴본 구조 조정 프로그램의 시대에 해당됨). 뱅크스와 흄(Banks and Hulme, 2014)은 다음과 같이 요약한다. '신자유주의적 성장 모델은 국가를 저발전 문제의 한 부분으로 간주한다. 그리고 국가의 크기와 영향력, 개입을 축소하는 것이 성장 도약과 가속화의 전제 조건이 된다고 주장한다.'

비록 빈곤에 초점을 맞춘 새천년 개발 의제(the poverty-focused development agenda of the new millennium)는 빈곤에 주목하면서 가난한 국가들의 요구 사항에 대해 국가 기관이 더욱 책무성을 갖고 대응할 수 있도록 국가 역할의 중요성을 재확인했지만, 국가 개혁에 관한 의문은 여전히 지속되고 있다. 나임(Naim, 2000)은 다음과 같이 주장했다.

> 1990년대 초, 경제 개혁에 관해 정치가들과 전문가들, 저널리스트들 사이에서 유행하던 단어는 '거시 경제적 안정화(macroeconomic stabilization)'와 '구조 개혁(structural reforms)'이었다. **'거버넌스(governance)', '투명성(transparency)', '제도(institutions)'**는 앞의 용어들을 대체했다. … 1980년대 후반과 1990년대 초반에 흔했던 인플레이션 억제에 대한 집착은 부패 억제 필요성에 대한 집착으로 바뀌었다. (Naim, 2000. 굵은 글꼴은 필자에 의해 강조)

글로벌 경제 위기가 시작되던 2008년 이후, 많은 논평가는 신자유주의적 접근이 되돌릴 수 없을 정도로 신뢰를 상실했다고 주장했고, 개발에 관한 국가 및 시장의 역할을 (그리고 이들 간의 관계에 대해서) 실질적으로 재검토하기 시작했다('제3장' 참고). 실비(Silvey, 2010)가 논평했듯이, 전 세계의 많은 국가는 국가 경제를 구하기 위해 민간 은행에 공적 자금을 투자함으로써 정책을 뒤섞어버렸다. 최근 중국의 급속한 경제성장은 개발에 대한 정부의 강력한 통제에 기반을 두고 있으며, 이는 국가의 상대적 역할과 '워싱턴 합의' 규범으로부터 멀어지는 정책 접근에 관한 논의를 다시 활성화했다(Hochstetler and Montero, 2013). '발전주의 국가(developmental state)'의 모습은 현재 브라질, 베트남, 한국, 인도, 베네수엘라, 모잠비크, 말라위, 우간다와 같은 나라에서 다시 나타나고 있다(Williams et al., 2014 참고). 브라질에서 호흐슈테틀러와 몬테로(Hochstetler and Montero, 2013)는 수입 대체 산업화 전략과 같은 기존 국가 주도의 발전 접근과 상당한 연속성을 갖는 '갱신된 발전주의(renewed developmentalism)'를 제안하고 있다. 예를 들어, 최초로 민주적으로 선출된 정부는 1985년부터 국영기업의 민영화와 무역 자유화를 추진했지만, 국내 기업의 혁신과 글로벌 경쟁력을 지원하기 위한 노력의 일환으로 정부 주도의 강력한 산업 정책을 유지했다. 특히 룰라 다시우바(Lula Da Silva) 대통령 재임 기간(2003~2010) 동안, 국가가 은행을 강력하게 통제한 덕분에 기업과 민간 회사들 간의 파트너십 구축이 가능했다. 여기에서 공적 자금(public funding)은 신기술의 개발 및 응용에 우선 투자되었고, 보조금과 조세수입, 신용은 민간 부문 투자에 직접 활용되었다. 더구나 많은 라틴아메리카와 아시아 국가들은 이제 더 이상 국제통화기금과 세계은행으로부터 적극적으로 대출을 받지 않고 있다. 따라서 이러한 기관들로부터 대출 조건을 무조건 받아들인다는 국가에 대한 신자유주의적 관점은 기각된다(Schaaf, 2013).

국가의 개혁: 개발 금융에 접근하기 위한 조건

1980년대 경제 위기에 대응하여 국가 기관의 활동과

운영에 가장 큰 영향을 미칠 수 있는 변화가 추진되었다. 피트와 와츠(Peet and Watts, 1996)에 의해 '시장 지상주의(market triumphalism)'라고 이름 붙여진 새로운 경제적 정통 교리(new economic orthodoxy)는 선진국 지도자들의 공감을 얻었고, 국제 금융기관의 대출 조건을 통해서 남반구(개도국) 국가들로 빠르게 확산되었다. 이와 같은 관점 안에서 경제 발전의 핵심 수단으로 여겨지는 것은 국가라기보다 시장이었다. 국가는 공익을 보호하고 발전을 추진하는 힘이라기보다는 발전을 가로막는 장애물로 여겨졌다. 이와 같은 의제는 또한 시민사회를 재평가하는 계기가 되었다. 신자유주의 프로젝트의 목표는 표면상 전능하고 적대적인 국가로부터 시민사회가 지닌 기업가적 잠재력(entrepreneurial potential)을 해방시키는 것이다(Zack-Williams, 2001).

구조 조정 프로그램을 시행하는 것은 한 나라가 다른 공여국 및 민간 투자자뿐만 아니라 국제 금융기관으로부터 추가적인 금융 대출을 받기 위한 조건이 되었다. 앞의 [표 7.9]에서 구조 조정 프로그램의 주요 도구들을 살펴보았다. 국가의 내부 개혁 조건에는 공교육 독점 포기와 같은 규제 완화(deregulation)와 수요 감소 및 효율성 증진을 목표로 보건 서비스 이용에 대한 비용을 청구해 정부 지출을 회수하는 내용이 포함되어 있다. 세수(稅收)를 절약하고 이를 통해서 정부 지출 균형의 어려움을 극복하는 또 다른 방법은 정부의 활동과 의사 결정을 민간 또는 자발적 부문과 같은 다른 기관으로 이양하는 것이다. 통화의 평가절하와 관세 및 할당량(quotas) 철폐를 포함한 대외 정책의 개혁은 해외 투자와 수출 확대를 촉진할 수 있도록 설계되었다. 간단히 말해, 구조 조정 프로그램하에서 개발에 대한 국가의 기능은 조정 기능(co-ordination) 중 하나로 축소되거나 보다 애매하게 '합법화된 역할(enabling role)'만을 담당하게 되었다(Mackintosh, 1992). 모한 등(Mohan et al., 2000)은 시장의 '자유'와 국가 권력의 제한적인 사용을 상정하는 이론이 사실상 그렇게 하려면 엄청난 규모의 정치적 개입을 필요로 한다는 점에서 역설적임을 지적했다.

1980년대에 지배적이었던 국가가 너무 강력하다는 우려는 새천년이 도래하자 국가가 너무 약해진 것 아니냐는 우려로 바뀌었다(Naim, 2000 참고). 예를 들어, 1997년부터 세계은행은 (1) 국민 의견 반영과 책임, (2) 정치적 안정성과 폭력/테러리즘의 부재, (3) 정부의 효율성, (4) 규제의 질, (5) 법치, (6) 부패 통제와 같은 여섯 가지 기준을 근거로 전 세계의 '좋은 거버넌스(good governance)'를 감시 및 보고해왔다. 이들이 제안하는 기준은 근대 세계의 모든 문화권과 사회에 부합하는 보편적인 개발 기준이라는 것이다(Leftwich, 1993). 세계은행이 관심을 갖는 좋은 거버넌스는 일정 부분 구조 조정 경험의 영향을 받았다. 여기에서 진보(progress)는 거시경제적 안정과 좋은 정책뿐만 아니라 정책이 개발되고 실행되는 구조의 질(quality of the structures)에도 좌우되는 것으로 이해된다. 좋은 거버넌스 개념은 제도 및 국가 활동에도 많은 함의를 지닌다. 세계은행의 원칙은 정부의 효율성으로 정의된 서구 민주주의 모델의 가치관(values of western democratic models)을 반영하고 있으며, 국가의 역할은 민간 부문의 발전을 촉진해야 한다는 신자유주의적 가정에 여전히 기반을 두고 있다는 우려가 있다.

한편 남반구(개도국) 국가의 정부는 빈곤 감소 전략 및 과정에 있어서 세계은행과 같은 기관을 통해 공적 개발 원조(ODA)와 재정 지원에 계속 의존하고 있고, 이들이 받는 원조가 대외적으로 파악된 거버넌스 문제를 해결해야 한다는 특정 조건과 연관되어 있을 때, 자국민보다 원조 공여국에게 점차 더 많은 책임감을 가져야 할지도 모른다는 우려가 있다(Banks and Hulme, 2014). 비록 일부 남반구(개도국) 국가들에서 해외 민간 투자의 역할이 증가하고 있지만, 공적 개발 원조는 여전히 가난한 국가들에게 매우 중요한 금융 지원 원천이다. 한편 민간 자본의 흐름은 지속 가능한 개발을 위해 꼭 필요한 국가와 부문에 반드시 투자되지 않는다(UN, 2015b).

'제8장'에서는 원조와 공적 개발 원조의 변화를 보다 자세하게 다룰 예정이다. 또한 경제 위기와 국제적으로

핵심 아이디어

국제 개발에서 민간 재단

미국과 유럽에만 대략 17만 6천 개 이상의 민간 재단이 활동하고 있는 것으로 추정된다. 브라질, 인도, 중국, 남아프리카공화국과 같은 중간 소득 국가들을 포함해서 민간 재단의 수는 계속해서 증가하고 있다. 이들은 점차 국경 밖으로 활동 범위를 넓히고 있다. 2009년을 기준으로 민간 재단은 국제 개발 활동에 약 100억 달러를 지원했는데, 이 중 3분의 2는 미국 민간 재단으로부터 지원 받은 금액이다.

가장 큰 후원자는 빌 앤드 멀린다 게이츠 재단으로 2009년 한 해 동안 글로벌 보건 및 개발에 지원한 금액이 25억 달러였다. 매년 빌 앤드 멀린다 게이츠 재단은 세계보건기구보다 더 많은 금액을 지원한다. 재단은 세 명의 가족 구성원과 워런 버핏(Warren Buffet)을 포함한 이사회에 의해 운영된다.

하지만 글로벌한 수준에서 볼 때, 재단 기부금의 약 29%는 비정부기구, 자선단체, 종교기관과 같은 자발적인 단체의 납부금으로 구성된다. 전체적으로 보면 이는 모든 개발 원조의 7% 미만에 해당한다. 이와 같은 점에서 볼 때, 소위 거대 자선 단체(Big philanthropy)의 수는 매우 적을 것으로 판단된다.

민간 재단은 철학과 활동 측면에서 다양하다. 또 계속 새로운 자금을 탐색해야 하는 부담을 갖지 않아도 된다는 점에서 인간의 복지와 사회적 변동의 장기적이며 심층적인 차원을 다룰 수 있는 잠재력을 제공해주고 있는 것으로 평가된다. 한편으로는 특정 우선순위를 따라야 하는 정치적 압박으로부터도 해방되어 있다.

그러나 금융 및 기술의 영역에서 수익을 창출한 기업가들이 민간 재단을 지지하거나 기업 경영 세계의 가치관과 수단이 자선 사업으로 변모하고 있는 점에 대해 우려의 목소리가 제기되고 있다. 후원 활동이 일종의 '박애 자본주의'와 같이 수익성이 높은 산업(lucrative industry)으로 바뀌고 있다.

출처: Edwards, 2011; McGoey, 2014

공적 개발 원조에 대한 공공 지원이 감소하고 있는 상황에서 개발에 대한 앞으로의 정부 지출 부족분을 해결하기 위해 필요한 자선적 성격의 금융 지원(philanthropic sources of finance)의 역할을 둘러싼 많은 논의가 현재 진행되고 있다. 공익 목적의 민간 자선 사업 및 자선 기부의 역사는 길지만, 과거에는 국경 내에서 이루어졌다. 오늘날 이러한 활동은 국제적으로 이루어지고 있으며, 점차 '박애 자본주의(philanthrocapitalism)'라고 불리는 경영 원리를 따르고 있다(McGoey, 2014; Edwards, 2011). 빌 앤드 멀린다 게이츠 재단은 현재 가장 유명한 재단들 중 하나이다. 하지만 이와 같은 관계 속에서 국가의 역할에 대한 다음과 같은 우려가 있다.

> 우리는 자선 재단(charitable foundations)이 어떤 개발도상국의 보건부보다 보건 정책에 더 큰 영향력을 행사하며, 국내의 필요보다는 글로벌 우선순위와 가치에 따라 의제(agendas)가 결정되고, 이에 따라서 정책과 프로그램을 설계하고 실행하고 다투는 과정에서 국가와 시민사회의 역할이 서로 뒤바뀌는 상황을 이해하기 위해서 노력해야 한다. 글로벌 자선 재단은 원조 수원국의 이해 관계자에 대해 책임지거나 대응할 필요가 없기 때문에, 시민사회가 이들이 제안한 개발 정책과 결과에 대해 책임을 물을 수 없다. (Banks and Hulme, 2014)

지속 가능한 개발과 국가

브룬틀란 보고서(Brundtland Report)는 전 세계적으로 보다 많은 지속 가능한 개발 형태와 과정을 촉진하는 데 있어 국가의 핵심 역할을 제시하였다(WCED, 1987). 앞의 절에서 살펴본 것처럼, 정부는 보다 실질적으로 전 세계에서 지속 가능한 개발이 가능하도록 다자간 환경 협정과 국제무역 규칙을 계속해서 발전시키는 핵심 행위 주체이다. 환경 청지기 및 자원 개발 역할을 둘러싸고 정부가 한 국가의 영토 내에서 환경에 구체적으로 영향을 미칠 수 있는 다양한 방식들은 [표 7.11]에 제시되어 있다. 간단히 말하자면, 정부는 한 나라 안에서 정책적, 규제적, 제도적 틀을 구축하여 자신의 영토 내에서 실질적으로 지속 가능한 개발이 이루어질 수 있도록 힘쓰고 있다(Elliott, 2013).

하지만 국가는 환경문제에 대해 가능한 해결책을 지닌 행위 주체라기보다 오히려 환경문제를 악화하는 데 기여해왔다는 주장이 있다(Bryand and Bailey, 1997). 여기에서 관료주의적 저항과 부패(bureaucratic resistance and corruption)는 정부의 환경 청지기 역할을 제약한다. 예를 들어, 가장 강력한 집단은 그들이 포기하고 싶어 하지 않는 광업이나 에너지 생산처럼 환경을 훼손하는 활동을 지배함으로써 그와 같은 힘에 접근할 수 있다. 남반구(개도국) 국가 정부의 청지기 역할 또한 정치 지도자들과 기업 이익 사이의 긴밀한 연관을 통해 타협되어왔다. 이처럼 지속 가능한 개발에 있어서 국가와 정부가 '실패(failings)'한 모습은 '제6장'에서 더욱 자세하게 살펴보았다. 앞서와 달리 이 장에서는 긍정적인 측면에서 남반구(개도국) 내의 몇몇 국가가 좀 더 친환경적인 에너지 개발(greener energy development)에 관한 국가적 공약을 어떻게 이끌어나가고 있는지를 보여줄 것이다.

국제기구는 보다 지속 가능한 사회적·환경적 결과를 얻기 위해서 핵심 부문의 국가 정책 개발에 영향을 미치고 있다. 환경문제에 대한 국가의 대응 능력은 환경 부서의 예산 삭감과 인원 축소와 같은 구조 조정 과정을 통해서 훼손되고 있다. 남반구(개도국)의 많은 국가는 건강한 환경에 대한 보장과, 특히 사회 내 빈곤 계층을 위

[표 7.11] 환경 결과에 영향을 미치는 정부의 역할

- 환경을 이용할 수 있는 권리를 갖는 자가 누구이며, 이를 보호해야 할 자가 누구인지를 결정할 수 있는 법을 제정하고 집행한다.
- 국영 및 집합적 환경재(state-owned and collective environmental goods)를 포함한 천연자원을 관리한다.
- 어떤 환경적 이용에 대해서 과세하거나 보조금을 지급할지를 결정한다.
- 민간 또는 기업 행위에 의해 초래되는 환경적 위협을 억제한다.
- 공식적 시장의 역할을 규정하고 집행한다.
- 보전 및 개발을 위한 자금을 할당한다.
- 사회 내 여러 집단들에게 자원을 재분배한다.

출처: World Resources Institute, 2003으로부터 재구성됨

한 투자와 서비스, 환경 통제를 실시할 기본적인 재원이 항상 부족하다(Elliott, 2013 참고). ('제9장'에서 더 자세하게 살펴보겠지만) 도시 부문에서는 물 공급 및 위생과 같은 중요 자원 부문에서 이에 접근하여 기회를 만들어가는 기업들이 점차 민영화되거나 해외로 위탁되고 있다. 민영화된 서비스 제공은 공평하지도 않고, 환경적으로 지속 가능하지도 않다(Budds and McGranahan, 2003). 그리고 이는 시민 불안과 공적 행동을 야기할 수 있는 주요 원인이 되기도 한다(Larner and Laurie, 2010).

국가는 역사적으로 보호 구역을 지정하고 더 넓게는 천연자원 정책을 제정하여 환경을 보전하는 데 힘써왔다. 하지만 최근에는 환경 보전의 '신자유주의화(neo-liberalization)'가 나타나고 있는데, 여기에서 국가의 역할은 경제적 각축장에서 '후퇴(rolled back)'하게 된다. 이와 함께 보호 구역을 운영하는 데 있어서 비정부기구의 역할과 다른 민간 부문의 이익이 커지게 된다. 그리고 천연자원과 생태계 기능을 보존하는 방법을 찾는 데 있어 '시장 메커니즘'의 활용이 늘어나게 된다(Holmes, 2012; Elliott, 2013). 관광객이 지불하는 금액으로 귀중한 동식물을 보존하기 위한 추가 비용을 마련

하는 생태 관광(ecotourism)은 민간 금융이 늘어나는 사례가 될 수 있으며(이에 관해서는 '제8장'에서 논의), 이와 같은 사익 추구는 다양한 스케일에서 작동할 수 있다. 지역사회에 기반을 둔 천연자원 관리 추진 기구의 역할은 '제10장'에서 논의될 것이다. 과거에 국가가 담당했던 환경 청지기 역할은 이제 환경 보전을 선도하는 비정부기구가 맡고 있으며(Holmes, 2012), 많은 비정부기구는 많은 경영상의 이윤을 확보하고 있다. 그리고 이 장의 마지막 절에서 논의할 기업 문화(culture of business)를 채택하고 있다.

시민사회와 비정부기구, 개발

20세기 마지막 10년은 '시민사회의 상승일로(rise and rise of civil society)'가 두드러지게 나타났던 때였다(Edwards, 2001b). 확실히 1990년대 동안, 시민사회를 다룬 글들이 늘어났고 수준도 높아졌는데, 이를 통해서 시민사회는 정부 또는 시장 실패가 남긴 사회적 및 경제적 병폐를 치유하기 위한 변혁 주체로 받아들여졌다(Van Rooy, 2002). 이를 위해서 좋은 거버넌스 의제의 한 부분으로서 시민사회에 몸담은 사람들을 위한 정치 발전의 필요성이 덧붙여졌다. 이처럼 비정부기구가 개발 부문에서 다른 수많은 행위 주체와 연합하면서 높아진 명성은 비정부기구가 보다 인간 중심적이며, 풀뿌리가 주도하는 개발을 추구하는 '개발 대안(development alternatives)'을 제시해줄 수 있는 우위와 역량을 갖췄다는 일반적인 통념에 근거하고 있다(Banks et al., 2015). 그렇지만 지금 이와 같은 특징적인 우위들 중 일부는 훼손될지도 모른다.

남반구(개도국) 국가의 정부 역량이 축소되는 동안, 남반구(개도국) 국가에서 핵심 서비스를 직접 제공하는 비정부기구의 역할은 거시-경제적 조정 기간 동안 빠르게 확대되었다. 시민사회 내의 수많은 자율적 협회들(autonomous associations)은 보다 민주적인 특징을 지니며 민주적 사회를 지향해왔다. 이와 같은 정치적 변화 과정에서 문제가 없는 것은 아니지만, 비정부기구가 긍정적인 역할을 수행할 것이라는 점은 너무나 명확했다(Mercer, 2002). 앞에서 살펴본 것처럼 국제 금융기관 내 제도 변화를 촉진하기 위해서는 국제 변호 단체(international advocacy groups)의 역할이 필수적이다.

이와 같은 사례들은 '시민사회'라는 각축장을 둘러싼 다양한 행위 주체들과 이들이 개발 과정에서 다른 행위 주체들과 다양한 방식으로 협력하고 있음을 넌지시 보여주고 있다. 그리고 이는 최근 시민사회에 관한 글들이 늘어나고 있는 이유를 부분적으로 설명해준다. 한편 이들 사례는 개발 변화를 촉진하는 시민사회의 '이해(interest)'가 어떻게 상반될 수 있는지를 보여준다. 에드워즈(Edwards, 2001b)가 신중해야 한다고 한 것처럼 '시민사회는 사물(thing)이 아니라 각축장(arena)이다. 시민사회가 미래 진보 정치의 핵심으로 보일지 모르지만, 이와 같은 각축장은 까다롭고 상충하는 이해와 의제를 포함하고 있다'.

이 절에서는 시민사회와 비정부기구의 핵심 특징들을 살펴볼 것이다. 시민사회와 비정부기구는 지속 가능한 개발, 민주주의 촉진과 관련하여 '전통적인 우위'를 갖고 있음을 확인할 것이다. 하지만 최근에 시민사회와 비정부기구가 다른 행위 주체들과 새로운 동맹을 결성하면서 이들의 역할이 어떻게 변화되었는지도 살펴볼 것이다. 시민사회와 비정부기구 활동에 따른 더 많은 구체적인 결과들은 '제3부'에서 살펴볼 것이다.

시민사회란 무엇인가?

'제3장'에서 논의한 것처럼 시민사회 개념은 쉽게 정의되지 않는다. 가장 일반적으로, 시민사회는 국가나 시장과는 독립적으로 구분되는 연합과 행동을 위한 각축장으로 파악된다. 다시 말해서, 시민사회는 자발적이고(voluntary), 자율적인(self-regulating) '제3의' 부문

('third' sector)으로, 이곳에서 시민들은 공동의 이익 실현을 위해서 협력한다(기업은 제외된다). 시민사회는 비공식적 네트워크와 상호 지원을 하는 수많은 집단을 포함한 비공식적 형태의 연합뿐만 아니라 종교단체, 문화집단, 학술 협회, 노동조합, 비정부기구와 같은 공식 조직을 포함한다. 뱅크스와 흄(Banks and Hulme, 2014)은 '단지 참여만이 시민사회 조직을 만드는 것은 아니고, 이들이 모여서 자신의 이익 실현을 위해 대화하고 협상할 수 있는 공간(the space)이 '시민사회'를 구성한다'고 주장한다.

그러나 시민사회에 대한 이해는 사회의 특정 부분에서 나타나는 '형태(form)'를 강조하기도 하고, 사회가 '시민적(civil)'이라고 여겨질 만한 '규준(norm)'이나 특정 성격을 강조하기도 한다. 이 경우, 국가나 시장의 합리성(rationality)과는 다른 '시민적'인 존재 방식과 삶을 특징짓는 신뢰, 관용, 협력과 같은 사회적 가치관과 태도에 초점을 맞춘다(Edwards, 2001b). 이와 같은 의미에서 시민사회에 대한 논의는 사람들을 공동체 안에서 묶어주는 네트워크와 행동 규범을 의미하는 사회자본(social capital)을 둘러싼 논쟁과 밀접하게 관련되어 있다.

'시민사회'와 '비정부기구'라는 용어는 서로 바꿔서 사용되기도 한다. 하지만 비정부기구는 시민사회의 일부분일 뿐이며, 앞서 살펴본 바와 같이, '비정부기구의 어떤 선택이든 사회를 매우 불균등하게 재현할 수 있다'(Woods, 2000). 사회운동(social movements)도 시민사회의 한 부분이지만, 비정부기구와는 다르다. 비정부기구가 사회운동의 조직적 측면에 초점을 맞추기 위한 용어라면, 사회운동이라는 용어는 비정부기구보다 덜 제도화된 동맹이나 네트워크를 지칭하기 위해서 사용된다. 환경주의와 페미니즘과 같은 사회운동은 계급이나 노동과 같은 '옛 투쟁(old struggles)'과 달리 천연자원이나 젠더 쟁점으로 사람들을 동원한다는 점에서 볼 때, '새로운(new)' 투쟁으로 지칭할 수 있다(Routlege, 2002). 새로운 사회운동은 기존 체제와 구조에 대해 도전하고, 조직화된 정치적 영역 밖에서 활동한다는 점에서 유사하다('제1장' 참고). 포드(Ford, 1999)는 새로운 사회운동이 비정부기구와 구별되는 가장 큰 차이로 새로운 사회운동은 주류 제도에 편입되기를 거부하며, 보다 깊고 근본적인 도전을 추구한다는 점을 들었다. 다시 말해서 새로운 사회운동은 '단지 의제에 영향을 미치는 수준에서 끝나지 않고, 체제를 뿌리째 흔들고, 사람들과 지구를 최우선으로 하는 새로운 의제를 만든다'.

최근 사회운동은 빠르게 확대되고 있으며('제4장' 참고), 소셜 미디어와 정보 통신 기술(ICT) 덕분에 국경을 넘어 이루어지고 있다. 전 세계 여러 지역에 걸쳐 활동하는 사람들이 늘어나면서, 과거와 같이 남을 대신해서 행동하지 않고, 공통의 이해관계를 기반으로 서로 연대하여 활동하는 사람들이 많아지고 있다.

지속 가능한 개발에서 비정부기구의 역할

지속 가능한 개발 과정과 형태를 찾는 노력은 다양한 스케일에서 비정부기구에 대한 관심을 높였다(Elliott, 2013; Edwards and Gaventa, 2001 참고). 기존 로컬 제도를 통하든, 신규 로컬 제도를 통하든, 자원 활용에 대한 의사 결정이 (폭넓은 환경적, 정치-경제적, 사회적 힘의 맥락에서) 궁극적으로는 가계 수준(household level)에서 이루어진다는 점을 감안하면, 로컬 규모(local scale)에서 지역사회로의 권한 강화(empowerment of communities)는 지속 가능한 개발을 이어가기 위한 핵심 조건이 된다. 파이-스미스와 파이어아벤트(Pye-Smith and Feyerarbend, 1995)가 지적한 바와 같이 '건전한 자원 관리(sound resource management)의 핵심은 인간적인 스케일(human scale)에서 논의하고, 조직하고, 계획하고, 실행할 수 있는 로컬 수준의 구성체(local body)이다'. 한편 빈곤은 지역민들로부터 권한을 탈취했다는 징후(symptom of the disempowerment)이며, 이는 장래의 지속 가능한 개발의 가장 큰 걸림돌이 된다

(WCED, 1987; Elliott, 2013). 로컬 수준에서 환경에 대한 '관리 부족(lack of care)'이 일어나는 가장 큰 이유는 사람들이 이에 대해 책임감을 느끼지 못하고 있거나 설령 아니라고 해도 관리할 여력이 없기 때문임이 분명하다(Pye-Smith and Feyerarbend, 1995).

알려진 것처럼 비정부기구와 지역사회 이익 단체(community benefit organizations)는 특히나 지속 가능한 개발 결과를 달성하도록 하는 데 영향을 미치는 여러 가지 특성을 보인다. 이들 특성에는 '풀뿌리 지향(grass-roots orientation)'(Banks et al., 2015), 혁신 창출 역량과 이를 로컬 수준에 적용시킬 능력, '상대적으로 작은 것을 추구하는 것(relative smallness)', 지역의 요구 사항과 가치관, 지식, 현실에 대한 인식이 포함된다(Chambers, 1993). 한편 이들의 '사회적 근접성(social proximity)' (Malena, 2000) 그리고 가장 가난한 사람들, 남성뿐만 아니라 여성, 풀뿌리와 협력하는 전통(Craig and Mayo, 1995), 직원의 자질, 헌신과 연속성(Conroy and Litvinoff, 1988)은 지역민들과의 관계를 발전시켜나갈 중요한 특성들이며, 계속해서 지속 가능한 개발 과정 및 형태를 이뤄낼 수 있도록 해준다.

지속 가능한 개발에서 로컬 맥락의 중요성에 대한 추가 논의는 '제3부'에서 진행된다. 하지만 지속 가능성을 위한 조건은 로컬의 범위를 넘어선다. 예를 들어, 로컬 수준에서 특정 집단의 권력은 다양한 스케일에서 작동하는 가부장제를 포함한 더 넓은 사회적 및 정치적 구조를 통해서 형성되기도 한다. 또한 글로벌 스케일에서 일어나는 과정들은 대부분 로컬 스케일에서 일어나는 환경 자원의 민영화를 실질적으로 뒷받침하고 있다('제10장' 참고). 그리고 지역사회의 참여를 촉진하지만 불균등한 측면을 증가시키는 수많은 프로젝트 사례가 있다(Guijt and Shah, 1998, *The Myth of Community* 참고). 지역사회로의 권한 강화는 필연적으로 사회구조에 대한 도전을 수반하지만, 그렇다고 항상 모든 이익이 '지역사회 발전 노력'을 통해서 공평하게 분배된다는 것을 보장하지는 않는다. 더 나은 지속 가능한 결과를 얻기 위해서 더 넓은 구조를 변화시키려는 노력은 최근 남반구(개도국) 국가에서 늘어나고 있는 사회운동에서 확인할 수 있다. 이들 사회운동은 환경과 천연자원, 토착민의 토지 권리를 통제할 수 있는 힘을 상실하면서 발생한 사회적·환경적 갈등을 해결하기 위해서 등장했다(Martinez-Aler, 2002 참고).

국제적인 규모(international scale)에서, 거대 국제 비정부기구의 활동이 역사상 중요한 역할을 수행한 것으로 평가된다. 이들은 세계은행 및 세계무역기구와 같은 다자간 조직에 대해 도전하고, 기업이 환경적·사회적 영향 및 성과 측면에서 이익을 얻도록 변호하는 역할을 해왔다. 고드레지 그룹(Godrej, 2014)은 가장 활동적인 국제 비정부기구들 중 몇몇은 환경 분야에서 일해왔음을 지적한다. 하지만 대규모 자선 단체들은 글로벌 경제 위기 속에서 재정 지원(financial support)에 대한 경쟁이 치열해짐에 따라서 이전과는 매우 다른 방식으로 활동하고 있다. 예를 들어, 전체 기금 조성에서 정부 및 정부 간 원조 기관, 기업 기부자가 차지하는 비율이 높아지고 있다(Godrej, 2014). 거대 국제 비정부기구들은 이제 비즈니스식 사고와 다양한 기업 문화의 특성을 띤다. 그리고 기업 출신의 사람들이 거대 국제 비정부기구들의 수장(首長)이 되는 경우가 많아지고 있다. 이 때문에 비정부기구의 '비영리적(not-for-profit)' 특성이 절충되고 있다. 이들도 하나의 기관으로 살아남기 위해서는 수혜자에게 지출하는 돈보다 많은 자금을 필요로 하기 때문이다(Thomas and Allen, 2000). 비정부기구와 기업 간 연계는 오랫동안 이어질 수 있다. 예를 들어, 미국의 케어(CARE)는 코카콜라(Coca-Cola)와 30년 이상 협업해왔다(Brown, 2014). 하지만 이와 같은 협력 관계는 국제 비정부기구가 대기업에게 책임을 물었던 그동안의 능력을 절충하고 있는 것은 아닌지 하는 우려를 증폭시키고 있다. 심지어 환경 분야에서도 가장 기업 친화적이고 타협적인 국제 비정부기구가 나타나고 있다(Godrej, 2014).

시민사회 조직을 통한 민주주의의 개선

한편 민주적인 개발 과정을 촉진하는 역할과 관련하여 비정부기구에 대한 관심이 높아지고 있다(Desai, 2014; Mercer, 2002 참고). 그 관심은 비정부기구의 자주적이며 자율적인 행위 주체로서의 특성과 개발 과정에서 비정부기구의 숨은 정치적 역할에 집중되었다. 뱅크스 등(Banks et al., 2015)은 비정부기구가 '개발을 민주화하는' 풀뿌리(grassroots 'democratizers of development')로 너무나 각인되어 있어서 비정부기구의 특성을 이러한 측면에 '한정'할 수 있음을 지적한다. 즉, 비정부기구는 연합 및 단체 행동의 기회를 제공하고, 간접 또는 직접 정치에 참여할 수 있는 통로를 제공해준다(Banks et al., 2015). 비정부기구는 원칙과 구조를 정해서 민주적 과정을 촉진하는 데 있어 다른 기관들보다 상대적 우위를 갖는 것으로 평가된다. 에드워즈와 흄(Edwards and Hulme, 1992)이 지적한 것과 같이, 비정부기구의 회원 자격은 편협한 자기 이익보다는 규범적 목적에 얼마나 헌신할 수 있느냐에 기반을 둔다. 그리고 비정부기구의 조직적 틀은 위계적이기보다 민주적인 특성을 띤다. '개인으로서 그리고 매우 실용적인 방법으로 타인에 대한 소박한, 인간적 관심을 갖는 것이야말로 바로 비정부기구 활동의 가장 중요한 특성들 중 하나이다.'(Edwards and Hulme, 1992)

그렇지만 머서(Mercer, 2002)는 오늘날 비정부기구가 원조 공여국과 정부, 심지어 세계은행이 자금을 지원한 개발 프로젝트 및 프로그램에 적잖게 영향을 미치는 핵심 행위 주체이기 때문에 민주적 개발에 대한 비정부기구의 역할을 무비판적으로 긍정적인 것으로만 봐서는 안 된다고 경고한다. 앞서 살펴보았듯이, 비정부기구의 활동은 1980년대에 경제적·정치적 자유화와 서비스 및 사회복지 분야에 대한 비정부기구의 가용 자금이 늘어나면서 빠르게 확대되었다. 비정부기구는 자금의 가용성과 원조 공여국의 우선순위에 따라 주요 활동을 변경했다. 서비스 제공자로서 비정부기구는 보다 시장이 주도하는 방식으로 그리고 상업적으로 경쟁력을 갖춘 형태로 운영되도록 요구되었다. 그래서 많은 소규모 지역사회에 기반을 둔 조직들은 시장에서 퇴출되었다(Malena, 2000). 이와 같은 맥락에서 비정부기구는 시민사회의 역량을 강화하고 정치적 의제를 고수하고, 수혜자 측의 이익을 대변하거나 빈곤 기저에 놓인 구조적 문제를 장기적으로 다루는 데 있어 중대한 제약과 모순에 직면하고 있다고 알려져 있다(Banks et al., 2015; Mercer, 2002 참고).

남반구(개도국) 지역마다 국가 및 지역의 정치적 환경이 다양하지만, 비정부기구와 국가 간의 관계는 비정부기구가 정치적으로 행동하거나 제도 변화 과정에 관여할 수 있는 정도에 영향을 미친다는 점에서 중요하다. 국가는 비정부기구가 활동할 수 있는 공간을 실질적으로 타협하고 제한할 수 있다. 최근 인도 정부는 유전자 변형 작물(GMO)과 채굴 산업(extractive industries)에 관한 그린피스의 캠페인(Greenpeace campaign)이 인도의 발전을 위협한다는 점을 근거로 그린피스 인도 지부가 해외 자금 조달에 접근하지 못하도록 막았다(Bunsha, 2014). 또 다른 사례로는 부패 혐의로 고소당하고, 그라민 은행(Grameen Bank)에서 강제 퇴진당한 무함마드 유누스(Mohammed Yunus)를 들 수 있다.* 이 사건은 그가 노벨상을 받은 후, 방글라데시 내에 새로운 정당을 만들고 정치 변화를 추구하려는 시도와 관련이 있는 것으로 알려져 있다(Banks et al., 2015). 비정부기구의 정치적 역할에 대한 관점도 9.11 테러 이후 크게 변화되었는데, 다양한 시민사회 조직들이 국내적으로나 국제적으로 테러의 첨병(front for terrorism)으로 활용

---

* 지금의 방글라데시(당시는 영국령 벵골 지방)에서 1940년에 태어난 무함마드 유누스는 경제학을 전공한 학자이다. 가난해서 대출에 접근할 수 없는 사람들에게 1976년에 '마이크로 크레디트(microcredit)'로 알려진 '무담보 소액 대출 프로그램'을 제안하고, 이를 현실화하기 위해 그라민 은행을 설립하였다. 이후 1983년에 방글라데시 정부는 그라민 은행을 독립은행으로 만들고 이와 같은 대출 모델이 활성화되도록 힘썼다. 무함마드 유누스는 빈곤 퇴치에 기여한 공로를 인정받아 2006년 그라민 은행과 공동으로 노벨 평화상을 수상했다.

될지도 모른다는 우려가 나타나고 있다(Show, 2014).

이 절에서는 비정부기구와 지역사회 기반 조직과 관련하여 개발에 대한 많은 기대가 있다는 점을 확인하였고, 앞으로도 이 점은 계속될 것으로 기대된다. 비정부기구의 규모와 수, 역량이 확대되면서 비정부기구의 활동이 글로벌 정책 결정 과정에 많은 영향을 미치게 되었다. 지역 수혜자들에 대한 비정부기구의 책무성과 전방위에 영향을 미칠 수 있는 비정부기구 활동의 실효성에 관한 우려는 오랫동안 지속되고 있다. 특히 민간 부문의 이익을 위해 최근 만들어진 일부 동맹들(newer alliances)은 과연 비정부기구가 개발 관행의 '진정한 대안(real alternatives)'을 제공해줄 수 있는지와 관련하여 새로운 걱정거리를 안겨주고 있다(Banks et al., 2015).

결론

이 장에서는 개발 정책에 영향을 미치고 투자 시행과 개발 정책, 프로그램, 프로젝트의 방향과 결과에 광범위한 영향을 주는 여러 제도(institutions)의 성격과 활동을 살펴보았다. 그동안 이러한 제도에 대한 평가는 개발을 촉진하는 국가와 시장, 시민사회라는 세 기둥의 상대적 역할을 둘러싼 맥락 안에서 이루어져 왔다. 다양한 스케일에서 작동하는 여러 제도와 메커니즘, 관계는 사회적 관심사(societal concerns)를 조정하고 있음이 분명하다. 한편 오늘날 개발 경관에는 새로운 행위 주체가 많이 포함되어 있으며, 전 세계적으로 거버넌스 문제(challenges of governance)를 해결하기 위해서 다른 행위 주체와 새로운 동맹(new alliances)을 결성하는 방식에 있어 커다란 변화가 초래되고 있다. 이러한 관계의 대부분은 사람들과 금융, 천연자원의 흐름이며, 이에 관해서는 다음 장에서 다루어질 것이다. 그리고 '제3부'에서는 이들 제도가 개발에 어떤 영향을 미치는지를 보다 자세하게 검토할 것이다.

핵심 요점

- 개발의 제도적 경관은 조직과 기관, 기구, 개인 등의 범위에 따라 독특한 성격을 갖는다. 모든 제도는 역동적이며 제도들 사이의 관계가 변화하는 것처럼 계속 변화한다.
- 제도는 개발 과정에 있어서 중립적인 요인이 될 수 없으며 개발에 대한 제도의 관여는 근본적으로 정치적 활동이다. 따라서 제도는 개발 과정에서 특정 집단 및 개인에게 기회가 되기도 하고 장벽이 되기도 한다.
- 최근에는 개발 결과를 도출하는 데 있어 국제 금융기관, 초국적 기업, 시민사회의 역할이 점차 중요해지고 있을 뿐만 아니라 이들이 서로 동맹을 맺는 경우도 많아지고 있다.
- 지난 10년간 전 세계 경제력 분포에서 나타난 중요한 변화는 유엔과 세계은행을 포함한 글로벌 거버넌스 핵심 제도들의 정당성과 효과성에 문제를 제기하는 계기가 되었다. 그리고 이러한 변화는 남반구(개도국) 국가들의 역할을 인식하고 이들 국가가 글로벌 거버넌스에 참여할 수 있는 방안을 모색하도록 이끌었다.
- 지속 가능한 개발과 경제 위기에 대한 글로벌 차원의 대응 마련을 위해서는 국가와 시장, 시민사회의 역할과 이들 간 관계의 큰 변화가 필요하다.
- 제도와 제도들 간의 관계에 대해서는 계속해서 비판적인 분석이 요구된다. 이는 단지 개발하는 방식을 위해서만 아니라, 제도가 개발 기회를 억제하고 특정 집단 및 사회 행위자들의 개입을 막기 위해서도 필요하다.

토의 주제

- 1992년 지구 정상 회의(the Earth Summit), 2012년 리우 정상 회의 20주년 기념 회의(리우+20)와 같이 유엔이 주관하는 '주요 정상 회의'가 전 세계의 개발 형태를 변화시키는 데 있어 얼마나 중요한 역할을 담당할 것인지에 관해 논의해보자.
- 새천년 개발 목표(MDGs)의 성과는 무엇인가?
- 좋은 거버넌스(good governance)가 개발의 수단이나 목표가 되기 위한 방법은 무엇인가?
- 2008년 이후, 글로벌 금융 위기가 국제 금융기관의 토대를 더 이상 돌이킬 수 없을 정도로 파괴시켰다는 주장에 관해 어떻게 생각하는가?
- 무역 자유화의 진전이 환경 보전을 이끌어낼 수 있는지에 관해 논의해보자.
- 비정부기구(NGO)가 지속 가능한 개발 과정을 가장 잘 촉진할 수 있다는 주장에 대해 평가해보자. 그리고 기존 기구들이 비정부기구의 경험을 통해 배우기 위해서는 어떤 노력이 필요할지에 관해 논의해보자.

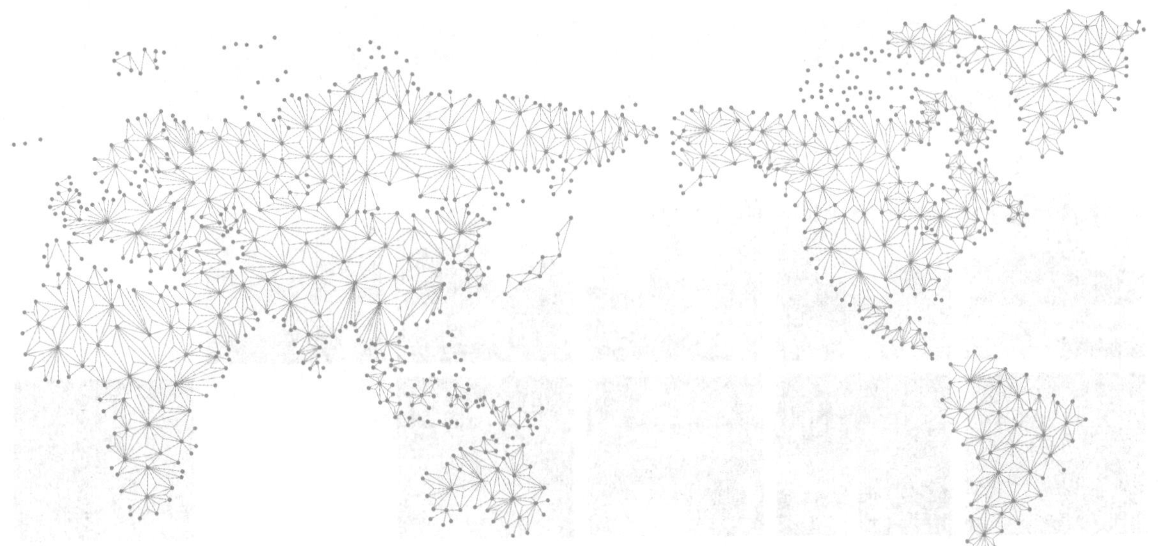

제3부

개발의 공간: 장소와 개발

제8장
이동과 흐름

이 장에서는 전 세계, 특히 남반구(개도국) 국가와 관련된 사람, 상품 및 금융의 움직임과 흐름을 살펴본다. 이러한 움직임과 흐름은 광범위하며 상당히 복잡하다. 하지만 이 장에서는 사례 연구 자료들을 통해 복잡성의 일부를 풀어보고 또한 특정 개념과 상황에 대한 이해를 시도해본다.

이 장의 주요 내용은 다음과 같다.

- 인구 이동 – 다양한 형태의 인구 이동을 논의하고, 특히 농촌과 도시 간의 관계 및 이주자의 송금이 그들 고향과 공동체에 미치는 영향을 살펴본다.
- 관광과 개발 – 관광은 자발적 이동의 한 형태로서 최근 급속하게 증가하고 있다. 그리고 관광을 통해 일부 남반구(개도국) 국가에서는 상당한 수입을 얻고 있다. 가난한 이들에게 도움이 되는 관광 및 생태관광 등을 포함하여 관광의 미래 역할과 본질에 대해서 살펴본다.
- 강제 이동 – 슬프게도 전 세계적으로 절망적인 상황에 처한 강제 이주자와 난민이 적지 않다. 이들을 재정착시키고자 하는 몇몇 프로그램을 검토하고, 불안정한 상황이 지역 공동체와 생계에 미치는 영향을 살펴본다.
- 교통 – 정보 통신이 발달함에 따라 세계가 축소되고 있지만, 남반구(개도국)의 가난한 이들은 여전히 기본적인 생활필수품을 충분히 활용하기가 어렵다.
- 세계 무역 – '상호 의존적인 세계'라는 개념이 등장했지만, 가난한 국가들은 세계 무역에서 차지하는 비중이 매우 낮다. 공정 무역 및 윤리적 무역과 관련된 이슈를 중심으로 세계무역기구(WTO)를 비판적으로 살펴본다.
- 초국적 기업 – 세계 무역 시스템에서 운영되는 거대 기업들은 상당한 힘을 발휘하고 있다. 다른 기업들도 브릭스(BRICS) 국가들을 중심으로 그들의 입지를 강화하고 있다. 한편 많은 초국적 기업은 그들의 운영에 대한 소비자의 비판에 대응하여 기업의 사회적 책임에 더 많은 관심을 기울이고 있다.
- 부채 위기 – 많은 남반구(개도국) 국가는 심각한 수

준의 부채에 직면해 있다. 이 부채의 성격과 어떻게 부채를 감소할 수 있는지에 대해서 외채 과다 최빈국(Heavily Indebted Poor Countries: HIPC)의 외채 경감 이니셔티브(Debt Relief Initiative)를 포함하여 살펴본다.

- 가난한 국가에 대한 원조 – 선진국이 가난한 국가에 제공하는 해외 개발 지원(원조)에 대해서 양적·질적 측면에서 살펴본다.

도입: 복잡함의 실마리

특정한 입지와 관련된 개발 변수들의 본질을 조사하기 위해서 개발지리학은 서로 다른 장소에 있는 사람, 환경, 장소 간의 다양한 스케일을 고려해야 한다. 이것은 개인, 가구, 지역 커뮤니티 등 다양한 범위를 포함하며, 지역과 국가, 국제적이고 글로벌한 수준에 이르고, 매우 복잡하고 역동적인 관계를 맺고 있다.

이러한 관계의 본질과 상대적 중요성은 시간과 공간을 통해 끊임없이 변화하고 있으며 사람, 상품, 금융, 아이디어 및 정보의 복잡한 움직임과 흐름에 의해 크게 좌우된다. 이 장은 이러한 복잡하고 상호 연관된 움직임과 흐름의 일부를 분석하고 설명하는 것을 목표로 한다. 실제 사례를 들어 시간과 공간에 걸쳐 일어나는 상호 연결과 흐름의 일부를 설명하기 위해 먼저 사람들의 움직임을 살펴보고, 다음으로 무역, 원조 및 부채를 통한 상품과 금융의 흐름을 점검할 것이다.

실제 세계에서의 움직임과 흐름들: 커피 수출을 사례로

서아프리카 코트디부아르의 커피를 사례로 들어 사람, 상품 및 금융의 세계적 상호작용 과정을 살펴보고자 한다. 코트디부아르에서 본격적으로 커피가 재배된 것은 1930~1950년대 프랑스의 식민지 시기부터였으며, 2014년에는 아프리카에서 세 번째 그리고 전 세계적으로는 열두 번째로 커피를 많이 생산하는 국가로 자리 잡았다.

코트디부아르 농가의 수입에서 커피가 차지하는 비중은 상당히 높다. 하지만 환경적, 사회적, 정치적, 경제적 요인 등에 의해 커피 거래 가격은 불안정하다. 특히 소규모 커피 재배 농가일수록 강수량, 토양 비옥도 등 환경적 요인을 비롯하여 부족한 영농 기술과 재정적 요인 탓에 가격 불안정의 영향을 더 크게 받고 있다.

커피 농가들이 소득을 증대시킬 수 있는 핵심 요소는 노동력의 가용성이며 기술 수준이 낮은 가난한 가정에서는 가장 중요한 요소이다. 이러한 농가에서는 임금노동자를 고용할 여력이 거의 없어서 가족노동에 전적으로 의존한다. 하지만 환율, 금리, 보조금, 가격 통제 등의 경제적, 정치적 결정처럼 농가들이 통제할 수 없는 요인들에 의해 커피 가격과 개별 농가들의 소득은 더 큰 영향을 받고 있다.

코트디부아르는 커피를 비롯하여 1차 산업이 전체 수출에서 75% 이상을 차지하고 있어, 세계 시장에서 불안정한 농산물 가격이 가계뿐만 아니라 국가 경제에도 큰 영향을 주고 있다.

1997년 세계적으로 커피를 가장 많이 생산하는 국가 중 하나인 브라질에 저온 현상이 나타나면서 커피 가격이 20년 만에 최고치를 기록했다. 2011년 커피의 평균 가격은 파운드당 248센트였는데 2009년에 비해 두 배 이상으로 인상된 것이었다. 상품 작물인 커피의 가격 상승은 코트디부아르 농가를 자극했다. 높은 수익성을 기대하며 기존의 식량 작물 재배 범위를 축소하고 그 대신 커피 생산량을 확대한 것이다. 그러나 그들이 확대한 커피 경작지에서 첫 수확이 이루어질 무렵 커피 거래 가격은 폭락했고, 기대 이하의 소득과 함께 식량 작물 재배 축소로 인한 기근 문제까지 발생했다.

한편 커피의 생산과 소비 사이에 존재하는, 대부분 유럽과 북아메리카의 초국적 기업이 장악하고 있는 유통 과정에서 생산자들에게 돌아가는 이익의 몫은 매우 적다. 우간다 커피를 사례로 1993년 옥스팜(Oxfam)이 진행한 연구에서는 영국 슈퍼마켓에서 판매된 커피 한 병의 가격 중에서 생산자는 단지 5% 남짓한 몫의 금액을 받고, 초국적 기업들은 무려 65%의 몫을 차지한 것으로 밝혀졌다.

제시된 사례를 통해서 우리는 지역, 국가 및 세계적 흐름이라는 관계와 사람, 상품, 자본, 아이디어 및 정보의 흐름이 매우 복잡한 시스템 속에서 이루어지며 코트디부아르의 소규모 커피 농가는 단지 하나의 요소에 불과함을 알 수 있다. 과거에는 연구자들이 서로 다른 스케일상의 상호 연결성을 인식하지 않고, 시스템의 한 요소만을 고려했었다. 이미 앞서 서술된 내용들, 특히 '제4장'에서 보았듯이 세계화는 20세기 후반과 21세기 초반의 가장 중요한 특징 중 하나이다. 1960년대 이후 국제적 항공 교통의 속도와 빈도가 증가했고, 1980년대와 1990년대에 위성통신과 인터넷을 통한 정보 전달로 이룩된 '대도약(great leap forward)'은 지구촌이라는 풍경을 만들어냈다. 하지만 불행하게도 지구촌에서 부자인 국가와 가난한 국가, 가진(haves) 국가와 가지지 못한(have-nots) 국가 간에는 부와 생활수준의 큰 격차가 존재한다.

전 세계의 수많은 움직임과 흐름을 명확하게 밝히고 이해하는 것은 불가능하다. 이 장에서는 이러한 것들의 일부라도 이해하는 것을 목표로, 사람, 무역, 원조와 부채 등이 어떻게 시간과 공간에 걸쳐 그 움직임과 흐름이 변화하는지를 점검할 것이다.

사람들의 움직임

인구 이동, 즉 이주는 지난 수 세기 동안 다양한 형태와 유형으로 진행되었다. 그리고 이와 관련한 상당한 연구와 저작물이 축적되어 있다. 앞의 '제5장'에서 살펴본 것처럼, 국가 내 그리고 국가 간의 인구 이동은 인구 성장률을 결정짓는 중요한 요인이며, 아울러 민족, 인종적 구성과 심지어 에이즈(HIV/AIDS)와 같은 질병 확산에도 영향을 주었다. 또한 이주자들이 고향에 남아 있는 가족들에게 보내는 송금은 현대 촌락의 삶을 구성하는 중요한 요소가 되기도 한다.

넓은 의미에서 인구 이동은 크게 강제적인 것과 자발적인 것으로 나눌 수 있을 것이다. 하지만 이동 거리, 빈도, 시간 범위 등에 따라 다양하고 상세하게 분류할 수 있다. 드라카키스-스미스(Drakakis-Smith, 1992), 길버트와 구글러(Gilbert and Gugler, 1982), 굴드(Gould, 2009) 등은 이동/이주(migration)와 순환(circulation)을 구분하여 제시하였다. 즉 이주는 상대적으로 영구적이거나 불규칙하며 장기간의 거주지 변경을 수반하는 것이고, 순환은 짧게 때로는 매일, 주기적 또는 계절적이라는 것이다. 한편 이주와 관련된 의사 결정, 개인과 가족 차원에서의 이주 결과 및 그 출발지와 도착지의 긍정적 혹은 부정적 변화 등도 주요한 논의 대상이 되고 있다.

계절적 이동과 순환

인구 이동은 오랜 역사를 가지고 있지만 식민지 정책이 인구 이동을 가속화하는 데 핵심적인 역할을 했다. 아프리카에서는 식민지 세력이 주도한 신도시, 광산 및 플랜테이션 개발 등이 대규모 임금노동자를 양산했고 이것은 다시 대규모 인구 이동으로 이어졌다. 예를 들면 가나와 코트디부아르의 카카오 농장 개발로 부르키나파소 출신의 모시족 남성들이 이곳으로 유입되었고, 그들 임금 중 일부는 다시 부르키나파소의 가난한 고향 마을에 송금되었다.

북부 나이지리아에서는 작물을 경작할 수 없는 긴 건기 동안 하우사인들이 계절적 이동을 하는 전통이 있는데 이를 '친라니(cîn-rāni)'라고 부른다. 이 계절적 이동자들은 대부분 남성이고 무슬림이기에 '마수 친라니(mâsu cîn-rāni)'라고도 하며 건기 동안 고향을 떠나 다른 곳에서 공예 산업, 무역 혹은 관개 농업 등에 종사한다.

1930년대 이전에 대한 프로세로(Prothero, 1959)의 조사에서는 나이지리아 북서부 소코토(Sokoto) 지역의 계절 이동에 대한 언급이 거의 없었다. 하지만 1928년 교통 통계에는 이곳에서 나이저강의 옐와(Yelwa) 지역을 거쳐 남서부 요루바랜드(Yorubaland)로 향하는 이동자가 매달 약 3,500명 정도 있다는 것을 기록했다. 1936년 소코토 지역 연례 보고서에 따르면 1930년대 매년 건기 때마다 계절 이동이 점차 확대되어가는 것으로 나타났는데, 이동의 목적지는 가나의 황금 해안(Gold Coast) 등이었고 이동의 목적은 일자리를 얻기 위한 것이었다.

이후 1952~1953년의 건기에 소코토 지역에서 실시된 조사에서는 나이지리아 남서부와 가나 황금 해안을 주요 목적지로 하는 약 25만 9천 명의 남성 이주자들을 열거했다. 약 92%의 이주민들은 노동, 사소한 거래, 어업, 공예업과 같은 직업을 통해 다양한 방법으로 수입을 보충하려 했다. 귀국할 때 이동자들은 이동하지 않았을 때의 기대 소득보다 훨씬 큰 수입을 소코토 지역으로 가져왔던 것 같다. 하지만 프로세로(Prothero, 1959)는 만약 소코토 지역에서 수출을 위한 면화, 땅콩 농업 등이 확대 개발되어 고향에서 일자리를 구할 수 있었다면 상당한 시간이 낭비되는 계절적 이동보다 더 큰 부가가치가 창출되었을 것이라고 분석했다. 중요한 점은 가난한 지역에서 발생하는 계절적 이동은 이동하지 않았을 때의 소득보다 더 많은 소득을 얻을 수 있을 때 발생한다는 것이다.

다른 남반구(개도국)에서도 계절적 이동을 흔히 찾아볼 수 있다. 예를 들어, 아르헨티나 북서부의 사탕수수 수확 철에 계절적 이동을 하는 노동력의 상당 부분은 고향의 실업과 가난한 임금에 시달리는 볼리비아 출신들이다. 그리고 계절적 이동을 하는 이들 중 일부는 때때로 더 나은 고용 기회를 찾아 아르헨티나의 수도인 부에노스아이레스(Buenos Aires)와 같은 도시로도 이주했다.

농촌과 도시 간 이동

많은 남반구(개도국) 국가에서는 이촌향도가 의미 있는 인구 이동의 형태를 이룬다. 이러한 인구 이동의 이유로는 교육, 의료 등을 비롯하여, 젊은이들이 낙후하고 전통적인 촌락에 비해 근대적인 도시의 다양하고 현대적인 시설들의 매력에 유혹되는 '브라이트 라이트(bright light)' 신드롬도 작용된다. 많은 남반구(개도국) 국가에서 도시로 인구가 유입되는 핵심적인 이유는 경제적인 것이며, 특히 젊은 남성들에게는 도시로 이동한다는 것이 더 나은 소득을 얻을 수 있는 기회이자, 성인으로 인정받고, 나아가 선진국 문화를 접할 수 있는 것으로도 간주되고 있다.

중앙아메리카 멕시코시티(Mexico City)의 인구는 1980년대 1,400만 명에서 2015년에는 2천만 명으로 증가했다. 이러한 인구 증가는 대부분 이주로 인한 것이다. 한편, 멕시코에서 과거 시골로 여겨졌던 유카탄(Yucatán)반도는 1970년대 이후 관광 산업의 급속한 발전과 더불어 인구도 크게 늘어났다. 이곳의 중심지인 메리다(Mérida) 시에서는 25년 만에 인구가 3배가량 늘어났는데 1992년 기준 약 65만 명에 달했고, 이는 유카탄주 전체 인구의 절반에 해당한다. 메리다시로 이동한 이들 중 90%는 유카탄 촌락 지역 출신이며 메리다시 교외 지역들에서는 도시에서 일하는 통근자들을 위한 기숙사 역할을 하는 침상 도시가 나타난다.

인도 마하라슈트라(Maharashtra)주의 시골 마을 수가오(Sugao)에서 150마일 떨어진 뭄바이(Mumbai)시로의 인구 이동에 대해서 약 50여 년에 걸쳐 조사한 내용은 매우 흥미롭다. 특히 먼저 뭄바이로 이주한 수가오 출신 사람들은 친척 또는 친구라는 관계를 매개로 네트워크를 형성했다. 이것은 신규 이주자들에게는 일자리를 구하는 데 중요한 역할을 했고 때로는 일종의 피난처 역할도 제공했다. 비록 현재는 다소 침체되었지만 뭄바이의 주요 산업은 섬유 산업이다. 수가오의 가구들 대부분은 가족 중 일부가 뭄바이 섬유 산업에 취업하여 임금의 일부를 고향으로 송금했다. 그리고 도시 근로자들의 송금은 고향 마을의 상황을 개선하는 데 큰 영향을 미쳤다. 거의 절반의 가구가 물을 공급받았고 3분의 2 이상이 전기를 공급받았다. 그러나 실제로 수가오를 영구히 떠난 사람은 거의 없었다. 생산적인 직장 생활이 끝나고 뭄바이에 남아 있기에는 물가나 생활비 등이 너무 비싸지자 일반적으로 집으로 돌아왔다.

국제적 이동과 송금

지난 40년 동안 국제적 이동자는 1960년 약 7,600만 명에서 2013년 약 2억 3,200만 명으로 엄청나게 증가했다. 국제적 이동자의 증가는 점점 더 상호 연결되는 세계의 주요 특징이며 경제적 이유의 이주는 종종 전체 흐름에서 중요한 역할을 하고 있다. 남반구(개도국) 출신의 국제적 이동자, 즉 숙련된 이주 노동자는 최근 수십 년 동안 극적으로 증가하였고, 그들 가족에게 긍정적 혜택을 제공한다. 2004년 경제협력개발기구(Organization for Economic Cooperation and Development: OECD) 국가로 이주한 나이지리아 및 남아프리카공화국 출신 근로자 중 약 55%와 48%는 고도로 숙련된 노동력이다. 남반구(개도국) 국가의 숙련된 이주 노동자들이 취업한 주요 국가와 지역은 미국, 유럽연합, 캐나다, 오스트레일리아, 서남아시아 국가들 그리고 인도와 일부 아시아 국가들이다.

이민자들이 고향에 있는 가족들에게 보내는 송금의 중요성을 과소평가해서는 안 된다. 송금은 돈뿐만 아니라 다양한 재화와 상품의 형태를 띠며, 남반구(개도국) 국가의 가계 생활에 중대한 영향을 미칠 수 있다. 최근 몇 년간 국제 송금 서비스, 정보 통신 기술(ICT) 및 운송수단의 발전으로 송금 흐름이 훨씬 쉬워졌다. 2010년 세계적으로 이주 노동자들이 그들 고향인 남반구(개도국) 국가로 송금한 금액은 약 3,250억 달러였는데, 이는 2008년 발생했던 글로벌 금융 위기 때문에 크게 증가한 것이고, 1997년 아시아의 외환 위기 발생 이후에도 이와 비슷하게 송금액이 크게 늘어났다. 2010년 기준 인도(550억 달러)와 중국(510억 달러)이 이주민 송금액이 가장 큰 국가였고, 한 나라의 국내총생산(GDP)에서 송금이 차지하는 비중에서는 타지키스탄(35%)이 가장 높았으며, 태평양 섬나라 통가(28%), 아프리카 남부의 작은 나라 레소토(25%)가 뒤를 이었다.

태평양의 많은 섬나라는 이주자들이 보내는 수입품과 금융에 크게 의존하고 있다. 뉴질랜드 오클랜드(Auckland)에서 사모아 수도 아피아(Apia)로 가는 항공편에서는 상당한 규모의 전기 제품, 옷, 음식 등의 수하물을 소지한 탑승객들을 흔하게 볼 수 있다. 2013년 사모아 인구는 19만 명이었지만 뉴질랜드에는 14만 4천 명의 사모아 출신 이주자들이 살고 있었다. 오클랜드가 사모아의 가장 큰 도시처럼 여겨진다. 뉴질랜드에 거주하는 사모아인들은 고국에 살고 있는 이들보다 생활수준이 거의 두 배 이상 높다. 2010년에 해외 거주 사모아인들이 사모아의 가족, 교회 및 학교로 보낸 개인 송금은 1억 4,300만 달러였는데, 이 금액은 사모아 국내총생산의 21.7%이고, 사모아가 외국으로부터 받은 원조의 약 3배에 해당하는 규모이다.

1996년 세네갈의 8개 마을을 사례로 진행한 아잠과 구베르트(Azam and Gubert, 2006)의 연구도 흥미롭다. 세네갈에서는 1920년대부터 프랑스로 이주가 진행되어 왔는데 해당 지역의 305가구를 사례로 분석하였더니 가구당 평균 2.6명의 이주자가 있었고, 이들은 매년 평균 약 1,500달러를 고향의 가족들에게 송금했다. 연구자들에 따르면 송금은 사례 지역 가계에 결정적인 역할을 하고 있다. 그리고 해외로 이주한 가구원이 송금한 금액은 총 가구 소득의 약 50.8%를 차지한다고 밝혔다. 애덤스와 페이지(Adams and Page, 2005)는 71개 남반구(개도국)의 데이터를 조사한 결과, 한 국가의 인구에서 국제 이주자 비율이 평균 10% 증가하면 하루에 1인당 1달러 미만으로 살고 있는 사람들의 비율이 2.1% 감소하며, 이주 가족 구성원으로부터 송금을 받는 가정의 자녀는 일반적으로 더 많은 학교교육을 받고 가정이 더 나은 건강 관리를 한다는 증거를 제시했다.

한편 남반구(개도국) 국가의 해외 이주는 국가적 차원에서는 '두뇌 유출(brain drain)'이라는 자원 손실에 대한 우려가 공존한다. 윌리스(Willis, 2014)는 교육 수준이 높고 숙련되고 역동적인 개인은 경제적 이주 흐름 내에서 과도하게 두드러진다고 지적했다. 특히 의료 및 보건과 관련된 전문 인력의 해외 이주는 그들 모국에 심각한 위협이 될 수 있다. 실제로 짐바브웨에서는 의과 대학생 중 약 75%가 졸업 후 몇 년 이내에 해외로 이주했고 이로 인한 잠재적 손실은 그들의 송금액보다 더 클 수도 있다. 그런데 이러한 손실에 대해서는 좀 더 신중히 따져봐야 한다. 해외로 이주한 두뇌들이 고국으로 돌아와서 새로운 무역과 사업 네트워크를 창출할 수도 있기 때문이다. 이것은 중요한 내용이지만 종종 과소 평가되어 있다. 최근의 관심은 해외로의 숙련된 노동력 이동이 국가 노동시장에 미치는 영향을 분석하는 것을 넘어 이들이 무역, 투자 및 기술 획득을 증진할 수 있는 경로가 될 수 있다는 측면까지 확대되고 있다.

도시 인구의 성장

남반구(개도국) 국가들 대부분은 도시 인구가 급격하게 증가하고 있고 대체로 도시 인구 증가율이 해당 국가의 전체 인구 증가율보다 높다. 아프리카의 경우, 촌락에 거주하는 인구의 비율은 약 70% 수준이지만, 1990년에서 2005년까지 연평균 도시 인구 증가율은 4.3%로 세계 어느 지역보다 높았다. 아울러 2013년 기준 연평균 도시 인구 증가율이 가장 높은 10개국 중 5개 국가가 사하라 이남 아프리카 국가들로서 니제르 5.1%, 남수단 5.2%, 탄자니아 5.4%, 우간다 5.4%, 르완다 6.4%였고, 급격한 증가의 핵심 이유는 농촌에 비해 매우 높은 도시의 임금 상승과 이촌향도였다. 이에 증가하는 도시 인구와 고용 가능성에 대한 우려가 제기되며 과도시화(overurbanisation)와 같은 용어가 사용되고 있다. 예를 들면, 가나는 독립 이후 10년 동안 '현대적 부문'의 고용은 약 3.3% 증가했지만 실업률은 매년 9.3%씩 증가했고, 라고스는 1967년 14세 이상 남성 중에서 약 21%가 구직 활동을 했지만, 그들이 얻을 수 있는 일자리는 친구와 친척의 일을 돕는 정도이거나 낮은 임금, 심지어 구걸, 절도 등 불법적인 '비공식 부문(informal sector)'의 것들이었다.

상당수 정부들과 학자들은 농촌에서 도시로의 이주를 통제하는 정책을 고려했고, 그 핵심은 도농 간 격차의 해소였다. 하지만 리들(Riddle, 1978)의 주장과 같이 경제적, 정치적으로 도시의 임금을 인위적으로 낮추는 것은 불가능하고, 충분한 공식 부문 일자리가 창출되지도 않는다. 또한 농촌과 농업의 문제도 개선되지 않았기에 도시와 농촌이라는 두 공간의 격차를 해소할 수 있는 손쉬운 해결책이 말처럼 쉽지 않았다.

이와 관련하여 남아프리카공화국의 사례는 매우 흥미롭다. 원래 남아프리카공화국은 강력한 아파르트헤이트 정책으로 농촌에서 도시로의 이주가 엄격하게 통제되었으나 1980~1990년대 해당 정책이 완화되면서 급속한 이촌향도가 진행되었다. 그런데 이 무렵 경기 침체에 따른 구조 조정, 임금 하락, 서비스 및 공공 부문의 축소로 도시의 생활수준이 크게 하락하였고, 이로 인해 도시 인구 성장률과 이촌향도가 도시 경제 상황에 맞게 조정되었다. 오히려 다시 촌락으로 되돌아가는 이동 흐름들도 확인되었다.

1980~1990년대 도시와 농촌 간의 임금 격차가 붕괴되는 상황은 가나, 탄자니아 등에서도 확인된다. 도농 간 임금 격차가 사라진 것은 농촌 지역의 소득이 증가한 것이 아니라 도시 지역의 임금이 급격히 하락했기 때문이며, 이들 국가를 비롯하여 상당수 아프리카 국가에서 '신도시빈민(new urban poor)'이 발생했음을 의미한다. 가나는 실질 최저 임금 지수가 1970년 100, 1974년 149로 정점을 찍고 1984년에는 18까지 급격히 하락했으며, 탄자니아는 1957년 100, 1957년 206, 1989년에는 37로 떨어졌다.

많은 국가에서 도시와 농촌의 임금이 비슷해지거나

오히려 농촌의 소득이 높아졌다. 시에라리온은 내전이 발생하기 이전인 1985~1986년 비농업 평균 임금이 농촌 가구 소득보다 72% 적었다. 라일리(Riley, 1988)는 시에라리온의 도시빈민이 농촌의 빈민들과 비슷한 소득이거나 그보다도 적은 극빈곤층이었고, 이 때문에 심각한 수준의 유아 사망률과 영양실조가 나타났음을 지적했다. 자말과 윅스(Jamal and Weeks, 1994)는 우간다에서, 포츠(Potts, 1995)는 잠비아에서도 도시에서 농촌으로의 이동자가 그 반대 방향 이동자 수보다 더 많다는 것을 발견했다. 그리고 도시에서 농촌으로 이동한 이들은 대체로 가난하고 도시에서 일자리를 잃은 실직자들이었다. 이처럼 '귀환' 이동과 일종의 '역도시화(counter-urbanisation)' 현상은 많은 아프리카 국가에서 오랫동안 나타났던 이촌향도라는 농촌 지역과 도시 지역 간의 순환 패턴을 넘어서는 것처럼 보인다.

국제적 관광과 남반구(개도국) 국가

인구 이동의 또 다른 유형은 관광이다. 전 세계적으로 1950년에 2,500만 명이던 관광객은 2005년 8억 명, 2013년에는 10억 8,700만 명으로 증가했다. 관광에 있어 유럽은 여전히 주요 출발지인 동시에 목적지이다. 하지만 항공 여행의 확대와 모험, 이국적 장소에 대한 탐구 등으로 카리브해, 중앙아메리카, 중국, 홍콩, 말레이시아, 타이, 모로코, 감비아, 튀니지, 케냐, 남아프리카공화국 등을 찾는 관광객도 크게 늘어났다.

남반구(개도국) 국가의 경제에 있어 관광 수입은 큰 몫을 차지한다. 타이는 2000년 이래 관광객 입국이 매년 5% 이상 증가했고, 2014년에는 약 2,650만 명의 관광객이 460억 달러 이상을 소비했다. 케냐의 경우 관광 수입이 차지하는 비중은 주요 수출품인 커피나 차에 버금간다. 1995년 케냐에서는 관광 산업이 국내총생산의 16%를 차지했고 금액으로는 약 4억 8,600만 달러였다.

관광은 호텔을 비롯하여 택시, 운송, 공예 산업, 식당, 유흥 등에 직간접적으로 상당한 고용을 창출한다. 멕시코 유카탄반도의 칸쿤(Cancun)은 1970년대 이후 관광지로 개발되면서 건설 및 서비스 산업의 성장과 고용 확대로 주변 농업 지역을 변화시켰고, 상당한 인구 유입을 가져왔다.

상당수 남반구(개도국) 국가에서는 관광 부문과 현지의 식음료 생산, 공급 시스템의 연계를 강화하여 값비싼 수입품을 대체할 수 있는 잠재력을 지닌다. 하지만 피지의 경우처럼 해외 자본의 수요 비중이 높은 경우에는 그 잠재력이 낮아진다. 또한 최근 호텔에서 모든 식사와 다과를 제공하는 관광 패키지의 경우에도 관광객들이 지역의 술집과 식당을 거의 이용하지 않게 되어 경제적 이익은 크게 발생하지 않을 수도 있다.

가난한 국가에서는 관광 산업의 성장과 관련되어 몇 가지 우려가 있다. 종종 호텔 소유주가 해외 국적의 개인 혹은 기업이고 관광과 관련된 일자리 상당 부분이 저임금인 경우가 많다. 케냐 호텔의 직원 임금 수준은 농업과 국내 서비스를 제외하면 오히려 낮다. 또한 관광은 계절적 활동이라는 성격이 강하기 때문에 성수기와 비수기 간 직원의 고용 안정성이 낮다. 관광지 개발에 따른 농장과 방목지 등 자연적 가치의 훼손, 서구적 가치와 행동 양식의 전이, 지역 고유 문화의 희석 등도 걱정거리이다. 서아프리카 감비아와 카리브해, 태평양, 인도양의 작은 섬나라들에서는 지나친 관광객 유입이 해당 국가와 국민의 삶을 위협하기도 한다. 카리브해의 작은 섬인 세인트루시아는 인구가 18만 6,730명이지만 2015년 체류 관광객 34만 4,908명과 유람선 승객 67만 7,394명을 포함하여 무려 107만 3,017명의 관광객이 유입되었다.

아프리카 대륙에서 가장 작은 나라인 감비아는 인구 180만 명에 기대 수명이 59세에 불과할 정도로 가난하다. 수도인 반줄(Banjul) 남쪽에 위치한 대서양 연안 지역은 유럽의 겨울을 피해 찾아온 관광객들이 즐겨 찾는 곳이고 호텔을 비롯한 관광 시설들도 이곳에 집중되어 있다. 관광 산업이 감비아에서 차지하는 비중은 1990년대 후반을 기준으로 국내총생산의 12%이고 약 1만여 명의 감비아인들에게 직간접적 고용을 제공했다. 감비아의 관광 인프라는 해안에 집중적으로 위치하고 있으며, 내륙의 가난한 시골 지역으로의 관광객 유입은 여러 가지 이유로 부정적이다. 이미 해안 관광 지역에서는 절도, 구걸, 매춘이 널리 행해지고 부유한 관광객들은 현지에 대한 지식이 거의 없기 때문에 생계를 유지하기 위해 필사적인 사람들에게 쉬운 먹이로 간주된다. 이러한 문제는 케냐 해안에서도 마찬가지로 발생한다.

케냐에서는 국립공원에서 야생동물 기반의 관광 개발을 추구하고 있다. 농부들과 목축업자들은 야생동물로 인해 농작물과 가축이 피해를 입는 그들의 토지를 아예 국립공원에 편입시키고 이곳으로 관광객을 유치하는 데 힘쓰고 있다. 하지만 일부 비평가들은 이러한 개발이 과연 수익성을 가져올지 의문을 제기한다. 이론적으로는 친환경적이고 지속 가능한 관광 개발, 생태 관광이라는 명목의 홍보에 힘쓰고 있지만, 과연 실제로 그러한지에 대해서는 두고 볼 일이다.

아마도 생태 관광을 표방하는 케냐와 몇몇 국가는 중앙아메리카 코스타리카의 경험을 참고할 필요가 있다. 1970년대 초에 지정된 코스타리카 서부의 몬테베르데 운무림 보존지구(Monteverde Cloud Forest Reserve: MCFR)는 생물학적 다양성이 큰 지역이다. 호텔, 레스토랑, 공예품 가게, 서점을 포함하여 80개 이상의 다른 사업체가 만들어졌고, 관광은 지역 교육의 개선과 천연자원의 보전으로 이어졌으며, 성공적인 지역사회 참여로 인해 몬테베르데는 코스타리카에서 가장 번영하고 성공적인 공동체 중 하나가 되었다.

강제적 이동

강제 이주는 이주 결정이 이주민 자신이 아닌 다른 사람들에 의해 이루어진 것이다. 대서양 노예무역은 16세기 후반부터 19세기 초까지 1천만 명 이상의 아프리카인들을 북아메리카와 남아메리카, 카리브해 농장 등의 노동력으로 끌고 갔다. 이는 역사상 가장 큰 강제 이주 중 하나이다. 나이지리아는 1983년에 200만 명의 외국인 노동자를 추방하고 1985년에는 70만 명을 추가로 추방하여 이웃 국가들에게 충격을 주었다. 추방의 목적은 석유 붐 이후 오히려 경제가 침체기에 접어들면서 발생한 자국민들의 실업을 줄이기 위한 것으로 추정된다. 하지만 추방된 사람들의 대다수를 차지하는 가나를 비롯한 서아프리카 경제 공동체(Economic Community Of West African States: ECOWAS)의 다른 회원국들은 나이지리아의 조치에 경악하며 이전의 서아프리카 경제 공동체 협정의 '정신'을 위반했다고 주장했다.

아직 강제 이주 여부에 대한 논란이 존재하지만, 강제 이주와 관련된 또 다른 사례로 인도네시아를 들 수 있다. 인도네시아 자바섬은 국토 전체 면적에서 차지하는 비중이 7%에 불과하지만 인구의 57%가 이곳에 집중되어 있다. 이들 중에서 약 600만 명 이상이 자바섬이 아닌 다른 1만 3천 개 섬으로 이주되었다. 이러한 이주는 1905년 네덜란드 식민 통치 시기에 처음 시작되었지만, 1945년 독립 이후 가속화되었고 1969년에는 정부가 '이주 프로그램'을 수립하고 적극적으로 시행했다. 핸콕(Hancock, 1997)은 이 이주를 '인간 재정착(resettlement) 중 세계에서 가장 큰 운동'이라고 묘사했는데 인도네시아 정부뿐만 아니라 여러 국가와 국제기구의 자금을 지원받기도 했다.

해당 프로그램은 여전히 논란거리로 남아 있는데, 특히 인도네시아에서는 이리안 자야(Irian Jaya)라고 부르는 서파푸아에서의 이주가 그러하다. 1969년 독립을 원했던 이리안 민족주의자들의 뜻과 달리 인도네시아 정부는 이곳에 자바섬 출신의 사람들을 이주시켰다. 보고서에 따르면 원주민들 마을 상당수가 폭격을 당하고 피살되었으며 2만 명 이상의 난민이 발생했다. 또한 인도네시아 정부는 이리안 자야 원주인 80만 명의 이주를 포함하여 모든 인도네시아 소수민족의 동화를 추구하고 있다. 독립 이전의 동티모르 지역도 이러한 인도네시아 정부의 목적에 의한 피해를 벗어날 수는 없었다.

그 밖에도 1970년대 말과 1980년대 초의 캄보디아와 라오스, 베트남, 1990년대 아프리카의 라이베리아, 시에라리온, 르완다, 부룬디, 모잠비크 등에서의 난민 발생 등도 강제 이주의 사례로 들 수 있다.

1979년 구소련이 아프가니스탄을 침공하면서 수백만 명의 난민이 발생했다. 난민들은 주로 이란과 파키스탄으로 망명했는데, 1990년까지 약 630만 명의 아프가니스탄 출신의 난민이 해외로 흩어졌다. 2001년 11월 탈레반 정권이 전복된 이후 아프가니스탄 과도 정부와 유엔난민고등판무관실(United Nations High Commissioner for Refugees: UNHCR)의 노력으로 2002년 3월부터 8월까지 5개월 동안 130만 명 이상의 난민이 성공적으로 귀환했다.

해외로 이주하는 난민들보다 선행하여 국내 이동을 하는 난민들도 존재한다. 안전을 위해 고향을 떠나는 이들을 국내 난민 혹은 실향민(internally displaced people: IDPs)이라고 하는데, 2011년 기준 전 세계적으로 약 2,640만 명이 존재한다. 이 중 26개국의 1,550만 명은 유엔난민기구(UN Refugee Agency)의 보호 아래에 있다. 2014년 시리아와 리비아에서는 불안정과 폭력으로 인해서 각각 650만 명과 14만 명의 국내 난민이 발생했다. 2015년 초반에는 약 5만 명의 시리아인들이 90개 국가로 망명했고 이는 주로 유럽 국가들이었다. 리비아, 에리트레아, 소말리아처럼 불안정이 계속되는 국가들에서도 많은 난민이 북아프리카에서 지중해를 건너 남부 유럽으로 유입되고 있다. 2012년에는 약 1만 5천 명의 아프리카 출신 난민들이 이탈리아와 몰타로 넘어왔는데, 붐비는 작은 배를 이용하여 지중해를 건너는 동안 많은 비극적 상황이 발생했다. 유엔난민기구에 따르면 2012년에만 최소 500명의 난민이 지중해에서 사망, 실종되었다.

최근에는 '환경적 이동(environmental migration)' 이슈가 주목을 받고 있는데 특히 기후변화와 관련되어 극단적인 해수면 상승, 폭풍해일, 홍수 등에 취약한 작은 섬나라 국가들에서 발생하고 있다. 환경적 이동 또는 환경 난민에 관한 최초의 언급 중 하나는 1985년 엘-히나위(El-Hinnawi)가 작성한 유엔환경계획(UN Environment Programme: UNEP)의 논문이었다. 기후변화에 관한 정부 간 협의체(Intergovernmental Panel on Climate Change: IPCC)는 환경적 이동에 대해서 추가 연구를 진행했고, '특히 작은 섬나라의 경우 적응 조치가 필요하다'고 제안했다.

남태평양 투발루는 기후변화로 생계에 심각한 피해를 겪고 있는 대표적 사례이다. 투발루는 5개 저지대 환초와 4개의 산호섬으로 구성되어 있는데 국토에서 해발고도가 4.5미터 이상인 곳이 없다. 국토 면적은 75만 제곱킬로미터이고 이 중 육지 면적은 24.4제곱킬로미터에 불과하며, 인구는 약 1만 1천 명이다. 투발루는 폭풍해일과 해수면의 점진적인 상승에 점점 더 취약해지고 있다. 투발루는 뉴질랜드로부터 상당한 규모의 국제 원조를 받고 2천 명 이상의 투발루인들이 뉴질랜드에 거주하는 등 오랫동안 뉴질랜드와 조화로운 관계를 유지하고 있다.

투발루인들은 만약 기후변화로 견딜 수 없는 상황에 이르게 된다면 뉴질랜드로 이주할 수 있는지에 대해서 여러 차례에 걸쳐 논의하고자 했다. 하지만 뉴질랜드 외교통상부는 기후변화로 인해 태평양의 섬나라가 심각한 피해를 겪게 되더라도 해당 국민을 받아들이는 등에 대해서 명시적 정책을 세우고 있지 않으며, 투발루 정부와 실향민이 발생하게 된다면 수용하기로 합의했다는 언론 보도는 부정확하다는 입장을 취했다. 투발루 정부도 그런 합의가 없다는 것을 인정했고, 뉴질랜드는 여타의 태평양 섬나라들과도 그런 협정을 체결한 적이 없다.

이미 뉴질랜드로 이주하여 정착한 투발루인들은 대체로 고국에 남아 있는 사람들보다 교육, 숙련도, 경제적 자산 등이 높다. 즉 가난한 나라에서의 '두뇌 유출' 문제가 상존한다. 뉴질랜드 정부는 투발루를 비롯해서 키리바시, 그리고 뉴질랜드 해외 속령인 토켈라우 등 태평양의 섬나라들이 기후변화 영향에 취약하다는 것을 알고 있다.

기후변화에 취약한 몰디브는 이와 관련한 대책들이

정부의 최우선 정책이 되고 있다. 인구 40만 명이 거주하는 몰디브 토지의 80%는 해발 고도 1미터 미만이다. 2004년부터 몰디브 정부는 이와 관련된 국가적인 프로그램을 추진하고 있다.

환경 파괴와 강제 이주 간 관계에 대해서 보다 상세한 이해가 필요하며 유엔을 비롯한 여러 기구들이 만약을 대비한 인도주의적 원조 제공을 준비해야만 한다.

이동이 환경과 보건에 미치는 영향

인도네시아의 재정착 프로그램 때문에 세계에서 가장 생물학적 다양성이 뛰어난 곳 중 하나인 인도네시아의 광대한 열대 우림 지역이 파괴되었다. 수마트라에서 약 230만 헥타르의 열대우림이 파괴되었고, 개간된 땅도 급속히 심각하게 황폐화되었다. 술라웨시에서도 약 30% 이상의 토지가 비슷한 상태로 전락했다. 핸콕(Hancock, 1997)은 1996년까지 약 30만 명의 사람들이 '경제적으로 한계 상황에 다다르고 악화가 거듭되는 이주 정착촌'에 살고 있으며 인도네시아 정부 스스로도 이러한 상황을 '미래에 심각한 정치적, 사회적 불안의 잠재적 원천'으로 인식하고 있다고 주장했다. 의료, 학교, 도로 등 사회간접자본은 대체로 부실하고 정착민들은 말라리아를 비롯한 여러 질병으로 고통받고 있다.

해당 토지의 황폐화가 심각해지면서 많은 사람이 이전에 살던 마을과 도시로 되돌아왔다. 최근 몇 년 동안 약 2천만 명 이상의 사람들을 개발된 토지로 이주시키겠다는 목표의 재정착 프로그램은 주춤한 상태이지만, 일부에서는 여전히 진행되고 있다. 망골섬에서는 민간기업인 바리토 퍼시픽(Barito Pacific) 합판 공장이 주도하는 농업, 산업, 목재 산업 개발이 진행되고 있고 동시에 이곳에 값싼 노동력을 공급하기 위한 새 정착지 개발도 병행되고 있다.

대규모 인구 이동이 환경에 미치는 잠재적 영향력은 1980년대 에티오피아의 위기 사례와 같이 상당할 수 있다. 그러나 1990년 중반 사헬 지대에 위치한 세네갈강 중부의 모리타니아 난민 그리고 동부 기니의 외딴 산림 지대에 정착한 라이베리아 난민에 대한 블랙(Black, 1996, 1997)의 사례 연구에서는, 산림 지대 일부가 감소했지만 환경에 대한 다른 부정적인 영향은 현저하게 적게 나타난 것으로 분석되었다.

블랙은 세네갈에 대한 사례 연구에서 이곳의 취약한 환경 변화의 원인이 5만 명 규모의 난민 유입 때문만은 아니라고 설명했다. 즉 난민이 유입되었지만 이들은 상당히 넓은 지역에 분산되어 정착했고 현지의 주민, 공동체와도 원만한 관계가 유지되어 이주자와 수용자 간에 자원을 둘러싼 갈등이 거의 나타나지 않았다는 것이다. 기니에서도 비슷한 수의 난민이 넓은 지역에 퍼졌으며, 세네갈의 경우 난민과 지역 주민이 동일한 민족 집단이었다.

블랙은 난민들이 지역 주민들보다 더 '낭비적인' 방식으로 천연자원을 소모했다는 증거가 없으며 난민의 분산 정도, 난민과 지역 주민들과의 우호적 관계, 강력한 지역 기관의 존재를 환경에 미치는 영향을 최소화한 핵심적 요소로 제시했다.

이동과 질병

인구 이동은 전염병과 보건에 상당한 영향을 미칠 수 있다. 프로세로(Prothero, 1994)는 열대 아프리카에서 다양한 질병과 인구 이동 간 상호작용의 중요성을 보여주었다. 남부 및 동남 아시아 그리고 아프리카에서 클로로퀸 내성의 열대 말라리아 확산은 인구 이동 특히 난민 발생과 이동에 의해 촉진되었다. 아프리카 난민 캠프에서의 질병과 높은 사망률은 과밀, 열악한 시설, 부적절한 식수 공급, 위생 및 폐기물 처리뿐만 아니라 이용 가능한 음식의 양 및 질과 관련이 있다. 위급한 상황에서 사망한 이들의 절반 이상이 홍역, 설사 질환 및 급성 호흡기 감염으로 인한 것이었다. 특히 말라리아의 확산은 난민 발생과 밀접하게 관련되어 있는데 에티오피아와 소말리아의 사례가 대표적이다. 상대적으로 말라리아 발생 빈도가 낮은 에티오피아 고원 지대에 거주했던 이들이 난민으로서 서부 및 남서부 저지대로 이주하게 되면서 이곳에서 확산되던 말라리아에 감염되었고, 동시에 고원의 관개 농업을 매개로 기생하던 주혈흡충증(bilharzia)이 난민과 함께 저지대 지역으로 퍼졌다.

에이즈와 성병의 확산도 인구 이동과 연관될 수 있다. 부르키나파소에서는 에이즈를 '코트디부아르의 질병'이라고 부르는데 코트디부아르 출신 이주자들이 많기 때문이다. 실제로 코트디부아르에서 가장 큰 도시인 아비장(Abidjan)에서는 1986년에서 1992년 사이에 에이즈 관련 질병으로 약 2만 5천 명이 사망했다. 2014년과 2015년 라이베리아, 시에라리온, 기니 등 서아프리카 국가에서의 에볼라 바이러스 확산도 인구 이동 및 감염자와의 직접 접촉 때문에 빠르게 전파되었다.

통신과 교통

21세기 초반, 선진국에 살면서 일하는 사람들은 전화, 팩스, 전자우편, 인터넷 등 끊임없이 변화하는 첨단 기술 덕에 집을 떠나지 않고도 다양한 사업과 일상 활동을 수행하고 있다. 전자우편을 통한 실시간 접촉과 소통이 유럽과 북아메리카 전역에서 가능하고 인터넷은 방대한 양의 비즈니스, 교육, 엔터테인먼트 정보를 제공해주고 있다. 흔히 자동차 통행을 줄여 환경을 개선시킬 수 있다는 기대감으로 선진국의 정부들과 고용주들은 '재택 근무(telecommuting)'를 적극적으로 장려하고 있다. 이처럼 부유한 선진국에서는 혁신적인 기술들이 실현되면서 나날이 가까워지는 세계를 접하고 있다. 광범위하게 진행되는 세계화는 20세기 후반의 핵심적인 특징이었고 21세기 들어서도 가속화되고 있다.

반면 세계에서 가장 가난한 지역 중 하나인 서아프리카는 비록 유럽에서 비행기로 6시간밖에 걸리지 않는 곳이지만, 수백만 명의 사람들이 여전히 전기와 상수도 공급이 부족한 채 생활하며 건강 및 교육 서비스도 열악하다. 이들은 생존에 필요한 식량을 생산하고자 낮은 기술을 사용하여 장시간 노동해야만 한다. 가난한 이들은 텔레비전과 신문 대신 입소문을 통해 정보를 교류하고 있다. 이것이 앞서 '제4장'에서 말한 '디지털 격차'이며 이들 국가에서는 여전히 트랜지스터 라디오가 지식과 정보의 매개체이다.

남반구(개도국) 국가들에서 의사소통을 크게 변화시킨 중요한 발전 중 하나는 휴대전화 사용의 증가이다. 제대로 유지 및 관리되지 않고 심지어 존재하지도 않는 유선전화 시스템 때문에 21세기 첫 10년 동안 휴대전화 사용은 경이적으로 증가했다. 아프리카에서는 1999년 약 10%, 2008년 60%, 2015년에는 80% 이상 휴대전화 보급이 확대된 것으로 추정되며, 실례로 케냐의 최대 휴대전화 통신 회사인 사파리콤(Safaricom)은 2000년부터 2010년까지 가입자 수가 500배 증가했다. 물론 휴대전화 구매와 사용 비용이 부담스러운 가구에서는 여전히 열악한 유선전화에 크게 의존하고 있다.

휴대전화는 시장에 접근하고 가격 변동성을 조사하며 공급망을 관리하는 데 중요한 역할을 할 수 있다. 이는 농산물을 판매하는 농민과 농산물 공급을 확보하는 시장 상인 모두에게 중요할 수 있다. 또 다른 용도는 엔터테인먼트, 교육 및 소셜 네트워킹을 위한 것이다. 2011년 북아프리카 전역에서 일어난 이른바 '아랍의 봄' 민주화 운동에서 휴대전화는 이집트, 리비아, 튀니지 등에서의 반정부 운동에 있어 핵심적 역할을 했다. 이러한 중요한 기술적 진보에도 불구하고, 높은 비용과 동력 수송의 부족 탓에 남반구(개도국) 국가의 많은 가난한 사람은 여전히 매년 도보로 수천 마일의 거리를 극복해야 한다. 1980년대 연구에 따르면 가나의 농촌 가정은 일반적으로 운송 활동, 특히 물과 땔감 수집에 연간 약 4,830시간을 소비했으며 대부분 여성 노동의 몫이었다. 이러한 공동체에서는 일반적으로 생활수준이 눈에 띄게 향상되지 않았고, 확실히 세계가 축소되고 있다는 증거도 보이지 않는다.

남반구(개도국) 국가들에 철도와 근대식 도로가 건설된 것은 식민지 시대의 일이다. 아프리카에서는 철도가 전략적, 군사적 통제를 위해 건설되었지만 무엇보다도 상품 작물, 광물 자원 등 자원 수출을 목적으로 해안의 항구와 연결시켰다. 영국, 프랑스, 포르투갈 등 식민지 지배 세력들은 아프리카 전체를 연결하는 개방적 교통 인프라가 아닌 자국이 지배하는 곳끼리만 연결 짓는 폐쇄적 개발 방식을 취했다.

오늘날 많은 아프리카 국가에서 철도 운송은 투자와 유지, 보수 부족으로 어려움을 겪고 있고 상대적으로 식민지 시대보다 중요성도 낮아지고 있다. 예를 들어 코트디부아르의 아비장과 부르키나파소의 와가두구(Ouagadougou)를 연결하는 1,146킬로미터 노선은 1988년에는 300만 명의 승객을 수송했지만 1993년에는 차량의 상태가 좋지 않아 76만 명을 수송하는 데 그쳤다. 화물 수송도 1980년 80만 톤에서 1993년 26만 톤으로 감소했다.

아프리카에서 가장 인구가 많은 나이지리아에서는 1995년 사실상 철도 시스템이 폐쇄되었다가 최근 들어서 중국의 자본과 기술에 의해 복구되고 있다. 2012년 나이지리아 정부는 중국의 국영 건설 회사와 약 15억 달러 규모의 계약을 맺고 경제 수도인 라고스(Lagos)와 이바단(Ibadan)을 연결하는 노선을 건설했으며, 이듬해에는 라고스와 북부 최대 도시인 카노(Kano)를 연결하는 노선을 복구했다. 라틴아메리카에서는 1940년까지 아르헨티나, 브라질, 멕시코의 철도 시스템이 이 지역 네트워크의 75%를 차지했다. 브라질 상파울루(São Paulo)의 철도 시스템은 산업화와 커피 산업 및 수출에 있어 중요한 역할을 했고, 철도 연관 산업과 기술은 국가 경제의 핵심 부문이었다.

제2차 세계대전 이후에는 철도보다 도로 교통의 중요성이 커졌다. 아부자(Abuja, 나이지리아), 브라질리아(Brasília, 브라질), 이슬라마바드(Islamabad, 파키스탄)와 같은 새로운 수도가 건설되면서 더 많은 고속도로가 필요했지만, 남반구(개도국) 국가의 많은 도로망은 식민지 시대에 건설된 도로망과 유사하다. 나이지리아에서는 1970년대 석유 수출로 생긴 자금으로 국가의 도로망을 개선하기도 했지만 이후 유지 보수를 소홀히 하여 도로망은 꾸준히 악화되었다.

열대 지방에서는 우기에 상당수 도로가 침수되고 비포장 도로에서는 통행이 불가능해지기도 한다. 많은 남반구(개도국) 국가 정부는 제한된 자금으로 주요 도시를 연결하는 간선 고속도로를 건설할 것인지 아니면 각 지역에서 병원, 학교, 시장 등 주민의 삶과 밀접한 시설을 연결하는 지선도로를 건설 또는 개선할 것인지를 놓고 딜레마에 빠져 있다. 아마도 두 전략 사이에서 균형을 이루는 것이 가장 효과적일 것이다. 비정부기구(Non Governmental Organization: NGO)의 도움으로 농촌의 농업 생산성이 증대되더라도 이것을 신선하고 쉽게 대도시 시장으로 운송할 수 있는 안정된 도로망 그리고 수송 수단이 필요하기 때문이다.

북반구와 남반구: 상호 의존적인 세계

우리는 시간과 공간에 걸쳐 연결과 관계가 발전하고 상품과 금융의 흐름이 이러한 연결을 강화하는 '상호 의존적인' 세계에 살고 있다. 그러나 그것은 또한 불평등한 세계이며 많은 이는 무역, 원조 및 부채와 같은 문제가 국가 간 그리고 국가 내 불평등을 고착화하는 데 큰 영향을 줄 것이라고 주장한다.

'상호 의존적인' 세계의 파급 효과를 고려할 때 중요한 랜드마크는 1978년 빌리 브란트(Willy Brandt) 전 서독 총리의 주도로 설립된 브란트위원회(Brandt Commission)에서 발간한 「북반구–남반구(North–South) 생존을 위한 프로그램」(Brandt, 1980)이라는 제목의 보고서였다. 아마도 이 보고서에서 가장 기억에 남는 것은 표지에 있는 세계지도였을 것이다. 이 지도를 가로지르는 검은색 선이 부유한 북쪽과 가난한 남쪽을 구분했다. 이 보고서의 주요 주제 중 하나는 더 잘 규제된 세계 경제에서 부유한 국가와 가난한 국가의 상호 이익에 관한 것이다. 브란트위원회는 많은 문제를 다루었지만 가장 중요한 결론은 국제 통화 시스템, 북반구에서 남반구로의 자원 이전, 남반구의 더 나은 무역 기회 및 원조의 본질에 관한 것이다. 국제통화기금(International Monetary Fund: IMF)에 대한 논란으로 많은 비판이 제기되었으며 위원회는 채무국에 덜 엄격한 제한을 가하고 환율의 안정성을 높일 수 있는 시스템을 제안했다. 브란트는 북반구에 위치한 선진국들의 정부가 우선 국민총생산(GNP)의 0.7%를 원조에 할당하도록하고 이후에는 이를 상회하는 목표를 설정하여 지원한다면 부자와 가난한 국가 간의 자원 이동이 엄청나게 증가할 것이라고 주장했다. 장기적이고 유연한 재정 및 기술 지원 프로그램을 통해 세계에서 가장 가난한 30개국을 지원하기 위한 특별 계획이 제안되었다. 브란트는 가난한 국가들에서 나타나는 불평등을 줄이기 위한 사회경제적 개혁의 필요성을 인식했다.

브란트는 식량 원조 문제를 검토하면서 식량 부족에 대한 최선의 장기적인 해결책은 가난한 나라의 식량 생산이 자국의 필요를 대부분 충족할 수 있도록 증가하는 것이라고 제안했다. 외부 원조는 주로 무료 또는 보조금 제공으로 현지 생산과 경쟁하고 실제로 가격을 낮추어 식량 공급을 중단시킬 수도 있으므로, 지역의 식량 생산 능력을 향상시키는 데 주력해야 한다고 보았다. 이 보고서는 가난한 나라의 정부가 농업 생산을 늘리기 위해 개발 노력의 상당 부분을 기울여야 한다고 결론 지었다.

브란트는 또한 부유한 나라들끼리는 서로 무역 제한을 줄이면서 오히려 가난한 나라의 상품 수입에 영향을 미치는 무역 장벽을 만드는 것을 우려했고 새로운 무역에 관한 규칙을 만들어 부유한 국가와 가난한 국가 모두 그들의 무역 정책을 자유화할 것을 촉구했다. 브란트는 초국적 기업(transnational corporations; TNCs)의 역할에도 주목했다. 소수의 초국적 기업들은 세계 경제에서 막대한 역할을 하고 있는데 1980년 전 세계 식량과 광물 상품의 생산, 마케팅 등에서 4분의 1 내지 3분의 1에 대한 통제력을 지니고 있었다. 해외 투자, 기술 이전 및 이익 송환, 로열티, 배당금 등과 관련된 새로운 '투자 체제(investment regime)'를 설정하여 초국적 기업과 이를 유치한 국가가 이익을 공유하고 윤리적 행동, 정보공개, 노동 등의 문제에서 각국이 초국적 기업의 활동을 규제할 수 있는 입법안을 도입할 것을 제안했다.

브란트 보고서는 출판 당시 많은 주목을 받았지만 초국적 기업 등은 이를 비현실적이고 이상주의적인 것이라고 치부했다. 사실 브란트의 권고는 무관심과 1980년대 초반 국제적인 경기 침체로 무시되었다.

위기와 상품 의존

브란트 보고서의 좋은 의도에도 불구하고 세계에서 가장 가난한 대륙인 아프리카에서는 거의 진전이 없었던 것 같다. 1993년 발간된 옥스팜의 보고서는 다음과 같이 언급했다.

> 사하라 이남의 아프리카는 칼날 위에 있다. 10년 이상 경제적, 사회적 쇠퇴의 하향 곡선에 갇혀 있었다. 이 지역의 뉴스 보도를 지배하고 있는 기근과 가뭄의 비극과는 달리 이러한 쇠락은 외부 세계에는 거의 보이지 않았다. 그러나 그것은 전례 없는 규모로 인간의 고통과 비참함을 퍼뜨렸다. 어렵게 얻은 건강과 교육의 이득은 뒤바뀌었고 이미 세계에서 가장 낮은 수준에 속하는 생활수준은 더 떨어졌으며 기아는 증가하고 있다. 그리고 그 비극은 더욱 깊어질 것이다. 현재의 추세로 볼 때, 이미 2억 1,800만 명의 현지 빈곤층은 10년 후인 2000년에는 3억 명으로 증가할 것이다. (Oxfam, 1993)

그럼 뭐가 잘못된 것일까? 이 장의 앞부분에서 코트디부아르의 커피 생산자 사례를 통해 국가 경제와 가난한 농촌 가정에 미치는 커피 가격 변화의 광범위한 함의를 찾아봤다. 사실 아프리카 경제와 아프리카 사람들의 삶의 질에 큰 영향을 미친 것은 세계 상품 시장의 오랜 침체이다. 이들 국가 경제에서 커피, 코코아, 면화, 구리와 같은 제한된 범위의 주요 농산물 및 광물 상품에 의존하는 상황은 매우 심각한 수준이다. 1992년과 1997

년 사이에 우간다는 주로 1차 산업 상품들이 수출의 85% 이상을 차지했는데, 커피가 50% 이상이었다. 특정 국가에서는 단일 농산물이 수출의 대부분을 차지하는 경우가 많다. 말라위에서는 담배가 총수출액의 59.7%, 말리에서는 면화가 47.7%를 차지했다. 1980년대에는 주요 원자재 가격이 급격히 하락했지만 오히려 생산 비용은 계속 상승했다. 1980년대 초반에 비해 후반에 이르러 사하라 이남 아프리카에서는 구매력이 약 50% 하락했다. 일부 국가에서는 이보다 더 나쁜 상황이 지속되고 있다.

농산물 및 광물 등 원자재 가격의 붕괴와 무역 조건의 악화는 부채 증가, 외국인 투자 감소와 함께 여러 남반구 국가들이 수입품을 구매하는 것을 더욱 어렵게 만들었다. 더욱이 이러한 추세는 세계은행과 국제통화기금이 후원하는 경제 개발 프로그램을 심각하게 훼손시켰다. 수출 주도형 산업화 및 경제 개발 프로그램은 이미 포화 상태에 있고, 특정 국가에서 원자재 생산량을 늘려 수출하더라도 공급 과잉으로 가격은 하락하고 수입이 감소했다. 이러한 사례로는 아프리카의 코코아 생산과 수출이 증가하면서 오히려 세계 시장에서 가격이 폭락한 것이 대표적이다. 옥스팜은 아프리카 국가들의 원자재 가공 증가를 촉진하기 위한 아프리카 다각화 기금을 설립하고, 아프리카의 수출에 대한 보호주의 장벽을 낮추고, 세계와 지역 시장에서 농업 잉여의 보조금 처리를 종식시켜야만 이들 국가의 무역 전망을 개선할 수 있다고 제안한다.

세계 무역: 변화되는 모습들

20세기에는 국제 무역의 지형에 큰 변화가 있었다. 20세기가 시작되면서, 유럽과 미국은 세계 무대를 지배했다. 유럽 강대국들은 개발도상국의 식민지뿐만 아니라 오스트레일리아, 캐나다, 뉴질랜드와 같은 곳에서도 원자재를 생산하여 본국에서 성장하는 제조업과 산업에 공급했다.

과거의 식민지와 이곳을 지배했던 유럽 국가들 사이에는 여전히 강력한 무역 관계가 남아 있다. 예를 들어 자메이카는 여전히 대부분의 바나나를 영국으로 수출한다. 아프리카에서는 프랑스, 영국 및 영연방 국가 등과의 무역이 다수를 차지한다.

식민주의와 수출 경제 간의 연합은 소수의 거대 기업 및 초국적 기업에 의해 집중되고 있다. 1997년 중국에 반환되기 이전의 홍콩, 아시아 태평양의 영국 식민지들과 서유럽 사이에는 식민지 연계가 있었지만, 현재 태평양 지역의 국제 무역은 일본, 중국, 미국 등에 의해 주도되고 있다. 제2차 세계대전 이후 수십 년 동안 서유럽은 정치, 군사적 측면만이 아니라 경제적으로도 아시아 태평양 지역에서 철수한 것으로 평가된다.

GATT와 WTO

관세 및 무역에 관한 일반 협정(General Agreement on Tariffs and Trade, 이후 GATT)과 세계무역기구(World Trade Organization, 이후 WTO)는 국가 간 상품의 이동을 통제하는 두 개의 핵심 조직이자, 현대의 개발 과정과 결과에 광범위한 영향을 미치는 국제적 '기관'이다. 여기서 우리는 WTO에 대한 몇 가지 우려와 그것이 어떻게 운영되는지에 초점을 맞춰 살펴볼 것이다. GATT는 1947년 10월 30일, 23개국에 의해 제네바에서 체결되었고 제2차 세계대전 이후 세계 재건을 목표로 했다. GATT는 세계 무역에 질서를 부여하고 전쟁 기간의 불안정성을 방지하면서 동시에 자유 무역 정책의 추구를 지지하도록 고안되었다. 관세 인하, 양적 제한 금지, 무역 차별과 비관세 장벽의 철폐 등이 GATT의 주요 목표였다. GATT의 우루과이 라운드 협상은 1986년 9월에 시작되어 1994년 4월에야 타결되었고, 그 후 GATT는 WTO로 대체되었다. 이 회담에서는 농업 보조금에 관한 유럽과 미국 간의 논쟁에 더 중점을 두었으며 가난한 국가들이 선진국 시장으로의 접근을 용이하게 하고자 하는 이슈는 아쉽게도 무시되었다.

규제 완화를 통한 상거래 확대는 WTO의 주요 목표이며 여러 남반구(개도국) 국가에서도 관세 장벽, 쿼터, 가격 지원 및 보조금 등의 철폐를 통한 무역 자유화가 점차 핵심적인 경제 정책으로 자리 잡고 있다.

WTO는 출범 이후 짧은 역사에도 불구하고 여러 비판을 받고 있다. 왓킨스(Watkins, 1995)는 WTO에서 지속 가능한 자원 관리 문제, 상품 시장 규제, 빈곤 감소 전략은 논의되지 않고 있다고 지적했다. 또한 WTO 각료 회의는 부유한 국가들이 주도하고 있어 결과적으로는 선진국에만 유리하다는 비판을 받고 있는데, 이와 관련하여 커티스(Curtis, 2001a)는 WTO 규정 때문에 개발도상국은 외국 기업과 경쟁하는 자국 기업에 보조금과 같은 혜택과 대우를 줄 수 없고 따라서 자국의 농업과 산업이 경쟁력을 확보하기가 매우 다는 점을 지적했다.

또한 WTO 규정은 거대 다국적 기업들이 남반구(개도국) 시장에 쉽게 진입할 수 있도록 도와주고 있다. 커티스(Curtis, 2001b)는 빈곤 퇴치 및 강력한 다국적 기업과 정부의 활동을 다루는 새로운 무역 규칙을 제정해야 한다고 주장하면서, 이러한 규칙은 민주적으로 신중하게 결정되어야 한다고 제안했다.

옥스팜은 2002년 보고서에서 세계 무역은 경제성장뿐만 아니라 빈곤 퇴치를 위한 중요한 역할을 담당할 수 있지만 현실적으로는 이러한 잠재력이 실현되지 못하고 있다고 비판했다. 또한 이 문제는 세계 무역이 본질적으로 가난한 사람들의 필요와 이익에 반하는 것이 아니라 그것을 지배하는 규칙이 부자들에게 유리하게 조작되고 있기 때문이라고 주장했다.

옥스팜은 특히 WTO의 '지식재산권의 무역 관련 측면에 관한 협정(TRIPs)'에 대해 비판의 목소리를 높이고 있다. 즉 특허에 대한 엄격한 보호는 기술 이전에 필요한 비용을 증가시켜서 개발도상국은 선진국의 초국적 기업들에 연간 약 400억 달러의 라이센스 비용을 지불해야 하는 정도이며, 이 중 절반은 미국 혹은 미국 기업의 수입이 될 것이라면서 이 협정은 WTO 규정에 의해 승인된 제도화된 사기 행위라는 것이 이들의 주장이다.

옥스팜은 특히 강화된 특허 보호가 가난한 국가의 의약품 비용에 미치는 영향에 대해 우려하고 있다. WTO의 '회원 중심'이라는 조직 외관 뒤에는 부의 독점에 기반한 거버넌스 시스템이 존재한다. 따라서 WTO가 개혁되어야 한다고 주장한다. 구체적으로는 더 유연한 지식재산 보호 시스템, 특허권자들의 주장보다는 공중 보건 우선, 식량과 농업을 위한 유전 자원에 대한 특허 보호 금지, 가난한 국가들이 더 적정한 형태의 식물–품종 보호를 개발할 수 있는 능력의 신장을 요구한다. 즉 종자를 저장, 판매, 교환할 수 있는 농민의 권리를 보호하고 개발 목표의 우선순위를 정하고 국가의 주권을 강화하며 가난한 국가들에 '특별하고 다른 대우'를 보장하는 등의 개혁이 필요함을 제시했다. 랜섬(Ransom, 2001)은 WTO가 서비스, 특허 및 투자와 같은 '무역 관련' 문제 등에 대한 관여는 축소하고, 민주적 통제를 증진하고, 기업의 조작과 관련된 것들과는 단절되는 방향으로 개혁되어야 한다고 제안했다.

이에 대해서 WTO는 관련 무역 규칙은 가입국들의 합의로 만들어졌고 개별 회원국 의회에서 비준된 것이라면서 비민주적이라는 비판을 반박하고 있다. 그리고 자유무역은 잃어버린 것보다 창출한 일자리가 더 많으며 실제 제2차 세계대전 직후에는 전 세계 약 15억 명이 빈곤 상태였지만, 이후 무역 자유화 덕택에 약 30억 명의 사람들이 빈곤에서 벗어나게 되었다고 주장했다.

공정 무역과 윤리적 무역

공정 무역과 윤리적 무역 문제는 최근 몇 년 동안 많은 주목을 받았으며 특히 자선 단체와 압력 단체를 중심으로 가난한 나라의 노동 조건과 보수를 개선하려는 진지한 시도가 있었다. 예를 들면 1999년 9월 영국 언론인 『인디펜던트(The Independent)』는 '글로벌 스웻숍(Global Sweatshop)' (전 세계 노동 착취 현장) 캠페인을 시작했다. 이 신문은 서태평양의 미국령 북마리아나제도의 32개 의류 공장에서 약 1만 3천 명의 근로자가 열악한 노동 조건, 장시간 노동 및 저임금 상황에 놓여 있고 여기에서 생산된 제품들은 미국계 유명 상품과 고가 상품을 판매하는 의류 업체에 납품되고 있음을 고발했다. 자선 단체인 크리스천 에이드(Christian Aid)의 보고서에 따르면 코스타리카에서 바나나를 재배하는 농장 노동자들의 임금은 대체로 바나나 평균 가격의 5.5%, 차 농장 노동자들의 임금은 최종 가격의 7%에 불과했다.

매년 행동 강령을 보고하고 모든 수입 의류에 원산지 표시를 의무화하며 소매업자들이 자금을 지원하여 독자적으로 감시 체계를 갖춘 윤리적 무역의 '카이트마크(kitemark)' (영국 BSI의 제품 및 서비스 품질 표시제)를 도입하여 노동자들의 임금과 근로 조건에 대한 수용 가능한 기준을 제시해야 한다는 강력한 요구가 있어왔다. 이러한 공정 무역 카이트마크 제도는 공정한 임금을 받고 수용 가능한 조건하에서 일하는 근로자가 생산한 상품에 마크를 부여한다. 공정 무역 재단(Fairtrade Foundation)의 주장처럼 공정 무역은 농민과 노동자를 위한 더 나은 가격, 괜찮은 노동 조건과 공정한 교역 조건에 관한 것이며 그들이 미래를 결정하는 더 많은 통제권을 가지고 농업과 노동자 공동체의 발전을 지원하고 그들이 살고 일하는 환경을 보호하고자 하는 것이다.

최초의 공정 무역 라벨은 1988년 네덜란드에서 만들어졌으며 2002년까지 영국, 미국, 일본, 네덜란드, 독일 및 스위스에서 관련 사업을 포함하여 17개의 공정 무역 라벨링 조직이 만들어졌다. 영국 공정 무역 재단은 1992년 크리스천 에이드, 카포드(CAFOD), 뉴컨슈머(New Consumer), 옥스팜, 트레이드크래프트 익스체인지(Traidcraft Exchange) 및 세계 개발 운동(World Development Movement) 등 개발 기관의 지원을 받아 설립되었다. 1997년에는 국제 공정 무역 인증 기구(Fairtrade Labelling Organizations[FLO] International) 가 설립되었는데, 이는 자국에서 공정 무역 라벨을 홍보하고 판매하는 20개 국가의 라벨링 협회이다. 국제 공정 무역 인증 기구는 공정 무역(Fairtrade)이라는 라벨이 붙은 세계 표준 설정 및 인증 기관인데, 2001년에만 커피, 차, 초콜릿, 꿀, 설탕, 오렌지 주스, 바나나, 망고와 같은 공정 무역 표시 상품의 영국 내 판매가 21% 증가했다. 2005년 영국의 소매업체인 마크스 앤드 스펜서(Marks & Spencer)의 커피와 차는 총 38개 라인이 공정 무역으로 전환되었고, 이는 영국 슈퍼마켓에서 판매되는 모든 공정 무역 인스턴트 커피의 가치를 18%, 공정 무역 차의 가치를 약 30% 향상시킨 것으로 추산되었다. 현재 150만 명이 넘는 농민과 근로자가 공정 무역 인증 생산자 조직에 참여하고 있으며 이 중에서 50% 이상의 농민들이 아프리카와 중동의 저소득 국가 국민이다.

세계 무역의 최근 추세

1980년대와 1990년대 세계 무역에서 두 가지 중요한 추세 변화가 나타났다. 첫 번째는 냉전의 종식과 1991년 소련 공산주의 붕괴, 유럽연합의 팽창과 함께 과거 공산권 국가들의 구조 조정이 있었고, 이 과정에서 서유럽국가들의 투자가 중요한 역할을 하면서 동유럽과 서구 자본주의 국가들 간 교역이 가속화되었다. 체코슬로바키아, 폴란드, 헝가리 등과 서방 기업들 사이에 400개 이상의 투자 협정이 체결되었는데, 이들 투자의 상당 부분은 특정 도시와 산업에 대한 것이었다. 세계 무역에서 두 번째이자 매우 중요한 추세 변화는 이미 강력한 공업 국가인 일본에 이어 새롭게 홍콩, 말레이시아, 한국, 싱가포르, 타이완과 같은 수출 지향형 '신흥공업국가(newly industrialising countries: NICs)'들이 등장하고 발전한 것이다. 한국은 1974년에서 1983년 사이에 제조업 고용이 77% 증가했고, 말레이시아는 같은 기간 75% 증가했다.

이 시기 서태평양 연안 국가들이 이룬 국제 무역의 성장은 주목할 만하다. 1982년부터 1988년까지 일본을 제외하고도 이 지역 국가들의 수출 증가율은 연평균 12% 이상이었는데, 이것은 남아시아의 2배, 중동, 북아메리카 및 남아메리카의 3배, 사하라 이남 아프리카의 약 6배 이상이었다. 서태평양 지역의 세계 무역 점유율은 1971년 14.3%에서 1984년 22.8%로 증가했다. 이는 수출 주도 성장 전략의 성공과 이들 국가의 국민들이 신속한 구조 조정, 신제품 개발 및 새로운 시장 개척 프로그램을 수행할 준비가 되어 있음을 의미한다.

그러나 1997년과 1998년에 많은 아시아 신흥공업국가가 심각한 경기 침체를 겪었으며 이는 국내외에 광범위하게 영향을 미쳤다. 예를 들어 한국에서는 1997년 기업의 과도한 부채에 대한 우려가 커지면서 위기가 고조되었다. 1997년 11월 미국은 한국 대형 은행들의 부실 가능성을 이유로 신규 투자와 대출을 중단했다. 한국 정부가 국내외 신뢰 회복을 위해 노력했음에도 불구하고 문제는 계속되었고 주식 시장은 급격히 하락했으며, 이 시기 한국의 대외 부채는 2,000억 달러에 달하는 것으로 추산되었다. 국제통화기금은 협상을 통해 구제 금융으로 200억 달러를 지원했고 그 밖에도 세계은행, 아시아개발은행, 일본, 미국 및 기타 대출 기관 등이 추가로 400억 달러를 지원했다. 이에 대한 세계의 반응은 엇갈렸다. 한국 통화는 1997년 12월 중순부터 폭등했고, 국제통화기금의 구제 금융이 지원되면서 약간의 신뢰를 회복할 수 있었다. 이후 한국의 경제는 1999~2000년에 회복되어 국내총생산이 1999년에는 10.9%, 2000년에는 8.6% 성장하여 1987년 이후 가장 빠른 성장률을 보였다. 이듬해 한국의 주요 수출 시장인 미국과 일본의 경기 침체에도 불구하고 국내 경제 실적은 강세를 보였다. 2001년 한국의 국내총생산은 3.3% 증가한 반면 타이완과 싱가포르는 급격히 감소했다.

2013년에는 중국, 미국, 독일, 일본 등 4개국이 국제 무역을 주도했다. 세계 수출에서 중국이 차지하는 비중은 1990년 1.9%에서 2013년 11.7%로 크게 늘었고 일본은 1990년 11.5%에서 2013년 3.8%로 절반 이상 줄었다. 2013년 제조품 수입의 경우 세계 제조품 수입 비중의 32.6%가 유럽연합, 미국 12.3%, 중국 10.3%, 일본 4.4% 순이었다.

서태평양 국가들의 주요 무역 대상국은 미국 및 캐나다 등이다. 싱가포르를 제외한 대부분의 동남아시아에서는 원자재와 주요 제품을 수출하고 대부분의 제조품을 수입하는 식민지 무역 패턴의 증거가 여전히 존재한다. 홍콩과 한국의 경우 수입과 수출의 대부분은 공산품이다.

중국은 국민의 소득과 소비 수준이 점차 향상되면서 시장으로서의 잠재력도 크게 증가하고 있고, 동남아시아의 '화교'들은 타이완, 싱가포르, 홍콩 등에서 중국과 긴밀한 비즈니스 네트워크를 구축했으며 잠재적인 사업 기회를 최대한 활용할 수 있는 장점을 지니고 있다. 홍콩은 중국 남부 광둥성에 약 80%의 투자를, 타이완은 맞은편 푸젠성에 대규모 투자를 진행했다.

1960년대와 1970년대에는 미국이 세계 무역에 있어 지배적인 위치를 차지했지만, 1990년대에 들어서는 점차 북아메리카, 유럽, 환태평양 세 블록에 집중된 다극 체제로 발전하고 있다. 무역 관계는 외국인 투자의 증가 흐름, 다국적 기업의 후원에 의한 생산의 세계화 및 남반구(개도국) 국가에서의 무역 자유화와 같은 특징에 의해 변화되고 있다. 1995년에 창설된 브라질, 아르헨티나, 우루과이 간의 관세 동맹과 1993년에 설립된 아시아태평양경제협력체(Asia Pacific Economic Cooperation: APEC) 같은 제도적 구조의 변화도 나타났고, 이들과 일본, 중국, 한국, 말레이시아, 필리핀, 타이 및 북미자유무역협정(North American Free Trade Agreement: NAFTA) 간의 연계는 더욱 확대되고 있다.

초국적 기업들

무역은 종종 국가 간에 행해지는 활동으로 간주되며, 각 국가는 자체적으로 경제적 운명을 통제한다. 그러나 '제4장'에서 언급한 바와 같이 세계 무역 흐름은 실제로 믿을 수 없을 정도로 강력한 초국적 기업들에 의해 지배되고 있다. 디컨(Dicken, 1992)은 초국적 기업의 성격을 조사하여 다음과 같이 결론지었다. '거대 기업은 비록 본국을 포함하여 최소한 2개국 이상에서 운영되는 경우도 있지만, 대체로 단일 국가에 기반을 두고 있기 때문에 이제는 '다국적(multinational)'이 아니라 '초국적'으로 불러야 한다. 모든 다국적 기업은 초국적 기업이지만, 그렇다고 모든 초국적 기업이 다국적 기업인 것은 아니다.'

세계 무역에서 초국적 기업의 역할은 과소 평가되어서는 안 된다. 실제로 그들은 세계 경제 및 무역 시스템에서 중요한 행위자들이다. 물론 무역 자유화의 영향과 사회 및 환경에 미치는 결과에서 이들 거대 기업의 특별한 역할에 대한 논쟁은 여전히 존재한다.

상당수 초국적 기업은 식민지 시대에 기원을 두고 있다. 월터 로드니(Walter Rodney, 1972)는 거대 초국적 기업인 유니레버(Unilever)를 '아프리카 착취의 주요 수혜자'라고 비판했다. 원래 윌리엄 H. 레버(William H. Lever)에 의해 1885년에 설립된 이 회사는 서아프리카에서 수입된 야자유로 비누를 만들었다. 이후 일련의 인수와 합병을 통해서 벨기에가 지배했던 콩고를 비롯하여 서아프리카의 식민지들에서 성장의 발판을 마련했다. 1920년에는 로열 니제르 컴퍼니(Royal Niger Company)를 인수했고 1929년에는 또 다른 회사들을 인수하면서 'UAC(United Africa Company)'를 설립했다. 1930년에는 네덜란드의 비누 및 마가린 제조 회사와 합병하여 영국과 네덜란드에 각각 유니레버 Ltd(Unilever Ltd)와 유니레버 NV(Unilever NV)를 설립했다. 이들 회사의 원자재 수급은 아프리카의 UAC를 통해 이루어졌다.

1960년대까지 대부분의 초국적 기업은 미국계 또는 영국계였다. 최근에는 일본, 독일 및 기타 국가의 기업들이 세계 시장에서 초국적 기업으로 성장하였고 앞으로는 브릭스(BRICS) 국가에 기반을 둔 기업들로 확대될 가능성이 높아지고 있다. 다소간의 차이는 있지만 일반적으로 초국적 기업은 한 국가에 본사나 전략적 기반을 두고, 다른 국가에서는 다양한 생산 현장과 자회사를 운영한다. 또한 지리적 유연성이 뛰어나서, 새로운 경쟁 우위를 추구하기 위해 생산 요소가 변동되면 이에 맞춰 필요한 자원과 운영이 가능하도록 활동 범위와 입지를 변경시킬 수도 있다.

초국적 기업이 남반구(개도국) 국가로 진출하는 것은 대체로 저렴한 인건비와 상대적으로 약한 노동조합의 힘, 그리고 보건, 안전 등 노동과 관련된 규제가 약하기 때문이다. 산업 전통은 거의 없지만 현지 노동력이 풍부하고, 저비용이며, 대부분 문맹이어서 매우 매력적이다. 예를 들어 나이키는 신발과 의류 생산을 전 세계 700개 공장에 하청을 주는 대규모의 분리된 초국적 기업이다. 이 회사는 원래 미국에서 제품을 생산했지만 생산 비용이 상승하면서 타이완과 한국 그리고 다른 남반구(개도국) 국가에 생산을 맡겼다. 2014년 나이키의 세계 순이익은 26억 9천만 달러로 사하라 이남 아프리카 국가들의 국민총생산보다 높았다.

외국인 직접 투자(Foreign Direct Investment: FDI)는 한 회사가 다른 회사 및 국가, 해외 자회사 등에 투자하여 해당 회사의 운영에 대한 통제권을 얻고자 하는 경우이다. 초국적 기업의 투자를 유치하기 위해 정부는 종종 세금 감면, 느슨한 규정, 낮은 최저 임금, 저렴한 임대료 및 필요한 경우 노동 불안을 분쇄하기 위한 경찰력 지원을 제공하기도 한다. 정부는 외국인 투자자를 유치하기 위한 목적으로 수출가공지구(Export Processing Zone: EPZ)를 설립하고 외국인 투자자들이 이곳에 머물면서 개발을 지속하기를 희망한다. 글로벌 금융 위기 이전인 2007년 외국인 직접 투자 수준은 국제 개발 원조의 9배였고, 약 100개의 초국적 기업이 남반구(개도국) 국가의 외국인 직접 투자 대부분을 차지했다. 1990년대 말까지 전 세계 외국인 직접 투자의 38%가 남반구(개도국) 국가로 향했지만, 그중 3분의 1은 중국에 집중되었다. 중국은 세계 최대 외국인 직접 투자 유치국이었고 최소한 1,800만 명이 124개의 수출가공지구에서 일했다.

슈나이더와 프레이(Schneider and Frey, 1985), 클레이턴과 포터(Clayton and Potter, 1996)는 국내 시장의 규모, 가격 및 환율 안정성, 정치적, 제도적 안정성 등의 요인들도 초국적 기업들이 해외 투자를 결정함에 있어 중요한 고려 사항이 된다는 점을 제시했다. 초국적 기업의 힘과 영향력은 정부가 외국인 투자에 대한 통제를 철회함으로써 자본의 이동성을 높이고, 정부가 초국적 기업의 활동을 통제할 수 있는 권리를 제한하는 세계무역기구 무역 규칙을 통해 계속 증가하고 있다.

초국적 기업은 경제, 기술 및 경영 자원의 형태로 남반구(개도국) 국가에 도움을 줄 수 있기 때문에 새로운 개발 자원으로 환영받았다. 또한 세계은행은 '민간 부문 투자가 개발도상국에서 가장 중요한 성장 원천'이라고 믿고 있다. 이와는 대조적으로 종속이론가들은 초국적 기업은 '핵심(core)' 국가가 '주변(peripheral)' 국가를 착취하는 것을 의미하며 초국적 기업의 투자는 국제노동분업, 외국 부채, 자본 독점 및 경제적 빈곤으로 이어진다고 주장한다. 커티스(Curtis, 2001b)는 초국적 기업과 그 운영의 영향에 대해 비판적이며 이들이 주도하는 세계화하에서 세계 경제의 진화는 대부분의 국가 내 그리고 국가 간 부의 불평등을 확대함으로써 계속 추진되고 있다고 주장한다.

실제로 어느 한 국가에서 초국적 기업의 영향력은 고용의 성격에 따라 달라진다. 나이키가 제공하는 저숙련 생산직 일자리는 개발에 대한 기여도가 매우 낮다. 임금, 근로 조건, 기술 향상 측면에서 나이키에 고용된 노동자들은 제 몫을 받지 못하고 있다. 낮은 수준의 기술은 기술 이전에도 별다른 기여가 없고 현지 기업들과의 연계성도 낮다. 투자 대상국은 주로 수출 플랫폼으로 이용되고 해당 국가의 정부가 제공하는 세금 인센티브는 초국적 기업의 몫으로 돌아간다. 투자가 종종 불안정하고 단기적이기 때문에 긍정적인 영향은 지속 가능하지 않을 수 있으며 교육 및 의료와 같은 사회 서비스에 대한 공급이 부족한 경우가 많다. 상당수 문헌이 국제 차원이나 국가 차원에서 초국적 기업의 영향을 평가했지만, 주요 분석 단위로서 개별 가구에 초점을 맞출 필요가 있다.

초국적 기업들과 신선 식품의 세계화

1990년대 운송 기술의 발전과 소비 수요의 변화로 인해서 글로벌 식량 생산 시스템은 초국적 기업 주도로 점차 통합되었다. 유럽연합 내에서 포디즘 생산 시스템에 기반한 작물 과잉 생산과 보조금 정책 시행은 곡물, 설탕, 열대 과일 등 남반구(개도국) 국가의 농산물 수입 감소로 이어졌다.

지난 30여 년 동안 눈부신 성장을 보인 식량 무역 상품들은 신선 과일, 채소, 화훼 등 고부가가치 농산물이다. 1989년부터 1997년 사이에 사하라 이남 아프리카에서 유럽연합으로 수출된 신선 농산물은 150% 정도 증가했다. 1989년 이 품목의 무역액은 전체 상품 무역의 5%를 차지했고, 이는 원유 무역량과 비슷한 수준이다. 고부가가치 농산물 무역에서 남반구(개도국) 국가가 차지하는 비중은 약 3분의 1 정도였고, 이는 그들의 전통적인 수출 농산품인 코코아, 커피, 면화, 설탕, 차, 담배 등의 2배에 해당한다.

1990년에는 아시아와 중남미를 중심으로 24개 저소득 및 중산층 국가에서 매년 5억 달러에 이르는 고부가가치의 신선한 원예 제품을 수출했다. 주요 생산국은 남아메리카에서는 칠레, 아르헨티나, 브라질, 우루과이 등이고 아시아에서는 말레이시아, 타이 등이었다. 그 밖에도 이집트, 케냐, 잠비아, 짐바브웨 그리고 아파르트헤이트를 철폐한 남아프리카공화국 등 아프리카 국가들도 외환 수입과 경제 다각화를 위해 고부가가치 원예 농산물의 생산과 수출에 더 많은 관심을 기울이고 있다. 아프리카의 열대 과일, 설탕, 면화, 담배와 같은 상품 작물을 아프리카 생산자에서 유럽의 소비자로 옮기기 위해 19세기 후반부터 효율적으로 잘 통합된 마케팅 체인이 개발되어 수 세기 동안 세계 식량 시장의 일부가 되었다. 그러나 이러한 전통적인 마케팅 체인은 과일, 채소, 화훼와 같은 부패하기 쉬운 품목의 수출에 적합하지 않았다. 따라서 변화하는 소비자 요구에 부응하는 유럽의 대형 소매 업체의 상당한 힘을 반영하는 새로운 체인이 진화했다.

20세기 초반만 하더라도 유럽과 북아메리카 도시 지역의 소비자들은 해당 계절에 생산된 신선 농산물만 소비할 수 있었고 다른 계절에는 통조림과 냉동 상태의 것에 의존해야 했다. 바나나의 경우에는 유통 과정 중 온도 조절이 가능해지면서 장거리 유통이 가능해졌다. 초기의 바나나 무역은 영국, 프랑스, 미국 등의 식민지 혹은 '반(半) 식민지'에서 생산되었는데, 점차 바나나 산업이 성장하면서 미국 기업들은 쿠바와 '바나나 공화국'이라 부르는 중앙아메리카 국가들의 국내 정치에도 광범위하게 관여하게 되었다.

초기부터 바나나 생산과 무역을 주도한 기업은 돌(Dole), 치키타(Chiquita) 및 델몬트 트로피컬 프로덕트(Del Monte Tropical Products)이다. 이들 세 기업은 냉장 화물선과 함께 식품 라벨링, 운송 등에 상당한 지분을 가지고 있다. 돌은 1991년까지 캐슬 앤드 쿠크(Castle & Cooke)로 알려진 미국 기반의 다국적 기업으로서 원래 하와이 제도에서 사업을 시작하여 식품 가공, 부동산 및 신선한 과일 및 채소 무역에 관여하게 되었다. 치키타와 델몬트 트로피컬 프로덕트도 미국계 초국적 기업들이다. 이들 회사가 성장하는 과정에서 초기에는 바나나 유통이 중심이었지만, 다른 초국적 기업들처럼 제2차 세계대전 이후에는 인수, 합병을 통해 다양한 상품으로 사업 영역을 확대했다. 바나나 외에도 치키타는 상추, 돌은 파인애플 등의 매출에서 상당 부분을 차지하고 있다.

이들 기업은 다음과 같은 방법으로 초국적 기업으로 성장했는데, 첫째 초기 구매를 위한 투자자로부터의 자본 유치, 둘째 지속적으로 새로운 자본을 창출하고 양호한 수익 수준을 입증, 셋째 해당 기업의 성장 전략 수립과 이에 부합하는 인수 등을 꼽을 수 있다. 이때 인수는 전 세계에 흩어져서 진행하는 것이 아니라 지리적으로 밀집되어 있던 기업들을 대상으로 하였고, 새로운 국가나 대륙에 진출하기 전에 완전히 통합되도록 하였다.

남반구(개도국) 국가의 부채 위기

남반구(개도국) 국가들의 총 대외 부채는 2005년 약 2조 3천억 달러에서 2012년에는 약 5조 달러로 2배 이상 증가했다. 2015년 세계은행 통계에 따르면, 2013년 총 대외 부채가 가장 많은 4개국은 중국(약 8,744억 달러), 브라질(약 4,824억 달러), 멕시코(약 4,430억 달러), 인도(약 4,275억 달러)이다.

부채 위기의 요인은 복잡하지만, 의심할 여지 없는 주요 요인으로 1970년대 유가 상승의 장기적 영향을 들 수 있다. 특히 1979년의 '제2차 오일 쇼크' 이후 선진국들이 통화주의(monetarist) 정책을 채택하면서 부채 상환에 대한 이자율을 인상한 데 따른 것이다. 여기에 더해 1980년대 초반에는 원자재 가격이 붕괴되었는데, 1993년 원자재 가격이 1980년보다 오히려 32% 낮아졌고 제조업 상품의 가격도 1960년과 비교하면 55% 정도 하락하였다. 그 결과 남반구(개도국) 국가에 영향을 미치는 무역 조건이 급격히 악화되었고, 세계은행과 국제통화기금은 외화 대출을 조건으로 이들 국가 정부에게 공공 지출의 대폭 삭감을 포함한 구조 조정 프로그램을 요구했다. 이와 관련하여 왓킨스(Watkins, 1995)는 외환 위기의 진원지인 라틴아메리카에서 1980년대 평균 소득이 10% 이상, 투자는 국민 소득의 23%에서 16%로 감소했는데 이로 인해 광범위한 실업과 빈곤이 초래되었다고 지적했다.

1980년대 초반의 느닷없는 외환 위기 발생은 1982년 8월 멕시코 금융 붕괴에서 시작되었다. 이후 브라질, 아르헨티나와 같이 민간 은행의 대출에 크게 의존하는 중산층 국가에까지 파급되었다. 최빈국들도 심각한 타격을 입어 이들 국가의 민간 은행은 외화 차입이 매우 어려워졌고 외화 도입은 공공 부문의 원조 프로그램을 통해 이루어졌다. 1980년대 일부 국가는 차입한 금액에 대한 이자마저 상환할 수 없었기에 이들 국가의 막대한 부채를 재조정하는 문제가 주요 쟁점이 되었다.

앞에서 보았듯이 1997~1998년에 많은 아시아 신흥공업국가는 심각한 경제 침체를 기록했음에도 불구하고, 그들 경제의 상대적인 부양력 때문에 그러한 문제를 겪지 않았다. 한국과 같은 나라들은 많은 부채가 있었지만 높은 수준의 수출 덕에 상환할 수 있었다. 1990년대에는 주로 외국인 직접 투자의 형태로 사적이며 종종 투기성이 높은 자본 흐름이 중국과 아르헨티나, 말레이시아, 멕시코, 타이와 같은 중산층 국가에 도움이 되었다. 또한 1989년 브래디 플랜(Brady Plan)은 국제통화기금과 세계은행의 지원으로 상업 부채를 줄이고 상환 기간을 연장함으로써 중산층 국가를 지원했다.

그러나 세계에서 가장 가난한 나라들, 특히 사하라 이남의 아프리카 국가들은 지속적으로 엄청난 부채 위기를 겪고 있으며, 재정적 생존을 위해 공식적인 원조 흐름에 크게 의존하고 있다. 원조 흐름이 실질적으로 감소함에 따라 무역과 부채 개혁이 더 중요하게 여겨지고 있다. 1980년에서 1999년 사이에 사하라 이남 아프리카의 부채는 약 2,160억 달러로 3배 이상 증가했고, 비록 이것은 라틴아메리카의 부채(8,130억 달러)보다는 상당히 적었지만, 국민총생산 기준으로는 28%에서 72%로 증가한 것이었다.

1985년과 1992년 사이에 아프리카는 816억 달러의 부채 상환액을 지출했는데, 이 과정에서 해당 국가의 교육, 보건 및 기타 긴급한 지출은 후순위로 밀렸다. 또한 상당수 국가들이 채무 일정을 재조정하면서 연체료가 꾸준히 증가했다. 1989년과 1991년 사이에 해외 채권단은 사하라 이남 국가들에 대한 100억 달러 상당의 부채를 경감했지만 여전히 부채 문제는 심각한 상황이다.

그렇다면 아프리카의 곤경에 대해 무엇을 할 수 있고, 무엇을 해야 할까? 옥스팜(Oxfam, 1993)은 이와 관련하여 서방 정부들이 동유럽과 러시아의 재정 문제에 긴박하게 대응했던 것에 비하면, 아프리카의 훨씬 더 심각한 문제들을 10년 넘게 방치했다고 지적한다.

옥스팜은 아프리카 국가들의 부채 문제는 일시적인 것이 아니라 파산에 이르는 심각한 문제이기 때문에 선진국들에게 이들 국가 채무 중 90~100%를 탕감할 것을 촉구한다. 옥스팜은 국제통화기금에 대해서도 매우 비판적인데, 국제통화기금이 아프리카 국가의 개발과 발전에 기여하지 못한다면서 근본적 개혁을 촉구하고 있다.

중국이 대규모 외국인 직접 투자를 통해 경제성장을 진행시켰던 것처럼 아프리카 국가들도 이를 통해 경제를 회복, 발전시킬 가능성이 있다. 실제로 2005년 중국은 전 세계의 외국인 직접 투자 중 8%를 유치했지만 아프리카 국가들은 고작 1.7%에 불과했다. 2015년까지 아프리카로의 외국인 직접 투자는 감소했고 사하라 이남 지역은 더욱 감소했다. 나이지리아는 석유 수출 수익이 감소하면서 약 27%, 남아프리카공화국은 약 74% 정도 외국인 직접 투자가 줄었다. 민간 투자가 부족한 아프리카는 정부 및 다자간 기구의 개발 원조에 의존하고 있다. 1990년대 말과 21세기 초, 아프리카를 비롯한 세계 최빈국들의 부채 위기를 완화하는 데 실질적인 진전이 있었다는 데는 의심의 여지가 없다. 옥스팜을 비롯한 영향력 있는 자선 단체와 비정부기구 들이 부채 문제에 긴급한 관심을 촉구했고, '주빌리(Jubilee) 2000'과 같은 빈곤국의 채무 해결을 촉구하는 연합체가 결성되었으며 세계 주요 지도자들도 동참했다. 이러한 목소리와 노력은 1996년 세계은행과 국제통화기금이 'HIPC 이니셔티브'라는 외채 과다 최빈국을 위한 외채 경감 계획을 수립하도록 유도했다.

'주빌리 2000'은 상당히 성공적이었다. 부유한 국가의 정치 지도자들이 2000년까지 최빈국들의 부채를 탕감할 수 있는 결정을 내리도록 청원하고 노력했다. 이들의 청원서는 주요 국제 캠페인으로 성장했고 약 2,400만 명 이상이 동참했다. 'HIPC 이니셔티브'의 도입 결정에는 '주빌리 2000'의 힘과 영향력이 크게 작용했다. 가난한 국가들의 부채 위기에 대한 전 세계적인 우려는 결코 2000년에 끝나지 않았다. 2001년 초부터 주빌리는 영국에 본부를 둔 주빌리 리서치(Jubilee Research), 주빌리 뎁 캠페인(Jubilee Debt Campaign) 및 주빌리 스코틀랜드(Jubilee Scotland) 그리고 워싱턴의 주빌리

USA(Jubilee USA) 등 세계적인 네트워크를 형성하고 계속해서 다양한 캠페인을 진행하고 있다.

남반구(개도국) 국가에 대한 원조

1970년 제2차 유엔 개발 10년 국제 개발 전략 결의 2626호가 유엔총회에서 채택되었는데, 이것은 처음으로 해외 개발 원조의 재원 이전과 흐름에 대한 합의된 목표를 설정한 것이었다. 유엔은 선진국들에게 1975년까지 국민총생산의 0.7%를 해외 원조에 할당할 것을 촉구했다. 우리가 이미 보았듯이 이 수치는 1980년 브란트 보고서에서 강조되었으며, 1992년 리우데자네이루(Rio de Janeiro) 지구 정상 회의, 1994년 카이로(Cairo) 인구 및 개발 회의, 1995년 코펜하겐(Copenhagen) 사회 개발 정상 회의에서도 마찬가지였다.

그러나 불행히도 이에 대한 진전은 거의 없었고 경우에 따라서는 경제협력개발기구(OECD)의 개발 원조 위원회(Development Assistance Committee: DAC) 소속 선진국 정부들이 원조 예산을 대폭 삭감하기도 했다. 예를 들어 영국의 해외 개발 원조 배분은 1979년 국민총소득(GNI)의 0.51%로 사상 최고치를 기록했지만, 1990년에는 0.27%로 오히려 사상 최저 수준으로 하락했다. 1991년에는 0.32%로 약간 증가했지만, 1997년 5월 노동당이 총선에서 승리할 무렵 영국의 원조 예산은 다시 줄어들어 0.26% 수준이었다. 당시 노동당 정부는 향후 2년간은 주요 세금을 인상하지 않겠다고 공약했기 때문에 1999년 이전에 영국 원조 예산이 증가할 가능성은 거의 없어 보였다. 하지만 2000년에는 영국 공적 개발 원조(Official Development Assistance: ODA)가 국민총소득의 0.32%로 크게 증가했고, 2005년에는 추가적으로 0.48%까지 늘었다. 2013년에 처음으로 영국의 공적 개발 원조는 국민총소득의 0.72%까지 증가했는데, 이것은 애당초 목표를 제시했던 0.7%를 넘어선 것이었다. 보다 최근인 2015년 3월에 영국 의회는 매년 국민총소득의 0.7%를 해외 원조에 쓰겠다는 약속을 명시한 법안을 통과시켰다. 이와 같은 중요한 결정으로 영국은 G7 국가들 중에서 유엔의 원조 목표를 달성한 첫 번째 국가가 되었다.

세계 최대 경제국인 미국의 원조 실적은 다소 실망스러웠다. 2013년에 총액으로는 약 315억 5천만 달러의 해외 원조를 기록했지만, 이것이 미국의 국민총소득에서 차지하는 비중은 0.19%에 불과했다. 이는 2002년의 0.13%보다는 증가한 수치이지만 경제협력개발기구 국가 중에서는 가장 낮은 수준이다. 2013년에 덴마크, 룩셈부르크, 노르웨이, 스웨덴, 영국 등 5개국만이 0.70% 목표를 초과 달성했다. 노르웨이는 국민총소득의 1.07%였고, 그 뒤로 스웨덴 1.02%, 룩셈부르크 1.00% 순이었다. 같은 해 영국은 178억 8천만 달러의 원조를 제공했는데, 이는 총액으로는 미국에 이어 두 번째로 큰 규모였다. 일부 유럽 국가의 경우 글로벌 금융 위기로 인해 2008년부터 해외 원조가 삭감되었다. 예를 들어 네덜란드, 오스트리아, 아일랜드, 이탈리아, 에스파냐 및 그리스는 모두 2008년에 비해 2013년에는 국민 소득의 비율 대비 해외 원조 규모를 낮게 책정했다.

해외 원조의 정치학

해외 원조의 양적 측면을 살펴보는 것과 함께 원조의 성격과 방향, 목적 등을 고려하는 것도 중요하다. 해외 개발 원조는 단기 재난 구호, 장기 개발 원조, 식량 혹은 군사 원조 등 다양한 형태로 진행되고 있지만 남반구(개도국) 국가의 빈곤 퇴치, 기부 국가의 우선순위 및 그 동기와 관련되어 매우 복잡한 파급 효과와 함의를 가지고 있다.

국제적 또는 지역적, 정치적 관점이 기부자와 수령자 간 관계에 영향을 준 흥미로운 사례들이 상당수 존재한다. 예를 들어 드레허(Dreher, 2009)는 세계은행 프로젝트가 종종 유엔안전보장이사회에서 임기를 수행하는 등의 정치적으로 중요한 개발도상국에 적용되었다는 사실을 발견했다. 1970년 아르헨티나에는 새로운 세계은행 프로젝트가 없었지만 1971년 아르헨티나가 유엔안전보장이사회 이사국으로 선임되었을 때 두 가지 새로운 프로젝트가 시작되었다. 아르헨티나가 1986년에 재차 유엔안전보장이사회의 이사국으로 선출되었을 때에도 새로운 세계은행 프로젝트의 수는 2배로 늘었다. 1986년 선출된 가나에서도 비슷한 패턴이 발생했고, 이듬해 8개의 세계은행 프로젝트가 승인되었다. 미국, 프랑스, 독일, 일본, 영국은 세계은행의 결정에 상당한 압력을 행사할 수 있는데, 예를 들어 1991년 미국은 이라크에 군대를 배치한다는 유엔안전보장이사회 결의를 지지한 중국에 대해서 세계은행 대출을 지원했다.

특정 기부 국가의 해외 원조 정책은 종종 지배적인 정치적 관점과 목표를 반영한다. 예를 들어 1980년대와 1990년대 초반에 영국은 다른 나라들보다 원조의 비율이 높았는데, 1991년 양자 원조의 74%는 영국의 재화 및 서비스 구매와 관련된 것이었다. 1990년대 초 말레이시아에서 논란이 된 페르가우 댐(Pergau Dam) 건설은 3억 5천만 달러의 비용이 들었으며, 영국이 원조 프로그램에 따라 지원한 사업들 중에서는 가장 큰 규모였다. 그러나 비평가들은 말레이시아 소비자와 영국 납세자 모두에게 비싸고 비효율적인 사업이라고 주장했다. 그럼에도 불구하고 이 프로젝트는 10억 달러가 넘는 무기 수출을 포함하여 말레이시아에 대량의 영국 수출품을 판매하는 것과 연계되어 진행되었다. 2001년 4월 1일 영국은 정치적, 경제적 목적을 추구하는 개발 지원을 중단했다. 특정한 목적에 기반한 원조는 자국의 수출업자만을 보호하는 것으로서, 원조 물품이 더 높은 비용과 낮은 품질의 것들이기에 결과적으로는 원조를 받는 국가의 빈곤 해소에 큰 도움이 되지 않는다는 것이었다.

1993년 저먼과 랜델(German and Randel, 1993)이 작성한 보고서에 따르면 미국 레이건(Reagan)과 부시(H. W. Bush) 정부 때 진행된 원조 사업과 정책은 두 가지 범주의 국가로 집중되었다. 즉 전략적으로 중요한 국가들 그리고 가난하지만 '정치적으로 올바른' 국가들이었다. 이집트와 이스라엘은 전략적으로 중요한 국가에 해당되어 1990~1991년 미국 전체 원조의 32.1%와 8.3%가 집중되었다. 중앙아메리카의 엘살바도르는 내전 기간 동안 미국으로부터 매년 약 10억 달러의 양자 원조를 받았다. 흥미롭게도 미국 해외 원조의 주된 목적은 협력 국가들의 경제 및 기회 확대를 도와줌으로써 미국의 이익을 증진시키는 것이다. 1980년대 빈곤 퇴치를 표방하기는 했지만 이것이 미국의 해외 원조에서 핵심적인 목표는 아니었다.

1990년 빈곤에 관한 세계은행의 보고서가 발표된 이후, 몇몇 정부는 빈곤 퇴치에 대한 보다 강력한 의지를 표명했으며 개발 원조 위원회(DAC)는 이와 관련된 성과를 모니터링하고 있다. 비정부기구들은 상당수 원조 프로그램들이 남반구(개도국) 국가의 가장 가난한 사람들에게 이익을 주기보다는 선진국 자국의 수출을 촉진하고 국내 산업에 보조금을 지급하는 데 사용된다고 우려하고 있다. 국민총소득에서 해외 원조가 차지하는 비중이 매우 높은 노르웨이도 1990년대 초반에는 자국의 상업적 이익을 확대할 목적의 사업에 열중했다. 이후 그로 할렘 브룬틀란(Gro Harlem Brundtland) 수상 때에 이르러 노르웨이는 세계 개발에 크게 관여했고, 환경문제를 개발 원조에서 특히 중요하게 고려하기 시작했다.

2000년 12월에 영국 정부는 자국의 국제 개발 백서를 통해 향후 개발 원조를 '체계적인 빈곤 감소'에 초점을 맞추겠다는 목표를 밝혔다. 그리고 앞으로 아프리카, 아시아 및 다자간 개발 기구를 위한 정책 및 성과 기금을 수립함으로써 빈곤 정책을 시행하는 국가에 더 많은 자원을 제공할 수 있는 역량을 강화할 것이라고 밝혔다. 보다 최근인 2006년에는 『거버넌스, 개발 그리고 민주정치(Governance, Development and Democratic Politics)』라는 백서를 통해 해외 원조에 있어서 가난한 이들을 위한 정치와 같은 거버넌스 문제에 초점을 맞출 것을 표방했다.

원조의 효과성

2005년 2월 경제협력개발기구가 조직하고 프랑스 정부가 주최한 파리 원조 효과 고위급 포럼(The Paris High Level Forum on Aid Effectiveness)은 원조 정책, 특히 그 관리, 응용 및 거버넌스 측면에 대한 논의에 있어 중요한 이정표가 되었다. 파리 선언(Paris Declaration)은 원조의 효과를 향상시키기 위해 고안된 56개의 파트너십 약속을 포함했고, 이행 여부를 모니터링할 수 있는 12개의 지표를 열거했다. 이후 가나 아크라(Accra, 2008년 9월)와 한국의 부산(2011년 11월)에서 원조 효과에 관한 고위급 포럼이 열렸다.

'원조 효과에 관한 파리 선언(Paris Declaration on Aid Effectiveness)'은 원조를 보다 효과적으로 하기 위해 다음과 같은 다섯 가지 핵심 원칙을 제시했다.

1. 소유권(Ownership): 남반구(개도국) 국가들은 자체 개발 정책을 주도하고 기부자들의 지원을 받아 현지 역량을 구축해야 한다.
2. 지지(Alignment): 기부자들은 남반구(개도국) 국가의 국가 발전 전략에 명시된 우선순위에 따라서 원조 전략을 세워야 한다.
3. 조화(Harmonisation): 기부자들은 불필요한 중복을 피하고 수많은 현장 임무를 처리해야 하는 남반구(개도국) 정부에 대한 압력을 완화하기 위해 개발 작업을 보다 잘 조정하는 데 더 많은 고려를 기울여야 한다.
4. 결과(Results): 모든 조직은 가난한 사람들의 삶에 변화를 주는 원조를 통해 가시적인 결과를 얻는 데 더 많은 관심을 기울여야 한다.
5. 상호 책임(Mutual accountability): 기부자와 수혜자인 남반구(개도국)는 원조 기금 사용에 대해 서로에게 공개적이고 투명해야 하며, 시민과 의회에 받은 원조의 영향에 대해 설명해야 한다.

원조의 형태

식량 원조는 국가 간의 상품 흐름에서 여전히 중요하다. 대부분의 식량 원조는 정부 대 정부 차원의 양자 간으로 제공되지만, 1961년 세계식량계획(World Food Programme: WFP)의 창설로 다자 차원의 식량 원조 방식이 추가되었고, 현재는 개발 및 재난 구호를 위한 국제 식량 원조의 주요한 방식으로 활용되고 있다. 식량 원조는 정치적, 경제적 동기가 중요할 수 있기 때문에 논쟁의 여지가 있는 개발 원조 형태이다. 식량 원조는 일반적으로 다음과 같이 세 가지 유형으로 나눌 수 있다.

- 프로그램 식량 원조(Programme food aid): 일반적으로 국내 생산과 상업적 수입으로 인한 식량의 수요-공급 간 격차를 메우기 위해서 정부 대 정부 차원에서 보조금 또는 대출로 제공된다. 이러한 원조로 국가는 수입품 구매에 필요한 외화 지출을 줄일 수 있으며, 식품을 판매하는 경우 현지 통화를 추가로 제공한다.
- 프로젝트 식량 원조(Project food aid): 주로 농촌 지역을 중심으로 가난한 사람들의 영양 요구를 충족시키는 것을 목표로 하며, 보다 구체적인 목표를 설정하고 보조금 방식으로 제공된다. 이 방식은 세계식량계획이 주요한 역할을 담당하고 있지만 다른 정부나 비정부기구 단체도 참여하고 있다. 세계식량계획은 모성과 보육, 초등 교육 및 훈련, 노동 프로그램을 위한 보건 센터 등 다양한 농촌 프로젝트에 참여하고 있다.
- 긴급 식량 원조(Emergency food aid): 내전 및 가뭄, 홍수, 해충 피해와 같이 갑작스러운 재난에 대한 대응이다. 주로 세계식량계획에 의해 양자 간 또는 다자간으로 제공된다. 1980년대 에티오피아의 위기, 1990년대 방글라데시의 대규모 홍수, 아프리카 빅토리아호수 및 탕가니카호수 주변 지역의 난

민 위기, 2015년 네팔 지진 등이 발생했을 때 대규모 긴급 식량 원조가 이루어졌다.

세계 식량 원조 시스템은 매우 복잡하고 다양하다. 미국이 가장 많은 식량 원조를 하고 있고 캐나다, 오스트레일리아, 일본, 노르웨이 및 스웨덴 등도 주요 식량 원조 국가이다. 유럽연합에 속한 국가들은 유럽연합 차원에서의 식량 원조와 개별 국가의 독자적 프로그램을 함께 운영한다.

식량 원조의 장점과 문제점에 대해서는 많은 연구가 이루어지고 있다. 대부분의 연구자들이 재난 구호 패키지의 일환으로서 식량 원조의 중요성에 동의하지만 지역 생산에 영향을 미치고 식품 마케팅 시스템에 혼란을 발생시킬 수 있는 장기적인 식량 원조에는 우려를 제기한다. 즉 장기적인 식량 원조로 인해 현지의 식량 가격을 떨어뜨리고, 해당 국가의 정부가 식량의 자급성을 소홀히 하거나 해외 의존성을 지나치게 높일 수 있으며, 현지 주민의 식습관 변화를 유발할 수도 있다고 지적한다. 그러나 식량 자급성을 저해하는 잠재적 문제가 발생할 수도 있으나, 연관된 '세계적 실무자와 경제학자'의 전문적 견해로 이러한 문제들을 충분히 예방할 수 있다는 주장도 있다.

군사적 지원

냉전이 종식되면서 세계 평화를 위해서는 군사적 지출을 줄이고 빈곤 퇴치를 위한 해외 개발 원조에 더 많은 힘을 써야 한다는 주장이 제기되었다. 선진국들의 군사비 지출은 줄었지만, 역설적으로 남반구(개도국) 국가에 대한 무기와 군사용 하드웨어 판매는 여전히 계속되거나 증가하고 있다. 1987년 미국은 전 세계적으로 54억 달러, 구소련은 135억 달러의 군사 원조를 제공했다. 이 수치는 1993년에 이르러 미국은 약 34억 달러로 축소되고, 구소련의 경우에는 전액 삭감되었지만, 여전히 전 세계적으로 총 46억 달러의 군사 원조가 집행되었다. 2013년 미국의 해외 군사 원조는 약 56억 달러였으며 그 대상국은 이스라엘, 이집트, 요르단, 파키스탄 등이었다.

이와 관련해서 유엔개발계획(UNDP, 1994)은 제3세계에 대한 군사적 지원이 '냉전의 초석'을 형성했고, 수출 보조금을 지급하고 재래식 무기를 지원하는 것은 선진국 내의 무기 산업 유지라는 상업적 동기가 밑바탕에 존재하기 때문이라고 지적하였다.

군사 원조는 남반구(개도국)에 상당히 부정적 영향을 끼친다. 분쟁이 해결되었더라도 해당 국가에 남아 있는 다량의 무기는 내부 안정에 지속적인 위협을 가하고 군부가 정치적 힘을 유지하는 데도 상당한 영향을 주고 있다. 유엔개발계획(United Nations Development Programme: UNDP)은 군사적 원조를 단계적으로 중단하고 무기 거래에 있어 보다 엄격한 통제를 가해야 한다고 주장한다. 1994년 남반구(개도국)에 지원된 재래식 무기의 약 86%는 구소련, 미국, 프랑스, 중국, 영국처럼 유엔안전보장이사회의 상임 이사국들이 제공한 것이다. 이 무기들 중 약 3분의 2는 아프가니스탄, 인도, 파키스탄 등 10개 남반구(개도국) 국가에 제공되었다. 유엔개발계획은 무기 생산과 판매에 관한 포괄적인 정책이 시급하며, 특히 화학 무기와 지뢰 생산 감축에 중점을 두어야 한다고 제시했다. 앙골라와 캄보디아에는 수백만 개의 지뢰가 매설되어 있어 현지 주민들의 삶에 지속적인 고통을 주고 있다. 지뢰 문제는 1997년 무렵 표면화되었고 영국 정부를 포함한 많은 국가가 지뢰의 해외 판매를 금지하는 데 동의했다.

원조: 양과 질

전 세계적으로 빈곤 감소, 나아가 궁극적인 빈곤 퇴치를 달성하기 위해서는 해외 개발 원조에 있어서 양적 측면과 함께 질적 측면에서의 상당한 개선이 필요하다. 개발 원조를 의무화하자는 제안이 있었는데 이것은 선진국들에 국제 세금의 형태로 의무 부과를 도입하자는 것이다. 또 다른 제안은 국제 통화 거래에 대한 세금 부과이다. 이를 통해 하루에만 1조 달러로 추정되는 투기 자본의 막대한 흐름을 줄일 수도 있고 나아가 북반구(선진국)와 남반구(개도국) 모두의 경제를 불안정하게 하는 것을 완화할 수 있다고 설명한다. 흔히 '토빈세(Tobin Tax)'로 불리는 이러한 과세는 앞의 '제4장'에서 언급했는데, 국가적 그리고 국제적으로 금융시장을 보다 효과적으로 통제할 수 있는 조치가 될 것이다. 심각한 외환 부족을 겪고 있는 가난한 국가들이 외환 보유고를 늘릴 수 있도록 국제통화기금의 개혁이 필요하다.

옥스팜(Oxfam, 1993)은 가장 가난한 국가의 가장 가난한 사람들을 대상으로 원조를 해야 하며, 미래 개발 원조의 성격은 기부 국가로부터의 수출 잠재력을 강조하기보다는 기부를 받는 국가의 보건과 교육 등에 보다 중점을 두어야 한다고 주장한다. 아울러 원조와 개발은 지역사회에 우선순위를 두어야 하고, 해외의 부유한 컨설턴트나 개발자 들에게 지급되는 보수 그리고 군사 원조 비용 등에 낭비되는 것도 줄여야 한다고 주장한다. 아마도 가장 중요한 것은 개발 원조가 삶의 질을 지속가능하게 향상시키는 것에 보다 집중해야 한다는 것이다.

원조에 대해 수많은 질문이 존재하고, 이와 관련하여 진행되는 논쟁에서 상이한 여러 관점을 뒷받침할 수 있는 다양하고 상세한 증거가 있지만 여기에서 모든 측면을 다루는 것은 불가능하다. 하지만 원조가 과연 실질적으로 도움이 되고 있는지를 물어볼 수는 있다. 예컨대 왜 사하라 이남의 많은 국가가 막대한 개발 원조를 지원받았음에도 불구하고 오히려 1960년대 독립 당시보다 더 나빠졌는지를 물어볼 수 있다. 절대 빈곤선 아래에 살고 있는 아프리카인의 수가 1987년 2억 1,700만 명에서 1998년 2억 9,100만 명으로 증가하고, 초등학교 취학자 비율이 1% 감소했다는 것은 냉엄한 현실이다. 잠비아는 천연자원이 풍부한 국가이다. 하지만 2012년 실시된 조사에 따르면 잠비아 인구의 60% 이상이 하루 1달러 미만으로 살고 있다. 이러한 추세는 선진국들이 정보 기술 혁명을 경험하고, 생활수준을 향상시키는 동시대에 진행되고 있다.

조건과 관련된 이슈는 매우 중요하다. 'HIPC 이니셔티브'의 사례에서 보았듯이, 세계은행과 국제통화기금은 수혜국들에게 부채 부담을 완화할 수 있는 지원을 진행하기 전에 여러 가지 조건들을 충족할 것을 요구하고 있다. 1998년 유니세프(UNICEF)는 다음과 같은 사례를 보고했다.

> IMF, 세계은행 및 기타 국제기구 등은 인도네시아에 500억 달러 이상을 대출했다. 하지만 대출에는 엄격한 제한이 따랐다. 국제통화기금이 부과한 긴축 조치는 급증하는 사회 위기를 오히려 악화시켰다. 세계은행에 따르면 1997년과 1998년 사이 빈곤층에 살고 있는 인도네시아인의 수는 2배로 늘어났다. (UNICEF, 2000)

원조 패키지에 관련된 연구를 수행하는 컨설턴트들은 대체로 현지 국가가 아닌 해외 국적자들이고 너무 간략한 현지 조사로 인해 현지의 상황을 제대로 이해하지 못하는 경우가 많다. 또한 원조를 공여하는 국가의 입장에서 접근 방식이 이루어지고 우선순위도 결정된다. 우간다에서 활동하는 비정부기구인 리얼리티 오브 에이드(Reality of AID)에 따르면, 우간다 정부가 그들의 빈곤 문제를 해결하기 위한 전략을 개발했을지라도 공여국이 그들의 입장에서 추가적인 프로세스를 요구했다는 것이다. 그리고 프로세스는 우간다 현지의 소유권과 책임을 훼손할 수도 있는 것들이다.

그처럼 당연하게 좋은 거버넌스를 갖추는 것이 폭넓은 해외 개발 원조를 지원받을 수 있는 전제 조건이 되었다. 영국 정부가 백서(Department for International Development, 2000)에서 언급했듯이, 효과적인 정부라면 가난한 사람들에게 고통과 큰 비용이 부과되지 않도록 하는 법률, 제도 및 규제 장치를 마련해야 한다. 또한 효과적인 정부는 좋은 사회 정책을 시행하고 주요 공공 서비스의 제공을 보장해야 한다.

그러나 원조를 받기 위한 전제 조건으로서의 좋은 거버넌스가 곧바로 개발과 빈곤 완화로 이어지는가에 대해서 영국 정부의 백서는 다음과 같이 말하고 있다.

> 가난한 사람들을 위한 정치 제도를 만든다는 것은 이들의 목소리를 강화하고 또한 인권 실현을 돕는 것을 의미한다. 즉 가난한 이들을 수동적 대상으로 볼 것이 아니라 그들이 주도적인 결정을 내릴 수 있는 권한을 부여하는 것을 의미한다. (Department for International Development, 2000a)

결론

앞에서 보았듯이 북반구(선진국)와 남반구(개도국) 국가, 그리고 특정 국가들의 내부와 외부 간에는 복잡한 움직임과 흐름의 네트워크가 있다. 이러한 모든 움직임과 흐름을 단순히 다양성과 복잡성으로 분류하는 것은 불가능하다. 이 장에서는 실제 사례를 통해 앞으로 모니터링해야 할 주요 개념과 중요한 문제를 명확히 했다. 또한 사람들과 장소가 사람들 자신의 움직임뿐만 아니라 상품, 금융 및 지식의 흐름을 통해 연결되는 방식을 이해하지 않으면 개발 측면에서 여러 지역의 성격과 근본 원인을 완전히 이해할 수 없을 것이다.

핵심 요점

- 가난한 국가의 생산자들은 상품에 대한 가격 통제력이 거의 없다. 그리고 세계적 상품 가격의 변동은 그들의 삶에 매우 큰 영향을 미칠 수 있다.
- 이민자들의 송금은 그들의 가족 공동체 및 출신 국가의 삶의 질에 중요한 영향을 미칠 수 있다.
- 남반구(개도국)에서 관광 산업은 해당 국가의 경제에 가치 있는 공헌을 한다. 그러나 관광 산업을 확대하고자 한다면, 대규모 국제적 관광객들의 유입에 따라 발생할 수 있는 다양한 문제점에 대해서 계획 단계부터 면밀하게 검토해야 한다.
- 우리는 상호 의존적이지만 불평등한 세상에 살고 있다. 상당수의 가난한 국가들은 세계 시장에서 단일 상품 생산에 지나치게 의존하는데, 이것은 무역 조건의 변화에 상당히 취약한 구조이다.
- 세계적 무역 정책과 제도는 지구촌에서 가장 부유한 몇몇 나라에 의해 지배되고 있다. 남반구(개도국) 국가들이 자국과 관련된 의사 결정에 더 큰 영향력을 발휘할 수 있게 하고, 공정 무역 정책이 강화되어야 한다.
- 초국적 기업들은 세계 무역에서 중요한 역할을 한다. 일부 가난한 국가들에서 나타나는 열악한 노동 조건을 비판하는 이들은 초국적 기업들이 사회적 책임에 더 큰 관심을 기울여야 한다고 주장한다.
- 흔히 브릭스(BRICS)로 불리는 국가들(브라질, 러시아, 인도, 중국, 남아프리카공화국)은 세계 무역과 투자에서 큰 역할을 하고 있다. 하지만 최근에 이들 국가의 정부와 경제는 몇몇 문제에 직면하고 있다.
- 세계에서 가장 가난한 몇몇 국가가 겪고 있는 심각한 부채를 경감하는 과정들이 진행되고 있지만 아직 달성해야 할 것이 여전히 많이 남아 있다.
- 부유한 국가들이 가난한 국가들에 제공하는 해외 개발 원조에서 중요한 것은 단지 액수만이 아니라 해당 원조와 관련된 특성과 조건 등도 함께 고려해야 한다는 점이다.

토의 주제

- 가난한 어느 한 국가에서 생산되어 세계 시장에서 거래되는 한 가지 상품을 선택해보자. 그 상품이 생산국 경제에서 차지하는 중요성을 살펴보고, 해당 상품 생산국과 그곳 생산자들 모두에게 지금보다 더 공정한 결과를 가져다줄 수 있는 무역 조건의 개선 방안을 제안해보자.
- 남반구(개도국) 국가의 정부가 지역민들에게 더 큰 이익을 보장할 수 있는 국제적 관광 산업 개발 방식은 무엇인가?
- 세계 무역과 투자에서 브릭스(BRICS) 국가들의 관여가 확대되고 있는 것이 어떤 의미를 지닌다고 생각하는가?
- 몇몇 남반구(개도국) 국가를 사례로 선정하여 해당 국가의 부채 문제를 조사해보자. 그리고 부채 부담을 극복하기 위해서 필요한 전략들을 제시해보자.
- 다양한 유형의 원조 방식과 수준에 대해 조사해보자. 아울러 국민총소득(GNI)의 0.70%를 남반구(개도국) 국가에 원조하겠다는 목표들의 진행 상황에 대해 조사해보자. 앞으로 어떤 유형의 원조가 우선되어야 한다고 생각하는가?

제9장
도시 공간

2007년 이후 세계 인구의 절반 이상은 도시에 살고 있다. 여기에 더해 인류 역사상 가장 빠른 속도로 전개되고 있는 도시화의 양상은 여러 남반구(개도국) 국가의 정부와 계획가들에게 엄청난 도전을 안겨주고 있다. 북반구(선진국)는 인구 증가의 속도가 느려지거나 정체되고 있으며 일부에서는 '축소 도시' 문제가 대두되기도 한다. 반면 남반구(개도국)의 상황은 전혀 달라서 도시가 적절한 거주지와 고용, 서비스를 제공하지 못하고 슬럼이 확대되고 있으며, 이는 개발 측면에 있어 세계적인 과제가 되고 있다.

이 장은 급속한 도시화와 가난한 국가들을 관계 짓는 지구적 여건에서부터 논의를 시작하고자 한다. 오늘날 세계에서 가장 빠르게 성장하고 있는 도시의 입지에는 명확한 경향성이 나타난다. 공간적 스케일을 낮춰서 보면 도시의 지역적 역할은 계획가와 정책 입안자가 도시 환경을 변화시키기 위해 사용할 수 있는 포괄적 접근의 측면에서 고려되어야 한다. 북반구(선진국)의 도시화는 일반적으로 산업 발전에 수반되는 과정이었기 때문에, 도시는 산업 발전을 바탕으로 성장 과정에서 도시로 밀려드는 인구에게 고용 기회와 경제적 역량을 제공할 수 있었다. 하지만 남반구(개도국)의 도시화는 많은 경우 산업과 경제의 성장이 아닌 행정과 서비스 기능의 확대를 바탕으로 성장해왔다.

도시와 농촌이 밀접하게 상호 연결되어 있으며 새로운 형태의 도농 간 관계가 21세기 남반구(개도국) 도시의 주요한 특징이라는 주장 역시 살펴볼 것이다. 이어서 개별 도시의 구조적 측면에서 비공식 부문이 일자리와 주택을 제공하는 데 중요한 역할을 수행하고 있음을 밝힌다. 마지막으로는 도시화와 환경 간의 관계를 통해 지속 가능한 도시화의 필요성을 살펴본다.

이 장의 주요 내용은 다음과 같다.

- 21세기 남반구(개도국) 국가의 급속한 도시화를 어떻게 특징지을 수 있을까? 남반구(개도국)에서는 현재 북반구(선진국) 국가들이 19~20세기에 걸쳐 경험한 수준을 뛰어넘은 급속한 도시화가 이루어지고 있다.
- 급속하게 이루어진 도시 성장이 슬럼의 확대, 도시

빈곤의 급증과 같은 심각한 개발 문제를 어떻게 야기하였는지에 대해 토의한다.

- 불균등 개발과 도시 종주성의 관계를 살펴보고, 이를 국가적 스케일보다 지역적 스케일에서 접근할 필요가 있음을 확인한다.
- 국가가 도시 및 지역 계획의 일부로 활용할 수 있는 포괄적 전략인, 이른바 '국가적 도시 개발 전략'에 대해 알아본다.
- 도시–농촌 지역 간의 관계를 살펴보고, 남반구(개도국)에서 새로운 형태의 도시–농촌 관계를 찾을 수 있다는 주장을 검토한다.
- 남반구(개도국) 도시에서 비공식 부문과 자조 부문이 많은 빈곤층에게 거주지와 일자리를 제공하고 있는 것을 확인한다.
- 브라운 의제의 측면에서 도시화와 환경 간의 관계를 살펴본다.

도시화와 개발: 개관

도시화는 전체 인구 중에서 도시 지역에 거주하는 인구의 비율이 증가하는 것으로 정의할 수 있는데, 일반적으로 '개발'의 과정과 함께 진행된다. 약 6천~9천 년 전 최초의 도시가 출현한 이후(Pacione, 2009; Potter and Lloyd–Evans, 1998), 도시화와 산업화 그리고 개발은 서로 연결되어 같이 발생하는 것으로 알려져 왔다. 이 때문에 도시화는 20세기 후반에서 21세기 초반 기간에 있어 인류사회에 가장 큰 영향을 미친 사건이라고 볼 수 있다(Devas and Rakodi, 1993; Drakakis–Smith, 2000; Gilbert and Gugler, 1992; Lloyd–Evans and Potter, 2008; Potter 1992a, 2000; Potter and Lloyd–Evans, 1998; Satterthwaite, 2008).

'제3장'에서 살펴본 이원적 개념화(dualistic conceptualisation)에서는 유럽 국가들의 모델에 기초해, 개발을 전통적인 농촌, 농업 기반 사회에서 현대적인 도시–산업 기반 사회로 변화하는 과정으로 보았기 때문에 도시화와 산업화는 기본적으로 동일한 의미를 가진다. 하지만 유럽 및 북아메리카와는 달리 남아메리카와 동남아, 카리브 지역에서는 이 둘 간의 관련성이 높지 않으며, 나머지 남반구(개도국)의 경우에는 이마저도 해당되지 않는다(UNDESA, 2014). 예를 들어 왓슨(Watson)은 아프리카에서 현재 일어나고 있는 급속한 도시화는 경제 발전과 관련이 없다고 설명한다(Woodrow Wilson International Centre, 2007). 중국이나 멕시코, 브라질과 같은 일부 중상위 소득의 남반구(개도국) 국가는 다른 남반구(개도국) 국가들보다 빠른 속도로 도시화와 경제 발전을 이루면서 현재 도시화율이 63%에 달하고 있으며(UNDESA, 2014), 향후 20~30년간의 도시화 속도 역시 다른 지역보다 더 빠르게 나타날 것으로 전망된다. 이와는 대조적으로 중하위 소득 국가와 저소득 국가의 경우 2014년 기준 평균 도시화율이 각각 39%와 30%에 그치고 있고, 2050년에는 57%와 48% 정도로 높아질 것으로 예상되기는 하지만 이때도 그에 상응하는 경제성장은 일어나지 않을 것으로 보인다(UNDESA, 2014).

드와이어(Dwyer, 1975)는 도시화를 서구식 산업화 및 사회·경제적 특성과 연결 짓는 시대는 끝날지도 모른다고 보았다. 남반구(개도국) 국가들의 도시화와 산업화 간 불균형이 이를 잘 보여주고 있는데, 하나의 예로 1970년에 비(非)공산권 저개발 국가 전체의 도시화율은 21%였지만 제조업 부문에 종사하는 경제 활동 인구의 비율은 10%에 불과해, 산업화 대비 도시화 초과율은 110%가 넘었다(Bairoch, 1975). 이에 비해 1930년대 유럽의 경우 도시화율이 약 32%, 경제 활동 인구 중 제조업 종사 비율이 약 22% 정도로 산업화 대비 도시화 초과율은 45% 정도에 불과하였다.

산업별 고용에서 경제 활동 전반으로 시선을 옮기면 더 큰 불일치를 확인할 수 있다. [자료 9.1]은 국가별 1인당 국내총생산(GDP)과 도시화율 간의 관계를 보여주고 있는데, 룩셈부르크와 미국, 카타르 등을 보면 국내총생산과 도시화율 간에 상관관계가 있음을 짐작할

[자료 9.1] 2015년 국가별 도시화와 경제 발전 수준

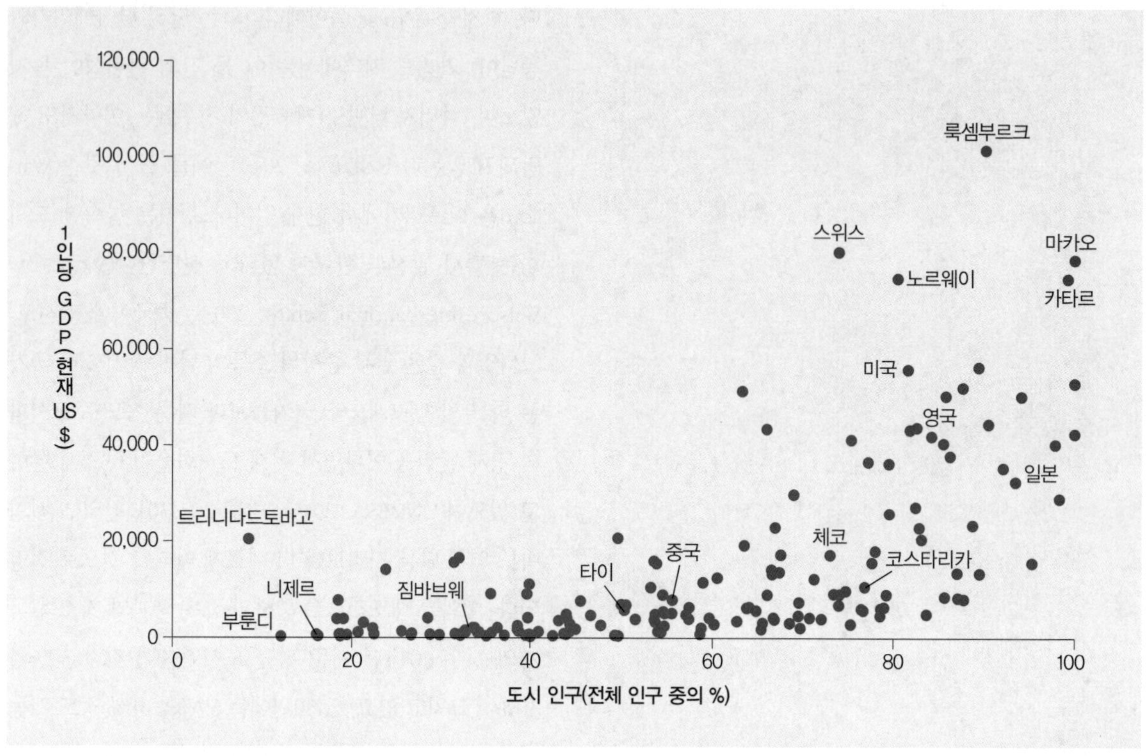

출처: The World Bank. 도시 인구: http://data.worldbank.org/indicator/SP.URB.TOTL.IN.ZS; 1인당 GDP per capita (current US$): http://data.worldbank.org/indicator/NY.GDP.PCAP.CD

수 있다. 하지만 동시에 중국, 코스타리카 등 국내총생산 수준은 낮지만 도시화율은 높은 국가들도 여럿 존재하기 때문에 상관관계를 명확히 규정하기는 어렵다.

'제4장'에서 살펴보았듯이 남반구(개도국)의 산업적 성장은 아시아를 중심으로 한 일부 국가에 편중되어 있으며 나머지 대다수의 빈곤한 남반구(개도국)에서는 오히려 제조업의 생산이 감소하고 있다. 즉 많은 빈곤 국가에서 도시화는 산업화가 아닌 서비스 부문의 일자리 창출과 관련되는데, 이러한 도시 성장과 경제성장 간의 차이를, 도시화가 이를 수용할 수 있는 경제·사회적 기반의 확충보다 빠르게 이루어지는 것을 의미하는 '초도시화(hyper-urbanization)' 또는 '과도시화(over-urbanization)'로 정의할 수 있다(Chant and McIlwaine, 2009; Knox and McCarthy, 2012).

현재의 도시 성장이 남반구(개도국)에 집중된 점을 감안하면, 유엔 인구 기금(UN Population Fund)의 전망처럼 향후 몇 년간 저개발 국가의 도시들이 성장을 어떻게 관리하는가가 글로벌 경제성장과 빈곤 완화, 인구 안정, 환경적 지속 가능성 그리고 궁극적으로 인류 생활의 향방을 결정하게 될 것이다.

도시화의 지역적 차이: 남반구(개도국)의 도시화

1950년에는 세계 인구의 30% 정도가 도시에 거주하였다. 2014년에는 이 비율이 54%로 높아졌고, 2050년에는 66%까지 상승할 것으로 전망된다. 그리고 이러한 증가가 가장 빠르게 일어나는 지역은 아시아와 아프리카이다. [자료 9.2]를 보면 지금까지 그리고 향후 수십 년간 농촌 지역의 인구는 정체되거나 감소하는 반면 도시 인구는 상당히 증가한다는 것을 알 수 있다. 전 세계

[자료 9.2] 1950~2050년 세계 도시와 농촌 지역의 인구 변화

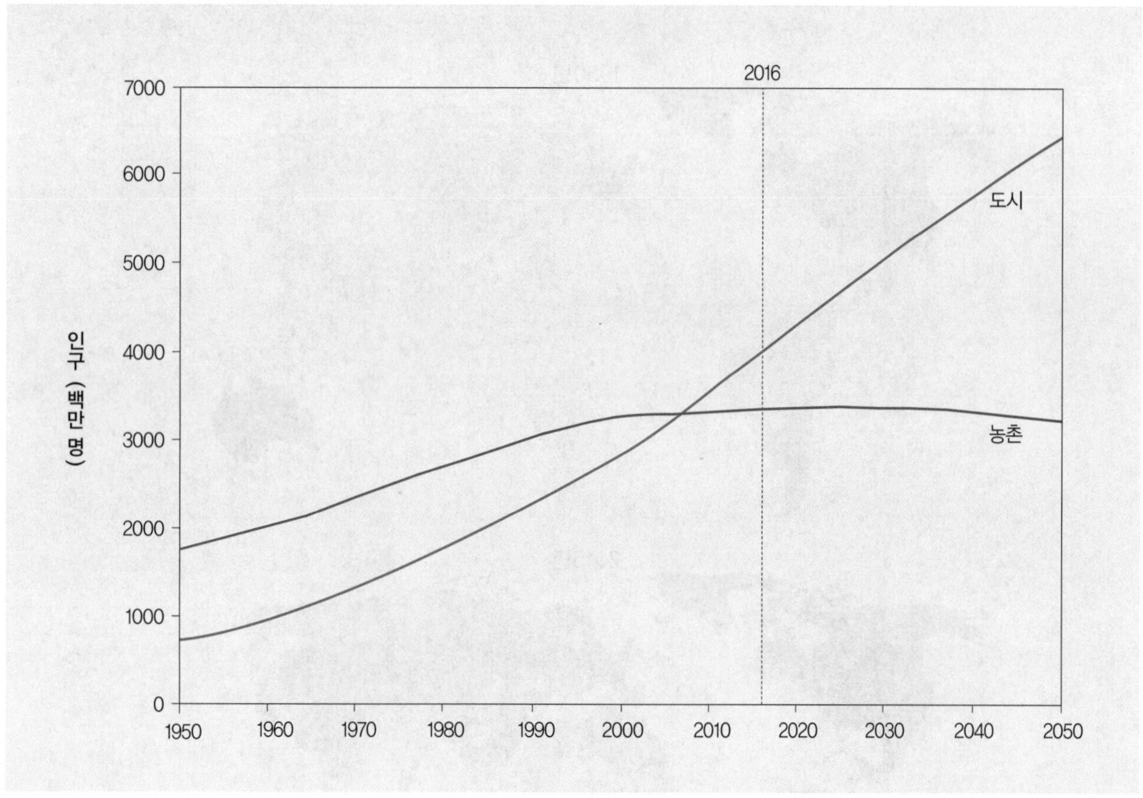

출처: UNDESA, 2014를 바탕으로 작성

적으로 농촌 인구는 대략 2025년 34억 명 수준에서 정점을 찍은 후 2050년에는 32억 명 수준으로 감소할 것으로 예상된다. 이에 비해 도시 인구는 1950년 7억 명에서 2014년 39억 명으로 증가하였으며, 2050년에는 63억 명에 달하게 된다(UNDESA, 2014).

과거에는 북반구(선진국)에서 도시가 가장 빠르게 성장하였지만, 지금은 남반구(개도국)가 그 자리를 이어받았을 뿐만 아니라 유럽의 도시들이 성장할 때보다 훨씬 빠른 속도로 커가고 있다. 북반구(선진국)에서는 1950년에 이미 도시화가 상당히 진행되었으며 2015년에는 라틴아메리카와 동아시아 지역이 이 대열에 합류하였다. 이들 지역의 도시화가 향후 수십 년 동안 더욱 심화될 것이며, 동시에 아프리카와 나머지 아시아 지역의 도시화율 역시 꽤 높아지게 될 것이다. 1980년대부터 1990년대 말까지 남반구(개도국)에서 도시 인구의 연간 증가율은 2%가 훨씬 넘었으며, 아프리카와 아시아 일부 지역은 4%가 넘기도 하였다. 당분간 도시 인구가 가장 빠르게 증가하는 지역은 아시아와 아프리카일 것이라는 점은 분명하다. 다만 그 증가의 속도가 점차 둔화하고 있다는 점은 주목할 필요가 있다.

남반구(개도국) 도시의 과제

1920년에 아프리카와 아시아에서 도시에 거주하는 인구는 전체 인구의 10% 미만이었으며, 라틴아메리카는 22% 정도에 불과하였다(UNCHS, 1996). 하지만 2025년까지 아프리카 전체 인구의 약 60%, 아시아는 전체 인구의 절반 이상이 도시에 거주할 것으로 전망되며, 라틴아메리카의 경우 그 비율이 85%에 달할 것으로 보인다. 2000년에 남반구(개도국) 전체의 도시 인구는

[자료 9.3] 1950~2050년 국가별 도시 거주 인구의 비율 변화

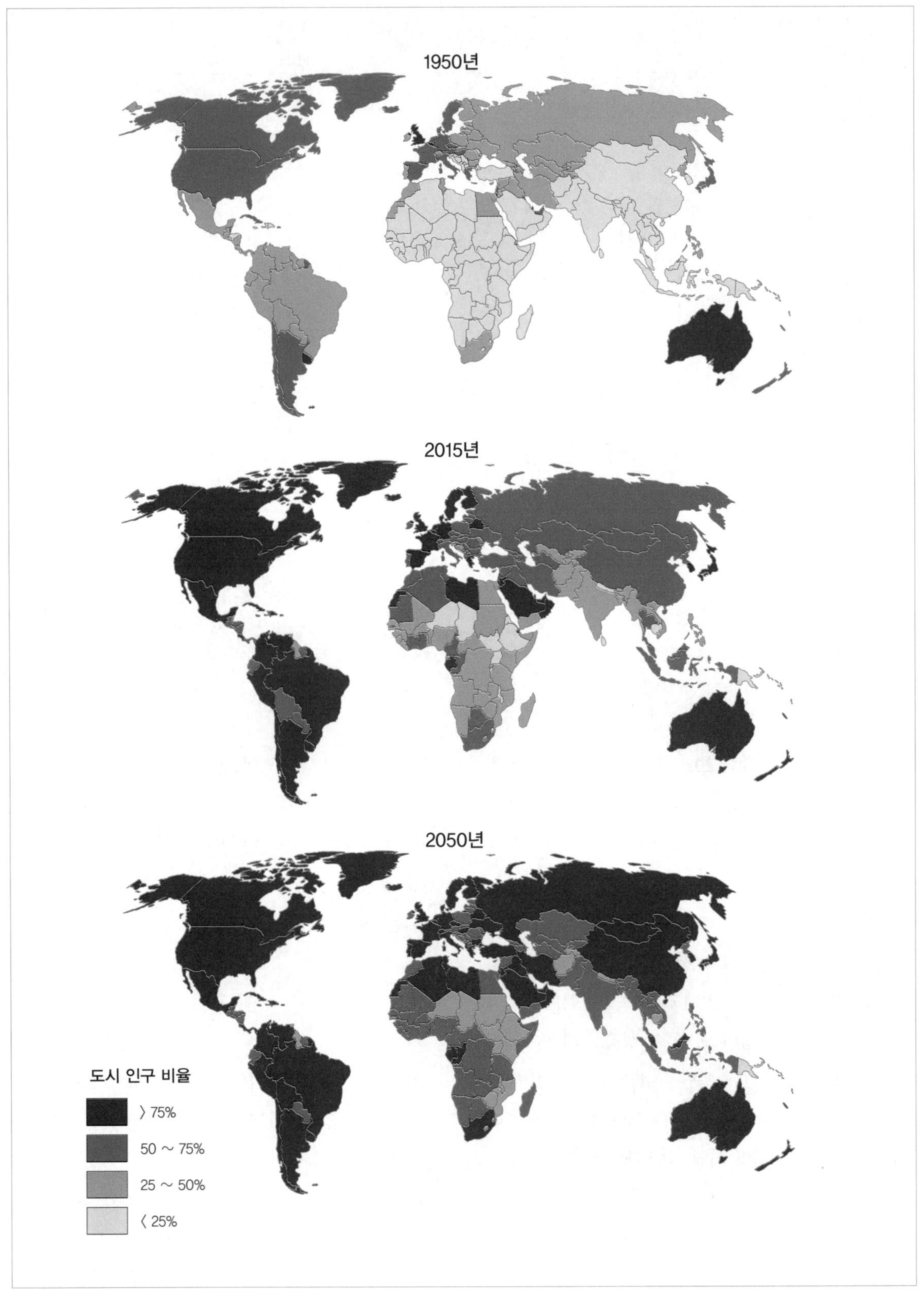

출처: https://esa.un.org/unpd/wup/CD-ROM/WUP2014_XLS_CD_FILES/WUP2014-F02-Proportion_Urban.xls

이미 북반구(선진국) 전체 도시 인구의 2배가 되었으며, 2050년에는 5배가 될 것으로 예상된다. 이것은 현대 도시 생활의 양상이 가난한 국가([자료 9.3] 참고)들과 밀접하게 관련되어 있음을 의미한다. 즉, 도시 인구의 급격한 증가는 사회경제적 조건이 가장 열악하고 산업이 발전하지 못한 지역에서 주로 일어나고 있으며, 전 세계의 정치가와 계획가, 개발 전문가 들은 앞으로 이 현실과 싸워야만 한다.

하지만 남반구(개도국) 도시들이 직면한 긴급한 개발의 문제에도 불구하고 도시 인구 증가에 대비해 적절한 조치를 준비하고 있는 중앙과 지방정부는 거의 없으며, 오히려 대부분은 인구 증가에 대한 전망을 부정하면서 질서 있는 성장을 계획하지 않고 있다(Cities Alliance, 2006). 이 때문에 아시아와 아프리카에서 지속 가능한 도시 개발을 담보할 수 있도록 그 과정에 개입하는 것이 21세기의 주요 개발 과제 중 하나로 떠오르고 있다. 남반구(개도국) 도시의 취약한 지역 경제와 질 낮은 주택, 건강, 교육, 서비스 및 기반 시설 수준 때문에 이 지역의 개발 문제에 대처하기 위해서는 전 세계적으로 전례 없는 수준의 지원이 필요할 것이다.

2012년 반기문 유엔 사무총장은 '지속 가능성을 향한 우리의 투쟁은 도시에서 승패가 좌우될 것'이라고 말했다(Ban, 2012). 세계가 현재와 미래의 지속 가능한 도시화를 위한 능력과 의지를 갖추었는가는 인류와 지구의 웰빙에 영향을 미치는 중요한 문제이다. 남반구(개도국) 도시에서 급증하는 인구의 요구를 제대로 충족시키지 못한다면 북반구(선진국)와 남반구(개도국) 간의 격차는 더욱 커지게 될 것이고, 대부분의 국가에서 가진 사람과 그렇지 못한 사람 간의 격차 역시 커지게 될 것이다. 따라서 급속한 성장과 계획의 실패, 닥쳐올 미래의 핵심적인 문제들에 대응하기 위해 지역사회와 국가 그리고 국제적인 차원의 공동 대응이 필요하다.

도시의 주요 문제

남반구(개도국) 주요 도시의 급격한 성장

앞서 논의한 도시화 과정은 도시 계층 전반에 걸쳐 모든 규모 도시들의 급격한 성장을 야기하였다. 그중에서 특히 1950년대 이후 남반구(개도국)에서 도시의 절대 수와 도시 거주자 수 모두가 가장 현저하게 증가하였다는 점은 매우 중요하다. 지난 70년간 남반구(개도국)에서 일어난 급격한 도시의 성장은 몇 가지 숫자로 그 특징을 설명할 수 있다.

우선 인구 100만 명 이상의 도시가 증가하였다. 1920년대에는 세계 전체에서 인구 100만 명 이상의 도시가 24개였는데 1940년대에는 41개, 1960년대에는 113개, 1980년대 초에는 198개로 증가하였으며, 2014년에는 488개에 달하게 되었다(Potter, 1992a; UNDESA, 2014). 이 중 가장 빠르게 성장한 도시들은 모두 부유한 '북반구'와 가난한 '남반구'를 구분하는 선의 남쪽에 있다. 1970년 이후 멕시코시티(Mexico City), 상파울루(São Paulo), 라고스(Lagos), 카이로(Cairo), 델리(Delhi), 방콕(Bangkok), 마닐라(Manila), 자카르타(Jakarta) 등의 대도시가 급격하게 성장하였으며, 쯔보(Zibo) , 수라바야(Surabaya), 푸네(Pune), 뱅갈루루(Bengaluru), 카사블랑카(Casablanca), 카라카스(Caracas), 포르투알레그리(Porto Alegre)와 같은 수많은 중소 도시도 빠르게 성장하였다. 어떤 지역에서는 도시들이 서로 합쳐지면서 대규모의 연계 또는 복합 도시 지역을 형성하기도 한다(Potter and Lloyd-Evans, 1998). 멕시코시티, 상파울루, 라고스, 카이로의 크고 확산된 복잡한 형태의 도시 지역과 같은 이러한 대도시 체계는 메가시티(mega-city), 슈퍼시티(super-city), 자이언트시티(giant city), 연담화(conurbation) 등의 다양한 용어로 불린다. 마찬가지로 1990년대 초반부터 특히 아시아적 맥락에서 새로운 도시 형태를 설명하기 위해 '확장 대도시권(extended metropolitan region: EMR)'이라는 용어를 사용하기도 한다.

[자료 9.4] 1990년, 2014년, 2030년 세계 도시의 규모별 분포

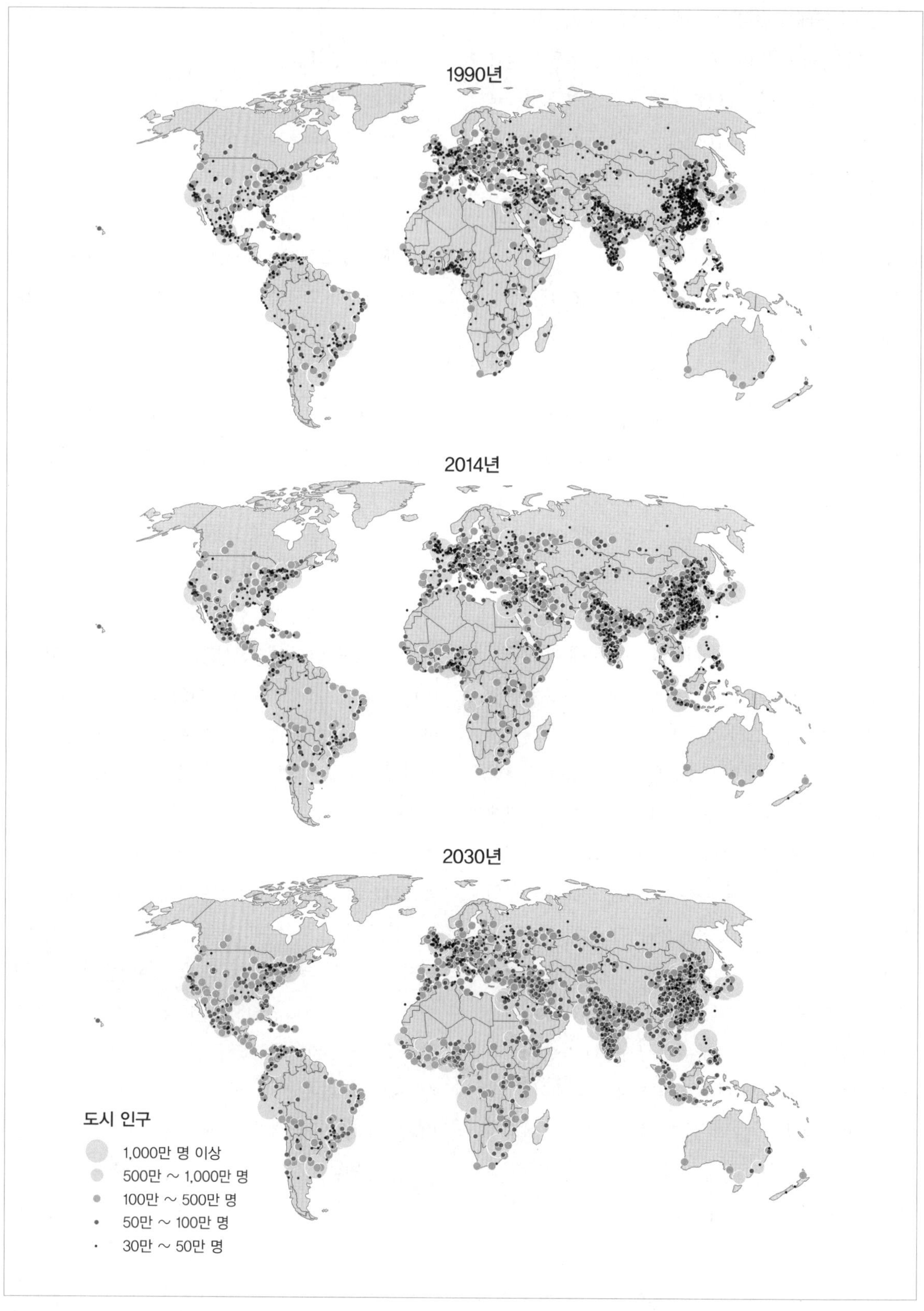

출처: https://esa.un.org/unpd/wup/CD-ROM/WUP2014_XLS_CD_FILES/WUP2014-F12-Cities_Over_300K.xls

[자료 9.4]는 인구 30만 명 이상인 도시의 분포를 나타내는 것으로, 1990년, 2014년과 2030년의 전망을 5개의 그룹으로 구분해 표시하였다. 인구 100만 명 이상의 도시들은 주로 서유럽, 북동부 아메리카와 아시아, 특히 중국과 인도에 가장 집중되어 있다. 중남미와 아프리카 역시 도시들이 집중되어 있으며, 아프리카 지역도 100만 명 이상의 도시가 증가하는 양상을 보인다.

[자료 9.5]에서는 도시 규모별 성장률의 차이를 확인할 수 있는데, 대부분의 북반구(선진국) 지역은 모든 규모의 도시에서 비교적 완만한 성장률을 보이고 있는 반면 아시아와 라틴아메리카의 성장률은 이보다 더 높게 나타난다. 아프리카와 아시아 일부 지역은 가장 높은 성장률을 보이고 있는데, 특히 나이지리아의 아부자(Abuja)와 같은 일부 아프리카 도시는 연간 성장률이 5%가 넘는다.

최근의 급격한 도시 성장 과정에서 주목할 만한 또 다른 특징은 인구가 1천만 명이 넘는 '메가시티'의 출현이다. 1950년에는 북반구(선진국)에만 도쿄(Tokyo)와 뉴욕(New York)이라는 두 개의 메가시티가 있었다. 하지만 1990년에는 메가시티가 10개(북반구[선진국] 4개)로, 2014년에는 28개(북반구[선진국] 6개)로 늘어났으며, 메가시티는 1990년과 2014년 세계 도시 인구의 7%와 12%를 차지하였다. 2030년에는 메가시티가 41개로 늘어날 것으로 예상되는데, 이 중 북반구(선진국)의 도시는 도쿄, 오사카(Osaka), 뉴욕, 로스앤젤레스(Los Angeles) 4개에 불과할 것이다. [표 9.1]은 2014년 세계에서 가장 큰 15개 도시의 2030년까지 예상 성장률과 도시 규모 및 규모의 상대적 순위를 보여준다. 여기에서 도쿄는 여전히 세계 최대의 도시로 남아 있지만 인구는 오히려 줄어드는 반면 델리는 연 3.2%의 성장률로 도쿄를 거의 따라잡는다. 또한 부에노스아이레스(Buenos Aires)와 이스탄불(Istanbul)이 순위에서 빠지고 이 자리를 아프리카의 라고스와 킨샤사(Kinshasa)가 대체하면서 15개 도시 리스트가 크게 변하게 된다.

1990년에서 2030년 사이 세계에서 인구 50만 명 이상인 도시는 564개에서 1,393개로 2배 이상 증가할 것으로 전망되는데, 중국을 제외하면 이들 대부분은 새로 만들어지는 도시가 아니라 기존 도시의 인구가 늘어난 경우이다. 이때 인구 100만 명 미만인 도시의 수도 294개에서 731개로 거의 3배 증가하는데, 이것은 성장이 가장 큰 규모의 도시뿐만 아니라 도시 계층 전반에 걸쳐 나타나고 있음을 의미한다. 이와 같은 차하위 도시들의 빠른 성장은 현대 글로벌 도시화의 주요한 특징 중 하나로 볼 수 있다(Satterthwaite, 2008). 다만 남반구(개도국)의 중소 도시들은 일반적으로 자원과 재정의 부족 문제를 안고 있어 급격한 도시화로 발생하는 문제에 대한 대응력이 대도시와 수도보다 떨어진다는 점에서 또 다른 문제가 생겨나기도 한다.

슬럼의 증가

남반구(개도국) 도시들이 빠르게 증가하는 도시 인구의 경제적, 사회적 요구를 충족시키고 적절한 의식주를 제공할 수 없다는 현실은 도시 슬럼의 증가로 이어진다. 현재 세계 여러 지역에서 약 10억 명의 사람들이 파벨라(favela), 버스티(bustee), 판잣집(shack) 등으로 불리는 슬럼 지역에 거주하고 있는 것으로 추정된다. 이 명칭들은 공통적으로 표준 이하에 해당하는 주택을 의미하는데 거주자들이 폐품 등을 이용해 최소한의 기능과 거주 여건만을 갖추는 수준으로 직접 만들기도 한다. 슬럼과 관련된 도시 위기의 심각성은 오랫동안 알려져 왔지만 2003년 유엔 해비타트(UN-Habitat)의 「슬럼 문제(The Challenge of Slums)」 보고서를 통해 열악한 여건과 함께 지난 30년간 개선된 것이 거의 없다는 점이 여실히 드러나면서 다시 세계적인 관심을 끌게 되었다. 많은 국가에서 슬럼이 도시화보다 빠르게 성장하고 있는데, 델리와 나이로비(Nairobi)에서는 도시로 새로 이주해 온 주민의 80~90%가 슬럼에 정착하기도 한다. 특히 루안다(Luanda), 아디스아바바(Addis Ababa), 모가디슈(Mogadishu)와 같은 아프리카의 도시에서는 많게는 전체 도시 인구의 80% 이상이 슬럼에 거주하고 있다. 유

[자료 9.5] 2014년 세계 도시의 규모와 성장률에 따른 분포

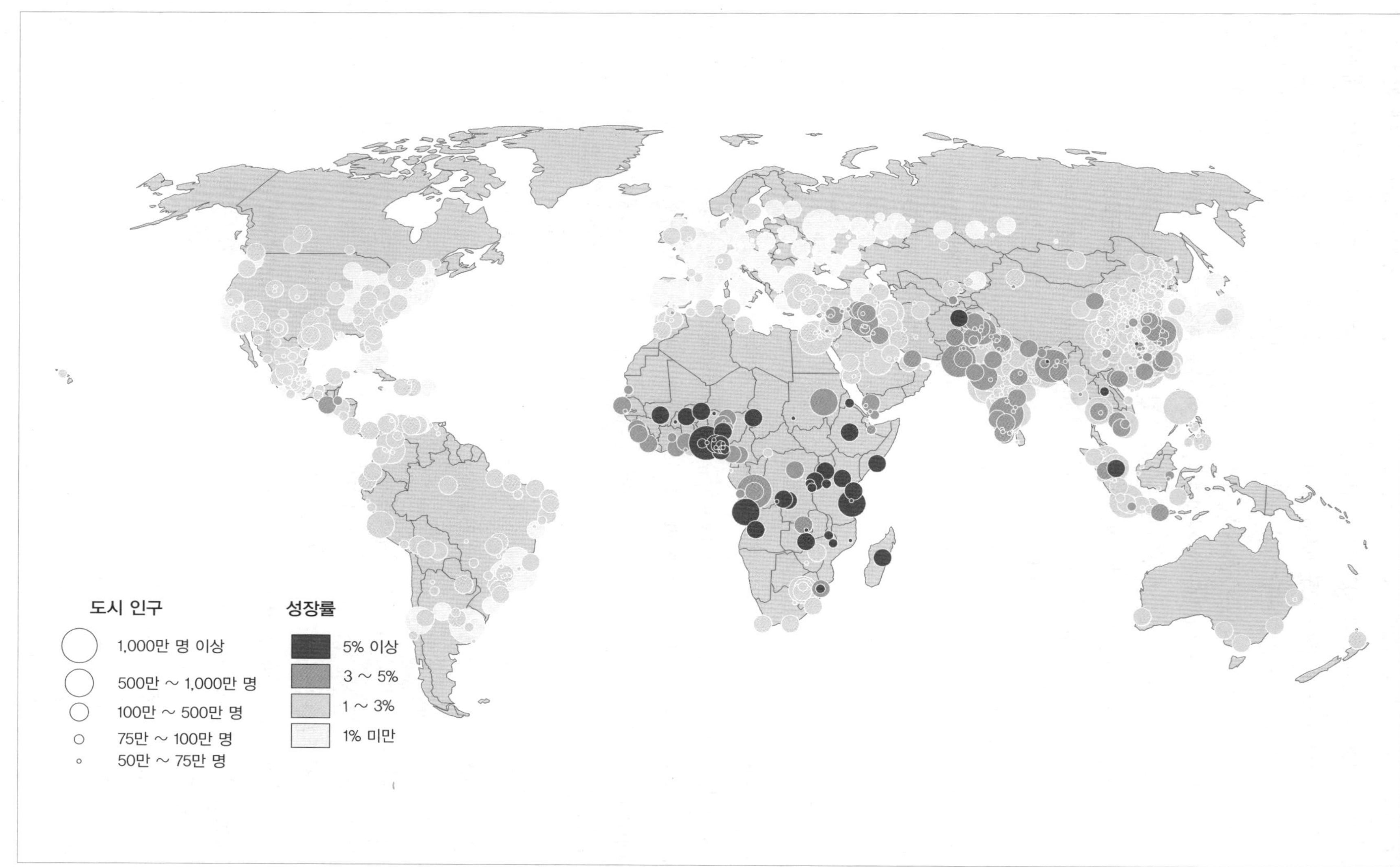

출처: https://esa.un.org/unpd/wup/CD-ROM/WUP2014_XLS_CD_FILES/WUP2014-F14-Growth_Rate_Cities.xls

[표 9.1] 2014~2030년 세계 15대 도시 순위

도시	인구(천 명) 2014	인구(천 명) 2030	2014년 순위	2030년 순위	연평균 증가율(%)
도쿄	37,833	37,190	1	1	0.6
델리	24,953	36,060	2	2	3.2
상하이	22,991	30,751	3	3	3.4
멕시코시티	20,843	23,865	4	10	0.8
상파울루	20,831	23,444	5	11	1.4
뭄바이	20,741	27,797	6	4	1.6
오사카	20,123	19,976	7	13	0.8
베이징	19,520	27,706	8	5	4.6
뉴욕	18,591	19,885	9	14	0.2
카이로	18,419	24,502	10	8	2.1
다카	16,892	27,374	11	6	3.6
카라치	16,126	24,838	12	7	3.3
부에노스아이레스	15,024	16,956	13	18	1.3
콜카타	14,776	19,092	14	15	0.8
이스탄불	13,954	16,694	15	20	2.1
2030년 15대 도시 순위에 새로 진입한 도시					
라고스	12619	24239	19	9	3.9
킨샤사	11146	19996	22	12	4.2

출처: DONDEA, 2014

엔 해비타트(UN-Habitat, 2015)에 따르면, 2010년 남반구(개도국) 도시 거주자의 32.7%(8억 2,770만 명)가 슬럼에 거주하였는데 이 비율은 북아프리카의 13.3%에서 라틴아메리카 23.5%, 아시아 28~35%, 사하라 이남 아프리카의 61.7%까지 지역별로 다양하게 나타난다. 지구상에는 20만 개 이상의 슬럼이 존재하고 있으며 카라치(Karachi), 뭄바이(Mumbai), 델리, 콜카타(Kolkata), 다카(Dhaka) 등 남아시아의 대도시에만도 1만 5천개 이상의 슬럼이 있다(Davies, 2006). 영화 「슬럼독 밀리어네어(Slumdog Millionaire)」로 유명해진 뭄바이의 다라비(Dharavi)와 같이 1제곱마일 면적에 100만 명 이상의 주민이 거주하는 '메가슬럼(mega-slum)' 역시 여러 도시에서 발견되고 있다.

슬럼은 실패한 정책, 잘못된 거버넌스, 부패, 부적절한 규제, 제대로 작동하지 못하는 토지 시장과 금융 시스템 그리고 정치적 의지 결여의 산물이며, 이로 인해 이미 빈곤에 시달리는 사람들의 어려움은 가중된다. 따라서 새천년 개발 목표(Millennium Development Goals: MDGs)에는 슬럼 문제를 해결하기 위한 노력이 포함되었으며, 도시 연맹(Cities Alliance, 1999)은 '슬럼 없는 도시'를 달성하기 위한 목표를 설정하기도 하였다. 그럼에도 불구하고 슬럼 거주자의 수는 급격한 도시화에 비례해 증가하면서 2025년에는 그 수가 아프리카 5억 명, 라틴아메리카 2억 명, 아시아 9억 명, 중동 9천

만 명 등 전 세계적으로 세계 도시 인구의 30% 이상에 해당하는 약 17억 명에 달할 것으로 예상된다.

슬럼의 증가는 도시의 급격한 성장과 그 성장을 흡수할 적절한 경제 및 사회 기반 시설의 부재, 낮은 소득 및 저축률과 결합된 열악한 국가 경제 지표, 주택의 대량 공급을 위한 국가 정책 부재 등의 부정적 요소들이 복합적으로 작용한 결과이다. 이와 동시에 기회의 제한과 도시 생활에 대한 동경과 같은 농촌 문제가 도시로의 이주를 촉진하면서 슬럼 거주자가 증가하게 되었다. 1980년대 구조 조정의 영향으로 많은 국가는 도시 성장을 보다 효과적으로 관리할 수 있는 능력을 상실하였으며, 새로운 도시 이주민을 효과적이고 인도적으로 수용하는 데 도움이 되지 않는 정책이 더해지면서 상황은 더욱 악화하였다.

슬럼 문제에 대응하려는 시도는 정책 및 학술 담론에서 두드러지게 나타난다. 2000~2015년에 MDGs(목표 7, 지표[target] 11)는 전 세계 슬럼 거주자를 1억 명까지 줄이려는 목표를 설정하였다. 이에 따라 많은 사람에게 새 거처가 제공되었지만 같은 기간 수백만 명의 사람이 새로 슬럼으로 이주하면서 효과는 나타나지 않았다. 도시 연맹(Cities Alliance, 1999) 역시 핵심 전략 중 하나로 설정한 '슬럼 없는 도시' 목표에 따라 도시 농업, 교통 개선, 슬럼 지역의 용수와 위생 지원을 포함한 여러 프로젝트를 추진하였다. 1970년대부터 세계은행의 지원을 바탕으로 전 세계 많은 도시에서 슬럼 지역의 시설과 서비스를 개선하는 슬럼 업그레이드 정책과, 새로운 주민들이 비록 판잣집 형태라도 최소한의 기본적 서비스에 접근할 수 있으며 일부는 합법적 지위를 갖는 주택을 건축할 수 있도록 부지를 제공하는 계획을 적극적으로 펼치기 시작하였다. 이 프로그램은 도시 서비스와 용수 공급을 개선한 베네수엘라의 경우와 같이 다양한 성공 사례를 가지고 있지만, 일부 나라에서는 제한된 자원으로 인해 계획한 바를 모두 달성하지 못하고 도시 수요를 부분적으로만 해결하는 데 그치기도 하였다(UN-Habitat, 2003). 도시와 슬럼의 지속적이고 급속한 성장에 대해 국가 및 국제기구가 현재의 문제를 효과적으로 다루는 데 실패하면서 슬럼은 앞으로 훨씬 더 큰 규모의 지구적 과제가 되었다. 유엔 해비타트(UN-Habitat, 2003)는 앞으로의 방향으로 개발 우선순위를 재고하는 것과 함께 '포용 도시' 전략을 적극적으로 추진해야 한다고 주장하며 이를 위해 다음의 필요성을 강조한다.

1) 고용과 효과적 거버넌스 장려, 사회자본 지원, 안전망 제공, 재정 지원, 친(親)빈곤 메커니즘과 정책의 사용 등을 통한 슬럼 업그레이드에서 슬럼 없는 도시로의 이동
2) 점유권 보장 제공
3) 교통 및 접근성 향상
4) 권한 부여(empowerment)와 고용 장려
5) 재정 동원
6) 포용적 개발의 보장을 위한 도시 정책 개선

도시 빈곤

'제1장'에서 언급한 바와 같이 빈곤의 지속은 특히 최빈국에서 개발의 주요 장벽이 되고 있다. 현재 세계 인구의 절반 이상이 도시에 거주하고 있기 때문에 도시 빈곤 문제는 더욱 뚜렷하고 절박해지고 있다. 2003년 유엔 해비타트는 「슬럼 문제」 보고서에서 도시 빈곤이 초래하는 세계적 재앙에 대해 경고하였다. 최근 국가의 평균 빈곤 수준이 낮아지고 있다는 데이터도 있긴 하지만, 이것만으로 수억 명의 도시 거주자가 여전히 국가 평균 소득과 빈곤선 이하의 생활을 하고 있다는 현실 자체가 사라지는 것은 아니다.

도시 빈곤의 성격, 발생 정도, 대응 방안에 대해서는 지금까지 도시 연맹(Cities Alliance, 2006), 우드로 윌슨 국제센터(Woodrow Wilson International Center, 2007), 세계은행(World Bank, 2009b), 스티븐스 등(Stevens et al., 2006), 미틀린 등(Mitlin et al., 2013), 새터스와이트 등(Satterthwaite et al., 2014)과 같이 많은 연구가 이루어져 왔다. 또한 MDGs에서 설정한 빈곤 감소

목표는 이 문제가 세계적인 관심을 받을 수 있도록 하였다.

현재 남반구(개도국) 도시에서는 약 10억 명의 사람들이 빈곤 상황에 놓여 있는데, 이것은 2002년에 하루 2달러 미만으로 생활하는 인구가 7억 4,600만 명으로 추산되었던 것에 비해 크게 증가한 수치이다(Woodrow Wilson International Centre, 2007). 이 중 일부는 교육과 주택 등 삶을 개선할 수 있는 핵심 자원에 접근하지 못한 채 슬럼에서 살아가고 있다(Mitlin et al., 2013). 전 세계의 여건이 상이하기 때문에 하루 1달러 이상이라는 빈곤선 기준을 일률적으로 적용할 수 있는가 등 빈곤의 특성과 정도를 이해하는 것은 복잡한 문제이다. 빈곤 추정치는 주거지나 용수에 대한 접근과 같은 대리 지표를 사용할 경우 더 늘어나는데, 예를 들어 2000년 세계은행이 4억 9,500만 명으로 추정했던 빈곤 인구수는 대리 지표를 활용할 경우 거의 10억 명으로 늘어난다. 미틀린 등(Mitlin et al., 2013)은 현지 식량 공급 가격을 기준으로 빈곤을 추산하였는데, 이 경우 동부 아프리카 대부분 지역의 도시 빈곤율은 40~56% 사이이며, 콩고민주공화국은 61.5%에 달한다. 가장 가난한 국가인 아이티의 빈곤율은 76%이며, 라틴아메리카 지역은 국가와 도시에 따라 33~53%로 나타난다. [자료 9.6]은 도시 빈곤의 복합적인 원인을 나타내고 있는데 수많은 경제적 요인과 서비스, 기반 시설 및 사회적 요인이 교차하면서 도시 빈곤과 수억 명의 도시 거주자의 무력감을 강화한다.

도시 연맹(Cities Alliance, 2006)의 주장처럼 도시는 자신들이 직면한 실질적 문제에도 불구하고 세계 경제 활동의 80%를 담당하는 '성장의 엔진'이며, 농촌 지역보다 일반적으로 더 높은 복지 수준을 갖추고 있다고 여겨진다. 이것은 도시 빈곤을 줄이고 전반적인 경제 활동 수준을 향상하기 위한 개입 방식을 선택하는 데 있어 잠재적으로 상당한 영향을 미칠 수 있다. 세계은행(World Bank, 2009b)은 도시 관리의 수준을 향상하고 친(親)빈곤적인 도시 정책을 우선적으로 추진해야 한다고 주장하는데, 거시 경제 환경을 개선하고 슬럼을 업그레이드시키기 위한 노력을 강화하며 가장 가난한 사람들을 위한 안전망을 마련하기 위해 정책적 개입이 필요하다고 본다. 즉 도시의 경제 발전과 투자를 장려하고 토지와 금융에 대한 시장 접근을 촉진하는 것은 빈곤 문제를 해결하고 지속 가능한 개발의 기반을 마련하는 데 있어 중요한 요소로 간주된다.

하지만 스티븐스 등(Stevens et al., 2006)은 개입이 앞서 제기한 문제에서 더 나아가 기존 지역 조직과 사회 네트워크의 중요성을 인식하고 이들을 소외시키지 않는 방식을 통해 지속 가능한 삶을 지원하는 데 집중해야 한다고 주장한다. 이들은 지속 가능한 생계 관점의 접근법(the sustainable livelihoods approach, '제1장' 참고)을 통해 거버넌스, 공간 및 인프라 접근성, 커뮤니티 조직에 대한 지원, 도시 소득의 다양화 등의 문제를 모두 고려해야 하며 이러한 맥락에서 다양한 개입과 전략을 연결하는 통합적 도시 개발 추진의 필요성을 역설한다. 새터스와이트와 미틀린(Satterthwaite and Mitlin, 2014) 역시 책임감 있고 효율적인 지방정부와 거버넌스 구조가 도시 빈곤 문제를 해결하는 중요한 첫 단추가 되기 때문에 가난한 사람들이 변화의 과정에 적극적으로 참여하고 지역 기관이 더 큰 목소리를 내는 것이 중요하다고 보았다. 또한 도시 빈곤 문제에 대한 현실적인 진전을 위해서는 더 넓은 차원에서 남반구(개도국)의 낮은 소득 수준을 유지·강화하는 북반구(선진국)와 남반구(개도국)의 지배-의존 관계의 글로벌 경제 불평등 구조를 해결해야만 한다고 보았다.

이주로 인한 급격한 도시화

도시화는 지역의 전체 인구 중 도시에 거주하는 인구의 비율이 높아지는 과정으로 정의할 수 있다(Potter and Lloyd-Evans, 1998). 즉 도시화는 한 국가나 지역의 전체 인구에서 도시에 거주하는 인구의 비율을 나타내는 상대적인 수치로, 이것을 도시 지역과 도시 인구의 절대적인 증가를 의미하는 '도시 성장(urban growth)'과

[자료 9.6] 도시 빈곤으로 인한 박탈과 그 원인

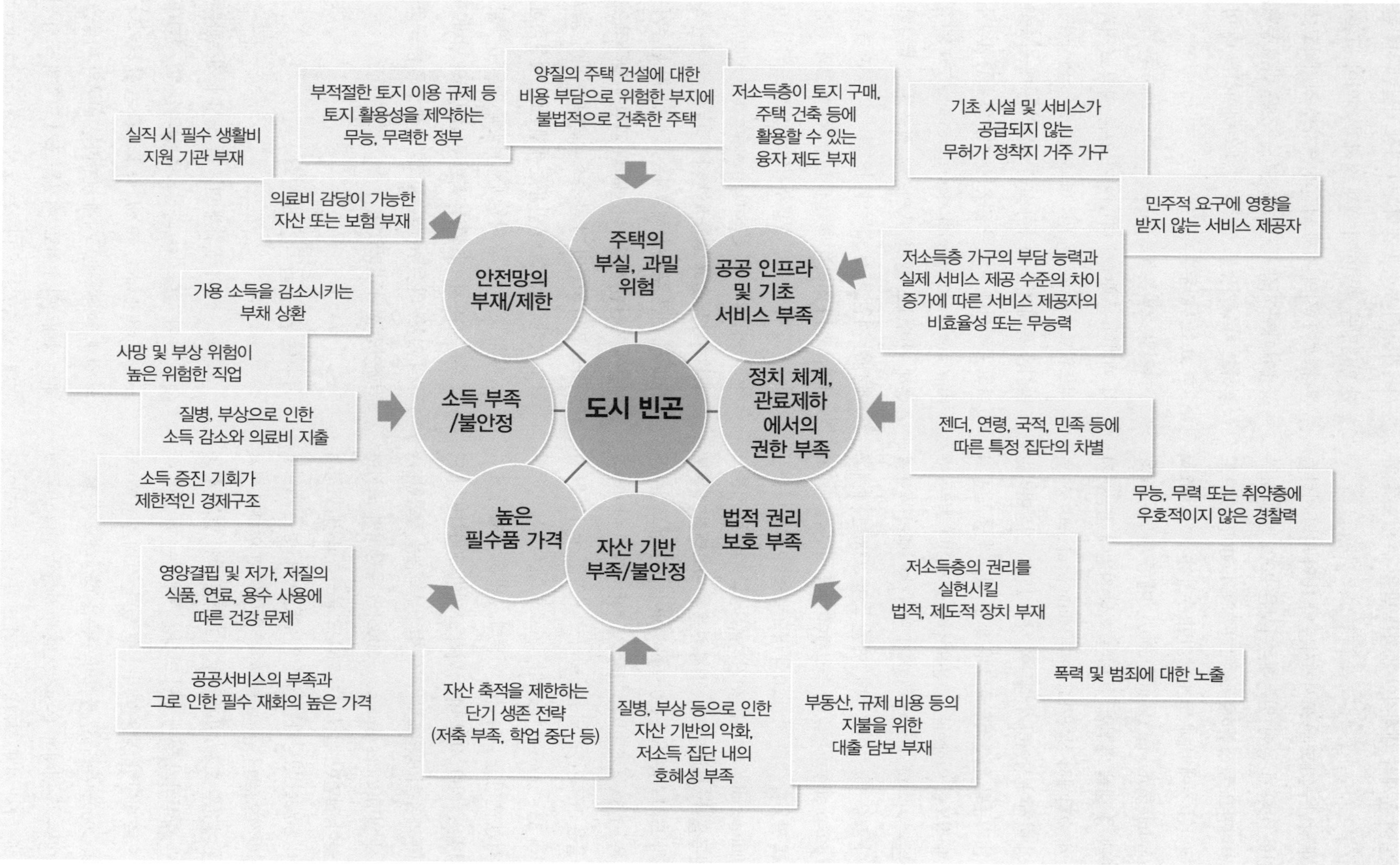

출처: Mitlin et al., 2013

구분할 필요가 있다.

개발도상국 전역에서 사람들은 농촌에서 도시로 이주하고 있으며, 도시 성장의 절반 정도는 농촌-도시 간 이주로 발생한다. 1960년대에 전체 인구 증가에서 이주와 관련한 증가의 비중이 카라카스 50%, 뭄바이 52%, 자카르타 54%, 나이로비 50%, 상파울루 68% 정도였다. 필리핀의 경우 1970년대 연간 도시 인구 증가율 3.9% 중 농촌 인구의 유입에 따른 증가가 1.9%를 차지하였으며 브라질은 같은 기간 연평균 인구 증가율 4.4% 중 이주에 의한 증가가 2.2%를 차지하였다(Devas and Rakodi, 1993; UN, 1989). 남반구(개도국)의 도시 인구는 일반적으로 재생산 집단(reproductive cohort)에 해당하는, 농촌을 떠나 도시로 이주해 가족을 부양하는 젊은 층이 중심이라는 점에서 자연 증가율 역시 높게 나타난다. 이에 따라 2007년에 도시의 인구는 농촌 인구를 넘어서게 되었고, 세계적 차원에서 도시화는 점차 둔화할 것으로 보인다. 하지만 아프리카와 아시아의 많은 지역의 경우 여전히 농촌 인구가 도시 인구보다 많은 상태이기 때문에 이 지역의 급격한 도시화는 향후 수십 년간 더 지속될 수 있다.

그러면 남반구(개도국)에서는 왜 그렇게 많은 사람이 농촌에서 도시로 옮겨왔을까? 도시로의 이주는 남반구(개도국)의 농촌 지역에 만연한 빈곤과 실업, 결핍이 도시가 제공하는 일자리, 교육, 의료 등에 대한 잠재적 혜택과 결합하면서 일어난다. 도시가 제공하는 혜택이 모든 이주자에게 실현되는 것은 아니지만, 서비스에 대한 잠재적인 접근성 자체가 농촌보다 도시가 더 높다. 여기에 농촌 주민들이 세금을 내고 가족을 부양하고 상품들을 사기 위해 돈을 벌어야만 한다는 점 역시 또 다른 요인이 된다. 도시에 고용의 기회가 있다는 인식 자체가 도시 이주의 촉매로 작용하게 된다. 이것을 '흡인-배출 관계(push-pull relationship)'라고 하는데, 농촌 지역의 빈약한 기회를 의미하는 '배출 요인'이 도시 지역으로 끌어당기는 '흡인 요인'과 조응해 사람들을 도시로 이주하도록 자극한다(Pacione, 2009). 일자리가 있을 경우 도시가 농촌에 비해 급여가 더 높으며 평균 소득은 도시 규모가 커질수록 더 높아진다는 결과가 있다. 그리고 사회 및 의료 시설에 대한 접근성 역시 저소득층이 접근하기 어렵다는 문제에도 불구하고 대도시 지역이 다른 지역보다 더 양호하다.

도시로의 이동은 일시적 이동, 영구적 이동, 계절적 요인과 관련한 순환적 이동 등 다양한 형태로 나타나는데 최근에는 고용 기회를 찾아 중동의 도시로 이주하는 남인도의 노동자들처럼 국제적 이동이 점점 더 활발해지고 있다(Potter and Lloyd-Evans, 1998; Pacione, 2009). 역사, 문화, 교통·통신 시스템의 특성까지 모두 이주를 결정하는 데 중요한 역할을 하였는데, 특히 교통·통신의 변화는 국내 및 국제 이주의 성격에 상당한 변화를 야기하였다. 대부분의 국가에서 국내 이주 시 대도시로 이동하는 것이 지역 중심지로 이동하는 것만큼 싸고 쉽기 때문에 결과적으로 농촌-도시 이주 과정에서 종종 소규모 지역 중심지를 건너뛰고 대도시로 바로 이주하게 된다. 그리하여 중소 도시의 역할에 대한 필요성에도 불구하고 대부분의 정부와 개발 기구는 소도시보다 거대 도시화(mega-urbanisation) 문제에 더 관심을 가지게 되었다.

앞서 광활한 도농 복합 지대가 나타나게 되는 확장 대도시권의 출현에 대해 살펴보았다. 거대 도시화는 주요 교통로를 따라 일어나는 급속한 도시 확장의 과정이며, 기존의 마을을 둘러싸고 다결절의 거주지를 형성하면서 농촌과 도시 간의 구분과 이동 특성을 모호하게 만든다(McGee, 1989; McGee and Robinson, 1995; Potter and Unwin, 1995). 급속한 경제성장이 일어나는 국가에서 거대 도시화가 발생하는 이유 중 하나는 국제적 도시 이주의 확대이다. 아시아 태평양 지역에서는 일본과 네 마리의 용을 거쳐 최근 공업화가 진행 중인 동남아시아 국가연합(Association of South-East Asian Nations: ASEAN) 국가와 중동에 이르기까지 경제성장의 물결에 따라 제조업과 3차 산업에서 일자리를 찾으려는 구직자들의 이주가 이어졌다.

성장의 의미: 새로운 도시 체계와 도시 모델

도시 변화의 패턴과 과정을 이해하기 위해 국가의 인구학적 여건의 변화와 관련하여 도시 규모의 격차와 성장률의 차이에 초점을 맞춘 다양한 모델이 제시되었다.

종주성과 도시 규모 분포

이 장의 후반부에서는 남반구(개도국) 도시의 사회경제적 여건에 대해 자세하게 살펴볼 예정인데, 그 전에 먼저 국가와 지역의 이른바 '도시 체계(urban system)'를 구성하는 도시의 집합체와 관련한 중요한 내용을 살펴보고자 한다. 도시 체계는 한 지역의 도시 정주 구조를 함께 구성하는 상호 관련된 도시들의 집합으로 정의할 수 있는데, 보통 세계나 대륙 스케일에서 쉽게 적용할 수 있다.

하나 이상의 도시의 규모가 매우 큰 상태를 의미하는 도시 종주성(urban primacy)은 남반구(개도국) 도시 체계의 주요 특징으로 알려져 왔다. 주로 수도에 해당하는 하나의 도시에 국가 전체 도시 인구의 대다수가 거주하며, 이 도시에 국가의 부와 서비스, 산업이 평균 이상으로 집중되어 있다. 1990년대 중반에는 세계 도시 인구의 15%가 각 국가의 수도에 거주하였다. 이 비율은 남반구(개도국)에서 더 높게 나타나 사하라 이남 아프리카의 경우는 33%였으며, 라틴아메리카, 중동 및 북아프리카는 약 25% 정도였다. 과테말라시티(Guatemala city)의 인구는 제2 도시의 125배이며, 마닐라(Manila)는 필리핀 제조업의 60%를 차지하고 있다(Chant and McIlwaine, 2009). 2014년에 국가 도시 인구의 40% 이상을 차지하는 도시 지역은 42개였으며, 이 중 가장 두드러진 종주 도시(primate city)는 브라자빌(Brazzaville, 콩고), 지부티(Djibouti), 코나크리(Conakry, 기니), 쿠웨이트시티(Kuwait City), 파나마시티(Panama City), 울란바토르(Ulan Bator) 등이다(UNDESA, 2014).

하지만 이러한 일반적인 경향성에도 불구하고 개별 국가별 도시 수준에서 살펴보면 양상은 더욱 복잡해진다. 베리(Berry, 1961)의 선구적 연구에 따르면, 국가 수준에서 도시 규모 분포와 도시화 수준 또는 경제 발전 수준(1인당 GNP) 간에는 상관관계가 나타나지 않았다. 여기에 대해 베리는 도시 규모 분포에 전체적인 요인들이 복합적으로 영향을 미치며, 특히 소수의 요인들이 강력하게 영향을 미치면 종주 분포가 나타나게 된다고 보았다. [자료 9.7]의 (a)는 하나의 지배적 중심지와 소수의 작은 차하위 중심지가 있는 국가의 상황을 나타낸다. 도시화의 역사가 짧고 경제 및 정치 환경이 단순하며 전반적인 사회경제적 발전 정도가 낮은 소국의 경우 더 적은 수의 요인이 도시 상황에 영향을 미칠 수 있다고 본다. 이와는 반대로 큰 국가에서는 다양한 기능을 수행하는 전문화된 무리의 도시들이 발달하게 되면서 결과적으로 도시의 분포는 (b)와 같은 이른바 순위–규모 분포(rank–size distribution)나 (c)와 같은 로그 정규 분포의 완만한 형태로 나타나게 된다. 이러한 경우는 하나의 주요 도시와 이보다 조금 작은 규모의 다수 도시들이 있으며, 그 도시들의 수가 증가하고 있는 국가들에서 나타난다. 예를 들어, 미국은 지배적 중심 도시인 뉴욕과 함께 시카고(Chicago), 로스앤젤레스와 같은 다수의 차하위 계층 도시들이 있으며, 제3위 계층에 해당하는 샌프란시스코(San Francisco), 애틀랜타(Atlanta), 마이애미(Miami) 등이 있어 순위–규모 분포를 취하게 된다.

베리의 주장은 여러 변수들의 상관관계를 통해 한 국가의 종주성 정도를 분석한 메타(Mehta,1964)와 린스키(Linsky, 1965) 등의 연구를 통해 뒷받침되었다. 린스키는 종주성 수준에 영향을 미칠 수 있는 변수로 소득 수준, 전체 인구 증가율, 인구 밀집 지역의 면적, 농업 부문 종사자 비율, 국가의 수출 지향 정도, 이전의 식민지 경험 등 여섯 가지를 먼저 선정하였는데 이 중 국가의 수출 지향 정도, 농업 부문 종사자 비율, 전체 인구 증가율은 종주성과 양의 관계가, 소득 수준과 인구 밀집 지역의 면적 범위는 종주성과 음의 상관관계가 있을 것으로 예상하였다. 이전의 식민지 경험과 종주성 사이의 연관성에 대해서는 우선 그 가능성을 열어두었다. 실증 분

[자료 9.7] 도시 규모 분포

a) 종주 분포, b) 순위-규모 분포, c) 로그 정규 분포

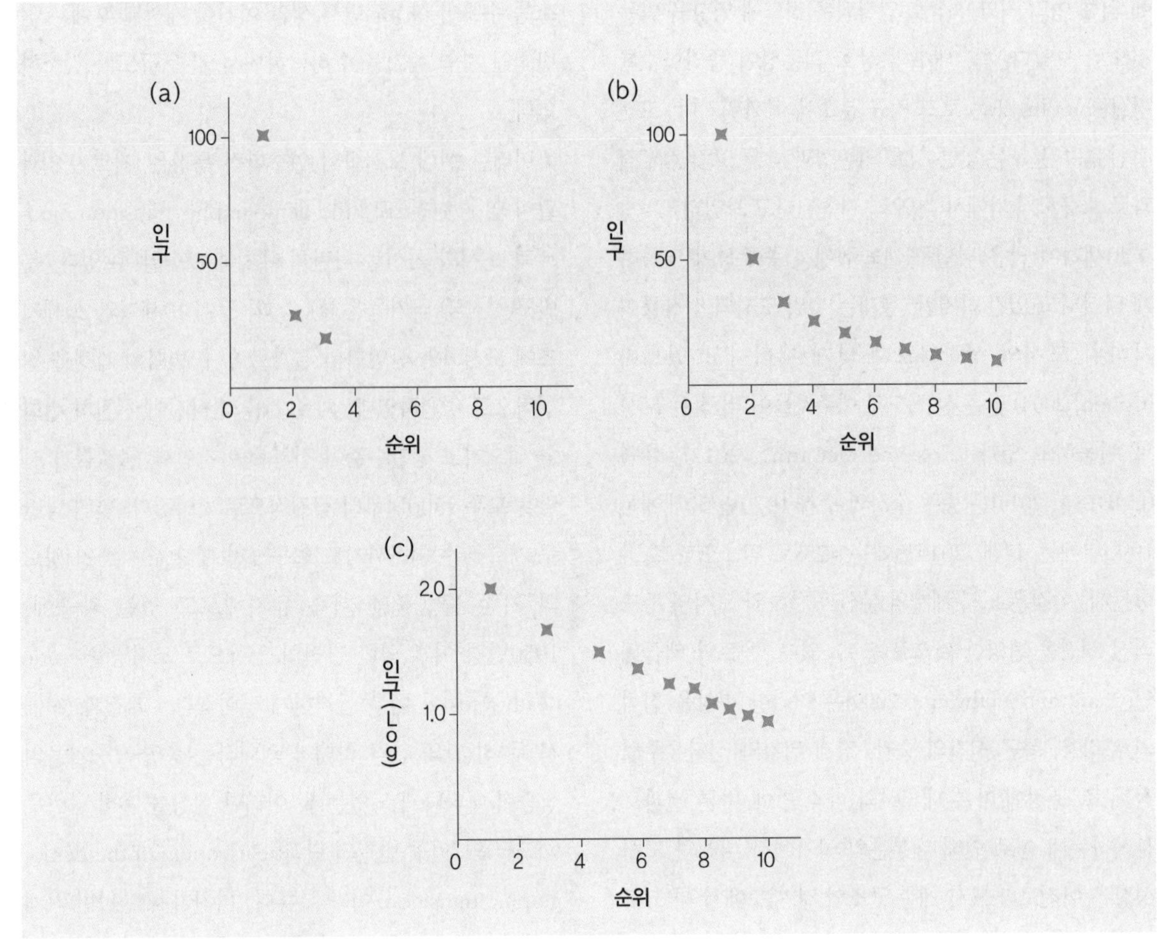

석에서는 변수와 도시 종주성 간에 사전에 가정했던 상관관계가 모두 예상했던 바와 같음을 확인할 수 있었다. 또한 과거 식민지 경험은 도시 종주성 수준과 양의 상관관계가 있는 것으로 나타났는데, 이것은 식민 지배 경험이 일반적으로 도시의 입지에 있어 강한 해안-상업적 지향성과 이에 따른 도시 양극화를 수반하기 때문인 것으로 볼 수 있다. 즉, 린스키의 연구에서 종주성은 1인당 소득이 낮고 수출 의존도가 높으며 과거 식민지 경험이 있는, 농업 경제와 빠른 인구 증가율을 가진 작은 국가에서 주로 나타난다. 하지만 이 조건에 부합하지 않는 다른 지역도 종주성이 나타날 수 있는데 예를 들어 현대의 타이는 앞서의 특징이 거의 나타나지 않지만 극단적인 도시 종주성을 보인다.

일반적으로 경제의 고립성 정도가 낮을수록, 즉 국제무역에 대한 의존도가 높을수록 항구도시인 주요 무역도시의 성장을 가져와 종주성이 높아지게 된다. 반대로 다른 조건이 동일하다면 고립성이 높아질수록 도시의 종주성은 낮아진다고 알려져 왔다. 하지만 바프나스키(Vapnarsky, 1969)는 아르헨티나에 대한 역사적, 경험적 연구에서 종주 분포와 순위-규모 분포를 마치 분리되고 상호 배타적인 양극단인 것처럼 간주해서는 안 된다고 주장하였다. 두 분포 유형은 서로 다른 상황들의

집합에 의해 생성되며 도시 분포 패턴은 한 국가에 존재하는 상호 의존성 정도, 즉 사람, 상품, 자본 등의 흐름에 의해 여러 지역이 상호 연결되는 정도에 영향을 받는 것으로 보았다. 즉, 내부의 상호 의존성이 증가할수록 평활(smooth) 또는 로그 정규 분포에 가까워지며, 고전적인 종주 분포는 낮은 상호 의존성과 낮은 고립성의 결과로 소규모 국가에서 더 오래 지속된다고 보았다.

20세기에 많은 남반구(개도국)에서 종주성이 명확하게 나타나고 있긴 하지만, 현재는 수위 도시의 성장률이 차하위 도시의 성장률보다 낮게 나타나고 있으며(Cohen, 2004) 많은 신규 도시 이주자들이 더 작은 도시로 이동하고 있다(Knox and McCarthy, 2012). 유엔(UNDESA, 2014)은 종주 도시의 수가 1970년 50개에서 1990년에는 47개, 2014년에는 42개로 감소했다고 밝혔는데, 이것은 도시 체계의 분산과 차하위 도시의 두드러진 성장을 반영한 것으로 볼 수 있다. 챈트와 맥클웨인(Chant and McIlwaine, 2009)은 이러한 현상을 집적의 부작용, 통근 시간의 증가, 경제 위기와 신자유주의적 구조 조정에 따른 대도시의 타격 등에 따른 결과로 분석하는데 이로 인해 대부분의 국가에서 미래의 도시 성장은 이전보다 도시 계층 구조의 전 계층에서 더 고르게 나타날 수 있다.

모델링 변화: 출생률 및 사망률의 인구학과 도시 성장 주기

남반구(개도국)의 급속한 도시 성장을 설명하는 또 다른 요인은 제2차 세계대전 이후 의료 수준 및 시설의 향상과 높게 유지되고 있는 출생률이다. 남반구(개도국)의 도시는 지역에 따라 그 비율이 다르기는 하지만 이주와 높은 자연 증가율에 의해 인구가 증가하고 있다. 반면 산업혁명 시기의 북반구(선진국) 도시들은 그렇지 않았다. 이 도시들은 산업 발달과 고용 유치의 직접적인 결과로 높은 도시화율을 나타냈지만, 주변의 농촌 지역보다 주민의 건강 상태가 훨씬 좋지 못했으며 비위생적인 환경, 열악한 의료 서비스와 공장, 광산 등의 위험한 작업 환경 등으로 인해 종종 죽음의 덫에 빠져 있었다. 19세기 후반, 위생 및 환경오염에 대한 관리가 시작되고 소득 수준이 향상되면서 생활 여건이 개선된 후에는 전반적인 자연 증가율이 하락하면서 가족 규모가 감소하였다.

이러한 현대 도시화의 인구학적 특징은 [자료 9.8]과 같이 인구 변천 모델(the demographic transition model)과 도시화 곡선을 나란히 배치해보면 알 수 있다. 북반구(선진국) 국가들은 (a), (c)와 같이 19세기와 20세기 초에 도시화와 산업화의 결과로 인구 변화의 과정을 점진적으로 경험하였다. 의료 기술의 발전이 천천히 변화를 일으키고 생활수준이 점차 높아지면서, 출생률과 사망률 모두 1800년부터 점진적으로 낮아졌다. 반면 남반구(개도국)는 최근까지도 인구 1천 명당 40~45명 정도의 기존 출생률을 계속 유지해오고 있는 와중에, 1950년경 이후 의학 발전의 영향으로 조사망율(crude death rates)이 매우 급격하게 낮아졌다. 그 결과 (b)에서 두 선 간의 간격 확대가 의미하는 총인구 증가율의 상승이 나타나게 되었는데, 이러한 현상을 흔히 남반구(개도국)의 '인구 변천의 단축(telescoping of the demographic transition)'이라 부른다. 마찬가지로 남반구(개도국)에서는 훨씬 더 빠른 속도로 도시화가 진행되는데, 도시화 곡선에서 북반구(선진국)의 점진적 도시화는 완만하거나 찌그러진 S자 형 곡선의 형태로 나타나는 반면 (c), 남반구(개도국)의 도시화는 총인구의 급격한 증가와 도시화율의 급격한 증가가 동시에 발생하면서 훨씬 더 빠르게 진행되고 있다(d).

여러 국가의 실제 양상은 [자료 9.9]에서 확인할 수 있다. 영국(잉글랜드와 웨일스)의 도시화율은 1800년 약 25%에서 1975년 약 80%로 점진적으로 증가하였다. 증가율이 가장 높았던 기간은 1811~1851년이었으며, 이후에는 증가율이 다소 떨어졌다. 이에 비해 브라질, 이집트, 한국, 인도 등은 1945년 이후 상대적으로 짧은 기간에 매우 빠른 도시화가 진행되었다.

[자료 9.8] 북반구(선진국)와 남반구(개도국)의 도시 성장 주기와 인구 변천 모델

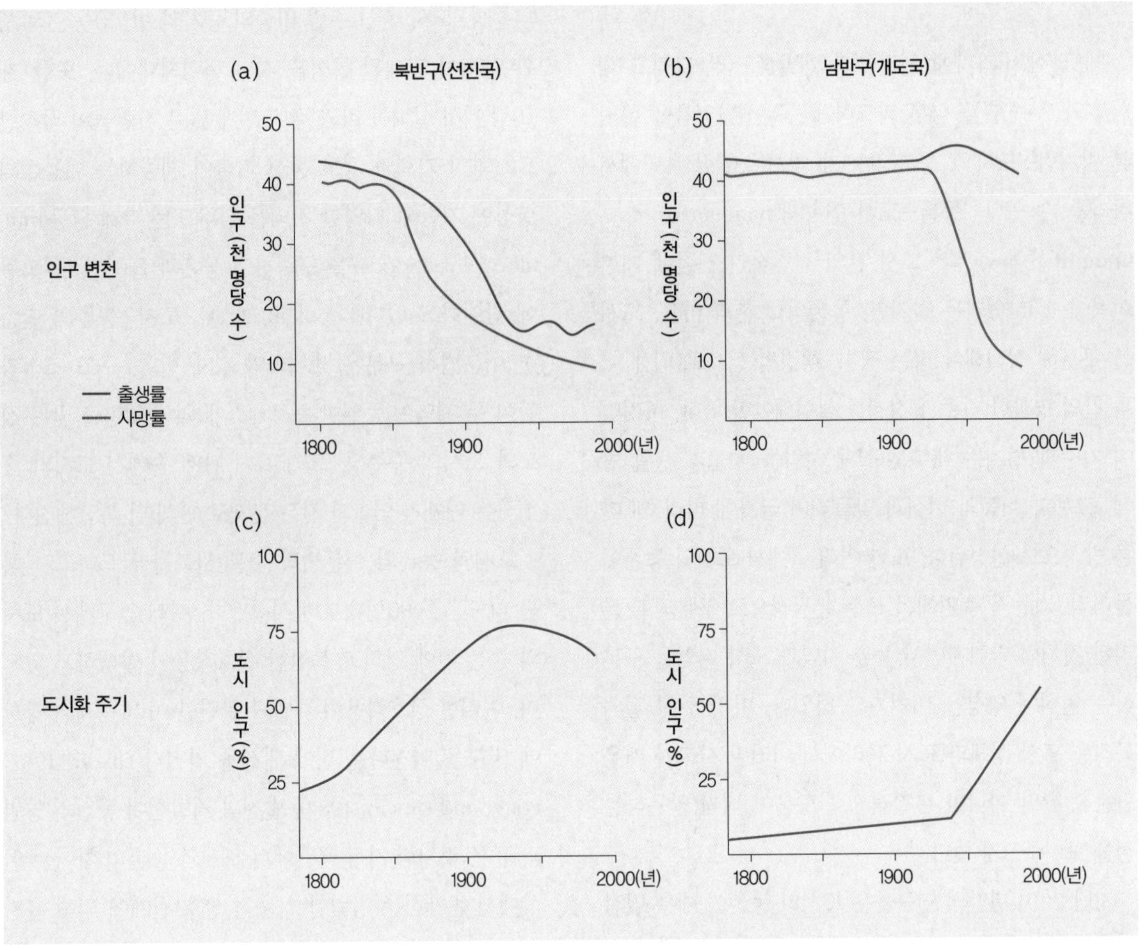

(a) 북반구(선진국)

(b) 남반구(개도국)

인구 변천

인구(천 명당 수)

50
40
30
20
10

— 출생률
— 사망률

1800
1900
2000(년)

(c)

(d)

도시화 주기

도시 인구(%)

100
75
50
25

1800
1900
2000(년)

출처: Potter, 1985, 1992a

[자료 9.9] 북반구(선진국)와 남반구(개도국)의 도시화 곡선 변화 사례

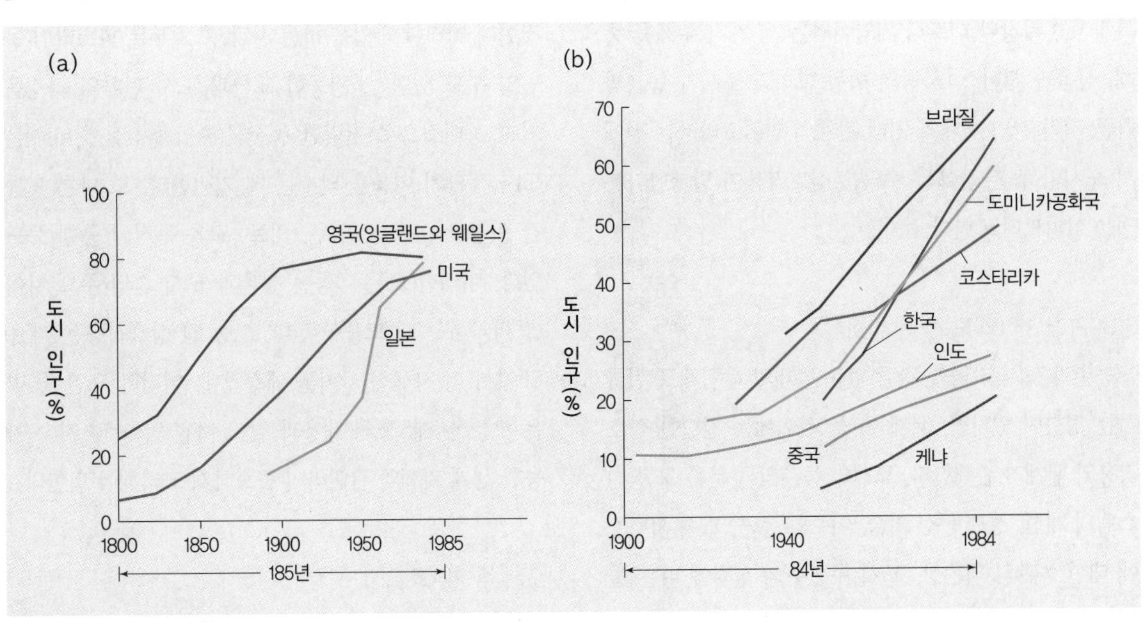

출처: Potter, 1992a

남반구(개도국)의 도-농 간 상호관계

'제3장'에서 과거에 '선진국'과 '개발상도국', 그리고 '핵심부'와 '주변부'를 너무 과도하게 구분해왔었음을 살펴본 것처럼, '도시'와 '농촌'의 관계 역시 동일한 측면에서 바라볼 수 있다. '농촌-도시 연속체(rural-urban continuum)'처럼 농촌과 도시 간의 점진적인 전환에 대한 인식이 일부 있기는 하지만, 농촌의 소촌과 마을, 도시를 구분해 정의해야 하는 정치·행정적 필요로 인해 이들 간의 명확한 기준과 경계를 설정해야만 했다. 하지만 이 기준과 경계는 대부분 실제 사람들의 삶과 생활 방식, 고용과 이동의 현실과 맞물리며 국가에 따라 꽤 다른 방식으로 설정된다. 또한 여러 글에서 도시와 농촌이 물리적, 기능적 측면에서 모두 본질적으로 구분되고 분리된 것처럼 다뤄지면서 농촌 지역과 도시 지역을 구분하는 인식에 영향을 미치기도 하였다. 따라서 이 절의 목적은 도시 정책과 도시 관리에서 이러한 사고가 매우 단순할 뿐만 아니라 본질적으로 도움이 되지 않는다는 점을 보여주고자 한다.

지난 20여 년간의 연구들은 도시와 농촌이 매우 밀접하게 상호 관련되어 있음을 강조해왔다. 여기에서는 (i) 남반구(개도국)의 도농 간 상호작용, (ii) 도시 주변부의 특징 (iii) 확장된 대도시 지역이라는 세 가지 주제를 통해, 상품과 서비스, 사람의 이동 그리고 도시가 농촌과 다른 지역 간의 연계와 거래 관계의 연결고리라는 점에서 도시와 농촌 간에는 수많은 상호작용이 발생한다는 점을 살펴보려고 한다.

남반구(개도국)의 도-농 간 상호작용

농촌과 도시 지역을 관련 없는 별개의 독립체로 취급하는 경향이 있지만, 실제 이 둘 사이에는 긴밀한 상호작용과 관계가 존재한다. 도시와 농촌의 구분은 교통 시스템의 개선, 정보 통신 기술, 이주와 통근, 도시 서비스에 대한 농촌의 의존성, '도시 주변부'의 성장에 따른 물리적 경계의 흐려짐 등으로 인해 모호해진다. 도시 주변부(peri-urban area)는 도시 서비스와 고용에 대한 높은 의존성, 도시 출신 주민 비중의 증가와 반(半)농촌적 생활 양식이 혼재된 특성을 지닌 점이지대이다. 또한 '제10장'에서 살펴볼 바와 같이 현재 많은 사람들이 급격한 도시화의 기회와 정보 통신 기술이 제공하는 이동성의 향상에 기반해 '다양한 지역을 넘나드는 가계 활동(multilocal livelihoods)'을 구축하여 농촌과 도시 생활 모두에 참여하고 있다(Zoomers, 2014). 도시-농촌의 단순한 이분법적 구분은 세계화와 경제 변화, 구조 조정과 같이 두 지역이 동일한 프로세스에 의해 영향을 받는 정도와 도시의 종주성, 그리고 이 관계 속에서 도시가 수행하는 매개자 역할과 같은 문제로 인해 더 복잡해진다.

도시와 농촌의 이분법적 구분 사고를 극복하고자 하는 시도는 1980년대부터 시작됐다. 여러 연구에서 도시와 농촌 간에 강하고 복잡한 상호작용이 발생하고 있으며, 이러한 상호작용이 개발과 관련한 여러 문제의 양상에 영향을 미친다는 점에 관심을 가졌다(Dixon, 1987; Potter and Unwin, 1987). 발전과 저발전이 동전의 양면과 같은 것처럼 가장 극단에서 도시와 농촌의 차이는 일상에서 존재하는 강력한 기능적 상호 관계에 의해 유지된다. 예를 들어 도시의 시장 가판대에서 팔리는 저렴한 식자재는 대부분 농촌 주민들이 선별해 도시로 보내는 것이며 이러한 작업을 하는 사람 중 일부는 파트타임 농민일 수도 있다. 불평등한 교환과 도시 편향의 과정을 거친 상대적으로 저렴한 농산물(수입 농산물에 비해)은 도시 생활의 비용을 낮추는 데 기여한다. 또 다른 도농 간 이동으로 쇼핑, 업무, 의료, 교육 목적의 통행 등도 있다. 이러한 모든 이동은 농촌과 도시 간의 주요 차이를 파악하는 데 도움이 된다. 도농 간 상호작용은 '제10장'에서 더 자세히 살펴볼 예정인데, 이러한 요인 중 많은 부분은 '제6장'의 내용과 같이 자원 악화 및 지속 가능한 생계 기회와 관련하여 중요하게 고려해야만 한다.

도시 주변부의 특징

도시-농촌 간 관계에 대해 지리학자들, 개발 연구자

들이 주로 관심을 가지는 또 다른 주제는 도시와 농촌이 접하는 지역으로, 주로 남반구(개도국)의 도시 가장자리 지역의 사회적, 경제적, 환경적 중요성에 대한 인식과 관련한 것이다. 이 지역은 '도시 주변부'라고 불리며 기존의 농경지가 도시 네트워크에 적극적으로 흡수되는 지역을 포함하기 때문에 혼합적인 토지 이용 특성을 보인다(Allen, 2003). 예를 들어 최근의 도시 인구 증가는 종종 공유제와 같은 전통적인 점유 체계하에 있는 토지 위에 만들어지는 대규모의 외곽 무허가 불량 주택(squatter settlement)과 판자촌에서 일어나며, 이것이 지방정부의 개입과 서비스 제공 능력에 영향을 미치기도 한다.

동시에 이 지역은 급격히 증가한 도시 인구의 식량 수요를 충족하기 위해 집약적인 농업 생산이 이루어지는 장소가 되기도 한다(Lynch, 2005). 이러한 도시 기반의 농업은 남반구(개도국)의 여러 도시에서 일반적인데, 도시 농업에 대한 연구를 보면 이 생산 방식의 장점과 단점이 동시에 나타난다. '단점'은 '장점'보다 훨씬 불명확하긴 하지만 집약적 농업을 위해 오염된 지하수를 사용할 가능성에 대한 잠재적 우려 역시 포함된다.

확장 대도시권(EMR)/도시권

최근 일부 연구자들은 새로운 도농 복합체가 발달하고 있으며, 이로 인해 도시화 과정과 도시 공간 구조의 성격이 근본적으로 변화하고 있다는 점을 언급한다. 특히 테리 맥기(Terry McGee, 1991, 1995)는 아시아 도시의 맥락에서 이 주장을 펼쳤다. 간단히 말해서, 이 접근 방식은 도시가 교통과 통신의 회랑을 따라 확장하면서 일어나는 도시와 농촌의 결합을 강조한다. 맥기(McGee, 1995)는 이에 대한 증거로 여러 아시아 국가의 중심 도시를 둘러싼 확장된 도시 지역의 사례를 제시하였는데, 맥기는 처음에는 이것을 '코타데사시(kotadesa-

[자료 9.10] 국가 공간-경제 내의 데사코타 지역 모형

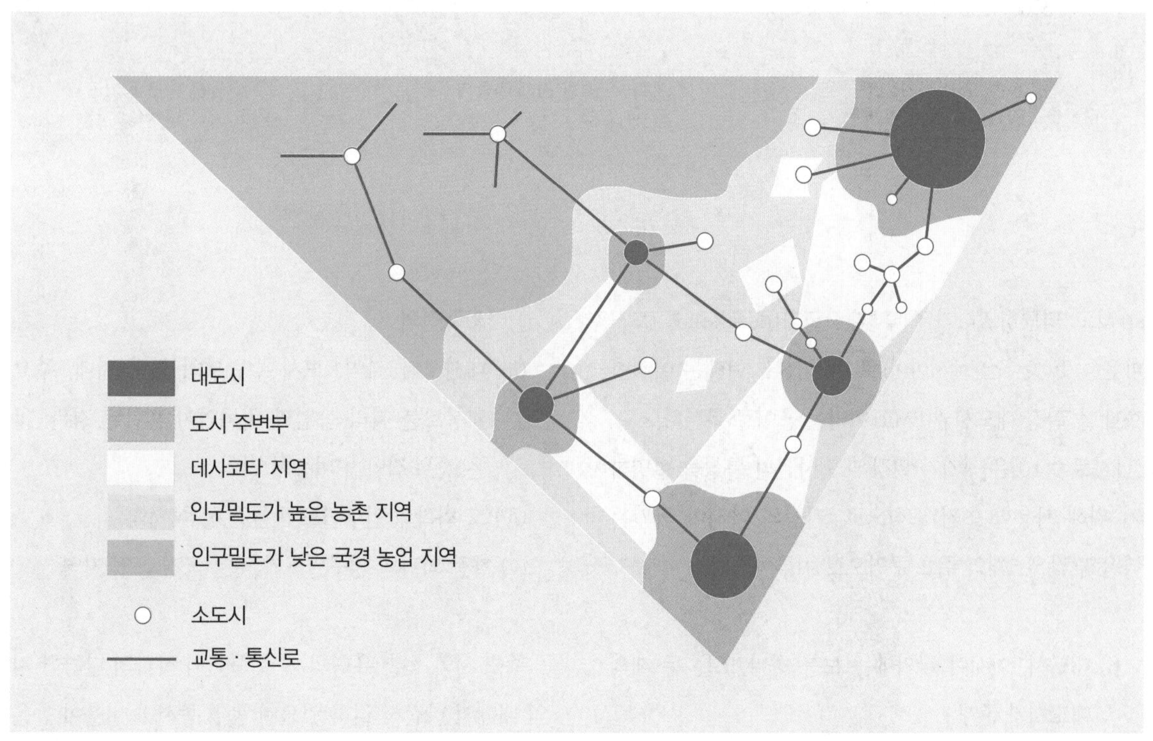

출처: McGee, 1991

[자료 9.11] 아시아 데사코타 지역의 유형별 분포

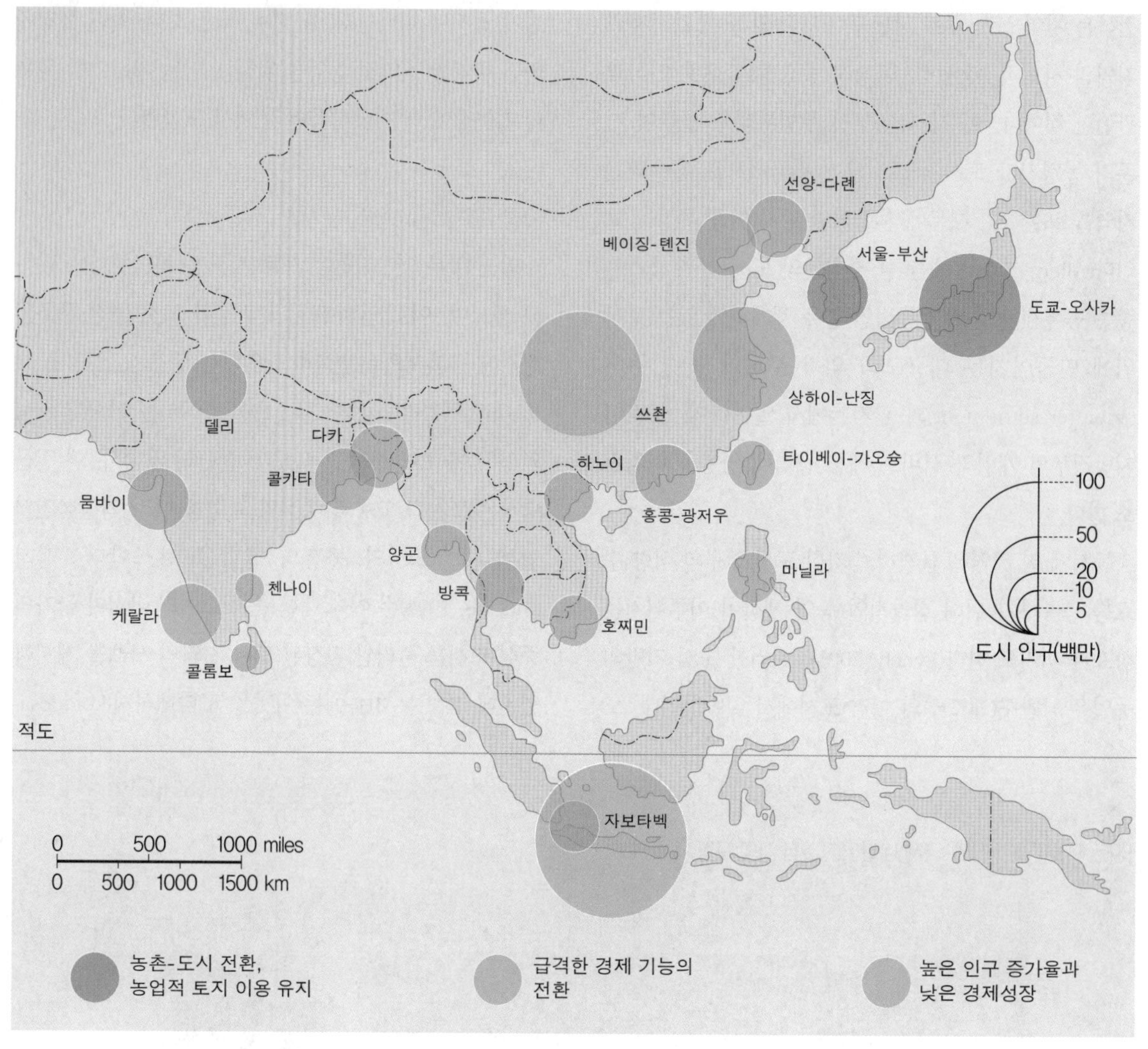

출처: McGee, 1991

si)'라고 명명하였다가 이후 '데사코타(desakota), (도시 마을을 뜻하는 인도네시아어)'로 바꾸었다. 현재는 이러한 형태를 '확장 대도시권(EMR)'이라는 용어로 부른다.

[자료 9.10]은 맥기가 확장 대도시권의 특성을 설명하기 위해 사용한 초기 도식으로, 가상의 아시아 국가는 다음과 같은 5개의 주요 구역으로 이루어진다.

(i) 대도시: 아시아 국가에는 보통 하나 또는 두 개의 대도시가 존재
(ii) 대도시를 둘러싼 도시 주변부: 도시의 통근 범위 내로 정의
(iii) 데사코타 지역: 도시 주변부의 외곽 지대. 주요 교통로를 따라 농업과 비농업이 혼합된 경관. 많은 경우 집약적 벼농사 지역
(iv) 그 외곽의 인구밀도가 높은 농촌 지역
(v) 가장 외곽의 인구밀도가 낮은 국경 농업 지역

즉 도시와 농촌 유형의 거주 구역이 하나의 다양한 지역 내에서 나란히 얽혀 있으며 농업 종사자 비율이 높은 지역이 표면상으로 주요 도시 지역 내에 존재한다. 이

지역들은 전반적인 인구밀도가 높다.

[자료 9.11]은 맥기가 아시아에서 데사코타 지역의 규모를 확인한 결과로, 맥기는 형성 및 발전 과정에 따라 데사코타 지역을 세 가지 유형으로 구분하였다. 첫 번째는 급격한 농촌-도시의 전환이 나타나지만, 여전히 농업이 주요하게 남아 있는 형태로, 한국과 일본이 이에 해당한다. 두 번째는 2차 산업으로의 전환을 포함한 경제 활동의 급격한 변화가 일어나는 유형이다. 1956~1980년 사이 농업 종사자 비율이 56%에서 20%로 감소한 타이완의 타이베이(Taibei)-가오슝(Gaoxiong) 회랑이 대표적인 지역이며, 타이의 방콕-중부 평야 지역, 중국의 주요 해안 도시 역시 이 유형에 해당한다. 세 번째는 인구 증가율은 높지만, 경제 변화 속도는 낮아 무급 가사 노동 및 기업의 불완전 고용, 자영업 등이 나타나는 유형으로 인도의 케랄라(Kerala)와 타밀나두(첸나이)가 여기에 해당한다.

확장 대도시권의 또 다른 특징은 주요 기능이 업무, 여가, 금융, 제조업, 엔터테인먼트, 관광특구 등으로 분산되면서 다핵 구조가 형성된다는 것이다. 드라카키스-스미스(Drakakis-Smith, 2000)는 베트남 하노이(Hanoi)를 대표적인 사례로 제시하였는데, 성장과 함께 도시의 확대가 이루어진 하노이는 지역화의 뚜렷한 징후가 나타난다. 특히 지역화된 도시 발전의 일부는 국제 자본의 투자에 의한 것으로, 대표적으로 말레이시아 자본과 하노이의 합작 투자로 진행된 노이바이(Noi Bai) 수출가공지구(Export Processing Zone: EPZ), 노이바이 골프 리조트 개발이 있다. 다양한 개발 사업에 따라 도시에 다핵 구조가 만들어지고 있다.

남반구(개도국)의 도시 및 지역 계획

도시계획

전 세계에서 일어나고 있는 도시의 급격한 성장을 고려할 때, 도시 관리자와 계획 체계가 사회적, 경제적 측면에서 지속 가능한 방식으로 성장을 관리할 수 있는 능력을 갖췄는지와 그 결과 역시 중요한 문제가 된다. 이와 관련한 주요 문제로는 국가 차원에서 도시 성장을 어떻게 이해하고 관리할 것인가와 지역 내에서 토지, 서비스 및 주택을 수요에 부합하면서도 건강과 안전에 문제되지 않는 수준에서 제공할 수 있는 메커니즘을 어떻게 마련할 것인가 등이 있다.

두 번째 문제와 관련해 아프리카와 아시아, 특히 케냐와 인도 등과 같이 독립 후 수십 년 동안에도 여전히 식민지 시기의 계획과 건설 표준, 전략이 남아 있는 경우는 분명한 문제라고 볼 수 있다. 남반구(개도국)의 많은 도시에서 일반 주민들이 '유럽 표준'에 따라 감당하기 힘든 건축비를 부담하고 있음에도 전통 건축 자재의 사용을 공식적으로 허용하지 않는 것이 바로 생경한 규범과 표준을 채택한 하나의 사례라고 할 수 있다.

또 다른 문제는 20세기 초중반에 많은 식민 도시가 '전원 도시(garden city)' 계획을 기반으로 개인 정원과 공공 유보지에 상당한 공간을 할애해 분산된 주거 공간을 형성하고 공간을 광범위하게 사용하도록 계획하였다는 점이다. 뉴델리(New Delhi), 루사카(Lusaka, 잠비아), 나이로비는 잘 계획된 매력적인 도시로 개발되었지만, 교통 의존적 도시라는 점 때문에 노동자 계층에게 상당한 교통비 부담을 야기하고 있으며, 도시 정부에는 공간적으로 확대된 도시를 유지하고 서비스해야 하는 장기적인 계획 측면의 문제를 안겨주었다. 루사카의 경우 고밀화, 접근성과 연결성의 향상, 건축 표준의 조정 등을 통해 수많은 중심지를 통합할 필요가 있지만, 1980년대 후반까지도 여전히 식민 시기 원칙을 그대로 반영한 신도시계획을 유지하고 있었다.

남반구(개도국)의 많은 지역, 특히 라틴아메리카에서도 토지를 구매할 여력이 없는 다수 도시 주민들의 거처를 허용하지 않는 제한 정책을 유지하면서 이들의 판잣집이 사실상 불법이 되고, 불안과 끊임없는 퇴거의 위협을 느끼게 되는 문제가 나타나고 있다. 공식 토지 시장의 운영 방식은 토지나 합법적 주택을 살 능력이 없는 사람들이 범람원이나 가파른 경사면, 쓰레기 매립장 근처와 같은 주변부 토지에 불법적으로 거주할 수밖에 없게 만들며, 이 때문에 추가적인 보건 및 안전상의 문제가 발생하게 된다. 반면 남아프리카공화국과 같이 국가가 가난한 사람들에게 토지를 제공한 지역에서는 제공된 토지가 종종 도시 중심부에서 상당히 멀리 떨어진 변두리 지역에 위치하면서 도시 주변화의 또 다른 양상을 만들어내기도 한다.

북반구(선진국)에서 일반적으로 이루어지는 도시 재생이 남반구(개도국)에서는 케이프타운(Cape Town)과 리우데자네이루(Rio de Janeiro)와 같은 일부 핵심 도시에 한정되는데, 리우데자네이루의 경우 2016년 올림픽 개최가 주요한 요인으로 작용하였다. 부지와 서비스 방식(site and service scheme)과 비공식 주거지의 업그레이드 형태로 이루어진 주택 개입은 특정 도시가 추진한 몇 안 되는 개입 사례 중 하나이다.

도시계획 절차의 느리고 점진적인 변화는 종종 저소득 도시의 여건을 개선하는 방법에 중점을 두고 보다 포괄적이고 참여적인 계획 방식으로 이루어진다. 시민 참여 및 권한 부여의 원칙에 기반해 특히 포르투알레그레(Porto Alegre)와 벨루오리존치(Belo Horizonte)와 같은 라틴아메리카 도시의 지방정부는 커뮤니티의 참여와 제한된 자원 내에서 의사 결정과 지출에 대한 의견을 제시하도록 하는 참여형 계획과 참여 예산제를 도입하였다(Satterthwaite and Mitlin, 2014). 이러한 과정을 통해 상향식 의사 결정과 지역의 요구에 대한 적절한 반영을 기대할 수 있지만, 동시에 가장 영향력 있고 뛰어난 사람의 이익에 초점을 맞추면서 모든 시민의 의견에 부합하지 못하게 되는 '엘리트의 포획' 문제에 대한 위험 역시 존재한다.

지역계획

대부분의 국가에서 지역계획이 국가 정책의 영역에 해당한다는 문제도 중요하게 고려해야 한다. 일부 국가에서는 여전히 도시와 농촌 개발의 상대적 균형의 측면에서 도시 개발에 따른 균형추로 농촌을 발전시킨다는 식민지 시기 사고의 잔재가 남아 있다. 남아프리카와 같은 일부 지역에서는 식민 시기 정책에 따라 법적 절차와 할당을 통해 도시화를 제한하고 '불법' 이민자를 농촌으로 다시 돌려보내고 있으며, 인도는 2005년 도시 성장을 완화하기 위한 '농촌 고용 제도'를 도입하였다(Chant and McIlwaine, 2009). 일부 국가에서는 많은 비용을 감수하고 분산 정책과 신도시 건설 추진을 통해 대도시의 성장 양상을 전환하고자 하였다. 페루와 멕시코는 1970년대부터 적극적인 분산 정책을 통해 나름의 효과를 거두기도 하였지만, 대부분의 경우 여러 중심지를 개발하는 것에 매우 큰 비용이 소요되었다. 말레이시아와 한국에서는 신도시 개발 정책을 적극적으로 추진하고 있으며, 브라질, 나이지리아, 탄자니아, 말라위에서도 새로운 수도 건설을 통해 도시 종주성을 낮추려는 노력을 기울이고 있다. 하지만 이러한 노력은 큰 비용에도 불구하고 많은 경우 행정적 측면에서만 의미를 가지며 경제적 측면에서는 거의 의미를 지니지 못하는 '하얀 코끼리(white elephants)'를 만들어냈으며, 대도시로 향하는 도시화의 흐름도 거의 바꾸지 못하였다.

도시 개발에서 국가의 역할

개발 계획에 있어 국가가 도시 성장의 규제에 어느 정도까지 개입해야 하는가와 지역 및 국가 스케일로 방향을 전환하는 것은 매우 중요한 논쟁 주제이다(Potter and Lloyd-Evans, 1998). 많은 비평가는 사회주의 국가들만이 국가 발전에 있어 도시와 농촌의 불균형을 완화하기 위해 노력했었다고 말한다. 예를 들어 남베트남에서는 1975년에서 1980년 사이 반(反)도시 정책이 명백하게 추진되었고, 중국에서는 1950년대 후반부터 주기적으로 제로 도시 성장 정책이 이어졌다. 또한 쿠바는 1959년 사회주의 혁명 이후 도농 불균형을 해소한 좋은 사례로 자주 거론된다.

도시 및 지역 계획 정책은 단지 경제적 여건에만 기초하는 것이 아니라 경제적, 정치적, 심지어는 도덕적, 윤리적 사항까지 고려해야 한다. 실제로 리처드슨

(Richardson)은 1980년대 초 국가의 도시 개발 전략을 살펴보면서 비록 강한 친(親)대도시의 관점에서 주장하긴 했지만, 핵심 목표는 일반적으로 사회의 목표와 동일해야 하며 그런 전략은 고도로 국가 특화적일 필요가 있음을 지적하였다(Richardson, 1981). 즉, 도시와 지역 문제에 대한 만병통치약이나 보편적인 해결책은 없다. 리처드슨(Richardson, 1981)은 [표 9.2]와 같이 1980년대 이전에 남반구(개도국) 정부가 사용할 수 있었던 정책을 광범위하게 검토해, 종주 도시와 혼잡한 중심 지역에서 사람과 일자리, 사회 기반 시설 분산과 관련한 세 가지의 도시화 집중 전략과 일곱 가지의 지역 간 탈집중화와 탈중심화를 유형화하였다.

도시 집중을 일으키는 첫 번째 정책은 시장이 스스로 작동하도록 내버려 두는 자유방임(또는 자유 시장) 정책이다. 하지만 만약 종주 도시에서 혼잡과 불균형의 문제가 나타난다면, 핵심지역 내에서라도 탈중심화가 나타날 수 있다. 즉 종주 도시의 외곽에서 다중심적인 성장 패턴이 나타나거나 기존 중심지의 외곽으로 도약형(leaf-frog)의 탈중심화 형태가 나타날 수 있다. 하지만 진정한 탈집중화 전략은 표와 같이 일곱 가지의 일반적인 유형으로 분류할 수 있다. 개발 회랑과 축은 핵심지역에서부터 시작된 성장이 이곳에 집중되도록 설계할 수 있다. 이와는 달리 성장이 역동적인 성장극 또는 성장 중심으로 옮겨질 수도 있다. 본질적으로는 동일하지만 변형된 방식으로 반대극을 가진 자석처럼 공간적으로 떨어진 몇 개의 주요 결절점을 강화하는 방식이 가능할 수도 있다. 또 다른 형태로는 일부의 2차 또는 중간 도시의 성장 또는 행정 중심지의 설립에 의한 것이 있으며, 지역 대도시의 성장과 이와 관련한 계층 구조를 통한 탈집중화와 탈중심화도 가능하다. 스펙트럼의 맨 끝에서는 소규모 서비스 중심지의 분산 정책과 이와 관련한 주변부의 농촌 개발이 추진될 수 있다. 물론 이 전략들은 상호 배타적이지 않으며, 일부는 매우 유사하기 때문에 각 전략의 다양한 요소가 혼합된 형태로 합쳐질 수도 있다.

결론적으로 도시 및 지역 체계의 계획은 경제적 합리성에만 근거해서는 안 된다는 것을 다시 강조할 필요가 있다. 사회적, 정치적, 이념적 문제 역시 마찬가지로 중요하다. 선택은 사회정치적이며 도덕적이기 때문에 국가나 다른 기관에서 추진할 미래의 도시와 지역의 지리학에는 여러 가지 방식이 있다는 점을 인정해야 한다. 지난 10여 년간 많은 문헌에서 국가 계획에 대한 상향식 및 풀뿌리 접근 방식의 중요성을 강조하였다.

하지만 이러한 주장들에도 불구하고 세계은행과 유엔

[표 9.2] 리처드슨의 국가 도시 발전 전략의 유형화

도시로의 집중화	탈집중화와 탈중심화
1. 자유 시장 또는 무개입	1. 개발 회랑과 축
2. 종주 도시의 다중심적 발전	2. 성장극과 성장 중심
3. 종주 도시의 '도약형' 탈중심화	3. '반대 자석'
	4. 2차 도시
	5. 지방 수도
	6. 지역 중심지와 계층 구조
	7. 소규모 서비스 중심지와 농촌 개발

출처: Richardson, H.W. (1981) National urban development strategies in developing countries. *Urban Studies*, 18, 267–83

개발계획, 도시 연맹은 도시 성장과 대도시가 개발과 변화의 핵심이며 개발을 시장의 힘에 더 맡겨야 한다는 주장으로 되돌아가고 있다(UNDP, 1991; World Bank, 1991; Cities Alliance, 2006). 이 주장은 아시아 신흥공업국가(newly industrialising countries: NICs)의 성공과 농촌 기반 개발 프로그램의 전반적인 실패에 근거하고 있다. 규제 완화, 민영화, 국가의 롤백(the rolling back), 수출 기반 산업화 프로그램, 구조 조정 프로그램(Structural Adjustment Programmes: SAPs) 및 빈곤 퇴치 전략(poverty reduction strategies: PRS) 등을 포함한 신자유주의 정책들은 모두 세계은행과 '워싱턴 컨센서스'의 도시 관리 프로그램을 상징하며(Drakakis-Smith, 2000; Potter, 2000), 대부분의 남반구(개도국) 국가는 이것을 따라야만 했다. 남반구(개도국)의 취약한 재정 상태와 대규모의 개발 수요를 감안할 때 자유시장적 접근 방식이 가장 가난한 사람들의 문제를 현실적으로 해결할 수 있는가에 대해서는 논란이 있을 수밖에 없다.

계획과 세계 기구

도시화 과정을 지속 가능하게 관리하고 도시 생활 여건을 개선해야 할 필요성에 대한 우려는 주요한 국제적 관심이 되어왔다. 도시화 문제의 해결 방안을 찾고자 노력 중인 국제기구로는 유엔 해비타트(유엔 인간 정주 위원회)와 세계은행, 이 둘과 연계된 도시 연맹 등이 있다.

유엔 해비타트는 주요 도시 개발 과제에 대한 적절한 대응을 모색하는 전략의 수립과 지원자 역할을 적극적으로 수행해왔다. 2003년의 「슬럼 문제」 보고서(UN-Habitat, 2003) 외에도 현재의 동향과 모범 사례를 소개하고 포용성의 개선, 주거 문제의 해결, 경제적 여건 향상 등 다양한 개입 방식을 추천하는 「세계 도시 보고서(State of the World's Cities)」(UN-Habitat, 2012) 등을 발간하기도 했다.

다양한 국제기구와 국가 및 지방정부의 지원을 받는 도시 연맹은 활동에 있어 '도시 개발 전략'과 '슬럼 없는 도시'라는 두 가지 핵심 목표를 설정하였다. 지난 15년 동안 도시 연맹은 세계 전역의 도시들이 발전하고 번영하면서 동시에 슬럼 개발에서 나타나는 주요한 문제들에 대응해야 하는 두 가지 과제를 잘 해결할 수 있도록 적극적으로 지원해왔다. 도시 개발 전략은 주로 다음에 초점을 맞춘다.

- 장기 비전의 수립
- 저소득층 지원의 통합
- 지역 비즈니스 성장 지원
- 타 도시와의 네트워킹 및 지식 공유
- 지역 경제 발전 촉진
- 지역의 리더십 지원
- 실행 중심

(Cities Alliance, 2006)

슬럼 문제를 해결하기 위해 도시 연맹/세계은행 실행계획(Cities Alliance/World Bank Action Plan, 2013)에서는 바람직한 거버넌스, 점유권 보장, 재정에 대한 접근성 및 커뮤니티 참여 활성화를 핵심적인 과제로 설정하였다. 슬럼 업그레이드를 위한 개입과 국내 역량 개발을 위한 학습과 지원의 공유 역시 강조하였다. 슬럼에 대한 절에서 논의한 바와 같이, 이러한 개입이 슬럼 개발 문제를 처리할 수 있는 능력과 필요한 지원 수준을 갖추었는지 여부는 주요한 국제적 개발 문제 중 하나이다.

2015년에 도시 연맹과 유엔 해비타트는 「국가 도시 정책의 진화: 세계적 개관(The Evolution of National Urban Policies: A Global Overview)」(Cities Alliance, 2015)이라는 제목의 보고서를 공동 발간하였다. 이 보고서의 목적은 국가 간 공동 학습을 장려하고 각 국가가 직면한 주요 도시 문제에 대한 국가 차원의 지원과 대응을 촉진하기 위함이다. 보고서에서 제시하는 주요 문제는 다음과 같다.

- 도시를 계획하고 관리하는 문제에 대한 국가 내의 조직화된 접근 방식의 필요성
- 보다 회복력 있고, 살기 좋은 도시를 설계하고 건설하기 위한 법률 및 금융 수단의 개발
- 압축적이고 포용적인 도시 성장 추구
- 도시 핵심지역과 교통 회랑의 토지 공급 확대의 필요성
- 거주에 앞선 토지 및 기반 시설 개발 촉진
- 계획 결정에 있어 도시와 배후지를 같이 고려하는 폭넓은 계획 관점 채택

이와 같은 권고가 잠재적으로 변화를 이끌어낼 수도 있겠지만, 이를 위해서는 필요한 개입을 실행하고 감당할 수 있는 상당한 국가적 차원의 책무, 국제적 지원과 지역적 역량이 필요하다. 많은 남반구(개도국) 국가, 특히 아프리카와 아시아에서는 자질을 갖춘 계획가가 충분하지 않기 때문에 도시화의 속도가 개발 요구에 대응할 수 있는 국가와 지역 도시 체계의 능력을 넘어설 위험이 항상 존재한다.

지속 가능한 도시 개발

도시 관리자가 직면한 문제의 범위와 이러한 문제가 발생하는 과정을 완전히 이해하기 위해서는 보다 포괄적이고 유연한 개념적 접근이 필요하다. 이러한 관점은 1990년대부터 나타나기 시작하였으며, '지속 가능한 도시화'와 관련이 있다(Satterthwaite, 1999, 2008; Elliott, 2013; Mitlin and Satterthwaite, 2013).

지속 가능에 대한 관점을, 도시가 국가 경제성장을 시작하고 지속하는 데 중추적 역할을 수행한다고 보는 지속적 성장과 혼동해서는 안 된다. 경제성장은 지속 가능한 도시화의 필수 요소이지만 현대 도시를 구성하는 여러 상호 연결된 과정의 하나일 뿐이다.

지속 가능한 도시화는 경제 발전의 수준과 특성에 관계없이 모든 도시 관리 조직의 중요한 목표가 될 수 있으며, 또 그래야만 한다. [자료 9.12]는 지속 가능한 도시 개발의 주요 구성 요소를 보여주고 있다. 이 문제를 보다 심층적으로 검토한 드라카키스-스미스(Drakakis-Smith, 2000)는 주요 구성 요소들이 상호 연결되어 있음을 통해 도시가 직면한 수많은 문제의 복잡성을 설명한다. 즉, 도시 개발의 경제적 차원은 단순히 국가 경제 내에서 도시의 역할뿐만 아니라 가구 수준의 고용과 소득, 빈곤의 측면에서 경제가 도시 거주자에게 미치는 영향, 또 노동자의 권리와 같은 도시 환경과 사회 문제에 대한 영향과도 관련된다.

주요 구성 요소는 인구학적 요인, 경제적 요인, 사회적 요인, 정치적 요인, 환경적 요인으로 구성된다. 지속적인 성장이 아니라 지속 가능한 성장을 위한 도시 개발의 관리는 분명 복잡한 작업이다. 이러한 접근 방식에서 제기되는 여러 문제들은 비록 상호 연결되지 못하고 개별적이었기는 하지만 지난 20년 동안 면밀하게 연구가 이루어졌다.

더욱이 지속 가능한 도시 개발을 위한 도시 관리에는 개입 목표에 대한 새로운 태도가 필요하다. 따라서 경제성장을 창출하고 유지하는 것에 더해 다음과 같은 요소 역시 중요하게 다뤄져야 한다.

- 형평성과 사회정의의 추구
- 기본 요구의 충족
- 사회적, 민족적 자결권과 인권 인식
- 환경 의식과 보전
- 시-공간을 초월한 상호 연결성 향상

남반구(개도국) 도시의 내부

과정과 패턴에 대한 이해

남반구(개도국)의 많은 도시에서 이 장의 앞부분에서 논의한 도시 성장의 징후가 나타나고 있지만, 개별적인 특성은 적정 주거지와 고용 및 서비스의 제공 능력과 같은 여러 요인에 따라 매우 다르게 나타난다. 예를 들어, 놀라운 성장과 세계 경제 체제로의 완전한 통합을 이루

[자료 9.12] 지속 가능한 도시화의 주요 구성 요소

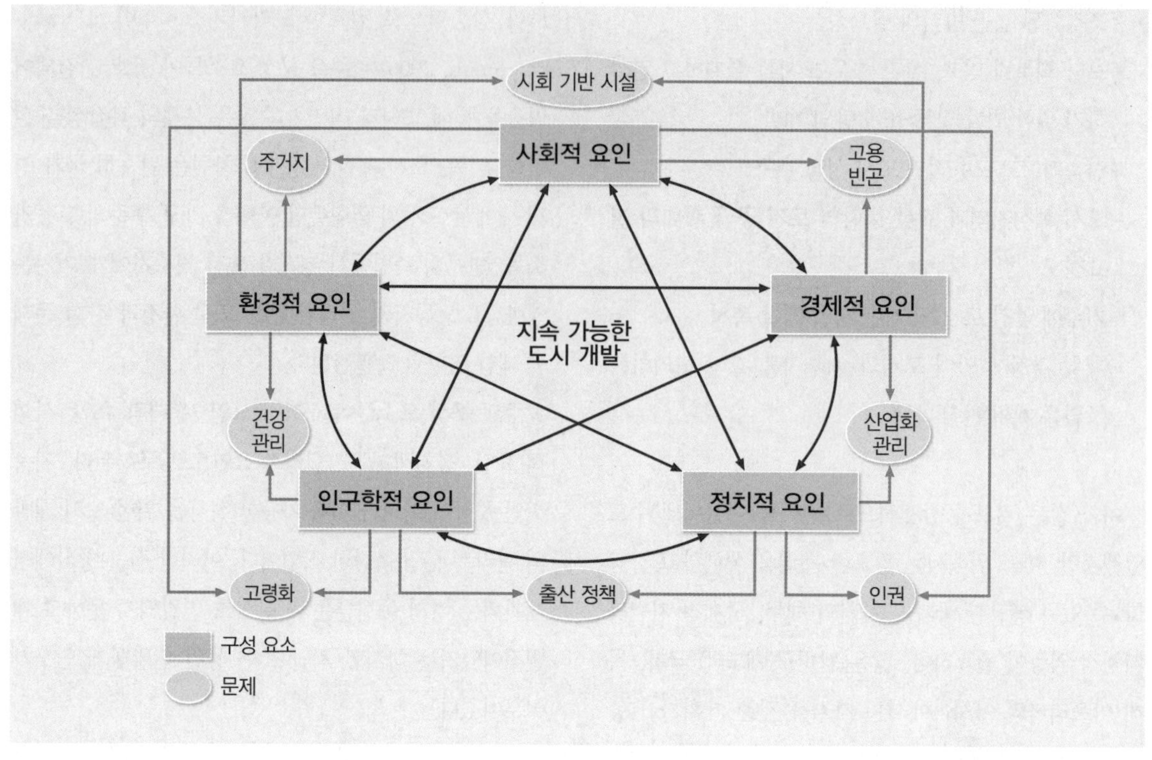

고 많은 주민에게 고품질의 주택과 고용 기회를 제공한 싱가포르, 서울과 같은 아시아 도시부터 도시 주민의 대다수가 무허가 주택에 거주하는 루안다(앙골라), 아디스아바바(에티오피아) 그리고 도시 서비스 제공 체계가 붕괴된 모가디슈(소말리아)까지 다양한 양상으로 나타난다. 즉 남반구(개도국)의 도시들에서 발생하는 현상에 대한 일반화는 조심스럽게 이루어져야 한다. 이러한 요소들은 '제2장'과 '제4장'에서 살펴본 바와 같이 식민주의의 유산과 광역 및 세계 경제에서 도시와 국가가 수행하는 역할의 영향을 받는다.

경제와 고용

식민지 시대부터 남반구(개도국)의 도시에는 행정, 제조업, 서비스와 무역에서 작지만 중요한 고용 기반이 있었다. 식민지 시대에 많은 식민지 정부는 도시화를 통제해 대다수의 인구를 농촌 지역에 머물게 했기 때문에, 도시가 상대적으로 규모는 작았지만 고용률은 높았다. 그러나 앞서 살펴본 것처럼, 대부분의 남반구(개도국)에서 독립과 함께 통제가 풀리면서 급속한 도시 성장이 이루어졌지만 도시 인구의 급격한 증가는 경제성장과 거의 관련되지 않았다. 이러한 불일치로 인해 보통 주택과 고용이 비공식적인 방법으로 공급되게 된다. 많은 국가가 상대적으로 취약하고 제한된 경제 역량 상태에서 경제적으로 세계와 통합될 때, 특히 저렴한 해외 수입품의 도전을 마주하게 될 때 행정 및 제조업 분야의 실직과 인원 감축이 발생하게 된다.

제2차 세계대전 이후 도시와 경제의 상당한 성장을 경험한 국가로는 중국, 동남아시아 여러 국가, 멕시코와 브라질 같은 주요 라틴아메리카 국가들이 있다. 신흥공업국가(NICs)로 통칭되는 이들 국가는 상당한 수준의 해외 투자를 유치하였다. 높은 기술 수준과 낮은 임금 수준, 국가 지원과 인센티브, 글로벌 물류 체계 접근성

등을 통해 이 국가들은 다른 남반구(개도국) 국가보다 더 높은 수준의 고용과 글로벌 생산 체인으로의 통합 그리고 경제성장을 달성할 수 있었다. 그 결과 한국, 중국, 브라질과 같은 국가는 주요 공업국으로서 제조업체와 소비자를 연결하는 '글로벌 생산 네트워크'에 완전히 통합된 소수의 남반구(개도국) 국가가 되었다(Coe and Yeung, 2015; '제4장' 참고). 중국 상하이(Shanghai), 광저우(Guangzhou)와 같은 도시가 눈부신 성장을 통해 세계 제조업의 핵심 중심지를 거쳐 최근에는 서비스 공급의 중심지가 된 것은 남반구(개도국)의 성공적이면서도 선택적인 도시와 경제성장을 상징한다. 하지만 많은 남반구(개도국)가 상당한 경제성장을 경험했음에도 불구하고 낮은 임금(특히 남아시아 지역), 낮은 수준의 노동자 보호와 시민권(동아시아 및 동남아시아)으로 고통받고 있으며, 결국 많은 국가가 북반구(선진국)를 위한 생산 기지로서의 열등한 지위로 세계 체제에 편입되었다.

하지만 대부분의 남반구(개도국) 국가는 공식 부문으로 알려진 영역에서의 고용, 즉 서구식 기업, 행정, 산업, 은행, 상점 등에서의 고용 범위가 제한되어 있다. 예를 들어 아프리카는 세계 인구의 약 12%를 차지하지만 전 세계 제조업 생산의 1%만을 담당한다. 제조업이 신흥공업국가 이외의 도시에 위치한 경우, 지역 산업은 세계 시장에서 신흥공업국가와 가격 측면에서 경쟁이 되지 않기 때문에 보통 식료품, 섬유, 금속 제품 등 내수 소비를 위한 제품 생산이 중심이 된다(Stock, 2013). 도도마(Dodoma, 탄자니아), 아부자(나이지리아), 릴롱궤(Lilongwe, 말라위)와 같은 수도에서 다른 부문에 세금을 부과하고 경제의 전반적인 건전성에 의존하는 정부 부문의 고용이 종종 유급 정규 고용에서 가장 큰 비중을 차지한다. 수도 이외의 지역에서는 도시 규모에 따라 정부 부문의 고용 수준이 제조업 고용과 함께 급격하게 감소한다.

비공식 부문

대다수 도시 거주자들의 고용은 주로 자영업 및 영세 기업이나 '그림자 경제' 또는 비공식 부문으로 알려진 분야에서 이루어진다. '비공식 부문'이라는 용어는 남반구(개도국)의 도시 거주자들이 지역의 제조업과 공공 부문, 서비스 부문의 제한된 역량에도 불구하고 생계를 유지하는 방법을 파악하고자 한 하트(Hart)와 국제노동기구(International Labour Organization: ILO)의 주요 연구를 시작으로 1970년대부터 개발 용어집에서 널리 사용되었다. 식민지 시기의 도시 거주자들은 서구식 부문에 고용되지 않고 전통적 시장경제, 예를 들어 전통 시장에서 공예품과 식료품의 생산과 판매 영역에 고용되어 있었다. 독립 이후 도시가 성장함에 따라 이러한 이분법적 이해가 부적절하며 '서구식'의 '공식' 경제와 함께 병렬적인 또 다른 경제가 존재한다는 점을 인식하게 되었다. 이에 따라 '비공식' 부문이 남반구(개도국) 도시의 생계와 고용의 핵심 원천이라는 점을 인식하게 되었다(Pacione, 2009; Stock, 2013; Desai and Potter, 2014).

비공식 부문이라는 용어와 그 역할 모두 논쟁의 여지가 있지만, 그럼에도 불구하고 비공식 부문은 남반구(개도국) 도시에 거주하는 대다수 거주자의 고용과 생계를 이해하는 핵심적인 관점으로 사용된다. 녹스와 맥카시(Knox and McCarthy, 2012)에 따르면 비공식 부문의 규모에 대한 정확한 통계는 특히 고용이 불법이거나 암시장 활동과 관련된 경우 얻기가 힘들기는 하지만, 전체 도시 일자리의 약 3분의 1(자카르타)에서 3분의 2 이상(수라바야[Surabaya, 인도네시아]와 코나크리[Conakry, 기니아]))까지 다양하게 나타난다.

비공식 부문이란?

비공식 부문은 '그림자 경제' 또는 '제3차 피난 부문(tertiary refuge sector)'이라고도 불리며, 길거리 행상, 구두닦이, 세차, 택시 운전과 기타 여러 직업 등이 이에 해당한다(Lloyd-Evans and Potter, 2008; McGee, 1979; Portes et al., 1991; Desai and Potter, 2014). 이 부문은 '통제되지 않은' 비공식적 운영으로 어려움을 겪을 수 있지만, 진입의 용이성, 낮은 기술 수준 및 적은 초기 자본, 새로운 기회를 빠르게 포착할 수 있는 능력 등의 장점을 가지고 있다.

비공식 부문은 처음에는 이중 경제의 일부로 이해되었다. 즉 서구식 부문에서 합법적으로 등록을 한 고용주가 공식적인 근로 계약을 맺고 정기적인 급여를 지급하며 정식 업무 지역에서 운영하는 일자리를 '공식 부문'으로 간주한다. 공식 부문의 예로는 정부, 은행, 주요 거리의 상점과 서비스 기능, 제조업 기업의 고용이 있다. 이와 반대로 비공식 부문에서는 법적 승인과 공식적인 근로 계약이 없다. 고용은 일반적으로 자영업이나 비공식 계약의 형태로 이루어지며, 부지와 건물은 종종 허가를 받지 않았으며, 공급하는 상품과 서비스는 일반적으로 공식 승인을 얻지 못한 것이다. 또한 전통 방식의 기술을 사용하고 가족 중심의 소유와 운영이 나타나는 것이 이 분야의 전통적인 특징이다.

비공식 부문은 소매(도로나 무허가 거주지에서 흔히 볼 수 있는 서구 혹은 전통 상품의 판매)에서부터 서비스(미용, 자동차 및 전자제품 수리), 지역 내 사용을 위한 소규모 제조업(의류, 가구 등)에 이르기까지 광범위하게 나타나며, 사기, 절도, 매춘과 같은 불법 행위까지도 아우른다. 이 이원론적 관점은 시간이 지남에 따라 수정되면서 도시 경제(즉, 공식 및 비공식)의 '상위 순환과 하위 순환'이라고 불리게 되었다(Santos, 1979). [표 9.3]은 이러한 개념화를 통해 두 부문이 경제 운영 방식과 법적 지위의 측면에서 얼마나 상이한지를 보여준다.

하지만 시간이 지나면서 이원론적 구분이 현실적이지 않다는 것을 인식하였다. 이것은 공식 부문과 비공식 부문 간에 교차하는 활동들이 존재하기 때문인데, 즉 둘 다 서로의 제품을 판매할 수 있으며, 비공식 부문이 자동차와 같은 공식 부문의 제품을 유지·관리하기도 한다. 예를 들어 많은 트라이쇼(삼륜 자전거) 소유자는 공식 부문에 근무하면서 이를 라이더에게 임대하기도 하며, 비공식 부문의 하청 근로자는 중소기업이 수요 변동을 감당할 수 있는 필수 자원이 되기도 한다.

따라서 기존의 이원론적 구분 대신 공식–비공식 부문의 연속체로 이해하는 것이 더 현실적이다. [자료 9.13]은 무급 노동(육아 및 가사 노동 등)에서부터 유급 고용까지 모두 연속선상에 있음을 보여준다. 또한 고용 경제의 다양한 생산 요소와 하청 계약(등록 건축업자와 미등록 벽돌공의 하청 계약 등)을 통한 이들 간의 연결 역시 보여준다. 비공식 부문의 제일 끝단은 재생산 및 가사 노동과 관련되며 무급의 형태이다. 그다음은 자급용 생산(농업 및 가사 노동 등)으로 이어지고 그다음 차례로 소규모 업자의 상품 생산, 그리고 마지막으로 공식 부문의 임금 노동으로 이어진다.

비공식 부문을 바라보는 관점

비공식 부문의 활동이 분명히 유용한 측면을 가지고 있음에도 오랫동안 도시계획가들과 관리자들은 이것을 절대적으로 반대하였다. 이들은 비공식 부문의 활동이 도시가 투자 유치를 위해 창출하고자 하는 현대화 이미지를 '망친다고' 보기 때문이다. 1970년대의 '비관습적인 지식'에도 불구하고 산업화 전후 시기에 도시 규제는 비공식 부문을 지속적으로 견제하였으며, 기본 요구를 제공하는 것조차 비공식 부문에 대한 지원으로 간주하였다(Richards and Thomson, 1984). 국제노동기구는 비공식 부문에 대한 지원이 적절하게 이루어진다면 신설 기업이 정규 부문 고용으로 전환되고 자본주의 확장의 기반을 마련하는 데 도움이 될 수 있다고 주장하면서 비공식 부문을 지원해왔다. 남아프리카공화국 정부가 거리 행상이 정식 가판대를 마련할 수 있도록 지원하고, 중소기업과 신설기업에게 자문과 금융 지원을 제공하는 것이 이러한 사례에 해당한다.

신자유주의적 관점에서 비공식 부문은 신흥 기업가가 공식 비즈니스 부문에 참여하는 것을 돕는 경로로 간주된다. 이와 반대로 네오마르크스주의자들은 비공식 부문에서 '탈출'한 사람이 거의 없으며, 비공식 부문에 대한 제한적인 지원이 실제로는 이 부문을 영속화시키면서 사회의 구조적 불평등과 불평등한 사회경제적 관계를 해결하지 못하게 한다고 주장한다(Potter and

[표 9.3] 도시 경제의 상위 순환과 하위 순환

	상위 순환(공식 부문)	하위 순환(비공식 부문)
기술	자본 집약적	노동 집약적
조직	관료주의적	단순
자본	풍부	제한적
노동	제한적	풍부
임금	일반적	예외적
품목	대량/양질	소량/조악
가격	보통 정가	협상(흥정)
신용	은행 및 기관	개인 및 비제도권
이익률	단위당 이익률 낮음, 거래 규모 큼, 총수익 많음	단위당 이익률 높음, 거래 규모 작음
고객과의 관계	객관적, 서류상	직접적, 개인적
고정 비용	상당	미미
홍보	필요	불필요
상품의 재사용	없음(폐기)	빈번
간접 자본	필수	선택
정부 지원	상당히 많음	(거의) 없음
외국과의 직접적 연관성	상당히 많음	적거나 없음

출처: Santos, 1979

Lloyd-Evans, 1998).

실제로 전문가만큼 열정적인 도시 정부는 거의 없으며 특히 고용 기회의 개선 측면에서는 비공식 부문에 대한 지원을 통해 달성한 바가 거의 없다. 하지만 2000년대의 첫 10년간, 특히 아프리카에서 구조 조정 프로그램에 따른 고용 기회 감소와 소득 감소의 결과로 비공식 부문에 대한 관심이 살아나고 있다.

많은 국가에서 빈곤 퇴치 전략을 추진한 것 역시 비공식 부문에 대한 관심을 높였다. 빈곤은 종종 제한된 고용 접근성으로 인해 발생하며 비공식 부문이 고용을 창출할 수 있는 것처럼 보였기 때문에, (규제 완화를 통해) 비공식 부문에 대한 규제를 일부 없앴다면 노동 기회를 확대하고 빈곤을 줄이는 데 도움이 될 수 있을 것으로 여겨졌다. 하지만 이 접근 방식은 기대했던 것만큼 성공하지 못하였으며, 비공식 부문이 고용과 소득을 창출하는 능력에는 한계가 있었다.

비관적인 관점에서 본다면 아주 극소수의 소규모 비공식 기업만이 국가의 지원 없이 자체적으로 성장해 '공식화'할 수 있는 능력을 갖추고 있다. 판웰과 터너(Parnwell and Turner, 1998)가 지적했듯이, 간단히 말해서 남반구(개도국) 도시의 비공식 부문은 그 구조적 유사성에도 불구하고 서구의 유연적 전문화와 동일하지 않다. 비공식 부문은 성장의 엔진이라기보다 생존의 메커니즘이며, 이러한 도시 노동시장 문제의 주요 결과는

[자료 9.13] 공식-비공식 부문 연속체

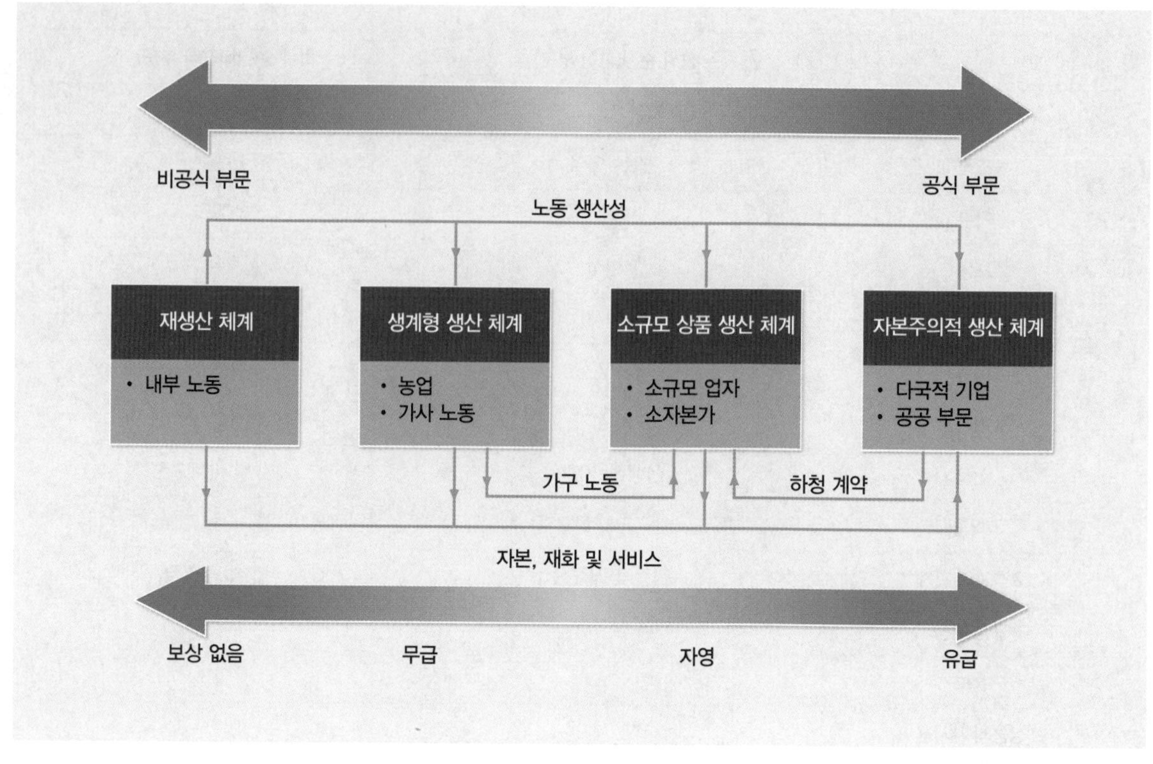

출처: Potter and Lloyd-Evans, 1998

빈곤의 확대이다.

비공식 부문에 대한 지원을 옹호하는 주장이 매력적이긴 하지만 현실은 효과적이고 포괄적인 지원이 없으면, 성공적인 전환은 제한적이며 많은 소기업이 경쟁과 기술력 부족, 지원과 자본 부족 등의 다양한 요인으로 인해 도시 고용의 주변부로 남게 된다. 많은 국가의 사례에서 비공식 부문은 공식 부문 고용으로의 통로가 되기보다는 실업자들과 공식 부문에서 해고된 사람들의 하향적 경로가 되고 있으며 위장 고용과 불완전 고용의 시나리오로 이어지곤 한다.

그 결과는 데이비스(Davies, 2006)가 말하는 '비공식의 신화'이다. 데이비스는 비공식 부문의 지지자들은 이상주의자라고 비판하며, 비공식 부문에 대한 지원은 다음과 같은 문제들이 맞물리면서 힘을 잃게 된다고 주장하였다.

1) 공식 부문에서의 기회 감소에 따라 성장하게 된 많은 비공식 부문 기업의 하위적 특성
2) 종종 참여자들을 착취에 가까운 경제적 계약관계에 가두는 비공식 부문의 비규제적 특성. 비공식 부문의 고용자들은 거의 최저 생계 수준을 넘어서지 못하며, 특히 아동과 여성의 경우 더 심각한 실정
3) 비공식 부문 기업의 성장을 가로막는 소액 대출 기관의 높은 금리
4) 비공식 부문 내 경쟁 심화로 인한 사회자본과 자조 네트워크의 약화
5) 더 넓은 차원에서, 비공식 부문의 지속은 공식 부문의 임금 수요를 억제하면서 상당 규모의 저임금 일자리 유지에 기여

다만, 비공식 부문 지원의 효과에 대한 논쟁과는 관계없이 현실은 비공식 부문이 남반구(개도국) 도시의 고용

[표 9.4] 빈곤의 심화에 대응하는 도시 가구의 전략

가구 구성 변화	소비 조절	자산 증식
▶ 이주 ▶ 소득 기회 최대화를 위한 가구 규모 증가 ▶ 출산 억제를 통한 가구 규모 증가 방지	▶ 소비 축소 ▶ 저렴한 물품 구매 ▶ 자녀의 학업 중단 ▶ 치료 연기 ▶ 주택, 장비 등의 수선 연기 ▶ 여행, 친지 방문 등을 포함한 사회관계 축소	▶ 가구원의 추가 취업 ▶ 가능 시 창업 ▶ 작물 재배, 연료 수집 등의 생계 활동 확대 ▶ 기존 자원의 재활용 ▶ 주택/방 등의 부분 임대 확대

출처: Rakodi, 1995

및 생계 유지의 핵심 원천이며 가까운 장래에도 계속해서 핵심적인 역할을 수행할 것이라는 점이다.

젠더, 아동노동과 도시에서 살아남기

여성은 지역 경제와 사회적 환경에 따라 다양한 방식으로 도시 노동시장에 편입되어왔다. 하지만 맥일웨인(McIlwaine, 1997)이 지적했듯이 직업에 대한 접근성이 항상 사회나 가정 내의 성차별을 완화하지만은 않는다. 여성은 고용 구조에서 가장 취약한 위치에 있는 경우가 많으며 노점과 같은 비공식 부문에 종사하기도 한다(Desai and Potter, 2014). 따라서 젠더와 도시의 경제성장 간 관계의 변화는 기본 요구의 충족과 인권과 같은 도시의 지속 가능성의 차원까지 살펴볼 필요가 있다.

아동 역시 지속 가능한 도시 개발을 살펴볼 때 특별히 고려해야 하는 주요 집단 중 하나이다. 아동노동의 가치는 잘 알려져 있으며 종종 고용주에게 착취를 당한다. 불행히도 남아시아의 비공식 생산 체계는 상당 부분 섬유 및 경공업 부문의 아동노동에 의존하곤 한다. 낮은 치안 수준과 부적절한 사회 서비스의 제공은 이 문제를 더욱 악화시킨다. 예를 들어 타이에서 아동노동의 규모는 여성 노동력과 거의 같은 규모로 추정된다. 150만 명의 아동노동력 중 3분의 1은 성인 최저 임금의 절반 정도만을 받으면서 도시의 공장에서 일하고 있다. 많은 개발도상국에서 아이들이 종종 가계의 주요한 수입원이 되는 것은 사실이지만(Clifford, 1994; Gilbert, 1994), 가족의 생계 전략을 위협하지 않으면서도 아동의 노동 조건과 삶 전체를 개선할 방법이 있다(Lefevre, 1995; Desai and Potter, 2014).

하지만 노동 시장에서 불리한 여건에 있는 사람들이 자신의 운명을 수동적으로 받아들이기만 하는 사람이라고 생각해서는 안 된다. 저소득 가구는 비공식 부문에 참여하는 것 외에도(Rakodi, 1995) 다양한 대응 기제를 실행한다. 그중 일부가 [표 9.4]에 제시되어 있으며 도시 내에서 자신들의 먹을거리를 재배하기도 한다. 이러한 전략은 가구의 능력과 경제적 기회를 다양화하여 도시에서의 생존을 가능하게 한다. 개인과 지역의 상황이 다르기 때문에 모든 가구에 같은 전략을 적용할 수는 없지만 저소득 가구가 도시에서 생존하는 방식은 공식적인 정책이 개발되는 기반이 되어야만 한다.

거주지의 제공

남반구(개도국)의 주택문제

대부분의 남반구(개도국) 도시가 거주민들에게 안전하

고 영구적인 거주지를 제공하지 못하는 것은 국가의 상대적 빈곤, 한정된 공식 부문에서의 고용 기회와 구조적 불평등 등에 따른 것이다(Desai and Potter, 2014). 대체로 주택의 공급은 세 가지의 범주로 구분할 수 있다.

1) 국가 – 즉, 공공 주택을 말한다. 대부분의 국가는 독립 후에 공공 주택을 건설하고자 하였지만 재원의 한계와 수요 증가로 인해 계획이 좌절되곤 하였다. 남반구(개도국)에서 가장 성공적인 공공 주택 계획들은 주로 싱가포르, 말레이시아(쿠알라룸푸르)와 같은 부유한 신흥공업국가와 홍콩, 중국, 베네수엘라 등지에서 진행되었다. 하지만 건설 비용이 증가하고 사용자가 임대료를 지불해야 하기 때문에 종종 저소득층을 위해 계획된 주택이 중산층을 위한 것으로 바뀌곤 한다(Chant and McIlwaine, 2009).
2) 민간 부문 – 일반적으로 중상류층의 주택으로, 인구 규모로 인해 대부분의 도시에서 그 규모가 상대적으로 제한된다. 지금은 민간 소유로 바뀌긴 하였지만, 잠비아 구리 벨트(Copperbelt)의 광산 주택과 같이 가끔 민간 기업에 의해 주택 공급이 이루어지기도 한다. 임대 주택은 자가 소유의 여력이 없는 정규 소득이 있는 사람들을 위해 공급되는데 그 비중은 적다(Chant and McIlwaine, 2009).
3) 서민주택 – 일반적으로 가난한 사람들이 스스로 공급하는 주택을 말하며, 보통 건축 기준과 토지 접근성/점유권의 측면에서 법적 승인을 받지 못한 경우가 많다. 일반적으로 '슬럼'이라고 불리며, 나무나 플라스틱, 고철 등으로 지어진 임시 주택과 과거에는 정식 주택이었으나 시간의 경과에 따라 노후화되고 과밀화된 주택을 모두 가리킨다. 토지 접근성을 확보하기 위해 '토지 점령(land invasion)'으로 알려진, 대규모의 사유지나 공유지를 확보하고 퇴거와 강제 이주의 가능성을 줄이기 위한 일반적이고 조직화한 토지 점유 과정이 수반된다(Pacione, 2009). 사회경제적 스펙트럼의 끝단에는 노숙자나 슬럼의 세입자가 있다(Drakakis-Smith, 2000).

앞서 살펴본 바와 같이 현재 10억 명이 넘는 사람들이 슬럼에 거주하고 있으며 이들 거주지의 비공식적 특성과 식수와 기타 서비스에 대한 제한적 접근은 도시 개발 및 인도주의적 측면의 주요 과제가 된다.

주택문제에 대한 대응

주거 빈곤에 대해서는 1960년대 터너(Turner, 1967, 1982)와 맨진(Mangin, 1967)이 처음으로 무허가 불량 주택과 판자촌의 긍정적인 특성에 주목한 이후 많은 연구가 이루어졌다. 앞서 슬럼에 대한 논의와 관련해 이 연구자들은 본질적으로 이 주택들을 문제로서 접근하는 것이 아니라 주택 부족의 해결 수단으로 바라봐야 한다고 주장하였다. 특히 터너(Turner, 1967)는 점유권이 보장되고 실질소득이 증가하면 자조 주택(self-help housing)은 점차 개선될 수 있다고 보았다. 맨진과 터너는 무허가 불량 주택촌이 직업이 있고 도시 경제 내에서 자신의 방식을 찾으려고 노력하는 주민들을 수용하는 경우가 많으며, 국내외 언론에서 자주 묘사하는 것처럼 도시의 '불명예스러운' 구성 요소이기만 한 것은 아니라는 점을 보여주었다.

즉 자조 주택은 슬럼으로 이어지는 것이 아니라 시간이 지남에 따라 점진적으로 개선되는 장소로 여겨졌다. 멕시코와 브라질, 세계 다른 지역에 대한 연구에서 고용과 지역사회의 조직화가 어느 정도 안정적인 수준을 유지하는 곳에서는 정부 또는 지역사회 조직이나 이들의 공동 활동을 통해 자가 개선과 주택의 점진적 합법화가 일어나고, 서비스가 느리게나마 제공될 수 있음을 보여준다. 이것은 [자료 9.14]에 '통합'으로 표시되어 있는데, 도식에서 '자조에 대한 지원(Aided Self-Help)'으로 표시된 외부의 지원에 의해 더 잘 일어날 수 있다. 이러한 맥락에서 국가의 역할을 점유권 보장, 보조 지원, 건축 상담 등을 통해 자조 지원을 촉진해서 저소득층이 스스로를 돕도록 하는 것으로 보기도 한다. 기본적 수준의 공공 주택을 대량으로 공급했던 남아프리카공화국과 같이 변형된 형태도 있었는데, 이것은 거주자들이 이후에

[자료 9.14] 남반구(개도국) 저소득층을 위한 다양한 형태의 주택

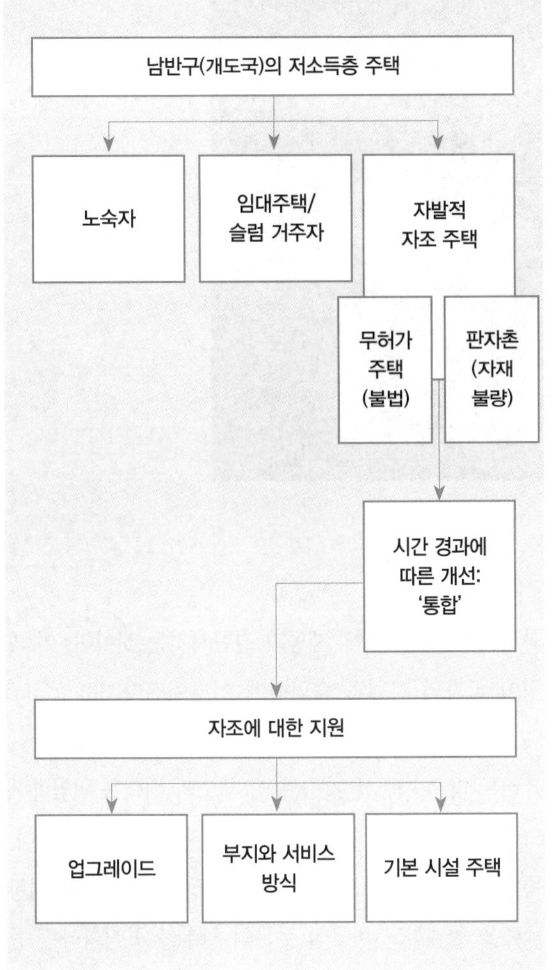

출처: Potter, 1992a

주택을 확장하거나 개선하도록 하는 방식으로 진행되었다([사진 9.1] 참고).

브라질과 멕시코의 사례에서 통합이 일어나긴 했지만, 단 한 번의 상대적 번영기에 한 차례 있었을 뿐이며 당시 커뮤니티의 구매가 성공에 결정적으로 작용했었던 경우였다. 네오마르크스주의자들은 상대적 번영기가 지나갔고 낮은 수준의 지원과 자신들의 여건을 개선하기에는 제한적인 빈곤층의 역량이 사회 내 불평등을 지속시키고 있다고 주장한다(Drakakis-Smith, 2000).

자조 지원은 기존의 슬럼 지역을 개선하는 업그레이드와 세계은행과 중앙정부의 지원을 받아 새로운 지역을 개발하는 부지와 서비스 방식의 개발로 이루어진다. 종종 논란이 있기는 하지만 브라질의 슬럼이나 파벨라(불량 주택촌)의 업그레이드는 저소득층 지역의 물리적 인프라와 서비스 접근을 개선하기 위한 노력이 잘 정리된 사례이다(Pacione, 2009). 부지와 서비스 방식은 일반적으로 저소득 주민들이 자신들의 주택을 소유하고 건설할 수 있도록 점유권과 상·하수도, 도로 접근성을 갖춘 토지를 제공하는 것을 포함한다. 이상적인 형태는 시간의 경과에 따라 '통합'되고 거주민이 안정적인 점유권과 서비스에 대한 접근성을 감안해 합법적 주택을 건설하는 것이다. 가끔은 거주민이 이후에 확장할 수 있도록 추가적인 부지가 제공되기도 한다.

저소득 거주민들에게 자신들이 살고 싶은 곳을 선택하도록 하는 것은 주민들이 자신의 여건을 개선하기 위해 노력하고 경제적, 가족적 상태가 변화하는 것에 따라 여러 움직임으로 이어질 수 있다. 이러한 현실에 대한 연구는 농촌 이주자들이 도시에 처음 도착해 거주지를 찾을 때 처음에는 임대주택에 정착하였다가 시간이 지남에 따라 보다 공식적인 거주지로 '통합'될 수 있는 경제 부문의 확고한 발판을 마련한 후에야 불량 주택촌으로 이사를 나간다는 것을 보여준다. 많은 신규 도시 거주자들은 새로운 환경에 적응하는 동안 종종 친척들과 함께 내부 도시에 먼저 정착을 한다. 수입이 일부 생겨나고 가족적 요구가 바뀌면 종종 도시 주변부에 '독립적인' 자가 건설 주택으로 이주하게 된다. 마지막으로, 실질소득이 증가한 소수의 주민들은 내부 도시나 도시 주변부의 보다 정식 주거지역으로 이주하기도 한다(Drakakis-Smith, 2000).

현재의 주택문제 접근 방식과 논쟁

거의 40년 동안 주거 소요에 대한 다양한 대응에도 불구하고, 주택문제는 그 어느 때보다도 널리 확산하고 있다. 일반적으로 세계 인구 중 적게는 20%에서 많게는 50%가 적정한 주택에 거주하지 못하고 있다고 본다. 주거 빈곤에 대한 많은 통계 정보가 신뢰하기 어렵고 모순

[사진 9.1] 남아프리카공화국 이스턴케이프주 크래독의 저비용 주택

사진: Tony Binns

적이기는 하지만, 시기별, 지역별 추세를 설명하기에는 유용한 역할을 한다.

일부 도시에서는 임대 방식이 소유권보다 훨씬 더 보편적이고 수용 가능하지만 지난 30년 동안의 정책 대응은 점유권을 통한 거주 보장이 저소득층 대부분의 근본적 욕구라는 가정에 기반해왔다.

지금까지 주택 자체에 대한 논의는 이원론의 형태로 진행되었다. 한편에서는 전체 개발 과정에서 거주지 제공의 역할에 대한 논쟁이 있었는데, 이 논쟁은 최근 몇 년 동안 주요 국제 개발 기구들이 토론과 자금 조달, 정책을 주도하면서 국가 차원보다는 세계적 차원에서 활발하게 진행되었다.

현실 세계에 적합한 프로그램과 프로젝트를 고안하는 것에 대한 국가적, 도시적 논쟁은 앞서의 논의와 보다 더 구별된다. 최근 몇 년 동안 이 논의는 저소득층이 더 나은 주택에 접근할 수 있도록 여러 이해 관계자들이 실질적으로 도울 수 있는 방법에 초점을 맞춰왔다. 앞서 언급한 바와 같이 주거 빈곤에 대한 실질적인 대응에 대한 논쟁은 수년 동안 자조 지원 프로그램과 관련되어 있었는데, 이것은 저소득층 자신의 힘과 야망을 자가 건축 형태의 개발로 끌어내기 위해 국가가 투입하는 점유권과 건축 재료, 토지의 제공과 결합시키는 것이며, 이 과정이 국가의 지원과 승인하에 이루어진다(Chant and McIlwaine, 2009).

비록 많은 저소득 가구가 이 제도의 혜택을 받았음에도 불구하고 자조 지원 제도는 많은 비판을 받아왔다. 특히 핀체스(Pinches, 1994)는 자조 지원 계획이 저항 세력을 억제하고 비공식 부문의 일부를 공식화하는 등 주택 수요에 대한 저렴한 해결책을 제공하는 것을 통해 국가와 엘리트, 국제기구의 편협한 경제적 이익에 기여한다고 주장하였다. 적절한 주택이나 토지를 제공하거나 접근하도록 하지 못하면 늘어나는 거주민을 수용하기 위해 보다 공식적인 주거지역의 공간을 무허가 판잣집으로 채우게 되면서 도시는 과밀해지게 된다. 이것은 부동산 소유자의 동의 여부에 관계없이 일어나며 '판잣집 농사'로 불린다. 또 다른 부정적 요인은 저소득층 주택에 대한 개입이 종종 임대료 등 저소득층이 감당하지 못하는 사용자 요금을 부과하면서 결국 중산층 주택이 되어버리기도 한다는 점이다(Chant and McIlwaine, 2009; Pacione, 2009).

1990년대 이후로 이러한 주택 개입에 대한 열정이 상당히 감소했는데, 일부는 구조 조정 상황에서 국가가 복

지 프로그램을 축소했기 때문에, 일부는 주택문제의 규모가 실질적으로 줄어들지 않았기 때문이며 일부는 국제기구의 자금 지원이 끊겼기 때문이다.

도시 인구가 계속 증가하면서 주거 빈곤은 지속 가능한 도시화와 관련한 주요 문제로 남아 있다. 일부 도시, 특히 아프리카에서는 이것이 무허가 불량 주택의 부활을 의미한다. 다른 지역에서는 시장의 힘이 임대와 공유의 급격한 확대를 가져왔다. 이러한 현상에 대한 연구가 늘어나면서 주택문제에 대한 대응으로 나타난 다양한 양상들이 드러났다.

예를 들어 길버트(Gilbert, 1992)는 라틴아메리카에서 대부분의 지주들은 주택 공급을 소규모로 운영하며 착취적이지 않다고 주장하였다. 하지만 많은 아프리카 도시에서는 공식 주택에 딸린 정원이나 마당에서 비좁고 세탁 및 화장실 시설이 매우 열악한 판잣집의 세입자를 착취하는 일이 만연해 있다(Auret, 1995; Grant, 1995). 본질적으로 이것은 주택의 민영화를 가져오는데, 그 혜택은 지주와 소유주 계층을 거쳐 더 위의 계층으로 향하게 된다.

저소득층 주택 거주자의 안정성을 보장하고 그들에게 도시 환경에 대한 보조 지분을 제공하는 데 있어 두 가지 핵심 요소인 점유권과 재원에 대한 접근을 보장하는 것이 중요하다는 사실이 점차 받아들여지고 있다. 점유가 불안정하다는 것은 슬럼 거주자가 퇴거의 위험 때문에 자신들의 주거 환경을 개선하지 않으려고 한다는 것과 그들이 주택 금융을 찾을 때 일반적으로 점유권 보장이 제공하는 보증이 부족하다는 것을 의미한다. 지역 은행과 국가 재원을 통한 소액 금액의 제공은 라틴아메리카와 아시아 일부 지역에서 주거 지원에 있어 중요한 요소였다(Pacione, 2009).

계속되는 주택 위기에 대한 국가의 대응은 국제 개발의 신자유주의적 경향에 의해 크게 영향을 받았으며, 자조 지원이라는 보다 직접적인 보조금 방식에서 국가와 지방정부 그리고 비정부기구(NGO)와 지역사회 기반 조직(CBO)과 같은 다양한 지역사회 조직들을 포함하는 파트너십 형성의 방식으로 변화하게 되었다. 이러한 파트너십은 기존 제약 조건을 없애는 것을 통해 가구의 토지와 신용에 대한 접근을 촉진해 저소득층이 스스로 돕도록 하는 것에 초점을 맞춘다. 도시 연맹과 유엔 해비타트의 '슬럼 업그레이드 퍼실리티(Slum Upgrading Facility)'의 '슬럼이 있는 도시' 의제는 지속 가능한 자금 조달 메커니즘을 개발하고 빈곤을 줄이며 점유권과 고용, 서비스에 대한 접근성을 개선하기 위해 공공과 민간, 지역 사회가 가진 자원을 동원하고자 한다(Chant and McIlwaine, 2009).

하지만 가장 가난하고 도움이 필요한 가구는 자신들의 주택과 의료, 교육 상태를 개선하는 데 필요한 조직적이고 지속적인 집단행동을 할 능력이 없는 경우가 많다. 권한 부여 프로그램은 종종 정부가 자신들의 사회적 책무를 포기하고 비정부기구와 지역사회 기반 조직을 통해 민영화하기 위한 핑곗거리로 이용되기도 한다. 즉 1990년대 이후 인권으로서의 적정 주택 운동은 실제보다는 이론적 차원에서만 진행되어왔다.

시장의 힘에 대한 의존은 향후 수년 동안 사회적, 정치적 긴장을 야기할 수 있는 문제들을 증가시켰지만 종종 이 문제들은 감춰지고 있다(Potter, 1994; Potter and Conway, 1997 참고).

도시 서비스: 건강, 용수, 쓰레기

약 6억 명의 도시 거주자들이 건강을 지속적으로 위협받는 여건에서 살고 있는 것으로 추산된다. 대부분의 가구는 자신들을 부양하는 데 수입의 대부분을 사용하기 때문에 주택이나 의료 서비스를 받을 수 있는 여력이 거의 없다. 즉 많은 사람들이 다양한 환경문제에 노출되는 무허가 불량 주택이나 공동주택에서 살 수밖에 없다. 유엔 인간 정주 센터(해비타트)의 두 번째 보고서(UNCHS, 1996)는 물, 하수, 과밀 및 대기오염이라는 네 가지 문제를 강조하였다.

모든 기본 요구 중에서 깨끗한 물에 대한 접근이 가장

중요하다. 하지만 약 6억 6천만 명의 사람들은 자신의 집 근처에서 안전하고 믿을 수 있는 식수에 접근하지 못하고 있다(UNICEF, 2015). 예를 들어 인도네시아에서는 도시 인구의 3분의 1만이 안전한 식수를 이용할 수 있으며, 그러한 접근이 가능한 사람은 보통 좋은 처지에 있는 사람들이다. 이것을 부담하지 못하는 저소득층들은 종종 더 비싼 가격으로 공급업체에게 물을 사야만 하며 이것이 안 그래도 제한된 그들의 가구 소득의 상당 부분을 차지하게 된다(Desai and Potter, 2014 참고).

저소득층들이 건강에 치명적 결과를 초래하기도 하는 오염된 물에 의존하는 것은 어찌 보면 당연하다. 인구가 증가함에 따라 일부 도시는 지하수 자원이 남용될 수밖에 없었으며, 이 때문에 방콕, 멕시코시티 등은 지하수의 고갈과 광범위한 지반 침하가 나타나기도 하였다.

요르단의 수도인 암만(Amman)과 같이 거의 모든 주택에 용수 공급망이 갖춰져 있는 곳에서도 물은 종종 제한되며 특히 저소득층이 여름철에 적절한 용수를 얻기 위해 더 많은 시간과 돈을 소비해야 하기 때문에 사회적 불평등의 문제가 된다.

용수 공급과 긴밀하게 연결된 것으로 쓰레기 처리와 하수 시스템을 이용한 오수 처리 문제 역시 존재한다(Pernia, 1992). 다시 말하지만 많은 남반구(개도국) 국가에서 인구 증가로 인해 이러한 상황이 더욱 악화하고 있다. 적절한 위생 시설을 이용할 수 없는 도시 거주자의 수가 1980년대에만 25% 증가하였다(World Bank, 1992). 현재는 전 세계적으로 3명 중 1명이 적절한 위생 시설을 이용하지 못하는 것으로 추정된다(UNICEF, 2015).

즉 인간이 버리는 쓰레기가 종종 집 주변에 방치되면서 건강에 대한 위험을 높이고 있으며 결국 수로나 호수, 바다로 흘러들어 지하수와 수자원을 오염시킨다(Stren et al., 1992; UNEP, 2012). 열악한 용수와 위생 조건 때문에 발생하는 건강 문제는 열악한 식단, 과밀과 부실한 환기 상태로 인해 악화하곤 하며, 특히 바이오매스 연료를 사용하는 곳에서 호흡기 감염의 위험을 높인다. 따라서 가사 활동에 더 많이 참여하는 사람들(여성과 아동)이 결핵이나 기관지염에 걸리기 쉬우며, 이것이 여전히 남반구(개도국) 도시 거주자의 주요한 사망 원인이 되고 있다(Satterthwaite, 1997).

도시 환경

가정과 그 주변에서 경험하는 문제는 종종 거주지의 특정 환경을 반영한 도시 전반의 문제로 인해 복잡해지기도 한다. 예를 들어, 많은 도시가 위험에 취약한 지역에 있으며, 저소득층은 보통 가파른 경사지나 홍수가 발생하기 쉬운 저지대 같은 주변부 지역에 거주한다(Drakakis-Smith, 2000).

자연재해의 영향은 이러한 지역에 적절한 안전망의 구축 없이 거주를 허용한 열악한 도시 관리로 인해 커지곤 한다. 1988년 리우데자네이루에서 발생한 집중호우에 뒤이은 홍수와 산사태는 파벨라 지역의 방치되거나 막혀 있던 부적절한 배수 시스템도 영향을 미쳤다(World Bank, 1993).

정부가 경제성장을 적절히 관리하지 못하고 산업 부문의 외국인 투자가 저해될 것을 우려해 규제를 꺼린 것 역시 이러한 환경문제에 영향을 미쳤다. 그 결과 산업 부문의 관리되지 않은 오염원 배출에 따른 대기 및 수질 오염이 '제6장'에서 살펴본 바와 같이 남반구(개도국)의 도시를 더욱 오염시키고 있다. 중국에서는 제대로 통제되고 관리되지 않는 경제 및 도시 성장이 야기하는 문제의 근본 원인을 근원적으로 바꾸지 않은 채 도로의 차량 수만 제한하는 정책 등을 추진하면서 산업도시와 광산도시 그리고 베이징(Beijing)이 겪는 대기오염 문제와 높은 폐암 발병률이 전설이 되어 버렸다.

이 중 가장 악명 높은 오염 사례로는 1984년 유독가스로 약 3,300명이 사망하고 15만 명이 중상을 입은 인도 보팔(Bhopal)의 유니온 카바이드(Union Carbide) 공장 사고를 들 수 있다. 이 공장의 메틸 이소시아네이트 저장 탱크에서 대규모 폭발이 발생하였는데, 희생자 대부분은 공장 근처의 가난한 가정 출신이었다(Gupta, 1988). 스리바스타바(Shrivastava, 1992)는 보팔 공장에서 수익이 나지 않으면서 '유니온 카바이드 고위 관리자들이 무시한' 많은 것들 때문에 사고가 발생했다고 주장하였다. 이 사고가 공장 건너편에 규제 없이 개발되어 수천 명의 주민이 거주하던 두 개의 대규모 슬럼 지역과 결합하면서 대형 재난 발생의 조건이 갖춰지게 되었다. 30년이 지난 지금도 많은 사람이 이 사고로 인한 심각한 건강 문제를 겪고 있다.

최근에 예방이 가능했던 도시 재난으로는 2012년 파키스탄 라호르(Lahore)와 카라치의 의류 공장 화재, 2010년 중국 난징(Nanjing)과 2015년 중국 둥잉(Dongying)의 화학 공장 폭발 사고 등이 있다. 이 재난으로 수백 명이 사망하였는데, 이러한 관행의 환경적 영향을 거의 인식하지 못한 채 수익을 올리는 데에만 급급하여 부실한 관리와 안전 표준을 유지하였기 때문에 발생한 사고였다.

차량 소유의 증가와 화석연료의 광범위한 사용 역시 남반구(개도국) 도시가 겪는 대기오염의 주요 요인이다. 방콕에서는 호흡기 문제로 인해 연간 2,600만 일의 근무 손실이 발생하고 있으며, 중국 도시의 폐암 발병률은 국가 전체 평균보다 최대 7배가 더 높다. 하지만 '제6장'에서 살펴본 바와 같이 1인당 탄소 배출량의 상위 3개 국가가 미국, 캐나다, 오스트레일리아라는 점을 생각하면 이 문제는 글로벌 관점에서 고려해야만 한다.

대부분의 도시에서 쓰레기 처리는 이러한 문제를 악화한다. 도시 전체에 걸친 수거 서비스는 거의 존재하지 않으며 시스템이 운영되는 곳도 종종 부유층 지역으로 한정된다. 예를 들어 잠비아의 루사카에서는 지자체가 주민들이 서비스 비용을 지불할 여력이 있는 지역에서만 쓰레기를 수거하기 때문에 발생하는 쓰레기의 약 10%만 수거된다. 대부분의 쓰레기는 거주지 인근에 버려지거나 소각되기 때문에 건강과 오염 문제를 일으킨다.

때때로 꼭 회사의 형태는 아니지만 관련 단체에 의해 민간 쓰레기 수거 서비스가 운영되기도 한다. 그러나 다시 말하지만, 이러한 서비스에는 비용이 수반되기 때문에 이것을 감당할 수 있는 가구에 한정된다.

아이러니하게도 쓰레기를 재활용하고 병이나 캔, 종이를 수집해 판매하는 사람들은 저소득층이다. 때로는 2만 명의 청소부들이 거주하고 일하는 마닐라의 유명한 스모키 마운틴(Smokey Mountain)의 경우처럼 쓰레기 더미 위에서 가족들이 살아가기도 한다.

도시의 지역 환경에 대한 영향

도시의 지역 환경에 대한 영향은 도시에 인접한 배후지의 범위를 훨씬 넘어선다. 식량, 연료, 상품 들은 국내외 각지에서 도시로 유입되어 많은 사람의 삶에 영향을 미친다. 이른바 '발자국(footprint)'이라고 불리는, 도시의 폐기물 배출로 인해 영향을 받는 지역 역시 넓어지고 있다(Elliott, 2013 참고). 실제로 개인이나 도시가 부유할수록 스스로와 쓰레기 사이에 더 많은 거리를 유지할 수 있다. 이것은 북반구(선진국)가 남반구(개도국)의 빈곤 지역으로 유독성 폐기물을 수출하는 사례에서 명확하게 설명된다.

남반구(개도국) 도시의 지역적 영향을 (1) 도시의 발자국이 크고 무겁게 나타나는 인접한 도시 주변부, (2) 이 외곽의 더 넓은 지역의 두 구역으로 나누어 살펴보는 것도 유용하다. 도시 주변부는 두 가지 측면에서 관심이 필요하다(Satterthwaite, 1997).

- '계획되지 않고 통제되지 않은 스프롤'. 이 지역은 종종 도시 경계 너머의 무허가 불량 주택과 불법 소규모 산업의 형태가 나타나며, 발전소와 같은 대형 지방정부 시설이 자리하기도 한다.
- '오수 방류'. 처리되지 않은 하수와 산업 폐수는 강과 호수, 지하수로 유입되어 도시 주변부를 집중적으로 오염시킨다. 리마(Lima), 멕시코시티와 같은 라틴아메리카 대도시는 도시에서 발생하는 오수를 전부 처리할 능력이 없는 것으로 악명 높은데, 이 때문에 심각한 수질오

염의 위험과 하천 및 바다의 오염, 수인성 질병으로 인한 수생생물의 피해 등이 발생한다.

이러한 과정의 영향은 도시 주변부가 종종 이주자들에게 주거지와 농지, 목재 연료 등을 제공하는 매우 중요한 지역이라는 사실 때문에 더 악화된다. 따라서 도시 주변부 지역의 파괴와 오염은 도시 거주자와 도시 주변부 거주자들에게 다소 다른 의미를 지닌다.

더 나아가 지역적 영향 측면에서 도시 발자국은 매년 더 두드러지고 있으며 도시와 배후지 간의 전통적인 연계 관계를 바꾸고 있다. 도시의 에너지 수요를 충족시키는 과정에서 종종 바이오매스의 고갈, 석탄 채굴의 증가와 관련한 폐기물 투기와 같은 환경문제가 발생하였다. 도시 발자국의 지역적 영향에 대해서는 무수한 사례가 있는데, 예로 시멘트와 벽돌에 대한 수요 증가는 각각 채석과 오염, 토양 자원의 유실로 이어졌다('제6장' 참고).

물 수요는 도시를 훨씬 넘어선 지역에 영향을 미칠 수 있으며, 특히 반건조지역의 도시에서 중요하다. 짐바브웨의 불라와요(Bulawayo)는 잠베지강의 물을 끌어들일 자금을 구하고 있다. 만약 이것이 성공한다면 남아프리카에 있는 이 지역의 취약한 생태계에 어떤 영향을 미치게 될까? 양쯔강의 싼샤(Three Gorges Dam)댐도 부분적으로 도시 산업에 에너지를 공급하기 위해 만들어졌지만, 충칭(Chongqing)과 이창(Ichang) 사이에 600킬로미터의 새로운 호수를 만들어내면서 환경에 막대한 영향을 미치게 되었다. 앞서 언급했듯이 요르단의 암만은 약 325킬로미터 떨어진 남요르단 디시(Disi) 지역의 지하수를 끌어다 쓰고 있다(Potter et al., 2007).

환경문제의 이해와 대응 : 브라운/그린 의제와 기후변화

많은 사람에게 남반구(개도국) 도시의 지속 가능성은 환경문제와 동일한 것으로 인식된다. 더욱이 이 환경 의제는 기후변화와 한정된 자원의 급격한 사용 등과 같이 북반구(선진국)가 가장 우려하는 문제를 우선시하는 경향이 있다. 많은 정부와 도시에서 이 문제들을 관리하는 것은 주요 관심사가 되었다. 그린 의제 항목은 생태계 건강, 토양, 수질 및 대기의 질과 관련되며 브라운 의제 항목은 인간의 웰빙과 건강에 대한 산업과 기타 도시 활동의 영향과 관련되어 있다. [표 9.5]에 요약된 브라운 의제와 그린 의제의 영향은 거주지 삶의 질에 결정적인 영향을 미치며, 부정적 영향을 줄이기 위한 방법을 모색하지만 높은 우선순위에도 불구하고 일반적으로 적은 가용 예산, 또 많은 남반구(개도국) 도시들이 단순히 성장률 대처의 관점에서 직면하고 있는 문제들로 인해 절충이 이루어질 수밖에 없다(Elliott, 2013).

도시가 직면한 환경문제는 발생 요인의 지역적 조합에 따라 매우 다양하게 나타난다. 넓은 의미에서 다음의 문제들이 포함된다.

- 성장의 속도, 규모, 집중도 등 도시화 과정 자체의 특성
- 주거지가 위치한 지역의 생태계
- 문제에 대처하는 가구와 국가의 능력에 영향을 미치는 개발 과정의 수준과 특성
- 국가의 개발 우선순위

개발 과정에서 도시의 환경문제는 보통 두 가지 주요 원인에서 비롯된다. 첫 번째는 환경적으로 무책임하거나 제대로 관리되지 않는 경제적 개발이다. 개발경제학자들의 주장에도 불구하고 시장은 법률로 규제를 강제하지 않는 한 선 성장, 후 해결의 철학이 야기한 환경문제에 제대로 대응하지 못하였다. 일반적으로 도시 관리자는 스스로가 통제되지 않은 개발의 잦은 수혜자이기 때문에 개발에 대한 통제는 약화되어왔다. 이로 인해 심각한 환경오염, 토양과 수질 오염(지상 및 지하), 유독성 폐기물의 생성과 인간 건강의 손상 등을 겪게 된다(Pacione, 2009).

두 번째 주요 원인은 빈곤과 취약성으로, 이는 저소득

[표 9.5] 도시 환경 개선을 위한 브라운 의제와 그린 의제

	브라운 의제	그린 의제
주요 영향	인간의 건강	생태계의 건강
발생 시기	즉시	지연
규모	국지적	지역적/세계적
심각한 피해자	저소득층	미래 세대
사람들	관련자	지식인층
환경 서비스	공급 증대	소비 감소
용수/토지	부적절한 접근	남용/손실

출처: Government of India, 2009; McGranahan and Satterthwaite, 2000

가구가 환경은 방치한 채 살아남는 데에만 온 힘을 다하게 만들어 인간의 웰빙과 환경적 지속 가능성에 중요한 영향을 미치게 된다. 과밀화, 오염된 식수와 질병의 위험은 인간에게 매우 부정적인 영향을 미친다. 이와 마찬가지로 다양한 수인성 및 기타 질병의 위험을 초래하는 폐기물과 하수를 적절하게 처리하지 못하는 것 역시 중요한 문제이다(Pacione, 2009). 이것은 가난한 사람들이 자신의 행동에 따른 환경적 영향을 인식하지 못한다는 의미가 아니라, 그들이 즉각적인 생존을 위한 다른 우선순위를 가진다는 것을 의미한다. 즉, 도시 환경의 개선이 빈곤 완화와 산업에 대한 규제 등과 강력하게 연계되어야 한다는 것을 의미하며, 이로 인해 빈곤 감소/개선의 문제가 크게 부각될 수 있었다.

또한 브라운 의제에 대한 기여 요인의 조합은 스케일의 측면에서 가구 스케일에서부터 지역 및 글로벌 스케일에 이르기까지 다양하게 나타난다. 일반적으로 가구와 직장, 지역사회의 관심은 더 즉각적이며 주로 건강과 필수 서비스에 대한 공평한 접근 문제와 관련된다([표 9.6] 참고). 지역 및 글로벌 수준에서는 보다 장기적이며 자원 사용이 미래 세대에 미치는 영향과 연결되어 있는데, 이는 북반구(선진국)의 주요 관심사이기도 하다. 이러한 일련의 문제 사이에 도시가 자리하고 있으며, 지속가능한 도시화를 위해 주의 깊은 관리가 필요한 복잡한 상황 속에 이러한 문제들이 결합되어 있다. 그리고 이러한 문제들은 갈수록 도시와 도시 거주민들에게 점점 더 큰 영향을 미칠 것이다.

기후변화에 직면해 미래의 환경과 관련한 분명한 과제 역시 존재한다. 특히 태평양과 인도양의 작은 도서국가의 도시들과 방글라데시와 같은 저지대의 삼각주 지역 등이 취약한 상황이다. 불행하게도 에콰도르, 칠레, 인도, 방글라데시, 모잠비크, 피지, 바누아투와 같은 국가에서는 홍수, 엘니뇨, 이상 기후, 지진과 쓰나미가 흔한 사건이 되었으며, 2014~2016년에 모두 자연재해로 물질적 피해를 입어 생활에 큰 타격을 입기도 하였다.

재해가 발생했을 때 대응할 수 있는 능력을 키우고, 사람들이 저지대에 살지 않도록 조치하여 재난에 대비하는 것은 도시의 핵심적인 우선 과제이다(Bicknell et al., 2009). 오염의 위험을 줄이고 배수와 위생을 개선하는 것 역시 마찬가지로 중요하다. 남아프리카공화국 더반(Durban)의 사례에서 이러한 프로세스에 대한 시민 참여가 지역사회가 자원을 더 잘 관리하고 재난에 대한 대비를 강화하는 데 중요한 것으로 나타났다(Bicknell et al., 2009). 인도 정부(the Goverment of India, 2009)가

[표 9.6] 브라운 의제의 공간적 층위

주 서비스 영역	인프라	주요 문제
가구/직장	주거지	표준 미달 주택
	용수 공급	물 부족, 비용
	화장실	위생 시설 없음
	고체 폐기물	저장소 없음
	환기	대기오염
지역사회	상수도	불충분한 상수도 망
	하수도 시스템	배설물 오염
	배수	홍수
	쓰레기 수거	투기
	거리(안전)	혼잡, 소음
도시	산업	사고, 재해, 대기오염
	운송	혼잡, 소음, 대기오염
	폐기물 처리	부적절, 누출
	매립지	감시 부재, 독성, 누출
	에너지	불공평한 접근 기회
	지형	자연재해
지역	생태	오염, 산림 벌채, 분해
	수자원	오염, 남용
	에너지원	과도한 확장, 오염

출처: Bartone et al., 1994 © International Bank for Reconstruction and Development/The World Bank

확인한 바와 같이 에너지 절약 기술, 재활용 및 폐기물 감소 이니셔티브에 중점을 둔 낮은 기술적 개입을 통해 지속 가능한 전략들을 장려하는 것 역시 중요하다.

결론: 지속 가능한 도시화를 위한 도시 관리

브라운 의제에 대한 앞선 논의는 잘못된 우선순위 설정, 적절한 법률 체계의 미비, 이기심, 지식과 훈련의 부족, 긍정적·부정적 외부 영향에 대한 민감성 등 지속 가능한 도시화를 위한 도시 관리의 주요 과제 일부를 제시하였다. 더욱이 저항이 종종 (정부가 억제하기 쉽도록) 파편화되어 있고 적절한 정책 대응에 대한 대중의 인식이 높지 않다는 점은 남반구(개도국) 도시의 지속 가능성 문제를 더 큰 차원에서 대응하도록 도시 관리에 압력을 가할 수 있으려면 대부분의 자원을 외부에서 끌어와야만 한다는 것을 의미한다.

이러한 문제에 대한 제도적 대응은 일반적으로 시장 주도의 해결 방안과 국가의 제한적 개입을 강조하는 신자유주의 발전 전략의 출현을 반영해 왔으며('제1장', '제3장' 참고), 정부는 외부 조력자들과의 협력을 통해 많은 도시 관리 정책을 지속 가능한 방향으로 만들었다.

즉 도시 내에 종종 훨씬 더 구체적인 관리 문제가 존재함에도 불구하고 지방정부는 자신들이 통제할 수 없는 기관들이 설정한 제한 범위 내에서만 움직일 수 있다. 많은 사람들은 시장경제로의 전환이 저소득층이 스스로를 돕는 데 있어 제약을 제거함으로써, 결과적으로는 책임을 국가에서 저소득층에게로 전가하였다고 주장한다.

저소득층은 자신들의 대처 방식을 개발하는 데 이러한 변화를 이용하긴 하였지만, 이는 본질적으로 규모가 작고 가구 단위에 중점을 둔 것에 불과하다. 적절한 지식, 훈련과 재원 없이는 집합적이고 대규모적인 대응이 어렵다. 가난한 사람들이 쓰레기를 재활용하는 것은 가능하지만 하수도 시설을 건설하는 것은 불가능하다.

결국 '지역 역량의 강화'를 위해 중재자가 개입해왔다. 하지만 시장의 화신인 민간 부문은 지속 가능성에 대한 요구에 더디게 대응하고 있다. 라틴아메리카와 아시아 태평양 지역의 대도시에서 기본적 요구 사항을 충족시키는 민간 부문의 사례가 몇 있긴 하지만, 이것이 보편적이지는 않으며 가장 큰 도움이 필요한 사람들에게는 영향을 미치지 못하는 경향이 있다. 실제로 용수 판매에서 민간 부문의 역할은 가난한 사람들에 대한 착취를 강화하였다(Choguill, 1994).

다양한 인종 및 사회집단에 의한 자원 경쟁이 점점 더 심화되면서, 초기의 비관적 관점에도 불구하고 지역사회의 참여와 협력이 상당한 규모로 나타나게 되었다. 이러한 맥락에서 도시 공동체 발전의 촉진자로서 비정부기구와 지역사회 기반 조직의 역할 역시 분명해졌다. 하지만 많은 비정부기구는 그 자체가 서구의 의제와 자금에 의해 주도되는 대규모 글로벌 조직이다('제7장' 참고). 실제로 많은 비정부기구가 자원 공급의 민영화와 국가 개입의 축소를 돕는다는 비판을 받아왔다. 그 때문에 소외된 사람들은 도시 자원에 대한 접근성을 높이기 위해 시위와 시민 행동에 참여하는 것 외에 선택의 여지가 거의 없다.

에스코바르(Escobar, 1995, '제1장' 참고)와 같은 일부 연구자들은 이러한 운동이 새로운 개발 전략의 기초를 형성할 수는 있지만 종종 목표를 의도적으로 제한하고 의식적으로 비정치화 한다고 여긴다. 그들이 목표를 일부 달성하게 되면 이러한 사회운동은 사라져 버리곤 한다는 것이다.

도시의 지속 가능성과 관련한 문제를 해결하는 데 가장 적절한 단위는 지방정부, 즉 도시 그 자체라는 점은 틀림없는 사실이다. 하지만 현재 전부는 아니지만, 대부분의 도시 관리는 정보와 의욕이 부족하고 조직화되어 있지 못하다. 국가에서 지방정부로 권한과 재정, 책임의 분권화가 시작되고 있지만, 도시 자체에서의 더 큰 민주화 역시 수반되어야만 한다. 많은 국가가 개념상으로는 분권화 정책을 추진했지만, 여기에 의미 있는 지역 변화와 권한 부여에 영향을 미칠 수 있는 적절한 법적 메커니즘과 재정 자원의 이양이 동반된 경우는 거의 없다.

지속 가능하지 않은 부적절하고 불평등한 도시 개발에 가장 큰 영향을 받는 사람들, 즉 대응 메커니즘이 지속 가능하지 않은 사람들은 정책 수립 과정의 일부가 되어야만 한다. 하지만 현재 이것이 광범위하게 일어나고 있다는 징후는 거의 없으며, 도시 인구와 빈곤이 계속 증가하면서 남반구(개도국)의 다양한 도시들에서 지속 가능성의 문제는 개선되기보다는 악화할 가능성이 높다.

핵심 요점

- 이 장은 세계의 빈곤한 국가에서 나타나는 현대의 도시화 및 도시 성장 과정의 중요성을 설명한다.
- 이 국가들은 가장 높은 도시화율을 보여주고 있으며, 세계에서 가장 큰 도시들이 되었다.
- 남반구(개도국)에서 급격한 도시 성장과 도시로의 이주는 대규모 슬럼가의 형성과 빈곤의 심화로 인해 문제가 더욱 악화된다.
- 지역 불평등과 도시 종주성의 정도는 북반구(선진국)보다 남반구(개도국)에서 더 높게 나타나곤 한다.
- 지역과 국가의 요구와 현실에 부합하는 도시 및 지역 계획은 공간적으로 양극화되고 불평등한 개발의 부정적 영향을 일부라도 개선하는 데 필요하다. 여기에는 국가 조직이 사용할 수 있는 일련의 국가 도시 개발 전략이 존재한다.
- 도시와 농촌 사이의 연계는 이전에 개념화되었던 것보다 훨씬 더 강력하고 복잡하다. 이러한 양상은 확장 대도시권(EMR)과 '복합 도시 지역'의 인식에서 확인할 수 있다.
- 남반구(개도국)의 도시들은 성장과 발전에 있어 다양한 형태가 나타나며, '서구' 도시의 규범을 보편적으로 따르지 않는다.
- 비공식 부문은 남반구(개도국) 도시에서 저소득층에게 주택과 일자리를 제공하는 데 중요한 역할을 하고 있다.
- 도시에서 서비스의 공급은 종종 부적절하게 이루어지고 건강을 위협하기도 하며, 도시 환경은 자원의 부족과 부실한 계획 때문에 손상되기도 한다.
- 그린·브라운 의제는 지속 가능한 도시화 원칙의 필요성을 강조하면서 도시화의 환경적 영향에 주목하게 한다.

토의 주제

- 남반구(개도국)의 도시화와 그에 따른 문제에 대한 '급격한 도시화, 느린 나머지 모두'라는 표현의 의미를 살펴보자.
- 도시의 급격한 성장을 지속 가능하게 관리하는 것이 세계의 주요 개발 과제 중 하나라는 주장에 대해 검토해보자.
- 남반구(개도국)의 도시가 글로벌 표준, 즉 도시 기능 및 관리 측면에서 북반구(선진국) 모델로 수렴하고 있지 않다는 증거를 조사해보자.
- 남반구(개도국) 사회에서 '자조'라는 용어가 주택과 고용 문제의 이해를 돕는 데 도움이 되는지를 평가해보자.
- '남반구(개도국) 도시의 환경문제에는 좋은 거버넌스가 필요하다'는 주장에 대해 토의해보자.

제10장
농촌 지역

이번 장은 앞 장에서 살펴본 개발 전략, 정책 및 프로세스 등이 남반구(개도국)의 농촌 지역에 미치는 영향을 설명한다. 세계는 공식적으로 2007년 대부분 도시화되었지만, 이 장에서는 전 세계에서 가장 가난한 인류 집단의 일부와 글로벌하게 가치를 지니는 천연자원 및 자원 기능의 보전을 위한 지속적인 도전에 대해 상세히 기술하고자 한다.

이 장의 주요 내용은 다음과 같다.

- 농업과 농촌 개발이 오랜 시간 동안 개발 관점에서 어떻게 정의되었는지 살펴보고, 왜 그러한 개념들이 국제 정책의 의제로 '복귀'하는지 이유를 파악한다.
- 비판적 관점에서 농촌 생활의 다양성 및 유연성과 그런 농촌 개발 관행의 형성에 미치는 영향을 이해하기 위한 수단으로 '생계 관점의 연구 틀(livelihoods framework)'을 적용하여 살펴본다.
- 농촌 지역의 빈곤과 기아가 지속되는 현상을 설명한다.
- 토지 및 자원에 대한 권리 보장과 여성의 권리 증진이 농촌 개발의 핵심 사안으로 유지되고 있는 현상과 토지개혁 및 젠더 주류화 정책을 통해 이러한 문제들을 어떻게 해결하고 있는지 살펴본다.
- 농업의 글로벌화 및 토지시장의 국제화 맥락에서 농업과 관련한 크고 작은 규모의 당면 과제를 살펴보고, '토지' 개념에 '친환경' 개념이 적용되는 과정에서 형평성의 문제와 생계에 미치는 영향을 알아본다.

도입

현재 세계 인구의 54%가 도시와 마을에 살고 있으며 도시화의 증가 추세는 계속될 것으로 예상된다(World bank, 2016). 그러나 남반구(개도국)의 많은 지역은 가까운 미래에 대다수 사람이 지속적으로 속해 있을 농촌 지역에 해당한다. 이러한 농촌 지역은 향후 수십 년간 증가하는 인구에 식량과 수입을 공급해주어야 할 뿐만 아니라, 기후 조절 및 생물 다양성 보존을 포함하는 '세계 공공 이익(Global Commons)'의 다양한 부분을 보호하는 데 기여할 것으로 기대된다. 그러나 이 지역은 전 세계적으로 가장 불안정한 삶의 중심지이며, 빈곤이 농촌 지역에 '불균형하게 집중'되어 나타난다(FAO, 2015). 예를 들어 극빈층(하루 1.25달러 미만으로 생활)에 해당하는 14억 인구 중 70%가 남반구(개도국)의 농촌 지역에 거주한다. 사하라 이남 아프리카의 경우 농촌 인구의 거의 절반이 극빈층에 해당한다(FAO, 2015).

'제6장'에서 살펴본 것처럼, 남반구(개도국) 농업 공간의 생계와 삶의 만족감은 농업 생산을 위한 토지와 산림 및 수산업에 대한 접근성, 생태계의 건강(안전한 용수, 질병의 통제, 홍수 및 기타 재난으로부터의 안전 등)을 포함한 환경 자원과 밀접하게 연관되어 있다. 새천년 생태계 보고서(Millennium Ecosystem Assessment, 2005)에 따르면, 농촌 빈곤층은 식량 생산, 농업, 가축, 어업 및 사냥, 혹은 연료 및 수자원의 보호와 공급을 지원해주는 '공급 서비스(provisioning service)'를 위협받는 상황에 가장 취약하다. 또한 생태계의 변화는 선택과 행동의 자유와 같은 삶의 만족도 측면이 약화되는 결과를 가져온다. 게다가 이러한 생태계 서비스에 대한 의존도는 인류

[표 10.1] 남반구(개도국) 농촌 지역의 광범위한 변화 과정과 동향

- 직업과 가계 활동의 다양성 증가
- 보다 보편적이고 뚜렷해진 직업의 겸직화
- 농업 가구에서 비농업 가구로 소득 균형의 변화
- 토지(혹은 농업 활동)를 기반으로 한 가계 생활과 빈곤의 인과성 약화
- 생활의 유동성이 높아짐에 따라, 가계 활동이 지역에 국한되지 않음
- 농촌 가계소득에서 송금의 중요성이 증대함
- 농민의 평균 연령 상승
- 문화적·사회적 변화가 가계 활동의 변화를 가져오는 새로운 방식을 가능하게 함

출처: Rigg, 2006의 자료를 재구성

삶의 만족도가 낮아질수록 증가하는 것으로 밝혀졌다. 따라서 '제6장'에서 논의한 것과 같은 환경 변화의 궤적은 농촌 개발, 특히 농업의 미래와 토지와 같은 기초 자원에 대한 접근에 큰 영향을 미친다.

그러나 [표 10.1]에서 설명하는 것처럼 농업으로부터의 전환을 포함하여, 남반구(개도국) 농업 공간의 생계 및 직업군도 다양화되고 있다. [보충 자료 10.1]은 이러

보충 자료 10.1

농촌 변화를 이해하는 핵심 개념

생계 활동의 구성(a livelihood comprises): 생계에 필요한 능력, 자산(가계, 자원, 청구권 및 접근권) 및 활동이다. 생계란 스트레스와 충격에 대처 및 회복하고, 능력과 자산을 유지 혹은 향상하며, 다음 세대를 위해 지속 가능한 삶의 기회를 제공할 수 있을 때 지속 가능성을 지닌다. 그리고 생계 활동의 지속 가능성 확보는 단기적으로나 장기적으로 지역 및 글로벌 수준의 순이익에 기여할 수 있다(Chambers and Conway, 1992).

농촌 생계 활동의 다양화(rural livelihood diversification): 농촌 가구가 생존과 생활수준 향상을 위해 점점 더 다양한 활동 영역과 자산의 포트폴리오를 구성하는 과정이다(Ellis, 2000).

탈농촌화(de-agrarianisation): 농업 기반의 생활 방식에서 탈피하여, 농촌 거주자의 직업 적응도, 소득 향상, 사회적 신분 획득, 공간적 이동이 나타나는 장기적인 과정이다(Bryceson, 2002).

한 과정을 이해하는 데 사용되는 핵심 개념을 정의한 것이다. 다양한 '농업 외적인(off-farm)' 그리고 '비농업적인(non-farm)' 행위와 기업 활동은 국가 간 혹은 국가 안에서 또 성별에 따라 상당한 차이가 나타나는데, 농촌 가계의 절대다수가 농업 생산 활동을 유지함에도 '농업 외적인' 혹은 '비농업적인' 행위가, 가계 생활 방식에서 점점 더 두드러지고 있다(Davis et al., 2010). 전체적인 농촌 경제 규모를 고려할 때, 이러한 패턴은 남반구(개

핵심 아이디어

농촌 생활엔 농업 이외에 많은 것이 존재한다

농촌 생활에는 농업보다 더 많은 것이 있으며, 농촌 사람들은 단지 농부만이 아니라는 인식이 증대하고 있다(Scoones, 1996). [표 10.2]는 농촌 지역의 수요를 충족시키기 위한 식품과 자금의 축적 및 흐름을 정리할 수 있는 다양한 개념들을 설명하고 있다. 분명히 많은 사람이 농산물 직거래 방식 혹은 엘리스(Ellis, 2000)가 주장한 '자영 농업(own-account agriculture)'의 형태를 넘어서고 있다.

'생계 활동의 포트폴리오(livelihood portfolio)'라는 개념은 사람들이 농촌 지역에서 소득을 얻는 다양한 방법(생계 활동을 구성하는 과정에서 가장 가시적인 성과 도출 목적)을 포괄하기 위해 사용된다. 서로 다른 활동들이 다양한 시간과 정도로 결합되는 것을 의미하는 생계 활동의 다양성(livelihood diversity)은 사람들이 경제적, 사회적, 환경적 변화에 반응하는 데 필수적인 방법을 의미한다.

[자료 10.1]은 사하라 이남 아프리카의 평균적인 농촌 생계 활동의 포트폴리오를 보여준다(Ellis, 2000). 자영 농업은 전체 소득 구성 중 40% 비중을 나타내는 것이 분명하지만, 18%는 '농업 외적인' 활동(이웃 농장의 일손을 돕거나 채집 활동을 통한 소득을 포함)을 통해 확보된다. 일반적으로 가계소득의 42% 이상은 농촌 지역 외부로부터의 송금뿐만 아니라, 서비스 및 제조업과 관련된 자영업 활동과 같은 '비농업적인' 활동에서 발생한다.

시간이 지남에 따라 비교 가능한 데이터상의 몇 가지 검토 사항이 존재하지만, 이상의 소득 비중은 전체 생계 활동의 포트폴리오에서 '비농업적인' 소득이 증가

[표 10.2] 농촌 생계 활동의 근원

- 홈 가드닝: 작은 지역의 미시적 자연 개발
- 공유 자산: 어업, 사냥, 채집, 방목 및 광업을 통해 연료, 사료, 가축, 약품 등을 획득(이용)
- 가공, 판매, 판촉
- 가축의 공동 사육: 새끼를 포함한 가축에 대한 권한을 교환하거나 빌려주는 것
- 배달/운송
- 상호 보조: 금융 단체에서 소액을 대출하거나, 친척이나 이웃으로부터 차용
- 외주 작업 계약
- 상시 혹은 임시 노동 활동
- 재단사, 대장장이, 목수, 특정 성별이 필요한 직종 등 전문직 활동
- 가사 활동
- 아동노동: 연료 및 사료 수집, 목축 등의 가사 노동 혹은 공장, 상점 또는 다른 사람의 집에서 일하는 것
- 공예 활동: 바구니 만들기, 조각 등
- 자산 매각: 일반 노동자 혹은 자녀
- 가족 분할: 자녀를 다른 가정 혹은 친척에게 맡김
- 계절노동을 위한 이주
- 임금노동을 하는 가족의 송금
- 구걸
- 도둑질

출처: Chambers, 1997의 자료를 재구성

하고 있는 증거를 보여준다(Davis et al., 2010). 자영 농업은 남아시아와 라틴아메리카보다 임금노동의 중요성이 더 강조되는 사하라 이남 아프리카에 더 널리 퍼져 있다. 중요한 점은 생계 활동의 다양화가 나타나면서 가뭄에 대응하는 것과 같은 '대응 메커니즘(coping mechanism)'으로 작동하여 취약성 증대의 징후가 될 수 있는지, 또는 기후변화에 대응하여 지속 가능성과 '복원력(resilience)'을 제공할 수 있는지를 고려하는 것이다.

[자료 10.1] 사하라 이남 아프리카의 평균 농촌 생활

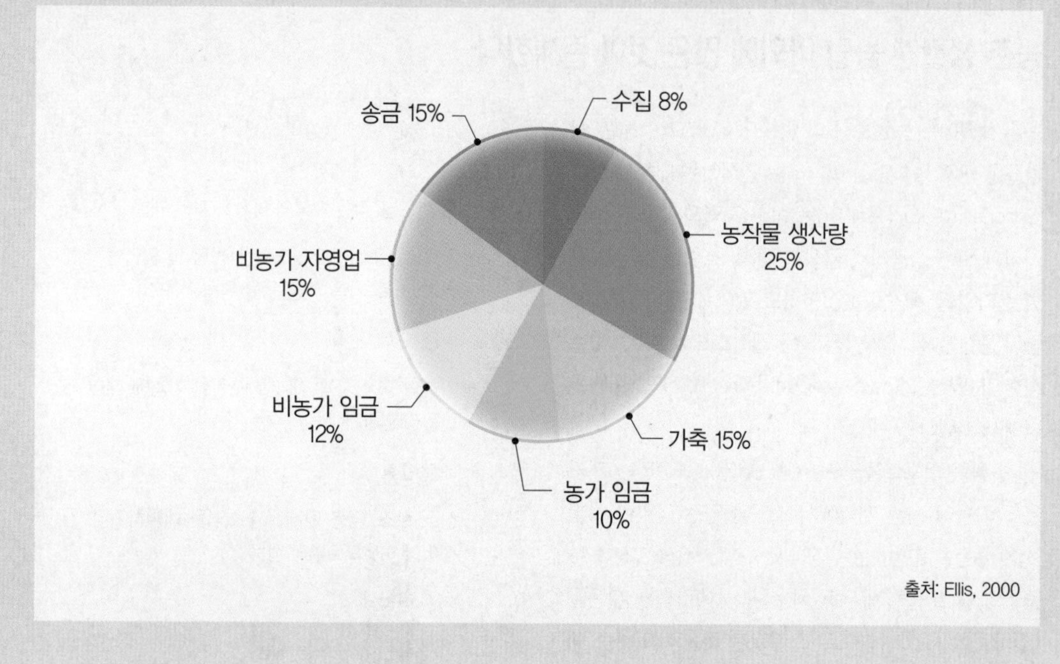

도국) 국가들의 장기적인 '탈농촌화(de-agrarianisation)' 과정에 대한 논의를 뒷받침한다.

특히 아시아와 라틴아메리카에서 이민, 송금 및 '다양한 지역(multi-local)'을 넘나드는 가계 활동을 통해 사람들이 생계를 유지하는 방법을 더욱 명확히 확인할 수 있는 증거들이 있다. 통신과 교통 기술에 따른 향상된 이동성이 나타나는 급속한 도시화 현상은 일부 사람들에게 농촌 생활과 도시 생활을 동시에 가능하게 해주는 기회가 되었다. 상당수의 빈민층은 더 이상 한 장소에 뿌리내리고 살지 않는다. 비록 고향 커뮤니티와 연계를 유지하고는 있지만, 그들은 또한 다른 장소와 접촉하여 더 큰 네트워크로 기능한다(Zoomers, 2014).

개발 개념에서의 농촌 지역

유럽 중심적 근대화 모델

초기 개발 모델('제3장' 참고)은 자본과 잉여 노동력의 방출을 위한 농업 혁신의 중요성과 농촌 생산성 향상을 강조했으며, 이는 현대 사회의 기초를 형성한 신생 도시 및 산업 활동에 활용될 수 있었다. 주로 서유럽의 역사적 경험에 기초한 농촌-농업 및 도시-산업 분야 간의 상호 의존적 특징과 한 국가의 경제가 '농촌 그리고 농업이 지배적인 경제에서 도시와 산업 및 서비스 활동이 중심이 되는 구조'(Mellor, 1990)로 변화하는 것은 개발 개

[표 10.3] 농촌 개발에서 지배적인 개념

주기	지배 개념	지배적 행위자
1950년대	녹색 혁명	정부, 민간 부문
1960~1970년대	토지개혁	정부, 국제 기부자
1970년대~1980년대	농촌 통합 개발	정부, 비정부기구, 기부자
1980년대~오늘날	지속 가능한 개발	지방정부, 비정부기구, 기부자
1990년대~오늘날	저조한 성장률/새천년 개발 목표	시장 세력, 지방정부, 기부자, 민간 부문, 비정부기구
2007/08~오늘	토지 관리/지배권/책임 투자	시장 세력, 국가 정부, 기부자, 민간 부문, 비정부기구

출처: Zoomers, 2014에서 각색됨

념의 핵심이다. 예를 들어 루이스(Lewis, 1955)는 고전인 『경제성장 이론(The Theory of Economic Growth)』에서 이렇게 주장했다.

> 산업화는 농업의 고도화에 달려 있다. 농업 생산이 동시에 증가하지 않는 한, 제조업 생산량 증가는 수익성을 가지지 못한다. 이는 산업혁명과 농업혁명이 항상 함께 진행되는 이유이기도 하고, 농업이 정체된 경제에서 산업 발전이 나타나지 않는 이유이기도 하다.

리그(Rigg, 2001)는 이러한 '고전적 농업 문제'가 남반구(개도국)에서 '매우 적절'하게 존재하고 있음을 시사한다.

> 자본주의로의 전환은 현재 진행 중인 프로젝트이지만, 일부 국가에서는 광범위한 구조 개편에도 불구하고 농업은 노동의 가장 큰 비중을 점유하는 주요 경제 부문으로 남아 있다. 따라서 북반구 선진국의 역사적 과정이 완성되었지만, 한편으로는 남반구의 경우 현재 진행형인 상황이다. 북반구의 경우 누적된 장애 요인들이 극복되었으며, 자본주의로의 전환과 산업화가 공고화되었다. 남반구의 경우 여전히 중요한 장애 요인들이 존재한다.

그러나 최근 리그(Rigg, 2007)와 다른 연구자들(Woodhouse, 2009 참고)은 이와 같은 초기 모델이 남반구(개도국)에 나타나는 농업 전환의 다양한 사례와 경제적 측면에서 농업과 도시 부분들 간의 다양한 연관 관계를 포함하는 농촌 생활의 복잡성 등을 지나치게 단순화하고 있다고 지적한다. 세부적으로 국가 개발 계획은 농촌과 농업 발전의 큰 부분을 종종 국내외 자원에 의존하기도 했다. [표 10.3]에서 나타나듯, 계획적인 농촌 개발의 영향으로 초창기 수십 년 동안 녹색 혁명(Green Revolution)과 토지개혁 프로그램과 같은 농촌 개발 방식(이러한 접근 방식의 특징은 다음에서 자세히 논의함)은 강력한 근대화 개발 모델 및 농업 분야 개발에 대한 국가의 강력한 역할에 기초하고 있었다.

2008년 세계은행(World Bank)은 25년 만에 처음으로 '개발을 위한 농업(Agriculture for Development)'에 세계 개발 보고서의 초점을 맞췄다. 이 보고서의 핵심은 경제성장에서 농업이 차지하는 비중과 농촌 지역의 총빈곤율에 따라 남반구(개도국)를 세 가지 '농촌 영역(Rural Worlds)'으로 모델화하는 것이다. 이와 같은 논의에서 농업 기반형(agriculture–based), 전환형(transforming), 도시형(urbanised) 등 세 가지 '국가 유형'이 정의되었다. 이 보고서는 지난 수십 년간 상대적으로 우선순위에서 밀려왔던 국제 개발 의제에 농업을 다시 추가하는 데 도움이 된다는 점에서 환영받았지만, 농업 전환과 경제적 발전에 대한 강력한 선형 모델을 제시하여 비판받았다. 이는 '경제 발전은 일련의 명확한 단계로 이루어지며, 주요 과제는 농업과 농촌 사회를 다음 단계로 밀어줄 수 있는 기술과 시장 인센티브를 찾아내는 것이다'(Elliott, 2013)라는 의미를 내포하고 있기 때문이다.

도시 편향

개발학 관련 문헌에서 지속적으로 관심을 보이는 주제는 '도시 편향(urban bias)'에 대한 특성과 프로세스를

핵심 아이디어

농촌 개발 계획과 실제 수행 방식의 편견

1983년 로버트 체임버스(Robert Chambers)는 농촌 개발 계획이 계획했던 영향을 끼치지 못한 여러 이유를 제시했다. 그는 주요 국가 의사 결정자와 개발 기관이 연구와 실무 과정에서의 여러 '편견' 때문에 농촌 거주자들과 그들의 요구에 대한 부적절한 지식을 가지고 있다고 설명했다. 기본적으로 개발 실무자들은 농촌 커뮤니티와 농촌 거주민 들을 종종 이상하다고 여기고 기존 접근 방식으로 접근할 수 없다고 간주하곤 한다.

> 다른 곳과 마찬가지로 제3세계 국가에서는 학자, 관료, 외국인, 기자 들이 마을에 모이거나 그곳을 기반으로 하고 있다. 그들은 모두 도시라는 함정에 기꺼이 희생될 의사가 있는 희생자이다. (Chambers, 1983)

[표 10.4] 과학자와 농부들의 다른 우선순위

구분	우선순위	
	과학자	자원이 부족한 농부들
농작물	산출량 기계 수확과 양립 가능 단일 품종	맛 지역 시장성 다품종 작물 재배
경작 체계	단일 품종 경작 높은 외부 투입 다수확	다양한 작물 낮은 외부 투입 저수확
관리	생산 극대화 성장 극대화	위험 요소 최소화 생계 보장
노동력	인력 투입 최소화	모든 가족 노동 사용
제약 사항	과학계 요구에 부응 프로젝트 주기 기부자의 요구 충족	전통적인 의무 충족 좋은 지역사회 관계 유지

출처: Chambers, 1997

지역을 조사하는 과정에서 나타나는 편견은 일반적으로 여행이 쉬운 건기 동안에만 농촌을 방문함으로써 발생하는 '건기 편견'과 같은 경우로, 농촌의 요구에 대한 이해가 불완전하고 부정확하게 된다. 우기와 건기가 명확한 열대 국가에서는 대부분 작물이 재배되는 우기에 사람들이 더 오래 일해야 하고 질병과 영양실조에 걸리는 것이 흔하다는 사실은 고려되지 않는다. '활주로 편견(Tarmac bias)'은 농촌을 찾는 많은 방문자가 좋은 도로를 타고 여행하고 외딴 지역으로 모험하는 것은 드물어, 종종 가장 가난한 지역 커뮤니티와 접촉하지 못하는 현실을 의미한다. 부정확한 인식이 나타나는 또 다른 요인은 '인적 편견(person bias)'으로, 방문자들이 영향력 있는 대부분 남성인 커뮤니티의 리더하고만 주로 대화한다는 것이다. 따라서 여성들과 '보통의' 커뮤니티 구성원들의 얘기는 거의 경청하지 못하는 현실을 의미한다(Chambers, 1983)

체임버스의 후속 연구(Chambers, 1993, 1997, 2008)는 농촌 개발에 있어 '농민 우선(Farmer First)' 접근법을 지속해서 발전시키는 데 중요한 역할을 했다. 이와 같은 접근법은 농민을 정주 농민과 소작농에서부터 목장주, 산림 거주자, 어부, 기타 소규모 식량과 사료 생산자 들을 포괄하는 넓은 범위로 정의한다. 그것은 [표 10.4]에서 보여주는 것처럼, 이렇게 광범위한 '농민들'이 우선시하는 현실의 문제와 과학자나 개발 정책 수행자 같은 '외부인'이 보이는 상당히 대조적인 관점을 이해하는 방법을 포함한다.

농촌 개발에서 농민 우선 접근법을 채택하는 것은 연구의 수행 방법, 프로젝트의 설계 방법, 보다 지속 가능한 성과를 도출하기 위한 다양한 종류의 전문지식의 역할 범위를 포함하는 광범위한 부문에 영향을 미친다. '사람이 아닌 경제' 그리고 '현장이 아닌 사무실에서의 견해'에 초점을 맞추는 외부인 관점의 우선순위 설정은 농민의 현실에 근거한 유연하고, 혁신적이며, 융복합적인 기술로의 변화보다는 일반적인 정책을 지속적으로 공고하게 만드는 강력한 영향력을 지닌다. 게다가 커뮤니티를 지원하기 위해 일하는 조직과 민간기업을 포함한 농촌 개발의 이해 관계자들이 다양하게 존재한다. 급변하고 있는 최근 상황에서 이와 같은 다양한 당사자를 아우르는 혁신과 공동 학습은 반드시 수행되어야만 한다.

살펴보는 것이다. 이 주제는 1997년 마이클 립턴(Michael Lipton)에 의해 처음 제시되었다. 립턴은 남반구(개도국)의 지속적인 빈곤에 대해 도시와 도시 거주자에게 공공 지출을 통한 불균형한 이익을 제공하는 '반농촌(anti-rural)'적인 개발 전략이 핵심적인 요인이라고 주장했다. 이 주장에 따르면 권력을 유지하기를 원하는 국가의 중앙 정치인들은 일반적으로 도시 인구를 만족시키는 데 많은 관심이 있는데, 이는 이러한 지역의 커뮤니티들이 항상 고학력이고 논리적이며 노동조합과는 다른 그룹을 이루고 있어서, 저학력의 덜 조직된 가난한 농촌 사람들보다 경제적, 정치적 안정에 잠재적으로 더 큰 위협이 될 가능성이 있기 때문이다.

1970년대~1980년대 농촌 기반의 개발 전략은 특히 '상향식 개발'([표 10.3] 참고)에 초점을 맞춘 통합적인 지역 기반 투자를 통해 많은 성과를 가져왔지만, [핵심 아이디어]는 농촌 커뮤니티의 요구를 이해하는 제한적 요소로 농촌 개발 관행에 존재해온 편견들을 설명하고 있다.

이러한 편견들은 30년이 지난 지금도 여전히 관련이 있다(Jones and Corbridge, 2010). 베빙턴(Bebbington, 1999)이 주장한 바와 같이 농촌 지역에서 '사람들이 살아가며 일을 해내는 방법'에 대한 잘못된 인식으로 인해 농촌 개발 접근 방식과 실제 수행 방식 사이에 차이가 나타나고 있다. '제7장'에서 살펴본 것처럼, 농업 및 농촌 개발을 포함한 모든 개발 분야의 정부 역량은 1980년대와 1990년대에 증가하는 부채와 국제 금융 기구(international financial institutions: IFIs)의 경제 구조 조정 압력의 증대로 인해 매우 감소했다. 이 시기를 특징짓는 지배적인 신자유주의적 사고와 개발 접근 방식에 따라서, 농업은 국제 금융 기구와 대다수의 다른 원조국 관점에서는 우선순위가 아니었다. 예를 들어, 농업에 대한 세계은행의 대출 비중은 1976~1978년 32%에서 2000~2005년 6.5%로 감소했고, 농업과 농촌 개발을 위해 세계은행이 고용한 기술 전문가의 수도 비슷한 기간 동안 40명에서 17명으로 감소했다(World bank, 2008). 남반구(개도국)의 많은 정부는 부채 상환을 위한 소득 창출의 근간으로 농업 수출의 증대를 기대했지만, 농업 개혁은 국제 금융 기구가 요구하는 구조 조정 프로그램에 포함되지 않았다.

농촌 개발의 정책 의제 복귀

상당한 기간 동안 '비개입(non-intervention)'(Zoomers, 2014)이 이루어진 이후, 농촌 개발은 이제 글로벌한 식량, 에너지 및 기후변화에 대한 '새로운' 통합적 도전을 포괄하는 국제기구와 남반구(개도국) 사이의 정책 의제로 복귀한 것으로 간주된다. 그리고 시민사회 단체들은 토지 및 지역 자원의 사용 결정을 통제하는 것 같은 농촌의 근본적인 현안을 현대적 관점에서의 농촌 개발 정책과 실제 수행 과정의 최우선으로 제시할 수 있도록 중요한 역할을 했다. 이는 '제4장'과 '제7장'의 내용처럼 신자유주의와 세계화로 인해 발생한 부당함에 대한 광범위한 도전의 일부이다.

개발 개념과 수행 과정에서 농촌 지역의 재평가를 가져오는 중요한 요소는 [표 10.3]에서 볼 수 있고, '제6장'에서 심도 있게 논의된 '지속 가능한 개발(sustainable development)'의 유형과 절차를 고찰하는 것을 포함한다. 포터 등(Potter et al., 2012)은 '1980년대 이후 환경 및 개발 담론을 규정하는 지속 가능한 개발 개념을 생각하지 않고 농촌의 생계와 빈곤에 대해 논의하기는 어렵다'라고 했다. 간단히 말해서 세계적인 가치를 지니는 환경 자원과 경관 및 자원 기능을 보존해야 한다면 그것은 남반구(개도국) 농촌 지역에 거주하고 있는, 세계에서 가장 빈곤한 집단의 요구를 충족시키는 것에 달려 있을 것이다. 보다 지속 가능한 농촌 개발을 진행하면서 중점을 둘 사항은 농촌 자원의 활용 성과와 환경 변화를 고려하여 토착 기술과 역량의 수준을 실질적으로 개선하는 것이다(Batterbury and Warren, 2001; Leach and Mearns, 1996 참고). 또한 농촌 가계 생활의 다양성과 유연성을 이해하는 것은 과거 농촌 개발 정책과 프로젝트에서는 항상 소홀히 되었지만, 더욱더 성공적이고 지속 가능한 농촌 개발의 기초를 형성하는 데 필요한 항목이다(Elliott, 2013 참고).

농촌 지역의 생계 이해

앞선 논의와 같이 사람들은 다양한 농업 생산 방식으로 규모가 크든 작든 생계 활동의 포트폴리오를 구성하며 농촌 지역에서 생활하고 있다. 생태계가 제공하는 천연자원 및 생태계 기능과 서비스에 대한 긴밀하고 복잡한 지식을 이해하는 것은 종종 매우 중요한 요소이다(MEA, 2005). 삶의 시스템은 다양성을 나타낼 뿐만 아니라, 사람들이 경제, 정치, 사회 및 환경의 상황이 변화하는 맥락에서 결정하게 되므로 역동성을 지닌다. 농촌 빈곤층의 복잡한 생계 활동이 정치, 경제, 환경의 과정들과 상호작용하는 방식에 대한 중요한 통찰과 이해는 1990년대를 지나며 발전한 '생계 관점의 접근법(livelihoods approach)' 즉 '다른 곳에서 살아가는 사람들은 어떻게 다르게 사는가'라는 관점의 발전과 함께 명확해졌다(Scoones, 2009).

이와 같은 접근법은 다양하고 오랜 시간에 걸친 선행 연구에 근거하고 있지만, 농업 시스템 연구, 지속 가능성 측면의 과학적 접근과 정치 생태학, 예를 들어 1992년 영국 서식스 대학 개발학 연구소 소속의 로버트 체임버스와 고든 콘웨이(Gordon Conway)가 출간하여 꾸준히 인용되고 있는 핵심 논문의 연구 사례 등에서 세부 요소를 확인할 수 있다. 체임버스와 콘웨이는 생계 활동은 생계를 꾸려가는 데 필요한 능력, 자산 및 활동으로 구성되어 있다고 주장했는데, 이를 통해 빈곤과 삶에 대한 비물질적 차원의 이해가 상당히 증진되었다. 이 관점에서는 사람들의 생계가 특정한 삶의 목표를 확보하기 위해 다양한 방식으로 결합된(혹은 동시에 균형을 이루는) 자산이나 '자본'을 이용하는 역량에 달려 있다고 설명한다. 생계 관점의 접근법은 사람, 사람들이 소유한

보충 자료 10.2

지속 가능한 생계 관점의 연구 틀

지속 가능한 생계 관점의 연구 틀(sustainable livelihoods framework, 이후 SLF)은 1990년대에 개발된 분석 틀이다. 농촌 생계 활동과 연관된 부분에 특화되어 있지만, 더 넓은 맥락과 다양한 주제를 교차하는 연구에도 점점 더 활용이 늘어가고 있다.

생계 활동은 다음과 같이 구성된다.

> 생활 수단으로 활용될 수 있는 능력, 자산(가게, 자원, 청구권 및 접근권) 그리고 활동: 생계 활동은 스트레스와 충격에 대처하고 회복할 수 있고, 능력과 자산을 유지하거나 향상한다. 그리고 다음 세대를 위해 지속 가능한 삶의 기회를 제공할 수 있으며, 단기 혹은 장기적으로 지역 및 글로벌 규모에서 이루어지는 생계 활동에 긍정적 효과 창출을 기여한다. (Chambers and Conway, 1992)

이 연구 틀은 빈곤층의 생계에 대한 이해와 분석을 돕고, 더욱 효과적인 개발 정책과 정책 지원의 적절한 시점과 순서를 결정하는 것을 보조하는 데 목적이 있다. 이는 실생활을 단순화시켜 복잡한 현실을 직접 표현하기보다는 사람들의 생계 활동에 영향을 미치는 주요 요인과 요인들 사이의 관계에 대한 판단을 용이하게 하기 위함이다.

> 본질적으로는 사람 중심이며, 사람, 생계 활동, (미시적) 정책 그리고 모든 종류의 제도 사이의 관계를 추상적이고 단순화된 방식으로 설명하는 것을 목표로 한다. (Neefjes, 2000)

연구 틀의 실질적인 개발 및 적용은 영국 국제 개발부(UK Department for International Development: DfID)의 자금을 지원받아, 1990년대 국제 개발부, 케어(CARE), 옥스팜(Oxfam)의 연구 및 실무 활동을 바탕으로 발전되었다(Carney et al., 1999). 이는 지역 생계 활동에 대한 이해 증진, 새로운 개발 활동 기획, 개발의 개입 과정에 대한 모니터링과 평가에 활용된다.

[자료 10.2]와 같은 '자산 오각형(asset pentagon)'은 SLF의 핵심이다. 다섯 가지 자산 분류(혹은 자본의 유형)는 생계 활동의 기초 여부와 연관된 특성을 정의한다. 이러한 자본을 세부적으로 살펴보면 다음과 같다.

1. 인적 자본: 기술, 지식, 업무 능력, 건강 등. 이는 생계 활동의 수단이자 목적을 의미한다. 예를 들어 교육의 부족을 극복하는 것을 삶의 주요 목표로 설정할 수 있다.
2. 사회적 자본: SLF의 맥락에서 사람들이 그들의 생계 목표를 추구하기 위해 끌어모으는 사회적 자원(네트워크, 그룹 소속감, 신뢰 관계, 더 넓은 범위의 사회적 제도 이용)을 의미한다. 사회적 자원은 사람들이 개인 간 협업을 진행하거나, 정치단체 혹은 시민단체와 협업하여 더 넓은 제도를 이용할 수 있는 능력을 증진하기 위한 네트워크를 통해 강화될 수 있다. 또한 신뢰와 교환적 관계는 빈곤층에 비공식적인 안전의 기초를 제공한다.
3. 자연 자본: 천연자원은 자원 순환 과정에서 축적되며 삶에 유용한 서비스를 제공한다. 여기에는 토지나 나무와 같이 생산에 직접 사용되는 자산과 생물 다양성이나 대기와 같은 유형화되지 않는 공공재도 포함된다.
4. 물리적 자본: 기초 기반 시설과 생산품은 사람들의 기초적인 요구 충족과 생산성을 강화하는 데 필요하다. 여기에는 일반적으로 안전한 피난처, 저렴한 에너지, 적절한 물과 위생, 교통 및 정보에 대한 접근성 등이 포함된다.
5. 금융 자본: 저축, 신용, 송금 또는 연금과 같이 사람들이 이

용할 수 있는 재원으로, 다양한 생계 활동의 선택지를 제공한다.

그러나 사람들의 자산 상태 중 가장 큰 비중을 차지하는 것은 SLF에서 '취약성의 맥락(vulnerability context)'이라 불리는 사람들의 활동에 의한 외부 환경 측면이다. 화재나 홍수는 빈곤층의 생계를 파괴할 수 있다. 취약성이라는 용어는 가장 빈곤한 집단이 종종 직간접적으로 그들의 빈곤을 만들어내는 많은 책임 요인을 통제하지 못하는 상황을 설명하기 위해 사용된다. 화재와 홍수는 대체로 예측할 수 없다는 점에서, 분석 틀 내에서 자연스러운 '충격' 요인으로 간주될 것이다. 다른 충격의 사례는 경제적 충격, 분쟁 혹은 사람, 가축 혹은 작물의 건강과 관련되어 있다.

취약성의 맥락적 변화는 '동향' 변화에 따라 나타날 수 있는데, 그 원인은 경제, 천연자원, 행정적 혹은 인구 문제에 있을 수 있지만, 일반적으로 충격이 발생하는 상황보다는 예측이 가능하다. 물가, 생산, 건강 및 고용 기회 등과 같은 '계절성'은 분명 가장 크고 지속적인 제약 요인 중 하나이며, 이윤 획득이 어려운 빈곤층에서 취약성을 결정하는 강력한 요인에 해당한다.

[자료 10.2]에서 연구 틀 내의 화살표는 다양한 수준과 영역에서 정책, 프로세스와 구조가 이상의 취약성의 맥락에 영향을 미칠 수 있음을 보여준다. 예를 들어, 정부의 재정 또는 보건 정책은 비자연적 측면의 경향성과 영향을 만들어낼 수 있다. 또한 화살표는 어떤 맥락에서는 사람들의 자산 자체를 넘어서서 생각할 필요가 있음을 설명하고, 다양한 프로세스와 구조를 통해 자산이 어떻게 '생계 활동의 성과'로 변화하는지 살펴보는 데 사용된다.

'생계 활동의 전략(Livelihood strategy)'은 사람들이 생계 활동의 목표를 달성하기 위해 수행하는 활동과 선택 조건 사이의 범위와 조합을 의미한다. 이러한 전략의 결과는 다양하다. 도식에는 여러 가지 결과의 범주가 나열되어 있으며, 사람들이 그들이 행하려고 하는 행동을 그대로 행동하게 하는 동기가 무엇인지 설명한다. 이는 정책 실무 기관이 새로운 이니셔티브에 대해 어떻게 대응할 것인지 고려하는 데 도움을 줄 수 있으며, 프로젝트 모니터링 과정에서 성과 지표를 검토하는 데도 사용될 수 있다.

[자료 10.2] 지속 가능한 생계 관점의 연구 틀

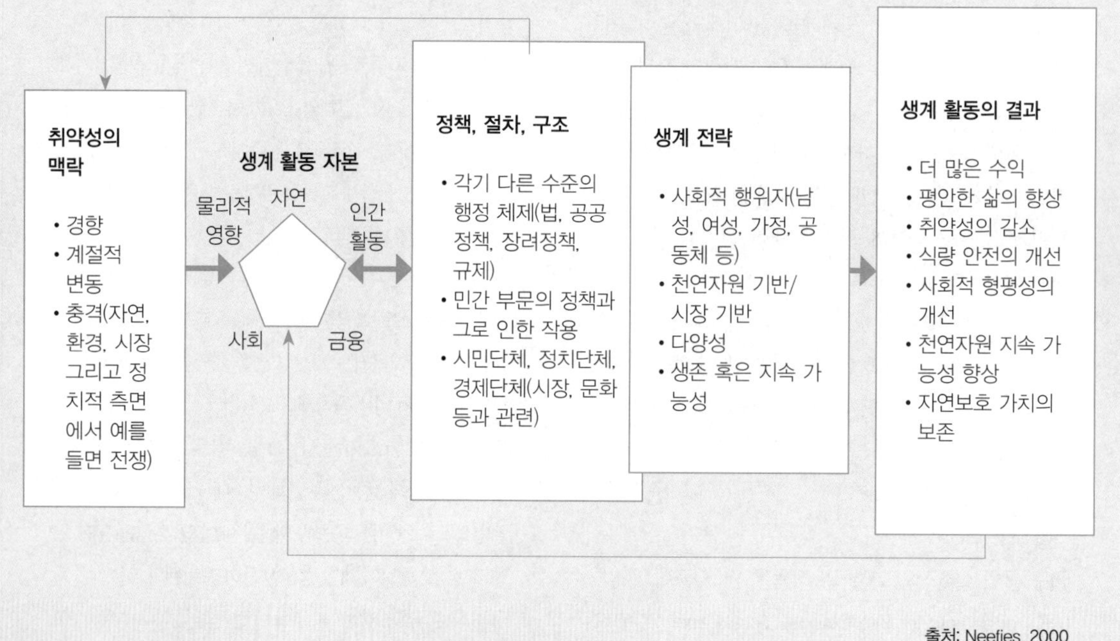

출처: Neefjes, 2000

것, 사람들이 소속된 조직을 개발 과정의 중심 요인으로 설정한다. 이는 연구자들과 실무자들이 가장 핵심적인 개념이자 '첫 번째' 우선순위로 강조해왔던 기존 접근법의 편견들을 획기적으로 '반전'시키는 것이다. 간단히 말해, 새로운 접근 방식은 기존의 농업 효율성에만 초점을 둔 전반적으로 기술 중심의 단일 부분 접근 방식에 대해 반응한 것으로, 기존 방식은 사람들이 '문제의 해결 방안'을 추진하는 데 필요한 능력을 조율하는 의사 결정 방식에 대해 거의 설명하지 못했다. 포터 등(Potter et al., 2021)은 이렇게 설명했다.

> 생계 관점의 접근법은 농촌 빈곤층을 구조적 피해자로 간주하는 거시적 정책을 통한 하향식 개발 개념에서, 삶 자체보다 더욱 근본적으로 가정의 역할에 권한을 부여하는 접근법으로, 개발 개념의 근본적인 변화를 나타낸다.

이와 같은 접근 방식을 구체화하기 위해 개발된 생계 관점의 연구 틀(livelihoods framework)의 중심 요소는 [보충 자료 10.2]에서 확인할 수 있다. 자본과 조직이 중심 요소이지만, 사람들의 선택과 기회가 더 넓은 정치, 제도, 문화 그리고 그들이 생활하는 환경적 맥락에 의해 형성된다는 것 또한 인정하고 있다. 따라서 이 연구 틀은 어떻게 사람들의 자산 상태가 역동적인 '취약성의 맥락' 측면에서 형성될 수 있는지를 포괄적으로 설명한다. '취약성의 맥락'이란 정부와 민간 부문의 조치를 통해 구조와 프로세스를 변화시킴으로써 형성되는, 자산의 가용성 결정에 영향을 미치는 인구와 경제의 추이, 인간과 가축의 건강과 계절에 따른 단기적 충격 등을 포함한 더 광범위한 외부 환경을 의미한다.

생계 관점의 접근법은 1990년대 후반 많은 기관에 의해 열광적으로 채택되었다. 영국에서 새롭게 구성된 국제 개발부(DfID)는 빈곤 퇴치를 제도의 핵심 목표로 설정하면서, 추가 연구 및 실무 과정에 예산을 지원하는 등 생계 관점의 접근법을 광범위하게 홍보했다. 세계적인 불평등과 빈곤층에 대한 기초적인 요구를 해결하기 위한 프로그램을 확립했던 옥스팜과 케어 인터내셔널(Care International)은 그들의 활동 과정에 생계 관점의 접근법을 도입했다. 이 접근법은 지속 가능한 인간 개발(sustainable human development)을 달성하기 위한 접근 방법으로 유엔개발계획(United Nations Developmentme Programme: UNDP)의 의무 사항 중 일부로 제정되었다. 스쿤스(Scoones, 2009)는 1990년대 말부터 2000년대 초 사이에 이 접근법에 대한 '눈덩이처럼 불어나는 관심'과 '정말 엄청난 양의 논문 발표' 로, 생계 관점의 접근법이 개발 계획에 더욱 주된 방식으로 임업, 축산, 보건, 도시 개발 등의 전반에 적용되었다고 설명한다. ([표10.5] 참고)

개발에 대한 논쟁을 신자유주의적 사고와 '지역 수준의 분석보다 국가적 수준으로의 전환을 강조하는' 경제학자들이 주도하게 된 2000년대 중반에 들어서자 이 접근법은 '유행에서 벗어났다'라고 인정되었다(Thulstrup, 2015). 그러나 특히 최근 많은 국제기구와 원조자가 소규모 농업 및 가족농업에 초점을 맞추기 시작하면서 자원 관리와 농촌 개발의 맥락에서 이 접근법은 매우 가치 있는 접근 방식이라는 주장이 다시 제기되고 있다(FAO, 2014 참고). '회복력(resilience)'의 개념은 '제6장'에서 살펴본 것처럼 기후변화에 대한 대응을 이해하는 데 점점 더 많이 적용되고 있으며, 일시적인 대응에서부터 장기적인 생계 활동 전략의 전환을 꾀하는 방법까지 스트레스와 충격에 대응하고, 회복하는 생활 능력에 관한 관심을 불러왔다. [보충 자료 10.3]은 건조지역에서 목축 기반의 생계 활동 특성을 살펴보고, 다양성과 유연성이 건조지역의 예측할 수 없는 물리적 환경에서 생존을 가능하게 한 방법을 고찰한다. 또한 환경 변화로 인해 목축 방식의 취약성이 증가하고 있는 문제와 목축 방식이 과거 방목지 경작 방식의 취약점을 어떻게 변화시켰는지를 설명하고 있다.

[표 10.5] 개발 관점에서 생계 관점 접근법의 강점과 약점

강점	약점
▶ 생계 활동의 시스템이 지니는 유연성과 역동성을 강조함	▶ 너무 복잡해서 실제 수행 과정에 적용하기 어려움
▶ 다양한 농촌 상황에 속한 빈곤층의 투쟁을 이해하기 위해 사람 중심 접근법을 사용함	▶ 빈곤을 낭만적으로 묘사할 여지가 있고, 빈곤이 '나쁘다'는 사실로부터 관심을 전환함
▶ 경제적, 사회적, 문화적, 생태적, 정치적 측면을 포괄하는 빈곤에 대한 다차원적 특성을 인식함	▶ 가난에서 벗어날 방법을 찾기보다 가난에 대처하며 자리를 유지하는 데 중점을 둘 수 있음
▶ 부족한 것보다 가진 것을 강조하며, 사람을 개발 과정의 수동적 희생자가 아닌 능동적인 주체로 강조함	▶ 자산과 역량에 대한 관점이 사람들의 선택과 행동을 통해 형성되는 광범위한 사회구조에 대해 상대적으로 등한시하고 있음
▶ 농촌 주민들과 정책 입안자들 사이의 열망과 우선순위 차이를 나타내주며, 농촌 개발 이니셔티브의 실망스러운 결과를 설명하는 데 도움을 줌	▶ 지역적 차원에서 광범위한 불평등 구조로 되어 있는 권력과 정치에 충분한 관심을 가지지 않음
▶ 전체론적/다학제적 연구 방법과 지역 사람들과 외부인 사이의 참여적 학습을 권장함	▶ 경제적 세계화와 농업 변화의 장기적 궤적에 대한 관점이 부족하여, 지역 수준의 개발을 진행하는 데 있어서 실무자들과 연구자들이 지배적인 역할을 함
▶ 농촌 생활의 현실을 구성하는 다양성의 측면을 수용하고, 복잡한 농촌 개발 문제에 대해 단편적인 접근법의 한계를 극복할 수 있도록 함	▶ 폭력, 갈등, 젠더 및 기후변화를 포함한 이슈에 관해 설명하지 못함
▶ 생계 활동에 영향을 미치는 많은 가능한 영역과 특정 연구 질문에 접근하는 다양한 방법을 설명하는 연구 틀임	
▶ 새로운 이슈를 설명하기 위해 관점의 핵심을 유지하는 동시에, 충분히 유연하고 진전되었으며, 적합한 방식임	

출처: Scoones, 2009; Zoomers, 2014; Levine, 2014, Carr, 2014의 자료를 재구성

농촌 개발 측면의 '오래된' 문제들

지속적인 농촌의 빈곤과 기아

2000년, 자유로서의 개발(Development as Freedom, '제1장' 참고)과 관련하여 획기적인 연구를 진행한 아마르티아 센(Amartya Sen)은 다음 세기에 이루어질 개발을 위한 새로운 도전의 범위를 정의했다. 또한 남반구(개도국)의 농촌 지역이 어떻게 기아와 빈곤이라는 '오래된' 문제들의 주요 대상 지역으로 유지되고 있는지 설명했다. 2000년에는 약 7억 8,500만 명의 사람이 만성 영양실조에 걸렸으며, 현재는 7억 9,300만 명에 달한다(FAO, 2015). 129개국 중 72개국이 만성 영양실조 인구의 비율을 절반으로 줄이는 새천년 개발 목표 1(Millennium Development Goal 1)을 달성했지만, 국지적으로 나타나는 진척도는 다양했다. 예를 들어, 남부 및 동부 아프리카와 세계 각지에서 '농촌 사람들이 기아와 영양실조의 높은 비중을 차지하고 있다'는 점은 목표를 크게 달성하지 못한 것이다(FAO, 2015).

[자료 10.3]에서 나타나듯, 영양실조는 출생에서부터 생애 전 주기에 영향을 준다. 영양실조 상태의 여성은 저체중아를 출산할 가능성이 더 크고, 저체중아는 출산 후 초기 몇 달 안에 사망할 가능성이 더 크다. 아동기의 영양실조는 또한 학교에 입학해서 교육받는 것을 포함

보충 자료 10.3

환경 변화에 적응하기: 목축 생활의 사례

목축민은 사료의 대부분을 경작된 사료와 목초지에서 얻기보다는 자연 사료를 활용하여 가축을 키워 수익을 얻고 생계를 유지하는 사람을 의미한다(Sandford, 1983). 이동성(mobility)은 목축을 통한 생계 활동의 중심으로, 지역의 강우 패턴과 생태적 틈새(ecological niche), 즉 공간상에 개체가 유지하며 활동하기 좋은 최적의 입지를 파악하여 새롭게 식물군이 자라나는 지역으로 가축을 이동시키는 활동을 의미한다.

목축을 기반으로 하는 생계 활동은 중동, 중앙아시아, 아프리카의 사헬(Sahel)과 뿔* 지역 등 건조 및 반건조 지대에서 가장 흔하게 나타난다. 건조지역의 생태계는 높은 온도와 큰 강우량 변동, 반복적이고 예측할 수 없는 가뭄으로 특징된다(MEA, 2005). 이 지역들은 전 세계 이산화탄소의 약 34%를 저장하는 등 중요한 글로벌 환경 서비스를 제공하기도 한다(IFAD, 2011).

수 세기에 걸쳐 진화해온 목축 중심의 생활과 실제 혹은 예상되는 기후 자극과 관련된 장기간의 생계 활동 전략의 변화를 포함하는 환경 조건 변화에 따른 목축 커뮤니티의 적응 방식은 매우 오랜 시간 동안 연구되었다. 생계 활동에서의 충격과 스트레스를 변화시키거나 완화하기 위한 '대응 전략(coping strategies)'은 최근 건조지역의 기후적 극단 값이 증가하고 용수 스트레스가 확대될 것으로 예상됨에 따라 목축 생활에서의 적응 방식과 단기적 변화의 측면에서 관심이 증대되고 있다(Opiyo et al., 2015; Headey et al., 2014 참고).

그러나 개발 관련 문헌에서 목축 중심의 생활은 목축민들이 목초지에 과도하게 방목을 하여 '목축 능력'을 초과하는 과도한 가축을 유지하고, 이것이 건조지역 생태계를 파괴하고 사막화를 가져오는 주요한 역할을 하고 있다고 자주 오해받았다(Leach and Mearns, 1996 참고). 사실 '목축과 관련된 정책적 관점과 실제 목축민이 그들의 가축과 목초지를 관리하는 방식 사이에는 상당한 차이가 존재한다'(Adams, 2009).

예로, 목축 개발 정책은 육류나 가죽 같은 도축된 가축을 이용한 생산에 초점을 맞추고 있지만, 다양한 가축 종으로부터 생산되는 우유나 피 같은 생산물들은 목축의 전통적인 시스템에서 더욱 가치를 창출하는 산물이었다(Adams, 2009). 다른 오해는 목축민이 경작 활동이나 임금노동을 하지 않는다고 보는 것이다. [표 10.6]은 에티오피아 동부 소말리아계 지역의 목축 집단들에서 이뤄지는 목축 이외의 경제 활동 범위를 나타낸다. 천연자원을 기반으로 하는 활동은 분명 중요하지만, 일부 서비스 기능과 고용은 지역 시장에 의존하고 있다.

[표 10.6] 에티오피아 소말리아계 지역의 가장 보편적인 생계 활동(가구수 순)

1. 가축: 사육동물(소, 낙타, 양, 염소)
2. 경작: 곡물(수수, 옥수수, 밀)
3. 천연물: 장작용 목재
4. 천연물: 석탄
5. 축산물: 유제품(우유, 버터, 치즈)
6. 기타

출처: Devereux, 2006

오롯이 유목만 하는 생활 방식은 이제 건조지역 전역에서 상당히 드물어졌지만, 많은 목축민은 계절적 유목 활동과 크든 작든 경작 활동을 병행한다(일부 가족이 가축 유목을 하기도 한다). 이동성은 생산, 교역 및 생존에 있어서 필수적이다. 그러나 정책은 매우 자주 목축민의 이동성을 제약하곤 한다. 이와 같은 정책의 사례는 1975년 보츠와나에서 시행된, 칼라하리사막의 환경적 압력을 줄이고 사회적, 경제적 개발을 장려하기 위해 목장을 보어 홀(30m 이상 깊이의 우물)을 중심으로 울타리를 통해 구획하고, 정주 활동을 통한 가축

*동아프리카 일부로 모양이 코뿔소의 뿔 모양처럼 생겨서 나온 명칭

생산을 장려한 '부족 목초지 정책(Tribal Grazing Lands Policy)'이 대표적이다. 그러나 이 정책은 사막화를 심화하고 농촌의 빈곤과 사회적 불평등을 증대한다며 많은 비판을 받았다. 토머스 등(Thomas et al., 2000)은 이 정책의 영향이 전반적으로 부정적인 것은 아니며, 특히 자원적 바탕에 심각한 악영향을 초래하지 않았다고 지적한다. 그들의 주장은 다음과 같다.

> 농촌 지역의 가축 생산과 거주민들에게 영향을 미치는 미래 정책은 정책의 시행 전에 자원을 사용해온 관행과 관련하여 더 명확한 지식과 더 강력한 권한과 개선된 방식의 사회적 요소, 그리고 자연환경의 가변성에 조응하는 방식을 포함하는 환경 영향에 대한 본질적 특성 등에 관한 이해를 보완할 필요가 있다. (Thomas et al., 2000)

이동성에 대한 제한은 국경을 초월하는 분쟁, 산림 침해, 질병 생태학의 변화와 관련된 정주 경작민 사이의 문제, 혹은 도시 개발과 댐을 포함한 광범위한 인프라 개발 그리고 상업적 작물 재배지의 사적 구획으로 인한 용수 부족 문제 등 다양한 종류의 변화 과정에서 간접적으로도 발생한다.

목축 기반의 생계 시스템과 이전의 정책적 접근에 대한 상당한 수준의 재검토는 '새로운 생태적 사고(new ecological thinking)'로 불리는 개념의 정립과 목초지 관리 측면에서 '균형적 관점'의 조정을 이루었다(Scoones, 1995 참고). 새로운 생태적 사고는 건조/반건조지역의 '예측 불가능한 변화 가능성'을 이해하는 데 초점을 두고 있다.

> 생태계의 상태와 생산성은 주로 강우량에 의해 좌우되며, 목축 생계 전략은 보수적 특성(안정적 상태로 유지되는 산출을 목적으로 하는)보다 환경 변화를 추적(강우량이 많은 해의 추가적인 수확으로 건조한 해에 대응하는 것처럼)하도록 설계되었다. … 이와 같은 관점이 인정된 이후로 목축민 특성의 일부로 여겨진 고집스럽고 보수적인 행태들이 사실은 매우 적응력이 높은 활동으로 드러나게 되었다. (Adams, 2009)

다시 말해서, 경지 황폐화의 변화 과정을 가정하지 않고 이루어질 수 있다고 생각한 적정 사람과 가축 수의 도출을 위해 사용된 생태계의 단편적인 '수용력(carrying capacity)'에 대한 개념이 도전받게 되었다. 이에 대해 홈우드와 로저스(Homewood and Rogers, 1987)는 이렇게 주장한다.

> 환경의 예측할 수 없는 특성은 반건조지역 내에서 생산성과 인구밀도를 측정하려는 시도뿐만 아니라 이 둘을 연결하는 데 사용되는 수용성 개념의 적용 가능성에 영향을 미치는 중요한 요인이다. 예측할 수 없는 시간과 장소에서 이루어지는 불규칙한 강우는 예측할 수 없는 1차 생산(primary production)을 초래한다. 목초지의 생산성을 측정하는 것은 정확할 수 있지만, 이는 특정 장소와 시간대에 대해서만 유효하며, 더 넓은 범위와 긴 시간에 대해 확대 적용할 수 없다. (Mortimore, 1998에서 인용)

유사하게, 스쿤스(Scoones, 1995)는 전통적인 목초지 관리와 지역에 존재하는 전략들에 대비되는 접근 방식을 성찰하고 있다.

> 양적, 시공간적 충격의 정도를 조정하기 위해 대부분 대상 면적이나 시간을 통제하는 조건을 탐색하는 것보다 가축의 수를 조정하는 데 초점을 맞추고 있다. 건조지역의 불평등한 환경 조건에서 목축민의 활동은 다양한 전략을 사용하지만, 유연한 이동과 시-공간적 조절을 하는 것이 생계 활동을 성공적으로 이끄는 열쇠이다.

새로운 생태적 사고 관점에서의 견해는 건조지역의 목초지 관리와 목축 기반 생활에 대한 전통적 접근법에 상당히 도전적인 의견을 제기하고 있다. 이 관점에서는 점점 더 어려운 정책 환경에 처하고 있으며, 전통적인 적응 전략(traditional adaptive strategies)의 방식에서 벗어나고 있는 목축민을 더욱 지원해줄 필요가 있다고 판단한다(Devereux, 2006; Adams, 2009). 그러나 대규모의 재정착보다는, 다양한 생계 활동의 가능성이 지원되어야 하고, 위험의 분산과 유연성 유지를 위한 사람들의 선택권이 확대되어야 함을 강조한다. 이동성은 여전히 중요하지만, 목축민이 목축을 유지하거나 다른 생계 활동을 병행할 수 있는 선택권도 보장될 필요가 있다. 건기에 활용될 영구적인 목초지 확보를 지원하는 것, 가축의 건강과 목축민의 교육 서비스를 개선하는 것, 인권을 증진하는 것 등이 향후 목축 생활 발전 정책의 핵심으로 간주된다. 데버루(Devereux, 2006)는 이렇게 정리했다.

유연성(flexibility)은 예측할 수 없는 환경에서 목축민이 생존하는 열쇠이며, 정책 입안자들은 예측 불가한 상황에 대한 계획 수립을 위해 목축민에게 배울 필요가 있다. 즉, 일어날 수도 있고 아닐 수도 있는 상황들, 혹은 일부에게는 나타날 수 있지만 다른 사람에게는 그렇지 않을 수 있는 상황에 대한 대안적인 시나리오들을 준비할 필요가 있다.

[자료 10.3] 영양실조가 생애 주기에 미치는 영향

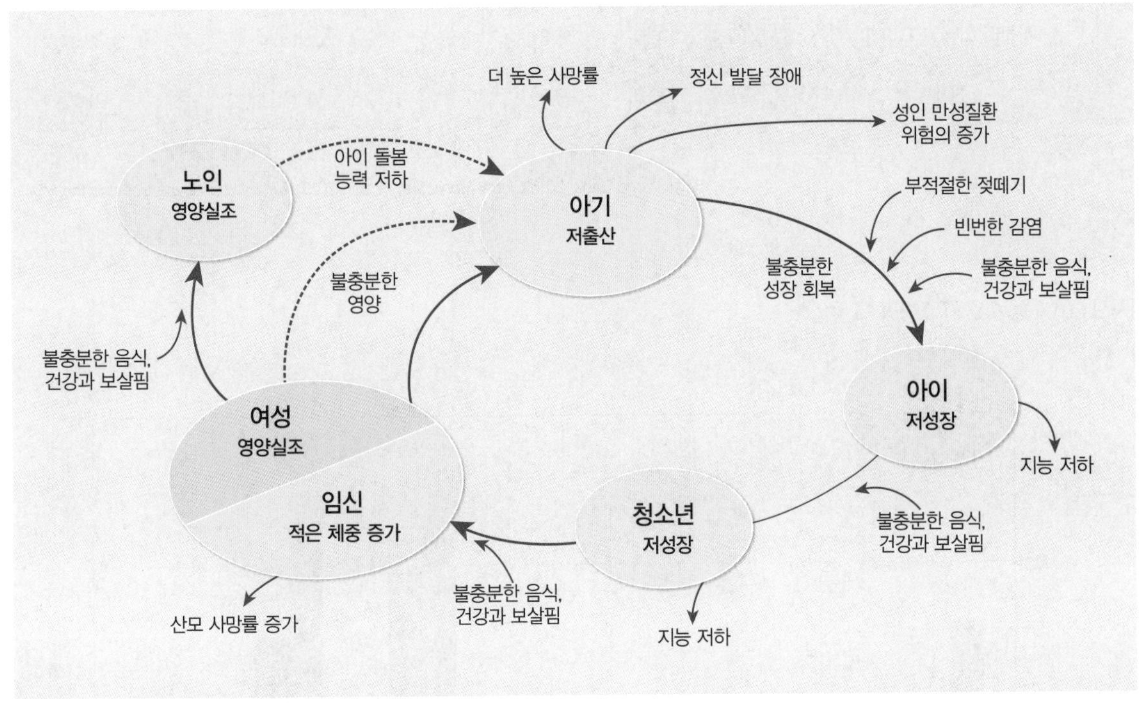

출처: FAO(n.d.)의 자료를 재구성

하여 성장을 방해하고 발육을 지연시키며 생애 후반기 만성질환에 걸릴 확률을 높인다. 적절한 영양 섭취는 건강 유지, 신체 및 지적 발달뿐만 아니라 경제적 번영에도 필수적이다. 식품 가용성과 접근성은 적절한 영양 섭취의 핵심이지만, 안전한 식수와 위생에 대한 접근성 역시 건강에 상당한 영향을 미치는 요인들이다. 간단히 말해서, 영양 부족과 빈곤은 연관성이 있다.

[표 10.7]은 전 세계 도시 지역보다 농촌 지역의 빈곤율이 높다는 것을 보여준다. 빈곤율의 감소는 도시 지역이 농촌 지역보다 빠르게 나타났다. [자료 10.4]는 다른 세계 주요 지역들보다 도시화율이 낮은 지역인 남반구(개도국) 및 사하라 이남 아프리카와 같은 농촌 지역에서 농업의 중요성이 계속 이어지고 있음을 보여준다. 세계적으로 농업은 압도적으로 '가족 농장'에 기반한 자영 농업 방식과 가계 노동력에 크게 의존하는 특성이 존재한다(Lowder, 2016; FAO, 2014). 가족농업은 종종 농업

[표 10.7] 1990~2008년 세계 지역별 도시 및 농촌 지역의 빈곤율(1.25달러 미만/일 인구 비율)

구분	1990		1996		2002		2008	
	농촌	도시	농촌	도시	농촌	도시	농촌	도시
동아시아 태평양 지역	67.5	24.4	45.9	13.0	39.2	6.9	20.4	4.3
유럽과 중앙아시아	2.2	0.9	6.3	2.8	4.4	1.1	1.2	0.2
라틴아메리카와 카리브해	21.0	7.4	20.3	6.3	20.3	8.3	13.2	3.1
중동과 북아메리카	9.1	1.9	5.6	0.9	7.5	1.2	4.1	0.8
남아시아	50.5	40.1	46.1	35.2	45.1	35.2	38.0	29.7
사하라 이남 아프리카	55.0	41.5	56.8	40.6	52.3	41.4	47.1	33.6
전체	52.5	20.5	43.0	17.0	39.5	15.1	29.4	11.6

출처: World Bank, 2013 *Global Monitoring Report 2013: Rural–Urban Dynamics and the MDGs*

[자료 10.4] 농촌 인구와 농업의 고용

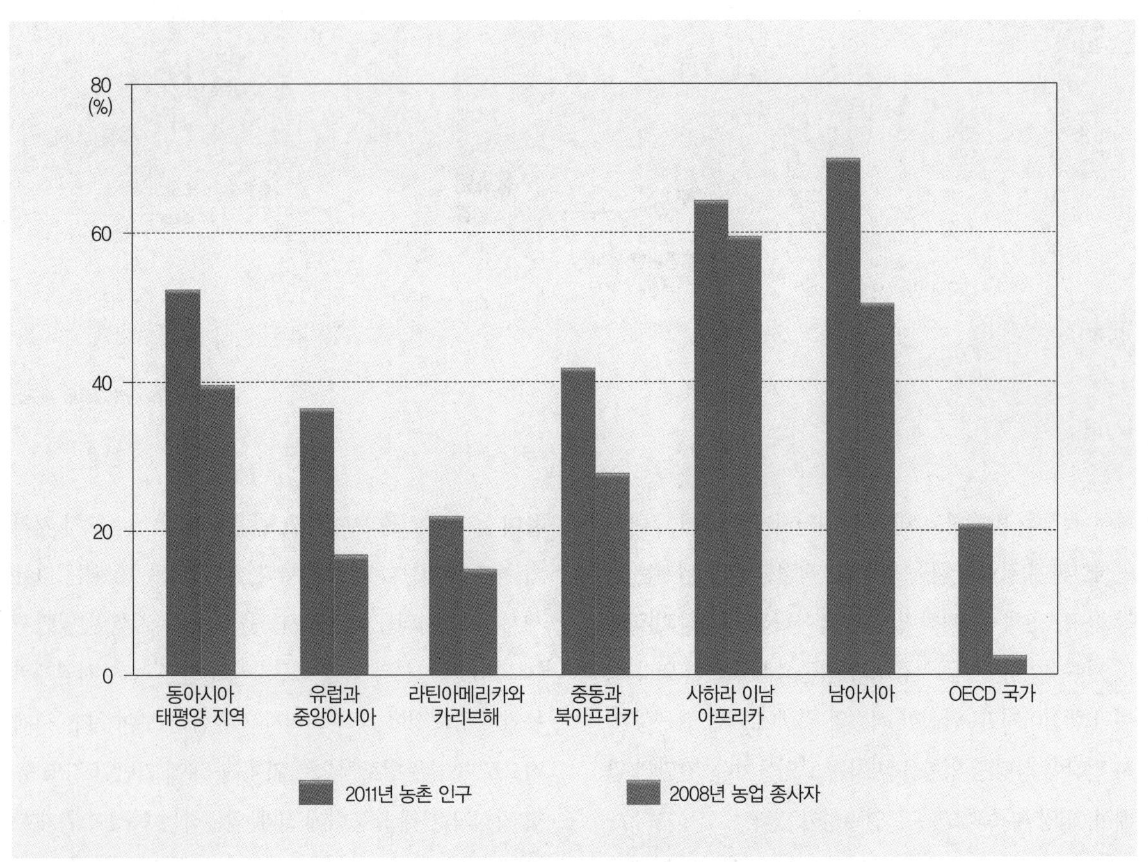

출처: World Bank, 2013 *Global Monitoring Report*의 자료를 재구성

[자료 10.5] 도시-농촌 간 물과 위생 접근의 지속적인 격차

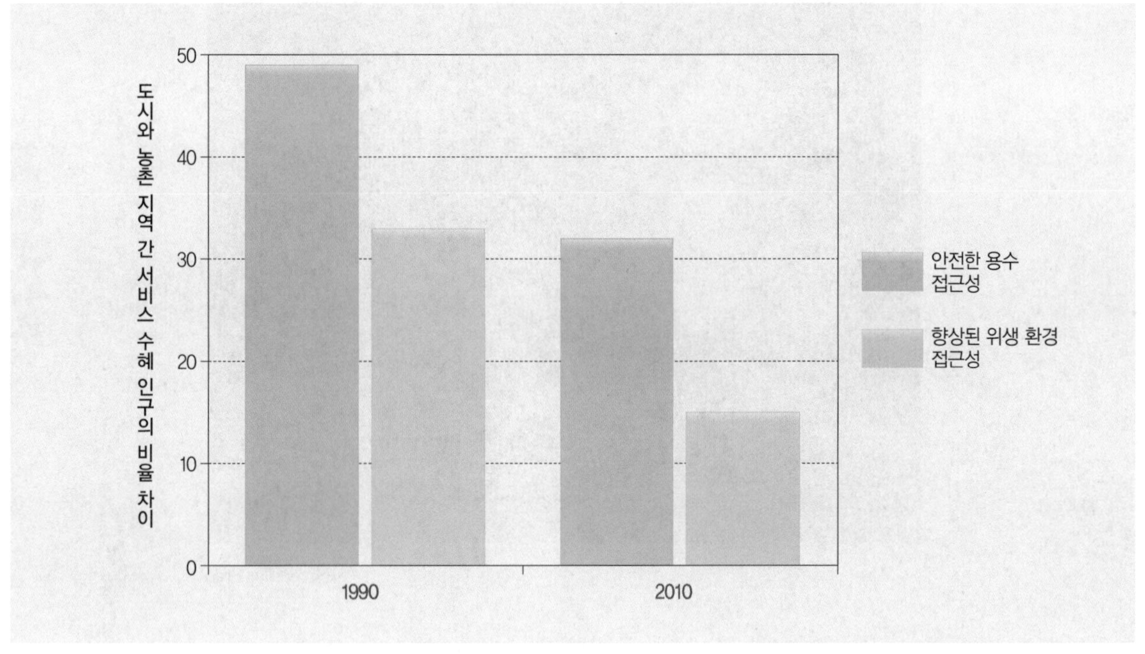

출처: World Bank, 2013의 자료를 재구성

[표 10.8] 일부 국가의 농촌 및 도시 지역의 전기 접근성
(서비스를 제공받는 인구 비율, %)

국가	농촌	도시
방글라데시	49.3	90.2
볼리비아	72.5	99.3
보츠와나	23.9	71.0
캄보디아	18.8	91.3
에티오피아	7.6	100
인도	69.7	98.2
인도네시아	92.9	99.1
말라위	2.0	37.1
나이지리아	34.4	83.6
페루	72.9	98.3
남아프리카공화국	66.9	96.6

출처: World Bank, 2015c

외의 구직이 제한되는, 즉 취업이 불안정하거나 노동생산성이 낮은 사람들에게 대안적인 일자리를 제공한다(World Bank, 2013a). 소규모 농업, 빈곤 및 식량 불안 사이의 긴밀한 연관성은 지속적인 도전 과제이면서 현대 정책의 주요 안건으로 인식된다(FAO, 2014). 농업 분야 특히, 가족농업 개발에 가장 많이 투자하는 국가들은 '새천년 개발 목표 1'에 따른 기아 감축 목표에서 가장 많은 진전을 이뤄냈다(FAO, 2015).

또한 농촌 지역은 좋은 영양, 건강 및 개발의 기회 지원이 이루어지는 도심지와 비교하여 매우 열악한 서비스를 받고 있다. [자료 10.5]에서 보여주는 것처럼 안전한 용수 접근과 관련하여 도시와 농촌 간의 격차 해소에 일부 진전이 있었지만, 1990년 49%에서 2010년 32%의 용수 접근성 차이가 나타나는 등 도시 지역이 농촌 지역보다 서비스 제공 수준이 훨씬 더 높게 나타난다. 이러한 격차는 농촌 지역의 개발 기회와 큰 연관성이 있는데, 이는 '제6장'에서 논의한 바와 같이 건강뿐만 아니라 사람들의 사회적, 경제적 역량 증진에도 광범위하게

[사진 10.1] 보츠와나의 태양광 발전

사진: Jennifer Elliott

영향을 미치고 있다. [표 10.8]은 전기 접근성에 대한 도시와 농촌 간의 격차를 보여주는데, 몇몇 국가에서는 종종 농촌 지역이 매우 낮은 전기화(electrification) 수준을 보인다. 바이오매스 소재의 연소를 통한 실내 공기 오염이 건강 악화와 조기 사망의 주요 원인이기 때문에 농촌 지역의 전기 접근성 부족은 사람들의 건강을 포함한 광범위한 부분에 영향을 미친다. 안전하고 신뢰할 수 있는 에너지 공급의 부족은 교육 기회와 일몰 후 어린이들의 교육 능력뿐만 아니라, 가내 활동에 기반한 소득 창출 기회에도 영향을 준다(IEA, 2009, [사진 10.1] 참고).

전기 접근성 부족은 농촌 지역의 비농업 활동 개발을 제한하는 주요 요인으로 확인되었다(World Bank, 2013a).

농촌 개발에서 나타나는 젠더 주류화

농촌 개발의 또 다른 '지속적인 장애물'(Potter, 2008a)은 생계 활동 및 자원 관리 측면에서 여성의 중요한 역할에 대한 인식이 줄곧 부족하다는 점이다. 환경 자원과 그것들을 관리하려는 여성의 '실질적인 관심사'를 이해하기 위한 오랜 연구에도 불구하고, 많은 농촌 커뮤니티의 젠더에 대한 차별적 인식은 빈곤 완화, 농업 생산량 증대 및 지속 가능한 자원 관리 측면에서 지속적인 장애 요인이 되고 있다(Potter, 2008a; FAO, 2011). 젠더에 대한 편견은 농촌 개발의 주요 부문에서 기존의 개발 정책에 나타난 많은 특징과 연관되어 있다. 예를 들어, 어업에서 남성은 바다에 나가 더 높은 가치를 생산하는 활동에 종사하고 여성은 간조와 만조 사이 채집 활동과 생선 가공을 담당하는데, 이 중 남성 중심의 어로 활동을 통해 생산량 목표를 얼마나 달성할 것인가가 주된 관심사이다. 유사하게 임업에서는 땔감과 가축의 사료를 채집하고 가계 생산을 위해 산림을 활용하는 여성보다는 주로 남성이 종사하는 목재 생산과 높은 가치를 창출하는 비목재 제품 개발 지원에 초점이 맞추어져 있다(Leisher et al., 2015). 농업의 상업화를 위한 많은 정책은 일반적으로 더 작은 토지를 소유하고 자급자족을 위한 농작물을 재배하여 지역의 시장에 판매하는 여성들을 실질적으로 배제하고 있다(Momsen, 2010).

그러나 여성은 농업에서 중요한 역할을 하며 라틴아메리카에서 약 20%, 아프리카와 아시아에서 50% 등 전 세계 농업 노동력의 43%를 차지한다(FAO, 2011). 여성은 남반구(개도국) 지역의 전체 식품 공급 중 60~80%를 제공하는 것으로 추정된다(World Bank/FAO/IFAD, 2009). 540만 명의 여성들은 1차 산업 중 어부와 양식업자로 생활하고 있다(FAO, 2012). 더 많은 여성은 어로 활동 이후의 단계인 어류 가공 단계에서 일하고 있으며, 어류 가공 단계는 여성 노동력이 지배적이다. 6억 명 이상의 여성이 그들의 생계 활동을 위해 농업과 임업에 의존하고 있다(Pierce-Colfer et al., 2016). 국제식량농업기구(Food and Agriculture Organization: FAO)에서 언급한 것처럼, '여성은 농부이자, 노동자, 기업가이지만, 거의 모든 곳에서 생산 자원, 시장 및 서비스에 접근하는 데 남성에 비해 더 많은 제약에 직면하고 있다'(FAO, 2010). 국제식량농업기구는 이러한 '젠더 격차'를 생산성 및 광범위한 경제적, 사회적 개발 목표 달성 방해의 요인으로 간주했다. 또 만약 여성이 남성과 같은 자원을 활용할 수 있다면, 남반구(개도국) 지역의 농업 생산성은 2.5%에서 4%로 증가할 것이며, 세계 기아를 12~17% 정도 줄일 수 있을 것으로 추정한다. 스위트먼(Sweetman, 2015)은 '개발은 여성에 대한 관점과 해결책이 필요하며, 여성은 평등, 인권, 정의가 필요하다'고 주장했다.

다음의 [핵심 아이디어]는 개발 측면에 있어 많은 지역과 기관 사이에서 젠더 이슈와 여성의 권리에 대한 접근법으로 설명되는 젠더 주류화의 개념을 설명하고 있다. 이 개념은 자원의 활용을 포함하여 개발 측면에서 여성과 남성에 대한 관심사가 어떻게 다르게 나타날 수 있는지에 대한 이해를 증진하고, 조직과 기관 내에 '여성 인권 확보'를 위한 변경점과 실제로 나타나는 젠더 이슈를 설명하기 위해 광범위한 이니셔티브를 결정한다. 그러나 프로젝트 기반 이니셔티브는 더 근본적이고 기저에 존재하는 권력과 젠더 사이의 관계에 대한 실질적인 접근보다는 여성이 당면하고 있는 '현재의 젠더 니즈'(Pearson, 2000)와 '여성의 다양한 관심사'(Middeleton et al., 1993)를 설명하면서 가사 노동에 국한한 접근을 시도하는 경우가 너무 많다.

1990년대까지 많은 '여성, 환경 및 개발'에 관한 프로젝트는 환경 자원과 관련하여 '사용자'와 '관리자'라는 핵심 개념을 바탕으로 여성에 관한 연구를 시도했다(Braidotti et al., 1994). 이러한 프로젝트들은 주로 여성이 가정에서 필요한 물과 에너지를 구하는 것과 같은 가사 노동의 분야로부터 시작되었으며, 커뮤니티의 우물과 산림을 조성하는 노동 역할에 여성을 포함하게 되었다. 이에 따라 현안들(안전한 물에 대한 접근과 목재 연료의 채집 시간 감축)은 해결되었지만, 가정과 마을 수준에서 여성과 남성의 관계를 변화시키는 더욱 도전적인 변화(그리고 여성의 권리 신장을 위한 변화)는 해결되지 못했다. 이를 통해 오직 여성을 대상으로 연구를 진행하거나 모든 여성을 동일한 특성을 가진 그룹으로 가정하는 것은 불충분하다고 인식되었다. 젠더 관계는 복잡하고 역동적이며, 젠더 문제는 계급과 인종의 문제만큼 개발의 성과를 도출하는 데 중요할 수 있다(Coles et al., 2015).

소액 금융 지원 프로그램은 1990년대 영국 국제 개발부와 옥스팜을 포함한 원조자들과 시민단체들에 의해 농촌의 가난과 같은 빈곤 문제를 해소하는 수단으로 상당한 관심을 받았다. 이는 '제3장'에서 살펴본 것처럼 시장 주도의 성장 관점에 뿌리를 둔 당시의 지배적인 발전 개념을 토대로 한다. 이런 소액 금융 지원 정책의 근간은 제도권 은행의 지원을 현실적으로 이용할 수 없는 빈곤층 집단에 대해 융자를 제공하고, 지역의 기업가들과 사채업자들과의 착취적인 관계에서 벗어나게 하는 것이다. 1997년 제1차 국제 미소금융 서밋(the first International Micro-Credit Summit) 개최 당시 남반구(개도국) 지역 100개 이상 국가의 1,300만 명(75%는 여성)을 대상으로 1천여 종 이상의 소액 금융 지원 제도가 운영되었다(Wheat, 2000). 특히 이러한 제도들은 빈곤층 대출자들에게 대출금 상환을 위한 연대 보증과 동료 멘토링(Peer Mentoring)을 바탕으로 하는 집단 소액 대출을 제

핵심 아이디어

젠더 주류화

젠더 주류화는 1995년 베이징(Beijing)에서 열린 유엔 세계여성회의(UN Conference on Women)에서 본격적으로 논의된 여성 인권과 젠더 문제에 대한 접근 방식이다. 유엔은 여성의 발전과 양성평등 목표를 위한 기반으로 전 유엔 시스템에서 젠더 주류화를 위한 노력을 약속했다. 유엔은 젠더 주류화를 다음과 같이 정의한다.

> 젠더 주류화 관점은 모든 영역과 수준에서 법령, 정책 및 프로그램을 포함한 모든 계획적인 활동을 포괄하여 여성과 남성에게 미치는 영향을 평가하는 과정이다. 이는 여성과 남성이 평등하게 혜택받고 불평등이 영구적으로 이어지지 않도록 모든 정치, 경제, 사회 영역의 정책들과 프로그램들을 설계, 실행, 모니터링 및 평가하기 위해 남성의 고민과 경험뿐만 아니라 여성의 고민과 경험을 필수 요건으로 설정하는 것이다. 젠더 주류화의 궁극적인 목표는 양성평등을 달성하는 것이다. (UN, 1997)

이는 많은 영역에 걸쳐 국제 조직, 정부, 시민사회 단체 업무의 일부로, 개발에 연관된 주체들 사이에 광범위하게 적용되고 있다. 많은 사례에서, 젠더 주류화는 조직 내부를 검토하고 '여성들을 위한 올바른 권리를 획득'하도록 제도화하는 데 집중하고 있다(Goetz, 1995; Sweetman, 2015 참고). 이는 양성평등과 여성의 권리를 뒷받침할 수 있는 기획과 실행 과정에서 나타나는 젠더 정책의 개발, 관리 절차, 구인 및 세부적인 정책 수단을 모두 포함한다. 또 모든 개발 수행 주체들의 구조화 활동에 있어서 젠더뿐만 아니라 인종과 계급에 의해 형성되는 편견을 제거하는 데 필수적으로 여겨진다. 또한 1990년대 모든 영역에서 각기 다른 사회적 주체(국가, 시장 및 시민사회)의 역할과 양성 불평등이 지속적으로 유지될 것인지 혹은 이를 도전적으로 변화시킬 것인지에 대한 논의와 연관된 개발 및 페미니즘의 사고와 잘 맞아떨어졌다.

그러나 여성과 남성, 소녀와 소년 같은 수혜자 측면에서 젠더 주류화의 영향을 연구하는 경향은 줄어들었다. 실제로 많은 이니셔티브는 여성과 가족은 물론 광범위한 사회 전반에 순차적으로 경제적, 사회적 영향을 미칠 수 있는 교육, 출산율 감소, 천연자원 관리와 함께 미소금융(micro-credit) 같은 여성을 위한 소규모 금융 지원 프로젝트를 포함하고 있다. 이러한 접근 방식은 여성의 수익을 개선하는 것이 양성평등과 여성 인권 향상에 필수적이라는 사고에 기초한다. 그러나 많은 프로그램과 프로젝트는 여성의 시급한 요구를 충족시키면서도, 종종 노동의 성별 분업이나 여성의 지위 향상과 같은 문제에 도전적인 변화를 가져오지 못했다. 여성의 삶을 형성하는 복잡한 구조적 불평등의 해소(국제 여성 운동에서 목표로 하는 젠더 주류화의 전환적 목표)에 실패함에 따라, 기존의 권력 구조는 여전히 남아 있다.

출처: Sweetman, 2015를 재구성

공했다. 대부분의 대출 제도에서 여성은 명시적인 대상이 아니었지만, 여성들은 가장 신뢰할 수 있는 차용자였다. 게다가 증가한 수입을 통해 가족 특히 아동의 복지가 개선되었다(Pearson, 2000).

그러나 여성의 지위 향상 측면에서 소액 금융 지원이 주는 영향과 관련한 논쟁이 일부 존재한다. 소액 금융 지원의 성과는 가정, 커뮤니티 및 더 넓은 사회의 범주에서 젠더 관계에 따른 복잡성과 특수성 때문에 매우 다양하게 나타날 수 있다. 일부 맥락에서 살펴보면, 여성의 융자 지원 접근성은 남성이 통제권을 가지는 경제적 활동에 대한 여성의 통제권을 증진하지는 않으며, 여성은 단지 융자 상환에 대한 책임을 지게 된다. 젠더와 환

[자료 10.6] 1960~2000년 전 세계 평균 농장 규모

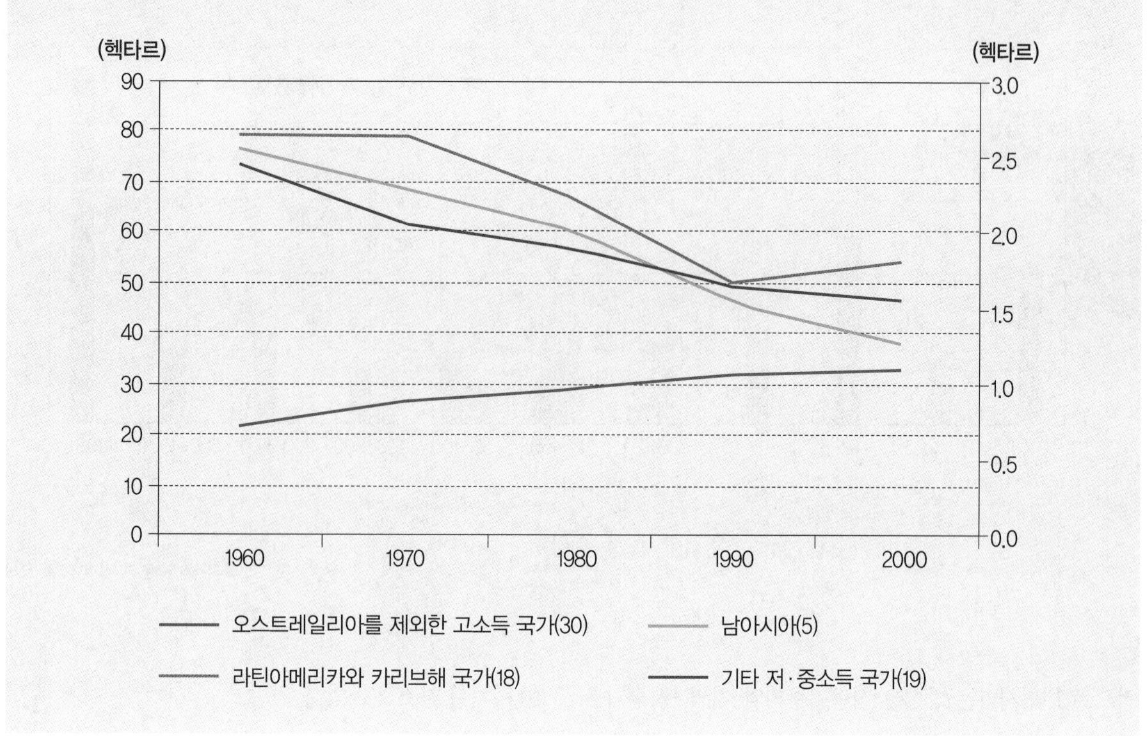

출처: Lowder et al., 2016을 수정

경적 관리 연구에서는 서로 다른 맥락에서 특정 여성을 주제로 다양한 사례가 논의되고 있는데, 여성의 지위뿐만 아니라 빈곤에 실질적 변화를 불러일으키는 것은 더욱 복잡한 문제이다.

토지의 중요성: 농촌 지역의 농업 구조와 토지 소유

농촌 개발에 오랜 시간 계속 반복되는 문제는 임업에서 나타나는 것처럼 토지 소유권과 토지 및 토지와 연계된 자원들에 대한 권리에 관한 것이다. 실제로 미들턴 등(Middleton et al., 1993)은 농촌 개발에서 '분리할 수 없는 두 가지 시작점'을 여성의 권리와 토지 문제로 언급했다. [자료 10.4]에 나타나듯, 농업은 남반구(개도국) 농촌 지역의 경제와 사회의 핵심이다. 결국, 농업 경제에서 토지 소유 패턴은 토지와 노동이 생산 형태를 결합하는 다양한 방식과 연관된 '농업 구조'뿐만 아니라, 생산 및 재생산의 '구조적' 절차와 관련된 계급과 같은 사회적 관계를 결정짓는 핵심 요소이다.

근본적으로 농업 구조에 대한 분석은 '누가 무엇을 소유하고, 무엇을 하고, 무엇을 얻으며, 얻은 것을 통해 무엇을 하는가?'라는 질문에 대해 대답을 시도한다(Bernstein, 1992c). 토지는 종종 사람들이 개인적, 사회적, 정치적 정체성을 확립하는 주요 수단이며, 토지 소유 패턴은 토지와 노동이 생산 과정에서 통합되는 맥락을 설명해준다. 이처럼 토지 소유권은 농촌 지역에서 정치와 사회적 지위 사이의 주된 상관관계를 형성한다. 더욱이 식량은 토지에서 생산되는 주요 산물이기 때문에 이와 같은 소유 패턴은 주민의 상대적, 절대적 만족감에 분명히 영향을 미친다(Ghose, 1983). 토지 소유 패턴과 토지 활용을 조절할 수 있는 소작 제도('토지개혁' 정책)를 적극

[자료 10.7] 라틴아메리카의 토지 면적 등급에 따른 농장 및 농지 규모의 평균 분포

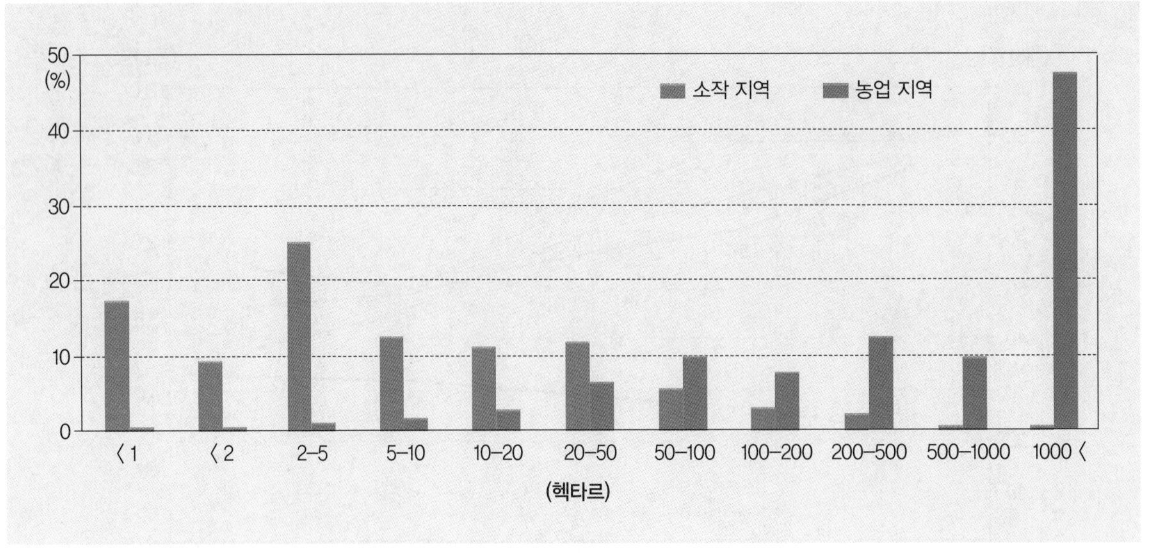

출처: Lowder et al., 2016을 수정

적으로 변화시키는 방식은 식민지주의와 지역 및 국가 단위 개발에 대한 최근의 접근 방식에까지 모두 주요하게 적용되고 있다.

농업 구조는 고정적이지 않으며 공간 전체에 걸쳐 동일하지도 않다. 그것은 환경, 문화, 정치, 경제와 같은 요인들을 포함하는 농업 지역의 다양한 역사적 경험을 반영하고 있다. 남반구(개도국)의 많은 지역에서 식민지주의는 농업 구조와 절차에 중대한 영향을 미쳤으며, 이는 여전히 토지 소유 패턴으로 나타나고 있다. 식민지주의는 다양한 형태로 강요되었으며 시간과 공간에 따라 받아들여지거나 거부되었고, 그 결과 다양한 지리적 복잡성이 나타났음을 인식할 필요가 있다(Williams et al., 2014; Lipton, 2009). 그러나 핵심적인 지역 패턴은 정의될 수 있으며, 시간이 지나는 동안 지속해서 유지되고 있다. 대표적으로 립턴(Lipton, 2009)의 저명한 연구에서는 매우 보기 드물게 토지 부족 국가에서 최근 나타나는 농업 구조 변화를 제시하고 있다. 토지의 과부족을 판단하는 데는 몇 가지 제한점이 있지만, 라틴아메리카와 카리브해 지역을 제외한 남반구(개도국)의 농장 및 농지 대부분은 매우 협소하고(Lowder et al., 2016), [자료 10.6]처럼 감소하고 있다.

라틴아메리카

라틴아메리카는 토지가 비교적 풍부하지만 토지 소유권의 불평등이 두드러진다. 예를 들어, 브라질은 전체 경작지의 3분의 2를 인구의 3%가 소유하여 세계에서 가장 불평등한 토지 분배가 나타난다(Zobel, 2009). [자료 10.7]은 라틴아메리카 전체 농업 면적의 거의 반이 소수의 대형 농장에 의해 점유되고 있으며, 이외의 농지 대부분은 매우 작은 규모로 나타남을 설명하고 있다.

식민지 독립 이후 대대적으로 이루어진 토지개혁에도 불구하고 현대 라틴아메리카의 토지 소유 양극화는 식민지 역사에 깊은 뿌리를 두고 있다. 17세기 에스파냐의 식민지 개척자들은 원래 군 제대 후 토지 수용 권한을 부여받았고 원주민 커뮤니티로부터 노동이나 재화의 형태로 조공받을 수 있었다(Bernstein, 1992b). 자본이 축적되면서 라티푼디아(Latifundia) 혹은 아시엔다(Hacienda)라고 불리는 대규모 농경지가 형성되었고, 소작농은 일반적으로 할당된 토지를 경작하고 토지주에게 임

차료로 현금 또는 수확한 작물을 지불하거나, 소규모의 자급자족을 위한 농경지를 제공받는 대가로 토지주의 농장에서 일했다.

이러한 농경 시스템의 확대는 원주민들로부터 더 많은 노동력을 동원하고 토지를 무단으로 전용하는 것과 연관되는데, 이러한 과정은 원주민 커뮤니티로부터 부정적으로 인식되어 저항받곤 했다. 이처럼 강제적인 통합에 저항한 사람들이 대안으로 제안한 '소농장(minifundio)' 시스템은 농경지가 너무 작거나 농업 생산에 적합하지 않은 지역에 있었기 때문에 보통 자급자족을 위한 생산을 충분히 충족시키지 못했다. 많은 소규모 농업 종사자들은 종종 임금노동을 통해 대체 수입원을 찾는 것 외에는 다른 대안이 없었다. 토지에 대한 접근성 부족은 현대 농촌 빈곤 문제의 핵심 요인으로 간주된다(Inter-American Development Bank, 1998).

분명히 대규모 농경은 라틴아메리카 농업 생산의 오랜 특징이었다. 1980년대 이후 시장과 무역의 자유화에 따라 많은 라틴아메리카 국가의 농업 분야에 도입된 정책들은 대농장(latifundio) 시스템을 강화했다. 예를 들어 '제6장'에서 살펴본 것처럼 아르헨티나, 브라질, 파라과이, 우루과이 등을 포함한 국가 등이 육류, 콩, 설탕과 같은 생산물의 세계 시장 점유를 확대하려 함에 따라 아마존 유역에 광범위한 목축 및 토지 권리가 확립되면서 농경 지역의 급속한 확대(그리고 산림의 파괴)가 나타났다. 소규모 농업인들은 변경 지역까지 영역을 확장할 수 있었지만, 토지의 질이 좋지 않아 농장의 크기는 빠르게 더욱 집약화되었다(Deininger and Byerlee, 2012). 브라질에서는 콩과 기타 작물이 세하두(Cerrado) 지역에서 크게 확장되었다. 농업 생산은 실질적으로 대형 농장에서 고도로 기계화된 농경 방식을 기반으로 하는데, 세하두 지역에서는 많은 기업이 10만 헥타르 이상의 경작지를 운영하고 있다(Deininger and Byerlee, 2012). 기업적 영농이 이루어지면서 앞서 말한 것과 같은 고용 노동이 빈곤에 미치는 영향은 줄어들었다(Deininger and Byerlee, 2012).

아시아

아시아에서의 토지 보유는 라틴아메리카와 같이 매우 집중되어 있다. 그러나 토지 부족 때문에 농장 크기는 훨씬 더 작으며, 주된 경작 유형은 임대와 소작으로서 분산적으로 분포한다. 세계 농장의 74%가 아시아에 있는으며, 세계에서 가장 큰 농업 지역은 중국으로 전체 면적의 35%를 차지한다. 아시아 전역에서 전체 농장의 75~80%는 크기가 2헥타르 미만이다(Lowder et al., 2016).

아시아의 많은 지역은 비교적 최근에 식민지 시기를 보냈으며, 그 시기의 영향으로 현재 농업 구조에서 사유재산 제도가 도입되고 강화되었다. 예를 들어, 영국이 인도를 통치하기 전에는 마을의 대표가 토지에 대한 개별 권한 배분, 목초지 혹은 방목장과 같은 공공 자원에 대한 관리 감독, 현물에 대한 세금 징수를 하는 등 재산권이 커뮤니티에 기반하고 있었다. 영국이 통치를 시작하면서, 1868년 토지에 대한 사유재산권과 현금 세금 납부 제도가 도입되었다. 인도 북부에서는 자민다리(Zamindari) 토지 소유 제도가 널리 행해지고 있었는데, 사실상 지주들은 소작인(실제 토지 소유자)과 영국 관리 사이의 중재자 역할을 하게 되었다. 이러한 '지주들'은 합의된 토지 임대료의 일정 비율을 정부에 내도록 요구받았다. 이를 통해 이들은 가능한 대로 소작인으로부터 임대료를 강제로 받을 수 있는 특권을 포함한 실질적인 사유재산권을 부여받았다(Shariff, 1987).

이와 같은 시스템은 영국이 식민지의 토지를 통제하고 생산 과정에 직접 개입하지 않으면서도 소작농으로부터 임대료를 강제로 징수할 수 있게 했다. 임대료는 공유지 시스템과는 다르게 농업의 생산성 증대를 위해 재투자되지 않았으며, 지주들은 소작인이 어려움에 부딪힐 때 보조를 제공하는 것과 같은 의무를 지지 않았다. 소작인들은 상품 작물의 생산을 증대했지만, 부채와 토지 부족 현상 역시 늘어났고 지주와 대부업자 같은 새로운 권력 계층에 종속되었다(Bernstein, 1992a).

1947년 인도가 독립할 당시 전 국토의 50%에 해당하는 면적을 농촌의 약 4%에 해당하는 인구가 점유하고 있었다. 약 27%의 인구는 토지를 보유하지 못했고, 53% 이상은 5에이커보다 작은 면적의 농장을 가지고 있었다(Ghose, 1983). 1950년대 인도에서는 임대료 징수를 중개하는 자민다리 제도를 폐지했지만, 토지권을 재분배하고 임대 조건을 개선하는 과정은 '매우 불완전한 상태'로 남아 있다(Lipton, 2009). 1996년을 기준으로 인도의 농장 중에서 중간 규모는 1헥타르 미만으로 유지되었다(Hazell et al., 2010).

농촌 개발을 위한 전략의 일부분으로 임대 제도를 개편하는 것은 독립 이후 아시아의 많은 국가에서 광범위하게 나타나는 특징이다. 1945년 이전 동아시아에서는 고용인을 둔 중대형 자영 농장, 다수를 차지하는 소규모의 자영 농장, 그리고 상당히 '엄격한 조건'으로 소작이 이루어진 많은 소규모 농장이 특징적으로 나타났다(Lipton, 2009). 중국, 베트남, 라오스, 캄보디아 등에서는 소작권의 '집산주의 혁명(revolution collectivism)'을 포함한 개혁 방안으로 소작권의 축소, 폐지, 농장의 사유화 및 영구 집산화(농장을 정부에서 영구적으로 소유 혹은 통제) 등이 나타났다. 다른 대응 방식으로 일본, 한국, 타이완은 사유화할 수 있는 토지의 상한선을 도입했다. 인도네시아, 말레이시아, 필리핀 등의 국가에서는 임대권과 가구의 재정착을 결합한 접근 방식을 사용했다.

이러한 토지개혁 프로그램들은 이후에 뒤바뀌는 경우도 존재한다. 예를 들어, 중국은 1977년에서 1984년 사이 탈집산화(de-collectivisation) 정책으로 전환하여 농장을 소규모 가구 단위에서 영구적으로 소유할 수 있도록 했다. 가장 최근에는 토지 사용권이 아닌 사유화를 촉진하는 토지 정책의 변화를 시도했는데, 이를 통해 국가의 평균 농지 규모가 감소하던 추세를 일정 부분 멈추게 하고 역전시킬 수 있었다(Lowder et al., 2016). 1960년대 초 인도네시아 정부는 토지가 가장 부족한 자바(Java) 지역의 129만 가구에 85만 헥타르의 농경지를 재분배했다(Lipton, 2009). 그러나 평균적으로 재분배된 토지의 면적은 작았고, 토지개혁은 그 이후로 상당히 지체되었으며, 토지는 국가적으로 부족한 상태가 유지되었다. 2008년 기준, 1,400만 명의 농부들은 1헥타르 미만의 농경지에 의존하고 있다(Lipton, 2009, FAO 재인용).

아프리카

넓게 보면 아시아나 라틴아메리카에 비해 아프리카의 농업 구조는 토지의 공동 소유 시스템, 낮은 토지 소유 집중화 그리고 소작 및 임대가 덜 보편화된 것으로 특징지을 수 있다. 다른 세계 주요 지역들과 비교하여 대륙적 규모에서 살펴보면, 아프리카는 비교적 토지가 풍부하다. 이러한 아프리카의 '비교 우위(comparative advantage)' 측면에서 미래의 세계 식량 수요와 아프리카 대륙의 빈곤 완화에 대한 논의가 지속되고 있다. 그러나 사하라 이남 아프리카 경작지의 60% 이상은 1헥타르 미만에 불과하다(Lowder et al., 2016).

식민주의는 일반적으로 다른 지역보다 아프리카에서 훨씬 늦게 발생했고, 많은 나라에서 농민들은 사유재산 제도가 적용되거나 토지를 강제로 수탈당하지도 않았다. 그러나 특히 카메룬, 마다가스카르, 기니, 코트디부아르와 같이 대규모로 유럽인의 이주가 진행된 프랑스 식민 국가에서는 예외인 경우가 존재했다. 영국의 지배를 받은 케냐의 백인 고원(White Highlands)으로 불리는 지역 또한 또 다른 예외 사례이다.

남부 아프리카에서는 유럽인이 농업을 위한 토지를 수탈하면서 아프리카 농부들을 '보호' 구역으로 강제로 이주시켰다. 이러한 보호 구역은 일반적으로 경작이 제한되었으며, 강제 노동 동원, 아프리카 농부들의 자발적 상품 작물 재배 차단, 토양 보존 정책과 같은 다양한 간접 수단들을 통해 아프리카의 노동력이 유럽의 농업, 광업 및 인프라 개발 프로젝트를 위해 유출되었다.

아프리카의 상품 작물 생산 확대를 통한 식민지의 이익 추구 행위는 일반적으로 토지 소유 제도의 근본적인 변화 없이 이루어졌다. 그러나 소작농들이 그들의 토지 관리를 유지하는 동안 세금, 공산품 수출 및 수익화의 '식민지화 3단계(colonial triad)'(Watts, 1984)는 아프리카 대륙 전체의 생산 관계에 중대한 영향을 미쳤다. 간단히 말해서, 토지와 노동은 매매할 수 있는 상품이 되었고, 많은 사람에게 가뭄에 대한 취약성과 식량 불안을 덜어주었던 농촌 지역의 '도덕적 경제(moral economy)' 즉, 노동과 재화를 커뮤니티 내에서 상호 교환하는 방식은 쇠락했다(Watts, 1984).

따라서 아프리카 농업 구조에 식민지 정책이 남긴 영향은 매우 다양하게 존재한다. 오늘날 아프리카에서는 종종 개개인의 자유로운 소유권 제도 도입과 기존의 전통적인 사용권을 명확히 구분하자고 주장한다. 이는 시들과 스윈델(Siddle and Swindell, 1990)의 주장과 같다.

> 공공 임차 제도, 대출, 담보, 토지 무단 사용 및 공유 계약 등과 연관된 갖가지 형태의 노동 임대, 고정 임대료, 부동산 자유 보유 권리에 대한 임대권 매매, 토지의 국유화 등 동시에 존재하는 다양한 제도들이 있다. 이처럼 다양한 형태의 토지 소유와 농경 방식은 종교, 부족 및 정치의 권위뿐만 아니라 생태 환경의 변화 등에 의해 나타나는 서로 다른 생산 관계에 근원하고 있다.

위에서 살펴본 바와 같이, 남반구(개도국) 특히 현재 사하라 이남 아프리카에서 매매할 수 있는 토지 및 공유지를 대기업(다국적 기업 혹은 국내 기업)이 취득하는 사례(최소 거래의 60%에 해당)가 빠르게 확대되는 것에 대해 많은 논쟁이 존재한다(Hall et al., 2014). 이러한 논쟁과 함께 지역의 농민, 목축업자, 임업 종사자의 토지와 자원에 대한 권리에 부정적 영향을 미치는 것과 그로 인해 소규모 농업과 대규모 농업 사이의 양극화가 심해지는 것에 관한 우려가 확산되고 있다.

> 대규모 농업은 주로 수출 목적의 자본주의적 생산과 연관되어 있는데, 소규모 농업 종사자는 새롭게 형성된 대규모 농업 단지와 플랜테이션에 저임금 노동력을 제공하여 임금노동자화(proletarianised)되어 점차 사라져가거나 계약 재배를 통한 생산에 종사하게 되었다. (Hall et al., 2014)

농촌 개발을 위한 전략으로의 토지개혁

> 1960년 이후 세계의 거의 대부분 나라가 토지개혁법을 통과시켰다. … 그러나 수십 년간의 토지개혁에도 불구하고, 토지 소유권은 극도로 왜곡되었고, 토지 소유의 집중은 보편적으로 증가했으며, 토지를 보유하지 못하는 사례가 대규모로 빠르게 증가하고, 농촌의 빈곤과 영양실조의 규모는 끔찍할 정도의 비율에 다다르고 있다. (de Janvry, 1984)

인용된 내용은 토지에 대한 접근과 인적 개발에 대한 전망 사이의 연관성에 나타나는 광범위하고 오래된 인식을 암시한다. 이는 또한 토지개혁의 결과가 어떻게 기대한 이익에 부합하지 못하는지에, 그 요점을 보여준다. 토지개혁에 대한 다양한 정의와 목표가 존재하지만, 립턴(Lipton, 2009)은 토지개혁을 주로 빈곤층에 어떤 영향을 미칠지에 대한 '문제의식'이라고 요약한다.

> 오늘날 적어도 15억 명의 사람들이 빈곤하든 그렇지 않든 간에 토지개혁의 결과로 약간의 농지를 소유하고 있다. 그러나 많은 저소득 국가에서는 비효율적인 토지 불평등 문제가 여전히 남아 있거나 다시 나타나고 있다. 토지개혁은 '미완성 사업'으로 '기존의 문제가 여전히 존재'하고 있다. (Lipton, 2009)

토지개혁 제도는 여러 가지 형태가 있지만, 일반적으로는 임대권의 개혁 혹은 토지 소유권의 분배와 규모의 변화를 수반한다. '토지개혁'은 흔히 토지 소유자의 금융 및 시장에 대한 접근을 개선하고, 생산성과 지속 가능성을 증진하기 위한 지원을 확대하는 광범위한 '농지 개혁'과는 구분된다. 그러나 홀 등(Hall et al., 2014)은 '모든 성공적인 "토지개혁"은 이와 같은 지원 정책이 수반되어야 하며, 구분이 필요하지 않다'라고 지적한다.

실제로 토지개혁은 임대차 계약의 제거, 협동 농장 혹은 국영 농장과 같은 새로운 형태의 농장 유형 신설 혹은 소유권의 제한과 재정착 프로그램 시행을 통한 토지 몰수와 재분배를 포함한다. 토지개혁의 목표는 사회적 안정 향상, 정치 참여 및 후원 증대, 경제적 기회 확대와 토지 및 노동의 더욱 효율적인 활용 촉진을 포함하는 사회, 정치, 경제 분야의 목적들을 통합하는 것이다. 이전 절에서 살펴보았듯, 지배적인 농업 구조에 대한 모든 개입은 농촌 생활의 물리적인 상태뿐만 아니라, 개인과 사회의 정체성, 가정 내 및 가정 간의 권력 관계, 토지와 관련된 전통과 관습, 토지의 사용, 사회 내에서 토지의 중요성 등에 영향을 미친다.

토지개혁의 정치적 중요성은 독립 혹은 다른 중대한 정치적 사건을 겪으며 새로운 제도를 시행한 몇몇 국가에서 확인할 수 있다. 1974년 에티오피아, 1958년 중국, 1959년 쿠바와 1964년 탄자니아 등 개혁이 진행된 국가의 사례에서 토지개혁의 급진적 성격은 창설된 사회적 조직들의 새로운 형태로부터 나타난다. 아프리카에서 독립과 함께 시행된 급진적 토지개혁 제도들은 짐바브웨의 사례와 같이 이주민이 중심이 된 정권에서 가장 두드러졌다.

토지개혁 프로그램들은 대규모 토지 소유를 방지하거나 소유권의 안전성을 강화하는 것처럼 더 개혁적인 의도로 시행되었다. 일제강점기가 끝난 이후, 한국에서 1949년에 시행된 토지개혁은 3헥타르 이상의 농지를 소유한 토지 소유자가 국가 보상금을 받고 소작인에게 토지를 양도하도록 요구했다. 1950년대 타이완에서 시행된 토지개혁 사례에서는 임대료가 70%를 초과하던 것이 최대 37.5%까지 인하되었다(Barke and O'Hare, 1991). 1970년대 필리핀의 토지개혁은 임차권을 공유하던 것을 고정 임대 방식으로 전환했다. 인도에서는 영국 식민 기간 동안 승계된 착취적인 소작 제도가, 독립 이후 1950년대의 첫 5개년 계획을 통해 농업 생산 확장을 근본적으로 제한하는 요인이자 농촌 지역의 대다수 사회적 부정의의 원천으로 정의되어, 1951년 네 가지 토지개혁이 도입되었다.

토지개혁을 통한 명확한 효과는, 제도들이 다양하고 단계별로 시행되며 광범위한 농업 개혁 정책들과 결합되어 나타나기 때문에 다양한 사례를 모두 정의하기는 매우 어렵다. 립턴(Lipton, 2009)의 정의에 따르면 빈곤층에 대한 토지개혁의 성과는 토지개혁이 고용, 비농업 활동, 국내총생산(GDP) 성장에 얼마나 영향을 미쳤는지, 또 토지 소유권의 이전을 통해 나타난 토지 재분배와 마을의 상태, 빈곤층의 권력 변화 등에 달려 있다. 많은 프로그램은 미완성인 상태이거나 진행 중에 있으며 종종 개혁의 성과를 모니터링하기 위한 데이터가 부족한 경우도 많다. 토지개혁에는 보통 인프라 투자, 보상금, 광범위한 정책 지원을 위한 금융 투자가 필요하다. 미국으로부터의 대규모 원조가 상대적으로 한국 토지개혁 성공의 핵심 요인으로 간주되는 한편, 필리핀의 자금력 부족은 토지 재분배 실패의 주요 원인으로 판단된다(Dixon, 1990).

토지개혁에 대한 국제적인 지원은 [표 10.3]에서 보여주듯, 1960년대와 1970년대에 주로 나타났다. 그 당시 지배적인 개발 이념은 경제성장 증진과 성장 효과 확산을 위해 농촌 지역과 농업에 '하향식(top-down)' 개입을 강조했다. 게다가 사하라 이남 아프리카와 아시아에서는 탈식민지 시기에 광범위한 개혁이 나타났다(Hall et al., 2014). 냉전 정책 또한 토지개혁에 대한 국제적 지원의 중요한 사례이다. 동유럽에서는 소련의 지원을 받아 집산 농업을 장려하고 사유재산을 폐지했으며, 미국은 '진보를 위한 동맹(Alliance for Progress)' 계획(1962~1964)을 통해 라틴아메리카에 사회주의 접근에 대항하기 위한 토지개혁을 지원했다. 그러나 립턴(Lipton, 2009)은 이러한 현상이 냉전 시기 지도자들의 토지개혁 지원을 너무 과도하게 단순화한 것이라고 경고하면서, 냉전 종식으로 일부에서 제기하는 것처럼 이제 토지개혁은 농촌 개발에 필요한 요소가 아니라고 주장하는 것은 좋은 논쟁이 아니라고 지적했다.

그러나 토지개혁에 대한 국제적인 헌신은 1980년대 냉전이 잇달아 종식되면서 탈사회주의 국가들이 탈집산화와 토지 사유화 개혁의 재개를 이끌었기 때문에 상당히 줄어들었다(FAO, 1991; Hall et al., 2014). 2000년대 이후에는 세계은행과 국제통화기금(International Monetary Fund: IMF)의 영향으로 국가 주도보다는 시장이 주도하는 방식의 토지개혁 프로그램에 관한 관심이 증대되었다. 이러한 사례의 대부분은 소규모 토지 소유자의 안정적인 소유권 증진을 위해, 예를 들어 토지 재분배보다는 토지 소유권을 강화하는 것과 같이 제도, 기술, 정책적 틀을 개선하는 데 집중하고 있다(Hall et al., 2013). 최근 세계은행의 '농업으로의 회귀(return to agriculture)' 정책 중 일부는 토지의 효율성과 공정성 측면에서 자영농(owner-operated farms)화를 지원하고 있다. 안전한 토지권은 토지 매매를 촉진하고 더욱 효율적인 토지 사용의 기초가 된다. 토지를 포함한 자원의 권리 보호는 더 지속 가능한 농촌 개발에 필수적인 것으로 간주된다(Elliott, 2013). 세계은행은 또한 남아프리카처럼 농업 구조가 지속적으로 매우 양극화되고 불평등하게 유지되는 지역에 대해 토지 재분배를 통한 개혁을 지원하는 역할을 수행하고 있다.

토지개혁에 대한 추진력과 지원은 남반구(개도국)에서 민주주의의 확산, 정치 조직과 시민사회 활동의 강화 등을 포함한 내부적 역동성에 의해 점점 더 많이 진전되고 있다(Lipton, 2009). 최근 몇 년 동안, 식량 가격과 안보에 대한 우려와 함께 대규모 토지 매매로 소규모 농부와 원주민이 위협을 받게 되자 토지개혁과 재분배에 또다시 관심이 몰렸다(Jacobs, 2009).

토지 정책과 실행 과정에서 지속적으로 나타나는 젠더 차별(Hall et al., 2014)은 분명한 도전 과제가 되었으며, 종종 토지개혁이 여성들에게 미치는 부정적인 영향은 해소할 필요가 있다. 젠더는 여성의 삶을 변화시키는 합법적 토지권에 대한 잠재력이 큰 요소임에도 불구하고, 토지개혁의 연구 주제에서 등한시됐다(Jacobs, 2014). 많은 토지개혁 정책이 과부나 이혼한 여성에게 토지를 소유하거나 사용할 권리를 허용했음에도 불구하고 국가가 지원하는 토지 재분배 과정에서 토지권은 대부분 일반적으로 가구 단위가 아닌 '가장(남성으로 가정)'에게 부여된다(Jacobs, 2014). 이로 인한 부정적 결과로는 기존에 존재하던 여성의 관습적인 토지권 상실, 수익원 상실, 여성의 노동 수익에 대한 통제권 상실 등이 있다. 토지와 농업 개혁에 젠더 주류화를 포함하는 것은 더 이상 여성을 소외시키지 않는 정의와 관련된 이슈로 인식된다. 여성은 종종 토지의 주된 '경작자'이기 때문에 토지를 관리할 수 있어야 하며, 농업에 종사하여 이익을 얻을 수 있어야 한다. 이는 또한 여성의 토지 접근성 향상과 사용권 보장이 농업 생산량에 직접적인 영향을 미칠 수 있으며(FAO, 2013), 장기적으로 가족의 행복한 삶을 개선할 수 있기 때문에 효율성의 문제로 간주한다.

농촌 개발에 대한 새로운 도전 과제

농업의 세계화와 미래 농업

세계화의 진행은 농촌 개발의 새로운 도전 과제로서 지역 단위의 개발과 환경적 성과에 깊은 영향을 미쳤다. 특히 식량과 농경은 대규모의 상업적 농업 방식에 의해 점점 더 세계화되었으며 지배적인 형태가 되었다. 많은 곳에서 농업 생산의 핵심이었던 '농장'은 이제 특정 상황에 따라서는 식량 및 섬유 제품과 관련된 생산, 가공, 마케팅, 유통의 통합된 시스템 단계의 일부에 불과하게 되었다(Redclift, 1987). 이러한 맥락에서 농부들은 새로운 위험 요인을 안고 새로운 관계를 맺는데, 다국적 기업과 진전된 계약 관계를 맺고 정부로부터 훈련 및 확장 혹은 원재료 구매를 위한 지원을 줄여가는 것이다. 지역의 소규모 생산자 혹은 남반구 지역을 기반으로 하는 상업적

[표 10.9] 개발 측면에서 농업 역할에 관한 논쟁의 개요

논쟁의 주제	농업 역할에 긍정적인 의견	농업 역할에 부정적인 의견
성장 동력	농촌 지역의 일반적인 삶에 충분히 영향을 미침 경제 외적인 부분과 크게 연관됨	경제가 성장하는 지역에서 비중이 매우 적음 가난한 국가에서는 낮은 생산성이 나타남
농업 활동의 대체	가난한 국가에서는 대체가 거의 어려움	제조 및 서비스업에서 새로운 무역 기회 존재
기술적 타당성	과학은 생산성을 증대시킴	투자 수익 감소와 환경 파괴의 위험
빈곤의 영향	농업 성장은 빈곤층에서도 가능함	소규모 농부들에게는 기회가 제한적임
환경 정책	구조적 변화를 통해 농업에 대한 부정적 편견이 제거됨	공공 지출과 보조금에 대한 대중적 거부감

출처: Hazell et al., 2010을 수정

농업 기업은 현재 세계무역기구(World Trade Organization: WTO) 체제에서 번창할 것으로 예측되는데, 이와 같은 현상은 '제7장'에서 살펴본 것처럼 국제 시민단체에 의해 세계화에 대한 도전 과제로 초점이 맞춰지고 있다. 유럽연합(EU)과 많은 경제협력개발기구(Organization for Economic Cooperation and Development: OECD) 국가들이 농업 보조금을 지속적으로 제공하는 것은 남반구(개도국) 국가들의 농업인과 농업 분야에 압력을 가중하고 잠재적인 경쟁력을 감소시킨다(Hazzell et al., 2010).

[표 10.9]와 같이 개발 측면에서 농업의 역할에 대한 논쟁은 오랜 기간 존재했다. 대규모 농업에 비해 소규모 농업이 지니는 상대적 가치에 관한 논의가 최근 몇 년 사이 다시 활발해지고 있다. 미래의 식량 공급이 얼마나, 어디에서 이루어질지, 세계화되는 식량 시스템과 토지 시장의 자유화 상황에서 소규모 농업의 전망에 대한 우려가 존재한다(Deininger and Byerlee, 2012; Hazzell et al., 2010 참고). 특히 관심을 끄는 부분은 아마존 다음으로 두 번째로 큰 생물군이 분포하는 브라질의 세하두(사바나) 지역에서 대규모의 농업 정책이 확대되고 있다는 점이다. 인프라를 포함한 연구 및 개발 측면의 대대적인 공공 투자는 여태껏 농업에 적합하지 않은 풍화가 심하고 산성화된 토양에서 농업을 가능하게 만들었다. 이처럼 제한적인 토지 자원 상황에서 공공 투자를 통한 농경화가 추진됨에 따라 세계 농업 생산량의 증대 가능성이 높아졌다. 이와 같은 기술적 이니셔티브에 따른 기술적 성공과 세계 농업 생산의 주요 행위자로 브라질이 급부상한 현상이 미치는 영향은 '세하두의 기적'이라고 불린다(The Economist, 2010; Rada, 2013). 세계은행은 이와 같은 세계 식량 공급의 미래를 지지한다.

세계은행은 「아프리카의 잠든 거인이 깨어난다(Awakening Africa's Sleeping Giant)」(World Bank, 2009a)라는 보고서에서 서아프리카의 사바나 지역이 이러한 모델을 적용할 수 있는 잠재적 지역이라고 주장했다. 이와 같은 논의에서 다른 의견은 소규모 농업이 더욱더 생산적이고 지속 가능한 잠재성을 지닌다고 주장한다. '제6장'에서 살펴본 것처럼 화학 연료, 인공 비료, 화학 살충제에 의존하는 농업의 산업화 모델이 세계적 규모에 미치는 영향에 대해 심각한 우려가 존재한다. 이는 아마도 '지구 위험 한계선'을 넘어서 질소와 인의 세계적인 순환을 저해시켜 수문 및 대기 시스템에 영향을 주고, 결국 인류의 삶과 생태계 기능에 지대한 영향을

가져올 것이다. 또한 최근의 식량 가격 위기와 기아 수준의 상승이 '기업적 영농의 위기'의 신호이며, '농업 측면에서 사회적, 생태학적 지속 가능성에 관한 질문을 농업을 대상으로 다시 초점을 맞출 기회'를 제공하는 것이라는 주장도 있다(McMichael and Schneider, 2011).

기업적 농업을 대체하여 친환경 방식으로, '유기농' 그리고 '미생물 활용(Biodynamic)' 농업 등을 포함하여 외부의 인위적 투입을 감소시키는 방식에 관한 관심이 전 세계적으로 확대되고 있다. 친환경적 절차와 원칙을 통합하는 것은 이러한 식량 생산 방식이 서식지 보존과 홍수 조절뿐만 아니라 추가적인 식량 생산을 제공하는 다양한 편익을 가져온다는 점에 중점을 두고 있다(Pretty, 2014). 이러한 방식은 또한 외부 조달보다는 지역의 기술과 지식 및 인적자원을 사용하여 현지 상황에 가장 적합한 방식을 택하고 있으며, 지역에 적합한 자원 보존 기술을 통해 환경에 미치는 영향을 줄이는 것을 목표로 한다. 이러한 기술들은 간작 재배(2개 혹은 그 이상의 작물을 같은 농경지에 연속해서 재배하는 것) 그리고 임농 복합 재배(한해살이 식물을 여러해살이 나무 혹은 관목 사이에 재배하는 간작의 한 방식)와 같은 재배법을 포함하며 지속 가능의 높은 잠재성을 보여준다. 이러한 기술 중 많은 방식은 남반구(개도국)의 농부들 사이에 예로부터 매우 오랜 시간 동안 광범위하게 사용됐지만, 이 기술들은 종종 외부인에 의해 환경 파괴적이고 현대 농업법과 비교해 해로운 방식이라며 비판받거나 혹은 식민지 정책에 의해 금지됐다(Conway, 1997; Hill, 1972).

소규모 농업의 미래에 대한 지원은 브라질에서 토지를 보유하지 못한 노동자를 위해 더 넓은 토지로의 접근성과 협동농장의 육성을 지원하는 '무토지 농민 운동(Movimento do Trabalhadores Sem Terra: MST)'과 같은 남반구(개도국)의 농촌 사회 운동에서 기원하기도 한다. 비아 캄페시나(Via Campesina)는 소규모 농업을 지원하여 농업에 지속 가능하고 공정한 발전을 가능하게 하는 국제 네트워크 운동으로 소규모 농업의 생산성 편익 증진에 중요한 역할을 하고 있다. 실제로 '제1장'에서 살펴본 것과 같이 사회운동은 라틴아메리카에서 더 광범위하고 특징적으로 나타나는 농촌 개발에 관한 현시대의 논의에서 매우 중요성이 강조되고 있다(Bebbington et al., 2008).

농업 강화 정책: 남반구(개도국)의 '녹색' 그리고 '유전자' 혁명

국가의 농업 구조에 직접 개입을 시도하는 토지개혁 정책과 대조적으로, 농업 개발 전략은 보통 노동 집약적인 농업을 보다 자본 집약적인 생산 방식으로 변화시키기 위한 기술 및 보조 수단의 도입을 통해 농업 생산 방식을 바꾸는 데 초점을 맞추고 있다. 1960년대 록펠러 재단(Rockefeller Foundation)과 같은 대규모 해외 공공 금융이 지원되면서 필리핀과 인도의 연구소에서는 쌀과 밀 품종을 고수확 품종(high-yieling varieties: HYVs)으로 개량한 것과 같은 돌파구를 마련하게 되었다. 비료, 농약, 관개 및 기계와 관련된 기술이 남반구(개도국)의 많은 국가에 광범위하게 이전된 것은 '녹색 혁명'으로 널리 언급되고 있다. 이러한 개발 사례의 가장 큰 영향은 아시아에서 나타났는데, 1980년대 초 밀의 75%, 쌀의 30%가 고수확 품종으로 개량되었다(Barke and O'Hare, 1991).

녹색 혁명을 계획하는 사람들이 매력 요인으로 제시하는 점 중 일부는 어떤 규모에도 적용될 수 있는 기술적 측면과 시장의 힘을 통해 녹색 혁명이 더 나은 삶을 촉진하고 전파할 수 있음을 전제한다는 것이다. 이 개념에서 씨앗과 비료에 적용된 생화학 기술들은 소규모 농장이든 대규모 농장이든 간에 모든 규모의 농경 활동에 동일하게 적용될 수 있는 것으로 추정된다. 따라서 모든 농부의 수확량과 소득은 농촌 지역의 불평등이 증가되지 않아도 개선될 수 있다고 생각되었다. 그러나 실제로 녹색 혁명은 매우 불균등한 지역적, 사회적 영향을 가져왔다.

인도의 녹색 혁명은 1970년대 후반까지 국가 차원의

핵심 아이디어

미래 세계 식량 공급의 원천

식량 생산의 확대는 첫째, 생산 지역을 확대하거나, 둘째, 생산 집약도를 늘리는 것 중 하나로 달성할 수 있다. 세계적으로 경작 가능한 토지의 면적은 근본적으로 제한되어 있고 세계 인구는 증가하고 있으므로, 세계 식량 생산을 더 늘리는 것은 생산 집약도를 늘리는 것을 통해 이루어져야 할 것이다. 최근 몇 년 동안 생산 집약도의 개선을 어떻게 달성할 것인지에 대한 논쟁은 '녹색 혁명'에서 '유전자 혁명'으로 옮겨지고 있다 (Atkins and Bowler, 2001).

녹색 혁명: 식물 육종과 이종 간의 교배 육종을 통한 고수확 품종의 개발, 고수확 품종을 재배하는 기술의 개발, 또 이러한 개발 및 재배 사례를 전 세계로 이전.

유전자 혁명: 외래 유전물질을 기존 품종에 주입하는 인위적 개량을 통한 새로운 품종을 개발. 유전자 변형 작물은 내재한 질소를 유지할 수 있으며, 살충제가 덜 필요하고, 매우 건조한 환경에서 수확할 수 있도록 만들어짐. 이는 세계 생명공학 기업들에 의해 연구 및 개발 자금을 지원받고 있음.

식량 자급을 충분히 달성하게 한 것으로 간주되었지만, 번스타인(Bernstein, 1992a)에 따르면 1960년에서 1985년 사이 인도의 15개 주 중 11개 주에서 1인당 식량 생산량이 감소되었으며, 식량 자급의 성공은 작물의 혼작을 위한 관개용수의 배분과 매우 밀접하게 연관되어 있었다. 토지를 갖지 못한 인구가 증가하고 이들 가구의 생존을 위해 여성이 임금노동자로 편입되면서 사회적 불평등이 극도로 악화했다. 또한 수확과 곡물 가공 처리와 관련된 여성의 전통적인 취업 기회 역시 감소했다. 토지를 보유한 가구의 여성들은 두 가지 작물을 동시에 재배하는 경우가 늘어나면서 농업에 대한 부담이 가중되었다. 연구에 따르면, 소득 수준 측면에서 기술에 대한 투자는, 여성이 잡초를 제거하는 데 드는 시간보다는 남성이 경지 정리를 위해 트랙터를 사용하여 절약하는 노동시간 측면과 더 연관되어 있었다(Pearson, 1992). [표 10.10]은 농업 개발과 관련된 기술적 개선이 적용된 농촌 개발 전략들이 여성에게 어떤 영향을 미쳤는지 요약한 것이다.

또한 녹색 혁명의 시기는 남아메리카와 아프리카에 제한적으로 영향을 미쳤다. 딕슨(Dixon, 1990)이 언급한 바와 같이, '녹색 혁명의 주축이 된 쌀과 밀 등의 작물은 제3세계의 농부들 대부분이 재배하지 않는다'. 아프리카의 농업 생산 대부분은 옥수수, 기장, 수수와 같이 최소한의 생활을 위한 잡곡류를 키우는 천수 농업(rain-fed cultivation)이 지배적이었다. 이러한 작물에 대한 품종 개량 연구는 일반적으로 매우 제한적이었으며, '아프리카의 거대한 농부 집단'은 실질적으로 '녹색 혁명으로부터 무시되었다'(Robinson, 2004).

남반구(개도국)의 건조한 환경과 지역 농부들 대부분이 겪고 있는 부족한 자원 조건에 맞는 제2의 녹색 혁명을 개발하려는 노력이 존재한다. 예를 들어, 1980년대 식물 육종 계획(plant breeding schemes)은 기장, 수수, 동부, 카사바와 같은 품종을 고수확 품종으로 개량했고, 인도와 아프리카의 일부 지역에서는 농장의 투입재를 늘리지 않고서도 생산량을 증대하는 데 일부 성공을 거두었다(Barke and O'Hare, 1991). 그러나 많은 사람이 기존의 식물 육종 방식을 통한 수확량 증가는 이제 한계에 다다랐으며, 농작물에 적용되는 유전공학을 포함한 생명공학적 조치가 중대한 변화를 가져올 것으로 예측한다.

농업을 위한 '유전자' 혁명을 지지하는 사람들은 생명공학이 기존 작물 육종 기술로 얻을 수 있는 것보다 더

[표 10.10] 농촌 개발: 개선된 기술과 그것이 여성에 미치는 영향

재산 소유권	직무	의사 결정	지위	생활과 영양 수준	교육
새로운 종자, 품종 및 농약					
토지가 더 집중적으로 사용되어 소유권을 상실할 수 있음. 여성이 소유한 토지는 보통 주변부에 해당하며, 새로운 투입재를 최적의 방식으로 도입하는 데 적합하지 않음.	여성들은 출산과 관련한 위험 때문에 화학물질의 사용을 기피함. 새로운 품종은 전통적인 여성의 노동 투입이 필요하지 않을 수 있음. 이로 인해 여성은 일반적으로 더 많은 임금을 받는 정규직에서 멀어지게 됨.	의사 결정에서 배제됨. 농업의 새로운 경작법 훈련은 남성을 대상으로 제한적으로 시행되고, 신기술과 품종을 활용하는 것은 일반적으로 남성에 의해 반영됨. 동일한 기회가 주어진다면 여성 농부들도 동일한 혁신을 만들어낼 것임.	가계소득의 증가는 여성들이 출산에 집중할 수 있도록 도와줌. 이러한 변화는 가부장제 사회에서 남성 가장의 지위를 상향시킴.	새로운 품종은 가족의 식단 구성에서 덜 적용될 수 있으며, 영양적으로도 화학물질 때문에 기존의 품종보다 더 낮은 수준일 수 있음.	가정의 추가 가처분소득 증가액은 자녀 교육에 사용될 수 있음.
기계화					
여성은 일반적으로 소규모 농장을 운영하기 때문에 새로운 장비에 투자하는 것이 경제적이지 않을 수 있음.	여성들은 일반적으로 기계 장비 사용에서 제외되며, 기계를 활용할 수 있는 남성 노동자를 구하기 어려움.	의사 결정에서 배제됨.	농장에서의 역할 감소와 여성 기술 수준의 악화로 지위가 하락함.	기계화된 새로운 농기계는 생계형 생산 활동에 활용되지 않음.	기계 사용 훈련에 대한 관심은 증대되고 있지만, 남성에게 제한적으로 이루어짐.
농업의 상업화와 작물 패턴의 변화					
여성이 경영하는 농장은 생계형 작물과 지역 시장에 판매를 위한 작물 재배에 집중하는 경향이 있으며 소규모로 유지됨.	신기술의 적용이 여성 노동력을 대체하여 여성의 역할이 감소하는 경향이 나타남.	주요 작물의 생산 활동에 관여가 적기 때문에 의사 결정에서 배제됨.	지위가 하락함.	상품 작물의 확대가 전통적으로 여성이 생계형 농사를 짓던 토지를 차지하게 되면서 수준이 하락함. 남성들은 가정의 유지보다는 사업적 발전과 개인의 만족을 위해 더 많은 수입을 활용함.	교육을 받을 수 있는 시간이 늘어남.
수확 후 관리 기술					
남성이 소유하고 있는 새로운 장비와 연관됨.	여성의 전통적인 식품 가공 기술은 더 이상 수요가 없음. 다만, 농업의 미숙련 노동자 수요에 젊은 여성이 채용될 수 있음.	농기구 및 기술에 대한 소유권이 남성 중심으로 전환되어 의사 결정에서 배제됨.	여성의 기술 수준이 악화하였기 때문에 지위가 하락함.	식품 가공 활동으로 여성의 독립적인 수입이 감소하여 수준이 하락함. 새로운 식품 제품은 영양학적으로 질이 낮을 수 있음. 여성은 노폐물을 동물의 사료로 사용하지 못하게 되면서, 전통적인 가족의 식단에 중대한 영향을 받음.	

출처: Momsen, 2010을 편집

적은 환경 비용을 지불하면서 제한된 토지에서 더 많은 식량 공급을 가져올 수 있다고 주장한다. 단일 육종 혹은 이종 간의 교배육종보다 유전물질의 인공적 적용을 통한 품종의 재배는 더 적은 농약이 필요하며, 제초제 내성이 있고, 품종 자체의 질소를 보존시킬 수 있으며, 가뭄 저항력이 더 강하다. 이러한 모든 개선점은 전반적으로 에너지 필요량을 감소시킨다는 측면에서 이점이 있다. 그러나 유전자 혁명에도 불구하고 세계의 기아 문제가 식량 부족에 의한 것이라는 전제를 벗어날 수는 없다.

유전자 변형(genetically modified: GM) 작물 재배는 1996년 처음 상업적 재배가 시작된 이후 급속도로 확대되고 있다. [자료 10.8]은 이러한 확대 추이를 보여주는데, 1996년 약 170만 헥타르에서 2014년 18억 헥타르 이상으로 재배 면적이 확대되었다. 2000년 기준 전체 유전자 변형 작물 생산의 68%가 미국에서 이루어진 반면, 현재는 28개국에서 약 1,800만 명의 농부들이 생산하고 있다(미국은 여전히 가장 큰 생산국이다). 이와 같은 유전자 변형 작물 생산자의 90% 이상은 '소규모의 가난한' 농부들이다(James, 2014). 옥수수, 콩, 면은 현재 재배 중인 주요 유전자 변형 작물이지만, 감자(미국), 가지(방글라데시) 등을 포함하는 일부 새로운 생명공학 작물들이 존재한다(James, 2014).

유전자 변형 작물과 식품이 제공하는 기회 및 연관된 위험 요인 등은 건강과 인간의 생식에 대한 관점에서 생명공학과 유전공학 분야의 광범위하고 심각한 논쟁거리가 되고 있다. 제임스(James, 2014)는 20년 이상에 걸친 147개 연구에서 유전자 변형 작물이 농약 사용량 37% 감소, 수확량 증대, 농부 수익 68% 확대와 같은 전반적인 이점을 나타낸다고 설명했지만, 과학적으로 상당히 불안정한 특징은 많은 사람에게 유전자 변형 식품이 생태계와 인간의 건강에 미치는 영향에 대해 우려하게끔 했다. 예를 들어, 이러한 우려는 유전자 변형 작물의 실험과 생산이 모두 불법인 영국에서 대중적 반발의 지속적인 근거가 되고 있다.

또한 유전자 변형 작물의 확산을 비판하는 사람들은 이러한 개발 과정에서 나타나는 전반적인 식량 공급망에 대한 기업의 통제 증가를 두려워한다. 1990년대 몬산토(Monsanto)와 같은 대형 기업들은 세계적으로 관심을 모았던 작물 육종, 종자, 생명공학 기술을 점점 더 많이 사들였다. 이전까지 종자는 농부와 공공 부문의 육종가들이 관리했지만, 2000년에 들어서 세계 종자 시장의 30%를 10개 기업이 공급하고 있다(Actionaid, 2004). 현재는 몬산토(미국), 듀폰(DuPont, 미국), 신젠타(Syngenta, 스위스) 등, 단 3개의 기업이 세계 종자 시장의 50% 이상을 통제하고 있다(www.gmwatch.org). 2016년 5월, 몬산토는 신젠타를 인수하고자 하였으며, 독일의 화학 기업인 바이어(Bayer)가 몬산토를 인수하려는 데 대응하고 있었다(Neate, 2016). 같은 시기 유엔은 몬산토의 주력 제초제 중 하나인 '라운드업(Round-up)'에 대해 조사를 착수했고, 제품이 발암 요소를 함유했으므로 판매 중단을 권고했다.

이처럼 기업의 권력이 집중될 때 소규모 농민들에게 어떤 영향을 미칠지에 대해 상당한 우려가 있다. 현재의 세계화된 세계에서 많은 농산물의 생산은 이와 같은 다국적 기업들뿐만 아니라 다른 식품 산업 분야의 다국적 기업들과 제품 가격 및 품질에 대해 계약을 체결해야 한다. 농부들은 종자와 비료를 구매하고 제품을 판매하기 위해 몇몇 다른 농부들과 소규모 기업들 그리고 정부 산하 마케팅 지원 기관과 거래할 수 있었던 과거와는 상당히 다른 방식으로 시장에 접근해야 하는 상황에 놓여 있다(Thompson et al., 2007).

더 큰 경제적 불확실성과 가난한 농부들의 취약성은 매우 우려되는 점이다. 인도의 농부 자살에 관한 연구에서 2009년 한 해에 1만 7천 명의 농부가 자살한 것으로 집계되었는데, 부채는 농부들이 스스로 삶을 끊기로 하는 주요 원인이었으며 이 농부들의 대다수는 유전자 조작 면을 재배하고 있었다(Center for Human Rights and Global Justice, 2011).

인도는 지역 시민단체들의 오랜 저항을 겪은 뒤,

[자료 10.8] 1996~2014년 바이오 기술 적용 농작물의 세계 재배 면적

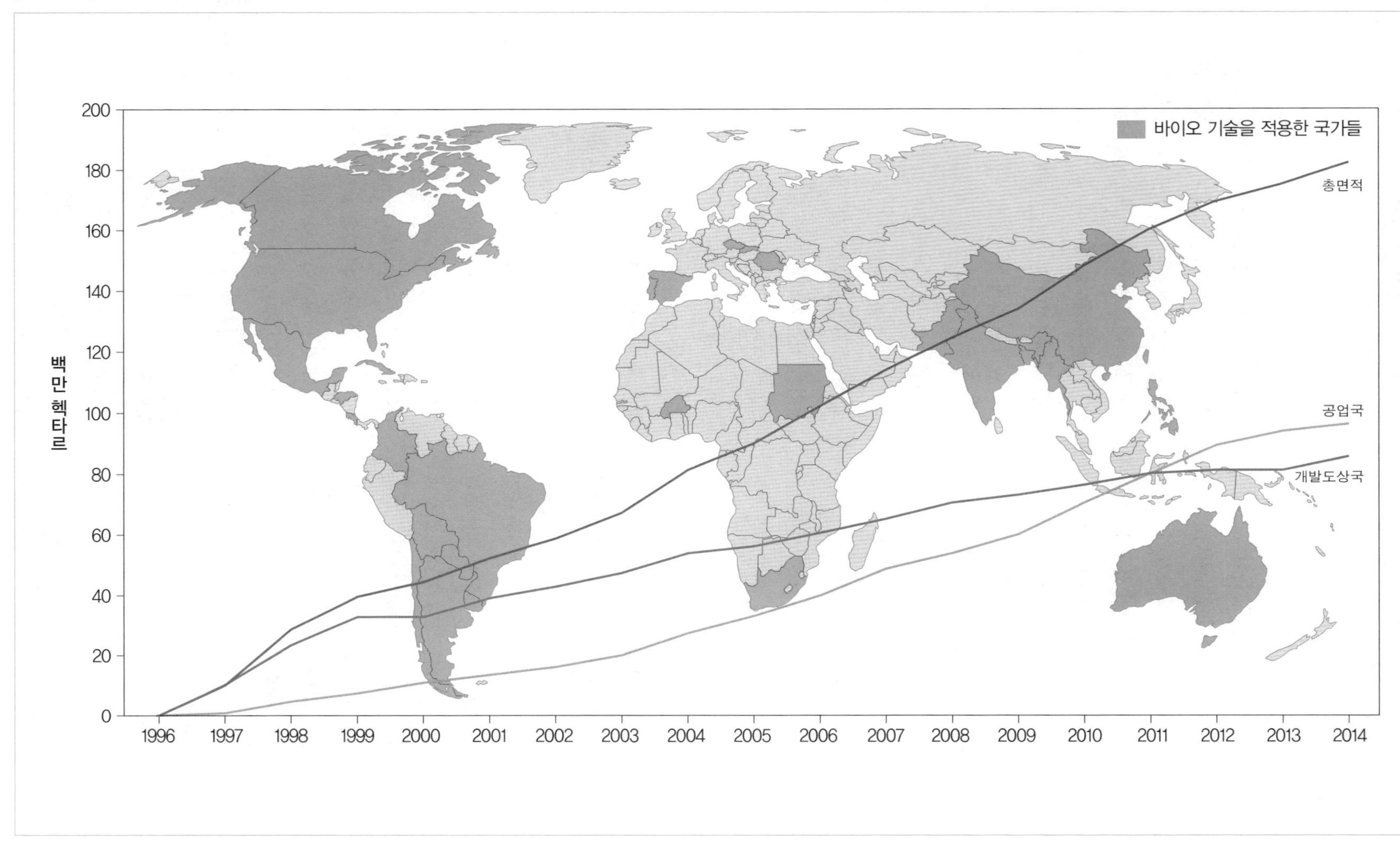

출처: James, 2014를 수정

2002년에 유전자 변형 작물을 허가했다. 그전까지 몬산토는 정부의 승인에 맞추어 인도 대륙 전역에 유전자 변형 작물을 파급할 수 있도록 자리를 잡기 위해서 인도에서 가장 큰 몇몇 종자 회사를 인수해놓은 상황이었다(Vidal, 2002). 1995년부터 1998년까지 몬산토는 80억 달러를 들여 인도의 종자 기업들을 인수했다(Shiva, 2000). 이는 인도 정부의 경제 자유화 및 국가 경제 개발을 촉진하기 위한 외국인 직접 투자 장려 정책의 일환이었다. 이 시기는 또한 융자 혹은 비료를 농부에게 지원하기 위한 기존의 보조금이 삭감되고 있던 시점이다(Center for Human Rights and Global Justice, 2011).

'터미네이터 기술(terminator technology)'이라고 불리는 보다 최근의 유전자 변형 개발 기술은 아마도 비판하는 사람들이 두려워하는 점을 가장 명확하게 보여주는 사례가 될 것이다. 이제는 생물학적으로 종자를 얻을 수 없는 작물 품종을 만드는 것이 가능해져, 농부들은 매년 새로운 종자를 사야만 할 것이다. 환경 운동가인 반다나 시바(Vandana Shiva)는 역사적 측면을 강조하면서 '농부를 위한 종자는 미래의 식물과 식량의 원천일 뿐만 아니라, 문화와 역사의 저장소'라며 이와 같은 유전자 변형 기술 개발에 대해 격렬히 비판하는 주장을 펼쳤다(Shiva, 2000). 수 세기 동안 농부들은 작물을 진화시켰고, 종자뿐만 아니라 연관 지식을 실험하고 혁신하고 전파했으며, 이와 같은 과정들은 지역의 문화와 유산 측면에서 필수적인 부분이었다. 시바는 '성장에 대한 환상'과 '기업 신화'를 언급하며, '자연과 가난한 사람들로부터 절도하는 것을 숨기고, 빈곤의 창출을 성장으로 가리는' 산업화된 농업의 확장을 우려했다(Shiva, 2000). 간단히 말해서, 자연과 문화가 이렇게 상품화되는 것은 로빈슨(Robinson, 2004)이 제시한 '유전자 변형을 통한 "해결책"의 적용은 많은 사람에 의해 더 나은 농업 발전을 위한 지속 가능한 선택지와 반대된다'는 의견을 더욱 확고히 보여준다.

토지 시장의 자유화와 국제 거래의 증가

국제 토지 매매(일명 '토지 채가기[land grab]' 혹은 '토지 공세[land rush]')의 규모와 집중도가 증대하는 것은 소규모 농업과 대규모 농업의 미래 역할에 대한 논쟁에서 매우 중요하다. '제6장'에서 살펴본 것처럼, 2007년에서 2008년 사이 나타난 세계 식량 가격 급등과 더 낮은 가격의 화석연료 발굴 등 여러 요인이 복합적으로 나타나면서 남반구(개도국) 국가에서는 정부나 기업에 의해 토지를 판매하거나 임대하는 사례가 광범위하게 나타났다. 좀 더 폭넓게 살펴보면, 새롭게 개방된 장소들에서 나타나는 생산 패턴은 대규모의 기업적 단일 재배 형태(UNEP, 2012)가 지배적인데, 기술과 기계에 막대한 투자를 하며 콩을 재배하고 있는 브라질의 세하두 사례가 대표적이다. 인도네시아의 기름야자 재배처럼, 소규모 농업이 계약 재배를 통해 활발히 나타날 때에도, 단일 재배와 산업화 방식이 적용되고 있다(UNEP, 2012).

외국인의 대규모 토지 소유는 남반구(개도국)에서 새로운 현상이 아니지만, 토지 매매 규모 및 집중도의 변화는 새로운 현상이다. 2009년 아프리카에서만 3,970만 헥타르가 매매되었으며, 이는 벨기에, 덴마크, 프랑스, 독일, 네덜란드, 스위스의 농업 면적을 합친 것보다 더 넓은 면적이다(Deininger and Byerlee, 2012). 또한 최근 몇 년간 토지 취득률이 둔화되었지만, 일부 매매 지역이 실제로는 사용되지 않거나 투기를 위해 남아 있다는 지표가 존재한다(Deininger and Byerlee, 2012). 그러나 [표 10.11]은 경제 발전과 관광 사업을 위한 인프라와 보전 목적의 보호 지역 설정 등 다양한 변인이 국제 토지 시장을 이끌고 있다는 점을 보여준다.

다양한 목적과 각기 다른 정책 설정에 따라 토지 거래 행위자의 범위가 다른 것은 상황에 따라 실제 미치는 영향이 다르게 나타날 수 있음을 의미한다. 토지 매매에 대한 논쟁은 양극단으로 나뉘는 추세에 있으며, 특히 생계 활동에 미치는 영향에 관해서는 연구가 진행 중에 있다(Husnsberger et al., 2014; McCarthy, 2010). 그러나 국제 토지 거래는 남반구(개도국)의 토지 자원 활용과 소유권에 급격한 변화를 가져온 것으로 인정되며(Zoomers, 2010), [표 10.3]에 나타나는 것처럼 토지 관리 체계와 소유권을 농촌 개발에 대한 당면 과제의 중심 개념으로 만들었다. 실제로 토지 거래는 사용 중이거나 거래 가능한 토지에서 이루어지기보다 기존의 가치가 높은 농지(예를 들어, 용수와 인프라 접근성이 용이한 곳)를 잠식해갔다는 지표가 존재한다(UNEP, 2012). 이 과정에서 지역의 원주민은 거주지에서 내몰려 강제로 이주를 할 수밖에 없었다. 빈곤층 집단은 보통 소유권이 없거나 관습적 권한을 법으로부터 보호받지 못하여 토지를 가장 먼저 잃어버렸다(Zoomers, 2010). 그들은 토지를 살 수 있는 재원이 부족할 뿐만 아니라, 새롭게 생겨난 취업 기회를 얻기 위한 기술을 보유하지도 못했다. 또한 지역의 커뮤니티들은 농업 기업, 관광객과 일거리를 찾는 이주민의 유입으로 인해 그들의 고향과 문화가 크게 변하는 것을 보게 되었다.

최근 토지 거래에서 나타나는 상당한 남용 사례는 주요 개발 기관과 원조 기관에서 인식은 하고 있지만, 어떻게 대응할지에 대해서는 이견이 존재한다(Hall et al., 2014). 예를 들어 세계은행(World Bank, 2010b)은 일곱 가지 '책임 있는 농업 투자를 위한 원칙'(토지 및 자원에 대한 권리 존중, 식량 안보 보장, 투명성 확보, 좋은 추진 체계와 적절한 환경 보장, 협의를 통한 참여, 책임 있는 농업 기업의 투자 활동, 사회적 및 환경적 지속 가능성)을 포함하는 자발적 기업 활동 규정을 제안했다. 국제식량농업기구는 회원국이 의무적으로 보고를 작성하도록 하고 있지만, 세계은행과 유사한 자발적 지침을 강조하고 있다. 그러나 시민단체와 인권을 강조하는 측면에서는, 자발적인 규정이 남반구(개도국) 빈곤층의 이익 보장에는 충분하지 못할 것이라고 주장한다. 유엔의 '식량에 대한 권리'를 담당하는 특별 조사관은 지역 주민의 토지권 변화를 가져오는 토지 투자는 어떤 경우에도 가장 마지막이자 바람직하지 않은 선택이어야 한다고 주장하며 농업과 농촌 개발에 대한 대안적인 투자 모델을 마련할 것을

[표 10.11] 전 세계 토지 매매의 상호작용 동인

- **식량 안보를 위한 '해외' 농업:** 해외 토지를 매입하거나 임대하여 국내 식량 생산을 아웃소싱 함. 중국과 걸프 국가들은 큰손임.
- **바이오 연료 및 비식품 농산물에 대한 세계적 수요 증가:** 토지 가치 상승과 바이오 연료에 대한 재정적 인센티브는 금융 위기 상황의 개인 투자자들에게 새로운 수익원이 됨.
- **보호 지역, 자연보호 구역 및 생태 관광 개발:** 국제기구와 개인 투자자는 생물 다양성 보호, 산림 재생, 야생동물 생산 및 상업 보존 같은 환경 목적을 위해 토지를 구매함.
- **경제특구의 조성 및 대규모 기반 시설 공사와 도시 확장:** 지가 상승과 농업 그 자체 및 농업종사자의 '개발로 인한 변화 및 이주'가 나타나며, 도로, 비행장, ICT 집적지, 댐, 저수지 등의 조성을 위한 토지 수요가 증대됨.
- **대규모 관광 단지:** 대규모 글로벌 프랜차이즈 호텔들은 세계유산 및 해안선과 연관된 장소에 새로운 리조트 입지를 적극적으로 찾고 있음. 남반구(개도국)의 많은 국가들은 관광 투자를 빠른 경제성장의 기반으로 삼으려 하고 있음.
- **은퇴 이주:** 예를 들어, 미국과 유럽의 생활비 상승으로 멕시코와 중앙아메리카, 마그레브 국가 및 남아프리카공화국을 포함한 더 저렴한 지역으로의 이주가 촉진됨. 이처럼 은퇴 단지와 게이트 커뮤니티를 위한 토지에 대한 수요가 증대되고 있음.
- **이주민에 의한 본국 토지 매입:** 지난 10년간 장거리 이주, 즉 '디아스포라'가 급속히 증가하였으며, 많은 다른 국가 출신 사람들이 출신 지역과 다른 지역(남반구 내에서의 이동뿐만 아니라, 유럽, 미국 그리고 걸프만으로의 이주를 포함)에서 일시적 혹은 영구적으로 살고 있음. 이주민의 송금이 점차 확대되고 있는데, 이주민은 송금을 통해 본국에 집과 토지를 구매하는 데 활용하고 있음.

출처: Zoomers, 2010을 수정

촉구했다.

바이오 연료 생산의 확대는 '토지 채가기(land grabs)' 혹은 '친환경 가로채기(green grabs)'와 모두 연관이 있는데, 농지에 대한 경쟁을 심화하고 토지 이용의 패턴과 자산 관계에 변화를 가져온다(Hunsberger et al., 2014). 인도네시아와 같은 국가들은 바이오 연료 생산이 가능

할 수 있도록 새로운 조건을 도입했고, 일부 국가들(미국, 유럽연합, 영국 등)은 현재 바이오 연료 사용 목표에 따른 지속 가능성 조건을 갖추고는 있지만, 바이오 연료와 관련된 새로운 추진 체계 합의에 대한 사회적 및 형평성 측면의 세부 요소들은 미약하다고 간주된다. 이는 바이오 연료 추진 체계의 이니셔티브가 '생산 현장 및 가치 사슬을 기반으로 생계 활동을 보호하고 개선시킬 방법을 찾는 데' 충분히 관심을 두지 않기 때문이다(Hunsberger et al., 2014).

만약 농업을 상업화하는 연계가 빈곤에 긍정적인 영향을 미치는 새로운 시장에 소규모 농부들과 외진 농촌 지역을 통합할 수 있는 경로를 제공한다면(세계은행 모델), 인도네시아의 기름야자 재배 사례처럼 소규모 농부들이 상업적 농업 분야에서 제외 혹은 포함될 수 있는 복잡한 경로뿐만 아니라, 빈곤과 불이익이 농가에 부정적인 조건과 결합되어 유지될 수 있는 '불리한 통합(adversely incorporated)' 현상에 관한 추가 연구가 필요할 것이다.

생계 활동 보장을 통한 세계 공동체 보호: 임업을 사례로

나무, 산림 및 숲은 '제6장'에서 살펴보고 [표 10.12]에 정리된 것처럼, 전 지구적 단위에서 생물 다양성을 보호하고 대기 순환을 조절하는 것을 포함하여 다양한 생태계 기능과 서비스를 제공하는 다목적 자원이다. 전 세계에 남아 있는 숲의 52%가 열대지방에 있어, 산림자원의 관리와 개발에 대한 국제적 관심이 높다. 그러나 나무, 산림 및 숲은 종종 농촌 생계 활동의 중심을 이루며 전 세계 약 12억 명의 인구가 생계 활동을 위해 혼농임업과 산림자원에 의존하고 있다. 이러한 생계 활동의 패턴은 다음 절에서 다룰 생계 자원에 대한 내용과 관련되어 있다. 또한 산림을 기반으로 하는 생활은 남반구(개도국)의 비공식 부문에서 약 3천만 개의 일자리와 농

[표 10.12] 산림 생태계 서비스의 종류

공급 서비스	식품 담수 연료 섬유
조절 서비스	기후 조절 홍수 조절 질병 조절 수질 조절
지원 서비스	영양 순환 토양 형성
문화 서비스	미학적인 활동 영적인 활동 교육적인 활동 여가 활동

출처: MEA, 2005를 편집

촌 지역의 농업 외 고용의 3분의 1을 제공한다(Center for International Forestry Research cifor.org/forest-livelihood). 모든 규모에서, 산림자원의 활용과 관리 패턴은 공간에 따른 산림의 다양한 생태계, 산림 유형의 다양한 조합, 특정한 산림 기반 생산물과 서비스에서 발생하는 가치 변화 그리고 오랜 시간 동안 진행된 인간 개발을 위한 자원을 확보하기 위한 노력 등을 반영한다.

생계 활동 측면의 숲과 산림

숲은 수천 년 전부터 내려온 숲 생태계와 역동성을 바탕으로 건설된 원주민 생계 활동의 중심지이다. 예를 들어 16세기 아마존 분지에서는 1,500만에서 2천만 명의 사람들이 사냥, 채집 및 유목에 의존하여 살았을 것으로 추정한다(Mather and Champman, 1995). 이동식 경작 시스템은 숲 생태계의 역동성을 어떻게 다루는가와 연관되어 있다.

[표 10.13] 짐바브웨의 다양하고 경제적인 목재 사용

목재의 다양한 쓰임새	소비	내구성	생산 투입	자산 형성	판매
목재(상업용, 조각)		*	*	*	
장작(요리, 열, 빛, 맥주 양조, 벽돌 굽기)	*		*		*
건축용 목재(오두막, 창고, 축사, 울타리)		*	*	*	*
농기구(수레, 멍에, 괭이, 도끼 손잡이, 쟁기)		*	*		*
가구(옷장, 침대, 테이블, 의자, 걸상, 선반 등)		*		*	*
생활용품(요리봉, 절구, 절굿공이, 접시 등)		*	*		*
악기(음비라, 마림바, 드럼, 기타)		*			*
사냥 도구(노브케리, 활, 화살, 낚싯대 등)		*	*		
나무껍질로 만든 밧줄 (루핑, 바인딩, 채찍, 바구니, 매트, 그물)			*		*

출처: Cavendish, 2000

> 모든 열대 지역은 그곳에 사는 농부들에게 토지를 보호하거나 혹은 유용한 생산을 위해 그들이 화전으로 활용한 밭에 산림에 있던 나무를 심는 것과 같은 전통적인 이동식 경작 시스템의 일부 방식을 제공한다. (Weidelt, 1993)

더 많은 농촌 주민에게 개방된 산림과 관목 식물의 자원들은 농업 시스템과 생계 활동에서 특히 더 중요한 역할을 한다. '제6장'에서 언급한 것과 같이 일반적으로 바이오매스 에너지원에 대한 커뮤니티 의존도가 높아지면, 요리와 난방 및 조명을 위한 장작 확보를 위해서 지역의 산림 생태계와 밀접한 연계가 필요하다. 산림은 장작 이외에도, 다음과 같은 다양한 목재를 활용한 제품과 '목재가 아닌 임산물(non-timber forestry products: NTFPs)'을 제공한다.

> 건축용 목재, 가축우리용 펜스를 위한 목재, 도구, 운송 및 건설 도구(보트, 달구지, 썰매 등), 식용 잎사귀, 콩 꼬투리, 견과류와 과일, 꿀, 천연 섬유, 사료, 의약품, 가정용 도구, 기타 다양한 품목. (Munslow et al., 1988)

[표 10.13]은 짐바브웨의 농촌 생계 활동에서 목재의 다양한 활용을 보여준다. 이 표에서는 생산 활동에 목재를 투입하거나 판매를 통해 현금 수입을 증대하는 것과 같은 활용성이 전반적인 생계 활동 시스템에서 다양한 가치를 창출하고 있음을 강조한다.

이와 같은 임산물의 확보를 위해서는 광범위한 지역 환경의 지식과 자원에 대한 적극적인 관리가 필요하다. 예를 들어 사하라 이남 아프리카의 건조지역에서, 지역의 생태계와 자연 식생의 재생 능력에 대한 지식은 목축업자들에게 목축을 위한 사료를 확보하고, 가축을 위한

그늘막과 해충 방제를 위한 마찰목을 마련하는 데 사용된다(Stock, 1995). 인구밀도가 높고 강수량이 풍부한, 건조지역과 반대되는 조건의 지역에서는 다양한 토착 및 외래 나무들이 다양한 임산물 생산을 위해 조심스럽고 집중적으로 식재되어 관리된다. 동남아시아의 많은 지역에서는 다층 주택 혹은 텃밭에 종별로 비슷한 높이의 나무와 식물을 재배하는데, 땅에는 식용 작물을, 그보다 높은 구역에는 커피나무와 약용 식물을, 더 높은 구역에는 과일, 장작, 사료용 품종을 재배한다(Christanty, 1986).

임업을 발전시키는 방법

> 제3세계에서 나타난 보존의 역사 중 대부분은 농촌 주민과 국가 보존 단체 사이에 공유된 이익을 통해 행복한 결과를 가져온 것이 아니라, 배제하고 숨기거나 실제 갈등이 나타나는 결과를 가져왔다. (Adams, 2009)

남반구(개도국)의 대다수 산림 관리 접근 방식은 보존의 역사 속에서 더욱 일반적으로 나타나는 것처럼, 산림과 사람들을 분리하고 산림자원 접근 측면에서 사람들을 배제하는 방식을 포함한다. 토지를 '자연'이나 '야생'의 상태로 남겨놓고 인간의 사용을 금지하거나 극도로 제한하는 보호 구역의 설정은 '요새화된 보전(fortress conservation)'이라는 용어의 근원을 만들어냈다. 이와 같은 접근법은 북반구 지역 보존 관행의 주류 방식이 되었고, 남반구(개도국)에서는 식민 통치를 통해 아프리카 대륙으로 널리 전파되었다(Adams, 2009 참고). 최근 몇 년 동안, 산림 관리에 대한 이와 유사한 접근법은 정부 당국뿐만 아니라 민간 분야의 이익 증대와 관련하여 지역 커뮤니티와 갈등을 빚고 있다. [표 10.3]을 살펴보면, 보존과 개발의 공공 목적 달성을 위해 국가 경제에 새로운 민간 투자를 유치하는 것은, 현재 농촌 개발 접근 방식에서 매우 중요하다. '제6장'에서 논의한 것처럼, 1990년에서 2010년 사이 세계 산림 플랜테이션 지역이 48% 이상 확대되었다. 플랜테이션 확대에 있어서 중요한 요인은 탄소 시장과 같은 생태계 서비스와 관련된 산림 시장이 확장됨에 따라 산림 플랜테이션 분야에 외국인 투자가 유입되었다는 점이다. 이러한 현상은 특히 아프리카에서 광범위하게 나타나고 있는데, 임업 플랜테이션 거버넌스는 민간 부문의 이익에 따라 결정될 것이며, '이처럼 이익에 따라 거버넌스가 결정되는 맥락에서 산림 관리에 대한 지역과 원주민의 지식과 접근 방식은 대부분 과학적 논리와 관리 체제로 대체'되고 있는 것으로 간주된다(Lyons and Westoby, 2014).

1996년 클라인-콜(Cline-Cole)은 산림 관리에 대한 주류적 접근 방식과 지역민들이 숲과 산림자원을 관리하는 방식을 비교했다. [표 10.14]는 토착 혹은 '내부(insider)' 임업과 '외부(outsider)' 임업으로 불리는 용어에 대한 주요 특징을 설명한다. 외부 임업이 산림의 특정 기능(그리고 이러한 기능의 체계적 관리)을 우선시하는 반면, 내부 임업은 생계 활동 체계에서 산림이 제공하는 다양성과 다양한 가치, 농지와 숲 및 산림을 통합해서 관리하는 것을 특징으로 한다.

산림 관리 측면에서 '외부(outsider)' 관점은 1980년대 에너지 공급을 초과하는 수요에 따른 산림 벌채가 소위 '목재 연료의 위기'라고 불리는 상황을 불러온 것에 대한 대응으로 나타났다. 문제의 해결 방안은 기술을 기반으로 하는 것이었는데, 예를 들어 유칼립투스처럼 빠르게 생장하는 나무 품종을 인도와 아프리카의 많은 나라에 대규모로 심는 것이었다. 그러나 이러한 프로그램 중 대부분은 숲의 복원과 사람들의 요구를 충족시키는 데 제한적인 성공을 거두었다(Agarwal, 1986, 2001). 대부분은 하향식의 비참여적 방식을 사용했고, 산림 벌채가 나타난 근본 요인을 해소하지 못했으며, 토지와 수목 보유의 불안정이 더 효율적인 관리를 제약하고 있는 상황을 고려하는 것에 실패했다. 지역의 토지 및 자원 사용자에 의한 산림 오용에 대한 강력한 서술이 정책적 바탕이 되었고, 산림 전문가의 육성과 자선 사업의 필요성 같은 이유를 들어 정책이 유지되었다('제6장' 참고).

[표 10.14] 외부 임업과 내부 임업의 특성 비교

외부 임업	내부 임업
외부 유래	전통적 방식
생산량과 산림 보호 기능에 초점	임업과 산림을 통한 사회, 문화, 건강 및 경제적 가치를 통합적으로 고려함
강력한 환경 보호 규정에 따라 법제화 및 관리를 진행	다양한 목적으로 작물 다양성을 고려함
문화는 자연과 분리되어 있으며, 임업에 구체적인 영향을 미친다고 간주함	산림 관리가 농업 활동에서 필수적이지만은 않음
	환경 변화는 인류 역사와 구분되지 않는다고 간주함

출처: Cline-Cole, 1996을 편집

그러나 남반구(개도국)의 농업 시스템에서 수목의 역할과 토착 지식, 기술 및 제도의 가치에 대한 이해가 증진되면서 주류적 산림 관리 정책과 관행 중 일부는 도전에 직면하였다. 예를 들어 1980년대 대규모 농업과 임업 이니셔티브의 상대적 실패가 명확해지면서, '혼농임업'이 개발 실무자들의 관심을 받게 되었다. 혼농임업은 한해살이 작물과 동물을 다년생 수목과 함께 재배하고 관리하는 방식을 의미한다. 비록 새로운 방식은 아니었지만(특히 지역 주민들에게는), 혼농임업 이니셔티브는 식량 생산, 여물과 사료, 과일과 플랜테이션 작물, 심지어 수산업과 임업의 혼합까지 통합적인 생산 증진을 목표로 남반구(개도국)에서 널리 발전했다(Gholz, 1987).

1990년대를 지나면서, 개발 측면에서 공공, 민간, 시민 조직의 역할에 대한 재개념화가 일반화되었으며, 커뮤니티 참여를 더 많이 강조하고 있다('제3장'과 '제7장' 참고). 또한 이와 같은 행위자들의 역할 변화는 산림 벌채와 같은 임업에 대한 개입(forestry intervention)이 나타날 때에도 분명하게 드러난다. '커뮤니티 기반 임업(community forestry)'은 지역 커뮤니티와 기관이 지역 자원의 관리 권한을 지닐 때, 자연 보호와 인간 개발 측면 모두 더 나은 성과가 발생할 수 있다는 사고에 기원하는 것으로 광범위하게 시행되었다. 예를 들어 인도에서는 공동 산림 관리 프로그램(Joint Forest Management: JFM)이 1990년대에 시작되어, 10년 동안 22개 주로 확대되었으며, 약 3만 6천 개 참여 기관이 1,020만 헥타르의 숲을 관리하게 되었다(Agarwal, 2001). 공동 산림 관리 프로그램은 마을 주민(새롭게 형성된 지역 커뮤니티 조직에 소속)과 정부가 책임과 이익을 공유하는 모델을 기반으로 하며, 황폐해진 지역의 숲을 재생시켰다. 네팔은 모든 관리와 수익 창출을 책임지는 산림 사용자 그룹(Forest User Groups)을 기반으로 공동 산림 관리 프로그램과 유사한 대규모 국책 사업을 착수했다. 인도와 네팔 사례에서 시민단체들은 일반적으로 정책 운영 조직을 형성하고 기능을 수행하는 데 촉매 역할을 하는 등 마을 주민과 정부 사이의 중재자 역할을 맡았다. 이처럼 개발 측면에서 비정부기구의 역할은 '제1장'과 '제7장'에서 논의된 바 있다.

커뮤니티 기반 임업의 다른 사례에서는, 역사적으로 '공유 자원(common property resource)'의 관리 책임을 맡았지만, 자원 부족의 증가와 경제 변화로 인한 압박을 강하게 받아온 '전통적인' 지역 기관의 강점을 극대화하는 것을 강조한다. 여러 아프리카 국가는 다양한 문화와 생태계에 의해 상당한 지역적 차이가 존재하지만, 지역 내의 권한을 행사하는 데 있어서 공동 소유권과 마을 지도자의 역할을 뒷받침해주었다(Blaikie, 2006). 그러나 산림자원의 커뮤니티 관리를 위한 구성 요소를 인접한 지역 기관이 제공할 것이라는 문헌상의 극단적인 낙관론은 현실에서는 보통 이루어지지 않는다. 짐바브웨에서 연구한 캠벨 등(Campbell et al., 2001)은 전통적 리더십의 붕괴, 낮은 법률 준수와 지역 통제 규정의 이행, 산림 이용과 관련된 불법 관행의 증가, 커뮤니티의 가치와 협력의 감소가 나타난다고 밝혔다.

산림 관리를 위해 통제를 분권화한 경험은 '커뮤니티 기반 천연자원 관리(community based natural resource management: CBNRM)' 발달의 기반이 되었다. 커뮤니티 기반 천연자원 관리는 야생동물, 수자원 및 목초지 관리를 포함하여 농촌 개발에 대한 사고와 다양한 분야 적용에 상당한 영향을 미쳤으며(Adams and Hulme 2001; Blaikie, 2006), 최근에는 기후변화 대응과 연관되어 있다. 그러나 커뮤니티 기반 임업과 커뮤니티 기반 천연자원 관리가 더욱 확산되면서, 이 방식들에 포함되어 있는 '커뮤니티'에 대한 관점에 별 차이가 없다는 지적이 나타났다. 간단히 말해서, 이러한 방식들은 공통의 특징과 공공 환경의 이익을 지닌 '별도의(distinct)' 커뮤니티를 가정했는데, 실제로 나타나는 커뮤니티는 광범위한 불평등, 다양한 이해관계 및 변화를 가져오기 위한 권력의 차이 등으로 인해 매우 다양하고 역동적인 특징을 보인다. 특히 우려되는 점은 커뮤니티의 참여 과정에서 젠더가 '놀라울 정도로 무시(striking neglect)'된다는 것이다(Agarwal, 2001).

배스닛(Basnett, 2016)은 생계에서 이주의 중요성이 증대되는 동안, 여성을 한결같이 배제된 집단으로 간주하고 농촌 지역의 개인과 공동체를 공간적으로 경계가 나뉜 것으로 판단하는 경향을 확인했지만, 정부, 원조자 및 시민사회 단체 들은 젠더를 산림 정책에서 주류로 만들기 위해 상당한 노력을 해왔다. 2012년에 네팔은 산림 사용자 그룹의 위원회 중 적어도 30%는 여성에게 권한을 부여하도록 의무화하는 새로운 산림 전략을 도입했다(Basnett, 2016). 일부 사람들은 네팔의 조치가 산림 정책에서 여성의 관심사를 귀담아듣는 데 도움이 될 것으로 생각하지만, 산림 거버넌스에서 여성의 수가 단순히 증가한다는 것이 젠더 측면의 공평한 성과를 보장하지 못한다는 증거도 존재한다.

미래 산림자원 거버넌스에서는 여성의 실질적인 참여가 필수적이라고 간주된다. 이와 같은 사고는 레드플러스(REDD+) 프로그램이라는 시범 프로젝트를 통한 연구에 기초한다. 이 프로그램은 남반구(개도국)의 산림 파괴를 방지하고 기후변화 완화로 얻을 수 있는 국제적 이익을 제공하는 산림의 온실가스 흡수(carbon sink) 기능의 잠재력에 대해 상당한 국제적 관심과 원조자들의 투자를 받고 있다. 이 프로젝트는 국가가 본 프로젝트 시행에 따른 세부 사항을 결정할 수 있도록 준비하는 시범 단계이지만, 산림에 의존해서 생활하는 커뮤니티와 생계 활동과 문화가 산림 및 산림자원과 밀접하게 연관된 원주민들에게 부정적 영향을 줄 수 있다는 우려가 존재한다. 여기에는 관습 및 영토권의 침해, 불평등한 계약, 커뮤니티 내의 갈등과 불평등 증가 등이 포함된다(Griffiths, 2007). 명확하고 안정적인 소유권은 지역 주민과 환경 보호 성공 측면에서 성과를 달성하는 데 핵심 요소로 간주된다. 그러나 지속 가능성과 형평성에 미치는 영향은 산림자원에 대한 여성의 이해와 미래 산림자원 거버넌스에 여성이 효과적으로 참여하는지 여부에 달려 있다.

결론

농촌 생활의 현실과 농촌 생계 활동의 본질을 이해하는 데 많은 진전이 있었음은 분명하다. 이는 환경 자원과 밀접한 관련이 있으며, 젠더를 비롯하여 각기 다른 자원 활용 방법도 포함한다. 또 사람들이 생계 활동의 목표를 달성하기 위해 자산을 통합하고 사용하는 다양하고 유연한 방법들을 포함하는데, 이는 외부인의 관점이나 목표와는 상당히 다를 수 있다. 게다가 삶의 안정

(사회적 지위와 의사 결정권을 포함한 소득 이상의 다양한 관점을 포괄)을 위한 자원, 특히 토지에 대한 안정적인 권리의 중요성은 이제 완전히 받아들여지고 있다.

그러나 스쿤스(Scoones, 1996)가 확인한 것처럼, '지역 수준의 결정에 영향을 미치는 사회적, 경제적 세계는 농장의 입구 너머에(beyond the farm gate)' 존재하는데, 이는 최근 몇 년간 더욱 적절한 설명이 되었다. 이번 장에서 살펴본 것처럼, 농업의 세계화와 연관된 신속하고 광범위한 절차와 식량, 에너지 및 기후 위기에 대응하는 국제적인 민간 투자의 중요성 증대는 남반구(개도국) 전역에 걸친 지역적 결정의 맥락을 크게 변화시켰다. 그러나 농업 발전 혹은 산림 보호를 위한 새로운 접근 방식을 적용하면서 나타나는 생계 활동의 성과는 여전히 연구되지 않은 상태로 남아 있다. 게다가 자원에 대한 권리 확보와 투자를 통한 혜택의 중요성, 개발 프로그램의 참여와 학습 공유, 가장 빈곤한 집단에 대한 권한 부여와 같은 과거 농촌 개발에서 나타난 교훈들은 줄곧 간과되고 있다. 앞으로 농촌 개발의 주요 도전 과제는 기술적 측면보다는 정치적 측면이 될 수도 있다.

핵심 요점

- 세계 인구가 점점 더 도시에 집중되고 있지만, 농촌 개발은 빈곤, 식량, 에너지 및 기후와 관련된 국제적인 도전 과제를 이해하고 해결하는 데 있어 여전히 중요하다.
- 농촌의 생계 활동은 다양하고 역동적이며 농업 비즈니스의 세계화와 세계 토지 시장이 주도하는 국제적 변화에 따라 점점 더 다양성과 역동성이 증가하고 있다.
- 농촌 개발을 위한 프로그램은 토지와 같은 생산 자산 접근의 근본적 변화를 위한 개입을 포함하며, 이는 농업 생산 증대를 위한 기술적 해결책에 초점이 맞춰져 있다.
- 젠더 차별과 자원에 대한 권리 보장 문제는 농촌 개발에서 지속적인 도전 과제로 남아 있다.

토의 주제

- 이 장에 제시된 내용을 바탕으로 농촌 개발을 위한 '청사진'이나 '표준화된 구성'이 없음을 제시해보자.
- 건조지역에서 생존이 단순하지 않음을 설명해보자.
- '외부인'이 남반구(개도국) 농촌 생활의 현실을 이해하기가 어려운 원인을 토의해보자.
- 젠더 주류화가 농업 개발 정책에서 성과를 내기 어려운 이유를 설명해보자.
- 남반구(개도국)의 특정 국가를 선택한 뒤, 경제, 환경, 농업 정책을 고려하여 그 국가의 소규모 농업 전망을 예측해보자. 국제식량농업기구(FAO)와 세계은행의 자료는 예측을 위한 도입 자료로 유용하다. 또한 최근 학술 연구 자료는 인터넷을 통해 활용할 수 있다.

참고문헌

ctionaid (1994) *Kyuso Rural Development Area Plan and Budget*. Nairobi: Actionaid.

Actionaid (1995) *Listening to Smaller Voices: Children in an Environment of Change*. Chard: Actionaid.

Actionaid International (2004) *Money Talks: How Aid Conditions Continue to Drive Utility Privatisation in Poor Countries*. London: Actionaid International.

Actionaid International (2006) *Under the Influence: Exposing under Corporate Influence over Policy-making at the World Trade Organisation*. Johannesburg: Actionaid.

Adams, R.H. and Page, J. (2005) Do international migration and remittances reduce poverty in developing countries? *World Development*, 33(10), 1645–69.

Adams, W.M. (1990) *Green Development: Environment and Sustainability in the Third World*. London: Routledge.

Adams, W.M. (1996) Irrigation, erosion and famine: visions of environmental change in Marakwet, Kenya, in Leach, M. and Mearns, R. (eds) *The Lie of the Land: Challenging Received Wisdom on the African Environment*. Oxford: International African Institute.

Adams, W.M. (2009) *Green Development,* 3rd edn. London: Routledge.

Adams, W.M. and Anderson, D.M. (1988) Irrigation before development: indigenous and induced change in agricultural water management in East Africa. *African Affairs*, 87, 519–35.

Adams, W.M. and Hulme, D. (2001) Conservation and community: changing narratives, policies and practices in African conservation, in Hulme, D. and Murphree, M. (eds) *African Wildlife and Livelihoods: The Promise and Performance of Community Conservation*. Oxford: James Currey, 9–23.

Adger, W.N., Huq, S., Brown, K., Conway, D. and Hulme, M. (2003) Adaptation to climate change in the developing world. *Progress in Development Studies*, 3(3), 179–95.

Aeroe, A. (1992) The role of small towns in regional development in Southeast Africa, in Baker, J. and Pedersen, P.O. (eds) *The Rural–Urban Interface in Africa*. Uppsala: Nordic Institute for African Studies, 51–65.

Africa, in Leach, M. and Mearns, R. (eds) *The Lie of the Land: Challenging Received Wisdom on the African Environment*. Oxford: International African Institute/James Currey, 34–53.

African Union (2002) Transition from the OAU to the African Union. www.au2002.gov.za/docs/background/oau_to_au.htm.

Agarwal, B. (1986) *Cold Hearths and Barren Slopes: The Woodfuel Crisis in the Third World*. London: Earthscan.

Agarwal, B. (2001) Participatory exclusion, community forestry, and gender: an analysis for South Asia and a conceptual framework. *World Development*, 29(10), 1623–48.

Ageing and Development (2002) News and analysis of issues affecting the lives of older people. www.helpage.org/publications.

Agrawal, A. and Gibson, C.C. (1999) Enchantment and disenchantment: the role of community in natural resource conservation. *World Development*, 27(4), 629–49.

Aguilar, A.G., Ward, P.M. and Smith, C.B. (2003) Globalization, regional development, and mega-city expansion in Latin America: analyzing Mexico City's peri-urban hinterland. *Cities,* 20(1), 3–21.

Ahmend, K. (2002) British arms sales to Africa soar. *The Observer*, 3 February.

Aikman, D. (1986) *Pacific Rim: Area of Change, Area of Opportunity*. Boston, MA: Little Brown.

Aker, J.C. and Mbiti, I.M. (2010) *Mobile Phones and Economic Development in Africa*. CGD Working Paper 211. Washington, DC: Centre for Global Development.

Alden, C. (2012) China and Africa: the relationship matures. *Strategic Analysis*, 36(5), 701–7.

Allen, A. (2003) Environmental planning and management of the peri-urban interface: perspectives on an emerging field, *Environment and Urbanization*, 15(1), 135–47.

Allen, C. (1979) *Tales from the Dark Continent*. London: BBC/Andre Deutsch.

Allen, C. (1999) Warfare, endemic violence and state collapse in Africa. *Review of African Political Economy*, 81, 367–84.

Allen, J. (1995) Global worlds, in Allen, J. and Massey,

D. (eds) *Geographical Worlds*. Oxford: Oxford University Press and Open University, 105–44.

Allen, J. and Hamnett, C. (1995) Uneven worlds, in Allen, J. and Hamnett, C. (eds) *A Shrinking World*. Oxford: Oxford University Press, 233–54.

Allen, T. and Thomas, A. (eds) (2000) *Poverty and Development into the 21st Century*. Oxford: Oxford University Press.

Alonso, W. (1968) Urban and regional imbalances in economic development. *Economic Development and Cultural Change*, 17, 1–14.

Alonso, W. (1971) The economics of urban size. *Papers of the Regional Science Association*, 26, 67–83.

Amnesty International (2002a) Children devastated by war: Afghanistan's lost generations. www.amnesty.org.

Amnesty International (2002b) Sierra Leone: childhood – a casualty of conflict. www.amnesty.org.

AND Cartographic Publishers (1997, 1999) *Political Atlas of the World*. Abingdon, Oxfordshire: Helicon Publishing.

Anderson, A. (ed) (1990) *Alternatives to Deforestation: Steps Towards Sustainable Use of the Amazon Rainforest*. New York: Columbia University Press.

Anderson, M. (2014) Aid to Africa: donations from West mask '$60bn looting' of continent. *The Guardian*, 15 July. http://www.guardian.com/global-development/2014/jul/15/aid-afri sourced (accessed 12 Feb 2015).

Andrews, N. and Bawa, S. (2014) A post-development hoax? (Re)-examining the past, present and future of development studies. *Third World Quarterly*, 35, 6, 922–938.

Annan, K. (2000) *We the Peoples: The Role of the United Nations in the Twenty-First Century*. New York: UN Department of Public Information.

Ansell, N. (2005) *Children, Youth and Development*. London: Routledge.

Apter, D. (1987) *Rethinking Development: Modernization, Dependency and Postmodern Politics*. Newbury Park, CA: Sage.

Armon, J. (2007) Aid, politics and development: a donor perspective. *Development Policy Review*, 25(5), 653–6.

Armstrong, W. and McGee, T.G. (1985) *Theatres of Accumulation: Studies in Asian and Latin American Urbanization*. London: Methuen.

Arndt, C. and Lewis, J.D. (2000) *The Macro Implications of HIV/AIDS in South Africa: A Preliminary Assessment*. Muldersdrift: Trade and Industrial Policy Secretariat.

Arnell, N.W., Livermore, M.J.L., Kovats, S., Levy, P.E., Nicholls, R., Parry, M.L. and Gaffin, S.R. (2004) Climate and socio-economic scenarios for global-scale climate change impacts assessments: characterising the SRES storylines. *Global Environmental Change*, 14, 3–20.

Ashcroft, B., Griffiths, G. and Tiffin, H. (1998) *Key Concepts in Post-Colonial Studies*. London: Routledge.

Ashley, C. and Roe, D. (2002) Making tourism work for the poor: strategies and challenges in southern Africa. *Development Southern Africa*, 19, 61–82.

Atkins, P.J. and Bowler, I.R. (2001) *Food and Society: Economy, Culture, Geography*. London: Arnold.

Augelli, J.P. and West, R.C. (1976) *Middle America: Its Land and Peoples*. Englewood Cliffs, NJ: Prentice Hall.

Auret, D. (1995) *Urban Housing: A National Crisis*. Gweru: Mambo Press.

Austin-Broos, D.J. (1995) Gay nights and Kingston Town: representations of Kingston, Jamaica, in Watson, S. and Gibson, K. (eds) *Postmodern Cities and Spaces*. Oxford: Blackwell, 149–64.

Auty, R. (1979) World within worlds. *Area*, 11, 232–35.

Auty, R. (1993) *Sustaining Development in Mineral Economies: The Resource-Curse Thesis*. London: Routledge.

Auty, R. (1994) *Patterns of Development*. London: Methuen.

Avert (2015) *Sources for HIV and AIDS Funding*. http://www.avert.org/funding-hiv-and-aids.htm (accessed 16 Mar 2015).

Azam, J.P. and Gubert, F. (2006) Migrants' remittances and the household in Africa: a review of evidence. *Journal of African Economies*, 15(AERC Supplement 2), 426–62.

Baez, A.L. (1996) Learning from experience in the Monteverde Cloud Forest, Costa Rica, in Price, M.F. (ed) *People and Tourism in Fragile Environments*. Chichester: John Wiley, 109–22.

Bairoch, P. (1975) *The Economic Development of the Third World Since 1900*. London: Methuen.

Baker, J. and Pedersen, P.O. (eds) (1992) *The Rural–Urban Interface in Africa*. Uppsala: Nordic

Institute for African Studies.

Balagangadhara, S.N. and Keppens, M. (2009) Reconceptualizing the postcolonial project. *International Journal of Postcolonial Studies*, 11(1), 50–68.

Banks, N. and Hulme, D. (2014) New development alternatives or business as usual with a new face? The transformative potential of new actors and alliances in development. *Third World Quarterly*, 35(1), 181–95.

Banks, N., Hulme, D. and Edwards, M. (2015) NGOs, states, and donors revisited: still too close for comfort? *World Development*, 66, 707–18.

Baran, P. (1957) *Political Economy of Growth*. Monthly Review Press: New York.

Baran, P. (1973) *The Political Economy of Growth*. Harmondsworth: Penguin.

Baran, P. and Sweezy, P. (1968) *Monopoly Capitalism*. Harmondsworth: Penguin.

Baran, P. and Sweezy, P. (1998) *Monopoly Capital*. Harmondsworth: Penguin.

Barbier, E. (2011) The policy challenges for green economy and sustainable development. *Natural Resources Forum*, 35, 233–45.

Barff, R. and Austen, J. (1993) 'It's gotta be da shoes': domestic manufacturing, international subcontracting, and the production of athletic footwear. *Environment and Planning A*, 25, 1103–14.

Barke, M. and O'Hare, G. (1991) *The Third World*, 2nd edn. Harlow: Oliver & Boyd.

Barnett, T. (2002a) HIV/AIDS impact studies II: some progress evident. *Progress in Development Studies*, 2, 219–25.

Barnett, T. (2002b) The social and economic impacts of HIV/AIDS on development, ch. 8.3 in Desai, V. and Potter, R.B. (eds) *The Companion to Development Studies*. London: Arnold, 391–5.

Barnett, T., Whiteside, A. and Desmond, D. (2001) The social impact of HIV/AIDS in poor countries: a review of studies and lessons. *Progress in Development Studies*, 1, 151–70.

Barratt-Brown, M. (1974) *The Economics of Imperialism*. Harmondsworth: Penguin.

Barrett, H. and Browne, A. (1995) Gender, environment and development in Sub-Saharan Africa, in Binns, T. (ed) *People and Environment in Africa*. Chichester: John Wiley, 31–8.

Barrett, H.R., Binns, T., Browne, A.W., Ilbery, B.W. and Jackson, G.H. (1997) Prospects for horticultural exports under trade liberalisation in adjusting African economies. Unpublished report to the Overseas Development Administration, London.

Barrett, H.R., Browne, A.W., Ilbery, B.W. and Binns, T. (1999) Globalisation and the changing networks of food supply: the importation of fresh horticultural produce from Kenya into the UK. *Transactions of the Institute of British Geographers*, NS 24(2), 159–74.

Barrow, C. (1987) *Water Resources and Agricultural Development in the Tropics*. London: Longman.

Barrow, C.J. (1995) *Developing the Environment: Problems and Management*. London: Longman.

Bartone, C. et al. (1994) *Towards Environmental Strategies for Cities*. Urban Management Policy Paper 18, 'Strategic Options for Managing the Urban Environment'. Washington, DC: World Bank.

Basnett, B.S. (2016) Gender, migration and forest governance: rethinking community forestry policies in Nepal, in Pierce-Colfer, C.J., Basnett, B.S. and Elias, M. (eds) *Gender and Forests: Climate Change, Tenure, Value Chains and Emerging Issues*. London: Routledge, 283–98.

Bassett, T.J. (1993) The land question and agricultural transformation in sub-Saharan Africa, in Bassett, T.J. and Crummey, D.E. (eds) *Land in African Agrarian Systems*. Madison, WI: University of Wisconsin Press, 3–34.

Batley, R. (2002) The changing role of the state in development, ch. 2.16 in Desai, V. and Potter, R.B. (eds) *The Companion to Development Studies*. London: Arnold, 135–9.

Batterbury, S. and Warren, A. (2001) The African Sahel 25 years after the great drought: assessing progress and moving towards new agendas and approaches. *Global Environmental Change*, 11, 1–8.

Bauer, P.T. (1975) Western guilt and Third World poverty. *Quadrant*, 20(4), 13–22.

Bauer, P.T. (1976) *Dissent on Development*. London: Weidenfeld & Nicolson.

BBC (2016) *Are Young South Africans Ignoring the AIDS Message?* http://www.bbc.co.uk/news/world-africa-36795484 (accessed 19 July 2016).

Bebbington, A. (1999) Capitals and capabilities: a framework for analysing peasant viability, rural livelihoods and poverty. *World Development*, 27(12), 2021–44.

Bebbington, A., Bebbington, D.H., Bury, J., and Munoz, J.P. (2008) Mining and social movements: struggles over livelihood and rural territorial development in the Andes. *World Development*, 36(12), 2888–905.

Becker, C.M. and Morrison, A.R. (1997) Public policy and rural–urban migration, in Gugler, J. (ed) *Cities in the Developing World*. Oxford: Oxford University Press, 88–105.

Beckford, G. (1972) *Persistent Poverty: Underdevelopment in Plantation Economies of the Third World*. New York: Oxford University Press.

Behnke, R. and Mortimore, M. (eds) (2016) *The End of Desertification?: Disputing Environmental Change in the Drylands*. Heidelberg: Springer.

Beijing Review (1987) Tibet is an inalienable part of Chinese territory. *Beijing Review*, 19 October, 14.

Bek, D., Binns, T. and Nel, E. (2013) Wild flower harvesting on South Africa's Agulhas Plain: a mechanism for achieving sustainable local economic development? *Sustainable Development*, 21(5), 281–93.

Bek, D., Binns, T., Nel, E. and Ellison, B. (2006) Achieving grassroots transformation in post-apartheid South Africa. *International Journal of Development Issues*, 5(2), 65–94.

Bell, M. (1980) Imperialism: an introduction, in Peet, R. (ed) *An Introduction to Marxist Theories of Underdevelopment*, Monograph HG14, RSPACS. Canberra: Australian National University, 39–50.

Benjaminsen, T.A. and Bryceson, I. (2012) Conservation, green/blue grabbing and accumulation by dispossession in Tanzania. *Journal of Peasant Studies*, 39(2), 335–55.

Bernstein, H. (1992a) Agrarian structures and change: India, in Bernstein, H., Crow, B. and Johnson, H. (eds) *Rural Livelihoods: Crises and Responses*. Oxford: Oxford University Press, 51–64.

Bernstein, H. (1992b) Agrarian structures and change: Latin America, in Bernstein, H., Crow, B. and Johnson, H. (eds) *Rural Livelihoods: Crises and Responses*. Oxford: Oxford University Press, 27–50.

Bernstein, H. (1992c) Poverty and the poor, in Bernstein, H., Crow, B. and Johnson, H. (eds) *Rural Livelihoods: Crises and Responses*. Oxford: Oxford University Press, 13–26.

Bernstein, H., Crow, B. and Johnson, H. (eds) (1992) *Rural Livelihoods: Crises and Responses*. Oxford: Oxford University Press.

Berry, B.J.L. (1961) City size distributions and economic development. *Economic Development and Cultural Change*, 9, 573–87.

Berry, B.J.L. (1972) Hierarchical diffusion: the basis of development filtering and spread in a system of growth centres, in Hansen, N.M. (ed) *Growth Centres in Regional Economic Development*. New York: Free Press.

Bhabha, H. (1994) *The Location of Culture*. London: Routledge.

Bicknell, J., Dodman, D. and Satterthwaite, D. (2009) *Adapting Cities to Climate Change*. London: Earthscan.

Biermann, F. (2013) Curtain down and nothing settled: global sustainability governance after the 'Rio+20' Earth Summit. *Environment and Planning C*, 31, 1099–1114.

Bigg, T. (ed) (2004) *Survival for a Small Planet: The Sustainable Development Agenda*. London: Earthscan/IIED.

Binns, T. (1992) Traditional agriculture, pastoralism and fishing, in Gleave, M.B. (ed) *Tropical African Development*. London: Longman, 153–91.

Binns, T. (1994a) *Tropical Africa*. London: Routledge.

Binns, T. (1994b) Ghana: West Africa's latest success story? *Teaching Geography*, 19(4), 147–53.

Binns, T. (1995a) Geography in development: development in geography. *Geography*, 80(4), 303–22.

Binns, T. (ed) (1995b) *People and Environment in Africa*. Chichester: John Wiley.

Binns, T. (1997) People, environment and development in Africa. *South African Geographical Journal*, 79(1), 13–18.

Binns, T. (2007) Marginal lands, marginal geographies. *Progress in Human Geography*, 31(5), 587–91.

Binns, T. and Fereday, N. (1996) Feeding Africa's urban poor: urban and peri-urban horticulture in Kano, Nigeria. *Geography*, 81, 380–4.

Binns, T. and Funnell, D.C. (1983) Geography and integrated rural development. *Geografiska Annaler B*, 65(1), 57–63.

Binns, T. and Funnell, D.C. (1989) Irrigation and rural development in Morocco. *Land Use Policy*, 6(1), 43–52.

Binns, T. and Lynch, K. (1998) Feeding Africa's growing cities into the 21st century: the potential of urban agriculture. *Journal of International Development*, 10, 777–93.

Binns, T. and Maconachie, R. (2006) Post-conflict reconstruction and sustainable development: diamonds, agriculture and rural livelihoods in Sierra Leone. *International Journal of Cultural, Economic and Social Sustainability*, 2, 205–16.

Binns, T. and Mortimore, M. (1989) Ecology, time and development in Kano State, Nigeria, in Swindell, K., Baba, J.M. and Mortimore, M.J. (eds) *Inequality and Development: Case Studies from the Third World*. London: Macmillan, 359–80.

Binns, T. and Nel, E.L. (2002) Tourism as a local development strategy in South Africa. *Geographical Journal*, 168(3), 235–47.

Binns, T. and Robinson, R. (2002) Sustaining democracy in the 'new' South Africa. *Geography*, 87(1), 25–37.

Birner, R., Cohen, M.J. and Ilukor, J. (2011) *Rebuilding Agricultural Livelihoods in Post-Conflict Situations: What are the Governance Challenges?* The Case of Northern Uganda, USSP Working Paper 07. Washington: IFPRI. http://www.ifpri.org/sites/default/files/publications/usspwp07.pdf (accessed 20 Mar 2015).

Biswas, A.K. (1992) Water for Third World development. *Water Resources Development*, 8(1), 3–9.

Biswas, A.K. (1993) Management of international waters. *International Journal of Water Resources Development*, 9(2), 167–89.

Biswas, A.K. (2004) From Mar del Plata to Kyoto: an analysis of global water policy dialogue. *Global Environmental Change*, 14, 81–8.

Biswas, A.K. and Biswas, A. (1985) The global environment. *Resources Policy*, 11(1), 25–42.

Black, R. (1996) Refugees and environmental change: the case of the forest region of Guinea. Unpublished Project CFCE Report No. 2, University of Sussex, Brighton.

Black, R. (1997) Refugees, land cover, and environmental change in the Senegal River Valley. *Geojournal*, 41(1), 55–67.

Black, R., Bennett, S.R.G., Thomas, S.M. and Beddington, J.R. (2011) Climate change: migration as adaptation. *Nature*, 478, 477–9.

Black, R. and White, H. (eds) (2004) *Targeting Development: Critical Perspectives on the Millennium Development Goals*. Abingdon, London and New York: Routledge.

Blaikie, P. (1985) *The Political Economy of Soil Erosion in Developing Countries*. London: Longman.

Blaikie, P. (2000) Development, post-, anti-, and populist: a critical review. *Environment and Planning A*, 32, 1033–50.

Blaikie, P. (2002) Vulnerability and disasters, in Desai, V.
and Potter, R.B. (eds) *The Companion to Development Studies*. London: Arnold, 298–305.

Blaikie, P. (2006) Is small really beautiful? Community based natural resource management in Malawi
and Botswana. *World Development*, 34(11), 1942–57.

Blaikie, P. and Brookfield, H. (eds) (1987) *Land Degradation and Society*. London: Methuen.

Blanton, R., Mason, T.D. and Athow, B. (2001) Colonial style and post-colonial ethnic conflict in Africa. *Journal of Peace Research*, 38(4), 473–491.

Blaut, J. (1993) *The Colonizers' Model of the World*. London: Guildford.

Blouet, B.W. and Blouet, O.M. (2002) *Latin America and the Caribbean: A Systematic and Regional Survey*. New York: John Wiley.

Blunt, A. (1994) *Travel, Gender and Imperialism: Mary Kingsley and West Africa*. New York: Guilford.

Blunt, A. and McEwan, C. (eds) (2002) *Postcolonial Geographies*. London: Continuum.

Blunt, A. and Wills, J. (2000) *Dissident Geographies*. London: Prentice Hall.

Boas, M. (2014) Multilateral institutions, in Desai, V. and Potter, R.B. (2014) (eds) *The Companion to Development Studies*, 3rd edn. London: Routledge, 578–83.

Bojo, J., Green, K., Kishore, S., Pilapitiya, S. and Chandra Reddy, R. (2004) *Environment in Poverty Reduction Strategies and Poverty Reduction Support Credits*. Washington: World Bank Environment Department, IBRD.

Bond, P. (2006) *Looting Africa*. London: Zed Books.

Bongaarts, J. (1994) Demographic transition, in Eblen, R.A. and Eblen, W.R. (eds) *Encyclopedia of the Environment*. Boston, MA: Houghton-Mifflin, 132.

Bongaarts, J. (1995) Global and regional population projections to 2025, in Islam, N. (ed) *Population and Food in the Early Twenty-First Century: Meeting Future Food Demand of an Increasing Population*. Washington, DC: International Food Policy Research Institute, 7–16.

Booth, D. (1985) Marxism and development sociology: interpreting the impasse. *World Development*, 13, 761–87.

Booth, D. (1993) Development research: from impasse to new agenda, in Schurmann, F. (ed) *Beyond the Impasse: New Directions in Development Theory*. London: Zed Books.

Booth, K. (1997) Exporting ethics in place of arms. *The Times Higher Education Supplement*, 7 November, 118.

Borchert, J.R. (1967) American metropolitan evolution. *Geographical Review*, 57, 301–23.

Boserup, E. (1965) *The Conditions of Agricultural Growth: The Economics of Agricultural Change Under Population Pressure*. London: Allen & Unwin.

Boserup, E. (1993) *The Conditions of Agricultural Growth*. London: Earthscan (first published in 1965).

Botes, L.J. (1996) *Promoting Community Participation in Development Initiatives*. Paper presented to the Development Studies Association Annual Conference, University of Reading.

Bourdieu, F. (1998) The essence of neoliberalism. *Le Monde Diplomatigue*, December 1998.

Boyd, E. (2014) Climate change and development, in Desai, V. and Potter, R.B. (eds) (2014) *The Companion to Development Studies*, 3rd edn. London: Arnold, 341–6.

Boyden, J. and Holden, P. (1991) *Children of the Cities*. London: Zed Books.

Braidotti, R., Charkiewicz, E., Hausler, S. and Wieringa, S. (1994) *Women, the Environment and Sustainable Development: Towards a Theoretical Synthesis*. London: Zed Books.

Brandt, W. (1980) *North–South: A Programme For Survival*. London: Pan.

Brandt, W. (1983) *Common Crisis. North–South: Co-operation for World Recovery*. London: Pan.

Brazier, C. (1994) Winds of change. *New Internationalist*, 262, 4–7.

Brierley, J. (1989) A review of development strategies and programmes of the People's Revolutionary Government in Grenada, 1979–83. *Geographical Journal*, 151, 40–52.

Brierley, J.S. (1985a) Idle land in Grenada: a review of its causes and the PRG's approach to reducing the problem. *Canadian Geographer*, 29, 298–309.

Brierley, J.S. (1985b) The agricultural strategies and programmes of the People's Revolutionary Government in Grenada, 1979–1983, in *Conference of Latin American Geographers Yearbook*, 55–61.

Brimblecombe, P. (2000) Urban air pollution and public health, in O'Riordan, T. (ed) *Environmental Science for Environmental Management*. Harlow: Pearson Education, 399–416.

Brohman, J. (1996) *Popular Development: Rethinking the Theory and Practice of Development*. Oxford: Blackwell.

Brookfield, H. (1975) *Interdependent Development*. London: Methuen.

Brookfield, H. (1978) Third World Development. *Progress in Human Geography*, 2(1), 121–32.

Brookfield, H. and Stocking, M. (1999) Agrodiversity: definition, description and design. *Global Environmental Change*, 9, 77–80.

Brown, D.L. and Fox, J. (2001) Transnational civil society coalitions and the World Bank: lessons from project and policy influence campaigns, in Edwards, M. and Gaventa, J. (eds) *Global Citizen Action*. London: Earthscan, 43–58.

Brown, I. (2014) The company they keep. *New Internationalist*, 478, 16–7.

Brown, L.R. (1996a) *The Potential Impact of AIDS on Population and Economic Growth Rates*. Food, Agriculture and the Environment, Discussion Paper 15. Washington, DC: International Food Policy Research Institute.

Brown, L.R. (ed) (1996b) *Vital Signs, 1996/1997: The Trends That are Shaping our Future*. London: Earthscan.

Browne, A.W. and Barrett, H.R. (1995) *Children and AIDS in Africa*. African Studies Centre Paper 2. Coventry: Coventry University.

Browne, S. (2011) *The UN Development Programme and System*. London: Routledge.

Browne, S. (2014) A changing world: is the UN development system ready? *Third World Quarterly*, 35(10), 1845–59.

Bruce, J.W. (1998) *Country Profiles of Tenure: Africa, 1996*. Land Tenure Center, University of

Wisconsin-Madison.
Brundtland Commission (1987) *Our Common Future*. Oxford: Oxford University Press.
Bryant, R.L. and Bailey, S. (1997) *Third World Political Ecology*. London: Routledge.
Bryceson, D.F. (2002) The scramble in Africa: reorienting rural livelihoods. *World Development*, 30(5), 725–39.
Buchanan, K. (1964) Profiles of the Third World. *Pacific Viewpoint*, 5(2), 97–126.
Buckley, R. (1994) *NAFTA and GATT: The Impact of Free Trade*, Understanding global issues series, 94(2). Cheltenham: Understanding Global Issues Ltd.
Buckley, R. (1995) *The United Nations: Overseeing the New World Order*, Understanding global issues series 93(6). Cheltenham: Understanding Global Issues Ltd.
Buckley, R. (ed) (1996) *Fairer Global Trade: The Challenge for the WTO*, Understanding global issues series 96(6). Cheltenham: Understanding Global Issues Ltd.
Budds, J. and Loftus, A. (2014) Water and hydropolitics, in Desai, V. and Potter, R.B. (2014) (eds) *The Companion to Development Studies*, 3rd edn. London: Routledge, 365–9.
Budds, J. and McGranahan, G. (2003) Are the debates on water privatisation missing the point? *Environment and Urbanisation*, 15(2), 87–113.
Bugalski, N. and Pred, D. (eds) (2013) *Reforming the World Bank Policy on Involuntary Resettlement*. Calabasas, USA: Inclusive Development International.
Bulkeley, H. et al. (2013) Governing sustainability: Rio+20 and the road beyond. *Environment & Planning C*, 31, 958–70.
Bunsha, D. (2014) Contested territory. *New Internationalist*, 478, 22–4.
Burgess, R. (1990) The state and self-help building in Pereira, Colombia. Unpublished PhD thesis, University of London.
Burgess, R. (1992) Helping some to help themselves: Third World housing policies and development strategies, in Mathéy, K. (ed) *Beyond Self-Help Housing*. London: Mansell, 75–91.
Burgess, R., Carmona, K. and Kolstree, T.C. (1997) *The Challenge of Sustainable Cities*. London: Zed Books.
Burns, J.P. (1999) The Hong Kong civil service in transition. *Journal of Contemporary China*, 8(20), 67–87.
Bury, J. (2001) Corporations and capitals: a framework for evaluating the impacts of transnational corporations in developing countries. *Journal of Corporate Citizenship*, 1(1), 75–91.
Buvinic, M. (1993) *The Feminisation of Poverty? Research and Policy Needs*. Paper presented at ILS Symposium on Poverty: New Approaches to Analysis and Policy, Geneva, 22–24 November.
Campbell, B., Mandondo, A., Nemarundwe, N., Sithole, B., de Jong, W. and Matose, F. (2001) Challenges to proponents of common property resource systems: despairing voices from the social forests of Zimbabwe. *World Development* 29(4), 589–600.
Carbon Trust (2006) *The Carbon Trust Three Stage Approach to Developing a Robust Offsetting Strategy*. London: Carbon Trust, www.carbontrust.co.uk/publications.
Cardoso, F.H. (1969) *Dependency and Development in Latin America*. Los Angeles: University of California Press.
Cardoso, F.H. (1976) The consumption of dependency theory in the United States. *Proceedings of the Third Scandinavian Research Conference on Latin America*, Bergen.
Carney, D., Drinkwater, M., Rusinow, T., Neefjes, K., Wanmali, S. and Singh, N. (1999) *Livelihood Approaches Compared*. London: Department for International Development.
Carr, D.L., Suter, L. and Barbieri, A. (2005) Population dynamics and tropical deforestation: state of the debate and conceptual challenges. *Population and Environment*, 27(1), 89–113.
Carr, E.R. (2014) From description to explanation: using the Livelihoods as Intimate Government (LIG) approach. *Applied Geography*, 52, 110–22.
Cashin, P.C., Liang, H. and McDermott, C.J. (1999) Do commodity price shocks last too long for stabilization schemes to work? *Finance and Development*, 36(3), 40–3.
Castells, M. (1977) *The Urban Question: A Marxist Approach*. London: Edward Arnold.
Castells, M. (1978) Urban social movements and the struggle for democracy. *International Journal of Urban and Regional Research*, 1, 133–46.
Castells, M. (1983) *The City and the Grassroots*.

London: Edward Arnold.

Castells, M. (1996) *The Rise of the Network Society*. Oxford: Blackwell.

Cater, E. (1992) Must tourism destroy its resource base? in Mannion, A.M. and Bowlby, S.R. (eds) *Environmental Issues in the 1990s*. London: John Wiley, 309–24.

Cavendish, W. (2000) Empirical regularities in the poverty–environment relationship of rural households: evidence from Zimbabwe. *World Development*, 28(11), 1979–2000.

Center for Human Rights and Global Justice (2011) *Every Thirty Minutes: Farmer Suicides, Human Rights and the Agrarian Crisis in India*. New York: NYU School of Law.

Chambers, R. (1983) *Rural Development: Putting the Last First*. London: Longman.

Chambers, R. (1993) *Challenging the Professions: Frontiers for Rural Development*. London: Intermediate Technology Publications.

Chambers, R. (1997) *Whose Reality Counts*? London: Intermediate Technology Publications.

Chambers, R. (2005) *Ideas for Development*. London: Earthscan.

Chambers, R. (2008) *Revolutions in Development Inquiry*. London: Earthscan.

Chambers, R. and Conway, G. (1992) *Sustainable Rural Livelihoods: Practical Concepts for the Twenty-first Century*. IDS discussion paper 296. Brighton: IDS.

Chambers, R., Pacey, A. and Thrupp, L.A. (1989) *Farmer First*. London: Intermediate Technology Publications.

Chandra, R. (1992) *Industrialization and Development in the Third World*. London and New York: Routledge.

Chant, S. (1996) *Gender, Uneven Development and Housing*. New York: UNDP.

Chant, S. and McIlwaine, C. (2009) *Geographies of Development in the 21st Century*. Cheltenham: Edward Elgar.

Chatterjee, P. (1994) Riders of the apocalypse. *New Internationalist*, 262, 10–11.

Chen, Y. (2014) Five fingers or one hand? The BRICS in development cooperation. *IDS Policy Briefing*, 69(June). Brighton: Institute for Development Studies.

Chin, G.T. (2014) The BRICS-led development bank: purpose and politics beyond the G20. *Global Policy*, 5(3/Sept).

Choguill, C. (1994) Crisis, chaos, crunch: planning for urban growth in the developing world. *Urban Studies*, 31, 935–45.

Chonghaile, C.N. (2014) Poor countries must undergo economic transformation to beat poverty, says UN. *The Guardian*. http://www.theguardian.com/global-development/2014/nov/27/poor-c (accessed 12 Jan 2015).

Christaller, W. (1933) Die zentralen Onte in Suddeutschland. Doctoral thesis translated by Baskin, C.W. (1966) *Central Places in Southern Germany*. Englewood Cliffs, NJ: Prentice Hall.

Christanty, L. (1986) Traditional agroforestry in West Java: the *pekarangan* (home garden) and *kebuntalun* (annual perennial rotation) cropping systems, in Marten, G.G. (ed) *Traditional Agroforestry in Southeast Asia: A Human Ecology Perspective*. Boulder, CO: Westview, 132–58.

Christian Aid (1996) *The Global Supermarket*. London: Christian Aid.

Christian Aid (2004) *Fuelling Poverty*. London: Christian Aid.

Chuta, E. and Liedholm, C. (1990) Rural small-scale industry: empirical evidence and policy issues, in Eicher, C.K. and Staatz, J.M. (eds) *Agricultural Development in the Third World*, 2nd edn. Baltimore, MD: Johns Hopkins University Press, 327–41.

Cities Alliance (1999) *Cities Without Slums: Global Action Plan for Moving Slum Upgrading to Scale*. Washington: Cities Alliance.

Cities Alliance (2006) *Poverty in the Urban Environment*. Washington: Cities Alliance.

Cities Alliance (2013) *Cities Alliance for Cities Without Slums: Action Plan for Moving Slum Upgrading to Scale*. Washington: Cities Alliance and World Bank.

Cities Alliance (2015) *National Urban Policies: A Global Overview*. Washington: Cities Alliance and UN-HABITAT.

Clapham, C. (1985) *Third World Politics*. London: Croom Helm.

Clark, D. (1996) *Urban World–Global City*. London: Routledge.

Clark, D. (2006) *The Elgar Companion to Development Studies*. Cheltenham: Edward Elgar.

Clarke, C. (2002) The Latin American structuralists, ch. 2.7 in Desai, V. and Potter, R.B. (eds) *The*

Companion to Development Studies. London: Arnold, 92–6.

Clarke, K. (2001) ICT: What does it all mean? *Developments (DfID)*, 16, 5–9.

Clayton, A. and Potter, R.B. (1996) Industrial development and foreign direct investment in Barbados. *Geography*, 81, 176–80.

Clayton, K. (1995) The threat of global warming, in O'Riordan, T. (ed) *Environmental Science for Environmental Management*. London: Longman, 110–31.

Cliff, A.D. and Smallman-Raynor, M.R. (1992) The AIDS pandemic: global geographical patterns and local spatial processes. *Geographical Journal*, 158(2), 182–98.

Clifford, M. (1994) Social engineers. *Far Eastern Economic Review*, 14 April, 56–58.

Cline-Cole, R. (1996) Dryland forestry: manufacturing forests and farming trees in Nigeria, in Leach, M. and Mearns, R. (eds) *The Lie of the Land*. Oxford: James Currey.

Clinton, B. (2001) The struggle for the soul of the 21st century. The Richard Dimbleby Lecture 2001. www.bbc.co.uk/arts/news-comment/dimbleby.

Cochrane, A. (1995) Global worlds and worlds of difference, in Anderson, J., Brook, C. and Cochrane, A. (eds) *A Global World?* Oxford: Oxford University Press and Open University, 249–80.

Coe, N.M. and Yeung, H.W-C. (2015) Global Production Networks: Theorizing Economic Development in an Interconnected World. Oxford: Oxford University Press.

Cohen, B. (2004) Urban growth in developing countries: a review of current trends and a caution regarding existing forecasts. *World Bank*, 32(1), 23–51.

Colchester, M. (1991) Guatemala: the clamour for land and the fate of the forests. *The Ecologist*, 21(4), 177–85.

Colchester, M. and Lohmann, L. (eds) (1993) *The Struggle for Land and the Fate of the Forests*. London: Zed Books.

Coles, A., Gray, L. and Momsen, J. (eds) *The Routledge Handbook of Gender and Development*, London: Routledge.

Collier, P. (2008) *The Bottom Billion*. Oxford: Oxford University Press.

Commodityexpert (1999) World coffee production estimates detailed. 5 August 1999. www.commodityexpert.com/Archive/Analysis/990805wrdprod2.htm.

Commission for Africa (2005) *Final Report*. 11 March. http://www.commissionforafrica.info/2005-report (accessed 15 July 2017).

Concise Oxford Dictionary (1999) Oxford: Oxford University Press.

Conroy, C. and Litvinoff, M. (1988) *The Greening of Aid: Sustainable Livelihoods in Practice*. London: Earthscan.

Conway, D. and Heynen, N. (2002) Classical dependency theories: from ECLA to Andre Gunder Frank, ch. 2.8 in Desai, V. and Potter, R.B. (2002) *The Companion to Development Studies*. London: Arnold.

Conway, D. and Heynen, N. (2006) *Globalization's Contradictions: Geographies of Discipline, Destruction and Transformation*. London and New York: Routledge.

Conway, D. and Potter, R.B. (2007) Caribbean transnational return migrants as agents of change. *Geography Compass*, I, 25–45.

Conway, G. (1997) *The Doubly Green Revolution: Food for All in the 21st Century*. London: Penguin.

Conway, G. and Barbier, E. (1995) Pricing policy and sustainability in Indonesia, in Kirkby, J., O'Keefe, P. and Timberlake, L. (eds) The *Earthscan Reader in Sustainable Development*. London: Earthscan, 151–7.

Conyers, D. (1982) *An Introduction to Social Planning in the Third World*. Chichester: Wiley.

Cooke, B. and Kothari, U. (eds) (2001) *Participation: The New Tyranny?* London: Zed Books.

Cooke, P. (1990) Modern urban theory in question. *Transactions of the Institute of British Geographers*, New Series, 15, 331–43.

Corbridge, S. (1986) *Capitalist World Development*. London: Macmillan.

Corbridge, S. (1992) Third World development. *Progress in Human Geography*, 16(54), 584–95.

Corbridge, S. (1993a) Colonialism, post-colonialism and the Third World, in Taylor, P. (ed) *Political Geography of the Twentieth Century*. London: Belhaven, 173–205.

Corbridge, S. (1993b) Marxisms, modernities and moralities: development praxis and the claims of distant strangers. *Environment and Planning D*, 11, 449–72.

Corbridge, S. (1997) Beneath the pavement only soil:

the poverty of post-development. *Journal of Development Studies*, 33, 138–48.

Corbridge, S. (2002a) Development as freedom: the spaces of Amartya Sen. *Progress in Development Studies*, 2, 183–217.

Corbridge, S. (2002b) Third World debt, in Desai, V. and Potter, R.B. (eds) *The Companion to Development Studies*. London: Arnold, 477–80.

Corbridge, S. (ed) (1995) *Development Studies: A Reader*. London: Edward Arnold.

Cornia, G.A., Jolly, R. and Stewart, F. (eds) (1987) *Adjustment with a Human Face: Vol. 1, Protecting the Vulnerable and Promoting Growth*. Oxford: Clarendon.

Council of Europe (1998) *Conceptual Framework, Methodologies and Presentation of Good Practices*. Final Report of Activities of the Group of Specialists on Mainstreaming (EG-S-MS), Strasbourg, May 1998.

The Courier (1996) Country report – Kenya. *The Courier*, 157, 19–36.

Courtenay, P.P. (ed) (1994) *Geography and Development*. Melbourne: Longman Cheshire.

Cowen, M.P. and Shenton, R. (1995) The invention of development, in Crush, J. (ed) *Power of Development*. London: Routledge, 27–43.

Cowen, M.P. and Shenton, R.W. (1996) *Doctrines of Development*. London: Routledge.

Craig, D. and Porter, D. (2006) *Development beyond Neo-liberalism? Governance, Poverty Reduction and Political Economy*. London: Routledge.

Craig, G. and Mayo, M. (eds) (1995) *Community Empowerment: A Reader in Participation and Development*. London: Zed Books.

Crang, P. (2000) Worlds of consumption, ch. 4 in Daniels, P., Bradshaw, M., Shaw, D. and Sidaway, J. (eds) *Human Geography: Issues for the Twenty-First Century*. London and New York: Prentice Hall, 399–426.

Crehan, K. (1992) Rural households: making a living, in Bernstein, H., Crow, B. and Johnson, H. (eds) *Rural Livelihoods: Crises and Responses*. Oxford: Oxford University Press, 87–112.

Crook, C. (1991) Two pillars of wisdom. *The Economist*, 12 October, 3–4.

Crook, N. (1997) *Principles of Population and Development*. Oxford: Oxford University Press.

Crow, B. (1992) Rural livelihoods: action from above, in Bernstein, H., Crow, B. and Johnson, H. (eds) *Rural Livelihoods: Crises and Responses*. Oxford: Oxford University Press, 251–74.

Crush, J. (1995a) Imagining development, in Crush, J. (ed) *Power of Development*. London: Routledge, 1–26.

Crush, J. (ed) (1995b) *Power of Development*. London: Routledge.

Curtis, M. (2001a) What's wrong with international trade rules? *Christian Aid News*, 14(Autumn), 12–13.

Curtis, M. (2001b) *Trade for Life: Making Trade Work for Poor People*. London: Christian Aid.

Cuthbert, A. (1995) Under the volcano: postmodern space in Hong Kong, in Watson, S. and Gibson, K. (eds) *Postmodern Cities and Space*. Oxford: Blackwell, 138–48.

Dandekar, H.C. (1997) Changing migration strategies in Deccan Maharashtra, India, 1885–1990, in Gugler, J. (ed) *Cities in the Developing World*. Oxford: Oxford University Press, 48–61.

Daniel, M.L. (2000) The demographic impact of HIV/AIDS in sub-Saharan Africa. *Geography*, 85(1), 46–55.

Dankelman, I. and Davidson, J. (1988) *Women and Environment in the Third World: Alliance for the Future*. London: Earthscan.

Dann, G. and Potter, R.B. (2001) Supplanting the planters: new plantations for old in Barbados. *International Journal of Tourism and Hospitality Research*, 2, 51–84.

Dann, G.M.S. and Potter, R.B. (1994) Tourism and postmodernity in a Caribbean setting. *Cahiers du Tourisme, Series C*, 185, 1–45.

Dann, G.M.S. and Potter, R.B. (1997) Tourism in Barbados: rejuvenation or decline? in Lockhart, D.G. and Drakakis-Smith, D. (eds) *Island Tourism: Trends and Prospects*. London: Mansell, 205–28.

Daskon, C. and Binns, T. (2010) Culture, tradition and sustainable rural livelihoods: exploring the culture-development interface in Kandy, Sri Lanka. *Community Development Journal*, 45(4), 494–517.

Daskon, C. and Binns, T. (2012) Practising Buddhism in a development context: Sri Lanka's Sarvodaya movement. *Development in Practice*, 22(5/6), 867–74.

Daskon, C. and McGregor, A. (2012) Cultural capital and sustainable livelihoods in Sri Lanka's rural villages: Towards culturally aware development. *Journal of Development Studies*, 48(4), 549–63.

Datta, G. and Meerman, J. (1980) *Household Income and Household Income Per Capita in Welfare Comparisons*. World Bank Staff Working Paper 378. Washington, DC: World Bank.

Davies, M. (2006) *Planet of Slums*. London: Verso.

Davin, D. (1996) Migration and rural women in China: a look at the gendered impact of large-scale migration. *Journal of International Development*, 8(5), 655–65.

Davis, B., Winters, P. and Carletto, G. (2010) A cross-country comparison of rural income generating activities. *World Development*, 38(1), 48–63.

de Albuquerque, K. (1996) Computer technologies and the Caribbean. *Caribbean Week*, 8, 32–3.

de Janvry, A. (1984) The role of land reform in economic development, in Eicher, C. and Staatz, J.M. (eds) *Agricultural Development in the Third World*. Baltimore, MD: Johns Hopkins University Press, 262–77.

de Jode, J. (ed) (2009) *Modern and Mobile: The Future of Livestock Production in Africa's Drylands*. London: IIED.

De Stefano, L., Edwards, P., de Silva, L. and Wold, A.T. (2010) Tracking cooperation and conflict in international basins: historic and recent trends. *Water Policy* 12(2010), 871–84.

Debray, R. (1974) *A Critique of Arms*. Paris: Seuil.

DEFRA (UK Government) (2005) The validity of food miles as an indicator of sustainable development. statistics.defra.gov.uk/esg/reports/foodmiles/execsumm.pdf.

Deininger, K. and Byerle, D. (2012) The rise of large farms in land abundant countries: do they have a future? *World Development*, 40(4), 701–14.

Deneulin, S. and Rakodi, C. (2011) Revisiting religion: development studies thirty years on. *World Development*, 39(1), 45–54.

Denny, C. (2001) For richer – and for poorer. *The Guardian*, 23 January.

Department for International Development (DFID) (1997) *White Paper on Eliminating World Poverty: A Challenge for the Twenty First Century*. London: Government Stationery Office.

Department for International Development (DFID) (2000a) *Eliminating World Poverty: Making Globalisation Work for the Poor*. White Paper on International Development. London: DfID.

Department for International Development (DFID) (2000b) *Debt Relief for Poverty Reduction*, background briefing, September. London: DfID.

Department for International Development (DFID) (2000c) *The Crisis in Ethiopia*, background briefing, April. London: DfID.

Department for International Development (DFID) (2001a) *Addressing the Water Crisis, Strategies for Achieving the International Development Targets*. London: DfID.

Department for International Development (DFID) (2001b) *Untying Aid*, background briefing, September. London: DfID.

Department for International Development (DFID) (2013) *Multilateral Aid Review Update: Driving Reform to Achieve Multilateral Effectiveness*. London: DFID.

Department for International Development (DFID) (2015) *Summary of DfID's Work in Zambia, 2011–2015*. London: DfID.

Desai, R.M. and Kharas, H. (2009) Democratizing foreign aid: online philanthropy and international development assistance. *International Law and Politics*, 22, 1111–42.

Desai, V. (2014) The role of non-governmental organisations, in Desai, V. and Potter, R.B. (2014) (eds) *The Companion to Development Studies*, 3rd edn. London: Routledge, 568–73.

Desai, V. and Potter, R.B. (eds) (2006) *Doing Development Research*. London, Thousand Oaks and New Delhi: Sage Publications.

Desai, V. and Potter, R.B. (eds) (2008) *The Companion to Development Studies*, 2nd edn. London: Hodder-Arnold and New York: Oxford University
Press.

Desai, V. and Potter, R.B. (eds) (2014) *The Companion to Development Studies*, 3rd edn. London: Arnold.

Devas, N. and Rakodi, C. (eds) (1993) *Managing Fast Growing Cities: New Approaches to Urban Planning and Management in the Developing World*. Harlow: Longman.

Devereux, S. (2006) *Vulnerable Livelihoods in Somali Region, Ethiopia*, IDS Research Report, no. 57. Brighton: Institute of Development Studies.

Devereux, S. and Maxwell, S. (2001) *Food Security in Sub-Saharan Africa*. London: ITDG Publishing.

Dey, J. (1981) Gambian women: unequal partners in rice development projects? *Journal of Development Studies*, 17(3), 109–22.

Dicken, P. (1993) The growth economies of Pacific Asia in their changing global context, in Dixon, C. and Drakakis-Smith, D. (eds) *Economic and Social Development in Pacific Asia*. London: Routledge, 22–42.

Dicken, P. (1998) *Global Shift: Transforming the World Economy*, 3rd edn. London: Paul Chapman.

Dicken, P. (2011) *Global Shift: Mapping the Changing Contours of the World Economy*, 6th edn. London: Sage.

Dicken, P. (2015) *Global Shift: Mapping the Changing Contours of the World Economy*, 7th edn. London: Sage.

Dickenson, J., Gould, B., Clarke, C., Mather, C., Prothero, M., Siddle, D., Smith, C. and Thomas-Hope, E. (1996) *A Geography of the Third World*, 2nd edn. London: Routledge.

Dickenson, J.P. (1994) Manufacturing industry in Latin America and the case of Brazil, in Courtenay, P.P. (ed) *Geography and Development*. Melbourne: Longman Cheshire, 165–91.

Diplomatic Courier (2013) Zambia: standing up to Chinese businesses. 22 July 2013. http://www.diplomaticourier.com/news/regions/africa/1608-zambia-standing-up-to-chinese-businesses (accessed 1 May 2015).

Dirlik, A. (2002) Rethinking colonialism: globalization, postcolonialism and the nation. *Interventions*, 4(3), 428–48.

Dixon, C. (ed) (1987) *Rural–Urban Interaction in the Third World*. London: Developing Areas Research Group.

Dixon, C. (1990) *Rural Development in the Third World*. London: Routledge.

Dixon, C. (1998) *Thailand*. London: Routledge.

Dixon, C. and Drakakis-Smith, D. (eds) (1997) *Uneven Development in Southeast Asia*. Aldershot: Ashgate.

Dixon, C. and Heffernan, M. (eds) (1991) *Colonialism and Development in the Contemporary World*. London: Mansell.

Dobbs, R., Oppenheim, J., Thompson, F., Brinkman, M. and Zornes, M. (2011) *Resource Revolution: Meeting the World's Energy, Materials, Food, and Water Needs*. McKinsey Global Institute: McKinsey Sustainability & Resource Productivity Practice.

Doctors Without Borders (MSF) (1999) *Psychosocial Survey, Freetown*. http://www.doctorswithoutborders.org/news-stories/special-report/assessing-trauma-sierra-leone (accessed 20 Mar 2015).

Doctors Without Borders (MSF) (2015) *Ebola emergency*. http://www.msf.org.uk/ebola?gclid=CLS47-fkxcQCFWEOwwod7msASQ (accessed 26 Mar 2015).

Dodds, F. and Strauss, M. with Strong, M. (2012) *Only One Earth*. London: Routledge.

Dodds, F. (2002) Reforming the international institutions, in Dodds, F. (ed) *Earth Summit 2002: A New Deal*. London: Earthscan, 291–314.

Dodds, K. (2008) The Third World, Developing Countries, the South, Poor Countries, ch. 1.1 in Desai, V. and Potter, R.B. (eds) *The Companion to Development Studies*, 2nd edn. London: Hodder-Arnold and New York: Oxford University Press, 3–7.

Dolan, C. and Humphrey, J. (2000) Governance and trade in fresh vegetables: the impact of UK supermarkets on the African horticulture industry. *Journal of Development Studies*, 37(2), 147–76.

Dolman, P. (2000) Biodiversity and ethics, in O'Riordan, T. (ed) (2000) *Environmental Science for Environmental Management*. Harlow: Pearson Education, 119–48.

Donaghue, M.T. and Barff, R. (1990) Nike just did it: international subcontracting, flexibility and athletic footwear production. *Regional Studies*, 24, 537–52.

Dooge, J.C.I. (1992) *An Agenda for Science for Environment and Development in a Changing World*. Cambridge: Cambridge University Press.

Dorian, J.P., Franssen, H.T. and Simbeck, D.R. (2006) Global challenges in energy. *Energy Policy*, 34, 1984–91.

Dos Santos, T. (1970) The structure of dependency. *American Economic Review*, 60, 125–58.

Dos Santos, T. (1977) Dependence relations and political development in Latin America: some considerations. *Ibero-Americana*, 7, 245–59.

Dowdeswell, E. (n.d.) Editorial. *Our Planet*, 6(5), 2.

Doxiadis, C.A. (1967) Developments toward ecumenopolis: the Great Lakes megalopolis. *Ekistics*, 22, 14–31.

Doxiadis, C.A. and Papaioannou, J.G. (1974) *Ecumenopolis: The Inevitable City of the Future*. New York: Norton.

Drakakis-Smith, D. (1981) *Urbanization, Housing and the Development Process*. London: Croom Helm.

Drakakis-Smith, D. (1983) Advance Australia fair: internal colonialism in the Antipodes, in Drakakis-Smith, D. and Wyn Williams, S. (eds) *Internal Colonialism: Essays Around a Theme*, Developing Areas Research Group, Monograph 3. London: Institute of British Geographers, 81–103.

Drakakis-Smith, D. (1987) *The Third World City*. London: Methuen.

Drakakis-Smith, D. (1989) Urban social movements and the built environment. *Antipode*, 21(3), 207–31.

Drakakis-Smith, D. (1990) Food for thought or thought about food: urban food distribution systems in the Third World, in Potter, R.B. and Salau, A.T. (eds) *Cities and Development*. London: Mansell, 100–20.

Drakakis-Smith, D. (1991) Colonial urbanization in Africa and Asia: a structural review. *Cambria*, 16, 123–50.

Drakakis-Smith, D. (1992) *Pacific Asia*. London: Routledge.

Drakakis-Smith, D. (1995) Third World cities: sustainable urban development I. *Urban Studies*, 32, 659–77.

Drakakis-Smith, D. (1996) Third World cities: sustainable urban development II. *Urban Studies*, 33, 673–701.

Drakakis-Smith, D. (1997) Third World cities: sustainable urban development III. *Urban Studies*, 34(5/6), 797–823.

Drakakis-Smith, D. (2000) *Third World Cities*, 2nd edn. London: Routledge.

Drakakis-Smith, D. and Dixon, C. (1997) Sustainable urbanisation in Vietnam. *Geoforum*, 28(1), 21–38.

Drakakis-Smith, D., Doherty, J. and Thrift, N. (1987) What is a socialist developing country? *Geography*, 72(4), 333–5.

Drakakis-Smith, D., Graham, E., Teo, P. and Ling, O.G. (1993) Singapore: reversing the demographic transition to meet labour needs. *Scottish Geographical Magazine*, 109, 152–63.

Dreher, A., Sturm, J.E. and Vreeland, J.R. (2009) Development aid and international politics: Does membership on the UN Security Council influence World Bank decisions? *Journal of Development Economics*, 88(1), 1–18.

Driscoll, R. and Evans, A. (2005) Second-generation poverty reduction strategies: new opportunities and emerging issues. *Development Policy Review*, 23(1), 5–25.

Driver, F. (1992) Geography's empire: histories of geographical knowledge. *Environment and Planning D: Society and Space*, 10, 23–40.

Duncan, J.S., Johnson, N.C. and Schein, R.H. (eds) (2004) *A Companion to Cultural Geography*. Oxford: Blackwell.

Dwyer, D.J. (1975) *People and Housing in Third World Cities*. London: Longman.

Dwyer, D.J. (1977) Economic development: development for whom? *Geography*, 62(4), 325–34.

Earth Summit (2002) *Earth Summit 2002*. Briefing paper. www.earthsummit2002.org.

Eade, D. (2002) Preface, in Eade, D. (ed) *Development and Culture*. Oxford: Oxfam GB, ix–xiv.

Economist Intelligence Unit (1996a) *Country Profile: Côte d'Ivoire*. London: EIU.

Economist Intelligence Unit (1996b) *Country Profile: Kenya*. London: EIU.

Economist Intelligence Unit (2001) *Kenya: Country Profile, 2001*. London: EIU.

Economist Intelligence Unit (2002a) *Côte d'Ivoire and Mali: Country Profile, 2002*. London: EIU.

Economist Intelligence Unit (2002b) *South Korea, North Korea: Country Profile, 2002*. London: EIU.

The Economist (2006) Voting with your trolley. *The Economist*, 7 Dec. www.economist.com/business/displaystory.cfm?story_id=8380592.

The Economist (2010) The miracle of the Cerrado. *The Economist*, 28 Aug.

The Economist (2013) Africa and China: more than minerals. *The Economist*, 23 Mar 2013, http://www.economist.com/news/middle-east-and-africa/21574012-chinese-trade-africa-keeps-growing-fears-neocolonialism-are-overdone-more (accessed 1 Apr 2015).

The Economist (2015) The 169 commandments. *The Economist*, 28 Mar, 12.

Eden, M.J. and Parry, J. (eds) (1996) *Land Degradation in the Tropics: Environment and Policy Issues*. London: Mansell.

Edge, G. and Tovey, K. (1995) Energy: hard choices ahead, in O'Riordan, T. (ed) *Environmental Science for Environmental Management*. London: Longman, 317–34.

Edwards, M. (2001a) The rise and rise of civil society. *Developments: The International Development Magazine*, 14(2nd quarter), 5–7.

Edwards, M. (2001b) Introduction, in Edwards, M. and Gaventa, J. (eds) *Global Citizen Action*. London: Earthscan, 1–14.

Edwards, M. (2011) *The Role and Limitations of Philanthropy.* commissioned paper, The Bellagio Initiative, Institute of development Studies, The Resource Alliance and the Rockefeller Foundation.

Edwards, M. and Gaventa, J. (eds) (2001) *Global Citizen Action*. London: Earthscan.

Edwards, M. and Hulme, D. (eds) (1992) *Making A Difference: NGOs and Development in a Changing World*. London: Earthscan.

Edwards, M. and Hulme, D. (eds) (1995) *Nongovernmental Organisations – Performance and Accountability: Beyond the Magic Bullet*. London: Earthscan.

Ehrlich, P.R. (1968) *The Population Bomb*. New York: Ballantine Books.

Eicher, C.K. and Staatz, J.M. (eds) (1990) *Agricultural Development in the Third World*, 2nd edn. Baltimore, MD: Johns Hopkins University Press.

El-Hinnawi, E. (1985) *Environmental Refugees*. Nairobi: UNEP.

Elliott, J. (2014) Development and social welfare/ human rights, in Desai, V. and Potter, R.B. (eds) *The Companion to Development Studies,* 3rd edn. London: Routledge, 28–33.

Elliott, J.A. (1990) The mechanical conservation of soil in Zimbabwe, in Cosgrove, D. and Petts, G. (eds) *Water, Engineering and Landscape*. London: Belhaven, 115–28.

Elliott, J.A. (1995) Government policies and the population–environment interface: land reform and distribution in Zimbabwe, in Binns, T. (ed) *People and Environment in Africa*. Chichester: John Wiley, 225–30.

Elliott, J.A. (2013) *An Introduction to Sustainable Development,* 4th edn. London: Routledge.

Elliott, L. (2000) A setback for Global Megabucks PLC. *The Guardian*, 11 December, 27.

Elliott, L. (2001) Brown must push harder for G7 change. *The Guardian*, 19 Nov, 23.

Ellis, F. (2000) *Rural Livelihoods and Diversity in Developing Countries*. Oxford: Oxford University Press.

Elsom, D. (1996) *Smog Alert: Managing Urban Air Quality*. London: Earthscan.

Elson, D. (1995) *Male Bias in the Development Process*. Manchester: Manchester University Press.

Elson, D. (1995) *Male Bias in the Development Process*, 2nd edn. Manchester: Manchester University Press.

Emel, J., Bridge, G. and Krueger, R. (2002) The earth as input: resources, in Johnston, R.J., Taylor, P.J. and Watts, M. (eds) *Geographies of Global Change: Remapping the World*, 2nd edn. London: Blackwell, 377–90.

Endicott, S. (1988) *Red Earth: Revolution in a Sichuan Village*. London: I.B. Tauris.

Engler, M. (2005) Human development. *New Internationalist*, 375, 30–31.

Escobar, A. (1995) *Encountering Development.* Princeton, NJ: Princeton University Press.

Estes, R. (1984) World social progress, 1969–1979. *Social Development Issues*, 8, 8–28.

Esteva, G. (1992) Development, in Sachs, W. (ed) *The Development Dictionary*. London: Zed Books, 6–25.

European Commission (2015) Corporate Social Responsibility (CSR). http://ec.europa.eu/enterprise/policies/sustainable-business/corporate-social-responsibility/index_en.htm (accessed 1 May 2015).

Evans, J.P. (2012) *Environmental Governance.* London: Routledge.

Evans, R. (1993) Reforming the union. *Geographical Magazine*, February, 24–27.

Evans, R. (2001) Uganda: winning one battle in the long war against AIDS. *The Courier*, 188(September–October), 27–30.

Evers, D. and de Vries, J. (2013) Explaining governance in five megacity regions. *European Planning Studies,* 21(4), 536–55.

Eyre, J. and Dwyer, D.J. (1996) Ethnicity and uneven development in Malaysia, in Dwyer, D.J. and Drakakis-Smith, D. (eds) *Ethnicity and Development*. London: John Wiley, 181–94.

Fadl, O.A.A. (1990) Gezira: the largest irrigation scheme in Africa. *The Courier*, November/ December, 91–95.

Fage, J.D. (1995) *A History of Africa*, 3rd edn. London: Routledge.

Fairhead, J. (2004) Achieving sustainability in Africa, in Black, R. and White, H. (eds) *Targeting Development: Critical Perspectives on the Millennium Development Goals*. Abingdon: Routledge, 292–306.

Fairhead, J. and Leach, M. (1995) Local agroecological management and forest–savanna transitions: the case of Kissidougou, Guinea, in Binns, T. (ed) *People and Environment in Africa*. Chichester: John Wiley, 163–70.

Fairhead, J. and Leach, M. (eds) (1998) *Reframing Deforestation: Global Analysis and Local Realities: Studies in West Africa*. London: Routledge.

Fairhead, J., Leach, M. and Scoones, I. (2012) Green grabbing: a new appropriation of nature. *The Journal of Peasant Studies*, 39(2), 237–61.

Fairtrade Foundation (2002) Guide to the fairtrade mark. www.fairtrade.org.uk/guide.htm.

Fairtrade International (2014) Monitoring the scope and benefits of fair trade. http://www.fairtrade.net/fileadmin/user_upload/content/2009/resources/2014-Fairtrade-Monitoring-Scope-Benefits-final-web.pdf (accessed 22 July 2016).

Fairtrade Foundation (2016) What Fairtrade does. http://www.fairtrade.org.uk/en/what-is-fairtrade/what-fairtrade-does (accessed 25 July 2016).

FAO/ITPS (2015) *Status of the World's Soil Resources – Main Report*. Rome, Italy: Food and Agriculture Organisation of the United Nations and Intergovernmenal Technical Panel on Soils.

Farole, M. (2011) *Special Economic Zones in Africa*. Washington: World Bank.

Feeney, G. and Wang, F. (1993) Parity progression and birth intervals in China: the influence of policy in hastening fertility decline. *Population and Development Review*, 19(1), 61–100.

Feliciano, D. and Berkhout, F. (2013) The consequences of global environmental change, in ISSC/UNESCO *World Social Science Report 2013: Changing Global Environments*. Paris: OECD Publishing and UNESCO Publishing, 225–29.

Felix, M. (2012) Neo-developmentalism: beyond neoliberalism? *Historical Materialism*, 20(2), 1–19.

Ferguson, J. (1990) *Grenada: Revolution in Reverse*. London: Latin American Bureau.

Fik, T.J. (2000) *The Geography of Economic Development: Regional Changes, Global Challenges*, 2nd edn. Boston, MA: McGraw Hill.

Financial Times (2001) Leaders in denial as graves fill up, South Africa survey. *Financial Times*, 26 November.

Finger, M. (2008) Which governance for sustainable development? An organisational and institutional perspective, in Park, J., Conca, K. and Finger, M. (eds) *The Crisis of Global Environmental Governance, towards a New Political Economy of Sustainability*, London: Routledge, 34–57.

Foley, J.A., Ramankutty, N., Brauman, K.A., Cassidy, M.S., Gerber, J.S., Johnston, M., Mueller, N.D., O'Connell, C., Ray, D.K., West, P.C., Balzer, C., Bennett, E.M.M., Carpenter, S.R., Hill, J., Monfreda, C., Polasky, C., Rockström, J., Sheehan, J., Siebert, S., Tilman, D. and Zaks, D.P.M (2011) Solutions for a cultivated planet. *Nature*, 478(October 20), 337–42.

Food and Agriculture Organisation (FAO) (1987) *Consultation on Irrigation in Africa*. Irrigation and Drainage Paper 42. Rome: FAO.

Food and Agriculture Organisation (FAO) (1991) *Third Progress Report on Action Programme of World Conference on Agrarian Reform and Rural Development*. Rome: FAO.

Food and Agriculture Organisation (FAO) (2001) *Global Forest Resources Assessment 2000*. FAO Forestry Paper 140. Rome: FAO.

Food and Agriculture Organisation (FAO) (2005) *Global Forest Resources Assessment 2005*. Rome: FAO (UN).

Food and Agriculture Organisation (FAO) (2005–06) *Statistical Yearbook*. www.fao.org/statistics/yearbook/vol1_1_1/pdf.

Food and Agriculture Organisation (FAO) (2011) *The State of Food and Agriculture, 2010–2011: Women in Agriculture – Closing the Gender Gap for Development*. Rome: FAO.

Food and Agriculture Organisation (FAO) (2012) *The State of World Fisheries and Aquaculture*. Rome: UN Food and Agriculture Organisation.

Food and Agriculture Organisation (FAO) (2013) *FAO Policy on Gender Equality: Attaining Food Security Goals in Agriculture and Rural Development*. FAO.

Food and Agriculture Organisation (FAO) (2014) *Family Farmers: Feeding the World, Caring for the Earth*. Rome: FAO.

Food and Agriculture Organisation (FAO) (2015a) *Global Forest Resources Assessment 2015*. Rome: UN Food and Agriculture Organisation.

Food and Agriculture Organisation (FAO) (2015b) *State of Food Insecurity in the World 2015*. Rome: FAO.

Food and Agriculture Organization (FAO) (n.d.) *The Spectrum of Malnutrition FAO Factsheet*. Rome: FAO.

Ford, L.H. (1999) Social movements and the globalisation of environmental governance. *IDS Bulletin*, 30(3), 68–74.

Foroohar, R. (2015) Why the mighty BRIC nations have finally broken. *Time*, 10 November 2015, 1–5.

Forum on China-Africa Cooperation (2000) *Beijing Declaration*. http://www.focac.org/eng/wjjh/hywj/t157833.htm (accessed 28 Apr 2015).

Forum on China-Africa Cooperation (2011) *Africa Hails China's Tariff Policy*. 28 Nov. http://www.focac.org/eng/zfgx/dfzc/t881868.htm (accessed 1 April 2015).

Frank, A.G. (1966) The development of underdevelopment. *Monthly Review*, September, 17–30.

Frank, A.G. (1967) *Capitalism and Underdevelopment in Latin America*. New York: Monthly Review Press.

Frank, A.G. (1980) North–South and East–West paradoxes in the Brandt Report. *Third World Quarterly*, 2(4), 669–80.

French, H. (2002) Reshaping global governance, in Worldwatch Institute *State of the World 2002*, 174–98.

Friedland, W.H. (1994) The global fresh fruit and vegetable system: an industrial organization analysis, in McMichael, P. (ed) *The Global Restructuring of Agro-food Systems*. Ithaca, NY: Cornell University Press, 173–89.

Friedman, M. (1962) *Capitalism and Freedom*. Chicago, IL: University of Chicago Press.

Friedmann, M. (1992) *Empowerment: The Politics of Alternative Development*. Cambridge MA: Blackwell.

Friedmann, J. (1966) *Regional Development Policy: A Case Study of Venezuela*. Cambridge, MA: MIT Press.

Friedmann, J. (1986) The world city hypothesis. *Development and Change*, 17, 69–83.

Friedmann, J. (1995) Where we stand: a decade of world city research, in Knox, P.L. and Taylor, P.J. (eds) *World Cities in a World-System*. Cambridge: Cambridge University Press, 21–37.

Friedmann, J. and Weaver, C. (1979) *Territory and Function: The Evolution of Regional Planning*. London: Edward Arnold.

Friedmann, J. and Wulff, G. (1982) World city formation: an agenda for research and action. *International Journal of Urban and Regional Research*, 6, 309–43.

Fukuda-Parr, S. (2010) Reducing inequality – the missing MDG: A content review of PRSPs and bilateral donor policy statements. *IDS Bulletin*, 41(1), 26–35.

Fukuda-Parr, S. (2012) *Recapturing the Narrative of International Development*. United Nations Research Institute for Social Development (UNRISD) Research Paper 2012–5. New York: United Nations.

Fukuyama, F. (2001) Social capital, civil society and development. *Third World Quarterly*, 22, 7–20.

Furniss, C. (2006) The hungry dragon and the dark continent. *Geographical Magazine*, 78(12), 53–61.

Furtado, C. (1964) *Development and Underdevelopment*. Berkeley, CA: University of California Press.

Furtado, C. (1965) *Diagnosis of the Brazilian Crisis*. Berkeley, CA: University of California Press.

Furtado, C. (1969) *Economic Development in Latin America*. Cambridge: Cambridge University Press.

Future of Development Studies. (2014) *Third World Quarterly*, 35(6), 922–38.

Galaty, J.G. and Johnson, D.L. (1990) Introduction: pastoral systems in global perspective, in Galaty, J.G. and Johnson, D.L. (eds) *The World of Pastoralism*. London: Belhaven, 1–31.

Gale, D.J. and Goodrich, J.N. (eds) (1993) *Tourism Marketing and Management in the Caribbean*. London: Routledge.

Gandhi, L. (1998) *Postcolonial Theory: A Critical Introduction*. Edinburgh: Edinburgh University Press.

Gasper, D. (2004) *The Ethics of Development: From Economism to Human Development*. Edinburgh: Edinburgh University Press.

Geheb, K. (1995) Exploring people–environment relationships: the changing nature of the small-scale fishery in the Kenyan sector of Lake

Victoria, in Binns, T. (ed) *People and Environment in Africa*. Chichester: John Wiley, 91–101.

Geheb, K. and Binns, T. (1997) 'Fishing farmers' or 'farming fishermen'? The quest for household income and nutritional security on the Kenyan shores of Lake Victoria. *African Affairs*, 96, 73–93.

Geist, H.J. and Lambin, E.F. (2002). Proximate causes and underlying driving forces of tropical deforestation. *BioScience*, 52(2), 143–50.

George, S. (2002) Global citizens movement. *New Internationalist*, 343, 7.

George, S. (2013) Debt, austerity, devastation: it's Europe's turn. *New Internationalist*, 464, 20–3.

German, T. and Randel, J. (eds) (1993) *The Reality of Aid*. London: Actionaid.

Getis, A., Getis, J. and Fellman, J. (1994) *Introduction to Geography*, 4th edn. Dubuque, IA: William C. Brown.

Ghee, L.T. (1989) Reconstituting the peasantry: changes in landholding structure in the Muda irrigation scheme, in Hart, G., Turton, A. and White, B. (eds) *Agrarian Transformations: Local Processes and the State in Southeast Asia*. Berkeley, CA: University of California Press, 193–212.

Gholz, H.L. (ed) (1987) *Agroforestry: Realities, Possibilities and Potentials*. Dordrecht: Martinus Nijhoff.

Ghose, A.K. (ed) (1983) *Agrarian Reform in Contemporary Developing Countries*. London: Croom Helm.

Gibbon, D. (ed) (1995) *Structural Adjustment and the Working Poor in Zimbabwe*. Uppsala: Nordic Institute for African Studies.

Gibbs, C., Fumo, C. and Kuby, T. (1999) *Nongovernmental Organisations in World Bank-Supported Projects: A Review*, Operations Evaluation Department. Washington, DC: World Bank.

Gibson, R.B. (2005) *Sustainability Assessment*. Earthscan: London.

Gibson-Graham, J.K. (2006) *A Postcapitalist Politics*. Minneapolis: University of Minnesota Press.

Gibson-Graham, J.K. (2008) Diverse economies: performative practices for 'other worlds'. *Progress in Human Geography*, 32(5), 613–32.

Gibson-Graham, J.K. (2014) Rethinking the economy with thick description and weak theory. *Current Anthropology*, 55(9), S147–53.

Gilbert, A. (1987) Research policy and review, No.15. From little Englanders to big Englanders: thoughts on the relevance of relevant research. *Environment and Planning A*, 19, 143–51.

Gilbert, A. (2002) The new international division of labour, ch. 4.2 in Desai, V. and Potter, R.B. (eds) *The Companion to Development Studies*. London: Arnold, 186–91.

Gilbert, A.G. (1976) The arguments for very large cities reconsidered. *Urban Studies*, 13, 27–34.

Gilbert, A.G. (1977) The argument for very large cities reconsidered: a reply. *Urban Studies*, 14, 225–7.

Gilbert, A.G. (1992) Third World cities: housing, infrastructure and servicing. *Urban Studies*, 29, 435–60.

Gilbert, A.G. (1993) Third World cities: the changing national settlement system. *Urban Studies*, 30, 721–40.

Gilbert, A.G. (1994) Third World cities: poverty, employment, gender roles and the environment during a time of restructuring. *Urban Studies*, 31, 605–33.

Gilbert, A.G. (1996) *The Mega-City in Latin America*. Tokyo: United Nations University Press.

Gilbert, A.G. and Goodman, D.E. (1976) Regional income disparities and economic development, in Gilbert, A.G. (ed) *Development Planning and Spatial Structure*. Chichester: John Wiley.

Gilbert, A.G. and Gugler, J. (1982) *Cities, Poverty and Development: Urbanization in the Third World*. Oxford: Oxford University Press.

Gilbert, A.G. and Gugler, J. (1992) *Cities, Poverty and Development: Urbanization in the Third World*, 2nd edn. Oxford: Oxford University Press.

Girvan, N. (1973) The development of dependency economics in the Caribbean and Latin America: review and comparison. *Social and Economic Studies*, 22, 1–33.

Global Eye (2002) Focus on population: Kerala, South India. www.globaleye.org.uk.

Godrej, D. (2014) NGOs – do they help. *New Internationalist*, 478, 12–5.

Good, D. (2015) Aid can help to eliminate inequity by 2030 – if five key lessons are heeded. *The Guardian*.http://www.theguardian.com/global-development/2015/sept/14/aid-help-eliminate-inequality (accessed 21 Sept 2015).

Goodrich, R. (2001) *Sustainable Rural Livelihoods: A Summary of Research in Mali and Ethiopia*.

Brighton: IDS.

Gottmann, J. (1957) Megalopolis, or the urbanization of the north-eastern seaboard. *Economic Geography*, 33, 189–200.

Gottmann, J. (1961) Megalopolis: the urbanization of the north-east seaboard of the United States. Oxford: Oxford University Press.

Gottmann, J. (1978) Megalopolitan systems around the world, in Bourne, L.S. and Symmons, J.W. (eds) *Systems of Cities*. Oxford: Oxford University Press, 53–60.

Gould, P. (1969) The structure of space preferences in Tanzania. *Area*, 1, 29–35.

Gould, P. (1970) Tanzania, 1920–63: the spatial impress of the modernisation process. *World Politics*, 22, 149–70.

Gould, P. and White, R. (1974) *Mental Maps*. Harmondsworth: Penguin.

Gould, W.T.S. (1992) Urban development and the World Bank. *Third World Planning Review*, 14, iii–vi.

Gould, W.T.S. (1993) *People and Education in the Third World*. Harlow: Longman.

Gould, W.T.S. (2009) *Population and Development*. London: Routledge.

Government of India (2009) *India Urban Poverty Report 2009*. Oxford University Press: Oxford.

Graham, E. (1995) Singapore in the 1990s: can population policies reverse the demographic transition? *Applied Geography*, 15, 219–32.

Grainger, A. (1993) *Controlling Tropical Deforestation*. London: Earthscan.

Grant, M.C. (1995) Movement patterns and the intermediate sized city. *Habitat International*, 19, 357–70.

Gregson, S., Garnett, G.P. and Anderson, R.M. (1994) Assessing the potential impact of the HIV-1 epidemic on orphanhood and the demographic structures of populations in sub-Saharan Africa. *Population Studies*, 48, 435–58.

Greig, A., Hulme, D. and Turner, M. (2007) *Challenging Global Inequality: Development Theory and Practice in the 21st Century*. Basingstoke: Palgrave Macmillan.

Grier, R.M. (1999) Colonial legacies and economic growth. *Public Choice*, 98, 317–35.

Griffin, K. (1980) Economic development in a changing world. Annual Lecture of the Development Studies Association, University of Swansea.

Griffiths, I.L. (1995) *The African Inheritance*. London: Routledge.

Griffiths, I.L.L. (1993) *The Atlas of African Affairs*, 2nd edn. London: Routledge.

Griffiths, T. (2007) *Seeing 'Red'? 'Avoided Deforestation and the Rights of Indigenous Peoples and Local Communities*. Moreton-in-the March, UK: Forest Peoples Programme.

Grugel, J. and Riggirozzi, P. (2012) Post-neoliberalism in Latin America: rebuilding and reclaiming the state after crisis. *Development and Change*, 43(1), 1–21.

Grummer-Strawn, L., Hughes, M., Khan, L.K. and Martorell, R. (2000a) Obesity in women from developing countries. *European Journal of Clinical Nutrition*, 54, 247–52.

Grummer-Strawn, L., Hughes, M., Khan, L.K. and Martorell, R. (2000b) Overweight and obesity in preschool children from developing countries. *International Journal of Obesity*, 24, 959–67.

The Guardian (2001) G8 leaders survive the siege of Genoa. *The Guardian*, 28 July 2, 9.

The Guardian (2014) Primark to pay £6m more to victims of Rana Plaza factory in Bangladesh. http://www.theguardian.com/world/2014/mar/16/primark-payout-victims-rana-plaza-bangladesh (accessed 1 May 2015).

The Guardian (2015a) What have the Millennium Development Goals achieved. 7 Sept. www.theguardian.com/global-develppment/datablog/2015 (accessed 10 Sept 2015).

The Guardian (2015b) UK passes bill to honour pledge of 0.7% foreign aid target. http://www.theguardian.com/global-development/2015/mar/09/uk-passes-bill-law-aid-target-percentage-income (accessed 6 May 2015).

Gugler, J. (ed) (1996) *The Urban Transformation of the Developing World*. Oxford: Oxford University Press.

Gugler, J. (1997) Over-urbanization reconsidered, in Gugler, J. (ed) *Cities in the Developing World*. Oxford: Oxford University Press, 114–23.

Guha, R. (ed) (1982) *Subaltern Studies I: Writings on South Asian History and Society*. Delhi: Oxford University Press.

Guha, R. (1983) *Elementary Aspects of Peasant Insurgency in Colonial India*. Delhi: Oxford University Press.

Guijt, I. and Shah, M. (eds) (1998) *The Myth of the Community: Gender Issues in Participatory Development*. London: IT Publications.

Gupta, A. (1988) *Ecology and Development in the Third World*. London: Methuen.

Gutkind, P.C.W. (1969) Tradition, migration, urbanization, modernity and unemployment in Africa: the roots of instability. *Canadian Journal of African Studies*, 3, 343–65.

Gwin, C. (1995) A comparative assessment, in Ul-Haq, M., Jolly, R., Streeten, P. and Haq, K. (1995) *The UN and the Bretton Woods Institutions: New Challenges for the Twenty-First Century*. Basingstoke: Macmillan, 95–116.

Gwynne, R.N. (2002) Export processing and free trade zones, in Desai, V. and Potter, R.B. (eds) *The Companion to Development Studies*. London: Arnold, 201–6.

Habitat (1996) *An Urbanising World: Global Report on Human Settlements, UN Centre for Human Settlements*. Oxford: Oxford University Press.

Haddad, L. (1992) Introduction, in *Understanding How Resources are Allocated Within Households*. Washington, DC: International Food Policy Research Institute.

Haffajee, F. (2001) AIDS in South Africa – bold steps in a discouraging climate. *The Courier*, 188(September–October), 46–7.

Hagerstrand, T. (1953) *Innovationsforloppet ur Korologisk Synpunkt*. Lund: University of Lund.

Haggett, P. (1990a) *Geography: A Modern Synthesis*. London: Harper & Row.

Haggett, P. (1990b) *The Geographer's Art*. Oxford: Blackwell.

Hall, P. (1982) *Urban and Regional Planning*, 3rd edn. London: George Allen & Unwin.

Hall, R., Borrass, S.M. and White, B. (2014) Land reform, in Desai, V. and Potter, R.B. (eds) *The Companion to Development Studies*, 3rd edn. London: Routledge, 260–5.

Hall, R., Scoones, I. and Tsikata, D. (eds) (2015) *Africa's Land Rush: Rural Livelihoods and Agrarian Change*. Melton, UK: James Currey.

Hall, S. (1995) New cultures for old, in Massey, D. and Jess, P. (eds) *A Place in the World?* Oxford: Oxford University Press and Open University, 175–213.

Hall, S. and Gieben, B. (1992) *Foundations of Modernity*. Cambridge: Polity.

Hancock, G. (1997) Transmigration in Indonesia: how millions are uprooted, in Rahnema, M. and Bawtree, V. (eds) *The Post-Development Reader*. London: Zed Books, 234–43 (Reprinted from Hancock, G. (1989) *Lords of Poverty*. London: Macmillan).

Hansen, N.M. (1981) Development from above: the centre-down development paradigm, in Stöhr, W.B. and Taylor, D.R.F. (eds) *Development from Above or Below? The Dialectics of Regional Development in Developing Countries*. Chichester: John Wiley.

Harden, B. (1993) *Africa: Dispatches from a Fragile Continent*. London: HarperCollins.

Hardin, G. (1968) The tragedy of the commons. *Science*, 162, 1243–8.

Hardoy, J.E., Cairncross, S. and Satterthwaite, D. (eds) (1990) *The Poor Die Young: Housing and Health in Third World Cities*. London: Earthscan.

Harmsen, R. (1995) The Uruguay Round: a boon for the world economy. *Finance and Development*, March, 24–26.

Harris, J. (2001) The second 'Great Transformation'? Capitalism at the end of the twentieth century, in Allen, T. and Thomas, A. (eds) *Poverty and Development into the 21st Century*. Oxford: Oxford University Press, 325–42.

Harris, L.M. and Roa-Garcia, M.C. (2013) Recent waves of water governance: constitutional reform and resistance to neo-liberalisation in Latin America (1990–2012). *Geoforum*, 50, 20–30.

Harris, N. (1989) Aid and urbanization. *Cities*, 6, 174–85.

Harris, N. (1992) Cities in the 1990s: The Challenge for Developing Countries. London: UCL Press.

Harrison, P. and Palmer, R. (1986) *News Out of Africa: Biafra to Band Aid*. London: Hilary Shipman.

Harriss, B. and Crow, B. (1992) Twentieth century free trade reform: food market deregulation in sub-Saharan Africa and south Asia, in Wuyts, M., Mackintosh, M. and Hewitt, T. (eds) *Development Policy and Public Action*. Oxford: Oxford University Press, 199–227.

Harriss, J. (2006) Michael Lipton, in Simon, D. (ed) *Fifty Key Thinkers on Development*. London and New York: Routledge, 149–54.

Harriss, J. and Harriss, B. (1979) Development studies. *Progress in Human Geography*, 3(4), 577–

82.
Harvey, D. (1973) *Social Justice and the City*. London: Edward Arnold.
Harvey, D. (1989) *The Condition of Postmodernity*. Oxford: Blackwell.
Harvey, D. (2006) *Spaces of Global Capitalism: Towards a Theory of Uneven Geographical Development*. London: Verso.
Harvey, D. (2011) *The Enigma of Capital and Crises of Capitalism*. London: Profile Books.
Harvey, D. (2015) *Seventeen Contradictions and the End of Capitalism*. London: Profile Books.
Hazell, P., Poulton, C., Wiggins, S. and Dorward, A. (2010) The future of small farms: trajectories and policy priorities. *World Development*, 38(10), 1349–61.
Headey, D., Taffesse, A.S. and You, L. (2014) Diversification and development in pastoralist Ethiopia. *World Development*, 56, 200–13.
Healey, P. (1997) *Collaborative Planning: Shaping Places in Fragmented Societies*. London: Macmillan.
Healey, P. (1998) Building institutional capacity through collaborative approaches to urban planning. *Environment and Planning A*, 30, 1531–46.
Healey, P. (1999) Deconstructing communicative planning theory: a reply to Tewdwr-Jones and Allmendinger. *Environment and Planning A*, 31, 1129–35.
Heathcote, R.L. (1983) *The Arid Lands: Their Use and Abuse*. London: Longman.
Henning, R.O. (1941) The furrow makers of Kenya. *Geographical Magazine*, 12, 268–79.
Hentati, A. (n.d.) Taking effective action. *Our Planet*, 6(5), 5–7.
Hettne, B. (1995) *Development Theory and the Three Worlds*, 2nd edn. Harlow: Longman.
Hettne, B. (1995) *Development Theory and the Three Worlds*. New York: Wiley.
Hewitt, T., Johnson, H. and Wield, D. (eds) (1992) *Industrialization and Development*. Oxford: Oxford University Press and Open University.
Hezri, A.A. (2013) Broadening the environmental dimension in the post-2015 development agenda. *IDS Bulletin*, 44(5–6), 81–8.
Hickel J. (2014) The death of international development. *Al Jazeera*, 20 Nov 2014.
Hickel J. (2015) A short history of neoliberalism (and how we can fix it). *New Left Project*, 22 Feb 2015. www.newleftproject.org/index.phs/site/article_comments/a_short_history_of_neoliberalism (accessed 12 Dec 2015).
Hickel, J. (2016) The true extent of global poverty and hunger. *Third World Quarterly*, 37(5), 749–67.
Hiebert, M. (1993) Long shot? *Far Eastern Economic Review*, 14 October, 58.
Hildyard, N. (1994) The big brother bank. *Geographical*, June, 26–8.
Hill, P. (1963) *The Migrant Cocoa-Farmers of Southern Ghana: A Study in Rural Capitalism*. Cambridge: Cambridge University Press.
Hill, P. (1970) *Studies in Rural Capitalism in West Africa*. Cambridge: Cambridge University Press.
Hill, P. (1972) *Rural Hausa: A Village and a Setting*. Cambridge: Cambridge University Press.
Hill, P. (1986) *Development Economics on Trial: The Anthropological Case for a Prosecution*. Cambridge: Cambridge University Press.
Hirschman, A.O. (1958) *The Strategy of Economic Development*. New Haven, CT: Yale University Press.
Hoch, I. (1972) Income and city size. *Urban Studies*, 9, 299–328.
Hochstetler, K. and Montero, A.P. (2013) The renewed developmental state: the National Development Bank and the Brazil Model. *The Journal of Development Studies*, 49(11), 1484–99.
Hodder, R. (1992) *The West Pacific Rim*. London: Belhaven.
Hoekstra, A.Y. and Mekonnen, M.M (2011) *Global Water Scarcity*, Value of Water Research Report Series no. 53. Delft: UNESCO-IHE.
Holdern, J. and Pachauri, R.K. (1992) Energy, in Dooge, J.C.I. (ed) *An Agenda of Science for Environment and Development into the 21st Century*. Cambridge: Cambridge University Press, 111.
Homewood, K. and Rogers, W.A. (1987) Pastoralism, conservation and the overgrazing controversy, in Anderson, D. and Grove, R. (eds) *Conservation in Africa: People, Policies and Practice*. Cambridge: Cambridge University Press, 111–28.
Hoogvelt, A. (2001) *Globalization and the Postcolonial World: The New Political Economy of Development*, 2nd edn. Basingstoke: Palgrave.
Hopkins, A.G. (1973) *An Economic History of West Africa*. London: Longman.

Hopper, P. (2012) *Understanding Development; Issues and Debates*. Cambridge: Polity Press.

Horvath, R. (1988) *National Development Paths 1965–1987: Measuring a Metaphor*. Paper presented to the International Geographic Congress, Sydney University.

Hossain, M. (1988) *Credit for Alleviation of Rural Poverty: The Grameen Bank in Bangladesh*, Research Report 65. Washington, DC: International Food Policy Research Institute.

Houghton, J.T. (2015) *Global Warming: The Complete Briefing*, 5th edn. Cambridge: Cambridge University press.

Hoyle, B.S. (1979) African socialism and urban development: the relocation of the Tanzanian capital. *Tijdschrift voor Economische en Sociale Geografie*, 70, 207–16.

Hoyle, B.S. (1993) The 'tyranny' of distance – transport and the development process, in Courtney, P.P. (ed) *Geography and Development*. Melbourne: Longman Cheshire, 117–43.

Hudson, B. (1989) The Commonwealth Eastern Caribbean, in Potter, R.B. (ed) *Urbanization, Planning and Development in the Caribbean*. London and New York: Mansell.

Hudson, B. (1991) Physical planning in the Grenada Revolution: achievement and legacy. *Third World Planning Review*, 13, 179–90.

Hudson, J.C. (1969) Diffusion in a central place system. *Geographical Analysis*, 1, 45–58.

Huggler, J. (2006) The banker who changed the world. *The Independent*, 14 October, 38–9.

Hughes, A. (2001) Global commodity networks, ethical trade and governmentality: organizing business responsibility in the Kenyan cut flower industry. *Transactions of the Institute of British Geographers*, NS 26, 390–406.

Hughes, J.M.R. (1992) Use and abuse of wetlands, in Mannion, A.M. and Bowlby, S.R. (eds) *Environmental Issues in the 1990s*. London: John Wiley, 211–26.

Hulme, D. and Edwards, M. (eds) (1977) *NGOs, States and Donors: Too Close for Comfort?* London: Macmillan.

Hulme, D. (2010) Lessons from the making of the MDGs: human development meetings results-based management in an unfair world. *IDS Bulletin*, 41(1), 15–25.

Hunsberger, C., Bolwig, S. Corbera, E. and Creutzig, F. (2014) Livelihood impacts of biofuel crop production: implications for governance. *Geoforum*, 54, 248–60.

Hunt, D. (1984) *The Impending Crisis in Kenya: The Case for Land Reform*. London: Gower.

Huntington, E. (1945) *Mainsprings of Civilisation*. New York: John Wiley.

Huq-Hussain, S. (2015) Gender empowerment and microcredit in Bangladesh, in Coles, A., Gray, L. and Momsen, J. (eds) *The Routledge Handbook of Gender and Development*. London: Routledge, 490–7.

Hutton, W. (1993) Gatt's principles have been corrupted by free market nihilism. *The Guardian*, 16 November.

Hyden, G. (2008) After the Paris Declaration: taking on the issue of power. *Development Policy Review*, 26(3), 259–74.

ICO (International Coffee Organization) (2015) World coffee production. http://www.ico.org/prices/po.htm (accessed 22 Mar 2015).

ICPQL (Independent Commission on Population and Quality of Life) (1996) *Caring for the Future*. Oxford: Oxford University Press.

IFAD (2011) *Rural Poverty Report: New Realities, New Challenges, New Opportunities for Tomorrow's Generation*. Rome: IFAD.

Ignatieff, M. (1995) Fall of a blue empire. *The Guardian*, 17 October.

Iliffe, J. (1995) *Africans: The History of a Continent*. Cambridge: Cambridge University Press.

The Independent (1998) The population bomb defused. *The Independent*, 12 Jan.

The Independent (1999) Shirts for the fashionable, at a price paid in human misery. *The Independent*, 24 Sept, 3.

The Independent (2002) Mr Blair's visit will not heal Africa's scars, but it is better than ignoring them. *The Independent*, 6 Feb, 11.

Independent Evaluation Group (IEG) (2013) *The World Bank Group's Partnership with the Global Environment Facility*, volume 1 main report, Global Program Review.

ING Barings (2000) *Economic Impact of AIDS in South Africa: A Dark Cloud on the Horizon*. Johannesburg: ING Barings.

Inter-American Development Bank (1998) *The Path Out of Poverty: The Inter-America Development Bank's Approach to Reducing Poverty*. Washington,

DC: IADB.

International Development Research Centre (IDRC) (n.d.) Facts and figures on food and biodiversity. http://www.idrc.ca/EN/Resources/Publications/Pages/ArticleDetails.aspx?PublicationID=565 (accessed 28 Mar 2016).

International Energy Agency (IEA) (2009) *World Energy Outlook*. Paris: International Energy Agency.

International Energy Agency (IEA) (2013) *World Energy Outlook 2013*. Paris: IEA.

International Energy Agency (IEA) (2015) *World Energy Outlook 2015*. Paris: IEA.

International Food Policy Research Institute (1995a) *A 2020 Vision for Food, Agriculture, and the Environment in Latin America: A Synthesis*. Washington, DC: IFPRI.

International Food Policy Research Institute (1995b) *A 2020 Vision for Food, Agriculture, and the Environment in South Asia: A Synthesis*. Washington, DC: IFPRI.

International Fund for Agricultural Development (2001) *Rural Poverty Report: The Challenge of Ending Rural Poverty*. Oxford: Oxford University Press.

International Monetary Fund (IMF) (1998) Cameroon statistical appendix. *IMF Staff Country Report*,
no. 98/17. Washington, DC: IMF.

International Monetary Fund (IMF) (2015) *Debt Relief under the Heavily Indebted Poor Countries (HIPC) Initiative*, Factsheet. 15 Apr 2015. http://www.imf.org/external/np/exr/facts/hipc.htm (accessed 7 May 2015).

International Monetary Fund (IMF) (2015) *Causes and Consequences of Income Inequality: A Global Perspective*. IMF Staff Discussion Note SDN/15/13. Washington: IMF.

Internet and Mobile Association of India (2015) http://www.oneindia.com/india/india-to-cross-400-million-internet-users-by-dec-2015-iamai-report-1929570.html (accessed 20 Jan 2016).

IPCC (Intergovernmental Panel on Climatic Change) (1990) *Climate Change: The IPCC Assessment*. Cambridge: Cambridge University Press.

IPCC (Intergovernmental Panel on Climatic Change) (2001) *Climate Change 2001: Synthesis Report*. Robert T. Watson and the Core Writing Team (eds). Cambridge: Cambridge University Press.

IPCC (Intergovernmental Panel on Climatic Change) (2007) *Climate Change 2007: The Physical Science Basis*. Summary for Policymakers. Geneva: IPCC.

IPCC (Intergovernmental Panel on Climatic Change) (2014) *Climate Change 2014: Impacts, Adaptation and Vulnerability*. IPCC Working Group II. Geneva: IPCC.

IPCC (Intergovernmental Panel on Climatic Change) (2015) *Climate Change 2014: Synthesis Report. Summary for Policy Makers*. Geneva: IPCC.

IPEC (International Programme on the Elimination of Child Labour) (2015) *Child Labour*. http://www.ilo.org/global/topics/child-labour/lang—en/index.htm (accessed 11 Mar 2015).

ISSC/UNESCO (2013) *World Social Science Report 2013: Changing Global Environments*. Paris: OECD Publishing and UNESCO Publishing.

Jacobs, S. (2009) Gender and land reforms. *Geography Compass*, 3(5), 1675–87.

Jacobs, S. (2014) Gender, agriculture and land rights, in Desai, V. and Potter, R.B. (eds) *The Companion to Development Studies*, 3rd edn. London: Routledge, 265–9.

Jaffee, S. (1994) *Exporting High Value Food Commodities*. Washington, DC: World Bank.

Jain, P.S. (1996) Managing credit for the rural poor: lessons from the Grameen Bank. *World Development*, 24(1), 79–89.

Jägerskog, A. (2013) Glass half full or half empty? Transboundary water co-operation in the Jordan River Basin. *World Social Science Report*, 464–6.

Jamal, V. and Weeks, J. (1994) *Africa Misunderstood: Or Whatever Happened to the Rural–Urban Gap?* Basingstoke: Macmillan.

James, C. (2014) Global status of commercialised biotech/GM crops 2014, ISAAA Brief no 49. Ithaca, NY: International Service for the Aqcusition of Agri-biotech Applications.

Jameson, F. (1984) Postmodernism, or the cultural logic of late capitalism. *New Left Review*, 146, 53–92.

Janelle, D.G. (1969) Spatial reorganization: a model and a concept. *Annals of the Association of American Geographers*, 59, 348–64.

Janelle, D.G. (1973) Measuring human extensibility in a shrinking world. *Journals of Geography*, 72, 8–15.

Jenkins, R. (1987) *Transnational Corporations and Uneven Development*. London: Methuen.

Jenkins, R. (1992) Industrialization and the global economy, in Hewitt, T., Johnson, H. and Wield, D. (eds) *Industrialization and Development*. Oxford: Oxford University Press in association with the Open University.

Jimenez-Diaz, V. (1994) The incidence and causes of slope failures in the barrios of Caracas, Venezuela, in Main, H. and Williams, S.W. (eds) *Environment and Housing in Third World Cities*. Chichester: Wiley.

Johnson, B.L.C. (1983) *India: Resources and Development*, 2nd edn. London: Heinemann.

Johnston, R. (1984) The world is our oyster. *Transactions of the Institute of British Geographers*, NS 9(4), 443–59.

Johnston, R.J. (1996) *Nature, State and Economy: A Political Economy of the Environment*, 2nd edn. Chichester: John Wiley.

Jones, E. and Eyles, J. (1977) *An Introduction to Social Geography*. Oxford: Oxford University Press.

Jones, G. and Corbridge, S. (2008) Urban bias, in Desai, V. and Potter, R.B. (eds) *The Companion to Development Studies*, 2nd edn. London: Hodder-Arnold and New York: Oxford University Press, 243–7.

Jones, G. and Hollier, G. (1997) *Resources, Society and Environmental Management*. London: Paul Chapman.

Jones, G.A. and Corbridge, S. (2010) The continuing debate about urban bias: the thesis, its critics, its influence and its implications for poverty-reduction strategies. *Progress in Development Studies*, 10(1), 1–18.

Jones, I., Pollit, M. and Bek, D. (2007) *Multinationals in their Communities: A Social Capital Approach to Corporate Citizenship Projects*. London: Palgrave.

Jones, J.P., Natter, W. and Schatzki, T.R. (1993) *Postmodern Contentions: Epochs, Politics, Space*. London: Guildford Press.

Jordan, A. and Brown, K. (1997) The international dimensions of sustainable development: Rio reconsidered, in Auty, R.M. and Brown, K. (eds) *Approaches to Sustainable Development*. London: Pinter, 270–95.

Jowett, J. (1990) People: demographic patterns and policies, in Cannon, T. and Jenkins, A. (eds) *The Geography of Contemporary China: The Impact of Deng Xiaoping's Decade*. London: Routledge, 102–32.

Jubilee 2000 (2002) About 'Jubilee Research', successor to Jubilee 2000. UK, www.jubilee2000uk.org.

Kaarsholm, P. (ed) (1995) *From Post-Traditional to Post-Modern? Interpreting the Meaning of Modernity in Third World Urban Societies*. Occasional Paper 14. International Development Studies, Roskilde University.

Kabbani, R. (1986) *Imperial Fictions*. London: Pandora.

Kabeer, N. (1992) Beyond the threshold: intrahousehold relations and policy perspectives, in *Understanding How Resources are Allocated Within Households*. Washington, DC: International Food Policy Research Institute, 51–52.

Kabeer, N. (2001) Conflicts over credit: re-evaluating the empowerment potential of loans to women in rural Bangladesh. *World Development*, 29(1), 63–84.

Kalisch, A. (2002) *Corporate Futures, Consultation on Good Practices: Social Responsibility in the Tourism Industry*. London: Tourism Concern.

Kats, G. (1992) Achieving sustainability in energy use in developing countries, in Holmberg, J. (ed) *Policies for a Small Planet*. London: Earthscan, 258–89.

Kayser, D. and Shepardson, K. (2012) Two decades of GEF partnership. *Environment Matters at the World Bank*, 45–7.

Keeling, D.J. (1995) Transport and the world city paradigm, in Knox, P.L. and Taylor, P.J. (eds) *World Cities in a World-System*. Cambridge: Cambridge University Press, 115–31.

Keenan, R.J., Reams, G.A., Achard, F., de Freitas, J.V., Grainger, A. and Lindquist, E. (2015) Dynamics of global forest area: results from the FAO Global Forest Resources Assessment 2015. *Forest Ecology & Management*, 352, 9–20.

Kelly, M. and Granich, S. (1995) Global warming and development, in Morse, S. and Stocking, M. (eds) *People and Environment*. London: UCL Press, 69–107.

Kennedy, E. and Bouis, H.E. (1993) *Linkages Between Agriculture and Nutrition: Implications for Policy and Research*. Washington, DC: International Food Policy Research Institute.

Kennes, W. (1990) The European community and food security. *IDS Bulletin*, 21(3), 67–71.

Khan, H. and Bashar, O.K.M.R. (2008) *Religion and Development: Are They Complementary?* U21 Global Working Paper, 006/2008.

Kiely, R. (1999a) Globalisation, (post)-modernity and the Third World, in Kiely, R. and Marfleet, P. (eds) *Globalisation and the Third World*. London: Routledge, 1–22.

Kiely, R. (1999b) Transnational companies, global capital and the Third World, ch. 2 in Kiely, R. and Marfleet, P. (eds) *Globalisation and the Third World*. London: Routledge, 45–66.

Kiely, R. (1999c) The last refuge of the noble savage? A critical assessment of post-development theory. *The European Journal of Development Research*, 11, 30–55.

Kiely, R. (2002) Global shift: industrialization and development, ch. 4.1 in Desai, V. and Potter, R.B. (eds) *The Companion to Development Studies*. London: Arnold, 183–6.

Killick, A. (1990) Whither development economics? *Economics*, 26(2), 62–69.

Killick, T. (1995) Structural adjustment and poverty alleviation: an interpretative survey. *Development and Change*, 26, 305–31.

King, A. (1976) *Colonial Urban Development*. London: Routledge and Kegan Paul.

King, A. (1990) *Urbanism, Colonialism and the World Economy*. London: Routledge.

Kirton, C.D. (1988) Public policy and private capital in the transition to socialism: Grenada 1979–85. *Social and Economic Studies*, 37, 125–50.

Klak, T. (2008) World-systems theory: cores, peripheries and semi-peripheries, ch. 2.8 in Desai, V. and Potter, R.B. (eds) *The Companion to Development Studies*, 2nd edn. London: Hodder-Arnold and New York: Oxford University Press, 101–7.

Klein, N. (2001) Between McWorld and jihad. *The Guardian Weekend*, 27 October, 30–2.

Kleine, D. (2014) Corporate social responsibility and development, in Desai, V. and Potter, R.B. (eds) *The Companion to Development Studies*, 3rd edn. 195–9.

Knight, J.B. (1972) Rural–urban income comparisons and migration in Ghana. *Bulletin of the Oxford University Institute of Economics and Statistics*, 34(2), 199–229.

Knox, P. and Marston, S. (2001) *Places and Regions in Global Context: Human Geography*. Englewood Cliffs, NJ: Prentice Hall.

Knox, P., Agnew, J. and McCarthy, L. (2014) *The Geography of the World Economy*, 6th edn. London: Routledge.

Knox, P.L and McCarthy, L. (2012) *Urbanization: An Introduction to Urban Geography*. Boston, MA: Pearson.

Knox, P.L. and Taylor, P.J. (eds) (1995) *World Cities in a World-System*. Cambridge: Cambridge University Press.

Komin, S. (1991) Social dimensions of industrialization in Thailand. *Regional Development Dialogue*, 12, 115–37.

Korf, B. (2004) War, livelihoods and vulnerability in Sri Lanka. *Development and Change*, 35(2), 275–95.

Korten, D. (1990a) *Voluntary Organisations and the Challenge of Sustainable Development*. Briefing Paper 15. Australia Development Studies Network, Australian National University, Canberra.

Korten, D.C. (1990b) *Getting to the Twenty-First Century: Voluntary Action and the Global Agenda*. Connecticut: Kumarian Press.

Kothari, U. (ed) (2005) *A Radical History of Development Studies: Individuals, Institutions and Ideologies*. London and New York: Zed Books and Cape Town: David Philip.

Kuhn, T. (1962) *The Structure of Scientific Revolutions*. Chicago, IL: University of Chicago Press.

La Chard, L.W. (1906) Some recent impressions of northern Nigeria. *The Geographical Teacher*, 3, 191–201.

Lange, M.K. (2004) British colonial legacies and political development. *World Development*, 32(6), 905–22.

Larner, W. and Laurie, N. (2010) Travelling technocrats, embodied knowledges: globalising privatisation in telecoms and water. *Geoforum*, 41, 218–26.

Larson, A.M., Brockhaus, M., Sunderlin, W.D., Duchelle, A., Babon, A., Dokken, T., Pham, T.T., Resosudarmo, I.A.P, Selaya, G., Awono, A. and Huynh, T.-B. (2013) Land tenure and REDD+: The good, the bad and the ugly. *Global Environmental Change*, 23, 678–89.

Larson, A.M., Dokken, T., Duchelle, A.E., Atrmadja, S., Resosudarmo, I. A. P., Cronkleton, P., Crombery, M., Sunderlin, W., Awono, A. and Selaya, G. (2016) Gender Gaps in Redd+: women's participation is not enough, in Pierce-Colfer, C.J., Basnett, B.S. and Elias, M. (eds) *Gender and Forests: Climate Change, Tenure, Value Chains and Emerging Issues*. London: Routledge, 68–88.

Lasuen, J.R. (1973) Urbanisation and development – the temporal interaction between geographical and sectoral clusters. *Urban Studies*, 10, 163–88.

Lea, J.P. (2006) Terence Gary McGee, in Simon, D. (ed) *Fifty Key Thinkers on Development*. London and New York: Routledge, 176–80.

Leach, M. (1991) Locating gendered experience: an anthropologist's view from a Sierra Leonean village. *IDS Bulletin*, 22(1), 44–50.

Leach, M. and Mearns, R. (eds) (1996) *The Lie of the Land: Challenging Received Wisdom on the African Environment*. Oxford: James Currey.

Leach, M., Raworth, K. and Rocktröm, J. (2013) Between social and planetary boundaries: navigating pathways in the safe and just space for humanity, in ISSC/UNESCO (2013). *World Social Science Report 2013: Changing Global Environments*. Paris: OECD Publishing and UNESCO Publishing, 84–9.

Lean, G. (2002) World will ratify protocol that Bush wants to destroy. *The Independent*, 4 Sept.

Lee, J. and Bulloch, J. (1990) Spirit of war moves on Mid-East waters. *The Independent on Sunday*, 13 May, 13.

Leeming, F. (1993) *The Changing Geography of China*. Oxford: Blackwell.

Lefevre, A. (1995) *Islam, Human Rights and Child Labour*. Copenhagen: Nordic Institute of Asian Studies.

Leftwich, A. (1993) Governance, democracy and development in the Third World. *Third World Quarterly*, 14(3), 605–24.

Leinbach, T.R. (1972) The spread of modernization in Malaya: 1895–1969. *Tijdschrift voor Economische en Sociale Geografie*, 63, 262–77.

Leisher, C., Temsah, G., Booker, F., Day, M., Agarwal, B., Matthews, E., Roe, D., Smaberg, L., Sunderland, T. and Wilkie, D. (2015) Does the gender composition of forest and fishery management groups affect resource governance and conservation outcomes? *Environmental Evidence*, 4(13).

Lester, A., Nel, E. and Binns, T. (2000) *South Africa Past, Present and Future*. Harlow: Longman.

Levine, S. (2014) *How to Study Livelihoods: Bringing a Sustainable Livelihoods Framework to Life*. Overseas Development Institute Working Paper no. 22.

Lewcock, C. (1995) Farmer use of urban waste in Kano. *Habitat International*, 19, 225–34.

Lewis, W.A. (1950) The industrialisation of the British West Indies. *Caribbean Economic Review*, 2, 1–61.

Lewis, W.A. (1955) *The Theory of Economic Growth*. London: George Allen & Unwin.

Leys, C. (1996) *The Rise and Fall of Development Theory*. London: James Currey.

Leyshon, A. (1995) Annihilating space? The speed-up of communications, in Allen, J. and Hamnett, C. (eds) *A Shrinking World*? Oxford: Oxford University Press and the Open University, 11–54.

Lin, G.C.S. (1997) *Red Capitalism in South China: Growth and Development of the Pearl River Delta*. Vancouver: University of British Columbia Press.

Linsky, A.S. (1965) Some generalizations concerning primate cities. *Annals of the Association of American Geographers*, 55, 506–13.

Lipton, M. (1977) *Why Poor People Stay Poor: Urban Bias in World Development*. London: Temple Smith.

Lipton, M. (2009). *Land Reform in Developing Countries: Property Rights and Property Wrong*. New York: Routledge.

Little, P.D., Smith, K., Cellarius, B.A., Coppock, D.L. and Barrett, C.B. (2001) Diversification and risk management amongst East African Herders. *Development and Change*, 32, 401–33.

Livingstone, D. (1993) *The Geographical Tradition: Episodes in the History of a Contested Enterprise*. Oxford: Blackwell.

Lloyd, P. (1979) *Slums of Hope?* Harmondsworth: Penguin.

Lloyd-Evans, S. and Potter, R.B. (1996) Environmental impacts of urban development and the urban informal sector in the Caribbean, in Eden, M.J. and Parry, J. (eds) *Land Degradation in the Tropics*. London: Mansell, 245–60.

Lloyd-Evans, S. and Potter, R.B. (2008) Third World

cities, in Kitchen, R. and Thrift, N. (eds) *International Encyclopedia of Human Geography*. Oxford: Elsevier.

Lockhart, D. (1993) Tourism to Fiji: crumbs off a rich man's table? *Geography*, 78(3), 318–23.

Longhurst, R. (1988) Cash crops and food security. *IDS Bulletin*, 19(2), 28–36.

Lonsdale, J. and Berman, B. (1979) Coping with the contradictions: the development of the colonial state in Kenya, 1895–1914. *Journal of African History*, 20(4), 487–505.

Lösch, A. (1940) *Die räumliche Ordnung der Wirtschaft*, Jena, translated by Woglom, W.H. and Stolpen, W.F. (1954) *The Economics of Location*. New Haven, CT: Yale University Press.

loveLife/Henry J. Kaiser Family Foundation (2001) Impending catastrophe revisited: an update on the HIV/AIDS epidemic in South Africa, Parklands. loveLife, www.lovelife.org.za.

Lowder, S. (1986) *Inside Third World Cities*. Beckenham: Croom Helm.

Lowder, S. K, Skoet, S. and Raney, T. (2016) The number, size, and distribution of farms, smallholder farms, and family farms worldwide. *World Development*, 87, 16–29.

Lowenthal, D. (1960) *West Indian Societies*. Oxford: Oxford University Press.

Lucas, C. (2001a) *Stopping the Great Food Swap – Relocalising Europe's Food Supply*. London: The Green Party.

Lucas, C. (2001b) The crazy logic of the continental food swap. *The Independent*, 25 March, 15.

Lugard, F.J.D. (1965) *The Dual Mandate in British Tropical Africa*. London: Frank Cass.

Lundqvist, J. (1981) Tanzania: socialist ideology, bureaucratic reality, and development from below, in Stöhr, W.B. and Taylor, D.R. (eds) *Development from Above or Below*? Chichester: John Wiley, 329–49.

Lynch, K. (2005) *Rural-Urban Interactions in the Developing World*. London: Routledge.

Lynch, K., Binns, T. and Olofin, E.A. (2001) Urban agriculture under threat; the land security question in Kano, Nigeria. *Cities*, 18, 159–71.

Lyons, K. and Westoby, P. (2014) Carbon colonialism and the new land grab; plantation forestry in Uganda and its livelihood impacts. *Journal of Rural Studies*, 36, 13–21.

MacAskill, E. (2000) Britain's ethical foreign policy: keeping the Hawk jets in action. *The Guardian*, 20 January.

MacCannell, D. (1976) *The Tourist: A New Theory of the Leisure Class*. New York: Schocken.

MacGinty, R. and Williams, A. (2009) *Conflict and Development*. London: Routledge.

Mackenzie, F. (1992) Development from within? The struggle to survive, in Taylor, D.R. and Mackenzie, F. (eds) *Development from Within: Survival in Rural Africa*. London: Routledge, 1–33.

Mackintosh, M. (1992) Questioning the state, in Wuyts, M., Mackintosh, M. and Hewitt, T. (eds) *Development Policy and Public Action*. Oxford: Oxford University Press, 61–89.

MacLeod, S. and McGee, T. (1990) The last frontier: the emergence of the industrial palate in Hong Kong, in Drakakis-Smith, D. (ed) *Economic Growth and Urbanization in Developing Areas*. London: Routledge.

Maconachie, R., Binns, T. and Tengbe, P. (2012) Urban farming associations, youth and food security in post-war Freetown, Sierra Leone. *Cities*, 29, 192–200.

Madeley, J. (1999) *Big Business, Poor Peoples: The Impact of Trans-National Corporations on the World's Poor*. London: Zed Books.

Madeley, J. (2000) An astonishing week in Seattle. *Developments*, 9, 6–9.

Madeley, J. (2001) WTO members agree new trade round. *Developments*, Fourth Quarter, 26/27.

Mail and Guardian (2001a) Drug giants back down. *Mail and Guardian*. Johannesburg, 20–25 Apr.

Mail and Guardian (2001b) A disastrous reign. *Mail and Guardian*. Johannesburg, 26 Apr–3 May.

Main, H. and Williams, S.W. (eds) (1994) *Environment and Housing in Third World Cities*. London: John Wiley.

Makuch, Z. (1996) The World Trade Organisation and the General Agreement on Tariffs and Trade, in Werksman, J. (ed) *Greening International Institutions*. London: Earthscan, 94–116.

Maldives Government (2009) *National Adaptation to Climate Change*. Male, Ministry of Housing, Transport and the Environment. http://www.ifrc.org/docs/IDRL/National%20Adaptation%20Programme%20%28Climate%20change%29%29/MALDIVES%20Adaptation%20to%20Climate%20Change.pdf (accessed 25 Mar 2015).

Malena, C. (2000) Beneficiaries, mercenaries,

missionaries and revolutionaries: unpacking NGO involvement in World Bank financed project. *IDS Bulletin*, 31(3), 19–34.

Mallett, R. and Slater, R. (2012) *Growth and Livelihoods in Fragile and Conflict-Affected Situations*. Working Paper 9. London: Overseas Development Institute.

Maltby, E. (1986) *Waterlogged Wealth: Why Waste the World's Wet Places?* London: Earthscan.

Mangin, W. (1967) Latin American squatter settlements: a problem and a solution. *Latin American Research Reviews*, 2, 65–98.

Mannion, A.M. and Bowlby, S.R. (eds) (1992) *Environmental Issues in the 1990s*. London: John Wiley.

Manzo, K. (1995) Black consciousness and the quest for counter-modernist development, in Crush, J. (ed) *Power of Development*. London: Routledge, 228–52.

Marshall, D. (2002) The New World group of dependency scholars: reflections on a Caribbean Avant-garde movement, ch. 2.9 in Desai, V. and Potter, R.B. (eds) *The Companion to Development Studies*. London: Arnold, 102–7.

Martinez-Alier, J. (2002) *The Environmentalism of the Poor: A Study of Ecological Conflicts and Valuation*. Cheltenham: Edward Elgar.

Martorell, R. (2001) Obesity – an emerging health and nutrition issue in developing countries, in Pinstrup-Andersen, P. and Pandya-Lorch, R. (eds) *The Unfinished Agenda: Perspectives on Overcoming Hunger, Poverty and Environmental Degradation*. Washington, DC: International Food Policy Research Institute, 49–53.

Massa, I. and Brambila-Macia, J. (2014) Global governance issues and the current crisis, in Desai, V. and Potter, R.B. (eds) *The Companion to Development Studies*, 3rd edn, 555–9.

Masselos, J. (1995) Postmodern Bombay: fractured discourses, in Watson, S. and Gibson, K. (eds) *Postmodern Cities and Spaces*. Oxford: Blackwell, 200–15.

Massey, D. (1991) A global sense of place. *Marxism Today*, June, 24–29.

Massey, D. (1995) Imaging the world, in Allen, J. and Massey, D. (eds) *Geographical Worlds*. London: Oxford University Press, 5–52.

Massey, D. and Jess, P. (1995) *A Place in the World? Places, Cultures and Globalization*. Oxford: Oxford University Press and the Open University.

Mather, A.S. and Chapman, K. (1995) *Environmental Resources*. London: Longman.

Matsumoto, D. (1996) *Culture and Psychology*. Pacific Grove, CA: Brooks/Cole.

Matthews, E. (2001) Understanding the Forest Resources Assessment 2000. *World Resources Briefing No. 1*, www.pdf.wri.org/fra2000.pdf.

Mawdsley, E., Savage, L. and Kim, S. (2014) A 'post-aid world'? Paradigm shift in foreign aid and development cooperation at the 2011 Busan High Level Forum. *The Geographical Journal*, 180(1), 27–38.

Maxwell, S. (1988) *National Food Security Planning: First Thoughts from Sudan*. Unpublished paper presented to Workshop on Food Security in the Sudan, Institute of Development Studies, Sussex, 3–5 October.

Maxwell, S. (1996) Food security: a post-modern perspective. *Food Policy*, 21(2), 155–70.

Maxwell, S. (2004) Heaven or hubris: reflections on the 'New Poverty Agenda', in Black, R. and White, H. (eds) *Targeting Development: Critical Perspectives on the Millennium Development Goals*. Abingdon: Routledge, 25–46.

Mayhew, S. (1997) *A Dictionary of Geography*, 2nd edn. Oxford: Oxford University Press, 122.

Mayoux, L. (2001) Tackling the down side: social capital, women's empowerment and micro-finance in Cameroon. *Development and Change*, 32, 435–64.

McAslan, E. (2002) Social capital and development, ch. 2.17 in Desai, V. and Potter, R.B. (eds) *The Companion to Development Studies*. London: Arnold, 139–43.

McCarthy, J.F. (2010) Processes of inclusion and adverse incorporation: oil palm and agrarian change in Sumatra, Indonesia. *The Journal of Peasant Studies*, 37(4), 821–50.

McCormick, J. (1995) *The Global Environment Movement*, 2nd edn. Chichester: John Wiley.

McElroy, J.L. and Albuquerque, K. (1986) The tourism demonstration effect on the Caribbean. *Journal of Travel Research*, 25, 31–4.

McEwan, C. (2002) Postcolonialism, in Desai, V. and Potter, R.B. (eds) *The Companion to Development Studies*. London: Arnold, 127–31.

McEwan, C. (2009) *Postcolonialism and Development*. London: Routledge.

McGee, T. (1979) Conservation and dissolution in the Third World city: the 'shanty town' as an element of conservation. *Development and Change*, 10, 1–22.

McGee, T. (1994) The future of urbanisation in developing countries: the case of Indonesia. *Third World Planning Review*, 16, iii–xii.

McGee, T.G. (1967) The Southeast Asian City: A Social Geography of the Primate Cities of Southeast Asia. London: Bell.

McGee, T.G. (1989) 'Urbanisasi' or Kotadesasi: evolving patterns of urbanisation in Asia, in Costa, F.J. (ed) *Urbanization in Asia*. Honolulu, HI: University of Hawaii Press.

McGee, T.G. (1991) The emergence of desakota regions in Asia: expanding a hypothesis, ch. 1 in Ginsburg, N., Koppell, B. and McGee, T.G. (eds) *The Extended Metropolis: Settlement Transition in Asia*. Honolulu, HI: University of Hawaii Press, 3–25.

McGee, T.G. (1995) Eurocentralism and geography, in Crush, J. (ed) *Power of Development*. London: Routledge, 192–207.

McGee, T.G. (1997) *The Problem of Identifying Elephants: Globalization and the Multiplicities of Development*. Paper presented at the Lectures in Human Geography Series, University of St Andrews.

McGee, T.G. and Greenberg, L. (1992) The emergence of extended metropolitan regions in ASEAN. *ASEAN Economic Bulletin*, 1(6), 5–12.

McGee, T.G. and Robinson, I. (eds) (1995) *The Mega-Urban Regions of Southeast Asia*. Vancouver: UBC Press.

McGeoy, L. (2014) The philanthropic state: market-state hybrids in the philanthrocapitalist turn. *Third World Quarterly*, 35(1), 109–25.

McGinn, A.P. (2002) Reducing our toxic burden, in Worldwatch Institute. *State of the World 2002: Progress Towards a Sustainable Society*. London: Earthscan, 75–100.

McGranahan, G. and Satterthwaite, D. (2000) Environmental Health and Ecological Sustainability, in Pugh, C. (ed) *Sustainable Cities in Developing Countries*, New York: Earthscan, 73–90.

McIlwaine, C. (1997) Fringes or frontiers? Gender and export-oriented development in the Philippines, in Dixon, C. and Drakakis-Smith, D. (eds) *Uneven Development in Southeast Asia*. Aldershot: Ashgate, 100–23.

McLachlan, S. and Binns, T. (2014) Tourism, development and corporate social responsibility in Livingstone, Zambia. *Local Economy*, 29(1/2), 98–112.

McLennan, A. and Ngomas, W.Y. (2004) Quality governance for sustainable development? *Progress in Development Studies*, 4(4), 279–93.

McLeod, J. (2000) *Beginning Postcolonialism*. Manchester: Manchester University Press.

McLuhan, M. (1962) *The Gutenburg Galaxy: The Making of Typographic Man*. London: Routledge and Kegan Paul.

McMichael, P. (2000) *Development and Social Change: A Global Perspective*, 2nd edn. London: Sage Publications.

McMichael, P. and Schneider, M. (2011) Food security politics and the Millennium Development Goals. *Third World Quarterly*, 32(1), 119–39.

Millennium Ecosystem Assessment (MEA) (2005) *Ecosystems and Human Well-Being: Synthesis*. Washington: Island Press.

Meadows, D.H., Meadows, D.L., Randers, J. and Behrens, W.W. (1972) *The Limits to Growth*. London: Pan.

Mehmet, O. (1995) *Westernising the Third World*. London: Routledge.

Mehmet, O. (1999) *Westernizing the Third World*, 2nd edn. London: Routledge.

Mehta, S.K. (1964) Some demographic and economic correlates of primate cities: a case for revaluation. *Demography*, 1, 136–47.

Meier, G.M. and Baldwin, R.E. (1957) *Economic Development: Theory, History, Policy*. New York: John Wiley.

Meillassoux, C. (1972) From reproduction to production. *Economy and Society*, 1, 93–105.

Meillassoux, C. (1978) The social organization of the peasantry: the economic basis of kinship, in Seddon, D. (ed) *Relations of Production: Marxist Approaches to Economic Anthropology*. London: Frank Cass, 159–70.

Mellor, J.W. (1990) Agriculture on the road to industrialization, in Eicher, C.K. and Staatz, J.M. (eds) *Agricultural Development in the Third World*, 2nd edn. Baltimore, MD: Johns Hopkins University Press, 70–88.

Menzel, M. (2006) Walt William Rostow, in Simon, D. (ed) *Fifty Key Thinkers on Development*. London and New York: Routledge, 211–17.

Mera, K. (1973) On the urban agglomeration and economic efficiency. *Economic Development and Cultural Change*, 21, 309–24.

Mera, K. (1975) *Income Distribution and Regional Development*. Tokyo: University of Tokyo Press.

Mera, K. (1978) The changing pattern of population distribution in Japan and its implications for developing countries, in Lo, F.C. and Salih, K. (eds) *Growth Pole Strategies and Regional Development Policy*. Oxford: Pergamon.

Mercer, C. (2002) NGOs, civil society and democratisation: a critical review of the literature. *Progress in Development Studies*, 2(1), 5–22.

Merriam, A. (1988) What does 'Third World' mean? in Norwine, J. and Gonzalez, A. (eds) *The Third World: States of Mind and Being*. London: Unwin-Hyman.

Merrick, T. (1986) World population in transition. *Population Bulletin*, 41(2), 1–51.

Messkoub, M. (1992) Deprivation and structural adjustment, in Wuyts, M., Mackintosh, M. and Hewitt, T. (eds) *Development Policy and Public Action*. Oxford: Oxford University Press, 175–98.

Middleton, N. (2013) *Global Casino: An Introduction to Environmental Issues*, 5th edn. London: Routledge.

Middleton, N., O'Keefe, P. and Moyo, S. (1993) *Tears of the Crocodile: From Rio to Reality in the Developing World*. London: Pluto Press.

Mijere, N. and Chilivumbo, A. (1987) Rural urban migration and urbanization in Zambia during the colonial and post-colonial periods, in Kaliperi, E. (ed) *Population, Growth and Environmental Degradation in Southern Africa*. New York: Reinner.

Millennium Ecosystem Assessment (2005) *Ecosystems and Well-being: Biodiversity Synthesis*. Washington, DC: World Resources Institute.

Miller, D. (1992) The young and the restless in Trinidad: a case of the local and the global in mass consumption, in Silverstone, R. and Hirsch, E. (eds) *Consuming Technology*. London: Routledge, 163–82.

Miller, D. (1994) *Modernity: An Ethnographic Approach: Dualism and Mass Consumption in Trinidad*. Oxford: Berg.

Milner-Smith, R. and Potter, R.B. (1995) *Public Knowledge of Attitudes Towards the Third World*. CEDAR Research Paper 13. Royal Holloway College, University of London.

Mingst, K.A. and Karns, M.P. (2012) *The United Nations in the 21st Century*, 4th edn. Boulder: Westview Press.

Mitchell, R.E. and Reid, D.G. (2001) Community integration: island tourism in Peru. *Annals of Tourism Research*, 28, 113–39.

Mitlin, D. and Satterthwaite, D. (2013) *Urban Poverty in the Global South*. Abingdon: Routledge.

MoBbrucker, H. (1997) Amerindian migration in Peru and Mexico, in Gugler, J. (ed) *Cities in the Developing World*. Oxford: Oxford University Press, 74–87.

Mohan, G. (1996) SAPs and Development in West Africa. *Geography*, 81(4), 364–8.

Mohan, G. (2002) Participatory development, in Desai, V. and Potter, R.B. (eds) *The Companion to Development Studies*. London: Arnold, 49–54.

Mohan, G. and Stokke, K. (2000) Participatory development and empowerment: the dangers of localism. *Third World Quarterly*, 21, 247–68.

Mohan, G., Brown, E., Milward, B. and Zack-Williams, A.B. (2000) *Structural Adjustment: Theory, Practice and Impacts*. London: Routledge.

Momsen, J. (2010) *Gender and Development*, 2nd edn. Routledge: London.

Momsen, J.H. (1991) *Women and Development in the Third World*. London: Routledge.

Momsen, J.H. (2004) *Gender and Development*. London: Routledge.

Monastersky, R. (2015) Anthropocene: the human age. *Nature*, 11 March.

Moon. B.-K. (2012) Secretary-General's remarks to High Level Delegation of Mayors and Regional Authorities. http://www.un.org/sg/STATEMENTS/index.asp?nid=6014.

Moradi, A. (2008) Confronting colonial legacies – lessons from human development in Ghana and Kenya, 1880–2000. *Journal of International Development*, 20, 1107–21.

Morrissey, D. (1999) An ageing world. *The Courier*, 176, 38–9.

Morrissey, O. (2001) Does aid increase growth? *Progress in Development Studies*, 1, 37–50.

Morse, S. (1995) Biotechnology: a servant of

development? in Morse, S. and Stocking, M. (eds) *People and Environment*. London: UCL Press, 131–55.

Morse, S. and Stocking, M. (eds) (1995) *People and Environment*. London: UCL Press.

Mortimore, M. (1998) *Roots in the African Dust: Sustaining the Drylands*. Cambridge: Cambridge University Press.

Mortimore, M.J. (1989) Adapting to Drought: Farmers, Famines and Desertification in West Africa. Cambridge: Cambridge University Press.

Mountjoy, A.B. (1976) Urbanization, the squatter and development in the Third World. *Tijdschrift voor Economische en Sociale Geografie*, 67, 130–7.

Mountjoy, A.B. (1980) Worlds without end. *Third World Quarterly*, 2(4), 753–57.

Moyo, S. (1995) *The Land Question in Zimbabwe*. Harare: Sapes Books.

Muggah, R. (2005) No magic bullet: A critical perspective on disarmament, demobilisation and reintegration (DDR) and weapons reduction in post-conflict contexts. *The Round Table*, 94 (379), 239–52.

Munslow, B. and Ekoko, F. (1995) Is democracy necessary for sustainable development? *Democratisation*, 2, 158–78.

Munslow, B., Katerere, Y., Ferf, A. and O'Keefe, P. (1988) *The Fuelwood Trap: A Study of the SADCC Region*. London: Earthscan.

Muradian, R., Walker, M. and Martinez-Alier, J. (2012) Hegemonic transitions and global shifts in social metabolism: implications for resource-rich countries. Introduction to the Special section, *Global Environmental Change*, 22, 559–67.

Murphy, D.F. and Mathew, D. (2001) Nike and global labour practices: a case study prepared for the New Academy of Business Innovation Network for Socially Responsible Business. www.new-academy.ac.uk/nike/nike-report.pdf.

Murray, M. (1995) The value of biodiversity, in Kirkby, J., O'Keefe, P. and Timberlake, L. (eds) *The Earthscan Reader in Sustainable Development*. London: Earthscan, 17–29.

Murray, W.E. (2006) *Geographies of Globalization*. London and New York: Routledge.

Myint, H. (1964) *The Economics of Developing Countries*. London: Hutchinson.

Myrdal, G. (1957) *Economic Theory and Underdeveloped Areas*. London: Duckworth.

Nachtergaele, F., Petri, M., Biancalani, R., Van Lynden, G. and Van Velthuizen, H. (2010) *Global Land Degradation Information System (GLADIS): Beta Version*. An Information Database for Land Degradation Assessment at Global Level. Land Degradation Assessment in Drylands Technical Report No. 17. Rome: FAO.

Naim, M. (2000) Fads and fashion in economic reforms: Washington consensus or Washington confusion? *Third World Quarterly*, 21(3), 505–28.

Narayan, D., Patel, R., Schafft, K., Rademacher, A. and Koche-Schulte, S. (2000) *Voices of the Poor: Can Anyone Hear Us*? New York: Oxford University Press.

Narlikar, A. (2011) New powers in the club: the challenges of global trade governance. *International Affairs*, 86(3), 717–28.

Neate, R. (2016) The other Hugh Grant – boss of Monsanto who plays the bad guy. *The Guardian*, 21 May.

Nederveen Pieterse, J. (2000) After post-development. *Third World Quarterly*, 21, 175–91.

Neefjes, K. (2000) Environments and Livelihoods: Strategies for Sustainability. Oxford: Oxfam.

Nelson, N. and Wright, S. (eds) (1995) *Power and Participatory Development: Theory and Practice*. London: IT Publications.

Nelson, P. (2000) Whose civil society? Whose governance? Decision making and practice in the new agenda at the Inter-American Development Bank and the World Bank. *Global Governance*, 6, 405–31.

Nelson, P. (2006) The varied and conditional integration of NGOs in the aid system: NGOs and the World Bank. *Journal of International Development*, 18, 701–13.

Nelson, P.J. (2002) The World Bank and NGOs, in Desai, V. and Potter, R.B. (eds) *The Companion to Development Studies*. London: Arnold, 499–504.

NEPAD (2001) New Partnership for Africa's Development. October, www.nepad.org.

NEPAD (2002) Declaration on democracy, political, economic and corporate governance. 18 June, *New Partnership for Africa's Development*. www.nepad.org.

Neumayer, E. (2001) *Greening Trade and Investment: Environmental Protection Without Protectionism*. London: Earthscan.

New Internationalist (2001a) World Trade Organization: shrink it or sink it. *New Internationalist*, 334.

New Internationalist (2001b) Faces of global resistance: we are everywhere. *New Internationalist*, 338.

New Internationalist (2006) CO2nned: carbon offsets stripped bare. *New Internationalist*, 391(July).

News 24 (2015) UN goals helped lift 1 billion from extreme poverty. www.news24.cm/World/News/UN-goals-helped-lift-1-billion-out-of-poverty (accessed 7 Aug 2015).

Newsweek (1995) The UN turns. *Newsweek*, 30 Oct.

Nike (2007) Financial statement. www.nike.com/nikebiz/nikebiz.jhtml?page=16.

Nike (2015) Net income worldwide, 2014. http://www.statista.com/statistics/241685/net-profit-of-nike-since-2005/ (accessed 1 May 2015).

NOAA (2016) Trends in atmospheric carbon dioxide. *National Oceanic and Atmospheric Administration*. http://www.esrl.noaa.gov/gmd/ccgg/trends/weekly.html (accessed 26 May 2016).

Noonan, T. (1996) In the rough. *Far Eastern Economic Review*, 25 January, 38–9.

Norwine, J. and Gonzalez, A. (1988) Introduction, in Norwine, J. and Gonzalez, A. (eds) *The Third World: States of Mind and Being*. London: Unwin-Hyman, 1–6.

NZMFAT (New Zealand, Ministry of Foreign Affairs and Trade) (2015) *New Zealand's immigration relationship with Tuvalu*. http://www.mfat.govt.nz/Foreign-Relations/Pacific/NZ-Tuvalu-immigration.php (accessed 25 Mar 2015).

O'Brien, R. (1991) *Global Financial Integration: The End of Geography*. London: Pinter.

O'Connor, A. (1976) Third World or one world. *Area*, 8, 269–71.

O'Connor, A. (1983) *The African City*. London: Hutchinson.

O'Connor, A. (1991) *Poverty in Africa: A Geographical Approach*. London: Belhaven.

O'Hare, G. (2002a) Climate change and the temple of sustainable development. *Geography*, 87(3), 234–46.

O'Hare, G. (2000b) Reviewing the uncertainties in climate change science. *Area*, 32(4), 357–68.

O'Riordan, T. (ed) (1995) *Environmental Science for Environmental Management*. London: Longman.

O'Riordan, T. (2000a) Climate change, in O'Riordan, T. (ed) *Environmental Science for Environmental Management*. Harlow: Pearson Education, 171–211.

O'Riordan, T. (ed) (2000b) *Environmental Science for Environmental Management*. Harlow: Pearson Education.

O'Riordan, T. (2001) *Globalism, Localism and Identity*. London: Earthscan.

O'Riordan, T. (2013) Sustainability for wellbeing. *Environmental Innovation and Societal Transitions*, 6, 24–34.

O'Riordan, T. and Jordan, A. (2000) Managing the global commons, in O'Riordan, T. (ed) (2000) *Environmental Science for Environmental Management*. Harlow: Pearson Education, 485–511.

O'Tuathail, G. (1994) Critical geopolitics and development theory: intensifying the dialogue. *Transactions of the Institute of British Geographers, New Series*, 19, 228–38.

Oberai, A.S. (1993) *Population Growth, Employment and Poverty in Third World Mega-Cities: Analytical and Policy Issues*. Basingstoke: Macmillan and New York: St Martin's Press.

Ochieng, J., Ouma, E. and Birachi, E. (2014) Gender participation and decision making in crop management in Great Lakes Region of Central Africa. *Gender, Technology and Development*, 18(3), 341–62.

OECD (Organisation for Economic Cooperation and Development) (2006) *Development Cooperation Report, 2005*. Paris: OECD.

OECD (Organisation for Economic Cooperation and Development) (2008) *The Paris Declaration on Aid Effectiveness and the Accra Agenda for Action*. http://www.oecd.org/dac/effectiveness/34428351.pdf (accessed 19 May 2015).

OECD (Organisation for Economic Cooperation and Development) (2012) *Aid Effectiveness 2011: Progress in Implementing the Paris Declaration*. Better Aid, OECD Publishing.

OECD (Organisation for Economic Cooperation and Development) (2014) Focus on Inequality and Growth. Paris: OECD.

OECD (Organisation for Economic Cooperation and Development) (2015a) *Multilateral Aid 2015: Better Partnerships for a Post-2015 World*. Paris: OECD.

OECD (Organisation for Economic Cooperation and

Development) (2015b) *States of Fragility 2015: Meeting the Post-2015 Ambitions*. Paris: OECD.

OECD/IEA (2015) *Key World Energy Statistics 2015*. Paris: International Energy Agency.

Oliver, R. and Fage, J.D. (1966) *A Short History of Africa*. Harmondsworth: Penguin.

Olthof, W. (1995) Wildlife resources and local development: experiences from Zimbabwe's Campfire programme, in van de Breemer, J.P.M., Drijver, C.A. and Venema, L.B. (eds) *Local Resource Management in Africa*. Chichester: John Wiley, 111–28.

Opiyo, F., Wasonga, O., Nyangito, M., Schilling, J. and Munang, R. (2015) Drought adaptation and coping strategies among the Turkana pastoralists of northern Kenya. *International Journal of Disaster Risk Science*, 6(3), 295–309.

Oxfam (1984) *Behind the Weather: Lessons to be Learned. Drought and Famine in Ethiopia*. Oxford: Oxfam.

Oxfam (1993) *Africa: Make or Break. Action for Recovery*. Oxford: Oxfam.

Oxfam (1994) *The Coffee Chain Game*. Oxford: Oxfam.

Oxfam (2002) Rigged rules and double standards: trade, globalisation and the fight against poverty. www.maketradefair.com.

Oxfam (2013) Oxfam's reaction to the 9th WTO Ministerial Conference in Bali. https://www.oxfam.org/en/pressroom/reactions/oxfams-reaction-9th-wto-ministerial-conference-bali (accessed 27 March 2015).

Pachai, B. (ed) (1973) *Livingstone: Man of Africa. Memorial Essays 1873–1973*. Harlow: Longman.

Pacione, M. (2005) *Urban Geography: A Global Perspective*, 2nd edn. London and New York: Routledge.

Pacione, M. (2009) *Urban Geography*, 3rd edn. London: Routledge.

Page, J. and Plaza, S. (2006) Migration remittances and development: a review of global evidence. *Journal of African Economies*, 15(AERC Supplement 2), 245–336.

Panayiotopoulos, P. and Capps, G. (2001) *World Development: An Introduction*. London: Pluto Press.

Parfitt, T. (2002) *The End of Development: Modernity, Post-Modernity and Development*. London: Pluto Press.

Parnwell, M. (1994) Rural industrialisation and sustainable development in Thailand. *Quarterly Environment Journal*, 2, 24–29.

Parnwell, M. (2006) Robert Chambers, in Simon, D. (ed) *50 Key Thinkers on Development*. London: Routledge, 73–7.

Parnwell, M. and Turner, S. (1998) Sustaining the unsustainable: city and society in Southeast Asia. *Third World Planning Review*, 20, 147–164.

Parry, M. (1990) *Climate Change and World Agriculture*. London: Earthscan.

Patullo, P. (1996) *Last Resort? Tourism in the Caribbean*. London: Mansell and the Latin American Bureau.

Payn,T., Carnus, J.M., Freer-Smith, P., Kimberley, M., Kollert, M., Liu, S., Orazio, C., Rodriguez, L., Silva, L.N. and Wingfield, M.J. (2015) Changes in planted forests and future global implications. *Forest Ecology and Management*, 352, 57–67.

Peake, S. and Smith, J. (2009) *Climate Change: From Science to Sustainability*, 2nd edn. OUP: Oxford.

Pearce, D. (1995) *Blueprint 4: Capturing Global Environmental Value*. London: Earthscan.

Pearce, F. (1993) How green is your golf? *New Scientist*, 25 September, 30–5.

Pearce, F. (1997) The biggest dam in the world, in Owen, L. and Unwin, T. (eds) *Environmental Management: Readings and Case Studies*. Oxford: Blackwell, 349–54.

Pearson, R. (1992) Gender matters in development, in Allen, T. and Thomas, A. (eds) *Poverty and Development in the 1990s*. Oxford: Oxford University Press, 291–313.

Pearson, R. (2000) Rethinking gender matters in development, in Allen, T. and Thomas, A. (eds) *Poverty and Development into the Twenty First Century*. Oxford: Oxford University Press, 383–402.

Pedersen, P.O. (1970) Innovation diffusion within and between national urban systems. *Geographical Analysis*, 2, 203–54.

Peet, R. and Watts, M. (eds) (1996) *Liberation Ecologies: Environment, Development, Social Movements*. London: Routledge.

Pelling, M. (2002) The Rio Earth Summit, ch. 6.3 in Desai, V. and Potter, R.B. (eds) *The Companion to Development Studies*. London: Arnold, 284–9.

Peluso, N. and Watts, M (eds) (2001) *Violent*

Environments. Ithaca: Cornell Univ. Press.

Perloff, H.S. and Wingo, L. (1961) Natural resource endowment and regional economic growth, in Spengler, J.J. (ed) *Natural Resources and Economic Growth*. Washington, DC: Resources for the Future.

Pernia, E. (1992) Southeast Asia, in Stren, R. (ed) *Sustainable Cities: Urbanization and the Environment in International Perspective*. Oxford: Westview Press, 233–58.

Perroux, F. (1950) Economic space: theory and applications. *Quarterly Journal of Economics*, 64, 89–104.

Perroux, F. (1955) Note sur la notion de 'pôle de croissance'. *Économie Appliquée*, 1(2), 307–20.

Phillips, D.R. (1990) *Health and Health Care in the Third World*. Harlow: Longman.

Phillips, D.R. and Yeh, G.O. (1990) Foreign investment and trade: impact on spatial structure of the economy, in Cannon, T. and Jenkins, A. (eds) *The Geography of Contemporary China*. London: Routledge, 224–48.

Pierce-Colfer, C.J., Basnett, B.S. and Elias, M. (eds) (2016) *Gender and Forests: Climate Change, Tenure, Value Chains and Emerging Issues*. London: Routledge.

Pillai, P (2008) *Strengthening Policy Dialogue on the Environment: Learning from Five Years of Country Environmental Analysis*. Paper number 114. Washington: Environment Department, World Bank.

Pillay, C. (2013) Winning environmental justice for the lower Mekong Basin. *World Social Science Report 2013: Changing Global Environments*. Paris: OECD Publishing and UNESCO Publishing, 376–7.

Pinches, M. (1994) Urbanisation in Asia: development, contradiction and conflict, in Jayasuriya, L. and Lee, M. (eds) *Social Dimensions of Development*. Sydney: Paradigm Press.

Pinstrup-Andersen, P. (1994) *World Food Trends and Future Food Security*. Washington, DC: International Food Policy Research Institute.

Pletsch, C. (1981) The three worlds or the division of social scientific labour 1950–1975. *Comparative Studies in Society and History*, 23, 565–90.

Pleumarom, A. (1992) Course and effect: golf tourism in Thailand. *The Ecologist*, 22(3), 104–10.

Pogge, T. (n.d.) Poverty, human rights and global order: framing the post-2015 agenda. http://www.beyond2015.org/sites/default/files/SSRN-id2046985.pdf (accessed 12 Dec 2015).

Pogge T. and Sengupta M (2014) Rethinking the post-2015 development agenda: eight ways to end poverty now. *Global Justice: Theory Practice Rhetoric*, 7, 3–11.

Pogge, T. and Sengupta, M. (2015) The sustainable development goals (SDGs) as drafted: nice idea, poor execution. *Washington International Law Journal*, 24(3), 571–87.

Porteous, D. (1995) in Crush, J. (ed) *Power of Development*. London: Routledge.

Porter, D.J. (1995) Scenes from childhood, in Crush, J. (ed) *Power of Development*. London: Routledge, 63–86.

Porter, G. (1996) SAPs and road transport deterioration in West Africa. *Geography*, 81(4), 368–71.

Porter, G. and Phillips-Howard, K. (1997) Contract farming in South Africa: a case study from Kwazulu-Natal. *Geography*, 82(3/4), 1–38.

Porter, P.W. and Sheppard, E.S. (1998) *A World of Difference: Society, Nature, Development*. London: The Guilford Press.

Portes, A., Castells, M. and Benton, L. (eds) (1991) *The Informal Economy: Studies in Advanced and Less Developed Countries*. Baltimore, MD: Johns Hopkins University Press.

Portes, A., Dore-Cabral, C. and Landolt, P. (1997) *The Urban Caribbean: Transition of the New Global Economy*. Baltimore, MD: Johns Hopkins University Press.

Potter, D. (2000) Democratisation, 'good governance' and development, in Allen, T. and Thomas, A. (eds) *Poverty and Development into the 21st Century*. Oxford: Oxford University Press, 365–82.

Potter, R.B. (1981) Industrial development and urban planning in Barbados. *Geography*, 66, 225–8.

Potter, R.B. (1983) Tourism and development: the case of Barbados, West Indies. *Geography*, 68, 46–50.

Potter, R.B. (1985) Urbanisation and Planning in the Third World: Spatial Perceptions and Public Participation. London: Croom Helm and New York: St Martin's Press.

Potter, R.B. (1989) Rural–urban interaction in Barbados and the southern Caribbean, in Potter,

R.B. and Unwin, T. (eds) *Urban–Rural Interaction in Developing Countries*. London and New York: Routledge, 257–93.

Potter, R.B. (1990) Cities, convergence, divergence and Third World development, in Potter, R.B. and Salau, A.T. (eds) *Cities and Development in the Third World*. London: Mansell.

Potter, R.B. (1992a) *Urbanisation in the Third World*. Oxford: Oxford University Press.

Potter, R.B. (1992b) *Housing Conditions in Barbados: A Geographical Analysis*. Mona, Kingston, Jamaica: Institute of Social and Economic Research, University of the West Indies.

Potter, R.B. (1993a) Little England and little geography: reflections on Third World teaching and research. *Area*, 25, 291–4.

Potter, R.B. (1993b) Basic needs and development in the small island states of the Eastern Caribbean, in Lockhart, D. and Drakakis-Smith, D. (eds) *Small Island Development*. London: Routledge.

Potter, R.B. (1993c) Urbanization in the Caribbean and trends of global convergence–divergence. *Geographical Journal*, 159, 1–21.

Potter, R.B. (1994) *Low-Income Housing and the State in the Eastern Caribbean*. Barbados: University of the West Indies Press.

Potter, R.B. (1995a) Urbanisation and development in the Caribbean. *Geography*, 80, 334–41.

Potter, R.B. (1995b) Whither the real Barbados? *Caribbean Week*, 7(4), 64–7.

Potter, R.B. (1996) Environmental impacts of urban-industrial development in the tropics: an overview, in Eden, M. and Parry, J.T. (eds) *Land Degradation in the Tropics*. London: Pinter.

Potter, R.B. (1997) Third World urbanisation in a global context. *Geography Review*, 10, 2–6.

Potter, R.B. (1998) From plantopolis to mini-metropolis in the eastern Caribbean, ch. 3 in McGregor, D., Barker, D. and Lloyd-Evans, S. (eds) *Resource Sustainability and Caribbean Development*. Barbados: University of the West Indies Press, 51–68.

Potter, R.B. (2000) *The Urban Caribbean in an Era of Global Change*. Aldershot: Ashgate.

Potter, R.B. (2001a) Geography and development: core and periphery? *Area*, 33, 422–7.

Potter, R.B. (2001b) Progress, development and change. *Progress in Development Studies*, 1, 1–4.

Potter, R.B. (2002a) Geography and development: core and periphery? A reply. *Area*, 34, 213–14.

Potter, R.B. (2002b) Making progress in development studies. *Progress in Development Studies*, 2, 1–3.

Potter, R.B. (2003) The environment of development. *Progress in Development Studies*, 3, 1–4.

Potter, R.B. (2008a) Global convergence, divergence and development, ch. 4.3 in Desai, V. and Potter, R.B.
(eds) *The Companion to Development Studies*, 2nd edn. London: Hodder-Arnold and New York: Oxford University Press, 192–6.

Potter, R.B. (2008b) World cities and development, ch. 5.3 in Desai, V. and Potter, R.B. (eds) *The Companion to Development Studies*, 2nd edn. London: Hodder-Arnold and New York: Oxford University Press, 247–52.

Potter, R.B. and Conway, D. (eds) (1997) *Self-Help Housing, the Poor and the State in the Caribbean*. Knoxville, TN: Tennessee University Press and Barbados: University of the West Indies Press.

Potter, R.B. and Dann, G. (1996) Globalization, postmodernity and development in the Commonwealth Caribbean, in Yeung, Y. (ed) *Global Change and the Commonwealth*. Hong Kong: Hong Kong Institute of Asia-Pacific Studies, Chinese University of Hong Kong, 103–29.

Potter, R.B. and Dann, G.M.S. (1994) Some observations concerning postmodernity and sustainable development in the Caribbean. *Caribbean Geography*, 5, 92–107.

Potter, R.B. and Lloyd-Evans, S. (1998) *The City in the Developing World*. London: Pearson.

Potter, R.B. and Lloyd-Evans, S. (2008) Development: the Brandt Commission, in Kitchen, R. and Thrift, N.
(eds) *International Encyclopedia of Human Geography*. Oxford: Elsevier.

Potter, R.B. and Philips, J. (2004) The rejuvenation of tourism in Barbados, 1993–2003: reflections on the Butler model. *Geography*, 89, 240–47.

Potter, R.B. and Phillips, J. (2006a) 'Mad dogs and transnational migrants?' Bajan-Brit second-generation migrants and accusations of madness. *Annals of the Association of American Geographers*, 96, 586–600.

Potter, R.B. and Phillips, J. (2006b) Both black and symbolically white: the Bajan-Brit return migrants as post-colonial hybrid. *Ethnic and Racial Studies*,

29, 901–27.

Potter, R.B. and Phillips, J. (2008) 'The past is still right here in the present': second-generation Bajan-Brit transnational migrants' views on issues relating to race and colour class. *Environment and Planning D: Society and Space*.

Potter, R.B. and Pugh, J. (2001) Planning without plans and the neo-liberal state: the case of St Lucia, West Indies. *Third World Planning Review*, 23, 323–40.

Potter, R.B. and Unwin, T. (1987) Urban–Rural Interaction in Developing Countries: Essays in Honor of Alan B Mountjoy. London and New York: Routledge.

Potter, R.B. and Unwin, T. (1988) Developing areas research in British geography. *Area*, 20, 121–6.

Potter, R.B. and Unwin, T. (eds) (1992) *Teaching the Geography of Developing Areas*. Monograph 7, Developing Areas Research Group. London: Institute of British Geographers.

Potter, R.B. and Unwin, T. (1995) Urban–rural interaction: physical form and political process in the Third World. *Cities*, 12, 67–73.

Potter, R.B. and Welch, B. (1996) Indigenization and development in the Caribbean. *Caribbean Week*, 8, 13–4.

Potter, R.B., Barham, N. and Darmame, K. (2007) The polarised social and residential structure of the city of Amman: a contemporary view using GIS data. *Bulletin of the Council for British Research in the Levant*, 2, 48–52.

Potter, R.B., Barham, N., Darmame, K. and Nortcliff, S. (2007) An introduction to the urban geography of Amman, Jordan. *Reading Geographical Paper*, 182.

Potter, R.B., Conway, D., Evans, R. and Lloyd-Evans, S. (2012) *Key Concepts in Development Geography*. London: SAGE Publications Ltd.

Potter, R.B., Darmame, K. and Nortcliff, S. (2007) The provision of water under conditions of 'water stress', privatisation and de-privatisation in Amman. *Bulletin of the Council for British Research in the Levant*, 2, 52–4.

Potts, D. (1995) Shall we go home? Increasing urban poverty in African cities and migration processes. *Geographical Journal*, 161(3), 245–64.

Power, M. (2002) Enlightenment and the era of modernity, ch. 2.2 in Desai, V. and Potter, R.B. (eds) *The Companion to Development Studies*. London: Arnold, 65–70.

Power, M. (2003) *Rethinking Development Geographies*. London and New York: Routledge.

Prebisch, R. (1950) *The Economic Development of Latin America*. New York: United Nations.

Pred, A. (1977) *City-Systems in Advanced Economies*. London: Hutchinson.

Pred, A.R. (1973) The growth and development of systems of cities in advanced economies, in Pred, A. and Törnqvist, G. (eds) *Systems of Cities and Information Flows: Two Essays*. Lund: University of Lund, 9–82.

Preston, D. (1987) Population mobility and the creation of new landscapes, in Preston, D. (ed) *Latin American Development: Geographical Perspectives*. London: Longman, 229–59.

Preston, P.W. (1985) *New Trends in Development Theory*. London: Routledge.

Preston, P.W. (1987) *Making Sense of Development: An Introduction to Classical and Contemporary Theories of Development and their Application to Southeast Asia*. London: Routledge.

Preston, P.W. (1996) *Development Theory: An Introduction*. Oxford: Blackwell.

Pretty, J. (2014) The sustainable intensification of agriculture, in Desai, V. and Potter, R.B. (eds) *The Companion to Development Studies*, 3rd edn. London: Routledge, 270–4.

Prior, T., Giurco, D., Mudd, G., Mason, L. and Behrisch, J. (2012) Resource depletion, peak minerals and the implications for sustainable resource management. *Global Environmental Change*, 22, 577–87.

Pritchard, S. (2014) Evicted by charity. *New Internationalist*, 478, 20–1.

Pro-Poor Tourism (2002) How is PPT different from other forms of 'alternative' tourism? www.propoortourism.org.uk/ppt_vs_alternative.html.

Prothero, R.M. (1959) *Migrant Labour from Sokoto Province, Northern Nigeria*. Kaduna: Government Printer, 46.

Prothero, R.M. (1994) Forced movements of population and health hazards in tropical Africa. *International Journal of Epidemiology*, 23(4), 657–64.

Prothero, R.M. (1996) Migration and AIDS in West Africa. *Geography*, 81(4), 374–7.

Pryer, J. (1987) Production and reproduction of malnutrition in an urban slum in Khulna,

Bangladesh, in Momsen, J.H. and Townsend, J. (eds) *Geography of Gender in the Third World*. London: Hutchinson, 131–49.

Pugh, C. (ed) (1996) *Sustainability, the Environment and Urbanization*. London: Earthscan.

Pugh, J. (2002) Local Agenda 21 and the Third World, ch. 6.4 in Desai, V. and Potter, R.B. (eds) *The Companion to Development Studies*. London: Arnold, 289–93.

Pugh, J. and Potter, R.B. (2000) Rolling back the state and physical development planning: the case of Barbados. *Singapore Journal of Tropical Geography*, 21, 175–91.

Pugh, J. and Potter, R.B. (eds) (2003) *Participatory Planning in the Caribbean: Lessons from Practice*. Aldershot, UK and Burlington, VT: Ashgate.

Purcell, M. and Brown, J.C. (2005) Against the local trap: scale and study of environment and development. *Progress in Development Studies*, 5, 279–97.

Putnam, R. (1993) The prosperous community: social capital and public life. *American Prospect*, 13, 35–42.

Pye-Smith, C. and Feyerarbend, G.B. (1995) What next? in Kirkby, J., O'Keefe, P. and Timberlake, L. (eds) *The Earthscan Reader in Sustainable Development*. London: Earthscan, 303–9.

Quader, M.A. (2000) Ruralopolis: the spatial organization and residential land economy of high-density rural regions in South Asia. *Urban Studies*, 37, 1583–600.

Raath, J. (1997) Mugabe wants aid to seize white land. *The Times*, 20 October.

Rada, N. (2013) Assessing Brazil's Cerrado agricultural miracle. *Food Policy*, 38, 146–55.

Radcliffe, S.A. (2015) Development alternatives. *Development and Change*, 46(4), 855–74.

Rakodi, C. (1995) Poverty lines or household strategies? *Habitat International*, 19(4), 407–26.

Rakodi, C. (2002) A livelihood approach – conceptual issues and definitions, in Rakodi, C. and Lloyd-Jones, T. (eds) *Urban Livelihoods: A People-Centred Approach to Reducing Poverty*. London: Earthscan.

Rakodi, C. and Lloyd-Jones, T. (eds) (2002) *Urban Livelihoods: A People-Centred Approach to Reducing Poverty*. London: Earthscan.

Ransom, D. (2001) A world turned upside down. *New Internationalist*, 334(May), 26–8.

Ransom, D. (2005) Upside down: the United Nations at 60. *New Internationalist*, 375, 9–12.

Rapley, J. (1996) *Understanding Development: Theory and Practice in the Third World*. London: University College of London Press.

Rapley, J. (2001) Convergence: myths and realities. *Progress in Development Studies*, 1, 295–308.

Raworth, K. (2012) *A Safe and Just Space for Humanity: Can We Live Within the Doughnut. Oxfam Discussion Paper*. February.

Reading, A.J., Thompson, R.D. and Millington, A.C. (1995) *Humid Tropical Environments*. Oxford: Blackwell.

Reality of Aid (2002) An independent review of poverty reduction and development assistance. www.devint.org/realityofaid.

Reardon, T. (1997) Using evidence of household income diversification to inform study of the rural nonfarm labor market in Africa. *World Development*, 25(5), 735–47.

Redclift, M. (1987) *Sustainable Development: Exploring the Contradictions*. London: Methuen.

Redclift, M. (1997) Sustainable development: needs, values and rights, in Owen, L. and Unwin, T. (eds) *Environmental Management: Readings and Case Studies*. Oxford: Blackwell, 438–50.

Redclift, M. (2005) Sustainable development (1987–2005): an oxymoron comes of age. *Sustainable Development*, 13, 212–27.

Redclift, M. (2014) Sustainable development, in Desai, V. and Potter, R.B. (2014) (eds) *The Companion to Development Studies*, 3rd edn. London: Routledge, 333–6.

Reed, D. (ed) (1996) *Structural Adjustment: The Environment and Sustainable Development*. London: Earthscan.

Rees, J. (1990) *Natural Resources: Allocation, Economics and Policy*, 2nd edn. London: Methuen.

Reiterer, M. (2009) The Doha development agenda of the WTO: possible institutional implications. *Progress in Development Studies*, 9(4), 359–75.

Renaud, B. (1981) *National Urbanization Policy in Developing Countries*. Oxford: Oxford University Press for the World Bank.

Renaud, F., Bogardi, J.J., Dun, O. and Warner, K. (2007) Control, adapt or flee: How to face environmental migration? *Intersections*, 5/2007. Bonn: UNU Institute for Environment and Human Security.

Renner, M. (2002) Breaking the link between resources and repression, in Worldwatch Institute, *State of the World 2002: Progress Towards a Sustainable Society*. London: Earthscan, 149–72.

Rich, B. (1994) *Mortgaging the Earth: The World Bank, Environmental Impoverishment and the Crisis of Development*. London: Earthscan.

Richards, P. and Thomson, A. (1984) *Basic Needs and the Urban Poor*. London: Croom Helm.

Richardson, H.W. (1973) *The Economics of Urban Size*. Farnborough: Saxon House.

Richardson, H.W. (1976) The argument for very large cities reconsidered: a comment. *Urban Studies*, 13, 307–10.

Richardson, H.W. (1977) *City size and National Spatial Strategies in Developing Countries*, World Bank Staff Working Paper 252.

Richardson, H.W. (1980) Polarization reversal in developing countries. *Papers of the Regional Science Association*, 45, 67–85.

Richardson, H.W. (1981) National urban development strategies in developing countries. *Urban Studies*, 18, 267–83.

Richey, L.A. and Ponte, S. (2008) Better (red) than dead? Celebrities, consumption and international aid. *Third World Quarterly*, 29(4), 711–29.

Richey, L.A. and Ponte, S. (2014) New actors and alliances in development. *Third World Quarterly*, 35(1), 1–21.

Riddell, J.B. (1970) *The Spatial Dynamics of Modernization in Sierra Leone: Structure, Diffusion and Response*. Evanston, IL: Northwestern University Press.

Riddell, J.B. (1978) The migration to the cities of West Africa: some policy considerations. *Journal of Modern African Studies*, 16(2), 241–60.

Rigg, J. (1997) *Southeast Asia*. London: Routledge.

Rigg, J. (2001) *More than the Soil: Rural Change in Southeast Asia*. Harlow: Pearson Education.

Rigg, J. (2002) The Asian crisis, ch. 1.6 in Desai, V. and Potter, R.B. (eds) *The Companion to Development Studies*. London: Arnold, 27–32.

Rigg, J. (2006) Land, farming, livelihoods, and poverty: rethinking the links in the rural South. *World Development*, 34(1), 180–202.

Rigg, J. (2007) *An Everyday Geography of the Global South*. Abingdon: Routledge.

Rigg, J. (2008) The Millennium Development Goals, ch. 1.7 in Desai, V. and Potter, R.B. (eds) *The Companion to Development Studies*, 2nd edn. London: Hodder-Arnold and New York: Oxford University Press, 37–40.

Righter, R. (1995) *Utopia Lost: The United Nations and the World Order*. New York: Twentieth Century Fund Press.

Riley, S. (1988) *Structural Adjustment and the New Urban Poor: The Case of Freetown*. Paper presented at the Workshop on the New Urban Poor in Africa, School of Oriental and African Studies, London, May 1988.

Rimmer, P.J. (1991) International transport and communications interactions between Pacific Asia's world cities, in Lo, F.-C. and Yeung, Y.-M. (eds) *Emerging World Cities in Asia*. Tokyo: United Nations University Press, 48–97.

Robb, C. (1998) PPAs: a review of the World Bank's experience, in Holland, J. and Blackburn, J. (eds) *Whose Voice: Participatory Research and Policy Change*. London: IT Publications.

Robins, K. (1989) Global times. *Marxism Today*, December 1989, 20–7.

Robins, K. (1995) The new spaces of global media, in Knox, P.C. and Taylor, P.J. (eds) *World Cities in a World-System*. Cambridge: Cambridge University Press, 248–62.

Robinson, G. (2004) *Geographies of Agriculture: Globalisation, Restructuring and Sustainability*. Harlow: Pearson Education.

Robinson, J. (2006) *Ordinary Cities*. London: Taylor & Francis.

Robson, B.T. (1973) *Urban Growth: An Approach*. London: Methuen.

Robson, E. (1996) Working girls and boys: children's contributions to household survival in West Africa. *Geography*, 81(4), 43–7.

Rockström, J. et al. (2009) A safe operating space for humanity. *Nature*, 461(7263) 472–5.

Rodney, W. (1972) *How Europe Underdeveloped Africa*. Washington, DC: Howard University Press.

Rojas, E. (1989) Human settlements of the Eastern Caribbean: development problems and policy options. *Cities*, 6, 243–58.

Rojas, E. (1995) Commentary: government–market interactions in urban development policy. *Cities*, 12, 399–400.

Roodman, D.M. (2001) *Still Waiting for the Jubilee: Pragmatic Solutions for the Third World Debt*

Crisis. Worldwatch Paper 155. Washington, DC: Worldwatch Institute.

Rostow, W.W. (1960) *The Stages of Economic Growth: A Non-communist Manifesto*. Cambridge: Cambridge University Press.

Rotberg, R. (2014) Chinese trade with Africa hits record high. *China-US Focus*, 15 March. http://www.chinausfocus.com/finance-economy/chinese-trade-with-africa-hits-record-high/ (accessed 2 Mar 2015).

Routledge, P. (1995) Resisting and reshaping the modern: social movements and the development process, in Johnston, R.J. et al. (eds) *Geographies of Global Change*. London: Blackwell, 263–79.

Routledge, P. (2002) Resisting and reshaping destructive development: social movements and globalising networks, in Johnston, R.J., Taylor, P.J. and Watts, M.J. (eds) *Geographies of Global Change: Remapping the World*, 2nd edn. Oxford: Blackwell, 310–27 Routledge.

Rowley, C. (1978) *The Destruction of Aboriginal Society*. Ringwood: Penguin.

Ruggie, J.G. (2003) The UN and globalisation: patterns and limits of institutional adaptation. *Global Governance*, 9(3), 301–21.

Sachs, J. (ed) (2005) *Investing in Development: A Practical Plan to Achieve the MDGs*. Overview. New York: United Nations.

Sachs, W. (1992) *The Development Dictionary*. London: Zed Books.

Safier, M. (1969) Towards the definition of patterns in the distribution of economic development over East Africa. *East African Geographical Review*, 7, 1–13.

Sahnoun, M. (1994) Flashlights over Mogadishu. *New Internationalist*, 262, 9–11.

Sahr, W.D. (1998) Micro-metropolis in the eastern Caribbean: the example of St Lucia, in McGregor, D., Lloyd-Evans, S. and Barker, D. (eds) *Resources, Sustainability and Caribbean Development*. Barbados: University of the West Indies Press.

Saich, T. (2011) *Governance and Politics of China*, 3rd edn. Houndmills: Palgrave Macmillan.

Said, E. (1978) *Orientalism*. New York: Vintage.

Said, E. (1979) *Orientalism*, 2nd edn. New York: Village Books.

Said, E. (1993) *Culture and Imperialism*. London: Chatto.

Sanchez-Rodriguez, R. (2006) Fernando Henrique Cardoso, in Simon, D. (ed) *Fifty Key Thinkers on Development*. London and New York: Routledge, 61–6.

Sandbrook, R. (1999) Institutions for global environmental change. *Global Environmental Change*, 9, 171–4.

Sandford, S. (1983) *Management of Pastoral Development in the Third World*. Chichester: John Wiley.

Santos, M. (1979) *The Shared Space: The Two Circuits of the Urban Economy in Underdeveloped Countries*. London: Methuen.

Sapsford, D. (2008) Smith, Ricardo and the world market place, 1776–2007: back to the future, in Desai, V. and Potter, R.B. (eds) *The Companion to Development Studies*, 2nd edn. London: Hodder-Arnold and New York: Oxford University Press, 75–81.

Sapsford, D. (2014) Smith, Ricardo and the world marketplace, 1776 to 2012: back to the future and beyond, in Desai, V. and Potter, R.B. (2014) (eds) *The Companion to Development Studies*, 3rd edn. London: Routledge, 88–95.

Sardar, Z. (1998) *Postmodernism and the Other: The New Imperialism of Western Culture*. London and Chicago, IL: Pluto Press.

Sartre, J.P. (1964, 2001) *Colonialism and Neocolonialism*. English translation (2001), London: Routledge.

Sassen, S. (1991) *The Global City*. Princeton, NJ: Princeton University Press.

Sassen, S. (2002) *Global Networks, Linked Cities*. New York: Routledge.

Satterthwaite, D. (1997) Sustainable cities or cities that contribute to sustainable development. *Urban Studies*, 35.

Satterthwaite, D. (ed) (1999) *The Earthscan Reader in Sustainable Cities*. London: Earthscan.

Satterthwaite, D. (2008) Urbanization in low- and middle-income nations, ch. 5.1 in Desai, V. and Potter, R.B. (eds) *The Companion to Development Studies*, 2nd edn. London: Hodder-Arnold and New York: Oxford University Press, 237–43.

Satterthwaite, D. and Mitlin, D. (2014) *Reducing Urban Poverty in the Global South*. Abingdon: Routledge.

Satyavathi, C.T., Bharadwaj, C. and Brahmanand, P.S. (2010) Role of women in agriculture: lessons learned. *Gender, Technology and Development*, 14(3), 441–49.

Save the Children Fund (1995) *Towards a Children's Agenda: New Challenges for Social Development*. London: SCF.

Schaaf, R. (2013) *Development Organisations*. London: Routledge.

Schech, S. and Haggis, J. (2000) *Culture and Development: A Critical Introduction*. Oxford: Blackwell.

Scheidel, A. and Sorman, A.H. (2012) Energy transitions and the global land rush: ultimate drivers and persistent consequences. *Global Environmental Change*, 22, 588–95.

Scheyvens, R. (2011) *Tourism and Poverty*. London: Routledge.

Schneider, F. and Frey, B. (1985) Economic and political determinants of foreign direct investment. *World Development*, 13(2), 167–75.

Schultz, T.W. (1953) *The Economic Organization of Agriculture*. New York: McGraw-Hill.

Schumacher, E.F. (1974) *Small is Beautiful*. London: Abacus.

Schumpeter, J.A. (1912) *Die Theorie des Wirtschaftlichen Entwicklung*. Berlin: Duncker and Humblot.

Schumpeter, J.A. (1934) *The Theory of Economic Development*. Cambridge, MA: Harvard University Press.

Schuurman, F. (ed) (1993) *Beyond the Impasse: New Directions in Development Theory*. London: Zed.

Schuurman, F. (2000) Paradigms lost, paradigms regained? Development studies in the twenty-first century. *Third World Quarterly*, 21, 7–20.

Schuurman, F.J. (2001) *Globalization and Development Studies: Challenges for the 21st Century*. London, Thousand Oaks and New Delhi: Sage Publications.

Schuurman, F.J. (2008) The impasse in development studies, ch. 1.3 in Desai, V. and Potter, R.B. (eds) *The Companion to Development Studies*, 2nd edn. London: Hodder-Arnold and New York: Oxford University Press, 12–15.

Science for Environment Policy (2015) *Ecosystem Services and the Environment*. In-depth Report 11 produced for the European Commission, DG Environment by the Science Communication Unit, UWE, Bristol.

Scoones, I. (1995) Policies for pastoralists: new directions for pastoral development in Africa, in Binns, T. (ed) *People and Environment in Africa*. Chichester: John Wiley, 23–30.

Scoones, I. (1996) Range management science and policy: politics, polemics and pasture in Southern Africa, in Leach, M. and Mearns, R. (eds) *The Lie of the Land: Challenging Received Wisdom on the African Environment*. Oxford: International African Institute/James Currey, 34–53.

Scoones, I. (2009) Livelihoods perspectives and rural development. *The Journal of Peasant Studies*, 36(1), 171–96.

Scoones, I. (2015) Will the SDGs make a difference? Accessed 28 Sept 2015. http://steps-centre.org/2015/blog/sdgscoones/.

Scoones, I. and Thompson, J. (1994) *Beyond Farmer First*. London: Intermediate Technology Productions.

Scott, J.C. (1976) *The Moral Economy of the Peasant: Rebellion and Subsistence in South-East Asia*. New Haven, CT: Yale University Press.

Secrett, C. (1986) The environmental impact of transmigration. *The Ecologist*, 16(2/3), 77–89.

Seers, D. (1969) The meaning of development. *International Development Review*, 11(4), 2–6.

Seers, D. (1972) What are we trying to measure? *Journal of Development Studies*, 8(3), 21–36.

Seers, D. (1979) The new meaning of development, in Lehmann, D. (ed) *Development Theory: Four Critical Studies*. London: Frank Cass, 25–30.

Seitz, J.L. (2000, 2002) *Global Issues: An Introduction*, 2nd edn. Oxford: Blackwell.

Sen, A. (1981) *Poverty and Famines*. Oxford: Clarendon Press.

Sen, A. (2000) *Development as Freedom: Human Capability and Global Need*. New York: Anchor Books.

Sengupta, K. (2002) Atlas maps investment in a world of abuses. *The Independent*, 13 February, 11.

Seyfang, G. (ed) (2002) *Corporate Responsibility and Labour Rights: Codes of Conduct in the Global Economy*. London: Earthscan.

Shankland, A. (1991) The devil's design. *New Internationalist*, 219, 11–13.

Shariff, I. (1987) Agricultural development and land tenure in India. *Land Use Policy*, 4(3), 321–30.

Sharp, R. (1992) Organising for change: people-power and the role of institutions, in Holmberg, J.

(ed) *Policies for a Small Planet*. London: Earthscan/IIED, 39–65.

Sharpley, R. (2002) Tourism management: rural tourism and the challenge of tourism diversification: the case of Cyprus. *Tourism Management*, 23, 233–44.

Shaw, J. and Clay, E. (eds) (1993) *World Food Aid: Experiences of Recipients and Donors*. London: James Currey.

Shaw, T. (2014) Peace-building and partnerships and human security, in Desai, V. and Potter, R.B. (2014) (eds) *The Companion to Development Studies*, 3rd edn. London: Routledge, 517–21.

Shen, S. and Binns, T. (2012) Pathways, motivations and challenges: contemporary Tuvaluan migration to New Zealand. *GeoJournal*, 77, 63–82.

Shibusawa, M., Ahmad, Z.H. and Bridges, B. (1992) *Pacific Asia in the 1990s*. London: Routledge.

Shipton, P. and Goteen, M. (1992) Understanding African land-holding: power, wealth and meaning. *Africa*, 62(3), 307–25.

Shiva, V. (2000) *Stolen Harvest: The Hijacking of the Global Food Supply*. London: Zed Books.

Short, C. (2000) Speech to the Seattle Assembly of the World Trade Organization. *Developments*, 9, 10–11.

Shrivastava, X. (1992) *Bhopal*. London: Paul Chapman.

Sidaway, J.D. (1990) Post-Fordism, post-modernity and the Third World. *Area*, 22, 301–3.

Sidaway, J.D. (2008) Post-development, ch. 1.4 in Desai, V. and Potter, R.B. (eds) *The Companion to Development Studies*, 2nd edn. London: Hodder-Arnold and New York: Oxford University Press, 16–20.

Sidaway, J.D. (2008) Spaces of post-development. *Progress in Human Geography*, 31(3), 345–61.

Siddle, D. and Swindell, K. (1990) *Rural Change in Tropical Africa*. Oxford: Blackwell.

Silvers, J. (1995) Death of a slave. *Sunday Times*, 10 October, 36–41.

Silvey, R. (2010) Development geography: politics and 'the state' under crisis. *Progress in Human Geography*, 34(6), 828–34.

Simon, D. (1992a) *Cities, Capital and Development: African Cities in the World Economy*. London: Belhaven.

Simon, D. (1992b) Conceptualizing small towns in African development, in Baker, J. and Pedersen, P.O. (eds) *The Rural–Urban Interface in Africa*. Uppsala: Nordic Institute for African Studies, 29–50.

Simon, D. (1993) *The World City Hypothesis: Reflections from the Periphery*. CEDAR Research Paper 7. Royal Holloway College, University of London.

Simon, D. (1998) Rethinking (post)modernism, postcolonialism, and posttraditonalism: north–south perspectives. *Environment and Planning D, Society and Space*, 16, 219–45.

Simon, D. (ed) (2006) *Fifty Key Thinkers on Development*. London and New York: Routledge.

Simon, D. (2007) Beyond antidevelopment; discourses, convergences, practices. *Singapore Journal of Tropical Geography*, 28, 205–18.

Simon, D. (2008) Neoliberalism, structural adjustment and poverty reduction strategies, ch. 2.5 in Desai, V. and Potter, R.B. (eds) *The Companion to Development Studies*, 2nd edn. London: Hodder-Arnold and New York: Oxford University Press, 86–91.

Simon, J.L. (1981) *The Ultimate Resource*. London: Martin Robertson.

Singer, H. (1980) The Brandt Report: a north-western point of view. *Third World Quarterly*, 2(4), 694–700.

Singh, R.P.B. (2006) Mohandas (Mahatma) Gandhi, in Simon, D. (ed) *Fifty Key Thinkers on Development*. London and New York: Routledge, 106–10.

Sinha, S. (1998) Introduction and overview. *IDS Bulletin*, 29(4), 1–10.

Slater, D. (1992a) On the borders of social theory: learning from other regions. *Environment and Planning D*, 10, 307–27.

Slater, D. (1992b) Theories of development and politics of the post-modern: exploring a border zone. *Development and Change*, 23, 283–319.

Slater, D. (1993) The geopolitical imagination and the enframing of development theory. *Transactions of the Institute of British Geographers, New Series*, 18, 419–37.

Smith, A. (2002) Translocals, critical area studies and geography's others, or why 'development' should not be geography's organizing framework: a response to Potter. *Area*, 34, 210–13.

Smith, D. (2000) *Moral Geographies: Ethics in a World of Difference*. Edinburgh: Edinburgh

University Press.

Smith, D.M. (2008) Responsibility to distant others, ch. 2.14 in Desai, V. and Potter, R.B. (eds) *The Companion to Development Studies*, 2nd edn. London: Hodder-Arnold and New York: Oxford University Press, 129–32.

Smith, D.W. (1994) On professional responsibility to distant others. *Area*, 26, 359–67.

Smith, D.W. (1998) Urban food systems and the poor in developing countries, *Transactions of the Institute of British Geographers*, 23, 207–19.

Smith, N. (2000) Global Seattle. Environment and Planning: Society and Space, 18, 1–5.

So, C.-H. (1997) Economic development, state control and labour migration of women in China. Unpublished PhD thesis, University of Sussex, Brighton.

Soja, E.W. (1968) *The Geography of Modernization in Kenya: A Spatial Analysis of Social, Economic and Political Change*. Syracuse, NY: Syracuse University Press.

Soja, E.W. (1974) The geography of modernization: paths, patterns, and processes of spatial change in developing countries, in Bruner, R. and Brewer, G. (eds) *A Policy Approach to the Study of Political Development and Change*. New York: Free Press.

Soja, E.W. (1989) *Postmodern Geographies: The Reassertion of Space in Critical Social Theory*. London: Verso.

Soussan, J. (1988) *Primary Resources in the Third World*. London: Routledge.

Sparr, P. (1994) *Mortgaging Women's Lives: Feminist Critiques of Structural Adjustment*. London: Zed Books.

Spencer-Oatey, H. (2008) *Culturally Speaking. Culture, Communication and Politeness Theory*, 2nd edn. London: Continuum.

Spivak, G.C. (1993) Can the subaltern speak? in Williams, P. and Chrisman, L. (eds) *Colonial Discourse and Postcolonial Theory*. London: Prentice Hall.

St Lucia Tourist Board (2015) www.investstlucia.com/downloads/getdownload/275 (accessed 21 July 2016)

Stern, N. (2007) *The Economics of Climate Change: The Stern Review*. Cambridge: Cambridge University Press.

Stevens, L., Coupe, S. and Mitlin, D. (2006) *Confronting the Crisis of Urban Poverty*. Rugby: Intermediate Technology Publications.

Stewart, C. (1995) One more river to cross. *New Internationalist*, 273, 16–17.

Stock, R. (1995) Africa South of the Sahara: A Geographical Interpretation. New York: Guildford Press.

Stock, R. (2013) *Africa South of the Sahara*. New York: Guilford Press.

Stocking, M. (1987) Measuring land degradation, in Blaikie, P. and Brookfield, H. (eds) *Land Degradation and Society*. London: Methuen, 49–64.

Stocking, M. (1995) Soil erosion and land degradation, in O'Riordan, T. (ed) *Environmental Science for Environmental Management*. London: Longman, 223–43.

Stocking, M. (2000) Soil erosion and land degradation, in O'Riordan, T. (ed) *Environmental Science for Environmental Management*. Harlow: Pearson Education, 287–321.

Stöhr, W.B. (1981) Development from below: the bottom-up and periphery-inward development paradigm, in Stöhr, W.B. and Taylor, D.R.F. (eds) *Development from Above or Below?* Chichester: John Wiley, 39–72.

Stöhr, W.B. and Taylor, D.R.F. (1981) *Development from Above or Below? The Dialectics of Regional Planning in Developing Countries*. Chichester: John Wiley.

Streeten, P. (1995) *Thinking About Development*. Cambridge: Cambridge University Press.

Stren, R., White, R. and Whitney, J. (eds) (1992) *Sustainable Cities: Urbanization and the Environment in International Perspective*. Oxford: Westview Press.

Stocking, M. (2000) Soil erosion and land degradation, in O'Riordan, T. (ed) *Environmental Science for Environmental Management*. Harlow: Pearson Education, 287–321.

Stycos, J.M. (1971) Family planning and American goals, in Chaplin, D. (ed) *Population Policies and Growth in Latin America*. Lexington, KY: Heath, 111–31.

Sunday Times (2002) The biggest show in town. *Sunday Times*, Johannesburg, 7 July, 17.

Sutton, K. and Zaimeche, S.E. (2002) The collapse of state socialism in the socialist Third World, ch. 1.5 in Desai, V. and Potter, R.B. (eds) *The*

Companion to Development Studies. London: Arnold, 20–6.

Sweetman, C. (2015) Gender mainstreaming: changing the course of development? in Coles, A., Gray, L. and Momsen, J. (eds) *The Routledge Handbook of Gender and Development*. London: Routledge, 24–34.

Taaffe, E.J., Morrill, R.L. and Gould, P.R. (1963) Transport expansion in underdeveloped countries: a comparative analysis. *Geographical Review*, 53, 503–29.

Tanner, T. and Horn-Phathanothai, L. (2014) *Climate Change and Development*. London: Routledge.

Tasker, R. (1995) Tee masters. *Far Eastern Economic Review*, 5 January.

Tata, R. and Schultz, R. (1988) World variations in human welfare: a new index of development status. *Annals of the Association of American Geographers*, 78(4), 580–92.

Taylor, A. (2003) Trading with the environment, in Bingham, N., Blowers, A. and Belshaw, C. (eds) *Contested Environments*. Chichester: Wiley.

Taylor, D.R. and Mackenzie, F. (eds) (1992) *Development from Within: Survival in Rural Africa*. London: Routledge.

Taylor, P. (1985) *Political Geography*. London: Longman.

Taylor, P.J. (1986) The world-systems project, in Johnston, R.J. and Taylor, P.J. (eds) *A World in Crisis? Geographical Perspectives*. Oxford: Basil Blackwell, 333–54.

Teo, P. and Ooi, G.L. (1996) Ethnic differences and public policy in Singapore, in Dwyer, D.J. and Drakakis-Smith, D. (eds) *Ethnicity and Geography*. London: John Wiley, 249–70.

Tewdwr-Jones, M. and Allmendinger, P. (1998) Deconstructing communicative rationality: a critique of Habermasian collaborative planning. *Environment and Planning A*, 30, 1975–89.

Thirlwall, A.P. (1999) *Growth and Development: With Special Reference to Developing Economies*, 6th edn. London: Macmillan.

Thirlwall, A.P. (2002) Development as economic growth, ch. 1.9 in Desai, V. and Potter, R.B. (eds) *The Companion to Development Studies*. London: Arnold, 41–4.

Thomas, A. (1992) Non-governmental organisations and the limits to empowerment, in Wuyts, M., Mackintosh, M. and Hewitt, T. (eds) *Development Policy and Public Action*. Oxford: Oxford University Press, 117–46.

Thomas, A. (2000) Development as practice in a liberal capitalist world. *Journal of International Development*, 12, 773–87.

Thomas, A. (2001) NGOs and their influence on environmental policies in Africa, in Thomas, A. et al. (2001) *Environmental Policies and NGO Influence*. London: Routledge, 1–22.

Thomas, A. and Allen, T. (2000) Agencies of development, in Allen, T. and Thomas, A. (eds) *Poverty and Development in the 21st Century*. Oxford: Oxford University Press, 189–216.

Thomas, C.Y. (1989) *The Poor and the Powerless: Economic Policy and Change in the Caribbean*. London: Latin American Bureau.

Thomas, D.H.L. (1996) Fisheries, tenure and mobility in a West African floodplain. *Geography*, 81(4), 35–40.

Thomas, D.S.G. (1993) Storm in a teacup? Understanding desertification. *Geographical Journal*, 159(3), 318–31.

Thomas, D.S.G., Sporton, D. and Perkins, J. (2000) The environmental impact of livestock ranches in the Kalahari, Botswana: natural resource use, ecological change and human response in a dynamic dryland system. *Land Degradation and Development*, 11, 327–41.

Thomas, G.A. (1991) The gentrification of paradise: St John's, Antigua. *Urban Geography*, 12, 469–87.

Thompson, J., Millstone, E., Scoones, I., Ely, A., Marshall, F., Shah, E. and Stagl, S. (2007) *Agri-food System Dynamics: Pathways to Sustainability in an Era of Uncertainty*. STEPS working paper 4. Brighton: STEPS Centre.

Thompson, M. and Warburton, M. (1985) Uncertainty on a Himalayan scale. *Mountain Research and Development*, 5, 115–35.

Thomson Reuters (2014) Jim O'Neill: BRICs, MINTs strong despite emerging market wobbles. 25 March. http://www.reuters.com/article/2014/03/25/us-emergingmarkets-oneill-idUSBREA2O1 CE20140325 (accessed 25 Apr 2014).

Thrift, N. and Forbes, D. (1986) *The Price of War: Urbanisation in Vietnam 1954–1986*. London: Allen & Unwin.

Thulstrup, A.W. (2015) Livelihood resilience and adaptive capacity: tracing changes in household access to capital in Central Vietnam. *World Development*, 74, 352–62.

Tickell, O. (2000) Carbon trading is the burning issue for pollution talks. *The Independent*, 15 December.

Tiffen, M. and Mortimore, M. (1990) *Theory and Practice in Plantation Agriculture: An Economic Review*. London: Overseas Development Institute.

Tiffen, M., Mortimore, M.J. and Gichuki, F. (1994) *More People, Less Erosion: Environmental Recovery in Kenya*. Chichester: John Wiley.

Tisdall, S. (2016) Has the BRICs bubble burst? *The Guardian*, 27 March 2016, 1–3.

Todaro, M. (1994) *Economic Development*. Harlow: Longman.

Todaro, M. (2015) *Economic Development*, 12th edn. Pearson: London.

Todaro, M. and Smith, S. (2011) *Economic Development*. Boston, MA: Addison Wesley.

Todd, H. (ed) (1996) *Cloning Grameen Bank: Replicating a Poverty Reduction Model in India, Nepal and Vietnam*. London: Intermediate Technology Publications.

Toffler, A. (1970) *Future Shock*. London: Bodley Head.

Tomalin, E. (2013) *Religions and Development*. London: Routledge.

Tordoff, W. (1992) The impact of ideology or development in the Third World. *Journal of International Development*, 4(1), 41–53.

Toulmin, C. (2001) *Lessons from the Theatre: Should This be the Final Curtain Call for the Convention to Combat Desertification?* WSSD Opinion Series. London: IIED.

Toulmin, C. and Quan, J. (eds) (2000) *Evolving Land Rights: Policy and Tenure in Africa*. London: IIED.

Tourism Concern (2002) Briefing on ecotourism. www.tourismconcern.org.uk.

Toye, J. (1987) *Dilemmas of Development*. Oxford: Blackwell.

Toyota (2015) Global newsroom. http://newsroom.toyota.co.jp/en/corporate/ccompanyinformatio/worldwide (accessed 20 Jan 2016).

Traisawasdichai, M. (1995) Chasing the little white ball. *New Internationalist*, 263, 16–17.

Trivedi, H. (2011) Revolutionary non-violence: Gandhi in postcolonial and subaltern discourse. *Interventions*, 13(4), 521–49.

Turner, J.R. (1967) Barriers and channels for housing development in modernizing countries. *Journal of the American Institute of Planners*, 33, 167–81.

Turner, J.R. (1982) Issues in self-help and self-managed housing, ch. 4 in Ward, P. (ed) *Self-Help Housing: A Critique*. London: Mansell, 99–113.

Turner, M. and Hulme, D. (1997) *Administration and Development: Making the State Work*. Basingstoke: Macmillan.

Tussie, D. and Tuozzo, M.F. (2001) Opportunities and constraints for civil society participation in multilateral lending operations: lessons from Latin America, in Edwards, M. and Gaventa, J. (eds) *Global Citizen Action*. London: Earthscan, 105–17.

Uitto, J.I. (2004) Multi-country cooperation around shared waters: role of monitoring and evaluation. *Global Environmental Change*, 14, 5–14.

ul-Haq, M. (1994) The new deal. *New Internationalist*, 262, 20–3.

ul-Haq, M., Jolly, R., Streeten, P. and Haq, K. (1995) The UN and the Bretton Woods Institutions: New Challenges for the Twenty-First Century. Basingstoke: Macmillan.

UN (1948) *Universal Declaration of Human Rights*. http://www.ohchr.org/EN/UDHR/Documents/UDHR_Translations/eng.pdf (accessed 20 July 2016).

UN (1989) *Prospects for World Urbanization 1988*. New York: United Nations.

UN (1993) *The Global Partnership for Environment and Development: A Guide to Agenda 21*. New York: United Nations.

UN (1997) *The Report of the Economic and Social Council for 1997*. A/52/3 18 September.

UN (1998) *Kyoto Protocol to the UNFCCC*. New York: United Nations.

UN (2000) *World Population Prospects: The 1998 Revision, Volume iii: Analytical Report*. New York: United Nations.

UN (2012) *The future we want: Outcome document of the United Nations Conference on Sustainable Development*, Rio+20

UN (2013a) *World Population Prospects: The 2012 Revision*. Population division of the Department of Economic and Social Affairs of the United Nations Secretariat. New York: United Nations.

UN (2013b) *A New Global Partnership: Eradicate Poverty and Transform Economies through Sustainable Development*, The Report of the High-

Level Panel of Eminent Persons on the Post-2015 Development Agenda.

UN (2014a) *Programme Budget for the Biennium 2014–15*. New York: United Nations General Assembly 68th Session.

UN (2014b) *Delivering as One on the MDGs and the Post 2015 Agenda*. Development Operations Coordination Office.

UN (2015a) *World Population Prospects: the 2015 Revision*, New York: United Nations.

UN (2015b) *The Millennium Development Goals Report, 2015*. New York: United Nations.

UN (2015c) *Transforming Our World: The 2030 Agenda for Sustainable Development*. General Assembly A/Res/70/1. United Nations: New York.

UN General Assembly (2012) Independent evaluation of lessons learned from 'Delivering as one'. A/66/859. New York.

UN General Assembly (2014) The road to dignity by 2030: ending poverty, transforming all lives and protecting the planet. New York.

UNAIDS (1998) *Joint United Nations Programme on HIV/AIDS and World Health Organization*. Geneva: UNAIDS.

UNAIDS (2001) *Joint United Nations Programme on HIV/AIDS: AIDS Epidemic Update*. Geneva: UNAIDS, www.unaids.org.

UNAIDS (2006) *AIDS Epidemic Update, December 2006*. Geneva: UNAIDS, www.unaids.org/en/HIV_data/epi2006.

UNAIDS (2012) *UNAIDS Report on the Global AIDS Epidemic*. http://www.unaids.org/sites/default/files/en/media/unaids/contentassets/documents/epidemiology/2012/gr2012/2012 1120_UNAIDS_Global_Report_2012_with_annexes_en.pdf (accessed 16 Mar 2015).

UNAIDS (2013) *Report on the Global AIDS Epidemic 2013*. New York: Joint United Nations Programme on HIV/AIDS.

UNAIDS (2016) *Global AIDS Update, 2016*. http://www.unaids.org/en/resources/documents/2016/Global-AIDS-update-2016 (accessed 19 July 2016).

UNCHS (1996) *An Urbanizing World: Global Report on Human Settlements, 1996*. United Nations Centre for Human Settlements (Habitat). Oxford: Oxford University Press.

UNCTAD (United Nations Conference on Trade and Development) (2014) *World Investment Report, 104: Investing in the SDGS – An Action Plan*. New York: UNCTAD.

UNCTAD (United Nations Conference on Trade and Development) (2015) *World Investment Report*. Geneva: UNCTAD.

UNCTAD (United Nations Conference on Trade and Development) (2016) *Global Investment Trends Monitor*. 22, Jan 2016. Geneva: UNCTAD.

UNDESA (United Nations Department of Economic and Social Affairs) (2014) *World Urbanization Prospects Report, 2014 Revision*. New York: United Nations.

UNDP (1991) *Cities, People and Poverty*. United Nations Development Programme. New York: UNDP.

UNDP (1994) *Human Development Report, 1994*. United Nations Development Programme. Oxford: Oxford University Press.

UNDP (1996) *Human Development Report, 1996*. United Nations Development Programme. Oxford: Oxford University Press.

UNDP (1997) *Human Development Report, 1997*. United Nations Development Programme. Oxford: Oxford University Press.

UNDP (1998) *Human Development Report, 1998*. United Nations Development Programme. New York: Oxford University Press.

UNDP (2001) *Human Development Report, 2001: Promoting Linkages*. United Nations Development Programme. Oxford: Oxford University Press.

UNDP (2006) *Human Development Report, 2006*. New York: UNDP.

UNDP (2007) *Human Development Report 2007/8: Fighting Climate Change: Human Solidarity in a Divided World*. New York: UNDP.

UNDP (2014) *Human Development Report, 2014*. New York: UNDP.

UNDP (2015) *Human Development Report, 2015*. New York: UNDP.

UNDP (2016) Ebola crisis in West Africa. http://www.undp.org/content/undp/en/home/ourwork/our-projects-and-initiatives/ebola-response-in-west-africa.html (accessed 19 July 2016).

UNDP/WHO (2009) *The Energy Access Situation in Developing Countries: A Review Focusing on the Least Developed Countries (LDCs) and Sub-Saharan Africa (SSA)*. New York: UNDP.

UNEP (2002) *Global Environment Outlook 3*,

Nairobi: UNEP.

UNEP (2005) Millennium development project. www.environmenttimes.net/article.cfm?pageID=196&group.

UNEP (2012) *Global Environment Outlook 5: Environment for the Future We Want*. Nairobi: UNEP.

UNEP (2014) *UNEP Year Book: Energy issues in our Global Environment*, Nairobi: UNEP.

UNESCO (2009) *The United Nations World Water Development Report 3: Water in a Changing World*. Paris: UNESCO.

UNESCO (2012) *The United Nations World Water Development Report 4: Managing under Uncertainty*. Paris: UNESCO.

UNESCO (2013) *World Social Science Report: Changing Global Environments*. Paris: UNESCO.

UNESCO (2015) *The United Nations World Water Development Report: Water for a Sustainable World*. Paris: UNESCO.

UN-Habitat (2003) *The Challenge of Slums: Global Report on Human Settlement, 2003*. Nairobi: UN-Habitat.

UN-Habitat (2012) *State of the World's Cities 2012/2013*. Nairobi: UN-Habitat.

UN-Habitat (2015) *World Atlas of Slum Evolution*. Nairobi: UN-Habitat.

UN-Habitat (2016) *Urbanization and Development: Emerging Futures*. World Cities Report.

UNHCR (2002) Afghanistan – the long road home. www.unhcr.ch/cgi-bin/texis/ytx/afghan.

UNHCR (2015) *Global Trends: forced displacement in 2014*, www.unhcr.org/statistics

UNICEF (1997) *The State of the World's Children*. United Nations Children's Fund. Oxford: Oxford University Press.

UNICEF (1998) *The Impact of Conflict on Children in Afghanistan*. United Nations Children's Fund. Geneva: UNICEF.

UNICEF (2000) *The State of the World's Children 2000*. United Nations Children's Fund. New York/Geneva: UNICEF.

UNICEF (2001) *The State of the World's Children 2001*. United Nations Children's Fund. Geneva: UNICEF, www.unicef.org.

UNICEF (2006) *State of the World's Children 2007*. United Nations Children's Fund. New York: UNICEF, www.unicef.org/sowc07/docs/sowc07.pdf.

UNICEF (2015) Water and sanitation: current status and progress. http://data.unicef.org/water-sanitation/sanitation.html.

UNICEF/WHO (2015) *Progress on Sanitation and Drinking Water: 2015 Update and MDG Assessment*. UNICEF: Geneva.

UNIDO (United Nations Industrial Development Organization) (2010) *Annual Report*. New York: UNIDO.

UNIDO (United Nations Industrial Development Organization) (2015) *Annual Report*. New York: UNIDO.

Unilever (2002) Financial highlights. www.unilever.com, 31 August.

Unilever (2006a) Annual report and accounts 2006: financial review. http://unilever.com/ourcompany/investorcentre/annual_reports/annual_report_Form.asp.

Unilever (2006b) Financial highlights. www.unilever.com.

United Nations Development Group (2010) *Thematic Paper on MDG7 Environmental Sustainability*. New York: UNDG.

UNDP (2006) *Human Development Report, 2006, Beyond Scarcity: Power, Poverty and the Global Water Crisis*. New York.

United Nations Secretariat (2015) Assessment of member states' contributions to the United Nations regular budget for 2015. UN Secretariat.

United Nations Statistics (2014) Population density in 2014. http://unstats.un.org/unsd/demographic/products/dyb/dyb2014/maps/table03b.pdf (accessed 12 September 2016).

United States Department of Energy (1994) *Energy Use and Carbon Emissions: Some International Comparisons*. Washington, DC: Energy Information Administration.

UNPO (Unrepresented Nations and Peoples Organization) (2014) West Papua: Indonesian transmigration program further marginalizes the indigenous population. http://unpo.org/article/17676 (accessed 22 July 2016).

Unwin, T. and de Bastion, G. (2008) Information and communication technologies for development, ch. 1.12 in Desai, V. and Potter, R.B. (eds) *The Companion to Development Studies*, 2nd edn. London: Hodder-Arnold and New York: Oxford University Press, 54–8.

Unwin, T. and Potter, R.B. (1992) Undergraduate and

postgraduate teaching on the geography of the Third World. *Area*, 24, 56–62.

Urbach, J. (2007) Development goes wireless. *Journal of the Institute of Economic Affairs*, 27, 20–8.

Urban Foundation (1993) *Managing Urban Poverty*. Johannesburg: Urban Foundation.

Urry, J. (1990) *The Tourist Gaze*. London: Sage.

US Census Bureau (1994) *Trends and Patterns of HIV/AIDS Infection in Selected Developing Countries*. Country Profiles, Research Note 15, Health Studies Branch. Washington, DC: Center for International Research.

US Census Bureau (2002) International data base. www.census.gov/ipc/www/idbnew.html.

Usbourne, D. (2001) Annan is honoured for bringing new life to the UN. *The Independent*, 13 October.

van der Gaag, N. (1997) Gene dream. *New Internationalist*, 293, 7–10.

Van Rooy, A. (2002) Strengthening civil society in developing countries, in Desai, V. and Potter, R.B. (eds) *The Companion to Development Studies*. London: Arnold, 489–95.

Vance, J.E. (1970) *The Merchant's World: The Geography of Wholesaling*. Englewood Cliffs, NJ: Prentice Hall.

Vapnarsky, C.A. (1969) On rank-size distributions of cities: an ecological approach. *Economic Development and Cultural Change*, 17, 584–95.

Vesiland, P.J. (1993) Water: the Middle East's critical resource. *National Geographic*, 183(5), 38–71.

Vestergaard, J. and Wade, R.H. (2013) Protecting power: how western states retain the dominant voice in the World Bank's governance. *World Development*, 46, 153–64.

Viana, M. et al. (2014) Impact of maritime transport emissions on coastal air quality in Europe. *Atmospheric Environment*, 90, 96–105.

Vidal, J. (2002) Britons grow dull on trivia as TV ignores developing world. *Guardian Weekly*, 18 July. https://www.theguardian.com/GWeekly/Letter_From/0,,757276,00.html (accessed 28 July 2016).

Vihma, A., Mulufetta, Y. and Karlsson-Vinkhuyzen, S. (2011) Negotiating solidarity? The G77 through the prism of climate change negotiations. *Global Change, Peace and Security*, 23(2), 315–34.

Vivian, J. (1995) How safe are safety nets? in Vivian, J. (ed) *Adjustment and Social Sector Restructuring*. London: Frank Cass.

von Moltke (1994) The World Trade Organisation: its implications for sustainable development. *Journal of Environment and Development*, 3(1), 43–57.

Walker, G. (2012) *Environmental Justice: Concepts, Evidence and Politics*. London: Routledge.

Wallerstein, I. (1974) *The Modern World System I*. New York: Academic Press.

Wallerstein, I. (1979) *The Capitalist World Economy*. Cambridge: Cambridge University Press.

Wallerstein, I. (1980) *The Modern World System II*. New York: Academic Press.

War Child (2015) https://www.warchild.org.uk/ (accessed July 2017).

War on Want (2004) *Profiting from Poverty: Privatisation Consultants, DFID and Public Services*. London: War on Want.

Ward, P. and Macoloo, C. (1992) Articulation theory and self-help housing practice in the 1990s. *International Journal of Urban and Regional Research*, 16, 60–80.

Watkins, K. (1995) *The Oxfam Poverty Report*. Oxford: Oxfam.

Watson, K. (ed) (1982) *Education in the Third World*. London: Croom Helm.

Watson, M. and Potter, R.B. (2001) *Low-Cost Housing in Barbados: Evolution or Social Revolution*? Barbados: University of the West Indies Press.

Watson, R.T. (ed) (2001) *Climate Change 2001, Synthesis Report*. Cambridge: Cambridge University Press.

Watters, R.F. and McGee, T.G. (eds) (1997) *Asia–Pacific: New Geographies of the Pacific Rim*. London: Hurst.

Watts, M. (1984) The demise of the moral economy: food and famine in a Sudano-Sahelian region in historical perspective, in Scott, E. (ed) *Life Before the Drought*. Boston, MA: Allen & Unwin, 124–48.

Watts, M. (1996) Development in the global agrofood system and late twentieth-century development (or Kautsky reduxe). *Progress in Human Geography*, 20, 2, 230–45.

Watts, M. (2006) Andre Gunder Frank, in Simon, D. (ed) *Fifty Key Thinkers on Development*. London and New York: Routledge, 90–5.

Watts, M. and McCarthy, J. (1997) *Nature as Artifice,*

Nature as Artefact: Development, Environment and Modernity in the Late Twentieth Century. Paper presented in the Lectures in Human Geography Series, University of St Andrews.

Watts, M.J. (2004) Violent environments: petroleum conflict and the political ecology of rule in the Niger delta, Nigeria, in Peet, R. and Watts, M. (2004) *Liberation Ecologies: Environment, Development, Social Movements*, 2nd edn. London: Routledge, 273–98.

WCED (1987) *Our Common Future*. World Commission on Environment and Development. Oxford: Oxford University Press.

Weaver, D.B. (1998) *Ecotourism in the Less Developed World*. Wallingford: CAB International.

Webster, B. (2016) Amazonian dams 'will wipe out fish, birds and mammals'. *The Times*, 16 Mar.

Webb, D. (1997) *HIV and AIDS in Africa*. London: Pluto Press.

Weidelt, H.J. (1993) Agroforestry systems in the tropics – recent developments and results of research. *Applied Geography and Development*, 41, 39–50.

Wellard, K. and Copestake, J. (1993) *Nongovernmental Organizations and the State in Africa*. London: Routledge.

Wen, Y.-K. and Sengupta, J. (eds) (1991) *Increasing the International Competitiveness of Exports from Caribbean Countries*. Washington, DC: World Bank.

Werksman, J. (1995) Greening Bretton Woods, in Kirkby, J., O'Keefe, P. and Timberlake, L. (eds) *The Earthscan Reader in Sustainable Development*. London: Earthscan, 274–87.

Werksman, J. (ed) (1996) *Greening International Institutions*. London: Earthscan.

Westendorp, M. (ed) (2010) *Transforming Sustainable Development*. Utrecht: Knowledge Centre Religion and Development.

Wheat, S. (1993) Playing around with nature. *Geographical Magazine*, LXV(8), 10–14.

Wheat, S. (2000) A path out of poverty? *The Courier*, 183, 60–2.

Whitaker's (1999) *Whitaker's Almanack 2000*, 132nd edn. London: The Stationery Office.

Whitman, J. (2002) The role of the United Nations in developing countries, in Desai, V. and Potter, R.B. (eds) *The Companion to Development Studies*. London: Arnold, 466–70.

WHO, UNAIDS, and UNICEF (2012) Global HIV/AIDS Response: Epidemic Update and Health Sector Progress towards Universal Access: Progress Report 2011. Geneva.

Wichelns, D. (2015) Virtual water and water footprints do not provide helpful insight regarding international trade or water scarcity. *Ecological Indicators*, 52, 277–83.

Wignaraja, P. (1993) Rethinking development and democracy, in Wignaraja, P. (ed) *New Social Movements in the South*. London: Zed Books, 4–35.

Williams, G., Meth, P. and Willis, K. (2014) *Geographies of Developing Areas*. London: Routledge.

Williams, M. (1994) Making golf greener. *Far Eastern Economic Review*, May, 40–1.

Williams, M. (1995) Role of the multilateral agencies after the Earth Summit, in ul-Haq, M., Jolly, R. Streeten,
P. and Haq, K. (1995) *The UN and the Bretton Woods Institutions: New Challenges for the Twenty-First Century*. Basingstoke: Macmillan, 210–38.

Williams, M. and Ford, L. (1999) The World Trade Organization, social movements and global environmental management. *Environmental Politics*, 8(1), 268–89.

Williams, P. and Chrisman, L. (eds) (1993) *Colonial Discourse and Postcolonial Theory*. London: Prentice Hall.

Williamson, J.G. (1965) Regional inequality and the process of national development: a description of the patterns. *Economic Development and Cultural Change*, 13, 3–45.

Willis, K. (2014) Migration and transnationalism, in Desai, V. and Potter, R.B. (eds) *The Companion to Development Studies*, 3rd edn, London: Routledge, 212–7.

Wills, J. (2002) Political economy III: neoliberal chickens, Seattle and geography. *Progress in Human Geography*, 26, 90–100.

Wilson, D. and Purushothaman, R. (2003) *Dreaming with BRICs: The Path to 2050*. Global Economics Paper No. 99. Goldman Sachs.

Wilson, F. (1994) Reflections on the present predicament of the Mexican garment industry, in Pedersen, P. (ed) *Flexible Specialization*. London: IT Publications, 147–58.

Wolf, A.T., Natharius, J.A., Danielson, J.J., Ward, B.S. and Pender, J.K (1999) International river basins of the world. *Water Resources Development*, 15(4), 387–427.

Wolfe-Phillips, L. (1987) Why Third World – origins, definitions and usage. *Third World Quarterly*, 9(4), 1311–9.

Wolmer, W., Chaumba, J. and Scoones, I. (2004) Wildlife management and land reform in southeastern Zimbabwe: a compatible pairing or a contradiction in terms? *Geoforum*, 35, 87–98.

Wolpe, H. (1975) The theory of internal colonialism, in Oxaal, J., Barnett, T. and Booth, D. (eds) *Beyond the Sociology of Development*. London: Routledge & Kegan Paul, 229–52.

Women and Geography Study Group (1997) *Feminist Geographies: Explorations in Diversity and Difference*. London: Longman.

Woodhouse, P. (2009) Technology, environment and the productivity problem in African agriculture: comment on the World Development Report 2008. *Journal of Agrarian Change*, 9(2), 263–76.

Woodrow Wilson International Centre for Scholars (2007) *Global Urban Poverty: Setting the Agenda*. Washington: Woodrow Wilson International Centre for Scholars.

Woods, N. (2000) The challenge of good governance for the IMF and the World Bank themselves. *World Development*, 28(5), 823–41.

World Bank (1986) *Poverty and Hunger: Issues and Options for Food Security in Developing Countries*. Washington, DC: World Bank.

World Bank (1988) *World Development Report*. Washington, DC: World Bank.

World Bank (1989) *Sub-Saharan Africa: From Crisis to Sustainable Growth: A Long Term Perspective Study*. Washington, DC: World Bank.

World Bank (1990) *World Development Report, 1990*. Oxford: Oxford University Press.

World Bank (1991) *Urban Policy and Economic Development: An Agenda for the 1990s*. Washington, DC: World Bank.

World Bank (1992) *World Development Report*. Washington, DC: World Bank.

World Bank (1993) *East Asian Miracle*. Washington, DC: World Bank.

World Bank (1994) *World Bank and the Environment: Fiscal 1993*. Washington, DC: World Bank.

World Bank (1996) *World Development Report, 1996*. Oxford: Oxford University Press.

World Bank (1997) *World Development Report: The State in a Changing World*. Oxford: Oxford University Press.

World Bank (1997b) *The Impact of Environmental Assessment: A Review of World Bank Experience*. Environment Department. Washington, DC: World Bank.

World Bank (1999) Safe motherhood and the World Bank: lessons from 10 years of experience. www.worldbank.org/html/extdr/hnp/population/tenyears/text.pdf.

World Bank (2001a) *World Development Report 2000/2001*. Oxford: Oxford University Press.

World Bank (2001b) The HIPC debt initiative. December 2001, www.worldbank.org/hipc.

World Bank (2001c) Making sustainable commitments: an environment strategy for the World Bank, summary. December 2001. Washington, DC: World Bank.

World Bank (2002a) *World Development Report 2002*. Oxford: Oxford University Press.

World Bank (2002b) World Bank to commit $500 million more to fight HIV/AIDS in Africa. News Release No. 2002/197/HD. wbln0018.worldbank.org/news/pressrelease.nsf/673fa6c5a2d50a67852565e2006.

World Bank (2004) *The Millennium Development Goals for Health: Rising to the Challenges*. Washington, DC: World Bank.

World Bank (2007) *World Development Indicators*. http://ddp-ext.worldbank.org/ext/DDPQQ/member.do?method=getMembers&userid=1&queryId=135.

World Bank (2008) *World Development Report 2008: Agriculture for Development*. Washington: IBRD.

World Bank (2009a) *Awakening Africa's Sleeping Giant: Prospects for Commercial Agricultural in the Guinea Savannah Zone and Beyond*. Washington: World Bank.

World Bank (2009b) *Systems of Cities: Harnessing Urbanization for Growth and Poverty Alleviation*. Washington, DC: World Bank.

World Bank (2010a) *Migration and Development Brief 13*. Migration and Remittances Unit. Washington, DC: World Bank.

World Bank (2010b) *Rising Global Interest in Farmland: Can It Yield Sustainable and Equitable Benefits?* Washington, DC: World Bank.

World Bank (2012a) *Toward a Green, Clean, and Resilient World for All: A World Bank Environment Strategy 2012–22*. Washington, DC: World Bank Group.

World Bank (2012b) *World Development Indicators 2012*. Washington, DC: World Bank Publications.

World Bank (2013a) *Global Monitoring Report 2013: Rural-Urban Dynamics and the MDGs*. Washington, DC: World Bank Group.

World Bank (2013b) *World Bank-Civil Society Engagement: Review of Fiscal Years 2010–2012*. Washington, DC: World Bank Group.

World Bank (2015a) Fact sheet: review and update of the World Bank's environmental and social framework status of key issue in revised (second) draft. 8 Apr 2015, accessed 6 Aug 2015. pubdocs.worldbank.org.

World Bank (2015b) What are the 6 dimensions of good governance? http://info.worldbank.org/governance/wgi/index.aspx#faq-2 (accessed 30 May 2016).

World Bank (2015c) *World Development Indicators 2015*. Washington, DC: World Bank, http://www.worldbank.org/en/topic/debt (accessed 21 Mar 2015).

World Bank (2015d) *World Development Report*. Washington, DC: World Bank.

World Bank (2015e) *Global Economic Prospects June 2015: The Global Economy in Transition*. Washington: World Bank Group.

World Bank (2016) *World Development Indicators 2016*. Washington, DC: World Bank.

World Bank/FAO/IFAD (2009) *Gender in Agriculture Sourcebook*. Washington, DC: World Bank.

World Bank/IMF (2004) *Poverty Reduction Strategy Papers: Progress in Implementation*. Washington, DC: World Bank.

World Bank Independent Evaluation Group (WB-IEG) (2006) *Debt Relief for the Poorest: An Evaluation Update of the HIPC Initiative*. Washington, DC: World Bank.

World Health Organization (WHO) (1994) *The Current Global Situation of the HIV/AIDS Pandemic*. Geneva: WHO.

World Health Organization (WHO) (1998) *Obesity – Preventing and Managing the Global Epidemic*. Geneva: WHO.

World Health Organization (WHO) (1999) Reduction of maternal mortality: a joint WHO/UNFPA/UNICEF/World Bank statement. www.unfpa.org/news/pressroom/1999/maternal.htm.

World Health Organization (WHO) (2006a) Obesity and overweight, online fact sheet. www.who.int/mediacentre/factsheets/fs311/en/index.html.

World Health Organization (WHO) (2006b) *WHO Global InfoBase Online*. www.who.int/ncd_surveillance/infobase/web/InfoBaseCommon.

World Health Organization (WHO) (2007) Epidemiological fact sheets on HIV/AIDS and sexually transmitted infections. www.who.int/globalatlas/default.asp.

World Health Organization (WHO) (2013) *Factsheet on the World Malaria Report, 2013*. http://www.who.int/malaria/media/world_malaria_report_2013/en/ (accessed 16 Mar 2015).

World Health Organisation (WHO) (2014a) Ambient (outdoor) air quality and health, factsheet no. 313. http://www.who.int/mediacentre/factsheets/fs313/en/ (accessed 1 Aug 2017).

World Health Organisation (WHO) (2014b) Household air quality and health, factsheet no. 292. http://www.who.int/mediacentre/factsheets/fs292/en/ (accessed 1 Aug 2017).

World Health Organisation (WHO) (2014c) Ambient Air Pollution Database – Update 2014. http://www.who.int/phe/health_topics/outdoorair/databases/cities/en/ (accessed 25 Mar 2016).

World Health Organisation (WHO) (2015) Media centre factsheets. http://www.who.int/mediacentre/factsheets/fs311/en/ (accessed 18 Mar 2015).

World Internet Usage Statistics (2007) http://www.internetworldstats.com/pr/edi028.htm (accessed 16 Jan 2016).

World Resources Institute (1996) *World Resources 1996–1997*. Oxford: Oxford University Press.

World Resources Institute (1998) *World Resources 1998–99: Environment and Health*. Oxford: Oxford University Press.

World Resources Institute (2003) *World Resources, 2002–4*. Washington, DC: World Resources Institute.

World Resources Institute (2005) *World Resources, 2005: The Wealth of the Poor*. Washington, DC: World Resources Institute.

World Resources Institute (2015) 6 *graphs explain the world's top 10 emitters*, http://www.wri.org/

blog/2014/11/6-graphs-explain-world%E2%80%99s-top-10-emitters accessed 15 Sept 2017

World Tourism Organization (WTO) (2002) www.world-tourism.org/market_research/facts&figures.

World Tourism Organization (WTO) (2006) World tourism highlights: 2006 edition. www.unwto.org/facts/menu.html.

World Tourism Organization (WTO) (2014) *Tourism Highlights, 2014*. http://dtxtq4w60xqpw.cloudfront.net/sites/all/files/pdf/unwto_highlights14_en.pdf (accessed 25 Mar 2015).

World Trade Organization (2000) Seven common misunderstandings about the WTO, in Lechner, F.J. and Boli, J. (eds) *The Globalization Reader*. Oxford: Blackwell, 236–9.

World Trade Organisation (2011) *Understanding the WTO*. Geneva: World Trade Organisation.

World Trade Organization (2014) International trade statistics, 2014. https://www.wto.org/english/res_e/statis_e/its2014_e/its2014_e.pdf (accessed 25 May 2015).

World Watch Institute (2011) Energy intensity of global economy rises, reversing long term trend. http://www.worldwatch.org/energy-intensity-energy-efficiency-gross-world-product-emerging-economies-infrastructure-development (accessed 19 Mar 2016).

World Water Assessment Programme (2009) *The United Nations World Water Development Report 3: Water in a Changing World*. Paris: UNESCO, and London: Earthscan.

Worldwatch Institute (2002) *State of the World 2002: Progress Towards a Sustainable Society*. London: Earthscan.

Worsley, P. (1964) *The Third World*. London: Weidenfeld & Nicolson.

Worsley, P. (1979) How many worlds? *Third World Quarterly*, 1(2), 100–8.

Wratten, E. (1995) Conceptualizing urban poverty. *Environment and Urbanization*, 7(1), 11–37.

Wuyts, M., Mackintosh, M. and Hewitt, T. (eds) (1992) *Development Policy and Public Action*. Oxford: Oxford University Press.

Yeh, A.G.O. and Wu, F.L. (1995) Internal structure of Chinese cities in the midst of economic reform. *Urban Geography*, 16(6), 521–54.

Yeung, Y.-M. (1995) Commentary: urbanization and the NPE: an Asia-Pacific perspective. *Cities*, 12, 409–11.

Young, E.M. (1996) *World Hunger*. London: Routledge.

Zack-Williams, A.B. (2001) No democracy, no development: reflections on democracy and development in Africa. *Review of African Political Economy*, 88, 213–23.

Zimmerman, E.W. (1951) *World Resources and Industries*. New York: Harper & Row.

Zobel, G. (2009) We are millions. *New Internationalist*, December, 21–4.

Zook, M.A. (2005) *The Geography of the Internet Industry*. Oxford: Blackwell.

Zoomers, A. (2010) Globalisation and the foreignization of space: seven processes driving the current global land grab. *The Journal of Peasant Studies*, 37(2), 429–47.

Zoomers, A. (2014) Rural livelihoods in a context of new scarcities, in Desai, V. and Potter, R.B. (eds) *The Companion to Development Studies*, 3rd edn. London: Routledge, 230–5.

Zulkifli (2007) Speech by Mr Masagos Zulkifli, Senior Parliamentary Secretary, Ministry of Education, at the 2007 Trim & Fit Award Ceremony on Monday, 19 March 2007, 1500 hrs at MOE Edutorium, www.moe.gov.sg/speeches/2007/sp20070319.htm.

찾아보기

ㅈ

Geographies of Development

개발지리학과 국제개발협력

1판 1쇄 인쇄 2022. 12. 30.

1판 1쇄 발행 2023. 1. 20.

지은이 로버트 포터, 토니 빈스, 제니퍼 엘리엇, 에티엔 넬, 데이비드 스미스

옮긴이 이승철, 조영국, 정수열, 이정섭, 지상현, 김부헌, 이성호, 백일순, 오정식, 지호철

발행처 김영사

발행인 고세규

개발 총괄 이한진 | **편집 총괄** 박재형

편집 이민희, 명유미, 남승현 | **디자인** 조성룡, 이혜진, 김용남 | **마케팅** 윤준원

등록 1979.5.17.(제406-2003-036호)

주소 경기도 파주시 문발로 197(문발동) 우편번호 10881

전화 마케팅부 031)955-3100, 편집부 031)955-3166, 팩스 031)955-3111

ISBN 978-89-349-4121-7

값은 표지에 있습니다.

좋은 독자가 좋은 책을 만듭니다.

김영사는 독자 여러분의 의견에 항상 귀를 기울이고 있습니다.